中国图书馆年鉴 2020

ZHONGGUO TUSHUGUANNIANJIAN

中国图书馆学会
国家图书馆 编

国家图书馆出版社

图书在版编目（CIP）数据

中国图书馆年鉴. 2020 / 中国图书馆学会，国家图书馆编. —北京：国家图书馆出版社，2021. 12
ISBN 978-7-5013-7302-4

Ⅰ. ①中…　Ⅱ. ①中…　②国…　Ⅲ. ①图书馆事业—中国—2020—年鉴　Ⅳ. ①G259. 2-54

中国版本图书馆 CIP 数据核字（2021）第 140403 号

书　　名	中国图书馆年鉴 2020
著　　者	中国图书馆学会 国 家 图 书 馆　编
责任编辑	唐　澈　张　颀　王炳乾
封面设计	耕者设计工作室

出版发行	国家图书馆出版社（北京市西城区文津街 7 号　100034） （原书目文献出版社　北京图书馆出版社） 010-66114536　63802249　nlcpress@ nlc. cn（邮购）
网　　址	http://www. nlcpress. com
排　　版	北京金书堂文化发展有限公司
印　　装	北京华艺斋古籍印务有限责任公司
版次印次	2021 年 12 月第 1 版　2021 年 12 月第 1 次印刷

开　　本	889×1194　1/16
印　　张	41　彩插：2
字　　数	1228 千字
书　　号	ISBN 978-7-5013-7302-4
定　　价	450. 00 元

编 辑 说 明

1.《中国图书馆年鉴》是反映中国图书馆事业年度发展状况的大型资料工具书。首卷出版于1996年,反映1990年至1995年间的情况。自1999年始,编辑出版周期为隔年一卷,包括1999年卷、2001年卷、2003年卷以及2005年卷。自2006年卷起,改为每年编辑出版一卷。

2.《中国图书馆年鉴》自2007年卷起,由中国图书馆学会、国家图书馆联合主办,编纂工作由国家图书馆研究院《中国图书馆年鉴》编辑部主持。

3.《中国图书馆年鉴2020》反映2019年中国图书馆界的发展状况。

4.《中国图书馆年鉴2020》的动态性信息由全国各省、自治区、直辖市图书馆学会、中国图书馆学会各分支机构及所属各专业委员会、相关专业机构或教学研究机构提供。年鉴的统计资料来自文化和旅游部、地方文化行政部门、专业协作组织、中国图书馆学会高校图书馆分会以及有关专业机构。年鉴的参考性、指南性资料,由年鉴编辑部组织整理编辑,并得到中国图书馆学会编译出版委员会图书馆学期刊与年鉴编辑出版专业委员会的指导。专文由年鉴编纂工作委员会确定选题、特邀作者撰写。

5.《中国图书馆年鉴2020》正文采用分类编辑法。全文由图书馆活动图辑、特载、纪事、图书馆事业、学术研究与活动、法律法规与政策性文件、专业文献、统计资料、年度大事记、综合索引等几大部分构成。

《中国图书馆年鉴》主办与编纂单位

主　　办　中国图书馆学会　国家图书馆

编　　纂　国家图书馆研究院（业务管理处）《中国图书馆年鉴》编辑部

《中国图书馆年鉴》编纂工作委员会

编辑部联系方式：

地　　址：北京中关村南大街33号　国家图书馆研究院（业务管理处）《中国图书馆年鉴》编辑部

邮　　编：100081

电　　话：(010)88544057

电子邮箱：zgtsgnj@nlc.cn

联 系 人：程　鹏　王旭东

本卷撰稿人（按姓氏笔画排序）

于莉娜　于晓敏　马　丽　马　佳　马　莉　马　骏　马小莹　马兰芳　马咏欣
马晓波　马祥涛　马婷婷　马福龙　马慧艳　王　玮　王　波　王　健　王　彬
王　琳　王　媛　王　慧　王　璐　王　鑫　王小娟　王月娥　王凤莲　王文涛
王玉宝　王会娟　王旭东　王红霞　王伯秋　王国强　王昕晗　王梦莹　王淑芬
王惠芳　王媛媛　王福明　韦绍芬　韦柳娅　毛　静　乌兰格日勒　文一叶
孔繁青　邓文池　艾丽娜·波拉提汗　古永洁　左　菁　龙耀华　旦　增
田　颖　田宏瑞　田新玉　史　彦　冯占英　兰　晓　尕藏才让　吕晓佩
朱　欢　朱　利　朱本军　任春梅　刘　平　刘　芹　刘　芳　刘　洋　刘　露
刘西义　刘洁萍　刘恬渊　刘晓凤　刘峻明　刘韩萍　刘景华　闫　慧　次旦普赤
闫国伟　羊　漾　安光美　许　阳　孙小满　孙慧明　严　真　杜　敏　李　飒
李　莉　李　浩　李　娟　李　菁　李　梅　李　婷　李文清　李庆杰　李凯翔
李继青　李雪琴　李景贤　李慧香　杨　琳　杨　超　杨　静　杨庆怀　杨雨霖
杨荔雯　肖雨滋　吴　荇　吴　悦　吴才唤　吴汉华　吴贵飙　何杰锋　邹　瑜
辛　娜　汪　维　汪　滨　汪彦良　沈　汧　沈小慧　宋元明　宋姬芳　宋福燕
张　军　张　英　张　明　张　虹　张　莉　张　捷　张　楠　张　鹏　张小云
张小野　张世彤　张成英　张伟云　张兴杰　张收棉　张若冰　张明华　张柏林
张袁媛　张晓庆　张惠君　张瑞娥　张靖莎　张毅宏　陈　玥　陈　昊　陈　炼
陈　鸿　陈　瑶　陈　慧　陈一诗　陈有志　陈宇佳　陈敏仪　陈韶华　武　霞
武锦丽　武魏泓　范华秀　范新美　林　莹　林小娟　林秀敏　罗　欢　罗倩倩
金仙花　金美丽　金晓明　周　吉　周　杰　周　雄　周芳芳　周茂银　周莹洁
郑天纵　郑江平　孟雪花　赵　慧　赵　燕　赵冬梅　赵成海　赵树宜　赵新萍
胡　萍　钟　翔　种毓霞　段蓓虹　侯国柱　侯露露　施　静　姜　瑛　祖培茹
姚伟欣　秦江月　袁　祥　聂文静　索　帅　索南措　贾　蔷　贾子文　贾红硕
顾冬梅　热孜亚　钱冰洁　徐　佳　徐凡清　徐海霞　高家擎　郭进京　郭新萍
唐　璐　唐可心　唐晓应　朗杰卓玛　措　科　黄　兵　黄维玲　菅晓睿
曹　阳　曹　静　崔凤善　崔海媛　崔德志　康　娜　梁　平　梁晓瑾　梁福海
彭　勃　彭著君　董　莹　董春花　焦明华　储　兰　储　鑫　储继华　舒　珍
曾　莉　谢佳新　靳常生　赖　柯　雷兰芳　蔡家意　蔡淑敏　谭黎绮珊
潘雅茵　霍晓焰　霍彩玲　魏海燕

图书馆活动图辑

◆ 9月10日，文化和旅游部主办的“学习贯彻习近平总书记给国家图书馆老专家回信精神座谈会”在国家图书馆召开

◆ 9月7日，“中华传统文化典籍保护传承大展”在国家典籍博物馆开展

◆ 8月21日，“光荣梦想四十载 守正创新再出发——中国图书馆学会成立40周年”主题论坛在内蒙古鄂尔多斯召开

◆ 8月21日，2019年中国图书馆年会开幕活动之颁奖仪式在内蒙古鄂尔多斯举行

◆ 3月15日，2019年全国古籍评审工作启动会议在国家图书馆召开，第六批《国家珍贵古籍名录》和“全国古籍重点保护单位”评审工作正式启动

◆ 3月27日，2019中英图书馆论坛在四川省图书馆开幕

◆ 4月23日，中国图书馆学会和国家图书馆联合全国图书馆界共同发布《服务全民阅读　共创美好生活——中国图书馆界4·23全民阅读活动倡议书》

◆ 8月6日，国家图书馆（国家古籍保护中心）在山东曲阜孔子博物馆举办首届中华传统晒书大会

◆ 9月9—10日，“图书馆·与时代同行”国际学术研讨会在中国国家图书馆召开

◆ 12月13日，新中国70年纪录片盛典在陕西西安举行，百部精品纪录片入藏国家图书馆

◆ 3 月 14—15 日，中国图书馆学会 2019 年秘书长联席会议暨《中国图书馆年鉴》编纂工作会议在广西钦州市图书馆召开

◆ 7 月 16—18 日，中国图书馆学会“阅读推广人”培育行动（第十四期）在吉林长春举行，现场开展绘本讲读观摩活动

◆ 8 月 22 日，“同城共读　万卷共知”——阅读知识竞赛总决赛在内蒙古鄂尔多斯举行

◆ 2 月 1 日，首都图书馆与爱沙尼亚塔林中央图书馆签署合作备忘录并设立“阅读北京”专区

◆ 3 月 26 日，首都图书馆理事会成立大会召开

◆ 5 月 30 日，第十四届（2019）北京阳光少年活动启动仪式暨“童系梦想　冬奥之音——别样课堂在首图开讲”活动在首都图书馆举行

◆ 11 月 8 日，北京市第一家面向社会开放的“一卡通”高校联网馆——首都图书馆耿丹分馆在北京工业大学耿丹学院图书馆正式开馆

◆ 3 月 26 日，石景山区图书馆召开创建国家公共文化服务体系示范区和总分馆建设专题工作会

◆ 4 月 19 日，西城区第一图书馆文献借阅一部荣获中华全国妇女联合会颁发的“巾帼文明岗”称号

◆ 7 月 18 日，怀柔区图书馆举办“书香怀柔”第十二届全民阅读活动——“我和我的祖国”知识竞赛决赛

◆ 10 月 28 日，发展中国家旅游官员汉语文化研修班成员到东城区第一图书馆交流考察

◆ 11 月 14 日，2019 年“海淀阅读星行动”之“70 年 70 人 70 本书阅读故事汇”收官活动——“海淀阅读星”情境朗诵会在海淀区图书馆举办

◆ 11 月 16 日，丰台区启动“永定河阅读漂流计划”

◆ 5 月 23—24 日，新时代公共图书馆创新发展研讨会暨京津冀地区公共图书馆馆长业务交流研讨会在天津图书馆召开

◆ 7 月 1 日—8 月 1 日，“栉风沐雨结硕果　砥砺前行谋新篇——京津冀协同发展五周年天津图书馆成果展”在天津图书馆举办

◆ 7 月 27 日，“诵读经典美文　歌颂伟大祖国——庆祝新中国成立七十周年朗诵会”在天津图书馆举行

◆ 9 月 23 日，第三届京津冀图书馆“守望青春·我与图书馆的故事”阅读推广交流展示活动在天津图书馆举办

◆ 11 月 3—5 日，2019 公共图书馆绩效评估学术研讨会在天津举办

◆ 4 月 23 日，“圆梦复兴　阅读中国——2019 年河北省公共图书馆系列活动发布会”在河北省图书馆举行，现场诵读《服务全民阅读　共创美好生活——中国图书馆界 4·23 全民阅读活动倡议书》

◆ 8 月 20 日，“相约冀图·共赏古籍之美——河北省首届晒书节”在河北省图书馆举办

◆ 11 月 18—20 日，2019 河北省图书馆学会年会在石家庄市召开，设立 4 个分会场进行交流

◆ 11 月 21 日，河北省公共图书馆事业发展研究中心成立暨第一次工作会议在河北省图书馆召开

◆ 11 月 14 日，2019“大运河阅读行动计划——20 城阅读接力·沧州站”活动在沧州图书馆举行

◆ 6 月 20 日，第三届“知网杯”河北省高校图书馆服务创新案例大赛在天津举办

◆ 4 月 8—10 日，第十三届“全民阅读论坛”在山西太原举办

◆ 7 月 9 日，山西省图书馆举办建馆 110 周年系列活动之图书馆总分馆制建设实践与发展模式研讨会

◆ 12 月 23 日，山西省图书馆举办学习贯彻“习近平总书记给国家图书馆老专家的回信精神”演讲比赛

◆ 10 月 19 日，山西省图书馆首次参加“上图杯”2019 上海阅读马拉松秋季赛

◆ 7 月 2 日，大同市图书馆“学习书屋”正式开放

◆ 10 月 23 日，在太原市图书馆举办的“贯彻习总书记回信精神　提升图书馆服务水平”研讨会上，山西省地市级图书馆联盟代表共同宣读《山西省地市级图书馆联盟 2019 年宣言》

◆ 12 月 27 日，由太原市图书馆与郝庄镇党委、政府共建的山西省首家 24 小时无人值守智慧城市书房——“太图城市书房”郝庄馆正式开放

◆ 12月11 日，内蒙古自治区图书馆学会举办《习近平谈治国理政》第二卷（蒙古文版）蒙古语诵读会

◆ 6 月 27 日，内蒙古自治区 2018 年度阅读推广优秀案例经验交流会在呼伦贝尔市举办

◆ 4 月 21 日，通辽市图书馆举办“大手拉小手，我爱我国家”亲子朗诵比赛

◆ 9 月 26 日，呼和浩特市图书馆图书流动车走进石东路小学南校区乡村少年宫

◆ 12 月 5 日，呼伦贝尔市图书馆接待到访的蒙古国图书馆参观考察团并举办中蒙交流会

◆ 1 月 19 日，辽宁省图书馆举办“我们的中国梦——2019 年辽宁省图书馆迎新春百人朗诵会”

◆ 3 月 3 日，辽宁省图书馆与辽宁省残疾人联合会共同举办辽宁省图书馆学雷锋志愿服务“全国爱耳日”特别活动

◆ 5 月 25—26 日，辽宁省图书馆开展以“学习强国 阅读兴辽——读经典 学新知 链接美好生活”为主题的第二届图书馆嘉年华文化活动

◆ 5 月 31 日，辽宁省图书馆学会举办纪念“五四”运动 100 周年专题知识竞赛决赛

◆ 4 月 23 日，阜新市第九届读书节系列活动之“让经典走向大众——《中华传统文化百部经典》推介阜新行启动仪式”在阜新市图书馆举办

◆ 9 月 28 日，吉林省图书馆举办“庆祝中华人民共和国成立 70 周年·我和我的祖国”诵读合唱快闪活动

◆ 4 月 23 日，吉林省公共图书馆第二届暨吉林省图书馆第三届换书大集在长春举办

◆ 6 月 17 日，2019 年“圆梦蒲公英”乡村孩子看县城活动走进安图县图书馆

◆ 9 月 26 日，四平市图书馆举办“庆祝中华人民共和国成立 70 周年·四平市第二届农民工子女书画展”

◆ 6 月 23、25 日，在中俄文化大集框架下的“中俄图书馆学术研讨会”分别在黑河市和布拉戈维申斯克市举行

◆ 9 月 4—5 日，东北地区第十七次图书馆学科学讨论会在黑龙江黑河召开

◆ 7 月 26 日，黑龙江省首个文旅融合示范点——伊春市桃山桃源湖风景区森林书房正式落成

◆ 9 月 17 日，2019 全省古籍保护工作会议暨“册府千华——黑龙江省藏国家珍贵古籍特展”在黑龙江省图书馆举办

◆ 12 月 12 日，上海市图书馆学会 2019 学术年会在华东政法大学召开，大会开幕式上举行颁奖仪式

◆ 4 月 23 日，上海图书馆举办“韵语阳春　上图之夜——4·23 世界读书日阅读推广活动”

◆ 5 月 27 日，钱伟长图书馆在上海大学宝山校区东区正式开馆

◆ 7 月 6 日，傅雷旧居开放暨傅雷图书馆开馆仪式在上海浦东新区周浦镇举行

◆ 5 月 20 日，南京图书馆特色文创亮相第十二届中国艺术节演艺及文创产品博览会

◆ 10 月 22—25 日，江苏省图书馆学会 2018—2019 学术年会暨纪念成立 40 周年学术研讨会在徐州召开

◆ 1 月 26 日，“书香南京　童书金陵——首届金陵童书节”在金陵图书馆举办

◆ 4 月 21 日，“新华杯”第九届全民读书节启动暨海安市图书馆新馆开馆仪式举行

◆ 4 月 23 日，第六届“书香镇江·少儿阅读季”启动仪式在茅山新四军纪念馆举行

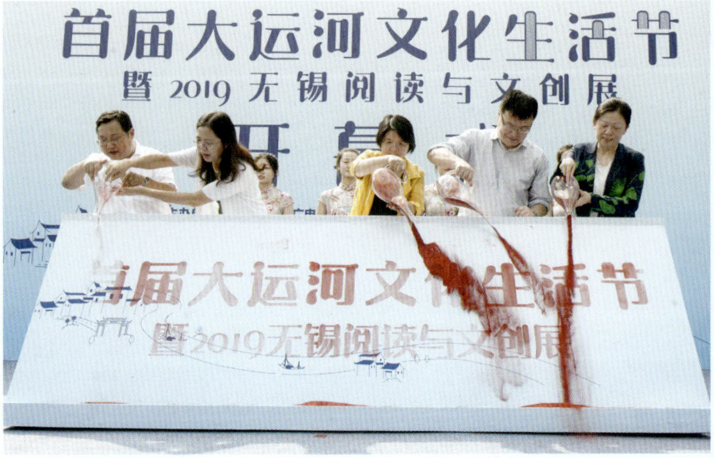

◆ 9 月 28 日，首届大运河文化生活节暨 2019 无锡阅读与文创展开幕式在无锡惠山举行

◆ 9 月 25 日，南通市图书馆举办献礼中华人民共和国成立 70 周年演艺活动

◆ 7 月 14 日，淮安市图书馆与南京林业大学淮安校区合办“十番锣鼓奏响乐章　非遗文化不容忘怀”暑期社会实践活动

◆ 12 月 10 日，建筑面积 45600 平方米的苏州第二图书馆正式对外开放

◆ 12 月 18 日，仪征市图书馆建设的梅花书屋城市书房正式对外开放

◆ 4 月 20 日，2019"天籁浙江"系列朗诵活动启动仪式暨"诗话曹娥江·浙东唐诗之路发祥地"主题晚会在绍兴上虞举行

◆ 5 月 6 日，"新时代公共图书馆文旅融合发展浙江现象"研讨会在淳安县下姜村召开

◆ 9 月 24—26 日，浙江省图书馆学会第十六次（2019）学术年会暨第五届浙闽论坛在浙江宁波召开，会上举行颁奖仪式

◆ 10 月 17 日，第 31 届全国十五城市公共图书馆工作研讨会在宁波图书馆举行

◆ 10 月 17 日，首届长三角地区公共图书馆信用服务年会在宁波图书馆召开，会上签署长三角地区公共图书馆信用服务联盟协议

◆ 5 月 9 日，在温州市图书馆建馆 100 周年庆典活动中，郑张尚芳先生藏书捐赠暨郑张尚芳文库揭牌仪式举行

◆ 10 月 31 日，宁波市首列阅读主题专列亮相地铁 1 号线

◆ 宁波市奉化区图书馆新馆外观

◆ 嘉善图书馆新馆内景

◆ 5 月 27 日，安徽省图书馆第一届理事会成立

◆ 8 月 11 日，安徽省暨合肥市残疾人自强模范事迹报告会在安徽省图书馆举行

◆ 8 月 7 日，安徽省图书馆“文化援疆”志愿服务项目走进新疆·和田地区，向皮山县图书馆捐赠图书

◆ 2019 年暑假期间，安徽省图书馆举办 2 期“安图文化研学一日营”公益活动

◆ 4 月 21 日，福建省图书馆馆员参加“读吧！福建”2019 年世界读书日“品读经典　畅想美好生活”主题活动

◆ 9 月 29 日，“读中华经典　颂时代华章——礼赞新中国 70 华诞诵读大会暨颁奖典礼”在福建广电大剧院举行

◆ 6 月 23 日，在第十一届海峡论坛子项目——第三届海峡两岸书院创新与融合论坛上，各书院负责人共同签署“海峡两岸书院联盟”协议

◆ 10 月 2 日，新中国成立 70 周年暨晋江市第九届悦读节双面沙画活动在晋江市图书馆举办

◆ 11 月 26—28 日，福建省图书馆学会 2019 年学术年会在三明市举办

◆ 5 月 12 日，《德旺大讲堂》启动仪式暨首场演讲在福州市图书馆举办

◆ 10 月 31 日—11 月 13 日，来自美国华盛顿州温哥华堡地区图书馆的 2 位馆员在厦门市图书馆开展交流活动

◆泉州市图书馆新馆外景

◆ 3 月 30 日，德国数学家林格尔（Ringel）教授智力玩具捐赠仪式暨厦门大学图书馆数学与智力玩具空间揭牌仪式在厦门大学德旺图书馆举行

◆ 5 月 22 日，中国图书馆学会公共图书馆分会特色图书馆工作委员会第一次工作会议在江西井冈山召开

◆ 10 月 27 日，2019 全省“爱阅赣版书”读书演讲比赛总决赛在景德镇市图书馆举行

◆ 4 月 23 日，抚州市举办 2019 年“全民阅读·书香抚州”启动仪式暨首届亲子朗诵大赛总决赛

◆ 4 月 20 日，上饶市举办“书香沁饶城·追梦新时代”2019 年上饶市全民阅读启动仪式暨第三届领导干部推荐好书系列活动

◆ 8 月 25 日，赣州市图书馆举办“水墨寻文”中华诗书大会决赛

◆ 10 月 15 日，“时代的声音——不忘初心　牢记使命”主题教育经典诵读会在南昌市图书馆举行

◆ 6 月 20 日，“赣山蕴经典　鄱水流书香”——首届江西地方文化沙龙在江西师范大学图书馆举办

◆ 2 月 15 日，“最是一年春好处　梨园风雅送新来——2019 年少儿京剧艺术冬令营”在山东省少年儿童图书馆落下帷幕

◆ 4 月 19 日，湖南图书馆等在长沙橘子洲举办“爱阅之城　千人诵读”活动

◆ 5 月 29 日，“不朽的人生——田汉生平事迹图片展”（长沙站）开幕式暨“田汉在长沙”学术研讨会在长沙市图书馆举行

◆ 5 月 29 日，长沙市图书馆举办“让文字活起来”经典文学作品读演剧场第一季活动

◆ 6 月 1 日，长沙市图书馆“声音图书馆”启动“长沙童谣”非物质文化遗产声音资源库项目

◆ 11 月 19 日，日本鹿儿岛友好代表团一行到长沙市图书馆参观交流

◆ 5 月 31 日，吉首大学图书馆联合凤凰县图书馆在该县牛岩村开展阅读文化扶贫进苗寨活动

◆ 4 月 21 日，资兴市“4・23”世界读书日暨第五届儿童阅读节活动启动

◆ 4 月 20 日，“书香岭南”全民阅读暨广东省 2019 年“世界读书日”主题活动在广东省立中山图书馆举行

◆ 11 月 5 日，粤港澳大湾区公共图书馆联盟正式成立

◆ 11 月 12—14 日，“公共文化建设现场——2019 广东公共文化研讨会”在广州举行

◆ 11 月 25—26 日，广东图书馆学会第十三次会员代表大会在深圳市盐田区举行，新当选第十三届理事会学会负责人合影

◆3月19日，全国公共文化产品供给侧改革现场经验交流会在上海举行，广东省佛山市获得第三批国家公共文化服务体系示范区授牌

◆7月18—19日，广东省高等学校图书情报工作指导委员会、广州市图书馆学会邀请国际图联当选主席克里斯汀·麦肯齐（Christine Mackenzie）女士来穗访问讲学

◆中山纪念图书馆新馆内景

◆南雄市图书馆新馆外观

◆深圳市盐田区图书馆与社会力量合作建设分馆——听海图书馆

◆4月18日，广东省科技图书馆主楼二层读者服务区完成空间再造工程

◆ 6 月 17 日，学术信息服务与信息化建设精准服务研讨会在广西壮族自治区图书馆举行

◆ 12 月 10 日，百色市首个“红城书屋”——鹅城文创园正式开放

◆ 12 月 15 日，北海市第二届小海螺绘本故事讲述大赛（决赛）在北海市人民剧场举办

◆ 11 月 23 日，“追梦 · 为青春喝彩——献礼新中国 70 华诞”广西本科院校图书馆诵读大赛在广西大学举办

◆ 12 月 12—13 日，2019 年广西高校图书馆工作与学术年会在广西师范大学召开

◆ 8月30日，2019年海南省"你读书，我买单"活动媒体通报会在海南省图书馆举行

◆ 4月2日，中国图书馆学会公共图书馆分会图书馆扶贫工作委员会组织各委员单位向桂林市国家级贫困县龙胜各族自治县图书馆捐赠图书

◆ 5月30日，"文化行走　阅读中国——迎接中华人民共和国成立70周年70城联读活动全国启动仪式"在重庆图书馆举行

◆ 6月14日，2019新时代图书馆建设与发展研讨会在重庆图书馆举办

◆ 9月11日，"中华人民共和国成立70周年·百姓生活记忆展"在重庆图书馆开展

◆ 10月26日，重庆国学学会文献专业委员会在重庆图书馆成立

◆ 11 月 30 日，“我和我的祖国”第二届“阅读之星”重庆市民诵读大赛总决赛在重庆市群星剧院举行

◆ 3 月 12 日，四川省图书馆博士后创新实践基地揭牌暨与四川大学合作协议签署仪式在四川省图书馆举行

◆ 6 月 22 日，2019 全省图书馆长会在四川省图书馆举行

◆ 6 月 22 日，中医药古籍文化展开展暨张大千文献中心开馆仪式在四川省图书馆举行

◆ 10 月 31 日—11 月 1 日，2019 贵州省图书馆学会学术年会暨贵州省图书馆学会成立四十周年纪念大会在黔南州都匀市召开，会上举行颁奖仪式

◆ 4 月 10 日—5 月 8 日，文化共享工程“汉藏文化交流项目”西藏基层公共文化骨干培训班在云南省图书馆举办

◆ 8 月 9—11 日，进城务工人员子女参加云南省图书馆“普洱茶文化图书馆”举办的“小茶人”培训班

◆ 6 月 6 日，“古籍保护 · 你我同行——古籍修复技艺进校园”活动在云南师范大学图书馆举办

◆ 2019 年暑期，参加“中华古籍普查文化志愿服务行动”的志愿者在西藏扎什伦布寺进行古籍登记

◆ 2 月 26 日，“走近四库全书”系列宣传活动（甘肃站）启动仪式在甘肃省图书馆举行，小朋友现场体验抄写书页

◆ 3 月 18—27 日，全省图书馆基础业务知识培训班在兰州举办

◆ 4 月 23 日，甘肃省图书馆举办“读经典　学新知　链接美好生活”全民阅读宣传推广活动

◆ 10 月 25 日，甘肃省图书馆学会成立 40 周年纪念大会暨 2019 甘肃省图书馆学会年会在兰州召开，会上举行全省图书馆“三十年服务奉献奖”获奖人员颁奖仪式

◆ 4 月 23 日，山丹县 2019 年“新思想　欣阅读——庆祝新中国成立 70 周年”全民阅读启动仪式在甘肃山丹龙首广场举行

◆ 4 月 21 日，庆祝第 24 个世界读书日暨武山县第三届读书节启动仪式在甘肃武山县人民广场举行

◆ 3 月 1 日，宁夏回族自治区图书馆党支部在宁夏阅海养老中心开展“传承雷锋精神 共推孝老文化”主题党日活动

◆ 1 月 15 日，宁夏回族自治区图书馆举办迎新春·2019 年公共数字文化宣传活动暨 2018 年度优秀读者表彰会

◆ 4 月 20 日，“读经典　学新知　链接美好生活”宁夏回族自治区图书馆 2019 年世界读书日系列活动启动仪式举行

◆ 10 月 24 日，图书馆学期刊编辑出版研讨会在宁夏银川召开

◆ 5 月 29 日，晋疆文旅交流一家亲——2019“春雨工程”山西省文化和旅游志愿者新疆行系列活动启动仪式在伊犁州图书馆举行

◆ 10 月 1 日，新疆图书馆举办“庆祝新中国成立 70 周年——爱祖国·爱阅读大型绘本故事会”

◆ 4 月 23 日，塔城地区图书馆在地区电视台演播大厅举行“4·23 世界读书日暨全民阅读启动仪式”

◆ 4 月 29 日，吉木萨尔县图书馆启动 2019 年百日广场文化全民健身全民阅读活动，现场对优秀分馆进行颁牌表彰

◆ 4 月 28 日，阿勒泰地区图书馆开展“弘扬五四精神，彰显青春风采”红色教育活动

◆ 7 月 7 日，库尔勒市图书馆开展“故事妈妈讲故事”系列活动

◆ 2 月 1 日，特克斯县图书馆在该县儿童福利院开展“书香特克斯　品阅八卦城”送书下乡活动

◆ 10 月 9 日，新疆医科大学中医学院、图书馆联袂推出“悦读中医名家讲堂”

◆ 6 月 28 日，新疆大学图书馆举办“胡杨精神育人”学术交流研讨会暨首届新疆高校图书馆员科研创新能力大赛启动仪式

◆ 11 月 29 日，国家科技图书文献中心（NSTL）在北京召开 NSTL 支撑国家发展战略信息服务成果发布会

◆ 8 月 19—23 日，中国科学院文献情报中心举办“科学图书馆——探秘宇航”2019 青少年科学信息素养训练营

◆ 9 月 3—5 日，由中国医学科学院医学信息研究所筹办的 WHO 西太平洋地区医学索引及亚太医学期刊编辑协会 2019 年大会联合会议在陕西西安举办

◆ 2 月 22 日，中国中医科学院中医药信息研究所（中国中医科学院图书馆）与德国莱比锡大学医学信息统计与流行病学研究所合作成立中德中医药本体联合实验室

◆ 6 月 12 日，国家工程技术图书馆院士著作馆李天初院士报告会在北京科技大学举行

◆ 4 月 22 日，在第 50 个世界地球日之际，中国地质图书馆等单位为北京石油学院附属小学师生举办“矿物与生活的关系”系列科普活动

◆ 8 月 15 日，中国计量科学研究院文献馆在北京市计量院为一线科研人员举办“NSTL 科技文献信息检索与利用”专题讲座

China

Library Yearbook

中国图书馆 年鉴 2020

目 录

特 载

纪 事

图书馆事业

学术研究与活动

法律法规与政策性文件

专业文献

统计资料

年度大事记

特　　载

全国图书馆深入学习贯彻落实习近平总书记给国家图书馆老专家回信精神

习近平总书记给国家图书馆8位老专家的回信

丁瑜、薛殿玺等同志：

你们好！来信收悉。你们离退休后仍心系国图发展和文化事业，体现了你们对“传承文明、服务社会”初心的坚守。

110年来，国家图书馆在传承中华文明、提高国民素质、推动经济社会发展等方面发挥了积极作用。一代代国图人为此付出了智慧和力量。在此，我向国图全体同志致以诚挚的问候。

图书馆是国家文化发展水平的重要标志，是滋养民族心灵、培育文化自信的重要场所。希望国图坚持正确政治方向，弘扬优秀传统文化，创新服务方式，推动全民阅读，更好满足人民精神文化需求，为建设社会主义文化强国再立新功。

习近平

2019年9月8日

文化和旅游部召开学习贯彻习近平总书记给国家图书馆老专家回信精神座谈会

在国家图书馆迎来110周年馆庆之际，中共中央总书记、国家主席、中央军委主席习近平给国家图书馆8位老专家回信，肯定国图建馆110年来发挥的积极作用，向国图全体同志致以诚挚的问候，并对今后工作提出希望和要求。9月10日，文化和旅游部在国家图书馆召开学习座谈会，传达学习总书记的回信，就贯彻落实好回信的重要精神进行座谈。文化和旅游部部长雒树刚出席座谈会并讲话。

雒树刚首先传达了习近平总书记的回信，并对国家图书馆8位老专家进行一一介绍，对他们心系国家、心系国图的情怀致以衷心感谢。古籍版本学专家李致忠代表老专家发言时表示，在给总书记的信上签上自己名字的时候，心情是忐忑不安的，当得知总书记在百忙中回信时，心情十分激动。这位81岁的老专家尽管已经退休，却一直坚持在馆内工作，为图书馆发展建言献策。他表示，总书记的回信既是对110年来国图所发挥历史作用的充分肯定，也是对全国图书馆性能功用的充分肯定，我们应该站在新的历史起点上回顾总结我们以往的成败得失经验，更应在传承中华文明、提高国民素质、推动社会经济发展等方面大胆创新，做出更大的贡献。上海、山东、浙江、广东、重庆等地图书馆馆长也畅谈了学习体会。大家一致表示，总书记的回信让人深受鼓舞、倍感振奋，作为新时代的图书馆人，要不忘初心、牢记使命，不辱使命、不断创新，面向世界、面向未来，为实现伟大梦想做贡献，为建设社会主义文化强国立新功。

雒树刚表示，这是习近平总书记首次就图书馆事业专门做出重要论述，充分体现了以习近平同志为核心的党中央对文化事业、对图书馆事业、对国家图书馆工作的高度重视。回信充分肯定了国图建馆110年来发挥的积极作用，饱含着对国图人不忘初心、坚守使命的高度赞许，也是对全体图书馆工作者的肯定和激励。总书记在回信中还立足图书馆职能定位、结合中国图书馆事业发展实际，提出了对国家图书馆以及全国图书馆今后发展的目标要求和殷切期望，为我们做好新时代图书馆工作提供了理论指导和行动指南。我们一定要认真学习贯彻习近平总书记回信精神，深刻领会新时代图书馆事业的重要作用、重要使命，不断增强做好工作的责任感、使命感、紧迫感，振奋干事创业的信心、决心、进取心，切实把思想和行动统一到习近平总书记回信精神上来，推动文化事业、图书馆事业开创新局面。

雒树刚强调，一要坚持正确政治方向，坚持以习近平新时代中国特色社会主义思想为指导，坚持社会主义先进文化前进方向，把培育弘扬社会主义核心价值观作为根本任务，贯穿到公共图书馆建设、管理、服务各环节全过程。二要发挥公共服务职能，牢固树立全心全意做好公共文化服务的理念，更好发挥公共图书馆在文献收藏、知识传播、公共教育、文化交流等方面的积极作用。三要弘扬优秀传统文化，坚持保护修复与合理利用并重，扎实做好古籍普查登记、抢救整理、保护修复、研究利用等工作，深入发掘和阐发古籍的文化内涵，促进中华优秀传统文化创造性转化、创新性发展。四要推进改革创新，进一步创新体制机制、创新服务方式，全面提高服务读者、服务社会的能力和水平。五要推动全民阅读，广泛开展阅读推广服务。（《中国文化报》2019 年 9 月 11 日报道）

国家图书馆深入开展学习贯彻习近平总书记回信精神活动

在国家图书馆 110 周年馆庆之际，中共中央总书记、国家主席、中央军委主席习近平给国图 8 位老专家回信，肯定国图建馆 110 年来发挥的积极作用，向国图全体同志致以诚挚的问候，并对今后工作提出希望和要求。习总书记的回信，令国图全体员工，乃至全国图书界倍感欢欣鼓舞。连日来，国图多次开展学习贯彻习近平总书记回信精神的活动。

9 月 8 日晚，国图召开馆务会，向老专家传达了习近平总书记的回信，并通过电话传达给几位不能到场的老专家。馆领导班子成员现场学习回信精神，并做好相应工作安排。

9 月 9 日晚，在“图书馆 · 与时代同行”国际学术研讨会专场音乐会上传达了新华社报道《习近平给国家图书馆老专家回信》，引起会场上经久热烈的掌声。现场的国图员工和很多会议代表第一时间把新华社报道的消息转发、分享。

9 月 10 日下午，文化和旅游部在国图召开学习座谈会，传达学习总书记的回信，就贯彻落实好回信的重要精神进行座谈。文化和旅游部部领导、相关司局负责同志，国图部分老专家代表、全体班子成员、各部处主要负责同志，以及全国副省级及以上公共图书馆和少儿馆馆长参加会议。文化和旅游部部长雒树刚出席座谈会并讲话。雒树刚表示，这是习近平总书记首次就图书馆事业专门做出重要论述，充分体现了以习近平同志为核心的党中央对文化事业、对图书馆事业、对国家图书馆工作的高度重视。雒树刚强调，参会人员要认真学习贯彻习近平总书记回信精神，深刻领会新时代图书馆事业的重要作用、重要使命，不断增强做好工作的责任感、使命感、紧迫感，振奋干事创业的信心、决心、进取心，切实把思想和行动统一到习近平总书记回信精神上来，推动文化事业、图书馆事业开创新局面。

9 月 11 日，国图再次召开馆务会，研究 9 月 16 日召开全馆大会传达学习总书记回信精神、印发《深入学习贯彻习近平总书记给国图老专家回信精神的通知》等事宜，部署具体实施方案的制定工作。

9 月 16 日上午，国图召开深入学习贯彻习近平总书记给国家图书馆老专家回信精神大会。馆长饶权，党委书记魏大威，副馆长张志清、孙一钢、陈樱出席会议，各部处相关负责同志及员工代表等 900 余人参加会议，魏大威主持会议。

饶权在讲话中表示，在国图建馆 110 周年之际，习近平总书记给国图 8 位老专家回信，充分肯定了老专家离退休后仍心系国图发展和文化事业、对“传承文明、服务社会”初心的坚守，充分肯定了国图 110 年来在多方面所发挥的积极作用，向每一位国图人致以诚挚问候，并对国图事业未来发展提出殷切期望。这是总书记首次就图书馆事业专门做出重要论述，充分体现了以习近平同志为核心的党中央对国图工作，乃至全国图书馆事业、文化事业的高度重视。

会上，饶权宣读了习近平总书记给国图8位老专家的回信，介绍了近期馆内外围绕学习贯彻习近平总书记回信精神所做的一系列工作，并结合实际工作就国图学习贯彻落实总书记回信精神，坚守初心、牢记使命，凝心聚力推动事业创新发展做出了部署，提出了八点要求。一是充分认识、深刻领会总书记回信的重大意义和丰富内涵；二是继承传扬百年国图精神，把学习总书记回信精神与深化“不忘初心、牢记使命”主题教育成果紧密结合起来；三是坚持正确政治方向，自觉承担举旗帜、聚民心、育新人、兴文化、展形象的使命任务；四是坚定文化自信，积极传承弘扬中华优秀传统文化；五是充分发挥公共服务职能，更好满足人民群众对美好生活的新期待；六是推动全民阅读，努力为广大群众提供丰富精神食粮；七是坚持改革创新，积极应用现代信息技术提升服务效能；八是加强组织领导，自觉将学习总书记回信精神融入本职工作。

饶权强调，全馆员工要把学习领会、贯彻落实习近平总书记回信精神作为当前和今后一段时期的重要任务，自觉把思想和行动统一到总书记回信精神上来，进一步深化主题教育成果，深入推进国家图书馆事业创新发展，以实际行动回报总书记的关心关怀，为推动中国特色社会主义文化事业大发展、大繁荣做出新的更大贡献！（国家图书馆网站报道）

图书馆界：“习近平总书记的回信使我们深受鼓舞”

在国家图书馆建馆110周年之际，中共中央总书记、国家主席、中央军委主席习近平给国图8位老专家回信，向国图全体同志致以诚挚的问候，希望国图为建设社会主义文化强国再立新功。回信发出后，立刻在图书馆界引起强烈反响，大家纷纷表示，总书记的回信内容寓意深远，读完之后倍感责任重大、使命光荣；未来，将接过老一辈手里的接力棒，不忘初心、牢记使命，与时代同行，进一步服务好群众的文化需求、服务好社会发展。

一、将总书记的期望转化为改进工作的动力

国家图书馆馆长饶权说：“总书记的勉励语重心长、意义深远，为全馆员工和全国图书馆人在新时代奋勇拼搏、干事创业注入了新的强劲动力。总书记对国家图书馆事业发展所取得成绩的充分肯定，更加坚定了我们提高履职本领，为经济社会发展提供更优质、更便捷、更高效的信息与知识服务的信念。国家图书馆将与全国图书馆界一道，深入学习贯彻习近平总书记回信精神，按照总书记要求，重点做好以下几个方面工作：坚持正确政治方向，自觉承担举旗帜、聚民心、育新人、兴文化、展形象的使命任务；不忘初心、牢记使命，继承传扬百年国图精神；坚持创造性转化、创新性发展，积极传承弘扬中华优秀传统文化；推动全民阅读，以优质阅读服务满足人民日益增长的精神文化需求；坚持开拓创新，积极应用现代信息技术提升服务效能。”

浙江图书馆馆长褚树青表示，总书记的回信中提到“创新服务方式，推动全民阅读”，既点出了公共图书馆工作的一个重要方面，也是希望图书馆着力推进相关工作。未来，大家将继续推进全民阅读，更好地满足人民群众的精神文化需求。

广东省立中山图书馆馆长王惠君表示：“未来，我们将继续坚持技术创新、改进业务工作、完善管理机制、提高服务效能，在文旅融合和粤港澳大湾区建设的背景下，积极发挥省馆的龙头作用，创新发展模式，在传承岭南文化、建设学习型社会、培养公民文化自信等方面发挥引

领作用，为广东图书馆事业和广东文化强省建设助力。”

安徽省图书馆馆长林旭东表示，图书馆工作需要“默默无闻地坚守”和“为人作嫁衣”的奉献精神。“我们要将总书记的期望转化为改进工作的动力。目前我们正在进行‘少儿阅读体验中心’‘党建阅览室’‘文创休闲空间’建设，努力以创新的服务内容和形式满足读者新的文化需求。有了政府的大力支持，有了小康社会公众阅读的新期待，我们有信心将安徽省图书馆建成全民阅读书香安徽的乐享基地，建成公民终身学习的智慧伴侣。”

“图书馆作为传递知识和信息的重要窗口，也是建设文化强国的一个重要标志，做好图书馆工作至关重要。”陕西省图书馆馆长周云岳表示，“我们将振奋精神，进一步加强文化建设，不断创新图书馆服务方式，为建设书香社会努力。”

海南省图书馆馆长李彤表示：“作为一名图书馆馆长，身负满足广大群众文化需求的工作职责，我会带领全馆员工不断提高自身的业务水平，创新服务方式，努力为群众提供又多又好的文化服务。”

宁夏回族自治区图书馆馆长韩彬表示，总书记的回信充分肯定了图书馆多年来在传承文明、服务社会方面取得的成就，同时也对下一步图书馆的工作提出了殷切期望。“首先，我们要把总书记的回信精神学习好、领悟好。其次，要结合各地的情况，把回信的精神贯彻好、落实好，为建设社会主义文化强国再立新功。”

重庆图书馆馆长任竞表示，近年来总书记多次视察重庆，为重庆的发展导向定航。重庆图书馆要围绕总书记的讲话精神，把总书记的回信与视察重庆系列讲话相结合，进一步提高政治站位，号召全馆职工和全市图书馆员牢记嘱托，锐意进取，切实维护好国家文化安全和意识形态安全；同时，坚持创造性转化、创新性发展，处理好守与变、古与今的关系，不断创新服务方式，坚持以读者满意为导向，进一步强化使命担当，以改革创新促发展，以优质服务惠民生，扎扎实实让总书记的嘱托落在巴渝大地上。

“从昨天到今天，大家都深受鼓舞，同时也感觉任重而道远。我们要组织全市图书馆工作者认真学习总书记的回信，把回信精神作为今后工作的指针。”四川成都市图书馆馆长肖平表示，“多年来，成都图书馆界始终按照总书记的要求，坚守初心、牢记使命，做了大量有关文化传承与服务创新的工作，展现出图书馆人的文化自觉。总书记的回信，让我们更加坚定了继续把工作做好的信心。”

福建厦门市图书馆副馆长曾兴德表示：“总书记对图书馆事业的发展提出了很多期望，在传承优秀传统文化方面，厦门市图书馆未来将结合区位优势、地理优势，发掘地方文化资源，更好地服务大众。”

“我们应该深刻思考如何更好地做到不忘初心，把总书记的指示和教导落实到实际工作中，特别是如何做到守正创新。”黑龙江哈尔滨市图书馆馆长李冬梅说，“如今，在文旅融合的大背景下，图书馆人应该思考如何在保留图书馆自身特色的同时，让图书馆事业融入时代发展中。”

二、时代赋予图书馆新的历史使命

图书馆必须与时代同行，顺应时代之变，总书记的回信让图书馆人更坚定了使命职责，更明晰了目标任务。吉林省图书馆馆长赵瑞军表示，新时代的图书馆要有新气象、新作为。“我们要进一步转变服务方式，主动融入社会，全面贴近生活，全方位满足阅读需求，把巩固和扩大弘扬中华民族优秀传统文化成果同现代传播技术手段有机结合起来，向社会提供内容更加丰富、形式更为多样的服务产品、服务内容，使阅读成为人们的一种生活习惯和方式，建设具有中国特色的书香社会。”

“图书馆人必须做到不忘初心、牢记使命。上海图书馆作为一个研究型公共图书馆，将继续坚持面向公众、面向专业、面向决策的服务定位，以上海图书馆东馆建设为契机再创佳绩。同时，图书馆人还要不辱使命、不断创新。当下，上海图书馆一直在探索实践智慧、包容、连接的创新转型战略；未来，我们将持续开展以阅读为核心的文化普及、科学普及和艺术普及工作，努力提供美好生活所需要的美好阅读服务。此外，图书馆人还应该面向全球、面向未来。进入新世纪后，上海图书馆就确立了世界级图书馆的发展目标，现在正在抓紧上海图书馆东馆的建设，旨在努力建设一个具有世界影响力的、与现代化国际大都市相匹配的研究型城市公共图书馆。”上海图书馆馆长陈超说。

“时代给图书馆事业发展提供了最好的机遇，也对我们提出了新要求。”首都图书馆党委书记、代馆长肖维平表示，“我们要通过学习总书记回信精神，提升对事业、职业的认知，全面提升馆员素质和服务水平，尽职尽责，努力打造为民所需、为民所用的公共文化场馆。我们要把亲民、特色、智慧作为新馆的功能特征，把服务效果、读者的使用体验放在首位，不断创新服务方式，拓展服务内容，发挥好人与知识、人与人之间的桥梁纽带作用，履行好社会教育和文化传播的职能。”

“总书记的回信语重心长、内涵丰富、导向鲜明、意义重大，给予我们图书馆界、图书馆人极大的鼓舞和鞭策。”山西省图书馆馆长王建军说，“我们要不断推动图书馆创新发展、均衡发展、智慧发展；要继续做好中华古籍保护工作，努力做中华优秀传统文化的守护者、传承者、弘扬者；要加强特殊群体服务，推进公共图书馆服务均等化建设，让人民群众有更多获得感、幸福感。”

三、新时代应有新作为

总书记的回信为全国图书馆事业的发展提供了思想方向的指引和事业发展的重要遵循。“我们将以智慧图书馆为目标，推动智慧互联融合发展，积极建设数字图书馆，加大数字资源尤其是地方数字文化资源的建设利用，发挥微服务优势，推动新媒体服务合力；将以全民阅读为己任，构建多层次微信阅读推广品牌，按照主题化、序列化、品牌化的原则，创建载体多元、分众明确、特色突出的全民阅读推广品牌；以尼山书院为阵地，推动优秀传统文化创造性转化、创新型发展。”山东省图书馆馆长刘显世表示。

河南省图书馆馆长孔德超表示：“我们要按照总书记的要求，不断满足读者需求，改善文献资源结构和阅读条件，营造全民阅读的良好氛围；拓展服务范围，建设一系列馆外借阅点及24小时自助图书馆；创新服务方式，把积淀深厚的文献资源发掘好、利用好，发挥全省各级各类图书馆的群体优势，整合建立全省图书馆讲座联盟、展览联盟、地方文献联盟等；开展公共文化数字资源进基层、进农村、进学校、进景区，推出一系列具有影响力的讲坛、读书会、少儿活动等阅读品牌活动。”

“成立于1920年的江西省图书馆，六迁馆址，三建馆舍。和古老的滕王阁隔赣江相望的新馆建成后，必将更好地满足人民群众的阅读需求。”江西省图书馆馆长陶涛说，江西省图书馆将以新馆建设为契机，在硬件、软件上同时着力，努力建设一流的省级公共图书馆。“下一步，我们将通过开展‘新时代　新赣图　新作为’解放思想大讨论，完善163项规章制度；打造1000平方米红色专题图书馆和800平方米古籍体验区；设计并充实1100平方米图书文创展销区；组织28项开馆活动，提升读者服务水平，以优异成绩向明年建馆100年献礼。”

四川省图书馆党委书记、馆长何光伦表示，在当前社会各业态跨界融合升级的大趋势下，图书馆应当以跨界融合为发展驱动力，创造资源共建、服务共享、发展共赢的交流平台，推动全民阅读，传承弘扬中华优秀传统文化。“过去几年，四川省图书馆以书为媒，文献服务方式由‘藏、阅’平面模式向‘藏、阅、展、创’立体模式融合发展。未来，我们将结合文旅融合，充分利用新兴技术，深化升级‘图书馆+’跨界合作，探索全新的文创产品开发模式。”

湖北武汉图书馆馆长李静霞表示，近年来，该馆通过好书分享、书目推荐、阅读推广等各种服务方式，不断促进社会主义核心价值观内化为市民精神追求，外化为市民自觉行动。“我们依托总分馆制，使图书馆融入人民的日常生活中。名家论坛、社科讲坛等品牌活动每周都有不同主题，读者在图书馆不仅能与文学、历史、经济、城市发展等方面的名家面对面交流，也能学到家庭教育、非遗手工等接地气的知识技能。随着文献类型和载体的变化，读者需求以及使用习惯的日益更新，我们还不断创新服务形式，与音乐广播电台合作开办栏目，首创图书馆界与广播界跨界融合服务的新形式，体现了文化的温度和力量。”

江苏苏州图书馆馆长金德政表示，苏州图书馆一直致力于为人民群众提供普遍均等、专业高效的阅读服务。“近年来，苏州图书馆服务效能不断提升，读者活动已经覆盖到各类人群和各个年龄层次。今年底，苏州第二图书馆将建成开放，这是一座公共文化服务内涵极其丰富的复合型图书馆，将进一步满足群众多层次、多元化、个性化的文化需求。”

“中国古籍保护协会是国图于2015年发起成立的社会组织，在动员社会力量积极参与中华古籍保护工作的实践中，我们深感典籍是传承发展中华民族优秀传统文化的重要载体，更是需要共同守护的精神家园。几年来，无论组织高校学生参与古籍普查文化志愿服务，还是引导社会公益资金投入古籍保护工作，都使中华优秀传统文化传承发展向着‘公众参与时代’持续迈进。”中国古籍保护协会会长刘惠平说，“我们的工作必须放在社会发展的大格局中，站在推动中华民族伟大复兴的高度，不断增强紧迫感、责任感和使命感，牢记总书记更好满足人民精神文化需求，为建设社会主义文化强国再立新功的嘱托，为国家文化建设的繁荣和发展不懈努力。”（《中国文化报》2019年9月11日1版报道）

纪　　事

中国图书馆学会和国家图书馆联合全国图书馆界共同发起《服务全民阅读　共创美好生活——中国图书馆界4·23全民阅读活动倡议书》

4月23日，正值第24个“世界读书日”来临之际，中国图书馆学会和国家图书馆联合全国图书馆界共同发布了《服务全民阅读　共创美好生活——中国图书馆界4·23全民阅读活动倡议书》（以下简称《倡议书》）。

国家图书馆馆长、中国图书馆学会理事长饶权，国家图书馆党委书记、副馆长魏大威，副馆长张志清、陈樱、汪东波以及馆员代表，与在各分会场的13家地方图书馆代表，共同宣读了《倡议书》，向社会发出图书馆人对于服务全民阅读，推进学习型社会建设的倡议。

《倡议书》向社会大众表达了中国图书馆界致力于服务全民阅读，推进学习型社会建设的坚定目标，充分体现图书馆人高度的文化自觉与责任担当。《倡议书》提出五项倡议举措：

坚持思想引领，弘扬时代精神。自觉承担举旗帜、聚民心、育新人、兴文化、展形象的使命任务，深入学习、大力宣传习近平新时代中国特色社会主义思想，着力推动这一思想的大众化普及化，引领新时代，指导新实践。

组织全域联动，实现融合发展。坚守“为人找书、为书找人”的价值理念，竭诚引导、推动、服务全民阅读，广泛联合社会各界，共同构建面向书香社会和学习强国建设的阅读服务网络，推动阅读服务全覆盖。

优化阅读环境，引领阅读风尚。丰富阅读资源供给，建设美好阅读空间，打造特色阅读品牌，开展线上线下“同城共读”阅读活动和“万卷共知”竞答活动，努力满足公众阅读需求，营造崇尚学习、热爱阅读的良好氛围，让更多人走进图书馆，与书籍相伴，令书香致远。

创新技术应用，提升用户体验。持续跟进数字出版、融媒体传播、人工智能等新技术与新设备研发，深入开展基于大数据的阅读行为与需求分析，创新阅读解决方案，优化阅读服务模式，提升阅读服务效能。

坚持以人为本，促进普惠均等。积极关注少年儿童、老年人、残疾人等特殊群体需求，丰富面向革命老区、民族地区、边疆地区和贫困地区的服务供给，倡导书香家庭新生活，以阅读启民智，以阅读扶民志，以阅读助力扶贫攻坚战。

4月1日，国家图书馆联合中国图书馆学会面向全国图书馆发布《关于联合开展2019年4·23全民阅读活动的通知》，号召全国图书馆界一起行动起来，开展不同形式的活动，不断提升全民阅读的服务能力。各分支机构和省级图书馆学（协）会高度重视、积极响应、精心组织。截至4月19日，共有3039家单位参与了此次活动，涵盖了各级各类图书馆及阅读推广机构。

附：

服务全民阅读　共创美好生活

——中国图书馆界4·23全民阅读活动倡议书

习近平总书记指出，“读书可以让人保持思想活力，让人得到智慧启发，让人滋养浩然之气”。中华民族自古崇尚读书，耕读传家、诗书继世的思想源远流长。党的十八大以来，以习近平同志为核心的党中央高度重视社会主义文化建设。倡导全民阅读、共建书香社会，已经成为传播弘扬中国特色社会主义文化，培育践行社会主义核心价值观，激发全社会创新创造活力的时代召唤。

值此第24个“世界图书和版权日”之际，中国图书馆学会和国家图书馆联合全国图书馆界，共同开展以“读经典 学新知 链接美好生活”为主题的2019年全民阅读活动，并发出如下倡议：

一、坚持思想引领，弘扬时代精神。自觉承担举旗帜、聚民心、育新人、兴文化、展形象的使命任务，深入学习、大力宣传习近平新时代中国特色社会主义思想，着力推动这一思想的大众化普及化，引领新时代，指导新实践。

二、组织全域联动，实现融合发展。坚守“为人找书、为书找人”的价值理念，竭诚引导、推动、服务全民阅读，广泛联合社会各界，共同构建面向书香社会和学习强国建设的阅读服务网络，推动阅读服务全覆盖。

三、优化阅读环境，引领阅读风尚。丰富阅读资源供给，建设美好阅读空间，打造特色阅读品牌，开展线上线下“同城共读”阅读活动和“万卷共知”竞答活动，努力满足公众阅读需求，营造崇尚学习、热爱阅读的良好氛围，让更多人走进图书馆，与书籍相伴，令书香致远。

四、创新技术应用，提升用户体验。持续跟进数字出版、融媒体传播、人工智能等新技术与新设备研发，深入开展基于大数据的阅读行为与需求分析，创新阅读解决方案，优化阅读服务模式，提升阅读服务效能。

五、坚持以人为本，促进普惠均等。积极关注少年儿童、老年人、残疾人等特殊群体需求，丰富面向革命老区、民族地区、边疆地区和贫困地区的服务供给，倡导书香家庭新生活，以阅读启民智，以阅读扶民志，以阅读助力扶贫攻坚战。

阅读点亮梦想，阅读成就未来。让我们积极行动起来，坚持以习近平新时代中国特色社会主义思想和党的十九大精神为指导，以为人民提供丰富精神食粮为己任，引领阅读社会新风尚，开创全民阅读新时代，为满足人民对美好生活的新期待，实现中华民族伟大复兴中国梦而不懈努力！（国家图书馆网站2019年4月25日报道）

光荣梦想四十载　守正创新再出发

——中国图书馆学会召开成立40周年主题论坛

中国图书馆学会成立于1979年，2019年迎来40周年。作为我国图书馆界全国性、学术性、非营利性的社会组织，中国图书馆学会40年来密切联系广大会员和图书馆工作者，着力在学术建设、科普阅读、决策咨询、行业协调和对外交流等方面发挥积极作用，不断推动图书馆学术和事业发展，促进全民阅读，成为党和政府联系图书馆工作者的桥梁和纽带以及发展我国图书馆事业的重要社会力量。

8月21日下午，“光荣梦想四十载　守正创新再出发——中国图书馆学会成立40周年”主题论坛在内蒙古自治区鄂尔多斯市东胜区隆重召开，通过学术交流和研讨的形式庆祝中国图书馆学会成立40周年。文化和旅游部公共服务司一级巡视员陈彬斌，中国图书馆学会理事长、国家图书馆馆长饶权，中国图书馆学会副理事长朱强、刘小琴、吴建中、张晓林、陈樱，秘书长霍瑞娟，内蒙古自治区文化和旅游厅副厅长李晓秋，鄂尔多斯市东胜区委常委、副区长何万智，各省（区、市）文化和旅游厅（局）领导，中国图书馆学会理事、有关分支机构负责人，各省级图书馆学会领导，各级各类图书馆代表及新闻媒体记者等参加论坛。论坛上，与会代表共同观看《光荣梦想四十载　守正创新再出发——走向新时代的中国图书馆学会》宣传片。霍瑞娟宣读中国科协贺信，陈彬斌和饶权先后致辞，陈樱主持领导致辞等环节。

为了庆祝中国图书馆学会成立40周年，中国图书馆学会业务主管单位中国科协专门发来贺信，向为推动我国图书馆事业发展贡献智慧和力量的广大科技工作者致以诚挚的问候和崇高的敬意！贺信指出，中国图书馆学会是中国科协所属210个全国学会的优秀代表，长期以来，学会在历届理事会的领导下，团结带领广大科技工作者，围绕中心，服务大局，在党的建设、学术交流、科学普及、决策咨询、国际合作等方面，开展了大量卓有成效的工作，取得了优异的成绩。希望中国图书馆学会携40年发展之荣光，坚持党的全面领导，深入学习贯彻习近平新时代中国特色社会主义思想和党的十九大精神，明确新时代发展的职责使命，认真履行“四个服务”的职责定位，不忘初心，守正创新，走中国特色科技社团发展道路，以建设世界一流学会为目标，团结引领广大科技工作者听党话、跟党走，为推动社会主义文化繁荣，建设社会主义文化强国、世界科技强国做出新贡献，以优异成绩迎接新中国成立70周年。

陈彬斌在致辞中代表文化和旅游部公共服务司向中国图书馆学会成立40周年表示祝贺！向学会全体会员以及全国广大图书馆工作者致以亲切问候！向为我国图书馆事业繁荣发展做出突出贡献的老同志和专家学者表示诚挚感谢！陈彬斌对中国图书馆学会40年来的工作给予了高度评价。他指出，作为我国图书馆界全国性的社会组织，中国图书馆学会始终秉持服务行业、服务社会、服务群众的宗旨，坚持学术性和非营利性，致力于推动我国图书馆学科建设和事业发展，成为党和政府联系图书馆行业的重要桥梁和纽带，影响力不断扩大，为促进图书馆事业发展、构建现代公共文化服务体系做出了突出贡献。最后，他从“强化导向意识，进一步明确组织发展方向”“突出工作重点，进一步促进图书馆改革发展”“夯实工作基础，进一步加强学会自身建设”三个方面对学会工作提出了希望。他说，目前全党正在开展“不忘初心、牢记使命”主题教育，希望中国图书馆学会和广大图书馆人认真贯彻落实中央有关精神，抓住机遇，牢记使命，不断提高工作能力和服务水平，努力开创我国图书馆事业发展新局面，以优异的成绩向新中国成立70周年献礼！

饶权在致辞中代表中国图书馆学会欢迎大家出席40周年主题论坛，并对大家长期以来的关心、指导、支持和默默奉献表示最诚挚的谢意！希望大家一如既往地支持学会各项事业的发展！饶权与大家共同回顾了学会的历史沿革和不平凡的发展历程，围绕“加强党的建设，为学会事业发展把准方向”“搭建高水平交流平台，促进图书馆学术繁荣”“开展决策咨询，为事业发展营造良好氛围”“有序承接政府转移职能，协调业界实现整体发展”“积极推动全民阅读，为文化强国建设贡献力量”“加强对外交流，提升我国图书馆界的国际影响力”六个方面，总结了学会40年来开展的重点工作和取得的突出成绩。最后，他指出，新时代向图书馆发出了新召唤，也向全国图书馆人共同的学术行业组织——中国图书馆学会发出了新召唤！让我们携起手来，以习近平新时代中国特色社会主义思想为指导，不断增强“四个意识”，坚定“四个自信”，做到“两个维护”，不忘初心、牢记使命，以成立40周年为契机，切实推进“五个中心”建设，为完善公共文化服务体系、推动社会主义文化繁荣兴盛、建设社会主义文化强国做出更大贡献。

随后，中国图书馆学会副理事长刘晓琴、吴建中等五位业界知名专家围绕学会成立以来我国图书馆事业发展，学会积极推动我国图书馆学科、行业和教育发展及全民阅读事业，我国图书馆未来发展趋势及学会的重要作用等内容，做了主题报告。张晓林主持主题报告环节。

最后，进入会员代表专题发言环节。为了开展好成立40周年活动，中国图书馆学会围绕“中国图书馆学会成立40周年：光荣 · 梦想 守正 · 创新”的主题，面向全国开展了主题征文和约稿活动。期间，我国图书馆人踊跃赐稿，从不同角度、不同侧面回顾学会40年的发展历程，深情讲述自己与学会有关的经历和情感，也有很多关于学会工作的总结和研究及对未来发展的思考和建议。

此次论坛上，专门邀请中国图书馆学会理事、大连图书馆馆长辛欣，中国图书馆学会理事、武汉图书馆馆长李静霞，中国图书馆学会理事、河南省图书馆馆长孔德超，中国图书馆学会常务理事、黑龙江省图书馆馆长高文华，中国图书馆学会原副理事长、国家图书馆原常务副馆长陈力等会员代表，以“难忘的千人大会——记中国图书馆学会首届年会”“中图学会：图书馆人的精神家园”“每个春天都把美好抛向长空——写于中国图书馆学会成立四十周年”“天堂图书馆”“祝福与希望”等为题，进行了专题发言，将主题论坛现场氛围引向高潮。朱强主持专题发言环节。（中国图书馆学会网站2019年8月27日报道）

国家图书馆等十馆举办建馆110周年系列活动

2019年，国家图书馆、吉林省图书馆、山西省图书馆、山东省图书馆、河南省图书馆、陕西省图书馆、云南省图书馆、桂林图书馆、河南理工大学图书馆、吉林市图书馆迎来建馆110周年，各馆举行系列馆庆活动。

国家图书馆举办系列活动庆祝建馆110周年

9月9日，国家图书馆迎来建馆110周年。国家图书馆推出系列精彩活动，包括举办中华传统文化典籍保护传承大展、“图书馆·与时代同行”国际学术研讨会、开展“我的国图故事”征集活动等，进一步展现国家图书馆在社会发展中的重要作用，为庆祝新中国成立70周年营造良好社会氛围。

“中华传统文化典籍保护传承大展”于9月7日正式开展。展览由文化和旅游部、国家文物局主办，国家图书馆（国家古籍保护中心、国家典籍博物馆）承办，汇集了全国20多个省近40余家公藏单位、30余位私人藏书家的300多种珍贵典籍文献，是新中国成立以来国内外典籍展览中数量、规模、等级最高的一次，首次展出近年古籍普查新发现的一批重要古籍，如南京图书馆新入藏的北宋刻本《景祐礼部韵略》，被誉为是近年来古籍的重要发现；西藏自治区色拉寺藏明永乐八年（1410）刻本《甘珠尔》，是第一部藏文刻本大藏经，为永乐皇帝所颁赐，至今保存完好，反映了明中央政府对西藏的管辖，具有十分重要的历史文献价值和文物价值；《乾隆石经》部分文字屡被后人磨改，有多个不同版本的拓本存世，孔子博物馆所藏《乾隆御定石经》是乾隆初拓本，嘉庆元年（1796）正月颁赐衍圣公，具有重要的价值。湖南省考古研究所藏36000余枚里耶秦简，是目前唯一一份秦朝政府档案，填补了《史记》《汉书》中有关秦朝历史的大片空白，改变了战国秦汉学术史的面貌，首次在国家典籍博物馆展出。2019年是司马光（1019年11月17日—1086年10月11日）和曾巩（1019年9月30日—1083年4月30日）诞辰1000年，展览隆重展出宋刻本《资治通鉴》和金刻本《南丰曾子固先生集》。

展览将首次系统展出新中国成立以来，特别是“中华古籍保护计划”实施以来古籍修复重点项目成果，包括《赵城金藏》、敦煌遗书、《永乐大典》、西夏文献、“天禄琳琅”、纳格拉洞藏经的修复前后对比，观众可以近距离观赏感受古籍修复技艺的传承与发展。同时集中展示国家图书馆及相关单位在中华典籍传承方面所形成的古籍整理影印、数字化、缩微复制重要成果。展览依托国家典籍博物馆近5000平方米的展陈空间，通过“国宝吉光”“百代芸香”“汲古润今”“交流互鉴”四大部分，广泛运用数字虚拟沙盘演示、全息视屏演示、沉浸式数字场景、微信导览等多种现代科技互动手段，力图将中华民族跨越时空、超越国度、富有永恒魅力的文化基因和民族记忆传递给每一位观众。开展之后，国家图书馆还策划推出了博物馆寻宝，古籍修复配纸染色，古典诗词音乐会、讲座沙龙等互动活动，让观众在多样的互动体验中，寓教于乐，观赏典籍珍品，感受中华传统文化深厚底蕴。

“图书馆·与时代同行”国际学术研讨会于9月9—10日在中国国家图书馆召开。本次大会是近些年来中国国家图书馆举办的最高水准的国际学术会议，会议以“图书馆·与时代同行”为主题，邀请10余个国家和国内图书馆界权威专家学者300人参会，围绕新时代图书馆发展的热点问题、先进理念、前沿技术等进行深入、广泛的学术交流。通过研讨，分享国际图书馆界发展的新思路、新理念，介绍中国图书馆事业发展新状况、新面貌，贡献中国智慧、中国经验，有助于明确新时代图书馆未来发展的目标与使命，为“十四五”时期中国图书馆事业发展明确方向，并进一步促进国内外图书馆界交流与合作，增强中国图书馆事业在国际图书馆事务中的影响力、话语权。开幕式当天，中国国家图书馆馆长饶权、国际图联秘书长杰拉德·莱特纳、中山大学资讯管理学院教授程焕文为大家分别带来《中国图书馆事业的历史经验和转型发展》《从守护者到领路人：全球图书馆界的新角色》《国际视野下的中国图书馆学术思想发展》三场主旨报告。五个分会场分别围绕“开放共享的图书馆文献资源建设”“用户导向的图书馆信息与知识服务”“技术驱动的图书馆转型发展”“多向互惠的图书馆交流合作”“多元参与的全民阅读”等内容进行交流研讨。

此外，国家图书馆于7月22日启动“我的国图故事”征集活动。活动面向社会各界，广泛征集以“我的国图故事”为主题的文稿、图片、视频、实物等各类作品。线上征集于8月31日截止，线下征集一直延续至12月31日。国家图书馆在总馆北区视听服务空间，专门设置了“我的国图故事”征集点，接受读者提交的各类作品，读者可在工作人员的协助下，现场摄录、提交作品。同时，国家图书馆推出老馆员专题口述史访谈视频，从亲历者的视角展现国图百余年发展过程中的重大事件、国图人一脉相承的国图精神。视频中共采访老馆员37人，视频素材时长约200小时，口述文稿105万字，在此基础上制作完成《口述国图》专题片。

国家图书馆还以迎接“双庆”为契机，积极改造总馆院区设备设施、人文景观，营造具有国家图书馆人文特色、环境典雅的阅览氛围。完成总馆南区夜景照明改造工程，改造后的国图夜景充分体现出国家图书馆的建筑魅力、人文内涵、文化底蕴和氛围，着力突显庄重大气、唯美典雅的风格，营造出了简洁、雅致的夜景效果。为了彰显古籍的魅力和时代价值，更好地促进古籍知识的普及、教育和宣传，国家图书馆在总馆南区院内西侧修建了一道崭新的人文景观——古籍保护传承宣传长廊。长廊全线长度约300米，分为“四大专藏雕塑”“国图百十年典籍传承记”“国家图书馆建馆110周年大事记”“中华古籍长河”四大部分。读者可以流连其间，纵览110年来国家图书馆的历史沿革与变迁，近距离了解古籍保护传承的重大成果，切实提高全社会古籍保护意识。

9月起，国图艺术中心与中国东方演艺集团、煤矿文工团、中国广播电影交响乐团合作，推出《你是一条河，在我心中流过》《四大名著交响音乐会》《公益音乐会》《国图相声名家专场》等多场艺术表演。同时，力邀国内顶尖的古琴演奏家、昆曲表演艺术家为广大读者带来《古琴名家演奏会》《昆曲名家演唱会》等经典演出。2019年还是国家图书馆出版社成立40周年，出版社编辑出版《国家图书馆出版社四十年书目》《国家图书馆同人文选（第五辑）》，组织召开以历史文献出版、图书馆学情报学出版为主题的专家座谈会，总结40年来的出版成就，展望未来的出版方向。

为更好地将系列活动的精彩内容集中展示，国家图书馆专门制作了“国家图书馆建馆110周年专题网站”以及手机专题页面，同时，文化和旅游部官网、光明网也推出相关专题页面，及时发布活动报道资讯及详细内容。（人民网、国家图书馆网站报道）

礼赞新中国　晋图抒宏远——山西省图书馆喜迎建馆110周年

2019年，是新中国70华诞，也恰逢山西省图书馆建馆110周年。7月9日上午，“礼赞新中国　晋图抒宏远”山西省图书馆建馆110周年系列活动在山西省图书馆拉开了帷幕。来自国家图书馆、省文化和旅游厅的领导，全国及省内图书馆界的同人、知名专家学者以及读者代表等300余人参加活动开幕式。

本次活动上，山西省图书馆借与同人聚首之机，搭建共享平台、共谋协同发展，举办了“图书馆总分馆制建设实践与发展模式研讨会”

和“图书馆阅读推广与服务创新经验交流会”。两场业务研讨内容包括图书馆总分馆制分享、专家论坛、省外优秀案例展示、省内优秀案例分享交流等内容。理论与实践结合，馆情与案例相匹配，突出各馆业务建设特色。通过传经送宝、深入研讨、多边互动，不仅传播了先进理念、分享了研究成果、交流了实践经验，更为山西省图书馆开启新的愿景，注入了创新发展的生机和活力。

启动仪式上，播放《百年奋斗路　阔步新征程》纪录片，回顾了山西省图书馆110年栉风沐雨、求索奉献，勤思笃行、勇于创新的奋斗历程。“礼赞新中国　晋图抒宏远”山西省图书馆建馆110周年阅读推广朗诵音乐会，以浓郁的书香氛围、精彩纷呈的演出，充分表现了省图人真挚的图书馆情愫和平凡中所蕴含的担当力量。启动仪式上还特别设置了“卅五风雨路　丹心绘晋图”山西省图书馆三十五年及以上馆龄优秀工作人员表彰，为山西省图书馆连续工作三十五年以上的图书馆人送上了崇高的敬意。“省图书馆为我圆梦　助我成功”——利用山西省图书馆优秀成果征集与“我与省图的情缘”征文、山西省图书馆建馆110周年吉祥物征集告示三项表彰活动，则送出了山西省图书馆对热心读者的真挚谢意和美好祝福。

纪念活动期间，山西省图书馆还面向读者推出山西艺术节・文源讲坛系列讲座；开设10个展览，包括：“书山学海　文明津梁——山西省图书馆110周年掠影”、“经纬纵横　红色热土——馆藏山西革命根据地地图展”、“晋风石韵　拓古传今——山西省图书馆石刻拓片展”、“百年历史　传承经典——传统文化楹联书法展”、“纵贯古今谱华夏春秋　星罗云布铸岿然晋魂——三晋人物相关文献展”、“百年沧桑迎巨变　万卷屹立新时代——主题长廊书展”、“晋剧名家丁果仙文献专题展”、“颂歌祖国70华诞——秦子梅从艺50年画展”、“走进中国名片　感悟货币文化——庆祝中华人民共和国成立70周年人民币知识展”、第十七届山西省美术作品展；开展了庆祝新中国成立70周年系列影片展播。（山西省图书馆网站报道）

陕西省图书馆建馆110周年活动

为探索资源共建共享机制，推动区域合作，倡导和协调全国各级各类图书馆共同参与“一带一路”多元互动人文交流，在陕西省图书馆建馆110周年之际，由中国图书馆学会、陕西省文化和旅游厅主办，中国图书馆学会公共图书馆分会、福建省图书馆、福建省图书馆学会、陕西省图书馆、陕西省图书馆学会等单位共同承办的“一带一路”图书馆发展论坛暨文献资源与文创产品联展在陕西省图书馆举办，陕西省图书馆建馆110周年活动也同时拉开帷幕。

10月24日上午，文化和旅游部原党组成员、故宫博物院原院长，故宫学院院长单霁翔，文化和旅游部公共服务司一级巡视员陈彬斌，国家图书馆党委书记、副馆长，文化和旅游部全国公共文化发展中心主任魏大威，中国图书馆学会秘书长霍瑞娟，上海图书馆馆长陈超，陕西省政府副秘书长高阳，中共陕西省委宣传部副部长马川鑫，陕西省文化和旅游厅党组书记、厅长任宗哲，陕西省文化和旅游厅一级巡视员李全虎，陕西省图书馆馆长周云岳，四川省图书馆馆长何光伦等领导和嘉宾出席开幕活动。魏大威、任宗哲、周云岳先后致辞。开幕活动主承办方领导致辞后，陈彬斌、魏大威、高阳、任宗哲、马川鑫、周云岳共同上台启动本次活动。单霁翔做了题为“文化的力量——让文化遗产资源活起来”的主题报告。陕西省图书馆党委书记赵登峰主持开幕活动和主题报告。来自全国各地40家公共图书馆、陕西省内108家公共图书馆和18家高校图书馆的馆长和业务骨干300余人参加活动。

下午，魏大威、霍瑞娟、陈超、周云岳及福建省图书馆馆长郑智明、新疆图书馆馆长历力、内蒙古自治区图书馆副馆长张树杰、福建省图书馆副馆长陈顺、深圳海恒智能科技有限公司总经理彭为楚、超星集团公共文化事业部总经理杨庆刚等领导和嘉宾参加论坛研讨。周云岳致辞并进行题为“书香丝路　魅力陕西”的发言、霍瑞娟在致辞中重点介绍了中国图书馆学会及国家图书馆所开展的“一带一路”重点工作，随后上海、内蒙古、新疆、福建几地图书馆和海恒智能科技有限公司同人围绕“‘一带一路’　合作共享”的主题，分别进行题为“图书馆，助力中国文化‘走出去’”“深化创新合作　促进文化交流”“新时代　新机遇　新举措——新疆图书馆智慧化建设”“扬帆海丝　载籍护航——谱写闽图发展新篇章”“一带一路引领下的创新篇章”的报告。参会代表共同探讨了相关传统文献的收集整理、数字资源的整合开发利用、沿线地区图书馆的交流与合作、中华优秀文化资源对外传播等内容，郑智明主持了下午的论坛研讨活动。

10 月 24 至 30 日，“一带一路　合作共享”图书馆文献资源与文创产品联展在陕西省图书馆展览厅举办，分为“序言”“图说丝路”“丝路繁华”“灿烂文化”四大板块，包括了古丝绸之路历史回顾以及全国有关图书馆“一带一路”特色文献、数字资源和文创产品展示等。展览由中国图书馆学会、陕西省文化和旅游厅主办，陕西、福建等十三家图书馆共同承办。期间，为广大读者展示“一带一路”的繁荣图景，与全国各地“一带一路”研究者交流互动，展望我国公共文化事业发展未来，为建设社会主义文化强国和推动形成“一带一路”多元互动人文交流格局贡献力量。

同期，恰逢陕西省图书馆建馆 110 周年，馆内举办了各种形式的庆祝活动。论坛当晚，在西安音乐厅举办了“我和我的祖国——致敬红色经典”诗歌音乐会，用诗歌展示陕西文化风貌，用民乐诠释经典红歌旋律，进一步激发了与会代表的爱党爱国感情。（陕西省图书馆网站报道）

广西桂林图书馆建馆 110 周年　临桂总馆正式全面开放

11 月 18 日，广西桂林图书馆建馆 110 周年活动在桂林图书馆临桂新馆举行。以庆祝建馆 110 年为契机，桂林图书馆临桂总馆也正式全面开放，新推出的少儿借阅室、低幼借阅室、古籍阅览室、家谱馆、方志馆、户外阅览区、展览厅、影视厅等区域同时与广大读者见面。

广西桂林图书馆成立于 1909 年，是广西建馆最早的图书馆，也是全国建馆最早的省级公共图书馆之一。110 年来，广西桂林图书馆恪守传播知识、传承文明的社会职能，在保存文献、传承文化、开启民智等方面发挥了重要作用。时至今日，广西桂林图书馆建有三座馆舍：临桂总馆、榕湖分馆、安新分馆，总建筑面积达 5 万平方米。馆藏总量达 320 余万册，数字资源总量达 110TB，自建数据库 20 多个。

此次活动以“百十荣光传承文明”为主题。活动期间，来自中山大学、南开大学、武汉大学的图书馆界权威专家分别在桂林图书馆临桂总馆做主旨报告。与此同时，桂林图书馆还举办“广西公共图书馆发展成就展暨广西桂林图书馆 110 周年馆史展”、“藏文蕴典　撷英拾萃——广西壮族自治区桂林图书馆建馆百十周年特展”、公共数字文化融合创新发展专题培训等系列活动。

国家图书馆副馆长汪东波，自治区文化和旅游厅副厅长唐正柱，市领导韦凤云、赵德明、钟麟参加活动。在主旨报告环节，中山大学教授程焕文代表国际图书馆协会与机构联合会（IFLA）管理委员会祝贺桂林图书馆建馆 110 周年和临桂总馆正式全面开放。来自全国图书馆界的专家教授、相关部委办局及友好单位代表、桂林市各大高校图书馆负责人、广西县级以上公共图书馆馆长、桂林图书馆老同志以及社会各界读者代表等 300 余人参加活动。香港资深报人罗孚、著名历史学家钟文典、著名方志学家诸葛计曾多次向桂林图书馆慷慨捐赠珍贵文献。当天，3 位老先生的家属遵从老先生们的遗愿，将他们生前著述、手稿及研究使用的专业著作等一批珍贵文献无偿捐赠给桂林图书馆，为保持文化遗存、延续地方文脉添砖加瓦。（《桂林日报》2019 年 11 月 23 日报道，记者孙敏）

国家古籍保护中心组织第六批《国家珍贵古籍名录》和“全国古籍重点保护单位”评审工作

一、启动第六批《国家珍贵古籍名录》和“全国古籍重点保护单位”评审工作

2018年5月上旬，国家古籍保护中心下发《关于申报第六批〈国家珍贵古籍名录〉和“全国古籍重点保护单位”的通知》，全国各省级古籍保护中心积极组织申报。2019年3月，国家古籍保护中心通过古籍收藏单位申报、补报和专家点报，收到全国31个省份的253家收藏单位和个人申报的古籍3981部，16个省份27家单位申报“全国古籍重点保护单位”。国家古籍保护中心对申报材料进行系统整理，逐条核验，比对查重，分类排序，并寄送专家预审。

2019年3月15日，2019年全国古籍评审工作启动会在国家图书馆召开，第六批《国家珍贵古籍名录》和“全国古籍重点保护单位”评审工作正式启动。文化和旅游部党组成员、副部长张旭，国家图书馆党委书记、副馆长魏大威，文化和旅游部公共服务司副司长陈彬斌，以及来自文化和旅游部、国家图书馆相关部门负责人员，全国古籍评审工作委员会及评审专家委员会成员参加会议。会上，张旭充分肯定多年来《国家珍贵古籍名录》和“全国古籍重点保护单位”申报评审工作取得的成绩，并对本次评审工作提出具体要求。魏大威回顾了一到五批《国家珍贵古籍名录》及“全国古籍重点保护单位”的评审情况，介绍第六批古籍评审工作的组织情况及后续安排。陈彬斌宣读2019年全国古籍评审工作委员会成员名单、2019年全国古籍评审专家名单。全国古籍保护专家委员会主任李致忠对评审标准加以说明。

按照张旭副部长的讲话要求，国家古籍保护中心加强统筹协调，细化工作任务，明确责任分工，合理安排工作进度，研究制定《第六批古籍评审工作纪律要求》，开展意识形态核查工作。国家图书馆纪检部门履行监督职责，相关部门全力配合支持，保障评审工作顺利开展。

二、开展第六批《国家珍贵古籍名录》评审工作

3月18—19日，国家古籍保护中心组织开展第六批《国家珍贵古籍名录》初审工作，分简帛、敦煌佛经、经部、史部、子部一组、子部二组、集部一组、集部二组、碑帖、舆图、少数民族文字古籍、其他文字古籍等12组进行评审。评审工作严格遵照《〈国家珍贵古籍名录〉申报评审暂行办法》（文社图发〔2007〕31号），原则上从一、二级古籍中遴选，要求“时代早、流传少、价值高”。5月至7月，针对初审中有疑问的部分古籍，国家古籍保护中心组织专家，分11条线路赴收藏单位进行现场考察。

6月25—26日，第六批《国家珍贵古籍名录》复审工作在国家图书馆召开，分6组进行评审。10月15—16日，第六批《国家珍贵古籍名录》专家审定会在国家图书馆召开，国家图书馆馆长饶权参会。会上拟定第六批《国家珍贵古籍名录》推荐名单，推荐入选古籍752部，其中汉文珍贵古籍646部，少数民族文字珍贵古籍94部，其他文字珍贵古籍12部。

本次《国家珍贵古籍名录》推荐名单中，包含各类珍贵古籍。一是清华大学申报的战国竹简，均为首次公布的战国佚籍，这批典籍包括一系列阐述治国理政思想的文献，如《邦家之道》《邦家处位》《治邦之道》等，为先秦历史学、文献学、思想史等方面的研究提供宝贵资料。二是近年征集工作成果丰硕，新入藏一批珍贵古籍，如：国家图书馆新购三件早期印刷品，为晚唐五代木版雕刻，其中五代后唐天成二年（927）刻本《佛说观弥勒菩萨上生兜率天经》仅比唐咸通九年（868）《金刚经》晚59年，

为国内已知有纪年的最早雕版印刷品，是早期印刷品实物的重要例证；南京图书馆新购北宋本《礼部韵略》，为海内外现存最早刻本；湖北省图书馆新购北宋写金粟山广惠禅院大藏经本《大方广佛华严经》，目前金粟山大藏经仅存约二十件。三是随着古籍普查工作的深入开展，新发现一批珍贵古籍，如孔子博物馆藏《乾隆御定石经》，为2019年国家古籍保护中心举办碑帖普查编目培训班上新发现的清乾隆初拓本，自嘉庆元年赏赐孔府后，保存至今；重庆图书馆藏明初拓本《汝帖》等，亦为碑帖普查编目中的重大发现；上海图书馆在古籍普查时，发现宋刻残本《杜工部草堂诗笺》，可与国家图书馆、上海博物馆藏本合璧。四是名家稿抄校本不断涌现，名家稿本、抄本、批校题跋本，递藏有序，具有重要的文献和文物价值。如国家图书馆藏清抄本《元朝秘史》十卷《续集》二卷，此十二卷本出自洪武本，为现存最佳抄本，上有顾广圻、周銮诒、傅增湘跋；上海图书馆藏范钦辑《建安七子集》，卷首题词、小传、目录及书眉所注诗文出处均为天一阁主人范钦手迹。五是本次推荐入选四库进呈本、四库底本、四库样本、南三阁本等各类《四库全书》本，如国家图书馆藏《文津阁四库全书样本》、中共北京市委图书馆藏四库底本《北溪先生大全文集》、广西壮族自治区图书馆藏南三阁四库全书残本《文苑英华》等，反映《四库全书》编纂和流传的过程。六是少数民族文字珍贵古籍丰富多彩，如西藏自治区朗县金东乡人民政府藏清抄本《仁普地域志》（藏文），详细记录西藏仁普地区的地理环境和民俗文化等内容；内蒙古大学图书馆藏清抄本蒙文古籍《水浒传》《西游记》《红楼梦》，生动体现民族文化交融、多元一体的特点；鄂尔多斯市图书馆藏清铜版印本《般若波罗蜜多八千颂》（藏文），据题记，该书以铜版印制于内蒙古库伦地区，刻版材质特殊。七是香港特别行政区积极参与申报，香港中文大学中国文化研究所文物馆申报12部宋拓本，包括7部南宋游似藏《兰亭序》。世传南宋游似藏兰亭百种，现存世仅30余册，殊为珍贵。

三、开展第六批“全国古籍重点保护单位”评审工作

2018年7月至9月，国家古籍保护中心组织专家分10条线路对27家“全国古籍重点保护单位”申报单位进行现场核验，并提交考察报告。

3月16日，国家古籍保护中心召开“全国古籍重点保护单位”评审会。评审组组长张志清等20位专家全部与会。评审工作遵照《“全国古籍重点保护单位”申报评定暂行办法》（文社图发〔2007〕31号）以及评审原则和评分体系，从古籍藏量、硬件环境、库房管理等多方面进行综合评价，并要求各申报单位提供馆藏古籍目录，严格审核古籍藏量（10万册件/善本3000册件）。鉴于云南楚雄彝族文化研究院、西双版纳傣族自治州图书馆部分古籍的版本和数量，需要专家再次确认；巴彦淖尔市图书馆在考察之后，认真落实整改意见，不断完善基础设施，特别是新装气体自动灭火系统；国家古籍保护中心又于5月底6月初组织专家和工作人员对上述3家单位进行现场核验。10月15日召开“全国古籍重点保护单位”专家审定会，研究拟定推荐23个申报单位入选。

通过近年的古籍普查和评审工作，带动一批单位查清善本数量，改善库房存藏环境，符合“全国古籍重点保护单位”的评选标准，此次推荐入选单位数量比第五批有所增加，尤其是中西部地区增量明显。

甘肃、青海、内蒙古、云南等民族地区多家古籍收藏单位存藏条件有很大改善；宁波图书馆、平湖市图书馆、安庆市图书馆等单位在普查中发现善本数量超过3000部；符合评选标准，推荐入选。文博系统积极参与古籍保护工作，推荐入选单位数量有所增加。国家博物馆、天津博物馆、西安碑林博物馆、余姚市文物保护管理所、甘州区博物馆等列入推荐名单。巴彦淖尔市图书馆认真落实考察组意见，完善基础设施，新安装气体自动灭火系统，成为“以评促改”的典范。（国家图书馆网站报道）

2019年中国图书馆年会召开

8月21日上午9时，2019年中国图书馆年会在内蒙古自治区鄂尔多斯市东胜区召开。本次年会由中国图书馆学会和鄂尔多斯市东胜区人民政府主办，国家图书馆（国家古籍保护中心）、文化和旅游部全国公共文化发展中心、内蒙古自治区文化和旅游厅、鄂尔多斯市文化和旅游局协办，主题为“新时代图书馆的转型发展：均衡　融合　智慧”。文化和旅游部公共服务司一级巡视员陈彬斌，中国图书馆学会理事长、国家图书馆馆长饶权，内蒙古自治区文化和旅游厅副厅长李晓秋，鄂尔多斯市委副书记、市长斯琴毕力格，鄂尔多斯市委常委、东胜区委书记张占林等领导和嘉宾以及国内外图书馆界及相关业界专家学者、图书馆工作者、企业代表、新闻媒体记者等共同参加年会。开幕式上，鄂尔多斯市人民政府副市长刘建勋和陈彬斌先后致辞，饶权致辞并宣布年会开幕，中国图书馆学会副理事长吴建中主持嘉宾致辞。国际图联主席歌莉娅·佩雷兹·萨尔梅隆、美国图书馆协会主席万达·布朗、韩国图书馆协会会长南泳准等国际图书馆界同人专门发来贺信，祝贺中国图书馆学会成立40周年和本届年会顺利召开。

年会开幕活动中，举办了2019“书香城市（区县级）”“书香社区”风采展示活动，集中展示了北京市东城区等9个城市和天津市和平区新疆路社区等6个社区的风采。2014年，受原文化部公共文化司委托，中国图书馆学会开展了“书香城市（区县级）、书香社区指标研究及推广项目”。2015年，制定发布了《书香城市（区县级）、书香社区标准指标体系》。2016年开始，隔年依次举办“书香城市（区县级）”和“书香社区”发现活动。截至目前，共29个城市进入“书香城市（区县级）”发现活动名单，40个社区进入“书香社区”发现活动名单。本次风采展示活动旨在现有发现活动名单中研议产生一批更具宣传推广价值的“书香城市（区县级）”和“书香社区”，集中展示风采，总结经验，充分发挥典型示范带动作用，不断提升公共文化服务效能，推动全民阅读工作再上新台阶。

开幕式后，年会邀请新浪微博知名博主张弛以“5G发展与行业未来”为题做了主题报告。张弛围绕5G核心特点与发展动态、5G中美竞争与未来走向、5G背景下的未来新产业、图书馆事业机遇与挑战等四个方面，为与会代表讲解了5G的发展及其为图书馆行业带来的机遇与挑战，深受代表欢迎。

本届年会的主题充分考虑了我国图书馆事业发展中存在的不平衡、不充分的情况，也阐明了在我国发展新的历史方位下，图书馆事业转型发展的重点方向。期间，举办中国图书馆学会成立40周年主题论坛、信息素养与可持续发展主题论坛等9场论坛及“同城共读，万卷共知”阅读知识竞赛、“图书馆人之夜”等活动；年会邀请了80余位国内外知名专家学者和图书馆工作者做主旨报告和学术交流；同时，还顺应融合发展趋势，探索跨界交流合作，倡导人工智能等新技术融入图书馆行业，以期拓展图书馆人的视野，为图书馆发展注入新的活力，在社会高质量发展中提供高品质的公共服务。

2019年，中国图书馆年会首次在区县级城市，同时也是少数民族地区举办，彰显了我国图书馆界在深化改革和提高效能中进一步推动图书馆事业均衡发展的探索和决心。鄂尔多斯市是第一批国家公共文化服务体系示范区，近年来东胜区也形成了“区有三馆、镇（街道）有一站、村（社区）有一室”三级公共文化设施网络体系。年会期间专题展示书香城市和书香社区风采，其中也包括东胜区，这些城市和社区都是基层地区，但在促进全民阅读和建设学习型社会中积累的经验在全国都具有一定的宣传推广价值，各基层图书馆在其中发挥了重要的作用，各有特色，形成了“图书馆发展的中国故事”。因此，本届年会既是一次全国图书馆界学习交流的机会，也是推动东胜区、鄂尔多斯市乃至中西部图书馆事业发展的良好契机。（中国图书馆学会网站报道2019年8月27日）

第十五届省、自治区、直辖市、较大城市图书馆馆长联席会议召开

11月26日，第十五届省、自治区、直辖市、较大城市图书馆馆长联席会议在国家图书馆召开。本届馆长联席会的主题是深入学习贯彻习近平总书记给国家图书馆老专家回信精神，共同谋划公共图书馆“十四五”发展大局。国家图书馆馆长饶权、党委书记魏大威，文化和旅游部公共服务司副司长白雪华，国家图书馆副馆长张志清、汪东波出席会议。58位来自全国副省级以上的公共图书馆馆长参加会议。

饶权在主旨发言中总结了“十三五”时期公共图书馆事业发展取得显著成绩，分析了新时期图书馆事业发展面临的突出矛盾和问题，并针对如何推动公共图书馆事业行稳致远提出了五点建议，一是希望各馆做好公共图书馆事业发展战略的顶层设计；二是希望大家集中力量形成一批全局性项目，从而带动图书馆事业整体发展；三是希望大家充分发挥改革试点作用，推动改革创新；四是希望在座各馆能够积极带动全行业整体转型升级；五是希望进一步完善馆长联席会议制度。

白雪华代表文化和旅游部公共服务司对国家图书馆举办此次馆长联席会表示肯定，并在讲话中结合习近平总书记的回信精神，以及新时代的发展趋势，对图书馆事业的发展提出了五点希望，一是坚持正确的政治方向，二是传承弘扬中华优秀传统文化，三是创新服务方式，四是推进文旅融合，五是进一步引导社会力量参与公共文化建设。

河北省图书馆、上海图书馆、浙江图书馆、河南省图书馆、重庆图书馆、新疆图书馆、广州图书馆的七位馆长代表分别发言。大家强调习近平总书记的回信为图书馆发展指明方向，必将推动图书馆事业更大发展，并结合各馆实际介绍了贯彻落实总书记回信精神的工作思路。大家一致认为，新时代图书馆面临着更大的机遇和挑战，一定要及早谋划、积极应对，创新思维，在跨界融合、智慧图书馆建设、品牌营销等方面发力，更好地提升公共服务效能，推动图书馆事业发展。

在小组讨论环节，各位馆长积极发言，纷纷表示本次联席会议意义重大，饶权馆长的主旨发言贴合实际、内涵丰富、高屋建瓴。我国的公共图书馆事业在“十三五”时期已经取得了显著成绩，希望国家图书馆充分发挥引领带动作用，结合各地图书馆工作的实际情况，做好“十四五”规划的顶层设计。希望馆长联席会议定期召开，共同研讨公共图书馆事业发展。各位馆长结合本馆的工作，就如何更好地推进文旅融合、加强人才队伍建设、提高服务效能、完善制度建设等方面进行经验分享与交流探讨。

馆长联席会自1991年至今，相继召开了十四届，为全国副省级以上公共图书馆的馆长们提供一个交流思想、共谋发展的平台，对全国公共图书馆事业发展起到了切实有效的推动作用。（国家图书馆网站报道）

2019中英图书馆论坛召开

3月27日上午，由中国图书馆学会、中国国家图书馆、英国国家图书馆主办，四川省图书馆、成都图书馆承办的“2019中英图书馆论坛”在四川省图书馆开幕。文化和旅游部公共服务司副司长陈彬斌，文化和旅游部国际交流与合作局副局长郑浩，英国驻重庆总领事馆总领事艾佩诗（Cecille El Beleidi），中国国家图书馆党委书记、副馆长魏大威，中国图书馆学会副理事长、中国国家图书馆副馆长陈樱，英国国家图书馆馆长莉兹·乔利（Liz Jolly），四川省文化和旅游厅副厅长赵红川，成都市文化广电旅游局副局长黄大超，中国图书馆学会秘书长霍瑞娟，中国国家图书馆国际交流处处长张煦，四川省图书馆党委书记、馆长何光伦，成都图书馆馆长肖平等领导和嘉宾以及国内部分图书馆的代表和来自英国国家图书馆的专家学者和“鲜活的知识”英国图书馆联盟（Living Knowledge Network）的代表等120余人参加了开幕式。陈彬斌、艾佩诗、魏大威和莉兹·乔利先后致辞，赵红川主持了开幕式。

陈彬斌在致辞中对远道而来的英国图书馆界代表表示欢迎。他说，中英两国都有着悠久的历史和灿烂的文化，两国传统友好，相互交往源远流长。英国是现代公共图书馆的发源地，在图书馆的建设和服务方面有着优良的传统和丰富的经验；中国公共图书馆在基础设施、阅读活动和读者服务、数字化建设、中华典籍保护与利用等方面的服务效能和服务水平方面都有长足发展。他希望两国图书馆界的代表通过充分交流，贡献各自智慧，共同寻找新时代公共图书馆服务创新的有效路径，推动公共图书馆事业进一步发展，造福更多人民群众。

艾佩诗在致辞中介绍了英国国家图书馆及“鲜活的知识”英国图书馆联盟（Living Knowledge Network）的基本情况，对此次论坛的举办给予充分肯定，她表示此次论坛交流将促进两国图书馆业务联系，增进中英图书馆人友谊。

魏大威在致辞中表示，图书馆是促进知识传播的重要窗口，中英两国图书馆界的交流合作，不仅促进了两国图书馆事业的发展，也有效增进了两国文明的交融。中英两国各级图书馆的交流合作，对于两国人民了解彼此历史文化，理解彼此价值观念，学习彼此的文明成果，都具有十分重要的意义。

莉兹·乔利在致辞中讲到，中国和英国的图书馆有很多可相互学习之处。尽管两国图书馆联盟的发展历程不尽相同，但在连接读者与各形式的知识、借助技术手段提升获取馆藏和服务的渠道方面，双方拥有许多一致的核心目标。我们很期待能与中国的专业图书馆人员和机构建立伙伴关系，并带着新的视野满载而归，思考图书馆和图书事业下一阶段的发展。

接着进入主旨演讲，莉兹·乔利和陈樱分别就英、中两国公共图书馆事业发展和图书馆法规落实执行等情况进行了分享，何光伦以四川省的情况为例做了经验交流。肖平主持了主旨演讲。

本次论坛主题为“公共图书馆服务创新与事业发展”，为期两天，共设立了“读者服务”“数字图书馆与创新”“馆员培训与发展”“图书馆角色与定位”4个分论坛。广州图书馆馆长方家忠和武汉图书馆馆长李静霞分别做了题为《构建城市的公共交流平台》和《聚焦产业工人及其家庭的图书馆服务》的报告，介绍了中国图书馆在读者服务方面的经验；东莞图书馆馆长李东来和深圳少年儿童图书馆馆长宋卫分别做了“打造‘数字阅读之门’——服务案例分析”和“数字资源共享平台的建设与服务”的报告，和英国同行一道分享了我国数字图书馆创新案例；长春市图书馆馆长谢群做了题为“基于应用导向的中国公共图书馆馆员培训发展模式”报告；上海图书馆馆长陈超做了“智慧与包容：重塑公共图书馆新使命”的报告，阐述了新环境下图书馆的角色与定位。首都图书馆副馆长邓菊英和浙江图书馆馆长褚树青主持了分论坛。来自英国利物浦市议会图书馆、谢菲尔德公共图书馆、柯克利斯市议会图书馆、利兹市议会图书馆、爱丁堡市议会图书馆等英国同行分享了他们在读者服务、数字创新、员工发展、图书馆定位等方面的做法。这是中英图书馆界一场深入而诚挚的对话，会议讨论热烈、交流充分。会场分享的理念和经验开阔了两国图书馆人的视野，丰富了图书馆工作的价值和意义，对未来两国图书馆事业将产生积极的意义。

3月28日晚，论坛面向公众举办主题为“莎士比亚连结：在英国与中国的文化对话”的讲座，英国国家图书馆、伯明翰图书馆以及英国艺术委员会等机构的专家以莎士比亚为媒介，介绍了英国文化机构如何利用馆藏资源，推动地方公共图书馆以及国家图书馆的合作，促进中英间的文化交流。

论坛期间，与会代表参观了四川省图书馆、成都图书馆和城市阅读空间，开展了实地交流和研讨。（中国图书馆学会网站报道）

2019高校图书馆发展论坛召开

6月5日，2019高校图书馆发展论坛在大连举行，共同探讨“高等教育新形势与图书馆发展新趋势”。本次论坛由中国图书馆学会高等学校图书馆分会、中国高等教育文献保障系统管理中心和北京大学图书馆主办，大连理工大学图书馆承办，吸引来自国内高校图书馆、相关行业企业的专家学者与代表800余人参会。

我国高等教育改革已经全面启动，“双一流”“以本为本”“六卓越一拔尖”“双万计划”“双高计划”“职教20条”等一系列改革发展计划的提出，标志着我国高等教育已经从规模扩张全面转向内涵式发展，高等教育改革发展走向成型成熟。近年来，图书馆也迈入转型发展的快速变革期，主流业务正在从传统借阅向综合素养培养、教学科研支持以及咨询情报等高水平服务拓展。如何让图书馆的创新发展方向与高等教育改革发展趋势相匹配，如何使图书馆自身也步入内涵式发展轨道，成为各型各类高校图书馆共同关注的焦点。

“高校图书馆发展论坛”始创于2010年，是研究和探讨发展前沿问题，推动高校图书馆转型发展的学术讲坛。作为中国高校图书馆领域的年度大型论坛，迄今为止已经在北京、成都、苏州、长春、西安、武汉、银川、贵阳、昆明连续成功举办九届，是高校图书馆领域的顶级高峰盛会，在业内具有很高的引领性与影响力。

本次论坛主题为：高等教育新形势与图书馆发展新趋势。分主题包括：智慧图书馆建设与发展，多种介质资源生态系统建设，新一代图书馆管理系统（平台），图书馆在学科建设、专业建设和课程建设中的协同作用，图书馆在重构学术交流系统中的作用，下一代机构知识库建设，数字人文与数字学术服务，图书馆智库服务与决策咨询能力建设，图书馆在推动优秀传统文化创造性转化创新性发展中的作用，图书馆组织机构优化及馆员能力建设，图书馆新馆建设与空间再造的作用和成效，图书馆共建共享联盟新模态等。

本次大会为期2天，设有2个主论坛、6个分论坛，针对上述主题及分主题，共开展近50场学术报告。今年还新增“馆长经验座谈会”专题论坛，与会的百余位馆长将面对面交流图书馆改革、管理与创新发展等问题。

本次论坛共收到论文205篇，案例81个。论坛闭幕式上对评审专家组评选出的优秀论文与案例进行颁奖。此外，论坛还设有图书馆设备展览及产品演示活动，共有16家相关企业参展参演。（大连日报记者谢小芳2019年6月10日报道）

首届中华传统晒书大会启动

8月6日，“中华传统晒书大会”启动仪式在曲阜孔子博物馆举办。本次活动由国家图书馆（国家古籍保护中心）主办，孔子博物馆、山东省古籍保护中心承办，央视网、（全国）教育书画协会少年分会协办，文化和旅游部、国家图书馆、山东省文化和旅游厅、山东省图书馆、济宁市政府、曲阜市政府、孔子研究院、孔子博物馆等单位有关领导、知名专家及数千名群众参加活动。

清晨，与会领导和嘉宾来到孔庙，参观了开城仪式。随后，在大成殿前举行了祭孔大典。礼乐和鸣，庄严肃穆。人们以敬献花篮、贡书献礼、恭读祭文、行鞠躬礼等方式，表达了对先贤的景仰和追思。在毓粹门外北侧的孔子故宅处，孔子研究院原副院长孔祥林为大家介绍了鲁壁藏书的典故，分析了饮水思源的内涵。孔子故宅井水“既清且渫”，有“圣水”之称。在场之人同饮井水，以示饮水思源之意。

上午，首届中华传统晒书大会启动仪式在孔子博物馆举行。启动仪式由孔子博物馆馆长孔德平主持，国家图书馆馆长、国家古籍保护中心主任饶权，山东省文化和旅游厅一级巡视员李国琳，大连图书馆原馆长张本义先后致辞。饶权在致辞中指出，中国自古有在农历七月初七翻晒藏书的传统，最初是为了保护典籍，在历史发展中已成为我国独特而醇厚的书籍文化，国家图书馆倡导发起在全国范围内开展“中华传统晒书大会”，旨在通过晒国宝、晒经典、晒技艺、晒传统等丰富多彩的活动，使公私藏家、广大民众一起分享古籍知识，传播爱书护书观念，光大中华传统典籍保护传统，让古籍里的文字活起来，让古籍中的真善美深入人心，逐渐涵养成大家喜闻乐见的晒书节日。

仪式现场，张本义先生向国家图书馆赠送了自己亲笔书写的《国图百十年典籍传承记》墨宝。国家图书馆出版社现场发布《中国古籍珍本丛刊·孔子博物馆卷》、孔子博物馆藏《乾隆御定石经·孝经》和《圣门礼乐志》三本新书，并向孔子博物馆捐赠《中华传统文化百部经典》《国学基本典籍丛刊》等图书30种337册。

下午的晒书沙龙，中国艺术研究院原院长连辑，国家图书馆副馆长、国家古籍保护中心副主任张志清，大连图书馆原馆长张本义，著名藏书家韦力，孔子研究院院长杨朝明、原副院长孔祥林，国家图书馆古籍馆副馆长陈红彦、研究馆员冀亚平、古籍修复专家胡玉清，孔子博物馆副馆长杨金泉等专家学者共聚一堂，围绕晒书传统和典故、儒家典籍中蕴含的历史智慧和精神价值、曲阜碑刻等展开热烈讨论。央视网对读书沙龙全程录像，并于8月7号在网上播出。

通过电视、网络还欣赏到孔子博物馆的珍宝，以及国家图书馆和全国十几家省级图书馆的晒国宝、晒经典、晒技艺活动。9月，国家典籍博物馆举办“中华传统文化典籍保护传承大展”，晒出来自全国90余家单位和个人的350余件珍贵古籍，将本年度的晒书节活动推向新的高潮。（国家图书馆网站报道）

教育部高校图工委寒暑假期间开展“边防书屋”建设活动

为充分发挥高校图书馆传播先进文化、服务特殊群体的社会职能，丰富边海防军营的文化生活，经陆军首长批准，2019 年 1 月 24—30 日，来自教育部高校图工委委员所在的 8 所高校图书馆一行 12 人在高校图工委主任委员、北京大学图书馆馆长陈建龙的带领下，利用寒假时间分别在东部、南部战区陆军两个海防旅启动了主题为“书香进边防　哨所传文化”的“边防书屋”建设活动。

“边防书屋”建设活动的主要内容包括书屋揭牌、赠书、阅读分享、参观荣誉室和官兵宿舍、了解海岛部队文化和感受革命传统精神等。赠书和书架等相关设施全部由北京大学、清华大学、上海交通大学、中山大学、武汉大学和南方医科大学等 6 所高校的图书馆加上书屋设立省份的教育部高校图工委委员所在图书馆提供，其中东部战区还有厦门大学图书馆，南部战区还有海南大学图书馆，即每个书屋由 7 所高校图书馆参建，各赠书 1554 种 1699 册。

揭牌仪式上，东部战区陆军海防某旅政治工作部主任潘军海、南部战区陆军海防某旅副旅长王敬全分别代表部队官兵向教育部高校图工委一行表示感谢；教育部高校图工委主任委员、北京大学图书馆馆长陈建龙代表教育部高校图工委向官兵守岛戍边的无私奉献致以崇高敬意。教育部高校图工委副主任委员、上海交通大学图书馆馆长陈进和武汉大学图书馆馆长王新才代表图工委向部队官兵赠送书籍；教育部高校图工委秘书长陈凌与部队领导一起为“边防书屋”揭牌。

在阅读分享环节，参建成员首先分享了阅读方法和技巧，并开展了名著阅读分享活动。其中武汉大学图书馆馆长王新才、上海交通大学图书馆馆长陈进分别以《阅读选择与人生塑造》《天道酬勤》为主题与官兵分享了读书方法与技巧；清华大学图书馆党委书记蒋耘中分享金一南著作《苦难辉煌》、教育部高校图工委秘书长陈凌分享杨信礼著《重读〈论持久战〉》、厦门大学图书馆馆长钞晓鸿分享《地下党员、国际学者——冀朝鼎先生的人与事》、海南大学图书馆馆长李文化分享《我们的更路簿》、从军 16 年的南方医科大学图书馆馆长顾萍分享魏巍著、魏猛新编的《谁是最可爱的人》。随后部队官兵们以流利的表达、稳健的台风走上讲台，与大家分享自己当兵守岛的故事，并提出阅读过程中遇到的各种问题。参建成员进行一一细心解答，与官兵进行面对面的沟通与交流，现场不时响起热烈的掌声。看到官兵们展现出的新时代海防官兵的良好精神风貌，以及海岛落后的基础设施建设，参建成员感受到了守岛官兵的艰辛不易，更进一步认识到“边防书屋”建设活动的深刻意义。他们提议官兵们要多读书、读好书、共读书、多研讨，还勉励官兵们努力汲取书中营养，不断提升文化素养。

“边防书屋”建设项目旨在通过规范化、制度化、周期性地开展图书和相关设施捐赠与更新、阅览需求和效果反馈、馆长讲坛、阅读分享以及军营文化体验等活动，不断增进高校与军队的交流合作，密切军民关系，改善边海防一线的文化条件，提升边海防官兵的知识素养，振奋高校师生的爱国情怀，为实现“强军梦”“中国梦”做出应有贡献。

1 月 26 日，为感谢教育部高校图工委为提升部队官兵文化素养所做出的努力与贡献，该旅政治工作部主任潘军海向教育部图工委赠送了“文化传千里　书香溢海疆”锦旗。

1 月 29 日，参建成员在陈建龙主任委员的带领下，在东瑁洲岛“将军林”种下了一棵椰子树，象征着教育部高校图工委与部队通过共建“边防书屋”活动建立起来的友谊地久天长。

按照方案规划，“边防书屋”建设活动将分别在东西南北方向的陆军 5 个边海防部队展开。首期两个书屋的建设为该项活动的顺利开展提供了良好经验和启示。预计余下 3 个书屋将根据陆军总部的建议，于 7 月底陆续展开，10 月底前全部完成。（教育部高等学校图书情报工作指导委员会网站报道）

全国图书馆文创产品开发联盟“品牌发展计划”启动

1月8日，由国家图书馆、“全国图书馆文化创意产品开发联盟”共同主办、上海自贸区国际文化投资发展有限公司联合主办的全国图书馆文化创意产品开发联盟“品牌发展计划”启动仪式在国家典籍博物馆举行。国家图书馆馆长、国家典籍博物馆馆长饶权，文化和旅游部资源开发司副司长徐海军，上海自贸区国际文化投资发展有限公司董事长胡环中，以及来自全国116家图书馆相关负责同志、中国（上海）自由贸易试验区、业内专家等160余人出席活动。

饶权在致辞中指出，依托文化文物单位馆藏资源，开发各类文化创意产品，是丰富人民群众精神文化生活，满足多样化消费需求的重要手段，可以增强文化文物单位服务能力、提升服务水平、丰富服务内容。成功的文创开发可为图书馆的特殊藏品类型树立“可看”“可玩”“可用”的创新形象，开辟新时代图书馆的“时尚”之路。

品牌发展计划由“三百目标”“两个平台”以及“一场大赛”构成，预计为期三年完成，旨在进一步推动联盟品牌形象建立，扩大联盟成员规模，完善联盟文创产品开发生态体系，推动中华优秀传统文化创造性转化与创新性发展。

“三百目标”包括“百位联盟成员”“百家合作伙伴”以及“百家联盟门店”三项发展目标。目前，经由联盟发起馆表决通过，江西省图书馆等53家公共图书馆新加入联盟，联盟成员馆达到116家，“百位联盟成员”目标已提前完成。此外，联盟将通过“百家合作伙伴”的方式进一步拓宽联盟成员的对外合作渠道，并在2021年底前建立“百家联盟门店”。

“两个平台”指的是“全国图书馆文化创意产品开发一体化平台”和“全国图书馆文化创意产品开发联盟天猫旗舰店”销售平台，已于启动仪式当天正式上线运营。

“一场大赛”即全国图书馆“典籍杯”优秀文创产品设计大赛。比赛于1月8日正式启动，面向全社会公开征集优秀设计方案与创意产品，并于2019年7月底前完成各奖项评选。获奖作品参加2019年8月底即国家图书馆建馆110周年之际举办的“图书馆文创精品展”，以及成员馆巡展活动。

“全国图书馆文化创意产品开发联盟”自成立以来，图书馆成员规模不断扩大，吸引众多社会力量深度参与其中。实行品牌发展计划，将进一步增强图书馆文创的业界影响力，并逐步盘活图书馆特有的文化资源，树立“联盟”文化特色与审美价值相互融合的品牌形象，让文化遗产资源服务公众，丰富人民群众的精神文化生活。

启动仪式结束后，联盟邀请相关专家针对品牌计划重点内容进行培训讲解，以促进联盟品牌的建设和推广。（国家图书馆网站报道）

首届全国高职院校信息素养大赛举行

12月4日，首届全国高职院校信息素养大赛全国总决赛在深圳职业技术学院举行。来自全国经过层层选拔的100名学生与20名教师，经过上机考试、现场必答抢答、巅峰对决等环节，教师则是展开现场说课技艺进行角逐。

本次大赛由教育部高校图书情报工作指导委员会高职高专分委会和中国高等教育文献保障系统（CALIS）管理中心主办，深圳职业技术学院承办，北京开元数图科技有限公司协办，大赛期间同时举行了分委会与CALIS专家委员会全体委员会议。来自全国高职院校的近350名选手、专家、委员莅临现场，参赛观摩、学者论道。

这是国内高职院校首次举办信息素养方面的技能大赛。大赛自3月启动后，得到了全国高职院校的热烈响应。据统计，在大赛初赛阶段，全国参赛高职院校达到481所，竞赛平台注册人数达到626001人，超过5万名学生完成了各省市的选拔赛，全国20个省市选拔出413名学生参加了总决赛的优选赛。在教师说课赛方面，初赛有20个省439名教师参加了省级选拔，82名教师入围网评赛。最终100名学生选手和20名教师进入总决赛。

从前期参赛情况看，大赛受到了各省市的高度重视，甘肃、云南等西部地区也有高职院校参与。同时，初赛也表明职业院校学生的信息素养能力普遍较高。诸多深奥复杂的问题，学生都能快速有效地解决。但地区差异性也非常明显，进入决赛的选手大多来自经济发达或高校云集地区。

在4日的大赛开幕式上，教育部职成司高职发展处杨剑静指出，信息素养是新时代大学生核心竞争力的重要组成部分，信息素养教育是信息化时代发展的必然需求。教育部支持高职院校信息素养教育的普及，希望以本次大赛为契机，强化图书馆在信息时代人才培养工作的能力，采取多种形式提高学生信息素养等综合素质，加强信息素养教育体系建设，不断创新信息素养教育的内容、形式、方法。

教育部高校图工委高职高专分委会主任、武汉职业技术学院党委书记、校长李洪渠表示，首次信息素养大赛的举行是高职各方共同努力的结果，大赛组委会将认真组织，确保公平公正。进入首次大赛的师生是一次难得难忘的学习机会。希望大家赛出水平，并通过大赛促进全国高职院校信息素养教育和改革，锻炼和培养信息素养教育的师资力量，达到促学、促教的目的。

主办方中国高等教育文献保障系统（CALIS）管理中心副主任陈凌强调，举办这个大赛，就是要在全国高职院校促进信息素养教育的普及，检验近年来高职院校信息素养的成果与水平，促进高职院校信息素养教育的健康发展。

在分委会、专委会全体会议上，来自众多著名高校的学者坐而论道。他们强调，在信息新时代，职业教育要走高质量发展之路，要着力培养高质量的人才，而单一的专业知识在现在与未来是远远不够的。信息素养能力应是高质量人才一个关键维度，未来社会，人人都要有信息知识信息能力与信息素养，技术技能型人才更要有充足的信息素养能力，才能适应未来工作事业的可持续发展。

决赛现场选手精彩频现。与传统赛事偏重考察知识不同，本次大赛重点考察学生的问题解决、结构性思维、沟通表达、自主创新等能力。大赛精心设计了各竞赛环节，学生技能赛首先是100名选手上机考试，比知识面，比速度，比信息处理能力。其后第二轮，筛选出的前30名选手分成三组进行紧张激烈的抢答赛。面对大屏幕突然出现的题目，选手们迅速判断，快速抢答。最后一轮，是从各组胜出的前三名共9名选手中决出大奖。

在教师说课赛场，参赛的教师个个表现出自己的最佳状态，各展才华，设计课程创新独特，讲述方法各有不同。精美的课件演示、精彩的主题内容、精巧的结构安排不断赢得了观摩教师的阵阵掌声！

协力推动高职信息素养教育上台阶上水平，深圳职业技术学院近年来信息素养教育走在了同行前列。深圳职业技术学院副校长李月表示，作为地处改革开放前沿、信息革命最灵敏地区的一所高职院校，深职院正在全力推进“双高”“一流”建设，在促进职业教育高质量发展方面，学校一直非常重视信息素养，开设信息素养教学课程已有10多年，每年开课7000多学生，230个班级。学校建立了一支充满活力的信息素养教师队伍，建立了有自身特色、有知识产权的教学平台、试题库与运行系统，教学经验与成果突出。去年，CALIS与学校合作建立“全国高职高专信息素养教育基地”，建立协同创新机制，在高职院校普及推广信息素养。

信息素养已成为信息时代技术技能人才必备的一种基本素养与能力，信息素养教育是培养学生终身学习能力、竞争能力和创新能力的重要手段。本次大赛凝聚各方精英，竞赛、交流、互学，打造了一个高职信息素养的新平台，是践行职业教育高质量发展和高素质人才培育的重要举措，有效促进信息素养教育上台阶、上水平。（中国教育在线报道）

2019年中国图书馆界获国际奖项

3月28日，2019年国际图书馆协会与机构联合会（IFLA）国际营销奖揭晓，南京大学图书馆的项目“图书馆奇妙夜”荣获第八名，为本年度唯一入围的中国高校图书馆。

国际图书馆协会与机构联合会（简称“国际图联”，International Federation of Library Associations and Institutions，IFLA）成立于1927年，是世界图书馆界最具权威、最有影响的、非政府的专业性国际组织。自2002年以来，国际图联每年都评选出最优秀的图书馆营销实践。今年全世界共有116个项目申报该奖项（其中中国申报43项），共选出10名（包括前三名）最富于创意并注重应用效果的营销项目。

“图书馆奇妙夜”是一个综艺性的现场竞技真人秀活动，旨在带领大家熟悉图书馆的资源和服务，让更多的人爱上图书馆，爱上读书。

整个活动可以分成线上、线下两个阶段。线上活动主要包括前期宣传，通过图书馆网站、微信、微博、校园BBS等多种媒体渠道进行推送。截至2018年，微信总阅读量达到15828次，分享达到612次，单贴最高阅读量是5539次。线下活动于2018年10月26日晚在南京大学仙林校区杜厦图书馆举行。主要分成3个游戏环节，10名选手分成两队进行竞赛，最终得分最高的队伍获得胜利。“图书馆奇妙夜”活动共有超过300名学生参与，其中包括70名嘉宾观众、80名志愿者和150多名现场观众。活动从策划到执行，持续时间近2个月，参与工作人员有50多人。（南京大学图书馆网站报道　作者张宇）

图书馆事业

国家图书馆

综述

2019年是中华人民共和国成立70周年，国家图书馆建馆110周年，是国家图书馆“创新发展年”。在文化和旅游部党组的正确领导下，在各司局和有关单位的关心支持下，国家图书馆圆满完成全年工作任务，获“全国民族团结进步模范集体”、中央和国家机关“青年文明号”等荣誉称号，国家图书馆微信公众号获第四届“大众喜爱的50个阅读微信公众号”，国家图书馆微博获评“微博十年特别贡献·创新”奖，“国家数字图书馆”APP获“五个一百”网络正能量榜样称号。截至12月底，馆藏文献总量4036.42万册/件，数字资源存储总量2158.83TB；全年共接待到馆读者577.06万人次，解答各类咨询87.08万件，文献流通2463.36万册次，举办公益性展览、讲座、培训等文化活动2944场次，演出95场次，惠及社会公众超过169万人次，网站点击量9.3亿次。全年主要工作有：

全面加强党的建设。扎实开展“不忘初心、牢记使命”主题教育和“四力”教育实践工作，研究制定《“不忘初心、牢记使命”主题教育整改落实方案》，按照立行立改的要求，推进整改工作；制定《国家图书馆党委关于落实全面从严治党责任的实施办法》《国家图书馆党委关于推进党支部标准化规范化建设的实施意见（试行）》，整体提升党建水平；充分发挥党委理论学习中心组带动引领作用，馆班子成员带头开展学习研讨、深入调查研究、讲授专题党课；发挥党支部党员学习教育主阵地作用，组建年轻干部理论学习小组，启动党建专题网站建设；严格落实意识形态工作责任制，建立覆盖各业务环节、业务界面的意识形态管理机制；严格落实党风廉政建设“两个责任”，深入贯彻落实中央八项规定精神，持之以恒纠“四风”。

深入学习贯彻落实习近平总书记回信精神。在国家图书馆建馆110周年前夕，习近平总书记给国家图书馆8位老专家回信，首次就图书馆事业专门做出重要论述。国家图书馆在馆庆期间配合文化和旅游部组织召开学习座谈会，60余位副省级以上图书馆馆长和老同志代表第一时间学习领会总书记回信精神。中国图书馆学会发布通知，号召全国图书馆深入学习贯彻总书记回信精神，带动各地掀起学习热潮。国家图书馆通过组织召开馆务会、党委会、全馆员工大会、离退休员工代表座谈会、青年干部座谈会、在核心刊物上刊发系列学习文章等多种形式组织全馆干部员工深入学习领会总书记回信精神，通过学习，全馆上下一致认识到，回信充分体现了以习近平同志为核心的党中央对国家图书馆发展、全国图书馆事业和国家文化建设的高度重视，总书记回信中关于图书馆事业的重要论述，对国家图书馆和全国图书馆事业发展具有非常重要的理论意义和重大的现实意义，是总书记关于新时代中国特色社会主义文化建设重要论述的重要组成部分，进一步丰富和发展了党的创新理论中关于文化建设的重要论述，是推动图书馆事业发展需要长期坚持的根本遵循，是指明国家图书馆事业未来发展方向的纲领性文献。为使总书记回信精神落到实处，国家图书馆专门制定下发了《关于深入学习贯彻落实习近平总书记给国家图书馆老专家回信精神推动事业创新发展的实施意见》，研究部署了15个方面的47项工作任务，以此为契机，整体提升国家图书馆事业发展水平和服务能力，为建设社会主义文化强国再立新功。

成功举办建馆110周年系列活动。按照隆重、简朴、厉行节约的原则，精心策划，周密部署，于110年馆庆期间成功举办“图书馆·与时代同行”国际学术研讨会，来自11个国家和地区的35位知名专家学者，围绕新时代图书馆发展的热点问题、先进理念、前沿技术等进行深入、广泛的学术交流，充分展现了新时代国家图书馆精神风貌，获得社会各界广泛好评；举办“中华传统文化典籍保护传承大展”“国家图书馆公共数字文化展”，弘扬中华优秀传统文化，展现数字文化成果；建设“国家图书馆建馆110周年专题网站”，编辑出版《国家图书馆同人文选（第五辑）》；修建古籍保护传承宣传长廊，彰显古籍魅力，展示国家图书馆建馆110年历史；完成总馆南区夜景照明改造工程，充分展现国家图书馆的建筑魅力、人文内涵和文化底蕴；完成馆区楼宇墙体粉刷及景观绿化美化、数据中心和四库全书库空调系统改造等工程，全面改善馆区环境。

国家文献信息资源总库与总目建设有序推进。全年入藏文献135万册/件，各类型文献交存率整体有所提升，“郑振铎等抢救流散香港文物往来信札”、新中国70年纪录片百部推荐典藏作品等一批珍贵文献入藏。制作书目数据69.76万条，发布自建资源920.8GB；文津搜索系统优化版上线运行，实现5563万余条数据的入库揭示及121万条数字资源与馆藏实体资源的整合挂接，文津搜索数据总量达到3.8亿条；建设云发布系统，完成160多万种图书和音视频数据的迁移与发布；建设《中国分类主题词表》互联网维护系统。全年修复各类纸质文献10212册/件、缩微胶片1250卷，“装裱修复技艺（古籍修复技艺）”入选国家级非物质文化遗产代表性项目。实现172TB数字资源的长期保存和198TB灾备中心数据备份。推进国家图书馆国家文献战略储备库建设项目，在承德县承租临时周转库房，将近1300万册文献搬迁至周转库房。

坚定不移传承弘扬传统文化。依托国家典籍博物馆举办专题展览28场，其中“中华传统文化典籍保护传承大展”展出来自20余个省40余家单位和30余位私人藏书家的330余种展品，展品数量规模之大、品种类型之多、文物价值之高，在同类展览中均属鲜见，受到广泛好评，接待参观56万人次，与展览配套的“古籍保卫局”之“山海社的宝藏”实景解谜游戏引爆读者参与热情，社会反响强烈；“亚洲非遗大展”“甲骨文记忆展”等被列入亚洲文明对话大会“亚洲文明联展”，“国家图书馆藏《永乐大典》文献展”获“全国博物馆十大陈列展览精品推介”优胜奖，“甲骨文记忆展”入选全国博物馆陈列艺术成果交流。中华古籍保护计划完成第六批《国家珍贵古籍名录》和“全国古籍重点保护单位”评审工作，全国古籍普查登记完成预计总量的90%以上，发布古籍普查登记目录77万条；“中华古籍资源库”联合全国19家单位联合在线发布古籍数字资源7.2万部；“海外中华古籍书目数据库”累计收录80万条书目数据；增设4家古籍修复技艺传习所、3家传拓技艺传习所；“中华古籍普查文化志愿服务行动”拓展到全国19个省份，帮助基层单位整理编目古籍约21万册/件；全国范围内倡导发起“中华传统晒书大会”，通过晒国宝、晒经典、晒技艺、晒传统等丰富多彩的活动，传播爱书护书观念，光大典籍保护传统。革命文献和民国时期文献保护计划新增民国时期书目数据1.4万余条，升级改造民国时期文献普查平台，出版《民国时期图书总目·社会科学总论》；征集入藏2.5万页海外藏中缅印战区抗战历史档案，建设日本细菌战资源库。《中华传统文化百部经典》编纂项目首批10部图书获第七届中华优秀出版物奖，出版《荀子》《楚辞》等15部图书，已累计出版30部。《鲁迅手稿全集》编辑出版项目文稿编、译稿编、书信编、日记编、辑校古籍编、辑校金石编基本完成编纂工作，附录编基本完成出版目录整理。国家传统文化典籍整理工程“一带一路”文献整理研究成果正式出版，“武昌首义”、海洋文献整理研究成果交付出版。中国记忆项目出版物《一生一事——顾方舟口述史》和国图公开课出版物《汉字与中华文化十讲》获评“中国好书”。

立法决策和科技创新服务效益凸显。全年为党政军提供咨询服务2405件，编制信息专报853期，其中《探寻粤港澳大湾区协调发展之路》被中央某机关选用为优秀稿件。人大代表服务平台和政协委员服务平台点击量稳步增长。举办部级领导干部历史文化讲座12场，服务近2000人次，孙春兰副总理9次参加。受外交部委托，遴选并推荐中国历史文化等相关图书25种，其中7种被选中。打造文旅阅读空间，为部机关干部职工提供优质便捷阅读服务。

深入开展全民阅读服务。实施门禁智能化升级改造，向到馆读者提供人脸识别、扫码入馆、扫码借书等智能化服务；改造升级少儿馆数字共享空间，打造“老年文化节”读者活动品牌，举办“关爱夕阳”老年课堂培训24场。“4·23世界读书日”期间，国家图书馆与中国图书馆学会首次联合全国3039家图书馆，向社会公开发布“服务全民阅读　共创美好生活”中国图书馆界4·23全民阅读活动倡议，在全国各地同步开展同城共读、扫码看书、中华传统典籍阅读竞答、全民英语口语风采展示等系列活动，活动规模与声势、活动数量与质量、活动影响力均创新高；依托新浪微博、抖音、腾讯、喜马拉雅等大众喜爱的社交媒体，搭建交互开放的阅读推广平台，抖音上线仅8天累计访问量就超过百万；专设“世界读书日”网页，通过“邂逅典籍”“好书共读”“大师微讲堂”等栏目提供精品馆藏品读。联合中国图书馆学会在全国开展“读好书·爱中华”主题阅读活动，采取线下线上相结合的方式，通过荐读导读、经典诵读、主题征文、主题展览等形式，向公众推荐好书、解读经典。“国图公开课”全年发布226期，平台年点击量达7704.1万次，经典课程资源通过“学习强国”平台提供服务，并开设“国家图书馆学习强国版”学习平台，为广大党员和社会公众提供优质传统文化学习资源；进一步完善第十四届“文津图书奖”评审程序，评选产生获奖图书10种，推荐图书40种，参评书目历年最多，224家出版社参评，比上届增长40%。文津讲坛迎来第1000期，成为深受京城百姓喜爱的讲座品牌。

扎实推进公共数字文化工程融合创新发展。会同文化和旅游部全国公共文化发展中心，建立协同工作机制，成立标准规范、资源建设、平台搭建和培训推广等7个工作组，统一工程称谓和宣传标识，统一界面和入口，打造“文旅e家”两微一端服务品牌；搭建统一平台，升级完成用户管理系统和唯一标识符系统，设立用户池和资源池；梳理盘活已建数字资源2.2万TB，加大群众文化资源供给；开展标准规范体系研究，研制公共数字文化工程绩效评价等8项标准；拓展社会化合作，在喜马拉雅平台开通“文旅之声”账号，在“学习强国”平台设立“数字文化”学习强国号，与强军网建立军民融合合作共建试点，惠及部队官兵；举办专题培训班16期，集中面授和网络培训超过280万人次。依托“公共数字文化走基层”、2019年度春雨工程·网络书香阅读推广、“基层资源配送”等，深入推进数字文化精准扶贫。

国内外交流合作呈现新气象。恢复举办第十五届省、自治区、直辖市、较大城市图书馆馆长联席会议。全国联合编目中心新增成员馆268家，上传数据68.15万条，下载数据1088.79万条。全国图书馆文献缩微复制中心启动成员馆善本缩微胶片数字化异质保存项目。编制《全国少年儿童图书馆（室）基本藏书目录》。组织召开中英图书馆论坛、第三届中国与阿拉伯国家图书馆及信息领域专家会议，举办东南亚图书馆员研修班。中、法国家图书馆合作协议被纳入2019年中法高级别人文交流机制第五次会议合作成果。海外中国文化中心数字图书馆上线服务。

大力拓展跨界融合发展。联合全国图书馆文化创意产品开发联盟，启动文创“品牌发展计划”，上线“全国图书馆文化创意产品开发一体化平台”和“全国图书馆文化创意产品开发联盟天猫旗舰店”，举办“全国图书馆‘典籍杯’优秀文创产品设计大赛”，共征集作品1125件；联合天猫推出“新文创、新阅读”系列活动。大力推进跨界合作发展，推动形成优势互补、跨界融合的发展局面，启动国家图书馆互联网信息战略保存项目，在新浪建立首个试点基地，对其全平台内容进行系统保存，“2000亿条微博被国家图书馆保存”话题首次挺进微博热搜，与新浪微博策划推出“全民读书季”话题，阅读量突破8.7亿，成为国家图书馆首个亿量级网络互动话题；与中国银行北京市分行签署战略合作协议，围绕文化消费升级、产业融合发展、精准扶贫等领域开展合作；与华为技术有限公司合作开展新技术应用研究，建设联合创新实验室；与中国图书进出口总公司、新华书店总店、喜马拉雅、北京市公园管理中心、中信出版集团、中国动漫集团等商议推进战略合作事宜。

科研工作成果丰硕。获批省部级以上科研项目8项，博士后面上资助二等项目1项，立项资助馆级科研项目34项，文津出版基金项目3项。获评全国文化和旅游系统2018年度十佳调研报告1项，优秀调研报告2项。举办第六届全国文献编目工作研讨会、国家图书馆第四届青年学术论坛等学术会议。《中国图书馆学报》《文献》《国家图书馆学刊》等学术刊物发展态势良好，成为促进业界学术交流和实践研究的重要学术平台。申请立项标准制订项目7项、标准化研究项目2项，制定发布标准1项。

圆满完成法人治理结构改革试点工作阶段性任务。积极承担法人治理结构改革试点工作，结合国家图书馆实际开展制度设计，探索法人治理结构改革的有效路径，理顺理事会、管理层、党委之间的关系，配合文化和旅游部组建国家图书馆第一届理事会，审议通过《国家图书馆章程》《国家图书馆理事会议事规则》，组织召开两次理事会工作会议。

安全风险防控有力。严守安全红线，狠抓安全管理，将读者安全、文献安全、职工安全、馆区设施设备安全、网络安全放在安全生产工作首位。根据文化和旅游部消防安全督导组意见逐项整改，在国务院安委会考核巡查中名列北京市榜首。定期开展网络风险排查及系统安全加固，对重要网站及信息系统开展24小时监测，加强重要节点网络安全保障，全年未发生一起网络安全事故。（国家图书馆研究院）

年度工作

【国家图书馆学习强国版学习平台上线服务】 1月1日，国家图书馆学习强国版学习平台正式上线提供服务。该平台包含了文津图书奖、中国记忆、宋人文集、敦煌遗珍、碑帖菁华、西夏碎金、年画撷英、前尘旧影、数字方志、在线展览等10个部分的资源内容。读者可在国家图书馆网站实名注册后，登录浏览该平台资源内容。同时，国家图书馆积极配合中宣部"学习强国"学习平台建设，在其网站首页开设"国图公开课"栏目，提供多领域的学习视频。（国家图书馆办公室）

【国家图书馆组织开展2019年下基层文化文艺小分队活动】 2019年元旦春节期间，国家图书馆联合文化和旅游部全国公共文化发展中心组织多支小分队，由馆领导带队，分别赴湖南省和海南省的全国建设新时代文明实践中心试点区县开展文化惠民活动，为湖南省辰溪县、凤凰县和海南省海口市美兰区、琼海区，以及三沙市的5家基层图书馆开通了基层数字图书馆平台，捐赠数字图书馆阅读卡、资源宝，为部分图书馆捐赠6000余册图书，并在当地开展名家写春联、京剧表演、文学讲座等活动。（国家图书馆办公室）

【国家图书馆理事会成立】 2月18日，国家图书馆理事会成立大会在北京召开，16位同志被聘为国家图书馆第一届理事会理事、监事。文化和旅游部党组书记、部长雒树刚出席会议，为理事会理事、监事颁发聘书并发表讲话。文化和旅游部党组成员、副部长张旭主持会议。成立大会后，即召开国家图书馆第一届理事会第一次会议，审议通过《国家图书馆章程》，明确了理事会、管理层、党组织和职工代表大会的职责，以及理事会的构成、理事和监事的权利与义务等，确保国家图书馆依法依规运行。（国家图书馆办公室）

【中国国家图书馆代表团访问新加坡、新西兰】 2月20—27日，中国国家图书馆馆长饶权率代表团一行5人赴新加坡、新西兰进行访问。代表团在访问新加坡期间，参加了中国国家图书馆与新加坡国家图书馆管理局联合主办的第二届丝绸之路国际图书馆联盟论坛，饶权做题为"丝绸之路国际图书馆联盟的建设情况和发展展望"的主旨报告。各成员馆一致通过下届论坛在印度尼西亚雅加达举办。此前，代表团还参加了第二十七届亚洲和大洋洲地区国家图书馆馆长会议，业务管理处处长毛雅君在会上做题为"传承与创新——中国国家图书馆的长期发展规划"的报告。访问新西兰期间，饶权代表中国国家图书馆与新西兰国家图书馆馆长威廉・麦克努特共同续签《中国国家图书馆与新西兰国家图书馆合作安排》。此外，中国驻新西兰大使吴玺会见了代表团，并与饶权就如何开展中新两国文化交流与合作等问题交换了意见。代表团还访问了新加坡中国文化中心。（国家图书馆办公室）

【国家图书馆与中国银行北京市分行签署战略合作协议】 3月11日，在文化和旅游部与中国银行举行全面战略合作签约仪式中，国家图书馆与中国银行北京市分行共同签署了"推动文化高质量发展战略合作协议"。国家图书馆党委书记、副馆长魏大威，中国银行北京市分行行长王建宏出席活动，并分别代表双方签约。根据协议要求，国家图书馆与中国银行北京市分行将遵循优势互补、诚实守信的原则，坚持从实际出发，整合双方资源，建立全面战略合作关系。（国家图书馆办公室）

【国家图书馆联手新浪微博打造首家互联网信息保存基地】 4月19日，国家图书馆互联网信息战略保存项目在北京启动，首家互联网信息战略保存基地落户新浪。文化和旅游部公共服务司副司长陈彬斌，国家图书馆馆长饶权，党委书记、副馆长魏大威，副馆长孙一钢，微博CEO王高飞，新浪首席信息官王巍，以及相关专家学者，国家图书馆和新浪的代表等出席了此次活动。魏大威和王巍分别代表国家图书馆和新浪签署了合作协议。现场召开了以“互联网时代人类文化记忆保存的价值、路径和未来”为主题的圆桌论坛，北京大学信息管理系教授王子舟、北京师范大学新闻传播学院执行院长喻国明教授、国家图书馆副馆长孙一钢、中科院文献情报中心副主任张智雄、微博高级副总裁曹增辉围绕主题进行对话。（国家图书馆办公室）

【第十四届文津图书奖获奖图书揭晓】 4月23日，国家图书馆、中国图书馆学会、学习强国平台联合全国图书馆界共同举办了一场主题为“读经典　学新知　链接美好生活”的全民读书盛典。中宣部宣传舆情研究中心主任、“学习强国”学习平台负责人刘汉俊，文津图书奖组委会副主任、文化和旅游部公共服务司副司长陈彬斌，国家图书馆领导班子成员，第十四届文津图书奖获奖图书作者和出版单位代表，文津图书奖组委会、专家评委会、媒体评委会代表以及全国公共图书馆联合评审单位代表等400多人参加活动。活动现场，依次揭晓了十四届文津图书奖少儿类、科普类、社科类10种获奖图书。在“先生的书房”环节，著名学者钱逊先生和药理学家、中国工程院院士秦伯益先生分别做主题演讲。（国家图书馆办公室）

【“文明匠心——亚洲非遗大展”在国家图书馆开幕】 5月16日，“文明匠心——亚洲非遗大展”在国家图书馆开幕。此次展览是亚洲文明周系列活动之一，由中国对外文化集团有限公司、中央美术学院、国家图书馆主办。中国文联副主席董伟，中央美术学院院长范迪安，国家图书馆党委书记、副馆长魏大威，中国对外文化集团有限公司党委书记、董事长李金生等，以及来自土耳其等驻华使馆的官员和来自亚洲14个国家的艺术家出席开幕式。此次展览共展出来自14个亚洲国家的320件（套）非遗大师作品，包括日本的陶瓷，韩国的斗笠、纸艺，尼泊尔的铜器，泰国的木偶、陶瓷，哈萨克斯坦的冬不拉、挂毯，马来西亚的扎染、藤编等。国家图书馆的“甲骨文记忆展”“旷世宏编　文献大成——国家图书馆藏《永乐大典》文献展”与“文明匠心——亚洲非遗大展”一并被列入“亚洲文明联展”。（国家图书馆办公室）

【“汉文文书——东波塔档案中的澳门故事”在国家图书馆开展】 6月10日，为庆祝中葡建交40周年、澳门回归20周年，由中国国家图书馆，葡萄牙书籍、档案馆及图书馆局（东波塔国家档案馆）共同主办的“汉文文书——东波塔档案中的澳门故事”在国家典籍博物馆开展。葡萄牙文化部部长格拉萨·丰塞卡（Graça Fonseca），葡萄牙书籍、档案和图书馆局局长希尔维斯特·拉色达（Silvestre Lacerda），葡萄牙驻华大使杜傲杰（JoséAugusto Duarte），中国文化和旅游部国际交流与合作局副局长郑浩等出席开幕式。此次展览展出100余份精选的“汉文文书”，讲述了“汉文文书”的保护和修复，并将档案文件与清代相关图文资料相印证，展示了从政治交往到日常生活，从税收管理到经济商业利益的协商，再到两个民族间的冲突解决等发生在澳门却关乎中国、葡萄牙甚至印证世界历史重要进程的故事，重现清代澳门丰富多彩的历史图景。（国家图书馆办公室）

【第三届中国与阿拉伯国家图书馆及信息领域专家会议在科威特举行】 6月11日，中国国家图书馆和阿拉伯国家联盟秘书处共同主办，科威特国家图书馆承办的第三届中国与阿拉伯国家图书馆及信息领域专家会议在科威特举行。中国驻科威特大使李名刚，中国文化和旅游部国际交流与合作局局领导余建，中国国家图书馆副馆长孙一钢，以及来自11个阿拉伯国家及阿盟秘书处、12家中方机构共30余名馆长、官员、专家出席此次会议。会议主题为“交流与互鉴——面向未来的中阿图书馆信息化”。与会代表就各馆在开展中阿电子图书馆建设多个方面的实践与探索做交流，并对开展中阿图书馆结对项目提出意见与建议，探讨加强互惠机制与方法等内容。会议还听取了中阿电子图书馆项目联合委员会第四次工作会议的成果。会议发布的闭幕公报，就多个议题达成共识。（国家图书馆办公室）

【中国国家图书馆代表团访问摩洛哥】 6月13—16日，中国国家图书馆副馆长孙一钢一行5人赴摩洛哥访问。期间，代表团参访了摩洛哥国家图书馆，孙一钢代表中国国家图书馆与摩洛哥国家图书馆代表哈桑·阿盖共同签署

《中国国家图书馆与摩洛哥王国国家图书馆合作协议》，并与该馆来自文献典藏管理、国家书目中心、馆长顾问办公室、国际交流与合作部等部门的代表进行座谈，重点介绍丝绸之路国际图书馆联盟和中阿电子图书馆门户网站项目的现状与发展规划。中国驻摩洛哥大使李立会见了代表团，并与孙一钢就如何开展中摩两国文化交流与合作等问题交换意见。代表团参访了拉巴特中国文化中心，在拉巴特星空书店组织了一场文化分享活动。（国家图书馆办公室）

【韩国国立中央图书馆到中国国家图书馆进行业务交流】 6月17—24日，韩国国立中央图书馆代表团一行5人由企划进修部部长金相旭率领，到国家图书馆进行第22次业务交流。6月18日，国家图书馆党委书记、副馆长魏大威会见了金相旭一行。交流期间，双方举行了两场业务交流会，以报告的形式分别就海外中国（韩国）学文献资源收集方案、图书馆目录规则发展动向及其在国家书目建设中的应用等内容进行了深入探讨。国家图书馆副馆长孙一钢、陈樱分别出席交流会。（国家图书馆办公室）

【全国地市以上图书馆和文化（群艺）馆馆长培训班举办】 6月18日至7月5日期间，国家图书馆联合文化和旅游部全国公共文化发展中心分期、分区域举办全国地市以上图书馆和文化（群艺）馆馆长培训班。来自全国33个省（直辖市、自治区及新疆生产建设兵团）的省级图文两馆业务骨干以及地市级图文两馆馆长约720名参加培训。国家图书馆副馆长孙一钢，全国公共文化发展中心副主任陈胜利、罗云川分别在东部、西部和中部的培训班上就《公共数字文化工程融合创新发展实施方案》做详细解读。各实施工作组负责同志分别就工程融合的标准规范、平台搭建、资源建设、培训推广、智能服务、数据分析等各项工作的实施要点进行讲解。（国家图书馆办公室）

【国家图书馆举办中阿电子图书馆项目发布一周年专题座谈会】 7月19日，中阿电子图书馆项目发布一周年专题座谈会在国家图书馆举办。国家图书馆馆长饶权、文化和旅游部国际交流与合作局副局长朱琦、局领导余建、阿拉伯国家联盟驻华大使马哈穆德·艾勒艾敏、沙特阿卜杜勒·阿齐兹国王公共图书馆执行总监阿卜杜凯里木·载德等出席座谈会。国家图书馆副馆长孙一钢主持座谈会。座谈会总结回顾了项目上线一年来取得的成绩，研究展望下一阶段的发展规划。（国家图书馆办公室）

【中国国家图书馆代表团参加第85届国际图联大会】 8月24—30日，国家图书馆副馆长张志清率代表团一行5人参加在希腊雅典举行的第85届国际图联大会。此次大会主题为“图书馆·通过对话实现变革”，大会共安排各类会议278场，超过3000名各国图书馆代表参加此次会议。代表们就各自图书馆事业发展现状、国际交流以及国际图联的参与现状等内容进行分享。副馆长张志清参加了大会开幕式、国家图书馆馆长会议、理事会会议以及闭幕式，就中国国家图书馆的发展现状以及国际图联的参与情况与参会代表进行了交流与分享。作为国际图联保存保护中心中国中心主任，张志清参加了保存保护中心工作会议并就中国中心的工作做报告。此外，代表团成员还参加了专业编目委员会第一次会议、文献传递与资源共享专业组工作会、亚太地区专业组工作会等共11场会议。会议期间，国家图书馆还组织多场双边及多边会谈，并参加了由组委会组织的希腊国家图书馆参观以及文化之夜相关活动。（国家图书馆办公室）

【2019年“春雨工程·公共数字文化走基层”活动举办】 8月26—28日，由国家图书馆、文化和旅游部全国公共文化发展中心联合举办的2019年“春雨工程·公共数字文化走基层”活动在内蒙古自治区阿尔山市举办。来自国家图书馆、文化和旅游部全国公共文化发展中心、内蒙古自治区文化和旅游厅、内蒙古自治区图书馆、阿尔山市的相关负责同志及业界同人、社会公众200余人参加活动。活动现场举办“聚力融合发展，创新公共数字文化服务业态”展览和专家讲座。展览展示公共数字文化服务的新变化和现有建设成果；讲座由国家图书馆和发展中心邀请知名学者，分别讲述“公共数字文化的业态与服务”“新时代公共文化服务的新思考、新实践”“基层文化队伍建设”等内容。活

动期间，国家图书馆、发展中心与内蒙古自治区文化和旅游厅、自治区图书馆等单位的相关同志开展座谈，并深入基层综合文化服务中心开展调研，了解基层公共文化服务开展和免费开放情况。（国家图书馆办公室）

【国家图书馆召开深入学习贯彻习近平总书记给国家图书馆老专家回信精神大会】 9月16日，国家图书馆召开深入学习贯彻习近平总书记给国家图书馆老专家回信精神大会。馆长饶权，党委书记魏大威，副馆长张志清、孙一钢、陈樱出席会议，各部处相关负责同志及员工代表等900余人参加会议，魏大威主持会议。饶权宣读了习近平总书记给国家图书馆8位老专家的回信，介绍了近期馆内外围绕学习贯彻习近平总书记回信精神所做的一系列工作，并结合实际工作就本馆学习贯彻落实总书记回信精神，坚守初心、牢记使命，凝心聚力推动事业创新发展做出了部署，提出要求。（国家图书馆办公室）

【国家图书馆40位老同志荣获“庆祝中华人民共和国成立70周年”纪念章】 9月，中共中央、国务院、中央军委决定颁发“庆祝中华人民共和国成立70周年”纪念章，国家图书馆共有40位老同志获此殊荣。国家图书馆馆长饶权，党委书记魏大威，副馆长孙一钢、汪东波及人事处、离退休干部处等相关部处工作人员到老同志家中进行走访慰问，为他们颁发纪念章，向老同志致以节日问候和崇高的敬意。（国家图书馆办公室）

【国家图书馆代表团赴台湾参加第六届“玄览论坛”】 9月24—28日，国家图书馆副馆长张志清等3人赴台湾参加第六届“玄览论坛”。此次论坛主题为“金针度人：活化古学，提炼新知”。25日下午，论坛在高雄佛光山佛光楼开幕。张志清副馆长参加开幕式，代表国家图书馆向台湾汉学研究中心、佛光山佛陀纪念馆赠送《永青文库》（四种）、《国学基本典籍丛刊》、《中国珍贵典籍史话丛书》等书籍，并代表国家图书馆接受两家单位所赠书籍。（国家图书馆办公室）

【庆祝新中国成立七十周年暨澳门回归二十周年文献特展在澳门开幕】 10月8日，由国家图书馆与澳门中华总商会、澳区省级政协委员联谊会联合主办的庆祝新中国成立七十周年暨澳门回归二十周年文献特展在澳门艺术博物馆澳门回归贺礼陈列馆开幕。展览分为“没有共产党，就没有新中国”“艰辛探索，曲折发展”“改革开放，举世瞩目”“政协七十载，再迈新征程”“血肉相连，共享荣光”“‘一国两制’，行稳致远”“走进新时代，实现中国梦”等7个单元，系统展现新中国走过的艰辛历程和取得的辉煌成就，以及澳门回归祖国二十年来的飞速发展。其中展出国家图书馆所藏古籍、舆图、老照片、新善本、民国文献等共99种。（国家图书馆办公室）

【国家图书馆举办“致敬国家勋章和国家荣誉称号获得者”系列活动】 10月，“共和国不会忘记——新中国成立70周年国家勋章和国家荣誉称号获得者”馆藏文献展在国家图书馆总馆北区二层大厅展出。展览以弘扬42位被授予国家勋章和国家荣誉称号的功勋模范人物为主题，依托馆藏文献，从2000余种与获得者相关的馆藏文献中，精选他们的代表性著作、相关研究型文献和新闻报道资料，以“共和国勋章”“友谊勋章”“国家荣誉称号”三类奖项为脉络，共展出图书65种，报刊13种19册。（国家图书馆办公室）

【国家图书馆与华为签署全面合作框架协议】 10月18日，国家图书馆与华为全面合作签约仪式在国家图书馆举行。国家图书馆馆长、党委副书记饶权，党委书记、副馆长魏大威，副馆长汪东波，华为公司中国区副总裁、华为公司EBG中国区总裁蔡英华，华为公司数字政府中国区总裁刘正宝等出席活动。魏大威主持仪式。饶权和刘正宝代表双方签署了全面合作框架协议。（国家图书馆办公室）

【国家图书馆举行中央和国家机关青年文明号授牌仪式】 10月30日，国家图书馆举行中央和国家机关青年文明号授牌仪式。文化和旅游部直属机关党委副书记、一级巡视员孙秋霞到国家图书馆，为荣获中央和国家机关青年文明号的集体——古籍馆文献修复组授牌，副馆长陈樱主持授牌仪式，文化和旅游部直属机关党委统战和群众工作处副处长、部团委负责人张呈鼎出席仪式。（国家图书馆办公室）

【国家古籍保护中心办公室荣获“全国民族团结进步模范集体”称号】 10月，国家图书馆正式接到《国务院关于表彰全国民族团结进步模范集体和模范个人的决定》文件和“全国民族团结进步模范集体”荣誉证书。国家古籍保护中心办公室荣膺“全国民族团结进步模范集体”称号。（国家图书馆办公室）

【“文献名邦　书香绍兴——越地历史文脉展”开幕式在国家图书馆举行】 11月4日，“文献名邦　书香绍兴——越地历史文脉展”开幕仪式在国家图书馆举行。此次展览由国家图书馆、中共绍兴市委、绍兴市人民政府主办，绍兴市文化广电旅游局承办，浙江省古籍保护中心协办。国家图书馆馆长饶权、副馆长张志清，中共绍兴市委副书记、绍兴市人民政府市长盛阅春，绍兴市人民政府副市长顾涛、秘书长章长胜等出席仪式。来自国内图书馆界，以及关心绍兴文化、热爱古籍保护工作的相关人士100余人参加活动。此次展览荟萃了国家图书馆和绍兴图书馆所藏，从先秦至民国各个时期有关绍兴的代表性传世珍本72种，其中宋元版6种，明刻26种，明清稿抄本25种，其中不乏稀见、罕传之本，甚至海内孤本。绍兴特意制作了鲁迅先生铜制半身雕像，并将其捐赠给国家图书馆。仪式现场，饶权、盛阅春共同为鲁迅先生的铜像揭幕。《宛委琅嬛——越地文献精粹》一书也在当天首发，张志清、顾涛共同为新书揭幕。（国家图书馆办公室）

【国家图书馆等20家单位联合举办古籍数字资源共享发布活动】 11月12日，国家图书馆等20家单位联合举办古籍数字资源共享发布活动，在线发布古籍数字资源7200余部/件，免费服务大众阅览和学术研究。截至当前，古籍资源发布总量已超7.2万部/件，提前完成《“十三五”时期全国古籍保护工作规划》2020年古籍资源发布达到7万部/件的任务。在发布古籍数字资源的同时，全国古籍“摸家底”工作取得重要进展，全国24省份完成古籍普查登记工作，古籍普查完成总量260余万部、1.8万函，2315家收藏单位完成古籍普查登记。“全国古籍普查登记基本数据库”累计发布217家单位古籍普查数据772861条7447203册。随着古籍普查登记工作的不断推进，古籍普查登记数据将在该数据库中陆续发布更新。（国家图书馆办公室）

【“妙法天成——细川护熙书法展”在国家典籍博物馆开幕】 11月14日，“妙法天成——细川护熙书法展”在国家典籍博物馆正式开展。文化和旅游部部长雒树刚参加活动并宣布展览开幕，日本前首相、永青文库理事长细川护熙，日本驻华临时代理大使植野笃志，中国前驻日本大使程永华，文化和旅游部国际交流与合作局局长谢金英，国家图书馆馆长饶权，国家图书馆理事会理事长韩永进，文化和旅游部国际交流与合作局二级巡视员张西龙，以及来自中国书法家协会、中国国家画院等单位负责同志、部分专家、媒体代表出席开幕式。展览共展出细川护熙先生的46件书法作品。（国家图书馆办公室）

【国家图书馆举办2019年东南亚图书馆员研修班】 11月22日，2019年东南亚图书馆员研修班开班仪式在中国国家图书馆举办。中国国家图书馆馆长饶权，中央文化和旅游管理干部学院党委书记、副院长王建华出席开班仪式并分别致辞。老挝国家图书馆副馆长西松浦·乔端达、马来西亚国家图书馆副馆长穆罕默德·法扎里、缅甸国家图书馆副馆长郭蒂埃等来自东南亚10个国家图书馆的11名专家学者参加此次研修班。此次研修班的主题为“数字图书馆的建设与合作”，邀请来自中国国家图书馆、中国科学院文献情报中心、北京大学图书馆等机构的多名专家，针对目前中国数字图书馆发展概况、服务创新以及整体规划等内容进行专题教学，还组织学员赴中国国家图书馆、清华大学图书馆、天津滨海新区图书馆等图书馆及文化机构参观交流。（国家图书馆办公室）

【国家图书馆与新华书店总店、新华互联电子商务有限责任公司签署战略合作协议】 12

月3日，国家图书馆、新华书店总店、新华互联电子商务有限责任公司战略合作签约仪式在国家图书馆举行。国家图书馆馆长饶权、新华书店总店总经理茅院生、新华互联电子商务有限责任公司总经理许维华，国家图书馆相关部门负责同志，新华书店总店、新华互联电子商务有限责任公司、新华万维国际文化传媒（北京）有限公司相关负责人出席仪式。签约仪式由国家图书馆副馆长陈樱主持。根据协议，三方将积极适应互联网时代阅读需求变化，努力构建新时代“馆、社、店”融合发展的创新模式。此外，三方将在创新知识服务、共同打造活动品牌、共同开展学术研究等方面达成共识。（国家图书馆办公室）

【国家图书馆出版社四十周年出版座谈会举办】 12月3日，国家图书馆出版社四十周年出版座谈会在京举行。国家图书馆馆长饶权，中宣部出版局副局长、古籍办副主任许正明，中国编辑学会会长郝振省，国家出版基金规划管理办公室监管处处长刘兰肖出席会议并讲话。来自文史学界、图书馆界、出版界的知名专家、学者共40余人参加会议。国家图书馆党委书记魏大威主持会议。座谈会期间，举办了国家图书馆出版社学术顾问礼聘仪式，饶权代表国家图书馆和国家图书馆出版社为学术顾问颁发聘书。座谈会还举行了《国家珍贵古籍题跋丛刊》首发式。该书由饶权、詹福瑞共同主编，是国家图书馆、国家古籍保护中心2012年启动，联合全国八十余家图书馆实施的中华古籍保护计划项目，出版成果入选了2019年度国家出版基金资助项目。（国家图书馆办公室）

【国家图书馆首部口述史纪录长片在广州首映】 12月10日，由国家图书馆摄制的口述史纪录片《口述国图》在2019中国（广州）国际纪录片节上首映。首映式由国家图书馆和广州图书馆共同主办。国家图书馆副馆长汪东波，广州图书馆馆长方家忠，中国电视纪录片学术委员会名誉会长、纪录片导演刘效礼，中华口述史研究会常务副会长、扬州大学教授周新国出席仪式并分别致辞。广东省立中山图书馆馆长王惠君、中山大学资讯管理学院常务副院长张靖，曾经在国家图书馆工作过的谭祥金、黄俊贵以及广东省图书馆界的老专家、老学者代表等嘉宾参加活动。（国家图书馆办公室）

【国家图书馆“甲骨文记忆”展入选全国博物馆陈列艺术成果交流展】 12月9日，由中国博物馆协会、中国人民革命军事博物馆主办的“博苑掇英——全国博物馆陈列艺术成果交流展（2009—2019年）”开幕，国家典籍博物馆的基本陈列展览“甲骨文记忆”成功入围参展，并获颁纪念牌。此次交流展举办宗旨为总结过去十年博物馆陈列艺术设计的成功经验，促进学术交流，提升博物馆陈列艺术的水平，促进博物馆陈列艺术的创新。（国家图书馆办公室）

【国家图书馆、北京苹果慈善基金会藏文古籍保护合作框架协议签约仪式在国家图书馆举行】 12月16日，国家图书馆、北京苹果慈善基金会藏文古籍保护合作框架协议签约仪式在国家图书馆举行。国家图书馆馆长饶权，北京苹果慈善基金会创始人王秋杨女士、名誉理事长高西庆教授出席签约仪式。国家图书馆副馆长张志清与北京苹果慈善基金会秘书长马帅代表双方签约。根据协议，双方将在西藏自治区的古籍保存、保护、修复、出版、数字化和宣传推广等方面开展通力合作，共同促进藏文古籍的保护与利用。（国家图书馆办公室）

【新中国70年纪录片百部精品入藏国家图书馆】 12月13日，由国家图书馆与中国电视艺术家协会、中共中央党史和文献研究院第七研究部、中共西安市委、西安市人民政府联合主办的新中国70年纪录片盛典在西安举行，百部精品纪录片入藏国家图书馆。开幕式上，中国文联副主席、中国视协主席胡占凡，国家图书馆馆长饶权，中共中央党史和文献研究院第七研究部主任王均伟，中共西安市委常委、宣传部部长张琳等为新中国70年纪录片百部推荐典藏作品的主创代表颁发奖杯和证书。与会嘉宾及业界专家学者围绕“纪录片与国家记忆”的主题做主旨发言。（国家图书馆办公室）

【郑振铎等抢救流散香港文物往来信札入藏国家图书馆】 12月26日，“郑振铎等抢救流散香港文物往来信札捐赠划拨仪式暨入藏纪念展开幕式”在国家图书馆举行。文化和旅游部部长雒树刚，国家文物局局长刘玉珠、副局长关强，中国嘉德国际拍卖有限公司创始人陈东升，国家图书馆馆长饶权，郑振铎先生文孙郑源先生等领导和嘉宾出席仪式。雒树刚向捐赠方中国嘉德国际拍卖有限公司颁发捐赠证书，并宣布展览开幕。此次所捐赠的“郑振铎等抢救流散香港文物往来信札”，包括1952年至1958年间，郑振铎先生等与“香港秘密收购文物小组”成员之间的往来信件、电报存根等共计166页，涉及收购小组成立、文物收购原则、真伪鉴定、资金筹措等多方面内容。（国家图书馆办公室）

公共图书馆

综述

2019 年是新中国成立 70 周年，也是全面建成小康社会的关键年份。这一年，公共图书馆坚持以习近平新时代中国特色社会主义思想为指引，学习贯彻党的十九大、十九届二中、三中、四中全会和习近平总书记给国家图书馆老专家回信精神，全面落实《中华人民共和国公共服务保障法》《中华人民共和国公共图书馆法》具体要求，继续推进现代公共文化服务体系和总分馆制建设，充分利用文旅融合发展新机遇，夯实能力基础、增强发展动力，提升服务品质、彰显文化自信，为社会主义文化强国建设贡献力量。

一、认真学习贯彻习近平总书记给国家图书馆老专家回信精神，地方性立法和行业标准制定持续推进

2019 年 9 月 8 日，在国家图书馆迎来 110 周年馆庆之际，中共中央总书记、国家主席、中央军委主席习近平给国家图书馆 8 位老专家回信，肯定图书馆人“传承文明、服务社会”的初心坚守，明确“图书馆是国家文化发展水平的重要标志，是滋养民族心灵、培育文化自信的重要场所”。这是习近平总书记首次就图书馆事业专门做出重要论述，体现了以习近平同志为核心的党中央对文化事业、对图书馆事业、对国家图书馆工作的高度重视。9 月 10 日，文化和旅游部在国家图书馆召开学习座谈会，传达学习总书记的回信，就贯彻落实好回信的重要精神进行座谈。9 月 11 日起，四川、江西、辽宁、江苏等多个省（直辖市、自治区）在各地省馆召开专题学习会议，并对贯彻落实好回信重要精神进行部署。9 月 16 日，《中国图书馆学会关于深入学习贯彻习近平总书记给国家图书馆老专家回信精神的通知》发布，更多公共图书馆通过召开专题座谈会、研讨会、集中学习等方式，学习领会新时代图书馆工作的理论指导和行动指南。比如，西藏自治区图书馆党委召开第十六次理论中心组学习会，专题学习研讨习近平总书记给国家图书馆老专家回信精神；太原市图书馆和太原图书馆学会联合主办“贯彻习总书记回信精神，提升图书馆服务水平”研讨会。通过这些学习研讨结合“不忘初心、牢记使命”主题教育，公共图书馆方向明确、精神振奋，纷纷表示将以实际行动助推事业发展。

2019 年，除继续组织学习贯彻《中华人民共和国公共服务保障法》《中华人民共和国公共图书馆法》外，各地也在积极推进地方性立法和各项相关政策的研究制定，以便为事业发展营造良好法律政策环境。《广东省全民阅读促进条例》经广东省十三届人大常委会第十一次会议第二次全体会议表决通过，6 月 1 日起正式施行。《陕西省公共文化服务保障条例》完成修订并获省十三届人大常委会第十次会议表决通过，7 月 1 日正式实施；《陕西省公共图书馆条例》初稿完成，立法修订调研工作稳步推进。《新疆维吾尔自治区公共图书馆条例（送审稿）》完成，先后报自治区文化和旅游厅、自治区人大、自治区人民政府审议。哈尔滨市图书馆提出的“关于设立《哈尔滨市公共图书馆条例》的建议”被列入《哈尔滨市人大及其常委会 2019 年立法计划》的调研项目。在标准研制方面，国家标准研制工作：《图书馆古籍书页耐久年限的测评方法》正式获标准化主管部门批准立项为推荐性国家标准制定计划项目；行业标准研制工作：文化和旅游部先后正式发布《信息与文献　公共图书馆影响力评估的方法和流程》、《中国古今地名数据描述规范》等 5 项图书馆领域文化行业标准，《公共图书馆年度报告编制指南》等 6 项文化行业标准获批立项并进入标准研制程序，《公共图书馆总分馆业务规范》以及《公共图书馆评估指标》系列行业标准已通过归口单位全国图书馆标准化技术委员会组织的专家审查即将报批；地方标

准研制工作：浙江省地方标准《城市书房服务规范》、宁波市地方标准《阅读推广志愿者服务规范》先后正式发布并实施。

二、事业发展处于良好机遇期，场馆基础设施建设呈增长态势

2019年，全国公共图书馆财政拨款合计1835549万元，比上年增长4.62%，财政拨款占年度文化事业经费投入的比例为17.23%[①]。截至2019年底，全国共有公共图书馆3196个[②]，比上年增加20个。全国公共图书馆从业人员57796人，比上年增加194人。其中具有高级职称的人员6966人，占12.1%；具有中级职称的人员18540人，占32.1%。

全国公共图书馆实际使用房屋建筑面积1699.67万平方米，比上年增长6.5%；图书总藏量111781万册，比上年增长7.3%；电子图书86557万册，比上年增长7.0%；阅览室座席数119.07万个，比上年增长6.6%；计算机22.58万台，其中供读者使用的电子阅览终端14.57万台，均与上年基本持平。

全国平均每万人公共图书馆建筑面积121.4平方米，比上年增加7.0平方米；全国人均图书藏量0.79册，比上年增加0.05册；全年全国人均购书费1.68元，比上年减少0.09元。

全年全国公共图书馆发放借书证8627万个，比上年增长18.8%；总流通90135万人次，增长9.9%。书刊文献外借61373万册次，比上年增长5.8%；外借26609万人次，比上年增长3.1%。全年共为读者举办各种活动195732次，比上年增长9.3%；参加11786万人次，比上年增长10.7%。

公共图书馆新馆和相关场馆设施建设呈增长态势。省级图书馆方面，新疆图书馆新馆建成开馆；江西省图书馆新馆建筑主体建设全面完成；广东省立中山图书馆改扩建项目二期工程顺利完成竣工验收；上海图书馆东馆主体钢结构封顶；首都图书馆通州新馆土护降工程开工。市级图书馆方面，苏州第二图书馆、滁州市图书馆、泉州市图书馆新馆、南平市少儿图书馆、景德镇市图书馆新馆建成开馆；温州市图书馆装修改造完成恢复开馆；中山纪念图书馆试运行；嘉兴市图书馆二期工程（古籍善本藏书楼）通过竣工验收；吕梁市图书馆新馆建设取得阶段性进展；深圳第二图书馆正式开工建设。县区级图书馆方面，上海浦东新区傅雷图书馆，广东省广州市越秀区少年儿童图书馆、南雄市图书馆，福建省泉州市洛江图书馆，江西省高安市图书馆新馆、安吉县图书馆新馆，吉林省抚松县图书馆新馆、安图县图书馆新馆、长白山图书馆，辽宁省丹东市元宝区图书馆新馆，江苏省海安市图书馆新馆、如东县图书馆新馆，浙江省桐乡市图书馆新馆、嘉善县图书馆新馆、宁波市奉化区图书馆新馆开馆运行；天津市北辰区图书馆重装开放。

三、总分馆制建设逐渐补齐基层服务短板，区域性图书馆联盟合作走向深入

总分馆制建设主要采用“中心馆＋总馆＋分馆＋服务点”模式，城市书房、24小时书房、合作分馆以及其他服务点建设方面各有特点。福建省上杭县5家杭川书房、晋江市11家城市书房、泉州市53家百姓书房、福州市82台“城市街区24小时自助图书馆”先后投入使用。浙江省杭州图书馆新增李白诗词文化主题分馆、钢琴主题分馆、康养主题分馆、国际分馆等9家主题图书馆，金华市图书馆新建2家“悦读吧”自助图书馆，衢州市图书馆3家南孔书屋开馆运营。江苏省仪征市“梅花书屋”城市书房、淮安市“文津书房”建成开放。广西壮族自治区南宁市图书馆华南城分馆、桂林图书馆“代表书屋”、百色市图书馆“红城书屋”建成。贵州省毕节市图书馆在大方县奢香古镇、织金县平远新城、黔西县锦绣花都、纳雍县鸽子花小镇、金海湖锦绣金海建设5个易地扶贫搬迁安置点直属分馆。青海省大通县首家24小时自助图书馆开放。山西省图书馆24小时书房、兴业银行分馆建成。黑龙江省图书馆文学艺术分馆开馆。辽宁省辽阳市图书馆建成东东儿童银行分馆，辽宁省图书馆与雷锋旅合作的“雷锋图书馆”开馆。天津图书馆河北省滦平县分馆揭牌。上海市松江区公共图书馆总分馆正式挂牌。

---

① 数据源自《2019年中国公共图书馆事业发展基础数据概览》。

② 本节业务数据源自《中华人民共和国文化和旅游部2019年文化和旅游发展统计公报》。

总分馆制建设的内容、平台、标准以及技能培训日益得到重视。广东省积极开展“广东省县级总分馆建设试点工作”，完善“广东公共图书馆用户中心平台”“业务数据上报平台”并开放给各基层馆使用；组织广东省图书馆县级总分馆制建设实地考察研讨会进行现场开放式讨论。重庆市主城九区公共图书馆与重庆图书馆实现互联互通，一卡通云服务平台升级，业务系统布局到全市25家公共图书馆和各社区乡镇服务点。北京市公共图书馆“一卡通”平台与“北京市移动公共服务平台”完成平稳对接，发布《关于督导基层图书馆增强服务意识满足读者阅读需求的通知》，指导各区图书馆发挥总馆职能，建立检查指导、长效监督和快速反应机制。长沙市图书馆采用“片区管理＋项目管理”的模式，实现总分馆业务精细分、片区专人管、效能共同推，联动总分馆阵地建设、资源服务和阅读推广。宁夏回族自治区加强总分馆服务网点的管理效率，优化撤并效益较低网点。山东省完成市级公共图书馆绩效评价工作，推进绩效评价工作延伸到县级，建立业务数据汇总报送机制。浙江省发布《公共图书馆中心馆—总分馆建设服务规范》，该规范以嘉兴市推进公共图书馆中心馆—总分馆建设为基础，结合浙江省全面推广公共图书馆总分馆实践经验，明确公共图书馆中心馆—总分馆体系的建设原则、主要功能、服务设施、主要资源、服务供给、人员配备、运行管理等内容。

除总分馆制体系化建设外，公共图书馆间的横向联合发展也日益深入。2019年，粤港澳大湾区公共图书馆联盟、杭州都市圈城市图书馆联盟、商洛市公共图书馆服务联盟成立，京津冀地市级公共图书馆协同发展联盟签订协议。泉城图书馆联盟成立，并架设联盟异构系统借还技术平台，打通省、市、区、社区四级公共图书馆和高等院校图书馆各运营系统技术壁垒。京津冀图书馆联盟召开工作会议审议《京津冀图书馆联盟章程（草案）》，交流京津冀图书馆联盟文化帮扶工作经验成果；举办新时代公共图书馆创新发展研讨会暨京津冀地区公共图书馆馆长业务交流研讨会和第三届京津冀图书馆“守望青春，我与图书馆故事”阅读推广交流展示活动。上海市文献资源共建共享协作网完成“华东地区外国和港台期刊预定联合目录”的组织、协调工作，收录订户数达514个单位，收录各类期刊9835种。长三角地区公共图书馆战略合作年会召开，就《长江三角洲区域一体化发展规划纲要》中涉及的“城市阅读一卡通”任务实施方案和2020年工作计划进行座谈；发布《长三角城市群公共图书馆发展报告》，全面展示长三角城市群4省（市）、26地（市）公共图书馆的发展概况、创新服务和各项数据。陕西公共图书馆服务联盟举办陕西省公共图书馆服务体系建设培训班暨联盟工作会议，全省加入该联盟的公共图书馆有108家，在全省公共图书馆中占比达96.4%；加入联合编目的101家，占比为90.2%。湘鄂赣皖四省公共图书馆联盟召开工作会议，举行四省公共图书馆联盟微视频大赛颁奖仪式及巡讲活动等。西部省级公共图书馆联盟第二次会议在四川省图书馆召开。重庆市区域性公共图书馆联盟召开2019年度工作会。第二届安徽省公共图书馆联盟业务技能大赛参赛人员数量和水平大幅提升。“南三龙”公共图书馆联盟资源联展揭牌仪式举行。

四、积极推动公共数字文化工程建设，广泛应用新技术适应现代社会数字化发展趋势

各地图书馆积极推动公共数字文化工作融合发展，推动区域内基层图书馆数字文化服务能力提档升级和特色专题数字资源的建设，并特别注重开展基层业务培训工作。广东省参与《公共数字文化工程绩效评估标准（草案）》修订和试评估工作，举办2期全省性的公共数字文化业务培训班、9期线上培训。北京市结合区域特点，拍摄制作《典藏北京》系列片及微视频27集，启动《北京记忆》微视频拍摄。山西省完成中华优秀文化数字化项目建设，《山西古戏台》等4个系列47集专题片拍摄完成并按合同上交全部成片；完成《山西村志》等地方文献数据库资源建设。甘肃省完成甘肃藏区寺院文化专题片等16个项目的稿本、样片评审工作，完成丝绸之路上的甘肃专题片（兰州、白银）、陇上百工微纪录片的项目策划和项目招标工作。安徽省申请2020年中央补助地方公共数字文化建设专项资金项目13个，验收2019年度公共数字文化工程资源建设项目37个，举办全省公共数字文化建设培训5场，完成安徽省文化云专区上线运行、2019年公共数字文化大数据（统一用户认证管理系统）建设、数字图书馆推广工程基层提档升级省级平台部署和更新数据等工作。陕西省文化服务云平台应用正式开通。

西藏自治区图书馆公共文化服务云平台大数据采集与服务推广项目通过中期验收。浙江省举办公共数字文化微视频制作与新媒体传播培训班。山西省图书馆与海南省图书馆联合举办多期2019年公共数字文化工程宣传推广暨总分馆建设培训班。

为适应社会发展、满足用户需求，各地图书馆加快推进移动互联服务和数字阅读建设步伐。浙江图书馆率先推出面向全国读者的“免证、免押金、免逾期费”的无边界“信用浙图”服务，实现公共图书馆服务“零门槛”和“零边界”，此后基于信用的预约、借阅服务快速发展。厦门市图书馆、福州市图书馆在福建省率先推出白鹭分、茉莉分免押金借阅服务，福州市五城区82台24小时自助图书馆通过微信公众号正式开通图书预借功能。扬州市图书馆网借中心项目、湖南图书馆“网上书房”、贵州省图书馆“黔图有约”、大连市少年儿童图书馆“滨城约书”、太原市图书馆“太图约书”网上借阅平台、宁波图书馆“天一约书”等网借平台在单个馆或者全市范围内普遍展开。

数字阅读平台陆续推出。湖南图书馆推出基于微信小程序的图书馆综合数字阅读平台，100余家图书馆开通试用。辽宁省数字阅读平台“e路书香”“福建省图书馆云阅读”“重图数字阅读平台”等陆续上线。天津图书馆“阅·听”微平台，整合大量畅销书刊、音频听书、视频公开课等资源。首都图书馆“阅读北京”登录“北京通”APP和“支付宝”小程序，实现在线办证、馆藏查询、数字阅读的云端推送。上海图书馆对“家谱知识服务平台”进行升级改造，新增上传家谱（在线捐赠）、在线识谱、在线修谱3种众包功能。西藏自治区图书馆在微信公众平台增设双语服务功能，开发西藏自治区图书馆官网小程序、藏汉双语朗读平台小程序和自助办证藏汉双语设备等双语软硬件系统。

数字空间体验不断升级。天津图书馆数字体验区建设完成并对外试开放，数字体验区包括瀑布流电子借阅系统、数字民国期刊展示系统、古籍修复VR互动体验等9种体验项目；宁波图书馆在创客空间成立宁波市首家图书馆5G体验空间，推出5G+AR阅读、5G+VR科普箱、5G+VR实景演出等应用供读者体验；青海省海北藏族自治州图书馆开展数字空间体验，格尔木市图书馆安装格尔木市图书馆大数据平台系统。

数字服务技术和能力不断提升。广东省立中山图书馆完成珠江三角洲数字图书馆联盟在“粤省事”小程序的检索对接，读者可以在“粤省事”进行文献资源检索并提出文献传递请求；推出“广东省文化E站”小程序，全国图书馆参考咨询联盟文献服务平台的微信公众号“图书馆参考咨询联盟”和手机移动门户网站也顺利上线。上海图书馆开启手机借书服务公测，只要用已绑定读者证的手机扫描馆藏条码，就能成功外借此书，不用再通过摆放在固定地点的自助机器借书。广州市越秀区图书馆在广州市率先推出总分馆智慧服务云平台，区域总馆可以远程巡检各分馆实时开放情况，与分馆工作人员进行实时互动、交流。深圳市宝安区图书馆启用智能机器人分拣系统，4个自助还书口满负荷运作每小时最高可分拣图书2000册，并实现自主充电，全程不需要人工干预。济南市图书馆搭建全国公共文化领域首个线上图书漂流系统——“书来书往”闲置图书交换平台，推出“你看书我买单”享阅服务活动，实现图书采购码洋近300万元。辽宁省图书馆推出“辽图任意读　新书带回家”服务，30秒快速办理借阅手续，一个月内归还即可。

五、继续深耕文献资源建设和保护，注重特色馆藏开发和利用

2019年，“中华古籍保护计划”“中华优秀传统文化传承发展工程”等专项工作持续推进，各地古籍保护和开发利用工作成效明显。古籍普查登记结出硕果。大多数公共图书馆完成普查，新疆、西藏、云南等少数民族地区古籍普查工作进展迅速；“2019中华古籍普查文化志愿服务行动”顺利完成，志愿服务团队深入基层古籍公藏单位完成古籍普查。古籍数字化和古籍信息发布工作取得进展。西藏自治区实施第一个馆藏珍贵古籍数字化项目，实现藏文古籍的高清扫描、OCR识别和图文对照；浙江图书馆制定馆藏古籍、地方文献数字化标准和工作流程；江苏省如皋市图书馆对特色古籍《影梅庵忆语》以白话文漫画形式在微信公众号平台持续连载；国家图书馆（国家古籍保护中心）与吉林省图书馆、黑龙江省图书馆、南京图书馆等20家单位在线发布古籍数字资源7200余部/件。在古籍修复方面，中国古籍保护协会古籍修复技艺专业委员会成立；国家图书馆牵头组织“全国古籍修复技艺竞赛”，汇集全国

21个省43家单位推选的百余册/件参赛作品，安徽、山东、四川等省份的首届古籍修复技艺大赛也陆续开赛；陕西省图书馆获批可移动文物修复资质；云南省图书馆举办“古籍修复技艺现场观摩体验”，向公众展示东巴经破损书叶修复技艺；重庆图书馆古籍修复技艺成功申报重庆市级第六批非物质文化遗产代表性项目。

古籍保护与传承活动和相关展览方面的亮点主要有：国家图书馆（国家古籍保护中心）牵头举办“中华传统晒书活动”，各地精选馆藏《国家珍贵古籍名录》善本，由馆长亲自“晒宝”并录制讲解视频，在融媒体渠道发布；组织“中华传统文化典籍保护传承大展”，运用数字虚拟沙盘演示、全息视屏演示等手段，传递文化基因和民族记忆。南京图书馆举办“南京图书馆藏四库底本特展”和“2019中国四库学高层论坛”，首次将所珍藏全部四库底本向公众展出；通过向上海图书馆、浙江图书馆借展的方式，举办“家国书运——八千卷楼藏书特展”，实现八千卷楼丁氏文献历史性合展。上海图书馆与东方卫视《诗书画》栏目首次尝试合作推广普及珍稀古籍与碑帖善本活动，推出“《诗书画》‘古籍今读’系列特别节目”。在培训和出版方面，全国碑帖编目与鉴定、《全国古籍普查登记目录》审校人员培训、全国古籍修复技术与工作管理、全国古籍数字化理论与实践培训、全国少数民族古籍修复技术培训、全国传拓技术培训等各种研修培训活动持续进行；《北京市文物局图书资料中心古籍普查登记目录》正式出版，《安徽省图书馆馆藏桐城派作家稿本钞本丛刊》《广东省第二批珍贵古籍名录图录》《北京市区级公共图书馆古籍普查登记目录》等古籍整理图书立项出版。

地方文献整理开发对于增进文化认同、打造文化城市方面作用明显。各地普遍建设地方特色馆藏资源体系，比如江西省，加强对红色文献收集形成红色资源馆藏；对瓷器著作收集，形成以景德镇瓷器为中心的瓷器文献资源专题等知识库群。黑龙江省图书馆组建“结对子　种文化”调研组，开展为期3个月的全省地方文献业务调研工作，通过广泛走访掌握各级志书、年鉴、统计年鉴、执政纪要等核心地方文献的出版情况，征集1437种1596册地方文献补充特色馆藏。广东省立中山图书馆主持策划并推进“岭南记忆”网站建设。广西壮族自治区桂林图书馆建成开放桂林抗战文献中心。四川省图书馆举行张大千文献中心开馆仪式。陕西省图书馆启动“陕西学人”专藏项目建设。云南省图书馆建设“云南茶文献（1949年以前）专题数据库”。厦门市图书馆丰富闽台关系研究、华人华侨等专题文献馆藏。温州市图书馆设立温州学文献中心。辽宁省本溪市图书馆从民间征集满族、朝鲜族、蒙古族、锡伯族等各民族家谱筹建家谱数据库。江苏省南通市图书馆完成“南通地区古镇老街图文数据库”项目，延续该城历史文脉。

基于地方特色资源开展的活动、展览和出版整理等各方面成果频出。山东省图书馆在北京召开“尼山书院荀子公开课备课会”，挖掘荀子以及思想的时代性和当代价值。江西省分宜县图书馆举办“大国匠心——天工开物与分宜”首届分宜天工开物节。河南省图书馆举行学习普及甲骨文国际巡展，纪念甲骨文发现120周年。江苏省常熟市图书馆举办纪念毛晋诞辰420周年暨2019年图书馆史志编纂学术研讨会和“缃素飘香——铁琴铜剑楼收藏特展”。河北省沧州市图书馆联合承办2019大运河阅读行动计划20城阅读接力活动。吉林省图书馆联合推出大型系列纪录片栏目《吉林文脉》；延边朝鲜族自治州图书馆举办“阿里郎·韵”中国朝鲜族传统民俗工艺展。长沙市图书馆举办“田汉在长沙”系列活动。西藏自治区图书馆举办尼赤派藏文书法培训班。出版整理方面，《〈解放日报〉上海新闻整理汇编》《上海图书馆藏赴闻集成》首发；《聊斋志异》手稿本整理、《重庆近现代期刊提要》、《抗战大后方工业调查文献》、《抗战大后方经济社会文献汇编》、《抗战时期画报资料选编》、《华南抗战时期史料汇编》（第一辑）、《民国葡萄牙驻广州总领事馆档案》（外文部分）等多个出版项目基本完成。

部分图书馆在文创产品开发方面亦有收获。湖南图书馆4月举行“难得湖图”IP创意征集活动供应商大会暨成果展，8月正式试营业“文创商店”，展销“难得湖图”品牌文创产品。四川省图书馆推动文创品牌“馆里”入驻成都天府新区鹿溪智谷，建立四川省图书馆“鹿溪·馆里”分馆。山东省图书馆“文创空间”正式对读者开放，按照功能定位划分为创意研发、产品展示、文创体验3个区域。重庆图书馆策划设计“重图古韵”系列文创产品。长沙市图书馆启动“阅读，有点意思”2019阅读手账文创嘉年华系列活动，展销该馆“阅城”系列文创产品，并设置“图书馆文创专区”，首次联合南京图书馆、宁波图书馆、贵州图书馆展出近50余件图书馆阅读手账和文创产品。上海图书馆文创品牌“上图文创”产品亮相2019年第二届长三角文博会及第15届中国（深圳）国际文化产品博览交易会。无锡市图书馆承办首届大运河文化生活节暨2019无锡阅读与文创展，发布“情牵运河”系列文创产品。

六、多措并举提升服务效能，高质量满足各类型用户文化信息需求

2019年，市级以上公共图书馆专题信息服务和立法决策服务继续加强。湖南图书馆进驻“两会”现场，将资源服务嵌入人大会务APP系统和政协云平台，并精选汇编《制造业高质量发展》等8个主题的“两会”专题文献以及4个主题的“改革开放四十周年”智库资料，现场发放9000余份。四川省图书馆为四川省委、省政府及各级政府部门提供立法决策服务，坚持关注热点及重大议题，制作的《决策参考》专题资料接连获得领导批示。山西省图书馆编辑2019年省人大、政协“两会”专题资料共7个专辑，约37.3万字。新疆图书馆制作《意识形态领域安全》《文化旅游融合发展》等9个专题资料汇编，并特别策划制作集电子图书、报刊、公开课、“两会”专题汇编为一体的使用手册，实现资源一站式获取。山东省图书馆组织专人编写《省政协十二届二次会议辅议材料》，内容涵盖乡村振兴、海洋强省、三大攻坚战、对外开放等关系到国计民生、社会热点的专题资讯。宁夏回族自治区图书馆编辑印刷《资政参考》，发放并回收“读者意见调查表”了解代表需求。山西省晋中市图书馆制作《晋中市图书馆决策参考》（文化发展改革专辑）4期，向晋中市委、市政府、市委宣传部及市文旅局进行政府咨询刊物报送。内蒙古自治区赤峰市图书馆设立“两会”信息服务点，为人大代表和政协委员提供读者证办理、数字资源利用、微信平台推广、打印复印、点书买单等现场信息服务。

为特殊群体服务依然是各级公共图书馆重要工作内容。在视障服务方面，继续配合全国“盲人数字阅读推广工程”的实施，各地普遍提供盲人智能听书机外借和无障碍电影助读服务，比如新疆维吾尔自治区额敏县图书馆正式启动智能听书机外借服务，开展“聆听世界　扶贫智先行”盲人数字阅读活动；山西省图书馆举办第三届盲人读者健步行活动；银川市图书馆举办“银川市首届盲人演讲比赛”。在其他特殊群体服务方面，天津市举办第九届“牵手残疾人，走进图书馆”大型公益活动和“颂祖国、赞家乡、残疾人自强不息、奋勇拼搏”诗与歌文艺联欢会；云南省图书馆与云南省第三监狱合作建立图书分馆；安徽省图书馆开展“关爱农民工，书籍送温暖”等活动；山东省少儿图书馆创建“阅读点亮心灯”——弱视弱听群体阅读提升项目；河南省许昌市图书馆设立特殊教育学校馆外借阅点。2019年，内蒙古自治区图书馆残障人图书馆和广东省立中山图书馆获“全国助残先进集体”荣誉称号，受到习近平总书记亲切接见。

在阵地服务方面，各图书馆继续加强阅读推广活动节庆化、系统化、品牌化建设。为庆祝新中国成立70周年，“70年70城”联读活动全国启动仪式在重庆图书馆举行，全国各地书画展、摄影展、文献资料展、主题书展、事业成就展、实物展、电影展，诵读大赛、书法大赛、诗词大赛、绘本设计大赛、青少年语言艺术大赛、征文活动、书画创作，诗歌朗诵、歌曲歌词赏析、合唱快闪、戏曲演唱会、音乐会、主题报告会、分享会等各类型展览、活动、讲座服务精彩纷呈。在其他一些重要时间节点，比如“4·23”世界读书日、春节等重要节假日、五四运动100周年纪念日、庆祝上海解放70周年纪念日、馆庆纪念日、文化和自然遗产日、图书馆服务周、图书馆服务月、阅读节等，图书馆的各项服务也是亮点频出。首届粤港澳“共读半小时”阅读活动在遍布粤港澳大地的“4+N”个会场同时举行，6万多人参与共读。浙江图书馆联动省内67家公共图书馆举办图书馆之夜主题活动，启动科普阅读之旅——“星耀九天　畅想未来”主题系列活动，74万人观看直播；组织长三角“三省一市”举办长三角地区阅读马拉松挑战赛，江浙沪皖同时开赛。南京图书馆向读者推介10余种《资治通鉴》主题及相关内容的图书，并牵头举办“百馆共荐，全省同读”系列活动。长沙市图书馆举办“青苗计划三周年庆暨图书馆奇妙夜”活动，120组家庭在馆内搭帐篷宿营与书共眠；推出“让文字活起来”经典文学读演剧场系列演出活动，通过舞台实习、读演PK等形式让读者的阅读体验更加立体丰富。此外，吉林省图们市图书馆举办“首届朝鲜族儿童诗朗诵比赛”；扬州市少儿图书馆启动“溢彩飞扬，悦动童年”亲子阅读嘉年

华；金陵图书馆等举办"书香南京　童书金陵"首届金陵童书节。

在创新服务方式方面，图书馆也各有特色。全国多个图书馆积极探索文旅融合新途径，比如福建省图书馆立足福建省"清新福建"的品牌特色，在福州国家森林公园建设"清新书苑"；厦门市图书馆发挥集美新馆文化新地标特点，开展"行走集美，城事阅读"走读活动等文旅融合式新服务，打造"乘着地铁去阅读"主题专列；福州市图书馆"月洲村图书馆"打造"悦读'醉美乡村'"；黑龙江省首个文旅融合示范点在伊春市桃山桃源湖风景区落成；广西壮族自治区桂林图书馆在龙胜县龙脊镇金竹壮寨设立"书香壮寨"阅读点；宁波图书馆推出"到图书馆去！"主题地铁专列，市民朋友坐上专列，动动手指即可体验宁波图书馆的各类服务。此外，北京市区级以上公共图书馆延长部分阅览区晚间开放时间；海南省委、省政府将"你读书，我买单"活动作为2019年为民办实事项目之一，持证读者可在全省各市县指定的新华书店现场选书或在微信线上选书，快递送书上门；安徽省马鞍山市图书馆与喜马拉雅马鞍山站联合打造该市第一家全方位的有声图书馆"艺塾有声图书分馆"；太原市图书馆推出"时代新人主题体验馆"，参观者可以通过各种高科技设备沉浸式体验，感受时代新人的奋斗故事；新疆阿克苏地区图书馆启动错时延时夜场服务，于每周六晚先后推出幸运大转盘等17场不同主题活动。

七、鼓励社会力量参与图书馆建设，加强培训提升馆员队伍综合素质和能力

各地继续推进法人治理结构改革。2019年，浙江省有平湖市图书馆等26家图书馆先后成立首届理事会，到年底全省已有94家公共图书馆成立理事会。首都图书馆，安徽省图书馆、安庆市图书馆和定远县图书馆，上海市普陀区图书馆、松江区图书馆和金山区图书馆，以及新疆维吾尔自治区伊犁哈萨克自治州图书馆、四川省资阳市图书馆、重庆市潼南区图书馆、江西省芦溪县图书馆、广西壮族自治区钦州市图书馆、贵州省六盘水市图书馆、福建南平市图书馆和漳州市图书馆陆续成立首届理事会。在已成立理事会的图书馆中，云南省图书馆理事会召开一届二次会议审议《云南省图书馆理事会工作规则》；重庆图书馆第二届理事会成立大会暨第一次会议召开；鄂尔多斯市图书馆召开第二届理事会第三次会议，公布已备案的《鄂尔多斯市图书馆章程（修订稿）》。

除运用理事会搭建合作平台以及前文提到的合作建设服务场所外，各地亦积极吸收其他社会力量参与公共图书馆建设。四川省图书馆博士后创新实践基地揭牌暨与四川大学合作协议签署仪式举行，打造高端智库博士后平台；四川省雅安市图书馆与雅安职业技术学院图书馆展开合作以实现共建共享。各类文化援建志愿活动丰富多彩，馆员培训、主题讲座、志愿服务角、手语培训、绘本故事、诵读活动、主题摄影展、图书编目加工、图书排架整理、图书捐赠、梦想书屋打造等多项文化志愿服务广泛开展，多个志愿服务团队、志愿服务项目获得国家级奖项。此外，佛山市图书馆"邻里图书馆"项目入选第三批广东省公共文化服务体系示范项目创建名单，并登上《人民日报》文化版头条；江西省乐平市图书馆推出首批家庭图书馆，号召家庭读者们组织邻居和亲戚朋友一起阅读；天津市武清区图书馆向社会招募20余位领读人，进行系统培训以为读书会活动储备运营人才；西藏自治区图书馆和文化公司联合举办藏文语法知识培训班。

在积极吸收社会力量参与图书馆建设的同时，各地积极提升工作人员综合素养和能力。文化和旅游部在西藏自治区林芝市举办全国基层文化和旅游公共服务队伍示范性培训——第十一期全国县级图书馆馆长研习班；指派国家图书馆专家进驻青海省海南州图书馆，进行为期3个月的图书馆数字化建设指导工作。河北省成立公共图书馆事业发展研究中心，甘肃省图书馆继续教育中心继续与武汉大学合作开办图书情报专业硕士学位研究生班。贵州省举办创建国家公共文化服务体系示范区工作培训班。广东省分别在潮州和深圳举办粤东地区、粤西北地区业务培训班。南京图书馆学会和金陵图书馆联合主办南京市公共图书馆馆长暨业务骨干培训班。广西壮族自治区图书馆举办"三区"人才综合素质能力提升班，开展广西公共图书馆职工技能竞赛。辽宁省举办新时代文明实践与志愿服务培训班、公共图书馆服务创新等业务培训。山东省举办新时代全省市级图书馆业务建设与发展培训班。四川省举办全省文化旅游公共服务复合型人才培训班。新疆图书馆举办图书·资料专业技术人员继续教育

培训班和3期新疆图书馆业务骨干培训班。西藏自治区图书馆则充分利用国家或自治区文化厅下发资源，多次选派业务骨干赴北京、上海、重庆等地参加各项业务培训，提高馆员业务能力和服务水平。

针对基层工作人员的培训也较为重视。2019年文化共享工程“汉藏文化交流项目”乡镇综合文化站站长能力提升培训班在四川省艺术职业学院举办。“‘春雨工程——汉藏文化交流项目’青海省海北地区图书管理人员业务提升培训班”在祁连县举办；青海省西宁市图书馆组织市属三县四区基层公共图书馆馆员进行图书馆总分馆制建设培训，培训以“学得会、用得上、有实效”为出发点；湟中县对15个乡镇393个村数字卫星书屋和农家书屋管理员进行业务培训；互助县图书馆对全县19个乡镇文化负责人、294村农家书屋管理员和11名图书馆职工进行集中培训。陕西省图书馆联盟举办面向基层图书馆的各类培训17期1609人次，远程培训30次29804人次。新疆维吾尔自治区库尔勒市图书馆为州、市各中小学校120余名图书管理员开展业务知识培训。山西省晋中市图书馆开展11个县（区、市）图书馆的总分馆制调研和基层辅导工作，累计开展基层辅导12次。黑龙江省黑河市爱辉区图书馆举办“结对子·种文化”基层文化干部业务知识培训班，各街道、社区、乡镇文化站、中小学图书馆管理员以及爱辉区图书馆流动站的负责人参加培训。

八、“请进来”与“走出去”相结合，深化国际交流与合作

2019年，图书馆文化交流活动持续开展。首都图书馆“阅读北京”图书专区落户爱沙尼亚和芬兰，并与匈牙利埃文萨博图书馆签署战略合作协议，与哈萨克斯坦、乌兹别克斯坦4家图书馆达成合作意向。“上海之窗”新增马耳他中国文化中心、南非开普敦格莱特舒尔高中图书馆等合作伙伴。举办庆祝中俄建交70周年俄罗斯文化艺术交流系列活动，来自中国、俄罗斯、乌克兰、哈萨克斯坦、吉尔吉斯斯坦、乌兹别克斯坦等国家和地区的文化艺术爱好者齐聚青岛市图书馆艺书阁，进行汉语、俄语、英语等多种语言的友好交流。

展览方面，厦门市图书馆携手“集美·阿尔勒国际摄影季”主办方开展系列活动，涵盖艺术讲座、分享沙龙、摄影培训等5场活动；河北省图书馆与日本鸟取县观光交流局共同举办中日青少年书法作品展；漳州市图书馆举办侨批与金融历史文化展，精选展示侨批及相关实物400多件；海南省图书馆举办“纪念南洋华侨机工回国抗战80周年图片、雕塑展”，从祖国召唤、共赴国难、血铸丰碑、功返南洋、光照千秋、重走滇缅路等方面展出南侨机工的英雄事迹；“中国安徽与俄罗斯楚瓦什民俗文化”图片展在安徽省图书馆举办。

在学术研讨方面，2019中英图书馆论坛在四川省图书馆开幕，国内部分图书馆的代表和来自英国国家图书馆的专家学者和“鲜活的知识”英国图书馆联盟（Living Knowledge Network）的代表等120余人参加会议。广州图书馆联合邀请澳大利亚皇家建筑师协会院士、伦敦大学学院（UCL）巴特莱特建筑学院前副院长Alexandra Marmot教授，共同探讨如何建立具备丰富功能、适应数字时代的现代城市公共图书馆；邀请德国哈姆市立公共图书馆馆长延斯·博尔（Jens Boyer）举办“从书之屋变成人之屋——德国哈姆市立图书馆作为第三空间”学术报告会。在中俄文化大集的框架下，黑龙江省图书馆与阿穆尔州科学图书馆首次共同策划组织中俄图书馆学术研讨会，会上签订“中国·黑龙江省图书馆与俄罗斯·阿穆尔州科学图书馆2019—2020年度合作计划”；俄罗斯远东国家科学图书馆学术报告会在黑龙江省图书馆举行，并续签《中国·黑龙江省图书馆与俄罗斯·远东国家科学图书馆长期战略合作意向书（2020年—2022年）》。

在参观交流方面，荷兰专家库恩·奥尔德斯一行6人来到合肥市图书馆，就“引入社会力量参与图书馆运营”事宜进行参观交流。澳大利亚南澳州图书馆馆长杰夫（Geoff Strempel）等一行4人访问山东省图书馆，就举办馆藏红酒文献展一事进行沟通，并参观考察山东省图书馆尼山书院等机构。“2019年博茨瓦纳媒体记者研修班”成员一行22人到青海省图书馆参观考察。马来西亚沙捞越州图书馆一行18人到云南省图书馆参观访问，双方在古籍保护、文献交流、人员互访等方面开展深入合作进行探索交流。捷克摩西州代表团一行6人到太原市图书馆参访交流参加捷克文化展览并参与多项读者活动。

除了“请进来”在国内开展交流活动，公共图书馆也积极“走出去”拓展影响力。多个省份派遣代表参加第85届国际图联大会，与各国同行交流分享各自的从业经验和图书馆业务发展观点，提交海报参与大会海报分会海报设计展示大赛等活动。辽宁省文化和旅游厅、辽宁省图书馆组建文化代表团，赴毛里求斯、留尼汪开展文化交流活动。云南省图书馆“普洱茶文化图书馆”项目代表团赴坦桑尼亚、斯里兰卡开展中华普洱茶文化宣传推广交流活动。在互访交流方面，厦门市图书馆与美国温哥华堡地区公共图书馆互派馆员分别赴两馆交流学习；长沙市图书馆与韩国龟尾市图书馆开展互访；西藏自治区图书馆接待2019年“文化中国行”蒙古乌兰巴托中国文化中心优秀学员参观交流团，随后也派员参加该中心“文化中国行”活动。(首都图书馆　孙慧明)

年度工作

北京市

【概况】 2019年，北京市共有公共图书馆5158个，其中市级图书馆1个、区级图书馆22个、街道级图书馆171个、乡镇级图书馆185个、社区级图书馆1698个、村级图书馆3081个。首都图书馆城市副中心馆、东城区第二图书馆、顺义区图书馆、丰台区图书馆、门头沟区图书馆新馆正在建设中。区级以上公共图书馆文献总藏量3037.1万册，同比增加5%；接待读者1663万人次，同比增加1.2%；外借文献1147.8万册，同比增加1%；依据北京市2018年常住人口计算，人均文献藏量1.41册，人均到馆0.77次，人均外借文献0.53册。自2019年8月起，北京市区级以上公共图书馆延长部分阅览区晚间开放时间。全市304个24小时自助服务设施持续为读者提供全天候借还书服务。

实施总分馆制建设，提升基层图书馆服务能力。在北京市文化和旅游局指导下，各区图书馆制定规划、明确时间表、任务量，落实《推进文化馆图书馆总分馆制实施方案》，推进以区图书馆为总馆、街道（乡镇）图书馆为分馆、社区（村）图书室为基层服务点的总分馆制建设。首都图书馆发挥中心馆职能，加强业务指导，针对个别基层图书馆服务中的问题，发放《关于督导基层图书馆增强服务意识满足读者阅读需求的通知》，指导各区图书馆发挥总馆职能，建立检查指导、长效监督和快速反应机制。

全面推进“一卡通”建设工作。北京市文化和旅游局成立街道（乡镇）图书馆“一卡通”专项工作领导小组，下发《北京市街道（乡镇）图书馆“一卡通”专项工作方案》和《北京市街道（乡镇）图书馆“一卡通”服务规范》。截至2019年底，北京市“一卡通”成员馆357个，覆盖270个街道（乡镇），建有率达到81%，提升基层图书馆服务效能，推进基层图书服务资源配送，有效对接基层文化需求。

积极开展全民阅读活动。2019年，北京市公共图书馆举办全民阅读活动11854场，381.5万人次参加。“阅读北京”系列文化活动以“阅动京城 礼赞祖国”为主题，依托公共图书馆四级网络，线上线下联动，将活动延伸进高校、出版社等机构。

推进国家重点文化工程建设。北京市公共数字文化工程依托首都图书馆公共文化云组织开展活动，持续推进北京市地方特色数字资源建设工作。2019年全市共享数字资源库20余个，总使用量2678万次，其中数据库1838.7万次，移动资源592.1万次，市民学习空间247万余次。北京市古籍保护中心进一步开展古籍普查与保护工作，完成网站迁移工作，选送珍贵古籍参加“中华传统文化典籍保护传承大展”，举办“册府千华 珍本献英——京津冀珍贵古籍书影展”。

强化职业技能培训。2019年，首都图书馆举办街道（乡镇）图书馆业务培训班、北京市公共图书馆数字文化工程培训班；北京市文献联合编目中心举办中文图书编目培训班。东城、西城、丰台、房山、通州、门头沟、怀柔、密云等区图书馆，对基层图书管理员举办了继续教育培训。

加强京津冀三地图书馆交流合作。京津冀图书馆联盟召开工作会议2次，发布《京津冀图书馆联盟章程》。三地图书馆联合举办业务研讨会、阅读推广交流展示活动和巡展等。

发展志愿服务。北京市公共图书馆文化志愿服务总队累计注册志愿者达2万多名，2019年开展文化志愿服务6877场，参与志愿者2.83万人次，服务总时长14.45万小时。（首都图书馆）

【首都图书馆概况】 2019年，首都图书馆坚持以习近平新时代中国特色社会主义思想为指导，全面贯彻党的十九大和十九届二中、三中、四中全会精神和习近平给国图老专家回信精神，在市委市政府、市文化和旅游局的领导下，增强“四个意识”、坚定“四个自信”、做到“两个维护”，坚持高质量发展理念，深化体制改革，于11月22日正式成立首都图书馆理事会，王鹏等12人出任第一届理事会理事，研究建立《首都图书馆章程》《首都图书馆理事会议事规则》等一系列规章制度。

夯实基础业务，创新服务方式。2019年共接待读者539.33万人次，外借文献195.62万册次；数字资源总使用量3789万次，网站点击量676.71万次。举办各类活动1277场，参加读者92.36万人次，其中少儿活动841次，参加小读者11万人次。办证29381个，全市有效持证读者54.97万人。解答读者咨询108.08万余条；为党政机关提供专题服务11项，提交决策内参1篇；完成企事业单位专题服务6项，编制二、三次文献11项，代检代查37项，提交文献815篇。在研国家社会科学基金项目7项、省部级科研项目7项。完成国家社会科学基金项目“面向大数据的单元信息组织体系研究”，北京市社会科学基金项目“北京历史文化资源数字化建设与服务研究”和“北京市文化志愿服务体系建设”，国家图书馆主持项目“县（区）级公共图书馆业务规范”的结题工作。积极回应市民和读者的阅读需求，延迟闭馆时间至21时，受到社会各界好评。

全年新增各类型文献26.79万册/件，馆藏资源总量达到906.41万册/件；可用数字资源97种113个，数字资源总量达676.79TB。结合本区域特点，拍摄制作《典藏北京》系列片及微视频27集，启动《北京记忆》微视频拍摄，制作《京味儿趣玩》北京市级非物质文化遗产主题动画短片26集，被国家广电总局推荐为“优秀国产电视动画片”。

紧跟新媒体技术的发展脚步，“阅读北京”登录“北京通”APP和“支付宝”小程序，实现在线办证、馆藏查询、数字阅读的云端推送；完成北京市公共图书馆“一卡通”平台与“北京市移动公共服务平台”平稳对接；“首图E支付”服务正式上线运行，实现手机支付便捷化。完成“首都图书馆门户网站”等多平台资源整合。新版首图门户网站在1月上线后，全年访问量已超过200万次，同比增长61.4%。

积极推进北京市公共图书馆“一卡通”建设，起草制定《北京市街道（乡镇）图书馆“一卡通”专项工作方案》和相关服务工作规范。2019年“一卡通”成员馆共办理借书证17.3万个，文献借阅192.6万人次、1333.6万册次，“一卡通”图书馆已达345家，覆盖270个街道（乡镇），建有率达到81%，顺利完成年度建有率目标，实现“一卡通”9个行政区建设的全覆盖。建成北京工业大学耿丹学院首图分馆，成为全市第一家校园内“一卡通”图书馆，也是第一家面向社会公众开放的北京市高校图书馆。开展基层图书馆馆员业务培训，举办业务研讨会、培训班20期，培训基层图书馆管理员769人。

国家重点文化工程稳步实施。按照北京市文化和旅游局要求，制定《2019年首都图书馆公共数字文化建设工作实施方案》。开展数字资源联合建设工作，完成信息采集、加工和平台发布工作。北京市古籍保护中心在“中华古籍保护计划”中取得新进展，加强宣传推广。完成中国人民大学附属中学图书馆古籍普查工作，《北京市文物局图书资料中心古籍普查登记目录》已正式出版，《北京市区级公共图书馆古籍普查登记目录》也进入出版环节。先后为6家市属古籍藏书单位完成古籍修复7000余页。

2019年度“阅读北京——首都市民阅读系列文化活动”再创佳绩。围绕“阅动京城　礼赞祖国”主题，突出公共图书馆体系的优势，增强首都的城市阅读氛围，提升公共图书馆的文化服务能力和社会效益，活动覆盖各年龄层人群，吸引数百万市民参与。

“首图讲坛”各系列讲座全年推出讲座、读书会137场，其中特别策划10场，直接听众2万余人。与大兴区委宣传部合作举办“南海子历史文化主题系列讲座”，成为文旅深度融合的北京样本之一。红领巾读书活动以“传承红色经典　争做时代新人”为主题，在全市中小学范围组织举办活动3400场次，48.8万人次参与其中。针对0—3岁婴幼儿，创新性开展婴幼儿神奇故事会，让零岁宝宝也能在集体阅读活动中感受阅读趣味。首都市民音乐厅全年举办演出11场，参与抢票7000人次，现场受益观众6900人，通过首图公共文化云直播和转播，累计播放次数达314万。

利用主流媒体的宣传特效，针对不同活动或品牌，有侧重地开展公众宣传。大众媒体全年发布专版、专刊35个，文章稿件500余篇，媒体曝光量达13亿次。坚持自媒体原创推文、坚持阅读资源及品质阅读的推广，全年微信、微博信息发布800余篇，微信公众号关注人18.16万，单篇最高点击量1万余次。抖音账号年度累计上传37个作品，播放量达136万次。

“阅读北京”图书专区落户爱沙尼亚和芬

兰，与匈牙利埃文萨博图书馆签署战略合作协议；与哈萨克斯坦、乌兹别克斯坦4家图书馆达成合作意向。截至2019年底，在海外图书馆建成8个“阅读北京”图书专区，累计捐赠图书4000册。

公共图书馆文化志愿服务总队拥有志愿服务项目292个，开展志愿服务6877次，志愿者28311人次，累计时长144514小时。首图志愿服务中心、通州图书馆志愿服务分队分别荣获“最佳志愿服务组织”称号和“最佳志愿服务项目”称号。

以国际视野做好新馆筹建工作，打造副中心文化新地标。新馆前期筹备工作稳步高效顺利推进。上半年，顺利取得市发改委工作函（一函）和市规自委工作函（二函）。10月24日，土护降工程顺利开工，整体功能分区基本确立。（首都图书馆　贾蔷）

【首都图书馆理事会成立大会暨第一届理事会第一次会议召开】 3月26日，首都图书馆理事会成立大会暨第一届理事会第一次会议召开，王鹏等12人被聘为首都图书馆第一届理事会理事，标志着首都图书馆正式启动法人治理结构改革试点工作。会议提名并通过第一届理事会理事长、执行理事和监事人选，其中王鹏任理事长，肖维平任执行理事，李冠南、杨兰英任监事。会议讨论并原则通过《首都图书馆章程》《首都图书馆理事会议事规则》等一系列规章制度。（首都图书馆　贾蔷）

【“童系梦想　冬奥之音——别样课堂在首图”开讲活动在首都图书馆举行】 随着北京冬奥会工程建设进入攻坚阶段，冬奥会也进入了“北京周期”。5月30日，“童系梦想　冬奥之音——别样课堂在首图”开讲活动在首都图书馆举行。北京冬奥组委新闻宣传部教育和公众参与处处长王军，北京校外教育协会会长、北京天文馆副馆长景海荣等相关领导、嘉宾参加活动。首都图书馆与北京校外教育协会共同策划举办“童系梦想，冬奥之音”——2019别样课堂在首图系列活动，共举办“运动员故事”“志愿之光”等系列讲座3场、“童系梦想，感知冬奥”实践课堂活动1场，参与人次共计360人。旨在让孩子们了解冬奥、参与冬奥，普及奥运礼仪，弘扬奥运精神，在活动中体现少年儿童对于冬季奥运会的向往和热情，并在活动中展现北京青少年的风采。（首都图书馆　贾蔷）

【首都图书馆举办“中华传统晒书活动”】 7月8日—9月6日，首都图书馆（北京市古籍保护中心）举办中华传统晒书系列活动。活动分为“晒”国宝和“晒”技艺两部分内容。“晒”国宝采用讲座和展览形式开展，“珍本赏析”系列讲座4场，分别是“珍本撷英——首都图书馆藏珍本古籍选介”“学人心曲——绥中吴氏藏书特色漫谈”“玉版朱痕——中国古代藏书印漫话”“数典寻踪——首都图书馆古籍数字资源介绍”，向读者系统展示首都图书馆的收藏历史和馆藏精品，让公众近距离欣赏和感受古籍之美。线上展览“册府千华　珍本撷英——京津冀珍贵古籍书影展”向公众展示京津冀地区公藏单位的古籍典藏，线下展览“故纸心声——古籍残叶题跋展”以精美的藏品展示私人藏书家在古籍保护与传承中的重要作用。“晒”技艺环节采取技艺展示和技艺竞技的方式开展，请古籍修复师走出修复室，向读者展示古籍修复技艺。为保证文献安全及读者体验，讲座实行限额预约制，讲座参与人数200人次，实体展览参观人数近千人，线上展览点击量2万余次。（首都图书馆　贾蔷）

【首都图书馆开展“京和书香　文化援建”主题志愿活动】 7月18—25日，首都图书馆开展为期8天的“京和书香　文化援建”主题志愿活动。新疆和田地区、和田市、和田县、洛浦县和墨玉县图书馆管理员、业务骨干和阅读推广人一行27人来到首都图书馆开展系列读书文化交流活动。首都图书馆根据和田地区文化需求和服务现状，有针对性地安排志愿服务项目的学习体验、特色图书馆参观交流等活动内容。其中“心阅书香”助盲阅读文化志愿服务项目、“语阅书香”手语培训文化志愿服务项目的学习和体验活动，形式新颖、内容丰富、实用性强，对于文化志愿服务能力的提升有很大的作用。（首都图书馆　贾蔷）

【首都图书馆与大兴区委宣传部签署合作协议并开展系列活动】 7月20日，首都图书馆与大兴区委宣传部签署合作协议，双方将共同建设南海子历史文献特藏，创建南海子特色阅读空间，并继续通过开展讲座、展览、馆藏资源借阅、实地参观等活动进行南海子历史文化的社会化普及工作。6月15日—7月26日双方共同举办“古苑宸迹——南海子历史文化溯源特展”和“首图讲坛·南海子历史文化系列讲座”6场，讲座包括“南海子的启示”和“麋鹿沧桑”等，同时发布“古苑宸迹”南海子历史文化溯源线上展览，市民可扫描二维码通过手机观看。活动期间，观众以环绕式、展讲零距离的方式体验南海子的文化魅力，成为文化和旅游深度融合的北京样本之一，其中策划推出的同名主题文件夹、手提袋等文创产品受到读者喜欢，系列活动直接惠及讲座听众2000余人、观展人数达12万余人，其中单条微博阅读量达131万次，并首次引入大V推广及短视频推广。（首都图书馆　贾蔷）

【首都图书馆完成2019年度读者服务满意度调查】 7月至8月，首都图书馆开展2019年读者服务满意度调查。本项工作委托第三方咨询公司开展，按照规范程序和调查要求选取访问对象，针对首都图书馆的阅览环境、馆藏文献、管理和服务等，采取在全馆各楼层随机访问读者的方式完成有效调查样本1061个，调查结果显示读者服务满意度为96.1%。在有效问卷汇总及数据分析的基础上撰写《首都图书馆读者满意度调查报告》，为首都图书馆业务规划和管理决策提供重要依据。（首都图书馆　贾蔷）

【“首图动漫在线”——《幸福四合院之京味儿趣玩4》动画片被评为“2019年度第二季度优秀国产电视动画片”】 9月23日，“首图动漫在线”——《幸福四合院之京味儿趣玩4》26集动画片被国家广播电视总局推荐为“2019年度第二季度优秀国产电视动画片”。该系列动画片通过讲述北京市级非物质文化遗产的内容，为青少年读者打造出通俗易懂、生动有趣、知识丰厚、质量上乘的动画故事，帮助青少年读者在潜移默化中学习中华传统文化，提升审美情趣，树立良好的社会主义核心价值观。“首图动漫在线”作为首都图书馆完全自主研发、拥有全部知识产权的大型原创动漫短片库，是面向广大未成年人推出的“绿色网络”文化服务品牌。自2007年开通以来，已制作完成“彩虹娃娃”“图书馆奇遇”“青春期哨卡”等15个主题系列共计800余集的动画短片，通过开展生动活泼的网上阅读指导活动，把青少年成长中所需的知识技能、思想道德等内容，融入动画片中，寓教于乐。目前，“首图动漫在线”已通过互联网向未成年读者免费提供服务。（首都图书馆　贾蔷）

【“阅读北京——我和我的祖国”全市诵读大赛决赛在首都图书馆举行】 10月16日，由中共北京市委宣传部、北京市文化和旅游局主办，首都图书馆及各区图书馆承办的“阅读北京——我和我的祖国”全市诵读大赛决赛在首都图书馆举行。教育部语言文字应用研究所教授王晖、中央人民广播电台播音指导黎江、北京语言学会朗诵研究会副会长杜敏、北京电视台主持人孔洁等担任大赛评委。此次诵读大赛覆盖全市16个区，来自各行各业、不同年龄的2000余名选手参与比赛，一共产生1000余部诵读作品，其中优秀原创诵读作品占近三成。大赛还通过“阅读北京”微信小程序、朗读亭线上联动开展诵读活动，收到诵读作品两万余篇。最终，大赛决出个人组和集体组各一等奖5名、二等奖7名、三等奖10名，还评选出10篇原创美文作品奖及10名网络赛区优秀奖。（首都图书馆　贾蔷）

【第六届“阅读之城——市民读书计划”终评会在首都图书馆召开】 11月4日，第六届“阅读之城——市民读书计划”终评会在首都图书馆召开，中国当代文学研究会会长白烨、北京燕山出版社原总编辑赵珩、中央民族大学教授蒙曼、著名学者及评论家解玺璋、首都图书馆副馆长陈坚等专家评委共15人出席会议。第六届“阅读之城——市民读书计划”自4月启动以来，在首都图书馆设立“2019年城市荐读书目”专架，持续宣传和推广“城市荐读书目”的200种图书，开展城市荐读书目的“图书认领”活动，读者只需撰写并提交该书书评便完成对该书的认领。“图书认领”活动共吸引近600名读者参加，发放图书123册，上交书评102篇。活动充分利用微信公众号的优势，完成14篇荐读微信的推送，内容包含有分主题后的200种“城市荐读书目”和10篇活动推广微信。在此届活动中，线上活动累计吸引10万人次参与其中，官方网站全年访问量20余万，浏览量150余万。最终，终评专家评审团在充分讨论的基础上，结合读者提交的相关书评，完成此届活动的评选，《北上》《北京古建筑物语》等30种图书最终入选2019年请读书目。（首都图书馆　贾蔷）

【首都图书馆耿丹学院分馆正式开馆】 11月8日，由首都图书馆、顺义区图书馆联合北京工业大学耿丹学院图书馆共同打造的“首都图书馆耿丹学院分馆”正式开馆。首都图书馆耿丹学院分馆成为北京市“一卡通”联网馆中唯一的高校网点，提供办证服务、文献通借通还、电子资源服务和阅读推广等服务。首都图书馆耿丹学院分馆依托公共图书馆丰富的文献资源、独具特色的阅读活动以及高校图书馆优越的学习环境，进一步完善了北京市现代公共文化服务体系建设，为牛栏山周边居民及北京工业大学耿丹学院师生提供多层次的阅读服务。（首都图书馆　贾蔷）

【“首都市民系列文化活动——阅读北京”年度盛典在首都图书馆举办】 11月22日，由中共北京市委宣传部、北京市文化和旅游局主办，北京市公共图书馆、北京电视台生活频道联合承办的2019年“首都市民系列文化活动——阅读北京”年度盛典在首都图书馆举办。年度盛典旨在对2019年“阅读北京”活动进行成果展示和表彰颁奖，包括“我和我的祖国”全市诵读大赛、“十佳优读空间——百姓身边的基层图书室”推优活动、“阅读之城——市民读书计划”图书推荐活动、“阅读伴我成长”主题活动和“最美书评”征集评选活动共五大版块。

2019年“阅读北京”深入推进全民阅读工作，依托于北京市公共图书馆四级服务网络，五大版块活动各具特色，吸引数百万市民参与。其中微博“阅读北京”话题阅读量569.7万，微信文章阅读量133.2万，朋友圈广告曝光量181905次，地铁、公交、电视、广播等广告覆盖超百万人次，百度新闻口碑值达8.19；随机抽取读者满意率高达99.11%。

在年度盛典活动中，向广大读者推介8项优质阅读活动，分别是首都图书馆首图讲坛、北京市科学技术协会首都科学讲堂、东城区第一图书馆“书海听涛”品牌系列活动、东城区第二图书馆“非遗52日”活动、西城区第一图书馆“外交官带你看世界”系列讲座、西城区第二图书馆法源寺丁香诗会、海淀区图书馆“海淀阅读星行动”之“70年70人70本书阅读故事汇”、青少年经典导读活动。推介优质阅读活动是向在倡导全民阅读打造学习型社会工作中发挥榜样作用的人物和机构致敬。盛典活动在北京时间和抖音同步直播，点击量共计5.6万人次，并在12月7日19时49分在北京电视台生活频道播出。（首都图书馆　贾蔷）

【首都图书馆开设少儿教育文献（连环画）阅览区】 12月31日首都图书馆A座二层3段的少儿教育文献（连环画）阅览区正式向读者开放，面积约为120平方米，阅览区精选首都图书馆馆藏的500余本新时期连环画和1000余册教育主题图书供读者阅览，阅览区开展阅读推广、空间预约、参考咨询等服务，旨在以阅览室为基地，发挥公共图书馆的资源和阵地优势，搭建聚合优质教育类文献资源、数字资源、专家资源和读者资源的融合平台，进一步完善首都图书馆的文化传播和社会教育职能。（首都图书馆　贾蔷）

【协调京津冀图书馆合作，联合开展学术与阅读活动】 2019年首都图书馆先后协调京津冀三地图书馆联合举办“京津冀少年儿童图书馆、中小学图书馆学术暨工作研讨会”“新时代公共图书馆创新发展研讨会暨京津冀地区公共图书馆馆长业务交流研讨会”；协调参加京津冀图书馆联盟工作会议2次，审议并发布《京津冀图书馆联盟章程》。首都图书馆组织全市读者参加庆祝中华人民共和国成立70周年——第三届京津冀“守望青春，我与图书馆的故事”阅读推广交流展示活动，协调“百名摄影师聚焦中国改革开放四十年”“京津过年的那些事——2019年京津冀图书馆联盟年俗文化展”和“悦读阅美——2018年请读书目”在京津冀图书馆巡展。（首都图书馆　贾蔷）

【发展中国家旅游官员汉语文化研修班到东城区第一图书馆交流考察】 10月28日，来自古巴、埃及、加纳、巴基斯坦等10个发展中国家的旅游官员汉语文化研修班成员一行25人到东城区第一图书馆进行交流考察。研修班学员们观看了展示东城区文旅资源的宣传片《故宫以东》。东城区文化和旅游局党组书记、局长李雪敏介绍了东城区旅游文化发展现状与趋势，以及公共图书馆体系建设等问题。（东城区第一图书馆）

【东城区第二图书馆举办“阅读传统文化　传承中华经典”活动】 2月，东城区第二图书馆和中国知网联合举办“阅读传统文化　传承中华经典”活动，累计有248名读者参与其中。活动通过微信公众平台，分“衣冠服饰中的传统文化”“舌尖上的传统文化”“美到骨子里的传统建筑”“不能忘却的传统礼仪文化”4个主题，介绍传统文化知识，提供“传统文化知识数据库”试用，推出有奖答题活动。活动旨在为读者学习中华传统文化知识提供资源，让更多读者品味书香、感受数字阅读的魅力。（东城区第二图书馆）

【西城区第一图书馆荣获文化志愿服务等多项奖项】 3月2日，在学雷锋纪念日到来之际，西城区第一图书馆召开文化志愿服务工作总结表彰会。2018年度，西城区第一图书馆共发起志愿项目18项，累计服务时长1万余小时，图书交换项目被北京市妇女联合会评为“优秀巾帼志愿服务项目”。在市委宣传部、首都文明办等部门组织开展的学雷锋志愿服务“五个100”先进典型评选中，西城区第一图书馆获得“最佳志愿服务项目”称号。志愿者张玉枝被北京市妇女联合会评为“优秀巾帼志愿者”。4月19日，西城区第一图书馆文献借阅一部荣获“全国巾帼文明岗”称号。（西城区第一图书馆）

【西城区启用天宁24小时城市书房】 4月23日，西城区首家人脸识别24小时无人值守城市书房——“天宁24小时城市书房”正式对公众开放。该城市书房坐落于莲花池东路16号，读者可以利用人脸识别系统进出阅读空间，实现全自助办证、借阅、续借、还书。书房内还设置了紧急求助系统与室内智能光照系统，可根据环境自动调节光照度。至此，西城区已形成由2个区级公共图书馆、1个青少年儿童图书馆、23家街道图书馆为骨架支撑，47个挂牌特色阅读空间和“书香驿站”为特色，2家24小时城市书房为亮点，流动阅读与数字阅读设施设备为补充的“书香网络”。（西城区第一图书馆）

【西城区第二图书馆举办第五届“海棠树下　为您读诗”世界读书日主题活动】 4月23日，西城区第二图书馆在万寿公园海棠书斋前举办第五届“海棠树下　为您读诗”世界读书日主题活动。艺术家们及大栅栏朗诵团与社区群众200余人一起，诵读诗文、吟唱古诗、演奏箜篌、演唱歌曲。西城区第二图书馆着力打造“海棠树下　为您读诗”活动品牌，传递“花之美、诗之真、书之香、人之和”的理念。（西城区第二图书馆）

【西城区青少年儿童图书馆举办首届“少儿阅读盛典”】 12月15日，西城区青少年儿童图书馆举办首届“少儿阅读盛典”。此次盛典以“阅读伴成长，书香润华年”为主题，推出“阅读的力量”和“西少风采”两大板块10余项节目，节目形式有诵读、京剧、英文绘本剧等。中国著名儿童教育家、讲故事专家孙敬修先生的弟子蔡志隆现场讲座并表演。盛典旨在鼓励馆员树立精益求精的服务意识，让更多的个人和社会组织参与到推动青少年儿童阅读的工作中来，同时向读者展示阅读的力量和乐趣，让小读者收获更好的阅读体验，激发他们的阅读兴趣。（西城区青少年儿童图书馆）

【朝阳区第三十一届“孙敬修杯”学生故事比赛个人项目总决赛在朝阳区图书馆举行】 4月27—30日，由朝阳区教委、朝阳区文化和旅游局主办，朝阳区学生活动管理中心、朝阳区青少年活动中心、朝阳区图书馆承办的第三十一届“孙敬修杯”学生故事比赛个人项目总决赛在朝阳区图书馆举行。此次比赛以“传统，我来继承您；祖国，我要对您说”为主题，全区135所中小学、177个幼儿园校区，共计600余个节目参赛。（朝阳区图书馆）

【丰台区启动“永定河阅读漂流计划”】 11月16日，丰台区文化和旅游局在宛平地区举办“永定河阅读漂流计划”启动仪式，永定河沿线丰台、房山、大兴、门头沟、石景山、延庆6区图书馆在现场共同发起永定河流域“阅读+漂流+分享”倡议。6区图书馆开设图书漂流专区，展示涵盖新中国成立以来政治、经济、国学、历史、科技等内容，以及具有永定河流域历史文化和区域特色的图书；开展馆长荐书、优秀书目推介、文化专题讲座、书评征文比赛、活动宣传推广等活动。“永定河阅读漂流计划”是2019年“丰阅古今　丰范传承”丰台区优秀传统文化阅读推广活动中的一项重点活动。（丰台区图书馆）

【石景山区图书馆召开创建国家公共文化服务体系示范区和总分馆建设专题工作会】 3月26日，石景山区图书馆召开创建国家公共文化服务体系示范区和总分馆建设专题工作会。石景山区图书馆在会议上总结2018年相关工作情况，并部署2019年重点工作：启动2019年街道社区图书流转配送服务，进一步整合图书资源；启动街道社区图书分馆（室）文化工作辅导项目，有效促进基层图书馆（室）的服务标准化；开展文化志愿者总分支队“图书漂流”系列活动，打造活动品牌；开展“菜单式”文化活动服务，让街道、社区根据群众文化需求进行点单，由总馆统一配送文化活动下基层。石景山区图书馆、石景山区文化馆、石景山区非物质文化遗产保护中心，街道文教科长、文化站长、图书分馆管理员、第三方运营团队负责人，以及石景山区文化和旅游局文化科科长参加会议。（石景山区图书馆）

【“海淀阅读星行动”之“70年70人70本书阅读故事汇”结束】 11月14日，“海淀阅读星行动”之“70年70人70本书阅读故事汇”收官活动——情境朗诵会在海淀区图书馆（北馆）举办，区文化主管部门领导、“阅读星”代表、热心读者、媒体记者等200余人参与此次活动。“70年70人70本书阅读故事汇”作为2019年海淀区全民阅读重点活动，自6月28日启动，历时4个多月，共邀请70位各行业领军人物走进海淀区图书馆、实体书店、中小学、街道社区、敬老院等多类空间，联合10家合作机构，举办70场融合科技创新、创意创业、传统文化、生活美学等多领域的文化讲座，现场参与总数达4000人次，微信传播、微博直播覆盖超10万人次。（海淀区图书馆）

【通州区图书馆被命名为第五批“全国学雷锋活动示范点”】 3月5日“学雷锋日”前夕，中共中央宣传部命名了第五批“全国学雷锋活动示范点”和“岗位学雷锋标兵”各50个，通州区图书馆位列其中，被命名为“全国学雷锋活动示范点”。通州区图书馆不断创新深化学雷锋志愿服务新方向、新平台，打造了“通图故事人”“法韵书香——法律帮助在身边”“让家中闲置的图书活起来——换书大集”等多项品牌活动，在“志愿北京”系统上注册的志愿者已达到629人，累计服务时长达17122小时。（通州区图书馆）

【顺义区举办第四届“游花海　品书香”阅读马拉松活动】 4月20—21日，顺义区第四届“游花海　品书香”阅读马拉松活动在北京国际鲜花港举行。活动以“阅读+行走”为主题，根据最佳游园路线设计8个点位，并布置阅读心愿区、换书大集区、帐篷阅览区、穿越朗读区等相应阅读展台。参与活动的市民领取阅读护照后，跟随“阅读游园地图”寻找阅读活动点位并完成阅读任务，完成5项以上阅读任务可领取“游花海　品书香”阅读马拉松证书。活动由顺义区委宣传部、区文化和旅游局、区文联主办，顺义区图书馆、区青少年阅读协会、区新华书店承办，体现了顺义区文化事业和旅游产业的融合发展。（顺义区图书馆）

【“书香大兴”2019年大兴区全民阅读盛典举行】 12月19日，“书香大兴”2019年大兴区全民阅读盛典举行。盛典表彰2019年度“书香大兴”阅读榜样——最美读书人、最美领读者、最美阅读空间及全民阅读示范单位，并通过阅读节目展演、视频展示等方式回顾和总结大兴区2019年全民阅读工作。2019年，大兴区图书馆共举办“红领巾读书”“蓓蕾行动”“兴图讲坛”“24小时阅读计划”“四进阅读推广”等多项活动超过1000场次，惠及群众超过10万人次。（大兴区图书馆）

【怀柔区图书馆举办“我和我的祖国”知识竞赛】 7月18日，“书香怀柔”第12届全民阅读活动——“我和我的祖国”知识竞赛决赛在怀柔区文化馆小剧场举行。怀柔区各镇（乡、街道）、区直各工委主管部门领导和观众共百余人参加此次活动。此次竞赛奖项在“书香怀柔”第12届怀柔区全民阅读颁奖盛典中颁发。自4月开始，怀柔区全民阅读活动在农村、社区、机关、部队、校园里火热开展，全区干部群众、学生、部队官兵参与其中，通过开展知识竞赛、诵读、配音、征文、摄影、换书大集、“市民大课堂”等10项文化惠民活动，回顾中华人民共和国成立以来走过的光辉历程，庆祝中华人民共和国70华诞，弘扬以爱国主义为核心的民族精神，培育和践行社会主义核心价值观，推动全国文明城区创建工作，在新时期让“书香怀柔”的文化氛围更加浓厚。（怀柔区图书馆）

【延庆区图书馆开展“心阅·书香——你选书　我买单”活动】 12月1—8日，延庆区图书馆通过线上线下开展“心阅·书香——你选书　我买单”活动。线下活动于12月8日由延庆区图书馆与延庆区新华书店共同举办，50名读者参与，选书736册；延庆区图书馆于官方网站和微信公众号发布“2019年全民阅读推荐书目单”，共有76名读者选书1228册；延庆区图书馆于少儿外借部和成人外借部设置“我想看的书——读者荐书墙”。活动鼓励更多人走进图书馆、了解图书馆，不仅提高了延庆区图书馆的图书采购质量，还充分满足了读者的阅读需求，在创新读者工作的同时，营造建设“书香延庆”的良好文化氛围。（延庆区图书馆）

天津市

【概况】 2019年，天津市共有市级公共图书馆2个，区级公共图书馆27个，公共图书馆建立分馆共计485个。馆舍面积43.5万平方米，阅览座席2万个，文献总藏量2099.2万册，其中图书1827.7万册、古籍59.5万册、报刊146.3万件、视听文献28.7万件/套、缩微制品1.3万件/套，开架书刊1193.6万册，拥有电子图书2133.5万册。2019年度市、区两级公共图书馆新增藏量247.8万册，新增电子图书179.9万册，总流通人次1621.2万人次，书刊文献外借1066.7万册次。

2019年全市公共图书馆为读者举办讲座、展览、培训班等各种活动3876场次，190万人次参与，其中讲座1570场，14.8万人次；展览670场，168.4万人次；培训1636场，6.8万人次。各图书馆通过官方网站、微博、微信等方式向读者提供服务，年网站访问量总计3689.2万页人次。年文献购置费6715.7万元。志愿者服务队伍92个，共计5374人。

注重京津冀协同发展。京津冀图书馆联盟工作会议在天津图书馆召开，审议《京津冀图书馆联盟章程（草案）》，交流京津冀图书馆联盟文化帮扶工作经验成果，推动三地图书馆联盟发展、实现优势互补，互利共赢；举办新时代公共图书馆创新发展研讨会暨京津冀地区公共图书馆馆长业务交流研讨会；主办“栉风沐雨结硕果　砥砺前行谋新篇——京津冀协同发展五周年天津图书馆成果展”，展示京津冀协同发展取得的阶段性成果和经验；举办第三届京津冀图书馆“守望青春，我与图书馆故事”阅读推广交流展示活动。

读者服务工作持续深化。举办第九届“牵手残疾人，走进图书馆”大型公益活动；举办世界读书日特别活动“诵读经典美文，歌颂伟大祖国——庆祝新中国成立七十周年朗诵会”；举行“颂祖国、赞家乡、残疾人自强不息、奋勇拼搏”诗与歌文艺联欢会；开展“沽上讲堂”系列讲座。

2019年底，按照中共天津市委机构编制委员会《关于改革调整市文化和旅游局所属公益类事业单位有关问题的通知》文件精神，天津图书馆与天津市少年儿童图书馆正式合并组建天津图书馆（天津市少年儿童图书馆），这标志着天津图书馆在依法履行公共图书馆服务职能，保障广大市民的文化权益，促进天津市政治、经济、科学文化事业发展方面的职能得到了进一步的强化。（天津市图书馆学会）

【中国古籍保护协会古籍修复技艺专业委员会成立大会在天津召开】 3月20—22日，由中国古籍保护协会主办、天津图书馆承办的中国古籍保护协会古籍修复技艺专业委员会成立大会在天津图书馆召开。中国古籍保护协会、天津图书馆相关领导及20余位专家导师出席会议。

会议成立古籍修复技艺专业委员会，确定委员会委员名单并颁发委员聘书。（天津图书馆）

【新时代公共图书馆创新发展研讨会暨京津冀地区公共图书馆馆长业务交流研讨会在天津图书馆召开】 5月23—24日，由京津冀图书馆联盟、天津市图书馆学会主办的新时代公共图书馆创新发展研讨会暨京津冀地区公共图书馆馆长业务交流研讨会在天津图书馆文化中心馆区召开。首都图书馆、天津图书馆、河北省图书馆、天津市少年儿童图书馆领导和相关负责同志，以及来自京津冀三地各区级、地市级图书馆馆领导共计70余人参加会议。与会代表分别做了题为“智慧与包容——重塑公共图书馆新愿景”“文旅融合战略中公共图书馆的担当与作为”“大数据人工智能时代图书馆服务创新”的学术报告。来自北京市石景山区图书馆，天津市和平区图书馆、武清区图书馆，河北省沧州图书馆、唐山图书馆的馆领导结合各自较有特色的工作进行了经验交流。（天津图书馆）

【天津图书馆数字体验区建成并对外开放】 6月3日，天津图书馆数字体验区建设完成并对外试开放，数字体验区包括瀑布流电子借阅系统、数字民国期刊展示系统、古籍修复VR互动体验等九种体验项目，吸引众多不同层次的读者前来体验，引进“知识视界”3D互动知识模型，满足读者需求。（天津图书馆）

【天津图书馆举办“我和我的祖国”——庆祝新中国成立70周年室内音乐会】 7月27日，天津图书馆举办“我和我的祖国”——庆祝新中国成立70周年室内音乐会。音乐会特邀天津交响乐团“晨歌”弦乐四重奏为广大读者和乐迷朋友带来一场关于经典作品的室内音乐会。引入网络视频直播技术，与在线观众及西藏昌都市图书馆读者在线同步观看。音乐会以丰富的表现形式演绎各个时期脍炙人口的经典曲目，精心排演的16首具有代表性的经典作品献礼新中国七十华诞，吸引近2000名观众在线同步观看。（天津图书馆）

【天津图书馆河北省滦平县分馆揭牌仪式举行】 10月22日，天津图书馆河北省滦平县分馆揭牌仪式在滦平县图书馆举行，标志着分馆正式建成并投入使用，同时依托互联网，建立数字图书馆分馆，使滦平县的读者可共享天津图书馆海量数字资源。揭牌仪式上滦平县和天津图书馆双方领导还为“庆祝新中国成立70周年——‘共读书影’”系列活动优秀组织单位代表、获奖读者颁奖。揭牌仪式结束后，天津图书馆举行了“海津讲坛下基层（滦平专场）”文化讲座。（天津图书馆）

【2019公共图书馆绩效评估学术研讨会在天津举办】 11月3—5日，2019公共图书馆绩效评估学术研讨会在天津举办。研讨会由中国图书馆学会公共图书馆分会主办，天津市图书馆学会和天津图书馆共同承办，以“创新与升级：后评估时代公共图书馆绩效评估工作的新思路、新方向”为主题，包括开幕式、主旨报告、征文研议与交流等多项内容。来自全国近60个省市图书馆的馆长及业务骨干共160余人参加会议。中国图书馆学会以及天津市文化和旅游局相关领导出席会议。（天津图书馆）

【天津图书馆打造“阅·听”微平台】 12月12日，天津图书馆微信服务大厅上线，同时上线天津图书馆“阅·听”微平台，整合大量畅销书刊、音频听书、视频公开课等资源。服务大厅将原有微信的所有服务功能整合至服务、资讯、“阅·听”中，包括读者证绑定、书目查询、我的借阅、线下讲座、我要荐书、京津冀图书馆等，另外新增开馆时间、线上活动、服务指南等功能，让更多市民享受移动服务的高效与便捷。（天津图书馆）

【京津冀书香城市协同发展交流会在天津市和平区图书馆举办】 11月30日，由中共天津市和平区委宣传部主办，天津市和平区文化和旅游局、天津市和平区图书馆承办的京津冀书香城市协同发展交流会在和平区图书馆举办。来自京津冀地区的北京市东城区第二图书馆、河北省沧州图书馆、天津图书馆及天津市各区县共8家图书馆的代表，围绕“发挥总分馆制优势 助推提升服务效能”主题进行深入交流。中共天津市委宣传部印刷发行处、天津市全民阅读活动办公室相关负责人、和平区文化和旅游

局相关领导及领读志愿者代表出席会议。（和平区图书馆）

【天津市红桥区图书馆与北京市门头沟区图书馆、河北省秦皇岛图书馆共同组建“京津冀地市级公共图书馆协同发展联盟”】 9月，天津市红桥区图书馆、北京市门头沟区图书馆、河北省秦皇岛图书馆在红桥区图书馆签署合作协议，共同组建“京津冀地市级公共图书馆协同发展联盟”，并就搭建资源共建共享平台、专业人才培养平台、惠民服务平台、公共文化示范区建设平台等事宜达成深化合作意向。在新中国成立70周年之际，联盟组织开展了“京津冀‘祖国华诞，书香同行’朗读大赛”，吸引300余名读者参与。（红桥区图书馆）

【武清区图书馆开展2019年武清区中小学生“好书伴我成长”读书系列活动】 3月—5月，武清区图书馆开展2019年武清区中小学生“好书伴我成长”读书系列活动，此次活动由中共武清区委宣传部、武清区文化和旅游局、武清区教育局、武清区关心下一代工作委员会主办，武清区图书馆承办。活动以庆祝中华人民共和国70周年华诞为契机，以“我和我的祖国”为主题，包括“学习新思想，做好接班人”主题阅读活动、“寻访革命足迹，弘扬爱国精神”主题实践活动、“传承红色基因，歌颂美好山河”绘画比赛、“弘扬传统文化，祖国在我心中”剪纸比赛、“坚定理想信念，祖国伴我成长”故事比赛五项活动内容。活动涉及全区29个镇街193所中小学校，12万余名中小学生参加。（武清区图书馆）

【津南区图书馆举办“读经典 学新知 链接美好生活”世界读书日主题系列活动】 2019年，津南区图书馆积极响应行业倡议，认真开展“同城共读，万卷共知”——2019年4·23世界读书日全民阅读活动、公益讲座等线上线下各类读书活动10余项，参与人数近3500人次。主题宣传日活动开展期间共制作横幅1个、易拉宝3个、宣传资料2000份、宣传展牌7个、环保书袋300个进行全方位、多角度宣传；通过津南区图书馆微信公众平台、津南区图书馆新浪微博、北方网等发布活动信息近30条，及时发布活动预告、活动开展情况等。津南区电视台、网信津南、津南时讯等本地媒体对4·23主题宣传日、“沽上讲堂”世界读书日专题讲座等都进行了详尽报道。津南区图书馆荣获由中国图书馆学会颁发的“2019阅读推广星级单位”荣誉称号。（津南区图书馆）

【北辰区图书馆迁址开放】 5月，北辰区图书馆迁入北辰区文化中心（金玺大厦），并于6月18日重新开放。图书馆面积14000多平方米，阅览室座席1081个，面向读者开放的区域为负一层至三层。负一层为基藏书库和报告厅。一楼中央设有“北辰文旅云”平台、服务台、自助办证机，还配备了2间朗读亭。一楼北半区为少年儿童借阅部，现有图书1.7万册（包括儿童绘本读物），期刊30种。室内分低幼阅读区、亲子阅读区、儿童阅读区。一楼南半区设有残疾人服务区、智慧空间、手工阅读体验区、电子阅览室。二楼设有报刊借阅室、读者自修室，上架631种期刊，80种报纸供读者阅读。三楼为图书借阅部，藏书8万余册，可实现天津市公共图书馆系统内图书通借通还服务，为方便读者阅读还设有阅览座席及休闲座席，同时设有自助借还书设备，供读者自助借还书。（北辰区图书馆）

河北省

【概况】 2019年，河北省现有公共图书馆173个，其中省级馆1个、地市级馆12个（含少儿图书馆1个）、县级馆160家，包含一级馆26个，二级馆29个，三级馆51个。建筑总面积56万余平方米，阅览室面积13.653万平方米，阅览室座席45575个，电子阅览座席5711个。从业人员1892人，其中高级职称248人、中级职称614人，志愿者服务队伍356个。拥有计算机8135台，流动图书车80辆。馆藏总量3063.591万册/件，其中古籍善本2.598万册/件，电子图书2160.289万种。研发文创产品156种。组织举办各类讲座3894场、46.366万人次参加。举办展览1131期，199.683万人次参观。举办培训班1969期，培训11.137万人次。全年共接待到馆读者2562.575万人次，书刊文献外借1713.499万册次。

实施攻坚行动，强力推进公共文化服务重

点改革任务落实。2019年，市县基本公共文化服务标准化建设全部完成，公共文化机构法人治理结构改革任务基本完成。沧州图书馆总分馆建设经验被编入文旅部公共服务司的《文化馆图书馆总分馆制建设典型案例》。

大力开展阅读推广工作，有效提升全省公共文化服务整体建设水平。4月23日，"圆梦复兴，阅读中国——2019年河北省公共图书馆系列活动"发布会在河北省图书馆召开，全省公共图书馆以同主题开展各式各样的全民阅读推广活动。沧州图书馆继续承办公私藏书与经典阅读会议，衡水市图书馆承办以"新时代中小型公共图书馆发展的实践与探索"为主题的2019年中小型公共图书馆联合会研讨会。唐山市丰南区图书馆"邻书香"服务工程入选2019年河北省"双创双服"创新案例。秦皇岛图书馆在河北省自强模范暨助残先进表彰大会上，被授予"河北省残疾人之家"荣誉称号。

激励服务创新，全力提升全省公共图书馆服务效能。在中国图书馆学会公共图书馆分会2019年举办的第二届公共图书馆创新创意征集推广活动中，河北省图书馆获多个奖项。河北省图书馆报送的《典籍背后有故事》微纪录片被评为一等奖，石家庄市图书馆报送的《科学工场——我的图书馆科学启蒙乐园》等7个案例被评为二等奖，唐山图书馆报送的《"印象唐山"：打造地方特色数字资源新地标》等6个案例被评为三等奖。河北省图书馆在继续做好涞水百里峡、昌黎葡萄小镇分馆的基础上，继续探索读书活动进景区活动，配送图书3000册，建成清西陵保护区管委会分馆、井陉秦皇古驿道分馆和于家石头村服务点；建设以长城、太行山、大运河为主要内容的河北旅游文献专题数据库建设；依托全国公共文化发展中心"文化中国"项目开展河北旅游微视频征集活动。

加强顶层设计，积极探索文化和旅游公共服务融合发展实践路径。石家庄市图书馆在井陉太行天路全域旅游驿站打造"文旅融合"阅读服务点，每个服务点配备图书1000余册，为服务游客、服务群众，助推文旅事业（产业）发展起到积极作用。秦皇岛图书馆打造"秦图说"项目，以微信为平台呈现秦皇岛的人文历史和名胜大观，扩大地方文献馆藏的影响力，也推广本地的文化特色与旅游资源。（河北省图书馆）

【馆际交流合作 共享优质资源——红色宣传画展走进湖北】 3月29日，由河北省图书馆和湖北省图书馆联合主办的《祖国记忆》——红色宣传画特展在湖北省图书馆展览馆展出。此次展览是为全面贯彻落实习近平新时代中国特色社会主义思想和党的十九大精神，迎接中华人民共和国70周年华诞，河北省图书馆、湖北省图书馆首次联合主办的大型展览。展品从资深记者高伟先生收藏的3000余幅宣传画中遴选出120幅作品，具有鲜明时代特征，反映中国共产党成立、中共"一大"会议召开、开国大典、香港回归、庆祝中华人民共和国成立60周年等一系列重大事件，通过宣传画作品，回顾了祖国70年峥嵘岁月里，祖国激荡奋进、波澜壮阔的发展历程，共同礼赞祖国建设的伟大成就。全面展示了人民大众的幸福生活和美好向往。两馆以此次展览为契机，签订《馆际展览交流合作协议》。（河北省图书馆）

【中日青少年书法作品展开展】 6月5日，河北省图书馆与日本鸟取县观光交流局共同举办的"中日青少年书法作品展"在河北省图书馆开幕，展出河北省图书馆征集、精选的青少年书法作品32幅，日方提供的书法作品55幅。中日青少年通过书写交流，表达对传统文化的尊重和喜爱，对友谊的珍惜和对未来的祝愿。中日两国的参展代表以及媒体朋友出席开幕式。2019年是中日青少年友好交流推进年，自1986年河北省和日本鸟取县缔结友好关系至今已33年。双方共同致力于开展人文、艺术等诸多领域的交流合作。（河北省图书馆）

【河北省首届晒书节在省图书馆举办】 8月20日，"相约冀图 共赏古籍之美——河北省首届晒书节"在河北省图书馆举办。晒书节由河北省图书馆（河北省古籍保护中心）主办，河北博物院、石家庄市图书馆、武安市图书馆、河北大学图书馆等古籍收藏单位以及省内私人收藏家协办。晒书节活动有3方面内容：一是"晒藏品"，展出古籍珍品62部，包括河北省图书馆的藏品《崇厚日记》、私人藏书宋版《通鉴纪事本末》等。二是"晒成果"，举办古籍保护成果展览，展出《河北省珍贵古籍名录图录》《古籍普查登记目录》《畿辅七名家诗抄》等，以及《冀图书笺》《诗笺》等文创产品展览。展示中华传统文化魅力，促进文创产品开发。三是“晒技艺”，现场举办古籍修复技艺展示、碑帖传拓技艺展示，引导大家关注古籍的保护和修复问题。（河北省图书馆）

【“我和我的祖国”诗文朗诵会举办】 10月18日，由河北省图书馆（河北省古籍保护中心）主办，河北省图书馆学会、各设区市公共图书馆协办的“我和我的祖国”诗文朗诵会在河北省图书馆举办。活动历时2个月，全省公共图书馆共组织开展“我和我的祖国”诗文活动11场，参与朗诵演职人员300人，观众上千人次。各单位选取优秀节目录制视频报送主办方，专家评委对上报的近百个朗诵视频进行评选，共有16个节目入选此次朗诵会进行展示。活动的举办，既是全省图书馆界为新中国七十华诞的献礼，也是弘扬爱国主义精神、培养文化自信的具体举措。（河北省图书馆）

【河北省公共图书馆事业发展研究中心成立】 11月21日，河北省公共图书馆事业发展研究中心成立暨第一次工作会议在河北省图书馆召开。该中心是河北省图书馆按照省文化和旅游厅领导的批示精神，落实以体系建设为抓手，推进全省公共图书馆事业高质量发展的一项重要举措。首期共聘任省内公共图书馆研究员29人，省外特聘专家2人。会上，就制定《河北省公共图书馆高质量发展指标体系》与《河北省县级公共图书馆建设指导标准》进行研讨，强调研究课题要紧贴实际，研究素材要准确真实，研究成果要注重实效。河北省图书馆馆长李勇对中心工作提出4点要求：尽快明确研究中心的职责任务；了解事业发展需求，梳理研究的主要课题；尽快编印并下发《公共图书馆事业政策法规文件汇编》；编制统计调查表，摸清全省各级公共图书馆真实状况。河北省公共图书馆事业发展研究中心的成立，将为河北省公共图书馆事业实现科学发展提供坚实的理论支撑，为各级党政部门科学决策提供有效的智力支持，将有力推动全省公共图书馆事业的高质量发展。（河北省图书馆）

【“邢图讲座”荣获邢台市“十大读书品牌活动”】 2月24日，中共邢台市委宣传部下发《关于表扬邢台市2018年“全民阅读　书香邢台”活动先进个人、品牌活动的通报》，“邢图讲座”荣获“十大读书品牌活动”称号。自2012年起，邢台市图书馆为提升公共文化服务水平，加强阅读推广工作，面向社会公众推出了公益性讲座服务。“邢图讲座”每周一期，8年来紧紧围绕邢台历史文化、阅读推广、文学艺术欣赏、家庭教育、社会热点、健康养生、生活常识等几大主题开展活动，共举办讲座300余场，受益群众2万余人，在宣传邢台历史文化，满足市民阅读需求，推动全民阅读中发挥积极作用。（邢台市图书馆）

【2019大运河阅读行动计划20城阅读接力沧州站活动在沧州图书馆举行】 11月14日，2019大运河阅读行动计划20城阅读接力沧州站活动在沧州图书馆举行。此次活动由北京市通州区全民阅读领导小组、北京市通州区文化和旅游局发起，沧州市文化广电和旅游局、中华文化促进会朗读专业委员会主办，沧州图书馆、沧州市全民阅读促进会承办，沧州市文联创评中心、沧州市集邮协会协办。来自各单位的领导和嘉宾以及沧州社会各界代表共计300余人参加活动。在嘉宾访谈环节，主办方特邀中国作家协会会员、天津作家晨曲，沧州市全民阅读促进会顾问瓮宝禄，沧州市文物局执法督查科科长郑志利，河北水利电力学院教师闫琼4位嘉宾，围绕大运河的前世今生、大运河申遗回顾、大运河故事、运河诗词等多个方面进行对话交流。（沧州市图书馆）

山西省

【山西省图书馆概况】 全年累计接待读者1379343人次，借阅1370138册次，办证21100个。数字资源访问量共计38663人次，数字资源点击量6950626次，数字资源下载量共计150666次。举办讲座216场，受益读者3039500人次。举办展览95场，参观读者443868人次。面向基层文化工作者主办、承办各类培训班32次，参加培训人员2477人次。举办读书会70场，受益读者3726人次。举办各类活动331场，受益群众477130人次。编辑《晋图专递》68期，选编文章760篇。《晋图实用信息》46期，选编文章320篇。《图情视窗》158期，文章总篇数772篇。《晋图指南》6期，共刊文173篇，约21万字。策划推出《晋图指南——山西省图书馆110周年特刊》，实现了《晋图指南》专题专刊零的突破。编辑2019年山西省人大、政协"两会"专题资料共7个专辑，精选文章89篇，约37.3万字。积极开展公共数字文化工程建设工作，一是完成中华优秀文化数字化项目建设，《山西古戏台》《山西历史名人》《山西好风光》《山西民俗》4个系列47集专题片拍摄完成并按合同上交全部成片；二是完成地方文献数据库资源建设，包括山西村志30部共计1.4万页、政府公开信息1万余条，图书馆公开课数字化加工40节累计800分钟；三是召开2019年山西省公共数字文化工程地方资源建设项目验收会，全省9部文化专题片和23个数据库数字资源建设项目完成验收。古籍保护中心开展了以下工作：一是古籍修复工作有序开展，全年共计修复完成地方特色文献《退想斋日记》10889叶、拓片316张、地契5张、家谱43叶、民国时期地图47张；二是宣传推广活动持续推进，举办"古籍保护　你我同行——古籍修复技艺进校园""晋风石韵　拓古传今——山西省图书馆石刻拓片展""赏金石拓片，学传拓技艺"等读者体验活动。（山西省图书馆　杨超）

【山西省图书馆开展2019年新年惠民活动】 元旦小长假期间，山西省图书馆举办多场2019年新年惠民活动。"国乐芳华　三晋文华"2019年山西省图书馆第十四届新年诗歌朗诵古琴音乐会、"'扬帆新时代'2019少儿元旦嘉年华"、"书香盈岁月　新桃换旧符——山西省图书馆新春楹联书法作品展"、"右玉精神的人民性、历史性、文化性探源"公益讲座、"书香联萃　上元雅集——山西省图书馆2019元宵节楹联书法作品展"、"关爱特殊儿童，同绘新年梦想"公益画展、"赏楹联　话年俗——2019年山西省图书馆楹联与年俗文化沙龙活动"、"表里山河无限风光　民俗风情独特人文——山西旅游文献展"等多项活动为读者带来节日的文化大餐。（山西省图书馆　杨超）

【第三期全国碑帖拓片保护与修复技术培训班在山西省图书馆举行】 4月9日，由国家古籍保护中心主办、山西省图书馆承办的"第三期全国碑帖拓片保护与修复技术培训班"在山西省图书馆开班，来自全国各地的29名学员和山西省的26名旁听学员参加开班仪式。此次培训设有碑帖编目与鉴定、石刻文献拓制、拓片修复与装帧技术等课程。复旦大学图书馆特聘专家、传习导师赵嘉福，国家图书馆研究馆员冀亚平，山西省图书馆特聘专家、传习导师胡玉清，上海图书馆传习导师邢跃华将碑帖保护理论与修复实践紧密结合，为学员做精彩讲授。在几位专家的指导下，学员们学习碑帖鉴定常识，掌握了拓碑技术，学会拓片的经折、册页、简裱等装帧形式制作和拓片折叠保存等方法，并参与修复清代及以前的石刻拓片136张。2019年山西省图书馆以馆藏拓片整理、编目和修复工作为重点，努力为下一步石刻拓片整理保护工作顺利开展提供可靠的人才支撑和经验储备。（山西省图书馆　杨超）

【山西省图书馆举办"阅知三晋·图书馆之夜嘉年华"活动】 4月21日，山西省图书馆举办"阅知三晋·图书馆之夜嘉年华"大型活动。此次活动以"读经典、学新知，链接美好生活"为主题，近300名读者朋友参与其中。主会场活动在少儿诵读《逐梦》中拉开帷幕。馆长王建军带领馆领导集体宣读《服务全民阅读　共创美好生活——中国图书馆界4·23全民阅读活动倡议书》，在活动中分别揭晓和宣读2018年度读者最喜爱的图书、期刊、少儿图书，以及"爱心点亮你我的世界"视障读者征文和年度阅读达人获奖名单。为展示山西省图书馆业务总分馆建设成果，活动首次发布了山西公共阅读年度数据，包括全省公共图书馆持证读者量、纸质图书借阅量、数字资源利用情况和读者结构、地域对比、各类图书借阅比例等全民阅读大数据。（山西省图书馆　杨超）

【山西省图书馆24小时书房正式开放】 在"4·23"世界读书日之际，山西省图书馆24小时书房正式对外开放。书房位于长风馆负一层，功能布局动静分离，分阅览和会展2大区域，是涵盖图书阅览、自习研讨、讲读活动、文创展示等服务的多元文化空间。书房以文史哲类经典著作以及新版优秀图书为藏书重点。为促进阅读推广和阅读交流，书房专设讲读交流区，可定期举办“长风读书会”等主题读书活动和文化沙龙。同时设有文创产品专区，展现特色文化与创意设计的完美融合，以满足读者阅读之余的多元文化需求。（山西省图书馆　杨超）

【晋疆文旅交流一家亲——2019年“春雨工程”山西省文化和旅游志愿者新疆行系列活动落幕】 5月28日—6月3日，由山西省文化和旅游厅公共服务处副处长高文奇、山西省图书馆馆长王建军、副馆长王开学带队，组织32名文化和旅游志愿者围绕“大展台、大讲堂、大舞台”三大主题，分别在伊犁哈萨克自治州、乌鲁木齐市、新疆建设兵团第六师五家渠市举办“晋在新疆　晋来疆往——山西新疆民俗古建摄影文旅交流展”“新疆基层文化工作者能力素质提升班”“晋来疆往——阅读推广朗诵音乐会”等5场活动。此次活动培训学员近百名、服务新疆各族群众近2000人，活动累计行程近7000公里。活动以艺术之美展现山西风光、传递山西精神，以实际行动架起了晋疆文化交流的桥梁，促进了民族间的和睦互融。（山西省图书馆　杨超）

【山西省图书馆举办“礼赞新中国　晋图抒宏远”山西省图书馆建馆110周年系列活动】 7月9日，山西省图书馆启动“礼赞新中国　晋图抒宏远”建馆110周年系列活动，推出展览展示、业务研讨、阅读推广、主题讲座等20项活动，充分展示山西省图书馆历年来特别是党的十九大以来的建设与发展成果，向新中国成立70周年献礼。系列活动推出9个展览，包括“书山学海文明津梁”山西省图书馆110周年馆史展、“晋风石韵拓古传今”山西省图书馆石刻拓片展、“晋剧须生泰斗丁果仙专题资料展”、“经纬纵横红色热土”山西省图书馆藏山西革命根据地地图展、“百年历史传承经典”传统文化楹联书法展、“第十七届山西省美术作品展览”、“颂歌祖国70华诞——秦子梅从艺50年画展”、“走进中国名片感悟货币文化——庆祝中华人民共和国成立70周年人民币知识展”等。7月9日和10日分别举办“图书馆总分馆制建设实践与发展模式研讨会”和“图书馆阅读推广与服务创新经验交流会”，全国38家公共图书馆、省内87家市县公共图书馆和14家高校图书馆馆长及代表参与研讨和交流。（山西省图书馆　杨超）

【山西省图书馆暑期少儿阅读系列活动举办】 多彩暑期——阅读正当时，山西省图书馆举办丰富多彩的暑期少儿阅读系列活动。7月19日，山西省图书馆“传统文化进校园”活动邀请省级剪纸非遗传承人辛爱英、“晋阳糖画”非遗传承人王博走进小店区香港贝恩国际（金东）幼儿园，为小朋友们送去剪纸、糖画技艺等公益展演及教学。7月20日，由山西省古籍保护中心和山西省少年儿童图书馆联合主办的“百部经典”诵读会在省图文源书院举行。7月23日至27日，为庆祝中华人民共和国成立70周年，纪念山西省图书馆建馆110周年，少儿图书馆联合山西省作家协会举办2019少儿阅读夏令营活动，太原市作协副主席高璟选取《将军胡同》《正阳门下》两部优秀作品与小朋友作分享。7月25日，山西省图书馆举办“礼赞新中国　晋图抒宏远”2019少儿暑期文艺汇演。8月16日，大型亲子互动儿童剧《快乐的蓝精灵》在山西省图书馆开演。8月17日，山西省图书馆少儿公益讲座“学霸有话说”举行，来自山西省实验中学的9名优秀学子分享学习经验，初中组和高中组的同学分别介绍不同学科的学习方法和技巧，并与现场小读者进行交流。8月29日，2019暑期义务小馆员表彰大会、春季及暑期亲子志愿家庭表彰大会在省图书馆报告厅分别举行。（山西省图书馆　杨超）

【山西省图书馆举办庆祝新中国成立70周年时尚回响大型实物展】 8月26日，“庆祝新中国成立70周年——时尚回响大型实物展”在山西省图书馆开幕。此次展览由山西省文化和旅游厅主办，山西省图书馆、时尚回响工作室、丰瑞达文化集团承办，山西省艺术档案馆指导。展览分为新生·希望（1949—1959）、理想·探索（1960—1977）、开放·变革（1978—1991）、生活大爆炸（1992—2012）、梦想·征程（2013—2019）五部分，旨在通过精心甄选的3000多件实物展品，讲好中国故事、山西故事、太原故事，由细微处让参观者亲身体会祖国70年的巨大变化。此次展览的展品全部来自普通百姓的真实生活，留存了人民追求幸福的渴望，展现了人民为美好生活不懈奋斗的足迹，吸引数千市民前来参观。（山西省图书馆　杨超）

【太原市图书馆概况】 2019年太原市图书馆职工总数189人，在编职工95人，劳务派遣员工85人，公益岗职工9人。其中在编专业技术人员69人，中级以上职称占专业人员的82.8%。全年共开展馆员业务专题培训14期，培训馆员3000余人次。

太原市图书馆共设80个阅览服务区域，阅览座席3816个，计算机352台。实施与山西省内公共图书馆和太原地区公共图书馆的两个层级平台的总分馆制，全省全市一证通用，通借通还，数字资源共建共享。全年接待读者421万余人次，文献借还377万余册次。读者借还人数累计135万余人次，读者借还率达278%。

文献资源保障能力不断提升，读者亲自采选图书比重超三分之一，服务模式进一步创新。馆藏总量为1706006册/件，古籍102847册，过报刊（合订本）132699册，地方文献3.7万余册，全国县以上方志6000余种，数字文献资源及共建共享资源322.9TB。全年共采选图书45681种97940余册。由读者选书太原市图书馆买单活动方式有3种：太原书城的“你选书、我买单”、太图馆中店的“你选书、我买单”、网上读者选书太图买单的“太图飞书”，3种活动全年参与4202人次，读者亲自采选34064册图书，占新增文献的35%。

承办中国图书馆学会阅读推广委员会第十三届“全民阅读论坛”；承办中国图书馆学会年会的“图书馆空间建设与阅读推广服务”分论坛；全年开展“书香太原”全民阅读品牌活动1227场，200余万市民、读者参与活动。全年各大主流媒体报道327次，发表、转载相关新闻稿件1000余篇。获得山西省图书馆学会全民阅读优秀组织单位、山西省2019年度“十大阅读推广机构”等荣誉共16项。

开展2019年公共数字文化工程资源联建政府公开信息项目信息报备、资源加工工作。深化开展系列线上线下公共数字文化推广宣传活动。新增盲人听书机、视听休闲太空舱、瀑布流电子书、4D互动空间、体感互动和虚拟现实体验学习设备。自主策划设计“不下车还书”系统。

开通网上“智慧咨询”服务。2019年，数字资源访问量277万次，下载量37万余次，网站共发布信息1100余条，官方微信公众号共发文1584篇，微文阅读量71余万人，关注量达16.3万余人。打造山西省首家24小时无人值守智慧城市书房“太图城市书房——郝庄馆”。创办进企业、进景区的公共图书馆非遗主题分馆——六味书斋。在全省率先开通网上约书、快递到家的“太图约书”的网借图书借还服务。全年定期为34家分馆（其中包括9家县区馆）配送图书5万余册，捐书5000余册，赠送期刊近8000册。

印制馆藏《霜红龛墨宝》一书，制作《〈霜红龛墨宝〉考释》。策划制作“太原市图书馆特藏新中国出版图书特展”、“山河表里留文脉　学养千秋泽后昆——太原市图书馆珍藏清代山西著作”精品展、清乾隆《御制棉花图》选、“风华——太图70年馆藏文献特展”、“见证——从张健民读书与捐书见证当代国人阅读经历与书香传承”、《傅山〈霜红龛墨宝〉集萃》等馆藏珍贵典籍文献展览。

对成人阅览区域3.5万册流通率不高的图书，开展资源下架，不断补充调整新入藏图书。完成1977年至2011年12.9万册图书的数据馆藏地点变更。设立“改革开放40周年改革先锋100人”“国庆70周年专题”“礼赞新中国　奋斗新时代”等图书专架，举办“国庆老报刊”展览。完成385种8676件新购固定资产的入库及分部门清点贴标工作。完成15000平方米环氧磨石地面翻新维护和馆内外维修保养。（太原市图书馆）

【时代新人主题体验馆在太原市图书馆开馆】 7月31日，时代新人主题体验馆在太原市图书馆举行开馆仪式。时代新人主题体验馆共分时代大道、时代新人说、时代新人榜、时代新人志4个空间，参观者可以通过各种高科技设备沉浸式体验解时代新人，感受时代新人的奋斗故事。时代新人馆是太原市图书馆继马克思书房后建设的又一推动新时代中国特色社会主义思想大众化传播的阵地。（太原市图书馆）

【大同市图书馆概况】 大同市图书馆新馆总建筑面积2.2万多平方米，占地面积8733平方米，内设借阅区、书籍收藏储存区、咨询服务区、公共及辅助区域、技术区、书本加工区、行政办公区、后勤部门8个区域，设计藏书量约为100万册，可以同时容纳5000名读者进行阅读。2019年全年接待读者94.5万人次，为读者办理各类读者证、阅览证7.2万个，借还图书87.7万册。举办各类讲座63次，展览15个，举办培训15场次，全年参加活动人数达21.8万。

大同市图书馆优化资源配置，合理调整纸质资源与电子资源配比，形成以马克思主义哲学、习近平新时代中国特色社会主义理论为重点，以社会科学文献信息资源为主要特色，以自然科学等学科信息资源协调发展的文献资源布局。2019年新购图书10.1万册，期刊1066种，报纸149种，电子图书91032种、电子期刊2000种、电子论文2.8万篇，视频公共课900课时，数字展览6大类251部，实现数字化馆藏和实体馆藏并重发展。

7月2日上午，由大同市委宣传部、大同市图书馆共同创意策划建设的“学习书屋”在市图书馆正式向读者开放，书屋共设6个专区：习近平新时代中国特色社会主义思想文献区、马克思主义文献区、干部学习培训书籍区、红色文化著作区、期刊区、电子学习阅览区。编辑出版内部刊物《同图印象》。鼓励、动员和引导社会各方力量积极参与全民阅读工作，截至2019年底，建立志愿者服务队伍5个，注册志愿服务人员340人。（大同市图书馆　郭新萍）

【朔州市图书馆概况】 朔州市图书馆建筑面积15000平方米，地上四层、地下一层，建筑高度21米，是目前山西省规模较大的地市级图书馆之一。设计藏书量50—100万册，各类纸质、电子期刊1000多种，规划各类数字资源藏量50TB。馆内设有各类图书和数字体验个区15个，学术报告厅1个、贵宾接待室和中小型会议室各2个，阅览座位近2000个。

1月8日，朔州市图书馆正式加入全国公共图书馆文化创意产品开发联盟，进入“全国百馆”发展计划。朔州市图书馆引入社会力量联合办馆，与企业合作，建立“馆中馆”——平朔书馆，打造了城市书房“圕·书房”品牌项目，建立数字体验馆。与家庭合作，建立以家庭为阅读推广阵地的“家庭图书馆”体系。与社团合作，整合社会30多家读书会，成立“书香朔州·读书会联盟”。与朔州市委组织部合作建立“组工书屋”，建成“新时代学习馆”，新时代学习馆位于朔州市图书馆二层，占地面积600多平方米，是宣传习近平新时代中国特色社会主义思想的重要场所与武装全党、教育群众的重要阵地。朔州市图书馆全年举办各类社会活动近300场。《朔州大讲堂》作为开馆以来就打造形成的品牌活动，已累计举办近300期。（朔州市图书馆　李凯翔）

【朔州市图书馆“朔州舰”分馆正式开馆】 12月10日，在新近入列的中国人民解放军海军“朔州舰”上举行了朔州市图书馆“朔州舰”分馆揭牌及共建协议签字仪式，标志着朔州市图书馆“双拥”工作的重要成果“朔州舰”分馆正式开馆。目前朔州市图书馆为“朔州舰”分馆配备2000余册各类图书，其中包括《右玉精神概论》《典藏朔州》《华侨英雄李林》《朔州文化旅游宣传画册》等不少地方文献。（朔州市图书馆　李凯翔）

【吕梁市图书馆概况】 吕梁市图书馆馆舍现仍为租用，实际使用房屋建筑面积906平方米，其中书库面积180平方米，书刊阅览室面积90平方米，电子阅览室面积120平方米；阅览室座位59个。截至2019年底，文献总藏量122399册，其中图书99254册，少儿文献1243册，盲文图书139册，报刊21520件，视听文献1486套；电子图书108980册，本馆自建地方文献电子图书189册。年内新增读者证51个，接待读者10712人次，图书流通17145册次；新版网站年度访问量1570000人次，微信公众号平台订阅量为68000人次。24小时“电子图书自助借阅机”读者点击下载图书数量总计108700

册次。图书馆流动服务书刊借阅2305人次，书刊借阅3340册次。全年财政补贴收入577.68万元，其中用于基建540万元，无购书经费。免费开放资金50万元（其中中央经费25万元、配套的地方财政经费25万元）。

2019年，吕梁市图书馆充分发挥社会教育职能，广泛开展阅读活动，荣获山西省图书馆学会“全民阅读先进集体”称号、“科普宣传周优秀组织单位”称号，荣获吕梁市委宣传部、吕梁市直工委“2019年先进基层党组织”称号。（吕梁市图书馆）

【晋中市图书馆概况】 晋中市图书馆位于晋中市榆次区凤鸣街北侧209号，总建筑面积19800平方米，共六层（地上五层，地下一层）。现有馆藏图书35万册，中文期刊800种，报纸100种，数字资源40TB，声像资料1500种，设有阅览座位1607个，学术报告及培训座位788个。

2019年，晋中市图书馆日均开放时间达10小时，每周开放时长为70小时。33个区域全部免费开放，20余项免费开放项目正常开展，合理调整馆藏布局，完成流通图书和基藏图书重新分类排序，倒架图书40万册。累计接待读者754385人次，办理读者证7926个，图书流通270512册次，单日最大接待读者量为4604人次。共举办各类活动620场次。全年接待来自上级检查、同行交流、来客等共计78场，接待4000余人。获得奖项20项，其中国家级奖项3项、省级奖项12项、市级奖项5项。

2019年，晋中市图书馆对晋中市11个县（区、市）图书馆的总分馆制全面开展调研和基层辅导工作，累计开展基层辅导12次。完成各县（区、市）图书馆的Interlib系统数据的迁移工作，图书借阅“一卡通”，实现图书在晋中市范围内的通借通还。同时，注重图书馆员业务素养培训工作，全年共计开展员工培训83场次，其中图书馆馆内业务培训56场，馆外业务培训27场，人均培训课时20天，馆员业务素质和专业素养得到一定程度的提高。

以“刊物”为载体，做好信息咨询工作。发行《晋中市图书馆决策参考》（文化发展改革专辑）4期，向晋中市委、市政府、市委宣传部及市文旅局进行政府咨询刊物报送。晋中市图书馆内部连续性出版物《晋中图情》每年6期，每期刊印500册，面向晋中市政职能部门、晋中市各高校图书馆、山西省内地市级馆、晋中市11个县级图书馆以及第四批国家公共文化服务体系示范区图书馆联盟馆等161家单位开展免费文献递送服务。（晋中市图书馆　胡萍）

【晋中市图书馆文旅融合品牌活动“阅读在路上”连续荣获国家级优秀案例两个一等奖】 2019年2月，晋中市图书馆阅读推广品牌——“阅读在路上”，在中国图书馆学会公共图书馆分会第二届公共图书馆创新创意征集推广活动中，荣获一等奖；在上海市图书馆学会和国家图书馆出版社联合主办的“2019年图书馆服务创新案例交流分享会”活动中，荣获一等奖。在山西省优秀案例评选中，荣获二等奖。“阅读在路上”是将图书馆服务泛在化、阅读移动化、空间创意化、用户自主化更加系统、有趣、可复制、可创意、可让读书与大众和第三方相互粘连的文旅融合活动。通过体验式阅读、互动式阅读、分享式阅读、交友式阅读等与读者互动的阅读形式，结合重大节日节点，因地制宜、因时制宜，与读者建立亲密互动。（晋中市图书馆　王媛　许阳）

内蒙古自治区

【内蒙古自治区图书馆概况】 2019年全年共购进图书42480种88612册，加工编目图书64940册；验收、编目、记到期刊1824种15646册，报纸332种47509份，接收捐赠图书1799册；采购电子图书10万册，其中视频资源8000个；订购专题数据库11个。馆内流通图书借阅册次累计329084册次，累计接待读者866356人次。新建分馆11个，提供图书共计38879册。举办节日主题活动、音乐影视活动、诺敏沙图·读友会、书香创客等阅读推广活动共177场；举办各类公益讲座44场次，听众7500多人次；举办展览15期，观众3000多人次。举办新中国成立70周年主题活动20余场；积极配合自治区委宣传部“内蒙古国际马文化博览会”开展系列活动共计12场。（内蒙古自治区图书馆学会　乌兰格日勒　李文清）

【内蒙古自治区图书馆残障人图书馆荣获

“全国先进助残集体”荣誉称号】 第六次全国自强模范暨助残先进表彰大会5月16日在北京举行。内蒙古自治区图书馆残障人图书馆荣获由国务院残疾人工作委员会颁发的“全国先进助残集体”荣誉称号。该荣誉旨在表彰发扬人道主义，支持残疾人工作，坚持开展助残活动，助残措施得力，成效显著，形成长效助残机制，受到社会和残疾人普遍好评的先进集体。（内蒙古自治区图书馆学会　乌兰格日勒　李文清）

【内蒙古自治区图书馆举办“自强脱贫　助残共享”残疾人文化周活动】 5月19日，由内蒙古自治区残疾人工作委员会、呼和浩特市残疾人工作委员会、内蒙古自治区残疾人福利基金会主办，内蒙古自治区图书馆、呼和浩特市残疾人联合会承办的“自强脱贫　助残共享”第二十九次全国助残日内蒙古自治区残疾人文化周活动暨“共享芬芳　文化助残”百场为盲人讲电影活动启动仪式，在内蒙古自治区图书馆草原印象展厅举行。自治区残工委副主任、自治区残联党组书记、理事长佟国清致开幕词，自治区残疾人福利基金会理事长玉荣为到场的残疾人代表发放“爱心助残大礼包”，并为20名残疾人发放轮椅，活动还邀请11家爱心企业在现场招聘残疾人。启动仪式结束后，各位领导戴上眼罩与200余位视障读者一起聆听无障碍电影，更加真切地体验视障人群的感受和生活。内蒙古自治区图书馆文化志愿者敖登女士在影片放映前做故事情节和人物关系介绍。活动全程在全国公共文化云网进行直播，全区有90个盲人阅览室通过直播同步参加活动。（内蒙古自治区图书馆学会　乌兰格日勒　李文清）

【内蒙古自治区图书馆“彩云服务”走进第十二届中国艺术节演艺及文创产品博览会】 第十二届中国艺术节演艺及文创产品博览会于5月19日在上海展览中心拉开帷幕，此届艺术节首次将文创产品纳入中国艺术节的框架中。参展的内蒙古自治区图书馆“彩云服务”平台作为“文化+科技”融合的最新成果吸引大量观众驻足了解。该平台是内蒙古自治区图书馆自主研发的公共文化服务体系中读者、书店、图书馆集“借、采、藏”一体化服务管理平台，将图书馆和书店的资源与服务集成整合，提供联合编目、资源共享、图书外借等一系列基于动态数据的云服务，通过手机APP客户端和微信公众号，实现与现代社会人们生活习惯的完美融合。移动终端服务为读者提供手机办证、手机借书、扫码查书、智能图书转借、馆藏检索、社会大藏书共享等一系列移动服务，使读者充分体验方便快捷的借阅服务。（内蒙古自治区图书馆学会　乌兰格日勒　李文清）

【内蒙古自治区图书馆“诺玛额尔敦”第七届全区少儿蒙古语诗歌朗诵比赛决赛举办】 8月17日，以“歌颂祖国　赞美家乡”为主题的内蒙古自治区图书馆“诺玛额尔敦”第七届全区少儿蒙古语诗歌朗诵比赛决赛在内蒙古自治区图书馆举办。此次比赛通过初赛选拔，从全区近250名少年儿童中选出70名少年儿童分组别参加了决赛。经过评委们公平公正的评分，3个组别共产生一等奖3名，二等奖6名，三等奖9名。（内蒙古自治区图书馆学会　乌兰格日勒　李文清）

【2019“春雨工程”内蒙古自治区图书馆文化志愿者赴西藏交流活动举办】 12月18日，由文化和旅游部、中央文明办联合实施的2019“春雨工程”内蒙古自治区图书馆文化志愿者赴西藏交流活动在拉萨举行。书香草原·大美北疆“蒙古娃”少儿美术作品展首次在西藏开展，展出从内蒙古自治区12个盟市的旗县、乡村、牧区征集近2000余幅的各民族少年儿童作品中评选出的近百幅优秀作品。启动仪式结束后，当地小朋友们在老师的带领下集体观看画展。此外，内蒙古自治区图书馆“心之光——为盲人朋友讲电影”视障服务公益品牌活动首次走出内蒙古自治区，有40余位拉萨当地的藏族盲人朋友“观看”此次活动带来的电影《神秘巨星》。（内蒙古自治区图书馆学会　乌兰格日勒　李文清）

【呼和浩特市图书馆概况】 2019年共接待读者200万人次，相比2018年增加60万人次；图书流通267513册次，相比2018年增长5万余册次；新增读者8328人。持续推进“鸿雁悦读”计划，多举措推进总分馆建设和城乡联动计划。截至2019年底共建成分馆26个，流动站46个。开展“我最喜爱的童书”评选活动、“童心梦　马儿情”征文等未成年人阅读推广活动；开展文化助残活动；青城文化讲坛继续加大服务力度，积极举办各类讲座，满足读者需求。（内蒙古自治区图书馆学会　乌兰格日勒　李文清）

【呼和浩特市图书馆举办庆祝新中国成立70周年专题活动】 2019年是中华人民共和国成立70周年，呼和浩特市图书馆自制献礼新中国70周年宣传片《祖国我为你骄傲》，宣传片采集来自退休老党员老干部、全体馆员、基层图书馆员、图书馆志愿者及读者等各个群体为祖国骄傲喝彩的祝福，祝福伟大祖国繁荣昌盛。与上海浦东图书馆联合开展“第四届YUE·达人活动赏蜕变，品新貌——纪念建国70周年征文、摄影比赛”；推出阅趣小嘎鲁“壮丽70年颂读新时代献礼新中国成立七十周年·全国少儿共读共绘活动”和“小小画笔赞祖国　童心共绘中国梦亲子绘画活动”；同时举办庆祝新中国成立70周年主题电影展等系列活动。（内蒙古自治区图书馆学会　乌兰格日勒　李文清）

【呼和浩特市图书馆全方位提升“鸿雁悦读”示范效应】 “鸿雁悦读”计划参加第十五届中国（深圳）国际文化产业博览交易会、第十二届中国艺术节演艺及文创产品博览会和乌兰察布第四届“双创”博览会，受到来自各地区各领域参展和观展人员的关注。通过参加展览，扩大“鸿雁悦读”影响力，进一步推动“鸿雁悦读”在全区，乃至全国的示范效应，目前呼伦贝尔、阿拉善、乌海、鄂尔多斯等盟市逐步启动实施“鸿雁悦读”计划。“鸿雁悦读”作为公共文化服务品牌项目入选中组部编选的《贯彻落实习近平新时代中国特色社会主义思想、在改革发展稳定中攻坚克难案例》丛书文化建设主题教育案例。（内蒙古自治区图书馆学会　乌兰格日勒　李文清）

【包头市图书馆概况】 全年累计接待读者107万人次，办理读者卡1.16万张，读者借还图书达到92万册次，采购新书1.52万册，征集地方及蒙古语文献232种1047册。组织开展“世界读书日”“鹿城读书节”、草原书屋农牧民读书节启动仪式、灯谜等大型文化活动；举办各类公益文化活动200余场，参与人数1.8万余人。为残障读者举办《畅听》栏目360余期，播放无障碍电影、开展送书送设备上门、智能听书机和智能手机培训、心手相牵·阅读世界赛汗塔拉健步行等活动19次，参与人数500余人，发放听书机360余台。为少年儿童开展绘本故事、妈妈帮、宝贝计划、第二课堂、亲子志愿者、小志愿者等活动229期，参与人数1.2万人。为老年读者举办“金秋e悦读”电脑、智能手机、摄影基础、诵读等基础知识培训116次252课时，培训人数600余人。（内蒙古自治区图书馆学会　乌兰格日勒　李文清）

【呼伦贝尔市图书馆概况】 截至12月21日，接待到馆读者153289人次，流通图书33761册次；共有76个分馆和流动站，借阅人次74400人次；微博、微信及手机APP客户端关注人数4241人，消息阅读量29067人次，二维码电子图书期刊借阅15391人次。办理读者卡1234个。加工入藏中文图书2111种4288册，蒙文图书635种8617册；盲文图书1834种1835册。接受赠书捐赠图书共计1364种4526册。全年征订中文期刊514种5158册，其中蒙文期刊41种209册；征订报纸86种。全年组织阅读推广公益活动249场，其中成人类活动49场、少儿活动121场、呼伦贝尔文化沙龙2场、呼伦贝尔文化讲坛23场、展览8场。开展志愿者服务活动15场。文化下乡23次，流通书刊31544册次，赠送书刊27631册。（内蒙古自治区图书馆学会　乌兰格日勒　李文清）

【呼伦贝尔市图书馆进一步扩展文化交流】 北京市门头沟区图书馆联合北京书易文化传播有限公司向呼伦贝尔市图书馆捐赠价值100万元图书。2019年“京蒙帮扶、文化边境行”活动于7月24日启动，与首都图书馆、北京市门头沟区图书馆、北京市丰台区图书馆等同人走进边防7个连队，举办讲座、与官兵座谈。组织馆员分别赴广东省、浙江省等地参观学习。在中蒙建交70年之际，蒙古国图书馆参观考察团分别于1月、12月两次到馆访问；同时该馆7位馆员访问蒙古国家图书馆、蒙古国立大学图书馆、乌兰巴托市少儿图书馆。先后组织馆员参加中国图书馆学会及各省市区图书馆举办的各类图书馆学术研讨会 12 次，6 人参加蒙古国图书馆学术年会。（内蒙古自治区图书馆学会　乌兰格日勒　李文清）

【呼伦贝尔市图书馆“关爱少年儿童，文化助力成长”】 2019 年呼伦贝尔市图书馆对少儿馆进行重新布局和装修整改，面积增加 500 平方米，新增少儿活动室、少儿数字资源体验区、少儿多媒体数字图书馆。在继续打造“阅读伴我成长”系列活动、“悦读”公益课堂系列活动、传统文化主题活动、“我最喜爱的童书”阅读进推广活动的同时，2019 年推出 22 期“轻听书港”线上阅读分享活动，微信平台点击量达 4000 余次。与全市教育机构、爱心人士共同创立“悦读”爱心公益联盟，搭建全市少儿服务交流平台，共合作开展活动 34 场。（内蒙古自治区图书馆学会　乌兰格日勒　李文清）

【兴安盟图书馆概况】 2019 年到馆读者近 20 万人次；馆藏图书 26 万册，期刊 230 种，报纸 85 种。对外免费开放红色书屋、外借部、期刊报纸阅览室、少儿阅览室、地方文献阅览室、视障阅览室、自学室、服务台 8 个窗口。7 月 6 日，兴安盟图书馆走进乌兰毛都苏木，为开设在草原深处的呼和奥奇蒙古包书屋举办挂牌仪式，并捐赠 500 册少儿图书。7 月 18 日，该馆与科右前旗科尔沁镇派出所、兴安盟网信办合作共建流动图书站，并分别配送近期出版图书 906 册、600 册，签署 2 个流动图书站协议。8 月 19—20 日，该馆在乌兰浩特市义勒力特镇和红云社区建立 2 个分馆，并作为“鸿雁悦读”试点，建立鸿雁悦读专架，投放图书 1000 册。全年购进价值 100 万元的图书，大大增加馆藏量，并组织筹建蒙文部，满足读者的阅读需求。（内蒙古自治区图书馆学会　乌兰格日勒　李文清）

【通辽市图书馆概况】 2019 年读者借阅量约 10.2 万册次，到馆读者约 56.8 万人次，首次突破 50 万人次，日均 1300 余人次，高峰期达 2000 余人次，新注册读者 3663 人，采购新书 1.4 万余册，微信公众号推送信息 140 条，用户 7995 个，阅读量 5.6 万次。2019 年度到馆读者人数同比增幅 64.64%，日均接待读者同比增幅 30%，微信公众号阅读量同比增幅 60%。深度整合和盘活现有数字资源，并自建数据库和特色资源库。进一步拓宽服务渠道，拓展服务半径，在高铁站、大型商业广场、政务服务中心等公共场所设置电子借阅机和建立信用书吧，在“京东”开展线上自助订阅图书等便民阅读服务等。本年度新增信用读者 486 人（含信用书吧、支付宝免押金借还注册读者）；馆内外数字阅读机读者年下载量约 4.1 万次；图书馆网站年访问量约 3.9 万人次；利用新媒体宣传、推介数字资源 57 次，共 95 条；电子阅览室新注册会员 312 人，上机约 3000 余人次，新注册读者中，信用读者占比 13.16%；全年借阅总量中，电子文献访问借阅量占比 40.20%。（内蒙古自治区图书馆学会　乌兰格日勒　李文清）

【通辽市图书馆创建特色资源库】 通辽市图书馆自建蒙文期刊、中文报纸、通辽市（旗、县）年鉴、文史资料、历史人物、本土文学 6 个全文数据库；自建政务信息公开数据库；自建科尔沁文化视频资源专题库，包括科尔沁民歌、科尔沁曲艺、蒙古族服饰、蒙古族民俗等专题。调整优化馆藏结构，将 5、6 号书库整体重新规划排架，共下架旧书 1.4 万册，上架新书 1 万册；青少部新增书架 20 个，上架新书 1221 册，少儿阅览室整体藏书量达到 2 万册，并将近年下架的 7707 册无数据图书重新加工，方便读者查询馆藏信息。全年新增蒙文图书 1000 余册，并全部完成书目数据化。形成独具特色的以伪满洲国时期、民国时期地图文献和写真照片为主要特色的古籍专藏，极具史学价值。（内蒙古自治区图书馆学会　乌兰格日勒　李文清）

【通辽市图书馆打造“诺敏西迪”蒙文阅读品牌】 通辽市图书馆通过与其他文化服务机构合作，深度开发、开展多种蒙文阅读活动，全年共举办 14 项，包括蒙古语朗诵会 2 期、蒙古语诗歌线上展览 2 期、读书会、蒙古语即兴诗歌比赛、读书分享会等。着力打造“诺敏西迪”蒙文阅读活动品牌，开展“蒙古娃爱读书”、《习近平谈治国理政》第二卷蒙古语诵读会、学唱科尔沁蒙古族民歌、“童心颂祖国”诵读会等活动。以促进民族文化交融、保护民族文化成果为主旨的

各类蒙文阅读活动，全年获自治区级媒体报道 4 次。（内蒙古自治区图书馆学会　乌兰格日勒　李文清）

【赤峰市图书馆概况】 截至 12 月底，采购图书 14000 余册，已完成加工 9000 余册；完成 5816 册蒙文图书回溯建库工作；修复破损图书 2000 余册，完成期刊记到 662 种。到馆读者 45 万余人次，文献借阅量 29.6 万余册次，文献借还 33.4 万余人次；新增读者证 2069 个。读者通过电子图书借阅机、电子报刊借阅机、移动图书馆，进行电子文献的借阅（下载）量达 40310 次。赤峰市图书馆微信公众平台累计关注人数已达 12000 余人；年初以来累计群发信息 201 条；累计咨询回复信息 1000 余条。门户网站更新，网站点击量达 102160 人次。公益影片播放 68 场，观影人数达 3700 人次。新建分馆 3 个。（内蒙古自治区图书馆学会　乌兰格日勒　李文清）

【乌兰察布市图书馆概况】 2019 年完成图书借阅 19897 人次、19962 册次；接待到馆读者 59485 人次，新增读者 1100 余人。依据读者不同的阅读需求，开展送书上门服务，将阅读服务延伸到机关、社区、学校、敬老院等地，建立图书流动点 10 多处，赠送、流动图书 1 万余册。举办书画展览、各类阅读活动 10 余次。（内蒙古自治区图书馆学会　乌兰格日勒　李文清）

【鄂尔多斯市图书馆概况】 2019 年，年流通人次 1460133 人次，年文献借阅量 461917 册次，每周开放时间达到 60.3 小时以上。馆内互联网带宽升级为 1000M，为移动阅读提供稳定的网络环境，保证图书馆业务系统的正常运行。立足馆藏，着力加强古籍文献、地方文献、蒙文文献等特色文献资源建设，现有馆藏纸质文献 74 万多册 / 件，数字文献资源总量 55TB。充分利用公共平台及文献资源，结合地区特色和读者需求，开展“书香迎春　文化惠民”送春联、“迎元宵　猜灯谜　读好书　共享文化”等品牌特色读者活动 137 项，受益读者达 50 万人次。全面推进总分馆建设工作，截至 2019 年底，全市建成图书馆分馆 736 个，其中苏木（乡镇、街道）一级分馆 75 个，嘎查（村、社区）二级分馆 661 个，全市公共图书馆年流通量为 3556624 人次，年文献借阅量为 1176493 册次。全市共建成 18 个 24 小时自助图书馆，在图书馆中文文献集成管理系统的基础上，搭建蒙文文献系统管理云平台，为全市蒙文文献资源共建共享、互联互通奠定基础。鄂尔多斯市古籍保护中心申报“中华古籍重点保护单位”已通过复验，13 部古籍被中国古籍保护中心收录《国家珍贵古籍重点名录》，鄂尔多斯市图书馆成功申报为中国古籍保护协会理事成员单位。（内蒙古自治区图书馆学会　乌兰格日勒　李文清）

【巴彦淖尔市图书馆概况】 2019 年，该馆完成春节系列活动、“鸿雁悦读，营造阅读氛围”世界读书日活动等公共文化活动，完成图书馆的升级改造，“天禄遗珍”古籍展厅、地方文献陈列厅及文创体验展厅的建设和对外开放，“天赋河套”大讲堂的开讲等。全年共接待读者 160837 人次，外借图书 154237 册次，发放借阅证 1442 个，入藏图书 5919 册，整理期刊 480 种 610 份。

1 月 28 日，巴彦淖尔市图书馆举办地方文献及老报纸展。展览 1968 年以来不同时期出版发行的《内蒙古日报》、《内蒙古日报》（蒙文）、《巴彦淖尔日报》、《巴彦淖尔日报》（蒙文）、《巴彦淖尔晚报》、《人民日报》、《文汇报》及本土作家撰写的书籍等共计 4300 余种，内容涉及祖国建设、民族风情、政治历程、锦绣山河、抗日风云、伟人足迹、奥运之火、历史长河等几个专题。（内蒙古自治区图书馆学会　乌兰格日勒　李文清）

【巴彦淖尔市图书馆“天禄遗珍”古籍展开展】 12 月 5 日，由内蒙古自治区文化和旅游厅、巴彦淖尔市人民政府主办，巴彦淖尔市文化旅游广电局承办，巴彦淖尔市图书馆实施、澳门基金会、内蒙古河套文化博物院、北京泰和嘉成拍卖有限公司协办的“天禄遗珍”古籍展在巴彦淖尔市文博中心 A 区五楼开展，与此同时，地方文献陈列厅、文创体验展厅也正式面向读者开放。“天禄遗珍”古籍展厅以经、史、子、集为分类体系，展品内容涉及医学著作、文人诗集、名人手札、史料文献等，共展出包括明刻本、稿本、抄本、清内府刻本、满文文献等在内的珍贵古籍文献100余册，堪称版刻萃珍、纸墨菁华。地方文献陈列厅收集从20世纪70年代到当下由本地作者或单位机构等编著印行的图书文献4700余种。文创体验展厅共分为古法造纸、雕版印刷、活字印刷、古书装帧、碑拓体验、图章制刻等多个体验项目，极富创意性、实用性和趣味性。3个展厅长期对外开放。（内蒙古自治区图书馆学会　乌兰格日勒　李文清）

【乌海市图书馆概况】 2019年，乌海市图书馆依法做好图书馆免费开放工作，每周免费开放时长达69.5小时。购置纸质图书21300册（盲文图书1907册）、期刊263种、报纸54种，接待读者103565人次，借还图书82534册（包含续借图书），续购超星电子图书、名家讲坛、博看期刊、知网论文、蔚秀报告厅、文艺期刊、科普期刊、党建期刊、法律法规与法律条例等数字资源服务，并购置相应数字资源镜像服务。举办各类讲座、诗文诵读、志愿服务等群众文化活动58场次；为机关、企业、军营、学校、社区、农区、家庭送去文学、历史、生活健康常识等图书、期刊2261册。

为深入推进全民阅读活动，继续打造“大漠湖城书香飘”文化惠民品牌，乌海市图书馆从4月22日开始，举办“书香内蒙古・颂扬70年——大漠湖城书香飘”全民阅读系列活动，营造市民“读经典、学新知、链接美好生活”的浓厚氛围。

12月24日，乌海市文化、科技、卫生“三下乡”暨新时代文明实践农牧民素质提升展示活动在海勃湾区千里山镇新地村举办。乌海市图书馆为社区图书室精心挑选、捐赠农业养殖、文学艺术、社会科学、生活常识、青少年读物等方面图书225册。通过此次文化志愿服务活动，希望能够丰富农区居民的文化生活，提高居民们的种养殖水平，促进增收致富。（内蒙古自治区图书馆学会　乌兰格日勒　李文清）

【阿拉善盟图书馆概况】 全年采购图书4409册，其中，汉文图书2804册、蒙古文图书1605册。订购纸质报刊578种、电子期刊2000种，接受赠书1954册。接待读者120647人次，新办借阅证751个，书刊文献外借18034人次、29487册次，电子图书借阅机下载量达8182册，24小时自助图书馆借阅量615册。新建流动图书服务点4个，流动图书服务点总数达到61个。面向基层赠送图书1848册，为残疾人送书上门80册。向读者推荐图书介绍专栏50期，主题图书专架25期。开展“知阿拉善・阅读地方文献”征文比赛等文化活动12场，主题展览20期，“今晚七点半”阅读与写作系列公益活动3期，儿童阅览室“故事会”活动33期，电影展播83场，送书下乡活动4次。

阿拉善盟图书馆全年共举办“阿拉善文化讲堂”8期，分别以“自觉加强政德修养　不断提升政德境界”“地方民族文献资源建设开发利用”“公共图书馆总分馆建设及服务效能管理”“文化云建设”等为题，通过讲堂构架专家学者与民众的沟通桥梁，提高广大群众的文化素养。（内蒙古自治区图书馆学会　乌兰格日勒　李文清）

辽宁省

【辽宁省图书馆概况】 2019年是辽宁省图书馆坚持创新发展、全面深化改革的关键之年，各项业务工作稳步发展。全年采购图书9.72万种24.31万册；入藏中外文报刊1.51万册，订购数据库52个；征集地方文献2144种，4169册；订购声像资料1649种；举办展览78次，组织讲座66场次，推出各类阅读推广活动1678场次。

2019年，以文化活动为主线，深入开展各类各具特色的文化活动。举办纪念“五四运动”100周年文献展、“乐・读”经典分享会、庆祝新中国成立70周年系列文化活动、我们的中国梦——辽宁省图书馆文化服务基层行活动、第八届百姓阅读表情摄影大赛、百万图书万里行活动、2019年图书馆服务宣传周暨图书馆嘉年华文化活动、“辽宁省第三届少年儿童阅读推广月”系列活动等多项活动。

以古籍保护为重点，弘扬中华传统文化。年内完成第三批和第四批《辽宁省珍贵古籍名录图录》的出版工作；开展《中华古籍总目・辽宁卷》的编纂工作；进一步深化古籍数字化建设工作，善本数字资源库建设项目共扫描古籍269部123856叶，后期处理123179叶，备份数据8TB左右；著录古籍元数据496部，数字化平台发布古籍500余部；举办2次专题古籍展览和

4 次专题讲座；制定国家一级古籍定级试点工作方案，被国家古籍保护中心确定为全国 3 家定级试点单位之一。

以业务培训为辅线，提升全省从业人员服务能力。2019 年举办“全省公共数字文化整合创新发展培训班”“新时代文明实践与志愿服务培训班”“公共图书馆服务创新”等业务培训，同时邀请业界专家在学术年会及专题会议上做专题报告，全面提升辽宁地区图书馆从业人员业务素质，为全省的经济建设和文化建设提供优质服务。

以数字服务为载体，开展共建共享工作。2019 年完成基层图书馆的互联互通项目，将 35 个基层区县图书馆接入省馆和国家数字图书馆推广工程平台；完成营口、锦州市图书馆统一用户管理系统的安装工作，对其用户和资源数据进行整合，推进国家图书馆与各市级图书馆用户的统一认证工作。

2019 年，辽宁省图书馆被各级媒体报道 220 余次，《人民日报》、《中国文化报》、学习强国辽宁学习平台等各大媒体平台对志愿服务、流动图书馆、辽图“任意读”等项目进行专题报道。辽宁省图书馆被中共辽宁省委宣传部授予“辽宁省学雷锋学郭明义活动示范点”，文化志愿服务团队被中国助残志愿者协会和中国盲文图书馆授予“五星级文化助盲志愿服务团队”荣誉称号，“百万图书万里行”项目获得“辽宁省最佳志愿服务项目”荣誉称号，辽宁省图书馆获中国图书馆学会颁发的 2018 年全民阅读优秀组织奖，“乐・读”项目获中国图书馆学会 2018 年阅读推广优秀项目。（辽宁省图书馆学会　刘芳）

【辽宁省数字阅读自媒体平台——e 路书香正式上线】 4 月 23 日，辽宁省图书馆正式推出“e 路书香”微信公众号。“e 路书香”自媒体平台主要包括 3 大版块：活动地带、数字世界、e 路联盟，实现 5 大功能：畅通公共数字文化服务传播渠道，开展数字文化资源精准帮扶活动，展示全省数字阅读与服务推广成果，搭建数字阅读、体验、分享和交流平台，开发推广数字文化创意产品。平台的成立推进了联合社会力量，探索数字文化创意产品开发，消除数字鸿沟，打通公共文化服务“最后一公里”的服务进程。（辽宁省图书馆学会　刘芳）

【辽宁省图书馆完成《聊斋志异》手稿本整理出版工作】 辽宁省图书馆现存的《聊斋志异》手稿本是蒲松龄亲手誊抄的定稿本，是辽宁省图书馆镇馆之宝、入选《国家珍贵古籍名录》，具有极其珍贵的文物和学术价值，共收小说 237 篇。2019 年 4 月，辽宁省图书馆将手稿本进行高清扫描，并整理出版，还原手稿真迹，为研究《聊斋志异》的成书年代、分卷编次提供直接的文本证据，是校补现行《聊斋志异》诸多版本文字舛误缺失的第一手资料。（辽宁省图书馆学会　刘芳）

【“辽图任意读　新书带回家”服务】 4 月 23 日，辽宁省第八届全民读书节活动启动，在读书节期间，辽宁省图书馆推出“辽图任意读　新书带回家”服务。辽宁省图书馆的持证读者，不必买单就可以带回家阅读，即选即借，30 秒快速办理借阅手续，一个月内归还即可。“图书馆＋书店”的模式，改变了传统图书馆“采选—编目—入藏—流通”的运作模式，为读者提供个性化的阅读需求。（辽宁省图书馆学会　刘芳）

【建立“雷锋图书馆”】 4 月 29 日，“雷锋图书馆”正式挂牌开馆，辽宁省图书馆与雷锋旅举行揭牌仪式。辽宁省图书馆与雷锋旅签署共建共育协议，向“雷锋图书馆”提供电子阅读设备 1 台，纸质文献 2000 余册。当天，辽宁省图书馆将满载 6000 余册文献的流动服务车开进雷锋旅驻地，让官兵现场体验流动图书馆的服务形式，并指导官兵使用“辽图约书・雷锋专线”快递文献服务，丰富官兵的业余文化生活。（辽宁省图书馆学会　刘芳）

【刘源向省图书馆赠书】 7 月 14 日，刘少奇与中共满洲省委座谈会暨电视剧《共产党人刘少奇》、纪录片《刘少奇的故事》沈阳首发式在辽宁大厦举行。会上，刘少奇之子、全国人大常委会委员、人大财政经济委员会副主任委员刘源向辽宁省图书馆赠送他本人最新出版图书《梦回万里，卫黄保华——漫忆父亲刘少奇与国防、军事、部队》。（辽宁省图书馆学会　刘芳）

【辽宁文化代表团赴毛里求斯、留尼汪开展文化交流活动】 应毛里求斯中国文化中心和中国驻圣但尼总领馆邀请，辽宁省文化和旅游厅、辽宁省图书馆组成文化代表团，于11月12—19日赴毛里求斯、留尼汪开展文化交流活动。11月13日，辽宁省图书馆向毛里求斯国家图书馆赠书仪式在毛里求斯国家图书馆举行。辽宁省图书馆向毛里求斯国家图书馆赠送《习近平谈治国理政》《礼乐文明与中国文化精神》《沈阳故宫》等图书。通过文化交流打开毛里求斯朋友们了解中国文化的大门，传播中华传统文化，推动两国文化交融。（辽宁省图书馆学会　刘芳）

【沈阳市图书馆概况】 2019年全年文献购置费1200万元，服务读者317万人次，借阅文献资料105.74万册次，办理借阅证2.28万张，其中支付宝办证7365张；新建分馆流动站点7个，总数达115个，分馆送书26000册。全市13个区县馆通借通还图书14390册次。开展各类公益培训、讲座、展览、电影放映、“星期六剧场”演出等社会活动198场，参与读者31140人次。为“两会”代表、委员发放专题资料300余份，办理读者证200余张，借阅图书300余册，提供电子文献40余种，中文数据库查询50余条，其他服务咨询500余项。《沈阳日报》、沈阳电台、中国人大网、沈阳网等各大媒体对沈阳市图书馆开展的活动进行报道。（沈阳市图书馆学会　张世彤）

【沈阳市图书馆开展“庆祝新中国成立70周年”系列活动】 9月，沈阳市图书馆开展“庆祝新中国成立70周年”系列活动。活动邀请中国近代史料研究会副会长、辽宁省“九一八”战争研究会会长王建学主讲“沈阳为新中国建立的贡献”专题讲座，同时举办“讴歌伟大祖国，拥抱美好时代”书画精品展、“博看杯”主题朗读大赛、“红色经典京剧演唱会”等活动。（沈阳市图书馆学会　张世彤）

【沈阳市图书馆举办电子阅读本自助借阅启动仪式】 10月18日，沈阳市图书馆“阅读在您身边”系列活动之一，首个电子书借还机在沈阳行政综合审批大厅落户。审批大厅的工作人员、市民、读者及新闻媒体记者约130人参与启动仪式。电子书可以为用户提供媲美纸本图书的完美显示效果，实现沉浸式阅读。在线书城提供5万种图书，每月更新150种新书，图书与出版社纸书同步发行。（沈阳市图书馆学会　张世彤）

【大连市图书馆概况】 截至2019年底，大连市图书馆现有馆藏总量达1148万册/件，其中实体文献449万余册，电子文献699万余件。2019年新入藏实体文献71192种138390册。新入藏电子文献79130种82130册。全年总流通312万人次，文献外借册次249万册次，阅览座席1603个，全年共举办讲座、展览、培训活动618次，参与人数达7.6万人次。参与全国古籍普查项目和全国民国时期文献普查项目2项国家级课题，古籍全文数字化馆藏共53万拍。

2019年，大连图书馆白云书院先后邀请王充闾、靳学东、杜吉刚等49位知名学者专家莅临，举办讲座83场，听众达6000余人次。开设6个专题系列：“传统文化系列”“市民文化系列”“寻找苏东坡系列”“温故系列视频讲座”“国学经典系列”“传统文化讲座进社区、校园系列”。白云书院国学义塾招生143人。全年在籍学员197人，授课291课次，受众5188人次。

本年度，大连图书馆充分利用“大连读书月”“世界读书日”“图书馆宣传服务周”等阅读推广活动平台，向读者推介经典，倡导阅读。多媒体阅览区·音乐图书馆依托丰富的多媒体资源组织“创客教室”“数字资源服务站”“音乐教室”“音乐视听文献展”“数据库培训”等特色活动，AR体验区、库克钢琴练习区、CD试听区等多个互动体验区域，丰富多彩的活动深受欢迎。

2019年，大连图书馆获中国图书馆学会2019年馆员书评第七季征集活动“组织之星”称号；中国图书馆学会2018年全民阅读活动“阅读推广示范基地”；辽宁省图书馆学会2019年学术年会征文活动“征文组织奖”；共青团大连市委“最佳文化志愿服务组织”称号。（大连图书馆　于莉娜）

【大连市图书馆举办系列读书活动】 4月21日，大连市图书馆举行“学习强国新时代 书香大连新征程——第十届‘大连读书季’暨2019年全市图书馆系列读书活动”启动仪式。活动由市委宣传部、市公共文化服务中心主办，大连市图书馆承办，大连图书馆为主会场，各区市县（开放先导区）设分会场，活动是大连地区图书馆界跨系统阅读推广活动的第七次协作。在启动仪式上，市委领导发表重要讲话，为大连建设银行投资银行部、驻军某部队等图书流通站和“阅读推广基地”授牌、发布2018年全市阅读大数据、评选优秀阅读推广人、表奖阅读服务优秀志愿者及开启“每天阅读一小时”万人签名征集活动，读书季期间举办读书沙龙、公益讲座、经典吟诵等阅读推广活动共计300余项。（大连图书馆）

【大连市少年儿童图书馆开通“滨城约书”网借服务】 4月23日，大连市少年儿童图书馆在大连地区首推“滨城约书”图书网借服务平台。平台借助互联网技术打造图书借阅O2O模式，基于芝麻信用体系，为芝麻分600分以上的读者提供“免押金、免办卡”的信用借书服务。平台利用互联网整合多元书目数据，通过封面、作者、出版社、出版时间、图书简介、评论等内容完成馆藏文献知识的在线查检与揭示，以同城物流服务作为文献传送链，利用移动互联网和移动支付完成服务的串联和闭环，实现读者与传统图书馆服务场所的解耦，释放新闭架服务有序性和便捷性的优势。（大连市少年儿童图书馆　梁雪）

【鞍山市图书馆概况】 2019年，根据《鞍山市市直公益性事业单位优化整合方案》要求，原鞍山市图书馆、鞍山市少年儿童图书馆正式合并，成立新的鞍山市图书馆，作为鞍山市文化旅游发展促进中心的分支机构。上半年，鞍山市图书馆大楼内部改造，整体闭馆，7月1日重新正式开馆。新开馆的鞍山市图书馆实现平面化、一体化服务布局，所有服务区实行藏、借、阅一体化管理。2019年入藏新书8184种25653册（其中少儿图书3226种16130册），馆藏总量达640392种1879271册。共接待读者598848人次（其中少儿读者87636人次），流通图书399512册次，新增加办证读者5566人。举办全民阅读推广活动共160场次，参加活动读者126648人次。举办主题展览22次，参观读者16636人次；开展阅读推广活动86次，参与读者105988人次。在鞍山市第八届全民读书节活动中，鞍山市图书馆被评为“突出贡献单位”。在第二届“文化中国之辽宁篇”微视频征集活动中，鞍山市图书馆报送的微视频《父亲节》获一等奖，鞍山市图书馆被评为优秀组织奖。（鞍山市图书馆）

【鞍山市图书馆举办第三十二届“马良杯”少儿书画大赛】 4月10日—8月30日，鞍山市图书馆联合鞍山电视台、营口银行，共同举办第三十二届“马良杯”少儿书画大赛。此次少儿书画大赛共有3708人参赛，141人分获一二三等奖，885人获得优秀奖，大赛的参赛者、作品数量、获奖人数均创历届新高。鞍山电视台、电台对此届大赛进行全程宣传与跟踪报道，鞍山电视台融媒体对决赛进行了现场直播。（鞍山市图书馆）

【抚顺市图书馆盲人阅览室正式开放】 5月21日，抚顺市图书馆举办盲人阅览室开放启动仪式，来自抚顺市东洲区、顺城区、新抚区、望花区、新宾县、清原县、抚顺县的60名视障者及家属共同参加启动仪式。活动邀请抚顺心理学会理事赵丽娟为广大盲人朋友做“残健心理沟通无障碍”专题讲座，并解答困扰盲人内心的问题。（抚顺市图书馆　菅晓睿）

【本溪市图书馆筹建家谱数据库】 为扩大家谱文化的影响力，深度挖掘本溪地域文化，丰富本溪地方文献资源种类，本溪市图书馆努力从民间征集更多的家谱，建立独具特色的地方文献家谱数据库。截至2019年3月底，本溪市图书馆共收集家谱494份，其中包含汉族、满族、朝鲜族、蒙古族、锡伯族等各民族家谱，并一一进行数字化处理，建立地方文献家谱数据库。数据库建设完成后，读者可在图书馆的网络终端上检索、浏览家谱，不同家谱中记录的历史还可以相互印证。其中，《佟氏宗谱》是图书馆目前收集到的年代最为久远的家谱。这本家谱记录佟氏家族自明代永乐末年至民国初年二十二世族人、近500年的家族史。地方文献资源数字化不仅能极大减少珍贵地方文献资料的破损、遗失等现象，更有利于图书馆与读者的沟通，为读者走进图书馆、利用图书馆资源提供了更大的平台。（本溪市图书馆　张虹）

【丹东市图书馆概况】 2019年，丹东市图书馆与丹东市少年儿童图书馆合并，合并后建筑面积合计5028平方米，藏书1049116册/件，工作人员69名。服务窗口10个，阅览座席648个，年接待读者221953人次，流通图书369618册次，新增读者2407人，新增藏量17000册/件。编辑《他山之石》12期，撰写专题综述12篇；送信息下乡11次。（丹东市图书馆　曹阳）

【丹东市图书馆组织参加“丹东市第八届全民读书节”活动】 4月23日，丹东市图书馆组织本地区公共图书馆及高校图书馆参加“丹东市第八届全民读书节”活动。丹东市图书馆发出《服务全民阅读　共创美好生活——中国图书馆界4月23全民阅读活动倡议书》，邀请全市各界共同签名参与活动。活动内容包括数字资源VR现场体验、少年儿童好诗词朗诵表演、“究天人·通古今——《史记》插图展”“你选书、我买单”“交流图书、分享菁华”图书交换、读书知识有奖竞答、图书期刊宣传资料免费发放等板块活动。（丹东市图书馆　曹阳）

【锦州市图书馆概况】 截至2019年底，锦州市图书馆馆藏文献110余万册。举办读者活动60余次，参与读者万余人次，其中讲座31次，参与人数8237人；展览5次，参观人数18500人。征集并加工地方文献图书145种210册。馆内总流通23万余人次，文献外借57万余册次。全年宣传新书696册，接待读者电话、微信群、QQ群等咨询652次。新建3个馆外流通站。共完成课题40项，解答咨询1798条。编辑《锦州人文》6期。锦州市图书馆被评为文化建设年活动先进单位；荣获第三十二届科普之冬活动“先进集体”、锦州市第八届全民读书节优秀组织奖。锦州市图书馆学会被锦州市科学技术协会评为“锦州市科协系统先进集体”，被锦州市社会科学界联合会评为“2019年度先进社团”。（锦州市图书馆）

【营口市图书馆举办“筑梦华夏　诗词人生”诗词系列活动】 9月10日—12月30日，营口市图书馆举办“筑梦华夏　诗词人生”诗词系列活动，系列活动包括专题讲座及纪念毛泽东诞辰126周年毛泽东诗词书法展等内容。活动收集毛泽东诗词书法作品268件，展出126幅，参展作品书体齐全，款式庄重新颖，其中毛体书法的展示也是书法展的一大亮点。（营口市图书馆）

【阜新市图书馆举办“庆祝建国70周年——阜新发展历程图片展”】 在新中国成立70周年之际，阜新市图书馆于9月30日—10月31日举办“庆祝建国70周年——阜新发展历程图片展”，展览收集整理近70幅反映阜新发展变化的新老照片，以图片的形式，真切、直观、生动地反映阜新市的发展历程。（阜新市图书馆　李梅）

【辽阳市图书馆东东儿童银行自助分馆开馆】 8月31日，辽阳市图书馆东东儿童银行分馆开馆。该馆由辽阳市图书馆和辽东商业银行共同组建，双方共投入时尚读物8000余册，装备身份识别、自助办证、自助借还、远程监控等多种现代化设备。分馆地址位于辽阳市武圣路的辽东银行武圣分理处二楼，面积达200平方米，设立儿童阅读区、亲子共读区、成人阅读区、游戏区、视听区、益智探索与开发区、自习区、休闲活动区等多个功能空间。该分馆可与市图书馆、县区图书馆、社区分馆、单位分馆等40多个单位实现通借通还及资源共享。（辽阳市图书馆）

【铁岭市图书馆概况】 截至2019年底，铁岭市图书馆现有藏书316838册，报刊13350册，地方文献5471册，声像资料1720种3722册，电子文献101种，拥有6个数据库资源，设有13个对外服务窗口，阅览座席500个，建有机关、部队、学校、社区等图书流动站。2019年，铁岭市图书馆购书经费为40万元，现有持证读者8521人，举办读者活动62次，参加活动读者30990人次。其中举办展览12次，参观展览约12200人次；举办讲座18次，参加讲座10200人次；举办其他活动21次，8000余人次

参加活动。（铁岭市图书馆　武霞）

【朝阳市图书馆概况】 2019年共举办系列讲座41场、专题展览18场、读书活动48次，举办各种读者活动107次，参与读者达75万人次。开展地区、馆内等各类业务人员培训2次，325人次接受培训。解答读者咨询3523条、完成服务成果31项，征收读者文章40篇，撰写业务工作调研报告6篇。编辑《朝阳图书馆界》4期、编印《决策参考》12期，印发576份。全年入藏图书1697册、报刊262册，征收地方文献410册。图书流通站及分馆总数达到67个，年流通图书3万册次。组织馆员参加图书馆界学术活动，全年征集学术论文65篇，其中有46篇发表并获奖。2019年，朝阳市图书馆被中国图书馆学会评为“2018年全民阅读示范基地”；被朝阳市社科联评为“社科工作先进集体”。（朝阳市图书馆学会）

【朝阳市图书馆举办第七季“发现书香之旅”阅读体验活动】 4月23日，朝阳市图书馆举办第七季“发现书香之旅”阅读体验活动，图书馆邀请150余名城市道路清扫保洁管理大队的工人师傅参加活动，活动内容包括体验阅读、专属读书节活动、图书馆信息资源的获取和使用方法、学习电子图书下载流程及向环卫工人们赠书等。（朝阳市图书馆学会）

【盘锦市少年儿童图书馆举办“图书馆服务宣传周暨六一文化活动周”活动】 5月28日—6月5日，盘锦市少年儿童图书馆以“阅读，从图书馆启航”为主题，开展线下、线上，主题阅读和特色服务等13项读书活动，活动参与人数5000余人次，《图书馆报》、盘锦电视台、《盘锦日报》、盘锦网等多家新闻媒体对活动进行跟踪报道。（盘锦市少年儿童图书馆）

【葫芦岛市图书馆举办“经典诗歌进校园”专场朗诵会】 3月20日，由葫芦岛图书馆主办，渤海船院团委、葫芦岛市戏剧家协会、葫芦岛市海上传奇文化艺术社承办的“经典诗歌进校园”活动在渤海船舶职业学院举办。朗诵会内容以励志为主线，由葫芦岛悦读汇20余名文化志愿者现场朗诵《我的和我祖国》《你是人间四月天》《念奴娇·赤壁怀古》等经典节目。（葫芦岛市图书馆）

吉林省

【吉林省图书馆阅读推广活动持续开展】 2019年，吉林省图书馆入藏图书7万种，报刊4000余种。服务读者430万人次，其中到馆读者140万人次，网站访问读者290万人次，分馆、流通站、书房接待读者20万人次。文献外借量300余万册次。全年举办讲座、培训、展览、阅读推广等活动千余次。分馆、百姓书房、学生书房遍布吉林省农村、部队、社区、学校等各地，真正实现阅读全覆盖。（吉林省图书馆）

【吉林省图书馆“志愿扶贫扶智小分队”开展文化扶贫】 5月28日—6月6日，吉林省图书馆在吉林省“扶贫大讲堂”公益巡讲基础上，成立“志愿扶贫扶智小分队”，分别赴柳河、通化、临江、靖宇、农安、通榆、洮南、镇赉、大安、扶余等10个新时代文明实践中心试点县（市），为每个试点县（市）赠送以弘扬中华传统文化、农民增收致富、“扶贫大讲堂”系列公益讲座为内容的光盘20套。（吉林省图书馆）

【吉林省图书馆举办2019年吉林省公共数字文化工程业务骨干培训班】 6月25—28日，由吉林省图书馆主办，梅河口市文化广播电视和旅游局、梅河口市图书馆承办的2019年吉林省公共数字文化工程业务骨干培训班在梅河口市举行，全省公共图书馆、高校图书馆业务馆长和骨干90余人参加培训。国家图书馆业务管理处副处长廖永霞，吉林大学应用技术学院兼职教授、智筑科技有限公司信息安全专家张耀分别做“公共数字文化工程融合创新发展实施方案”“信息安全建设培训”主题培训。（梅河口市图书馆）

【吉林省图书馆举办“我和我的祖国”诵读合唱快闪活动】 9月28日，由吉林省图书馆、吉林省音乐家协会主办，东北师范大学人文学院、吉林外国语大学、吉林艺术学院音乐学院、长春师范大学音乐学院承办的“庆祝中华人民共和国成立70周年——我和我的祖国”诵读合唱快闪活动在吉林省图书馆开展。活动以传播先进文化、弘扬传统文化为宗旨，以增强民众国家、民族自豪感，展现良好精神风貌为目的，以“我和我的祖国”为核心内容，汇聚千余名读者、市民参加。（吉林省图书馆）

【吉林省图书馆推出大型系列纪录片栏目《吉林文脉》】 11月22日，吉林省图书馆与吉林广播电视台7频道联合推出大型系列纪录片栏目《吉林文脉》，用立体生动的形式，全方位展示吉林省地域文化，传承民族精神。《吉林文脉》每集30分钟，将吉林省图书馆自建数字资源进行展播，第一季分为《吉林访古》《百年手艺》《故事吉林》3个系列。（吉林省图书馆）

【四平市图书馆举办庆祝中华人民共和国成立70周年“四平市第二届农民工子女书画作品展”】 9月26日，由中共四平市委宣传部、四平市文化广播电视和旅游局主办，四平市图书馆等单位共同承办的“庆祝中华人民共和国成立70周年——四平市第二届农民工子女书画作品展”在四平市图书馆举办。此次书画作品展得到全市中小学校的大力支持，共收到原创书画作品200余幅。经评选，70幅获奖作品参加展览，其中绘画作品60幅、书法作品10幅。作品通过孩子天真烂漫的视角，展现出对祖国的赞美和对未来的美好憧憬。（四平市图书馆）

【《人民英雄杨靖宇》百米组画展在松原市图书馆举办】 12月26—29日，由中共吉林省委“不忘初心，牢记使命”主题教育领导小组办公室、中共吉林省委党史研究室、松原市文学艺术界联合会主办，松原市图书馆协办的《人民英雄杨靖宇》百米组画展在松原市图书馆举办，1200人余观看展览。《人民英雄杨靖宇》百米组画全长108米，分13个篇章，描绘东北抗日联军主要创建者之一、人民英雄杨靖宇领导抗联部队抗击侵略者，在白山松水间与敌人进行艰苦卓绝的斗争，最终壮烈殉国的历史。组画由著名画家赵明仁、孙立民共同完成。（松原市图书馆　张楠）

【白山市图书馆被评为吉林省社会科学普及工作先进单位】 2019年，白山市图书馆以打造群众贴心的科普教育基地为目标，面向大众、面向基层、普遍开放。全年举办讲座、展览30场，开设古琴、朗诵等不同种类培训班8个，组织如“少儿谜语竞猜”“氤氲书香诵读选拔赛”以及“多彩春天，筝筝日上”亲子活动，均受到读者的肯定和赞誉，累计参加人数13万人次。该馆于2019年被吉林省社会科学界联合会评为吉林省社会科学普及工作先进单位。（白山市图书馆）

【延边朝鲜族自治州图书馆举办“阿里郎·韵”中国朝鲜族传统民俗工艺展】 11月29日—12月3日，由延边朝鲜族自治州图书馆主办，延边大学美术学院、延边朝鲜族传统纸工艺文化研究会、延边州美术家协会工艺美术专委会承办的第四届“阿里郎·韵”中国朝鲜族传统民俗工艺展在延边图书馆开幕。展览展出朝鲜族民俗灯具、传统器皿、民俗摆件、传统民居模型、传统饮食模型、生活韩服等百余件民俗工艺品。这些作品制作精美、工艺精湛、风格独特，展现了中国朝鲜族传统艺术的独特魅力及传统工艺匠人的智慧。展览旨在为市民呈现朝鲜族传统技艺，让市民领略朝鲜族特有的民俗风情，了解延边文创作品，为手工艺人提供一个互相交流的平台，助力旅游兴州战略的实施。（延边朝鲜族自治州图书馆　金仙花）

【第二届“图书馆与民族文献阅读推广”学术论坛举办】 5月14—17日，由中国图书馆学会阅读推广委员会主办，吉林省图书馆学会、赤峰市图书馆、延边朝鲜族自治州图书馆承办的第二届“图书馆与民族文献阅读推广”学术论坛在延吉市举办。中国图书馆学会阅读推广委员会民族文献阅读推广专业委员会委员及来自全国各民族地区图书馆馆长及馆员100余人参加论坛。论坛由中国图书馆学会民族文献阅读推广专业委员会主任刘淑华主持，吉林省图书馆馆长赵瑞军致辞。东北师范大学信息科学与技术学院硕士研究生导师陈昊琳、北京雷速科技有限公司董事长刘锦山、北京大学信息管理系教授张久珍、延边大学图书馆朝韩文特藏部副研究馆员李延子、山东爱不释书数字技术有限公司董事长耿化龙、南京大学博士生导师徐雁分别做主旨报告。此次论坛旨在促进民族文献的阅读推广理论研究与实践交流，对图书馆事业的发展、坚定民族文化自信与民族文化的融合交流起到积极的推动作用。（延边朝鲜族自治州图书馆　姜瑛）

【抚松县图书馆举行新馆开馆仪式】 2019年1月15日，抚松县图书馆庆祝建馆40周年暨新馆开馆仪式在新馆一楼大厅举行。中共抚松县委、抚松县人民政府相关领导、县图书馆员工及各界读者代表100多人出席，吉林省图书馆学会、吉林省图书馆相关领导受邀参加。抚松县图书馆新馆改扩建工程是全县重点民生项目，2017年5月奠基，2018年12月落成。总建筑面积6628平方米，藏书49万册，免费开放10个读者借阅区，阅览座位800个，提供RFID智能化借阅和24小时自助图书馆服务。仪式上，抚松县副县长周洁、吉林省图书馆馆长赵瑞军分别发表贺词，吉林省图书馆向抚松县图书馆捐赠10000册图书、68册古籍再造善本。赵瑞军与抚松县委书记张铁明共同为新馆揭牌。（抚松县图书馆　梁福海）

【安图县图书馆新馆落成开馆】 安图县图书馆成立于1979年，2008年搬迁至现址，2018年经改扩建后，新馆于2019年1月正式对外开放。新馆总面积2600平方米，藏书15.9万册，其中朝文图书2.8万册、报刊3.3万册、电子图书2.4万册，全年流通6.3万人次。扩建后的新馆，分成人阅览区、期刊报纸阅览区、电子阅览室区、电子设备阅览区、少儿阅览区、亲子阅读区等10个区域。使用一卡通，实现藏、借、阅、咨询、管理一体化，较大地提高图书馆服务效率和读者便捷程度。（安图县图书馆　崔凤善）

【图们市图书馆举办首届朝鲜族儿童诗朗诵比赛】 7月24日，图们市图书馆举办首届朝鲜族儿童诗朗诵比赛，来自全市23名朝鲜族儿童参加比赛。比赛邀请到延边广播电视台金桂月、尹杰，人气青年作家朴松天等担任评委。经过选拔，最终评选出一等奖1名、二等奖2名、三等奖3名。此次比赛为展示和传承朝鲜族文化搭建出良好的传播平台。（图们市图书馆　安光美）

【长白山图书馆正式对外开放】 8月2日，历时4年规划和建设的长白山图书馆正式向社会开放。该馆的落成结束本地区无图书馆的历史，为辖区百姓和广大游客提供了一个休闲阅读空间，成为长白山新的旅游文化地标。开馆仪式由长白山管委会副主任尹涛主持，中华书局党委书记周清华致辞，长白山党工委书记、管委会主任王库对向长白山图书馆无偿捐赠图书的中华书局、国家图书馆、吉林省图书馆、长春出版社等单位颁发纪念牌，与会领导及嘉宾共同为长白山图书馆揭牌。

长白山图书馆坐落在长白山保护开发区池北区长白山大街与五角枫路交会处，总建设面积约4500平方米，现藏图书3万余册，设计藏书30万册。馆舍共5层，设有24小时自助借还区、开放式书刊阅读区、少儿阅读室、地方文献典藏室。该馆将按照长白山景区功能定位，打造成集精品阅读、典籍收藏、文化展示、文艺创作、商务洽谈、艺术沙龙、创客空间于一体的文化综合体。（长白山图书馆）

【珲春市图书馆与延边大学珲春校区图书馆举行联盟签约仪式】 12月17日，珲春市图书馆与延边大学珲春校区图书馆在珲春市图书馆举行联盟签约仪式。珲春市图书馆副馆长崔全虎、延边大学珲春校区图书馆馆长高在元及两馆的工作人员共同出席签约仪式。此次联盟签约旨在推进公共图书馆与高校图书馆资源共享，促进全民阅读文化事业的发展。根据协议，两馆的读者持读者卡可在双方图书馆获得免费阅览服务，免费使用对方的场馆空间、设备。（珲春市图书馆　孟雪花）

【农安县图书馆实施“学生书房建设”项目】 4—12月，农安县图书馆实施“学生书房建设”项目，此项目由农安县文化广播电视和旅游局指导，农安县图书馆成立领导小组，统一规划学生书房建设。为已经建成的华家中心小学、开安中心校等学生书房提供图书6000余册，受益学生2000人。为筹建中的德彪小学、农安三中的学生书房计划配置图书4000册，预计受益学生1500人。学生书房的建设进一步扩大农安县图书馆服务范围，学生广泛受益，依托学生书房开展作家走进校园、农民工子女精美书画展、“青

青草”原创作品展等，有效推动全民阅读活动的开展。（农安县图书馆　朱利）

黑龙江省

【概况】 2019年，黑龙江省共有公共图书馆110个。馆舍建筑总面积达34.43万平方米，阅读座席28477个。总藏量2319.14万册。财政拨款3.16亿元。专项购书经费2500万元，新购藏量86.49万册，其中报刊23895种。从业人员1594人，其中专业技术人员1347人，包括中级职称591人、副高级职称407人、正高职级职称119人。有效借书证87.84万个。书刊文献外借424.96万人次、883.97万册次，总流通量达1151.82万人次。计算机5897台（其中电子阅读室终端3752台），图书馆网站年访问量达9430.09万页次。组织各类讲座1323次，参加19.34万人次。举办展览857个，参观133.06万人次。举办培训班1708个，培训7.68万人次。

11月28日，在四川广元召开的2019全国出版界图书馆界全民阅读年会上，黑龙江省图书馆报送的“龙江俄侨录　册府忆百年”俄侨文献阅读推广系列活动获“2019全民阅读活动典型案例”，这是黑龙江省图书馆连续六年获此荣誉。（黑龙江省图书馆学会秘书处）

【2019年黑龙江省“我们的中国梦”——公共数字文化进万家活动在全省推出】 1月28日—3月1日，黑龙江省图书馆策划的2019年黑龙江省“我们的中国梦”——公共数字文化进万家系列活动向全省推出。活动内容包括：新老照片征集、电子有声贺卡、在线趣味答题、线下主题展览、VR现实体验等，通过共享丰富精品资源，丰富和活跃春节期间群众文化生活。（黑龙江省图书馆学会秘书处）

【第十届中俄文化大集之中俄图书馆学术研讨会举办】 6月23日、25日，由黑龙江省图书馆与阿穆尔州科学图书馆在中俄文化大集的框架下，首次共同策划组织的中俄图书馆学术研讨会分别在中国黑河市、俄罗斯布拉戈维申斯克市举办。有知名专家、学者40余人参加研讨会并进行深入交流与研讨。6月23日，中俄图书馆学术研讨会上半场在黑河拉开帷幕，以“东北亚知识信息的融合共享”为主题，北京大学教授李国新做题为“构建公共图书馆事业法律保障的中国实践”主旨报告；阿穆尔州科学图书馆馆长多尔戈鲁克分享中俄文化大集框架内的中俄两国文化遗产推广的相关工作；远东国家科学图书馆副馆长瑙莫娃介绍该馆与黑龙江省图书馆国际合作的成功经验；黑龙江省图书馆数字资源建设部主任姜博做题为“黑龙江省图书馆自建数字资源介绍”的报告。6月25日，中俄图书馆学术研讨会下半场在布拉戈维申斯克市阿穆尔州科学图书馆继续进行，以“图书馆对中俄作家文学创作的普及活动”为会议主题，由哲学副博士捷柳克做题为“中国人在布拉戈维申斯克（19世纪下半叶—20世纪初）：地方志研究经验”的报告；阿穆尔国立大学文学与世界艺术文化教研室主任、教授扎比娅科介绍阿穆尔国立大学远东移民研究中心的工作；黑河学院远东研究院名誉院长王禹浪讲解“丝绸之路视域下的黑龙江流域的古代文明”；哈尔滨市艺术研究院一级编剧王自淳分享“图书馆地方特色数字文献建设的创作实践”；黑龙江省作家协会副主席王阿成介绍图书馆公益讲坛；黑龙江省图书馆业务管理办公室副主任张春春介绍公共图书馆业务管理的变革；布拉戈维申斯克国立师范大学历史语言系文学教研室教授基列耶娃做题为“20—21世纪之交阿穆尔河沿岸地区中俄文化交流的巩固”的报告。会议期间，黑龙江省图书馆馆长高文华与阿穆尔州科学图书馆馆长多尔戈鲁克正式签署“中国·黑龙江省图书馆与俄罗斯·阿穆尔州科学图书馆2019—2020年度合作计划”。（黑龙江省图书馆学会秘书处）

【文旅融合馆长培训班在伊春举办】 8月6—8日，由黑龙江省图书馆、黑龙江省图书馆学会主办，伊春市文化广电和旅游局、伊春市图书馆协办的“‘结对子·种文化’文旅融合馆长培训班”在伊春举办，全省市、县、区级图书馆100余位馆长参加学习。黑龙江省图书馆常务副馆长、省学会副理事长张大尧主持开班仪式，黑龙江省图书馆馆长、省学会理事长高文华，伊春市文化广电和旅游局副局长刘子军分别致辞。培训班聘请广东省图书馆学会理事长刘洪辉讲授“法人治理结构改革实践与思考”、浙江图书馆馆长褚树青讲授“浙江省公共图书馆的建设与发展”、温州市图书馆馆长胡海荣讲授“城市书房创新实践”、杭州图书馆业务办副主任屠淑敏讲授“公共图书馆服务体系及特色图书馆建设的探索和实践”、温岭市图书馆馆长杨仲芝讲授“温岭文旅图书馆，走进‘民宿、景点、公园’，为游客带来文化的芳香”、桐庐县文化和广电旅游体育局文化广电科长冷飞虎讲授“资源共享，服务延伸，以文旅融合为契机大力推进乡村生活书吧建设”、黑龙江省图书馆特藏部副主任刘伟华讲授“文旅融合地方文献资源征集规范”等课程。除集中授课外，培训班还组织学员到全省文旅融合示范点九峰山养心谷森林书房进行现场教学和研讨。（黑龙江省图书馆学会秘书处）

【俄罗斯远东国家科学图书馆学术报告会在黑龙江省图书馆举行】 9月12日，黑龙江省图书馆举办俄罗斯远东国家科学图书馆学术报告会。报告会由黑龙江省图书馆副馆长于爱君主持，省图书馆馆长高文华、俄罗斯远东国家科学图书馆馆长雅库巴分别致辞。来自两馆的相关领导以及哈尔滨地区公共图书馆以及高校图书馆的领导、专家和馆员百余人出席。黑龙江省图书馆与俄罗斯远东国家科学图书馆的友谊由来已久，自1990年起，两馆就建立了学术交流与馆际合作关系。会后，两馆续签《中国·黑龙江省图书馆与俄罗斯·远东国家科学图书馆长期战略合作意向书（2020年—2022年）》。（黑龙江省图书馆学会秘书处）

【“册府千华——黑龙江省藏国家珍贵古籍特展”在黑龙江省图书馆开幕】 9月17日，由国家图书馆（国家古籍保护中心）、黑龙江省文化和旅游厅主办，黑龙江省图书馆承办，齐齐哈尔市图书馆、哈尔滨师范大学图书馆、黑龙江大学图书馆、大庆市图书馆五单位参加联展的“册府千华——黑龙江省藏国家珍贵古籍特展”在黑龙江省图书馆开幕。国家图书馆副馆长、国家古籍保护中心副主任张志清，黑龙江省文化和旅游厅副巡视员江浙，省图书馆馆长、省古籍保护中心主任高文华，省直文博系统相关单位领导，部分地市县文化广电和旅游局领导、各古籍收藏单位领导、业务骨干、省内著名文献学专家及多家媒体单位等出席开幕式。展览共展出400余部珍籍，以入选《国家珍贵古籍名录》《黑龙江省珍贵古籍要览》的古籍为主，辅以特色文献。主展区分古籍保护、珍贵典籍、古籍修复3部分内容，其中珍贵典籍展品包括唐写本、宋刻本、元刻本，还包括明代内府刻本、藩府刻本、司礼监刻本、明私刻自刻本、蓝印本、套印本、活字本、稿抄本、钤印本等，以及对文化传承融合有重要意义的少数民族文字本。展览还回顾黑龙江省古籍保护工作，简要介绍古籍保护成果以及古籍修复知识。通过图片展板展示、馆藏实书展览、后期电子展览等多种形式，对全省藏珍贵古籍进行了全面的、多种形式的、内容丰富的揭示。同时，配合展览还举办有专题讲座和古籍修复、碑帖传拓、雕版印刷、线装书制作、古诗词吟唱、古籍公开课、古琴雅集等活动，增强观众的文化获得感和参与感。此次展览是黑龙江省展出文献规模最大、范围最广、珍本最丰、规格最高的一次古籍展览，是黑龙江省文化和旅游厅统筹全省古籍保护工作成果的一次集中展示。（黑龙江省图书馆学会秘书处）

【2019全省古籍保护工作会议召开】 9月17日，在“册府千华——黑龙江省藏国家珍贵古籍特展”开幕之际，来自黑龙江省文化和旅游厅、各地市文化广电和旅游局、黑龙江省图书馆、各地市县图书馆、高校及科研院所图书馆、文物、博物系统等全省37家单位的90名古籍保护工作者在黑龙江省图书馆参加2019全省古籍保护工作会议。会上，省文化和旅游厅公共服务处处长李春芝对全省古籍保护工作提出建议和要求。省图书馆馆长、省古籍保护中心主任高文华做“黑龙江省古籍保护工作成果报告”。省图书馆副馆长于爱君对全省下一步工作重点及工作安排进行简明阐释，强调黑龙江省古籍保护中心将推进《中华古籍总目·黑龙江卷》的编纂、民国线装书普查、古籍数字化等工作。在讨论环节，与会代表对今后一段时期的工作开展提出建设性的意见和建议。会上，黑龙江省古籍保护专家委员会进行换届，并对全省古籍保护先进工作者进行表彰。（黑龙江省图书馆学会秘书处）

【黑龙江省图书馆文学艺术分馆开馆】 10

月14日，黑龙江省图书馆文学艺术分馆开馆仪式在省文联举行。省文旅厅党组书记、厅长张丽娜，副厅长于峰；省图书馆馆长高文华，副馆长张大尧；省文联主席韩慧峰，副主席戴立然、黄锦秋等领导，以及省文联为图书馆捐赠图书的干部职工参加开馆仪式。高文华与省文联办公室主任杜坤共同签署《黑龙江省图书馆文学艺术分馆合作共建协议书》；张丽娜、韩会峰为分馆揭牌；高文华向省文联捐赠人代表张玉杰颁发证书；戴立然、黄锦秋代表省文联向省文旅厅、省图书馆赠送省知名书法家书写的“读万卷书，行万里路”和“欲穷千里目，更上一层楼”书法作品。（黑龙江省图书馆学会秘书处）

【黑龙江省图书馆开展“结对子　种文化”调研工作】 为全面了解和掌握全省地方文献存藏及其相关业务工作，黑龙江省图书馆“结对子　种文化”调研组于2019年8—10月开展为期3个月的全省地方文献业务调研工作。调研组由副馆长于爱君带队，特藏部副主任刘伟华负责具体工作。调研范围为全省13个地市的25个公共图书馆和1个专业图书馆。通过实地走访和深入交流，全面了解各馆地方文献特色、藏书总量及相关业务工作的开展情况，针对各馆在地方文献整理、征集、交换、编目、服务、利用工作中出现的重点与难点问题进行充分解答和专业指导。为推进《黑龙江省公共图书馆地方文献联合目录》编纂工作，保证其编纂进度和质量，调研组重点对已提交书目数据的图书馆进行现场核对和审校。对各馆地方连续出版物进行统计，对各馆地方文献的基本情况进行更新，在部分图书馆还新发现若干历史文献，并协助其对大量未整理的历史文献进行初步核实和整理，加强图书馆的历史文献保护工作力度。调研组走访各地的档案馆（史志研究室）、统计局、政协、人大、社科院、矿务局史志办、林业局史志办等单位，了解和掌握各级志书、年鉴、党史资料、组织史资料、文史资料、执政纪要、少数民族文献、旅游资料等核心地方文献的出版情况，共征集到1437种1596册地方文献，极大地丰富了省馆的馆藏资源。（黑龙江省图书馆学会秘书处）

【2019年黑龙江省西部地区公共数字文化服务推广培训班举办】 11月18—21日，黑龙江省西部地区公共数字文化服务推广专题培训班在齐齐哈尔市举办。培训班由黑龙江省图书馆主办、齐齐哈尔市图书馆承办，来自哈尔滨、齐齐哈尔、大庆、绥化、黑河、大兴安岭6个地区公共图书馆的200余位同人参加学习。文化和旅游部全国公共文化发展中心宣传教育处副处长薛鑫卉，浙江图书馆原副馆长、研究馆员刘晓清，黑龙江省图书馆数字咨询服务部马琳、赵慧馨，省图书馆数字图书馆技术部张龙，超星集团上海研究院院长宋志森等，分别从国家公共数字文化工程政策、发展现状，智慧图书馆构建，微服务思维，公共数字文化资源应用等不同方面，向学员传授图书馆发展建设的前沿理念。（黑龙江省图书馆学会秘书处）

【2019年黑龙江省东部地区公共数字文化服务推广培训班举办】 11月25—27日，由黑龙江省图书馆主办、双鸭山市图书馆承办的黑龙江省东部地区公共数字文化服务推广专题培训班在双鸭山市举行，来自伊春、佳木斯、七台河、牡丹江、鸡西、鹤岗、双鸭山7个地区的市、县（区）图书馆共计120余人参加培训。国家图书馆业务管理处副处长廖永霞为学员们解读“公共数字文化工程融合创新发展实施方案”，国家图书馆信息技术部项目管理与系统测试组组长张红解读“大数据时代的图书馆服务创新”，中国索引学会副理事长叶艳鸣就“数字总分馆与文旅融合创新”专题授课。培训班还安排了公共数字文化服务设备与资源平台介绍、黑龙江公共数字文化资源服务推广、黑龙江省图书馆数字参考咨询联盟平台应用及智慧化总分馆建设路径等方面的授课内容。（黑龙江省图书馆学会秘书处）

【2019“我最喜爱的童书”阅读推广活动颁奖典礼在黑龙江省图书馆举行】 11月27日，2019“我最喜爱的童书”阅读推广活动颁奖典礼在黑龙江省图书馆举行。省内8家地市图书馆、14所小学的领导应邀参加典礼。2019年开展的阅读推广活动，省图书馆不仅选择哈尔滨市各区注重校园阅读有代表性的小学，还选择留守儿童较为集中的2所农民工子弟学校，同时依托省内8个地市的图书馆，联系对接黑河、

绥芬河、密山、伊春、甘南、绥化等地市的8所小学。活动惠及14所小学，受益儿童10107人。在颁奖典礼上，省图书馆馆长高文华致辞，党委副书记王妍宣读获奖结果，少年儿童服务部主任程岩做活动总结。现场颁发全国幸运奖、特等奖、书评一、二、三等奖；黑龙江地区最佳读写奖、优秀组织单位奖、阅读推广贡献单位奖、优秀阅读指导教师奖以及志愿者服务单位奖。获奖单位26家，获奖个人63人。为提升同学们的阅读积极性，还在现场随机抽取省内50名幸运“小书虫”。（黑龙江省图书馆学会秘书处）

【哈尔滨市图书馆提出的设立《哈尔滨市公共图书馆条例》建议被纳入地方立法调研项目】 2019年2月，哈尔滨市图书馆提出“关于设立《哈尔滨市公共图书馆条例》的建议”被列入《哈尔滨市人大及其常委会2019年立法计划》调研项目中。报告分为设立条例的意义和必要性、哈尔滨市公共图书馆事业发展的现状、哈尔滨市公共图书馆事业发展存在的问题、兄弟省市地方条例的实施情况调研、意见和建议等5部分。（黑龙江省图书馆学会秘书处）

【齐齐哈尔市图书馆举办“致敬抗战老兵 传承红色基因——抗战老兵事迹展”】 8月15日，“致敬抗战老兵　传承红色基因——抗战老兵事迹展”在齐齐哈尔市图书馆开展。展览主角是从军旅作家、齐齐哈尔大学客座教授田国庆所寻访的多名抗战老兵中精选出具有代表性的27位，他们中有百岁老红军、抗联老英雄，也有八路军、新四军和共产党领导下的游击队队员；以及在抗战年代英勇杀敌的国民党军官兵。虽然身份不同、地位不同，但他们以身许国、杀身成仁的抗战精神相同，都是当之无愧的民族英雄。展览受到社会的广泛关注，多家企事业单位、学校等组织预约来馆参观。市馆主展区展览结束后还在驻军、学校、社区、企事业单位进行巡展。（黑龙江省图书馆学会秘书处）

上海市

【概况】 2019年，上海市图书馆行业各系统图书馆以新时代中国特色社会主义思想为指引，围绕构建新时代中国特色社会主义先进文化的要求、围绕上海国际文化大都市建设、“上海文化”品牌建设和长三角一体化战略等全市中心工作，推动图书馆行业健康、规范、有序地发展。

2019年4月，上海市公共图书馆行业被授予2017—2018年度第10届上海市文明行业荣誉称号，这是连续第5次获得该称号。上海市少年儿童图书馆低幼服务部、上海市嘉定区图书馆入选市文明办等主办的“最美窗口”评选。9月20日，上海图书馆东馆主体钢结构成功封顶。

上海市中心图书馆建设进一步深化“一卡通”服务效能。“一卡通”服务网点建设提速，截至12月底，总分馆机构数273家，“一卡通”建设协议机构数257家，服务网点数较2018年净增19个，达366个。“一卡通”业务量连续呈增长态势，持证读者433万人，较2018年增长9.4%；“一卡通”文献入藏3286.91万册，较2018年增长5.83%；“一卡通”文献外借3062.18万册次，较2018年增加1.87%。截至12月底，“一卡通”文献物流和分拣的数量为128.35万册；物流体系发送读者卡407批次，分送条码485次273万张。

上海市公共数字文化工程建设深入开展，推进落实三大工程融合发展。贯彻落实《公共数字文化工程融合创新发展实施方案》工作要求，融合后的上海市公共数字文化工程覆盖全市公共图书馆、文化（群艺）馆等公共文化相关场馆。组织申报公共数字文化项目，完成2019年核定项目“红·蓝·绿——石库门的三原色”多媒体资源库、《奉贤故事》专题片（二期）、《上海近现代作家影像访谈录》（二期）、《长宁名街》专题片、《崇明民俗文化故事》专题片5个项目的立项申报。有序推进公共文化数字资源建设，完成上海图书馆等7个单位11个项目验收提交和60讲共享工程讲座资源征集工作。进一步优化完善公共数字资源推广。组织举办新春“网络书香过大年”“世界读书日图书馆公开课直播”“共享工程地方资源建设成果展”等活动，为全市读者打造书香四溢的文化大年，营造全民阅读的良好氛围，进一步提高公共数字文化工程资源知晓度和公众参与度。

上海市文献资源共建共享协作网各项工作取得新进展。加强协作网外文期刊的采购协调，完成“华东地区外国和港台期刊预定联合目录”

的组织、协调工作，收录订户数达514个单位，收录各类期刊9835种。馆际互借总量达632册次、189人次。网上联合知识导航站共有来自7个国家和地区、61家图书馆和科研院所的144位专家加盟，读者访问网页82360次，读者提问6081次。落实《上海市文献资源共建共享计划》，继续举办图书馆学情报学高级研修班。

上海市古籍保护中心坚持“保护为主、抢救第一、合理利用、加强管理”的工作方针，以普查登记为基础，以分级保护和揭示利用为重点，不断提升古籍保护水平。全年完成核查并修改上海图书馆古籍数据格式72804条，上海地区收藏单位核查登记目录6461条。上海图书馆申报的“古籍修复技艺”入选第6批上海市非物质文化遗产代表性项目名录。加强古籍保护工作的宣传推广，参与2019年上海“文化和自然遗产日”的主会场活动，表演碑拓技艺；联合上海博物馆、上海市书法家协会共同主办“墨彩斑斓　石鼓齐鸣——石鼓文善本新春大展”，共计25种展品，其中多件是2018年新发现的善本；与东方卫视《诗书画》栏目合作推出“《诗书画》‘古籍今读’系列特别节目”，这也是上海新闻媒体与公共图书馆首次尝试合作推广普及珍稀古籍与碑帖善本活动。上海图书馆与国家古籍保护中心联合举办图书馆古籍整理与提要编纂高级研修班，来自40余家古籍收藏单位的51位学员参加培训。复旦大学图书馆、华东师范大学图书馆、上海中医药大学图书馆、上海社会科学院图书馆、上海师范大学图书馆、上海博物馆敏求图书馆等古籍收藏单位，完成2019年年度工作的预期目标与任务，共同为打响上海文化品牌、推动中华优秀传统文化创造性转化和创新性发展做出新的贡献。

“上海之窗”新增中国澳门城市大学图书馆、马耳他中国文化中心、南非开普敦格莱特舒尔高中图书馆等7家合作伙伴。17年来，在全球6大洲75个国家和地区的175家机构开设的“上海之窗”，已累计捐赠纸质图书约12万册。在“上海之窗”网站可读的电子图书达3万种，可访问“中华家谱”“上海图书馆开放数据”等多个上海图书馆自建数据库。在荷兰鹿特丹图书馆、丹麦多斯基尔图书馆等多个国家与地区举办“海上繁花”上海图书馆藏近代文献图片展9场次，从建筑、风景，到广告、时尚，向世界展示近代上海的人文生活，为外界打开追寻近代海派文化的一扇窗户，讲好中国故事，传播上海精彩。（上海市图书馆学会）

【“墨彩斑斓　石鼓齐鸣——石鼓文善本新春大展”在上海图书馆举办】 2月1日，“墨彩斑斓　石鼓齐鸣——石鼓文善本新春大展”在上海图书馆开幕，作为“书情写意”2019上海图书馆阅读季“春生之章”的重点活动，由上海图书馆、上海博物馆、上海市书法家协会联合主办。此次展览汇集国内传世《石鼓文》珍本，是国内《石鼓文》拓本精品的集中展示，共计25种展品中多件是2018年最新发现的善本。上海市文联党组书记、专职副主席尤存，上海图书馆馆长陈超，上海博物馆馆长杨志刚，上海市书法家协会主席丁申阳等出席开幕式。由上海书画出版社出版的展览配套图录《石鼓汇观》在开幕式上首发。2019年，上海图书馆首次用主题化的阅读季形式，统领全年的全民阅读推广活动。此次以“书情写意”为主题，从新春的石鼓文善本大展，到岁末的名人手稿年展，让广大读者感受书写的力量和阅读的魅力。（上海市图书馆学会）

【《谭延闿日记》新书发布会在上海图书馆举行】 4月11日，由中华书局出版的《谭延闿日记》新书发布会在上海图书馆举行。谭延闿先生后人谭景元、谭怡令，余传韬先生的代表白中琪由台北专程来沪出席发布会，谭景元向上海图书馆捐赠谭延闿书法著作，馆长陈超代表上海图书馆接受捐赠。与会专家学者从历史的角度对日记的价值予以评论。谭延闿为民国时期著名政治家、书法家，其日记所记内容时间跨度30余年，记叙了民国初期的故人往事、旧家遗风及波澜壮阔的政治风云。余传韬于2016年将谭延闿日记稿本寄存于上海图书馆。此次由中华书局全文影印出版的《谭延闿日记》收入谭延闿全部的日记手稿，这也是其日记首次全文公开出版。（上海市图书馆学会）

【上海图书馆开启手机借书服务】 2019年4月，上海图书馆在完成手机借书中试公测平台的开发工作后正式推出手机借书服务公测，读者在上海图书馆书刊外借室的书架上拿一本书，只要用已绑定上海图书馆读者证的手机扫描馆藏条码，就能外借此书，不用再通过摆放在固定地点的自助机器借书。自推出手机借书服务后，更多的读者愿意通过手机扫码方式体验借书的简便与快捷，在国庆7天长假期间就有1168位读者通过手机扫码外借图书5289册。由上海图书馆申报的“手机扫码借书”项目还在中国图书馆学会公共图书馆分会举办的第二届公共图书馆创新创意征集推广活动中入选一等案例，另一项“图书馆会议资源服务的开发与利用——‘中国学术会议报道’移动端服务探索与建设”项目入选二等案例。（上海市图书馆学会）

【上海图书馆举办“韵语阳春　上图之夜——4·23世界读书日阅读推广活动”】 此次活动于4月23日晚间举办。活动邀请上海京剧院国家一级演员王珮瑜等深受大众喜爱的戏曲演员现场演绎文学经典，为读者带来全新的阅读体验，展现江南文化的韵味，以响应中国图书馆学会开展“读好书·爱中华”主题读书活动和“读经典　学新知　链接美好生活”全民阅读工作的倡议。此次活动得到“央视新闻+”、东方网、腾讯新闻、哔哩哔哩视频网站等一批拥有众多流量的新媒体的支持，将“上图之夜”阅读推广活动通过网络直播推送到更多人面前，扩大了活动覆盖面，总点击量达到78.1万次。（上海市图书馆学会）

【“瞿秋白在上海”主题文献党课系列活动在上海图书馆举行】 2019年，上海图书馆与常州瞿秋白纪念馆联合主办“瞿秋白在上海”主题系列活动，由专题展览、专家讲座、人文阅读行走以及影片展播等多种形式组成。1—4月，“诸夏怀霜：瞿秋白在上海——纪念瞿秋白诞辰120周年馆藏主题文献展”在上海图书馆举办。5月12日，瞿秋白纪念馆副馆长唐茹玉在上海图书馆“上海客堂间”讲述“真实的瞿秋白”，还原瞿秋白鲜活的历史形象。人文阅读行走活动由瞿秋白纪念馆宣教员郭婷婷讲解。（上海市图书馆学会）

【上海图书馆推出“《诗书画》‘古籍今读’系列特别节目”】 2019年，上海图书馆作为首批国家重点古籍保护单位，携手上海广播电视台，从馆藏近3万种19万册古籍善本中精心遴选出10种古籍精品，与东方卫视《诗书画》栏目合作推出“《诗书画》‘古籍今读’系列特别节目”。5月26日—6月4日，连续10天向大众普及古籍知识及其蕴含的优秀中华传统文化。此次宣传的上海图书馆馆藏文献多属国家一级文物，具有很高的文献价值与艺术欣赏价值。分别为：北宋刻本《长短经》、宋拓本《化度寺邕禅师舍利塔铭》、宋淮东仓司刻本《注东坡先生诗》、龚心钊藏宋拓本《九成宫醴泉铭》、宋安徽刻本《金石录》、潘允谅本《淳化阁帖》卷九、宋刻本《韵语阳秋》、宋绍熙余仁仲万卷堂家塾刻本《礼记》、清内府四色抄本《江流记》《进瓜记》、李国松藏本《瘞鹤铭》。为配合节目播出，5月27日—6月5日，上海图书馆在古籍目录厅举办馆藏古籍善本特展，每天展出前一晚播出的古籍善本原件及上述展品的多种版本的出版物。（上海市图书馆学会）

【上海图书馆举办多项活动庆祝上海解放七十周年】 5月27日—6月7日，“五月的鲜花：庆祝上海解放七十周年版画展”在上海图书馆举行。此次展览综合了上海图书馆中国文化名人手稿馆历年的收藏和近期向全国征集的版画，从中挑选70幅作品在上海图书馆一楼目录大厅展出，展出的版画作品内容包括上海历史变迁、经济发展、市政建设、市民社会生活、郊区风情和上海人物形象等。为配合展览，上海图书馆与上海市文史资料研究会合作，在5月24日和29日举行“版画是时代的记录者”专题讲座及“版画与上海城市变迁”专题研讨会，邀请上海大学美术学院版画系教授徐龙宝主讲。上海图书馆中国文化名人手稿馆编选的《五月的鲜花：庆祝上海解放七十周年版画作品集》由上海书画出版社出版，收录版画作品140余幅。

5月26日，“庆祝上海解放70周年主题拍摄活动”在龙华烈士纪念馆启动，来自长三角三省一市的摄影家、上海各基层摄影团队代表等400余人与诸多亲历解放战争时期的老兵、地下党员一起出席启动仪式。上海市文学艺术界联合会、上海市档案局、上海报业集团、上海市摄影家协会、上海图书馆、上海市龙华烈士陵园等组织单位的领导，共同为长三角摄影创作联盟“走进上海”创作采风活动和基层摄影团队授旗。9月11日，由上海市文学艺术界联合会、上海市档案局（馆）、上海报业集团指导，上海市摄影家协会、上海图书馆主办，《新闻晨报》、闵行区文学艺术界联合会协办的“图述时代——庆祝上海解放70周年主题摄影展”在上海图书馆开幕，展览主、协办单位的领导和嘉宾等出席开幕式。此次展览展出照片228幅，展示了70年来上海在中国共产党领导下革命、建设、创造、发展和人民生活等方面的今昔巨变。

5月26日，上海图书馆与上海市作家协会、上海市新四军历史研究会在上海图书馆报告厅联合举办“海上心声　烽火记忆——庆祝上海解放70周年”诗歌朗诵会。此次朗诵会邀请阮武昌、苏荣、郑国芳、冯国樑、刘天同5位当年参加上海战役和接管上海的老战士，与朗诵艺术家们一同带领读者真切地感受从纷飞战火中走出的新生上海。

自5月开始，上海图书馆以“阅读上海历史，传承海派文化”为主题，开展“上海解放70周年”红色资源主题推荐活动。主题活动通过线下线上两种途径共同展开。线下，在一线服务窗口中文书刊外借室、中文社科图书阅览室、中文科技图书阅览室、多媒体报纸阅览室分别设置主题图书专架、推荐展架、主题海报展示以及专题剪报，涉及上海文化艺术、上海建筑历史、上海城市规划、上海特色民俗以及沪语文化等多个分类主题，从“上海里弄房”“老城厢”到“建设卓越的城市生态品质”，共计推荐图书300余册；线上，通过上海图书馆微信、微博等新媒体渠道，组织策划4场活动并完成主题推送。（上海市图书馆学会）

【上海图书馆举行《红色视域下的上海——中共中央早期机关报〈解放日报〉上海新闻整理汇编》图书首发暨座谈会】 5月29日，此次会议在上海图书馆举行。《红色视域下的上海——中共中央早期机关报〈解放日报〉上海新闻整理汇编》由上海图书馆、延安大学图书馆、解放日报社合作，上海科学技术文献出版社出版，从红色视角出发，以上海为聚焦对象，通过梳理、呈现1941—1947年间《解放日报》中关于上海的报道，再现中国共产党人领导全国人民，在民族危难之际浴血奋斗、救亡图存的时代图景，是一本以新闻叙述再现历史原貌的资料性著作，也是中共党史、上海地方史、中国新闻事业史研究的重要历史文献。（上海市图书馆学会）

【上海图书馆“家谱知识服务平台”推出在线捐赠等众包功能】 2019年，上海图书馆对“家谱知识服务平台”进行升级改造，在专家用户维护数据的基础上新增上传家谱（在线捐赠）、在线识谱、在线修谱3种众包功能，于5月正式向广大持证读者和网上注册用户开放。该平台是上海图书馆数字人文平台建设的第一个项目，也是正在建设中的“上海图书馆历史人文人数据中心”的起步之作。（上海市图书馆学会）

【“上图文创”产品首次亮相中国（深圳）国际文化产业博览交易会】 第15届中国（深圳）国际文博会于5月16—20日举办。上海图书馆首次携《缥湘流彩》古籍装帧系列、上海小校场年画系列、《海派图景》近代图库系列等近20套“上图文创”展品参展，上海图书馆展区以独特的海派风格、精致的设计质感，在展场中吸引诸多人气。《人民日报》《解放日报》《新民晚报》《文汇报》等近10家知名媒体推出多篇报道，揭示并宣传上海图书馆文创的特色与亮点。11月21—24日，“上图文创”还在国家会展中心（上海）举办的第2届长三角国际文化产业博览会上亮相，展示“文房玄览，寄南山之兴”“逆旅随行，我亦是行人”“足吾所好，赏玩而老焉”“缥缃溢彩，待得此花开”四大品类文创产品。（上海市图书馆学会）

【2019“书香·上海之夏”名家新作系列讲座在上海图书馆举行】 8月14—20日，由上海市新闻出版局、上海市出版协会、上海市作家协会、上海图书馆、新民晚报社主办的2019“书香·上海之夏”名家新作系列讲座在上海图书馆举行。邀请30余位海内外各领域的作家、学者做20场精彩讲座，内容涵盖文学、历史、艺术、教育、法律等多个方面，吸引6000余位读者参与。“书香·上海之夏”名家新作讲座已连续举办13届，已经成为上海书展期间重要的分会场。（上海市图书馆学会）

【上海图书馆入藏科学史研究专家江晓原手稿】 9月11日，江晓原手稿捐赠仪式在上海图书馆举行。上海交通大学教授江晓原现场向上海图书馆捐赠《周髀算经译注》《性张力下的中国人》《天文学史上的水晶球体系》3部完整的作品手稿，上海图书馆馆长陈超代表上海图书馆接受捐赠并为其颁发手稿捐赠证书。江晓原的捐赠填补上海图书馆科学史研究方面手稿的空白，尤其是同时在天文学史和性学史两个领域都做出重要贡献的学者手稿更属首次入藏。（上海市图书馆学会）

【上海图书馆举办多场活动庆祝新中国成立70周年】 9月15日，"我和我的祖国——长三角公共图书馆庆祝中华人民共和国成立70周年诗文朗诵会"在上海图书馆上演，此次活动由上海图书馆、浙江图书馆、安徽省图书馆、金陵图书馆、上海市朗诵协会、江苏省朗诵协会、浙江省朗诵协会、安徽省朗诵艺术学会和上海市作家协会共同举办。长三角众多朗诵艺术名家聚集在上海图书馆，与现场几百位听众相聚一堂，共同回望共和国70年风雨历程，表达对党和祖国的热爱和敬仰之情。

10月11日，在第36届国际盲人节到来之际，上海图书馆与上海市盲人协会在馆内合办"传承红色文化，唱响红色旋律"2019年上海市第4届视力残疾人红歌大赛。全市共有16支队伍200多名视障选手参赛，共同唱响祖国颂歌，献礼70华诞。

10月20日，由庆祝新中国70周年华诞原创诗歌征集组委会和上海图书馆共同主办的"礼赞新中国，讴歌新时代"原创诗歌朗诵会在上海图书馆举行。朗诵会从前期征集活动中遴选出优秀作品20余首，分为"礼赞中国""历史回声""山河恋歌""再创伟业"4个板块邀请朗诵艺术家进行朗诵，感受伟大祖国的荣光。（上海市图书馆学会）

【上海图书馆东馆结构封顶】 坐落于浦东新区花木城市副中心的上海图书馆东馆，经过近两年的工程建设，于2019年9月20日实现主体钢结构封顶，为实现2020年竣工的目标奠定良好基础。自2017年9月27日开工以来，上海图书馆东馆项目全力推动工程建设"优质、高效、安全、文明、廉洁"。2019年6月作为主会场举办了上海市建设工程综合创优观摩活动及上海市明星工地表彰大会，接待千余名同行现场参观。该工程还获得2018年度上海市重大工程立功竞赛文明施工升级示范特色项目、上海市文明工地、上海市绿色施工样板工地等多项荣誉。（上海市图书馆学会）

【上海图书馆2019开放数据应用开发竞赛奖项揭晓】 在4月23日世界读书日启动的上海图书馆2019开放数据应用开发竞赛于9月揭晓。50个提交作品的团队通过评审，最终产生一等奖1名、二等奖2名、三等奖3名、优秀奖6名、最佳人气奖1名以及人气奖7名。上海图书馆开放数据应用开发竞赛由上海图书馆（上海科学情报研究所）、国家文化和旅游公共服务研究上海图书馆基地（以下简称"基地"）主办，自2016年起已举办4届。此次竞赛除2018年就开始合作的CADAL项目管理中心、哈佛大学计量社会科学研究中心、复旦大学图书馆、广州搜韵文化发展有限公司4家数据合作单位外，还新增《全国报刊索引》编辑部和上海创图网络科技股份有限公司2家数据合作伙伴。开放数据内容主要集中在历史建筑、红色文献、红色旅游、老电影、名人手稿档案、历代人物传记、晚清民国书刊、家谱、藏印、百姓家书等主题，数据总量达数千万条。此次竞赛共有来自全国13个省（自治区、直辖市）的155个团队439人报名，相比2018年竞赛，报名团队数量和参赛人数分别增长40.9%和35.5%。其中，为吸引更多的参赛团队，4月下旬至5月中旬，基地副主任、上海图书馆副馆长刘炜带领竞赛宣讲团队先后赴华东师范大学、同济大学、上海大学、复旦大学、中国人民大学、清华大学、北京大学和浙江大学进行宣讲，最终这8所高校共有133名师生报名参赛，相比2018年增长196%。（上海市图书馆学会）

【《上海年鉴（1852）》出版首发座谈会召开】 10月25日，由上海市地方志办公室、上海图书馆等主办的《上海年鉴（1852）》出版首发座谈会在徐家汇藏书楼召开。上海市政协文史资料委员会主任马建勋，上海市地方志办公室党组书记、主任洪民荣，上海师范大学副校长陈恒等12位专家出席会议并讲话，来自历史界、图书馆界、出版界近60名相关人士参加会议。此次出版的《上海年鉴（1852）》是以徐家汇藏书楼所藏北华捷报社刊印的上海历史上第1本年鉴——《上海年鉴（1852）》（英文版）为底本整理翻译而成，是上海师范大学、上海图书馆共同合作的2018年国家社科基金重大项目“徐家汇藏书楼珍稀文献整理研究”的项目成果之一。（上海市图书馆学会）

【上海图书馆举办“妙笔生辉：上海图书馆藏名家手稿展”】 11月8日，“书情写意2019上海图书馆阅读季”年度馆藏精品文献大展——“妙笔生辉：上海图书馆藏名家手稿展”开幕。此次展览共展出上海图书馆2000年以来入藏的现当代名家手稿200余件，集中展现上海图书馆中国文化名人手稿馆多年来的手稿征集成果，一批珍贵的名家名作手稿首次公开亮相。开幕式上，作家姚雪垠之子姚海天向上海图书馆捐赠了48封茅盾致姚雪垠的书信，成为展览当天接受的第1批重要手稿。展览按手稿的内容与形式分为10别，即文稿、诗稿、译稿、论著、书信、日记·笔记、剧本·题词、科学家手稿、乐谱、画稿。展览期间，为帮助读者更好地了解并走进名人手稿背后的故事，上海图书馆邀请各行各业的名家、学者举办公众讲座17场。（上海市图书馆学会）

【上海图书馆举行“老建筑的故事”市民创意创作大赛颁奖典礼】 12月14日，上海市民文化节“老建筑的故事”市民创意创作大赛颁奖典礼在上海图书馆举行。此次活动由上海市民文化节指导委员会指导，上海市图书馆行业协会、上海图书馆主办，上海图书馆读者服务中心、奉贤区图书馆承办，各区图书馆协办。大赛于3月启动，通过“老建筑阅读之旅”、“阅读上海笔记”创作作品征集大赛、“阅读城市”摄影大赛、“老建筑的故事”应用开发大赛等一系列活动，鼓励不同专业背景的市民通过阅读、讲座、展览、行走等形式来认知、研究上海老建筑，通过文学创作、摄影创作和数据展示来阅读城市。大赛总计征集故事近千篇，开展讲座活动83场次、阅读行走活动44场次，参与者达8553人次；全媒体平台访问量达462966人次。经赛事评委会评审，共选出佳作85篇，分获一、二、三等奖及优秀作品奖；线上全媒体征集同时评选出最佳人气奖及优秀人气奖。（上海市图书馆学会）

【2019上海童话节在上海少年儿童图书馆启幕】 6月1日，一群身着汉服抱着琵琶的孩子登上上海少年儿童图书馆的舞台，以一曲原创沪语评弹《我们是小小红领巾》拉开2019上海童话节的序幕。2019上海童话节为期4个月，由上海少年儿童图书馆联合全市各区公共（少儿）图书馆、学校图书馆及社会主体，以“喜迎七十华诞·讲好中国故事”为主题，继续推出少儿讲座、阅读推广、阅读竞赛、教育培训、科普园地、暑期展览、影视剧场、志愿服务等9大板块共计200余场活动。自2013年起，上海已连续举办七届童话节，推出9大板块近千场活动，累计1050万余人次参与。

开幕式上，“长三角少儿阅读联盟”正式揭牌。该联盟由上海少年儿童图书馆、嘉兴市图书馆、南通图书馆、合肥少儿图书馆等单位共同发起，从顶层设计、机制完善、平台建构、资源调配、组织方式等方面，整合长三角地区少儿阅读资源优势，以期提升文化服务合力。《2018上海市少年儿童阅读报告》同时发布。该报告由上海少年儿童图书馆联合上海市图书馆学会少年儿童图书馆委员会、中文在线，采集上海市中心图书馆“少儿一卡通”系统、上海中小学生“数字阅读”平台进行大数据分析，呈现0至16岁少儿的阅读素养和习惯。此次新版阅读报告在优化数据源之外，增采少儿图书销售数据，揭示一年来上海市少儿阅读特点的新变化。（上海市图书馆学会）

【上海少年儿童图书馆举办2019上海童话节闭幕式暨亲子朗读声音档案征集活动展演】 11月10日，由上海少年儿童图书馆主办的2019上海童话节闭幕式暨亲子朗读声音档案征集活动展演在金山区电视台演播中心落下帷幕。作为此届童话节的重点活动项目，由中国图书馆学会未成年人图书馆分会、上海少年儿童图书馆、金山区文化和旅游局和魔法童书会联合开展的第五届亲子朗读声音档案征集活动，联动全市各区公共图书馆、中小学参与。亲子阅读的理念深入基层、渗透社区、进入学校的同时，还首次延展到浙江宁波和嘉兴、江苏南通、安徽合肥等长三角区域，将书香送到千家万户，累计5.7万个家庭参与记录亲子共读时光。（上海市图书馆学会）

【傅雷图书馆正式开馆】 历经4年多筹划、论证、建设，傅雷图书馆于7月6日在上海浦东新区周浦镇正式开馆启用。文化和旅游部艺术司司长、浦东新区副区长诸迪，文化和旅游部公共服务司副司长白雪华，国家图书馆副馆长张志清，上海市文化和旅游局局长、文物局局长于秀芬，上海市文联专职副主席、党组书记尤存，浦东新区区委常委、宣传部部长唐劲松，浦东新区宣传部副部长、文化体育和旅游局局长黄玮，周浦镇党委副书记、镇长翟磊出席开馆仪式。该馆是目前国内唯一的傅雷主题图书馆，也是浦东新区第二大图书馆。建筑面积5500平方米，设有傅雷文献馆、报刊阅读区、电子阅读区、成人阅读区、少年阅读区、儿童阅读区等区域，首批藏书20万余册、电子出版物5万余种、报刊200余种、傅雷主题图书500多种。开馆仪式上，傅雷翻译人才扶持计划、"傅雷杯"少儿绘画大展同时启动。（上海市图书馆学会）

【黄浦区图书馆举办"行走的阅读——从好书看老建筑"主题活动】 4月23日"世界读书日"当天，黄浦区图书馆在具有百年历史的礼和洋行内举办"行走的阅读——从好书看老建筑"主题活动。《上海书评》主编郑诗亮、上海图书馆沙青青分别以"安德鲁朗与他的读书随笔""上海的文化地图"为主题进行阅读分享；全体读者还对洋行进行整体参观与解读。此次活动旨在通过思想交流碰撞、文学与建筑交融的形式，在读者与读者间、读者与图书馆间开创一种良性的意见交流和信息反馈机制，为广大读者提供一个新的互动可能性。（上海市图书馆学会）

【静安区举办"阅读探索静安·红色季——红色发现之旅"活动】 由静安区文化和旅游局主办，静安区图书馆、静安区文史馆和上海多阅公益文化发展中心承办的"阅读探索静安·红色季——红色发现之旅"首场"探索摩登都市中的革新之力"行走活动于7月27日举办，参与者从甲秀里即毛泽东旧居陈列馆出发，途径荣宅和史量才旧居，最后到达中共上海地下组织斗争史陈列馆暨刘长胜故居；8月17日，举行第2场"烽火抗战路·红色之旅"行走打卡活动。活动参与者们通过行走感受岁月的年轮留下的历史印迹，聆听建筑物讲述烽火年代的英雄事迹，探寻文物背后传承的红色基因。（上海市图书馆学会）

【杨浦区图书馆召开总分馆建设推进会】 3月28日，杨浦区图书馆组织召开杨浦区公共图书馆总分馆建设推进会，全区12个街镇分馆的负责人出席会议。根据《关于推进上海市区级图书馆总分馆制建设的实施意见》，杨浦区图书馆构建了杨浦区公共图书馆总分馆的基本框架，即1家总馆、12家分馆与第1批条件相对成熟的25家基层服务点。确定了挂牌名称，杨浦区图书馆为总馆，分馆挂牌名称为"杨浦区图书馆××街道/镇分馆"，于4月进行统一挂牌。总馆对分馆的藏书质量、结构等进行指导，并发布第一季度"杨浦区公共图书馆馆藏推荐书目"。（上海市图书馆学会）

【2019年普陀区公共图书馆总分馆数字资源配送暨普陀区图书馆首批基层服务点集中签约、授牌仪式举行】 9月26日，此次活动在普陀区石泉路街道文化活动中心举行。普陀区文旅局负责人、区图书馆馆长、各街道（镇）发展办主任、各街道（镇）图书馆馆长、首批基层服务点负责人出席签约授牌仪式。区文旅局副局长顾忆红和石泉路街道办事处副主任王红共同按下此次总分馆数字资源配送启动按钮。普陀区图书馆馆长钟经纬与普陀区各街道（镇）发展办代表、首批基层服务点代表签订基层服务点建设三方协议书。顾忆红为普陀区各街道（镇）首批基层服务点授牌。（上海市图书馆学会）

【"我嘉书房"服务效能提升】 2019年，嘉定区出台相关的系列标准，规范书房的服务内容，强化运行管理模式，提升服务质量。成立"我嘉书房"社会主体运营合作联盟，采用"总馆轮岗+基层派驻"加强阵地建设与运维。"我嘉书房"形成文化、文旅、文教、文商、文创5

个主题系列，建筑面积总计7685平方米，开架图书18万册。全年接待读者174万人次，新办读者证9000余个，借还图书71万册次，开展阅读马拉松等阅读推广活动770余场次，参与读者2.7万人次。（上海市图书馆学会）

【松江区公共图书馆总分馆正式挂牌】 2019年，松江区图书馆总馆和17个街镇的分馆正式挂牌，形成以上海市松江区图书馆为总馆，各街镇图书馆为分馆，居村综合文化活动中心、“农家书屋”为分馆馆外服务点的五个统一（即文献资源统一联合目录、统一编目、统一配送、通借通还和人员统一培训）公共图书馆总分馆制服务体系。（上海市图书馆学会）

【“书香·奉贤”第9届奉贤区阅读节举办】 作为奉贤“东方美谷·全域之美”城市品牌的重要组成部分，由奉贤区文旅局主办、奉贤区图书馆协办的“书香·奉贤”第9届阅读节于4月20日在南桥百齐路美人鱼休闲广场开幕。此次阅读节以“奔跑吧阅读——向建国70周年华诞献礼”为主题，旨在深耕“书香·奉贤”品牌，让阅读之美飞入寻常百姓家，持续提升市民幸福感、获得感。至10月26日闭幕，此届阅读节共举办各类读书活动118项，11130人次参加。（上海市图书馆学会）

江苏省

【南京图书馆举办“家国书运——八千卷楼藏书特展”系列活动】 4月12日，“家国书运——八千卷楼藏书特展”在南京图书馆开幕。此次活动由南京图书馆、江苏省古籍保护中心、江苏省图书馆学会古籍整理与文献保护专业委员会主办，上海图书馆与浙江图书馆提供部分藏书支持，这是南京图书馆首次从他馆借展，实现八千卷楼丁氏文献一次历史性的合展。（江苏省图书馆学会　李浩　董莹　储兰）

【第十届南图阅读节暨江苏“百馆共荐，全省同读”系列活动开幕式举行】 4月23日，第十届南图阅读节暨江苏“百馆共荐，全省同读”系列活动开幕式在南京图书馆举行。此次活动的主题是“《资治通鉴》：知兴替，明得失”。江苏省委宣传部、江苏省委统战部、江苏省法院机关领导，省委驻涟水县、泗阳县、灌云县帮扶工作队队员，南京图书馆负责人与部分员工，以及南京图书馆读者与社会各界人士出席。（江苏省图书馆学会　李浩　董莹　储兰）

【南京图书馆举办《资治通鉴》主题论坛】 5月9日，“《资治通鉴》：知兴替，明得失”——第十届南图阅读节暨江苏“百馆共荐，全省同读”系列活动之嘉惠论坛在南京图书馆举办。清华大学历史系教授张国刚、南京师范大学教授赵生群、南京图书馆原馆长徐小跃、南京图书馆党委书记韩显红等出席论坛。2019年是司马光诞辰一千周年，为进一步提高精准化服务水平，在南图阅读节期间，利用新增设的南图荐读台，向读者推介10余种《资治通鉴》主题及相关内容的图书，并由南京图书馆牵头，举办“百馆共荐，全省同读”系列活动，利用网站、公众号，联合全省各图书馆，共同发布《资治通鉴》主题推荐书目，另外还举办讲座、展览、分享会、影视片赏析、知识竞赛、智力扶贫等相关活动。（江苏省图书馆学会　李浩　董莹　储兰）

【南京图书馆举办馆藏四库底本特展】 6月1—2日，由南京师范大学文学院和南京图书馆、江苏省古籍保护中心联合主办的2019中国四库学研究高层论坛在南京举行。为配合论坛的举办，为各位四库学的研究专家学者实地考察提供更多的资源，南京图书馆首次拿出珍藏的全部四库底本，举办“南京图书馆藏四库底本特展”，吸引众多专家学者的关注。特展结束后，在五楼多媒体室举办2019中国四库学研究高层论坛闭幕式。闭幕式由华中师范大学历史文献研究所教授董恩林主持，会议协办方、各组专家代表进行总结发言，并为优秀论文作者颁奖。（江苏省图书馆学会　李浩　董莹　储兰）

【南京图书馆镇馆之宝亮相“中华传统文化典籍保护传承大展”】 为传承和弘扬中华优秀传统文化，由国家图书馆（国家古籍保护中心）承办，各参展单位协办的“中华传统文化典籍保护传承大展”于9月7日在国家典籍博物馆（国家图书馆内）开展。此次展览共展出300多种珍贵古籍，是新中国成立以来规模最大、等级最高的一次古籍展。江苏省选送3部珍贵典籍参与此次盛会：南京图书馆的北宋刻本《礼部韵略》和元崇化余志安勤有堂刻本《仪礼十七卷仪礼图十七卷旁通图一卷》，徐州图书馆的宋刻本（有影抄补配）《四书章句集注二十八卷》。其中《礼部韵略》一书于2013年入藏，为南京图书馆又一镇馆之宝。在传世宋本寥若晨星的背景下，该书的出现被媒体誉为“二百年来古籍界最大发现”。该书为科举考试用工具书，功能相当于《新华字典》，刊刻时间在北宋仁宗景祐四年（1037）至英宗治平三年（1066）之间，为海内外孤本，亦为现存《礼部韵略》最早刻本。（江苏省图书馆学会　李浩　董莹　储兰）

【南京图书馆开放使用“百链”数据库】 12月2日，南京图书馆增购的“百链”数据库向读者开放使用。“百链”数据库是资源补缺型服务数据库，实现410个中外文数据库系统集成，利用“百链云”服务几乎可以获取1000多家图书馆所有的文献资料。其中，中文资源的文献传递满足率可达到96%，外文资源的文献传递满足率可达到90%。“百链”数据库针对图书馆各类数据库资源分散、读者需求日益增多等问题，预先对所需内容进行收录索引，实现学术资源的一站式获取，与其他馆互联互通、共建共享。（江苏省图书馆学会　李浩　董莹　储兰）

【“书香南京童书金陵”首届金陵童书节开幕】 1月26日，由南京出版传媒集团、南京市全民阅读促进会、南京市出版发行行业协会主办，南京出版传媒集团发行有限公司、金陵图书馆、南京市青少年宫联合打造的“书香南京童书金陵”——首届金陵童书节拉开序幕。此届金陵童书节持续3天，集合国内30余家优秀出版单位的千余种中外儿童图书新品吸引小读者。（金陵图书馆）

【2019南京市公共图书馆馆长暨业务骨干培训班举办】 6月26—27日，由南京图书馆学会和金陵图书馆联合主办的2019南京市公共图书馆馆长暨业务骨干培训班在金陵图书馆举办，来自全市近40位区级公共图书馆馆长、市区两级图书馆业务骨干参加此次培训班。南京市文化和旅游局、金陵图书馆、南京图书馆学会等相关单位领导出席开班仪式。开班仪式由金陵图书馆副馆长尹士亮主持。作为市区联动工作中业务培训板块的重要内容之一，此次培训班有效提升全市公共图书馆馆长和业务骨干的政治素养、管理能力和业务水平，进一步夯实全市基层图书馆人才队伍建设基础。（金陵图书馆）

【扬州市图书馆网借中心项目正式上线运行】 11月1日，该项目正式上线运行。已开通配送点24个，包含主城区的城市书房。运行2个月来，完成包裹投递1500多个，图书外借3300余册。打造“图书馆+支付宝、微信+快递”的服务新模式，依托现有城市书房，读者通过手机支付宝微信登陆网借平台，选择借阅的图书下单，快递到读者指定的城市书房，读者取书完成整个流程，全程免费免押金。信用网借服务的推出，是扬州市图书馆实现公共图书馆文献服务快捷化、精准化供给推出的服务新举措，也是以实际行动助推社会诚信体系建设的积极举动。（扬州市图书馆）

【扬州市少儿图书馆举办第一届亲子阅读嘉年华】 4月22日，“溢彩飞扬，悦动童年”亲子阅读嘉年华在扬州市少儿图书馆启动。此次活动作为2019年扬州市全民阅读工作重点，紧紧围绕扬州市第五届“朱自清读书节”进行组织与策划，由立体书展、亲子阅读讲座、每月亲子共读一本书、双语绘本阅读沙龙及趣味阅读分享等系列版块构成，总计历时4个多月，举办各类活动50场，近5万人次参加。（扬州市少儿图书馆）

【梅花书屋城市书房建成开放】 12月18日，书屋正式对外开放接待读者。2019年，仪征市图书馆在爱国将领盛白沙、著名学者盛成和革命斗士盛延武三兄弟的故居选址建设城市书房，取名梅花书屋。梅花书屋城市书房建筑面积170平方米，采用中式古朴典雅风格，引进人脸识别技术，配备有自助办证机、自助借还机、书报刊一体机、图书消毒机以及饮水机、咖啡机等设备。（仪征市图书馆）

【无锡市图书馆承办首届大运河文化生活节暨2019无锡阅读与文创展】 9月28日，由无锡市文化广电和旅游局、无锡市文化旅游发展集团有限公司主办，无锡市图书馆、无锡市锡惠公园管理处承办的首届大运河文化生活节暨2019无锡阅读与文创展在惠山古镇西神广场拉开帷幕。9月28日至10月4日活动期间，紧扣大运河主题，创新形式，开展一系列丰富多彩的活动，包括“阅读，让生活更美好”系列展、“创出我的YOUNG”运河文创生活市集、“新品质新生活”大运河文化和生活研讨会、阅读分享会等活动19场，吸引近15万人次市民和游客参与体验。活动期间还发布“情牵运河”系列文创产品、锡城运河文化旅游线路，将旅游与文化、文创紧密结合，赋予无锡旅游鲜活的生命力和厚重的文化底蕴。（无锡市图书馆　周莹洁）

【苏州第二图书馆建成开放】 12月10日，苏州第二图书馆正式开馆，《人民日报》以“便捷的借阅方式、智能的立体书库、多样的阅读场景，苏州第二图书馆——一个来了还想再来的图书馆”为题进行专题报道。该馆建筑面积45600平方米，共7层，其中地下1层、地上6层，分为南北两个区域。公共图书馆服务功能区主要集中在南区，双层通高的借阅室，提供宽敞明亮、安静温馨的阅读环境；在儿童向往的“悦读天地”里，针对0—14岁少年儿童，按年龄划分不同功能区域，动静分开，充分满足亲子阅读和小读者自主探索阅读学习的需求。文献存储集散功能区占据北区一至三楼，设有国内首个智能化书库，可容纳700余万册藏书，通过自动存取和分拣传输系统，实现便捷的读者借阅和图书调配功能，充分满足总分馆体系运转和公共图书馆发展的需求。（苏州图书馆）

【“传承文明　服务社会——新时代公共图书馆高质量发展研讨会”在苏州举办】 12月10日，由中国图书馆学会和苏州市人民政府主办，苏州市文化广电和旅游局承办、苏州图书馆（苏州第二图书馆）协办的“传承文明　服务社会——新时代公共图书馆高质量发展研讨会”在苏州第二图书馆开幕。会上，北京大学信息管理系教授李国新以“推动公共图书馆高质量发展”为题做主旨报告。在主题研讨环节，武汉大学信息管理学院副院长黄如花、韩国全州市完山图书馆馆长朴勇子、苏州图书馆副馆长许晓霞、南京图书馆副馆长许建业、美国伊利诺伊大学香槟分校教授蒋树勇、西北大学教授杨玉麟分别以“图书馆智慧服务”“2019年全州市立图书馆主要项目”“阅读点亮童年”“公共图书馆高质量发展观浅见”“结缘书香姑苏——中美图书馆间合作的回溯、参与及展望”“公共图书馆高质量发展个人观点”等为题，做专题发言。（苏州图书馆）

【纪念毛晋诞辰420周年暨2019年图书馆史志编纂学术研讨会举行】 10月19—20日，纪念毛晋诞辰420周年暨2019年图书馆史志编纂学术研讨会在常熟会议中心举行。学术研讨会围绕毛晋与中国书文化传播研究、新时代图书馆史志编纂的使命与趋势两个主题展开，同时举行《汲古阁集笺校》首发赠书仪式。《汲古阁集笺校》是常熟多位学者根据毛晋留存在世诗稿的清稿本研究整理，并根据《虞山丛刻》本参校而成。19日下午，参会人员前往沙家浜参观毛晋纪念馆，并在沙家浜会议厅就论文集展开评议。专题报告会上，多位专家发言，进行学术交流，探讨以毛氏藏书为代表的中国古代藏书刻书史，以及图书馆史志编纂问题。闭幕式后，主办方邀请各位专家学者前往常熟博物馆参观铁琴铜剑楼收藏特展，前往常熟市图书馆参观戴逸学术馆。（常熟市图书馆）

【常州市图书馆入选江苏首批语言文字推广基地】 8月12日，江苏省语言文字工作委员会办公室公布首批省级语言文字推广基地，常州市图书馆名列其中。常州市图书馆通过培育“青果文笔会”“常图讲坛”等一系列语言文字推广活动品牌，收集出版周有光、赵元任、瞿秋白、余光中等语言文学大师家属捐赠的文献资料，在语言文字推广中产生较大影响。（常州市图书馆）

【淮安“文津书房”开馆】 12月28日，淮安“文津书房”正式面向社会公众全面开放。“文津书房”历经一年多时间，在清江市图书馆旧址上改扩建而成。清江市图书馆始建于1958年10月，总面积2000平方米。被淮安市政府列为市级文物保护单位。书房大门北侧墙壁上，立有“清江市图书馆旧址”的碑刻，详细记录了淮安市图书馆的历史沿革。现书房内设图书外借室、报刊阅览室、少儿活动室、电子阅览室等多功能区间。为升级图书馆服务业态，促进文旅融合，创新引进了铁霞轩古花盆博物馆与著名文创品牌—泊岸空间进驻图书馆。（淮安市图书馆）

【第七届连云港市读书节全城共读活动开展】 在第24个世界读书日期间，以寻找经典为“初心”，连云港市图书馆与全市各公共图书馆、馆外点以及各阅读组织联合开展覆盖全城的共读“红楼”活动，吸引千余名读者参与。主要活动包括连云港市图书馆“《红楼梦》的人物取名艺术”公益讲座、东海县图书馆“《红楼梦》讲座”、灌云县图书馆“走进红楼梦中人，共话人物邪与恶”读书会、连云港市图书馆政务分馆“春在云台《红楼梦》阅读分享会”、玉带分馆“情系红楼梦”读书会、西苑分馆《红楼梦》故事情节分享会等。这些活动传承经典红楼精粹，弘扬传统文化，进一步推进书香港城建设。（连云港市图书馆）

【第十三届海洋文化论坛系列活动在连云港举办】 10月31日，由深圳市盐田区委宣传部、连云港市委宣传部、深圳市盐田区文化广电旅游体育局、连云港市文化广电和旅游局、江苏海洋大学共同主办，深圳市盐田区图书馆、连云港市图书馆、南京金陵图书馆联合承办的第十三届海洋文化论坛、“一带一路”图书馆联盟座谈会和深圳香港澳门连云港古地图联展系列活动在连云港市图书馆举办。深圳香港澳门连云港古地图联展通过四地古地图回望各地的发展历程，共展出约50幅深圳香港澳门的古海图和20幅连云港古地图。海洋文化论坛上，知名文化学者、香港科技大学社会科学部教授丁学良做“新时代海洋文化文旅融合新发展”主题演讲；江苏海洋大学教授吴价宝围绕“科技支撑江苏海洋经济高质量发展的路径与对策”进行深入探讨。“一带一路”图书馆联盟座谈会上，连云港市图书馆馆长沈军军简要介绍了连云港市在“一带一路”建设上所起到的重要作用，以及连云港市图书馆所开展的“一带一路”文化推广活动；随后，来自“一带一路”图书馆联盟的代表、业界专家们就如何聚合各成员图书馆的资源特色优势等问题展开讨论。（连云港市图书馆）

【连云港市少儿图书馆荣获首批“江苏省家庭亲子阅读体验基地”称号】 江苏省妇联、省全民阅读办公布了首批江苏省家庭亲子阅读体验基地名单，连云港市少儿图书馆榜上有名。5月8日，举行家庭亲子阅读体验基地揭牌仪式。连云港市少儿图书馆继续致力于少年儿童的阅读推广工作，注重亲子阅读，开展特色少儿阅读活动，将阅读文化通过丰富多彩的活动潜移默化地传递给青少年，把少儿图书馆打造成为孩子们成长的“第二课堂”。（连云港市少儿图书馆　王慧）

【图书馆创新服务与高质量发展专题培训班在盐城市图书馆举办】 5月23日，图书馆创新服务与高质量发展专题培训班在盐城市图书馆学术报告厅举行。此次培训由江苏省图书馆学会和上海市图书馆学会主办，盐城市图书馆学会等承办。来自全市各系统图书馆的馆长、业务骨干120余人参加培训。上海市图书馆学会理事长周德明，江苏省图书馆学会常务副理事长全勤，南京大学博导郑建明教授3位专家分别做主题报告。此次会议将图书馆的创新与实践紧密结合，进一步浓厚了学术氛围，增强了全市图书馆的创新意识，推动了盐城市图书馆事业的创新发展。（盐城市图书馆）

【中国图书馆学会“阅读推广人”培育行动项目在盐城举办】 11月5—7日，由中国图书馆学会主办，盐城市图书馆学会、盐城市图书馆承办的“阅读推广人”培育行动（第十五期）在盐城举办。原文化部公共文化司巡视员、中国图书馆学会副理事长刘小琴出席会议并致辞。来自全国各地图书馆180余名阅读推广人参加培训。培训主题为“图书馆阅读推广空间建设”，围绕不同功能和主题的阅读推广空间建设进行授课，包括经典阅读推广空间、少儿阅读推广空间、大学生阅读推广空间、特色阅读推广空间等，课程涵盖理论和活动策划等方面。此次培训主题契合图书馆当前发展热点，课程设置既有理论知识，又有实践分享，有效地提升图书馆工作者的业务素质和服务水平，推动图书馆阅读空间建设工作的发展。（盐城市图书馆）

【盐城市图书馆承接国家标准《图书馆志愿

服务与管理规范》的研究制定】 中国图书馆学会委托盐城市图书馆开展志愿者服务研究工作，委托该馆收集资料并草拟《公共图书馆志愿服务标准》初稿，上报后征询全国图书馆界专家意见后，升格研究制定全国各类型图书馆志愿服务规范，并委托该馆继续研究并草拟文稿。现已完成初稿编写、内部审定，并于9月2日召开专项论证会，组织相关人员已完成初稿、两轮专家论证、修改程序，通过国家标准立项评估答辩。（盐城市图书馆）

【“南通地区古镇老街图文数据库”项目结项】 “南通地区古镇老街图文数据库”项目于2019年11月结项。该项目记载了南通市辖4个区（通州区、港闸区、南通技术经济开发区、崇川区）、5个县市（海安市、如皋市、如东县、海门市、启东市），面积共8001平方千米。选择21个历史街区或古镇，累计元数据9432条，照片9028张（照片、航拍7140张，测绘图1888张），宣传片1个，地方方言讲述的口述录音录像15个，文字内容388项约62000字。该数据库通过文字、图片、乡音，使人仿若置身于那条街、那座楼，记住历史、记住乡愁，体现南通这座城市的文化特色，坚定文化自信，传承国家情怀。（南通市图书馆 林莹）

【海安市图书馆新馆开馆】 4月21日，海安市图书新馆正式对外开放。截至2019年底，开展各类阅读推广活动80场次，总流通415675人次，新办证23181个，文献借阅442833册次。图书馆“红领巾读书征文”获南通市级优秀组织奖，“阿法迪杯”奋斗新时代、贡献新智慧征文获南通市级优秀组织奖，“喜迎七十华诞 讲好中国故事”亲子朗读声音音频、展演活动获南通市级优秀组织奖，“大家悦读”志愿服务项目荣获市新时代文明实践中心建设优秀志愿项目。（海安市图书馆 张袁媛）

【古籍数字化《影梅庵忆语》出版再利用】《影梅庵忆语》是如皋籍才子冒辟疆的遗作，也是如皋本土文学作品的代表之作。如皋市图书馆启动该书再版工作，将原版较为生涩难懂的繁体古文，以白话文漫画形式重新演绎。2019年，在微信公众号平台历经两个多月的连载，共十回的漫画版已全部完结，后续将争取文联创作专项基金，出版纸质图书。（如皋市图书馆 左菁）

【海门市图书馆“海图国学馆”正式向公众开放】 为迎接第24个世界读书日，4月23日上午，海门市图书馆“海图国学馆”正式向公众开放，10组亲子家庭报名参加首期国学课堂。作为继“海图大讲堂”之后推出的又一个特色品牌活动阵地，“海图国学馆”将以国学教育普及为基础，以经典诵读为主线，每月一期，开展拜师礼、成人礼、感恩礼、重阳节敬老礼等传统礼仪活动，并结合海门地方文化特色，常年为少儿、成人提供国学经典课程，普及国学文化，提升人文素养，弘扬社会主义核心价值观和传统道德。（海门市图书馆 范新美）

【如东县图书馆新馆开放】 1月1日，如东县图书馆新馆建成对外开放，建筑面积1.6万平方米，是一座具有人文特色、开放共享、绿色生态、科技智慧的公共图书馆。馆内通透大气，宽敞明亮，营造舒适、优雅、人性化的阅读环境。建设过程中，注重新馆的智能化、特色化、人性化建设，新馆积极打造先进的数字图书馆服务体系，除了传统纸质图书外，购置瀑布流电子屏、云图书有声读物、龙源电子期刊、文化墙多媒体互动屏等，先进的技术、丰富的数字资源和优良的网络环境为读者提供强大信息服务的能力。图书馆新馆建成开放为更多人读更多书创造条件，激发全县市民阅读热情。（如东县图书馆 徐凡清）

浙江省

【概况】 截至2019年底，浙江省共有县（市、区）以上公共图书馆103个，其中省级图书馆1个，市级图书馆14个（其中市级少儿图书馆3个），县（市、区）以上图书馆88个。从业人员4055人，其中专业人员2131人，包括正高职称56人，副高职称280人，中级职称988人。全省图书馆馆舍面积130.66万平方米，阅览座席8.49万个，其中少儿阅览室座席2.08万个，盲人阅览室座席1285个。

2019年全省公共图书馆经费投入16.62亿元，藏书总量8424.62万册，新增藏量816.08万册，新增电子图书 359.98 万册。人均购书经费 4.38 元，人均拥有公共图书馆藏书量 1.44 册。有效借书证 1286.45 万个，外借文献 7846.38 万册，图书馆网站访问量 17563.56 万人次，全年总流通人次 1.39 亿人次。组织各种讲座 7415 场次，听众 105.62 万人次；展览 3519 次，观展读者 1191.49 万人次，培训 12030 场次，101.25 万人次。

继续推进法人治理结构改革，平湖市图书馆、兰溪市图书馆、景宁县图书馆等 26 家图书馆先后成立首届理事会。截至 2019 年底，全省已有 94 家公共图书馆成立理事会。

注重公共文化服务标准化建设。温州市图书馆、温州市标准化研究院联合起草的《城市书房服务规范》（DB33/T 2181—2019）省级地方标准正式发布，该标准规范的制定是在温州市城市书房建设和管理经验的基础上，总结推广城市书房建设的浙江经验；同时开展“社会管理和公共服务综合标准化试点（国家级）——温州市城市书房综合标准化试点”工作。宁波市级地方标准《阅读推广志愿者服务规范》（DB3302/T 1111—2019）于 2019 年底正式实施，该标准规定阅读推广志愿服务的筹备计划要求，规范志愿者的招募、培训、服务记录、服务质量、绩效评价、服务激励等工作。《公共图书馆中心馆——总分馆建设服务规范》由浙江省市场监督管理局正式发布，规范以嘉兴市推进公共图书馆中心馆——总分馆建设为基础，结合浙江省全面推广公共图书馆总分馆实践经验，明确公共图书馆中心馆——总分馆体系的建设原则、主要功能、服务设施、主要资源、服务供给、人员配备、运行管理等内容。

全省公共文化服务服务体系进一步完善，总分馆、主题图书馆、城市书房建设有序推进。浙江图书馆联合西湖风景名胜区岳庙管理处打造“书香浙江 · 杭州岳王庙启忠书吧”，成为国内首个公共图书馆与 5A 级景区共建，面向所有游客免费开放的公共图书馆信用书吧。杭州图书馆新增李白诗词文化主题分馆、钢琴主题分馆、康养主题分馆、国际分馆等 9 家主题图书馆。宁波图书馆与城市公共出行相结合，开通“到图书馆去”主题地铁专列，发行纪念票卡。嘉兴市图书馆融合文化旅游双方优势，在总馆和景区建立红船书苑。金华市图书馆新建 3 家“悦读吧”自助图书馆。衢州市图书馆 3 家南孔书屋开馆运营。全省已经建成 2449 家图书馆分馆。

基础设施建设继续加强。嘉兴市图书馆二期工程（古籍善本藏书楼）5 月通过竣工验收。嘉善县图书馆新馆 6 月建成开放，面积近 18000 平方米。温州市图书馆 7 月完成装修改造正式恢复开馆。桐乡市图书馆新馆 12 月开馆，面积 20673 平方米。安吉县图书馆新馆 12 月正式运行，总建筑面积 9300 平方米。宁波市奉化区图书馆新馆 12 月建成开放，总建筑面积 12000 平方米。

读者服务模式不断创新。浙江图书馆率先推出面向全国读者的“免证、免押金、免逾期费”的无边界“信用浙图”服务，实现公共图书馆服务“零门槛”和“零边界”。宁波图书馆在创客空间成立宁波市首家图书馆 5G 体验空间，推出 5G+AR 阅读、5G+VR 科普箱、5G+VR 实景演出等应用供读者体验；“天一约书”开通全市借阅服务，“天一约书”全市信用借阅服务点达到 30 个。温州市图书馆推出逾期停借机制，实现“诚信分”享受信用借阅等信用升级服务。绍兴图书馆联合本地区 5 家公共图书馆，5 月起正式减免图书逾期费。台州市图书馆强化汽车图书馆服务工作，随车带上展览讲座活动，丰富基层服务类型。湖州市图书馆建立“馆长接待日”制度，专门设立读者电话，畅通投诉建议渠道，强化服务监督管理。

全民阅读活动深入推进。浙江图书馆联动省内 67 家公共图书馆举办图书馆之夜主题活动，启动科普阅读之旅——“星耀九天　畅想未来”主题系列活动，74 万人观看直播；组织长三角三省一市举办长三角地区阅读马拉松挑战赛，江浙沪皖同时开赛，省内 11 市共计 76 个赛点 3765 名参赛者参赛；举办“天籁浙江”系列朗诵活动，走进上虞、三门等六地，挖掘地方特色，用声音传达阅读魅力，“天籁浙江”系列朗诵活动启动仪式暨“诗话曹娥江 · 浙东唐诗之路发祥地”主题晚会通过腾讯视频直播，115 万人同时在线观看。宁波图书馆“天一音乐”首创馆员主讲系列，联合共青团宁波市委推出“音为梦想 · 筑梦宁波”宁波市新青年音乐计划。温州市图书馆推出“新锐说”活动品牌，打造行业领袖精英分享新思想新知识的演讲平台。嘉兴市图书馆新设“嘉兴故事”文化讲堂，邀请地方文化专家讲述不同内容的嘉兴故事，推出“文化行走 阅读嘉兴”阅读推广品牌系列活动。湖州市图书馆契合文旅融合元素，推出“思吾国学课堂”“馆长荐书”“乡里乡韵”等特色品牌，丰富活动形式。

数字资源建设继续丰富。2019年浙江图书馆通过省级专项资金统一采购、联合采购、协商采购等方式协商引进全省、区域共用数据库，33个数据库使用范围向全省公共图书馆读者开放；年新增数字资源20.92TB，总量达到186.37TB；新增2个特色资源数据库，新增元数据1664.34万条。浙江省采编中心继续推动全省公共图书馆加入联机计算机图书馆中心（OCLC）等国际性馆际互借查询平台，加快全省馆际互借和文献传递网上平台建设，完成2018年度馆藏数据80970条批上传OCLC书目数据库WorldCat，全省共上传批处理数据225207条，推动浙江省文献资源的全球共享。嘉兴市图书馆与嘉兴地区联盟馆之间实现读者互访资源的服务，实现资源互通互用。

“浙江文化通”客户端年下载安装量1.35万个，年用户访问量达到1056.9万人次。“浙江网络图书馆”年访问量2249.12万次，文献传递量50.36万次，电子图书阅读量60.48万册，期刊下载量656.86万篇。

古籍和地方文献工作成果累累。浙江图书馆启动馆藏古籍数字化工作，召开古籍、碑帖数字化选目论证会，制定馆藏古籍、地方文献数字化标准和工作流程，确定古籍、历史文献的著录标准、现场管理规范等相关制度；完成53种珍贵古籍核对入选《国家珍贵古籍名录》，以及4015册古籍的数字化拍摄等工作；搭建地方文献征集网络，加强历史文献资源库、浙学文献中心总库的建设。宁波图书馆创立“宁波市政协文史资料专柜”及“阳明文献专柜”等特色文献专藏区，编辑印行《宁波文献》（第一辑）。温州市图书馆设立温州学文献中心和“郑张尚芳文库”。绍兴图书馆承办的“文献名邦 书香绍兴——越地历史文脉展”在国家典籍博物馆开展，展出先秦至民国时期有关绍兴的代表性传世珍本72种。舟山市图书馆复印清抄本《宝庆昌国县志》二卷并整理印刷成册。（浙江省图书馆学会秘书处）

【浙江图书馆率先推出“信用浙图”服务措施】 2019年1月，浙江省公共图书馆信用服务“信阅平台”升级并面向全国用户开放，浙江图书馆率先推出“免证、免押、免逾期费”的“信用浙图”服务措施，真正实现公共图书馆服务“零门槛”，受到读者广泛好评。全年新增用户119.01万人，同比增长433.9%。浙江图书馆“信阅平台”将近百万册馆藏图书纳入网上借阅系统，实现新书、馆藏均能通过快递借阅，实现全省通借通还，信阅用户覆盖除港澳台以外全国31个省、直辖市、自治区的178个地级市。“信阅平台”为公共图书馆实现精准服务和创新发展开启新模式。（浙江省图书馆学会秘书处）

【浙江图书馆青田县侨乡文化主题图书馆开馆】 11月7日，浙江图书馆首家主题分馆青田县侨乡文化主题图书馆开馆，为全省首家以华侨文化为主题特色的图书馆。该馆占地1500平方米，拥有阅览座席150个，藏书10060册。位于青田侨乡进口商品城核心地段，交通便利，馆内藏书以介绍欧洲旅行、艺术、红酒、咖啡等外文图书为主，与红酒文化体验中心紧密结合在一起。该馆的建成，既满足当地居民的阅读需求，也为外商和外地游客打开了一扇了解青田、了解浙江、了解中国文化的窗口。（浙江省图书馆学会秘书处）

【杭州都市圈城市图书馆联盟成立】 12月13日，杭州图书馆联合湖州、嘉兴、绍兴、衢州、黄山5市图书馆召开杭州都市圈城市图书馆馆长会议，共同签署《杭州都市圈城市图书馆联盟合作共识》，成立“杭州都市圈城市图书馆联盟”。联盟6馆将建立文献资源协作机制和阅读推广活动联动机制，共建共享特色资源，开展学术交流和人才培养，实现公共图书馆事业的协同联动发展，助推杭州都市圈建设，携手融入长三角一体化发展。（浙江省图书馆学会秘书处）

【“百年守望 世纪书香”温州文化论坛暨温州市图书馆建馆100周年庆典举行】 5月9日，“百年守望 世纪书香”温州文化论坛暨温州市图书馆建馆100周年庆典在温州市图书馆（以下简称“温图”）举行。来自全国各地的图书馆界代表、专家学者、温图理事会代表、读者代表共计250余人参加庆典。

庆典上还对百年来重要的社会捐赠进行梳理，并举行郑张尚芳先生藏书捐赠暨文库揭牌仪式，以缅怀感谢在温图百年历程中慷慨捐赠的社会各界有识之士。庆典活动还特设致敬环节，向为温图做出过突出贡献的人士，向百年温图的历任馆长，向在温图连续工作过30年以上的图书馆人致敬，他们是百年温图的"添薪人""领航人"和"守业人"。随后举行"百年守望　世纪书香"温州文化论坛，3位知名专家学者对"籀园"及温州的历史文化进行了深入阐释和细致解读。

温图历经百年，四度搬迁，五易馆舍，经历了波折沉浮的发展过程。跨入21世纪以来，勇于探索，不断创新，2014年10月被列入文化部10家全国公共文化机构法人治理结构试点单位，作为文化体制改革样板在中央电视台大型政论专题片《将改革进行到底》中展示。2015年，"城市书网"以全国第一的佳绩入选国家公共文化服务体系示范项目，75家"政府主导、部门指导、社会参与"的24小时无人值守城市书房，成为温州城市文化地标并在全国推广。（浙江省图书馆学会秘书处）

【温州市图书馆"温州学"文献中心成立】 6月6日，"温州学"文献中心揭牌仪式在温州市图书馆举行，温州市委宣传部、市文广旅局、市社科联、市委党校等单位领导，社科专家、媒体记者以及读者代表共80余人参加成立仪式。"温州学"是以温州为主要研究对象的综合性地域学科，涉及政治、经济、历史、人文、地理、文化以及改革开放后温州经济社会文化发展所形成的"温州现象"。中心工作包括收集、整合"温州学"文献，编制"温州学"书目数据库及代表性人物著述专藏。文献中心现存有关温州的古籍900余种，民国时期文献1000余种，当代文献2万余种，其中包括古籍善本、抄校稿本、近代以来的初版本、签名本等珍贵资源以及图书馆人组织编写的温州文献资料，为"温州学"研究提供全面系统的文献资源。（浙江省图书馆学会秘书处）

【宁波首列阅读主题专列亮相地铁1号线】 10月31日，宁波图书馆推出"到图书馆去！"主题地铁专列，精选"天一约书"、少儿亲子、甬图活动、好书推荐、甬图文创、数字资源等6大创新服务，借助现代化的设计风格和年轻化的视觉效果，围绕"图书馆""阅读""书香"等关键词延伸拓展。市民朋友坐上专列，动动手指，即可体验宁波图书馆的各类服务。（浙江省图书馆学会秘书处）

【嘉兴市图书馆"阅动全家"重构农村儿童阅读生态】 嘉兴市图书馆"阅动全家"项目以农村学龄前儿童阅读为切入点，培育专业的阅读推广社工组织，联合阅读专家编制针对儿童、家长和阅读推广人的"三·三·三"课程与教材，常态化开展好宝贝课堂、好家长课堂和领读者课堂。此外，搭建了全市性的阅读推广志愿者线上平台，对志愿者和社会团体等进行登记与管理，对接阅读服务供需双方，真正将阅读活动引入基层。从农村孩子入手，带动家庭阅读，依托遍布城乡的村（社区）图书分馆、文化礼堂、农家书屋、智慧书房等基层场馆，将活动送到父母和孩子身边，逐步改变农村阅读生态。2019年在16个村（社区）开展32场好家长课堂、42场好宝贝课堂和5期领读者课堂，为1147位学龄前儿童和938位家长带去精彩的故事和有效的亲子共读指导。（浙江省图书馆学会秘书处）

【金华市图书馆6家武警分馆开馆】 2019年，金华市图书馆武警金华支队图书分馆、武警金华支队教导队图书分馆、武警金华支队机动一中队图书分馆、武警金华支队机动二中队图书分馆、武警金华支队特战中队图书分馆、武警金华支队义乌中队图书分馆共6家图书分馆相继开馆。总面积1250平方米，阅览座席约400个，共有藏书51400册，均配备自助门禁系统、RFID全自助借还书系统、电子图书借阅机，通过扫描二维码自助借阅，满足武警官兵日常文化学习、休闲阅读的需要。同时突出个性化服务，其中2个分馆设有自选朗读背景音乐和外语资源，拥有专业音频资源的朗读亭，个性化定制的移动阅读平台，书刊个性化推荐等人性化阅读体验来满足官兵们个性化需求。（浙江省图书馆学会秘书处）

【衢州市24小时图书馆（南孔书屋）新馆开

馆】 11月30日，衢州市图书馆新建的金河湾、世通华庭、凤凰湖3家南孔书屋（24小时自助图书馆）开馆。至此，衢州市图书馆建立的8家南孔书房全部开馆，总面积1774.2平方米，馆藏图书共5.6万册，拥有阅览席位500多个。该馆和每家南孔书屋都可提供统一办证和通借通还服务，并每季度对书屋进行考核检查，落实安全责任，联合开展各项阅读推广活动。南孔书屋是衢州市特有的自助图书馆品牌，得到广大市民的认可与点赞，成为衢州全民阅读的一张靓丽名片。（浙江省图书馆学会秘书处）

【平湖市农民读书会】 平湖市农民读书会是平湖市图书馆为解决该市农村看书难、难看书以及阅读资源不均衡等实际情况，提高农家书屋图书的利用率于2016年创建的。自2018年入选第四批浙江省公共文化服务体系示范项目以来，各镇（街道）读书会从2018年的300多个增加到2019年的401个，骨干会员由3000人增加到10046人。当湖街道的“枕边书”、新仓镇的“怀旧经典”、广陈镇的“朗读者”、林埭镇的“清溪雅韵”、新埭镇的“泖水故事”、钟埭街道的“亲子阅读”等“一镇一品”阅读品牌得到延续和巩固，2019年开展活动1500余次，参与活动10万余人次。8月20日《中国文化报》头版以“新时代的‘耕读传家’——来自浙江平湖的乡村阅读报告”为题，重点介绍了平湖市农民读书会在推进全民阅读工作，改善农村阅读环境，助力乡村全面振兴等方面做出的奉献和努力。（浙江省图书馆学会秘书处）

【嘉善县图书馆新馆开馆】 6月28日，嘉善县图书馆新馆开馆，建筑面积约18000平方米，共5层，分设少儿文献借阅中心，信息体验中心等，总藏书量可达80万至100万册，设有1000个读者席位，实行藏、借、阅一体化服务。馆内配备有智能化、数字化的设备设施，有RFID自助借还系统、信息发布系统、视障人士服务设施设备等，满足读者多元需求。同时与博物馆共享区建筑面积3179平方米，设有258座的多功能厅和休闲活动及设备用房。（浙江省图书馆学会秘书处）

【桐乡市图书馆新馆开馆】 12月28日，桐乡市图书馆新馆开馆，总建筑面积20673平方米，有藏书70万余册、报刊750余种，阅览座位1200余个。新馆采用智慧化、个性化的管理，引入人脸识别、全馆舍楼层互动智能导航指引等技术，配备瀑布流电子书、朗读亭、VR、AR体验机、电子沙盘、电子名人文化墙、少儿电子益智游戏等新一代融教育、学习、兴趣于一体的技术和设备机，为读者提供全方位的服务。（浙江省图书馆学会秘书处）

【安吉县图书馆新馆开馆】 12月28日，安吉县图书馆新馆开馆，总建筑面积9300平方米，总藏书量60万册，设有阅览座位1000余个。主体建筑分地下一层，地面五层。其内部功能区分为青少年借阅活动区、低幼亲子阅读活动区、特藏文献展示等。图书馆创办“阅动安吉，书香竹城”“相伴国学经典，传承中华文明”“苕溪论坛”“故鄣讲堂”“茶道礼仪”“朗读会”“最美读者”等活动品牌，并开展各年龄段学生公益课堂等，为读者提供多元化的服务。（浙江省图书馆学会秘书处）

安徽省

【安徽省公共图书馆联盟概况】 截至2019年底，安徽省公共图书馆联盟成员馆达127个，其中省级馆1个、市级馆22个、县（区）级馆104个，分馆1370个。联盟成员馆馆舍总面积56.3万平方米。财政总投入4.5亿元，其中总购书专项经费6960.0万元。普通文献馆藏总量3094.3万册。联盟成员馆持证读者达269.8余万人，接待读者3560.9余万人次，外借文献2315.9余万册。举办读者活动11931场次，其中讲座3007场、展览1501场、培训3203场。全省公共图书馆从业人员1502人，服务人口6365.9万人。（安徽省图书馆学会　武巍泓）

【安徽省图书馆概况】 2019年，安徽省图书馆全年加工入藏中文图书62355种125183册，外文图书427种430册，接收赠书724种2023册，验收中外文期刊50288册；回溯著录1949—2012年地方文献数据7879条，核对新增安徽地方戏曲数据库书目26条、剧目1476条，补充入藏安徽专家作品数据库作家信息197条、书目数据129册；向国家图书馆联合编目中心上载书目数据3366条；继续收集整理《安徽茶文化资料集成·安徽卷》资料，启动馆藏抗日战争重要文献图文数据库数据收集与整理工作。截至2019年底，安徽省图书馆共有各类馆藏文献474万余册。

读者活动丰富多彩，凸显服务效能。全年共组织开展各类读者活动829场次，服务不同年龄和类型的读者。元旦、春节期间策划“年俗有味，书卷飘香”系列主题活动20多场，包括“迎新春、写春联、赠春联”、有奖猜谜、球幕电影体验、“诗意过春时——中国古典诗词里的春节”主题展览等，其中大年初一的“2019年新春首日封”发布活动吸引千余名读者参加；4·23世界读书日期间开展“阅读，链接美好生活”系列主题活动40多场次，内容包括科技嘉年华、VR体验、雕版印刷体验、名家讲座等；4月20日当天延长闭馆时间至22点，举办10多场针对各类读者的活动，当日接待量超1.3万人次；5月下旬“图书馆服务宣传周”期间组织开展读者活动10多项，其中第二届“让书回家——还书免责”和“2019长三角地区阅读马拉松大赛”影响广泛，中新网、《合肥日报》、凤凰网等主流媒体报道20多篇次，安徽经视等对活动进行了现场直播连线。省图书馆全年还参与“书香安徽”全民阅读暨“省直机关读书月”活动，举办“绿水青山待我还——台胞抗日遗址遗迹摄影安徽特展”、“70年巨变·皖美公路”安徽公路摄影作品展等展览巡展170多场次；开展“弘扬宪法精神，推进国家治理体系和治理能力现代化”“新中国成立70周年安徽典范人物”等讲座巡讲40多场次；前往市政工程管理处开展“关爱农民工，书籍送温暖”等活动；“文化助残”志愿服务项目入选文化和旅游部2019年“春雨工程”。

继续保持品牌活动活力。2019年，“新安百姓讲堂”举办讲座58场，现场及网络听众25万多人次；“助困爱心一日捐”募捐活动5场，在安庆市迎江区沐阳之家残疾儿童康复中心等地捐建“爱心快乐图书室”10个；“读者英语沙龙”130期，“残障人士读书文化日”活动9期，“读者俱乐部”活动15期，“馆员妈妈讲故事”26场，“少儿假期主题阅读活动”60场等。

公共数字文化工程持续推进。2019年，全国公共文化发展中心安徽省级分中心配合省文化和旅游厅完成2020年中央补助地方公共数字文化建设专项资金申报工作，共计申报项目13个、总金额920万元。通过社会化合作方式完成公共数字文化工程建设项目15个，完成2019年度37个公共数字文化工程资源建设项目的省级验收工作。举办全省公共数字文化建设培训5场，培训600多人次；拍摄各类活动82场，申报开展国家公共文化云直播4场、国图公开课直播1场，共计160万余人次点击观看；开展各类数字阅读推广活动20场，参与读者3000多人次；参与制作的革命历史动漫《星火燎原》在安徽科教频道首播，改编的同名微电影获第二届红色微电影盛典最佳微电影奖，拍摄的“文化中国”微视频作品《水墨宏村》入选“学习强国”平台。推进国家大数据系统数据采集及H5页面的续采，开展2019年“基层图书馆互联互通”“公共文化智能化服务”等项目建设，完成2019年公共数字文化大数据（统一用户认证管理系统）建设，完成数字图书馆推广工程基层提档升级省级平台部署和更新数据3.65TB。

古籍普查成效显著。2019年，安徽省古籍保护中心积极推进全省古籍普查工作，全省66家单位86033部738098册/件古籍普查登记历时12年完成。开展“馆藏桐城派珍稀古籍修复及研究”项目，4件古籍修复作品报名参加国家古籍保护中心主办的全国古籍修复技艺竞赛，举办首届安徽省古籍修复技艺大赛，并与寿县图书馆等签订古籍修复项目协议。开展“版载千秋　徽韵匠心”雕版印刷体验等活动，宣传中华优秀传统文化。连续第4年承办“中华古籍普查文化志愿服务行动·安徽行”活动。（安徽省图书馆学会　武巍泓）

【《安徽省图书馆馆藏桐城派作家稿本钞本丛刊》获2019年度国家出版基金资助立项】 1月，国家出版基金规划管理办公室公示2019年度国家出版基金资助项目评审结果，《安徽省图书馆藏桐城派作家稿本钞本丛刊》获得立项。经过一周的公示，《安徽省图书馆藏桐城派作家稿本钞本丛刊》正式获得国家出版基金资助，由安徽大学出版社有限公司负责出版。本次获准立项，是安徽省加快推进“实施中华优秀传统文化传承发展工程”的阶段性成果。（安徽省图书馆学会　武巍泓）

【《长三角城市群公共图书馆发展报告》正式发布】 3月，由安徽省图书馆、上海图书馆、南京图书馆和浙江图书馆共同编制的《长三角城市群公共图书馆发展报告》完成印刷并正式对外发布，报告全面展示长三角城市群4省（市）、26地（市）公共图书馆的发展概况、创新服务和各项数据，为长三角地区各级各类公共图书馆的互相了解和业务借鉴提供重要资料。报告共分“总体发展”“创新服务”和“发展数据”3个篇章。“总体发展”展示近年来长三角地区各省公共图书馆服务体系建设情况及各省级、市级馆的发展概括；“创新服务”重点介绍各馆在提高图书馆管理水平及服务能力方面的名类特色创新案例；“发展数据”展示长三角地区各省级、市级公共图书馆2017年的业务发展数据。报告以其丰富的资料、翔实的数据和明晰的对比，为各级主管部门制定政策、各类公共图书馆增进了解和从业人员开展研究等提供有益帮助，同时也为读者和市民了解公共图书馆的运行与发展提供渠道和窗口。（安徽省图书馆学会　武巍泓）

【安徽省图书馆首批援疆图书发往新疆皮山】 3月4日，安徽省图书馆捐赠的3751种4485册图书通过物流发往新疆维吾尔自治区皮山县，标志着该馆首批对口援疆图书工作取得阶段性成果。根据安徽省文化和旅游厅对口支援新疆和田地区任务部署，安徽省图书馆将为和田地区皮山县图书馆捐赠图书10000册，分3年实施。接到援疆任务后，省图书馆积极与皮山县图书馆联系对接，交流意见和需求。此次赠送的图书均为全新正版图书，品种以社科类为主，其中少儿类约占50%，其他涵盖党建、文学、哲学、历史、经济、农业科技等多个类别。（安徽省图书馆学会　武巍泓）

【中西部贫困地区公共数字文化服务提档升级项目业务培训班（安徽太湖）暨推广活动举办】 3月28日，中西部贫困地区公共数字文化服务提档升级项目业务培训班在太湖县举行。此次培训班由全国公共文化发展中心安徽省级分中心和太湖县文化旅游体育局共同主办，全国文化信息资源共享工程太湖县支中心、汉雅星空文化科技有限公司承办。来自石台县、颍上县、六安市裕安区及太湖县的31个乡镇综合文化站和40个文化驿站的72位基层文化工作者参加培训。安徽大学图书馆研究员林泽明讲授“电子商务与基层文化整合服务”，汉雅星空文化科技的工程师演示公共文化一体机、摄像机、平板电脑、VPN等设备的操作技术，并现场指导学员使用。此次培训班既有宏观政策的解读，也有实际操作技能培训，对于提升基层文化工作者的服务能力和水平起到实质性的帮助。（安徽省图书馆学会　武巍泓）

【安徽省图书馆第四届“读书乐”摄影大赛获奖作品展开展】 为庆祝新中国成立70周年，迎接第24个“世界读书日”，积极倡导全民阅读，推动书香安徽建设，4月3日，安徽省图书馆第四届“读书乐”摄影大赛获奖作品展在西一楼大厅开展。此届大赛由安徽省图书馆、安徽省艺术摄影学会联合举办，历时3个月，共计收到摄影作品近700幅，经过专家评审，评选出64幅获奖作品在安徽省图书馆展出。作品通过不同的视角、精准的构图和各具特色的艺术表现力，再现人与书为伴的愉悦场景；通过光与影的艺术形式，营造全社会爱读书、会生活、善读书的良好氛围。（安徽省图书馆学会　武巍泓）

【2019年安徽省公共图书馆联盟“4·23经典诵读之夜”活动在宿州举办】 在第24个“世界读书日”到来之际，4月13日晚，安徽省公共图书馆联盟“4·23经典诵读之夜”活动在宿州市举办。在诵读之夜晚会上，从人们耳熟能详的歌曲《六尺巷》到激情澎湃的《少年中国说》，从方言小品《书香农家》到情景朗读《与阅读同行》，从配乐诗《我的祖国》到最后全省公共图书馆馆长集体宣读《服务全民阅读　共创美好生活——中国图书馆界4·23全民阅读活动倡议书》。全省公共图书馆界以独具图书馆特色的诗文朗诵、文艺表演等形式，向社会公众展示阅读的美好，倡导更多的人积极融入读书中，让图书给我们力量，伴我们成长。国家公共文化云、中国文化网络电视、凤凰网安徽和宿州发布等对经典诵读晚会进行全网直播，近50万人通过网络观看演出。（安徽省图书馆学会　武巍泓）

【安徽省图书馆首届理事会成立】 5月27

日上午，安徽省图书馆第一届理事会成立大会在省图书馆召开，13 位来自社会各界的代表被聘为安徽省图书馆第一届理事会理事。安徽省图书馆第一届理事会的成立，标志着安徽省公共文化机构法人治理结构改革工作进入实质运行阶段。会议审议并表决通过《安徽省图书馆章程》等有关文件，审议了省图书馆 2019 年度预算支出报告。（安徽省图书馆学会　武巍泓）

【第二十四期《全国古籍普查登记目录》审校人员培训班在合肥开班】 为推进全国古籍普查登记工作全面顺利实施，促进各省古籍保护工作者之间的沟通与交流，6 月 17 日，国家古籍保护中心与安徽省古籍保护中心在合肥联合举办第二十四期《全国古籍普查登记目录》审校人员培训班，来自北京、江苏、辽宁、黑龙江、河南、山东、甘肃、安徽八省（直辖市）24 家单位的 28 名学员参加培训。课程主要是讲解审校要求、指导学员实践两大环节，以现场审校实践为主。（安徽省图书馆学会　武巍泓）

【安徽省多家公共图书馆获“书香安徽”系列活动荣誉称号】 2019 年 9 月，安徽省新闻出版局公布 2018 年“书香安徽”全民阅读系列评选活动结果，金寨县图书馆“群众‘点单’选书，政府买单送书”、池州市图书馆“‘4·23’世界读书日主题演讲比赛”、宿松县图书馆“百姓明星送欢乐‘书香宿松　全民阅读’系列活动”获得“十佳阅读推广活动”称号；蚌埠市图书馆、全椒县图书馆、芜湖市镜湖区图书馆获得“十佳阅读推广机构（单位）”称号；舒城县图书馆获得“十佳阅读推广空间”称号；当涂县图书馆获得“十佳阅读推广媒体”称号；淮南市少儿图书馆聂磊获得“十佳阅读推广人”称号。（安徽省图书馆学会　武巍泓）

【安徽省 2 部善本进京参加“中华传统文化典籍保护传承大展”】 9 月 7 日，由文化和旅游部、国家文物局联合举办的“中华传统文化典籍保护传承大展”在国家典籍博物馆正式开展。此次大展向安徽省借调 2 部入选《国家珍贵古籍名录》的善本，一是安徽省图书馆馆藏的明万历周孔教校刻本《韩非子》，二是皖西学院图书馆藏的宋衢州州学刻元明递修本《三国志》。两部典籍分别在国宝吉光展厅与汲古润今展厅展出，展现了安徽省存藏历史文化典籍珍宝的风采。（安徽省图书馆学会　武巍泓）

【安徽省图书馆召开 2019 年学术研讨会】 为探索工作中存在的问题及应对举措，助推馆员的学术研究能力和水平，加强专业人才队伍建设，11 月 25 日上午，安徽省图书馆 2019 年学术研讨会在四楼多功能厅举办。此次学术研讨活动共收到员工论文 45 篇，来稿范围广泛，投稿员工年轻化特征明显，论文选题涵盖面广，多篇论文能够紧密结合工作实际，体现了员工爱岗敬业、勤于思考、关注事业发展的情怀和担当。陈莉等 6 人先后登台演讲，与大家交流分享其研究成果。（安徽省图书馆学会　武巍泓）

【“中国安徽与俄罗斯楚瓦什民俗文化”图片展在安徽省图书馆开展】 11 月 26 日上午，“中国安徽与俄罗斯楚瓦什民俗文化”图片展在安徽省图书馆西一楼大厅开展。安徽省图书馆与楚瓦什国立图书馆自 2016 年结为友好馆以来，已经连续 3 次联合举办文化交流活动。此次展览历时 2 周，展出的 69 幅作品多角度反映安徽与楚瓦什在传统节日、生活习俗、民族服装、民族乐器、手工艺品等方面的民俗文化，对于加强两地人民相互了解、互通有无、增进两地文化交流互鉴具有积极意义。（安徽省图书馆学会　武巍泓）

【2019 年长三角地区公共图书馆战略合作年会在合肥举行】 11 月 27 日，2019 年长三角地区公共图书馆战略合作年会在安徽省图书馆举行。沪苏浙皖四省（市）省级公共图书馆馆长、长三角公共图书馆各专业联盟负责人及部分地市公共图书馆馆长参加此次会议。与会人员就《长江三角洲区域一体化发展规划纲要》中涉及的“城市阅读一卡通”任务实施方案和 2020 年工作计划进行座谈，浙江图书馆馆长褚树青、南京图书馆副馆长吴政、嘉兴市图书馆馆长沈红梅等一致认为，图书馆“阅读一卡通”可以分步实施，先实现各馆读者证互认和一站式书目统一检索，再辅之以加强馆际互借、网上文献传递、信用快递借阅等方式，让读者获得“一卡通”的借阅体验；鼓励有条件的地市在县域总

分馆建设基础上，率先推进城市（地区）内通借通还的一卡通服务体系建设。（安徽省图书馆学会　武巍泓）

【第二届安徽省公共图书馆联盟业务技能大赛结束】 12月10—11日，第二届安徽省公共图书馆联盟业务技能大赛复赛、决赛在安徽省图书馆进行。此次大赛自8月开始以来，得到全省各市县区图书馆的积极响应，参赛人员数量和水平较第一届均有大幅提升，全省参加初赛人员达487人，最终选拔出16支代表队共48名参赛选手进入复赛。复赛和决赛阶段采取笔试、现场竞答和实务操作的方式进行，比赛内容结合《中华人民共和国公共文化服务保障法》《中华人民共和国公共图书馆法》，涵盖图书馆综合基础知识、文献资源建设、读者服务、信息网络技术等，全面考察图书馆从业人员的综合业务能力。经过复赛和决赛，合肥市代表队获得团体一等奖，铜陵市代表队、芜湖市代表队获得团体二等奖，黄山市代表队、滁州市代表队、安庆市代表队获得团体三等奖；长丰县图书馆李传敏等选手获得个人一等奖。此次大赛得到《安徽商报》、合肥论坛等媒体的关注报道，凤凰网安徽频道还对决赛现场进行了图文直播，7万多人通过网络观看决赛。（安徽省图书馆学会　武巍泓）

【合肥市图书馆荣获“家庭阅读推广优秀案例优秀组织奖”】 3月，在2019年全国“家庭阅读推广优秀案例”征集活动中，经全国各级各类图书馆、学校与幼教机构、从事阅读推广的社会机构、团体的遴选申报，专家评审和组委会审核，合肥市图书馆荣获“家庭阅读推广优秀案例优秀组织奖”称号。（安徽省图书馆学会　武巍泓）

【合肥市少年儿童图书馆荣获2019年合肥市新时代文明实践志愿服务项目大赛银奖】 8月23日，历时2个多月的2019年合肥市新时代文明实践志愿服务项目大赛落下帷幕，合肥市少年儿童图书馆“流动的书香”——汽车图书馆服务偏远地区和留守儿童志愿服务项目经过初选、中期评审、决赛，从144个参赛项目中脱颖而出，荣获银奖。汽车图书馆项目自2005年开展以来，共设立流动点100多个，服务读者近10万人次，图书借阅逾20万册次，开展读书活动100余场。项目得到各级政府和业界的广泛认可，《人民日报》《光明日报》《中国文化报》《安徽日报》《合肥日报》、新华社、凤凰网等主流媒体竞相报道。（安徽省图书馆学会　武巍泓）

【巢湖市24小时自助图书馆建设取得进展】 24小时自助图书馆是巢湖市公共文化服务体系的重要组成部分，也是一项由巢湖市政府出资建设的社会公益性项目，分别设在丽景、金码头、洗耳池公园、西门花园、艺术馆门前等5个人口集中、交通便利的地点。每个自助图书馆占地面积约50平方米，总投资240万元，均配有图书2000册，自助办证机1台、自助借还机1台、电子图书借阅机1台、门禁系统设备1套、智能温控系统1套等智能化设备，满足广大读者的阅读需求。（安徽省图书馆学会　武巍泓）

【滁州市图书馆举行新馆开馆仪式】 5月22日上午，滁州市图书馆举行新馆开馆仪式，中国图书馆学会、安徽省文化和旅游厅、滁州市委、市政府领导及省内图书馆界代表参加开馆仪式。新馆坐落于滁州市中都大道1189号，建筑面积2.5万平方米，设计藏书量近百万册，阅览座席1200余个。建筑主体由茧馆（少儿部）和蝶馆（成人部）2部分组成。该馆以“公园里的图书馆”为设计理念，以“阅读促进成长”为办馆宗旨，为市民打造一个集阅读、交流、活动、展览为一体的公共文化休闲空间。新馆功能齐全、布局合理，在传统阅读场所的基础上，力图打造第三休闲空间，充分融入科技和智慧元素，设置人脸识别存包柜、智能预约借书柜、朗读亭、“智能书架”，设有“VR互动体验”“互动沙盘”“书法体验”等众多科技前沿设备的数字体验区，是读者体验高科技产品的休闲场所。新馆自1月起试运营，截至2019年年底共接待读者近13万人次，办证7000余个。（安徽省图书馆学会　武巍泓）

【全椒县图书馆获2019长三角阅读马拉松赛优秀组织奖及全民阅读先进单位荣誉称号】 6月2日，2019长三角阅读马拉松颁奖典礼在浙江杭州孔庙举行，全椒县图书馆以安徽地区团队总分第一名、长三角地区第7名的好成绩获优秀组织奖。全椒县图书馆是长三角地区100多家参加活动的图书馆中唯一获奖的县级图书馆，也是安徽省自2018年参加长三角阅读马拉松赛以来首次获得优秀组织奖。8月，全椒县图书馆继2017年后再次荣获中国图书馆学会全民阅读先进单位荣誉称号。近年来，全椒县图书馆不余遗力地推广全民阅读，一直保持着年均百余场的平台阅读活动，参与面广、影响力大，使得全民阅读成为全县文化活动的名牌。（安徽省图书馆学会　武巍泓）

【中央电视台中国品牌故事栏目组到繁昌县图书馆开展传统文化专题采访】 8月12日，中央电视台中国品牌故事栏目组来到繁昌县图书馆，对图书馆传统文化的开展和国学经典的文化宣讲、教育活动及展览等情况进行采访。栏目组一行从传统书画展厅到国学馆，详细了解和拍摄了繁昌县图书馆的传统文化活动及相关安排，对该馆一直致力于宣传和发扬国学经典及传统文化给予高度评价和赞赏。繁昌县图书馆定期举办春谷讲堂、贝贝国学、书画展览等活动，向各年龄阶段的读者普及和宣传传统文化；每逢中华传统节日，还举办相应的活动，如2019年的春节赠书、元宵灯谜会、“端午佩香囊　彩线寄平安”特色活动等，使读者切实感受到节日的氛围；每年暑假，还联合安徽师范大学文学院志愿者团队开展剪纸活动，让孩子们亲自动手体验剪纸手艺，感受到非物质文化遗产的魅力。（安徽省图书馆学会　武巍泓）

【2019年马鞍山读书节正式启动】 4月21日，2019年马鞍山读书节启动仪式举行。此次读书节由马鞍山市委宣传部、市文旅局主办，以“阅读与时代同行”为主题，谋划一系列内容丰富、形式新颖的读书阅读活动，打造覆盖全域、贯穿全年的122项全民阅读主体活动和185项基层文化活动。其中，主体活动有市图书馆牵头举办的“有声图书分馆开馆仪式”、“2019年长三角地区阅读马拉松”、“爱上母语　爱上表达”少儿故事会、“我们的故事——庆祝新中国成立70周年读书演讲比赛暨优秀作品展演”、“爱上阅读　爱上写作”阅读成书活动等近20项。在启动仪式上，社会阅读组织阅读推广人、城市悦书房代表等共同宣读《服务全民阅读　共创美好生活——4·23全民阅读活动倡议书》。（安徽省图书馆学会　武巍泓）

【安庆市图书馆编辑出版《安庆人文历史二十讲》】 3月，《安庆人文历史二十讲》正式出版。本书是安庆市图书馆根据安庆皖江文化研究会副会长张健初在“安庆大讲坛”（安庆市图书馆主办）主讲的“安庆人文历史二十讲”内容整理编辑而成。本书图文并茂，讲述了国家历史文化名城安庆的各个方面，涉及历史建筑、教育、公园、戏剧、美食等，尤其侧重于安庆的近代历史。该书有助于广大读者了解安庆悠久厚重的800年历史，同时也充实了安庆市图书馆的地方文献资源，对于弘扬优秀传统文化，建设书香城市有着积极的影响。（安徽省图书馆学会　武巍泓）

【太湖县图书馆荣获“五星级助盲志愿服务团队”称号】 7月，在中国盲文图书馆举办的星级文化助盲志愿者及团队认定交流活动中，太湖县图书馆被中国助残志愿者协会和中国盲文图书馆评为“五星级文化助盲志愿服务团队”。太湖县图书馆自2011年以来，一直以推进图书馆服务均等化为目标、以文化志愿服务活动为载体、以视障读者为重点服务对象，推出视障阅读体验、阅读面对面、盲人音乐助教等文化志愿服务。近几年来，图书馆组织志愿者为参与活动的视障读者提供接送、引导、陪读等面对面服务，不定期为视障人群举办无障碍电影播放、残疾人心理健康培训、法律知识讲座、盲人听书机借阅等系列活动，先后为15位视障读者提供服务达410多小时，上门开展服务18次，有效地带动视障人群文化生活参与度，较好地满足了他们的文化需求。（安徽省图书馆学会　武巍泓）

福建省

【概况】 2019年，福建省公共图书馆认真学习贯彻习总书记给国家图书馆老专家回信精神，切实增强做好图书馆工作的责任感、使命感、紧迫感，以迎接新中国成立70周年为契机，以推进文旅融合的公共文化服务体系建设为抓手，依托新技术，拓展新服务，努力构建覆盖城乡、服务高效、惠及全民的公共图书馆服务网络，增加人民群众对公共文化服务的获得感，推动全省图书馆事业开创新局面。

文旅融合新发展。全省公共图书馆积极探索文旅融合新途径，福建省图书馆立足福建省“清新福建”的品牌特色，在福州国家森林公园建设“清新书苑”，打造书香伴花香的最美悦读空间；厦门市图书馆发挥集美新馆文化新地标特点，开展“行走集美，城事阅读”走读活动等文旅融合式新服务；福州市图书馆与永泰县嵩口镇月洲村共建“月洲村图书馆”，打造“悦读‘醉美乡村’”。各市、县的阅读主题乡土体验活动、民宿分馆建设、景区图书馆点建设也各具特色。

设施提级新空间。全省公共图书馆文化资源保障和设施网络建设日益完善。12 月 14 日，泉州市洛江图书馆开馆；12 月 27 日，泉州市图书馆新馆开馆。上杭县 5 家杭川书房、晋江市 11 家城市书房、泉州市 53 家百姓书房、福州市 82 台“城市街区 24 小时自助图书馆”先后投入使用，为市民提供舒适、便捷的阅读新方式、新空间。

多措并举新阅读。全省各图书馆致力于打造自己的阅读活动品牌，创新服务内容和手段。福建省图书馆与省广播影视集团海博 TV 共同承办“读中华经典　颂时代华章”全省诗文诵读大赛、“我的家国故事”图片展暨分享会，线上线下参与人数破百万人次。厦门市图书馆获“最佳新媒体平台”奖，并连续三届获评“大众喜爱的 50 个阅读微信公众号”。

科技助力新服务。全省 62 个公共图书馆推出微信服务号，福建省图书馆推出“福建省图书馆云阅读”平台，厦门市图书馆、福州市图书馆在全省率先推出白鹭分、茉莉分免押金借阅服务。此外，福建省图书馆应用新技术开展地方文化资源抢救性、再生性保护工作，启动《福建中华老字号》等 6 部文献专题片资源收集与影像采集制作；完成闽台宗祠数据库二期和《非遗传承人抢救性记录》项目建设。

联动全省促共享。2019 年，福建省图书馆依托“读吧！福建”阅读推广品牌于世界读书日联合 10 家企事业单位、14 个社区分馆和 104 个基层公共馆共同举办 10 大主题活动，12 家媒体直接参与宣传。同时，借力媒体平台推广资源，将福建省图书馆地方特色文化数字资源建设成果授权“学习强国”福建分平台、新华网福建频道、东南卫视等 7 家媒体平台使用，首批 10 部 100 集地方特色文化资源已上线。

此外，8 月 1 日，《福建图书馆学刊》获批正式刊号；10 月 16 日，《福建省图书资料系列专业技术职务任职资格评审工作的实施意见》正式实施，这是该省图书馆人才评价机制改革的重要举措。（福建省图书馆学会秘书处）

【2019 年世界读书日“品读经典　畅想美好生活”主题活动启动仪式在福建省图书馆举行】 4 月 21 日上午，由福建省文化和旅游厅主办，福建省图书馆、福建省图书馆学会承办，福建省作家协会和福建省艺术职业学院协办的“读吧！福建”2019 年世界读书日“品读经典　畅想美好生活”主题活动启动仪式在福建省图书馆举行。启动仪式揭晓第三届“正谊杯”诗文大赛暨“万卷共知”阅读竞答活动和第二届福建文学好书榜评选及阅读推广活动评选结果并进行表彰，全省 104 个图书馆参与。福建省图书馆、福建省艺术职业学院、福州语歌曲协会和福州市直机关老年人体育协会等单位现场联袂呈现《我和我的祖国》快闪演出，同步举办“你选书，我买单”、“‘读吧！福建’第二届福建文学好书榜上榜图书图片展”、第二届福建文学好书榜获奖作品朗诵会等活动，涵盖好书评选、诗文大赛、旅途征文、好书进屏山等 10 大主题。福建省图书馆还联合福建省作家协会、福建省艺术职业学院、福建超星云舟信息技术有限公司、同方知网福建分公司、《福州晚报》等 10 家企事业单位，围绕“讲好福建好故事、传播福建好声音”，共同策划推出多项线上线下阅读推广活动。（福建省图书馆）

【台湾咸临书院文化交流团访问正谊书院】 5 月 17 日，由福建省文化和旅游厅指导，福建省闽台文化交流中心、福建省图书馆、台湾咸临书院文化交流团共同主办的“2019 年春季易经研习营”文化交流活动在福建省图书馆正谊书院举办。70 余位台湾咸临书院文化交流团的成员与福州各校师生参与。福建省文化和旅游厅副厅长林守钦、福建省图书馆馆长郑智明等出席。林守钦致欢迎词，郑智明介绍正谊书院的历

史与现状，台湾咸临书院山长刘君祖发表“笃实辉光，天下随时——恭述毓老师易学”的主题演讲。（福建省图书馆）

【2019“文化和自然遗产日”福建主会场启动仪式在福州三坊七巷举行】 6月8日，由福建省文化和旅游厅、福建省文物局、福州市文化和旅游局联合主办，福建省艺术馆、“学习强国”福建分平台、福建省图书馆等承办的2019“文化和自然遗产日”福建主会场启动仪式在福州三坊七巷光禄吟台举行。活动以“非遗保护 中国实践 闽台传承”和“保护革命文物 传承红色基因”为主题，以“传承文化根脉，共筑民族未来”和“弘扬革命精神，汇聚发展动力”为口号，分为主会场活动和各地分会场活动2个部分，全省组织开展200多项宣传展示展演系列活动。福建省图书馆在主会场举行3项活动：正谊书院研究员证书颁发、“福建文化记忆”资源授权签约、闽图出版物《林则徐云左山房二种》（一函二册）赠予仪式。遗产日期间，福建省图书馆分会场围绕“非遗保护 中国实践 闽台传承”主题开展系列活动，还举办“阅读端午”读者体验活动、福建文化遗产及旅游主题图片展、“中国传统木雕工艺”讲座暨“非遗”知识趣味问答等宣传纪念活动。（福建省图书馆）

【正谊书院加入海峡两岸书院联盟】 6月23日，由中华文化联谊会指导，福建省文化和旅游厅、福建省炎黄文化研究会主办的“第十一届海峡论坛”子项目——第三届“海峡两岸书院创新与融合论坛”在福州鳌峰书院举行启动仪式。论坛为期5天，包括启动仪式、两岸名家主旨演讲、海峡两岸书院联盟签约以及书院文化之旅等，两岸书院负责人、专家学者近百人参与。共有10家福建书院和台湾8家书院现场签字加入联盟，福建省图书馆馆长、正谊书院院长郑智明出席并代表正谊书院签署《海峡两岸书院联盟协议》。两岸书院将联手打造人才培养共享平台、书院师资共享平台、学术研究交流平台、文化传播推广平台、服务模式创新平台等5大平台。（福建省图书馆）

【“第三十三期全国古籍普查培训班——佛教古籍普查培训班”在福州市举办】 7月8—13日，由国家古籍保护中心与中国佛教协会主办，福建省古籍保护中心与福建省佛教协会协办，福建鼓山涌泉寺承办的“第三十三期全国古籍普查培训班——佛教古籍普查培训班”在福州鼓山涌泉寺福建省海峡佛教文化交流中心举办，来自全国22个省、自治区、直辖市40余所佛教古籍存藏单位的47名学员参加此次培训。培训班邀请国家图书馆（国家古籍保护中心）林世田、李际宁和福建省图书馆（福建省古籍保护中心）许建平授课。（福建省图书馆）

【“读中华经典 颂时代华章——礼赞新中国70华诞诵读大会暨颁奖典礼”在福州市举行】 9月29日，福建省文化和旅游厅、省广播影视集团在福建广电大剧院联合举办“读中华经典 颂时代华章——礼赞新中国70华诞诵读大会暨颁奖典礼”。部分获奖作品诵读者和社会优秀诵读团体现场表演《传颂经典》《礼赞中国》《致新时代》3个篇章，福建网络广播电视台（海博TV）全程录制、直播，并于国庆期间在福建综合频道、福建新闻频道播出，观众逾百万人次。此次诵读比赛于8月10日正式启动，全省48家单位565个作品报名参赛，参赛作品涵盖红色经典，经典诗词、散文、文学作品等，21个作品入围决赛。决赛由福建省图书馆承办，评选一等奖2名、二等奖4名、三等奖6名，现场还投票选出“最受观众喜爱奖”，网络投票选出“最佳网络人气奖”。（福建省图书馆）

【庆祝新中国成立70周年“我的家国故事”图片展暨分享会在福建省图书馆举行】 9月28日—10月25日，福建省文化和旅游厅、省广播影视集团、省文物局在福建省图书馆联合举办庆祝新中国成立70周年“我的家国故事”图片展暨分享会。图片展从数万张散落在各地图书馆、博物馆、纪念馆和私人储物间，以旧报纸、旧杂志、老物件、老照片等形式存在的历史资料中，经深度挖掘、细致梳理，精选出30组故事、300张图片，并以时间为序，分4个部分讲述几代福建人跨度70年的家国情怀、忠诚信仰的故事。分享会特邀庆祝新中国成立70周年特别节目《东南家国》的5位嘉宾到场分享个人感悟。（福建省图书馆）

【2019中国国际少儿漫画大赛福建赛区颁奖暨巡展启动仪式在福建省少年儿童图书馆举行】 3月9日，2019中国国际少儿漫画大赛福建赛区颁奖暨巡展启动仪式在福建省少年儿童图书馆举行。大赛由中国国际动漫节执委会办公室指导，福建省少年儿童图书馆、福建省美术家协会少儿美术艺委会、福建永安启程文化主办，邀请著名漫画家聂峻、闽籍漫画家十九番、书画家江梦龙、韩国画家咸景洛亲临现场颁奖助阵。大赛历时4个多月的广泛征集，收到来自福州、厦门、莆田、三明等地的2000余幅作品，最终评出150幅优秀作品。7月12—23日，大赛作品展在福建省少年儿童图书馆一楼展厅举办。（福建省少年儿童图书馆）

【福建省少年儿童图书馆获“全国阅读推广贡献单位奖”】 10月25—28日，2019“我最喜爱的童书”阅读推广活动阅读年会暨颁奖典礼在深圳举行。“我最喜爱的童书”阅读推广活动是国内首创由孩子们自主阅读、实名投票的童书评选活动。活动由全国39家图书馆联合举办，129家机构、207位个人参与推荐，共计5455种优秀童书参评，历时300天，全国312所学校参与阅读投票，总计选票130余万张。此外，围绕“我最喜爱的童书”阅读推广活动的主题，策划理念展、读书会观摩、创新研讨会及颁奖典礼等内容。福建省少年儿童图书馆收到39批次共计280余册次的图书推荐，该馆推荐的5种童书荣登30强提名童书榜，其中《老鼠的房子》获图画书组铜奖。福建省3人获全国特等奖，6人获全国书评奖，23人获全国幸运奖，福建省少年儿童图书馆获“全国阅读推广贡献单位奖”。（福建省少年儿童图书馆）

【福州市图书馆24小时自助图书馆服务升级】 1月初，福州五城区82台24小时自助图书馆正式开通图书预借功能。通过福州市图书馆微信公众号，读者可直接预约想要借阅的图书，图书馆2天内完成配送，并为预借的读者锁定3天，预借图书信息通过短信同步通知读者。3月底，开通电子资源阅读机功能。电子资源阅读机主要包括文化地图、电子图书、期刊借阅、报纸以及名师讲坛视频5大模块，包含电子图书3000多册，每月更新150册；期刊200多册并实时更新；图书期刊可通过扫描二维码下载到手机阅读。同时，在福州市图书馆微信订阅号“榕图”上发布每日一书，每天介绍1册电子图书。7月初，正式开通市民卡办证和借阅图书功能。市民只需持市民卡到任意一台24小时自助图书馆激活，即可办理免押金读者证，一次可借阅3册图书。（福州市图书馆）

【“德旺大讲堂”启动仪式暨首场演讲在福州市图书馆新馆举行】 5月12日下午，“德旺大讲堂”启动仪式暨首场演讲在福州市图书馆新馆（德旺图书馆）举行。该讲堂由南京大学、河仁慈善基金会、福州市图书馆、南京大学福建校友会联合创办。福州市图书馆馆长宋姬芳主持启动仪式，南京大学党委书记胡金波，福州市图书馆新馆捐建人、著名企业家、慈善家曹德旺，河仁慈善基金会监事薛海林分别致辞。仪式结束后，南京大学中国哲学、宗教学教授，博士生导师，南京图书馆原馆长徐小跃做题为“中国传统智慧与现代生活”的首场演讲，300多位读者到场聆听。（福州市图书馆）

【2019海峡两岸青少年阅读马拉松赛在厦门市图书馆集美新馆举办】 7月19日，2019海峡两岸青少年阅读马拉松赛在厦门市图书馆集美新馆举办，来自海峡两岸的100名青少年展开阅读交流。此次比赛是厦门首次举办的两岸青少年阅读马拉松活动，选取两岸同步发行的台湾金钟奖最佳女演员提名奖获得者连俞涵所著散文集《山羌图书馆》，采用“阅读时长分+卷面成绩分”的方式综合计分。台北市立中山女子高级中学的黄钰棋、厦门集美大学的郑莹莹等20名学生读者获优胜奖。（厦门市图书馆）

【厦门市图书馆打造福建首辆公共图书馆阅读主题地铁专列】 10月1日—11月18日，厦门市图书馆联合厦门地铁一号线推出“乘着地铁去阅读”主题专列。这是福建省首辆公共图书馆阅读主题地铁专列，将地铁6节车厢设计为“一座百年历史的图书馆”“百年厦图·你的宝藏图书馆”“一座可以仰望星空的图书馆”3大主题，内容涵盖厦门市图书馆的历史变迁、创新业务及特色服务、文明阅读宣传、扫码阅读、集美新馆风采等。（厦门市图书馆）

【厦门市图书馆与美国温哥华堡地区公共图书馆开展馆员交流活动】 根据厦门市图书馆与美国华盛顿州温哥华堡地区公共图书馆签订的合作交流协议，10月31日—11月13日，来自温哥华堡地区公共图书馆三溪社区分馆的高级图书馆员伊丽莎白·莫斯（Elizabeth Moss）和 La Center 镇分馆主管埃文·布朗格（Evan Brengle）在厦门市图书馆进行为期14天的交流。2名馆员走访厦门市图书馆文化艺术中心馆区、集美新城馆区、中山图书馆（鼓浪屿分馆）以及其他分馆、汽车图书馆、街区自助图书馆等服务网点，参观厦门市各区图书馆分馆，深入了解厦门市公共图书馆服务联合体的运作模式，与馆员座谈交流图书馆服务、参与读者活动、策划组织少儿活动、举办专题讲座。11月11—24日，林志军、林少杰作为厦门市图书馆的第二批交换馆员赴美国温哥华堡地区图书馆交流学习，先后参观温哥华堡地区图书馆的13个分馆、1个自助图书馆，在运营中心与图书馆基金会、设计部、拓展部、采编部、技术部的员工互相交流；同时还到波特兰东方医学院图书馆、西雅图公共图书馆、华盛顿大学图书馆、华盛顿州盲人学校进行参观交流。（厦门市图书馆）

【厦门市图书馆举办刘登翰赠书捐赠仪式暨刘登翰著作、书法展】 11月2日，中国当代新诗、台港澳暨海外华文文学、闽台区域文化和闽南文化研究兼艺术评论家刘登翰赠书捐赠仪式暨刘登翰著作展、书法展在厦门市图书馆文化艺术中心馆区一楼展厅举行。厦门市图书馆名誉馆长吴凤章等领导及海外华文文学研究者100多人出席活动。刘登翰和厦门市图书馆馆长林丽萍签订文献捐赠协议，将个人书法作品《春江花夜月》长卷及7000多种10000余册个人学术专著、藏书全部捐赠给厦门市图书馆，该馆向刘登翰颁发捐赠证书。刘登翰的个人藏书以台港澳暨海外华文文学研究资料为特色，赠书补充并丰富了厦门市图书馆闽台关系研究、华人华侨等专题文献馆藏。当天还举办“文化情怀与学术视野——刘登翰教授学术志业一甲子”学术研讨会。11月2—10日，在文化艺术中心馆区一楼展厅展出50多种刘登翰个人学术著作，同时展出的还有其个人创作的52幅书法作品，1300多人参观鉴赏。（厦门市图书馆）

【厦门市少年儿童图书馆举办“红领巾读书读报奖章”系列读书活动】 2019年，由厦门市委文明办、厦门市教育局、厦门市文旅局等单位联合主办，厦门市少年儿童图书馆承办的大型读书活动“红领巾读书读报奖章”系列活动在全市中小学校开展。5月18—19日，举办“我和我的祖国共奋进——庆祝新中国成立70周年”全市中小学生征文暨演讲与讲故事比赛总决赛及颁奖仪式，共计4场，56000多人参加；7月8—13日，举办“腾飞中国辉煌70年”厦门市小学生“悦读”实践夏令营，共计12场960人次参加；9—12月，举办《我和我的祖国——家乡厦门70年》图片巡展进校园活动，共计18场22274人次参加；10—11月，举办“我和我的祖国——厦门市中小学生电子版报创作大赛”1场，收到作品600多份，1500多人参加；10月31日，举办“我和我的祖国——2019年厦门市中小学生经典诵读比赛”，1000人次参加。（厦门市少年儿童图书馆）

【泉州市公共图书馆联合举办“共建共享·情暖泉州”爱心捐书活动】 9月1日—10月31日，泉州市委宣传部、市文旅局、市教育局、市团委、市总工会、市妇联等单位联合主办，全市13个公共图书馆联合承办“共建共享·情暖泉州”爱心捐书活动，号召泉州各地各单位和社会各界集中开展捐书活动，助力泉州创建国家公共文化服务体系示范区。活动结束后，泉州市图书馆及各县市区公共图书馆继续接受社会各界捐赠。截至12月，全市公共图书馆共收到爱心捐书41000册。（泉州市图书馆）

【泉州市图书馆新馆建成开放】 12月27日，泉州市图书馆新馆揭牌开馆。新馆位于泉州市丰泽区府东路中段公共文化中心，以“知识浮岛”为设计理念，建筑风格融合刺桐花、东西塔、洛阳桥、九宫格、书法等元素，彰显绿色共享、知识文化、交流休闲特色，占地面积约23亩，总建筑面积4.8万平方米，地上7层，地下2层，设计藏书容量200万册，阅览座位2000个。现有藏书140万册，数字资源100TB。新馆设少儿阅览区、报刊阅览区、图书阅览区、数字阅读体验区、古籍地方文献区、展览专区、延时阅览区、视障阅览室、读者交流休闲区9大功能区，并充分利用物联网、云计算、数字化、移动互联等现代信息技术，配置数据墙、AI机器人、图书自动分拣系统、自助借还办证机、智能书架、预约柜、电子书阅读本、视听设备等图书馆智能化设备，力图实现智慧化管理和服务。（泉州市图书馆）

【漳州市图书馆举办侨批与金融历史文化展】 6月19日，由福建省钱币学会、中国人民银行漳州市中心支行、漳州市文化和旅游局联合主办，漳州市钱币学会、漳州市图书馆、漳州市博物馆承办，中国农业银行漳州市分行协办的侨批与金融历史文化展在漳州市图书馆正式开展。展览为期一周，以闽南侨批为主，分“下南洋与侨批业”“侨批与货币金融”“侨批与海上金融之路”“侨乡流通的番银”“地缘侨批”“侨批中的家国情怀”“侨乡金融历史票证”等主题，精选相关实物400多件。批信书写时间从1884年至20世纪80年代将近100年，跨越清末、民国以及中华人民共和国3个历史时期；涉及的侨居地包括新加坡、马来西亚、印尼、菲律宾、泰国、越南、缅甸以及美国、加拿大等国家；涉及的侨乡主要以福建闽南地区为主，还包括广东潮汕和五邑地区等。展览展示了闽籍华侨华人参与发展繁荣海上丝绸之路的历史，对当今“一带一路”建设具有现实意义。（漳州市图书馆）

【“南三龙”公共图书馆联盟资源联展揭牌仪式在三明市图书馆举行】 6月3日，第二届“南三龙”公共图书馆联盟资源联展揭牌仪式在三明市图书馆7楼展览厅举行。此次活动由南平、三明、龙岩三地文化和旅游局主办，三明市图书馆承办，是“南三龙”公共图书馆联盟新增的服务项目。展览共搜集整理三地3个系列60幅作品，在内容上集中展示“南三龙”三地特色文化：“闽学之源、生态之城——南平篇”“改革开放铸辉煌、跨越发展新三明——三明篇”“革命胜地、红旗不倒——龙岩篇”；在形式上实现线上线下联展，通过展厅、三地图书馆网站、微信公众号、电子借阅机、“三明文化一点通”同步展示，线下展览在三明、南平、龙岩三地各级公共图书馆进行巡展，惠及三地城乡读者。（三明市图书馆）

【晋江市图书馆开展“辉煌七十年·悦读幸福篇”庆祝新中国成立70周年主题系列活动】 10月1—7日，晋江市图书馆开展“辉煌七十年·悦读幸福篇”庆祝新中国成立70周年主题系列活动，参与读者共计2.6万人次。系列活动包括少儿百米绘画、大型双面沙画、剪纸、趣味体能训练、“创客·动力车”拼装比赛等7项活动。活动现场还举办“光辉的历程”新中国成立70周年主题书展和“新中国成立70周年图说历史开国大典图片展”，展览以图文的形式，用35个版面介绍开国大典的历史性画面，并展出100本相关馆藏图书，供读者借阅。除这些阵地阅读活动之外，晋江市图书馆还推出“拼书人作战”微信活动，选出30本书籍的封面作为挑战关卡，通过趣味拼图方式，让参与读者“玩转”阅读，记住这些优质图书的书名及封面。（晋江市图书馆）

【上杭县图书馆全力推进“图书馆总分馆制”试点县建设】 2019年，上杭县图书馆全力推进“图书馆总分馆制”试点县建设。截至3月，已建设12个分馆、12个百姓读书吧、5个杭川书房、5个读书驿站、3个党员干部读书角、1个岗亭24小时自助图书馆，初步形成以县级图书馆为中心，以图书馆分馆、城市书房为纽带，以学校图书馆、村社区（书屋）图书室为基础，24小时自助图书馆、百姓读书吧、读书驿站和公园读书角、数字阅读为补充的，覆盖全县、城乡一体、功能完善、资源共享、管理规范的新型公共阅读（图书馆）服务网点。（上杭县图书馆）

江西省

【概况】 截至2019年底，江西省共有公共图书馆113家，其中省级1家、市级11家、县（市、区）级101家。馆舍总建筑面积达45.92万平方米，阅览室座席42210个。全年获得财政拨款3.17亿元，其中新增藏量购置费4682.49万元。从业人员1544人，其中在编人员1472人。文献资源（不含电子文献）总藏量3059.38万册/件，纸质图书年入藏量140.2万册。电子文献年入藏量240.93万册，数字资源总量达1592.6TB，其中自建数字资源总量391.61TB。全省各级各类公共图书馆以“传承文明、服务社会”为精神指引和根本遵循，定期开展多形式的文化宣传活动，推动全民阅读，打造服务品牌，积极发挥文化阵地作用，构建特色文献资源体系，持续推进古籍普查，不断深化服务，拓宽服务领域，创新服务项目，促进图书馆事业全面发展。

硬件实力显著提升。为建设文化强省，江西省委、省政府高度重视图书馆建设。总面积 9.6 万平方米的省图书馆新馆建筑主体建设全面完成。高安市图书馆新馆投资 5700 万元，总建筑面积 1.3 万平方米，馆藏量 29 万余册，阅览座位 1200 个，是全省最大体量的县级馆。

全民阅读影响力横纵双向提升。全省各级公共图书馆积极开展各类品牌全民阅读活动，广泛与各高校、大中小学（幼儿园）、省内知名出版社、新华书店等校企事业单位进行联动，全面将图书馆公共文化服务触角以横纵双向进行延伸。全省各级公共图书馆联合开展“赣图展览”巡展共计 367 场，服务读者约 3.6 万人次，取得良好的社会效益。各级公共图书馆联合举办 2019 年“书香赣鄱”全民阅读暨第九届“读好书”系列活动等 10 余项。其中，全省“爱阅赣版书”大型系列读书活动参与人数达到 1 万余人，对增强群众对赣版书的了解、推广赣版图书起到积极促进作用。截至 2019 年底，全省读者借阅证总量超 190 万个，全年总流通 1909.94 万人次，书刊文献外借 1620 万册次。

建设地方特色馆藏资源体系。为重点加强特色的文献资源建设，形成有江西特色的馆藏体系，各图书馆加强对红色文献收集，形成红色资源馆藏。江西省图书馆 2019 年采选入藏红色文献 1598 种 3419 册。另外，通过对王阳明及阳明后理学著作的收集，形成心学、阳明学的文献资源专题；对有关龙虎山天师道进行著作收集，结合南昌西山文化，形成江西道教文献资源专题；对禅宗南派著作收集，形成江西禅宗文献资源专题；对瓷器著作收集，形成以景德镇瓷器为中心的瓷器文献资源专题等知识库群。

古籍普查工作获好评。2019 年江西省古籍普查工作获得中国古籍保护协会领导和专家的好评，并作为先进在其总结会上做经验交流。在江西省古籍保护中心的组织下，江西省图书馆、萍乡市图书馆、抚州市图书馆的古籍普查文化志愿者赴赣州、抚州、吉安、上饶地区，共完成 9 家单位古籍和民国线装书 6452 部 46643 册的编目工作，完成 2 家单位 1622 块雕版的整理工作，审校古籍编目数据 43353 条，拍摄古籍书影 15565 部 35636 张。（江西省图书馆学会　谢佳新）

【江西省图书馆开展 2019 年“文化志愿服务进校园”活动】 3 月 5 日，江西省图书馆文化志愿者走进南昌市盲童学校共同开展 2019 年“文化志愿服务进校园”活动。江西省图书馆副馆长李晓君，南昌市盲童学校校长肖勇、书记李慎真及全校师生和文化志愿者共计 200 余人参加活动。此次活动以送温暖、送文化、弘扬雷锋精神为主题，结合盲童的实际需求，文化志愿者开展兰兰姐姐故事会、无障碍电影《奔跑吧，孩子》、传唱学雷锋志愿服务主题歌曲等活动。（江西省图书馆学会　谢佳新）

【江西省图书馆开展 2019 年江西省残疾人文化周活动暨“与悦读同行　伴星孩成长”项目启动仪式】 5 月 25 日，2019 年江西省残疾人文化周活动暨“与悦读同行　伴星孩成长”项目在南昌市图书馆全面启动。江西省文化和旅游厅公共服务处处长周建文，江西省残疾人联合会宣文处处长万润妹，江西省残疾人联合会组联处处长孙鹏飞，南昌市文化广电新闻出版旅游局党委委员、副局长刘国产，江西省图书馆馆长陶涛，南昌市图书馆馆长胡才高等领导、嘉宾出席活动。领导、嘉宾为江西省图书馆文化志愿服务队、江西省精神残疾人及亲友协会、南昌市图书馆文化志愿服务队授旗，为文化志愿者颁发聘书。自闭症儿童家长代表李珏、文化志愿者代表赵福京分别发言。最后，周建文宣布“与悦读同行　伴星孩成长”项目正式启动。（江西省图书馆学会　谢佳新）

【2019 年 ILAS 技术培训会在南昌开班】 6 月 24 日，由江西省图书馆、深圳市科图自动化新技术应用公司主办，南昌市图书馆承办的 2019 年 ILAS 技术培训会开幕式在南昌市图书馆举行。来自全国各地图书馆的技术人员共计 100 余人参加开幕式，江西省图书馆副馆长蔡荣生、南昌市图书馆副馆长罗卓舟分别代表省、市致辞。培训为期 5 天，由科图技术人员就

ILAS Ⅱ、UILAS系统管理、采访编目模块、期刊模块等几方面进行讲解和分析，各地图书馆的技术人员通过上机实践操作加深理解，为日后实际工作夯实基础。（江西省图书馆学会　谢佳新）

【2019年江西省公共数字文化建设与服务培训班在新余市举办】 10月29日，由江西省图书馆主办的“2019年江西省公共数字文化建设与服务培训班——图书馆的智慧服务”在新余市举行开班仪式。新余市文化广电新闻出版旅游局党组书记刘献忠和江西省图书馆副馆长蔡荣生出席仪式，来自江西省各设区市、县（区）公共图书馆的80余人参加培训。培训班为期3天，特邀浙江省图书馆首席专家刘晓清、原宁波高校园区图书馆馆长颜务林等多位业内专家，分别就“基于微服思维的智慧图书馆建设”“公共数字文化与精准扶贫”“融合发展中的公共数字文化服务推广”“基层图书馆怎样做好全民阅读”“公共图书馆数字文化服务融合创新与发展”“数字总分馆模式下数字资源建设与服务”等方面进行讲解和教学。（江西省图书馆学会　谢佳新）

【2019年江西省古籍保护工作管理人员培训班在景德镇市举办】 11月26—29日，由江西省古籍保护中心（江西省图书馆）主办、景德镇市图书馆承办的2019年全省古籍保护工作管理人员培训班在景德镇举办。江西省图书馆学会古籍保护部成员、有关高校图书馆、中学图书馆、各设区市公共图书馆、县级公共图书馆及省级以上古籍重点保护单位分管古籍工作的馆领导及古籍普查工作骨干等75人参加开班仪式。在培训班上，国家古籍保护中心副主任、国家图书馆副馆长张志清做“全国古籍保护工作的新成就与展望”专题讲座，湖南图书馆文献研究所所长寻霖做“古籍普查登记目录审校与中华古籍总目编纂”专题讲座，江西省图书馆副馆长何振作从2019年全省古籍普查志愿服务活动、普查数据审校与书影拍摄、古籍书库建设、古籍数字化工作、古籍保护工作宣传推广等5个方面总结全省古籍保护工作取得的成绩，指出全省古籍保护工作中存在的问题与不足。培训期间，围绕当前古籍保护工作现状，学员们踊跃发言，分享本单位古籍普查的进展与存在的困难以及各自在古籍普查工作中的经验。（江西省图书馆学会　谢佳新）

【南昌市图书馆举办首家“悦·书吧”暨“我是小小传承人”暑期趣学堂启动仪式】 7月2日，南昌市图书馆首家“悦·书吧”暨“我是小小传承人”暑期趣学堂启动仪式在南昌市文化馆举行。南昌市文化广电新闻出版旅游局党委委员、副局长刘国产，南昌市图书馆和南昌市文化馆相关领导参加仪式。首家“悦·书吧”由南昌市图书馆、南昌市文化馆合力打造，图书馆为其提供各类图书500册、过刊100册，图书包含文学名著及200册少儿类书籍，并不定期提供图书更换及阅读分享、沙龙等活动；文化馆对场地、相关配套设施进行维护管理。“悦·书吧”是一种新型阅读模式与阅读场所，具有阅读、活动、展示、休闲等功能，为市民提供便捷、多样化服务，打造“全市15分钟都市阅读圈”，全面推进书香洪城、文化强市建设。（江西省图书馆学会　谢佳新）

【南昌市图书馆举行“时代的声音——不忘初心　牢记使命”主题教育经典诵读会活动】 10月15日，由南昌市文化广电新闻出版旅游局主办，南昌市图书馆承办，江西师范大学音乐学院播音系协办的“时代的声音——不忘初心　牢记使命”主题教育经典诵读会在南昌市图书馆举行。江西省文化和旅游厅、省图书馆有关领导以及市民读者500余人共同参与。此次经典诵读会以朗诵、配音、合唱等形式，回顾党在革命、建设、改革等历史阶段的光辉历程，讴歌党的丰功伟绩，深入宣传贯彻习近平新时代中国特色社会主义思想和党的十九大精神，教育引导全局党员干部锤炼忠诚干净担当的政治品格，立足新起点、瞄准新高度，凝心聚力再创文化和旅游工作新辉煌。（江西省图书馆学会　谢佳新）

【江西省首家“银行+图书馆”模式的城市书房向读者开放】 1月13日，江西省首家“银行+图书馆”模式的城市书房在九江市万达社区举行开放仪式。九江市文化广电新闻出版旅游局、九江市图书馆、九江银行等单位的领导以及部分现场读者参加仪式。该“城市书房”的建设是九江市图书馆和九江银行携手合作、共建共享的产物。利用九江银行现有的社区银行网点场地，由银行进行个性化设计装修和后续日常管理，图书馆配备图书、服务设备并提供业务支持，面向读者免费开放。书房面积130平方米，藏书6000余册，阅览座席30个，实行图书自助借还。在保障银行正常业务工作开展之外提供办证、借阅、电子资源查询等图书馆阅读服务，还可开展小型读书和文化活动，实现图书馆、银行、社区居民多方受益和共赢。（江西省图书馆学会　谢佳新）

【第二届“新时代图书馆业务建设论坛”在九江市图书馆召开】 10月31日，第二届“新时代图书馆业务建设论坛”在九江市图书馆举行。论坛由九江市图书馆学会、赣州市图书馆学会主办。江西省图书馆副馆长蔡荣生、九江市图书馆馆长王晓健、赣州市图书馆副馆长邱丽红，市图书馆班子成员以及来自两地学会的70余位馆长、专家和业务骨干参加此次论坛。论坛邀请蔡荣生围绕“新时代图书馆新馆建设——以江西省图书馆新馆为例”做主旨报告。来自九江市职业技术学院图书馆、九江市柴桑区图书馆、江西理工大学图书馆、赣州市南康区图书馆等馆的6位代表分别就各自工作中的新理念、新技术、新应用与参会人员做分享交流。（江西省图书馆学会　谢佳新）

【湘鄂赣皖四省公共图书馆联盟2019年巡讲活动首场在九江市图书馆开讲】 10月19日，湘鄂赣皖四省公共图书馆联盟2019年巡讲活动首场在九江市图书馆正式开讲，来自湖南、湖北、江西、安徽四省专家学者齐开言路，以“乡愁四韵”为主题，分别从各省历史名镇名村的保护、利用、人文、历史、旅游等多个角度，为到场读者进行详尽解读。江西省图书馆、九江市文化广电新闻出版旅游局、九江市图书馆有关领导出席此次巡讲活动。（江西省图书馆学会　谢佳新）

【赣州市举行书香校园“每月精读一本书”公益推广活动】 1月18日，赣州市书香校园“每月精读一本书”启动仪式暨“文化名家走进校园”首场讲座在赣州市阳明小学举行。赣州市各县（市、区）图书馆馆长、教研室主任及赣州市中心城区部分中小学校长共200人参加启动仪式，共读赣南苏区红色故事。此次活动由赣州市文化广电新闻出版旅游局、赣州市教育局主办，赣州市图书馆、赣州市教研室承办，旨在中小学校构建温馨和谐的文化教育环境，激发师生的阅读热情，为加快赣南苏区振兴发展做出积极贡献。该系列活动贯穿全年，活动主办方每月邀请赣南本土知名作家、文化学者深入到各县（市、区）中小学举办“每月精读一本书”专题讲座，对推荐的与赣州名人及传统文化有关的优秀著作进行解读，并开展赠书活动。活动后期，还分阶段组织开展“每月精读一本书”心得作文比赛及《习近平用典》“金句”书法比赛。（江西省图书馆学会　谢佳新）

【赣州市开展“图说纪法”漫画巡展】 4月23日—11月17日，由赣州市纪委监委主办、赣州市图书馆承办、各县（市、区）图书馆及驻市各高校图书馆协办的“图说纪法”漫画展在全市各县（市、区）及有关单位巡展。此次展览以图文并茂的形式，把《中国共产党纪律处分条例》和《中华人民共和国监察法》等相关内容通过132幅主题漫画作品进行展示；同时选取20幅漫画作品宣传《中华人民共和国公共图书馆法》，依法推动全民阅读走向深入。巡展在中心城区每个点展出一周，每个县（市、区）分别展出两周，一共展出34站。巡展不仅覆盖赣州市所有县（市、区）和10个大中专院校，还走进赣州市财政局、江西省高速集团赣州管理中心、赣南医学院第一附属医院等单位展出。受众包括党员干部、老师、学生、医生、群众等不同群体，观众累计达到上百万人次。（江西省图书馆学会　谢佳新）

【上饶市举办“书香沁饶城·追梦新时代”2019年上饶市全民阅读启动仪式暨第三届领导干部推荐好书系列活动】 4月20日，由中共上饶市委宣传部、上饶市文化广电新闻出版旅游局等单位主办，上饶市图书馆等单位承办的“书香沁饶城·追梦新时代”2019年上饶市全民阅读启动仪式暨第三届领导干部荐好书活动在上饶市民公园举行。上饶市委、市政府及上饶市图书馆的领导出席活动。此届全民阅读文化节的主题为“书香沁饶城·追梦新时代”，分别设置上饶新华图书大展销区、数字图书馆展示区、优秀小读者成果展示区、绘本阅读推广展示区等专区，现场还进行舞蹈表演、红色家书诵读等。此外，在世界读书日期间，上饶市图书馆举办“同城共读”4·23世界读书日主题活动、“万卷共知”阅读竞答、中国作协会员渭波写作分享、“畅想悦读会”绘本阅读等一系列活动，为建构书香上饶营造浓厚氛围。（江西省图书馆学会　谢佳新）

【抚州市图书馆举行“盲人数字阅读推广工程”智能听书机发放仪式】 7月29日，抚州市“盲人数字阅读推广工程”智能听书机发放仪式在抚州市电视台演播大厅举行。江西省图书馆副馆长、江西省图书馆学会秘书长黄俊，抚州市文化广电新闻出版旅游局党委书记、局长谭玉英，市文化广电新闻出版旅游局党委委员、副局长陈宁广，抚州市图书馆馆长孔彬，各县（区）公共图书馆馆长、图书馆工作人员，市民读者及市区盲人读者代表近100人出席发放仪式。各县（区）公共图书馆馆长和市区盲人读者代表现场领取听书机。（江西省图书馆学会　谢佳新）

【景德镇市图书馆新馆正式开馆】 9月8日，景德镇市图书馆新馆正式开馆。新馆建筑面积1.5万平方米，共4层，馆藏图书61万册，开放窗口15个。开馆当天，景德镇市图书馆举办读者分享会、陶瓷文献图书馆的地方文献捐赠及少儿影片展播等系列活动。（江西省图书馆学会　谢佳新）

【宜春市图书馆举办“不忘初心、牢记使命”主题系列讲座】 9月26日，宜春市关心下一代工作委员会、宜春历史文化研究会、宜春市图书馆联合主办的“不忘初心、牢记使命”主题系列讲座第一讲在宜春市图书馆举行。主办方邀请原解放军艺术学院副院长朱向前给大家做题为“五个关键时间节点中的毛泽东”讲座。此后，该系列讲座还陆续举办3讲，分别为宜春市关工委主任任桃英主讲的“书月相照话郑谷”、宜春历史文化研究会会长刘密主讲的“韩愈与袁州”、华中师范大学教授戴建业主讲的“盛唐诗歌与盛世精神”。（江西省图书馆学会　谢佳新）

【吉安市图书馆举办“壮阔东方潮·奋进新时代”庆祝中华人民共和国成立70周年图片展】 9月30日—11月30日，吉安市图书馆在一楼展厅举办“壮阔东方潮·奋进新时代”庆祝中华人民共和国成立70周年图片展。展览以图文并茂的形式和通俗易懂的语言，将中华大地70年的沧桑巨变和中华民族的追梦历程制成51幅以“奋进新时代　壮阔东方潮”为主题的展板，全面展示新中国成立70年来取得的巨大发展成就。展览分为新中国的成立和社会主义制度的建立、社会主义建设探索中曲折发展、开辟社会主义事业新时期、开创改革开放现代化建设新局面、开创全面建设小康社会新篇章、开辟治国理政新境界及开创中国特色社会主义事业新局面六部分，吸引大量群众前来观看。（江西省图书馆学会　谢佳新）

【分宜县图书馆举办首届分宜天工开物节】 1月16—19日，主题为“大国匠心——天工开物与分宜”的首届分宜天工开物节在分宜县图书馆举办。系列活动包括：打造《天工开物》文献研究室，成立以分宜县文化广电新闻出版旅游局熊建平为会长的分宜县《天工开物》文献研究会，通过多种渠道购置古今中外122种不同版本的《天工开物》文献；布置分宜地方文献展厅，围绕严嵩、卢肇、黄子澄等分宜古代名人，收集购置《袁州府志》《唐初袁州二人集》《四库简目》等相关文献，此次展出文献700余种3000余册。此外，分宜县图书馆还举办“改革开放四十周年摄影作品展”，循环播放《美丽分宜》宣传片，营造文化节日氛围。（江西省图书馆学会　谢佳新）

【乐平市图书馆推出首批家庭图书馆】 4月23日，乐平市图书馆推出首批家庭图书馆，以“图书馆＋家庭”模式，创新全民阅读推广活动。首批家庭图书馆于4月初在公众微信平台开始招募，要求是持有乐平市图书馆借书证，喜欢阅读、有一定藏书并有独立书房，热心公益事业并积极参与全民阅读推广活动，在乐平居住、工作或生活的家庭。被选中的家庭可自主推荐和选择由乐平市图书馆配送的1000元左右（约30本）图书（图书所有权归乐平市图书馆）；享受该馆免费上门服务，并定期对图书轮换更新；

优先享受该馆的数字图书资源；优先享受该馆所举办的读书交流、专题才艺展示、展览及学术交流活动。首批家庭图书馆招募活动得到市民朋友的积极参与，乐平市图书馆通过踩点考察选定 3 个家庭，于 4 月 23 日给每家送去 50 本图书，让他们号召邻居和亲戚朋友在家一起阅读，实现全民共同阅读。家庭图书馆第一期试点完成后，乐平市图书馆还计划在乐平各乡镇都建起家庭图书馆，与乡镇图书馆联动，实现真正的全民阅读。（江西省图书馆学会　谢佳新）

【宜兴社区获江西省首个全国“书香社区”荣誉称号】 9 月 24 日，中国图书馆学会发布《关于公布 2019 年“书香社区”发现活动名单的通知》，全国共 14 个社区进入 2019 年“书香社区”发现名单，其中由宜春市图书馆学会申报的宜兴社区上榜，成为江西省首个获得此项荣誉的社区。宜春市宜兴社区成立于 2016 年 6 月，社区服务中心办公面积 610 平方米，其中 200 平方米用于图书馆使用，现有藏书 7000 余册。为方便居民群众，社区开办“四点半课堂”和“暑期假日课堂”，免费开设课业辅导、文体娱乐、手工制作、亲子教育等活动，大大减轻了家长的负担，丰富了学生的学习生活。（江西省图书馆学会　谢佳新）

【南丰国际面具文化陈列馆开馆】 10 月 1 日，面积达 3600 平方米的南丰国际面具文化陈列馆全面对外开放，这是南丰县图书馆成立的第 12 个分馆。该馆由两部分组成。第一部分是国际面具文化展示馆，分为面具溯源、面具在中国、世界面具文化、面具的新生 4 部分。展品共 610 件（套），其中面具藏品 474 件套，面具衍生品 136 件套，分别陈展于桔都文化传播中心 6、7、8 层。6 层主要展出源于江西的面具藏品，7 层主要展出国内其他地方及国外的面具，8 层主要展出面具雕刻技艺及其传承、面具在当下生活中的运用及文创衍生品的设计等。第二部分是图书阅览空间，其中专门阅读空间 100 平方米，共享阅读空间近 2000 平方米。（江西省图书馆学会　谢佳新）

【金溪县图书馆创建“金图故事屋”线上视听栏目】 随着绘本市场的逐渐扩大，新媒体、数字资源也以更便捷的方式服务大众。金溪县图书馆紧跟时代步伐，自主创建一项以录制绘本为主要活动手段的“金图故事屋”线上视听栏目。该栏目由金溪县图书馆少儿推广部精选馆内优质绘本，馆员用录制软件录制好音频上传至微信公众平台，读者通过关注金溪县图书馆微信公众号即可免费收听。栏目自 11 月底正式发布推广，每周更新一期，受到广大幼儿读者的喜爱和支持，成为该馆的“移动绘本馆”。（江西省图书馆学会　谢佳新）

【高安市图书馆新馆开馆】 高安市图书馆新馆于 12 月 5 日开馆，总建筑面积 1.3 万平方米，图书 29 万余册，阅览座位 1200 个，是江西省现有体量最大的县级图书馆。设有报刊阅览室、少儿阅览室、亲子活动室、借阅室、电子阅览室、视听阅览室、文学阅览室、特色文献阅览室、精品藏书室、视障阅览室等十大功能服务区，是一所集读书学习、信息交流和文化休闲等功能为一体的综合性、开放型、多功能、现代化的公共图书馆。（江西省图书馆学会　谢佳新）

山东省

【概况】 截至 2019 年底，山东省共有公共图书馆 155 个，其中省级图书馆 1 个，副省级图书馆 1 个，计划单列市图书馆 1 个，市级图书馆 15 个，县（市、区）级图书馆 137 个。共有人员编制 2814 人，从业人数 2794 人，其中高级职称 457 人，中级职称 1066 人，分别占从业人数的 16.4% 和 38.2%。公共图书馆主馆建筑面积 109 万平方米。财政拨款总经费 7.6 亿元，其中购书经费 1.08 亿元。纸质图书总藏量 6662 万册 / 件，电子图书 4424 万册 / 件。2019 年新增纸质图书 422 万余册，新增电子图书 389 万册 / 件。阅览室座席 66203 个，少儿阅览室座席 14354 个。全省累计有效借书证 491 万个，比 2018 年增长 17.46%。总流通 5391 万人次，比 2018 年增长 18%。文献外借 3136 万册次。全年举办读者活动 20846 次，比 2018 年增长 24%；其中讲座 7279 次、展览 2611 次，分别比 2018 年增长 1.8% 和 37%。全省共有数据库 1200 个，其中购买 748 个、自建 300 个。全省共有分馆 2524 个，流动书刊借阅 400 万册次。

坚持服务放首位，提升基础服务和读者活

动影响力。2019 年，全省公共图书馆不断完善图书馆基础设施，提高服务效能，努力提供舒适的阅读环境和阅读体验。在做好基础服务的同时，创新活动方式，打造活动品牌。山东省图书馆学会在中国图书馆学会统一指导下，发动全省开展“同城共读，万卷共知——2019 年 4 · 23 世界读书日全民阅读活动”“阅天下 · 邂逅图书馆之美”等活动，取得良好效果。烟台市图书馆“一路书香”流动服务车开展进社区、部队等流动服务，延伸图书馆服务触角。济南市图书馆把握契机，在暑期开展“泉书坊”阅读推广联盟、“交享阅”读者沙龙、“七彩泉”少儿系列等品牌活动，参与活动的读者达到 3 万余人次，成为暑期最受欢迎的活动。

坚持“扶智”“扶志”导向，提高文化精准扶贫效能。全省公共图书馆结合自身优势，通过多种形式参与扶贫工作。枣庄市图书馆开展“文化下乡　扶贫惠民”项目，设立“邻里书屋”，建设乡村分馆，为村民们送上涵盖科技知识、文学读物、家庭保健、文化娱乐等内容的图书数千册。潍坊市图书馆建设美丽乡村分馆、输送图书馆志愿服务，通过捐赠图书、增设少儿数字阅读精品馆等现代化数字阅读设施，将传统的农家书屋升级改造为集纸媒和电子媒体相结合、突出少儿特色的“美丽乡村分馆”，村民在家门口就能享受到和城市居民一样的阅读服务。

坚持创新工作方式方法，激发服务新活力。山东省图书馆完成市级公共图书馆绩效评价工作，推进绩效评价工作延伸到县级，建立完善的业务数据汇总报送机制，实现评估工作常态化。临沂市图书馆探索出一条体制创新、管理精细、服务精准、效能提升的公共文化服务新路径，通过开展读者调查问卷等精准对接开展服务，满足读者需求；协助市社科联举办市民大讲堂 150 余场；结合地方文化特色，建设一批主题鲜明、立意深刻的专题展馆；建立图书流通服务点、监狱尼山书院、社区图书馆、企业图书馆等，初步构建“大阅读”格局。东营党建图书馆河口区分馆依托区图书馆、镇街综合文化站、农家书屋、党员活动室等，建立起“覆盖全区、城乡一体、功能完善、资源共享、管理规范”的党建图书馆体系，广泛开展“订制型”党员活动，使其成为全区广大党员传播弘扬党的精神的重要平台。（山东省图书馆　王彬　王玮）

【2019 年全省公共图书馆馆长联席会在济宁召开】 3 月 21 日，全省公共图书馆馆长联席会在济宁市图书馆召开。山东省图书馆党委书记、馆长刘显世等有关领导及各地市公共图书馆馆长、专家和业务骨干参加会议。山东省图书馆副馆长周玉山通报 2018 年全省市级（副省级）公共图书馆绩效评价结果，并为优秀单位颁发荣誉证书；山东省图书馆研究辅导部主任陶嘉今通报中国图书馆学会、省图书馆和省学会 2019 年重点工作安排；各地市公共图书馆馆长深入交流 2018 年工作情况和 2019 年工作思路。会议部署 2019 年重点工作任务，明确下一阶段全省公共图书馆建设和发展的目标。会后，济宁市图书馆馆长马伟带领与会人员参观济宁市文化中心，并对市图书馆建设做专题汇报。（山东省图书馆　王玮）

【山东省图书馆尼山书院荀子公开课备课会在北京召开】 4 月 13—14 日，由山东省委宣传部、山东省文化和旅游厅主办、山东省图书馆尼山书院承办、孟子研究院协办的尼山书院荀子公开课备课会在北京召开。山东省推出的“图书馆 + 尼山书院”公共文化服务模式，是贯彻落实习总书记关于弘扬中华优秀传统文化理论的一个实践成果。习近平总书记在多个场合引用过荀子的经典语录，此次备课会能够进一步明确荀子公开课的理念及课程设计，通过荀子公开课挖掘荀子以及思想的时代性和当代价值。与会专家学者充分肯定尼山书院国学公开课的做法，并就进一步提升与发挥公开课的效果提出建议。会议讨论通过《尼山书院荀子公开课课程设置方案》，确定十二讲的题目、主讲教师名单及授课时间。尼山书院荀子公开课是继孔子公开课、孟子公开课、阳明学公开课、朱子学公开课之后，尼山书院面向社会干部群众开设的大型中华优秀传统文化公开课，在提升山东省干部治国理政水平，修身立德方面发挥积极作用。同时，公开课面向民众开放，有助于树立民族文化自信，推进中华优秀传统文化的传承与发展。（山东省图书馆　王玮）

【山东省图书馆举办“籍献尺素，过眼留心”

世界读书日文化助盲专项活动】 4月28日，山东省图书馆联合山东建筑大学无障碍研究中心、山东省盲人协会、临沂市盲人协会在山东特殊教育职业学院开展“籍献尺素，过眼留心”的世界读书日文化助盲活动。山东省图书馆、中国盲协、山东省盲协，山东建筑大学无障碍研究中心、临沂市盲协、山东特教学院等有关单位领导出席文化助盲事业学术研讨会，就特殊学校发展与文化助盲活动的深入开展进行讨论，并制定下一步的发展规划。随后，山东特殊教育职业学院的视障学生们在“光明使者”志愿者的陪同下参加按摩培训讲座。活动中，“光明使者”志愿者同时对前期发放的便携式智能听书机使用情况进行回访调查工作，与视障学生进行面对面的沟通，对下一步优化盲人听书机科学的发放管理模式起到非常重要的指导作用。（山东省图书馆　王玮）

【第三届奎虚图书奖颁奖典礼暨悦读分享会举办】 5月8日，第三届奎虚图书奖颁奖典礼暨悦读分享会在山东省图书馆举行。此届评选工作于2019年1月启动，共汇集省内出版社2017—2018年度出版图书2600余种，经过省图书馆和10家地市图书馆推荐，微信、网站线上评选投票，组织专家审读书目，专家评审委员会终评等环节，综合网上图书投票、地市图书馆推荐、出版社自荐等因素，评选出2017—2018年度鲁版佳作共计39种。此次投票采取线上线下同步进行的方式。微信公众号投票人数为5万余人次，票数17万余张；网站投票为5千余人次，其中首次出现海外6个国家和地区的投票，票数达1.1万余张。山东省图书馆依托奎虚图书奖这一平台，联合省内出版社、杂志社、报社及其他出版发行机构，搭建山东文献出版信息平台，建立沟通与协调机制；完善出版单位正式出版物样本交存制度，切实发挥省图书馆全省总书库职责；积极推广、展示山东出版佳作，为机构收藏、大众阅读提供信息引导，凝聚社会各界力量，共同促进全民阅读。颁奖仪式结束后的悦读分享会中，获奖作品《大风歌》作者唐明华为大家讲述该书的成书经历，书中描绘民营经济发展波澜壮阔的时代画卷，讲述一个个鲜活的改革先锋人物故事。（山东省图书馆　王玮）

【“共读一本书”首届阅读马拉松挑战赛济南开赛】 5月26日，由山东省图书馆、济南市图书馆共同举办的“共读一本书”首届阅读马拉松挑战赛开赛，共有140人同读《人生海海》（赛前不透露阅读书目），比赛分别在山东省图书馆总馆和济南市图书馆同时举行。此次活动呈现出阅读连接情感的特点，夫妻、母女、同学齐上阵，与亲朋好友一起“共读一本书”。挑战赛程中，选手们进行时长6小时的拉力赛，共读《人生海海》，完成阅读后通过线上答题，提交答卷之后由机器人宝宝给选手们发电子成绩单。坚持读完并参与答题的读者们获得完赛证书，个人赛前10名和小组赛前5的读者领取奖牌。（山东省图书馆　王玮）

【2019年度山东省古籍保护工作会议暨古籍保护培训班在济南举办】 6月18—19日，2019年度山东省古籍保护工作会议暨古籍保护培训班在济南举办。来自全省40家单位的60名代表参加会议及培训。会上为获得“山东省古籍重点保护单位”和入选《山东省珍贵古籍名录》单位的代表颁牌颁证，为获得山东省古籍保护工作先进单位和先进个人的代表颁发荣誉证书。来自济南市图书馆、青岛市图书馆和潍坊市图书馆的获奖代表做典型发言，并与参会代表交流经验。会后举办的古籍保护培训中，参会代表们听取题为“《古籍普查登记工作报告》编制规范”和“古籍普查登记目录数据格式及古籍普查审校中的几个问题”的专题讲座。（山东省图书馆　王玮）

【山东省图书馆“文创空间”正式对外开放】 7月4日，山东省图书馆“文创空间”正式对读者开放，“山东木版年画主题展”同步举办。“文创空间”位于山东省图书馆一楼，按照功能定位划分为创意研发、产品展示、文创体验3个区域，致力于打造馆藏资源“活化”平台、文创产品展示平台、读者创意体验平台。山东省图书馆自2018年4月全面启动文创开发工作以来，积极探索符合图书馆自身特点的文创开发模式，克服人才短缺、资金不足等困难，通过引入社会力量，开发出“木兰秋狝”“十美图”等系列文创产品，涉及书画、剪纸、雕刻、文具、生活用品等10余个门类，极富创意性、实用性

和趣味性，且具有鲜明的鲁图色彩。（山东省图书馆　王玮）

【第二届山东地区图书馆采编业务研讨培训班在威海举办】 7月2—4日，由山东省图书馆主办、威海市图书馆协办的第二届山东地区图书馆采编业务研讨培训班在威海举办。全省地市公共图书馆分管资源建设的馆长、采编业务人员等42名代表参加研讨。培训中，浙江图书馆党委书记徐洁做关于“变革中的文献采访工作——以浙江图书馆为例”的专题讲座；威海市图书馆、潍坊市图书馆、烟台市图书馆和枣庄市图书馆代表就采编工作与馆藏地方文献资源建设工作中做出的成绩在会上做典型经验发言。会议对2017—2018年度全省图书馆文献资源共建共享先进集体与先进个人进行表彰，并为获奖代表颁发奖牌和荣誉证书。通过此次培训研讨，搭建起馆际交流的平台，探索出适应新环境下的图书馆文献资源建设的全新模式。（山东省图书馆　王玮）

【“2019年中华古籍普查文化志愿服务行动·山东行·山东省图书馆站”正式启动】 7月16日，由中国古籍保护协会主办、山东省古籍保护中心（山东省图书馆）承办的“2019年中华古籍普查文化志愿服务行动·山东行·山东省图书馆站”启动仪式在省图书馆举行，来自山东大学、山东师范大学、山东省中医药大学、艺术学院等院校的20名志愿者、省古籍保护中心的工作人员及媒体代表参加此次活动。2019年是山东省古籍保护中心第三次加入中国古籍保护协会组织的“中华古籍普查文化志愿服务行动”，通过发动高校学生和社会力量参与古籍普查，形成全省古籍普查工作合力，不仅有效帮助全省的基层古籍藏馆完成普查登记任务，也为省内对口专业的高校志愿者们提供亲近古籍、弘扬文化的平台。（山东省图书馆　王玮）

【山东省举办首届古籍修复技艺大赛】 8月13日，山东省首届古籍修复技艺大赛在山东省图书馆举行。此次大赛由山东省图书馆（山东省古籍保护中心）组织，是响应国家古籍保护中心发起的“中华传统晒书活动”晒技艺的重要内容之一。来自全省各地的11名古籍修复者提交作品，3位专家在审阅修复档案、修复照片的基础上，对参赛作品进行认真评审，最终确定入选奖5名、优秀奖3名、鼓励奖3名。此次大赛是山东省古籍修复者第一次通过比赛的形式切磋、交流古籍修复技艺，通过比赛检验修复人员的技艺，以便培养、选拔更多古籍保护和修复人才，促进古籍修复技艺不断提高。（山东省图书馆　王玮）

【韩国安东市长权宁世一行来山东省图书馆尼山书院参观】 韩国安东市长权宁世等22人于11月15日到山东省图书馆尼山书院进行参观交流。山东省图书馆党委书记、馆长刘显世，副馆长、尼山书院秘书长李西宁陪同参观并出席座谈会。权宁世等一行人参观了奎虚射圃射艺展示、古琴课堂以及尼山书院国乐团。双方表示，未来将进一步加强尼山书院与安东市在传统文化及书院方面的合作与交流，共同书写中韩友谊的新篇章。（山东省图书馆　王玮）

【山东省图书馆、山东省北京大学校友会联合举行文献资源共建座谈暨北大校友著述成果捐赠活动】 11月17日，山东省图书馆、山东省北京大学校友会文献资源共建座谈暨北大校友著述成果捐赠活动在山东省图书馆举行。山东省图书馆党委书记、馆长刘显世，山东省北京大学校友会会长王伟、副会长梁守兰，省图书馆副馆长王玉梅，以及来自全省各行各业的20余位北大校友出席活动。

为纪念五四运动100周年、山东省图书馆建馆110周年，山东省图书馆和山东北大校友会共同策划并启动山东北大校友优秀著述成果、资料征集活动。此次活动重点面向省内高等院校、文化教育科研机构、政府机关、企事业单位中毕业于北大的学者、教授，征集五四运动以来的学术著作等文献资料。自4月活动启动以来，共收到18位山东籍北大学人捐赠的优秀著述成果52种123册，取得良好的宣传和示范效应。座谈会上，大家纷纷为省图书馆文献资源建设、事业发展建言献策。与会代表还参观山东省图书馆地方文献、外借及文创空间等服务窗口。（山东省图书馆　王玮）

【山东省图书馆成立必胜客流通分馆助力

“泉城暖意　共享书房”建设】 12月19日，由山东省政协经济委员会、委员联络工作委员会，济南市政协，百胜中国山东市场部共同主办的“泉城暖意　共享书房”活动在必胜客联荷餐厅启动。山东省政协副主席韩金峰出席活动。山东省图书馆党委书记、馆长刘显世为必胜客流通分馆授牌。“泉城暖意　共享书房”活动是为促进共享经济健康发展，对山东省政协经济委员会发起的“摆放环卫工人暖心歇脚点”“打造共享书房公益阅读空间”倡议的积极实践，其目的是通过餐饮企业、酒店、银行等公共空间，积极探索公益阅读新模式，打造公益阅读空间。山东省图书馆必胜客流通分馆的成立，将公共阅读服务体系的优质图书资源引入更多的社区居民日常生活场景，更加拉近了大众与阅读的距离。分馆内共陈列近500册图书，品类涵盖社会科学、儿童读物、文学、金融、生活、美食文化等，消费者在体验必胜客美味餐点的同时，还能通过书籍探索更多新的发现，从而让读书成为一种随时随处、轻松可享的时尚活动。（山东省图书馆　王玮）

【山东省少儿图书馆创建“阅读点亮心灯”——弱视弱听群体阅读提升项目】 2019年，山东省少年儿童图书馆走进济南特殊教育中心，开展“阅读点亮心灯”——弱视弱听群体阅读提升项目，为该中心盲聋哑儿童提供阅读指导服务。该项目以少儿馆馆藏书目为基础，通过每月一期读书会的形式定期开展。为了充分了解这些特殊儿童的阅读需求、阅读能力、交流能力，少儿馆工作人员提前为特教中心配送200册图书和300册杂志，并与老师和部分学生进行深入座谈，收集意见和建议，以期提供更精准、更专业的阅读推广服务。（山东省图书馆　王玮）

【济南市图书馆积极探索数字阅读方法】 4月12日，在第五届中国数字阅读大会上，济南市荣获“2018年度全国十大数字阅读城市”称号。“‘书香泉城’全民阅读节”“汽车流动图书馆”“享阅到家”“数字阅读进网咖”等这些出现在颁奖词中的内容都与济南市图书馆息息相关。近年来，济南市图书馆坚持科技引领、服务创新、文化惠民，在数字阅读方面做出积极探索并取得丰硕成果。联合山东书城、泉城路新华书店推出“你看书我买单”享阅服务活动，实现图书采购码洋近300万元，约5万名读者在书店“借”到心仪的图书。通过“享阅到家”服务累计借还图书15万册，为读者的阅读生活提供了极大便利。联合全市17家网咖推出“数字阅读进网咖”服务，积极探索互联网上网服务行业在推动全民阅读中的优势和作用，将济南市图书馆数字资源进行有机整合，方便市民群众在休闲的同时可以直观、方便、快捷地使用，共享公共文化服务建设发展成果。还搭建全国公共文化领域首个线上图书漂流系统——“书来书往”闲置图书交换平台。开通济南市民网上大学，并推出“书香泉城”掌上图书馆。建成2家泉城书房，成为公共文化机构与驻济房地产企业合作的一次成功示范。（山东省图书馆　王玮）

【“泉城图书馆联盟”成立暨联盟服务平台开通启动仪式在济南市图书馆举行】 12月25日，“泉城图书馆联盟”成立暨联盟服务平台开通启动仪式在济南市图书馆新馆举行。济南市委、市政协，山东省图书馆，济南大学，市文化和旅游局、市财政局、市教育局等单位相关领导和负责人，媒体记者等出席仪式。同时邀请市民巡访团成员，共同见证“为民办实事”承诺事项落实成效。

“打造泉城图书馆联盟，试点推进高校图书馆对外开放”是2019年济南市政府工作报告提出的20件“为民办实事”重点工作之一。“泉城图书馆联盟”打通了省、市、区、社区四级公共图书馆和高等院校图书馆各运营系统技术壁垒，实现联盟单位间系统兼容和资源的共建共享。仪式现场，联盟成员馆代表签订加盟协议书，来自山东省图书馆、济南大学图书馆、济南市图书馆、历下区图书馆、章丘区图书馆及市属高校图书馆等10家单位的负责人在《泉城图书馆联盟协议书》上签字。联盟服务平台开通后，全市市民可享受“一馆办证，各馆通用；一卡通行，就近借还；一馆藏书，各馆共享”的阅读服务。联盟的成立，构建起区域公共图书馆阅读服务全覆盖网络，开启泉城市民“15分钟”阅读生活新体验，对优化全市公共文化服务体系，提升服务效能具有重要意义。（山东省图书馆　王玮）

【青岛即墨区2019年“悦享即墨”全民读书活动举办】 5月9日晚，“悦享即墨”全民读书活动启动仪式在即墨古城举办。山东省图书馆、青岛市文旅局、青岛市图书馆、青岛市文旅局、即墨区委、即墨区人大等组委会成员单位有关领导、学生代表和各界群众近千余人参加启动仪式。仪式特邀中央广播电视总台少儿频道节目主持人鞠萍主持。此次活动由即墨区委宣传部主办，即墨区文化和旅游局、即墨区广播电视台承办，即墨区古城管理办公室、即墨区教育和体育局、即墨区新华书店有限责任公司协办。启动仪式以视频形式带领现场观众一起回顾往届全民读书活动的精彩瞬间。市民代表宣读倡议书，号召社会各界积极行动起来开启读书模式。开幕式上进行了精彩的文艺演出。

该活动是即墨区“为民要办实事项目”之一，全区30余个单位与部门以及18个镇、街道办事处作为成员单位参与，形成由组委会牵头、成员单位分项承办、上下联动的推进模式，共同打造属于全区民众的阅读盛宴。活动持续5个月，分为“书香篇”“阅读篇”“悦美篇”3个篇章，内容包括：“你看书　我买单”惠民活动、主题征文、“发现读书之美”摄影比赛、尼山书院传统文化传播系列活动、红色经典系列读书活动、“墨墨”情景剧巡演、“互联网＋阅读”线上读书活动、即墨新闻交通广播“即图荐书”专题栏目等。（山东省图书馆　王玮）

【东营党建图书馆河口分馆着力打造智慧型党建图书馆和党员大书房】 2019年，东营党建图书馆河口分馆以推进“两学一做”学习教育常态化制度化，推动学习型党组织和政治文化建设为理念，以营造党员干部爱读书、读好书、善读书和重视学习、崇尚学习的浓厚氛围为目标，着力打造服务功能齐全、空间温馨开放、管理先进智能的智慧型党建图书馆和党员大书房。河口分馆总面积约450余平方米，共设有4个活动区域，分别是自主学习区、学思践悟室、党建微影院和尼山书院，可同时容纳130人分区域同时开展活动。并依托区图书馆、镇街综合文化站、农家书屋、党员活动室等，建立起“覆盖全区、城乡一体、功能完善、资源共享、管理规范”的党建图书馆体系。馆内登记在册图书3千余种、5万余册，报刊10余种，并根据党员干部学习的需求，积极开展各类读书荐书活动，不断丰富馆藏数量。馆内实现自助办证、自助借还、自助检索和线上线下学习，为全区550个基层党组织和8800多名党员搭建起学习知识、增强党性、坚定信仰的精神家园。该馆根据全区广大党员干部的需求，不断创新多元化的学习模式，广泛开展“订制型”党员活动，充分依托党建图书馆各个活动区域，由各自单位订制党员活动日主题，如自主读书充电、学思践悟交流、演讲风采展示、国学经典诵读、传统文化体验、红色经典观影等。截至2019年底，已有近40个区直单位和企业共计1200余名党员来馆开展学习活动。（山东省图书馆　王玮）

【烟台图书馆“一路书香”流动服务车为市民提供便利服务】 烟台图书馆“一路书香”流动服务车长期坚持走进社区、军营、学校，让百姓享受到便利的阅读服务，赢得社会各界的广泛赞誉。2019年被市总工会授予“先锋创业模范岗”荣誉称号，成为全市15家获此殊荣的先进集体之一。该流动服务车由车长8.5米的大客车改装而成，车上装载各门类图书2500余册，车内装备有卫星接收系统、自动化遮阳棚、电视、电脑、功放系统及书架、沙发座席等，并设专人负责，按公交化管理，定时定点开进社区、学校、部队等服务网点。自2015年5月28日启用至今，累计开展图书流动服务247次，行驶里程13716公里，借还、续借图书147343册次，接待读者43236人次，解答各类咨询8600余条。（山东省图书馆　王玮）

【济宁市图书馆开展暑期学雷锋志愿服务活动】 暑期学雷锋志愿服务活动是济宁市图书馆的特色工作。2019年暑期活动从7月16日开始到8月25日结束，共面向全体市民招募志愿者6期，累计录用志愿者270人。济宁市图书馆开展暑期学雷锋志愿活动已有2年，按照自愿性、无偿性、务实性、规范性原则，形成常规化的活动机制。从多渠道发布招募信息、志愿者的基本信息管理、服务期岗位分布和工作管理以及回馈信息收集、优秀志愿者评选等，形成一套健全的制度。在实际工作中，济宁市图书馆以部室为单位对志愿者开展专业培训和服务理念引导。在书刊整理、读者咨询服务、借阅引导服务、文明阅读督导等工作岗位上，志愿者们在各个对外服务窗口，积极主动地为读者提供各项信息咨询及书刊整理服务，为广大市民创造良好的阅读环境。（山东省图书馆　王玮）

河南省

【“学习普及甲骨文国际巡展”郑州站在河南省图书馆举办】 1月31日，“学习普及甲骨文国际巡展”郑州站在河南省图书馆开展。展出内容主要有甲骨文图解（汉字溯源），以图解的方法讲述殷商先人“近取诸身，远取诸物”的造字方法理念，每字序列甲骨文、金文、小篆、隶书、楷书等字体，展现了中国汉字的演变历程。甲骨文是世界四大古文字之一，是中华汉字的鼻祖，传承了中华文化基因。此次展览由中国甲骨文书法艺术研究会、安阳市殷商文化研究会、河南省图书馆主办，旨在纪念甲骨文发现120周年，弘扬汉字文化，普及甲骨文知识，提高甲骨文学习水平，广泛开展对外学术交流。（河南省图书馆学会　刘洋　杨荔雯　严真）

【河南省图书馆新见公文纸本古籍三种】 河南省图书馆馆藏公文纸本《区田编》《五种遗规》《春秋左传音训》系2019年最新发现的公文纸本古籍，此三种古籍均用乡试空白试卷纸刷印，纸背文献反映的是清道光至光绪年间河南布政司乡试墨卷的内容。由于这三种纸背文献的年代均为清代，公文纸为乡试墨卷且纸的正面与背面均有公文内容，与已知古籍公文纸背文献多有不同。此三种古籍公文纸背文献的发掘，对于研究清代乡试墨卷的样式、乡试试卷的管理、墨戳制度及印卷官制度提供了补充资料。（河南省图书馆学会　刘洋　杨荔雯　严真）

【2019年河南省盲人数字阅读推广培训班举办】 6月25—28日，河南省图书馆与中国盲文图书馆、河南省残疾人联合会在郑州市举办河南省盲人数字阅读推广培训班。此次会议邀请中国盲协主席田超、中国盲文图书馆信息无障碍中心主任何川、河南省图书馆读者工作部主任安娜、中国盲文图书馆信息无障碍中心副主任夏云等多位业内专家与会，全省18个地市图书馆与各残联相关人员共计70人参会。会议主要介绍盲人数字阅读推广工程“智能听书机”项目实施细节、管理办法和服务保障策略、公共图书馆视障阅览服务创新案例、信息无障碍阅读、数字图书馆资源及使用，并且交流研讨“盲人数字阅读推广工程”项目和视障文化服务长效机制。（河南省图书馆学会　刘洋　杨荔雯　严真）

【《中华传统文化百部经典》系列公益讲座举办】 4月至7月，河南省图书馆在“豫图讲坛”连续举办10场《中华传统文化百部经典》系列公益讲座，内容涵盖《周易》《尚书》《诗经》《论语》《孟子》《老子》《庄子》《管子》《孙子兵法》《史记》10部经典，由10位省内专家学者为读者进行深入浅出的讲解和诠释。期间累计接待听众近2000人，并与国家图书馆合作进行网络直播，让更多人一同感受中华传统文化的魅力。（河南省图书馆学会　刘洋　杨荔雯　严真）

【河南省公共数字文化工程培训班暨公共数字文化助力脱贫攻坚现场会在焦作举行】 8月12—14日，由河南省文化和旅游厅主办，河南省图书馆、焦作市文化广电和旅游局承办的河南省公共数字文化工程培训班暨公共数字文化助力脱贫攻坚现场会在焦作市举行。开班仪式由焦作市文化广电和旅游局党组书记米纪文主持，焦作市政府副市长王付举致欢迎词，河南省文化和旅游厅巡视员康洁做动员讲话。来自全省18各地市150余名公共图书馆馆长和业务骨干参加培训。培训班上，河南省公共文化服务体系建设专家委员会主任崔为工、河南省图书馆副馆长申少春、中国人民大学信息资源管理学院教授索传军、焦作市文化广电和旅游局副调研员张邦宽分别以“公共数字文化助力脱贫攻坚”“公共数字文化工程融合与总分馆建设”“数据互联时代公共图书馆服务走向的思考”“焦作百姓文化云服务实践”为题做报告。（河南省图书馆学会　刘洋　杨荔雯　严真）

【第二届中原民间珍贵古籍展在河南省图书馆开幕】 8月26日，为期一周的第二届中原民间珍贵古籍展在河南省图书馆开幕。此次展览由河南省图书馆、河南省古籍保护中心、荣宝斋主办，河南省民间古籍保护协会（筹）、《藏书报》

承办，展览分为敦煌宝笈、宋元遗珍、明清风采、中原遗风、石墨隽华5部分。300余件珍贵古籍、河南地方文献、碑帖拓片在内的自宋到民国的古籍善本集中展出，涵盖名家名著、大型丛书类书、佛教经典、医书方志等，包括宋版《朱文公校昌黎先生外集》、宋版《思溪圆觉藏》、宋皇祐二年宗教文书《四书初问》明嘉靖刻本、《同时尚论录》明弘光刻本、《古文约选》清雍正果亲王府刻本等在内的珍贵古籍文献一同展出。

同日，首届中原古籍论坛在河南省图书馆举办，有关专家对古籍收藏与保护的现状、发展和未来展望以及个人的最新研究成果进行讨论。27日还举办"中国古籍版画和装帧""中国佛教典籍"2场讲座。（河南省图书馆学会　刘洋　杨荔雯　严真）

【河南省图书馆庆祝建馆110周年书画作品展开幕】 9月19日，河南省图书馆建馆110周年书画展在河南省图书馆豫图展厅开幕。为庆祝建馆110周年，河南省图书馆筹划了读书征文、展览讲座、问卷调查等一系列活动，此次书画作品展就是其中重要一项。书画作品展征集通知5月份一经发布，受到社会各界的高度关注，历时2个月，收到来自全国各地上千幅作品，参赛作品经专家逐一初审，从中评选出优秀作品110幅作为入围作品进行装裱，参加此次展览。河南省图书馆还同时开通网络微信投票平台，与展览同步进行，向社会公众介绍、展示此次活动的优秀作品，通过网络投票和专家评定的方式，最终评选出一、二、三等奖作品并结集出版。（河南省图书馆学会　刘洋　杨荔雯　严真）

【2019年河南省公共图书馆服务创新与服务效能经验交流会召开】 12月2—4日，2019年河南省公共图书馆服务创新与服务效能经验交流会在河南省图书馆召开。此次会议由河南省图书馆主办，河南省文化和旅游厅巡视员康洁、河南省图书馆馆长孔德超等相关单位领导及来自全省县（市、区）图书馆馆长、少儿图书馆馆长近140人参加会议。中国图书馆学会副理事长刘小琴和上海图书馆副馆长刘炜分别做题为"提质增效，因地制宜推进总分馆建设"和"5G与智慧图书馆"的学术报告。与会代表进行经验交流，最后，河南省图书馆副馆长申少春做会议总结。（河南省图书馆学会　刘洋　杨荔雯　严真）

【焦作市图书馆荣获首批河南省社会科学普及示范基地荣誉称号】 2019年，河南省社科联首批河南省社会科学普及示范基地和第六批河南省社会科学普及基地评审结果揭晓，焦作市图书馆位列其中。焦作市图书馆自新馆开馆至今，高度重视社科普及工作，积极开展丰富多彩的读者活动，引导广大读者多读书、爱读书，养成文明健康科学的生活习惯，取得良好的社会效益。（河南省图书馆学会　刘洋　杨荔雯　严真）

【濮阳市图书馆获"中国建筑幕墙精品工程奖"】 8月18日，濮阳市图书馆新建项目幕墙工程荣获2018年度"中国建筑幕墙精品工程奖"。该项目是濮阳市重点民生工程项目，总建筑面积3.66万平方米，外墙装饰高度约26米，石材幕墙面积约5800平方米，玻璃幕墙面积约7000平方米，铝单板幕墙面积约2.3万平方米，工程造价1.2亿元，工艺的复杂程度以及施工难度极高，由中建七局建装公司承建。濮阳市图书馆新址位于濮阳新区教育园区内，是面向社会开放的公共图书馆，以"综合馆"与"专题馆"相结合，"纸质文献"与"数字资源"相结合，"多功能""全开放"为其建设定位。建筑造型独特，与周围院校相得益彰。（河南省图书馆学会　刘洋　杨荔雯　严真）

【许昌市图书馆开展地方文献书目数据加工工作】 8月26日，许昌市图书馆全面开展地方文献书目数据加工工作。截至8月底，已完成1300余册地方文献电子表格的全部登记工作，接下来继续开展地方文献的书目数据加工工作。许昌市图书馆地方文献类别多、涉及年代广、书籍新旧程度不一，给加工工作带来一定难度，但工作人员克服没有工具书，在全国图书馆联合编目中心书目数据库中没有相关书籍可以参照的困难，认真按照规定流程开展编目工作。此次加工工作使读者足不出户就可以在许昌市图书馆INTERLIB查询系统中方便快捷地查询到许昌地方文献书目数据、了解相关的馆藏内容信息，实现读者对许昌地方文献书目数据的在线查询，另一方面，该工作为许昌市图书馆地方文献编目工作逐步规范化、标准化奠定了良好的基础。（河南省图书馆学会　刘洋　杨荔雯　严真）

【许昌市图书馆特殊教育学校馆外借阅点揭牌】 10月30日，许昌市图书馆在许昌市特殊教育学校举行“许昌市图书馆特殊教育学校馆外借阅点授牌仪式”。此次许昌市图书馆为视障学生们带去100册盲文书籍和杂志，以及20部“阳光听书郎”智能听书机。这些图书杂志和设备将会根据老师和学生们的需求定期到图书馆更换。馆外服务是许昌市图书馆“书香许昌”建设的重要抓手和途径，积极开展这项工作，对解决传统公共图书馆服务半径小、扩大阅读服务群体具有重要意义。截至2019年，许昌市图书馆已累计在全市建成智慧阅读空间32个，在机关、学校、驻许武警部队等建成馆外借阅点及流动服务站22个，为提升许昌市基层公共文化服务效能，建设“书香许昌”发挥积极的作用。（河南省图书馆学会　刘洋　杨荔雯　严真）

湖南省

【概况】 截至2019年底，湖南省共有公共图书馆141个，比上年增加1个，其中省级图书馆2个，市级公共图书馆17个，县级公共图书馆122个。从业人员2063人，其中高级职称153人，占比7.42%；中级职称777人，占比37.66%。馆舍建筑面积53.32万平方米，比2018年增长5.48%。图书总藏量3567万册，比2018年增长7.99%，其中电子图书2146万册，比2018年增长16.38%。阅览座席4.22万个，比2018年增长7.65%。计算机8029台，比2018年增长9%。全省持证读者数242万个，比2018年增长19.21%。总流通2662万人次，比2018年增长6.65%。书刊文献外借2409.03万册次，比2018年增长2.52%。全年举办各种活动10037场，比2018年增长22%，活动参与518.39万人次。志愿者服务队伍35285人，流动图书车55辆，流动服务书刊借阅75.07万人次，流动图书车书刊借阅127.08万册次。（湖南图书馆　彭著君）

【湖南图书馆理事会2019年第一次工作会议召开】 3月5日，湖南图书馆2019年第一次理事会工作会议在湖南图书馆召开。省委宣传部副部长、省文化和旅游厅党组书记、湖南图书馆理事会理事长禹新荣等出席并主持会议，湖南图书馆理事会成员及湖南图书馆班子成员参加会议。会议审议湖南图书馆2018年工作报告及2019年工作安排，讨论湖南图书馆理事会换届改选的相关工作。（湖南图书馆　李婷）

【湘鄂赣皖四省公共图书馆联盟2019年工作会议召开】 3月7—8日，湘鄂赣皖四省公共图书馆联盟2019年工作会议在湖南图书馆召开。江西省图书馆馆长陶涛、副馆长黄俊，安徽省图书馆馆长林旭东、副馆长王健涛，湖南图书馆馆长贺美华、副馆长邹序明，湖北省图书馆辅导部主任王锦东等共计14人参加会议。会上，贺美华就四省联盟2018年的工作情况做简要总结，举行四省公共图书馆联盟微视频大赛颁奖仪式，组织参会人员观看四省精品作品。在四省联盟轮值馆交接仪式上，江西省图书馆从2018年轮值馆湖南图书馆手上接过联盟旗帜。各省代表就联盟2019年工作计划进行讨论，就合作等方面达成共识。（湖南图书馆　段蓓虹）

【湖南图书馆开展雷锋月纪念系列活动】 3月15日、20日，湖南图书馆联合长沙市雨花区残联、湖南省未成年犯管教所分别开展“我是雷锋家乡人　湖湘文化送春风”文化系列活动之“志愿服务进社区”“志愿服务进高墙”2项活动。湖南图书馆为窑岭社区“视障读者文化服务点”授牌，为现场视障读者发放100台“智能听书机”。与省少管所联合签署文化志愿服务点协议并为其正式挂牌，为服刑人员捐赠来自社会大众募集的1000册精选图书。（湖南图书馆　曾莉）

【湖南图书馆举办“爱阅之城　千人诵读”活动】 4月19日，湖南图书馆联合《潇湘晨报》、湖南旅游广播年代音乐台等省内知名媒体，在长沙橘子洲开展“爱阅之城千人诵读”活动。现场3000多人在著名主持人杨乐乐和湖南图书馆馆长贺美华的领读下，共同诵读毛主席

诗词《沁园春·长沙》。湖南图书馆还现场向晨基金"童心连世界"爱心图书馆项目捐赠图书。（湖南图书馆　陈韶华）

【湖南图书馆数字阅读平台上线】 第24个世界读书日前夕，湖南图书馆创新推出数字阅读平台。上线开通一个多月来，阅读量突破100万人次。该平台是基于微信小程序的图书馆综合数字阅读平台，是图书馆数字阅读推广一站式解决方案，凭借其资源丰富、灵活便捷、自主独立，以及后台管理功能强大，受到社会各界、全国图书馆行业及广大读者的关注和好评，全国已有100余家图书馆开通试用。（湖南图书馆　杨庆怀）

【"网上书房"——湖南图书馆开启信用网借服务新模式】 为了摆脱传统图书借阅受时间、地点、押金等条件的制约，打通图书借阅最后一公里的问题，湖南图书馆联合蚂蚁金服旗下芝麻信用，打造覆盖全省范围的"网上书房"信用网借服务平台，于"4·23世界读书日"期间正式对读者开放。"网上书房"通过"网络+物流"的形式，将湖南图书馆丰富的馆藏图书资源送到读者手中。读者可通过湖南图书馆微信公众号或者支付宝生活服务号，登录"网上书房"，线上完成图书的借还，通过物流系统享受送书上门的便利服务。（湖南图书馆　陈昊）

【湖南图书馆举行"难得湖图"IP创意征集活动供应商大会暨成果展】 4月29日，由湖南图书馆主办的"难得湖图"IP创意征集活动的供应商大会暨成果展在湖南图书馆举行。此次征集活动历时7个月，征集近千件文创产品。其中，湖南湖湘名品产业发展有限公司的参赛作品"湖湘小才子"，以曾国藩、王船山等湖湘名人为核心形象的系列作品，一举摘得评委会特别奖。（湖南图书馆　羊漾　杨庆怀）

【湖南图书馆举办首场"读步课堂"活动】 5月4日，湖南图书馆组织30组亲子家庭走进长沙市开福区，举办首场"读步课堂"活动，探寻湖南贡院遗迹。活动邀请湖南图书馆研究馆员、《一个城市的记忆——老地图中的长沙》作者沈小丁带领亲子家庭，一同走进长沙老城区，寻找历史的痕迹。该活动每月组织一批亲子家庭，让孩子带着读书疑问走进城市乡村寻找答案，真正实现亲子家庭间的共同成长，带领少年儿童以实际行动体验读万卷书、行万里路。（湖南图书馆　蔡家意）

【"5G与图书馆的发展"研讨会举办】 8月1—2日，由中国图书馆学会阅读推广委员会、湖南图书馆、湖南省图书馆学会、株洲市文化旅游广电体育局主办，株洲市图书馆承办的"5G与图书馆的发展"研讨会在株洲召开。来自国内相关领域专家、学者，全国各级各类图书馆馆长、技术（数字化）业务主管及业务骨干百余人参加会议，共同探讨5G时代图书馆的机遇与挑战、变革与发展。中国图书馆学会阅读推广委员会秘书长、东莞图书馆副馆长冯玲，株洲市文旅广体局党组书记黄上峰分别致辞，湖南图书馆馆长贺美华主持开幕式。会上，贺美华以湖南图书馆为主线索，做题为"回顾过去遇见未来——新时代图书馆和图书馆员"的分享。株洲市图书馆馆长黄小平介绍该馆的工作情况和成果经验。（湖南图书馆　王昕晗）

【湖南图书馆"文创商店"正式试营业】 8月6日，湖南图书馆"文创商店"正式试营业。湖南图书馆是国家首批确定的154家文创开发试点单位之一，其"文创商店"面积180多平方米，是图书馆文化展示和服务的一个新阵地。湖南图书馆"文创商店"除入驻馆内"难得湖图"品牌文创产品外，还吸引一大批省内知名文创开发企业的品牌产品入驻。（湖南图书馆　杨庆怀）

【湖南图书馆传达学习习近平总书记给国家图书馆老专家的回信】 9月12日，湖南图书馆召开专题学习会议，传达学习习近平总书记给国家图书馆老专家回信，馆党委班子成员和科级以上干部参加学习。会议传达学习习近平总书记的回信，以及9月10日文化和旅游部召开的学习贯彻习近平总书记给国家图书馆老专家回信座谈会的有关精神，并就贯彻落实好回信的重要精神进行部署。（湖南图书馆　邓文池）

【2019年全国少儿读者朗诵大赛湖南赛区总决赛在长沙举行】 9月28日，由中国图书馆

学会主办、湖南图书馆和湖南省图书馆学会承办的“我听·我读：我和我的祖国——2019年全国少儿读者朗诵大赛湖南赛区总决赛”在湖南图书馆举行。湖南图书馆馆长贺美华，湖南省图书馆学会理事长、湖南图书馆副馆长邹序明等嘉宾出席活动。此次湖南赛区选拔赛从今年5月正式启动，历时5个月，共有来自全省10余个地区、1000余名选手参赛。学前组李诗睿，小低组胡荩兮，小高组贺孝贤，中学组贺梓扬分别荣获冠军。（湖南图书馆　蔡家意）

【“新时代，新作为——新中国70年湖南省公共图书馆事业发展成就展”开展】 9月30日，“新时代，新作为——新中国70年湖南省公共图书馆事业发展成就展”开展仪式在湖南图书馆举行。湖南省文化和旅游厅党组成员、副厅长尚斌，湖南图书馆馆长贺美华出席并先后致辞，湖南图书馆馆党委班子成员，以及湖南省少年儿童图书馆、长沙市图书馆领导出席开幕式。整个展览分为保障篇、服务篇、成果篇、荣誉篇、馆员风采篇等5部分，旨在展示全省公共图书馆的发展成就，展示一代代图书馆人坚守初心的精神风貌，展示图书馆与时俱进的新发展理念。（湖南图书馆　陈韶华）

【湖南省少年儿童图书馆开展“书中景致我来画”研学实践教育活动】 湖南省少年儿童图书馆2019年共举办“书中景致我来画”研学实践教育活动（展览）7场，共收到作品220幅，吸引近千名读者参与。2月17日，以“我是中国的孩子”“中国名城探宝”为主题的“书中景致我来画”研学实践教育活动在该馆“中小学生研学课堂”的举行，标志着新一年的研学实践教育活动拉开序幕。8月4日，举办湖南省少年儿童图书馆2019年童心向祖国，庆祝新中国成立70周年系列活动，引导读者体验国家非物质文化遗产——铜官窑陶版画及纸盘画创作。（湖南省少年儿童图书馆　史彦）

【湖南省儿童阅读推广人培训班（第1期）在湖南省少年儿童图书馆举办】 12月7日，湖南省儿童阅读推广人培训班（第1期）在湖南省少年儿童图书馆举办，200余人参加培训。培训班邀请华东师范大学教授范并思、“中国播音主持最高奖金话筒奖”新月等学者、专家为学员讲授未成年人阅读推广的相关课程。衡阳市南岳区图书馆和邵阳市少年儿童图书馆作为全省少年儿童读书活动组织奖的获奖代表，现场进行分享。（湖南省少年儿童图书馆　刘芹）

【长沙市图书馆概况】 在阅读推广方面，2019年长沙市图书馆举办百师千课、语言星球、故事驿站、“悦享·新知”读书会、星城科学讲堂等各类活动1893场；举办“不朽的人生——田汉生平事迹图片展”“归途·剑武书画展”“旧时新忆　湘味长沙——民国时期长沙历史文化展”“壮阔东方潮　奋进新时代——庆祝中华人民共和国成立70周年”等主题展览。志愿服务方面，长沙全民阅读志愿者联合会组织志愿者培训7场，参训志愿者1023人，成员达到3259人；全年组织志愿者参与总分馆各类活动3416场，服务读者114292人；评选出2位全民阅读推广大使、23位全民阅读推广最美志愿者、8个全民阅读推广先进服务团队；举办“圆梦新时代·阅来越美好——2018—2019全民阅读志愿者大会”。宣传报道方面，在《长沙晚报》、《潇湘晨报》、红网、华声在线、新湖南客户端、湖南卫视、湖南经视、湖南都市等媒体发布报道411条；与湖南广播电视台潇湘之声合作融媒体传播，共推出17期《泡在图书馆》馆员做客节目，120期《一起读书》资讯植入节目；与长沙新闻广播电台合作《夜读书香》栏目，提供好书推荐稿件84篇；官方微博累计推送动态消息10076条，关注人数累计99682人，组织读者线上互动7次，获得2019年湖南省十大文旅微博称号；官方微信公众平台发布图文消息1068篇，图文阅读145.8万次，公众号关注用户达21万人；抖音关注1460人，累计播放量4000余次；“堡主驾到”微信公众号发布推文263篇。（长沙市图书馆　张军　黄兵　王璐）

【长沙市图书馆创新总分馆管理模式】 在长沙市文化旅游广电局的专业指导和经费支持下，通过多次调研及后台大数据分析，长沙市图书馆对2019年总分馆物流服务进行标准化设计后交予社会机构承接外包，全年物流服务895次，更新图书16万余册次。为适应物流服务外包带来的工作节奏加速，总分馆采用“片区管理＋项目管理”的模式，实现业务精细分、片区专人管、效能共同推，有效联动总分馆的阵地建设、资源服务和阅读推广。项目管理以专项工作完成度为考核指标，将总分馆工作分为资源保障、推广宣传、运营维护、效能分析4大块，责任到人。片区管理以片区效能与管理效率为考核指标，进行扁平化分工，每个行政区域的分馆都由专人进行指导和协助，让总中心馆第一时间了解分馆运营、效能、需求情况以及困难，进行改善与优化，提高读者满意度，实现分馆可持续性的良性发展的同时也提升了总分馆工作人员专业程度，全年12345投诉率下降70%，服务项目执行率达到100%，流通总量较上年增加34.3%，达到726.7万余册次。（长沙市图书馆　张军　黄兵　陈炼）

【长沙市图书馆举办“田汉在长沙”系列活动】 5月29日，“不朽的人生——田汉生平事迹图片展”（长沙站）开幕式暨“田汉在长沙”学术研讨会在长沙市图书馆举行。中国文联国内联络部副主任李翔，田汉研究会会长周光，田汉基金会理事长、田汉先生长孙田钢，湖南省文联党组成员、副主席唐贵平，长沙市委常委、宣传部部长高山等领导出席此次活动。此次展览吸引近2万人观展。活动还特别邀请原湖南省政协副主席、省作协副主席、省文联主席谭仲池，原湖南省戏剧家协会主席、著名剧作家范正明，国家一级演员、湖南省文联原副主席左大玢等专家，围绕“田汉在长沙求学”“田汉在长沙抗日”“田汉与湘剧”等主题进行探讨，挖掘地方名人资源宝库，继承和弘扬田汉爱国精神和艺术遗产。研讨会的成果将集结成《田汉与名城》丛书之一《田汉与长沙》公开出版发行。（长沙市图书馆　龙耀华　魏海燕　邹瑜）

【长沙市图书馆举办第三届“创战计”星城创客大赛】 8月至10月，长沙市图书馆策划举办第三届“创战计”星城创客大赛。大赛以“创见新湖湘”为主题，面向全国征集到影视动漫、数字游戏等科技与文化、旅游相融合的创新创业作品共70余个。湖湘猫非遗数字IP、长沙花鼓戏互动小游戏、湘菜文化APP、国宝海域VR游戏等16个作品从大赛海选中脱颖而出。大赛期间还配套开展系列宣讲活动，邀请到中国资深动画人、虹猫蓝兔文化产业发展研究会会长罗沐，腾讯社会研究中心总监王晓冰等业界大咖，为参赛者解读不一样的数字文创，吸引830余位创客代表参与其中。长沙与广州、武汉三地图书馆在创客大赛中积极联动，建立区域创客赛事联盟，以“‘一带一路’文化传输”为主题举办3小时创客快闪DIY挑战赛。此次大赛获奖团队代表还走进2019广州国际创新节，与广州图书馆创客进行创意交流和分享。（长沙市图书馆　龙耀华　魏海燕　罗倩倩）

【“革命文献与民国时期文献保护计划”宣传推广项目——长沙站系列活动举行】 9月3—6日，由国家图书馆、中国图书馆学会、湖南省文化和旅游厅主办，湖南图书馆、湖南省图书馆学会、长沙市文化旅游广电局、长沙市图书馆、长沙市图书馆学会共同承办的“革命文献与民国时期文献保护计划”宣传推广项目——长沙站系列活动在长沙市图书馆举行，来自全国各地170余名民国文献整理与保护从业人员参加此次活动。活动包括“革命文献与民国时期文献保护计划”系列展览和专题培训班2大板块。系列展览包括“革命文献与民国时期文献保护成果展”“旧时新忆　湘味长沙——民国时期长沙历史文化展”“民国名校里的长沙范——长沙民国教育档案展”和“书途漫漫　翰墨留香——岳麓书社民国文献及出版物展”。（长沙市图书馆学会　张军　黄兵）

【《现代湖南女性文学史》读书分享会在长沙市图书馆举办】 9月29日，长沙市图书馆悦享·新知读书会举办《现代湖南女性文学史》读书分享会。分享会由湖南广播电视台播音指导曾致主持，该书作者湖南省社会科学界联合会研究员朱小平介绍从“五四运动”至今50多位湘籍女作家的作品所建构的现代湖南女性文学的发展历史。湖南省作协主席王跃文，省内知名专家欧阳友权、陈书良、田中阳等嘉宾出席活动，近300位读者参与此次读书分享会，并现场与主讲人进行互动交流。（长沙市图书馆　徐佳　陈宇佳　周茂银）

【长沙市图书馆启动“阅读，有点意思”2019阅读手账文创嘉年华系列活动】 10月1日，长沙市图书馆正式启动"阅读，有点意思"2019阅读手账文创嘉年华系列活动。活动分为市集、手账漂流、展览、手账课等4个板块。国庆节期间举办的长沙手作市集邀请40余个来自全国各地的手作工作室、手账达人展示和交流手账周边用品。市集上，长沙市图书馆的"阅城"系列文创产品首发展出，包括《读书友岳麓》《听见老长沙》2款阅读手账本，以及以长沙"山、水、洲、城"为灵感原创的8款胶带，吸引1.8万名市民参与其中。现场还设置"图书馆文创专区"，首次联合南京图书馆、宁波图书馆、贵州省图书馆展出近50余件图书馆阅读手账本和文创产品。（长沙市图书馆　龙耀华　魏海燕　罗倩倩）

【长沙市图书馆与韩国龟尾市图书馆开展友好交流活动】 11月中旬，应韩国龟尾市长张世龙邀请，长沙市图书馆代表团赴龟尾市图书馆开展为期5天的学习交流活动。12月19日，在长沙市图书馆与韩国龟尾市图书馆建立友好图书馆关系一周年之际，龟尾市代表团一行5人来到长沙市图书馆参观交流。代表团一行参观该馆的视障文献阅览室、多元文化馆和新三角创客空间等特色阅览室。（长沙市图书馆　肖雨滋　刘西义　陈一诗）

广东省

【概况】 截至2019年底，全省已建有市县（区）级以上公共图书馆149个，其中县级图书馆122个。全省公共图书馆馆舍总面积244万平方米（其中总馆馆舍面积143万平方米）。共有从业人员5062人，其中高级职称340人，占比6.7%；中级职称1521人，占比30%。全省公共图书馆购书经费37468.92万元，2019年购书839.5万册，总藏量共计16566.63万册。计算机总数达14094台。全省公共图书馆总流通达到12210.61万人次，书刊文献外借8353.04万册次。组织各类读者活动48383次，参与读者3072.8万人次，其中组织各类讲座培训16699次，举办展览3257个，举办各类阅读推广活动28427次。全省公共图书馆现有一级图书馆73个，二级图书馆15个。

服务设施不断完善。广东省立中山图书馆改扩建项目二期工程顺利完成竣工验收。深圳第二图书馆等重大文体项目正式开工建设，将建成国内最大的地下智能立体书库。广州市越秀区少年儿童图书馆正式开馆。中山纪念图书馆11月试运行。南雄市建成粤东北地区最大的县级图书馆。

全民阅读活动深入开展。全省各地以庆祝新中国成立70周年为主题，在全省深入开展系列读书活动。"书香岭南"全民阅读暨广东省2019年"世界读书日"主题活动以"悦读·为祖国喝彩"为主题，举办丰富多彩的主题阅读活动。广东图书馆学会发布《2018年广东公共图书馆事业发展报告》。广州、深圳、佛山等地发布2018年度事业发展报告及阅读报告。广东图书馆学会、广东省立中山图书馆联合有关单位举办第九届图书馆杯广东全民英语口语大赛、广东省第八届英语电影配音大赛、广东省第九届盲人诗歌散文朗诵大赛决赛暨第五届盲人散文创作大赛颁奖典礼等全省大赛。联合举办粤港澳"共读半小时"共读活动，逾500个公共空间6万多人共读。联合举办"2019年世界阅读日粤港澳创作比赛"。广州、深圳、东莞、佛山等全省各地纷纷举办世界读书日、读书节、读书月系列活动，总分馆联动、全省联动、粤港澳联动，活动影响力不断增强。广东首次为"全民阅读"立法，6月1日施行。广东省立中山图书馆获"全国助残先进集体"荣誉称号。"书香暖山区"文化志愿服务项目援建100个爱心阅览室。

县级总分馆制建设全面推进。广东图书馆学会、广东省立中山图书馆协助省文化和旅游厅继续开展"广东省县级总分馆建设试点工作"项目。4月，组织专家赴全省开展督导。7月，对"广东公共图书馆用户中心平台""业务数据上报平台"加以完善，开放给各基层馆使用。11月，由广东省文化和旅游厅主办的"公共文化建设现场——2019广东公共文化研讨会"在广州市举行。12月，举办"广东省图书馆县级总分馆制建设实地考察研讨会"，分组考察和平县等四地总分馆建设情况，其后在佛山南海进行现场开放式讨论，华东师范大学信息管理系金武刚教授做专题报告。此外，先后举办粤东地区和粤西北地区广东公共图书馆业务培训班。佛山市成功创建第三批国家公共文化服务体系示范区；佛山市图书馆"邻里图书馆"项目入选第三批广东省公共文化服务体系示范项目创建名单，并登上《人民日报》文化版头条。

新科技创新服务模式。广东省立中山图书馆完成珠江三角洲数字图书馆联盟在“粤省事”微信小程序的检索对接，读者可以在“粤省事”上进行文献资源检索并提出文献传递请求。推出“广东省文化E站”微信小程序。全省投放近90台触摸大屏机。“广东省文化E站”黄埔分站示范点开通。推出“全国图书馆参考咨询联盟”文献服务平台的微信公众号“图书馆参考咨询联盟”和手机移动门户网站上线。在第六届图书馆微服务研讨会中，广东省立中山图书馆提交的“75万盲人心中的诗与远方——广东省盲人诗歌散文朗诵大赛网易直播服务案例”获“最佳新媒体创新服务案例”奖。广州市越秀区图书馆在全市率先推出总分馆智慧服务云平台。深圳市宝安区图书馆启用智能机器人分拣系统。

公共数字文化建设加快推进。广东省立中山图书馆积极推动公共数字文化工作融合发展，推动省内基层图书馆数字文化服务能力提档升级和特色专题数字资源的建设。广东省2019年公共数字文化工程地方资源建设项目完成初步验收。参与《公共数字文化工程绩效评估标准（草案）》修订和试评估工作。向全省21个市级公共图书馆和114个县级公共图书馆输送数字资源。全年举办2期全省性的公共数字文化业务培训班和9期线上培训，先后在广州、佛山、东莞、肇庆等地，分两批举办线上线下相结合的公共数字文化服务推广系列活动。

古籍保护工作成效显著。广东省立中山图书馆2019年完成《广东省第二批珍贵古籍名录图录》《华南抗战时期史料汇编》（第一辑）《民国葡萄牙驻广州总领事馆档案》（外文部分）等多个大型古籍与地方文献整理出版项目。主持策划并推进“岭南记忆”网站建设。全省组织开展系列“中华传统晒书活动”晒国宝。举办“岭海揽珍——广东省立中山图书馆藏珍贵古籍特展暨广东省古籍保护成果展”，精选馆藏《国家珍贵古籍名录》善本，由馆长亲自“晒宝”并录制讲解视频，在央视融媒体平台等渠道发布。整理报送的“广东省藏国家珍贵古籍名录”专题在“学习强国”平台上每日推送。“书香古韵——中华古籍之魅力”读者体验活动继续在全省各地举办。分别举办古籍修复技术培训提高班和第三期《中华古籍总目·分省卷》编纂研修班。（广东图书馆学会）

【广东首次为“全民阅读”立法】 3月28日，广东省十三届人大常委会第十一次会议第二次全体会议表决通过《广东省全民阅读促进条例》。该《条例》于2019年6月1日起正式施行，为促进全民阅读深入开展提供法律保障。《条例》旨在形成“政府主导，社会参与；重在内容，提升质量；少儿优先，保障重点；公益普惠，深入基层”的全民阅读长效机制，营造全民阅读的浓厚氛围，提升全民阅读质量和水平，同时充分调动社会各界的积极性、主动性和创造性，引导政府和社会的力量共同参与，实现阅读资源的科学布局、优化整合、均衡配置。《条例》包括目的原则、全民阅读服务、重点群体阅读促进、保障措施及法律责任5大方面，对阅读活动、阅读内容、阅读设施、阅读保障、阅读促进等方面进行界定，涵盖全民阅读各项基本内容。（广东图书馆学会）

【广东省中心图书馆委员会组团参加第85届国际图联大会】 8月24—30日，第85届国际图联（IFLA）大会在希腊雅典举行。广东省中心图书馆委员会组织省内公共、高校、科研三大系统的图书馆代表一行4人参加此次会议。大会期间，广东代表与各国同行交流分享各自的从业经验以及图书馆业务发展的观点，同时根据各自的专业和兴趣参加内容丰富的主题会议、海报展览以及文化之夜等活动。广东省立中山图书馆、广州图书馆和佛山市图书馆的4幅海报作品入选此次大会海报展览。此外，广东代表团一行还参观希腊国家图书馆、议会大厦图书馆以及社区公共图书馆等，深入了解希腊不同类型图书馆的馆藏建设、运作机制和服务特色等。（南方医科大学图书馆）

【广东举办世界读书日主题活动】 4月20日，由省委宣传部、省文化和旅游厅联合主办的“书香岭南”全民阅读暨广东省2019年“世界读书日”主题活动在广东省立中山图书馆举行。“书香岭南”全民阅读活动是广东推广全民阅读，建设文化强省的重要品牌活动。活动以“悦读·为祖国喝彩”为主题，紧紧围绕庆祝新中国成立70周年组织开展“红色经典诵读”“我为祖国点赞”“少年中国说·为祖国喝彩”等丰富多彩的主题阅读活动。此次活动的宣传片全方位展现广东全民阅读工作所取得的丰硕成果；岭南文化系列图书推荐会暨《岭南文化读本》新书首发仪式，集中展示广东省在传承和弘扬岭南文化方面的精品力作和最新成果；《2018 广东省全民阅读指数》报告和 2018 年广东公共图书馆事业发展报告同时发布。省全民阅读活动领导小组成员单位负责人，省内出版发行单位、新闻媒体单位、新时代文明实践中心、图书馆行业代表，以及读者、学生、记者代表等 300 余人参加此次活动。（广东图书馆学会）

【“2019 年世界读书日粤港澳创作比赛”举办】 在广东省文化和旅游厅、香港康乐及文化事务署、澳门特别行政区政府文化局的牵头与指导下，广东省立中山图书馆、香港公共图书馆和澳门公共图书馆以“喜‘阅’新一代”为主题，共同举办“2019 年世界读书日粤港澳创作比赛”。此次创作比赛按照年龄分为初小组、高小组、初中组和高中组 4 个组别，分别对应“画出我爱的书”“让我喜‘阅’的书”“阅读，让我……”“一个人的阅读之旅”4 个分主题。广东赛区收到创作稿件 8 万余份。4 个组别共评出一等奖 100 名、二等奖 120 名、三等奖 200 名、优秀奖 400 名、优秀指导奖 30 名以及优秀组织奖 30 名。4 月 21 日，200 多位获奖学生、优秀指导老师、优秀组织单位代表齐聚广东省立中山图书馆参加颁奖仪式。比赛优秀作品在粤港澳三地公共图书馆共同展出。（广东省立中山图书馆）

【广东省第一期古籍修复技术培训提高班在广东省立中山图书馆举办】 5 月 6—24 日，广东省第一期古籍修复技术培训提高班在广东省立中山图书馆举办，来自省内各市县图书馆、博物馆、档案馆、高校图书馆共 10 家古籍收藏单位的 11 位学员参加培训。此次培训班旨在提高省内古籍收藏单位修复人员的文献修复技能和古籍版本相关知识。广东省古籍保护中心邀请国家级非物质文化遗产项目古籍修复的代表性传承人、国家图书馆研究馆员杜伟生，知名古籍修复专家潘美娣及广东省古籍保护中心的专家授课，内容包括实践案例和古籍版本知识。此次培训修复古籍 11 册共 834 页。（广东省立中山图书馆）

【2019 年第一期广东公共图书馆业务培训班（粤东地区）在潮州举办】 广东省立中山图书馆、广东图书馆学会于 5 月 8—9 日在潮州市图书馆举办 2019 年第一期广东公共图书馆业务培训班（粤东地区）。此次培训与广东图书馆学会“春季讲座”相结合，邀请东莞图书馆馆长李东来、佛山市图书馆馆长屈义华、上海图书馆副馆长周德明、中山大学博士周旖、中山大学教授潘燕桃等专家授课。此次培训除来自全省 150 多名馆员参加现场培训外，还安排视频直播，肇庆、佛山、深圳等地共有 6954 人次同步收看学习。参培学员分别以“阅读推广活动策划与品牌建设”和“县级总分馆制建设”为主题进行分组讨论和案例分享。（广东图书馆学会）

【广东省立中山图书馆获“全国助残先进集体”荣誉称号】 5 月 16 日，第六次全国自强模范暨助残先进表彰大会在北京召开。广东省立中山图书馆获“全国助残先进集体”荣誉称号，与会代表受到习近平总书记的亲切接见。

广东省立中山图书馆 2012 年成立视障读者服务中心。近年来，该馆进一步加强对残障读者的服务，从制度上体现对残疾人的关爱，根据残疾人的特点和需求主动提供服务，如为盲人提供在线免费办证、在线咨询、代查资料、为全省范围的盲人提供免费快递借还听书机等服务，解决盲人阅读“最后一公里”；践行“平等、参与、共享”的现代文明残疾人观，联合社会力量，举办全国听障朗诵大赛、全国聋人读书征文大赛、广东省盲人诗歌散文朗诵暨散文创作大赛等具有广泛影响力的大型活动；定期组织开展无障碍电影讲解、“听·爱”故事会、“无障爱”读书会、手语培训班等契合残疾人特点和需求的常态化活动；举办广东残疾人文化节、全国助残日、国际盲人节等相关活动，进一步激发社会助残活力。（广东省立中山图书馆）

【广东省第九届盲人诗歌散文朗诵大赛决赛暨第五届盲人散文创作大赛颁奖典礼在广东省立中山图书馆举办】 5 月 17 日，“拥抱新时代·共筑中国梦”——广东省第九届盲人诗歌散文朗诵大赛决赛暨第五届盲人散文创作大赛颁奖典礼在广东省立中山图书馆举办，并通过互联网全程直播决赛盛况。据网易直播的统计数据，截至5月21日，网络直播平台参与者已超过29万人次。此届大赛由广东省文化和旅游厅、广东省残疾人联合会主办，广东省立中山图书馆、广东省盲人协会、广东图书馆学会承办。自1月大赛启动以来，各地市残联、图书馆、特殊教育学校等单位广泛发动盲人参与赛事。经过选拔，共有18个地市、25组33位朗诵选手入围决赛，是历届大赛中参赛地市和参赛选手最多的一届。第五届盲人散文创作大赛共收到19个地市选送参赛作品100余篇，评出23篇获奖作品。大赛组委会特地安排朗诵赛前培训和散文创作交流会2项活动，分别邀请朗诵大赛评委殷亚敏和散文创作大赛评委咸立强对参赛者进行专业指导。（广东省立中山图书馆）

【2019年第二期广东公共图书馆业务培训班（粤西北地区）在深圳举办】 6月3—6日，由广东省立中山图书馆、广东图书馆学会和深圳市光明区文化广电旅游体育局联合主办，光明区公共文化艺术发展中心承办的“2019年广东公共图书馆业务培训班（粤西北地区）”在该发展中心举办。此次培训邀请华东师范大学教授范并思，广东图书馆学会理事长、广东省立中山图书馆馆长刘洪辉，广东图书馆学会秘书长、广东省立中山图书馆研究辅导部主任陈卫东，深圳图书馆馆长张岩，深圳市宝安区图书馆馆长周英雄，东莞图书馆副馆长冯玲，佛山市图书馆副馆长张萌，中山大学资讯管理学院博士后唐艳作为嘉宾参会并授课。粤西北地区公共图书馆共计200余人参加培训，现场直播约8000人次同步参与线上学习。此次培训恰逢《广东省全民阅读促进条例》开始施行，授课内容围绕全民阅读，多角度多层次地阐述概念内涵和具体案例，帮助学员们了解全新的办馆理念和先进的服务模式。（广东图书馆学会）

【2019年广东省公共数字文化培训班（县级）在广东省立中山图书馆举办】 7月16—19日，2019年广东省公共数字文化培训班（县级）在广东省立中山图书馆举办。来自全省县（区）级公共图书馆从事公共数字文化建设的工作人员共170余人参加培训。此次培训班围绕公共数字文化融合发展、资源及平台服务等内容，邀请国家图书馆信息技术部副主任张炜、数字资源部文献数字化组长韩新月授课。课程包括公共数字文化工程融合创新发展、图书馆移动自助服务的探索与实践、图书馆特色资源建设实践探讨等。此次培训班是推动公共数字文化工程融合创新发展在广东落地实施的具体举措。（广东省立中山图书馆）

【2019年广东省公共数字文化市级培训班在珠海举办】 由广东省立中山图书馆主办、珠海市图书馆承办的2019年广东省公共数字文化市级培训班于8月20—23日在珠海市举办。此次培训班的学员由广东省各地市公共图书馆负责公共数字文化建设与服务的分管领导、部门主任及技术骨干等70多人组成。课程主题有公共数字文化工程融合发展、资源建设及申报、图书馆业务自动化系统发展等，国家图书馆信息技术部主任谢强、数字资源部副主任李志尧、广东外语外贸大学图书馆副馆长钱国富，广东省立中山图书馆网络资源部副主任张弘昕，澳门文化局公共图书馆管理厅读者服务及推广处代处长林健成和图书资源发展处特藏部职务主管黄洁碧，深圳市科图自动化新技术应用公司项目运营总监陈开分别主讲。（广东省立中山图书馆）

【广东省立中山图书馆多位老同志获颁“庆祝中华人民共和国成立70周年”纪念章】 从9月25日开始，广东省立中山图书馆党委书记、馆长王惠君亲自带队，与分管副馆长分别奔赴各位老同志家中，为他们送上彰显功绩的“庆祝中华人民共和国成立70周年”纪念章。王惠君代表馆党委向老同志们表达崇高的敬意和诚挚的问候，感谢他们为新中国做出的贡献。广东省立中山图书馆离休干部黄稻、赵平、曲萍、张宏和、萧歌、王洁玉和全国劳动模范莫少强等同志荣获纪念章受颁资格。（广东省立中山图书馆）

【“穗宝杯”第二届全国听障朗诵大赛决赛在广东省立中山图书馆举办】 9月22日是第62个国际聋人节。当天，由中国残疾人联合会、广东省残疾人联合会指导，中国聋人协会、广东省立中山图书馆联合主办的“穗宝杯”第二届全国听障朗诵大赛决赛暨颁奖典礼在广东省立中山图书馆举行。中国残疾人联合会副主席、中国聋人协会名誉主席刘再军，中国聋人协会主席杨洋、副主席范宜涛，广东省残疾人联合会理事长张永安，广东省文化和旅游厅公共服务处副调研员季建文，广东省立中山图书馆馆长王惠君、副馆长李毅萍以及听障人士和普通读者近300人参加此次大赛。

广东省立中山图书馆联合中国聋人协会于2018年10月正式启动此次大赛。赛事得到各级残联、聋人协会的积极响应，广泛发动听障人士参与。大赛组委会首次对成人和少儿分组进行比赛，共收到来自21个省、自治区、直辖市选送的参赛作品110个。经专家评审，45位选手进入决赛，包括少儿组选手22名、成人组选手23名，其中年龄最小的选手只有4岁，最大的56岁。为进一步扩大赛事影响力，组委会通过网易直播平台对此次决赛进行全程直播和回放。截至9月22日，已超28万人次通过网络观看比赛。组委会分别在8月18日和25日邀请国家一级播音员李建平在广东省立中山图书馆举办两场线上线下相结合的朗诵技巧培训，累计在线点击量超过26万次。（广东省立中山图书馆）

【广东省“颂时代华章，献礼新中国70华诞”朗诵大赛总决赛在广东省立中山图书馆举办】 9月28日，由广东图书馆学会、广东省立中山图书馆和全省各地区、各系统图书馆共同承办的“颂时代华章，献礼新中国70华诞”朗诵大赛总决赛在广东省立中山图书馆举办。此次大赛得到广东省各地区、各系统图书馆的积极响应，组织数千名读者参与比赛，历时6个多月，通过线上征集、作品选拔、复赛和网络人气投票等程序，评选出18队选手晋级总决赛。省内部分市、县（区）图书馆馆长等200多人现场观看比赛。最终，来自深圳图书馆的葛誉蓬和来自云浮市图书馆的陈曦、刘政分别获得“朗诵大使”奖，观众现场投票评选出“最受现场观众喜爱奖”，另有6人获得“朗诵之星”奖，10人获得“朗诵达人”奖。主办方向积极参与活动的20个单位颁发“优秀组织奖”奖牌。（广东省立中山图书馆）

【第三期《中华古籍总目·分省卷》编纂研修班在广州举办】 11月10—16日，由国家古籍保护中心主办、广东省古籍保护中心承办的第三期《中华古籍总目·分省卷》编纂研修班在广东省立中山图书馆举行，来自全国各地图书馆、博物馆、高等院校等古籍收藏单位的54名学员参加培训。《中华古籍总目》的编纂是“中华古籍保护计划”的重要任务。此次培训班的理论课邀请天津图书馆研究馆员李国庆介绍《中华古籍总目·天津卷》编纂情况、《中华古籍总目》分类释例、重要古籍书目及工具书的利用，湖南省古籍保护中心办公室主任寻霖介绍《中华古籍总目·分省卷》编纂经验，广东省古籍保护中心秘书长林锐讲授“明代版刻字体略述”等内容。我国知名版本学家李致忠先生还专门为学员们录制了“《中华古籍总目》分类释例”的录像课程。数据实践课程是由几位授课老师共同指导学员，按照分省卷规则对普查数据进行分类编著。实践期间，学员们共对4600多条数据进行分类实践工作。（广东省立中山图书馆）

【全国图书馆参考咨询联盟业务培训班在潮州举办】 12月4—5日，由广东省立中山图书馆和广东省中心图书馆委员会主办，潮州市图书馆承办的全国图书馆参考咨询联盟业务培训班在潮州市图书馆举办，来自全国各省市38家单位的88名参考咨询员参加培训。此次培训邀请广东省立中山图书馆首席研究馆员刘洪辉、参考咨询部副主任沈静、馆员杜丽莎，广东省中心图书馆委员会办公室主任伍清霞，汕头市图书馆副馆长林黎南，肇庆市图书馆馆员黄柄量，超星公司颜务林和李敬等担任授课老师，分别讲授“《图书馆参考咨询服务规范》的编制及特点”“汕头市图书馆信息咨询服务实践”“全国图书馆参考咨询联盟情况汇报及参考咨询业务与图书馆评估”“全国图书馆参考咨询联盟平台使用技巧”“全国图书馆参考咨询联盟平台质检常见问题”“参考咨询解答思路及案例分析”“图书馆联盟转型的实践与思考”以及“参考咨询管理后台功能调整说明”等课程。（广东省立中山图书馆）

【广东省图书馆县级总分馆制建设实地考察研讨会在南海举办】 12月17—19日，广东省立中山图书馆组织举办广东省图书馆县级总分馆制建设实地考察研讨会。此次研讨会分为实地考察和现场研讨两部分，与会学员们先到河源、韶关两市实地考察总分馆建设运营情况，再到南海参加现场研讨会。现场研讨会上，华东师范大学信息管理系教授金武刚就“我国图书馆总分馆建设现状与未来发展”做主旨演讲。河源市图书馆馆长赖金凤、佛山市南海区图书馆馆长陈渊分别就“河源市公共图书馆城乡一体化服务体系建设项目情况介绍”“读书驿站是总分馆末端建设的强力推手——佛山市南海区图书馆总分馆制体系建设案例分享”主题进行详细阐述。金武刚教授、广东省立中山图书馆馆长王惠君、佛山市图书馆馆长黄百川、深圳盐田区图书馆馆长尹丽棠等专家结合考察学习各地总分馆建设、运行机制、探索创新、服务效能等，对广东省图书馆总分馆制建设与文旅融合发展进行开放式讨论。全体学员们还到南海区西樵观心小镇特色读书驿站进行参观考察。来自广东省各地流动图书馆分馆馆长及业务骨干近120人参加此次研讨会。（广东图书馆学会）

【“重构图书馆：国家，大学和公民图书馆的新挑战”专题学术交流活动在广州图书馆举行】 4月24日，广州图书馆联合广州市图书馆学会、华南理工大学建筑学院，邀请澳大利亚皇家建筑师协会院士，伦敦大学学院（UCL）巴特莱特建筑学院前副院长、教授Alexandra Marmot，共同探讨如何建立具备丰富功能、适应数字时代的现代城市公共图书馆。活动分为学术讲座、学术研讨会2部分，围绕图书馆的角色回溯历史、关注当下、放眼未来展开交流。上午的学术讲座，Alexandra Marmot以“重构图书馆：国家、大学和公民图书馆的新挑战”为主题进行演讲。近250名来自广州地区图书资料行业从业人员、华南理工大学教师与同学参加此次活动。Alexandra Marmot认为图书馆正在转变为一个融合多种社会文化活动的中心，不仅仅提供知识的存储、引导等传统服务。下午的“未来图书馆”学术研讨会，Alexandra Marmot与华南理工大学建筑学院教授方小山、博士张颖，华南师范大学图书馆发展研究部主任杨涛，华南理工大学图书馆主任赵宇星、副主任唐艳春，读者委员会代表以及广州地区公共图书馆有空间改造需求的馆员代表，共同对图书馆空间改造案例进行深入交流。（广州市图书馆学会）

【德国哈姆市立图书馆馆长学术报告会在广州图书馆举办】 5月29日，广州图书馆、广州市图书馆学会联合香港歌德学院图书馆邀请德国哈姆市立公共图书馆馆长延斯·博尔（Jens Boyer）在广州图书馆举办“从书之屋变成人之屋——德国哈姆市立图书馆作为第三空间”学术报告会，约250名广州地区图书馆从业人员参加此次会议。延斯·博尔结合“第三空间”的理论，以哈姆市立图书馆为例，阐述图书馆作为“第三空间”具备的特点。（广州图书馆）

【2019年图书馆学情报学前沿与热点研讨会暨写作与投稿研修班在广州图书馆召开】 10月8—12日，由《图书情报工作》杂志社、图情期刊联盟网主办，广州图书馆、广州市图书馆学会承办的2019年图书馆学情报学前沿与热点研讨会暨写作与投稿研修班在广州市举办。全国各高校图书馆、公共图书馆、专业图书馆、科研院所、期刊界等200余位代表参加此次研修班。大会共安排10场主题报告、4场专题报告。

专家主题报告环节，中国社会科学院图书馆原馆长杨沛超做题为“新中国图书情报事业发展的历史轨迹与动因分析”的大会报告。中山大学资讯管理学院教授程焕文探讨了“图书馆学研究存在的问题与发展方向”的话题。广州图书馆馆长方家忠分享“新时代中国公共图书馆发展的战略任务及其实现——兼论广州市近年来的探索实践”的主题报告。北京大学信息管理系教授李广建介绍情报学研究的新议题“情报与计算——计算型情报分析的理论与实践”。广东省科技图书馆（广东省科技信息与发展战略研究所）馆（所）长魏东原分享“图书馆开展粤港澳大湾区专利信息服务的探索”主题报告。武汉大学信息管理学院教授吴丹介绍“人机交互研究中的眼动追踪”。澳门大学图书馆馆长吴建中探讨“市民素养与韧性社会——公共图书馆参与社会转型的一个新课题”。东莞图书馆馆长李东来做“图书馆为区域服务的定位选择与分析”的大会报告。南京农业大学信息科学技术学院教授茆意宏系统阐述“智慧阅读服务发展现状与展望”。

在论文写作与投稿培训环节，南京农业大学教授、人文社科处处长黄水清分享“申报书的要点及注意事项”。广州图书馆研究馆员肖红凌探讨期刊论文选题的原则、方法，并提出建议。中山大学资讯管理学院教授曹树金全面分析论文写作中如何增强研究的创新性。《图书情报工作》杂志社社长、主编初景利做“论文录用与退稿理由与案例分析”的专题报告。来自奥凯的高级工程师叶广海分享了知识产权信息服务的类型、专利分析与利用的重点和难点。多家图书馆学情报学期刊主编及编辑介绍期刊用稿特点，现场对参加会议代表提交的学术论文进行专业点评。（广州市图书馆学会）

【粤港澳大湾区公共图书馆联盟成立】 11月5日，广州图书馆联合广东省立中山图书馆、深圳图书馆等12家公共图书馆和文献机构共同发起成立粤港澳大湾区公共图书馆联盟，并发布《粤港澳大湾区公共图书馆联盟倡议书》，宣布启动粤剧文献联合目录编制，同时以《广州大典》的第二辑编撰出版为目标，共同开展大湾区历史文献整理保存工作。联盟的成立，是密切配合《粤港澳大湾区发展规划纲要》共建人文湾区的要求，共同塑造人文湾区精神。该联盟作为区域性图书馆协作机制，旨在推进粤港澳大湾区公共图书馆在中华优秀传统文化与岭南文化传承发展、全民阅读推广等领域深入交流合作，共同推动文化繁荣发展，丰富人民文化生活，促进图书馆事业共同进步。

发布会上，广州市政府副市长王东向联盟成员赠送《广州大典·曲类》专辑。《广州大典》是由广州市委宣传部、广东省文化厅策划并组织研究编纂，旨在系统搜集整理和抢救保护广州文献典籍、传播广州历史文化的大型地方文献丛书。是目前我国规模最大、最具代表性的地方文献丛书。（广州图书馆）

【沐浴书香　茁壮成长——2019年“国际儿童图书日”暨“广州读书月”少儿阅读嘉年华活动拉开序幕】 3月30日，值“4·2国际儿童图书日”和“广州读书月”来临之际，2019年“国际儿童图书日”暨“广州读书月”少儿阅读嘉年华活动在广州少年儿童图书馆（以下简称“广少图”）拉开序幕。广东省文化厅、广州市文化广电旅游局、广州市精神文明建设委员会等有关部门领导，广东省立中山图书馆和广少图负责人以及各区图书馆代表、汽车图书馆服务点代表、获奖代表约200人出席活动。中国儿童文学研究会副会长朱自强教授做“为什么要阅读”的主旨演讲，让听众重新认识儿童阅读的重要性。

启动仪式当天，智能新汽车图书馆首次亮相，并于4月2日“国际儿童图书日”正式投入使用；汽车图书馆服务10周年成果展览同时举办；《2018年广州市公共图书馆少儿阅读报告》发布；“广州市少儿阅读之星”榜单揭晓；推出“V播朗读亭”和“线上预约借书”2项新服务。此次少儿阅读嘉年华活动持续举办1个月。在“国际儿童图书日”“广州读书月”期间，广少图为羊城少儿读者举办近80场阅读活动，如优秀童书品赏会、玩具图书游园会、宝宝阅读爬行比赛、穗台两地小读者联谊活动、羊城少年学堂“校长与你面对面”、超级阅读跳蚤市场、“立体阅读”中药文化的故事等。（广州少年儿童图书馆）

【首届粤港澳“共读半小时”阅读活动举行】 4月23日，首届粤港澳“共读半小时”阅读活动在遍布粤港澳大地的“4+N”个会场同时举行。活动由广东省文化和旅游厅、深圳市文化广电旅游体育局、香港特别行政区政府康乐及文化事务署、澳门特别行政区政府文化局、澳门特别行政区政府教育暨青年局主办。其中，4个主会场分别由广东省立中山图书馆、深圳图书馆、香港中央图书馆、澳门公共图书馆承办，另有分布于社区、公园、医院、军营、工业区、咖啡馆、学校等地逾500个共读点，6万多人参与共读。位于深圳图书馆水幕广场的“共读半小时”深圳主会场汇聚400余名市民读者、志愿者以及图书馆馆员代表。仪式现场播放由深圳、广州、香港、澳门的领读人共同录制的活动宣传片以及《共读宣言》视频，并实时呈现澳门、香港、广州共读点在同一时刻的共读现场图片。同时，读特APP对活动进行实况直播。澳门于旧法院大楼举行启动仪式，文化局局长穆欣欣在活动中分享读物及阅读心得。香港公共图书馆在香港中央图书馆举行启动礼。广东省立中山图书馆在新兴县开展“共读半小时”系列活动，以“品味书香，享阅读之乐”为主题，选择“我和我的祖国”以及“经典国学”为共读内容。（深圳图书馆）

【《深圳“图书馆之城”2018年度事业发展报告》发布】 为全面反映深圳“图书馆之城”建设2018年事业进展，深圳图书情报学会联合深圳图书馆组织撰写的《深圳“图书馆之城”2018年度事业发展报告》在2019年“图书馆服务宣传周”期间发布。该报告包括规划与建设、服务与技术、数据与分析、学术交流与培训、媒体报道与获奖、大事记等6个部分，图文并茂地展示深圳“图书馆之城”事业发展历程，涵盖全市650家公共图书馆的事实数据，其中主要数据回溯对比5年，全书约6.7万字。该报告是深圳“图书馆之城”事业发展的集体研究成果，是深圳图书馆界不断完善体系、提升效能的全面深入总结，为公众和业界了解深圳“图书馆之城”建设提供窗口，为各级政府决策提供借鉴与参考。（深圳图书馆）

【深圳市宝安区图书馆启用智能机器人分拣系统】 深圳市宝安区图书馆“慧还书”智能机器人分拣系统占地256平方米，分为上下两层，有28台分拣机器人和4台搬运机器人。两种机器人同时开工，效率是传统人工分拣的10倍以上。分拣台读取自助归还图书的RFID芯片信息，分拣机器人“小智”根据系统指令接收图书并自行前往指定格口投放。据了解，4个自助还书口满负荷运作每小时最高可分拣图书2000册，可以实现自主充电，全程不需要人工干预。该系统不仅省时省力，还具有分拣差错小、系统可靠性和拓展性强等优点，大大缩减了图书归还直至上架的时间。（深圳市宝安区图书馆）

【佛山创建国家公共文化服务体系示范区】 3月19日，全国公共文化产品供给侧改革现场经验交流会在上海举行。会上，佛山获得第三批国家公共文化服务体系示范区授牌。在示范区创建过程中，佛山以建设更具品质的文化导向型城市为总统筹，建章立制，锐意创新，创建工作取得显著成效。佛山市初步建成“网络完善、运行高效、供给丰富、保障有力”的公共文化服务体系。市、区、镇（街）、村（社区）四级公共文化设施总面积从2015年的152.67万平方米增加到2017年的193.34万平方米，每万人人均公共文化设施建筑面积达2525.11平方米，处于全省地级市前列。全市6家区级以上公共图书馆和6家区级以上文化馆100%为国家一级馆，覆盖市、区两级；32家镇街文化站100%为省特级站。建成村（社区）综合性文化服务中心733家，村（社区）覆盖率达100%。（佛山市图书馆）

【东莞图书馆为残障人士开展免费送书上门及无障碍电影服务】 东莞图书馆携手市残疾人联合会等单位，在世界读书日期间为残障人士开展免费送书上门及无障碍电影服务。4月中旬起，东莞图书馆面向残障人士开展“邮享阅读——免费送书上门”公益爱心活动，让他们安坐家中便能收到图书馆的精选好书。读者还书时只需凭活动参与凭证即可享受包邮寄还图书，方便快捷。4月27日，东莞图书馆组织开展首场“无障碍电影”体验活动，由广东省立中山图书馆秦晓婕和志愿者闵海青、岑翠萍等专业人士讲解电影《无双》，来自各镇（街）的残障读者及图书馆读者共60人参与此次活动。2019年，该馆与市残疾人联合会陆续合作开展残疾人事业成果展、励志“真人图书馆”、视障阳光听书机推广、数字资源推广等多个项目，进一步关注残障人士等特殊群体的阅读需求，营造更便捷、舒适的阅读环境，形成好读书、读好书、善读书的良好社会风尚。（东莞图书馆）

【第二届“公共图书馆在全民阅读中的领读与创新”峰会暨2019东莞第十五届读书节启动仪式举行】 8月19日，第二届“公共图书馆在全民阅读中的领读与创新”峰会暨2019东莞第十五届读书节启动仪式在东莞松山湖图书馆举行。此次活动由中共广东省委宣传部、省文化和旅游厅、中国图书馆学会主办，中共东莞市委宣传部、东莞市文化广电旅游体育局、中国图书馆学会阅读推广委员会、广东图书馆学会承办。峰会的主题是“阅读通达未来”。国防大学国家安全学院副院长唐永胜和广东省科技图书馆馆长魏东原、南京农业大学信息管理系教授茆意宏、阅文集团高级副总裁张蓉、深圳市宝安区图书馆馆长周英雄，分别做“学习·发展·提升——国际变局与国家安全的未来”“5G时代图书馆阅读面临的机遇与挑战”“人工智能重塑图书馆阅读服务”“倾力打造数字阅读新生态”“科技创新提升图书馆服务”等专题报告。

当天，2019东莞第十五届读书节同步

启动。此次东莞读书节以“阅读·和谐·发展——提升文明素质　崇尚健康生活”为主题，开展南国书香节东莞分会场系列活动等32项市级重点活动、400余项镇（街道、园区）特色活动。（东莞图书馆）

广西壮族自治区

【2019年全国省级、副省级市公共图书馆参考咨询工作培训班在广西壮族自治区图书馆举办】 3月20—22日，由国家图书馆主办、广西壮族自治区图书馆承办的2019年全国省级、副省级市公共图书馆参考咨询工作培训班在南宁开班。培训班邀请清华大学知识产权信息服务中心主任范爱红、苏州工业园区公共文化中心主任李春梅授课。国家图书馆参考咨询部主任王磊、副主任张李江做工作汇报。来自全国省级、副省级市公共图书馆分管参考咨询工作的馆领导和部门主任80余人参加此次培训。（广西图书馆学会　韦绍芬）

【2019年广西公共数字文化建设培训班举办】 4月23—27日，由广西壮族自治区图书馆和广西壮族自治区桂林图书馆主办，福建省图书馆协办的2019年广西公共数字文化建设培训班在福建省福州市举办。广西壮族自治区文化和旅游厅公共服务处副处长熊健厚在开班仪式上发言。北京大学信息管理系教授王子舟，福建省图书馆馆长郑智明、副馆长陈顺，泉州市图书馆原馆长许光恺等分别授课。全区部分公共图书馆馆领导和负责公共数字资源建设、信息化建设的业务骨干共计75人参加培训。（广西图书馆学会　韦绍芬）

【第十一期全国少数民族古籍修复技术培训班在南宁开班】 5月7—20日，由国家古籍保护中心主办、广西壮族自治区古籍保护中心承办的第十一期全国少数民族古籍修复技术培训班在南宁开班。此次培训以“古壮字古籍修复”为主题，采用集中研习和实践操作两种形式教学。培训班邀请国家级古籍修复技艺传习所导师杨利群和广西壮族自治区图书馆资深修复师区捷讲授修复理论并现场示范古壮字古籍修复技艺。来自11家古籍收藏单位的20名学员参加培训。（广西图书馆学会　韦绍芬）

【2019年广西文化助盲志愿者骨干培训班举办】 5月27—30日，由中国盲文图书馆与广西壮族自治区图书馆共同主办的2019年广西文化助盲志愿者骨干培训班在广西壮族自治区图书馆举行。此次培训旨在推进公共图书馆盲人阅读推广工作，指导开展文化助盲志愿服务，建立完善的文化助盲志愿服务队伍。培训班邀请中国志愿服务联合会副会长张俊虎、全国自强模范王志华以及中国盲文图书馆相关工作业务骨干讲授“志愿服务与新时期助残工作”等内容。80多名全区各级公共图书馆助盲工作人员参加培训。（广西图书馆学会　韦绍芬）

【广西壮族自治区图书馆荣获五星级文化助盲志愿服务团队星级认定】 7月，由中国助残志愿者协会和中国盲文图书馆联合举办的星级文化助盲志愿者及团队认定交流活动在中国盲文图书馆举办。来自全国各省、市、县级39个公共图书馆共计53名文化助盲志愿者参加此次活动。广西壮族自治区图书馆文化助盲服务累计时长达3000小时，被认定为五星级文化助盲服务团队，该馆借阅部副主任秦东明、馆员花香分别荣获五星级和二星级文化助盲志愿者荣誉称号。（广西图书馆学会　韦绍芬）

【广西公共图书馆发展成就展举办】 9月25日，由广西壮族自治区文化和旅游厅主办，广西壮族自治区图书馆、广西壮族自治区桂林图书馆承办，全区各市公共图书馆协办的广西公共图书馆发展成就展开幕式在自治区图书馆举行。自治区文化和旅游厅党组成员、副厅长唐正柱，公共服务处处长何晓萍，全区各市级以上公共图书馆主要负责人及相关代表、社会各界人士代表等70余人参加活动。展览在自治区图书馆启动后，在桂林图书馆和各设区市公共图书馆联动开展。（广西图书馆学会　韦绍芬）

【广西壮族自治区文化和旅游厅召开深入学习贯彻习近平总书记给国家图书馆老专家回信精神座谈会】 9月25日，广西壮族自治区文化和旅游厅召集全区各市公共图书馆馆长在广西壮族自治区图书馆举行学习座谈会，深入学习贯彻习近平总书记给国家图书馆老专家回信精神。自治区文化和旅游厅党组成员、副厅长唐正柱出席座谈会并讲话，公共服务处处长何晓萍主持座谈会。自治区图书馆原馆长韦江传达文化和旅游部在国家图书馆召开的学习贯彻习近平总书记给国家图书馆老专家回信座谈会的精神，与会的各级公共图书馆馆长代表依次发言。（广西图书馆学会　韦绍芬）

【广西壮族自治区图书馆举办中华人民共和国成立70周年八桂作家成就展暨征集成果展】 9月30日，由广西壮族自治区图书馆和广西作家协会联合主办的中华人民共和国成立70周年八桂作家成就展暨征集成果展在自治区图书馆开幕。自治区文联党组成员、副主席石才夫等领导及受邀嘉宾和作家、读者等百余人参加开幕式。开幕式结束后还举行文学创作分享沙龙，自治区文联副巡视员张燕玲，广西作家协会主席东西以及副主席凡一平、朱山坡、田耳、王勇英与读者面对面，畅谈文学创作的心得体会。展览时间截至10月5日，分为"八桂作家文学成就展"和"八桂作家征集成果展"两大板块，展品共300余件，包括作家手稿、图书、照片、媒体报道、音视频等多种形式。（广西图书馆学会　韦绍芬）

【广西壮族自治区图书馆举办广西少数民族古籍保护成果展】 10月19—31日，由广西壮族自治区图书馆和广西少数民族古籍保护研究中心共同举办的"八桂遗珍　秘典重光——广西少数民族古籍保护成果展"在自治区图书馆读者交流厅展出。此次展览宣传展示了新中国成立70周年以来广西开展少数民族古籍普查、抢救、搜集、整理、保护、翻译、出版、研究等工作取得的成就。（广西图书馆学会　韦绍芬）

【2019年广西公共数字文化工程融合创新发展培训班举办】 11月17—20日，在广西壮族自治区文化和旅游厅的指导下，广西壮族自治区图书馆、广西壮族自治区桂林图书馆在桂林市举办2019年广西公共数字文化工程融合创新发展培训班。培训班旨在提升全区公共图书馆公共数字文化建设的整体水平和队伍素质。全区83家县（区）级以上公共图书馆领导及业务骨干共106名学员参加培训。国家图书馆副馆长汪东波，自治区文化和旅游厅公共服务处处长何晓萍，自治区图书馆馆长秦小燕、副馆长李其华，桂林图书馆馆长钟琼等出席开班仪式。国家图书馆研究院院长申晓娟、数字资源部温泉，文化和旅游部全国公共文化发展中心资源管理处陈旭先后授课。（广西图书馆学会　韦绍芬）

【广西壮族自治区图书馆举办庆祝广西解放70周年文献图片展】 11月28日—12月12日，广西壮族自治区图书馆在馆内举办"红旗插上镇南关——庆祝广西解放70周年文献图片展"。此次展览遴选一批该馆馆藏中珍贵的历史文献和图片，以广西解放为主题，分为"黎明前夕""解放广西""政权建立""红色记忆"4部分。（广西图书馆学会　韦绍芬）

【《中华古籍总目·广西卷》编纂培训班举办】 12月11—13日，《中华古籍总目·广西卷》编纂培训班在南宁举办，此次培训班旨在推进"中华古籍保护计划"、培养古籍保护人才。广西壮族自治区图书馆、广西壮族自治区桂林图书馆、广西壮族自治区博物馆等全区38家古籍收藏单位的领导及业务骨干共80多人参加培训。自治区图书馆馆长、广西古籍保护中心主任秦小燕，自治区图书馆副馆长李其华出席培训班开班仪式。（广西图书馆学会　韦绍芬）

【广西壮族自治区桂林图书馆概况】 截至2019年底，广西壮族自治区桂林图书馆在职员工143人，其中高级职称24人、中级职称51人、初级职称46人。全年新增藏量44939种153269册，馆藏总量335万册。全年接待读者212万余人次，借阅书刊680万册次，网站访问量857万次，移动图书馆点击量660余万次。完成科技查新345项。外购数字资源新增24TB，自建数字资源新增15.82TB，数字资源总量达151TB。设立馆外流通点96个。开展各类读者服务活动913次，参加活动的人数达104万余人次。2019年，广西壮族自治区桂林图书馆荣获全区文化系统集体二等功、全国"青少年维权岗"、2018年度桂林市宣传思想战线先进集体称号，团支部获得"五四红旗团支部"称号；志愿服务项目"志愿伴成长"获2018年桂林志愿服务项目大赛铜奖；报送的"发挥文化资源优

势　帮助农村电商发展——广西壮族自治区桂林图书馆文化扶贫案例”荣获第二届公共图书馆创新创意征集推广活动一等奖。（广西图书馆学会　韦绍芬）

【广西壮族自治区桂林图书馆开展“‘我们的中国梦’——公共数字文化进万家”2019年迎新春文化活动】 2019年春节期间，广西壮族自治区桂林图书馆借助线上线下平台策划推出一系列春节活动。春节前夕，该馆微信公众号推出“书香楹岁月　新桃换旧符”原创春联征集活动，还组织读者协会老年书法小组的志愿者为到馆读者现场书写并派送春联。春节期间，该馆特别推出“‘全城共听一本书’——寻找桂林听书大使”、“21天阅读计划”、“‘桂林e文化’带你回家过大年”、“中华传统文化知识大闯关”、“桂图展览”有奖答题、“点亮小心愿　照亮大梦想”心愿征集点赞等活动，以及专门为小朋友策划的“春节剪出来”剪纸活动、绘本“根娃娃”故事分享、“花园文化与生活情趣”沙龙等丰富多彩的活动。该馆还充分利用国家公共数字文化优秀资源，发挥服务基层的作用，联合辅导自治区内各基层图书馆共同开展“文化共享　美好生活　公共数字文化进万家”活动，内容包括照片征集、电子有声贺卡制作、在线趣味答题、“听赏群书　喜迎岁除”线下主题展览、贺新春VR体验以及“地方文化民俗庆新春”主题资源展播等。（广西图书馆学会　韦绍芬）

【广西壮族自治区桂林图书馆举办2019年“壮族三月三”系列活动】 3月15日—4月21日，“壮族三月三”期间，广西壮族自治区桂林图书馆以民俗传统为切入点，举办以“壮族三月三·八桂嘉年华”为主题的系列活动，活动内容包括“壮族三月三·欢乐民族秀”少儿系列文化活动、“在大自然中发现与绽放——‘三月三’谈桂林山水人文特色的扬弃与创新”讲座、“壮族三月三”主题沙龙、“农桑为本——中华农业文化展”、三月三民俗文化图书展示、特色视频展播等，通过活动传播壮乡多姿多彩的民族文化，让读者在亲身体验、亲自感受、亲近接触中体会广西各少数民族灿烂而悠久的历史文化。（广西图书馆学会　韦绍芬）

【2019年度图书馆扶贫工作专题会议在桂林召开】 4月2—3日，中国图书馆学会公共图书馆分会2019年度图书馆扶贫工作专题会议在广西壮族自治区桂林图书馆召开。此次会议由公共图书馆分会图书馆扶贫工作委员会主办，桂林图书馆承办。中国图书馆学会副理事长、公共图书馆分会会长刘小琴，图书馆扶贫工作委员会委员及相关工作人员约20人参会。会上，图书馆扶贫工作委员会主任、重庆图书馆馆长任竞总结2018年图书馆扶贫工作情况，图书馆扶贫工作委员会委员、重庆图书馆副馆长张冰梅向各参会人员介绍2018年全国图书馆文化扶贫乡村振兴案例征集活动情况。会议还围绕“文化和旅游融合发展背景下图书馆扶贫工作的新模式”进行讨论。会议期间，参会的各委员单位向桂林市龙胜各族自治县图书馆捐赠图书，并走访龙胜县的图书馆电商扶贫项目点，还对马堤乡张家村的文化扶贫情况进行调研。（广西图书馆学会　韦绍芬）

【广西壮族自治区桂林图书馆举办“同城共读”阅读比赛】 在第24个“世界读书日”到来之际，广西壮族自治区桂林图书馆积极响应中国图书馆学会和国家图书馆的号召，举办了以“同城共读阅读比赛”为主旨活动的“读经典　学新知　链接美好生活”全民阅读系列活动。4月18日，在临桂总馆旅游阅览室，馆领导班子带领馆员宣读《4·23全民阅读活动倡议书》，共读《论语》，倡导阅读中华优秀传统文化经典。4月20日，“同城共读”阅读比赛在榕湖分馆自修室开展，前来参与阅读比赛的读者以《论语》为指定阅读书，在150分钟的阅读环节集中阅读，并参与答题。同期该馆还通过微信公众号发布“‘同城共读’——你最喜欢的《论语》经典名句”有奖阅读活动，线上线下互联互动，引导读者通过不同方式阅读《论语》。4月22、23日，“同城共读”阅读比赛还走进校园，分别在桂林市铁西小学和桂林市琴潭实验学校中学举行。此外，该馆还联动辅导区内各县区公共图书馆、桂林市各大高校图书馆共同开展“同城共读”活动，并同步举办“第十四届‘文津图书奖’获奖图书图片展”，面向大众推荐获奖图书。（广西图书馆学会　韦绍芬）

【桂林首个“代表书屋”揭牌】 4月23日，广西壮族自治区桂林图书馆联合桂林市象山区人大常委会合作共建的“代表书屋”在象山街道办事处揭牌启用，这是桂林首个“代表书屋”。桂林图书馆根据象山区人大代表的结构情况，精选文学、经济、自然、科技、历史及人物传记等1000余册书籍送到“代表书屋”，为代表参政议政提供参考咨询，为课题调研、议案建议编写等提供跟踪服务。（广西图书馆学会　韦绍芬）

【广西壮族自治区桂林图书馆信息学习中心正式开放】 7月16日，广西壮族自治区桂林图书馆信息学习中心正式对公众开放。作为一个升级版的多功能空间，信息学习中心除提供信息检索、数字资源体验外，还设置音频馆、视频馆、音乐小屋等多个体验区，重点推出数字音乐盒PAD、数字留声机、黑胶唱片机、智能互动钢琴、魔法聚音罩、VR虚实交互区、3D打印机及多媒体展示设备等智能科技，读者可以通过各种先进的设备享受到自助化、智能化的全新阅读体验。（广西图书馆学会　韦绍芬）

【广西壮族自治区桂林图书馆举办“田汉生平事迹展”及学术研讨会】 8月30日，广西壮族自治区桂林图书馆在临桂总馆举办“‘为了前进的事业——田汉生平事迹展’暨‘田汉在桂林’学术研讨会”，该馆桂林抗战文献中心同时建成开放。开展仪式上，中国文联戏剧艺术中心主任邓秋军、桂林图书馆馆长钟琼分别致辞。中国田汉研究会、田汉基金会及田汉家属、桂林抗战文化研究会分别向广西壮族自治区桂林图书馆捐赠一批珍贵的文献资料。学术研讨会上，来自区内外的专家学者从多方面探讨抗战时期田汉在桂林的艺术创作和戏剧运动。此次展览展出200多幅史实图片，并配合报纸、手迹、书信、著作等实物展。（广西图书馆学会　韦绍芬）

【广西壮族自治区桂林图书馆举办建馆110周年暨新馆全面开放活动】 11月18日，广西壮族自治区桂林图书馆建馆110周年暨新馆全面开放活动在临桂新馆开幕。活动包括领导致辞、图书捐赠仪式、专家主旨报告、为新馆全面开放揭牌等。期间还举办“广西公共图书馆发展成就展暨广西壮族自治区桂林图书馆110周年馆史展”、“藏文蕴典　撷英拾萃——广西壮族自治区桂林图书馆建馆110周年特展”、公共数字文化融合创新发展专题培训、抖音短视频征集、“诗与远方，文化＋旅游”桂林特色文化专题资源展播等系列活动。（广西图书馆学会　韦绍芬）

【广西壮族自治区桂林图书馆扎实有序推进“三区”人才支持计划】 2019年，广西壮族自治区桂林图书馆以“三区”人才支持计划为抓手，在继续对基层图书馆馆员进行业务技能和综合素质提升培训的同时，加强对馆内业务骨干开展业务培训和辅导。全年共举办集中培训3次，培训学员186人；安排受援单位人员来馆跟班学习2次，培训学员3人；组织馆内业务骨干下点辅导培训4次，培训学员110人。组织馆内业务骨干分2批到广州、深圳、佛山跟班学习。（广西图书馆学会　韦绍芬）

【广西壮族自治区桂林图书馆完成2019年公共数字文化重点建设项目工作任务】 广西壮族自治区桂林图书馆稳步开展在建数字资源项目，进一步加强公共数字文化建设。2019年共享工程地方资源建设项目立项3个：《广西传统村落》专题片（二期）、广西革命历史动漫（二期）、听遍桂林：山水文学篇（二期）；数字图书馆推广工程资源联合建设项目立项5个：桂林抗战文化专题资源库、图书馆公开课资源建设、地方图书数字化及全文识别、网事典藏、政府公开信息整合。参与公共数字文化工程资源项目验收。新建“文化兴安”专题数据库，该库收集整理有关兴安风景名胜、革命文化、古村古镇、历史文化、民族民俗、文学作品、民间艺术等方面的资料，数据类型包含文字、图片、视频、音频。（广西图书馆学会　韦绍芬）

【南宁市视障阅读服务站授牌暨视障智能听书机发放仪式在南宁市图书馆举行】 8月16日，南宁市视障阅读服务站授牌暨视障智能听书机发放仪式在南宁市图书馆举行。南宁市文化广电和旅游局副局长樊琴、南宁市图书馆党支部书记、馆长江锦才为全市12家设立在各县区图书馆的视障阅读服务站授牌，来自各县区图书馆的代表参加盲人数字阅读推广工程项目推出的“阳光听书郎”视障智能听书机的使用培

训。（广西图书馆学会　韦绍芬）

【“庆祝新中国成立 70 周年首届广西期刊展”在南宁市图书馆开展】 9月8日，由广西期刊协会、南宁市图书馆携手主办，《当代广西》杂志社、《新闻潮》杂志社、南宁文学院（《红豆》杂志社）承办的“庆祝新中国成立 70 周年首届广西期刊展”在南宁市图书馆开展。随后，广西壮族自治区人民政府参事、广西期刊协会会长黄健做题为“中华人民共和国 70 年的辉煌历程”的专题讲座，约 150 名读者到场聆听讲座。（广西图书馆学会　韦绍芬）

【南宁市图书馆举办庆祝新中国成立 70 周年阅读活动】 9月28日，南宁市图书馆、南宁市少年儿童图书馆和各城区图书馆联合举办庆祝新中国成立 70 周年——“我和我的祖国 · 传承红色基因 · 诵读经典华章”大型广场阅读活动。活动内容包含“祝福祖国”签名礼、升国旗唱国歌、南宁市民卡开通图书馆借阅应用功能揭牌仪式和广场快闪活动，活动吸引近 500 人参与。（广西图书馆学会　韦绍芬）

【钦州市地方特色资源共享平台正式开通】 4月26日，钦州市地方特色资源共享平台于钦州市数字图书馆（即钦州市图书馆官网：www.gxqzstsg.cn）正式上线开通，主要内容有政府公开信息、地方史志、特色报纸、视频讲座。政府公开信息收录钦州市本级、各县区的政府公开信息 30000 条，包括公文、要闻等。地方史志收录反映钦州地方特色、较高文献和历史价值的 1949 年以来出版的方志、地方文史资料、珍贵少数民族语言资料等地方图书资源，包括收录冯敏昌、刘永福、冯子材、孙中山等历史名人纪念文集的《钦州文史》17 册，《钦州市志》《钦州荔枝史话》等其他文献 10 册，共约 10000 页。特色报纸收录 1990—1997 年的地方特色报纸《钦州湾报》共 5000 版。视频讲座收录“钦州美食文化”“采茶戏”等钦州地方特色讲座视频 8 个，共 60 分钟。（广西图书馆学会　韦绍芬）

【梧州市图书馆建立馆外服务网点】 2019 年，梧州市图书馆新建 7 个馆外服务网点：中共梧州市委员会组织部（西江驿站：国龙站）馆外服务网点、广西梧州商贸学校馆外服务网点、中共梧州市纪律检查委员会馆外服务网点、梧州市公安局刑侦支队馆外服务网点、梧州市旺城党建服务中心馆外服务网点、梧州市城市建设投资发展集团有限公司馆外服务网点、广西梧州陆军预备役工兵团馆外服务网点。梧州市图书馆完成各网点及社区送书服务 8370 册，并安排专业的工作人员将所有图书分类上架，同时对服务网点图书管理员就图书分类、排架技巧、借阅还书等方面的知识进行详细指导。梧州市图书馆定期对馆外服务网点图书进行轮换，轮换流通 25000 多册次。（广西图书馆学会　韦绍芬）

【百色市图书馆“红城书屋”向市民开放】 百色市图书馆计划用 3 至 5 年时间，以现有馆舍为主阵地，引进社会力量，在百色市各社区合作建设馆外服务点——红城书屋。12月10日，百色城区首家“红城书屋”向市民开放。该书屋位于右江区城东路鹅城水岸文创园，面积近 240 平方米，内设一般阅览区和少儿阅览区，有阅览座席 68 个，总藏书 7000 多种 13350 册，其中普通中文图书 9050 册、少儿图书 4300 册。（广西图书馆学会　韦绍芬）

海南省

【海南省图书馆开通社会保障卡“一卡通”借阅服务】 1月19日，海南省图书馆和海南省人社厅信息中心联合推出文化惠民新举措，开通社会保障卡“一卡通”借阅服务。社会保障卡注册开通后，读者可免押金在海南省图书馆享受借阅服务，可免费借阅 10 本书刊。原有的读者证可变更为社会保障卡读者证并退返押金。推行社会保障卡“一卡通”借阅服务是海南省图书馆积极响应习近平总书记在庆祝海南建省办经济特区 30 周年大会上发言的重要讲话精神，在海南推动建立以社会保障卡为载体的“一卡通”服务管理模式，是继支付宝“信用”办证后又一重大服务提升，同时也为海南省图书馆创新文化服务模式，构建全方位公共图书馆服务体系工作向前迈出坚实的一步。（海南省图书馆　文一叶）

【热带植物图书馆正式开放】 3月1日，海南省图书馆建立的热带植物图书馆正式向读者开放。该馆包含室内热带植物主题阅读空间300平方米、室外共享阳光书屋500平方米和室外3000多平方米的100多种植物。每月为读者举办"'物有所植'植物工坊文创""专家植物鉴赏知识讲座""植物沙龙""花道讲座""室外共享阳光书屋植物认养""植物小课堂"等系列主题活动，让不同年龄段的读者（6岁以上）在认识植物的基础上学习手工知识及技巧，让读书从"人与书"变成"人与书与人"。（海南省图书馆　文一叶）

【2019年海南省公共数字文化工程建设与推广培训班在济南举办】 7月1日，由海南省图书馆主办，文化和旅游部全国基层文化队伍培训基地（山东大学）承办的2019年海南省公共数字文化工程建设与推广培训班在济南开班，海南省旅游和文化广电体育厅公共文化处主任彭卫华，海南省图书馆副馆长张蕊，山东大学艺术学院院长安宁、培训部主任赵鹏及此次培训班班主任赵晓璐出席开班仪式。培训班为期5天，来自海南全省各市、县、区图书馆馆长及技术骨干共86人参加培训。山东省图书馆副馆长周玉山，黑龙江省图书馆原副馆长毕洪秋，文化和旅游部全国公共文化发展中心处长刘刚、陈移兵，浙江省图书馆馆长刘晓清，分别就总分馆建设、数字图书馆建设、公共数字文化工程的建设推广发展、资金项目申报流程等方面做专题讲座。通过此次培训，学员们对公共数字文化资源建设、平台建设与服务推广以及数字资源中的技术标准、规范等都有了新的认识。（海南省图书馆　文一叶）

【"纪念南洋华侨机工回国抗战80周年图片、雕塑展"开展】 9月22日—10月11日，由海南省归国华侨联合会、中共海口市委统一战线工作部指导，海口市归国华侨联合会主办，海南省雕塑艺术学会、海南省图书馆承办的"纪念南洋华侨机工回国抗战80周年图片、雕塑展"在海南省图书馆开展。部分省市统战、侨界领导，各民主党派、海外华人侨领、南侨机工眷属学校师生、社会各界人士300多人参加开幕式。中国侨联原副主席林明江、海南省侨联主席黎才旺、海口侨联主席陈文培、南侨机工眷属代表等分别在开幕式上致辞。此次展览展出南侨机工图片300多张，分为英雄墙、英雄事迹、祖国召唤、共赴国难、血铸丰碑、功返南洋、光照千秋、重走滇缅路等多个板块；同时展出由海南省著名雕塑家陈学博创作的南侨机工双人胸像、南侨机工雕塑等雕像和相关历史雕塑图片等10多组。此次活动还举办了"南侨机工历史学术讲座"。（海南省图书馆　文一叶）

【海南省图书馆开展2019"你读书，我买单"活动】 9月1日，2019"你读书，我买单"活动正式启动。凡持有海南本地居民身份证或海南社保卡，并在全省任一公共图书馆办理过有效读者证的读者，可到全省各市县指定的新华书店现场选书或在微信线上选书，图书馆可快递送书上门。每位读者可选100元以内的新书，册数不限，所选图书须60天内到约定图书馆归还。共有11165人参与线上选书活动，挑选图书24321册，图书金额为954761.46元；10238人参与线下选书活动，挑选图书26187册，图书金额为947369.18元。此次活动由中共海南省委宣传部、海南省旅游和文化广电体育厅主办，各市县宣传部、文体局协办，全省22家公共图书馆承办，海南省图书馆具体执行。该活动是海南省委省政府2019年为民办实事项目之一。（海南省图书馆　文一叶）

【2019年公共数字文化工程宣传推广暨总分馆建设培训班（第二期）在琼海举办】 10月29—31日，由海南省图书馆、山西省图书馆联合举办的"2019年公共数字文化工程宣传推广暨总分馆建设培训班（第二期）"在琼海举办，来自两省地市、区县的文化和旅游系统相关负责人、公共图书馆馆长及业务骨干等200余人参加培训。国家公共文化服务体系建设专家委员会委员、浙江大学教授阮可，国家图书馆数字资源部副主任李志尧，中国高等教育文献保障系统管理中心副主任、北京大学图书馆研究馆员陈凌，上海社会科学院信息研究所研究员王世伟，文化和旅游部公共文化发展中心处长刘刚，分别做题为"总分馆建设的任务、方法和趋势""数字图书馆建设暨公共数字文化工程融合创新发展平台建设""数字图书馆、智慧图书馆及新一代图书馆平台建设""人工智能与图书馆

服务更新”“公共数字文化工程融合创新发展智能服务”的专题报告。此次培训班还安排学员赴博鳌镇南强村、“途图”民宿图书馆和南海博物馆等地进行现场教学与交流。（海南省图书馆 文一叶）

【海南首个24小时社区书屋正式对市民开放】 12月26日，海南首个24小时社区书屋在海口农商银行紫园路支行举行揭牌仪式，正式免费向市民开放。海南省旅游和文化广电体育厅公共文化处调研员刘实葵，团省委青年发展部副部长王组波，海口农商银行党委书记、董事长吴敏，海南省图书馆党支部副书记吴奇杰等出席仪式。24小时社区书屋是海南省图书馆与海口农商银行合作，以该行紫园路支行为试点，联手打造的“24小时自助社区书屋+儿童财商教育网点”双核平台。该书屋面积约20平方米，以儿童主题进行装饰设计，配置自助借还书机，市民持社保卡即可实现24小时图书自助通借通还。书屋藏书近4000册，涉及财商教育、亲子成长、课业辅导等多个知识科目，还专门配备依托金融服务网点开展的财商教育课程。（海南省图书馆 文一叶）

【五指山体育图书馆举行签约暨揭牌仪式】 12月31日，由海南省图书馆、海南体育职业技术学院和五指山市旅游和文化广电体育局合作共建的五指山体育图书馆，在五指山市国家综合体育训练基地举行签约暨揭牌仪式。五指山市委常委、宣传部部长王楚蝶，海南省图书馆馆长李彤等领导出席仪式。该馆是集文献查询、书刊借阅、少儿趣味阅读、书法美术辅导、学术讨论、体育休闲为一体的新型文化服务中心。按照公共图书馆基层分馆标准建设，总面积260平方米，藏书11000多册，其中体育图书2500多册、少儿图书1500册。该馆由海南省图书馆指导开展业务工作、读者活动等。在五指山集训的运动员和五指山市民使用身份证即可借阅图书及浏览海南省图书馆共享的90TB数字资源和300万册电子图书。（海南省图书馆 文一叶）

重庆市

【概况】 2019年，重庆市县以上公共图书馆共43家，馆舍面积合计46.19万平方米，阅览座席27622个，从业人员1359人；总藏量达1807.94万册/件，年新增藏量（含纸质、视听、缩微文献）156.27万册/件，年新增电子资源藏量120.45万册/件；年新增文献购置费3866.92万元，年新增数字资源购置费1578.01万元；到馆读者1672.56万人次，书刊文献借阅1443.93万册次。

重庆市公共图书馆通借通还工作继续深入开展。主城九区公共图书馆与重庆图书馆实现互联互通，一卡通云服务平台升级，业务系统布局到全市25家公共图书馆和各社区乡镇服务点。一卡通文献供应量达到370.43万册，持证读者超过59.35万人，外借71.84万人次、264.78万册次。重庆市43家公共图书馆加入讲座展览联盟，开展巡讲71场、巡展112场。

重庆市公共图书馆积极申报公共数字文化工程资源建设项目，立足重庆“一带一路”长江经济带特色文化，加强地方资源数据库的建设力度，汇总全市9家单位16个地方资源项目，完成2018—2019年度公共数字文化专项项目采购以及2016—2017年度地方资源项目市内验收，分批有序完成2015—2018年政府公开信息、地方图书数字化及全文识别、图书馆公开课资源建设及图书馆公开课直播等项目的建设、验收工作。协助市文化和旅游发展委员会制定2020年度重庆市公共数字文化建设专项经费分配方案，涉及14家单位、26个项目，经费共计1350万元。

以“文化扶贫乡村行”为主题，联动各区县文化委、图书馆接力，开展蒲公英梦想书屋、“书香筑梦乡村行”，分别走进特困乡镇开州区大进镇、丰都县三建乡、酉阳县车田乡，开展口述电影、快乐阅读体验课、“今天的中国故事”等活动。以移动端数字阅读平台推广为主题，区县公共图书馆共同开展“渝城e站阅读活动”、“常青e路 幸福夕阳”——老年人数字阅读培训。

举办2019年全国公共文化巡讲暨重庆市公共数字文化建设与服务培训班；举办“文化中国微视频”培训；协调全市公共图书馆参加全国地市以上图书馆和文化（群艺）馆馆长培训班（西部地区）；全市33家公共图书馆开展“‘我们的中国梦’——公共数字文化进万家活动”；举办“网络书香讲坛”6场；参加国家图书馆、文化和旅游部全国公共文化发展中心举办的业务培训 8 场，派出人员 11 人次；指导区、县公共图书馆业务 17 次，出动人员 41 人次。

开展古籍传拓技艺培训班，培训学员 30 余人，古籍修复技艺成功申报重庆市级第六批非物质文化遗产代表性项目。根据国家古籍保护中心的工作标准，启动重庆市民国线装书保存数量及情况的普查工作，修订《重庆市古籍保护专项经费使用管理办法》《重庆图书馆民国线装书著录规则》细目，并按著录规则编目馆藏民国线装书 2300 部。编著完成《重庆图书馆古籍普查登记目录・碑帖卷》《重庆近现代期刊提要》《抗战大后方工业调查文献》《抗战大后方经济社会文献汇编》《抗战时期画报资料选编》书稿 5 部。

2019 年，重庆市各级图书馆围绕世界读书日、图书馆服务宣传周、科技活动周、文化遗产宣传月、重庆读书月、公共图书馆法普及等大型宣传活动及节假日，组织展览、讲座等形式多样、内容丰富的活动。全年开展读者活动 8407 场，参与 649 万人次。（重庆图书馆）

【重庆图书馆概况】 2019 年，重庆图书馆共接待到馆读者 241 万余人次，书刊外借 49 万人次、126.9 万册次。新办读者证 7.4 万个，累计办证近 49 万个。全年共举办讲座展览、读书活动、亲子沙龙等各类全民阅读推广活动千余场。

依托创新服务手段，助推智慧阅读。重庆图书馆整合带动全市公共图书馆的业务建设与阅读推广工作。统筹、指导区县公共图书馆开展“基层图书馆互联互通”“资源联建”项目建设，通过项目指导加强交流协作，助力区县公共图书馆数字化服务能力提档升级。全面提升馆内网站建设质量，完成重庆图书馆门户网站优化改版和数字图书馆软件系统升级。加快推进数字阅读建设步伐，建成“重图微讲座”特色数字资源库，丰富阅读资源内容供给；开通微信端“重图数字阅读平台”，利用移动互联网提供零距离数字阅读服务，消除不同数字阅读资源库之间的壁垒，构建一站式阅读大数据平台，提供电子书阅读、音频听书、视频学习等主流数字资源阅读方式，打造读者可随身携带的“数字图书馆”。

助力全民阅读，提升服务效能。全年开展讲座、展览、读者培训等常态化阅读推广活动 800 余场次，惠及读者 10 万余人次。定期开展快乐阅读体验课、盲人辅读培训、老年人数字阅读培训、英语角、渝城 e 站阅读、重图到家等公益性文化活动，丰富群众精神文化生活，实现文化服务面向基层、普惠群众等目标要求。牵头全市公共图书馆开展“4・23 世界读书日”“格林童话之夜”“行走的图书”等大型阅读推广活动，围绕“庆祝新中国成立 70 周年”的国庆主题，开展“70 年 70 本书——好书伴我成长”大型公益阅读推广活动。举办 2019 年“第三届重庆青少年模拟联合国大会”，拓展青少年国际视野，来自重庆及外省市 50 余所中学、高校的 100 名青年学子参会。

国际文化交流强化互学互鉴。积极配合重庆市文化和旅游发展委员会组织筹建重庆国际交流研究中心，并成为该中心的挂靠单位，打造重庆市优秀文化国际交流窗口和研究平台。与德国卡塞尔市格林世界博物馆建立友好合作关系，有效扩大重庆文化的国际影响力。与美国驻成都总领事馆合作，筹划举办“继往开来——纪念美中建交 40 周年”图片展及“2019 英语教学论坛（重庆）”活动，进一步发挥文化窗口作用，促进中美文化交流。重庆图书馆不仅以开放平等的姿态“请进来”，还以文化自信的风貌“走出去”。首次进驻纽约联合国总部举办“联合国文献回家省亲展”，展示重庆图书馆作为联合国文献托存馆在联合国文献收藏、研究和利用等方面的成就。原创设计的“我们的图书馆扶贫故事”入围国际图联第 85 届大会海报分会海报设计展示大赛。

文化精准扶贫成效显著。召集全国公共图书馆扶贫工作委员会在桂林召开 2019 年图书馆扶贫工作专题会议，与业界同人共同探索“图书馆 + 精准扶贫”“文化旅游 + 精准扶贫”新路径，开展文化扶贫、乡村振兴实地调研。选派工作人员参与市文化和旅游发展委员会组织开展的脱贫攻坚“促改督战”工作，深入酉阳县车田乡调研乡民“两不愁三保障”问题，根据问题排查情况，分类建立完善工作台账。依托“中西部贫困地区公共数字文化服务提档升级”项目等文化惠民工程，向贫困区县部署互动多媒体播出终端，开通数字文化资源服务。开展“蒲公英梦想书屋”“以书换书，爱心悦读”等十余场文化扶贫服务，建设梦想书屋2所，向酉阳县车田乡、彭水县、巫溪县等贫困地区赠送图书、电脑设备、学习用具，实施文化精准帮扶，阻断贫困代际相传，提升脱贫致富力量。

探索文旅融合，创新发展途径。组织开展重庆市“中华传统晒书大会”，通过馆长、专家晒国宝、晒经典、晒技艺、晒传统，与市民读者分享古籍知识，弘扬中华珍贵典籍保护传统，让古籍中的真善美深入人心。开发一系列体现重庆人文地理特征的文创产品，策划设计“重图古韵”系列文创产品，制作完成6种抗战旅游文献样品图书、17种册页样品设计。凭借主客共享的场馆建筑、喜闻乐见的文旅活动，入选第二届重庆文旅新地标。打造重庆图书馆两江国际影视城分馆、金佛山“天星小镇旅图驿站”特色分馆，实现全民阅读与景点游览相融合、文化宣传与实景体验相融合。（重庆图书馆）

【2019年全国公共文化巡讲暨重庆市公共数字文化建设与服务培训班举办】 3月17—19日，由中央文化和旅游管理干部学院、重庆市文化和旅游发展委员会主办，重庆图书馆、合川区文化和旅游发展委员会、合川区图书馆承办的2019年全国公共文化巡讲暨重庆市公共数字文化建设与服务培训班在合川区举办。重庆市文化和旅游发展委员会、重庆图书馆等单位领导出席开班仪式。重庆图书馆和重庆市少年儿童图书馆相关领导，全市各区县文化和旅游发展委员会分管副主任、文化科长，各区县公共图书馆馆长、技术骨干以及合川区各乡镇（街道）综合文化服务中心文化专干300余人参加此次培训班。（重庆市图书馆学会）

【重庆图书馆在“4·23世界读书日”暨第十二届重庆读书月期间举办多种活动】 为发挥省级公共图书馆的带头引领作用，更好地践行“倡导全民阅读　推进学习型社会建设”的使命，在“4·23世界读书日”暨第十二届重庆读书月期间，围绕“辉煌七十载　阅读新时代”的主题，重庆图书馆组织策划一批全民阅读推广活动，如4月20—28日，在重庆解放碑广场设立固定展区，展示特色馆藏和特色服务；4月21日，该馆品牌活动“行走的图书”走进重庆十大旅游景区为市民免费送书。此次读书月活动由市委宣传部主办，各区县（自治县）党委宣传部、重庆图书馆和重庆新华书店集团共同承办。市政府办公厅副主任凌凡、市委宣传部常务副部长薛竹、市委宣传部副部长吴玉荣参加现场巡展。（重庆图书馆）

【重庆图书馆进驻纽约联合国总部举办“联合国文献回家省亲展”】 4月25日，重庆图书馆与联合国达格·哈马舍尔德图书馆合作，经过半年筹备与策划的“联合国文献回家省亲展”在纽约联合国总部开幕。联合国达格·哈马舍尔德图书馆馆长Thanos Giannakopoulos，重庆图书馆馆长任竞，罗斯福图书馆馆长Paul Sparrow，纽约川渝总商会、华人华侨代表以及联合国工作人员出席开幕式，联合国及其图书馆、美国《侨报》《今日纽约》及我国新华社等媒体平台对文献展进行报道。（重庆图书馆）

【“70年70城”联读活动全国启动仪式在重庆图书馆举行】 5月30日，“文化行走　阅读中国——迎接中华人民共和国成立70周年70城联读活动”全国启动仪式暨聂震宁专题讲座活动在重庆图书馆拉开帷幕，400余名学生、读者、市民及阅读机构代表，共同见证启动仪式，并参加由第十二届全国政协委员、韬奋基金会理事长聂震宁带来的“改变，从阅读开始”专题讲座。该启动仪式由重庆市委宣传部等指导，重庆日报报业集团、重庆图书馆、重庆润知远洋文化传播股份有限公司共同主办。此次活动提出“阅读点亮城市之光”口号，旨在通过全国70个城市联合阅读行动的方式，在各地掀起阅读高潮，为新中国成立70周年献礼。（重庆图书馆）

【2019新时代图书馆建设与发展研讨会在重庆图书馆举办】 6月14日，由中国图书馆学会学术研究委员会主办，重庆图书馆、《图书馆报》承办的2019新时代图书馆建设与发展研讨会在重庆图书馆举办。中国图书馆学会副理事长刘小琴，中国图书馆学会常务理事、重庆图书馆馆长任竞，新华万维国际文化传媒（北京）有限公司总经理、《图书馆报》副社长高德明出席会议并致辞。北京大学信息管理系教授刘兹恒、南京大学教授邵波、重庆大学图书馆馆长杨新

涯、上海图书馆副馆长刘炜、重庆图书馆副馆长张波，以及第三方科技服务公司代表等出席研讨会并做主旨报告。来自全国25个省（自治区、直辖市）的180余位图书馆界代表出席研讨会，共同探讨新时代图书馆创新理念和智慧图书馆新型服务模式构建的新思路、新方法。（重庆市图书馆学会）

【2019重庆市公共图书馆业务座谈会召开】 7月30—31日，由重庆图书馆主办，涪陵区图书馆承办的2019年重庆市公共图书馆业务座谈会在涪陵区图书馆召开，全市公共图书馆馆长及业务骨干100余人出席会议。沙坪坝区图书馆副馆长韩兴运、巴南区图书馆馆长代源、长寿区图书馆馆长喻平在现场与各馆分享案例，同时获奖案例全部结集成册，供各馆参考借鉴。重庆图书馆业务骨干就该馆在公共数字文化建设、全民阅读推广、新媒体宣传3个方面的经验进行现场业务交流。（重庆市图书馆学会）

【重庆图书馆“百姓生活记忆展”开幕】 9月11日，重庆图书馆原创大型展览“中华人民共和国成立70周年——百姓生活记忆展”开幕。重庆市文化和旅游发展委员会党委委员、副巡视员钟前元，市委宣传部印刷发行处处长吴扬，重庆图书馆馆长任竞，市文化和旅游发展委员会公共服务处副处长张厚道，市文物保护志愿者服务总队副总干事、民俗艺术收藏家李炼出席并为开幕式剪彩，重庆图书馆副馆长张冰梅主持开幕式。新华社重庆分社、中新社重庆分社、《重庆日报》、华龙网、《重庆晨报》等十余家媒体前来采访报道。展览共7个篇章，从新中国成立开始，按每10年划分为1个篇章。每个篇章设置1组关键词，围绕关键词展示馆藏书籍和百姓生活物件。这些物件记录着一代代人的生活，如粮票、“三转一响”（自行车、手表、缝纫机、收音机）、糖纸、“火花”（即火柴盒子上的贴画，包括商标、广告或设计图样）、铁皮水壶、大哥大、BP机等。（重庆图书馆）

【第二届“阅读之星”重庆市民诵读大赛总决赛举行】 11月30日，由中共重庆市委宣传部、市文化和旅游发展委员会主办，重庆图书馆承办的“我和我的祖国——第二届‘阅读之星’重庆市民诵读大赛”在市群星剧院举行总决赛，丁君军等5名选手荣获此次大赛的最高奖星光金奖，陈莉等10名选手荣获星光银奖。“阅读之星”重庆市民诵读大赛自2018年起已成功举办两届，入围国际图书馆协会联合会（IFLA）主办的2019年度国际营销大奖10个最富于启发性的项目之一。此届诵读大赛围绕庆祝中华人民共和国成立70周年的内容展开，自8月20日启动以来吸引65679人参赛，实现全市各区县全覆盖。（重庆图书馆）

【重庆国学学会文献专业委员会在重庆图书馆成立】 10月26日，重庆国学学会文献专业委员会成立大会在重庆图书馆举行，数十位专家学者出席。会议由重庆工商大学教授薛新力主持。重庆国学学会秘书处杨理论宣读成立文献专业委员会的批复文件。文献专业委员会是重庆国学学会成立的第三个专业委员会，将以重庆图书馆为依托平台，凝聚数十位在文献研究领域具有造诣的专家队伍，深入推动重庆国学事业的发展。（重庆图书馆）

【重庆市区域性公共图书馆联盟召开2019年度工作会】 2月28日，重庆市区域性公共图书馆联盟（以下简称“联盟”）召开2019年度工作会，会议由涪陵区图书馆承办，联盟12家成员馆馆长及业务负责人参加会议。涪陵区图书馆馆长刘争向与会嘉宾简要介绍新馆功能配置、资源建设等情况。联盟秘书长、合川区图书馆馆长刘格对2018年度联盟开展“乡村振兴、文化先行”工作以及阅读推广活动等进行总结。与会者就2019年联盟工作进行磋商并达成共识。（重庆市图书馆学会）

【第三届“少图馆际交流合作行动计划”在渝启动】 4月25日，第三届“少图馆际交流合作行动计划”启动仪式在重庆市少年儿童图书馆举行，国家图书馆少年儿童馆和天津市、上海市、重庆市、河南省、福建省、湖南省全国6家正省级少儿图书馆互相交流，共谋发展。此次活动为期4天，7家少儿图书馆围绕少儿阅读指导与阅读推广、服务延伸拓展、资源共享、联动开展读书活动等开展交流合作。馆际交流人员还前往重庆潼南区图书馆和丰都县图书馆，了

解重庆市少年儿童图书馆分馆、流通点建设情况及开展少儿阅读服务、阅读活动的情况。(重庆市图书馆学会)

【“中华少年说”首届青少年语言艺术大赛(重庆赛区)在涪陵区图书馆举行】 6月28日，由中国关心下一代委员会主办、涪陵区图书馆承办，为期两天的“中华少年说”首届青少年语言艺术大赛(重庆赛区)在区图书馆学术报告厅举行。此次大赛以“喜迎新中国成立70周年，传承和弘扬民族优秀文化，增进青少年的母语认同和母语自尊”为主题，经过各个不同年龄段的初选，来自全区的150名选手参加此次活动。整个大赛内容包括讲童谣、讲故事、朗诵、演讲、主持、配音、演舞台剧等，评委结合参赛者综合素质进行考察。参赛选手分为学前组，小学A、B、C组，初中组，高中组，组合组，海外组等共计38组选手参加复赛，各组选手依次登台，充分展示各自的语言艺术方面的天赋和学习成果。(重庆市图书馆学会)

【庆祝新中国成立70周年暨潼南区图书馆建馆40周年创新发展交流系列活动启动】 7月29日，庆祝新中国成立70周年暨潼南区图书馆建馆40周年系列活动在该区图书馆总馆启动。重庆图书馆、四川省遂宁市图书馆、重庆市区域性公共图书馆联盟、区文化和旅游发展委员会相关负责人出席，区图书馆理事会成员、图书馆全体职工参加活动。活动以“拥抱新时代·奋进新时代”图书馆创新发展交流为主题，紧紧围绕习近平新时代中国特色社会主义思想和党的十九大精神，结合“不忘初心，牢记使命”主题教育，回眸新中国成立70周年所取得的发展成就，回顾区图书馆建馆40年来事业发展历程与成果。(重庆市图书馆学会)

【第四届“北碚全民读书月”启动仪式举行】 11月3日，由北碚区委宣传部、区文化和旅游发展委员会、区教委主办，区全民阅读协调组成员单位、各街镇承办，北碚图书馆协办的第四届“北碚全民读书月”启动仪式在万达广场举行。政府部门与阅读机构多元协同，数十场读书文化活动同步推进，其中北碚图书馆组织开展好书推介、图书漂流、“十二生肖”雕版拓印互动、智能机器人互动、VR场景体验、有声图书馆在线听书体验、优秀古籍特藏展等活动。多元化、立体化开展馆藏宣传和阅读推广同时，西西弗书店、新华书店、后书时代、乐读、快乐作文等多家阅读机构，中文在线、喜马拉雅等数字商齐聚“文化市集”，开展多种线上线下文化资源体验与推广活动。(重庆市图书馆学会)

四川省

【概况】 截至2019年底，四川省拥有县级以上公共图书馆206个，全省公共图书馆系统全年各项工作稳步提升。

基础设施建设不断完善。全省公共图书馆建筑面积稳定增长，合计达81.5万平方米，比2018年(64万平方米)增长27.3%；共有阅览座席5.9万个，比2018年(5.5万个)增长7.2%；2019年全省建成新馆12个，新增2个县级公共图书馆，设施保障水平逐步提升。

人才队伍结构相对稳定。全省公共图书馆人员整体规模和队伍结构均保持相对稳定，部分地区从业人员数量略有减少。共有在编人员1946人，其中专业技术人员1296人，占比66.5%。专业技术人员中，中级职称608人，占比46.9%；高级职称137人，占比10.5%。

财政拨款经费略有增加。2019年，全省公共图书馆财政拨款6.14亿元，比2018年(6.05亿元)增长1.4%；专项购书经费达6657万元，比2018年(4360万元)增长52.6%。

公共服务供给日趋丰富。全省公共图书馆年接待读者2685.9万人次，比2018年(2491万人次)增长7.8%；截至2019年底，全省注册借阅读者数达1717.8万人；全省年文献外借量达1868万册次；有84个公共图书馆开放24小时借阅服务，较上年增加12个。除传统的文献借阅服务外，全省公共图书馆的社会教育职能不断拓展，讲座、展览、培训、阅读推广等成为新时期的重要服务内容，2019年全年举办读者活动9344次，比2018年(6108次)增长52.9%，服务读者1276.6万人次。全省有57个公共图书馆进行了文创产品开发，开发种类达406个。

线上服务水平大幅提高。全省共有新媒体服务平台389个，全年服务读者达2868.6万人次。

越来越多的社会力量参与公共图书馆的建

设。据不完全统计，全省有10余个社会力量参与建设的图书馆向公众免费提供服务，全省共有文化志愿者17381人，2019年社会力量参与开展文化活动达3000余场，为公共图书馆事业发展注入新动力，有效促进公共图书馆服务效能的提升。（四川省图书馆　陈瑶）

【四川省图书馆博士后创新实践基地揭牌暨与四川大学合作协议签署仪式举行】 3月12日，此次活动在四川省图书馆举行。四川省人力资源和社会保障厅专技人员管理处处长付林宣读四川省图书馆博士后创新实践基地批准设立文件，并与四川省文化和旅游厅副厅长赵红川共同为该基地揭牌。四川省图书馆馆长何光伦与四川大学历史文化（旅游）学院院长霍巍现场签署合作协议书。四川省图书馆将充分利用基地科研优势，有效发挥高层次人才在创新驱动、人才培养、文旅融合、文创产业发展、特色资源利用开发、服务升级等方面的重要支撑作用，将四川省图书馆打造成为全省的全民阅读指导中心、文化传承中心、理论研究和交流中心。（四川省图书馆　侯露露）

【“悦读·中国”——“4·23”世界读书日暨庆祝中华人民共和国成立70周年系列活动启动仪式在四川省图书馆举行】 4月19日，四川全省图书馆系统在四川省图书馆联合启动“悦读·中国”——“4·23”世界读书日暨庆祝中华人民共和国成立70周年系列活动。四川省图书馆党委书记、馆长何光伦发布《四川省图书馆暨全省公共图书馆2018年阅读报告》，展示了全省公共图书馆行业阅读服务、阅读群体、阅读趋势、服务效能等建设成果。与会嘉宾向四川省图书馆优秀读者颁发“书香四川·全民阅读”优秀读者证书，鼓励广大读者为全民阅读推广工作建言献策。四川省图书馆和四川新华发行集团联合发布《全民阅读融合服务宣言》，签订《全民阅读融合服务合作协议书》，并就联合推进“点亮阅读”联盟、推广“文轩读读书吧”创新合作模式、开展阅读推广公益性活动、加强人员交流培训等方面达成合作意向，共同探索社会力量参与公共事业建设的合作模式。（四川省图书馆　杨琳）

【2019年四川省公共图书馆联合编目业务培训班举办】 5月13—17日，由全国图书馆联合编目中心四川分中心主办的2019年四川省公共图书馆联合编目业务培训班在四川省图书馆举办。来自全省公共图书馆的编目和技术人员共计120余人参加培训。四川省图书馆副馆长谭发祥出席开班仪式并讲话。国家图书馆中文采编部联合编目组组长索晶和国家图书馆联合编目中心总审校王艳萍分别就联编系统的相关知识和中文普通图书编目基本知识进行授课，并结合各自的经验与学员进行交流互动。此次培训既有基础理论辅导，又有业务知识指导，对于开展联合编目工作具有很强的指导性。（四川省图书馆　钟翔）

【西部省级公共图书馆联盟第二次会议召开】 6月18日，西部省级公共图书馆联盟第二次会议在四川省图书馆召开，四川省文化和旅游厅副厅长赵红川、西部省级公共图书馆联盟成员馆馆长及相关部门负责人出席此次会议。会议由四川省图书馆党委书记、馆长何光伦主持。重庆图书馆副馆长张冰梅介绍西部省级公共图书馆联盟（以下简称“联盟”）成立以来的工作开展情况。参会代表就公共图书馆基础设施及业务建设、全民阅读推广、古籍保护工作等方面进行交流，积极讨论文旅融合背景下西部公共图书馆发展趋势。会议决定，联盟将联合举办西部省级公共图书馆文创产品巡回展，由新疆图书馆作为轮值馆承办2020年联盟第三次会议。（四川省图书馆　唐可心）

【四川省图书馆中医药古籍文化展开展暨张大千文献中心开馆仪式在成都举行】 6月22日，四川省图书馆中医药古籍文化展开展暨张大千文献中心开馆仪式在四川省图书馆举行。仪式由四川省图书馆党委书记、馆长何光伦主持。成都张大千画院院长高峰，四川省中医药管理局党组成员、机关党委书记方清，四川省文化和旅游厅副厅长赵红川，国家图书馆副馆长、国家古籍保护中心副主任张志清分别致辞。

2019年全省图书馆馆长会同日举行，来自全省各级公共图书馆、高校图书馆、党校和科研院所的图书馆馆长以及民间图书馆代表300余人参会，共同探讨文旅融合背景下图书馆发展思路。中共四川省委宣传部副部长，四川省文化和旅游厅党组书记、厅长戴允康对全省图书馆事业取得的发展给予肯定并提出工作要求。

由国家图书馆（国家古籍保护中心）、四川省文化和旅游厅、四川省中医药管理局联合主办，四川省图书馆（四川省古籍保护中心）、四川省中医药发展服务中心、四川省中医药科学院共同承办的“默化——古籍里的传统医学文化与当代生活艺术的潜移”中医药古籍文化展，从传统医学浩瀚的古籍文献与文物出发，是“古籍文献活化”的一次大胆创新尝试。展览得到四川省非物质文化遗产保护中心、成都中医药大学、青海藏文化博物馆、声音博物馆的支持。由四川省文化和旅游厅策划，四川省图书馆建设的“张大千文献中心”是集“搜、藏、展、研”等职能为一体的文献中心，集中入藏巴蜀绘画大家张大千先生相关的艺术著作和研究文献1500余册，涵盖张大千、张善孖以及大风堂门人的画集画册和与之相关的著作、研究文献。同时，该中心建设近1T的“张大千文献数据库”，通过数字化手段向公众展示张大千先生文化创作精品和相关研究成果。（四川省图书馆　赖柯）

【四川省图书馆召开学习贯彻习近平总书记给国家图书馆老专家回信精神座谈会】 9月11日，四川省图书馆召开专题座谈会，学习贯彻习近平总书记给国家图书馆老专家回信精神以及文化和旅游部部长雒树刚的讲话精神。馆长何光伦首先传达习近平总书记的回信精神和雒树刚部长的讲话精神。研究馆员王嘉陵、古籍修复师袁东珏2位专家就行业发展前景、古籍保护与修复等方面提出建设性意见；流通阅览部、图书情报研究发展部、特藏部、文献资源建设部、财务科等部门负责人结合工作实际谈感受。四川省图书馆馆班子成员也就意识形态阵地坚守、文创产品开发、公共数字文化建设、古籍保护利用、地方文献建设、学术研究等方面发表感想。（四川省图书馆　行政办公室）

【四川省2019“万人赏月诵中秋”集中展演活动在崇州举行】 9月13日晚，庆祝中华人民共和国成立70周年·四川省2019“万人赏月诵中秋”集中展演活动在成都崇州唐人街相府广场举行。此次系列活动由四川省文化和旅游厅、成都市文化广电旅游局主办，四川省图书馆、四川省文化馆、崇州市人民政府承办。主会场设在成都崇州，同时在绵阳江油、宜宾长宁、广安岳池、阿坝汶川、甘孜泸定、凉山西昌各设分会场，围绕“李白故里吟古诗”“天府旅游名县灾后依然美丽”“农民新村过中秋”“藏羌彝汉民族团结”“脱贫新景象”等主题，以连线主会场方式，形成全省同赏一轮月、万人共赞天府美的联动态势。作为主会场的崇州市，以“安逸走四川，赏月到崇州”为活动主题，开展展演活动。中秋节前后，围绕庆祝中华人民共和国成立70周年，四川各地以赏灯赏月、拜月祈福、文艺表演、诗词吟诵、猜灯谜等传统习俗开展各类群众文化活动达850余场次。（四川省图书馆　读者服务部）

【2019年度四川省公共图书馆现代管理研学班举行】 7月27日—8月2日，由四川省图书馆、四川省图书馆学会、新疆图书馆、新疆图书馆学会、四川省中心图书馆委员会办公室共同主办，乌鲁木齐市图书馆、吐鲁番市图书馆协办的2019年度四川省公共图书馆现代管理研学班在新疆举行。此次研学班以进一步贯彻《中华人民共和国公共文化服务保障法》《中华人民共和国公共图书馆法》精神，促进四川、新疆两地公共图书馆事业发展，提升服务效能为目标，采取集中授课、现场教学、座谈交流、互动体验、分组讨论等形式，对来自全省各市（州）图书馆馆长、四川省图书馆综合部门主任以及新疆图书馆全体馆员、新疆各地州（市）县图书馆业务骨干160余名学员进行全面培训。

研学班期间，四川省图书馆与新疆图书馆还签署馆际交流与人才培养战略合作协议，围绕国家“一带一路”倡议和文旅融合发展战略，深入开展两省公共图书馆人才交流战略合作的重要内容。下一步两馆将围绕加强馆际交流、联合开展活动、共享培训资源、合作人才培养等方面开展全方位、深层次的合作。（四川省图书馆　刘韩萍）

【公共数字文化工程2019年四川省藏区业务工作培训班举办】 11月5—8日，由四川省图书馆主办，阿坝州图书馆、甘孜州图书馆承办，九寨沟县图书馆协办的公共数字文化工程

2019年四川省藏区业务工作培训班在阿坝州九寨沟县举办。此次培训班是该省实施公共数字文化工程“汉藏文化交流”的重要内容，主要围绕国家公共数字文化工程创新融合发展主题，以加强藏区图书馆业务水平，提升免费开放服务效能和规范性为目标。四川省阿坝州、甘孜州等藏区15个市（州）、区（县）公共图书馆馆长、业务骨干50余人参加培训。四川省图书馆党委书记、馆长何光伦，九寨沟县委常委、副县长蒋鹏等领导出席开班仪式并讲话。国家图书馆数字资源部主任曹宁、西南交通大学公共管理与政法学院党委书记高凡、四川省图书馆学会秘书长王嘉陵等业内专家为培训班授课。培训期间，全体学员还参观九寨沟县图书馆并举行藏区图书馆馆际业务交流座谈。（四川省图书馆　汪彦良）

【四川省图书馆持续推进文创工作】 10月24日，四川省图书馆与成都天投资产管理有限公司在成都“首店经济公园商业”对接大会上签署战略合作框架协议，建立战略合作关系，就共同在天府新区鹿溪智谷绿道、兴隆湖等区域开展文旅产业合作达成共识。双方将积极推动四川省图书馆文创“馆里”品牌入驻成都天府新区鹿溪智谷，并建立四川省图书馆鹿溪馆里分馆。该项目将依托鹿溪智谷现有的科技智能、餐饮服务、特色民俗、主题公园等业态，打造一个涵盖景区服务、接待咨询、科普文创、咖啡简餐、阅读服务、少儿活动、联合办公等功能的公共文化服务空间。（四川省图书馆　李莉）

【全省文化旅游公共服务复合型人才培训班举办】 11月25—29日，四川省文化和旅游厅在成都举办全省文化旅游公共服务复合型人才培训班。来自全省21个市州的文化馆、图书馆、美术馆的近100名业务骨干参加培训。此次培训邀请四川省文化馆、四川省图书馆、成都杜甫草堂博物馆、四川大学、四川旅游学院的专家授课，全方位展现文旅融合下的文化旅游新挑战、新思路、新方法。培训课程中有理论创新突出的专家，也有操作实绩突出的负责人，他们通过谈论点、举案例、讲方法，进行了生动且专业的讲解。同时，学员在成都杜甫草堂博物馆、四川省图书馆、智能环保公厕——锦江阁以及成都市锦江区文化馆等公共服务场馆进行了现场学习。（四川省图书馆　刘韩萍）

【四川省图书馆2019年度优秀志愿者表彰大会召开】 12月30日，四川省图书馆2019年度优秀志愿者表彰大会在该馆召开。2019年该馆新招募志愿者300人，接收高校团队11个，新招募多媒体志愿者（文字和摄影）10人。文化志愿服务支队继续坚持奉献、友爱、互助、进步的精神，不断探索新思路、拓宽新渠道，以志愿者个人特长为依托，坚持以全面发展和培养志愿者综合技能为宗旨，不断细化落实工作目标，新成立培训组、救护队，并重组亲子志愿者队伍。表彰大会上对优秀志愿者团队及个人进行表彰，四川省图书馆志愿者郎力、辜宇、王益聪获得2019年度“四川省百佳志愿者”提名，王益聪荣获“四川省百佳志愿者”称号。（四川省图书馆培训组志愿者　陈玥）

【雅安市图书馆与雅安职业技术学院图书馆实现共建共享】 3月13日，雅安市图书馆与雅安职业技术学院图书馆资源整合授牌仪式在雅安职业技术学院举行。雅安市文化体育和旅游局局长杨建光和雅安职业技术学院院长石静分别向雅安职业技术学院图书馆和雅安市图书馆授牌。两馆将发挥各自馆的优势，通过资源整合，使服务范围相互渗透和延伸，促进学习型、节约型和谐社会的建设，推动公共文化事业的蓬勃发展。最后，两馆共同策划的2019“书香雅安·快乐阅读”活动在雅安职业技术学院学子的诵读声中正式启动。（雅安市图书馆）

【南充市4·23“读好书·做好人”阅读活动启动仪式暨四川省嘉陵监狱“开放日”活动举行】 4月18日，此次活动在嘉陵监狱举行。活动由四川省图书馆、四川省监狱管理局和四川省图书馆学会指导，南充市文化广播电视和旅游局、四川嘉陵监狱主办，南充地区公共图书馆和高校图书馆联合承办。活动旨在向社会展示监狱发展成果，推广以“书香文化”为主旨的“新岸”文化品牌，呼吁社会各界支持监狱、关心服刑人员改造，倡议全社会“读好书，做好人”。当天，四川省监狱管理局及机关处室、四川省图书馆、南充市委市政府、南充市图书馆、南充市文联、文化馆等单位领导，南充地区高校师生、媒体记者、服刑人员及亲属等500余人参加活动。

活动之前，与会人员集体参观了嘉陵监狱书香文化建设成果展，监狱长蒲艾在启动仪式上发表讲话。此外，南充高校与公共图书馆服务联盟四川省嘉陵监狱分馆揭牌仪式举行。南充市文化广播电视和旅游局、监狱为在国家图书馆“我的书房故事”中获奖服刑人员颁奖。监狱为星级书香监区授牌，向全社会发出倡议，让阅读成为一种生活习惯。“巴蜀讲坛”特邀民国学术史研究学者、作家岱峻先生出席活动，并现场推荐书目。（南充市图书馆）

【乐山市全民阅读活动倡导“多读书、读好书”】 4月22日，2019年乐山市全民阅读活动于乐山广场启动，各地通过举办丰富多彩的读书活动，营造“多读书、读好书”的良好文化氛围。活动以“书香之城·文化乐山”为主题，由中共乐山市委宣传部、乐山市全民阅读活动指导委员会主办。启动仪式上，乐山市全民阅读活动成果展、文轩“书香之城·文化乐山”惠民书展、樊登读书会图书漂流、知名作家现场签名赠（售）书活动，以及乐山非遗、喜马拉雅“有声图书馆”展示等活动举办。现场还公布入选乐山市“书香之家”的20个家庭名单，对8名“书香之家”代表进行授牌。（乐山市图书馆）

【眉山市2019年“书香眉山全民阅读”系列活动正式启动】 4月21日，“读经典　学新知　链接美好生活”眉山市2019年“书香眉山全民阅读”系列活动正式启动。现场有300多名观众参加活动。活动由中共眉山市委宣传部，眉山市文化广播电视和旅游局主办，眉山市图书馆和二区四县文广旅局承办。活动开场，首发《眉州书香浓》宣传片，全面展示现代眉山人丰富多彩的阅读生活。“东坡故里诵经典”诵读比赛环节中，二区四县代表队轮番登场，诵读千古美文，传承中华经典，眉山市政府副秘书长潘春梅为获奖代表队颁发奖牌。活动对评选出的10个眉山市第三届“书香之家”和10个眉山市第二届“优秀阅读推广人”进行表彰。现场通过微信“摇一摇”的方式发放1万元购书卡。（眉山市图书馆）

【“邓小平文献展”在绵阳市图书馆开展】 7月16日，由四川省图书馆、绵阳市委宣传部、绵阳市社科联、绵阳市文广旅局联合主办的“邓小平文献展”大型展览开展仪式在绵阳市图书馆举行。四川省图书馆、邓小平图书馆、中共绵阳市委宣传部等相关单位领导，绵阳市文广旅局机关和直属单位部分党员干部、绵阳市新闻媒体记者和社会群众共计100余人参加开展仪式。此次展览主要包括邓小平同志的生平照片、理论著作、手迹文稿、影像资料等珍贵资料，图书249种、306册/件，图片5种，音像制品27种，共29个柜架、29个展板。其中有邓榕代表邓家捐赠给邓小平图书馆的中外各种版本的《我的父亲邓小平》《我的父亲邓小平——“文革”岁月》，俄文版《邓小平》，金箔书《邓小平题词手迹》，线装本《邓小平文选》《邓小平手迹选》，邓小平两次被美国《时代》周刊评为年度风云人物的《时代》周刊原件，《赤光》报刊复印件等孤本展出文献。（绵阳市图书馆）

贵州省

【概况】 截至2019年底，贵州省共有公共图书馆99个，其中省级公共图书馆1个，地市级公共图书馆10个，县市级公共图书馆88个。总藏书量1379万册。全年接待读者258.2万人次，书刊文献借阅575.1万册次。全年共举行各种阅读推广活动947次，讲座83次。

贵州数字图书馆2019年访问量为1494万人次，累计访问量达17000多万人次，年均访问量约2000万人次，日均访问量约5万余人次。移动图书馆累计访问量达1725万人次。电子期刊和论文年均下载量约为250万页，文献传递量年均1000万页，电子图书下载量年均6万页。注册用户达120余万人。贵州数字图书馆现拥有近40个商业及自建数据库，资源总量超过150TB。（贵州省图书馆学会　舒珍　周雄）

【贵州省图书馆开展“黔图有约”信用网借】 2019年全年贵州省图书馆信用网借总借阅量10797册次。举办网借推广活动20次，其中线上16次、线下4次，包括“我们的节日”中国传统节日藏书票系列活动、献礼祖国、“厉害了我的国”藏书票、以书易书、借阅免邮等多项活动。（贵州省图书馆学会　舒珍　周雄）

【贵州省图书馆开展地方文化名人名家作品征集活动】 贵州省图书馆开展地方文化名人名家作品征集及展示活动，向全省区域内具有影响力的名人名家征集其作品、信札、手稿、图片、实物、视频等有价值的文献资料并进行展示。2019年征集到贵州省著名画家董克俊先生的手稿、获奖证书、版画、照片、评论、画具等实物共计81册/件，并于11月8—21日在贵州省图书馆五楼展厅举办董克俊作品展。征集摄影家、画家金德明先生的溶洞钢笔画十米长卷、手稿、照片、评论等实物共计739册/件。（贵州省图书馆学会　舒珍　周雄）

【贵州省图书馆“黔图弘艺”少年儿童文化推广项目启动】 为打造贵州公共文化少年儿童服务品牌，推动贵州优秀传统文化创新性发展，贵州省图书馆于2019年4月23日启动“黔图弘艺”少年儿童文化推广项目。贵州省图书馆已陆续举办古法造纸技艺、毛南族虎头香囊制作体验、苗族剪纸、水族布拼、苗族直针绣、苗族堆凌绣技艺体验等系列活动。（贵州省图书馆学会　舒珍　周雄）

【2019年贵州省市、县级图书馆公共数字文化服务培训班在都匀市举办】 5月8—10日，由贵州省文化和旅游厅主办，贵州省图书馆、黔南州文化广电和旅游局、都匀市文化广电和旅游局承办，都匀市图书馆协办的2019年贵州省市、县级图书馆公共数字文化服务培训班在都匀市开班。此次培训旨在进一步贯彻落实公共数字文化融合发展要求，更好地推进新形势下公共数字文化工程的服务能力和创新水平，助力构建现代公共文化服务体系建设，进一步提升全省公共图书馆从业人员的业务技能、服务水平和创新能力。培训班邀请国家图书馆等单位的多位专家就“公共数字文化融合发展”等内容进行授课。来自全省公共图书馆的180余名学员参加培训。（贵州省图书馆学会　舒珍　周雄）

【“和诗以歌礼赞中国——庆祝建国70周年歌曲歌词赏析会”在贵州省图书馆举办】 5月29日，以“和诗以歌礼赞中国”为主题的赏析会在贵州省图书馆举办，近200人参与此次活动。赏析会在充满爱国情怀的歌曲《黄河大合唱——保卫黄河》中拉开序幕。随后，展演《歌唱祖国》《我爱你中国》《祖国万岁》等歌曲。贵州师范大学文学院教授何嵩昱现场赏析歌曲《歌唱祖国》《我们是共产主义接班人》《厉害了，我的国》等曲目，赏析会在合唱表演《我和我的祖国》中结束。（贵州省图书馆学会　舒珍　周雄）

【贵州省创建国家公共文化服务体系示范区工作培训班在贵州民族大学开班】 9月24—27日，由贵州省文化和旅游厅主办，贵州省图书馆、贵州民族大学图书馆共同承办，贵州省图书馆学会、贵州省图书情报人才培训中心协办的2019年贵州省创建国家公共文化服务体系示范区工作培训班在贵州民族大学花溪校区举行。来自全省四批国家公共文化服务体系示范区创建城市遵义市、贵阳市、毕节市、六盘水市文化和旅游局、图书馆、文化馆，所辖各县（市、区）分管副局长，县级图书馆、文化馆馆长110人参加培训。贵州师范大学教授、博士生导师朱伟华在开班仪式上做题为“贵州文化的特殊景观及当代发展”的报告。北京大学教授、国家公共文化服务体系建设专家委员会主任李国新，首都图书馆原馆长倪晓建，华东师范大学教授金武刚，安徽大学管理学院教授、博士生导师陆和建，西安文理学院图书馆研究馆员段小虎，陕西省图书馆研究馆员霍彩玲分别做“公共文化服务体系示范区的评估实践”“公共文化服务体系建设”“公共数字文化业态与服务”“公共文化示范区创建项目申报”“新时代公共文化服务社会化发展的定位、现状与趋势”“文旅融合背景下公共文化发展新思路”专题报告和讲座。（贵州省图书馆学会　舒珍　周雄）

【贵州省图书馆布客儿童阅读推广文化志愿服务队获第五届中国青年志愿服务项目大赛银奖】 12月2—4日，第五届中国青年志愿服务项目大赛暨2019年志愿服务东莞交流会在广州东莞举行。由贵州省图书馆申报、贵州省文化和旅游厅推荐的“贵州省图书馆布客儿童阅读推广文化志愿服务队”，作为文化和旅游部唯一代表入围决赛，最终荣获第四届中国青年志愿服务公益创业赛银奖。（贵州省图书馆学会　舒珍　周雄）

【贵图阅读剧场展演“讴歌新中国　谱写新时代——仰望苍穹·中国天眼·南仁东传”】 12月4日，贵图阅读剧场“讴歌新中国　谱写新时代——仰望苍穹·中国天眼·南仁东传”在贵州省图书馆二楼学术报告厅上演。活动由贵州省图书馆、贵州省图书馆学会、贵州省人文社科示范基地联合主办。此次阅读剧场主要根据王宏甲原著《中国天眼南仁东传》和王华《仰望苍穹》改编。展演结束后，国家一级作家、贵州省作家协会副主席、《仰望苍穹》作者王华，曾与南仁东先生长期共事的原贵州地矿局111地质大队副队长兼总工程师罗湘赣，剧目导演耿多儿，贵州师范学院文学与传媒学院副教授杨洋，贵州师范学院文学与传媒学院副教授刘佳人等组成的阅读推广人团队，为观众介绍和分享南仁东的事迹与剧目创作过程，并现场回答观众的提问。（贵州省图书馆学会　舒珍　周雄）

【遵义市图书馆接收杨祖恺先生的手稿、老照片、书法作品捐赠】 5月21日，遵义市图书馆副馆长王利梅等一行3人前往贵阳，接收杨显平向该馆捐赠其家父——遵义籍文化老人杨祖恺先生的《红边竹枝词》等手稿及老照片、书法作品等。杨显平表示，这些资料捐赠给遵义市图书馆保存是父亲生前的愿望，希望这些作品能为家乡做出贡献。王利梅向杨显平颁发遵义市图书馆“收藏证书”。（贵州省图书馆学会　舒珍　周雄）

【毕节市图书馆建设易地扶贫搬迁安置点直属分馆】 2019年，为深入推进图书馆总分馆制建设，毕节市图书馆在市级中心馆、县级总馆、乡级分馆、村级服务点逐级管理模式的基础上，探索出市级中心馆在易地扶贫搬迁安置点设置社区服务点的新模式——市级中心馆直属分馆，分别在大方县奢香古镇、织金县平远新城、黔西县锦绣花都、纳雍县鸽子花小镇、金海湖锦绣金海设置5个直属分馆，除配备图书、电脑外，还为相关管理人员开展业务培训。该模式为加快易地扶贫搬迁安置点公共文化服务标准化、均等化建设，增强移民搬迁群众后续发展内动力，实现文化“扶志、扶智”效能发挥重要作用。（贵州省图书馆学会　周雄　舒珍）

云南省

【云南省图书馆概况】 2019年，云南省图书馆接待读者230万人次，书刊外借（含纸质文献和电子资源）245.25万册次，网站及微信平台访问量234万人次，代检索课题236项，答复各类咨询27万条，新办读者证8989个，有效读者证总量11万个，新建图书分馆1个、全民阅读示范点暨书香驿站7个。

深入实施法人治理结构改革，发挥试点示范作用。完善本馆理事会长效工作机制，积极发挥理事会作用。审议通过《云南省图书馆理事会工作规则》，并就《云南省图书馆2018年工作总结》《云南省图书馆2019年工作要点》加快推进云南省图书馆分馆建设项目正式立项、在翠湖周边打造24小时城市书房等议题进行审议。对全省州市公共图书馆法人治理结构改革进行全面调研，准确掌握州市图书馆的改革现状及存在问题，并提出具体解决方案，推进改革实施。

发挥业务指导作用，推动县级图书馆总分馆制建设。对全省县级图书馆总分馆制建设工作进行深入调研，全面掌握全省各个县级图书馆开展总分馆制建设的情况，提出解决措施。及时做好请示上报、编制项目建议书等工作，积极推进云南省图书馆分馆建设项目。起草关于请求云南省政府批准云南省图书馆分馆建设项目立项、关于请求省政府召开云南省图书馆分馆建设专题会议等请示，由云南省文化和旅游厅上报省政府。

开展庆祝新中国成立70周年等丰富多彩的全民阅读系列活动，打造一批活动品牌。在春节前后举办以“喜迎新春　乐享书香”为主题的系列阅读推广活动，开展云南民族服饰精品展、正月十五猜灯谜等17项活动；在“世界读书日”当月举办以“读经典　学新知　链接美好生活”为主题的全民阅读月系列活动，开展数字图书馆推广工程暨全民阅读进校园、与全世界的孩子一起读书等23项活动，丰富群众的精神文化生活；在5月最后一周开展以“求知·阅读·共享”为主题的“图书馆宣传服务周”系列阅读推广活动，共举办各类活动15次。

举办纪念建馆110周年系列活动，扩大云南省图书馆的知名度和影响面。11月14日时值云南省图书馆建馆110周年华诞。为纪念这一日子，传承弘扬中华优秀传统文化，弘扬“以人为本、读者至上、爱馆如家、敬业奉献”的“云图精神”，充分发挥公共图书馆的职能作用，该馆举办公共图书馆服务创新学术论坛、少数民族古籍保护学术论坛、普洱茶文化图书馆主题品鉴、建馆110周年图片展、古籍保护成果展、公共数字文化工程馆长培训班等系列纪念活动。

做大做强公共图书馆服务，提升读者服务水平。着力创新服务，树立服务品牌。强化“云图览艺”全省公共图书馆展览联盟建设；继续打造“云图参考”虚拟服务品牌，强化舆情信息直报点建设；树立文化志愿服务品牌，加强少数民族古籍修复志愿服务、盲人阅读志愿服务、文化共享工程志愿服务、志愿者工作站等4支志愿服务队伍建设。

推进均等化服务，为特殊群体提供优质服务。对330余名盲人及盲人服务工作者进行培训；外借少儿书刊120570册次、35668人次，内部阅览534520册次、106904人次，接待各类学校参观22次，开展各类少儿活动100余场次。

扩大服务半径，拓展馆外图书流通服务领域。先后在云南省委巡视工作办公室、云南省文化和旅游厅、云南省住房和城乡建设厅等部门和相关部队驻地新建7个全民阅读示范点。

围绕图书馆专业工作，不断强化业务建设。着力推进全省文献信息资源保障中心、地方特色文献中心建设。加强地方文献特色资源建设，接收各出版社交存图书2789种5633册、152家单位赠书906种1505册、个人赠书379人次2236种2977册；各渠道购买地方文献5811种7470册；与省内外7家图书馆建立图书交换机制，接收交换图书72种138册。

做好地方文献工作，扩大“普洱茶文化图书馆”知名度和服务品牌影响面。建设“云南茶文献（1949年以前）专题数据库”，收集茶事、茶人、茶庄、茶厂在内的云南茶文献相关信息700多条、文献50多篇、信息资源3000余条；结合“一带一路”建设，组成“品茗论道彩云南——中国茶文化体验工作坊”项目代表团，远赴坦桑尼亚、斯里兰卡开展中华普洱茶文化宣传推广交流活动。

促进全省公共图书馆人才队伍建设。面向全省图书馆工作者，分片区举办9期业务培训班，参训人员达400多人次。

不断扩大对外交流与合作。8月15日，接待马来西亚沙捞越州图书馆一行18人到馆访问，双方就古籍保护、文献交流、人员互访等方面开展深入合作进行探索交流。馆领导参加第85届国际图联大会、中东欧图书馆联盟大会，了解世界图书馆的最新趋势和发展潮流，学习借鉴先进图书馆的发展理念。

深入实施文化共享工程。完成中西部贫困地区公共数字文化服务提档升级项目，共采购10台公共文化一体机、50台中国文化网络电视互动播出终端以及1000台公共电子阅览室电脑，配发至省内88个贫困县。深入实施数字图书馆推广工程。丰富云南省图书馆数字服务内容，共提供近30个数据库为读者免费使用；完成数字图书馆推广工程互联互通硬件采购项目，以及云南省图书馆与各州、市图书馆虚拟网的互联互通；开展2次数字阅读服务基层行暨网络书香基层图书馆帮扶活动，共帮扶11个县级图书馆，提升其数字阅读服务效能。

深入实施全省古籍保护计划。充分发挥国家级古籍修复中心的示范作用，抢救性修复汉文古籍37册、1600余叶，修复《查姆——山川的起源》《历算书》等彝文古籍7册、140余叶，修复傣文古籍2册、40余叶，装裱字画30余幅（约25平方米）；在“第十二届中国艺术节演艺及文创产品博览会”“2019中国国际旅游交易会”等盛会上举办“古籍修复技艺现场观摩体验”“贝叶经刻写技艺及贝叶经吟诵”等古籍保护活态技艺展示。通过省馆微信平台，举办13期“晒国宝”活动，向社会各界大力宣传馆藏珍品古籍。

落实结对帮扶，打好精准脱贫攻坚战。举办县级图书馆总分馆制建设暨文化精准扶贫论坛、“云南图书馆人扶贫之路”朗读大赛，荣获中国图书馆学会颁发的三等奖。选派1名业务骨干担任永胜县仁和镇碧泉村驻村扶贫队员，并开展驻村帮扶工作小组“国家公共文化云数字资源”服务推广活动。馆领导班子5人到永胜县牦牛坪春天湾结对帮扶贫困户家中开展调研慰问和回访，为实施精准扶贫打下基础。

2019年，云南省图书馆荣获五星级文化助盲志愿服务团队、云南省“巾帼文明岗”、舆情

信息工作优秀单位、昆明市“法治文化示范点”、昆明市文明单位等多项荣誉。（云南省图书馆学会办公室　金美丽）

【云南省图书馆开展2019新春阅读推广活动】 云南省图书馆在2019年春节前后举办以“喜迎新春　乐享书香”为主题的系列阅读推广活动，活动为期1个月。云南省图书馆领导以及全馆职工、部分读者代表参加活动启动仪式。阅读推广活动共有17项，包括“霓衫艳影彩云南”云南民族服饰精品展、“书香盈岁月，新桃换旧符”免费书写春联、“幸福如意中国年”新春办卡送祝福、云图文创产品宣传售卖、“饭团爸爸”讲故事之“中国孩子・中国年”亲子故事会、“听赏群书・喜迎岁除”线下主题展览、“爆竹声中迎新岁”新春古诗词图文展、无障碍电影放映、“普洱茶文化图书馆”迎新系列活动、“网络书香过大年”、馆领导新年迎接首位读者等内容丰富、形式多样的活动。（云南省图书馆学会办公室　金美丽）

【云南省图书馆与云南省第三监狱合作建立图书分馆】 2月13日，云南省图书馆与云南省第三监狱合作建立的图书分馆挂牌成立。云南省图书馆馆长王水乔、副馆长鲁颖及典藏借阅部负责人应邀参加揭牌仪式，王水乔和云南省第三监狱副监狱长共同为分馆揭牌。作为全民阅读推广的重要组成部分，云南省图书馆近些年来先后与云南省第一女子监狱、云南省第二女子监狱、云南省五华监狱等合作建立图书分馆，多举措支持和促进“书香监狱”建设。（云南省图书馆学会办公室　金美丽）

【云南省全省州市图书馆法人治理结构改革暨县级图书馆总分馆制建设全面启动】 3月28日，云南省文化和旅游厅组织召开全省州市文化馆、图书馆法人治理结构改革暨县级文化馆、图书馆总分馆制建设视频会议。云南省文化和旅游厅党组成员、副厅长马迎春，厅公共服务处、政策法规处、直属机关党委（人事处）负责人，云南省图书馆、省文化馆领导及中层干部，各州市、县文化和旅游局相关领导及图书馆、文化馆负责人参加会议。会上，云南省图书馆副馆长周宇青受馆长王水乔委托，做题为“建立法人治理结构　激发改革发展活力——云南省图书馆法人治理结构改革试点经验交流”的发言，介绍该馆法人治理结构改革试点的主要做法及经验。云南省泸西县文化体育和广播电视局、盘龙区文化和旅游局领导分别做当地县级图书馆总分馆制建设试点经验交流发言。此次会议的召开，标志着全省州市图书馆法人治理结构改革暨县级图书馆总分馆制建设工作全面启动。（云南省图书馆学会办公室　金美丽）

【云南省图书馆2019年全民阅读月活动举办】 为深入贯彻落实中国图书馆学会《关于联合开展2019年4・23全民阅读活动的通知》，充分发挥云南省图书馆在建设学习型社会中的重要作用，云南省图书馆于4月20日—5月23日举办形式多样、内容丰富的全民阅读月系列活动，吸引广大社会公众热情参与，取得良好的社会效益。

4月23日，云南省图书馆举行“4・23世界读书日”系列阅读推广活动启动仪式。云南省文化和旅游厅副厅长马迎春、云南省图书馆馆长王水乔、副馆长鲁颖，以及正在云南省图书馆参加文化共享工程“汉藏文化交流项目”西藏基层公共文化骨干培训班和全国第十期少数民族古籍修复培训班的学员、云南省图书馆干部职工、部分新闻媒体记者和读者代表参加启动仪式。云南省图书馆副馆长周宇青主持仪式。参加活动的全体人员共同宣读了《中国图书馆界4・23全民阅读活动倡议书》。活动期间，云南省图书馆举办以“读经典　学新知　链接美好生活”为主题的系列阅读推广活动，包括云南图书馆人扶贫之路朗读大赛、“红色经典咏流传”——喜迎建国70周年连环画主题阅读活动暨中国连环画百年艺术展、开辟绿色还书通道、数字图书馆推广工程暨全民阅读进校园、与全世界的孩子读书、“光影非遗・留驻乡愁”迪庆非遗摄影展等22个大项、20余次活动，吸引广大群众走进图书馆、积极参与全民阅读，极大丰富了民众的精神文化生活。此次活动受到新闻媒体的广泛关注，云南广播电视台“云视新闻七彩云”平台进行现场直播，《春城晚报》等媒体进行采访报道。

另外，从5月23日起，云南省图书馆2019年度“图书馆服务宣传周”系列阅读推广活动也已全面启动实施，共举办各类活动15次。（云南

省图书馆学会办公室　金美丽）

【云南省图书馆古籍修复技艺亮相中国艺术节】5月18—22日，由文化和旅游部主办的第十二届中国艺术节演艺及文创产品博览会在上海展览中心举行。按照云南省文化和旅游厅的部署，云南省图书馆作为指定单位参加此次博览会，举办“古籍修复技艺现场观摩体验”“贝叶经刻写技艺及贝叶经吟诵”两项古籍保护活态技艺展示。博览会期间，云南省图书馆工作人员现场进行古籍修复技艺传授，向公众展示东巴经破损书叶修复技艺，指导观众体验古籍装订，让公众真切地触摸和感受古籍保护工作；组织西双版纳州图书馆民间非遗传承人现场展示“贝叶经刻写技艺及贝叶经吟诵”，让公众了解到历史悠久的傣族贝叶文化的传承与保护；云南省图书馆还展出该馆开发的各类文创产品。展示活动吸引数百名观众驻足参观和体验，全方位了解云南古籍保护工作，感受云南民族文化的独特魅力。（云南省图书馆学会办公室　金美丽）

【2019年“中华古籍普查文化志愿服务行动·云南行”举办】7月11日，由中国古籍保护协会主办、云南省图书馆（云南省古籍保护中心）承办的2019年“中华古籍普查文化志愿服务行动·云南行”活动启动仪式在云南省图书馆举办。来自云南大学历史与档案学院、云南中医药大学的师生，相关受援单位领导共70余人参加仪式。启动仪式后，云南省古籍保护中心组织志愿者进行为期两天的普查登记培训，通过专家授课、古籍著录实践，古籍书影拍摄学习，使志愿者掌握古籍普查文化志愿服务的基本工作流程及工作技能。培训结束后，48名来自云南大学、云南中医药大学的古籍普查志愿者分赴云南中医药大学图书馆、昆明市博物馆、云南省图书馆开展古籍普查工作。此外，云南省图书馆在省内选定西双版纳傣族自治州图书馆作为此次志愿服务行动的4个站点之一，同期开展志愿服务活动，22名傣文专家、学者、古籍保护爱好者作为志愿者奔赴全州开展傣文古籍普查工作。此次志愿服务活动受到社会各界高度关注，《云南日报》、云南电视台、云南网等新闻媒体进行专题报道。（云南省图书馆学会办公室　金美丽）

【云南省图书馆为进城务工人员子女举办“小茶人”培训】8月9—11日，95名进城务工人员子女分3批参加云南省图书馆“普洱茶文化图书馆”举办的“小茶人”培训班，并获得该馆颁发的“小茶人”证书。培训期间，身着汉服的小朋友们在工作人员带领下参观云南省图书馆，了解各个阅览室的功能，学会利用图书馆看书学习；观看茶艺表演、学习茶叶分类方法及茶道基本礼仪等茶文化基础知识。此次培训是“建设者之歌——云南省第五届农民工文化节”系列活动之一，旨在响应国家将农民工文化建设纳入常住地公共文化服务体系的号召，依托“普洱茶文化图书馆”特色服务资源，重点面向农民工子女提供茶艺培训，使他们与城里孩子一道共享优质公共文化服务。（云南省图书馆学会办公室　金美丽）

【普洱茶文化图书馆赴坦桑尼亚和斯里兰卡宣传推广中华茶文化】8月31日—9月7日，应坦桑尼亚、斯里兰卡中国文化中心邀请，由文化和旅游部中外文化交流中心选派，云南省图书馆普洱茶文化图书馆3名工作人员和云南农业大学1名教师共同组成“品茗论道彩云南——中国茶文化体验工作坊”项目代表团，远赴坦桑尼亚、斯里兰卡开展中华普洱茶文化宣传推广交流活动。代表团分别在坦桑尼亚中国文化中心、中国驻坦桑尼亚大使馆、坦桑尼亚圣马修斯中学、斯里兰卡中国文化中心、科伦坡大学、凯拉尼亚大学举办6场活动，以讲座、茶艺表演、普洱茶品鉴、冲泡及礼仪体验、茶文化知识问答、座谈交流等形式，为参与者奉上中华茶文化盛宴。（云南省图书馆学会办公室　金美丽）

【云南省图书馆召开学习贯彻习近平总书记给国家图书馆老专家回信精神专题会】9月12日，云南省图书馆召开学习贯彻习近平总书记给国家图书馆老专家回信精神专题会。馆领导班子和全馆14个部门主任参加会议。馆长王水乔主持会议并讲话。会议全文传达学习习近平总书记给国家图书馆老专家的回信，以及雒树刚部长在文化和旅游部学习座谈会上的讲话精神。与会人员表示一定要深入学习贯彻习近平总书记回信精神，深刻领会新时代图书馆事业的重要作用、重要任务、重要使命，不断增强做好图书馆工作的责任感、使命感和紧迫感，切实把思想和行动统一到习近平总书记回信精神上来，立足本职工作、争创一流业绩，为人民群众提供高质量的公共文化服务，推动云南公共图书馆事业开创新局面。（云南省图书馆学会办公室　金美丽）

【云南省图书馆举办庆祝新中国成立70周年系列阅读推广活动】 9月27日，“我和我的祖国”——云南省图书馆庆祝新中国成立70周年系列阅读推广活动启动仪式举行。馆长王水乔，党总支书记任荣贵，副馆长周宇青、鲁颖以及全馆职工、新闻媒体记者、部分读者参加启动仪式。当天，还举行“歌唱祖国”公益音乐讲座、中华优秀传统文化讲座“云南道教文化探寻”、“我和我的祖国主题茶会”等活动，吸引广大社会公众积极参与。此前，“我和我的祖国”亲子阅读会、庆祝新中国成立70周年摄影图片联展等活动已经举办。国庆节前后，“红色经典咏流传”——喜迎建国70周年红色经典连环画诵读总决赛、云南图书馆人扶贫之路朗读大赛总决赛、中华古籍保护计划宣传推广、庆祝新中国成立70周年好书推荐、“我和我的祖国”数字资源宣传推广、“我和我的祖国”环保主题讲座、“我和我的祖国——绿水青山就是金山银山”知识竞赛、庆祝新中国成立70周年专题图书陈列、“我和我的祖国”盲人读书交流等20多项系列活动持续推出。（云南省图书馆学会办公室　金美丽）

【云南省图书馆举办建馆110周年学术论坛】 11月14日是云南省图书馆建馆110周年，该馆举办“公共图书馆服务创新论坛”。云南省文化和旅游厅党组成员、副厅长马迎春，国家图书馆副馆长、国家古籍保护中心副主任张志清，中国古籍保护协会副会长叶汝强，上海图书馆副馆长周德明，上海社会科学院信息研究所原所长王世伟，云南省文化和旅游厅公共服务处处长郭振荣，中国古籍保护协会少数民族古籍保护专业委员会的专家，国内图书馆界相关专家，全国各省、市、自治区图书馆馆长，云南省文化和旅游厅相关处室、直属单位领导，云南省高校图书馆馆长，云南省图书馆领导班子成员、理事会理事，云南省各州市、县图书馆馆长，以及新闻媒体记者、部分社会人士和热心读者共300余人参加会议。云南省图书馆党总支书记任荣贵主持会议。会上，云南省图书馆馆长马云川致欢迎词，介绍举办此次建馆110周年学术论坛的意义和目的，并对新时代云南省图书馆工作进行展望。周德明和王世伟分别做“手机图书馆：服务与效能”“智慧图书馆创新发展若干问题”专题学术讲座。

11月14日下午，云南省图书馆建馆110周年学术论坛之“少数民族古籍保护论坛”举行。200余人参会。马云川主持论坛。西藏藏医药大学图书馆原馆长多吉卓嘎向云南省图书馆捐赠西藏藏医药大学整理出版的《中国藏医药影印古籍珍本》，任荣贵代表省馆接受捐赠。张志清做“坚持民族团结进步，共同守护民族典籍”主旨报告。云南省少数民族古籍整理出版规划办公室副主任起国庆做“新时期抢救保护传承云南少数民族古籍的几点思考”专题发言；迪庆藏族自治州图书馆馆长洪耀辉做“助力滇西旅游发展振兴乡村文旅产业——对开发香格里拉纳格拉茶马古道文旅探秘线路的构想”交流发言；西双版纳州图书馆馆长周杨鑫做“西双版纳古籍保护现状及发展”交流发言。

11月15日上午，中国古籍保护协会少数民族古籍保护专业委员会在云南省图书馆召开2019年工作会议。会议对2019年少数民族古籍保护工作进行总结，就2020年工作进行探讨。中国古籍保护协会秘书长王红蕾、云南省图书馆研究馆员王水乔、西藏自治区图书馆研究馆员白张、四川省图书馆研究馆员王嘉陵、甘肃省古籍保护中心副主任宋焱、敦煌研究院文献部主任勘措吉等专家分别发言；叶汝强为西双版纳傣族自治州图书馆“傣文古籍文献提供中心”授牌。（云南省图书馆学会办公室　金美丽）

【云南省图书馆自建地方资源《云南建水紫陶》微纪录片上线“学习强国”】 12月10日，云南省图书馆自建地方数字文化资源《云南建水紫陶》微纪录片，在中共中央宣传部“学习强国”平台的“数字文化”学习强国号正式上线。作为公共数字文化工程融合创新发展的重要举措之一，“数字文化”学习强国号是文化和旅游部全国公共文化发展中心、国家图书馆为落实《公共数字文化工程融合创新发展实施方案》，扩大工程的宣传服务覆盖面，提高党员群众对工程认知度，在中宣部“学习强国”平台所申请设立的。云南省图书馆按照相关通知精神，推荐上报《云南建水紫陶》微纪录片，该片以珍贵的影像记录云南民间手工艺人的故事和精湛技艺，展现新时代云南“工匠精神”。（云南省图书馆学会办公室　金美丽）

西藏自治区

【西藏自治区图书馆概况】 2019年，西藏自治区图书馆为构建现代公共文化服务体系，打造“书香西藏”开展扎实有效的工作。

优化基础业务服务。全年接待到馆读者15万余人次、借阅图书1.9万册次，相较于2018年接待读者12万人次、借阅图书1.1万册次有大幅提升。完善馆藏结构，全年购置藏学方面的汉文图书282种2313册、藏文图书43种795册、期刊1033种、报纸222种、少儿图书1160种2330册、红色文献244种，西藏人民出版社等4家出版社向自治区图书馆交存首批样书377册；推进馆藏特色资源建设，“藏族传统建筑专题片”“藏族饮食文化专题片”“乡土人才培养项目”“十明学专题资源库之戏剧学系列讲座”等项目通过最终验收并对外发布，“藏族手工技艺大全之纺织、编织文化专题片”“微观藏族饮食文化（三）”“2019年度少数民族语言译制资源”“传统建筑”“十八军口述史”等项目有序推进。丰富数字图书馆服务内容，通过开发西藏自治区图书馆微信公众平台（以下简称“微信平台”）双语服务功能、西藏自治区图书馆官网小程序、藏汉双语朗读平台小程序和自助办证藏汉双语设备等双语软硬件系统，进一步丰富西藏数字文化网、微信平台藏汉双语服务内容，为读者提供视频、音频、图书等藏汉双语数字文化资源服务；在微信平台增设“CNKI西藏地方文献服务平台”，为读者提供优质的藏学学术资源。西藏数字文化网双语版全年总访问量达200万余人次；微信平台发布信息318次，用户总数达13932人，比2018年增加3900人；西藏自治区图书馆官网藏汉双语小程序、藏汉双语朗读平台小程序访问量分别达1400次和700次；UILAS书目查询系统访问量达15000次，且实现网上续借、藏汉图书热点排行、新书通报、信息公告等功能；为进一步提升公共数字文化服务水平，西藏自治区图书馆及其监狱分馆分别举办“走近公共文化·共享美好生活——西藏自治区公共数字文化系列推广活动”，采用线上线下相结合的方式，开展海报展览、多媒体互动、资源推介、数字体验、有奖答题、问卷调查等系列活动，向读者推广藏汉双语朗读平台、西藏自治区图书馆小程序、微信公众号等藏汉双语服务项目；“西藏自治区图书馆公共文化服务云平台大数据采集与服务推广”项目通过终期验收并投入使用。

全年举办近百场全民阅读推广活动。其中包括：“让阅读成为一种生活方式”世界读书日主题活动、“读经典　学新知　链接美好生活”读书倡议活动、第二届“西图·卓梦林”英语演讲大赛、“阅读引领未来”读书联盟活动、首届亲子图书管理员活动、“快乐童年　好书相伴”国际儿童图书日活动、“流动图书车”爱心图书捐赠、“沐浴书海　感受传统文化”少儿阅读推广、公共数字文化进校园、第三届“悦读伴爱成长·我爱我的祖国”亲子朗诵比赛等；图书馆品牌活动“西图讲坛”举办“维护宪法尊严，崇尚法治精神”“西藏高原史前考古学文化及其发展序列”“共沐书香，爱上阅读”“建国70周年马克思主义大众化演进路径”等主题公益讲座，“阿佳讲故事”举办母亲节、父亲节、国庆节等特期活动以及常规活动，“西图之旅”举办“爱上阅读　爱上图书馆”等活动；为特殊人群举办“盲人看电影”无障碍电影放映、“阅读点亮光明”无障碍电影进校园、“阅读还你光明”智能听书机借阅进校园、“九九重阳节”赠书活动等。这些活动全面强化图书馆的社会教育职能，在全自治区范围内营造“书香西藏”的良好氛围。

古籍普查稳步推进，开展对全国重点古籍收藏单位布达拉宫和罗布林卡的古籍整理普查工作，布达拉宫普查组完成1256函、罗布林卡普查组完成745函；完成山南市、昌都市、拉萨市和罗布林卡共计3445函古籍普查数据的汇总、录入；组织开展“2019中华古籍普查文化志愿活动——西藏行”，完成日喀则扎什伦布寺古籍普查1188函，拍摄书影3500余张。古籍修复常态化，古籍修复人员以实践为指导，逐项改进各级别古籍修复指标和已修复古籍的档案，初步建立起藏文古籍修复档案的框架，不断提升修复技艺和修复进度，共修复破损古籍532叶；与自治区司法厅合作，在自治区监狱设立“藏文古籍修复分中心”，为服刑人员开展古籍修复讲座和技艺指导。全年完成古籍全文数字化项目的图像采集工作，共扫描馆藏珍贵古籍 167 函 24126 叶，分别以 TIFF、JPEG 格式保存，共计 5.94TB。该项目是西藏自治区第一个真正意义上的古籍全文数字化项目，不但实现藏文古籍的高清扫描、OCR 识别和图文对照，而且支持全文检索，大大提高藏文古籍的综合展示利用水平，为全区藏文古籍数字化传承利用起到开创性作用。为配合在国家典籍博物馆举办的“中华传统文化典籍保护传承大展”，西藏自治区图书馆（西藏自治区古籍保护中心）组织专业人员安全护送《因明正解藏论》（元刻板）和《四部医典・后续医典部注释》（明写本）两部珍贵古籍赴京参展。

开展文化交流。接待 2019 年“文化中国行”蒙古国乌兰巴托中国文化中心优秀学员参观交流团、2019 年“春雨工程”内蒙古自治区图书馆文化志愿者交流团、西藏民族大学图书馆考察团、贵州省人大常委会赴藏调研考察团、西藏自治区政府副主席多吉次珠一行调研组等；西藏自治区图书馆馆长次旦普赤赴法国参加文化交流培训活动，资源部副主任吉太加赴蒙古国参加蒙古国乌兰巴托中国文化中心部省对口合作“文化中国行”活动。

组织多种形式的馆内、外培训。馆内培训方面，全年举办 12 期馆员素质能力提升讲座，并多次选派业务骨干赴北京、上海、重庆等地参加各项业务培训，从多方面提高馆员业务能力和服务水平。馆外培训方面，为西藏基层公共文化骨干举办 2 期汉藏文化交流培训班，为全区各地（市）文化局、图书馆、乡镇文化站业务骨干举办 2 期西藏公共数字文化系列培训班；在暑假期间举办尼赤派青少年藏文书法培训班，与山南市艾巴仓民族文化传播有限公司联合在山南市开展藏文语法知识及天文历算知识系统培训；承办第三期全国古籍数字化理论与实践培训班、第十一期全国县级图书馆馆长研习班、西藏自治区盲人数字阅读推广培训班等。

着手准备西藏自治区图书馆法人治理结构改革试点工作，根据中宣部、文化部等七部委印发的《关于深入推进公共文化机构法人治理结构改革的实施方案》（文公共发〔2017〕28 号）的通知精神，研究制定《西藏自治区图书馆法人治理结构改革试点工作方案》《西藏自治区图书馆法人治理结构理事会构成及产生办法》，并向文化厅党组上报请示，完成法人治理结构改革的基础性工作。组织推进西藏自治区图书馆学会换届改选工作，制定《西藏自治区图书馆学会换届选举工作实施方案》《关于西藏自治区图书馆学会换届改选理事会的请示》《关于西藏自治区图书馆学会第三届理事长、常务理事长等候选人建议人选的请示》等文件，拟定 47 名理事会候选人。2019 年 9 月，经自治区党委宣传部批准，在该馆挂牌设立自治区级社科普及宣传基地，填补了西藏自治区没有社科普及宣传基地的空白，进一步整合社科普及资源、创新宣传平台、拓展宣传渠道，向社会公众普及宣传社科知识。

研究申报“十四五”建设项目。根据自治区关于做好“十四五”规划重大项目编制及相关政策需求申报工作的安排部署，结合加快构建现代公共文化服务体系建设和西藏自治区图书馆发展需要，经深入调研和论证，拟订西藏自治区图书馆新馆建设、西藏典籍博物馆建设、西藏古籍全文数字化和数据库建设等“十四五”建设项目并上报有关部门。

获得多个奖项。2019 年，该馆被中国助残志愿者协会和中国盲文图书馆评为“五星级文化助盲服务团队”，参加中国盲文图书馆主办的“我和我的祖国”盲人讲故事比赛并获得“优秀组织奖”，在全国社科联第二十次学会工作会议上被授予“全国社科联先进社会组织”，参加韬奋基金阅读组织联合会主办的 2019 年“文化行走　阅读中国——庆祝中华人民共和国成立 70 周年 70 城联读”活动并被评为“特别贡献奖”。（西藏自治区图书馆　次旦普赤　朗杰卓玛）

【西藏自治区图书馆藏文阅览室面向读者开放】 3 月 22 日，经改扩建、重装修后的藏文阅览室向广大读者正式开放。阅览室上架图书近 8000 册，内容涵盖哲学、宗教、语言类、文学类、政治类、历史类、医学类等 22 大类，包括《甘珠尔》《丹珠尔》《中国藏医药影印古籍珍本》《古藏文苯教文献》等珍贵的藏文书籍。除此之外，藏文阅览室摆放着干净整洁的藏式桌椅，环境清幽、民族特色浓郁。目前，西藏自治区图书馆（西藏自治区古籍保护中心）正在做藏文古籍的数字化工作，该馆计划利用藏文阅览室的电子设备，将数字化的藏文古籍投放其中，真正将藏文阅览室打造成地方文献基地。（西藏自治区图书馆　次旦普赤　朗杰卓玛）

【西藏自治区图书馆在驻村点举办纪念西藏民主改革60周年文艺表演暨阅读推广活动】 3月28日，在西藏民主改革60周年来临之际，西藏自治区图书馆在驻村点——日喀则拉孜县热萨乡查卧村举办纪念西藏民主改革60周年文艺表演暨阅读推广活动，200多名村民参加此次活动。活动分为“干群同乐共欢庆”“新旧对比考政策”“阅读推广进乡村”3个部分。村民们载歌载舞，举办形式多样的演出和拔河、抱沙袋等比赛。开展新旧西藏对比谈话和图片展，特邀村中老人讲过去说今天，展示新旧西藏对比图片，让年轻一代知道幸福生活的来之不易，激发广大干部群众爱党爱国的热情。驻村队还现场分发西藏自治区图书馆捐赠的书籍、宣传册和电子资源光盘等，并利用VR虚拟现实设备、博看电子阅读机、E播宝等现代电子设备，让老百姓体验数字化阅读带来的全新感受。（西藏自治区图书馆　次旦普赤　朗杰卓玛）

【西藏自治区图书馆承办两期公共数字文化系列培训班】 6月17—21日，由文化和旅游部全国公共文化发展中心指导，西藏自治区文化厅主办，西藏自治区图书馆承办的西藏第四期公共数字文化系列培训班在拉萨举办。来自全区各地（市）文化局、图书馆、乡镇文化站业务骨干及自治区图书馆馆员共90余名参加开班仪式。自治区文化厅党组成员、巡视员阿齐出席开班仪式并发表讲话。此次培训班着眼参训对象，有针对性地邀请上海图书馆副馆长周德明、上海图书馆学会秘书长金晓明和自治区文化厅、自治区图书馆等单位专家，讲授涉及公共文化相关政策、公共数字文化相关业务知识、文化创意产品与公共文化服务、非物质文化遗产专业知识等课程，同时选取优秀文化单位进行考察学习，安排地市间的基层文化工作交流研讨。

11月13—23日，由文化和旅游部全国公共文化发展中心、国家图书馆指导，西藏自治区文化厅主办，西藏自治区图书馆承办的西藏第五期公共数字文化系列培训班在拉萨举办。来自全区各地（市）文化局、图书馆、乡镇文化站业务骨干及自治区图书馆馆员近80人参加培训。自治区文化厅党组成员、副厅长赵斌出席开班仪式并发表讲话。此次培训邀请河南省图书馆研究馆员杨向明、西藏自治区党校副教授万金鹏和自治区文化厅、自治区图书馆、北京品高辉煌科技有限责任公司等单位专家授课，设置“不忘初心、牢记使命”主题教育、公共数字文化工程基层资源建设与服务、公共图书馆法解读、网络信息安全、藏文古籍文献知识点解读、非物质文化遗产专业知识等相关课程。此外，组织学员参观自治区图书馆和自治区自然科学博物馆，参加公共数字文化推广活动以及地市间基层文化工作交流研讨。（西藏自治区图书馆　次旦普赤　朗杰卓玛）

【西藏首届“民族团结杯”职工书法展在西藏自治区图书馆举办】 8月25日，由西藏自治区总工会、文联主办，自治区图书馆、书法家协会协办的首届“民族团结杯”职工书法展在自治区图书馆开幕。自治区文化厅党组成员、巡视员阿齐，自治区总工会、文联等领导莅临开幕式，并为获奖职工颁奖。150余名区直属机构各单位干部职工、自治区图书馆员工参加此次活动。首届职工书法展共收到来自自治区各行各业的职工书法作品433件，经专家评审，最终30件汉文书法作品和42件藏文书法作品分获一、二、三等奖。此次展览共展出作品220件，集中展示了职工书法创作的优秀成果，展现新时代西藏职工群众的精神风貌和精神文化生活，培育健康文明、昂扬向上、全员参与的职工文化。（西藏自治区图书馆　次旦普赤　朗杰卓玛）

【西藏自治区图书馆馆藏珍贵古籍数字化项目验收会在拉萨召开】 12月10日，西藏自治区图书馆（西藏自治区古籍保护中心）馆藏珍贵古籍数字化项目验收会在拉萨召开。会议特邀国家古籍保护中心数字化专家龙伟，西藏大学副教授群诺、边巴旺堆、才华、西热桑布等专家对该项目进行验收。此外，会议还邀请自治区文物局、布达拉宫管理处、罗布林卡管理处、藏医学院、哲蚌寺、色拉寺等古籍收藏管理单位的领导和专家，就该项目及全区藏文古籍数字化工作进行研讨。自治区图书馆馆长次旦普赤主持会议。该项目是西藏自治区第一个将藏文古籍文献实现真正意义数字化的项目。自治区图书馆从馆藏古籍文献中精选167函藏族历代学者传记作为首次数字化的对象。这167函藏文古籍共24126叶，通过运用非接触式古籍扫描设备，最大限度地减少对古籍原件的影响。使用全文数字化技术，将古籍图像进行OCR文本识别、自动纠错和不少于3次人工校对；数据制作完成后被装载入数据库，通过专用平台，实现古籍的浏览、检索、查询等功能。系统兼具古籍高清图像浏览和全文对照功能，并通过技术手段实现对图像的防盗取保护，同时还实现对古籍内容精确至每一个字的查询，检索结果实现高亮定位。系统响应速度快、展现方式和检索手段丰富，并根据十明学进行分类导航，具备藏汉双语界面，对于读者使用具有极大便利性。与会专家和领导在听取项目报告和观看功能演示后，均对该项目给予较高评价，并对进一步完善项目提出建设性意见和建议。（西藏自治区图书馆　次旦普赤　朗杰卓玛）

【西藏自治区图书馆推进全国古籍重点保护单位罗布林卡古籍普查工作】 根据国家古籍保护中心和西藏自治区文化和旅游厅总体部署，按照西藏自治区图书馆（西藏自治区古籍保护中心）古籍普查登记工作具体安排，2019年，西藏自治区图书馆与罗布林卡管理处联合启动罗布林卡古籍普查和可移动文物普查工作。为确保普查工作有序有效推进，多次召开专题会议，研究制订罗布林卡古籍普查工作实施方案，明确普查时间、普查范围，组织精干力量联合成立普查组，建立普查数据管理、成果运用、文物安全保障等工作机制，签订《普查登记罗布林卡藏文古籍文献协议书》。普查中，普查组完成编目分类、拍摄书影、级别鉴定、书名翻译等繁杂的普查程序；同时，实施配备装具、纠正错叶、全文扫描等保护古籍、留存档案辅助性工作，为全面掌握罗布林卡古籍收藏结构、藏量和妥善保存古籍奠定基础。

罗布林卡古籍虽保存条件较好但久经未动，很多古籍文献有虫蛀、粘叶、错序、脱线等现象，其中虫蛀最为严重。普查过程中工作人员严格按古籍普查和可移动文物普查双重标准流程，对每一函古籍一叶叶点校、除尘，凡有虫蛀、破损、错叶等现象均登记在电脑端和纸质普查本上。截至2019年底，共完成罗布林卡新宫361函、格桑颇章19函、坚赛颇章151函、格桑德吉颇章117函和夏典拉康97函的普查，共计745函；对保存状况堪忧的343函古籍新配备包经布，对缺失标签的250函古籍邀请书法师补写函头标签。目前，普查组正在开展罗布林卡藏量最多的准增颇章的普查登记工作。

此次是自治区首次联合开展古籍和可移动文物普查，普查双方分工明确、协作共享，避免了今后重复普查对古籍文献的二次破坏，同时为其他古籍重点收藏单位的普查工作提供经验参考。（西藏自治区图书馆　次旦普赤　朗杰卓玛）

【西藏自治区图书馆举办“阅读引领未来”读书联盟年终总结分享会暨聘任西藏自治区图书馆阅读推广人活动】 12月14日，西藏自治区图书馆在馆内学术报告厅举办“阅读引领未来”读书联盟年终总结分享会暨聘任西藏自治区图书馆阅读推广人活动，社会各界阅读爱好者100余人参加活动。会上为自治区“最美读书人”颁发奖状，同时聘请著名作家次仁央吉、卓梦教育学校校长罗布占堆、著名作家艾巴仓·尼玛次仁、优秀企业家赤驮日、青年歌手罗布桑珠、家庭教育专家次达瓦、电台少儿节目主持人小薇姐姐等8人为该馆“阅读推广人”，在各自领域参与宣传和推广全民阅读活动。

为了营造一个良好的读书氛围，多渠道引导人们多读书、读好书，不断丰富群众的文娱生活，有效提升群众的文化素质，努力创建学习型社会，自2018年开始，西藏自治区图书馆与西藏本土民营企业“我和书”及“雪域书香”书店联手打造“阅读引领未来”读书联盟会。每期活动结束后，读书联盟会都会要求阅读者撰写读书心得，最后由相关专家遴选优秀读书心得进行表彰鼓励。此项阅读推广活动深受广大读者的欢迎和喜爱，截至2019年底已举办12期，来自全区各行各业的阅读爱好者960余人次参加。（西藏自治区图书馆　次旦普赤　朗杰卓玛）

【山南市图书馆概况】 2019年，山南市图书馆在人员紧缺的情况下，坚持每周对外免费开放时间不少于56个小时。接待读者3.8万人次；外借图书1.2万余册次，是2018年的2倍，得到市委、市政府和区市两级上级业务部门的一致好评。

根据广大读者的需求，全年开展各类阅读推广活动31次。其中：在“4·23”世界读书日启动仪式上向广大市民免费赠送图书资料7000册，分别举办以“阅读点亮初心、知识传递使命”为主题的第1期读书分享会、5期“阿布洛卡讲故事”、2期“2019全民终身学习活动周”活动、“送书进社区　书香暖人心”文化惠民活动、以“童心筑梦”为主题的盲人阅读推广及捐赠盲文书籍活动等；举办“山南文化大讲堂”公益讲座5期，分别以“藏族文化及藏族礼仪”“深刻领会习近平新时代中国特色社会主义思想”“摄影当随时代”“什么是诗歌”“藏医养身健康知识”为主题，参与读者370余人次，同步完成讲座全程摄录，为下一步做好公开课线上阅读推广活动奠定基础；举办“爱我中华”藏汉书法摄影展、2019中国西藏雅砻文化节书法摄影展等展览7次，合计展期7个月，观众1.6万人次。

举办第五期山南市基层公共图书馆管理员业务培训，培训市图书馆、12个县（区）图书馆、82个乡镇文化站图书阅览室骨干约100人；组织开展馆内消防安全知识培训以及反恐应急演练和基础知识培训。（山南市图书馆）

【林芝市图书馆概况】 2019年，林芝市图书馆馆藏纸质图书93665册，数字资源本地存储19TB。读者流通2.8万余人次，图书外借1.3万余册次；办理读者证362个；2台歌德电子借阅机实现读者下载3497册次。为规范管理图书馆整体业务，拟订图书馆岗位设置工作方案。开展察隅县图书馆、新华书店功能“二合一”编目系统培训和书籍整理排架工作。协办第十一期全国县级图书馆馆长研习班。接待西藏农牧学院图书馆一行10人来馆交流学习。

深入推进公共图书馆社会职能，开展基层服务活动，丰富群众文化生活。先后开展以下阅读推广活动：“五下乡”送书服务、“3·5”学习雷锋集中宣传及图书馆借阅证免费办理活动、幼儿教育实践、第五届“超级读者”评选、亲子阅读、“我们一起朗读吧”活动、2期“林芝讲坛”主题公开课、第一届“林芝好书”暨“创意·读写实验室”作品评选及颁奖、视障人士使用“智能听书机”宣传推广工作以及向林芝市特殊教育学校捐赠“智能听书机”和图书资料等，全年累计捐赠图书2185册。同时，通过林芝市文广局网站“我的图书馆”专栏和林芝市图书馆微信公众平台每周向读者推送图书书目，并向全市发出全民阅读倡议书。该馆被林芝市妇联授予“林芝市家庭教育基地”牌匾。（林芝市图书馆）

【林芝市图书馆协办第十一期全国县级图书馆馆长研习班】 7月9—14日，由文化和旅游部公共服务司主办，中国图书馆学会和西藏自治区文化厅承办，西藏自治区图书馆学会、林芝市图书馆共同协办的“全国基层文化和旅游公共服务队伍示范性培训——第十一期全国县级图书馆馆长研习班”在林芝市举办。来自全国各地的县级图书馆馆长共计100余人参加培训。此次培训旨在加强基层文化和旅游公共服务队伍建设，提高县级图书馆馆长的综合素质和履职能力，培训形式包括专家授课、座谈研讨、学员论坛及图书馆现场教学等。先后安排西藏自治区党校（西藏自治区行政学院）马克思主义教研部主任史云峰，四川大学历史文化学院讲座教授、中国图书馆学会原副理事长、国家图书馆原常务副馆长陈力，上海图书馆副馆长周德明，中国古籍保护协会副会长、四川省图书馆原馆长李忠昊，北京大学信息管理系教授王余光，苏州图书馆原馆长邱冠华，中央文化和旅游管理干部学院副院长卢娟等专家授课，题目分别为“习近平新时代中国特色社会主义思想和党的十九大精神”“数字时代县级图书馆的资源建设”“县级图书馆服务效能提升”“县级图书馆管理创新与实践”“县级图书馆宣传推广与阅读促进”“县级图书馆服务体系和总分馆制建设”“新时代公共文化服务政策法规解读”。（林芝市图书馆）

【那曲市图书馆概况】 2019年，那曲市图书馆馆藏图书12万余册，其中特色藏文图书700余种1000余册，期刊200种、报纸80种，盲文图书500册，电子图书2万余册。全年接待读者约3万人次，借还图书1100余册次。通过实施数字图书馆推广工程硬件平台和数字图书馆资源项目建设，与国家图书馆、省级图书馆进行资源、数据共享。该馆微信公众号用户为300人，首次实现读者在线续借、查阅馆藏、查看新书通报等移动端数字资源服务，与馆藏数字资源实现对接。该馆还荣获“2019年西藏自治区民族团结进步模范集体”称号。

自2018年4月正式开馆以来，该馆以服务社会、引导大众为使命，开展多种形式的阅读推广活动，读者如织的景象在周末和节假日成为一道风景。2019年开展的活动包括：与那曲市儿童福利院合作开展“书香浸校园　阅读伴成长——庆祝新中国成立70周年少儿阅读活动”；协助那曲市文联举办“绘画书法展”；全年举办“让阅读成为一种习惯”活动21次，参加人数达1680人次，其中在学校开展15次，在全市职工干部中开展6次，得到一致好评；重新调整盲人阅览室，新增智能听书机100台，接待那曲市特殊教育学校首批视障学生来馆阅读，并外借给该校20台智能听书机；开展重温“红色经典电影”活动2次，为读者免费播放红色经典电影；建立“西藏动漫体验空间”；积极调动社会力量，与“雨滴计划”志愿者联合举办“阅读伴爱成长”那曲市首届亲子共读活动，把服务从馆内延伸至馆外，共同营造“书香那曲”。（那曲市图书馆）

【日喀则市图书馆概况】 日喀则市图书馆于2015年7月开工建设，2018年7月正式开馆，建筑面积4600平方米。现有事业编制人员5名，公益性岗位人员1名。2019年，馆藏纸质图书7万余册、电子图书25万册。全年接待读者1万余人次。接受社会团体及个人赠书2万余册。举办“世界读书日——我们一起阅读美”主题系列活动，包括青年艺术家赤列德庆作品展、读者朗诵比赛、青年学生体验阅读等；承办“雪域·缘”青年艺术家周明晖美术作品展。申报的《2018年基层公共数字文化服务推广项目实施方案》通过全国公共文化发展中心复审并组织建设。接待吉林省图书馆业内同行一行11人赴该馆开展援助调研，并获赠通化市图书馆捐赠《星凤楼帖》影印本1套12卷；选派5名图书馆员赴吉林省图书馆跟班学习1个月。（日喀则市图书馆）

陕西省

【概况】 截至2019年底，陕西省共有公共图书馆112个（含少儿图书馆3个），其中省级馆1个，副省级馆1个，地、市级馆7个，县级馆103个。从业人员共计2383人，其中高级职称106人，中级职称562人。全省公共图书馆总藏量2096.78万册/件，其中图书1764.59万册，古籍58.91万册（其中善本6.05万册），报刊187.60万册，视听文献、缩微制品22.57万册/件，其他文献63.11万册。全年总流通1537.82万人次，书刊文献外借532.60万人次、1002.87万册次。组织各类讲座1588次，参加读者24.20万人次。举办展览1173个，观展读者129.59万人次。举办培训班1708个，培训学员10.06万人次。开展基层培训辅导3.87万人次。公用房屋建筑面积36.36万平方米，其中书库面积8.11万平方米，阅览室面积11.36万平方米。阅览室座席数共计28177个，其中少儿座席6781个。计算机共计6160台，供读者使用的电子阅览室终端4287台，图书馆网站访问量1932.9万页人次。延伸服务方面，分馆数量1209个，流动图书车98辆，流动服务书刊借阅58.33万人次、76.82万册次。在文化创意产品开发方面，产品种类共计64个。在地方财政扶持力度方面，全省各级财政拨付公共图书馆的总经费共计34586.20万元，专项购书经费共计2983.50万元。

陕西地方文化立法工作取得新进展。《陕西省公共文化服务保障条例》完成修订并于3月29日获陕西省十三届人大常委会第十次会议表决通过，7月1日正式实施。《陕西省公共图书馆条例》起草完成初拟稿，目前立法修订调研工作正在推进中。

陕西省图书馆迎来建馆110周年。10月23—25日，举办“一带一路”图书馆发展论坛暨陕西省图书馆建馆110周年活动。活动邀请文化和旅游部原党组成员、故宫博物院原院长单霁翔做专题文化讲座，还举办了论坛、展览、诗歌音乐会、书博会等一系列内容丰富的活动，受到社会各界一致好评。

公共数字文化工程融合创新发展。榆林市、延安市、铜川市完成国家级贫困县60个乡镇和120个数字文化驿站的提档升级工作；汉中市、安康市、商洛市完成“进村入户”835台设备的采购；开始实施陕西公共数字文化网的升级改版：2019 年度 3 个特色资源项目全部开工建设，完成 13 个资源项目的国家验收任务；组织开展全省基层数字文化服务活动 8 场，参加读者达 20 万人次；在延川、佛坪等地开展“文化云地标”文旅融合服务项目的试点工作。

古籍保护工作取得成效。组织指导陕西中医药研究院图书馆开展古籍普查平台完整项著录，截至年底，已全部完成全省 73 家古籍存藏单位的古籍普查工作；审核完成十七家公共图书馆古籍普查登记目录并提交出版；举办“亲近典籍珍品，浸染楮墨芸香——兰台晒书卷”晒书活动；举办“传承文化，致敬匠心——古籍保护传统技艺展示与体验活动”等。完成国家级珍贵古籍修复项目——馆藏雍正铜活字版《古今图书集成》修复 9775 叶，装订 625 册。凤县图书馆重点古籍明万历刻清康熙续修《凤翔府志》的补配标点工作取得实质性进展，目前已全部结束，底稿交予陕西师范大学出版社审批立项。

体系化建设不断完善。2019 年，全省加入陕西公共图书馆服务联盟的公共图书馆为 108 个，在全省公共图书馆中占比达 96.4%；加入联合编目的 101 个，占比为 90.2%，其中开展联合编目工作的 96 个，完成回溯建库工作的 94 个。通过联盟组织举办阅读推广活动 7588 场次，参与人数达 235 万人次；举办面向基层图书馆的各类培训 17 期 1609 人次，远程培训 30 次 29804 人次。全年完成联盟巡讲 9 场，参加人数 1960 余人，参与单位 9 个。总计参与联盟讲座单位 38 个，约占联盟成员馆总数的 35.2%，较往年新增覆盖率 7%。完成联盟巡展 26 场，超出任务目标 6 场，完成率为 130%，观众 163800 人次。（陕西省图书馆　辛娜　祖培茹）

【“陕西学人”专藏项目建设启动仪式在陕西省图书馆举行】 3 月 14 日，“陕西学人”专藏项目建设启动仪式在陕西省图书馆举行。受邀莅临启动仪式的有西北大学中国文化研究中心主任李浩，西北大学生态毒理研究所所长史志诚，西北农林科技大学、博士生导师张波，陕西省人民政府原参事韩金科，西北大学科学史高等研究院博士生导师姚远，陕西省社会科学院研究员孙立新，西安文理学院图书馆研究馆员段小虎。7 位与会专家向省图书馆捐赠图书资料 55 种 137 册、手稿 3 种 96 页，陕西省图书馆馆长周云岳为专家颁发收藏证书。（陕西省图书馆　辛娜　祖培茹）

【全省公共图书馆服务体系建设培训班暨陕西公共图书馆服务联盟 2018 年工作会议在榆林神木举办】 4 月 9—12 日，由陕西省文化和旅游厅主办，陕西省图书馆、神木市文化和旅游文物广电局共同承办的全省公共图书馆服务体系建设培训班暨陕西公共图书馆服务联盟 2018 年工作会议在榆林神木举办。全省各市文化行政主管部门相关负责人及各市县公共图书馆馆长等 170 余人参加会议。会议总结了 2018 年度陕西公共图书馆联盟及文化重点工程的工作经验。陕西省公共文化服务体系建设专家委员会委员徐大平、广东省佛山市图书馆馆长屈义华、山西省朔州市图书馆馆长张猛、安徽省金寨县图书馆原馆长吴建国分别做“《陕西省公共文化服务保障条例》解读”“公共文化服务体系建设实践与思考”“创新助力发展　团队决定未来”“锐意创新，实现农村公共图书馆服务一体化”专题报告，安康市图书馆馆长李焕龙做“借力法人治理结构改革　助力阅读设施体系建设”专题交流。与会代表还参观了神木市图书馆、府谷县图书馆新馆及高家堡分馆、青朴书屋等分馆。（陕西省图书馆　辛娜　祖培茹）

【陕西省图书馆受邀参加全省立法工作会议】 4 月 18 日，陕西全省立法工作会议在西安召开。会议通报陕西省十三届人大常委会立法规划和 2019 年立法工作计划，部署包括 2019 年在内的本届五年的立法工作任务。省人大常委会党组书记、副主任刘小燕，副省长赵刚讲话。省人大常委会副主任梁宏贤主持，秘书长韩水岐出席。陕西省图书馆作为立法协作单位受邀参加此次会议。2015 年，省图书馆成为陕西省人大地方立法协作单位，由参考咨询部负责为人大立法提供信息服务。近年来，该馆为省人大多部立法如《陕西省水文条例》《陕西省奖励和保护见义勇为人员条例》《陕西省气候资源开发利用和保护条例》《陕西省优化营商环境条例》《西安市城市集中供热条例》等提供大量立法背景资料。（陕西省图书馆　辛娜　祖培茹）

【陕西省图书馆界开展“全民阅读月”活动】 4月21日，陕西“全民阅读月”活动在陕西省图书馆启动。陕西省戏剧家协会主席刘远、国家一级演员董少敏、全国“金话筒”获得者包志坚、中国话剧研究会理事赵宏等名家朗诵莎士比亚经典剧作、诗词片段，如《罗密欧与朱丽叶》《十四行诗》《哈姆雷特》等。安康市图书馆推出20项阅读活动，在咸阳市杨凌区图书馆举办“全民阅读月”启动仪式暨“全民阅读·书香杨凌”建设表彰会，在西安市鄠邑区南明图书馆举办“与税相约·悦读经典”全民阅读启动仪式，在宝鸡市陈仓区图书馆开展30场全民阅读系列活动等，在全省营造浓厚的阅读氛围。活动期间，省图书馆还推出“作家的修养”“哥特式大教堂之美——从巴黎圣母院谈起”“大唐的颜色：唐三彩”“历史·神魔·现实——解读《封神演义》”等公益讲座。（陕西省图书馆　辛娜　祖培茹）

【陕西省公共文化服务云平台应用正式开通】 4月24日，在第24个世界读书日来临之际，全国文化信息资源共享工程陕西分中心（陕西省图书馆）联合铜川市印台区图书馆、宝鸡市凤县图书馆、渭南市大荔县图书馆先后举办“陕西省公共文化服务云平台应用开通仪式”。在活动仪式上，省分中心向县级支中心配发公共文化一体机、中国文化网络电视互动播出终端、平板电脑等设备，以便基层单位更好地通过陕西省公共文化服务云平台，向广大读者开展公益性数字文化服务，共享全国各地的优秀文化信息资源。（陕西省图书馆　辛娜　祖培茹）

【陕西省图书馆视障阅览室“盲人影屋”举行挂牌仪式】 5月14日，陕西省残疾人联合会在陕西省图书馆视障阅览室举行“盲人影屋”挂牌仪式，陕西省残疾人联合会党组成员、副理事长王占军，省图书馆副馆长张海翔参加仪式。活动现场播放残疾人无障碍文化公益片《阅读点亮人生》，分享残障读者感人的读书故事，展示省图书馆残疾人无障碍阅读服务概况，传递积极向上的正能量，呼吁残疾朋友更多地参与无障碍阅读，充实人生，陶冶情操。（陕西省图书馆　辛娜　祖培茹）

【“陕西省图书馆数字资源服务站”揭牌仪式暨数字资源使用培训举行】 5月14日，“陕西省图书馆数字资源服务站”揭牌仪式暨数字资源使用培训在陕西鼓风机（集团）有限公司（以下简称“陕鼓集团”）举行。陕西省图书馆馆长周云岳，陕鼓集团党委副书记、工会主席王建轩分别致辞并为服务站揭牌。陕西省图书馆工会主席胡竹林，西安市总工会宣教部副部长陈永斌，西安市机冶建材工会副主任吴萍，西安市职工大学副校长胡娟等领导及陕鼓集团工会分会主席、技术人员代表200多人参加仪式和培训。陕西省图书馆从2016年开始每月开展两次流动图书车上门服务，为陕鼓集团员工提供丰富的学习资源和学习便利，受到广大员工的一致好评。（陕西省图书馆　辛娜　祖培茹）

【2019年陕西省文化助盲志愿者骨干培训班在宝鸡麟游举行】 5月20—23日，由中国盲文图书馆、陕西省图书馆共同主办，宝鸡市图书馆、麟游县文化和旅游局承办，麟游县图书馆协办的2019年陕西省文化助盲志愿者骨干培训班在宝鸡市麟游县举行。全省近120名公共图书馆馆长和视障服务业务骨干等参加此次培训班。培训期间，中国志愿服务联合会研究会副秘书长张俊虎、全国自强模范王志华、中国盲文图书馆张蕊和罗莉丽等，分别为学员讲授志愿服务与新时期助残工作、项目与团队管理、助盲实用技能与实践，分享现代文明社会残疾人观，介绍文化助盲APP操作流程等。授课内容理论联系实际，现场导盲犬配合演示，老师和学员互动交流密切。另外，来自汉中、神木、南郑等地基层图书馆的学员进行案例分享和经验交流。（陕西省图书馆　辛娜　祖培茹）

【陕西省图书馆获批可移动文物修复资质】 6月，陕西省图书馆通过陕西省文物局组织的专家评审，成功获批可移动文物修复资质，具体业务范围包括：书法绘画、古籍善本、碑帖拓片、文件、宣传品、档案文书类可移动文物修复。目前，图书馆界获批此项资质的尚在少数。在古籍修复事业不断向科学化、专业化发展的大趋势下，拥有此项资质无疑为省图书馆古籍修复工作提供更广阔的发展空间，为其跨行业合作和深层次发展提供有力保障，同时也提高省图书

馆古籍修复工作的行业竞争力和社会影响力。（陕西省图书馆　辛娜　祖培茹）

【陕西省图书馆少年儿童分馆被命名为“陕西省青少年教育基地”】 6月18日，共青团陕西省委在陕西科技大学图书馆报告厅召开2019年陕西省青少年教育基地建设经验交流会。活动中，与会领导为此次命名的省级青少年教育基地授牌。陕西省图书馆少年儿童分馆被命名为“陕西省青少年教育基地”。陕西科技大学中国轻工业博物馆等5家单位的代表就青少年教育基地的机制建设、管理运营、活动开展、队伍建设等做分享交流。（陕西省图书馆　辛娜　祖培茹）

【陕西省图书馆举办2019年陕西省公共数字文化工程“基层服务推广”培训班】 7月23—26日，由陕西省图书馆主办、陕西省图书馆学会阅读推广委员会等协调安排的2019年陕西省公共数字文化工程“基层服务推广”培训班在安康市汉阴县举办。来自全省40多家市、区、县图书馆的基层工作人员接受培训。省学会阅读推广委员会主任、宝鸡市图书馆副馆长陈碧红做题为“公共文化服务体系中的阅读推广工作”的主题讲座。省学会阅读推广委员会委员、神木图书馆阅读推广部主任许婷以“整合资源，借力推广——神木图书馆阅读推广实践的整理与分享”为题，分享神木图书馆阅读推广工作实践与优秀案例。省学会阅读推广委员会委员、西北工业大学附属中学图书馆馆长张艳和西安市图书馆学会中小学委员会委员、西安高新一中图书馆屈长谊共同做题为“公共图书馆与学校阅读推广活动的探索”的讲座。此次培训打破以往只在业内聘请授课专家的惯例，除图书馆行业的专业人员外，还邀请西安天天读书教育科技有限公司副总经理侯亚萍做题为“从读者的角度谈阅读推广的策划执行及宣传”的主题讲座，这也是社会力量参与公共文化服务体系建设的一种尝试。（陕西省图书馆学会　霍彩玲　霍晓焰）

【中央电视台《文化十分》栏目对陕西省图书馆暑期活动进行专题报道】 8月16日，中央电视台三套《文化十分》栏目播出“暑假到图书馆来打卡，陕西省图书馆：浸染楮墨芸香　回味古韵悠长”专题报道。8月19日，央视“CCTV文化十分”微信公众号发布“长安十二时辰之陕西省图书馆”专题推文，对陕西省图书馆暑期读者服务情况做深度报道，受到全国图书馆同行的关注。（陕西省图书馆　辛娜　祖培茹）

【陕西省图书馆举办2019年学术沙龙活动】 8月30日，陕西省图书馆2019年学术沙龙活动在馆内举办。沙龙特邀西安交通大学研究馆员、国家社科基金同行评议专家雷润玲进行主题分享。馆内18个课题组的40余名馆员及西安建筑科技大学、西安科技大学图书馆的2名馆外同行参加活动。此次学术沙龙为馆员进行课题研究打开了思路，提供了工具。（陕西省图书馆　辛娜　祖培茹）

【“全民悦读　最美三秦”第七届陕西省阅读文化节举办】 9月28日—10月28日，由陕西省文化和旅游厅主办，陕西省图书馆、陕西省文化馆、陕西各地市文化和旅游主管部门等共同承办的“全民悦读　最美三秦”第七届陕西省阅读文化节在三秦大地举办。此届阅读文化节关注特殊群体的阅读状况，除视障文化观影活动外，还举办精品英文绘本推介及绘本故事进基层等活动，把文化关怀送给少年儿童。作为此届文化节活动之一，由陕西省文化和旅游厅主办，陕西画报社、陕西省图书馆、陕西数字图片中心承办的“阅·读”——陕西省阅读摄影展于11月15日在陕西省图书馆开幕，展出从5000余幅收到的阅读专题摄影作品中选出的优秀作品1000余幅，覆盖各类阅读人群、各种阅读场景，传播力广，影响力大。（陕西省图书馆　辛娜　祖培茹）

【举办“一带一路”图书馆发展论坛暨陕西省图书馆建馆110周年系列活动】 10月24日，“一带一路”图书馆发展论坛暨陕西省图书馆建馆110周年活动在陕西省图书馆举办。文化和旅游部公共服务司一级巡视员陈彬斌、文化和旅游部全国公共文化发展中心主任魏大威、陕西省政府副秘书长高阳、陕西省委宣传部副部长马川鑫、陕西省文化和旅游厅厅长任宗哲出席开幕式并一同为活动启幕。来自全国各地的40家公共图书馆、陕西省内108家公共图书馆和18家高校图书馆的馆长及业务骨干300余人参加活动。故宫学院院长单霁翔出席开幕式并在随后的文化讲座上做题为“文化的力量——让文化遗产资源活起来”的主题报告。在发展论坛上，陕西省图书馆馆长周云岳做题为“书香丝路　魅力陕西”的发言。中国图书馆学会秘书长霍瑞娟在致辞中介绍了中国图书馆学会及国家图书馆所开展的“一带一路”重点工作。上海图书馆馆长陈超、内蒙古自治区图书馆副馆长张树杰、新疆图书馆馆长历力、福建省图书馆副馆长陈顺围绕“‘一带一路’合作共享”的主题，分别做题为“图书馆，助力中国文化‘走出去’”“深化创新合作　促进文化交流”“新时代　新机遇　新举措——新疆图书馆智慧化建设”“扬帆海丝　载籍护航——谱写闽图发展新篇章”的报告。参会代表就传统文献的收集整理、数字资源的整合开发利用、沿线地区图书馆的交流与合作、中华优秀文化资源对外传播等内容进行交流探讨。“一带一路　合作共享——图书馆文献资源与文创产品联展”同日在省图书馆开展，延续至10月30日。该展分为序言、图说丝路、丝路繁华和灿烂文化4个板块，包括古丝绸之路历史回顾以及全国有关图书馆“一带一路”特色文献、数字资源和文创产品展示等。（陕西省图书馆　辛娜　祖培茹）

【陕西省国家公共文化服务体系示范区公共图书馆创新服务研修班（第二期）开班】 12月2日，由陕西省文化和旅游厅主办，陕西省图书馆、福建省图书馆承办的陕西省国家公共文化服务体系示范区公共图书馆创新服务研修班（第二期）在福建省福州市开班。陕西省文化和旅游厅一级巡视员李全虎、福建省文化和旅游厅副厅长林守钦出席开班仪式并讲话。40多位来自渭南、榆林、韩城等地市文化和旅游部门相关负责同志、市县（区）公共图书馆馆长，以及陕西省公共文化服务体系建设专家委员会专家参加培训。此次研修班紧扣《中华人民共和国公共文化服务保障法》《中华人民共和国公共图书馆法》的贯彻落实、图书馆文化馆总分馆制、乡镇图书馆分馆建设及基层综合性文化服务中心建设等内容，旨在借鉴福建等东部地区公共图书馆建设的创新理念与服务经验，从而进一步推动陕西公共图书馆规范化建设和公共文化服务体系示范区（项目）创建工作。研修班还邀请厦门市翔安区图书馆馆长张胜峰、泉州市图书馆馆长陈文革和莆田市图书馆副馆长张翔进行理论授课，并组织学员赴莆田、泉州、翔安等地，针对基层图书馆服务实践及体系构建开展现场教学。（陕西省图书馆　辛娜　祖培茹）

甘肃省

【概况】 截至2019年底，甘肃省共有县以上公共图书馆104个，其中省级馆1个、地市级馆17个、县区馆86个，少儿图书馆7个。从业人员1433人，专业技术人员886人，其中研究馆员13人，副研究馆员94人，馆员402人。2019年全省公共图书馆实际使用总建筑面积32.61万平方米，其中书库面积5.51万平方米、书刊阅览室面积5.93万平方米、电子阅览室面积1.27万平方米。阅览室座席27669个，其中少儿阅览室座席7646个、盲人阅览室座席1039个。藏书总量1700.32万册/件，比上一年增加140.37万册/件，其中普通图书1308.98万册、古籍51.85万册（含善本9.73万册）、报刊合订本229.27万册、视听文献12.12万件、缩微文献5.52万件，订购报刊1.92万种。电子图书总量1864.40万册，比上一年新增1419.36万册。累计发放有效借书证50.69万个，总流通907.18万人次，书刊文献外借714.76万册次。组织各类讲座1306场次，参与人数21.20万人次；举办展览757场次，参观人数96.63万人次；举办各种类型培训班441个，培训人员4.02万人次。拥有计算机总量5287台，其中供读者使用的电子阅览室终端3532台。网站访问总量378.31万页次。全省共有流动图书车56辆，建有分馆4372个，其中流动书刊借阅33.27万人次、72.66万册次。全省建有志愿者服务队伍229个，志愿者4098人。开发文化创意产品66种，比上一年增加12种。

尽管2019年全省公共图书馆财政拨款总额有所上升，但专项购书经费却有所下降。全省2019年财政拨款总经费26495.7万元，相较于2018年24826.5万元增加1669.2万元，上涨6.7%，但其中购书专项经费2048万元，比2018年减少511.7万元，同比下降20%；新增数字资源购置费515.4万元，比2018年减少170.3万元，同比下降 24.8%。

阅读推广活动主题鲜明，服务内容丰富。围绕 2019 年度全民阅读活动主题“读经典　学新知　链接美好生活”，全省各级公共图书馆因地制宜，举办经典吟诵、文艺表演、讲座报告、读者交流讲座会、文化立法宣传，大型读书节、文化进基层、少儿主题活动等形式多样的阅读推广活动。据统计，全省各级公共图书馆有 72 个（其中省级馆 1 个、市州级馆 8 个、县区级馆 63 个）参加中国图书馆学会组织的“同城共读”4·23 世界读书日主题活动和“万卷共知”阅读竞答活动。如甘肃省图书馆举办有声阅读体验、“让书回家”免责还书、第十四届文津图书奖获奖图书展、“古琴醉人心”音乐赏析会、西北地方文献问卷调查和书目推广等现场阅读推广活动，以及“共读不孤读”全国共读活动、“寻找春天”摄影征集大赛等多场线上活动；兰州市图书馆举办第三届“爱兰州·爱阅读”读书马拉松迷你赛和第十五届兰州读书节；敦煌市图书馆开展“裸读时光”体验活动，让读者暂别手机干扰，专心阅读纸质图书；榆中县图书馆积极引导读者登录中国图书馆学会搭建的“4·23 阅读活动展示平台”，参与线上阅读、竞答、诵读等各类活动；兰州市红古区图书馆、崇信县图书馆等通过打造数字阅读平台推进阅读新体验；古浪县图书馆、甘谷县图书馆、天祝县图书馆等开展经典诗文诵读活动；兰州市安宁区图书馆、嘉峪关市少儿图书馆、陇西县图书馆等积极开展未成年人主题系列活动；白银市白银区少儿图书馆、华亭市图书馆、静宁县图书馆和临夏县图书馆等通过分馆或流通站建设推进阅读资源共享。

文化信息资源共享工程建设稳步推进。在地方特色资源建设方面，完成甘肃文化旅游专题片等 8 个项目的评审验收以及甘肃藏区寺院文化专题片等 16 个项目的稿本、样片评审工作；完成丝绸之路上的甘肃专题片（兰州、白银）、陇上百工微纪录片的项目策划和项目招标工作；完成甘肃非物质文化遗产（省级）专题片等 4 个项目的资源上传、网页制作和成果提交工作；拍摄《周末名家讲坛》29 场、书法讲座 8 场，为甘肃省图书馆开展“三下乡”和扶贫活动设计制作资源光盘包 500 套。在公共数字文化工程建设方面，省分中心完成全省各馆元数据仓储建设、地方文献数字化、政府信息公开、往事典藏、图书馆公开课专题资源建设等 11 个分项目的申请、报备和初验等工作；组织馆长、技术人员和部分乡镇文化干部进行资源建设培训；完成公共文化服务云平台硬件系统扩容，已进入试运行阶段。

中华古籍保护计划有效推进。甘肃省古籍保护中心组织实施“2019 古籍普查文化志愿服务行动甘肃行”，先后在武威博物馆、张掖山丹培黎图书馆、天水麦积山石窟艺术研究所等单位开展志愿活动，全省古籍普查登记扫尾完成近 3 万册，基本完成全省重点收藏单位馆藏古籍普查登记收尾工作；古籍保护人才培养方面，先后主办第二期全省古籍修复技术培训班、承办第八期全国古籍修复技术提高班及第二十六期《全国古籍普查登记目录》审校人员培训班，在省内设立兰州大学图书馆等 7 家古籍修复技艺传习点，完成一批清末手抄戏曲剧本的修复工作，并对全省古籍普查登记目录数据进行规范修订。配合全国“晒技艺”活动，举办第一届甘肃省古籍修复技艺大赛，推举 5 名优胜者参加全国技艺大赛，另有 1 人代表甘肃参加“丝路工匠”技艺大赛并获得二等奖。配合全国联动的古籍保护宣传活动，举行金石传拓技艺读者体验、古籍修复技艺进校园等活动，并将活动延伸至市、县、区基层图书馆和省图书馆精准扶贫帮扶村，《甘肃日报》、甘肃电视台、腾讯网等媒体相继报道，形成古籍保护工作的全方位立体宣传效果。甘肃省图书馆获得“可移动文物修复资质”，省博物馆纸质文献修复项目进入启动阶段，并为省高级人民法院抢救修复准备档案资料，全年共修复古籍 169 册 12600 叶。拍摄完成《馆长晒国宝》纪录片，进一步拉近公众与馆藏珍贵古籍的距离；文溯阁《四库全书》藏书馆全年接待各级领导参观 130 次，《四库全书》的保护与开发研究工作同步推进。

图书馆员岗位培训和继续教育方面，全省共举办各类培训班 441 个，培训人员 4.02 万人次，开展基层培训辅导 2.75 万人次。其中，省图书馆依托省图书馆学会、文化共享工程省分中心、省古籍保护中心、继续教育中心举办各类培训班、研讨班、报告会等 21 期，培训学员 1970 人次。同时，省图书馆继续教育中心继续与武汉大学合作开办图书情报专业硕士学位研究生班，获得北京大学授予的“优秀学习支持服务奖”。

（甘肃省图书馆学会）

【甘肃省图书馆“阳光工程”服务项目获得“全省宣传思想文化工作创新提名奖”】 1月，甘肃省图书馆“一缕阳光拨开云雾　贴心服务温暖心灵——‘阳光工程’服务项目”被中共甘肃省委宣传部评为2018年度“全省宣传思想文化工作创新提名奖”。该服务项目自2011年3月1日起实施。多年来，甘肃省图书馆始终不忘初心，坚持为视障读者提供优质服务，为做好此项工作，专设服务热线并配备专车，设专人负责接送视障读者，为他们提供免费午餐，使盲人阅览室的利用率大幅度提高，受到社会各界的好评。近年来，为配合“阳光工程”的实施，甘肃省图书馆开展一系列配套工作，并根据视障读者需求，举办电脑培训班、百科知识竞赛、诗歌朗诵、才艺表演、放映无障碍电影等特色活动，每年举办特色活动20余次，放映无障碍电影50余场，接待读者1500余人次，借阅书刊23000多册次，极大地丰富了视障读者的文化生活。（甘肃省图书馆学会）

【“走近四库全书”系列宣传活动（甘肃站）启动仪式在甘肃省图书馆举行】 2月26日，“走近四库全书”系列宣传活动（甘肃站）启动仪式在甘肃省图书馆举行。国家图书馆副馆长、国家古籍保护中心副主任张志清，甘肃省文化和旅游厅党组成员、副厅长周奉真等四库学研究专家，省内外特邀嘉宾、媒体代表、省图书馆员工和读者代表等300余人出席启动仪式。启动仪式由甘肃省图书馆党委书记魏孔俊主持。此次系列活动包括专题展览、书叶抄写、传拓体验、有奖问答、文创产品展示、专题讲座等多项内容，旨在让更多的人走近《四库全书》这部体现盛世华光的宏章巨制，进一步了解古籍保护事业，更好地传承、弘扬中华优秀传统文化。（甘肃省图书馆学会）

【2019年甘肃省公共文化建设与服务培训班在兰州举办】 3月27—30日，此次培训班在兰州举办，来自全省14个市（州）图书馆、86个县（区）图书馆、甘肃矿区图书馆及少儿图书馆的馆长和技术人员共160余人参加此次培训。此次培训中，甘肃省图书馆与开展基层图书馆数字化建设的有关各馆签订《互联互通及图书馆公开课直播建设协议书》，向全省县级以上图书馆发放数字图书馆推广工程“基层图书馆数字资源提升活动”第二期资源更新硬盘。培训班根据2019年度全省公共数字文化建设项目开展情况和工作需求对授课内容做出安排，开展“乡村拍手”现场教学以及公共文化服务体系建设与创新等内容的授课，对2019年重点数字文化建设项目和古籍保护工作进行部署。（甘肃省图书馆学会）

【甘肃省公共图书馆盲人数字阅读服务业务培训班在兰州举办】 5月7—10日，由甘肃省文化和旅游厅、中国盲文图书馆联合主办，甘肃省图书馆承办的甘肃省公共图书馆盲人数字阅读服务业务培训班在兰州举办，中国盲文图书馆馆长朱兵、甘肃省残联副理事长曾占奎、甘肃省文化和旅游厅公共服务处调研员薛占平、甘肃省图书馆副馆长许新龙出席开班仪式并讲话。全省103个公共图书馆主要负责人和业务骨干共计130人参加此次培训。来自中国盲文图书馆的3位专家分别以“盲人文化服务与图书馆视障文化服务规范”“盲人数字阅读推广工程”“中国盲文图书馆资源建设与服务”为题做专题培训；甘肃省图书馆、山西省图书馆、张掖市图书馆、中国盲文出版社的4位老师分别介绍本单位盲人阅读推广服务的经验；甘肃省盲人协会主席刘文新从自身角度出发，以“智慧生活与盲人需求”为题分享心得体会。（甘肃省图书馆学会）

【“2019年革命文献与民国时期文献保护计划宣传推广活动——兰州站”在甘肃省图书馆举行】 5月14—16日，由国家图书馆、中国图书馆学会主办，甘肃省图书馆、甘肃省图书馆学会承办的“2019年革命文献与民国时期文献保护计划宣传推广活动——兰州站”在甘肃省图书馆举行。此次宣传推广活动包括启动仪式、“革命文献与民国时期文献保护计划”系列展览和专题培训3部分内容。来自全国各地的170余名民国文献整理与保护从业人员参加启动仪式。专题授课环节分别由甘肃省图书馆副馆长李芬林、陈军，甘肃省古籍保护中心副主任宋焱和历史文献部主任刘瑛主持。培训班邀请国家图书馆民国时期文献保护工作办公室主任马静讲授“革命文献与民国时期文献保护计划”概况，兰州大学历史文化学院教授、校史研究室主任张克非讲授“民国的历史与文化”，国家图书馆研究馆员刘小玲、朱芊和副研究馆员延卫平分别讲授“民国图书著录”“民国文献的标引”“民国时期图书联机上载与馆藏编制”，授课内容理论结合实际，案例丰富，讲解细致，受到参训学员的欢迎。授课结束后，国家图书馆民国时期文献保护工作办公室工作人员与学员就民国时期文献普查等相关工作进行业务交流。（甘肃省图书馆学会）

【2019 年甘肃省公共数字文化服务推广暨资源建设培训班在兰州举行】 6 月 4—6 日，甘肃省图书馆在兰州举办 2019 年甘肃省公共数字文化服务推广暨资源建设培训班。省图书馆副馆长许新龙主持开班仪式，来自全省 14 个市（州）图书馆、86 个县（区）图书馆、少儿图书馆和甘肃矿区图书馆的馆长、业务骨干共 120 余人参加培训。此次培训根据 2019 年度甘肃省公共数字文化工程服务推广及资源建设现阶段工作需要，邀请文化和旅游部全国文化发展中心宣传教育处处长陈移兵讲解国家公共文化云与基层服务，国家图书馆数字资源部萨蕾、温泉分别讲解公共数字文化工程融合下的数字图书馆资源建设与公共数字文化工程服务推广等内容，首都图书馆原馆长倪晓建对公共数字文化服务进行深入解读。（甘肃省图书馆学会）

【甘肃省图书馆“关爱农民工子女阅读志愿服务项目”获得甘肃省第二届志愿服务大赛金奖】 7 月 10—12 日，甘肃省第二届志愿服务大赛暨青年志愿者助力脱贫攻坚论坛在兰州大学举行，来自全省 14 个市州、公益机构、爱心企业的 160 个项目从 270 个初赛项目中脱颖而出。由甘肃省图书馆团委组织申报的“关爱农民工子女阅读志愿服务项目”参加此届大赛。项目团队由文化志愿者徐双定、魏志鹏、张雪梅、程晨、柴若熔组成，经过前期申报、项目路演和现场答辩等环节，该项目最终以高分获得此次大赛金奖。（甘肃省图书馆学会）

【西北五省（区）图书馆第五次峰会暨西北五省（区）图书馆馆长、学会理事长、秘书长联席会议在甘肃敦煌召开】 8 月 15—17 日，由甘肃省图书馆学会、甘肃省图书馆主办，敦煌市文体广电和旅游局、敦煌市图书馆承办的西北五省（区）图书馆第五次峰会暨西北五省（区）图书馆馆长、学会理事长、秘书长联席会议在甘肃敦煌召开。此次峰会主题为“加强交流合作，共创西北地区图书馆美好未来”。甘肃省图书馆馆长李素平，陕西省图书馆馆长周云岳，宁夏图书馆馆长韩彬，兰州大学图书馆馆长、甘肃省图书馆学会副会长田中禾，中科院兰州文献情报中心主任曲建升，青海省图书馆学会秘书长龙梅宁，新疆图书馆学会秘书长丛冬梅等五省（区）图书馆及学会领导出席会议。来自陕西、甘肃、宁夏、青海、新疆五省（区）的图书馆馆长，学会理事长、秘书长以及特邀代表等 40 余人参加会议。

田中禾主持峰会主旨发言环节。周云岳做题为“在‘文旅融合’背景下的五省区‘一带一路’发展路径”的主旨发言，韩彬做题为“宁夏回族自治区图书馆工作掠影”的主旨发言，龙梅宁、丛冬梅分别做题为“立足资源优势，加强创新合作”“文旅融合助推图书馆发展”的发言。曲建升主持峰会第二阶段会议。田中禾做题为“基于 5G 的西北五省（区）图书馆资源建设的合作共享——以兰州大学图书馆为例”的发言，曲建升做题为“推动建设西北地区开放知识共享平台的倡议”的发言，同方知网（北京）技术有限公司甘肃分公司总经理舒展、北京世纪超星信息技术发展有限公司文化事业部副总经理覃宇星分别做题为“5G 时代图书馆的求变与创新”“5G 时代数字图书馆的发展”的发言，敦煌研究院敦煌学信息中心主任夏生平、敦煌市图书馆馆长戴生清分别做题为“文化遗产数字化保护与记录——数字敦煌项目”“精准定位、务实创新，积极打造城市‘文化会客厅’”的发言。

西北五省（区）图书馆馆长、学会理事长、秘书长 2019 年度联席会议于 17 日在敦煌市图书馆召开，17 人参加会议。联席会议由甘肃省图书馆副馆长陈军主持。会议商定，西北五省（区）图书馆第十五次科学讨论会 2020 年在甘肃举办，西北五省（区）图书馆第六次峰会 2021 年由陕西省图书馆和陕西省图书馆学会轮值主办，会议主题待定。为更好推进落实相关工作，与会代表达成《敦煌共识》。（甘肃省图书馆

学会）

【敦煌市图书馆“书香敦煌”微信公众号位列全国图书馆类公众号新榜第六名】 1月3日，腾讯新榜发布微信公众号2018年度榜，敦煌市图书馆“书香敦煌”微信公众号位列全国图书馆类公众号新榜第六名。腾讯大数据显示：“书香敦煌”传播力超过83.67%的运营者，累计阅读22万次；勤勉度超过98.34%的运营者，发布天数364天，发文623篇，620篇（99%）的内容集中在每晚21：00准时推出；发文总字数62.3万字，对应阅读时长1299分钟。（甘肃省图书馆学会）

青海省

【青海省图书馆承办2019年文化共享工程“汉藏文化交流项目”乡镇综合文化站站长能力提升培训班】 6月23—29日，由青海省文化和旅游厅主办，青海省图书馆承办的2019年文化共享工程“汉藏文化交流项目”乡镇综合文化站站长能力提升培训班在四川省艺术职业学院举办，来自青海省41名乡镇文化站站长及文化专干参加培训。此次培训邀请文化领域的相关专家，分别就《中华人民共和国公共文化服务保障法》、现代公共文化服务体系建设、乡镇综合文化站服务效能建设及近年来乡镇综合文化站站长工作中遇到的难点问题等做讲解和分析。此外还设置现场教学环节，学员分别观摩四川省成都市温江区永宁镇综合文化站、金马镇综合文化站等基层公共文化机构，这些文化机构在制度建设、基本服务项目、组织活动等方面各有特色。培训结束后，各文化站站长就各站目前的工作情况和今后的工作计划做综合汇报。通过培训，学员进一步掌握国家公共文化服务方面的相关政策和法规，熟悉乡镇综合文化站的建设要求和服务规范，提升自身的政策理论水平、专业素养，切实提高推进乡镇综合文化站建设的能力。（青海省图书馆　蔡淑敏）

【青海省图书馆接待2019年博茨瓦纳媒体记者研修班来访】 7月31日，根据中国外文出版发行事业局和青海省人民政府新闻办公室的活动安排，2019年博茨瓦纳媒体记者研修班一行22人（含中方工作人员6人）到青海省图书馆参观考察，副馆长赵满堂陪同参观考察。研修班学员参观了少儿馆、读者借阅区、地方文献中心、数字馆、残障人阅读区等服务场所及数字化设施。参观期间，业务科负责人简要介绍省图书馆各项基础设施功能及使用情况，研修班负责人对此次接待工作给予高度评价和衷心感谢。（青海省图书馆　蔡淑敏）

【青海省图书馆开展项目专家验收评审工作】 9月3日，根据文化和旅游部全国公共文化发展中心和国家图书馆《关于开展2019年公共数字文化工程地方资源建设项目验收工作的通知》要求，在青海省文化和旅游厅的统筹指导下，省图书馆开展“数字图书馆推广工程数字资源联合建设”以及“全国文化信息资源共享工程地方资源建设”两个项目的专家验收评审工作。此次验收聘请青海省民族出版社、青海师范大学、青海电视台等相关领域专家，对项目进行全面细致的评审。（青海省图书馆　蔡淑敏）

【西宁市图书馆开展各类人才技能培训】 2019年，西宁市图书馆共组织开展或参加各类专业技能培训26期，人数达488人次，年培训覆盖率达100%。其中，馆内业务培训17期，参加人数合计459人；馆外培训5期；派遣业务骨干参加省外培训3期。根据县级以上公共图书馆总分馆制建设要求，西宁市图书馆组织市属3县4区基层公共图书馆馆员进行图书馆总分馆制建设培训，培训以“学得会、用得上、有实效”为出发点，以提升基层图书馆员服务读者能力为目标，以Interlib3.0集群化管理系统应用、数字资源推介等为主要内容，为基层公共图书馆顺利开展业务工作起到积极的推动作用。组织实施“春雨工程”青海省西宁市文化志愿者新疆行活动，安排馆内业务骨干赴新疆和田地区图书馆开展读者培训和文化交流，为两地文化交流融合搭建平台。（西宁市图书馆　靳常生）

【西宁市图书馆创新全民阅读推广工作】 2019年，西宁市图书馆的全民阅读工作将市民阅读增长点与全民阅读推广活动相结合，全年开展各类阅读推广活动505场次，参与人数近6万人次，收到良好的社会效益。为开创阅读推广工作新格局，西宁市图书馆先后与昆仑书院、有源书院、临宗书院、汇贤书院等各类社会公益性书院深入合作，依托其场地、专家、参与人群等社会公共文化资源，使其与图书馆职能和服务相融合，引导其发挥在社会文明传承、读书风尚引领、培育和践行社会主义核心价值观、弘扬中华优秀传统文化等方面的重要作用。组织开展的“文化热土·读诵春秋”红色经典诗词诵读活动在形式和载体上突破常规，报名及初赛在手机端完成，采用线上线下相结合方式打破地域限制，参与海选的人数达到4000余人。同时，通过网络人气的评选，扩大活动的影响力，复赛作品的网络点击量高达46万余次，充分体现“互联网＋图书馆”模式作用，为全民阅读推广活动纵深开展开辟新道路。为满足市民多元化阅读需求，该馆联合青海省新华发行集团举办“你选书　我买单”市民荐购月活动，邀请市民参与该馆的藏书建设工作，提高图书利用率，提升图书馆服务效能，丰富馆藏资源，发挥好图书馆作为全民阅读推广主阵地的作用。（西宁市图书馆　靳常生）

【湟源县图书馆开展中小学生假期阅读活动】 2019年，湟源县图书馆策划了一系列假期阅读活动。包括：优秀儿童电影展、经典百本童话书赏读、“少年读书之星”评选活动、“读红色经典、抒爱国情怀”有奖征文活动、“绽放中国梦”少儿书画比赛、“我和我的祖国”手抄报比赛、少儿计算机编程培训、少儿剪纸比赛、“阅读使我快乐，书香伴我成长”农村少年儿童阅读实践活动等，上千名少年儿童参加阅读活动。（湟源县图书馆　张英）

【互助县图书馆开展基层基础文化设施建设】 为进一步推动基层文化阵地建设，满足广大群众多样化、多层次的阅读需求，2月，互助县图书馆对全县294个村级农家书屋实施增配图书工作，每个村增配图书65册，合计19110册。8月，完成互助县威远镇小庄村农家书屋提档升级项目，购置图书1000册、报纸200份，台式电脑3套、播放器2个。该馆通过为农家书屋补充更新出版物，更重要的是打造一批示范农家书屋，以示范带动全县农家书屋快速发展，使其成为农民家门口的“精神粮仓”。（互助县图书馆　王凤莲）

【民和县图书馆读者服务工作】 2019年，民和县图书馆接待读者15600余人次，流动图书车接待读者3700余人次，图书外借5100余册次；计算机42台，阅览室座位100多个。图书馆通过微信公众平台发布文章23篇，阅读量18290次，点赞数380次，影响力指数427.46，在全国县级公共图书馆同类微信公众号排行榜上位居第五位。（民和县图书馆　赵成海）

【海北州图书馆开放数字空间体验区】 1月4日，海北州图书馆数字空间体验区、读者休闲区等区域正式对外免费开放，吸引众多读者前来参观、体验。数字空间体验区通过视觉表达的艺术表现形式，让人们体验虚拟空间并与之交互的三维模拟环境，具有很强的沉浸感和梦幻般的多感官体验。裸眼3D电影、VR游戏、智能机器人等设施激发读者强烈的好奇心，纷纷驻足体验。2019年，该馆还引入2台视听机，其中包含丰富的视频资源、朗读素材以及口语素材等特色资源，可供读者进行朗读训练。朗读结束后，还可以将音频发送到手机或其他终端留作纪念，为读者打造不一样的阅读体验。（海北州图书馆　马福龙）

【海北州图书馆举办2019年“春雨工程——汉藏文化交流项目”青海省海北地区图书管理人员业务提升培训班】 2019年，在青海省文化和旅游厅、青海省图书馆的支持下，海北州图书馆在祁连县举办为期1周的“春雨工程——汉藏文化交流项目”青海省海北地区图书管理人员业务提升培训班。50名学员参加培训。此次培训班包括“不忘初心、牢记使命”主题教育专题党课、《中华人民共和国公共图书馆法》和《中华人民共和国公共服务保障法》解读、新时代农（牧）家书屋建设与服务、图书分类排架与流通等10个专题讲座。授课老师精心准备、循循善诱，使每堂授课内容高度切合图书馆工作的实际，对基层公共图书馆工作具有较好的指导作用和深远的启发意义。（海北州图书馆　马福龙）

【格尔木市图书馆新馆开馆】 1月14日，格尔木市图书馆新馆开馆接待读者。新馆建筑面积6586平方米，设有24个服务窗口，阅览座席680个。纸质图书10万册，报纸65种，期刊320种。视频资源4000集，电子图书、中外文期刊、论文、报纸330万种，其中电子图书50万册。新增自助借还书机4台、自助办证机2台、电子阅读瀑布流1台、少儿借还书机2台、少儿阅读机2台、24小时自助还书机1台、报刊阅读机3台、朗读亭1台。可为全市读者提供纸质文献资源的检索、外借和阅读，以及网上数字文献资源的检索、在线阅读及文献传递、文献下载等服务。全年新办理读者证2012个，借阅图书20640册次，接待读者11万人次。新馆自开馆以来，随着移动互联网技术与图书馆服务的结合，在阅读环境和读者服务上有了很大程度的提升，逐步从以文献为主的服务向以信息化服务转变。（格尔木市图书馆　马兰芳）

【格尔木市图书馆建设大数据服务平台】 12月，格尔木市图书馆安装并运行大数据服务平台系统。该系统设有借阅排行榜、借还书统计、到馆统计、本馆风采、今日推荐、通知公告6个模块。利用整理后的平台数据，该系统可以辅助图书馆领导监察馆内工作，分析图书馆的服务质量，检测出工作成效以及发现存在的不足，用以总结经验，制定更加有效的服务决策。建设图书馆大数据服务平台并将电子数据进行展示，不仅是数据的整理与归纳，更能够将图书馆的工作成果直观地展示给所有到馆读者。（格尔木市图书馆　马兰芳）

【大通县图书馆24小时自助图书馆正式开馆】 3月28日，为进一步推进公共文化服务体系建设，倡导全民阅读，大通县首家24小时自助图书馆正式开馆，县文体旅游局领导参加开馆仪式并揭牌。这是青海省唯一一家集借还、阅览以及数字资源下载为一体的县级24小时自助图书馆，面积50平方米，藏书3116册，配有1台自助借还机、1台电子借阅机和阅览座椅等设施。读者只要办理了图书馆借书证，全天24小时都可刷证进入。（大通县图书馆　张成英）

【海西州图书馆受赠《格萨尔文库》系列图书】 4月20日，在第24个世界读书日前夕，海西州图书馆举办以“读经典　学新知　链接美好生活”为主题的“4·23”世界读书日诵读表演活动，倡导全民阅读，共建书香社会。活动让观众感受到中华文化的魅力，营造崇尚学习、热爱读书的良好氛围。4月23日，经自治州政协主席李科加积极对接西北民族大学格萨尔研究中心，该中心向海西州图书馆捐赠新版全套30辑《格萨尔文库》系列图书。此次受赠的图书，为海西州民族文化发展增添新的活力，为藏族文化的深入研究提供丰富、珍贵的史料。（海西州图书馆　马丽　兰晓）

【玉树州图书馆数字图书馆服务卓有成效】 2019年，玉树州图书馆利用中央补助地方公共文化服务体系建设专项资金购置14台电子书借阅机和5台少儿学习机。4月23日，该馆举行数字图书馆延伸服务暨电子借阅机发放仪式，向10个图书服务点配置6台电子书借阅机、4台少儿学习机，每台电子书借阅机包含3000册电子图书、100种期刊等丰富的电子资源。此外，玉树州图书馆也完成了网站和微信公众平台的建设。（玉树州图书馆　李继青）

【共和县图书馆启动总分馆制建设】 12月24—26日，共和县图书馆分派工作人员对全县11个乡镇文化、图书分馆进行挂牌，并采集11个乡镇文化站、图书馆的工作人员、财产等数据，以便构建全县统一的数据平台，为总分馆服务决策提供科学依据。此次挂牌仪式按照“政府主导、改革创新、强化基层、全面推进”的原则，整合资源、优化配置，进一步发挥总馆在公共文化服务体系中的作用，推动城乡公共文化服务均衡发展，推进总分馆公共文化资源共建共享和服务效能提升，促进优质资源向基层延伸。（共和县图书馆　索南措）

【祁连县图书馆为马背图书流动点提供服务】 2019年，由青海省图书馆、祁连县图书馆共同建设的“祁连县油葫芦沟马背图书流动点”正常运行。为保证油葫芦沟牧民群众享受到基本公共文化服务，祁连县图书馆购置了内容涵盖政论、党建、生活、卫生、科学养殖、文学、历史、法治等方面的藏文、汉文两种图书300余册，雇佣当地牧民群众的马匹，为牧民群众的阅读需求提供服务。（祁连县图书馆　曹静）

【黄南州图书馆搭建数字阅读推广平台】 2019年，黄南州图书馆利用搭建的数字阅读推广平台提升数字阅读服务水平。依托29台电子图书/期刊下载机的布点优势，将数字文献资源免费发放到机关、农村、社区、企业、学校、医院、军营，顺应新时期读者阅读行为和阅读方式的转变，拓宽公共文化服务渠道。利用图书馆网站、微信、微博等宣传平台，实现线上线下融合发展。电子图书/期刊下载机全年点击量达3万余次；统一检索平台、门户网站建设、特色资源库建设、数字资源数字库、视屏数据库、移动图书馆微信图书馆、法律人才数据库（普法平台）使用率大大提高。该馆的数字阅读推广平台可以在全国任何地方免费浏览，向全国人民展示黄南热贡文化的魅力。（黄南州图书馆　董春花）

【同德县图书馆举办第一届“书香同德——我心中的书海”校园演讲比赛】 5月15日，由同德县图书馆主办，同德县寄宿制学校、同德县第一民族中学承办的第一届“书香同德——我心中的书海”校园演讲比赛决赛在同德县第一民族中学举行，400多名学生观看比赛。参加此次比赛初选的有200余名同学，其中56名同学进入决赛，分为汉语组和藏语组。选手们以抑扬顿挫的语调，声情并茂地畅谈对心中书海的感悟和理解，讲述日常学习中一件件动人的典型事迹，博得在场师生的阵阵掌声。（同德县图书馆　旦增）

【久治县图书馆启动图书流动服务】 6月，为维护好全县各民族“和睦相处、和衷共济、和谐发展”的良好局面，进一步拓展图书馆的公共文化服务功能，提高人们对读书的重视，久治县图书馆以“博学、团结、修身、砺志、交友、笃行”为原则，正式启动流动图书车服务。流动图书车装载各类新书1200余册，采用开架阅读的方式，读者既能在车上借还图书，也可在车外阅览。该馆定期更换最新的图书和期刊，满足读者的阅读需求。（久治县图书馆　措科）

【贵南县图书馆开展“脱贫攻坚——送图书下乡”活动】 6月，为丰富群众文化生活，切实为农牧区群众带去精神食粮，加强推动社会文化大繁荣，贵南县图书馆赴全县6个乡镇的75个行政村开展“送书下乡”活动，共发放图书195375册。8月，为推进脱贫工作向纵深发展，营造浓郁的书香氛围，该馆在沙沟乡石乃亥村开展“脱贫攻坚——送图书下乡”活动，为当地农牧民送去图书、双语手册及宣传资料等百余册。（贵南县图书馆　周吉）

【海南州图书馆开展全民阅读系列活动】 5月18日，海南州图书馆在恰卜恰镇香巴拉广场开展全民阅读系列之“书香溢海南、阅读伴我行”图书馆服务宣传活动。活动以悬挂横幅、举办《中华人民共和国公共图书馆法》图文展、展阅优秀图书、发放宣传册以及扫码关注图书馆微信公众号赠送小礼品等形式开展，接待读者125人次。5月18—19日，结合“5·19中国旅游日”，与共和县图书馆联合在龙羊峡景区举办以“行万里路，读万卷书”为主题的“悦读在景区”全民阅读推广活动。此次活动共展出海南州地方文献及画册500余册，使游客近距离了解海南州的人文历史，为景区增添了一份浓浓的书香气息。6月10—12日，海南州教育局、州文体旅游广电局主办，州群艺馆、海南州图书馆、州博物馆共同承办海南州2019年“文化和自然遗产日”非物质文化遗产宣传展示活动。此次活动以“品读华夏文明，传承非遗之脉”为主题，分别在海南州职业技术学校、共和县民族中学、共和县第二民族寄宿制学校举办。海南州图书馆流动图书车开进校园，现场展出包含“非遗”内容的图书500余册，发放《中华人民共和国公共图书馆法》宣传册1000余册，工作人员解答读者各类问题，接待读者1000余人次。（海南州图书馆　尕藏才让）

【海东市暨青海高等职业技术学院图书馆概况】 海东市暨青海高等职业技术学院图书馆兼具高校图书馆与公共图书馆双重属性，于2016年7月建成竣工，坐落于青海省海东市乐都区文教路。2018年11月7日，海东市委、市政府领导为图书馆揭牌开馆（分挂青海高等职业技术学院图书馆、海东市图书馆两块牌子）。该馆总建筑面积约1.4万平方米，馆藏纸质文献70多万册、电子书6万册。图书馆基本机构设置5个，开放服务窗口9个。

2019年共接待读者24800人次，流通各类图书17411册次。订购报纸105种、期刊36种。接受团体及个人捐赠图书613册。图书馆微信公众平台访问量15360次，微图书馆点击量19583次。电子阅览室配置电脑150台，内设数字文献区、声频视频体验区。全年举办“读书故事”征文比赛、“一句话”征集、“把知识带回家”、庆祝新中国成立70周年暨建院5周年“祖国在我心中”读书分享会、“人生自有诗意”民谣诗歌分享会、“寻书解密”、“读书之星”评选等阅读推广活动；26人次参加“青海省2019年度县级以上图书馆（支中心）公共数字文化建设与服务培训班”、“一流教育、一流资源——新时代高校智慧图书馆创新发展研讨会”、图书馆智慧管理与服务创新研讨座谈会、“守初心·担使命·谋新篇——中国高职图书馆发展论坛”等专业培训和学术交流活动。（海东市暨青海高等职业技术学院图书馆　贾红硕）

宁夏回族自治区

【概况】 截至2019年底，宁夏回族自治区（以下简称“宁夏”）共有公共图书馆27个，总建筑面积14.94万平方米，阅览座席总数1.36万个，读者使用的计算机总数1662台，员工总数617人。年度公共图书馆财政拨款总额1.21亿元，其中文献购置费1415.80万元，免费开放补贴972.80万元。中文图书总藏量621.93万册，电子文献馆藏量514.63万册，地方文献总藏量10.63万册；数字资源总存储量1032.93TB，数字资源本地总存储量约342.70TB，其中自建数字资源存储量达32.84TB。全年馆内总流通470.38万人次，书刊文献外借355.29万册次；馆外总流通166.20万人次，书刊文献外借135.61万册次。全区图书馆服务网点共计953个。全年举办各类读者阅读推广活动837场，举办展览240场，讲座及培训330场。

培训、展览、讲座与阅读推广工作全面展开，品牌活动不断升级。宁夏各级公共图书馆以每年的世界读书日、图书馆服务宣传周等作为依托，开展丰富多彩的主题阅读推广活动，打造读者耳熟能详的图书馆品牌活动。2019年，宁夏回族自治区图书馆（以下简称“宁夏图书馆”）持续以品牌活动的形式面向读者推出形式多样、内容丰富的阅读推广活动，举办“纸载千华”“信仰的力量——中国共产党人的初心”等主题展览13场，为全区公共图书馆提供巡展53场；举办“塞上讲坛——词里人生”“朔方人文科学大讲堂——贺兰山的两边”等讲座13场；举办“书香宁夏·为爱朗读”声音课堂、“4·23”世界读书日系列读书活动等品牌阅读推广活动116场，2万余人次参加；同时以阅读活动推动文旅融合，利用“4·23”世界读书日，举办43家文创产品集中展示销售活动、主要景点悬挂宣传画、同城共读经典活动、全区方志精品联展等。银川市图书馆开展“银川读书日”系列活动12期，包括“图书交换与捐赠”12期、“你买书　我买单”活动10期、“书海有声　共读好书”读书沙龙6场、“壹度·读书会”5期、“书香银川·百姓讲堂”讲座42场；开展春节系列文化活动3场；开展“4·23”世界读书日主题系列活动，包括组织馆员集体诵读《4·23全民阅读活动倡议书》、“阅见美好”世界读书日经典诗文朗诵会、“北京—银川两地青年作家交流会”等13项读者活动；开展“书香银川·迎国庆”全民阅读宣传系列活动9场，包括“书香银川·阅读中国”数字资源体验、“庆国庆·优秀影片放映”等；举办各类展览10场，包括“冬至民俗文化展”“纪念五四运动100周年”“壮阔东方潮·奋进新时代——喜庆新中国诞辰70周年”图文展览等。吴忠市图书馆以“我们的节日”为主题，开展“我们的节日——元宵节大型灯谜竞猜”“迎新春、送春联”等阅读推广活动，开展“全民阅读　书香吴忠”暨4·23“世界读书日”启动仪式及系列活动，举办第十四届图书馆杯读者围棋赛暨经典诵读等，全年共举办活动145场，参与人数2万余人次。石嘴山市图书馆全年共举办“书香润泽清明　故事传承经典”主题阅读、“同城共读，万卷共知”亲子阅读推广、“爱在重阳　又见重阳”读者见面会等各类主题读书活动7场，共有1000余人次参加。中卫市图书馆利用“书香中卫大讲堂”开展各类公益讲座9场，参与读者1000人次；在世界读书日、庆祝中国共产党成立九十八周年、建军节、庆祝中华人民共和国成立七十周年等重要时间点举办“书香中卫·朗读有你”活动6场，参与读者4500人次。石嘴山市惠农区图书馆举办2019年“筑梦新时代　启航新征程”迎新春团拜会、“听赏群书·喜迎岁除”线下主题展览“我和我的祖国”庆祝新中国成立70周年书画、摄影作品征集及展览等。

总分馆制深入推进，社区网点、农家书屋、公共电子阅览室、阅读岛等服务网点建设提升质量，科学合理地提高服务效率。2019年，宁夏图书馆新建3个服务网点，分别是宁夏地质博物馆服务网点、机场分馆和银川市政务服务系统服务网点，同时加强服务网点的管理效率，撤并读者服务质量不高、借阅量低的部分网点，现有服务网点共计40个；全年共调配调换图书32次、30127册次，各网点合计流通60139人次、92525册次。银川市图书馆全年新建30个“城市阅读岛”，目前已累计建成61个；通过剔旧建新，共在银川市三区二县一市建有图书流通服务点125个，全年共配送书刊4万余册次。固原市原州区图书馆新建固原市敬老院、中河乡中河村清真寺、消防支队、饮河社区4个流动图书网点，送书1472册。海原县图书馆新建流动图书室3个，建设面积150平方米，配送书籍4896册次、阅览桌椅14套、书柜18个；建成西安镇、树台乡、红羊乡、李旺镇、七营镇、甘城乡、史店乡7个图书馆分馆，配送图书18186册次，配备工作电脑7台、电子书刊借阅机7台及书架、期刊架、阅览桌椅等设备；为全县特色农民文化大院建成流动图书室4个，配发图书4563册。

加强特殊群体服务，保障平等阅读权利。切实为未成年人（包括留守儿童）、老年人、残疾人及外来务工人员提供丰富多彩的阅读活动及特殊化的服务内容。如宁夏图书馆全年开展“童阅汇”青少年阅读推广计划、“绘未来——周末故事会”、“快乐假期”、“爱书小能手——小图书管理员”等品牌活动82场，针对不同年龄阶段的少儿群体全方位精准开展阅读推广活动；举办“夕阳品读会”“指尖课堂”等以老年人群体为主的品牌活动，全年共计24场。银川市图书馆全年开展少儿活动30场，包括“亲子趣多多”活动6场，“阳光宝贝　教育课堂”2场，第十四届“共享读书乐”活动7场，银图影院之“少儿寒暑假电影展映”活动11场，第十七届“暑期荣誉小馆员”暨第四届“暑期小馆员”业务技能比赛等；开展“共享阳光　爱心助残”活动7场，包括“盲人信息无障碍计算机、手机应用培训”、“共享阳光　爱心助盲”为盲人讲电影公益活动、“银川市首届盲人演讲比赛”等，开展导盲志愿者公益培训与西夏区残疾人联合会合作为盲人送上智能听书机；开展敬老活动3场，包括“尊老敬老·文化暖心”银川市图书馆重阳节文化志愿服务之阅读推广到敬老院活动等。盐池县图书馆举办“品书韵古城·赞伟大祖国”全县中小学校朗读比赛、4场“传承优秀文化·弘扬国学智慧”国学大讲堂活动、“关爱留守儿童——助力全民阅读”送图书进青山小学等。石嘴山市惠农区图书馆联合幼儿园师生共226人举办“书香润童心，我读书，我快乐”参观惠农区文化馆图书馆读书分享活动；联合惠农区残联举办“共享阅读　你我同行”残疾人读书分享活动。石嘴山市大武口区图书馆开展“建设美丽新宁夏　共圆伟大中国梦”迎新春亲子绘画活动，共收集少儿创意画作品近60幅；开展“情暖初冬·关爱老人”健康养生及防范电信诈骗知识讲座等。

数字化服务设施建设稳步提升。宁夏图书馆、银川市图书馆、石嘴山市图书馆均已建立图书馆大数据可视化发布机制，即采用可视化平台实时采集图书馆业务系统中的数据，包括资源存储总量、资源分布状况、文献流通情况、读者分布及结构、资源应用频率等大量数据，反映图书馆数字资源的应用效果，不断追踪读者行为偏好和个性化信息需求，全面提升图书馆服务效率。宁夏图书馆共有各类商购数据库16个，其中中文数据库14个、外文数据库2个，试用资源27个，数字资源存储总量108TB；全年网站信息上传更新105条，网站访问量13万多次，资源使用量60余万人次；移动图书馆读者访问量290多万次，资源点击量660多万次；图书馆微信账号累计用户1.49万人，发布推文99条，读者阅读8.52万次。石嘴山市大武口区图书馆移动APP全新上线，实现学术资源手机端的一站式检索，并随时随地浏览电子图书、期刊、报纸、名师讲坛等图书馆数字资源，移动图书馆图书下载和使用达24.58万次；同时启动数字化提升改造工程，将图书馆现有图书进行数字化转换，并配备RFID自助借还书机，实现图书的数字化管理和自助借还。

开展文化扶贫工作，助力脱贫攻坚。2019年，吴忠市图书馆每月组织全体干部职工赴同心县河西镇同富村开展扶贫一对一帮扶工作，全面了解帮扶对象家庭成员、收入来源、致贫原因及脱贫政策等基本情况，积极开展帮扶政策宣传工作；在预旺镇开展“流动图书车送书下乡”活动，选配涵盖农技知识、种植、畜牧养殖、科技等方面的文献现场进行发放，进一步提升村民致富技能，同时，通过流动图书车LED屏循环滚动播放国家、自治区、吴忠市扶贫政策，向帮扶村民发放扶贫宣传材料；向同富村捐赠生活用品，向刺鸦嘴子村图书室捐赠图书30余册，部分职工还向扶贫对象给予经济和米面油等实物帮助。

扎实开展“四送六进·文化惠民”活动。宁夏图书馆在同心县新华社区和中宁县太阳梁村开展“我们的中国梦——文化进万家”推广活动，指导社区居民和村民下载使用国家文化云资源，送去涉及种植、畜牧养殖、农技知识、文化教育、养生保健等各类期刊300余册，为学龄儿童赠送“开学大礼包”400余份。银川市图书馆在“2019年全国文化科技卫生‘三下乡’宁夏分会场集中示范活动启动仪式”上“送书送文化”，现场开展免押金办理读者证、图书交换、图书借阅、扫二维码送礼品、赠送期刊等活动；在西夏区兴泾镇回民一小举办的“喜迎新中国成立70周年　花儿朵朵庆六一”活动中赠送爱心图书200余册。中卫市图书馆精心挑选法律知识、人文历史、实用技能、养生保健等方面的图书、期刊，先后为部分乡镇、警营、家庭等送书8次，累计8501册。贺兰县图书馆积极参加第四届“文化惠民　美丽乡村”文化大集暨文化科技卫生“三下乡”活动，先后在洪广镇欣荣村和帮结对扶村、各乡镇文化大集上将准备好的春联、福字以及现场书写的春联免费发放给群众，共发放春联、福字900多幅，慰问贫困户29户；在各大集市开展“阅读推广扫码有奖”活动，通过“三下乡”活动推广数字阅读，先后有300多名读者参与扫码有奖活动。石嘴山市“振奋精神　兴市富民”2019年文化科技卫生“三下乡”暨“移风易俗　进组入户”集中志愿服务活动中，石嘴山市图书馆配合全市统一行动，在大武口区星海镇星海村捐赠各类图书200册。

持续提供专业的参考咨询、地方文献服务以及“两会”服务。2019年，宁夏图书馆全年在线咨询回复42138人次，上传附件42138件，读者好评率100%；接待专项咨询课题220项，提供参考文献662册/份；积极做好“两会”期间的信息服务，编辑印刷500份《资政参考》送至每位代表、委员手中，现场放置2台电子书报刊借阅一体机，供代表、委员们实时在线或下载阅读电子资源；发放并回收50份“读者意见调查表”，及时向代表、委员们了解服务效果反馈；每月高质量编辑、印刷两期《读讯》，向自治区党政领导推荐新书、好书，充分发挥图书馆的智库作用。

文化共享工程建设持续稳步推进。在服务网络及平台建设方面：一是按照《“十三五”时期贫困地区公共文化服务体系建设规划纲要》和基层综合文化服务中心建设的要求，在自治区文化和旅游厅的指导下，全国文化信息资源共享工程宁夏分中心（以下简称“宁夏分中心”）全年共完成11个乡镇综合文化站、6个村综合文化活动中心建设，并在基层站点开展公共数字文化智能服务和服务推广活动；二是打造“文化共享工程·中国文化网络电视试点”，以入站模式进入宁夏公共图书馆、福利院、清真寺、敬老院等场所，截至2019年底，为各基层服务点共配备中国文化网络电视互动播出终端500台；三是开展公共文化服务云平台建设，重点完成大数据采集、数字资源统一云目录建设、应用服务对接、多种方式宣传推广、公共文化服务云平台宁夏专区建设等工作内容，目前已达成云目录加载资源数量2TB，选取银川市阅海万家社区、吴忠市利通区利宁社区等地，分别设立6个支撑平台基层应用推广点，开展基层服务线上线下主题活动4场。地方特色资源建设方面：2019年建设完成“精准扶贫——塞上江南多媒体资源库（二期）”“宁夏全域旅游文化推广微视频”20部，目前宁夏分中心自建资源总量约30TB，所有建设完成资源经本地区专家和国家中心专家验收通过后在宁夏图书馆网站、宁夏数字文化网进行发布，读者通过网络可以收看资源。服务推广方面：举办第三届宁夏公共数字文化服务推广活动，在隆德县、海原县的乡镇、社区、学校开展金融知识讲座、种植养殖技术培训、儿童诗词朗诵等5场活动，现场参与群众500余人次。

宁夏图书馆公共数字文化建设工作业绩显著。2019年度全区图书馆公共数字文化工程专项资金共计142.07万元，完成石嘴山市惠农区图书馆、贺兰县图书馆、吴忠市利通区图书馆3

个基层图书馆网络互联互通建设；开展资源联合建设，完成图书馆地方文献数字化1.62万页，制作图书馆公开课24节；完成国家数字图书馆运行管理平台宁夏分站的系统部署；开展公共数字文化工程线上线下活动和展览6场；组织图书馆公开课直播2场；举办全区培训2场，组织网络书香在线培训6场，共培训400余人次。2019年，宁夏图书馆网络基础设施升级改造，现已建成万兆主干、桌面千兆的星形局域网络，通过50兆VPN虚拟网实现与全区24个地市县级公共图书馆的虚拟网连接，同时接入国家图书馆155兆专网，实现各级公共图书馆资源与服务的全面共建共享。

特藏文献与古籍保护工作有序开展。2019年，宁夏图书馆报批专项经费购买《中华再造善本》下半部，正式完成该书的全套入藏；宁夏古籍保护中心向国家古籍保护中心提交宁夏文物考古研究所的《吉祥遍至口和本续》及宁夏博物馆的《大方广佛华严经》馆长晒国宝宣讲视频；完成宁夏地区20家存藏单位的古籍数据审核及校对工作；开展宁夏图书馆馆藏民国期刊创刊号的整理及提要撰写工作；组织并开展“古籍保护　你我同行”古籍修复技艺进校园活动。

大力开展图书馆员专业培训，全面提升图书馆工作人员专业素养。2019年，宁夏图书馆全年派出职工参加各类业务培训80余人次；面向全区公共图书馆、分馆及服务网点举办宁夏公共数字文化工程建设培训班（2期）、第四届服务网点管理人员培训班等专项业务培训，培训学员600余人次。银川市图书馆全年组织开展培训10次，职工参加市内培训12次、市外培训6次。吴忠市图书馆全年参与外出培训5期10人次；邀请区内外专家举办讲座4场2期；举办“三区”图书馆专业技术人员、乡镇文化站长及农家书屋管理员专项培训2期，培训学员252人。（宁夏图书馆学会　吕晓佩）

【宁夏回族自治区图书馆举办迎新春2019年公共数字文化宣传活动暨2018年度优秀读者表彰会】 1月15日，宁夏图书馆在一楼报告厅举办迎新春2019年公共数字文化宣传活动暨2018年度优秀读者表彰会。会上，宁夏图书馆对评选出的200名2018年度优秀读者进行表彰，馆领导就2018年度该馆主要工作及读者所提意见和建议的落实情况做通报，并与读者进行互动交流，共同探讨有关数字图书馆资源建设、推广、服务、管理等方面以及当今社会数字阅读与传统阅读方式如何并存、共同发展，数字图书馆建设过程中如何充分利用两者的关系来为读者服务等问题。宁夏图书馆对读者进行问卷调查，了解读者在阅读时间、阅读兴趣方面的现状，征集读者代表提出的意见和建议。会后，邀请与会读者在馆区内参与VR数字体验、国家公共文化云APP及资源推广以及“迎新春趣味运动会”等活动。（宁夏图书馆学会）

【宁夏回族自治区图书馆开展“弘扬雷锋精神　提升社会服务质量”主题党日活动】 3月1日，为迎接“学雷锋纪念日”的到来，宁夏图书馆党支部与宁夏阅海老年服务中心党支部联合开展“弘扬雷锋精神　提升社会服务质量”主题党日活动。宁夏图书馆党支部书记魏瑾、副馆长郭丽娟，宁夏阅海老年服务中心党支部书记吴文玉，以及党员、团员代表和部分老年人参加此次活动。活动现场，宁夏图书馆向该服务中心捐赠期刊、杂志200册，以充实老年人的精神文化生活。（宁夏图书馆学会）

【全国文化信息资源共享工程宁夏分中心开展“文化共享·美好生活”系列作品征集活动】 2018年12月—2019年2月20日，宁夏分中心联合全区25个市县区图书馆（支中心）共同开展由文化和旅游部全国公共文化发展中心主办的“文化共享·美好生活”系列作品征集活动，征集社会大众的微视频作品57部、音频作品90个、少儿创意画作品217幅。其中，贺兰县图书馆和石嘴山市大武口区图书馆在少儿创意画作品征集中高度重视，积极组织，征集的作品内容丰富。按照公平、公正、公开的原则，经过初步审查和专家评审，宁夏分中心评选出微视频作品30部、音频作品60个、少儿创意画作品100幅，提交全国公共文化发展中心参加全国评选。4月13日，宁夏图书馆、宁夏分中心承办的“文化共享·美好生活”群众原创作品颁奖仪式在“书香宁夏·为爱朗读”声音课堂（第16期）活动现场举行。（宁夏图书馆学会）

【宁夏回族自治区图书馆2019年4·23世

界读书日系列活动启动】 4月20日，由宁夏回族自治区文化和旅游厅主办，宁夏图书馆、宁夏图书馆学会承办的“读经典·学新知·链接美好生活——宁夏回族自治区图书馆2019年4·23世界读书日系列活动”在宁夏图书馆启动。此次特别策划推出一系列活动：图书馆馆员共读《服务全民阅读 共创美好生活——中国图书馆界4·23全民阅读活动倡议书》；举办文津图书奖图片展、宁夏最美风景摄影作品展、“文化匠心集”文创作品展；举办“行走的图书”活动，借用“读万卷书，行万里路”的意境，宁夏图书馆党员及志愿者从图书馆出发，分10路带着1000册图书走进银川市的商圈、高校、景区、旅游酒店、邮局、医院、车站、文化场馆等公共场所，鼓励号召市民多读书、读好书，形成良好的阅读氛围；开展线上读书活动，读者可通过电子屏和展板，了解喜马拉雅、网易蜗牛读书等线上阅读APP；举办“阅读·旅游·文化——跟着图书去旅行分享沙龙”，9位来自各行各业的嘉宾分享自己关于阅读和旅行的故事；举办“文学照亮生活”公益大讲堂启动暨《文学宁夏》丛书读者见面会，中国作家协会创作部领导和国内知名作家走进大讲堂，通过现场讲座、对话研讨、经典诵读等形式，呈现《文学宁夏》创作成果，展现作家风采并与读者互动。（宁夏图书馆学会）

【宁夏回族自治区图书馆举办“歌扬中华·书香宁夏”快闪系列活动】 4月21日，由宁夏图书馆、宁夏广播电视台少儿频道主办的“童阅汇”青少年阅读推广计划第25期——“歌扬中华·书香宁夏”快闪系列活动在银川市金凤区建发大阅城举办。此次活动以快闪的形式呈现，分为“国学诵读 重温经典”“歌扬中华《我爱你中国》”“丢书活动 传阅快乐”“国旗飘扬”四个方面的内容，通过经典诵读和文艺表演相结合的形式，创造性地用音乐播撒书香的种子，与现场观众一起重温经典，激发全民读书热情，用文艺表达宁夏人民对祖国的赤子之情。2019年，宁夏图书馆的品牌阅读推广活动“童阅汇”青少年阅读推广计划以声音课堂、快闪、走进乡村、阅读大赛等多种形式开展活动10场，1万余人次参加。（宁夏图书馆学会）

【宁夏回族自治区图书馆举办“书香宁夏·为爱朗读”声音课堂（第17期）活动】 5月11日，“书香宁夏·为爱朗读”声音课堂（第17期）活动在宁夏图书馆举办，中央广播电视总台节目主持人杨柳、中央人民广播电台著名播音员雅坤为在场读者带来一期精彩的声音课堂。中华文化促进会主持人专业委员会副主任兼常务副秘书长马凌云，宁夏广播电视台交通广播副总监刘青梅，宁夏广播电视台播音指导、“金话筒”获得者姚军，宁夏大学新闻学院教授张静涛，宁夏广播电视台《宁夏新闻》主播张巨红和300余名读者参加此次活动。杨柳分享自己的主持人生涯与发展道路，并现场朗诵赵凌云所著诗歌《我的南方与北方》。雅坤诵读了秦岭风的作品《红土地上的爱情绝唱》，并以作品《致橡树》为例讲解朗诵的技巧，以朗诵体现文字的魅力。2019年，宁夏图书馆除了每月定期开展声音课堂活动外，还走进宁夏隆德县凤岭乡中心小学为孩子们搭建“快乐图书室”，为中宁县大战场镇唐圈村的留守儿童带去声音课堂的志愿服务等，全年共举办9期线下活动，参与人数5000余人次。（宁夏图书馆学会）

【宁夏回族自治区图书馆举办宁夏公共数字文化工程建设培训班（2019年第一期）】 6月24—28日，宁夏图书馆在银川市虹桥酒店举办宁夏公共数字文化建设培训班（2019年第一期）。来自全区各市、县（区）的公共图书馆馆长、业务骨干共95名学员参加培训。文化和旅游部全国公共文化发展中心规划研究处处长、公共数字文化工程融合创新发展联席会议统筹协调组组长王芬林讲授《公共数字文化工程融合创新发展实施方案》，来自国家图书馆中文采编部的衣芳、杨静、刘伟、孟丽娟4位老师分别讲授“中文普通图书机读目录格式及编目规则”“中文连续出版物编目实施细则”“中图分类法第五版（web版）的使用及主题标引要点”“中文连续出版物管理”。此次培训全面提高全区公共图书馆中文图书编目队伍的整体素质，使全区范围内的联合编目合作机制更加紧密高效。（宁夏图书馆学会）

【银川市图书馆举办“书香银川·银川书香”暨“银川读书日”全民阅读活动】 11月30

日，“书香银川·银川书香”暨“银川读书日”全民阅读活动在银川市图书馆举办。此次活动主要有以下几项内容：图书交换，为图书交换站更换新书100册，市民参与交换图书38册；“亲子趣多多”系列活动之“爱护小鸟·你我同行”亲子悦读会，以现场讲故事、猜谜语、做手工画的形式，为到场的近20名孩子和家长讲解鸟类基础知识；在新华书店鼓楼店举办“你买书·我买单”活动，推广个性化选书服务；于周二、周六下午在馆内3D影厅放映热门电影，丰富读者业余生活。（宁夏图书馆学会）

【平罗县图书馆陶乐分馆建成启用】 平罗县在开展图书馆总分馆试点建设中，坚持“先行先试，共建共享”原则，以打造全县图书馆分馆亮点为目标，经过近一年的努力，平罗县图书馆陶乐分馆于3月5日建成并对外免费开放。该馆位于陶乐镇文化广场东侧，总面积500多平方米，藏书近3000册，征订报纸11种、期刊26种，内设少儿阅览室、成人阅览室、电子阅览室和多功能室等。为确保陶乐分馆顺利建成，平罗县图书馆积极对接跟进，按照“统一标准、统一管理、统一服务、统一采购和通借通还”即“五统一”标准，购置借阅系统、图书和阅览桌椅并配备到位，对管理员进行适时培训，强化5项保障措施：一是将分馆与镇文化站整合，确保管理人员到位；二是选址定在面街文化广场旁，贴近群众，确保效益发挥到位；三是高标准建设，确保室内环境协调统一；四是分馆在完善电子阅览室的基础上，配备电子阅读机，放置移动图书馆宣传架，提高数字化信息化程度；五是建立“下派辅导员制度”，安排3名专业人员，每月及时对分馆进行监督指导培训。开馆当天，平罗县图书馆与分馆联合开展少儿经典诵读、“中国好家训好家风展览”、“全民阅读　书香平罗”移动图书馆推介等活动，为陶乐镇综合文化站、5个村、2个社区赠送图书、期刊共计390册。（宁夏图书馆学会）

【贺兰县图书馆荣获“市级文明单位”称号】 7月3日，贺兰县图书馆被银川市文明委评为“2018年—2023年继续保留市级文明单位”，全县共有6家单位获此称号。近年来，该馆积极响应国家“全民阅读”号召，充分发挥主观能动性，将新媒体、新技术与传统阅读方式有机结合，倾力打造品牌阅读活动，引领读者全方位、多层面、多角度参与阅读活动，为阅读推广增添新亮点。同时，充分利用微信、数字媒体等传播载体以及讲座、阅读推广等方式，传播普及中华优秀传统文化、社会主义核心价值观以及学习强国、不忘初心、牢记使命等文献和专题知识。（宁夏图书馆学会）

新疆维吾尔自治区

【概况】 截至2019年底，新疆维吾尔自治区各级公共图书馆入藏的汉文文献图书总量为1256.53万册，新疆少数民族文字文献图书总量为80.71万册，其中图书类维吾尔文52.5万册，哈萨克文20.52万册，蒙文4.7万册，其他文种0.65万册。图书馆从业人员共有951人，其中高级职称117人，中级职称367人，初级职称250人。全年举办各类读者活动3469场，受众197.9万人次；举办展览687场，受众87.93万人次；举办讲座436场，受众13.03万人次；举办培训532次，受众17.42万人次；线上活动315场，受众35.66万人次。

读者服务的广度和深度不断加大。结合每年度的全民阅读活动、世界读书日、图书馆服务宣传周等契机，全疆各级各类图书馆因地制宜，开展丰富多彩的主题活动，吸引更多的读者走进图书馆，利用图书馆将全民阅读活动向纵深推进。新疆图书馆通过打造“书香新疆·全民阅读”系列品牌活动，如“尚书品读”、“书香佳苑”亲子阅读、“民族团结一家亲”诗歌朗诵会、“书香乡村万里行”下基层、“昆仑讲坛”公益主题讲座、“知书达理”系列讲座、“创客机器人”课程、“丝路·遇”美商沙龙、古籍文化传承等，充分发挥图书馆的公益性职能，向市民宣传世界读书日的有关知识，宣扬多读书、读好书。在新疆图书馆的辐射带动和引领下，各地（州）图书馆全民阅读活动同样开展得如火如荼。如乌鲁木齐市图书馆开展每年一度的“天山读书月”系列文化活动，共同营造全民阅读氛围；伊犁州图书馆举办“浸润书香·畅游书海”读书沙龙——“书香飘万家”主题系列活动；塔城地区图书馆举办“我是塔城朗读者”朗诵比赛；阿勒泰地区图书馆联合实验幼儿园开展第五届阅读节“书香地幼·浸润童心”活动；博州图书馆开展“争做读书达人·书香溢满锦园——最美阅读推广人”活动；库尔勒市图书馆携手梨香小学开展“书香润泽人生　阅读伴我成长”主题活动；伽师县图书馆开展“书籍是精神食粮，阅读是摄取营养”阅读推广活动；叶城县图书馆举办“4·23世界读书日”送书下基层助力扶贫活动；巴里坤县图书馆开展“书香进万家”流动图书服务车服务全民阅读主题活动等，形成规模效应，在全社会形成“爱读书、读好书、善读书”的良好氛围和文明风尚，受到各族民众的好评。

开展文化下基层活动，发挥图书馆的整体效益，惠及更多群众。2019年，各级图书馆通过送书下乡、进社区、进学校、进军营等活动，把图书馆的服务送到广大读者的身边，增强人们的读书意识和图书馆意识，营造良好的大众阅读氛围。如新疆图书馆联合山西省图书馆分别在伊犁州、乌鲁木齐市和新疆生产建设兵团第六师五家渠市开展“晋疆文旅交流一家亲——2019年‘春雨工程’山西省文化和旅游志愿者新疆行系列活动”；博州图书馆开展文化下乡系列宣传活动；哈密市图书馆举办“豫哈情深　书香校园”巴里坤萨尔乔克乡自流井村小学图书捐赠活动；塔城市图书馆举办“我爱我的祖国——文化图书、图片展”下乡活动；克拉玛依市图书馆举办“文化进万家　图书送基层”系列活动；喀什市图书馆开展“不忘初心　牢记使命”庆“七一”朗诵比赛；和静县东归图书馆举办“40年改革创新颜·双读鉴证新气象”农牧民大讲堂双读大赛；焉耆县图书馆开展“送图书下乡——送东风工程、农家书屋图书”活动等。这些活动极大地丰富了各族人民的精神文化生活，让百姓时刻享受到图书馆带去的文化服务。

为进一步使馆藏文献资源利用最大化，各级公共图书馆在基层设立分馆或图书流动站作为读者服务的延伸。如新疆图书馆在武警兵团总队某部队、北方箭达红酒会所分别建立军营流动图书站及分馆；乌鲁木齐市图书馆首次引入民营企业合作新模式，与乌鲁木齐市百信文苑文化传播有限公司合作建立百信书坊分馆，产生良好的社会效益；巴州图书馆与州中级人民法院双方签订协议共同建立馆外图书服务点；阿克苏地区图书馆在强制隔离戒毒所、阿依库勒镇文化站图书室、沙雅县朝阳社区等5处建立基层流动服务点；哈密市图书馆建立首个可以通借通还的分馆——翰林路分馆；和静县东归图书馆成立河北幼儿园馆外流动点；轮台县图书馆赴武警某部队建立流通点等。

关注未成年人，关注弱势群体，图书馆充分发挥其教育引导功能，保障公民的阅读权利。如昌吉州图书馆开展助残日“爱心赠书”活动，丰富残疾儿童的精神文化生活；博州图书馆在重阳节开展“传递爱心·老年读者‘爱心杯’”活动；喀什地区图书馆赴市城乡社会福利供养中心开展“感恩党，感恩祖国，弘扬爱国情”演讲比赛；尉犁县图书馆开展“我和祖国共成长·童绘尉犁新变化”亲子涂鸦活动；伊吾县图书馆开展“书香浸润童年　阅读点亮人生”幼儿读书活动等。图书馆通过开展这些活动让弱势群体充分感受到社会的关怀与温暖，营造扶弱助残的良好社会风尚。（新疆图书馆学会　赵燕）

【新疆图书馆概况】 新疆图书馆自2014年闭馆改扩建以来，经过5年的沉淀与蜕变，于2019年9月20日以崭新的面貌正式向各族群众开放。为保证新馆如期开馆，从2018年12月起，由馆领导牵头，专门成立开馆筹备工作领导小组，下设新馆功能布局、整体回迁、文献基础保障、信息化建设、宣传推广、人力资源建设等6个工作小组，压实责任，力促各项任务保质保量按时完成。历时10个月，全体馆员共完成5万余箱、240万余册文献回迁与上架整理工作，经多方论证完成图书馆机房回迁和设备的安装调试工作。新馆的建成与开放是全区文化事业发展史上一件标志性重大成果，是广大人民群众所期盼的一件实事好事。在成为新疆重要知识信息枢纽、精神文明建设阵地的同时，新馆还成为集新疆地区文献信息资源中心、学术交流中心、读者服务中心、馆际协作协调中心、全国文化信息资源共享工程新疆省级分中心、全国古籍保护新疆分中心六大中心为一体的新型智慧化图书馆。

截至2019年底，新疆图书馆全年累计接待读者30万人次，办理读者证2.6万余个，借还图书30万册次；新上架图书10744种32501册；新增图书流通站4个。新馆开放后，依托“书香新疆·全民阅读”系列品牌举办各类名家讲座、绘本阅读、好书分享、传统花艺、少儿科普、竞赛、朗诵会等主题阅读推广活动80余场次，参与读者达10万余人次，充分发挥图书馆以文化人、以德润心、以文惠民的优势。其中：举办“幻彩童年——中国百年童书展”“丝路华彩·册府流韵——特藏文献展”等文化主题展览5场，通过实物陈列、数字化体验、装置互动等方式，充分展示中华优秀文化传承和发展记忆；举办“书香佳苑·尚书品读”阅读沙龙活动5场，特别邀请新疆本土知名作家共同分享文学感悟；举办“丝路·遇”系列品牌公益讲座11场，从礼仪、形体、美商、花艺等方面提升女性的整体形象塑造；举办“知书达理——家庭教育系列讲座”8场，通过国学与美德教育等内容的分享讲解，提升家庭教育水平；借助文化旅游资源优势，打造“新图阅疆来”主题演出，以庆祝中华人民共和国成立70周年和新疆图书馆新馆开馆；举办“书香佳苑”新书品鉴活动3场，由馆员推荐、分享文津图书奖获奖图书和青少年优秀科普读物，营造爱读书、善读书、读好书的书香氛围；同期举办国学讲堂、绘本故事会、人偶剧演出等形式多样的少儿活动，用艺术化的方式传播正能量，引领新风尚，深受读者的喜爱。

建立以数字资源和纸本资源并重的文献保障体系，确保馆藏资源的连续性和完整性。全年共完成9861种30222册、120万实洋图书采购；订购报纸469种，期刊2386种；完成90万元数字资源采购，包括CNKI数据库、中华优秀传统文化专题库、博看畅销期刊数据库、就业创业数据库、清博舆情监测系统等；对接蔚蓝基金图书捐赠事宜，完成配书1318种3585册，共计码洋88.54万元，为新馆顺利运营做好文献资源保障。

切实履行省级图书馆学术交流及业务培训辅导职能，积极参加中国图书馆学会学术年会、“西北五省（区）图书馆峰会”及征文活动等，并做学术交流发言，不断提升干部队伍学术研究交流能力和水平；特邀国家图书馆、上海图书馆、四川省图书馆的专家团队，对全体馆员以及全疆各地（州、市）公共图书馆业务骨干开展服务理念、业务素质和行业规范培训，整体提升馆员知识结构、业务能力和服务意识，共计培训3期学员500余人次。同时，针对法人治理结构改革、文旅融合发展、服务礼仪等多个主题开展全员培训，以达到“内强素质，外树形象”的培训目的，着力打造一支一专多能的复合型人才队伍，为新馆开馆做好人才保障，推动全疆图书馆事业专业化、标准化、现代化发展。

圆满完成2019年“两会”信息咨询服务工作，这已是新疆图书馆积极服务“两会”的第11年。依托馆藏资源，聚焦时事热点和焦点，形成“聚焦总目标”“意识形态领域安全”“文化旅游融合发展”等九大专题的“两会”资料汇编，为代表、委员提案议案提供参考。同时整合文献资源，特别策划制作集电子图书、报刊、公开课、“两会”专题汇编为一体的使用手册，实现资源一站式获取；开展科学决策专项服务，制作《构建新疆现代文化体系》《各省公共文化服务和公共图书馆条例汇编》专题汇编，赢得代表委员的赞誉。此外，继续发挥省级馆的帮扶、引导职能，依托2016年成立的全疆公共图书馆参考咨询联盟，指导基层图书馆开展每年一度的“两会”信息咨询服务和立法决策服务，提升基层公共图书馆服务本地政府政务的能力。

公共数字文化建设迈上新台阶。新疆图书馆依托文化信息资源共享工程和数字图书馆推广工程，加快推进数字图书馆建设，加大数字资源和平台建设力度，完成2018—2019年度资源建设任务，梳理2013—2018年数字资源联合建设项目，推进并完成公共文化数字支撑平台和互联互通项目建设，完成2020年度中央公共数字文化专项资金申报工作，推进国家公共文化数字支撑平台与数字图书馆推广工程平台之间的互联互通，提升全疆公共文化服务的数字化、网络化、智能化水平。

充分利用馆藏文献资源，推进新疆中华文化体系建设项目。根据自治区文化和旅游厅《新疆中华文化体系建设实施方案》的要求，经过多次修改与完善，完成“新疆史籍文化体系建设项目”“新疆爱国历史名人文化体系建设项目”建设方案的编撰及项目申报前期工作，完成《中华再造善本》续编的验收工作，以切实加强新时代新疆文化工作，充分发挥新疆中华文化体系在培根铸魂、凝聚人心、促进和谐中的重要作用。

开展实地调研，推动地方法规的制定实施。3月，新疆图书馆与南开大学专家研讨成立《新疆维吾尔自治区公共图书馆条例》起草小组并开展相关工作。7—8月，分赴南疆、北疆开展立法调研并完成调研报告。期间多次召开专家论证会，同时广泛征求自治区23家现代公共文化服务体系建设领导小组成员单位和全疆14个地州文化主管部门意见，结合全疆图书馆发展实际，参考《公共图书馆建设标准》《公共图书馆服务规范》《广州市公共图书馆条例》《贵州省公共图书馆条例（草案）》，于11月形成《新疆维吾尔自治区公共图书馆条例（送审稿）》，先后报自治区文化和旅游厅、自治区人大、自治区人民政府审议，为全疆图书馆事业发展营造良好政策环境。（新疆图书馆学会　赵燕）

【新疆图书馆举办2019年“书香新疆·全民阅读”活动启动仪式】 4月21日，由新疆图书馆、昌吉州文化体育广播电视和旅游局主办的2019年“书香新疆·书香昌吉”全民阅读活动启动仪式暨“读经典　学新知　链接美好生活”诗文朗诵会在昌吉州图书馆举办，正式拉开新疆地区“书香新疆·全民阅读”活动序幕。新疆图书馆馆长历力等带领图书馆界同人共同诵读《服务全民阅读　共创美好生活——中国图书馆界4·23全民阅读活动倡议书》。诗文朗诵会以“读经典　学新知　链接美好生活”为主题，由弘扬社会主义核心价值观、弘扬中华优秀传统文化、抒情散文与诗词、歌颂祖国歌颂家乡4个部分组成，让各族读者观众从经典作品中汲取营养、开阔视野，让共读促进知识分享，启发思想创新，突出经典化人、新知育人的融合发展作用。（新疆图书馆学会　赵燕）

【新疆图书馆举办“文化援疆工作——新疆图书馆业务骨干培训班”】 2019年，随着新疆图书馆新馆开馆在即，高科技的管理手段，现代化、智能化的服务设施设备要求馆员的服务理念、业务素质和服务技能必须全面提档升级。基于此，4月26—29日、5月13—17日、7月30日—8月1日，新疆图书馆分别联合国家图书馆、上海图书馆、四川省图书馆举办3期共计12天的“文化援疆工作——新疆图书馆业务骨干培训班”。3家图书馆根据新疆地区业务实际各自派遣专家赴疆进行全方位的精准业务培训。培训课程内容丰富，设置合理，紧紧贴近图书馆业务发展需要，从基础业务到深层研究，涵盖图书馆工作的各个领域，为新疆地区图书馆更好地向社会公众提供优质服务，提升馆员队伍的业务素质和整体服务水平奠定坚实基础，用行动践行兄弟馆文化援疆的力度。新疆图书馆全体馆员、各地（州）图书馆业务骨干共计330余人次参加培训。（新疆图书馆学会　赵燕）

【新疆图书馆文创产品首秀第十二届中国艺术节演艺及文创产品博览会】 5月19—22日，第十二届中国艺术节演艺及文创产品博览会在上海展览中心举办，文创产品首次被纳入中国艺术节的大框架。自治区文化和旅游厅组织新疆艺术研究所（非遗保护研究中心）、新疆博物馆和新疆图书馆等10家单位，以“新疆是个好地方”为主题，以“舞动新疆”“创意新疆”“大美新疆”3个板块为主要内容，展示6台优秀舞台艺术精品剧目、500余件（套）文化创意产品和旅游产品、10余条旅游线路。新疆图书馆作为文化和旅游部确定的37家副省级以上文创试点单位之一，积极探索并开展文化创意产品开发工作，结合新馆CIS品牌识别系统设计方案，采取自主和联合研发等模式，充分利用新疆图书馆品牌元素和馆藏资源开展纪念品、办公文具、生活用品等文创产品的设计研发，通过IP授权与知名设计机构合作研发出更多文创精品和设计新品。此次新疆图书馆“首秀”文创产品博览会的80余件文创产品，深受大众喜爱。通过参展，图书馆将馆藏资源与文化、科技以及旅游深入结合，对于进一步拉近图书馆与读者之间的距离，促进图书馆良性运作，推动全社会的书香氛围有着重要意义。（新疆图书馆学会　赵燕）

【2019年“春雨工程”山西省文化和旅游志愿者走进新疆】 5月29日，“晋疆文旅交流一家亲——2019年‘春雨工程’山西省文化和旅游志愿者新疆行系列活动”启动仪式在新疆伊犁州图书馆举行。此次活动至6月3日结束，来自山西省的文化和旅游志愿者将丰富多彩的文化志愿服务推送至伊犁州、乌鲁木齐市和新疆生产建设兵团第六师五家渠市，主要包括新疆基层文化工作者能力素质提升班、“晋在新疆　晋来疆往——山西新疆民俗古建摄影文旅交流展”、“晋来疆往——阅读推广朗诵音乐会”三部分，搭建起山西与新疆文化帮扶和交流平台。（新疆图书馆学会　赵燕）

【新疆图书馆新馆正式开馆】 9月20日，新疆图书馆新馆开馆仪式在一楼报告厅举行，自治区党委、人大、政府、政协相关领导，国家图书馆领导，自治区各委办厅局代表以及全国各省（自治区、直辖市）公共图书馆馆长270余人参加此次活动。仪式现场播放《丝路典藏，城市之魂》新馆宣传片，介绍新馆的历史变迁、功能布局和服务内容，集中展示新疆图书馆新馆新形象和新理念。新馆总建筑面积为5.64万平方米，藏书量增加至500万册，阅览座位增加至4500个。数字阅读、人工智能等技术创新无不体现在图书馆的每个角落，致力于为读者打造更具书香气息、更具吸引力的公共文化新空间，提供全新的阅读体验和科技感受。新馆不仅是新疆重要的知识信息枢纽、精神文明建设阵地，还是现代化新型智慧化图书馆。当晚，新馆同时举办“庆祝中华人民共和国成立70周年·新疆图书馆新馆开馆——新图阅疆来”文艺演出。

为配合新馆开馆，分别在9月19日推出“幻彩童年——中国百年童书展”和“丝路华彩　册府流韵——新疆图书馆特藏文献展”。百年童书展分为童书展览区、绘本区、打卡区、立体书体验区、舞台区、互动区等6个区域，增加互动、体验环节；展览内容横跨百年，将我国百年童书史按照时间脉络分为5个单元，涵盖图书、期刊、报纸、音像等各种童书载体和童话、小说、诗歌、散文等多种体裁。特藏文献展由“仁心护国宝　妙手铸书魂——古籍修复技艺展”“汲古润今　致敬典籍——特藏文献展”“翰墨流芳　丹青溢韵——馆藏书画展”3个部分组成，展览期间共接待集体参观单位20余家，读者参观5000余人次。公众通过展览可以充分了解古籍知识、感受古籍保护的重要意义；同时，展出的特藏文献内容涉及新疆历史沿革、地域特色、风土人情，以史为证“新疆自古就是伟大祖国不可分割的一部分”，从而增强新疆各族人民对中华文化的认同感，增强新疆各族人民共同建设新疆、稳定新疆的信心和决心。（新疆图书馆学会　赵燕）

【新疆图书馆开展“浸润书香　图书馆志愿者”招募活动】 为充分发挥图书馆公共文化服务职能，新疆图书馆自9月20日新馆开馆以来，利用微信公众号、朋友圈等面向全市招募志愿者，很快得到社会各界响应，参与者120余人，包含公务员、企事业单位工作者、在校大学生、个体劳动者、医务工作者等各个行业。本着为志愿者搭建一个学习和锻炼的平台，增进图书馆与读者之间交流与合作的目的，图书馆对新招募志愿者进行了图书整理上架、读者证办理等知识的现场实操培训，让志愿者很快熟悉和适应图书馆日常工作，并扎实开展富有成效的志愿服务活动。新疆图书馆将长期面向社会公众招募志愿者，并对志愿者能够参与的服务内容进行合理规划，让其根据自身条件和兴趣爱好进行选择，既充分利用志愿者本身资源，又使志愿者在以满腔热情无私奉献的同时，收获知识和能力，这也是志愿者崇高价值观的表现。（新疆图书馆学会　赵燕）

【新疆图书馆启动“小小志愿者”志愿服务活动】 10月1日，新疆图书馆与新疆晨报教育科技有限公司启动“小小志愿者”志愿服务活动。截至10月20日，累计举办活动20场次，来自新疆生产建设兵团第二中学等中小学校的350名学生参与新疆图书馆举办的少儿活动及少儿阅览室服务工作。该馆少儿部工作人员对参与活动的小志愿者进行岗前培训，让其初步了解图书分类方法，认识索书号，掌握图书排架方法，明确图书管理员相关职责，多角度地了解新疆图书馆的智能化服务。小志愿者在“图书管理员”“文明倡导员”“服务小能手”等岗位协助工作人员进行图书借还，引导和帮助读者正确使用图书馆自助借还机、数字阅读机、自助查询机等各种数字设备，督促小读者遵守秩序，文明阅读。该活动的举办，为学生们提供了良好的志愿服务平台和图书馆工作体验。（新疆图书馆学会　赵燕）

【新疆图书馆举办国庆系列活动】 国庆节期间，新疆图书馆开展一系列活动，与读者共庆中华人民共和国成立70周年。在“我和我的祖国”快闪活动中，激情四射的街舞、热情洋溢的踢踏舞、嘹亮的歌声点燃了大家的热情，读者们自发参与其中，挥动着手中的国旗，同声歌唱《我和我的祖国》；举办“寄情山水，读书养性”阅读交流活动，由各行业领域专家形成的特邀嘉宾团队围绕心理健康等主题内容，通过荐书、读书、议书，探索相关的心理健康与自我调适方法，指导社会各界读者体验阅读的快乐，现场还特设书写感悟、签字留念互动环节；举办“我和我的祖国”朗诵活动，此次活动作为新疆图书馆“书香新疆”全民阅读系列活动之一，由“书香家庭”活动一等奖获得者的朗诵艺术爱好者、新疆朗诵协会会员、兵团朗诵协会会员、美韵天山朗诵艺术团、馨语读书社创办人、乌鲁木齐市第十四小学学生等多名代表分别朗诵《祖国是一首唱不完的恋歌》《祖国颂》《我爱这土地》《我希望》《不朽》等经典作品，并与现场观众合唱《我和我的祖国》，表达中华儿女对祖国母亲的赞美与热爱，活动中还介绍了朗读亭使用方法并邀请读者现场体验；《阿里巴巴寻宝之旅》大型儿童人偶剧上演，全剧呼唤真、善、美的主题让孩子们在观剧中思想得到升华，引导他们从小树立积极正确的人生观和价值观，此次活动通过新疆图书馆微信平台发布，以读者在公众号微服务大厅线上报名和现场发放入场券结合的方式，邀请广大读者免费观看。（新疆图书馆学会　赵燕）

【乌鲁木齐市图书馆概况】 2019年，乌鲁木齐市图书馆从业人员共27人，其中副高级职称6人，中级职称14人，初级职称6人，工勤岗1人。馆藏汉文文献图书总量为46.06万册；少数民族文字文献图书总量为2.39万册，其中维吾尔文图书19633册、哈萨克文图书4241册。全年举办各类读者活动50场，受众近4000人次；举办展览1场，受众200人次；举办讲座2场，受众200余人次；举办培训9次，受众1000余人次。先后参与维普资讯知识竞赛、“万卷共知”阅读竞答、“知网杯”青少年中华优秀传统文化经典诵读比赛等7场线上阅读推广活动，共有30余名读者代表乌鲁木齐市图书馆参加活动。（乌鲁木齐市图书馆　马婷婷）

【2019乌鲁木齐市“天山读书月”系列活动启动】 4月23日，由乌鲁木齐市文化和旅游局（文物局）、市教育局共同主办，乌鲁木齐市图书馆、新疆书香天山文化科技有限公司共同承办的2019乌鲁木齐市“天山读书月”系列活动启动仪式在乌鲁木齐市图书馆举行。市文化和旅游局副调研员米也沙尔·阿不来提致辞，市教育局副局长张德宏向市民群众发出“全民阅读”的倡议。活动现场，为乌鲁木齐市2018年“十佳阅读之星”颁发荣誉证书及“微书房”阅读卡。阅读卡内包含10万余册电子书、3万余集有声图书、2000余位签约作家作品，该卡与手机APP搭配，可享在线阅读。启动仪式后，市文化和旅游局发布“29天‘阅读’挑战！读书打卡赢机票”活动。（乌鲁木齐市图书馆　宋福燕）

【阿克苏地区图书馆点亮“文化夜场”】 自5月1日起，阿克苏地区图书馆创新服务举措，启动错时延时夜场服务，于每周六晚先后推出幸运大转盘、你来看书我有奖励、图书管理员亲子技能竞赛、七一向党献礼、绘画比赛、诗词散文朗诵会、搜书大赛等17场不同主题的阅读推广活动，实现周周主题各异、形式新颖，满足群众精神文化需求，特别是广大人民群众晚间知识学习和休闲阅读的诉求。该活动被人民网、天山网多次报道，得到广大读者广泛关注及赞誉。（阿克苏地区图书馆　林秀敏）

【阿克苏地区图书馆举办庆祝中华人民共和国成立70周年“中华古诗词擂台赛”】 8月30日，“中华古诗词擂台赛”决赛在阿克苏地区塔里木歌舞团举行。此次活动由阿克苏地区文化体育广播电视和旅游局主办，阿克苏地区文化艺术中心、阿克苏地区图书馆承办，阿克苏地区塔里木歌舞团协办，被列入阿克苏地区社科联重大活动课题并获得经费资助。活动以“赏中华诗词、寻文化基因、品生活之美”为主题，力求通过对诗词知识的比拼及赏析，激发全民学习中华传统文化的热情，并重温那些曾经学过的古诗词，分享诗词之美，感受诗词之趣。经过各县（市）初赛，海选出6支代表队共18名选手进入擂台赛决赛，最终竞逐出集体一、二、三等奖及个人奖状元、榜眼、探花等多个奖项。（阿克苏地区图书馆　林秀敏）

【和田地区图书馆党建主题馆发挥文化高地作用】 5月20日，和田地区图书馆党建主题馆正式对外开放，总面积约120平方米，内容包括永远跟党走、廉政文化、党支部荣誉、习近平总书记著作专架、党员干部学习专架等5个部分，全面体现“学党史、报党恩、跟党走”核心理念，同时特别重点推出习近平总书记的《习近平谈治国理政》《摆脱贫困》《干在实处　走在前列——推进浙江新发展的思考与实践》《之江新语》《习近平在正定》等著作130册，为和田地区坚决打赢脱贫攻坚战提供强有力的思想和文化支撑。主题馆的建成，吸引来自地直单位及县市各单位党支部前来参观学习，年度开展党支部活动1421场次。先后与和田地区地委直属机关工作委员会、和田地区文化和旅游局、和田日报社联合举办“书香机关·党建读书日”主题实践观摩活动，进一步加强和田地区党组织建设，构建“学习型社会”，倡导全民阅读，共建书香和田。（和田地区图书馆　储鑫）

【首都图书馆文化志愿服务团队来和田开展“书香智远　扶志同行——首图·和田文化援建交往交流”活动】 11月5—12日，首都图书馆文化志愿服务团队一行32人分别赴和田地区图书馆、和田市图书馆、和田县图书馆、墨玉县图书馆、洛浦县图书馆等地，开展为期8天的“书香智远　扶志同行——首图·和田文化援建交往交流”活动。此次活动启动仪式在和田地区图书馆举行，首都图书馆副馆长李念祖，和田地区文旅局党组成员、副局长张化杰分别致辞，北京市援疆和田指挥部智力支援部部长、和田地委副秘书长贺捷等领导与和田师范专科学校师生参加活动。首都图书馆向和田地区图书馆捐赠文史、科技、少儿等多种类图书、期刊79473册；北京市石景山区图书馆“图书漂流”项目捐赠图书100册；密云区图书馆赠送《长城文化》《诵读密云》等专题图书100册；平谷区图书馆捐赠智能阅读机器人、麦克风20台；北京市西城区心飞扬青少年志愿服务中心、北京市第十三中学捐赠多功能智能音箱20台。此次活动内容丰富，馆员培训、主题讲座、志愿服务角、手语培训、绘本故事、诵读活动、主题摄影展、图书编目加工、图书排架整理等多项文化援建志愿活动依次进行。同时，首都图书馆还结合和田地区图书馆需求，选派业务骨干为当地图书馆员做题为“心阅书香·品阅书香”“利用品牌活动　开展阅读推广”“地方文献参考咨询工作”“首都图书馆读者活动案例分享”“公共图书馆文化志愿服务”的5个专题培训。（和田地区图书馆　储鑫）

【塔城地区图书馆举办庆祝新中国成立七十年系列活动】 为庆祝新中国成立七十年，塔城地区图书馆围绕“我和我的祖国”这一主题，举办“祖国好、家乡美”书画比赛、“我是塔城朗读者”朗诵比赛、“祖国妈妈——我想对您说”征文比赛等一系列活动。7月1日，该馆联合塔城地区广播电视台、塔城市青少年校外活动中心举办此次系列活动之“祖国妈妈——我想对您说”征文比赛，来自塔城市各小学的学生通过60分钟的现场写作，讲述在祖国妈妈无私大爱的沐浴下，家乡的变化、国家地位的提高、国民的自信、自己快乐成长的历程，抒发对伟大祖国的真挚感情。（塔城地区图书馆　于晓敏）

【巴州图书馆持续开展“全民阅读·书香巴州”系列活动】 4月22日，由巴州党委宣传部、州文化体育广播电视和旅游局主办，巴州图书馆承办的2019年“全民阅读·书香巴州”系列活动启动仪式在巴州图书馆召开。近年来，巴州图书馆结合每年“4·23世界读书日”，以经典诵读、亲子阅读、科普讲座、读者交流会、书友会、寒暑假少儿系列活动、志愿者服务、“我们的节日·文化进万家”送楹联送祝福等系列活动赢得广大读者的好评与喜爱，每年组织活动90余场。同时，通过图书阅读“七进”活动，到边远的巴音布鲁克景区、且末县、和静县等地，开展进机关、进社区、进学校、进军营、进景区等服务，已建立馆外服务点26个。巴州图书馆通过形式多样、内容丰富的阅读推广活动，使各族人民群众享受到国家文化惠民政策，提高文化素质，丰富基层群众的精神文化生活，建设和谐、平安、美丽的家园，为实现社会稳定和长治久安做出应有的贡献。（巴州图书馆　热孜亚）

【“长江讲坛”走进博州】 10月10日，由湖北省图书馆主办、博州图书馆承办的“长江讲坛”在博州市委党校开讲，博州党委常委、宣传部部长陈冬红，博州文体广旅局局长田涛，湖北省图书馆馆长刘伟成及来自博州宣传文化系统的300余名干部职工现场聆听讲座。此次讲座特邀云南大学历史系教授、博士生导师苏升乾主讲“从社会主义500年的视角看中国共产党的初心与使命”。讲座后，博州图书馆向现场听众免费赠送由苏升乾教授亲笔签名的《听苏爷爷讲清明上河图》32册。此次讲座适逢博州上下扎实推进第二批“不忘初心、牢记使命”主题教育之际，讲座内容使在场干部职工深入了解中国特色社会主义形成发展脉络，充分认识其历史必然性，时刻不忘初心、牢记使命，为建设美丽博州、实现中国梦做出应有的贡献。（博州图书馆　种毓霞）

【库尔勒市图书馆深入开展“双语故事妈妈”公益项目】 2015年，库尔勒市图书馆启动“双语故事妈妈”公益项目，该项目于2016年被评为国家级优秀阅读推广项目。截至2019年底，该项目通过走进社区、乡村、孤儿院、学校举办活动百余场，使近万人受益。“故事妈妈”已成为库尔勒市图书馆的代名词，越来越多的团体、家庭加入其行列。“双语故事妈妈”公益项目讲述了一个个平凡的感人故事，营造关爱孩子、关爱社会的浓厚氛围，诠释了该馆为读者服务的丰富内涵，推动亲子阅读走进更多家庭。（库尔勒市图书馆　任春梅）

【哈密市图书馆开展“豫哈融情石榴籽·书香添彩新时代”贫困村学校捐赠图书活动】 4月24日，活动在哈密市图书馆二楼展厅开展。河南省援疆工作前方指挥部党委书记、总指挥、市委副书记李湘豫，哈密市文体广旅局局长赵海燕，副局长王向杰、秦学兵和市图书馆党支部书记赵丽出席捐赠仪式。此次河南省援疆前方指挥部划拨28.1万元专项帮扶资金，为15所贫困村中小学捐赠8000册图书及书架、阅览桌椅等设备。活动的开展丰富了哈密基层贫困村学校的图书，推动贫困村学校图书室建设，帮助农村学生提高了思想道德素质和科学文化素质，营造了良好的读书环境，促进贫困地区学生综合素质的全面提升。（哈密市图书馆　沈小慧）

【克拉玛依市图书馆举办第一届“图书馆杯”中华古诗词大赛】 为弘扬中华优秀传统文化，鼓励学生学习中国文学经典，12月7日，由克拉玛依市文体旅游局、市教育局共同主办，克拉玛依市图书馆承办的第一届“图书馆杯”中华古诗词大赛全市总决赛在克拉玛依广播电视台1号演播厅举行。市文体旅游局副局长杨蕾、市委宣传部文化科科长胡静、市教育局思想政治办公室负责人王进等相关领导、嘉宾出席总决赛。克拉玛依市教研所语文教研员邱逸文、学前教育教研员谭磊担任仲裁评委。此次大赛自2018年10月25日在市第一中学正式启动，历经一年，陆续在克拉玛依区、白碱滩区、独山子区和乌尔禾区的14所中学开展，共7886名初中学生参加海选。经过校级复赛、决赛的层层选拔，最终角逐出个人总冠军1名，团体一等奖1名、二等奖2名、三等奖3名。（克拉玛依市图书馆　王梦莹）

【阜康市图书馆创新基层服务模式】 11月，阜康市图书馆首次尝试将图书流动服务点建立在偏远农村读者九运街镇黄土梁村马庆花家。图书馆为该服务点配备书架及阅览桌凳，并不定期对图书进行更换，满足了村民就近阅读的需求，让一个家庭带动周边的一群人爱上阅读。12月，首次尝试与社会力量合作，在民营书店——“我常去”书店开设分馆，为其调配图书780册，定制条码5000个。书店还通过自筹的方式不断充实馆藏，目前馆藏已达1000册。12月21日，该分馆正式运行，缓解了老城区读者借还图书难的问题，把公共文化服务体系建设真正落到实处，做到文化惠民。（阜康市图书馆　李飒）

【木垒县图书馆开展“享受阅读，一个都不能落下”盲人数字阅读推广活动】 4月19日，为促进传统视障文化服务模式向数字化服务转型，切实有效地提升盲人数字阅读服务水平和服务质量，木垒县图书馆联合木垒县残联为全县20名视障人员发放智能听书机，以解决盲人阅读难题。同时邀请专业人员为视障读者及其家属开展康复培训，从“认知”“语言”“视功能训练”“辅助器具使用训练”等方面开展视障早期干预服务，增强他们参与社会活动的能力。（木垒县图书馆　李娟）

【沙雅县图书馆开展“新时代全民阅读季”系列读书活动】 11月起，沙雅县图书馆推出

"新时代全民阅读季"系列读书活动。活动内容以"我与图书馆的故事"为主题，面向社会征文，并征集摄影作品、绘画作品及"经典诵读"微视频，同时开展"读书达人"年度总冠军排名活动。该馆通过在行政服务中心、科技文化艺术中心、青少年活动中心等人流较多处张贴活动海报，赴县各中小学发放宣传单，在沙雅县广播电视台、零距离等媒体进行广泛宣传动员后，共征集到全县各族群众所投文章146篇、绘画作品62件、摄影作品78件、微视频21件。经过专业评审小组初审与复审，共有105名参赛者获奖，获奖率达到33%。此次活动激发读者的阅读热情，彰显了读书魅力。（沙雅县图书馆　王小娟）

高校图书馆

综述

一、2019年高校图书馆基本统计数据

（一）文献资源购置费统计分析

共有1361所高校图书馆（2018年是1101所）在“教育部高校图书馆事实数据库”① 中提交2019年基本业务统计数据。其中，年度总经费平均值② 为591.8万元（2018年是645.0万元），比2018年减少53.2万元。中位值③ 为287.4万元（2018年是315.1万元），比2018年减少27.7万元。标准差④ 为918.0万元（2018年是1033.3万元）。极差⑤ 区间增宽，为14271.3万元（2018年是13607.1万元）。这些数据表明：我国高校图书馆2019年度总经费在减少，馆际差距逐年加大。表1是我国高校图书馆年度经费区间分布状况。

表1　2016—2019年高校图书馆年度总经费分布

年度总经费（万元）	2016年（%）	2017年（%）	2018年（%）	2019年（%）	2019年向上累积（%）
<10	1.4	0.9	1.5	1.6	1.6
10—49.99	6.4	5.9	5.3	6.8	8.4
50—99.99	11.0	11.2	10.9	10.4	18.8
100—149.99	9.2	8.6	9.8	10.4	29.2
150—199.99	9.1	7.6	8.1	7.7	36.9
200—499.99	26.3	27.9	28.7	29.6	66.5
500—999.99	20.0	20.5	17.1	17.6	84.1
1000—1999.9	10.3	10.7	12.1	10.5	94.6
2000及以上	6.3	6.7	6.5	5.4	100.0

提交2019年文献资源购置费的高校图书馆有1263所，均值为516.0万元（2018年为557.2万元），较2018年有所下降，见图1。中位值为249.1万元（2018年为273.0万元），众值⑥ 为150.0万元（2018年是300.0万元），是2018年的一半，标准差为821.3万元（2018年是825.9万元），表明2019年馆际文献资源购置费的差距在平稳中缩小。

---

① 文中统计数据均来自“教育部高校图书馆事实数据库”，网址：http：//libdata.scal.edu.cn/Index.action。

② 平均值指的是各高校图书馆填报的有效数据之和除以填报有效数据的高校图书馆的数量所得到的值。

③ 中位值指的是将有效数据从高到低排序，排在最中间的高校图书馆所填报的值。

④ 标准差指的是各高校图书馆填报的有效数据偏离平均数距离的总平均数，它描述各高校图书馆填报此项数据集合的离散程度。

⑤ 极差是指在各高校图书馆填报的有效数据中，最大值与最小值之差，也能描述数据离散度。

⑥ 众值指的是各高校图书馆填报的有效数据中，出现频次最高的值。

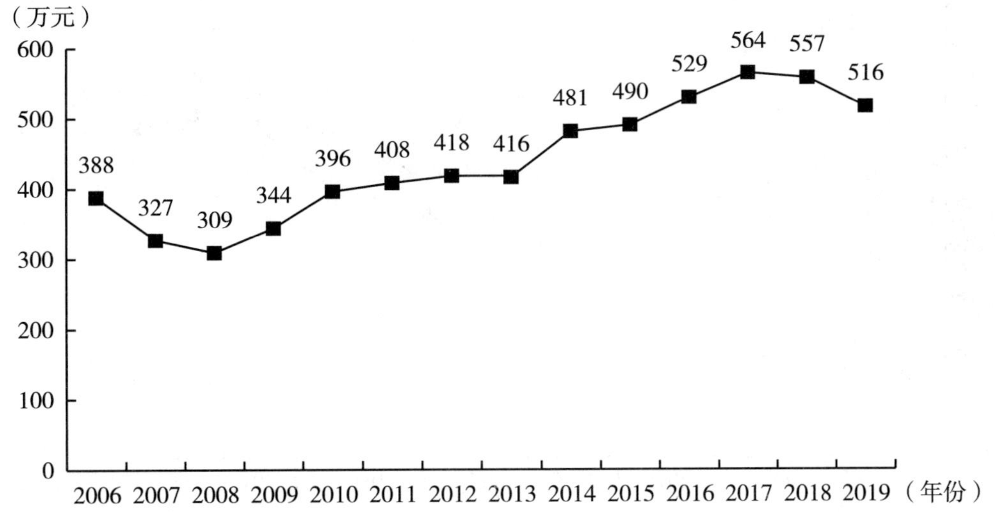

图 1　2006—2019 年高校图书馆馆均文献资源购置费

1. 纸质文献资源购置费

有 1249 所高校图书馆提交 2019 年纸质文献资源购置费，总费用为 27.51 亿元，较 2018 年的 24.37 亿元增加 3.14 亿元，总经费增加是因为提交纸质文献资源购置费的高校图书馆总量较上年增加 237 所。均值为 221 万元（2018 年是 238 万元），比 2018 年减少 17 万元。各年度均值的分布状况见图 2，呈波动中减少趋势。中位值为 144.7 万元（2018 年是 158 万元）。

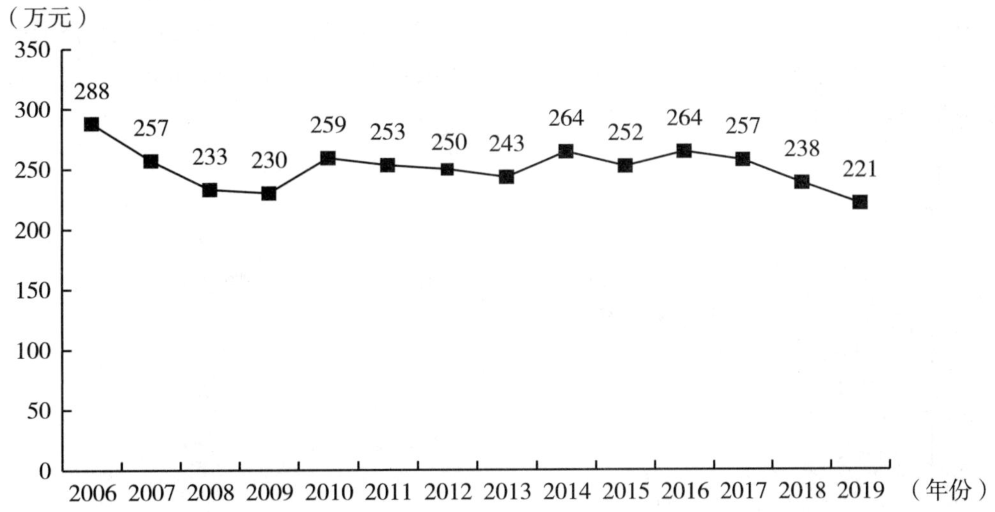

图 2　2006—2019 年高校图书馆馆均纸质文献资源购置费

2. 电子资源购置费

有 1165 所高校图书馆提交电子资源购置费，总和为 37.21 亿元（2018 年是 32.57 亿元）。均值为 319.4 万元（2018 年是 339.3 万元），占馆均文献资源购置费的 54.6%（2018 年是 60.9%），较 2018 年降低 6.3 个百分点。在文献资源购置费中，电子资源购置费所占比例已经过半，且均值与所占比例自 2006 年以来，基本呈上升趋势，但 2019 年又有所回落，表明电子资源购置费将成为图书馆文献资源购置费支出的重要支出部分。高校图书馆近 14 年的电子资源购置费平均值见图 3。中位值为 94.0 万元（2018 年是 106.8 万元）。标准差为 562.4 万元，最小值仅为 970.0 元，最大值达到 5203.9 万元，两者相差达 53648 倍（2018 年的差距是 613899 倍）。这些表明：高校图书馆电子资源购置费的离散程度大，馆际差别明显，而且差距在逐年增大。

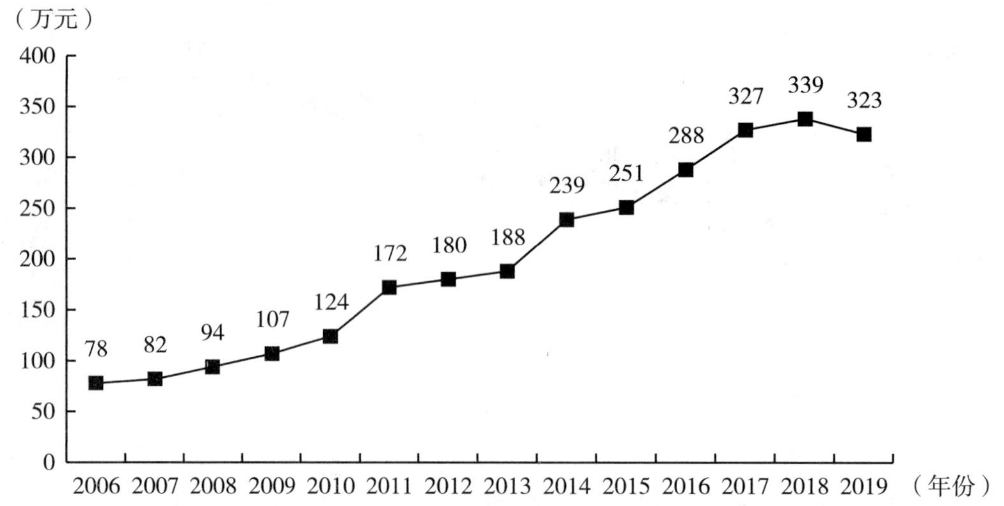

图 3　2006—2019 年高校图书馆馆均电子资源购置费

（二）馆舍面积统计分析

1. 馆舍总面积

共有 1222 所高校图书馆提交 2019 年馆舍建筑规划面积数据，总面积是 2980.70 万平方米（2018 年是 2618 万平方米），馆均值为 2.44 万平方米，相较于 2018 年的 2.50 万平方米，有所减少。标准差为 1.79 万平方米，比 2018 年的 1.81 万平方米略降，表明高校图书馆馆舍面积差异继续存在。中位值为 2.1 万平方米，众值是 2 万平方米。在高校图书馆馆舍面积的变动趋势上，2006 至 2010 年、2012 至 2014 年，呈稍轻微陡峭曲线增长趋势，但在 2011 至 2012 年间呈缓慢增长趋势，2015 年后呈回落趋势，表明高校图书馆的建筑空间已经从跃进增长时期进入到平稳增长时期。2006 年以来高校图书馆馆均建筑面积分布状况见图 4。

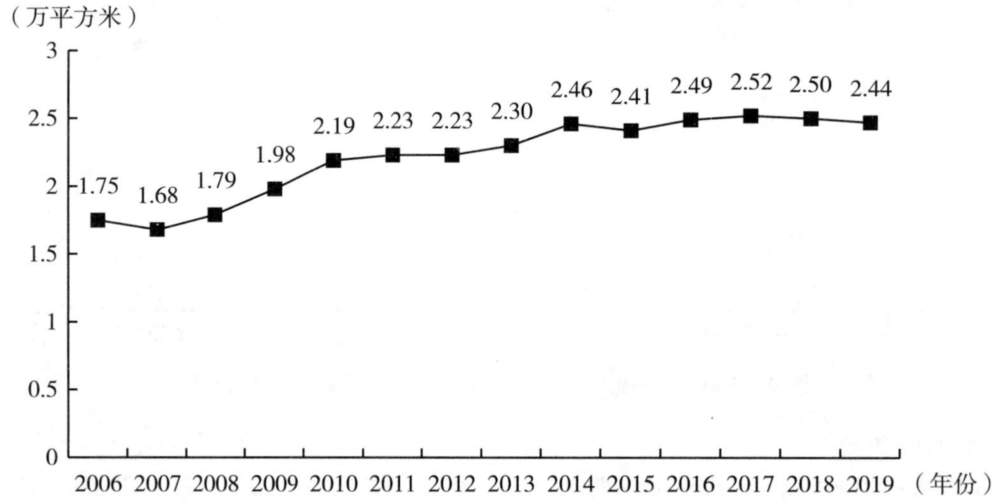

图 4　2006—2019 年高校图书馆馆均建筑面积

2. 在建馆舍建筑面积

共有 202 所高校图书馆提供 2019 年在建馆舍建筑面积，总和为 490.20 万平方米（2018 年是 323.80 万平方米），馆均值是 2.43 万平方米（2018 年是 2.19 万平方米），标准差是 1.59 万平方米，众值是 2 万平方米，中位值为 2.14 万平方米。这些表明，在建馆舍面积呈回落趋势，与前述馆舍总面积的数据进行叠加分析，更能说明高校图书馆的馆舍建筑面积趋于稳定。2006 年以来，高校图书馆在建馆舍面积的均值呈增长态势。但自 2010 年后，在建馆舍面积呈波动状态，表明高校图书馆在建馆舍面积总体上趋向稳定，馆均基本稳定在 2.19—2.50 万平方米之间。2006 年以来高校图书馆馆均在建馆舍建筑面积分布状况见图 5。

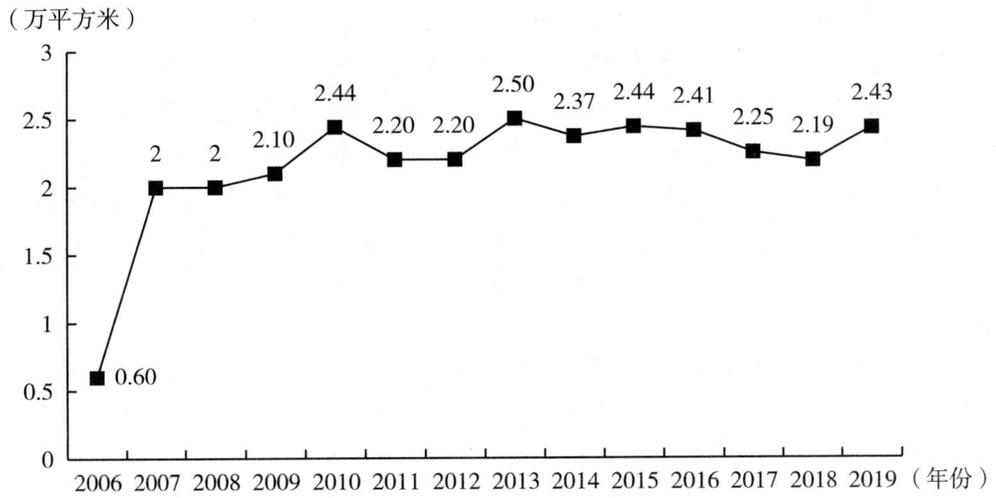

图 5　2006—2019 年高校图书馆馆均在建馆舍建筑面积

（三）人力资源统计分析

高校图书馆的人力资源包括在编工作人员、合同制职工、临时聘用人员、勤工助学人员等，大体可分为在编工作人员、无编制工作人员两类。2019 年所填报数据继续验证前几年分析数据所得出的结论：高校图书馆的文献资源收藏总量与馆舍面积持续增长，但在编工作人员的馆均人数却持续下降，这表明各高校图书馆的事业编制总人数处在持续缩减状态，在编工作人员的任务逐年加重，图书馆需要聘用更多的编制外合同工或临时工，需要购置更多的智能化设施将图书馆员从日常事务性工作中解放出来。

1. 在编工作人员状况

（1）在编工作人员的宏观数据

共有 1336 所高校图书馆提交 2019 年度有效的在编工作人员数据。在编工作人员的总人数为 42084 人，馆均 31.5 人（2018 年是 35.1 人），中位值为 22 人，众值为 15 人，标准差为 29.9 人，这些表明：各高校图书馆在编工作人员的数量差异较大，但在编人员的馆均人数继续呈减少态势，见图 6。

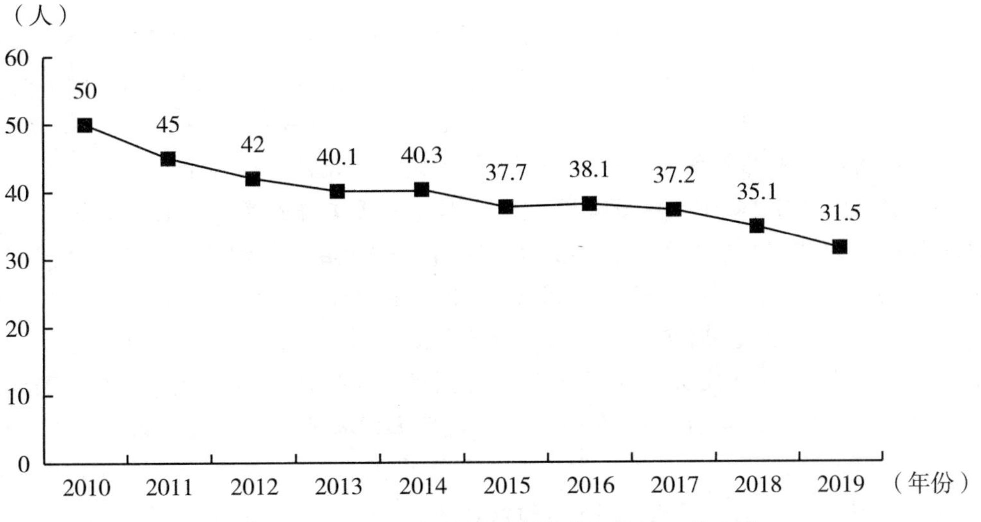

图 6　2010—2019 年高校图书馆馆均在编工作人员

（2）在编工作人员的性别结构

共有 1325 所高校图书馆提交在编工作人员的性别数据[①]，男性工作人员有 13855 人，占在编工作人员总数的 33.0%，均值是 10.5 人，从 2019 年回溯至 2012 年，各年均值依次是 10.5 人、11.5 人、

① 由于部分高校图书馆未提供在编男性职工或在编女性职工的数据，但提供了在编职工总人数，无法判断这类高校图书馆的在编职工性别，按缺失值处理，故在编男职工与在编女职工的总人数小于在编职工总人数。

12.4 人、12.7 人、12.6 人、13.5 人、14 人、14.6 人；中位值和众值分别是 7 人与 4 人，标准差是 10.3 人。通过分析各年均值数据，可知高校图书馆男性在编工作人员总量在逐年减少，这与高校图书馆在编工作人员馆均值减少趋势是一致的。2019 年，女性在编工作人员的总量是 28084 人，占在编工作人员总数的 67%，均值是 21.2 人，从 2019 年回溯至 2012 年，各年均值是 21.2 人、23.6 人、24.9 人、25.6 人、25.3 人、27.1 人、27 人、28 人；中位值是 14 人，众值是 5 人，标准差是 20.7 人，均值处于持续降低态势，主要与高校图书馆压缩编制有关，但在编女性工作人员所占比重整体上呈现出稳定趋势。高校图书馆在编工作人员的总人数近 5 年来一直呈走低态势。

（3）在编工作人员受教育状况

共有 1311 所高校图书馆提供博士学位工作人员的数据，其中有 886 所高校图书馆没有博士学位工作人员，表明博士学位工作人员在高校图书馆依然处于稀缺状态。有 425 所高校图书馆拥有博士学位工作人员，总人数为 1294 人（2018 年是 1135 人，2017 年是 870 人，2016 年是 834 人，2015 年是 695 人）。对提交数据的高校图书馆进行平均值处理，每馆拥有博士学位工作人员 0.99 人（2018 年是 1.09 人，2017 年是 1.07 人，2016 年是 0.97 人，2015 年是 0.95 人），中位值和众值均为 0 人，标准差是 2.41 人。我国高校图书馆取得博士学位的工作人员所占比例不大，67.6%（2018 年是 64.6%）的高校图书馆没有获得博士学位的工作人员，14.1% 的高校图书馆仅拥有 1 名博士，5.7% 的高校图书馆拥有 2 名博士，7% 的高校图书馆拥有 3—4 名博士，仅有 5.6% 的高校图书馆拥有 5 名以上博士。

共有 1314 所高校图书馆提交硕士学位工作人员的数据，其中有 141 所高校图书馆未聘用硕士学位工作人员；1173 所高校图书馆聘用拥有硕士学位的工作人员，总人数为 12816 人（2018 年是 10817 人），平均每馆聘用 9.80 人（2018 年是 10.40 人，2017 年是 10.33 人，2016 年是 10.11 人，2015 年是 9.85 人），中位值是 5 人，众值为 1 人，标准差是 12.7 人。10.6% 的高校图书馆未聘用硕士学位工作人员，20.1% 的高校图书馆聘用 1—2 名硕士学位工作人员，20% 的高校图书馆聘用 3—5 名硕士学位工作人员，17.8% 的高校图书馆聘用 6—10 名硕士学位工作人员，13.3% 的高校图书馆聘用 11—16 名硕士学位工作人员，聘用硕士学位工作人员 17 人及以上的占 18.2%。上述数据表明：硕士学位工作人员已成为高校图书馆人才招聘的主要对象。从总体上看，各高校图书馆硕士学位工作人员的数量在持续增长，高校图书馆工作人员的学历学位层次在稳步提升，硕士学位图书馆员已成为高校图书馆的骨干力量。

在本科学历工作人员方面，共有 1311 所高校图书馆提交数据，总人数为 20944 人，是硕士学位工作人员总数的 1.63 倍（2018 年为 1.68 倍，2017 年为 1.76 倍，2016 年为 1.85 倍，2015 年为 1.87 倍），平均每馆聘用 16.0 人（2018 年为 17.4 人，2017 年为 18.2 人，2016 年为 18.8 人）。由此可知，本科学历工作人员依然是高校图书馆开展服务的主力军，但比例正在缩减，相对于硕士学位工作人员的数量优势也在逐年减弱。全国有 14 所高校图书馆未聘用本科学历工作人员，占 1.1%，这类情况一般发生于在编工作人员稀少的图书馆。在高校图书馆中，聘用 1—10 名本科学历工作人员的占 42.3%，聘用 11—20 名本科学历工作人员的占 28.8%，聘用 21—30 名本科学历工作人员的占 15.2%，聘用 31—50 名本科学历工作人员的占 9.8%，聘用本科学历工作人员超过 50 名的占 2.8%。

共有 1311 所高校图书馆提交大专学历工作人员数据，总人数为 5039 人。其中，278 所高校图书馆未聘用大专学历工作人员，占 21.2%。在聘用大专学历工作人员的高校图书馆中，聘用 12 名大专学历工作人员的占 31.4%，聘用 3—7 名大专学历工作人员的占 32.3%，聘用 8—15 名大专学历工作人员的占 12.1%，聘用大专学历工作人员超过 15 人的仅占 3%。

共有 1311 所高校图书馆提交大专以下学历工作人员数据，总人数是 1516 人。其中，754 所高校图书馆未聘用大专以下学历工作人员，占 57.5%。聘用 1—5 名大专以下学历工作人员的高校图书馆占 37.9%，与 2018 年的 54.3%、2017 年的 45% 相比，均呈大幅减少态势。

高校图书馆的人力资源结构正向高学历、多学科与专业化发展，这些特性在入选“双一流”的高校图书馆中表现得较为明显，借助T值检验①便能发现，“双一流”高校图书馆的在编工作人员，其学历学位层级明显高于“双一流”以外的前“211 工程”高校图书馆或普通高校图书馆。从高校图书馆工作人员学历学位的提升速率上看，位于发达城市的重点高校图书馆，其工作人员的学历学位提升速率最快；而欠发达城市的非重点高校图书馆，其工作人员学历学位的提升速率最为缓慢。

2. 无编制工作人员状况

合同制职工。共有 1327 所高校图书馆提交合同制职工数据，总人数为 9071 人。从 2019 年回溯至 2013 年，合同制职工的馆均值依次为 6.84 人、6.53 人、7.79 人、7.51 人、8.1 人、7.7 人、7 人；中位值为 3 人，众值是 0 人，标准差是 10.63 人，标准差大于馆均值，表明合同制职工人数的离散程度很大。

临时工。有 1327 所高校图书馆提交了临时工数据，总人数为 4872 人。从 2019 年回溯至 2014 年，各年临时工人数的馆均值依次为 3.8 人、4.5 人、4.5 人、4.5 人、4.8 人、5.4 人；中位值是 0 人，众值是 0 人，标准差为 8.5 人。高校图书馆各年所聘临时工的馆均值低于合同制职工，且呈逐年减少态势。

勤工助学学生。有 1328 所高校图书馆提交勤工助学学生数据，总人数为 37590 人。馆均值为 28.3 人，略高于 2018 年的 28.0 人，低于 2017 年的 28.9 人；中位值是 12 人，众值是 0 人，标准差是 51.6 人。由此可知，各高校图书馆勤工助学人数相差较大，这主要与图书馆的人力资源政策、资金充裕度等有关，“双一流”高校图书馆吸纳勤工助学学生的人数最多，其次为非“双一流”类的前“211 工程”高校图书馆，而普通高校和高职高专院校图书馆的勤工助学人数较少。

二、2019 年高校图书馆工作

高校图书馆的宏观协调和指导工作主要由教育部高等学校图书情报工作指导委员会（简称“高校图工委”）和中国图书馆学会高校图书馆分会（简称“高校图书馆分会”）来开展。高校图工委和高校图书馆分会在教育部与中国图书馆学会的领导下，紧密依靠委员和会员，充分发挥交流信息、推广经验、激发创新、指导发展的桥梁和纽带作用，努力为事业的发展集思广益、探索方向、出谋划策、交流信息、凝聚力量、协同推进。

两大资源共享联盟——中国高等教育文献保障系统（CALIS）和中国高校人文社会科学文献中心（CASHL）则继续承担高校图书馆资源共建共享大本营的作用，克服各种困难，努力为全国高校提供文献保障。

（一）高校图工委的工作进展

1. 顶层谋划，开创高校图书馆发展新局面

3 月 29—31 日，高校图工委会刊《大学图书馆学报》编辑部在江南大学图书馆召开“面向未来的图书馆事业和图书馆学发展研究”高端论坛暨《大学图书馆学报》2019 年编委会。来自北京大学、中国人民大学、南开大学、南京大学、武汉大学、中国社会科学院等高校图书馆、专业图书馆和图书情报教育界的 23 位专家、学者参加论坛。与会专家围绕会议主题“面向未来的图书馆事业和图书馆学发展研究”，结合各自的当前研究，从高校图书馆质量评价与人才培养、振兴本科形势下高校图书馆服务创新、图书馆学相关领域前沿动态等方面进行深入探讨。

4 月 21 日上午，2018—2022 年高校图工委主任、副主任和秘书长会议在北京大学古籍图书馆召开。会议认为，高校图工委下一步的工作方向是：举办高端的以加快高校图书馆现代化建设为主题的综合性国际研讨会，实现国外高校图书馆先进经验的输入和国内特有创新业务的输出。举办面向高校图书馆馆长、书记的高级培训班以及面向高校图书馆新任馆员和骨干馆员的业务培训班，组织力量编写培训教材。效仿国外图书馆协会和相关组织，推出中国版的高校图书馆发展趋势报告，不但引领中国高校图书馆的发展，而且对全世界图书馆的进步带来启迪和影响。面向决策咨询项目，编制课题指

① T值检验指的是对不同类型高校图书馆某项数据的平均值差别的显著程度进行比较，如果两类高校图书馆填报数据的总方差相等，则说明两者的平均值区别不显著；如果两类高校图书馆填报数据的总方差不等，则说明两者的平均值有显著差别。

南，制定委托研究机制，推进关于高校图书馆发展模式等决策咨询类科研成果的产出。继续推进边防书屋援建工作，在西藏、新疆分别建设一家边防书屋。调研高校图书馆之间对口支援工作，遴选典型案例，举办经验交流会。结合数据应用情况和时代特点，重新筛选、制定高校图书馆统计和评估指标。制定各工作组聘请专家的原则、程序，壮大各工作组的力量。探索准确统计馆藏的方法，解决馆藏家底难以彻底摸清的难题。

11 月 28 日，由高校图工委主办，四川大学图书馆承办的 2018—2022 年教育部高等学校图书情报工作指导委员会第二次工作会议在四川大学召开。来自全国 56 所高校的图工委委员，各省、直辖市、自治区高校图工委主任、秘书长，共 70 余人参加会议。会议确定 2020 年高校图工委的重点工作：一是学习党的十九届四中全会精神，做到学思用贯通、知信行统一；二是通过深入调查和学术研讨，推出一系列专题指导意见；三是汇聚事实，挖掘关联，发布宏观研究报告；四是固本应变，协同创新，引领事业整体发展。

2. 聚焦本科教育，推进高校图书馆服务创新、转型发展

为落实教育部振兴本科教育的方针，高校图工委各工作组举办多个全国性的会议和活动。1 月 17—19 日，由高校图工委主办，四川大学图书馆承办的 2018—2022 年教育部高等学校图书情报工作指导委员会本科教育支持组第一次工作会在四川大学召开。会议的主题是坚持“以本为本”，推进“四个回归”，把握立德树人根本任务，着力加强服务人才培养的首要任务。除本科教育支持组的委员外，来自国内 20 余所高校的图书馆馆长、相关学院专家和代表近 40 人参加会议。与会代表们分别结合各馆实际，就服务人才培养主业、振兴本科教育的方法和路径进行交流分享，并对教育部高等学校图书情报工作指导委员会本科教育支持组的定位、计划、任务及工作开展进行讨论，提出若干工作建议。

6 月 19—22 日，由高校图工委主办、东北师范大学图书馆承办的 2019 年教育部高校图工委信息素质培训研讨会在吉林长春举行。会议以“信息素质教育的前沿及教学方法的探究、信息素质课的观摩与研讨”为主题，以建设信息素养“金课”为切入点，探讨“双一流”背景下高校图书馆改进教学方法、推动信息技术与教育教学深度融合、提高信息素养教学能力等热点问题。国内知名高校科研院所的 21 位著名专家、一线教师组成的信息素养教育领域培训团队，分别做主题报告和讲授公开课。来自全国 26 个省份（直辖市）、澳门特别行政区 140 所高校图书馆的 211 名代表参会，共同探讨我国高校信息素质教育的发展。

11 月 14—16 日，由高校图工委主办、图书情报工作杂志社协办、大连理工大学图书馆承办的 2019 年全国高校信息文化与信息素质教育研讨会在大连理工大学召开。共有来自全国高校图书馆的专家学者与代表 200 余人参加会议。

11 月 29—30 日，由高校图工委主办，四川省高等学校图书情报工作委员会和四川大学图书馆承办的 2019 年全国高校图书馆服务本科教育教学研讨会暨创新案例大赛在四川大学举行。会议以“聚焦本科教育教学，提升图书馆服务力”为主题，旨在进一步学习贯彻习近平总书记关于教育的重要论述和全国教育大会精神，落实新时代全国本科教育工作会议要求，交流研讨高校图书馆坚持“以本为本，四个回归”、服务人才培养和本科教育教学的经验。教育部高等教育司巡视员宋毅、调研员张庆国等领导和嘉宾以及来自全国 140 所高校的近 220 名代表参加会议。

3. 建设“边防书屋”，为实现“强军梦”“中国梦”做贡献

为充分发挥高校图书馆传播先进文化、服务特殊群体的社会职能，丰富边海防军营的文化生活，经陆军首长批准，1 月 24—30 日，来自高校图工委委员所在的 8 所高校图书馆一行 12 人在主任委员、北京大学图书馆馆长陈建龙的带领下，利用寒假时间分别在东部、南部战区陆军 2 个海防旅启动主题为“书香进边防　哨所传文化”的“边防书屋”建设活动。主要内容包括书屋揭牌、赠书、阅读分享、参观荣誉室和官兵宿舍、了解海岛部队文化和感受革命传统精神等。赠书和书架等相关设施全部由北京大学、清华大学、上海交通大学、中山大学、武汉大学和南方医科大学等 6 所高校的图书馆加上书屋设立省份的高校图工委委员所在图书馆提供，其中东部战区为厦门大学图书馆，南部战区为海南大学图

书馆，即每个书屋由7所高校图书馆参建，各赠书1554种1699册。“边防书屋”建设项目旨在通过规范化、制度化、周期性地开展图书和相关设施捐赠与更新、阅览需求和效果反馈，举办馆长讲坛、阅读分享以及军营文化体验等活动，不断增进高校与军队的交流合作，密切军民关系，改善边海防一线的文化条件，提升边海防官兵的知识素养，振奋高校师生的爱国情怀，为实现“强军梦”“中国梦”做出应有贡献。

继寒假期间首期2个“边防书屋”分别在东部、南部战区陆军2个海防旅成功启动后，7月21—26日，暑假期间，教育部高教司课程教材与实验室处的调研员张庆国及高校图工委委员所在的8所高校图书馆代表一行9人，克服高原缺氧、路滑、颠簸难走以及桥断换车等各种困难，数小时穿行于4000多米高的山地并翻越两座海拔5000多米的山口，抵达驻藏某边防团边防连驻地，于23日上午在边防连举行“边防书屋”揭牌仪式。24日，参建成员又登上位于海拔3000多米的前沿哨所，将书送到守卫在边境线上的官兵们手中，顺利完成西藏军区和新疆军区两个“边防书屋”的建设任务。

4. 加强秘书处建设，确保运行有力有序

高校图工委秘书处日常做好各类通知的审核、定稿、盖章、分发、发布工作。维护图工委网站和教育部高校图书馆事实数据库的运营，解答各项关于事实数据填报和高校图书馆发展问题的咨询，为修改数据库指标广泛征求意见，调研高校图书馆对口支援情况，推动、支持各工作组举办各类会议和活动，汇总数据库中2018年数据，发布各项排行榜，提交的《2018年高校图书馆发展概况》被编入《中国图书馆年鉴2019》。

（二）中国高等教育文献保障系统（CALIS）的工作进展

2019年，中国高等教育文献保障系统（CALIS）继续坚持“普遍服务”的原则，在教育部高教司的领导下，在管理中心统一部署管理，各全国中心、地区中心、省级中心以及教育部高校图工委、各省级高校图工委的大力支持下，按规定执行2019年度运维预算经费，全力保障与高校图书馆基础业务密切相关、服务面最广的联机合作编目、文献传递与馆际互借、统一认证、资源发现（e读与外文期刊网）、应用软件云服务（SaaS）等主要服务与运维工作，各项服务运行平稳。

2019年，CALIS联合目录数据库书目数据增量为28.68万条，总量达到758.15万条；提供联机下载数据服务947.37万次，月均下载量约为94.74万次[①]；CALIS资源发现系统e读的元数据总量达到3.17亿条，馆际互借与文献传递服务收到文献请求37836件，满足30498件，满足率为81%。全年举办各类业务培训与研讨会15场，培训馆员2800人次。2019年度共有156名编目员通过CALIS三级编目员资格认证，自2004年来，总计382家成员单位的1386人次获此资格证书。

为顺应与支持高校图书馆新一轮的转型和创新发展，充分发挥CALIS这一公共服务平台在服务全国高校图书馆、推动高校图书馆整体发展方面的巨大作用和行业影响力，CALIS在前三期建设的基础上，明确提出“建设信息时代新一代图书馆”的规划，启动CALIS项目的创新发展，在新一代技术平台、馆际互借系统、采编一体化平台、高职高专发展等方面均取得重要进展。

CALIS基于FOLIO研发的新一代图书馆服务平台（CLSP），致力于构建一个开放互联、可动态扩展的个性化图书馆云服务平台以及由图书馆、开发商、服务商合作共赢的充满生机的图书馆创新发展生态系统。2019年，CLSP官网与APP市场正式发布，服务网址为http://www.cnlsp.cn/；CLSP平台API在阿里云上线；同时完成数据操作API、核心业务API以及用户认证API等设计及开发；完成FOLIO基础模块及运营中心的功能升级。

CALIS基于FOLIO平台研发新版馆际互借系统，并于9月正式上线服务。新系统采用阿里云部署、抢单式服务、全透明的业务流程，系统功能与用户体验得到大幅提升。新系统引入企点客服，优化升级在线咨询工作。

CALIS采编一体化平台旨在提高文献资源质量、打破产业信息壁垒，整合图书馆、出版社、馆配服务商的传统业务流程，提供全面精准的数据服务，以优化文献发展方向、提升整体服务水平、提高资源建设质量为目标，打造三方共知、共享、共赢的新业态。2019年，CALIS采编一体化平台完成采访

① 按一年十个工作月计算。

模块、电子书采访模块、编目前置模块的升级开发；进一步完善与Aleph500及ALMA的接口访问，新增基于FOLIO平台的馆配接入接口。平台现有全目录库包含数据252万条；新增CIP数据库，提供数据282多万条；发布CALIS全目录的征订目录50个。

为贯彻落实《国家职业教育改革实施方案》文件精神，实现《教育信息化2.0行动计划》"三全两高一大"的发展目标，更好地完成《普通高校图书馆规程》关于"图书馆应重视开展信息素质教育"的重点任务，充分发挥图书馆在信息素养教育领域的主力军作用，教育部高校图工委高职高专分委会和CALIS管理中心联合举办2019年全国高职院校信息素养大赛。大赛包括学生个人赛和教师说课赛，共有518所院校63万人次参与。大赛的举办，有力增进各高职院校之间先进教学成果和信息化教学经验的交流，并将进一步促进高职院校信息素养教育教学工作的全面发展。

为保证CALIS业务质量与服务效果，推动行业交流与对话，CALIS继续举办全国性和区域性研讨与培训。全年除继续举办中文图书编目、外文书刊RDA编目、引进数据库培训周、机构库建设、文献获取等常规业务培训外，还独家或联合主办开放融合的新时代图书馆建设研讨会暨2019年度CALIS年会、2019高校图书馆发展论坛、2019数字信息资源建设学术研讨会、基于FOLIO的"新一代图书馆服务平台"建设合作交流研讨会等大中型学术研讨会。

（三）中国高校人文社会科学文献中心（CASHL）的工作进展

1. 资源建设保持稳定

（1）外文印本期刊订购2116种，基本保持稳定。CASHL期刊采访协调工作组（由CASHL全国中心复旦大学图书馆牵头）科学合理调整CASHL外文保障刊目录，2019年CASHL区域中心北京大学、吉林大学、复旦大学、南京大学、武汉大学、中山大学、四川大学等7家单位共发订2121种外文印本期刊，因载体变化、停刊、撤订、非卖品等原因，实际执行采购2116种（订单额度1670.8万元，超支325.8万元），比2018年减少10种。

（2）外文电子资源订购16个库，稳中有增。外文电子资源建设方面，2019年CASHL 17个中心馆共完成EEBO、ECCO、PAO、JSTOR、"一带一路"资源中心数据库（EBSCO）等16个电子数据库的订购，其中新引进电子资源4种。

（3）外文印本文专图书发订量基本持平。文专图书建设方面，继续按照协调采购和自主采购相结合的方式确定订单数量，有重点地开展中国周边国家文献、回溯文献建设。

保持文专一般图书订发总量稳定。2019年全国70所文专高校通过"高校文科引进专款图书订购信息平台"共发出自主采购43803笔（订单额度2747.7万元），学科协调订购23659笔（订单额度1345.6万元）。其中：协调采购方面，由于文科外文文献建设存在一段时期的断档，回溯补充断档期的文献十分必要，全年通过协调采购回溯补藏9781种；自主采购方面，为紧跟国家发展战略，促进区域战略研究，助力教学科研和拓展学生阅读范围，CASHL项目将中国周边国家文献保障纳入规划，2019年周边国家文献建设新发订1018种非西文小语种文献。

新发订14种CASHL大型特藏文献。为解决学科所需及缓解高校采购经费压力，2019年文专馆藏发展小组对中心馆提交的83种大型特藏文献进行充分讨论和评审，新发订14种。引进总量达236种。

2. 文献服务面继续扩大，保持较高服务质量

（1）CASHL服务的覆盖面进一步扩大。2019年，新增CASHL成员馆23家，总量达874家；CASHL文献服务馆与去年持平，总数达35家；CASHL中心系统新增用户12083人，中心总用户数达148213人，通过874家成员馆一卡通的用户总量，累计近千万人。

（2）保持较高服务质量，电子资源全文下载量不断提升。文献传递与馆际互借方面，截至2019年底，CASHL可服务印本图书近300万种，共处理文献服务45960笔，其中CASHL平台印本图书馆际互借7926笔，文献传递22110笔，平均完成时间1.95天，满足率达92.39%。电子资源服务方面，CASHL经费所购电子书（含往年订购）全年下载29.6万余次（比2018年增加6万余次），累计达333万余次；CASHL经费所购电子刊全年下载达280万余次（比2018年增加40万余次），累计达2913万

余次。

（3）继续开展“特藏++”深度服务。为进一步加强对特色文献内容的深度挖掘和广泛报道揭示，2019年在上年的基础上继续开展“特藏++”深度服务项目，对图书和缩微胶卷等文献类型进行大规模数字化和大内容深度揭示与报道。

3. 管理与服务体系平稳有度

（1）落实制度约定，扎实做好常规运行和管理。在教育部社科司指导下，按照《中国高校人文社会科学中心管理办法》，于2019年3月召开CASHL中心馆馆长会议，总结2018年工作并讨论部署2019年工作。

做好常规运行和管理工作，主要工作包括：编辑出版《CASHL通讯》3期；完成2018年经费的固定资产清理和登记工作；根据活动需要，设计并印制CASHL各类宣传品；承办、主办多场与资源建设和服务相关会议和活动等。

（2）落实CASHL服务转型，部署“E-first”服务框架。在2018年调研、招标采购的基础上落实2019年中心馆馆长联席会议决议，从以印本文献（印本图书、印本期刊）为主的文献服务转向以直接全文下载和智能调度为主的“E-first”服务框架，并建成“门户展示—文献信息检索—统一认证—电子文献自动下载和印本文献智能调度”的文献服务基础设施体系，全年完成CASHL资源发现与调度系统部署、新门户开发，完成34家服务馆印本文献和电子资源数据的收集、清洗、入库，以及17家中心馆电子资源调度知识库配置。

（3）继续开展为CASHL服务发展提供新思路的前瞻性研究。2019年共有7个2018年服务前瞻性研究课题进行结项，这些课题对CASHL未来服务创新和发展提供了新思路、新方法，有的课题已经得到实际应用。全部前瞻性课题结项报告已在CASHL主页发布，面向公众免费开放获取。2019年同意9个课题作为CASHL管理中心项目“新信息环境下CASHL资源与服务拓展设计研究”的子课题。

（4）CASHL新媒体服务有序开展并扩大规模。2019年CASHL新媒体（开世览文官方微博、微信）有序开展，在江苏师范大学召开新媒体工作组暨服务工作组年会。

（5）发布2019年CASHL阅读报告。2019年6月，CASHL正式发布2018年年度阅读报告，全面总结CASHL文献资源信息服务的使用情况，分析用户需求，扩大CASHL服务的影响力。

（6）宣传推广工作继续深化。2019年各中心馆配合服务优惠活动，继续开展丰富多彩、形式多样的宣传推广活动。各中心馆通过下基层调研、带着CASHL串门、举办服务研讨会等形式走入其他兄弟院校；通过深入院系、现场宣讲、张贴海报、关注CASHL微信号发放小文具等活动走近读者；同时采用传统媒体和新媒体相结合的全媒体宣传方式，有针对性地进行服务宣传，扩大CASHL文献传递服务在高校师生中的认知度。

（7）开展“开世览文名师讲堂”。为推动CASHL大型特藏在高校研究中的可视度，并提供内容深度服务，CASHL发起“开世览文名师讲堂”，以CASHL引进的236种大型特藏为发端，邀请海内外人文社会科学领域学者面向全国举办公开讲座。全国人文社会科学学者、学生通过这个平台，既可以足不出户听名家的专题讲座，又可以更全面地了解CASHL引进的相关资源。2019年共开展3期。

（8）举办第五届中美高校图书馆合作发展论坛。8月14—17日，2019年中国图书馆年会“图书馆与社会发展”分会场——第五届中美高校图书馆合作发展论坛在呼和浩特举办。此次会议由中国图书馆学会主办，CASHL、北美中国研究图书馆员学会、中国图书馆学会高等学校图书馆分会联合举办，内蒙古大学图书馆承办，论坛主题是“图书馆与社会发展”。（教育部高等学校图书情报工作指导委员秘书处　王波　吴汉华　古永洁　宋姬芳　崔海媛　朱本军）

年度工作

普通高校图书馆

北京市

【概况】 2019年，北京地区高校图书馆围绕共建共享这个核心，不断整合充实图书资源，完善数字资源标准，深化推广北京地区高校图书馆文献资源保障体系（以下简称“BALIS”）馆际互借、原文传递、联合咨询等服务业务，开展各项专业培训和调研交流以及科研课题的研究工作，努力开拓馆员的专业视野，提高其专业素养和能力，开展华北地区高校图书馆的交流和合作，积极拓展社会化服务。全面推动北京高等教育发展质量升级、建设效率升级、整体水平升级，突出优势，彰显特色，探索前沿，创新机制。

为了对BALIS进行专业的顶层规划与设计，BALIS管理中心联合几家技术实力雄厚的高校图书馆提供支持与服务，成立BALIS技术支持中心。另外，随着图书馆工作的发展，北京市高教学会数字图书馆专业委员会也调整工作方向，并更名为“北京高教学会图书馆工作研究会数字图书馆专业委员会”。作为官方组织的BALIS技术支持中心与作为民间组织的北京高教学会图书馆工作研究会，联合推动图书馆信息技术发展，进而推动图书馆职能转变。（首都图书馆　张小野）

【第八届图书馆资源建设学术交流论坛召开】 1月10日，第八届图书馆资源建设学术交流论坛在中华女子学院召开。此次论坛由BALIS资源协调管理中心、社会科学文献出版社和中华女子学院图书馆主办，主题为“图书馆资源建设绩效评估及特色资源建设”，旨在推动图书馆文献资源建设领域内的学术交流，探讨新时代文献资源建设新路径，促进同行业的深入交流。中华女子学院副院长王练，BALIS资源协调管理中心主任、首都师范大学图书馆副馆长熊丽及社会科学文献出版社市场总监刘德顺出席会议并致辞。来自北京地区和其他省市图书馆、馆配商、出版社代表共300余人参加论坛。（北京市高校图工委　储继华）

【2019年北京高校图书馆馆长工作培训会举行】 1月11—12日，2019年北京高校图书馆馆长工作培训会在北京怀柔举行，此次会议由北京地区高校图书馆工作委员会（以下简称“北京高校图工委”）主办，来自北京50多所高校的120余位代表参会。北京市教委高教处副处长荣燕宁致辞，中国人民大学图书馆党委书记刘春鸿做北京高校图工委2018年工作总结，北京电影学院图书馆馆长王海洲做北京高教学会图书馆工作研究会高等艺术院校专业委员会工作报告。会议由北京高校图工委副主任张奇伟主持。随后，中国人民大学教授金灿荣和北京师范大学教授洪成文分别做题为“国际形势走向及中美关系”和“大学核心竞争力培训的路径和智慧”的报告。（首都图书馆　张小野）

【清华大学图强基金暨图强论坛启动仪式举行】 4月28日，清华大学图强基金暨图强论坛启动仪式在清华大学图书馆北馆举行，清华大学副校长杨斌出席，图书馆馆长王有强、教育基金会副秘书长王丹以及2005级校友及其家属等100余人参加活动。图强基金由清华大学2005级校友发起，重要用途之一就是支持图强论坛的设立和活动开展。图强基金和图强论坛旨在凝聚校友力量，弘扬清华精神，助力同学图强，支持图书馆利用自身平台，团结更多清华人，解决同学实际需求，助力图书馆建设发展。同时，为图书馆引入更多智力资源和校友资源，支持图书馆持续提高同学的阅读体验，提供多场景的软硬件升级改造和景观提升，协助开展丰富有效的育人活动和文化建设活动。（首都图书馆　张小野）

【清华大学新法律图书馆开馆】 5月29日，清华大学新法律图书馆开馆试运行，图书馆和法学院的主要负责人在新法律图书馆共同迎接进馆的首批读者。新法律图书馆位于廖凯原楼内，由香港知名资深律师胡宝星捐资建设，建筑面积1万平方米，设计藏书量100万册，阅览座位651个，并配有自助借还书、单人研读间等设施。新法律图书馆由清华大学图书馆负责管理和运行。试运行期间，开馆时间为8：00—17：00，单人研读间开放使用无须预约。图书馆根据师生的反馈意见，对该馆的设施功能和配套服务不断进行调试与完善，为清华广大师生，特别是法学院师生提供更好的文献资源保障和学习交流环境。（首都图书馆　张小野）

【北京地区高校图书馆第四届馆长论坛举办】 10月15日，北京地区高校图书馆第四届馆长论坛在北京工业大学图书馆举办。论坛由BALIS联合北京工业大学图书馆共同举办，主题为“大数据时代高校图书馆的建设与发展”，来自北京地区57所高校图书馆的100余名领导参加论坛。清华大学图书馆馆长王有强、北京师范大学图书馆馆长王琼、北京邮电大学图书馆馆长吴旭、北京大学图书馆馆长陈建龙、香港中文大学（深圳校区）图书馆馆长张甲、中国人民大学图书馆党委书记兼副馆长刘春鸿分别做专题报告。6个报告既有理论层面的战略思考，也有实践层面的探索分享，报告引发与会者对大数据时代高校图书馆建设与发展更深层次的思考。（首都图书馆　张小野）

【华北地区高等学校图书馆协作委员会第三十三届学术年会召开】 10月16—18日，华北地区高等学校图书馆协作委员会第三十三届学术年会在北京师范大学召开。此次会议由北京高校图工委主办、北京师范大学图书馆承办。年会以“高校图书馆知识开放、资源共建与服务共享”为主题，来自北京、天津、山西、内蒙古和河北的华北五省（区）的75所图书馆近200位同人参会。开幕式由北京师范大学图书馆党委书记李晓娟主持，北京市教委高教处处长刘霄、北京师范大学图书馆馆长王琼致辞。会议邀请清华大学图书馆馆长王有强，CALIS管理中心副主任、教育部高校图工委秘书长陈凌，中国化工信息中心情报资讯事业部副总经理鲁瑛做大会主旨发言。随后安排馆长论坛、论文交流和分主题研讨等环节。在闭幕式环节公布此届年会优秀论文和推荐发表论文名单，与会领导为优秀论文作者代表颁发获奖证书，并完成年会的值年交接仪式。（首都图书馆　张小野）

【纪念李大钊先生诞辰130周年文献展】 10月26日—11月15日，“不忘初心　牢记使命——纪念李大钊先生诞辰130周年文献展”在北京大学图书馆举办。此次展览将李大钊先生诞辰130周年纪念活动与“不忘初心，牢记使命”主题教育相结合，以新发现的李大钊任图书馆主任期间“国立北京大学西文书登录簿”（1919—1920）为线索，分“马克思主义”“各种社会主义思潮”“俄国革命与俄国问题”“李大钊与亢慕义斋藏书”“影响青年毛泽东信仰马克思主义的三本书”5个主题，以文献和展板相结合的方式，揭示李大钊主持北京大学图书馆期间为马克思主义传播做出的卓越贡献。（首都图书馆　张小野）

【首届中国高校智慧图书馆（馆长）论坛举行】 11月18日，“首届中国高校智慧图书馆（馆长）论坛暨‘印记中国’走进高校首展活动”在中国传媒大学图书馆举行。此次论坛由北京高校图工委、BALIS、中国传媒大学共同主办，主题是“智慧化图书馆的创新与实践”。CALIS管理中心副主任陈凌、香港中文大学（深圳）图书馆馆长张甲、复旦大学图书馆副馆长张计龙、南京大学图书馆副馆长邵波分别做题为“数据自管、业务自组、模式自选——智慧图书馆服务平台建设的目标与途径”“数据、空间、智能、图书馆的深度变革和挑战”“大数据时代的科学数据管理与服务”“新一代高校图书馆服务平台构建及对智慧图书馆建设的再认识”的主旨报告。来自38家企事业单位、68所高校图书馆的负责人，以及多家主流媒体机构、网络媒体机构的代表参加此次论坛。（首都图书馆　张小野）

【北京地区高校图书馆战略规划和管理提升研讨会举办】 12月12日，北京地区高校图书馆战略规划和管理提升研讨会在北京师范大学图书馆举办。会议由BALIS培训中心主办，来自北京地区50多所高校图书馆的150余名代表参会。南开大学教授柯平、同济大学图书馆研究馆员慎金花、首都医科大学图书馆馆长黄芳、中国人民大学图书馆常务副馆长宋姬芳分别做“高校图书馆战略选择与‘十四五’规划”“基于服务职能的大学图书馆组织机构重构”“图书馆绩效管理与考核实践”“以学科知识服务助力高校‘双一流’学科建设”学术报告。（首都图书馆　张小野）

【“融合·赋能·创变：高校图书馆新主张”学术研讨会举办】 12月20日，“融合·赋能·创变：高校图书馆新主张”学术研讨会暨BALIS技术支持中心成立仪式在清华大学法律图书馆举办。清华大学图书馆馆长王有强、中国人民大学图书馆书记刘春鸿致辞。陕西省教育信息化发展研究中心副主任袁新瑞、美国佛罗里达州立大学教授Nancy Everhart、清华大学图书馆副馆长窦天芳、北京化工大学图书馆副馆长赵英、赛迪区块链研究院院长刘权、中国人民大学图书馆副馆长张丹东，分别围绕“融合·赋能·创变：2.0时代图书资源服务新形态”“Meta-ethnography”“数字信息时代图书馆资源管理系统建设”“网络安全与等级保护制度”“区块链”“图书馆信息化工作”做报告。在案例展示环节，来自清华大学等7所学校的老师分别介绍其所在图书馆的案例。中国农业大学图书馆副馆长韩明杰做大会总结发言。

2019年，BALIS管理中心联合几家技术实力雄厚的高校图书馆提供支持与服务，成立BALIS技术支持中心。该中心作为官方组织，与作为民间组织的北京高教学会图书馆工作研究会联合推动图书馆信息技术发展以及图书馆职能的转变。（首都图书馆　张小野）

【北京师范大学学术成果库上线试运行】 12月27日，北京师范大学学术成果库（Beijing Normal University Institutional Repository，简称BNU IR，http://ir.bnu.edu.cn/）上线试运行。该成果库由图书馆建设，以师生所在机构（学院或部门）为单位，全面收集、保存并揭示北京师范大学全体师生员工的学术研究成果，并对机构的科研数据进行管理。BNU IR汇聚1950年以来北京师范大学师生的期刊论文、会议论文、学位论文、专利、图书等类型的29万余条学术成果元数据，15万余篇全文，6000余个科研项目。先期建成发布的是教育学部、地理科学学部、心理学部等13个学部院系和2个职能部门的二级机构成果库。子库包含每个院系的成果量与成果详细信息以及被引频次、H/G指数等学术影响力指标，同时也为院系提供学者分布、合作国家、院系发文量/被引量等统计图表，使院系对本院学术成果有更为直观的了解。（首都图书馆　张小野）

【BALIS原文传递服务总结培训大会召开】 12月27日，BALIS原文传递服务总结培训大会在中国人民大学逸夫会议中心举办。来自BALIS管理中心、BALIS原文传递中心、国家图书馆、首都图书馆、NSTL、CASHL、CALIS、BALIS原文传递中心成员馆的相关负责人和工作人员共计120余人参会。BALIS原文传递中心委员馆首都医科大学图书馆馆长黄芳主持会议。BALIS管理中心主任、中国人民大学图书馆党委书记刘春鸿，NSTL资源组组长、中国科学技术信息研究所信息资源中心主任曾建勋，首都图书馆副馆长陈坚出席大会并致辞。会议盘点2019年BALIS原文传递服务取得的工作成绩，并展望2020年的工作目标，还对2019年度原文传递服务先进集体及个人进行表彰。（北京市高校图工委　储继华）

天津市

【概况】 截至2019年底，天津市共有各类型高等学校59所，其中本科院校19所，高职高专院校25所（其中天津冶金职业技术学院更名为天津工业职业学院，另新增天津滨海汽车工程职业学院），独立院校11所，军事院校4所。

天津高等教育文献信息中心（以下简称“TALIS”）负责天津市高校图书馆的数字化建设。截至2019年12月底，利用天津市教育信息化建设项目投资、采取“TALIS买断”和“与成员馆联合引进”模式，共引进中外文数据库系统60余个、子库300余个，试用数据库50余个。

TALIS完成“天津市高等教育公共数字资源2020年使用权运维项目”和“天津高等教育文献信息中心网络信息安全运维项目”的申报立项并通过天津市委网信办的论证。TALIS充分发挥学术委员会的专业指导职能，对数字资源采购方案进行磋商与论证。在保障基本需要的前提下，以提高各馆的参与度、发挥资源的最大效益为原则，制订不同的预算方案，为数字资源采购提供科学的决策依据。组织开展对引进资源的评估评价及对天津各高校教学科研支撑作用的分析；开展对天津20所高校自采资源情况的调查分析工作。（天津市高等学校图书情报工作委员会）

【2019年TALIS中心年会召开】 4月17日，由TALIS主办、天津工业大学图书馆承办的2019年TALIS中心年会在天津工业大学图书馆召开。天津市教委高教处领导、天津市20所高校图书馆党政领导及高职和独立院校图书馆代表共计40余人参会交流。会议举行TALIS学术委员会聘任仪式，天津市教委高教处领导为9名委员颁发证书。TALIS成员馆代表围绕“图书馆在建设高水平本科教育中的作用”“变革中求发展提升服务”“天津大学发展规划推进图书馆服务建设”等主题做报告。（天津市高等学校图书情报工作委员会）

【第五届书香天津·大学生校园悦读之星评选活动举办】 5月14日，由天津市全民阅读活动办公室和天津市高等学校图书情报工作委员会（以下简称“天津市高校图工委”）主办的“‘庆祝新中国70华诞　让书香溢满校园’——第五届书香天津·大学生校园悦读之星评选”活动决赛在天津外国语大学举行，来自天津市34所高校的近400名师生代表参加活动。天津市全民阅读活动办公室有关领导和天津公共图书馆、高校图书馆系统的领导与专家学者应邀出席活动并担任评委。各高校层层选拔的34位优秀选手展开角逐，最终，天津外国语大学武晨燕等6人获得一等奖。（天津市高等学校图书情报工作委员会）

【首届全国高职高专院校信息素养大赛天津赛区选拔赛举办】 6月24日，首届全国高职高专院校信息素养大赛天津赛区选拔赛举办。天津赛区有来自12所院校的师生参加初选，来自天津职业大学、天津商务职业学院、天津交通职业学院、天津医学高等专科学校、天津海运职业学院、天津中德应用技术大学、天津现代职业技术学院、天津电子信息职业技术学院8所院校的12名学生、2名教师最终入围全国选拔赛。（天津市高等学校图书情报工作委员会）

【“国际视野下的图书馆古籍编目”高级研修班举办】 10月9日，“国际视野下的图书馆古籍编目”高级研修班在天津师范大学开班。此次高级研修班受天津市人力资源和社会保障局“专业技术人才知识更新工程2019年高级研修项目计划”支持，面向全市招收具有高级技术职称的古籍保护专业人员，并吸收部分外地及海外学员。在为期5天的培训中，50余名学员集中接受来自国家图书馆、北京大学、复旦大学、中山大学、美国俄亥俄州立大学等单位古籍保护领域专家的集中授课，培训设计了现场教学、分组研讨等环节。（天津师范大学图书馆）

【组织参加华北地区高校图协第33届学术年会】 10月16—18日，华北地区高校图协第33届学术年会在北京师范大学昌平校区召开，会议主题为“高校图书馆知识开放、资源共建与服务共享”。天津市高校图工委组织14个单位26人参加学术年会，提交论文32篇（其中优秀论文9篇、交流论文23篇）。天津美术学院图书馆刘斌在会上做“高等美术院校图书馆开展学科服务的现状与对策研究”主题发言；天津医科大学图书馆成舒云作为优秀论文代表做“高校图书馆促进思想政治教育智库共建共享的有效途径研究”交流发言。（天津市高等学校图书情报工作委员会）

【第四届全国“大学生阅读推广高峰论坛（2019）”召开】 11月14—16日，由中国图书馆学会阅读推广委员会主办，天津财经大学图书馆和武汉大学图书馆共同承办的第四届全国“大学生阅读推广高峰论坛（2019）”在天津财经大学举行。来自国内图书馆界的20余位专家学者及200余所高校的390余名代表出席会议，交流大学生阅读推广经验，探索校园阅读推广长效机制。（天津市高等学校图书情报工作委员会）

【南开大学图书馆举办百年馆庆系列活动】 2019年，南开大学图书馆喜迎百年华诞，举办一系列馆庆纪念与学术活动。其中，举办“传承与创新——南开大学图书馆百年馆庆暨学术研讨会”及20余场学术报告；聘任澳门科技大学、哈佛大学燕京图书馆、斯坦福大学东亚图书馆、乔治·华盛顿大学图书馆的馆长以及东京大学知名学者为客座研究馆员；与澳门科技大学图书馆签订合作协议；编辑出版《南开大学图书馆建馆一百周年纪念文集》《南开大学图书馆百年纪事》《南开大学图书馆藏古籍善本书目》等出版物；举办“传承与创新——南开大学图书馆百年馆庆展”“故物流芳——古籍特藏图书中的南开故事”等主题展览；举办“百年南开·丽泽讲堂”系列学术与文化讲座。

2019年，南开大学图书馆系列品牌文化活动全面开展，深层次发挥图书馆文化育人功能。开设通识选修课程“名家读经典”，线上推出“丽泽·书缘”栏目、“好书100”线上主题图书推荐栏目并开展“名师领读”“真人图书馆”“艺术大银幕”等活动。图书馆门户网站升级改版。南开大学理科图书馆正式更名为“文中馆”，并于5月22日举行冠名仪式，提升改造工程随即启动。（南开大学图书馆）

【天津大学图书馆构建智慧图书馆服务、育人体系】 2019年，天津大学图书馆采用该馆技术部门开发和与相关厂商合作等多种方式，开展基于微服务架构的智慧图书馆建设工作，构建全新的微服务平台、整合馆内纸电资源元数据，基本实现图书馆馆藏与电子资源的一体化管理和服务、空间预约、VR全景、OPAC服务、图书馆实时数据等功能。下一步，将建设统一的图书馆基础数据平台，建设图书馆用户服务平台，开发更多读者个性化服务内容。

天津大学图书馆始终坚持立德树人根本任务，将图书馆文化育人工作融入学校文化育人整体战略布局之中，优化整合图书馆各类要素，依托丰富的馆藏资源、智能化的服务手段、多元异构的空间环境、特色鲜明的文化活动，开展形式多样、内容丰富的知识传播和文化育人工作，打造集读书交流、人文展览、主题沙龙等于一体的“知学”育人品牌，推出日新书斋、新技术体验区等文化育人特色场所、加强文化育人与思政工作的有机结合，开设通识教育课程。2019年，举办展览、影音欣赏、沙龙、讲坛、读书交流等文化活动共计800余场次，累计2万余人次读者参加。（天津大学图书馆）

【天津中医药大学图书馆举办读书节系列活动】 4月23日，天津中医药大学图书馆庆祝新中国成立70周年暨“传承经典润人生，立德树人携手行”读书节开幕，近200名师生参加。此次读书节共有12项活动，图书馆以67个中外文大型数据库、102万册纸质图书、356万册电子图书、23万册电子期刊为载体，引导青年学子爱读书、读好书，营造良好的学习氛围，突出图书馆在十大服务育人体系中依托课程创新育人、强化资源建设育人、坚持文化引领育人、建设优美环境育人、发挥挂牌基地育人功能。（天津中医药大学图书馆）

【天津财经大学图书馆获“全民阅读示范基地”荣誉称号】 7月31日，天津财经大学图书馆被中国图书馆学会授予“全民阅读示范基地”荣誉称号。该馆申报的“天津财经大学思扬读书会”案例，经中国图书馆学会阅读推广委员会图书馆与社会阅读专业委员会的研议和评审，被评为“2019年中国图书馆学会学术论文和业务案例征集活动一等案例”。（天津财经大学图书馆）

【天津理工大学图书馆推出“图书馆40年历史回顾展”】 9—12月，天津理工大学图书馆举办小型馆史展。展览以展板、实物展柜和电子屏的形式，通过文字、图片和实物回顾图书馆40年的发展历程。展板分历史沿革、现代化之路、馆员风采等部分；实物展柜集中展示不同历史时期的图书资料、借阅证、设备、业务用品等各类展品60余件，其中包括不同校区的馆藏图书，学校第一本硕士、博士学位论文，不同时期的借阅证，曾经使用过的油印机、速录机、投影仪、打号机、软盘、磁带及馆领导工作记录本等；电子屏显示精选的近200个影像资料。（天津理工大学图书馆）

【天津音乐学院图书馆建设黑胶唱片体验馆并开展俄文乐谱回溯建库工作】 2019年，天津音乐学院图书馆通过“中央财政支持地方高校改革发展资金项目”建设拥有高品质音响设备的黑胶唱片体验馆。该馆面积100平方米，集单机欣赏和集中体验于一身，配备奥地利EAT黑胶唱片播放转盘、日本Phasemation黑胶唱片播放唱头、瑞士 Goldmund 高保真功放以及德国 Avantgarde Acoustic 高保真音箱等高品质的音响播放设备，实现示范欣赏、教学科研、学术创作等功能，形成独具特色的视听资料信息共享平台。2019 年，通过俄文乐谱书目信息翻译外包，完成著录信息的翻译工作，并在图书馆多部门协作下，完成俄文乐谱回溯建库工作，现已全部转入流通部。（天津音乐学院图书馆）

河北省

【概况】 2019 年，河北省普通本科高校图书馆聚焦于助力学校“双一流”学科建设，积极创新服务方式和工作内容。在河北省高等学校图书情报工作委员会（以下简称“河北省高校图工委”）的努力下，按规程开展高校图书馆先进评比工作，召开 2019 年河北省高校图书馆年会，举办第三届河北省高校图书馆服务创新案例大赛，进一步加强省内高校图书馆的业务交流与合作，促使省内高校图书馆服务创新工作深入开展。部分高校联合开展诗词大赛、国学大赛等，增强全省高校图书馆队伍活力。高职高专图书馆为助力优质校建设，广泛开展经验交流和有针对性地开展工作。《河北科技图苑》进一步提高和完善办刊工作，提高刊物质量。（河北省高校图工委）

【2019 驻保定高校十校联合“中国知网杯”国学知识竞赛举行】 4 月 27 日，2019 驻保定高校十校联合“中国知网杯”国学知识竞赛总决赛在河北大学图书馆举行。来自河北大学、河北农业大学、河北科技学院、保定学院、河北金融学院、河北软件职业技术学院 6 所院校的 18 位选手从 3200 多名参赛者中胜出，代表学校参加现场决赛。活动分为有问必答、眼疾手快和步步为营 3 个环节，保定学院夺得此次竞赛一等奖，河北大学和河北农业大学并列二等奖，河北金融学院、河北科技学院和河北软件职业技术学院获得三等奖。（河北省高校图工委）

【2019 年全国高职高专院校信息素养大赛工作会议在河北对外经贸职业学院举办】 5 月 17 日，由教育部高等学校图书情报工作委员会高职高专院校分委会与中国高等教育文献保障系统（CALIS）管理中心主办、河北对外经贸职业学院承办、CALIS 全国高职高专信息素养教育基地协办的 2019 年全国高职高专院校信息素养大赛工作会议在北戴河召开，教育部高等学校图书情报工作委员会秘书长、CALIS 管理中心副主任陈凌和河北对外经贸职业学院副院长张继有分别致辞，来自全国 19 个省（直辖市、自治区）的 120 名高职高专院校代表参会。会上，河北对外经贸职业学院院长丁国声代表学院与 CALIS 管理中心签订 CALIS“高职高专图书馆发展行动计划”任务书。此次会议，深入推进信息素养教育在全国高职高专院校的普及，对 2019 年下半年开展的全国高职高专院校信息素养大赛动员及竞赛培训工作做全面部署。（河北省高校图工委）

【河北省第一届“中科杯”掌上诗词大赛举行】 5 月 17—18 日，由河北省高校图工委主办，河北大学图书馆承办的河北省第一届“中科杯”掌上诗词大赛决赛在河北大学图书馆举行。此次大赛由河北省 96 所高校近 2 万名学生参与，经过预赛和复赛的选拔，31 人进入决赛，最后评选出特等奖 1 名、一等奖 10 名、二等奖 20 名。此次大赛是对图书馆工作的创新，可以进一步提升同学们对中国古典诗词和传统文化的热爱，丰富大学生校园文化生活。（河北省高校图工委）

【2019 年河北省各高校开展读书月活动】 2019 年，河北省各高校都开展形式多样的读书月活动。河北大学以“书香中国梦”为主题，开展“坤舆讲坛”、“数据库 / 数字化平台使用推广讲座”、“阅读推广 / 读者交流”和特色展览“阅古赏珍——河北大学图书馆古籍精品展”四大模块活动；燕山大学以“百年薪火谱华章，满园书香育芳华”为主题，举办秒借图书、“芸台购”、“图”文解字和书评传递箱等新阅读服务和主题文化活动；河北师范大学以“做新时代爱读书的追梦人”为主题，分别开展经典诵读比赛、党员阅读分享、共抄《诗经》、优秀纪录片展播、共读经典、盟府讲堂等活动；河北中医学院以“慧 · 悦 · 读”为主题，举办英语口语大赛、“厉害了我的国——朗读亭配音大赛”、“我为古籍画插画”、“书脸活动”等活动；河北工业大学以评选“悦读之星”提高学生的阅读热情；河北

北方学院通过征集有关阅读的原创文章提升活动质量；唐山学院通过承办中国图书馆学会阅读推广委员会主办的“新时代　新阅读　新未来”——全国首届“图书馆杯主题海报创意设计”作品展览，助力开展学校读书日系列活动。（河北省高校图工委）

【2019 年河北省高校图书馆年会召开】 6 月 18—20 日，由河北省高校图工委主办、河北工业大学图书馆承办的 2019 年河北省高校图书馆年会在天津召开。大会前夕，河北省高校图工委常务委员会议召开，河北省高校图工委秘书长做 2018—2019 年的工作汇报，通报第三届河北省高校图书馆服务创新案例大赛和此次年会的筹备情况，并对 2019 年工作设想与委员们交换意见。会前还以“凝心聚力共谋发展，砥砺奋进再写新篇”为主题，召开《河北科技图苑》编委会会议。此次年会由来自 60 多所高校的 160 余名馆员参与，河北省教育厅高教处副处长高明、河北工业大学副校长赵斌等出席大会开幕式并致辞。年会邀请天津大学教授李秋实做报告，河北北方学院图书馆馆长吕建新、河北经贸大学图书馆馆长武占江分别对实际工作进行业务交流。（河北省高校图工委）

【2019 年河北省高校图书馆“典籍收藏与文化传承”研讨会召开】 12 月 6 日，由河北省高校图工委和高等教育出版社主办的河北省高校图书馆“典籍收藏与文化传承”研讨会在河北大学举行。全省各高校图书馆馆长、业务骨干 150 余人参加会议。北京大学信息管理系教授王子舟以“藏书传承与经典阅读”为题做专题报告，河北大学图书馆馆长张如意与河北师范大学图书馆馆长刘绍荣就河北省图书馆典籍建设经验做案例分享，与参会人员进行深度交流。此次论坛进一步深化全省各高校馆对馆藏特色发展建设工作的认识，对其典藏建设起到促进作用。（河北省高校图工委）

山西省

【山西省高校图工委搭建高校图书馆与出版社交流平台】 3 月 29 日，山西省高校图工委联合中新金桥公司及北京万物可知技术有限公司在太原理工大学举办“可知”平台山西推广会。此次推广会的主题为“创新服务模式　促进学科建设”。会议现场，中北大学和太原科技大学分别与“可知”平台签约，达成电子书采购意向。此次推广会进一步加强出版社和山西省高校图书馆之间的交流。（山西大学　赵冬梅）

【山西省高校图工委创办“晋图讲坛”】 5 月，山西省高校图工委创办山西高校图书馆的新品牌“晋图讲坛”，它是山西省高校图工委设立的一个面向全省高校图书馆馆员的开放型知识交流平台，旨在汇聚国内外业界知名专家学者宣讲图书情报领域的前沿理论和最佳实践，通过增长馆员见识、提升馆员能力，为山西省高校图书馆发展发挥具有前瞻性、示范性的引鉴作用。（山西大学　赵冬梅）

【“面向未来，争创一流：高校图书馆智慧服务体系创新发展及学科评价与服务研讨会”举办】 5 月 10 日，山西省高校图工委联合山西超星数图教育科技有限公司在中北大学图书馆举办“面向未来，争创一流：高校图书馆智慧服务体系创新发展及学科评价与服务研讨会”。此次会议针对目前图书馆发展的困境，提出基于微服务架构的智慧图书馆解决方案，针对高校“双一流”发展背景，提出基于中国特色的学科评价体系“CESI”的设计思想，并为高校冲击“双一流”提出几点建议，为山西省高校智慧图书馆服务体系建设提供发展模式。（中北大学　王福明）

【山西省高校图书馆 2019 年馆长会议召开】 5 月 21 日，山西省高校图工委在山西医科大学组织召开以“协同创新，助力高校一流学科建设”为主题的山西省高校图书馆 2019 年馆长会议，来自山西省 45 所高校的 120 余位馆长、副馆长及图书馆专业人员等相关专家参加此次会议。会上，教育部高校图工委副秘书长、北京大学图书馆研究馆员王波传达 2018—2022 年教育部高等学校图书情报工作指导委员会成立暨第一次工作会议精神，并做题为“支持‘双一流’建设的高校图书馆服务创新”的学术报告。山西省高校图工委副秘书长、太原科技大学图书馆馆长赵子龙，山西省高校图工委副秘书长、山西财经大学图书馆馆长王玉宝分别总结 2018 年山西省高校图工委工作和部署 2019 年工作。山西省高校图工委领导为新一届专委会主任、副主任颁发聘书。此次会议促进了各高校图书馆间的交流，与会者就学科服务建设中的各项难点和创新点深入交换意见。（山西大学　赵冬梅）

【山西省高校图工委举办“馆、社、店”文献资源建设交流研讨会】 6 月 13 日，山西省高校图工委联合人天书店在山西大学举办“馆、社、店”文献资源建设交流研讨会。研讨会的主题为“打破馆·社·店三方信息壁垒，完成资源的统筹整合，协同发展互利共赢”。会议特别邀请浙江大学图书馆文献资源建设总监、CALIS 资源建设专家组副组长张军做题为“智慧采访系统理论与实践”的专题报告。此次交流会旨在打造一个图书馆、出版社和馆配商三方深入沟通的平台，实现合作共赢。（山西大学　赵冬梅）

【山西省高校图工委加强与外界合作，提升山西省高校文献资源保障率】 6 月 13 日，山西省高校图工委与国家科技图书文献中心（NSTL）在山西大学联合举办 NSTL 山西地区“全国开通电子资源”开通仪式暨 NSTL 山西地区高校文献资源培训会。会上，双方签署山西地区免费开通科技类电子资源的合作协议，进一步提升山西高校的文献资源保障率。（山西大学　赵冬梅）

【山西大学图书馆首次举办读书月启动仪式】 4 月 23 日，山西大学图书馆举办 2019 年“让经典在校园唱响”读书月启动仪式。副校长梁吉业、图书馆馆长肖珑出席启动仪式并讲话，宣传部、音乐学院相关负责人及校团委、学工部、文学院、法学院、新闻学院、音乐学院等 200 余名师生参加此次活动。此次启动仪式是山西大学图书馆首次举办，营造了浓厚的校园文化氛围。（山西大学　赵冬梅）

【山西大学图书馆与北京大学图书馆签署战略合作协议】 6 月 14 日，北京大学图书馆、山西大学图书馆战略合作研讨会暨签约仪式在山西大学图书馆举办。双方就文献资源交流共享、学科发展支持服务、人才培养支持服务、科研与学术交流、队伍建设等 5 个方面达成合作意向。此次合作是遵循《北京大学支持山西大学建设与发展实施方案》，两校在图书馆建设方面的互助合作，为山西大学推进“双一流”建设，引领山西高校图书馆发展起到积极作用。

10 月 10 日，山西大学图书馆依托北京大学图书馆查新站成立“教育部科技查新工作站山西大学分站（Z01）”，并举行揭牌仪式。此次与北京大学图书馆在科技查新业务方面的合作，开创山西大学图书馆新的服务征程。（山西大学　赵冬梅）

【中文文献资源共建共享合作会议第十三次理事会会议在山西大学图书馆举办】 10 月 10 日，中文文献资源共建共享合作会议第十三次理事会会议在山西大学图书馆举办。此次会议由中文文献资源共建共享合作会议理事会主办，北京大学图书馆和山西大学图书馆承办。国家图书馆副馆长陈樱、中国科学院文献情报中心党委书记何林、北京大学图书馆馆长陈建龙、台湾汉学研究中心副馆长吴英美、香港中央图书馆总馆长郑刘美莉、澳门图书馆暨资讯管理协会理事长王国强等 12 位理事代表出席会议。各位代表分别介绍本地区中文文献资源共建共享的现状，并就发展中遇到的问题和未来的发展方向交换意见。（山西大学　赵冬梅）

【山西医科大学图书馆学习共享空间（LC）面向全校师生开放使用】 3 月 25 日，山西医科大学图书馆学习共享空间（LC）面向全校师生开放使用。此次共开放 12 个共享空间，满足师生团队学习、小组讨论、小班授课、竞赛团队活动等需求。共享空间由读者自主申请，自主使用，图书馆管理人员在平台上进行后台监控。自开放以来，截至 2019 年底，共享空间为全校 300 余团队提供服务，使用 3794 次、20014 人次，累计使用时长达 29527 小时。（山西医科大学　李庆杰）

【山西医科大学图书馆成立百川读书会】 10 月 8 日，为充分发挥图书馆在人才培养工作中第二课堂的作用，帮助学生解决选书困难、精力有限、阅读面窄等问题，山西医科大学图书馆成立百川读书会，旨在让没有时间读书、不知道如何选书和希望通过读书来提升自身素养的大学生，以视频、音频、图文等多种方式进行线下翻转式阅读。每周挑选一本与大学生学习、社交、职业规划、心灵成长等方面有关的优质书籍进行视频＋真人的深度解读，用一个小时让学生吸收一本书的精华内容。读书会通过举办活动、指导阅读、成立兴趣小组等多样化的方式，帮助学生培养深度阅读的习惯，让阅读成为学生增长见识、丰富知识的重要手段。（山西医科大学　马佳）

【太原理工大学图书馆举办“跟习近平总书记学读书——肖像画家王川邻读书专题绘画作品展及图书展”等系列活动】 2019年，太原理工大学图书馆以“4·23世界读书日”活动为契机，开展图书馆馆徽征集评选。同时，先后举办“跟习近平总书记学读书——肖像画家王川邻读书专题绘画作品展及图书展”、“阅青春”千人诵读大会、“书囊无底，贵在躬行”征文比赛、“重温经典，朗诵青春”朗诵比赛、“美丽太理·不说离愁”影像美术作品大赛等活动，充分发挥图书馆作为文化宣传高地所起的文化传承、文化引领作用，将“三全育人”工作全面落实。（太原理工大学　闫国伟）

【山西财经大学图书馆开通嵌入式信息咨询服务】 3月21日，山西财经大学图书馆开通教师服务微信群和QQ群，面向一线教学和科研人员提供嵌入式实时信息咨询服务。除开展文献传递服务之外，还提供学科专题经典内容推荐、选刊SCI投稿发文指导、外文学术不端检测、语法校对等服务。截至2019年底，有1084位用户加入服务群接受服务。（山西财经大学　王玉宝）

【山西财经大学图书馆学科服务再上新台阶】 12月20日，山西财经大学图书馆组织撰写了《山西财经大学科研成果引文分析报告》（1990年至2019年）和《山西财经大学潜力学科分析报告》。报告对山西财经大学的总体科研产出、科研合作关系、学术影响力以及学校重点学科的学术影响力和发展情况做了客观的评估评价，对准确把握学校在国内外的科研水平和学科的发展态势提供有力的数据支撑。（山西财经大学　王玉宝）

【太原师范学院图书馆荣获“2019年度山西省十大阅读推广机构”荣誉称号】 9月26日，中共山西省委宣传部下发《关于公布2019年度“读书人物”和“阅读推广机构”的通知》（晋宣字〔2019〕65号），太原师范学院图书馆入选2019年度山西省“十大阅读推广机构”。（太原师范学院　李慧香）

内蒙古自治区

【内蒙古民族大学图书馆举办世界读书日“闪读”活动】 4月23日，内蒙古民族大学图书馆在二楼大厅举办世界读书日“闪读”活动。校蒙古语读书协会成员、馆员及现场招募的学生百余人参加活动。图书馆馆长宝龙带领大家诵读《中国图书馆界4·23全民阅读活动倡议书》。副馆长胡丽心和馆员包彩华带领学生共同诵读经典篇章《师说》《生于忧患，死于安乐》和蒙古族诗歌《蓝缎子的蒙古袍》。诵读结束后，图书馆党总支书记齐日麦图等领导向参加闪读的学生每人赠送一本《中华传统文化百部经典》。（内蒙古自治区图书馆学会　乌兰格日勒　李文清）

【2019年内蒙古自治区知识产权宣传周暨内蒙古农业大学第五届读书月活动启动】 4月23日，内蒙古农业大学“严格知识产权保护、营造书香校园文化”读书月活动启动仪式在内蒙古农业大学图书馆广场举行。该校副校长刘廷玺、图书馆馆长付学良，内蒙古自治区知识产权局局长李东升等领导出席启动仪式。同方知网、超星集团等数据厂商及省市媒体、师生代表等300余人参加此次活动。（内蒙古自治区图书馆学会　乌兰格日勒　李文清）

【内蒙古医科大学图书馆举办“学科服务面对面——走进蒙医药学院”活动】 5月9日，内蒙古医科大学图书馆举办读书月系列活动之“学科服务面对面——走进蒙医药学院”。会议邀请蒙医药学院副院长松林、各教研室主任、学科服务教师顾问、研究生，图书馆党总支副书记、副馆长、各部室主任及全体学科馆员参加。与会人员就蒙医药学科服务、资源建设、信息服务、知识产权服务及蒙医药文献数字化建设等方面内容进行交流和答疑。（内蒙古自治区图书馆学会　乌兰格日勒　李文清）

【内蒙古大学图书馆获得“2018—2019年度CALIS联合目录馆藏数据建设先进单位”等3项荣誉】 2019年，内蒙古大学图书馆被中国高等教育文献保障系统（CALIS）授予“2018—2019年度CALIS联合目录日文数据库建设先进单位”“CALIS联合目录中文数据库建设先进单位”“CALIS联合目录西文数据库建设先进单位”3项荣誉称号。作为CALIS联合目录成员馆，内蒙古大学图书馆一直积极参与馆藏数据库共建共享工作，2018—2019年度CALIS联合目录馆藏上载量17640条、中文书目数据上载量6237条、西文书目数据上载量940条。（内蒙古自治区图书馆学会　乌兰格日勒　李文清）

【内蒙古大学图书馆开展“追寻总书记足迹”系列活动】 7月15—16日，中共中央总书记、国家主席、中央军委主席习近平在内蒙古考察并指导开展“不忘初心、牢记使命”主题教育。7月16日，习近平总书记来到内蒙古大学，听取学校建设发展、教学科研、人才培养、思想政治建设等工作情况介绍，在内蒙古大学图书馆察看蒙古语言文学历史成果图书展示并与同学们亲切交谈。随后，该馆开展“追寻总书记足迹”系列活动，接待各地、各界人士2000余人次，讲解156场。来访人员从自治区领导、机关干部、研究人员、高校教师、学生到中国人民解放军和应急救援部队官兵、社区基层工作人员、记者等各行各业的社会人士。（内蒙古自治区图书馆学会　乌兰格日勒　李文清）

【鄂尔多斯应用技术学院图书馆联合读书知新社举办“知网杯”创意写作大赛】 12月3日，由鄂尔多斯应用技术学院图书馆主办、读书知新社承办的“知网杯”创意写作大赛决赛在图书馆五楼报告厅举行。图书馆副馆长门克内木乐、综合服务部主任额尔定其其格、阅读推广人乌兰婵娜参加活动并担任比赛评委。征文活动历时一周，共收到两校区近百份投稿，经社团指导老师初选，18名选手晋级决赛。最终评出一等奖1名、二等奖3名、三等奖4名。（内蒙古自治区图书馆学会　乌兰格日勒　李文清）

【“智慧·融合·跨越”图书馆智慧管理与服务创新研讨会暨内蒙古财经大学智慧图书馆上线仪式举行】 12月19日，由内蒙古自治区高等学校图书馆工作委员会、内蒙古财经大学主办，内蒙古超星信息技术有限公司协办的“智慧·融合·跨越”高校图书馆智慧管理与服务创新研讨会暨内蒙古财经大学智慧图书馆上线仪式在内蒙古财经大学图书馆举行。来自全区20余所高校、共100余名图书馆同人出席研讨会。内蒙古财经大学副校长侯淑霞，内蒙古大学图书馆馆长刘实，内蒙古财经大学图书馆馆长李宏旺、副馆长李洪升，超星集团副总裁张龙岐等领导和专家分别致辞及做主题汇报。（内蒙古自治区图书馆学会　乌兰格日勒　李文清）

吉林省

【东北师范大学图书馆举办“澳大利亚高校图书馆管理与学科服务创新”学术报告会】 5月15日，东北师范大学图书馆举办“澳大利亚高校图书馆管理与学科服务创新”学术报告会。会议邀请澳大利亚麦考瑞大学图书馆原馆长JoAnne Sparks做主题报告，来自吉林省各高校馆、公共馆的参会代表，东北师范大学图书馆学系师生以及图书馆工作人员共计150余人参加报告会。会议由东北师范大学图书馆党总支书记刘万国主持。JoAnne Sparks分享麦考瑞大学图书馆的创新管理经验，提出图书馆应以“着眼未来、共享知识”为核心目标，制订以行动为导向的战略计划，加强开放、连接、交流，实现“一致性、灵活性、战略性”的合作，促进发展，提升影响力，他还与参会人员就数字资源长期保存、图书馆经费预算、人员学术交流等内容进行互动交流。（东北师范大学图书馆）

【东北师范大学图书馆参加首批高校国家知识产权信息服务中心授牌仪式】 5月22日，国家知识产权局和教育部在广州举办2019年高校国家知识产权信息服务中心研讨交流活动。东北师范大学与北京大学、清华大学等23所高校成为全国首批高校国家知识产权信息服务中心，东北师范大学图书馆馆长邹云龙代表学校接受授牌。（东北师范大学图书馆）

【智慧图书馆理论与实践论坛在北华大学图书馆举办】 12月27日，由吉林省图书馆学会、吉林省高等学校图书情报工作委员会、吉林省图书馆学会图书馆管理委员会主办，北华大学图书馆承办的智慧图书馆理论与实践论坛暨2019年吉林省图书馆管理委员会年会在吉林市召开。会议以“智慧图书馆理论与实践”为主题，全省60余名代表参加。会议由北华大学图书馆党总支书记苏丽主持，北华大学副校长时君友，吉林省图书馆学会理事长、省图书馆馆长赵瑞军，省高校图工委主任、吉林大学图书馆馆长禹平，维普营销中心总监卓应忠与北华大学图书馆馆长王毅军共同按下“北华大学智慧图书馆上线”按钮。期间，宁波大学大数据管理研究中心主任刘伯嵩、电子科技大学图书馆党总支书记李泰峰、维普营销中心总监卓应忠和王毅军围绕主题，做多场学术报告。维普产品中心经理魏铭、北华大学图书馆东校区馆借阅服务部主任齐海晶现场演示北华大学智慧图书馆业务门户平台、图书馆智慧排架与智慧空间建设。（北华大学图书馆）

黑龙江省

【概况】 2019年，黑龙江省共有高校图书馆81个，其中本科院校图书馆39个（含民办12个），高职高专院校图书馆42个（含民办6个）。高校图书馆均保持每周90小时以上对校园读者开放，并积极响应国家全民阅读的新风尚，推进校园文化建设，开展丰富多彩、形式多样的阅读推广活动。秉承国家精神、借鉴其他省经验，完善自身的运行机制、合作模式和服务方式。发挥组织机构和学术团体的双重功能，促进和完善高校图书情报工作委员会和CALIS省中心职能融合共建。黑龙江省高校图书情报工作委员会（以下简称“黑龙江省高校图工委”）完成换届工作，成立第九届图工委。（黑龙江省图书馆学会秘书处）

【黑龙江省高校图书馆馆长年会召开】 经黑龙江省教育厅批示，黑龙江省第九届高校图书情报工作委员会秘书长单位由东北农业大学图书馆调整到哈尔滨工业大学（以下简称“哈工大”）图书馆。为更好发挥图工委的工作职能，6月3日，2018年度黑龙江省高校图书馆馆长年会在哈尔滨召开。来自全省56所高校图书馆的馆长、书记、副馆长及“最美馆员”获得者共计145位代表参会。会议主题是“扬帆远航、再创辉煌”。会议分两个阶段进行：第一阶段，进行黑龙江省高校图工委换届工作。上一届图工委副秘书长、东北农业大学图书馆副馆长乔颖汇报第八届图工委工作报告和财务报告。新任图工委秘书长、哈工大图书馆馆长张广玉介绍第九届图工委的工作规划。黑龙江大学信息管理学院教授马海群宣读课题评审原则及课题结题结果，并对下次课题项目的申报提出总体要求。哈尔滨工程大学图书馆副馆长胡乃志揭晓首届黑龙江省高校图书馆最美馆员名单，共有28名工作在一线的馆员获此殊荣。第二阶段，召开创新服务专题学术报告会。由齐齐哈尔大学图书馆馆长宋波主持。会议邀请吉林大学CASHL东北区域中心业务主管李爱华和浙江大学CADAL项目管理中心服务部主任陈海英，分别从CASHL和CADAL的角度，介绍特色资源与共享服务工作。新任图工委常务副秘书长、哈工大图书馆副馆长郭健民做“高校图书馆创新服务”专题报告。

主旨会议结束后，在哈工大二区图书馆召开高职高专馆长专题研讨会，全省近30所高职高专院校图书馆的馆长参会。会议由教育部高校图工委高职高专分委会委员、黑龙江省高校图工委副主任兼高职高专分委会秘书长、黑龙江建筑职业技术学院图书馆馆长武爱斌主持。会议研讨了高职高专分委会2018年度总结及2019年度工作计划、大学数字图书馆国际合作计划（CADAL）、全国高职高专院校信息素养大赛黑龙江省赛区预赛筹备等相关内容。（黑龙江省图书馆学会秘书处）

【黑龙江省图书馆学会辅导培训工作委员会与黑龙江大学信息管理学院联合组织学术报告会】 6月，黑龙江省图书馆学会辅导培训工作委员会与黑龙江大学信息管理学院在该校汇文楼先后举办两场学术报告会。18日，邀请武汉大学信息管理学院博士生导师司莉做“国外图书情报与档案管理学科发展调研报告”专题学术报告。20日，邀请哈尔滨工业大学经济与管理学院院长、博士生导师叶强做“大数据背景下的管理研究”学术报告。（黑龙江省图书馆学会秘书处）

【“十四五”发展规划专题专家报告会召

开】 10月25日，由黑龙江省图书馆学会学术研究委员会、黑龙江省高校图工委联合主办，哈尔滨工程大学图书馆承办，超星集团黑龙江分公司协办的“十四五”发展规划专题专家报告会在哈尔滨工程大学图书馆召开，该馆党总支书记、副馆长胡乃志主持会议。省图书馆学会理事长、省图书馆馆长高文华，省高校图工委常务副秘书长郭健民，哈尔滨工程大学图书馆馆长许兆新出席会议并致辞。会议邀请南开大学商学院信息资源管理系教授柯平做“图书馆‘十四五’规划的‘情景与战略’”专题学术报告。全省公共图书馆和高校图书馆的馆长以及发展规划编制相关人员近200人参会。（黑龙江省图书馆学会秘书处）

【黑龙江省高校图工委举办专题学术报告会】 12月13日，由黑龙江省高校图工委主办、哈尔滨工程大学图书馆承办的“面向‘十四五’图书馆业务布局与能力建设”专题学术报告会在哈尔滨工程大学图书馆举行。中国科学院文献情报中心期刊出版运营总监、中国科学院大学图书情报与档案管理系主任初景利做专题学术报告。全省高校图书馆馆长、馆员200余人参会。（黑龙江省图书馆学会秘书处）

【2019年度黑龙江省高校图书馆部主任研讨会召开】 11月1日，2019年度黑龙江省高校图书馆部主任研讨会在哈尔滨工业大学图书馆召开，会议主题为“CALIS与各高校图书馆发展暨图书馆智慧管理与智慧创新”。哈尔滨工业大学图书馆馆长、黑龙江省高校图工委秘书长张广玉致辞。CALIS黑龙江省中心主任、省高校图工委副秘书长初源莉，中国索引协会副理事长、超星集团副总经理叶艳鸣，超星智慧图书馆产品总监宋志森，省高校图工委常务副秘书长郭健民分别做专题学术报告。共有46家成员馆、220余人参会。（黑龙江省图书馆学会秘书处）

【黑龙江省高校图工委组织第六届课题立项评审会】 12月9日，黑龙江省高校图工委第六届课题立项评审会在哈尔滨工业大学图书馆召开。26家会员单位共申报课题140项。经过专家组评审，100项课题获得立项，其中重点课题10项、一般课题75项、青年课题15项，40项课题不予立项。（黑龙江省图书馆学会秘书处）

上海市

【概况】 2019年，上海市普通高等学校共64所（本科院校32所、高职高专及民办本科32所），高校图书馆的文献资源累积量稳步增加。持续推进“长三角地区高校图书馆联盟——中文电子书数据库”建设，新增电子书9300册，总量5万余种，实现长三角地区“三省一市”232所高校图书馆电子书资源服务全面覆盖。推广“长三角地区高校图书馆联盟——随书光盘云服务”平台，光盘资源总量9.1万余张。制订《长三角高校图书馆联盟新进馆员培训方案》《长三角高校图书馆联盟学科馆员培训方案》，推动长三角高校图书馆人才培训规范化、制度化和标准化。

2019年，上海市高校图书情报工作委员会（以下简称“上海市高校图工委”）组织开展全市范围高校图书馆学术研讨、文化交流、赛事活动20余次。举办2019信息素养教育学术沙龙、上海民办高校图书馆协同发展研讨会、2019年“新时代高校图书馆建设与发展”馆长论坛、2019科技大数据创新发展大会、第12届图书馆管理与服务创新论坛、图书馆学术论坛、2019长三角地区高校图书馆联盟学科馆员研讨会等学术会议。举办各类文化活动与比赛，包括2019上海高校图书馆“人天杯”诗歌创作及朗诵大会、“慧源共享”上海高校开放数据创新研究大赛、“万方杯”全国检索课件大赛、第5届“知网杯”上海高校信息资源发现大赛等。召开2019年上海市高校图工委常委会会议、2019年上海市高校图工委年终总结大会等工作会议；编制发布《2018年上海高校图书馆发展报告》。（上海市图书馆学会）

【上海市高校图工委举办上海民办高校图书馆协同发展研讨会】 5月31日，由上海市高校图工委、上海视觉艺术学院主办，上海杉达学院、上海建桥学院、《图书馆杂志》、《上海高校图书情报工作研究》等协办的上海民办高校图书馆协同发展研讨会在上海视觉艺术学院举办。上海市高校图工委、民办教育研究所专家，上海市、江浙两省民办高校图书馆馆长及业务骨干，上海视觉艺术学院相关领导等60余人出席此次研讨会。各位专家围绕“民办高校图书馆协同发展”主题，探讨民办教育未来怎么走，民办高校图书馆如何有效开展学术活动以及上海民办高校图书馆的发展状况、学科服务、文化建设、服务创新等议题。（上海市图书馆学会）

【上海市高校图工委举办 2019 年“新时代高校图书馆建设与发展”馆长论坛】 6 月 19 日，由上海市高校图工委、东华大学图书馆主办的 2019 年“新时代高校图书馆建设与发展”馆长论坛在东华大学召开。此次论坛邀请上海交通大学图书馆馆长陈进、湖南大学图书馆馆长郑章飞、东南大学图书馆馆长李爱国、同方知网高等教育事业本部副总经理强浩做主题报告，上海、江苏和浙江各高校图书馆的 100 余名馆长等代表与会。论坛主要研讨大学图书馆建设的关键问题、互联网 + 时代高校图书馆组织结构变革、学术图书馆转型与服务边界等主题。（上海市图书馆学会）

【上海高校图书馆事实数据统计平台一期项目验收展示会召开】 7 月 16 日，上海高校图书馆事实数据统计平台一期项目验收展示会在上海交通大学徐汇校区包兆龙图书馆召开。上海市高校图工委秘书长陈进、副秘书长潘卫，项目标准组和技术组的主要负责人等出席此次会议。由上海市高校图工委牵头建设的上海高校图书馆事实数据统计平台，基于全国高校图书馆的事实数据，在整体架构、数据指标体系和系统功能方面有延伸性考量和设计。2019 年该平台基本建成，实现高校图书馆事实数据填报、收割，并提供一站式、智能化、智慧化服务。（上海市图书馆学会）

【2019 长三角地区高校图书馆联盟学科馆员研讨会召开】 11 月 20—21 日，由长三角地区高校图书馆联盟、上海市高校图工委主办，上海交通大学图书馆承办的 2019 长三角地区高校图书馆联盟学科馆员研讨会在上海交通大学召开。此次研讨会由主题报告、上机实习与答疑、分组研讨与汇报、专家打分点评等环节组成。来自各高校图书馆、研究院所等 48 家单位的 81 名学员参会并最终获得长三角地区高校图书馆联盟颁发的证书。（上海市图书馆学会）

【复旦大学举办“陈毅与上海——纪念上海解放 70 周年图片、资料展”】 5 月 20 日—6 月 19 日，由复旦大学和杨浦区委主办，复旦大学图书馆和党委宣传部、档案馆承办的“陈毅与上海——纪念上海解放 70 周年图片、资料展”在复旦大学光华楼志和堂举办。陈毅元帅长子陈昊苏、女儿丛军，复旦大学党委书记焦扬，上海市委党史研究室主任徐建刚，杨浦区委书记李跃旗、副书记邓小东，上海市新四军历史研究会秘书长颜宁等嘉宾出席开展仪式。此次展览分“解放与接管”“改造与奠基”“建设与腾飞”“缅怀与纪念”“毅公与复旦”5 个部分，通过各种资料和大量珍贵图片，以弘扬陈毅元帅等老一辈革命家的奉献精神和崇高风范、讴歌新中国和上海建设伟大成就为主线，展现陈毅元帅在上海的革命历程和他与这座城市的不解之缘，也展示了上海解放以来各项事业取得的巨大成就。（上海市图书馆学会）

【复旦大学文物保护创新研究院成立】 11 月 12 日，复旦大学文物保护创新研究院成立大会暨文物保护创新高峰论坛在复旦大学举行。来自文化和旅游部、国家图书馆、上海博物馆、上海图书馆、上海市档案馆、上海市历史博物馆、上海方志办的领导，以及海内外高校图书馆和博物馆的专家学者共 300 余人参加会议。复旦大学文物保护创新研究院与上海市历史博物馆、上海市档案局（馆）共建研究和实践基地同时揭牌成立。复旦大学在中华古籍保护研究院成立 5 周年之际，成立文物保护创新研究院，旨在把握“让文物活起来”的机遇发展期，以“人才培养机制创新、科研机制创新、成果转化机制创新”为抓手，在中华古籍保护研究院基础上，与政府、企业、文物与博物馆界以及社会力量合作，探索建立文物服务业、文物衍生产业的产学研结合平台。（上海市图书馆学会）

【上海交通大学入选首批高校国家知识产权信息服务中心】 3 月，上海交通大学入选首批高校国家知识产权信息服务中心，成为 23 家首批入选单位之一。上海交通大学知识产权信息服务中心旨在围绕学校“双一流”建设的战略目标，协同校内外相关机构，综合建设、管理、挖掘、利用知识产权信息，为学校创新人才培养、

学科建设、科研布局、协同创新、管理决策以及成果转移转化提供高质量、有成效的知识产权信息服务。（上海市图书馆学会）

【2019上海交通大学李政道科学与艺术讲座基金系列活动举办】 11月23—24日，2019上海交通大学李政道科学与艺术讲座基金系列活动——李政道科学与艺术讲座基金作品展开幕式、李政道科学与艺术作品大奖赛颁奖典礼、李政道科学与艺术讲座、李政道科学与艺术育人研讨会在上海交通大学李政道图书馆、上海月湖雕塑公园相继举行。此次活动由上海交通大学李政道科学与艺术委员会、中华国际科学交流基金会、上海科技馆、中国科学院大学、上海月湖雕塑公园等单位联合主办。此届李政道科学与艺术作品大奖赛共收到来自世界各地的197名作者的195件参赛作品，最终评选出优秀作品46件。"科艺相通——李政道科学与艺术讲座基金作品展"沪上巡展继续推进，巡展单位包括上海交通大学医学院、上海电力大学、上海月湖雕塑公园、上海电机学院等。"心通天宇"系列讲座共举办6场次，分别走进高校、小学及公共场馆。李政道数字资源中心全年访问量超过20万人次，微信及微博平台共发布相关文案112篇，累计阅读量逾85万次。（上海市图书馆学会）

【同济大学图书馆举办2019年"经典共读"阅读推广活动】 2019年上半年，同济大学图书馆与土木工程学院、经济与管理学院、汽车学院、外语学院合作，举办红色经典共读主题系列活动，历时49天，覆盖35个班级，共计687人参与，书写线上书评3079篇，举办线下活动9场。下半年，该馆与新生院合作，为新生定制"新济·悦读"经典共读主题系列活动，共计3326名新生加入"校史大讲堂"共读专题。（上海市图书馆学会）

【同济大学举办"言·象·意——汉字的传承与传播"系列活动】 11月13日，由同济大学与中国文字博物馆联合举办的"言·象·意——汉字的传承与传播"系列活动在同济大学闻学堂开幕。此次系列活动由主题展览、学术论坛、互动体验活动等组成。主题展览包括中国文字博物馆面向国内外的大型文化精品展览——"汉字"展，海南省作家协会副主席梅国云的"笔外意象——汉字创意书法展"，以及同济大学师生原创的"言不尽意——汉字创意海报、作品展"。学术论坛邀请同济大学、清华大学、武汉大学、南京艺术学院等国内多所高校的学者专家做文化讲座4场，内容涵盖汉字文化的溯源以及汉字图形的创意传播，近300余人次参加。活动期间，闻学堂共举办5场"甲骨拓印、活字印刷、甲骨文十二生肖雕版印刷"互动体验活动，100余人次参加。（上海市图书馆学会）

【华东师范大学图书馆数字人文服务空间启用】 华东师范大学图书馆数字人文服务空间位于闵行校区图书馆主楼4楼，于5月22日建成并开启使用。启用仪式上，图书馆邀请上海图书馆副馆长刘炜以"全球视野下的数字人文实践"为题做专题报告。图书馆数字人文服务空间配备先进的现代技术设备，能满足数字人文研究各种需求。以此为基础，图书馆开展多种形式的数字人文沙龙活动，举办学术讲座和研讨会、技术培训与实践交流活动。（上海市图书馆学会）

【华东师范大学图书馆影印出版《宋拓多宝佛塔碑》《华东师范大学西文藏书票图录选刊》】 华东师范大学图书馆所藏镇馆之宝宋拓本《多宝塔碑》为锦面经折装，宋代白麻纸拓印，毡蜡精湛，纸墨淳古，内侧旧题隶书"宋拓多宝佛塔碑　内府旧装"字样，为典型的明代内府库装式样。此拓本是20世纪50年代该馆从上海古籍书店以500元高价购入。为迎接华东师范大学68周年校庆，该馆与华东师范大学出版社合作，将此拓本按精装本、仿真复制本两种装帧形式影印出版，并于10月17日举行《宋拓多宝佛塔碑》新书发布会暨研讨会。该馆还在馆藏西文旧藏中觅得藏书票100余枚，编纂成《华东师范大学西文藏书票图录选刊》，由华东师范大学出版社于10月影印出版。该书既反映特定年代的图书装饰特点与文化旨趣，也揭示了华东师范大学的部分收藏历史及特色馆藏的风貌。（上海市图书馆学会）

【上海大学钱伟长纪念展开幕暨钱伟长图书馆正式开馆】 5月27日，在上海解放70周年和新上海大学成立25周年之际，钱伟长纪念展开幕仪式在上海大学宝山校区东区钱伟长图书馆举行。上海市教委副主任倪闽景，上海市文化旅游局副局长、市文物局副局长褚晓波，上海大学校友、美国艺术与科学院院士、旧金山亚洲艺术博物馆馆长许杰，上海大学原党委书记方明伦，原校办主任、钱伟长纪念展专家代表曾文彪，校领导班子成员以及学校相关部处（学院）负责人、教师和学生代表近200人出席开幕仪式。钱伟长纪念展开幕之日，也是钱伟长图书馆正式对外开放的第一天。钱伟长图书馆占地18000多平方米，集图书馆、博物馆、纪念馆、校史馆等实体空间为一体，融上海大学博物馆实体馆藏、钱伟长纪念展展厅、上海大学校史展展厅、图书馆读者服务等多功能于一体。（上海市图书馆学会）

【2019年上海高校分类评价与管理及学科发展研讨会举行】 12月4—5日，由上海大学图书馆、上海市教育评估院、上海市高校图工委等主办的2019年上海高校分类评价与管理及学科发展研讨会在上海大学图书馆举行。研讨会邀请上海市教委督导室副主任戴勇、上海大学图书馆馆长潘守永、同济大学发展规划部部长蔡三发等专家，分别就高校“双一流”建设、高校分类管理和学科发展领域的热点问题做专题报告。来自华东地区和武汉、北京、西安等地47所高校的113位专家、馆员参加会议，就上海高校分类评价的实践和展望，图书馆实践深化服务、助力人才培养，图书馆学科服务建设，高校分类评价、管理和学科建设等议题进行探讨。（上海市图书馆学会）

【现代医学教育博物馆在上海健康医学院落成】 9月26日，由上海健康医学院图书馆、文理教学部和收藏家上官万平共同打造的现代医学教育博物馆历时一年多的筹建在上海健康医学院新南苑正式开馆。该馆是中国第一所全面记录和展示现代医学教育历史的专题博物馆，展出面积500平方米，分为临床医学馆、护理馆、药学馆和医工医技馆，展出16个门类、1500余件物品。该馆对校内外开放，至2019年底，已接待校内外观众1200余人次。（上海市图书馆学会）

【上海健康医学院无纸化图书馆开馆】 12月30日，上海健康医学院无纸化图书馆揭幕仪式在新南苑5号楼举行，标志着国内第一家无纸化图书馆建成并投入使用。该馆位于新南苑5号楼6—11层，建筑面积7647平方米，无纸质馆藏图书，读者座位约1000个，研讨室13间，并有活动室和会议室6间，可供师生预约使用；另设有咖啡厅和视听学习空间等不同功能区域。该馆以“共建、共享、共生”为建馆理念，以场馆建设要“从简单场馆变成教学的场景、从普通的空间变成学习的平台、从一般共用变成特色品牌”为目标进行建设，旨在打造成为全校师生的学习中心、交流中心和文化中心。（上海市图书馆学会）

【上海第二工业大学举办“不忘初心　牢记使命——陈云与党风廉政建设专题展”】 由陈云纪念馆和上海第二工业大学主办的“不忘初心　牢记使命——陈云与党风廉政建设专题展”在上海第二工业大学图书馆举办，展览时间为11月4日—12月18日。此次展览分为“殚精竭虑、端正党风”“雷厉风行、反腐倡廉”“严于律己、廉政垂范”3个部分，展现了陈云一心为公、清正廉洁的一生。此次展览与校内的师生廉政文化作品展一同展出，吸引校内外上千名观众前来参观。此外，邀请陈云纪念馆陈列编研部主任、全国陈云思想生平研究会副秘书长房中为全校师生做主题为“陈云家风——共产党人家风的典范”的讲座。（上海市图书馆学会）

【上海杉达学院图书馆开展阅读推广系列活动】 3月1日—6月30日，上海杉达学院图书馆以“学习时代”为主题，开展2019年“世界读书日”阅读推广系列活动。系列活动包括“学习时代”图书展、“世界读书日”的由来图文展示、文献检索技巧课程、图书漂流、“现采”活动、“你选书，我赠送”活动、推选2018—2019学年“阅读之星”、读者阅读需求大调查和“多读书、读好书”阅读征文等9个方面内容。同时，该馆参加了嘉兴地区图书馆联盟首届“世界读书日”系列活动，累计参与主题图片展、书展、知识问答竞赛、演讲、主题研讨、讲座、征文、阅读、书画等活动13项。上海杉达学院嘉善光彪学院学生办、团委、演讲平台、图书馆还联合承办“习声

回响——担当民族复兴大任的时代新人”演讲比赛。(上海市图书馆学会)

【上海建桥学院国政馆开馆】 12月8日，上海建桥学院国政馆开馆仪式在该校行政中心一楼大厅举行。上海市人民政府网站、中国教育新闻网、人民网、《解放日报》、《文汇报》等10余家主流新闻媒体报道了国政馆落成开馆消息。国政馆位于上海建桥学院雷锋馆对侧，展馆面积425平方米，通过布置国家政治制度、经济制度、文化强国、国家安全、蓝图绘就、激励奋斗、国家战略等11个展区，介绍国家的大政方针，宣传党的基本理论、基本路线、基本方略。展陈形式上主要运用文字框表、历史图片、影像播放等方式，展示新中国成立以来中国的政治经济等发展脉络，宣传中国特色社会主义制度优势。(上海市图书馆学会)

江苏省

【图书馆智慧管理与服务创新论坛在南京大学举行】 4月26日，由南京大学图书馆主办、北京超星公司和南京图星公司协办的图书馆智慧管理与服务创新论坛在南京大学举行，来自全国高校图书馆界的1700余位同行专家共同探讨新理念、新技术、新方法在高校图书馆的实践与应用。会上正式发布南京大学图书馆新一代智慧图书管理系统，智慧图书馆建设全面启动。南京大学图书馆馆长程章灿在会上介绍智慧图书馆、数据管理、学科服务，特别是新一代图书馆系统等热门话题。南京大学图书馆副馆长邵波、中山大学文献与文化遗产管理部主任程焕文、武汉大学图书馆馆长王新才、复旦大学出版社董事长严峰、浙江大学图书馆副馆长张军、中国人民大学图书馆副馆长张丹东等专家，分别围绕智慧图书馆建设与管理等主题做学术报告。(江苏省图书馆学会　李浩　董莹　储兰)

【高校图书馆东亚文献国际合作工作会议在南京大学图书馆召开】 5月14日，高校图书馆东亚文献国际合作工作会议在南京大学图书馆召开，来自美国哈佛燕京图书馆、芝加哥大学东亚图书馆、普林斯顿大学东亚图书馆、华盛顿大学东亚图书馆、俄亥俄州立大学图书馆、加拿大多伦多大学图书馆、英属哥伦比亚大学图书馆、日本早稻田大学、韩国首尔大学奎章阁韩国学研究院以及北京大学、清华大学、复旦大学等国内各大高校图书馆的馆长和专家学者近40人与会。会议共安排18个专题发言，与会代表围绕各馆特色资源的收集、整理、数字化加工、开发、利用介绍相关经验，并就数字化时代下高校图书馆的中文特色馆藏、未来东亚文献国际合作工作方向和合作路径展开讨论，希望通过策划具体合作项目进一步推动东亚文献资源的共建共享。(江苏省图书馆学会　李浩　董莹　储兰)

【第三届江苏省高校文献资源市场新生态研讨会在常熟举行】 5月23—25日，第三届江苏省高校文献资源市场新生态研讨会在常熟举行。此次会议由江苏省高校图工委文献资源建设专业委员会主办，常熟理工学院图书馆承办。常熟理工学院、江苏省高校图工委等单位领导，全省64所高校的100多名文献资源建设专家以及来自全国各地的30多家文献资源服务商出席研讨会。此次研讨会举办6场专家报告。南京大学信息管理学院教授郑建明、中科院文献情报中心副研究馆员赵艳、万方数据副总经理乔晓东、中国图书进出口(集团)总公司报刊业务总监李文凯、华东师范大学中国现代文学资料与研究中心主任陈子善、中国科学技术大学图书馆高级顾问罗昭锋，分别做题为“数字资源建设的基本职能与主体责任”“开放获取国际进展与中国实践”“开放科学环境中的学术资源融合与精准服务”“打造数字内容服务新生态助力高校双一流学科建设”“中国近代文献保护工程”“资深用户看图书馆的未来”的报告。(江苏省图书馆学会　李浩　董莹　储兰)

【南京地区高校图书馆CADAL Open API系统对接及资源服务研讨会在南京大学图书馆召开】 6月21日，南京地区高校图书馆CADAL Open API系统对接及资源服务研讨会在南京大学图书馆召开，来自南京师范大学、南京航空航天大学、南京艺术学院、南京财经大学、南京医科大学等10余所南京本科院校图书馆的馆长、资源建设及技术相关人员出席。此次会议通过易拉宝、宣传册、宣传页、专题报告等多种形式宣传推广CADAL资源服务，并且围绕一些关键问题进行重点探讨。会后，咨询与申请开通 CADAL 资源服务、准备对接 API 系统的地区馆数量都有不同程度的增加。（江苏省图书馆学会　李浩　董莹　储兰）

【江苏省高校图工委情报咨询专业委员会 2019 年学术年会暨情报咨询成果交流会在江苏海洋大学召开】 10 月 28—30 日，江苏省高校图工委情报咨询专业委员会 2019 年学术年会暨情报咨询成果交流会在江苏海洋大学召开。会议以“大数据与学科服务”为主题，安排专题报告、成果交流、个人表彰等活动。来自江苏省 50 多所高校图书馆的专家、业务馆员 120 余人出席大会。此次年会由河海大学图书馆主办，江苏海洋大学图书馆承办。江苏省高校图工委情报咨询专业委员会主任、河海大学图书馆馆长余达淮做情报咨询专业委员会工作报告。中国科学技术信息研究所信息资源中心主任曾建勋、东南大学图书馆馆长李爱国、南京大学图书馆副馆长邵波等 5 位专家围绕大数据环境下的技术应用、馆员能力建设、专利服务等主题做报告。3 位获奖人员代表进行学术分享。会议宣布检索课件大赛、先进个人和优秀论文获奖人员名单，并为获奖代表颁发证书。共有 45 件检索课件获得大赛奖项，81 人荣获先进个人称号，7 篇论文被评选为情报咨询服务优秀论文。（江苏省图书馆学会　李浩　董莹　储兰）

【图书馆战略规划与学科发展国际研讨会在江苏大学召开】 10 月 31 日—11 月 1 日，图书馆战略规划与学科发展国际研讨会在江苏大学召开。会议由江苏省图书馆学会、江苏省高校图工委主办，江苏大学图书馆承办。来自美国麻省理工学院、西弗吉尼亚大学、耶鲁大学、凯斯西楚大学、伊利诺伊大学香槟分校消防学院和英国国家图书馆等 8 位国外专家，以及来自武汉大学、南开大学、南京大学、东南大学、南京图书馆等 17 位国内专家做 25 场专题报告。高校图书馆和公共图书馆的 240 余名代表参加会议，会议推进图情学科国内外学术界的广泛交流和合作。此次研讨会对图书馆“十四五”规划进行展望，起到启迪和参考作用，为推进新时代图书馆事业的战略发展、进一步增强图书馆在新时代发展中的使命担当指明方向。（江苏大学图书馆）

【2019 中国未来智慧图书馆发展论坛在南京国际展览中心召开】 11 月 15 日，2019 中国未来智慧图书馆发展论坛在南京国际展览中心召开。此次论坛由中国信息协会教育分会、中国教育装备采购网主办，南京大学图书馆承办，江苏省高校工委和华中师范大学中国图书馆发展创新研究中心协办。全国各地 100 余所高校图书馆负责人及专家学者共 200 余人受邀出席论坛。论坛以“跨界融合智慧——新一代智慧图书馆”为主题，在国家“双一流”战略布局和科学技术大发展的背景下，与会专家以智慧图书馆为切入口，从高校图书馆、公共图书馆等不同角度，探索未来图书馆发展的理论和实践前沿问题。（江苏省图书馆学会　李浩　董莹　储兰）

【2019 年江苏省高校图工委现代技术委员会、江苏省图书馆学会智慧图书馆研究委员会学术年会召开】 11 月 20—22 日，由江苏省高校图工委和江苏省图书馆学会联合主办，常州大学图书馆承办的此次会议在常州大学召开，来自全省 70 多家高校图书馆和公共图书馆的 150 余名专家代表参会。南京大学图书馆副馆长邵波、南京图书馆副馆长吴政等专家做 11 场专题报告。大会还宣读 2019 年江苏省图书馆技术创新应用大赛获奖名单并进行颁奖。（江苏省图书馆学会　李浩　董莹　储兰）

浙江省

【概况】 2019 年，浙江省高校图书馆事业继续稳步推进。馆舍面积持续扩大，有 8 所图书馆正在建设新馆。根据 68 所高校图书馆填报的数据统计，全年总经费持续增长，达 4.20 亿元，其中纸质文献购置费约 1.80 亿元，电子资源购置费约 1.82 亿元，相比 2018 年，总经费、电子资源购置费均稳中有升，纸质文献购置费则略有下降。纸电融合出版的背景下如何协同建设纸电文献资源是高校图书馆面临的重要问题。

人才队伍素质进一步获得结构性提升，高学历人数持续增长。各高校图书馆在编职工人数较 2018 年有较大幅度下降，68 所高校图书馆有正式在编工作人员1901人，比2018年下降6.84%。其中，博士43人，硕士700人，第二学士学位9人，本科1019人，大专及以下130人；正高级职称64人，副高级职称388人，中级职称1060人，初级职称234人。

文献资源建设稳步发展。各高校图书馆根据学校发展与学科建设新要求，在加强纸电文献资源协同发展的同时，注重特色文献资源库的建设。根据68所高校图书馆填报的数据统计，全年新增中文纸质图书276.49万册，外文纸质图书7.47万册，中文电子图书3644.98万册，外文电子图书82.75万册。截至2019年12月底，文献资源累积总量约3.07亿册。

读者服务工作正常有序开展，大部分高校图书馆保持每周96小时对外开放，有的高校馆实行部分阅览室一天24小时开放制度；网络数字化资源7×24小时对读者开放。在为“双一流”建设和“双高”建设服务方面，许多高校图书馆开展学科评估、情报分析、专利成果咨询等服务工作，取得良好成效。在文化建设方面，各馆依托省高校图工委打造的“中华文明高校行”品牌活动，持续开展形式多样的展品进高校系列活动。还有些学校继续利用自身资源优势积极为地方经济建设和社会发展服务。

浙江省高校图书情报工作委员会积极发挥组织、协调和指导作用。定期召开全省高校图书馆馆长工作会议、高职高专院校图书馆馆长工作会议；契合全省高校图书馆的现实需求，举办选题新颖、形式多样的学术研讨活动，为馆员专业技能提升及图书馆事业稳步发展搭建平台；组织开展科研立项和成果评优工作；出版刊物《浙江高校图书情报工作》2期。（浙江省高校图工委　郑江平）

【浙江省高校图书馆获“图书馆杯”全民英语口语风采大赛奖项】 4月1日—8月30日，在全国首届“图书馆杯”全民英语口语风采展示活动中，浙江省共有72所高校及23所公共图书馆报名组织参赛，参赛人数10617人。其中高校馆参赛学生10106人、馆员251人。最终浙江省高校共获150个奖项，包含5个全国组织之星奖项、89个读者组奖项、47个馆员组奖项、5个星级指导老师奖项、3个全国传播之星奖项，浙江省高校图工委也因组织得力被评为全国贡献之星。（浙江省高校图工委　郑江平）

【2019年浙江省高校图书馆馆长工作会议在台州学院召开】 5月30—31日，浙江省高校图书馆及部分公共图书馆馆长、同人及专委会主任等180多位代表参加此次会议。会议开幕式举行2017—2018年度浙江省高校图书馆先进集体、优秀馆长及先进个人的表彰活动。会上，省高校图工委副主任兼秘书长吴晨做“浙江省高校图书情报工作委员会2018年工作报告”。教育部高校图工委主任、北京大学图书馆馆长陈建龙做“大学图书馆信息化刍议”专题报告。复旦大学图书馆副馆长张计龙作为特邀专家做“大数据时代高校图书馆科学数据管理探索与实践”专题报告。会议还分设“高校图书馆转型创新与核心使命”“文献资源建设的新挑战与对策”“高校图书馆服务发展新趋势”“智慧图书馆应用实践”4个主题进行专题讨论与交流。（浙江省高校图工委　郑江平）

【浙江省高校图书馆第八届青年学术论坛在杭州电子科技大学举行】 10月11日，由浙江省高校图工委主办，杭州电子科技大学图书馆、上海万方数据有限公司承办的此次会议召开，来自全省图书馆部分馆长和青年馆员180余人参会。论坛围绕主题“技术融合，守正出新”展开交流和探讨。陈琳、田稷、刘建华分别做题为“守初心，强服务——谈图书馆服务的创新”“开放科学环境下的文献资源建设”“新型环境下‘需求＋数据驱动’的创新科技信息服务”的专题报告。在“锵锵六人行——头脑风暴激发灵感”环节，来自相关高校的18位青年代表发言，分别就“新兴技术与图书馆业务的融合发展”“新形势下图书馆核心价值观的守正”“技术与需求驱动的图书馆服务创新”等议题进行阐述及分享经验，与会青年馆员通过现场提问方式参与互动交流。（浙江省高校图工委　郑江平）

【第二届智慧图书馆创新与发展论坛暨浙江省高校图工委网络数字化专业委员会2019年年会在杭州召开】 10月16—18日，来自全国30个省市，256所高校的近400位专家学者、省内高校的图书馆同人参加会议。浙江省高校图工委副主任、浙江工业大学图书馆馆长陈红代表浙江省高校图工委致欢迎词，介绍浙江省高校图工委近年来的发展和建设情况。华中科技大学图书馆馆长聂鸣、复旦大学图书馆副馆长张计龙、宁波大学研究生院研究生工作部部长刘柏嵩、电子科技大学图书馆书记李泰峰等分别做题为“数据驱动下图书馆业务的创新”“科学数据管理与服务新进展”“智慧图书馆创新应用设计与实践”“双一流高校图书馆精准化知识服务”的报告。报告会分别由暨南大学图书馆馆长史小军、浙江省高校图工委网络数字化专业委员会主任刘翔主持。（浙江省高校图工委　郑江平）

【浙江省高校图工委文献资源建设专委会在浙江大学举办“双一流”形势下高校图书馆资源利用绩效分析研讨会】 10 月 24—25 日，来自全省高校图书馆及省外部分高校图书馆的专家同人 100 余人参加会议。与会嘉宾围绕资源建设趋势及资源利用绩效分析方法、资源建设对“双一流”学科建设的支持路径与作用展开互动研讨。上海交通大学研究员黄镝分享上海交通大学的资源建设策略与绩效分析；南京大学图书馆副馆长邵波从总体资源服务能力、服务一流学科的能力、下一代管理系统与资源服务能力等方面进行阐述；东华大学图书馆副馆长陈惠兰分享践行数据决策支撑服务，助推高校“双一流”建设，从东华大学实际案例出发介绍与学科服务相关的发展历程与探索思路。天津大学图书馆副馆长牛书东、浙江大学张婷、东南大学图书馆副馆长钱鹏分享各自所在图书馆的资源建设案例。（浙江省高校图工委　郑江平）

【2019 年浙江省高职高专院校图书馆馆长工作会议在宁波召开】 11 月 13—14 日，由浙江省高校图书情报工作委员会高职高专院校图书馆分委员会主办，浙江工商职业技术学院图书馆承办的 2019 年浙江省高职高专院校图书馆馆长工作会议召开，来自全省 47 所高职高专院校的图书馆馆长、同人及分委员会委员等 60 余位代表参加会议。中国图书馆学会高职院校图书馆分会主任张兆忠做“图书馆学术组织与高职高专图书馆”报告；分委会主任、金华职业技术学院图书馆馆长胡朝德做“分委员会 2019 年工作报告”；浙江交通职业技术学院研究馆员叶新明对全国高职院校信息素养大赛浙江省赛区的题库建设、省赛情况及全国赛全国网络阶段比赛的准备工作等有关事项做简要说明。在“图书馆新媒体服务”的分享交流环节，金华职业技术学院图书馆蒋静然、浙江机电职业技术学院图书信息中心副主任周秀梅、宁波卫生职业技术学院图书馆李静分别以“新媒体在图书馆应用的实践和思考——以金职院微信公众号‘金职图文’为例”“见微知著　守正待时——邀您共享微视频的世界”“立足专业需求　探索新媒体服务模式——以宁卫图书信息中心微信公众号为例”为题，分享各自图书馆应用新媒体服务好读者的具体做法。（浙江省高校图工委　郑江平）

【浙江省高校图书馆非图书情报类专业新职工培训班在绍兴举行】 11 月 19—22 日，来自浙江省 38 所高校图书馆的近 90 位新馆员参加此次培训。开幕式上，全体新馆员进行宣誓仪式。此次培训为期 3 天，邀请从事图书馆工作多年的资深馆员作为授课专家，采用长三角高校图书馆联盟统一制定的教材大纲进行培训。浙江大学图书馆副研究馆员郑江平、浙江大学宁波理工学院图书馆馆长赵继海、浙江海洋大学图书馆研究馆员方胜华、中国计量大学图书馆研究馆员郎杰斌、绍兴文理学院图书馆馆长舒炎祥以及湖州师范学院图书馆馆长龚景兴分别从图书馆法与规程、图书馆学术研究与论文写作、高校图书馆的资源建设、读者服务、学科服务、图书馆员的职业与道德等 6 方面讲授了作为一个高校图书馆员所需具备的职业素养和业务知识。培训结束后，绍兴文理学院图书馆馆长舒炎祥为每位参加培训的馆员颁发结业证书。（浙江省高校图工委　郑江平）

安徽省

【安徽大学图书馆喜获 2019 年全国高校信息文化与信息素质教育研讨会优秀案例一等奖】 11 月 13—17 日，2019 年全国高校信息文化与信息素质教育研讨会在辽宁省大连市召开，安徽大学图书馆报送的“‘1+KM+OM’企业培训模式：让人人爱上新生入馆教育”案例在大会评审中荣获一等奖，卢传胜作为优秀案例获奖

代表在大会期间做交流发言。（安徽省图书馆学会　武巍泓）

【第五届书香江淮“品读经典对话信仰　弘扬社会主义核心价值观”互联网阅读活动颁奖暨第六届活动启动仪式举办】 6月14日，由安徽省高等学校图书情报工作委员会主办，合肥师范学院图书馆承办的第五届书香江淮“品读经典对话信仰　弘扬社会主义核心价值观”互联网阅读活动颁奖暨第六届活动启动仪式在合肥师范学院举行。来自全省高校的参赛老师和同学们以及评委嘉宾等200多人参加会议。此次活动得到全省高校师生的积极响应，共收到征文作品10813篇、摄影作品667篇、朗诵作品639篇。经过主办方的严格审核、专家组的精心评选，共评出征文类作品获奖者70名，其中一等奖10名、二等奖20名、三等奖40名；摄影类作品获奖者10名；朗诵类作品获奖者20名，现场决赛评出一等奖1名、二等奖2名、三等奖4名、优秀奖13名。中国科学技术大学图书馆荣获此次活动特别贡献单位奖。（安徽省图书馆学会　武巍泓）

【安徽师范大学读者协会荣获第二届全国高校“阅读推广之星”优秀学生社团荣誉称号】 10月，由中国图书馆学会阅读推广委员会举办的第二届全国高校“阅读推广之星”优秀学生社团评选活动揭晓，安徽师范大学读者协会被评为全国高校“阅读推广之星”优秀学生社团。安徽师范大学读者协会成立于2006年5月，协会以“读，天下书；品，书文化”为宗旨，为大学生搭建读书和学习交流平台，以书会友，引领阅读文化。（安徽省图书馆学会　武巍泓）

【2019年全国师范院校图书馆联盟理事会暨新时代师范院校图书馆转型发展学术研讨会在安徽师范大学举办】 10月24—25日，2019年全国师范院校图书馆联盟理事会暨新时代师范院校图书馆转型发展学术研讨会在安徽师范大学召开。会议分为学术报告、服务案例交流和征文交流3个环节。学术报告围绕新时代师范院校图书馆转型发展的主题，邀请浙江大学图书馆副馆长黄晨、华中师范大学信息管理学院院长李玉海、北京师范大学图书馆馆长王琼、南京工业大学图书馆馆长赵乃瑄、南京师范大学图书馆馆长管红星、安徽师范大学图书馆馆长方青6位专家做主旨报告。报告题目分别为“开放赋能，守正创新——CADAL项目近期建设综述”“高校图书馆联盟的文献资源众筹共享模式探讨”“‘双一流’建设背景下高校图书馆嬗变——功能与定位”“协同发展，再书新篇——图书馆联盟的实证研究与思考”“智慧图书馆再认识及建设策略”“馆藏特色资源建设与传承的思考——以安徽师范大学图书馆为例”等。服务案例交流环节，6位专家分享图书馆服务案例，分别为“《中国历代绘画大系》介绍”“下一代图书馆发展与思考”“高校教学科研成果大数据分析系统建设与应用进展”“经济新风向，智汇国研网”“学习科研好帮手——万方数据知识服务新平台”“深度阅读与互动创新，助力校园阅读新气象”等。征文活动是联盟会议的首次尝试。此次会议共征集论文41篇，案例7个。经过重复率查重、专家评审等环节，评审出征文一、二、三等奖。（安徽省图书馆学会　武巍泓）

福建省

【概况】 截至2019年底，福建省共有各类高等学校图书馆92个，其中普通本科高校图书馆38个，专科院校图书馆52个，成人教育院校图书馆2个。在编人员1700人。

图书馆服务水平全面提升。福建省高校图书馆读者总人数100多万人。每周开馆时间馆均达到90小时，本科高校图书馆周开馆时间均达100小时以上。全省高校图书馆纸质文献总量达8000多万册，外借书刊600多万册，电子资源下载量5000多万篇。在特色专题文献数据库建设上，自建数据库累积数量100多个，自建数字资源累积总量达22万GB。厦门大学图书馆自建数字资源总量最多，达73535GB，其次为福建师范大学图书馆，达31875GB。

馆舍面积持续扩大。馆舍面积总计150多万平方米，超过5万平方米的图书馆有5个：厦门大学图书馆、福州大学图书馆、福建农林大学图书馆、华侨大学图书馆、福建师范大学图书馆。全省高校图书馆拥有阅览座位15万多个。

经费投入持续稳定。2019年，全省高校图书馆文献资源购置费24000万元（其中全年电子资源购置费13000万元）。

网络化、数字化设施全面普及。全省高校图书馆拥有计算机 1 万多台，各种类型服务器 900 多台，存储总容量 5000TB，网络交换机端口总数达 30000 多个。

福建省高校数字图书馆（FULink）的建设成效突出。2019 年，FULink 累计文献传递量 1936873 次，文献提供系统文献申请量 334859 次，文献提供量 334443 次，移动 FULink 客户端安装量 11888 次，读者登录次数 5273442 次，总点击量 187714031 次，文献传递量 1602430 次，图书下载量 261638 次，随书光盘图书访问量 3190221 次，光盘访问量 1431858 次，光盘下载量 731526 次，联合借阅 2219 次。搭建材料科学与工程、化学、计算机科学与技术、农业科学、经济与管理、马克思主义哲学 6 个福建省高峰高原学科的知识服务学科门户。为推进高校优势特色学科建设，打造“双一流”建设核心竞争力提供优质服务。厦门大学、福州大学、福建农林大学、福建省中医药大学等为 2000 多个单位完成科技查新报告 8000 余项。推动“互联网＋教育”闽宁合作项目进展，在宁夏调研座谈 8 所高校，通过“送资源、送服务、送培训”落实落地于西部高校。开展参考咨询与学科服务，进行成员馆高校发文分析和专利分析，全年提交分析报告 40 多份，如“福建省高校数字图书馆成员馆高校 ESI 学科总体情况分析”“福建省高校数字图书馆成员馆高校 Web of Science 情况分析”“福建省高校专利运营情况”等报告。（福建省高校数字图书馆秘书处）

【福建省第十二届“书香八闽”全民读书月启动仪式在福建师范大学举行】 9 月 28 日，福建省第十二届“书香八闽”全民读书月启动仪式在福建师范大学旗山校区举行，主题为“学习新思想　建设新福建　书香伴我行”，福建省政府、省新闻出版广电局等部门领导参加启动仪式，并参观福建师范大学图书馆举办的“书香校园成果展和专题书展”。启动仪式上，大学生代表宣读《读好书、做好人、圆好梦》倡议书；福建省新闻出版广电局向福建高校图书馆赠送《福建名人名篇》丛书；与会领导、嘉宾为 23 个重点扶贫开发县贫困乡村学校“追梦书屋”捐书、授匾，为“冰心杯——改革开放四十周年读书征文”优秀征文颁奖，为首批福建省全民阅读示范点授匾。“书香八闽”成为福建省全民阅读活动的品牌。（福建省高校图工委秘书处）

【福建省高校数字图书馆（FULink）举办第三届福建省大学生书评大赛】 1 月，福建省高校数字图书馆（FULink）举办以“不忘初心，牢记使命，八闽大地，阅读前行”为主题的第三届福建省大学生书评大赛。比赛历时半年，共有 14717 人参赛，收到 16732 篇书评，评出一等奖 17 篇、二等奖 51 篇、三等奖 85 篇以及优秀奖 167 篇。学生书评比赛同时，第一届福建省馆员书评大赛也同步进行，共收到 36 篇书评。评出一等奖 1 篇、二等奖 3 篇、三等奖 5 篇以及优秀奖 27 篇，另有阅读推广案例 5 篇。11 月，颁奖大会在闽南师范大学图书馆召开。比赛公平、公开、公正，影响深远，为全省阅读文化的发展奠定扎实的基础。（福建省高校数字图书馆秘书处）

【福州大学图书馆举办高校知识产权信息服务培训班】 11 月 21—22 日，由福建省高校数字图书馆（FULink）主办、福州大学知识产权信息服务中心承办的“2019 年 FULink 联盟高校知识产权信息服务培训班”在福州大学图书馆举行，来自全省 89 所高校和科研院所的近 200 人参会。教育部科技发展中心成果专利处副处长林烨，福建省知识产权局局长、省知识产权发展保护中心主任颜志煌等领导，以及高校知识产权信息服务中心联盟理事长、同济大学教授慎金花，华中科技大学研究员甘友斌，广州奥凯总经理王峻岭等专家出席开班仪式，福州大学副校长黄志刚出席会议并致欢迎词。慎金花、甘友斌、王俊岭分别就高校知识产权信息服务开展背景及现状、高校知识产权信息服务工作的主要内容及难点等做介绍。北京华创智道副总经理褚战星、合享汇智副总裁张佰鹏、福建省知识产权研究院副研究员陈昭阳、广州奥凯咨询研究部总监叶广海以及福建金源泉科技总工程师郑德谋等资深专家，分别讲解专利信息检索方法与工具使用，专利信息分析方法及图表制作，专利信息解读与报告撰写，专利导航、专利挖掘布局、知识产权分析评议等方法与案例以及 TRIZ 在专利创造中的应用等专题。（福州大学图书馆）

【**数学与智力玩具空间揭牌仪式在厦门大学德旺图书馆举行**】 3月30日，德国数学家林格尔智力玩具捐赠仪式暨厦门大学图书馆数学与智力玩具空间揭牌仪式在德旺图书馆举行。仪式由厦门大学图书馆馆长钞晓鸿主持，国际著名代数学家、德国比勒费尔德大学教授、挪威皇家科学与文学院院士克劳斯·米歇尔·林格尔（Claus Michael Ringel），厦门大学校长助理陈光等出席仪式并致辞。厦门大学向林格尔颁发捐赠证书并赠送纪念礼品。仪式结束后，林格尔、陈光、钞晓鸿等共同为数学与智力玩具空间揭牌。厦门大学图书馆数学与智力玩具空间——Barbara和Claus Ringel的收藏位于德旺图书馆五楼，面积约115平方米，目前收藏各类智力玩具及相关的文献资料近4000件，皆来自德国芭芭拉·林格尔（Barbara Ringel）和克劳斯·米歇尔·林格尔伉俪的收藏。厦门大学图书馆数学与智力玩具空间是国内唯一、世界极少几个与数学相关的智力玩具专题博物馆，特色鲜明，既可用于教学，又可作为青少年学习、实习的科普基地。该空间长期收藏和展示智力玩具，开展专题研究与科学普及，并开展每月一次的玩具体验、教职工子女夏令营等相关活动，且长期接受国内外智力玩具爱好者捐赠智力玩具与研究资料。（厦门大学图书馆）

【**厦门大学图书馆获赠《荆楚文库》**】 9月20日，《荆楚文库》赠书仪式在第15届海峡两岸图书交易会上举行。湖北省人民政府向厦门市图书馆、厦门大学图书馆赠送首批《荆楚文库》图书189册，进一步推动湖北与福建之间的文化交流。作为湖北有史以来规模最大的文献整理与研究出版工程，《荆楚文库》大型丛书计划收录历代文献和今人研究专著1372种，约1600册，包括甲编（文献编）、乙编（方志编）、丙编（研究编）三编，分为图书文库和数字化文库两大部分。“文献编”是从先秦至民国众多典籍中遴选出的代表性著作；“方志编”大体全收现存湖北旧方志；“研究编”包括研究荆楚史地文化、荆楚人物、荆楚风物的重要现代学术著作和工具书。经过各方努力，编纂出版工作取得阶段性成果，已有近200册图书出版面世。（厦门大学图书馆）

【**厦门大学图书馆获赠《河南历代方志集成》**】 11月19日，河南省地方史志办公室党组书记、主任管仁富莅临厦门大学，代表河南省地方史志办公室向厦门大学图书馆捐赠《河南历代方志集成》。厦门大学副校长邓朝晖代表学校接受赠书，并向捐赠单位授予捐赠证书。厦门大学图书馆馆长钞晓鸿及部分师生代表参加捐赠仪式。《河南历代方志集成》汇编影印明永乐十一年（1413）到新中国成立前五百余年的河南历代地方志586种，共19卷565册（另附总目1册），内容涵盖这一时期河南自然、社会、经济、文化的各方面内容。（厦门大学图书馆）

【**陈永栽先生一行参观集美大学陈延奎图书馆**】 4月24日，菲律宾著名华裔企业家、集美大学校董会顾问陈永栽先生携夫人一行，在集美大学校长李清彪、副校长曹敏杰的陪同下参观集美大学陈延奎图书馆。陈永栽先生一行参观特藏室和《四库全书》陈列室，了解集美大学图书馆馆藏、设施及服务情况。陈永栽先生对近年来集美大学图书馆的管理、服务及建设给予充分肯定。2007年，陈永栽先生慷慨捐资600万元兴建陈延奎图书馆，并捐赠两套文渊阁影印版《四库全书》。集美大学陈延奎图书馆正是以陈永栽先生父亲名字命名。（集美大学图书馆）

江西省

【**概况**】 截至2019年底，江西省共有普通高等学校、独立学院和成人高等学校111所，其中普通高等学校103所（含独立学院13所）、成人高等学校8所。

推动高校图书馆面向社会开放试点。推广江西省终身学习电子卡，积极促进江西省高校图书馆对社会开放，2019年有68所高校所藏文献资源以不同形式向社会开放；在江西省教育厅高教处的指导下，完成江西省高校图书情报工作委员会（以下简称江西省“高校图工委”）常委馆开展专业化服务、公益性活动和江西省高校图书馆对外开放信息等工作。

加快江西省高校数字图书馆平台建设。截至12月20日，江西省高校数字图书馆平台2019年的总访问量达到3341094人次。共收到各高校师生读者文献请求量169556篇/册，其中中文、外文期刊124780篇，中外文学位论文34688篇，其中成员馆传递文献总量为72374篇/册，读者的请求满足率达100%。

完善校际图书资源共建共享机制。进行全省高校图书馆文献资源需求调查，完成《关于共建共享江西省高校文献资源的工作汇报》，为省教育厅开展文献资源共享提供政策依据。（江西省图书馆学会　谢佳新）

【“书香满校园——天佑学子共读《论语》”阅读推广活动启动】 在第24个世界读书日来临之际，4月21日，华东交通大学“书香满校园——天佑学子共读《论语》”阅读推广活动正式启动。图书馆、学工处、校团委、土建学院、运输学院负责人参加启动仪式，100余名工科生一同吟唱古诗文。活动以“经典　精读　经世”为主题，以儒家经典《论语》为教材，持续1个月，旨在增进大学生对中华优秀传统文化的认识，增强文化自信，陶冶人文情操。（江西省图书馆学会　谢佳新）

【江西中医药大学图书馆举办2019“世界读书日”主题活动暨明湖书漂开漂仪式】 4月23日，江西中医药大学图书馆举办2019“世界读书日”主题活动暨明湖书漂开漂仪式。仪式由江西中医药大学副校长杜建强主持。活动开始，他将本学期图书漂流活动用书传递到刚评选出的“2019阅读之星”手中，阅读之星们在舞台上以走秀的形式展示漂流图书。江中艺术团、读者协会、明德国学社、红读会等社团以及国际教育学院、少数民族学生代表和图书馆馆员分别朗诵《面朝大海，春暖花开》《论语·学而》《可爱的中国》《一本书》《温公家范》等古今中外经典作品。（江西省图书馆学会　谢佳新）

【江西省高校图工委举办第一届“吟诵中华经典，创建书香校园”江西省高校朗读大赛】 5月31日，由江西省高校图工委主办的江西省高校朗读大赛决赛在江西中医药大学图书馆举行。比赛采用“线上初赛+线下决赛”相结合的新颖方式，线上采用音频、视频两种模式上传评比，线下采用现场演绎PK。诵读内容要求结合中华传统文化、五四爱国主义精神、赣鄱文化或其中之一。在历经近2个月的作品征集以及前期评选活动之后，有44所高校的作品成功进入决赛。经过角逐，比赛选出一等奖1名、二等奖2名、3等奖3名、优秀奖5名。（江西省图书馆学会　谢佳新）

【2019年江西省高校图工委读者工作研讨会在上饶师范学院召开】 5月16日，2019年江西省高校图工委读者工作研讨会在上饶师范学院召开。来自全省20余所高校图书馆的馆长和读者服务工作者参加会议。会议由上饶师范学院图书馆副馆长吴红涛主持。上午进行开幕式和获奖代表交流发言。上饶师范学院图书馆馆长金友忠致欢迎词，江西省图书馆学会秘书长、江西省图书馆副馆长黄俊，江西省高校图工委副秘书长、江西师范大学图书馆党总支书记甘安龙分别讲话。下午进行小组讨论会，与会者围绕面向新时代的高校图书馆工作如何更好顺应时代需求、创新服务方式、引领阅读风尚、传承优秀文化、整体提升服务等议题展开研讨并取得广泛共识。（江西省图书馆学会　谢佳新）

【首届江西地方文化沙龙在江西师范大学图书馆举办】 6月20日，由江西师范大学图书馆和瑶湖读史社联合举办的首届江西地方文化沙龙在江西师范大学图书馆举办。江西师范大学教授方志远，历史文化与旅游学院博士游欢孙、刘劲松、温海波应邀为此次沙龙访谈嘉宾。图书馆党总支书记甘安龙，副馆长周芝萍，本校师生以及省内社会地方文化爱好者近200人参与活动。活动中，方志远导读《人文江西读本》一书。游欢孙、刘劲松、温海波分别从各自专业角度，对《人文江西读本》进行深度解读，并向学子们传授了解江西地方文化的几种路径。（江西省图书馆学会　谢佳新）

【2019年东南十一省（市、区）省属重点师范大学图书馆馆长协作会暨“师范院校图书馆支持创新型人才培养的新定位”研讨会举办】 11月6—8日，东南十一省（市、区）省属重点师范大学图书馆馆长协作会（以下简称“协作会”）暨“师范院校图书馆支持创新型人才培养的新定位”研讨会在江西师范大学召开。会议由协作会主办、江西师范大学图书馆承办，来自南京师范大学、湖南师范大学、华南师范大学等

12所师范院校图书馆的30余名领导、专家参加会议。围绕“师范院校图书馆支持创新型人才培养的新定位”主题，湖南师范大学图书馆党总支书记罗晓慧、华南师范大学图书馆副馆长王中向、上海师范大学图书馆副馆长胡振华等12位领导、专家分别做专题报告。江西师范大学图书馆馆长许婕向大会做主旨发言。（江西省图书馆学会　谢佳新）

【江西省高等学校图书情报工作委员会换届大会暨第一次全体委员工作会议召开】 12月27日上午，由江西省高校图工委主办、江西师范大学图书馆承办的江西省高等学校图书情报工作委员会换届大会暨第一次全体委员工作会议在江西师范大学召开。全省高校近80位图书馆领导出席会议。大会对在“全国首届图书馆杯英语口语风采展示大赛”（江西赛区）、“全国高职院校信息素养大赛”（江西赛区）获得优秀组织奖的单位和2018—2019年江西省高校图书馆先进工作者进行表彰。江西师范大学图书馆馆长许婕代表上一届江西省高校图工委做工作报告。大会选举产生第三届省高校图工委常务委员馆。下午，新一届省高校图工委常务馆领导举行第一次工作会议。随后，全体与会人员围绕“适应新时代、共促大发展”主题，分本科、高职组进行工作研讨。（江西省图书馆学会　谢佳新）

【江西财经大学图书馆举办2019年“蛟湖书声”明德周换读活动】 11月30日，“蛟湖书声”明德周换读活动之线下分享暨结束仪式于江西财经大学蛟桥园校区图书馆举行。此次活动以“分享一本书，结识一个人，遇见一份美好”为主题，从前期策划至评奖，历时近1个月。活动主要分为开幕式、七天日常活动与闭幕式三大环节。“蛟湖书声”明德周换读活动由江西财经大学图书馆主办，秋水读书社承办，旨在唤醒大学生的阅读意识，增强阅读兴趣，体验阅读的魅力，使他们从中获取新知，提升交友层次，享受阅读交友的美好时光。（江西省图书馆学会　谢佳新）

【江西农业大学图书馆新馆举行启用揭幕仪式】 11月27日，江西农业大学图书馆新馆举行启用揭幕仪式。校领导及历任图书馆馆长、图书馆全体职工、学生代表参加活动。仪式上，校长赵小敏、学生代表许旻毓共同为新图书馆揭幕。仪式结束后，校领导一行逐层参观新图书馆，听取新图书馆楼的功能布局和建设情况的介绍，详细询问新图书馆内部建筑、装修细节等相关情况，体验新图书馆科技、休闲、阅读等新功能。新馆面积约为25000平方米，共7层，拥有3000多个阅览座位。（江西省图书馆学会　谢佳新）

山东省

【中国海洋大学图书馆举行王蒙文学馆揭牌仪式】 在喜迎建校95周年之际，王蒙文学馆揭牌仪式于10月17日在中国海洋大学崂山校区图书馆举行。著名作家王蒙，中央文史研究馆文史司司长耿识博，著名作家、山东省作协原副主席赵德发，学校党委书记田辉出席并致辞。王蒙加盟中国海洋大学近18年来，创设“名家课程体系”、建立“驻校作家制度”、开办“科学·人文·未来”论坛、凝练提出“海纳百川、取则行远”的校训，这一系列文化创新举措，为中国海洋大学重振人文、再创辉煌奠定了坚实基础。学校为全面展示王蒙的杰出成就、传播先生的高尚品格，记录先生对学校的贡献，在图书馆建设王蒙文学馆，希望通过这种形式镌刻下中国海洋大学文脉的传承与创新。王蒙文学馆将成为学校新的文化坐标。“王蒙与中国当代文学”座谈会暨王蒙新作发布会当天在图书馆第一会议室举行。参加“王蒙与中国当代文学”座谈会暨王蒙新作发布会的专家、兄弟高校的学者、出版界和媒体记者以及中国海洋大学师生代表一百余人参加揭牌仪式。（中国海洋大学图书馆）

【2019全国高校图书馆知识服务与创新应用高级研修班在济南举办】 11月28日—12月1日，由清华大学图书馆、武汉大学图书馆、山东大学图书馆、《中国学术期刊（光盘版）》电子杂志社有限公司共同主办的2019全国高校图书馆知识服务与创新应用高级研修班在济南举办。山东大学校长助理、人文社科研究院院长邢占军出席开幕式并致辞，清华大学图书馆馆长王有强、武汉大学图书馆馆长王新才、山东大学图书馆馆长赵兴胜出席开幕式。此次研修班围

绕“双一流”背景下数字图书馆理论与实践、图书馆资源建设、大数据与科研创新服务等主题，通过专家报告、专题培训、应用案例解析等形式展开研讨、交流。来自全国高校图情界和管理机构的700余位专家、学者参加会议，山东省内40余所高校图书馆200余人参会。（山东大学图书馆）

【2019年山东省高校图书馆馆长工作会议在山东大学召开】 11月15日，由山东省高等学校图书情报委员会主办，山东大学图书馆承办的2019年山东省高校图书馆馆长工作会议在山东大学中心校区召开。教育部高校图工委主任、北京大学图书馆馆长陈建龙，山东省教育厅高教处处长王志田，山东大学校长助理、人文社科研究院院长邢占军及来自全省各高校图书馆的馆长、业务骨干200余人参加会议。会议以“聚智聚力，协同创新，促进内涵式发展”为主题，总结近年来取得的成绩，探讨图书馆可持续发展策略，围绕与图书馆服务创新密切相关的热点问题，通过论文征集、专家报告、互动交流等形式展开研讨、交流。会议报告环节，陈建龙做题为“馆长几件事”的主旨报告；山东大学图书馆馆长赵兴胜做题为“聚智聚力，全面提升山东高校图书馆的创新服务能力”的主旨报告；山东师范大学图书馆馆长杜保国通报省高校图工委章程修订、组织架构调整、专业委员会设置等工作的具体措施，公布新一届省高校图工委名单和各专业委员会的设置情况。会议交流环节，山东农业大学图书馆馆长盖会全、山东大学图书馆副馆长姜宝良、中国海洋大学图书馆副馆长吴迪分别做题为“服务学科建设重大需求，助力双一流建设重大决策”“CADAL助推资源共享”“基于科技查新和情报分析开展海洋特色知识产权信息服务”的交流报告。分会场研讨期间，与会人员围绕文献资源建设与管理规范、学科服务创新与信息素质教育、信息技术研究和读者服务及阅读推广等问题展开研讨并取得共识。（山东大学图书馆）

【山东大学图书馆举办2019年暑期馆员培训研讨会】 8月26—28日，山东大学图书馆以“开拓视野，转变思想观念，交流经验，提升服务能力”为主题，举办一校三地图书馆馆员培训研讨会，山东大学常务副校长王琪珑出席研讨会开幕式并致辞。研讨会特别邀请教育部图工委副主任、四川大学图书馆馆长党跃武，教育部图工委副主任、东北师范大学图书馆党委书记刘万国，清华大学图书馆副馆长窦天芳，上海交通大学图书馆副馆长潘卫分别做题为“面向人才培养的高校图书馆探索与实践：基于四川大学经验的分析”“新时代、新环境、新任务、新发展——有关高校图书馆转型问题的讨论”“新技术与图书馆业务深度融合的若干思考：以清华大学图书馆为例”“职业精神、专业性与专业能力培养——上海交大图书馆专业馆员队伍建设的经验”的报告。此次研讨会还组织形式多样的馆内交流活动，包括学术论文征集与评奖，专家学者学术报告，海外研修馆员经验分享、获奖论文或案例的汇报演示等。山东大学图书馆馆长赵兴胜做题为“组织起来，提升专业水平；走出去，扩大业界影响”的总结发言。山东大学图书馆馆员、院系资料室管理员，山东师范大学、山东政法学院、山东女子学院、山东商业职业技术学院等省内高校图书馆业务骨干参加研讨会。（山东大学图书馆）

【山东商务职业学院第十届大学生读书文化节举行】 4月23日下午，山东商务职业学院第十届大学生读书文化节开幕式在音乐厅举行。来自国内及烟台本土的社会各界知名人士受邀出席开幕式。其中，中国非物质文化遗产传承人、民间剪纸大师朱曼华与该校联合建立的“山东商务职业学院朱曼华剪纸传承基地”正式揭牌。读书节从4月23日持续到6月25日，在保留原有经典活动基础上，增设“悦”读一小时、抖音创作大赛、高雅艺术进校园、图书换绿植、猜灯谜、真人图书馆、讲述红色故事等活动。同时，该校还响应中国图书馆学会号召，与全国3039家图书馆共同开展“同城共读，万卷共知”全民阅读主题活动。（山东商务职业学院图书馆）

【山东师范大学图书馆239种古籍入选《山东省珍贵古籍名录》】 5月24日，经山东省人民政府批准，山东省文化和旅游厅正式公布第四批《山东省珍贵古籍名录》，全省共有686部珍贵古籍入选该名录。该校图书馆以239种珍贵古籍的入选数量位列第一名。至此，该校图书馆已有36种古籍入选《国家珍贵古籍名录》，701种古籍入选《山东省珍贵古籍名录》。

作为全国和山东省古籍重点保护单位，近年来该校图书馆在学校大力支持下，高度重视古籍保护工作，积极参与"中华古籍保护计划"，着力承担国家部署的古籍普查任务。除在申报国家和山东省"珍贵古籍名录"方面取得成绩外，还完成《山东师范大学图书馆古籍普查登记目录》的编制工作（即将出版）。在加强古籍整理与保护的同时，图书馆还注重古籍的应用研究工作，近年来主持完成古籍研究方面的国家社科基金项目一项、教育部人文社科研究项目一项、山东省社科研究项目三项，古籍保护和普查工作走在全省图书馆的前列，多次被评为山东省古籍保护工作先进单位。（山东师范大学图书馆）

【山东师范大学稷下读书会成立仪式在千佛山校区图书馆举行】 5月30日，山东师范大学稷下读书会成立仪式在千佛山校区图书馆一层会议室举行。山东省人大常委、民进省委副主委郭永军，山东师范大学图书馆馆长杜保国，副馆长刘昌荣以及读书会全体会员出席成立仪式。山东师范大学稷下读书会是在原山东师范大学研究生读者协会读书会项目组的基础上，由图书馆发起并与山东大明书院共同搭建的一个自由、活跃、开放的读书交流平台。读书会将以专题报告、咨询座谈、研讨交流、研学考察等多种形式，组织会员对中华传统经典进行深度学习，与古昔圣贤对话，传承、弘扬中华优秀传统文化。（山东师范大学图书馆）

河南省

【河南省图书馆界联合举办阅读疗法培训会议】 10月14—15日，由河南省高校图书情报工作委员会（以下简称"河南省高校图工委"）和河南省图书馆学会共同主办，郑州大学信息管理学院、河南中医药大学图书馆和中原工学院图书馆承办的"中国图书馆学会阅读与心理健康专业委员会2019年工作会议暨阅读疗法培训会"在河南中医药大学图书馆举行。会议邀请来自北京大学等国内阅读疗法领域的数十位资深专家参加。河南省文化和旅游厅、河南省教育厅高教处、河南省高校图工委单位领导及来自全国的近百位代表和河南中医药大学图书馆领导班子成员、职工代表参加会议。

两天的培训中，北京大学王波、山东第一医科大学宫梅玲、中原工学院张怀涛、郑州大学张瑞星、华北理工大学王景文分别做题为"阅读疗法在中国的发展历程与前景""高校图书馆开展阅读疗法的方法及对症荐书流程""中医学语境下的阅读疗法""信息平衡心理疗法与图书信息在本疗法中的应用展望""文献计量学方法在阅读疗法学术研究中的应用"的专题讲座。培训会议结束后，与会嘉宾参观河南中医药大学图书馆、校史馆、药史馆和人体科学馆。（河南省图书馆学会　刘洋　杨荔雯　严真）

【河南大学图书馆收录《原国立北平图书馆甲库善本丛书》一套】 河南大学图书馆购入《原国立北平图书馆甲库善本丛书》（全一千册）一套。该丛书共收古籍两千六百余种，弥足珍贵。主要包括：近两百种明代方志、十余种明以前别集、明清政书资料、明代科举史料（主要是登科录、会试录以及各地乡试录）、珍稀书目及异域刻本。（河南省图书馆学会　刘洋　杨荔雯　严真）

【河南大学图书馆获赠《河南历代方志集成》丛书一套】 大象出版社和河南省地方史志办公室联合向河南大学图书馆捐赠《河南历代方志集成》丛书一套。此书由河南省地方史志办公室编纂，大象出版社2018年出版，收录现存中华人民共和国成立以前的河南通志、府（州）志、县志、乡土志，共计600余种，多为初刻本、善本、孤本以及部分稿本、抄本和重要的重刻本。以现行河南省行政区划为依据划分卷次，包括省志卷、郑州卷、开封卷、洛阳卷等共19卷。（河南省图书馆学会　刘洋　杨荔雯　严真）

【河南省高校阅读推广2019年工作研讨会在河南大学图书馆召开】 6月27—29日，河南省高校阅读推广2019年工作研讨会在河南大学图书馆召开。河南省高校图工委、河南大学图书馆等单位领导及阅读推广专业工作委员会成员共40余名专家、学者、阅读推广工作者参加会议。会议由中原工学院图书馆馆长岳修志、安阳师范学院图书馆馆长李强主持，河南大学图书馆副馆长吉宇宽做会议总结。岳修志以“宏观引导、多方合作；弘扬经典、走向大众”为题，对河南省高校阅读推广2018年工作进行总结，并对2019年工作进行计划。在专题报告阶段，河南省高校图工委副主任张怀涛以“新时代高校图书馆阅读推广的形势与任务”为题做学术报告。（河南省图书馆学会　刘洋　杨荔雯　严真）

【“古籍保护、你我同行——古籍修复技艺进校园”活动在郑州大学图书馆举办】 6月11日，由国家古籍保护中心、河南省古籍保护中心和郑州大学图书馆联合承办的“古籍保护、你我同行——古籍修复技艺进校园”活动在图书馆举办。活动通过“讲解+演示+体验”的模式，展示古籍修复技艺，宣传古籍保护理念，彰显非物质文化遗产魅力，促进古籍保护知识在校园中的传播，推动古籍保护意识在师生中推广。（河南省图书馆学会　刘洋　杨荔雯　严真）

【郑州大学完成智慧图书馆建设年度目标】 按照数据可视化、管理智慧化、服务个性化的理念，郑州大学图书馆向学校申报以“智慧图书馆建设”为统一名称的跨年度建设计划，通过整合图书馆各类业务管理及知识资源服务的相关应用，挖掘管理、服务及资源数据，建设图书馆大数据分析和展示平台。完成“图书馆智慧服务相关设施设备改造”“图书馆学科服务与大数据分析展示平台”“图书馆数据中心基础设施改造”等建设项目，完成“智慧图书馆建设”年度目标。采用电子资源利用状况数据采集分析系统，依托大数据采集、挖掘、分析、储存方面的技术和经验积累，把资源利用结果变成可视化的分析图和报表，为电子资源管理提供便利。通过数据挖掘系统和知识发现系统快捷全面地了解本馆的资源及服务的统计、综合情况，提供大数据分析结果综合展示，解决图书馆各应用系统和服务数据的有效集成和统一管理。（河南省图书馆学会　刘洋　杨荔雯　严真）

【郑州大学图书馆举办“不忘初心、牢记使命”中国共产党革命文献展】 11月8日，郑州大学图书馆举办“不忘初心、牢记使命”中国共产党革命文献展。此次展览展出的藏品主要是1949年前的稀见出版物及根据地解放区的各类文书，包括书籍、信札、日记、账本、命令、布告等，共计八大主题300余件，均由研究馆员赵长海创办的“河南文献特藏室”提供，记载马克思主义在中国的传播及中国共产党人艰苦卓绝的奋斗历程。展览期间，学校第一巡回指导组、马克思主义学院、历史学院、商学院、信息管理学院、建筑学院、土木工程学院、校医院和后勤集团等多个单位组织师生员工前来参观。（河南省图书馆学会　刘洋　杨荔雯　严真）

【河南省高职高专图书馆2019年服务创新研讨会在安阳职业技术学院召开】 5月23日，由河南省高校图工委高职高专分委会主办、安阳职业技术学院图书馆承办的“河南省高职高专图书馆2019年服务创新研讨会”在安阳职业技术学院图书馆召开。教育部高校图工委副主任、河南省图工委副主任兼秘书长崔波致辞，河南省高校图工委高职高专分委会副主任委员、濮阳职业技术学院图书馆馆长孙玉枝做会议总结发言。来自全省40余所高职院校的46名图书馆馆长和多位专家学者参加会议，会议由河南省高校图工委高职高专分委会副主任委员、河南经贸职业学院图书馆馆长娄冰主持。中国高等教育文献保障系统（CALIS）管理中心事业发展中心主任傅雪峰做题为“信息素养教育价值与意义”的报告，介绍首届全国信息素养大赛流程等概况及省赛的准备事宜及相关要求等，并对省赛进行动员与部署；河南职业技术学院孙留欣馆长做题为“相拥　相携　相融——谈谈图书馆的团队建设”专题报告。（河南省图书馆学会　刘洋　杨荔雯　严真）

【河南省高校图工委信息资源建设委员会召开第三次工作会议】 6月13—15日，河南省高校图工委信息资源建设委员会第三次工作会议在洛阳理工学院召开。洛阳理工学院副校长韩振英，全国高校图工委副主任、河南省高校图工委副主任兼秘书长崔波，河南省高校图工委副主任李景文、张怀涛、姚武以及信息资源建设委员会全体委员参加此次会议。会议主题为“信息资源建设如何融入学校的教学科研和创新驱动”。信息资源建设委员会主任、河南省高校图工委副秘书长郭鸿昌主持开幕式。崔波介绍全国高校图工委的换届情况。会务组邀请8所学

校的有关负责人结合此次会议主题，介绍资源建设的基本情况。（河南省图书馆学会　刘洋　杨荔雯　严真）

【河南理工大学图书馆获全国“全民阅读先进单位”称号】 2019年，河南理工大学图书馆荣获全国“全民阅读先进单位”称号，全国仅有50家图书馆获此殊荣，高校仅有20家图书馆上榜。近年来，河南理工大学图书馆积极响应国家号召，主办了主题鲜明、形式多样、内涵丰富、创意新颖的“阅读文化行”活动。活动以“阅读‘正’青春”为主题，明确“心”“阅”两大主线，导、悟、沁、用、新、扬、传、悦等八大理念，赏心“阅”目、明德惟“心”、日积“阅”累、立异标“心”、超今“阅”古、和颜“阅”色、记忆犹“心”、近“阅”远来等八大版块，开展“阅读·青春·记忆”毕业生纪念册制作、“‘咏’远的经典”传颂大赛、“青春飞扬”配乐诗朗诵大赛等各项阅读推广活动160余项，得到5万余名师生的广泛参与和支持，先后获得河南省全民阅读先进单位，河南省阅读文化经典、建设书香校园先进单位，河南省阅读推广杰出单位等称号。（河南省图书馆学会　刘洋　杨荔雯　严真）

【2019中南六省（区）高校图书馆学术年会在河南举办】 11月3—4日，由河南、湖北、湖南、广西、广东和海南六省（区）高校图工委主办，河南省高校图工委、河南科技大学图书馆联合承办的2019中南六省（区）高校图书馆学术年会在河南科技大学举办。河南科技大学副校长李全安、河南省教育厅高教处副处长张小茜、河南省高校图工委主任崔慕岳等出席开幕式并致辞。大会特邀专家、来自六省（区）高校图书馆及相关文化机构的200余名代表参加会议。北京大学图书馆馆长朱强做题为“迈入新时代的高校图书馆——机遇与挑战”的主题报告。北京邮电大学研究员代根兴、湖南大学图书馆馆长郑章飞、武汉大学图书馆馆长王新才等分别围绕图书馆建设计划与构想、图书馆学科体系构建、高校图书馆服务创新的新动向等主题做大会报告。与会专家学者还围绕图书馆服务校园文化建设的理论与实践、空间规划与利用、高校阅读推广的探索与实践等方面做学术报告。（河南省图书馆学会　刘洋　杨荔雯　严真）

【河南省“图书馆史与当代图书馆发展论坛”在新乡召开】 11月22—24日，由河南省高校图书情报工作委员会主办，河南财经政法大学图书馆、河南师范大学图书馆、河南中医药大学图书馆承办，中科软股教育科技（北京）股份有限公司协办的河南省“图书馆史与当代图书馆发展论坛”在新乡召开。河南财经政法大学图书馆馆长焦军普主持开幕仪式。专家报告分别由河南师范大学图书馆馆长赵荣栓、河南大学教授李景文、河南科技大学图书馆馆长孙海双主持。李景文、河南师范大学历史文化学院院长苏全有、华北水利水电大学图书馆馆长史鸿文、洛阳理工学院图书馆馆长谢琳惠、河南师范大学图书馆副馆长王瑞珍分别做报告。会后，与会嘉宾共同参观河南师范大学新乡地方文献整理中心。（河南省图书馆学会　刘洋　杨荔雯　严真）

湖南省

【湖南省普通高校学生阅读分享暨阅读推广人研讨会在湖南大学举办】 4月23日，湖南省普通高校学生阅读分享暨阅读推广人研讨会在湖南大学举办。此次研讨会由湖南省教育厅高等教育处主办，湖南省高等学校图书情报工作委员会（以下简称“湖南省高校图工委”）、湖南大学图书馆承办。上午，来自全省32所普通高校师生及爱心企业代表共200余人参加湖南省普通高校“向上人生·共享阅读”读书交流暨汪洁洋爱心签赠会。下午，35位阅读推广人在阅读推广人研讨会上就如何利用互联网技术、促进经典名著阅读、推动制度性建设等问题进行分享与探讨，同时举办大学生阅读分享会，36位学生代表分享自己的阅读喜好、阅读方法及对社会阅读现状的看法。（湖南大学图书馆　陈有志）

【2019年湖南省普通高校“我和我的祖国”视频打卡活动举办】 9月15日—10月15日，湖南省高校图工委面向全省高校（含普通高校、高职高专）开展为期31天的“我和我的祖国”视频学习活动。全省85所高校共55499名师生参与视频学习活动，31个“我和我的祖国”主题视频总观看次数超过100万次。在参与者中，有2923人打卡满31天，超过一半的人打卡满

21天，收到观后感征文超过4000篇。在全省85所高校中，有3779名馆员参与视频学习活动，超过从业人员总数的80%，237名馆员完成31天视频打卡，超过2500名馆员完成21天视频打卡。（湖南大学图书馆　刘平）

【2019年湖南省普通高等学校图书馆馆长会议举办】 12月23—24日，2019年湖南省普通高等学校图书馆学术会议在长沙举办。会议由湖南省高校图工委秘书长郑章飞主持，湖南大学副校长李树涛等领导及全省40所普通高校图书馆的120余名代表参加会议。大会分为3个阶段。在“一校一书”创新案例现场展示评比阶段，22所学校的代表对30个案例进行宣讲，有20个案例获湖南省教育厅“创新案例奖”，10个案例获湖南省高校图工委“创新案例奖”；在学术会议阶段，大会邀请上海交通大学图书馆馆长陈进做题为“大学图书馆的新征程”报告；在总结表彰与经验交流阶段，对2019年教育厅与图工委主办的活动进行表彰，包括：“一校一书”阅读推广活动、“一校一书”LOGO设计大赛、“我和我的祖国”视频打卡活动、湖南省高校“万方杯”学术搜索挑战赛等。（湖南大学图书馆　陈有志）

【《湖南大学图书馆史》出版】 12月，由陈有志、郑章飞编著的《湖南大学图书馆史》正式由湖南大学出版社出版，弥补湖南省高等学校图书馆无专门馆史的空白。《湖南大学图书馆史》详尽介绍湖南大学图书馆从北宋时期岳麓书院的尊经阁到1926年湖南大学正式定名并建设新馆，历经初创、战乱、西迁再到近现代数字化的辉煌历史。《湖南大学图书馆史》的编纂对于梳理和保存图书馆的历史、凝练及传承图书馆精神、启示图书馆的未来发展等方面具有重要意义。（湖南大学图书馆　陈有志）

【吉首大学图书馆举办“经典悦读·民族进步”暨“迎新中国70周年华诞”文化展演活动】 6月23日，吉首大学图书馆在砂子坳校区举行“经典悦读·民族进步”暨“迎新中国70周年华诞”文化展演活动。学校党委书记、校长白晋湘、校图书馆馆长谷遇春等相关部门领导、民盟湘西州委等相关负责人和图书馆馆员、师生代表和社会各界人士共500余人参加活动。师生代表、部分特邀嘉宾带来了舞蹈、独唱、合唱、诗朗诵、苗鼓、武术等节目。图书馆和2个学生社团还开展学校第七届“一校一书”《红楼梦》推介、新书推荐、有奖知识猜谜、经典图书推介、民族团结图书推介、数字资源推介、书法展演、赠书赠字等系列阅读推广活动。（吉首大学图书馆　彭勃）

【“大湘西片区”图书馆2019年学术研讨会举行】 7月22日，由湖南省图书馆学会主办，吉首大学图书馆、湘西州图书馆承办的“大湘西片区”图书馆2019年学术研讨会在吉首大学图书馆举行。来自全国各地的图书情报界专家学者等120余人围绕会议主题“精准扶贫背景下图书馆服务创新与效能提升”进行学术探讨。中山大学资讯管理学院教授曹树金、湖南图书馆副馆长邹序明、北京世纪超星公司副总经理叶艳鸣、同方知网讲师屈亚琴等分别做专题报告，与会代表对获奖会议征文进行分享交流。（吉首大学图书馆　王月娥）

【2019年湖南省高职高专院校信息素养大赛结束】 3月22日—12月19日，由湖南省职业教育与成人教育学会（以下简称“湖南省职成学会”）高职图书馆工作委员会组织的2019年湖南省高职高专院校信息素养大赛，历时10个月结束。期间，全省共44所院校的图书馆馆长以及信息素养教育教学人员约110名代表参加信息素养大赛培训；16所院校共同参与编制完成大赛题库组建工作，先后有46所院校的14万大学生注册竞赛平台并参加模拟竞赛学习。在6月的正式比赛中，学生组来自46所院校的22944人参加竞赛，教师组来自39所院校的183人作品参评，案例组共17所院校申报信息素养教育案例；12月4—5日，湖南省学生组10名选手，教师组6名选手，参加全国信息素养决赛并取得优异成绩；12月19日，教师组优秀作品和学生组优秀指导老师在湖南省职成学会高职图书馆工作委员会2019年学术年会上进行作品展示和心得分享。（长沙商贸旅游职业技术学院图书馆　唐晓应）

【湖南省职业教育与成人教育学会高职图书

馆工作委员会2019年学术年会召开】 12月19日，以“守初心、担使命，信息素养教育再提升”为主题的2019年学术年会在湖南城建职业技术学院召开，来自全省53所高职高专院校，共计150名代表参加会议。年会分为专家报告、青年论坛、信息发布、信息素养大赛经验交流等多个环节。专家报告中湖南大学图书馆黄筱玲、李雯分别做“从信息素养到创新素养”“大学数字图书馆国际合作计划（CADAL）的背景和发展历程”报告。经验交流会议上，6名说课教师和3名学生竞赛指导老师分享各自信息素养大赛的心得和体会。（长沙商贸旅游职业技术学院图书馆　毛静）

广东省

【2019年广东省高校图工委高职高专分委会馆长年会在顺德召开】 3月29日，2019年广东省高等学校图书情报工作指导委员会高职高专分委会馆长年会在顺德职业技术学院召开。广东省高校图工委、高等教育文献保障系统（CALIS）管理中心、广东省高校图工委高职高专分委会全体委员、62所高职高专和民办院校图书馆馆长、专家与数据商企业代表130余人参加会议。广东省高校图工委高职高专分委会主任刘兰平做2018年工作报告，提出2019年工作思路。中国图书馆学会副理事长、深圳北理莫斯科大学图书馆馆长朱强围绕“高校图书馆的使命、职能与发展”做专题报告。CALIS中心主任助理许长城介绍CALIS“高职院校信息素养大赛项目与科研课题”情况。多位业内专家做经验介绍与案例分享。深圳职业技术学院图书馆、顺德职业技术学院图书馆、东莞职业技术学院图书馆、广东轻工职业技术学院图书馆等单位负责人发言。北京超星集团副总经理叶艳鸣、同方知网技术有限公司邓玉敏、化学工业出版社数字出版中心温强等企业代表进行专题发言。会前还召开2019年广东省高校图工委高职高专分委会常务委员第一次工作会议。（深圳职业技术学院图书馆）

【2019年粤港澳高校图书馆联盟工作会议在清远召开】 5月24日，“2019年粤港澳高校图书馆联盟工作会议”在广东清远召开。粤港澳高校图书馆联盟理事长、中山大学文献与文化遗产管理部主任程焕文，联盟副理事长、香港中文大学图书馆馆长李露丝（Louise Jones），联盟副理事长、澳门大学图书馆馆长吴建中，以及28家成员馆的馆长和馆员共86人参加会议。中山大学粤港澳发展研究院教授毛艳华做《粤港澳大湾区发展规划纲要》解读的主旨报告。程焕文对联盟的发展与展望做专题发言。李露丝和吴建中分别就香港高校图书馆和澳门高校图书馆合作的发展和展望做发言。来自粤港澳三地的高校图书馆代表就“文献传递与资源共享”和“馆员交流与业务培训”两个方面对本地的情况做报告。（中山大学图书馆）

【国际图联当选主席克里斯汀·麦肯齐女士应邀来穗访问讲学】 7月18—19日，广东省高等学校图书情报工作指导委员会、广州市图书馆学会共同邀请国际图书馆协会联合会（IFLA）当选主席克里斯汀·麦肯齐（Christine Mackenzie）来穗访问讲学。在两天的行程中，麦肯齐女士考察中山大学图书馆、广州图书馆和广东省立中山图书馆，并在中山大学南校园和广州图书馆分别做题为“国际图联：创建一个强大、联合的图书馆界”的学术讲座。麦肯齐女士简要介绍国际图联的组成、使命、价值和问题，在此基础上解读国际图联《全球愿景》项目及其报告的形成背景、主要内容和现实意义。（中山大学文献与文化遗产管理部）

【“广东省高校图书馆青年学术研讨会”暨第二届“广州市图书馆学会青年学术研讨会”在广州城市职业学院举行】 9月18日，广州市图书馆学会联合广东省高等学校图书情报工作指导委员会，广州城市职业学院主办的“广东省高校图书馆青年学术研讨会”暨第二届“广州市图书馆学会青年学术研讨会”在广州城市职业学院图书馆举行，广州城市职业学院副院长李艳娥等领导专家以及来自全省高校图书馆和广州市公共图书馆的近百名青年馆员参加会议。此次研讨会以“粤港澳大湾区背景下的图书馆创新与发展”为主题，向全省高校图书馆和广州市公共图书馆的青年馆员征文，共收到学术论文19篇。评审出优秀论文9篇。一等奖获得者上台宣读论文。韶关学院图书馆馆长官建生、《图书馆论坛》常务副主编刘洪和学会学术研究委

员会委员付跃安等3名专家现场进行点评和指导。(广州市图书馆学会)

【2019年广东省高等学校图书情报工作指导委员会工作会议在中山市举行】 12月5—7日，广东省高等学校图书情报工作指导委员会工作会议在中山市召开。省高校图工委领导及委员、各专业委员会成员等100余人出席会议。教育部高校图工委主任、北京大学图书馆馆长陈建龙做题为“五年后的大学图书馆”的主旨报告。广东省高校图工委主任、中山大学文献与文化遗产管理部主任程焕文总结广东省高校图书馆2014—2018年的发展情况。广东省高校图工委秘书长、中山大学图书馆常务副馆长林明对2018年广东省高校图书馆发展报告进行汇报，并总结2019年广东省高校图工委的主要工作。新一届广东省高校图工委除设有高职高专分委会外，还根据目标和任务分设8个专业委员会，分别是粤港澳大湾区资源共享委员会、本科教育支持委员会、服务创新委员会、资源建设委员会、信息技术应用委员会、交流与合作委员会、教育培训委员会、阅读推广委员会，并继续保留主要负责全省高校图书馆数字资源联合采购工作的数字资源规划与评价中心。各专业委员会主任分别汇报2020年工作计划。各专业委员会分别召开会议，部署落实2020年的工作。(中山大学文献与文化遗产管理部)

【未成年人阅读、学习与赋能国际研讨会在中山大学举行】 4月6—9日，由中山大学国家文化遗产与文化发展研究院、资讯管理学院、广州文化遗产与文化发展研究基地主办的“未成年人阅读、学习与赋能国际研讨会：面向合作的专业化与标准化”学术会议在中山大学举行。来自加拿大、美国、新西兰、英国和中国等从事图书馆研究工作的专家、学者、图书馆学学科相关的学生共200余人参加此次会议。为期4天的会议共设8场学术论坛、36个学术报告、2场海报展示、4场研讨和4场实践参访。来自国内外高校的多位教授带来多场学术和专业教育报告；来自国际图联(IFLA)标准委员会、儿童与青少年图书馆专业委员会、学校图书馆专业委员会等国际重要专业组织的主席以及国际标准执笔人带来相关国际标准的解读和研讨；来自国内外国家图书馆、公共图书馆、少年儿童图书馆、学校图书馆的馆长和馆员带来未成年人服务最佳实践分享。会议特设“学生学术海报展”和“最佳实践海报展”，以期进一步加强未成年人服务相关领域人士的联系和交流。会议期间，参会人员参观考察广州图书馆、广州少年儿童图书馆以及广州广雅中学图书馆。(中山大学)

【中山大学获首批“高校国家知识产权信息服务中心”】 5月22—24日，首届高校国家知识产权信息服务中心研讨交流会暨首批23所“高校国家知识产权信息服务中心”授牌仪式在广州举行。此次交流会由国家知识产权局、教育部主办，教育部科技发展中心承办，中山大学、广东中策知识产权研究院协办。国家知识产权局副局长何志敏、教育部科技司司长雷朝滋出席会议并致辞。北京大学、中山大学等23所高校的有关负责人和图书馆等部门的代表出席会议。中山大学副校长郎忠智出席会议并代表学校接受国家知识产权局、教育部的联合授牌。郎忠智应邀为大会做题为“高校专利申请质量提升”的专题报告。(中山大学图书馆)

【2019第十六届华南文献保护论坛在中山大学图书馆召开】 8月29日，第十六届华南文献保护论坛在中山大学图书馆召开。来自广东省立中山图书馆、广东省档案局(馆)、广州市档案发展中心等单位的同行，以及正在中山大学图书馆参加第三期全国西文古籍修复技术研修班的来自全国各地的学员共49人参加会议。论坛主讲James Reid-Cunningham，是美国资深珍本修复师，有近30年的书籍装帧与修复经验。他以“欧洲、北非、北美图书装帧史——西方古籍的结构调查”为题梳理西方书籍的演变历程。(中山大学图书馆)

广西壮族自治区

【2019年度广西高校图书馆学、情报学培训班举办】 6月17—25日，由广西高校图书情报工作指导委员会和广西高等教育学会图书馆专业委员会组织主办，广西大学图书馆承办的“2019年度广西高校图书馆学、情报学培训班”开班，共有41位学员参加培训。培训班为期9天，开设纸电一体化背景下的文献资源建设、文献分类

编目、信息检索与应用、信息咨询与科研决策支持服务、学术论文选题与写作、电子资源管理实务等课程，通过相关基础性、适用性课程的学习，顺应图情发展趋势，使参训人员能基本掌握书刊的采购、分编、流通、检索、电子资源管理等技能。（广西高校图书情报工作指导委员会　陈鸿）

【新一届广西本科高校图书情报工作指导委员会成立】 7月，为贯彻落实全国、全区教育大会和全国、全区高等学校本科教育工作会议精神，进一步发挥专家组织对广西高等教育教学改革的研究、咨询和指导作用，新一届广西本科高校图书情报工作指导委员会成立。成立大会上还通过《广西本科高等学校图书馆情报工作指导委员会工作细则》和2019年度广西本科高校图书情报工作指导委员会工作计划，为今后工作的开展奠定坚实基础。（广西高校图书情报工作指导委员会　陈鸿）

【广西本科高校图书情报工作指导委员会开展全区本科高校图书馆基本情况调研】 根据广西壮族自治区教育厅高教处的工作部署，广西本科高校图书情报工作指导委员会于10月15日至11月26日期间赴全区26所本科院校图书馆及其独立学院图书馆进行调研。通过对全区26所本科院校图书馆的调研，摸清了全区本科院校图书馆基础设施建设概况、人力资源和人才队伍建设以及文献资源建设等情况。通过此次调研，新一届委员会的中长期工作计划和目标更为清晰和明确，也更便于委员会有的放矢地开展今后的各项工作。（广西高校图书情报工作指导委员会　陈鸿）

【2019年广西高校图书馆工作与学术年会召开】 12月12—13日，由广西高校图书情报工作指导委员会、广西高等教育学会图书馆专业委员会和CALIS广西中心组织的2019年广西高校图书馆工作与学术年会在广西师范大学图书馆召开，共有来自全区各大高校图书馆的150位代表参会。年会收到来自全区18所高校馆42位作者递交的论文42篇，经过严格评审，共评出一等奖2篇、二等奖6篇、三等奖12篇和优秀论文17篇。（广西高校图书情报工作指导委员会　陈鸿）

【广西科技大学图书馆概况】 广西科技大学图书馆分东环校区图书馆、柳石校区图书馆、柳东校区图书馆，馆舍总建筑面积36450平方米，阅览座位4438个。馆藏各类中外文纸质文献总量268.14万册，各类数字资源量918余万册（其中电子图书530万册、电子期刊61.89万册、学位论文326.38万册），数据库58个。采用Interlib大型图书馆集成管理系统，建成多校区图书馆及全校各院系资料室统一管理的文献信息网，与CALIS、CASHL、NSTL、清华大学图书馆、广西高校网络图书馆等机构实现信息资源共享。图书馆设采编部、流通阅览部、参考咨询部、推广服务部、技术服务部、办公室和信息素养教育教研室等“五部两室”。职工共76人，其中硕士25人，本科39人；正高级职称4人，副高级职称10人，中级职称28人。（广西科技大学图书馆　韦柳娅）

重庆市

【重庆大学获批成为首批高校国家知识产权信息服务中心】 3月7日，国家知识产权局办公室和教育部办公厅发布《关于公布首批高校国家知识产权信息服务中心名单的通知》，23家高校成为首批国家知识产权信息服务中心，重庆大学正式入选。重庆大学知识产权信息服务中心成立于2018年7月19日，该中心挂靠图书馆，是由重庆大学设立并开展知识产权信息服务和人才培养等工作的机构。知识产权信息服务中心成立后积极开展专业人才队伍建设，贯彻知识产权管理规范，构建高校知识产权信息服务体系。在校内发布《重庆大学专利分析报告（2008—2018）》，开展知识产权讲座与培训，宣传和推广知识产权服务。（重庆市图书馆学会）

【重庆大学知识产权信息服务中心获批第三批世界知识产权组织技术与创新中心（TISC）筹建机构】 近日，国家知识产权局办公室下发关于启动第三批技术与创新支持中心（TISC）筹建工作的通知。重庆大学知识产权信息服务中心在地方推荐的基础上，通过TISC专家委员会的遴选及实地调研考察，由国家知识产权局与世界知识产权局（WIPO）共同确定，获批进入第三批技术与创新支持中心（TISC）筹建机构。WIPO技术与TISC是近年来联合国建立的专门机构，旨在向发展中国家的创新者提供依托本地的优质技术信息和相关服务，帮助其开发创新潜能和创造、保护及管理知识产权。全国已有两批共 17 家 TISC 承办机构，重庆大学知识产权信息服务中心成功获批进入第三批 35 家筹建机构。至此，重庆大学成为全国 11 家获批高校之一，也是重庆市继重庆市知识产权信息中心之后第二家获批单位。筹建机构经一年的考核之后，将正式成为承办机构。（重庆市图书馆学会）

【重庆大学与四川外国语大学举行西南俄语文献中心共建共享签约仪式】 6 月 18 日，由重庆大学和四川外国语大学共同组建的西南俄语文献中心共建共享签约仪式在四川外国语大学图书馆举行。四川外国语大学副校长祝朝伟、重庆市图书情报工作委员会秘书长彭晓东、重庆大学图书馆馆长杨新涯及重庆大学图书馆和四川外国语大学俄语系的相关领导、教师及图书馆馆员参加签约仪式。（重庆市图书馆学会）

【西南大学图书馆发布年度报告】 4 月 23 日，世界读书日来临之际，西南大学图书馆正式发布 2018 年度事业发展报告。通过大数据，西南大学图书馆就 2018 年 3 月至 2019 年 3 月区间的图书资源建设与利用、图书借阅量、读者阅读方式变化、最受师生读者欢迎的人文社科与自然科学图书情况进行分析，公布人文社科与自然科学最受欢迎的十大图书，以及全年借阅量最大的前 10 位读者等数据。（重庆市图书馆学会）

四川省

【概况】 四川省共有普通高等学校 126 所，其中：本科院校 52 所（含社会力量办学 17 所），高职（专科）院校 74 所（含社会力量办学 29 所）。根据对四川省 95 所主要高校图书馆的统计，截至 2019 年底，馆舍面积 201.24 万平方米，读者座位 23.93 万个。文献资源购置费 3.7 亿元，其中，电子资源购置费 2.02 亿元。文献累积总量 4.12 亿册，当年购置中文纸质图书 455.68 万册，外文纸质图书 3.86 万册；中文纸质报刊 7.61 万份，外文纸质报刊 1246 份；中文电子图书 7244.80 万册，外文电子图书 297.75 万册；中文电子报刊 97.18 万份，外文电子报刊 45.96 万份。外借纸本书刊 605 万册次，电子资源下载量 1.40 亿篇次。全省高校图书馆正式职工 2211 人，其中博士 61 人、硕士 592 人，本科以上学历的比例约占 81%，中高级职称比例达 65%。

2019 年，四川省高等学校图书情报工作委员会配合教育部高等学校图书情报工作指导委员会开展工作，认真做好本科教育支持组工作，举办 2019 年全国高校图书馆服务本科教育教学研讨会。召开 2019 年四川省高校图书馆建设发展研讨会，编写《四川省高校图书馆 2018 年度发展报告》等专题报告。认真做好四川省高等学校图书情报工作委员会各项工作和各成员馆管理服务工作的宣传报道。

继续推进四川省高等院校文献资源共建共享工作，组织有关专家对“中国知网数据库”“维普智立方知识资源服务平台、中文期刊服务平台”“SpringerNature 电子图书数据库”“Wiley 电子教材数据库”等中外文文献数据库进行评估，为各馆引进文献数据库提供咨询。组织开展文献资源政府采购招投标相关问题的调研工作，进一步规范四川省高校文献资源政府采购工作。举办“四川省高校 CALIS、CASHL、CADAL 平台资源服务与研讨会”。

继续推进高校图书馆阅读推广活动，共同打造全省高校图书馆管理服务品牌，举办第二届“悦读新时代：四川高校阅读文化节”系列活动，全省 60 余所高校图书馆参加此次活动。文化节期间各高校图书馆共举办子活动 506 项，主要类型包括读书交流（分享）、竞赛类、表彰类、诵读类和游戏体验类活动等，全省累计参与人数 29 万余人。

贯彻落实全国教育大会和全国本科教育工作会议精神，以“聚焦本科教育教学，提升图书馆服务力为主题，”举办首届高校图书馆服务本科教育教学案例大赛，并开展相关案例库建设工作。大赛以积极探索高校图书馆服务人才培养主业的方法和路径为目标，面向全国高校图书馆征集服务本科教育教学创新案例，最终评选出“最佳案例”20 项、“特色案例”30 项、“优秀案例”92 项。

持续开展四川省“双一流”大学图书馆建设联盟工作，推进“双一流”大学图书馆和其他高校在信息资源、科学管理、信息技术、知识服务等方面的战略合作，举办“‘双一流’大学图书馆建设川大论坛”“‘双一流’背景下高校图书馆知识服务建设研讨会”等会议。

进一步加强高校图书馆专业队伍建设，继续举办全省高校图书馆学情报学专家高端论坛，举办“CALIS 中文图书编目业务培训研讨会”、“‘阅读推广工作坊’馆员培训”、“大学生信息素养教育专题研讨会”、“第六届四川省高校图书馆信息技术应用年会”及馆员业务交流和培训活动，《四川图书馆学报》（高校专辑）共发表高校图书馆馆员研究论文 26 篇。

进一步加强本科院校分委员会、高职高专分委员会、社会力量办学院校分委员会和现代化技术、文献资源建设等专业委员会工作，举办形式多样的专题学术研讨和工作经验交流活动十余项。

进一步加强与各级各类学会协会和省内外图书情报机构的联系、交流和协作，联合开展学术研讨、管理经验交流和技术服务推广等活动，联合举办第二十四届西南地区高校图工委联席会议等活动。

组织开展四川省高校图书馆庆祝中华人民共和国成立 70 周年系列活动，回顾和展示四川省高校图书馆事业 70 年巨大的发展变化和辉煌成就。（四川省高等学校图书情报工作委员会秘书处）

【第二届“悦读新时代：四川高校阅读文化节”启动仪式暨成都地区高校图书馆“阅读文化建设”馆长论坛举行】 4 月 8 日，第二届“悦读新时代：四川高校阅读文化节”启动仪式暨成都地区高校图书馆“阅读文化建设”馆长论坛在电子科技大学清水河校区图书馆举行。活动由四川省高等学校图书情报工作委员会主办，电子科技大学图书馆承办，来自成都地区 28 所高校图书馆的 63 位馆长以及代表参加活动。论坛以“悦读新时代的新挑战”为主题，与会代表就阅读推广的顶层设计、阅读文化与校园文化建设、阅读推广评估体系建立、阅读推广队伍建设等内容开展主题研讨。馆长论坛后，“悦读新时代・四川高校阅读文化节”暨 2019 年电子科技大学读书月启动仪式、“走进成电，走向世界”大型主题文化展揭幕仪式在电子科技大学图书馆举行。四川省高等学校图书情报工作委员会秘书长党跃武，电子科技大学国际合作与交流处处长邸爱英、图书馆馆长杜丽等嘉宾为“走进成电，走向世界”大型主题文化展揭幕。（四川省高等学校图书情报工作委员会秘书处）

【2019 年成都地区高校图书馆助推“双一流”建设研讨会暨第 20 届离退休馆长咨询会举行】 4 月 16 日，由四川省高等学校图书情报工作委员会主办，成都中医药大学图书馆承办的“2019 年成都地区高校图书馆助推‘双一流’建设研讨会暨第 20 届离退休馆长咨询会”在成都中医药大学图书馆举行，与会高校图书馆馆长共商“双一流”建设下图书馆的创新与发展，共议“双一流”建设下图书馆人的使命与担当。会议由成都中医药大学图书馆副馆长赖玉萍主持。成都中医药大学副校长徐廉致开幕词，四川大学图书馆馆长党跃武对 2018 年四川省高校图书情报工作进行总结并提出 2019 年工作要点。成都中医药大学图书馆副馆长刘川、电子科技大学图书馆馆长李泰峰、西南财经大学图书馆馆长聂富强针对图书馆助力“双一流”学科建设做相关交流。（四川省高等学校图书情报工作委员会秘书处）

【四川高校图工委举办“阅读推广工作坊”馆员培训活动】 为更好地推动第二届“悦读新时代：四川高校阅读文化节”活动深入开展，4 月 18—19 日，四川省高等学校图书情报工作委员会委托乐山师范学院图书馆举办面向全省高校图书馆“阅读推广工作坊”馆员培训活动，特邀四川省图书馆学会秘书长王嘉陵做主旨报告，西南交通大学图书馆和武汉大学图书馆从事阅读推广和学生志愿者团队管理的 4 位资深馆员做案例报告和工作经验交流。全省 31 所高校图书馆的 60 余名馆员、乐山师范学院图书馆全体馆员及乐山师范学院评选出的“阅读推广大使”共 200 余名学生参加培训。（四川省高等学校图书情报工作委员会秘书处）

【第九届川渝社会力量办学院校图书馆馆长论坛召开】 4 月 25—27 日，第九届川渝社会力量办学院校图书馆馆长论坛暨 2019 年四川省高校图工委社会力量办学协作组年会在成都理工大学工程技术学院召开。川渝两地 24 所高校的 60 余名高校图书馆代表参会。四川大学图书馆馆长党跃武、重庆医药高等专科学校图书馆馆长陈燕、西南科技大学城市学院图书馆馆长赵静、重庆邮电大学移通学院图书馆馆长秦代辉、四川工商学院吴昊、重庆师范大学涉外商贸学院杨洁等分别在大会专题演讲分享所在高校的图情领域研究成果和实践经验。四川工商学院图书馆馆长吴章贵做大会总结发言。（四川省高等学校图书情报工作委员会秘书处）

【2019 年四川省高校图书馆建设发展研讨会召开】 5 月 9 日，由四川省高校图书情报工作委员会主办、西昌学院图书馆承办的“2019 年四川省高校图书馆建设发展研讨会”在西昌学院召开。来自省内 86 所高校图书馆的 130 多位代表参加此次研讨会。北京大学图书馆馆长陈建龙、教育部高等学校图书情报工作指导委员会秘书长陈凌、四川大学图书馆馆长党跃武等做大会报告。5 月 10 日，会议就落实立德树人根本任务和新时代本科院校、高职高专及社会力量办学院校图书馆的建设与发展工作进行分组讨论。（四川省高等学校图书情报工作委员会秘书处）

【川渝高校情报工作研究会第二十九次学术年会暨第二十九次常委会召开】 5 月 30—31 日，由重庆市高校图工委、四川省高校图工委、四川省高校情报工作研究会主办，重庆大学图书馆承办的“川渝高校情报工作研究会第二十九次学术年会暨第二十九次常委会”在重庆大学虎溪图书馆召开，来自川渝两地 62 所高校的 217 名代表参会。开幕式上，与会领导为 30 年来无私奉献在川渝高校情报工作研究会的老同志颁发“卓越贡献奖”。重庆大学图书馆党总支副书记魏群义、四川大学图书馆副馆长张盛强、重庆工商大学图书馆信息技术部主任张必兰、四川师范大学图书馆副馆长谭英、西南大学图书馆副馆长李玉兰、西南石油大学图书馆馆长助理及办公室主任孔敏分别做主题报告。此次会议共收到 51 篇论文，经过专家的评审，评选出一等奖 17 篇、二等奖 34 篇。（四川省高等学校图书情报工作委员会秘书处）

【“双一流”背景下高校图书馆知识服务建设研讨会召开】 7 月 22 日，“双一流”背景下高校图书馆知识服务建设研讨会在绵阳师范学院召开。此次研讨会由四川“双一流”大学图书馆建设联盟和中国财经教育资源共享联盟主办。来自省内高校图书馆的人员代表和嘉宾共 18 人出席研讨会。此次研讨会的主题是“双一流”背景下高校图书馆知识服务建设——马克思主义文献库专题建设研讨。会议邀请四川大学图书馆、中国财经教育资源共享联盟和中国财经教育资源共享联盟平台建设企业的相关负责人分别做专题报告，对共建项目做详尽介绍和阐述。（四川省高等学校图书情报工作委员会秘书处）

【四川省高校 CALIS、CASHL、CADAL 平台资源服务与利用研讨会召开】 10 月 11 日，由 CALIS 西南地区中心、CASHL 西南区域中心、四川省高等学校图书情报工作委员会主办的“四川省高校 CALIS、CASHL、CADAL 平台资源服务与利用研讨会”在阿坝师范学院召开。阿坝师范学院、四川省高等学校图书情报工作委员会、CASHL 管理中心、CADAL 管理中心相关领导莅会，来自 28 个高校图书馆的 60 余人参会。会议邀请专家就 CALIS、CASHL、CADAL 平台资源服务与利用进行交流分享。随后，四川省高等教育文献保障系统项目建设 20 周年贡献奖颁奖仪式举行。四川大学、西南交通大学、电子科技大学、西南财经大学等 19 所高校的图书馆获得杰出贡献奖。阿坝师范学院、四川大学锦江学院、攀枝花学院等 10 所高校图书馆获得贡献奖。（四川省高等学校图书情报工作委员会秘书处）

【四川省高校图工委高职高专分委会 2019 年年会暨“图书馆建设发展”研讨会举行】 10 月 31 日—11 月 1 日，由四川省高校图工委高职高专分委会主办、四川职业技术学院图书馆承办的“四川省高校图工委高职高专分委会 2019 年年会暨‘图书馆建设发展’研讨会”在四川职业技术学院举行。来自四川大学、四川师范大学和全省高职高专图书馆的馆长及业务骨干以及合作单位的企业代表等 90 余人参加会议。此次研讨会以“图书馆建设发展”为主题，结合各位馆长和专家的优良意见，从自身实际情况出发，

为建设更好的图书馆做出切实的努力。（四川省高等学校图书情报工作委员会秘书处）

【全国高职院校信息素养大赛四川赛区选拔赛举行】 11月1日，由四川省高等学校图书情报工作委员会主办的全国高职院校信息素养大赛四川赛区选拔赛在成都航空职业技术学院图书馆举行。参加此次大赛校内选拔赛的有来自省内19所高职院校的12614名学生，经各高校推荐，其中57名学生、10名教师参加省选拔赛。根据大赛平台系统评判和专家评审，共决出学生个人赛一等奖22人、二等奖18人、三等奖12人、优秀指导教师49人；教师说课赛一等奖4人、二等奖3人、三等奖3人。该次大赛得到了各参赛院校的积极响应，在以赛促建、以赛促教、以赛促学方面达到良好的效果，顺利选拔出代表四川省参加2019年全国高职院校信息素养大赛的优秀选手。（四川省高等学校图书情报工作委员会秘书处）

【四川省高校图书馆第十五届专家论坛暨科技大数据分析及创新应用研讨会】 11月13日，四川省高校图书馆第十五届专家论坛暨科技大数据分析及创新应用研讨会在西南交通大学举行。此次论坛由四川省高等学校图书情报工作委员会主办，西南交通大学及北京万方数据股份有限公司联合承办。来自省内近60家高校图书馆的馆长、分管业务副馆长、业务主管、学科馆员、业务骨干及业界代表200余人参加论坛。论坛主题为"支撑科技决策、助力科研管理、服务科研创新"，来自省内外的专家带来8场报告。（四川省高等学校图书情报工作委员会秘书处）

【第六届四川省高校图书馆信息技术应用年会召开】 11月26日，由四川省高等学校图书情报工作委员会主办，信息技术应用专委会、西南交通大学图书馆承办的第六届四川省高校图书馆信息技术应用年会在西南交通大学图书馆召开。会议以"智慧图书馆之架构设计"为主题，邀请国内在智慧图书馆架构设计方面的业内精英、机构专家、省内代表馆和行业同人共同商讨，促进高校图书馆技术与服务的融合及智慧图书馆的发展。（四川省高等学校图书情报工作委员会秘书处）

【四川省高校图书馆2019年年度工作总结会举行】 12月11—13日，由四川省高等学校图书情报工作委员会主办、四川农业大学承办的四川省高校图书馆2019年年度工作总结会在四川农业大学雅安校区举行。教育部高等学校图书情报工作指导委员会副秘书长、《大学图书馆学报》常务副主编王波，省教育厅高教处副处长罗亦凡，四川农业大学副校长刘登才、吴德，四川省高等学校图书情报工作委员会副主任兼秘书长党跃武及省内高校图书馆代表170余人参会。会议围绕庆祝新中国成立70周年，特邀学界专家做"高校图书馆70年发展史简要回顾与前景展望""四川高校图书馆70年""新时代高校图书馆助力双一流建设的内涵"等报告。从7个方面对2018年高校图书馆事实数据的排行情况进行发布和分析，还对全省高校图书馆阅读推广年度工作进行总结发布。会上表彰全省从事高校图书馆工作30年及以上人员227人，一家两代及以上从事高校图书馆工作的"书香世家"83个，并对受表彰的代表颁发荣誉纪念牌。（四川省高等学校图书情报工作委员会秘书处）

贵州省

【概况】 截至2019年底，贵州省共有各类高等学校图书馆74个。其中：普通本科高校图书馆21个，本科独立学院8个，贵州党校图书馆1个，贵州广播电视大学图书馆1个，高职高专院校图书馆43个。

办馆条件进一步改善。根据对贵州省高等学校图书馆工作指导委员会所属成员馆的统计，已有22个高校图书馆建新馆，23个高校图书馆建筑总面积为74.25万平方米，各馆文献资源建设经费较2018年有所增加，23个馆总计超过一亿元，平均值为435.28万元；2019年23个高校图书馆新增阅览座位1950个，新增中文图书近12.8万册。

管理与服务效果提升。23个图书馆共发放有效借书证近34万个，各高校馆服务时间为每周78—104小时，文献资源开架率达95%以上，管理自动化程度高（一卡通管理，多校区图书互借互还等）；23个馆纸质图书外借总册次为179.73万册，23个馆数字资源下载总量为2500

余万篇。

专业队伍人员减少。23 个图书馆在编从业人员为 725 人，在编人员逐年减少。

各高校图书馆充分利用互联网，加强文献资源共享协作。利用中国高等教育文献保障系统（CALIS）、中国高校人文社会科学文献中心（CASHL）、CADAL 项目、“中国社会科学院社科文献中心学术期刊数据库”、NSTL 资源与服务等平台，开展文献检索、文献传递、馆际互借等工作，提升文献支撑服务的能力。

各高校图书馆充分发挥图书馆作为学校培养大学生信息素养主阵地作用，针对学生的培训教育，多以新技术运用为切入点，加快推进图书馆网络化、数字化、信息化建设，加强本馆特色资源建设，重视服务创新与阅读推广，提升社会参与度，组织开展多种多样的读书活动，让学生享受到丰富的校园文化。（贵州省高等学校图书馆工作指导委员会秘书处　张伟云）

【贵州高校图书馆与中国社会科学院社科文献中心共享资源】 1 月 4 日，中国社会科学院图书馆与贵州省高校图书馆工作指导委员会在贵阳联合举行国家哲学社会科学文献中心贵州省高校机构用户签约仪式。贵州省高校图书馆工作指导委员会成员单位近 30 家参加签约仪式。贵州师范大学副校长谢晓尧致辞，中国社会科学院图书馆馆长王岚就国家哲学社会科学文献中心建设情况、习近平新时代中国特色社会主义思想文库建设情况进行介绍。双方共同签订《国家哲学社会科学文献中心学术期刊数据库机构用户使用协议》，将优秀免费的哲学社会科学文献资源推送到贵州省高校。（贵州省高等学校图书馆工作指导委员会秘书处　张伟云）

【贵州高校图书馆专家参加《贵州省公共图书馆条例》立法调研、条例起草工作】 2019 年，《贵州省公共图书馆条例》被纳入贵州省人大自主立法计划，省文化和旅游厅牵头组织开展《贵州省公共文化服务保障条例》《贵州省公共图书馆条例》的省内立法调研工作。受省文化和旅游厅委托，贵州民族大学图书馆作为起草小组的牵头单位之一，配合推进《贵州省公共图书馆条例》立法工作，贵州民族大学、贵阳学院图书馆等单位参加省内立法调研、条例起草工作。3 月 5 日，贵州高校图书馆部分专家参加由省人大法工委、省人大教科文卫委、省司法厅、省文化和旅游厅组织的《贵州省公共图书馆条例（草案）》省内行业专家咨询论证会，专家从图书馆专业理论、行业规范、实践工作及立法工作的视角出发，在框架结构、文字表述、行业标准、实施操作、馆员权益等方面提出意见与建议。（贵州省高等学校图书馆工作指导委员会秘书处　张伟云）

【贵州高校馆联合开展“追梦书心、黔图似锦”阅读推广活动、评选】 为纪念第 24 个“世界图书和版权日”，贵州省高校图工委组织全省高校图书馆联合开展以“追梦书心，黔图似锦”为主题的阅读推广活动，规定活动包括“经典诵读”“发现睡美人——零利用率好书推荐”“名家大讲堂”“特色数据库推荐”，除组织规定读书活动以外，各图书馆还组织丰富多彩的推广活动。6 月 25 日，贵州省高校图工委与贵州省图书馆学会阅读推广委员会组织召开评选会。通过观看各馆提交材料、视频，评委集体围绕各馆申报的文字材料、照片、PPT 等，对自选组织活动的支撑材料进行阅览，经无记名投票，评选出获奖图书馆。（贵州省高等学校图书馆工作指导委员会秘书处　张伟云）

【2019 年贵州省高校图书馆流通工作专题交流会举办】 9 月 29 日，2019 年贵州省高校图书馆流通工作专题交流会在贵州师范大学图书馆举办，17 所高校图书馆的 58 位馆员参加会议。会上贵州大学图书馆、贵州师范大学图书馆、遵义医科大学图书馆、六盘水师范学院图书馆、凯里学院图书馆流通馆员就本馆流通部管理与服务做大会交流报告，与会馆员围绕流通部工作展开自由发言、交流，促进了流通工作人员的交流、学习，会上建立贵州高校图书馆流通工作 QQ 群。（贵州省高等学校图书馆工作指导委员会秘书处　张伟云）

【西南地区 CADAL 项目服务推广会召开】 10 月 21 日，西南地区 CADAL 项目服务推广会在贵州大学图书馆召开，特邀 CADAL 项目管理中心副主任、浙江大学图书馆副馆长黄晨做“CADAL项目近期建设综述”报告，北京大学图书馆刘丹做“不断演变和持续扩展中的图书馆馆藏——大学学术信息体系的构建及其作用”报告，武汉大学图书馆副馆长黄勇凯做“武汉大学智慧图书馆建设”报告，云南大学图书馆CADAL项目西南中心张禹做“知识产权在图书馆参考咨询中的实践”报告，来自贵州大学、贵州师范大学等20所高校图书馆的馆长及图书馆相关部门负责人70余人参加会议。（贵州省高等学校图书馆工作指导委员会秘书处　张伟云）

【贵州省高校图书馆采访编目工作交流会举办】 10月24日，贵州省高校图书馆采访编目工作交流会在贵州财经大学图书馆举办。会上贵州财经大学、铜仁学院、黔南民族师范学院、贵州商学院、贵州医科大学等图书馆采编部馆员进行采访编目工作大会交流，与会馆员围绕采编工作进行交流发言、提问，会上建立贵州高校图书馆采编工作QQ群，17所高校图书馆的60位馆员参加会议。（贵州省高等学校图书馆工作指导委员会秘书处　张伟云）

云南省

【云南省高等学校图书情报工作指导委员会成立暨第一次工作会议召开】 4月3日，2018—2022年云南省高等学校图书情报工作指导委员会成立暨第一次工作会议在主任委员单位——云南师范大学召开。会议指出应加大对图书馆建设的力度，助推云南省高校“双一流”建设，提供一流资源建设、一流管理、一流服务等条件支撑和保障。推动高校完成学分制试点改革、大力推进专业认证工作，发挥云南省高等学校图书情报工作指导委员会的桥梁、纽带作用，为云南省高校图书馆做好服务工作。（云南省图书馆学会办公室　金美丽）

【西南地区CADAL项目服务推广会召开】 4月26日，为落实推广更多高校加入CADAL项目资源共建共享，推进学术资源的流通与融合，充分发挥CADAL项目建设的社会效益，为各方学者提供第一手资料，西南地区CADAL项目服务推广会在云南大理农林职业技术学院召开。会上专家做“CADAL项目建设年度综述”的报告，并就高校图书馆智慧空间建设、人工智能图书馆，“双一流”视角下高校图书馆建设的思考即资源建设、空间建设、技术创新、阅读推广知识服务转型和支撑“双一流”建设等方面进行深入交流，并分享CADAL项目资源共建共享工作情况。（云南省图书馆学会办公室　金美丽）

【“古籍修复技艺进校园”活动举办】 6月6日，在第十四个“文化和自然遗产日”之际，云南省图书馆暨省古籍保护中心与云南师范大学图书馆合作，在云南师范大学呈贡校区图书馆举办“古籍保护·你我同行——古籍修复技艺进校园”活动。云南省古籍保护中心、云南师范大学图书馆相关负责人及工作人员，以及云南师范大学70余名研究生、本科生参加活动。云南省古籍保护中心工作人员利用实物给同学们讲解古籍知识和古籍装帧形式；古籍修复人员现场演示并教授破损古籍书叶的修复及古籍装订技法。在工作人员手把手地指导下，同学们分组体验破损古籍书叶的修复技法及线装古籍的装订过程，并亲手装订好一册册线装书。此次活动使古籍修复技艺在大学校园得到了宣传推广。云南电视台对此次活动进行现场报道。（云南省图书馆学会办公室　金美丽）

【云南警官学院与云南省图书馆共同开展“学雷锋”志愿服务活动】 3月5日是第56个“学雷锋纪念日”，也是第20个“中国青年志愿者服务日”。云南省图书馆与云南警官学院共同开展“传承雷锋精神　培养时代新人　共筑时代新风”志愿服务活动。活动仪式上，云南警官学院党委副书记曹卫东、云南省图书馆馆长王水乔分别致辞。在云南警官学院党委委员、副院长杜涛的带领下，来自云南省图书馆、云南警官学院的200名志愿者代表向雷锋同志像宣誓。云南警官学院在校学生桂源蔚作为志愿者代表宣读志愿服务倡议书。云南省图书馆副馆长周宇青主持活动仪式。云南省图书馆专门为盲人读者王琪手工编织品举办现场义卖活动。在云南省图书馆无障碍电影放映厅，云南警官学院志愿者为50余名盲人读者现场口述了电影《雷锋》，让大家重温经典，进一步学习弘扬雷锋精神。此外，志愿者们还现场向广大读者发放《学雷锋志愿服务宣传册》，宣讲“雷锋精神”，鼓励读者通过微信、抖音等方式记录身边的“雷锋故事”，定格志愿服务的事迹和青春，传颂“雷锋精神”。此次活动受到了社会各界及新闻媒体的广泛关注，云南电视台、云南日报社等 10 多家媒体对活动进行宣传报道，仅“云南警方”直播平台当天就达到 37.9 万次点击量。（云南省图书馆学会办公室　金美丽）

陕西省

【概况】 截至 2019 年底，陕西共有各类高等学校图书馆 102 个。其中普通本科高校图书馆 46 个，高职高专院校图书馆 38 个，独立学院图书馆 12 个，军事院校图书馆 6 个。以下信息来自 75 个高校图书馆的统计数据。

馆舍条件。75 个图书馆馆舍面积总计 1764070 平方米，平均馆舍面积 23521 平方米，中位数 21300 平方米。在建馆舍设计建筑面积合计 108038 平方米。读者座位总计 187636 个，馆均 2502 个。

人员结构。在编职工合计 2361 人，馆均 32 人。在编职工中，本科及以上学历者占 80.13%，比上年的 79.02% 增加 1.11%。其中，博士 60 人，占 2.54%；硕士及第二学士学位 694 人，占 29.39%；本科 1138 人，占 48.20%。在编职工中，中级及以上职称者占 70.61%，比上年的 69.18% 增加 1.43%。其中，正高级职称 97 人，占 4.11%；副高级职称 464 人，占 19.65%；中级职称 1106 人，占 46.84%。

经费投入。75 个图书馆年度经费总计 404659814 元，馆均年度经费 5395464 元。文献资源购置费总计 358089444 元，其中，纸质资源购置费总计 162271752 元，占 45.32%；电子资源购置费总计 195574010 元，占 54.62%。

资源建设。当年购置中文纸质图书合计 3134834 册，比上年的 3534640 册在总量上减少 399806 册。当年购置外文纸质图书合计 38729 册，比上年的 40340 册在总量上减少 1611 册。当年购置中文电子图书（含学位论文）合计 65752001 册，购置外文电子图书（含学位论文）合计 5220554 册。中文纸质图书累积量合计 90401721 册，外文纸质图书累积量合计 3803143 册。

服务状况。75 个图书馆办证读者合计 1288886 人，馆均 17185 人。年外借书刊量合计 6594007 册次，馆均 89108 册次。主要阅览室每周开放时间合计 6732 小时，馆均 89.76 小时，其中最长开放时间为 112 小时。截至 2019 年底，陕西高校图工委累计向全省各类图书馆发放馆际互借通用借书证 1493 个。（陕西省高校图书馆工作委员会　张惠君）

【业务培训与研讨举办】 3 月 7 日，陕西省高校图书馆工作委员会（以下简称“陕西省高校图工委”）在西安理工大学召开陕西高校图书馆统计工作培训会，来自省内 55 所高校的 90 余名馆员参加此次会议。陕西省高校图工委秘书长张惠君做题为“‘教育部高校图书馆事实数据库系统’填报项目常见问题分析”的报告，对数据统计中各项指标的内涵、要求、计算方法等做了详细解读和说明，同时结合实际填报工作中出现的问题进行分析和纠正。

4 月 15 日和 22 日，陕西省高校图工委在西安交通大学图书馆举办两次“陕西高校图书馆区域馆际互借服务平台”使用培训，来自省内高校图书馆的 60 余名负责馆际互借业务的馆员参加培训。培训重点包括馆际互借平台的使用方法演示、馆员上机实践操作以及专家现场答疑辅导。

6 月 28 日，陕西省高校图工委读者服务工作组在西安建筑科技大学举办 2019 年流通阅览服务专题研讨会，省内各高校图书馆的 60 余名流通阅览一线馆员参加会议。来自 13 所高校图书馆的管理人员、读者服务部门负责人就高校图书馆流通部服务管理、设岗模式、排班安排、借阅创新服务等工作做专题发言。同时，与会者对流通阅览服务模式转型、阅读推广等工作热点问题进行交流探讨。

10 月 9 日，陕西省高校图工委在西安工程大学图书馆举办 2019 年陕西高校图书馆新入职人员培训会暨文化活动颁奖仪式，来自全省高校图书馆的 100 余名新入职馆员和部分获奖者参加会议。研究馆员强自力做题为“图书馆基础知识概论”的报告，研究馆员康万武做题为“勤学习，勇实践，善总结，不断提高职业素养”的报告，研究馆员谷秀洁分享参加国际图联大会的收获与感悟。在随后的文化活动颁奖仪式上，大会为“爱读书 · 爱事业——中国图书馆史知识竞赛”的获奖单位和个人颁发奖牌、证书和奖品，为“和共和国共奋进——我与图书馆”征文比赛的获奖个人颁发证书。

11月29日，陕西省高校图工委教育培训工作组在西安理工大学举办“新起点、新征程、新视野”馆长沙龙，来自全省高校图书馆的20余名新任馆长参加此次活动。西安理工大学副校长李占斌到会并致辞。西安翻译学院图书馆馆长裴世荷研究馆员结合自己30余年馆长任职经验，做题为“如何做好一个馆长”的主旨发言。各位与会馆长就图书馆的职能、资源建设、服务与管理等方面展开了热烈交流和讨论。

12月3日，陕西省高校图工委信息技术应用工作组在长安大学举办“数据·智能·服务”专题研讨会。来自省内20多所高校图书馆的50多位同人参会。西安电子科技大学图书馆馆长卢朝阳教授、长安大学图书馆馆长赵文义、西北工业大学图书馆技术部主任黄辉分别就图书馆与人工智能、知识资源的开放获取、赴广东高校考察调研成果做专题报告。（陕西省高校图书馆工作委员会　张惠君）

【《陕西高校图书馆年鉴（2001—2014）》出版】《陕西高校图书馆年鉴（2001—2014）》于2019年5月正式出版。全书69万字，是继《西北高校图书馆年鉴（1949—1988）》和《陕西高校图书馆年鉴（1989—2000）》之后，又一部反映陕西高校图书馆建设和发展情况的资料性工具书，内容涵盖图书馆简介、大事记、有关图书馆发展的重要文件、重要会议及业务活动纪要、办馆条件及业务工作统计数据、高级职称人员情况等，力图用事实数据较为全面地反映陕西高校图书馆的发展历程，为陕西高校图书馆事业留下历史印记。（陕西省高校图书馆工作委员会　张惠君）

【专题竞赛和征文活动开展】 6月17日，“爱读书·爱事业——中国图书馆史知识竞赛”线上答题正式启动。该活动是陕西省高校图工委策划实施的一个面向图书馆学专业知识学习的阅读推广活动，竞赛题目知识点均来自韩永进主编的《中国图书馆史》。线上答题历时半个月，共吸引来自全国24个省、134个单位的图书馆同人和阅读爱好者参加，在线答题共计847人、1200余次，参与者中既有高校图书馆和公共图书馆的馆员，也有高校在校学生和其他阅读爱好者。根据竞赛规则，最终评选出一等奖获得者5名、二等奖获得者10名、三等奖获得者20名、优秀奖获得者50名、优秀组织奖14个。

11月17日，由陕西省高校图工委高职高专工作组主办的2019年全国高职高专院校信息素养大赛决赛陕西赛区网络赛在陕西能源职业技术学院举行。大赛分设学生组和教师组。学生组竞赛共计19所高职院校的3709人参加，最终12所院校的20名学生入围全国网络选拔赛。

12月4日，第七届陕西高校图书馆员读者服务典型案例展示交流会在西安电子科技大学举行，来自全省的170余名馆员参加会议。案例征集阶段共收到25家图书馆提交的105个案例。经专家初评，45个案例入围交流展示竞赛。经过现场激烈角逐，最终评选出23个优秀案例。该活动以“小案例”的征集凝聚基层馆员的“大智慧”，以“小故事”的交流学习激发基层馆员服务读者的“大情怀”，把总结交流案例的过程作为基层馆员自我能力展示的生动实践。

为庆祝新中国成立70周年，展现时代变迁下图书馆人的风采，陕西省高校图工委特别推出“和共和国共奋进——我与图书馆”主题征文活动。该活动共收到征文44篇，经专家评审，共评选出获奖征文21篇，其中一等奖3篇、二等奖6篇、三等奖12篇。（陕西省高校图书馆工作委员会　张惠君）

【2019年陕西省高等学校图书情报工作会议召开】 12月13日，2019年陕西省高等学校图书情报工作会议在杨凌召开，来自全省69所高校图书馆的98位馆领导参加会议。会议主题为“变革中求发展，创新中谋价值”。陕西省高校图工委副主任委员、西安交通大学图书馆馆长贾申利代表图工委做工作报告，回顾陕西省高校图工委2019年工作并介绍2020年工作设想。会议特邀清华大学图书馆学术委员会主任林佳做题为“信息环境对信息素养教育的影响”的报告。陕西省高校图工委副主任委员、西安电子科技大学图书馆馆长卢朝阳，陕西省高校图工委常务委员、长安大学图书馆馆长赵文义，陕西省高校图工委常务委员、西北农林科技大学

图书馆馆长赵善廷，陕西省高校图工委秘书长、西安交通大学图书馆研究馆员张惠君分别做题为“图书馆与人工智能：一点浅见”“知识资源的开放获取”“提高知识产权服务水平，助力国家双创战略”“陕西高校图书馆70年发展回望”的报告。谷秀洁代表文献资源建设工作组、强自力代表读者服务工作组、李辉代表信息技术应用工作组、王浩代表教育培训工作组、田向阳代表古籍与特藏建设工作组、高凤香代表高职高专工作组，分别汇报陕西省高校图工委各工作组2019年工作计划完成情况及2020年的工作计划。（陕西省高校图书馆工作委员会 张惠君）

甘肃省

【概况】 截至2019年底，甘肃省共有各类高等学校图书馆45所，其中普通本科院校图书馆18所、独立院校图书馆4所、高职高专院校图书馆23所。其中兰州大学图书馆馆舍面积6万平方米，阅览座席6272个，工作人员110人，其中硕士研究生及以上学历人员43人，本科学历人员46人，大专学历人员21人，正高级专业技术人员3人，副高级25人，中级62人。西北师范大学图书馆馆舍面积4.95万平方米，阅览座席3540个，工作人员64人，其中硕士研究生及以上学历人员22人，本科学历人员27人，大专学历人员9人，正高级专业技术人员3人，副高级16人，中级36人。兰州交通大学图书馆馆舍面积4.95万平方米，阅览座席3300个，有工作人员46人，其中硕士研究生及以上学历人员14人，本科学历人员23人，大专学历人员7人，正高级专业技术人员2人，副高级12人，中级22人。甘肃政法大学图书馆馆舍面积1.47万平方米，阅览座席1461个，工作人员22人，其中硕士研究生及以上学历人员11人，本科学历人员10人，正高级专业技术人员1人，副高级5人。河西学院图书馆馆馆舍面积4.03万平方米，阅览座席4281个，工作人员94人，其中硕士研究生及以上学历人员13人，本科学历人员41人，大专学历人员19人，正高级专业技术人员2人，副高级11人，中级14人。

文献信息资源建设能力不断增强。兰州大学图书馆在纸质资源建设方面，订购中文图书3.91万种、6.67万册，CASHL文科专款及外文理科图书2445种，中文期刊1003种、2006份，外文期刊102种、102份；编目入藏图书3.7万种、7.3万册。在数字资源建设方面，订购中文数据库64个、外文数据库53个，同比增加11.4%；试用中文数据库111个、外文数据库26个，开放获取数据1041万条。在特色资源建设方面订购西北边疆研究主题英文及日文文献513种，中文文献3319种；收取研究生学位论文电子版3677篇、纸制版3641篇；本科生优秀学位论文电子版730篇、纸质版698篇。接收捐赠图书472种、988册，目前兰大文库文献达到2896种、4457册。完成《兰州大学数字文献使用与分析报告》《兰州大学图书馆纸质文献使用情况报告》。西北师范大学图书馆入藏纸质图书3万余种共6万册，入藏电子文献2.67万种，订购报刊411种。甘肃政法大学图书馆全年入藏图书1.89万册8243种，入藏电子文献14.28万种，现已有纸质图书124.58万册，电子文献95.89万种。甘肃农业大学图书馆在纸质文献资源建设方面，订购加工中文纸质图书23647种63915册；加工中文图书随书光盘157张；订购2020年中文期刊830种830份、报纸32种41份，外文期刊29种29份；装订过刊1781册。在电子资源建设方面，续订37个数据库，续订中文电子图书138万册，外文电子图书30万册。在特色文献建设方面，更新“甘肃农耕文化数据库”和“甘肃农业大学专家学者库”。天水师范学院图书馆新增纸质图书4.42万册，接收捐赠图书6327册，加工新书3.05万册；续订39个数据库资源，新增电子图书6000册。陇东学院图书馆全年共采购纸质图书2.79万册，征订期刊509种，报纸7种。河西学院图书馆入藏纸质图书2.74万种共6.1万册，入藏电子文献32万余种，订购报刊1803种。

基础服务与新媒体服务同步提升。兰州大学图书馆文献借还总量45万册，数字资源检索量1199万次；成立兰州大学专利信息服务中心，成功上线发布兰州大学学者库，完成科技论著查询报告1087项，较2018年增长44%；电子阅览室接待2.9万人次，举办第五届兰州大学信息素养大赛，开展“一小时讲座”41场，完成通识课教学144课时；举办新生培训12场，22个学院的近0.4万名同学参加。完成“微课计划”课程7期，图书馆微信粉丝数达 2.3 万余人，微博粉丝数达 0.6 万余人。甘肃政法大学图书馆全年外借书刊 9.05 万册，流通 10.38 万人次。甘肃农业大学图书馆全年接待读者 23.23 万人次，纸质图书借阅量为 10.22 万册次，为全校师生代查、代检文献 200 余篇，原文传递 400 余篇；全年开展数据库专题培训 6 场 500 余人次，培训新生 43 场次 4600 余人次；编印《图情动态》、《图书馆读者指南》和《图书馆宣传片》第二版。馆微公众号关注人数 1.22 万人，推送消息 119 条，阅读量 3.41 万余次，图书馆主页发布信息 153 条。天水师范学院图书馆全年纸质图书借还量 15.29 万册，借还图书 5.26 万人次；查阅外文数据库 1.35 万人次，下载全文 5470 篇；移动图书馆点击量 356.19 万人次，视频访问量 5.84 万人次；为教师传递各类文献 5719 篇；初步建成学校机构知识库。陇东学院图书馆全年共接待读者 26 万人次，借还图书 64682 册；电子文献数据库浏览 740 多万篇次，检索 2840 多万篇次，下载 70 多万篇次。

阅读推广活动不断深化。兰州大学图书馆以“续悦读华章，迎百十校庆”为主题组织 2019 年“书香兰大”系列阅读推广活动，开展“风速对话”读书分享活动，制作的音乐视频《心系书简》荣获第九届“视友杯”高校电视奖评选综艺类一等奖及“2019 图书馆阅读推广及服务创新培训交流会”优秀案例二等奖，该馆指导的读者俱乐部荣获第二届全国高校“阅读推广之星”称号。甘肃农业大学图书馆举办第九届“读书文化月”活动，举办第二届“超星杯”“天涯共明月，纸短情更长”中秋家书有奖征文大赛，组织参加甘肃省第一届“‘中科杯’掌上诗词大赛”，与兰州大学图书馆阅读推广部进行业务交流合作。天水师范学院图书馆举办 2019 年“我与师院共发展”主题读书月活动，并在甘肃省图书馆学会年会上荣获“全民阅读基地”称号。陇东学院图书馆开展“走进图书馆，徜徉书世界”主题读书月活动，活动内容包括数字资源推广、师生信息素养大赛、评选“校园十大读书之星”和“读书月”优秀组织单位等 11 项活动，联合图书公司展销各类图书 5000 余册。

图书馆学、信息科学和信息技术等相关学科的理论研究与实践能力不断增强。兰州大学图书馆获批甘肃省社科规划项目 1 项、CALIS 年度科研课题 1 项、CASHL 服务与前瞻性课题 3 项、DRAA 数字资源规范化 / 标准化建设项目 1 项、甘肃省知识产权计划项目 1 项；14 个项目获得图书馆馆内科研项目评审立项。出版学术著作 2 部，发表学术论文 22 篇，其中 CSSCI 来源期刊论文 9 篇。甘肃农业大学图书馆发表学术论文 5 篇，出版专著 1 部（合著），授权实用新型专利 3 项。西北师范大学图书馆发表省级以上刊物的论文有 2 篇。（甘肃省图书馆学会）

【兰州大学学者库发布会暨甘肃省高校及科研机构知识库集群平台建设研讨会举行】 4 月 25 日，由甘肃省高校图书情报工作指导委员会主办，兰州大学、中国科学院兰州文献情报中心承办的兰州大学学者库发布会暨甘肃省高校及科研机构知识库集群平台建设研讨会在兰州大学城关校区西区图书馆报告厅举行。甘肃省科技厅副厅长傅小锋，兰州大学副校长沙勇忠、图书馆馆长田中禾，中国科学院兰州分院副院长陈改学、中国科学院兰州文献情报中心主任曲建升，甘肃省图书馆馆长李素平出席会议并共同按下启动球，标志着兰州大学学者库的正式发布。沙勇忠、陈改学共同为甘肃省高校及科研机构知识库集群平台的第一个成员单位——兰州大学揭牌。兰州大学图书馆副馆长王勇做题为“兰州大学机构知识库建设实践发展”的主题报告；中国科学院兰州文献情报中心系统建设部主任祝忠明做题为“甘肃省高校及科研机构知识库集群平台建设方案”的专题报告；中国科学院兰州文献情报中心大数据中心副主任卢利农做题为“机构知识管理平台 CSpace 的核心功能与服务”的报告。甘肃省部分高校图书馆馆长和相关业务人员参加此次会议。会议为提升甘肃省高校和科研院所知识成果的集成管理、科学评价和开放共享，推动机构知识库区域性集群平台建设具有里程碑意义。（甘肃省图书馆学会）

【2019 年甘肃省高职高专院校信息素养大赛暨智慧图书馆信息资源建设研讨会举行】 10 月 27 日，2019 年甘肃省高职高专院校信息素养大赛暨智慧图书馆信息资源建设研讨会在兰州石化职业技术学院举行。此次大赛和研讨会

由甘肃省高等学校图书情报工作委员会高职高专工作组（筹）和教育部高等教育文献保障系统管理中心主办，兰州石化职业技术学院承办，北京百万庄图书大厦有限公司（机械工业出版社）协办。省高等学校图书情报工作委员会副主任、兰州大学图书馆馆长田中禾，省高等学校图书情报工作委员会秘书长王勇，西北师范大学、兰州理工大学、兰州工业学院、兰州资源环境职业学院等省内高校图书馆馆长，兰州石化职业技术学院党委委员、纪委书记蒲卫晖等出席开幕式。大赛组委会根据参赛选手的比赛成绩评出一、二、三等奖，并选拔出优秀选手代表甘肃省参加在深圳举办的首届全国高职高专院校信息素养大赛决赛。比赛进行同时，智慧图书馆信息资源建设研讨会举行，田中禾以“智慧图书馆理论研究与实践探索”为题做交流发言。（甘肃省图书馆学会）

青海省

【青海大学图书馆营造文化氛围】 2019年，青海大学图书馆举办“名家真迹和学生优秀书画作品上墙”活动，展示清华大学百年校庆捐赠青海大学的7幅中国书画大家墨宝和省内著名书法家的20余幅作品，以及图书馆举办的第一届大学生书画大赛获奖作品，展现图书馆的文化底蕴，提升学生的文化素养。开辟“图书馆发展历程展示区”，通过20余张图片和几十件实物，全面展示青海大学图书馆成立60周年来的发展历程以及取得的发展成就，进一步增强广大师生爱馆、爱校、爱国的主人翁精神。该馆作为国家重点文化工程“中华再造善本工程”的青海省指定馆藏馆，拥有600多种中华再造善本。为发挥这批图书的价值，实施第二批文化氛围营造项目，对古籍阅览室进行室内装修。（青海大学图书馆　孔繁青）

【青海大学图书馆采取多种措施打造文化品牌】 青海大学图书馆持续打造品牌文化活动。每年4月和9月，定期举办“世界读书月”和“新生入馆教育”两个品牌活动，年参与学生均在4000人次以上。另外，每年不定期举办知识讲座和活动，如“诗歌朗诵”“我爱阅读”等活动。2019年，先后举办“运用科研工具开拓视野，展示科研能力”“一流大学教学科研发现的大数据思维与学术资源价值”等16场专题讲座，1432人次参加。创办新的文化品牌——“知网杯”大学生书法比赛。借助新馆建设契机，上线开通RFID图书自助借还系统、研修厢座位预约系统等图书馆现代化集成管理系统，提升服务效率，改善读者的阅读体验；引进原声电影体验厅、瀑布流电子阅览区、歌德阅读机等现代化休闲阅读空间和设施，深受全校师生的欢迎，提升读者的黏性度。全年阅览读者达到1200228人次，借阅图书达到46402册次，充分体现新馆作为大学学习交流中心的作用，促进学校学风的提升。（青海大学图书馆　孔繁青）

【青海大学昆仑学院图书馆举办多项读者活动】 4月1日至4月底，青海大学昆仑学院图书馆联合学院团委开展“读经典　学新知　链接美好生活”世界读书日系列活动，先后举办“书香昆院　最美书影”摄影比赛、“读经典　学新知　链接美好生活”世界读书日颁奖典礼、“读经典　学新知　链接美好未来”诵读活动、“读书伴我成长”主题演讲比赛等活动，活跃校园气氛，提升学院师生爱读、“悦”读的积极性。6月19日，举行图书馆书友会2018—2019年度表彰暨换届大会，60余名图书馆书友会的同学参会，图书馆馆长王红霞做工作总结。6月16—21日，为庆祝新中国成立七十周年，举办“回顾革命历史　牢记复兴使命”红色电影展演周活动。以中国近代历史发展进程中的几个关键事件为节点，特选取《为奴隶的母亲》《开天辟地》《开国大典》等6部经典电影借助学院的新媒体平台放映，同时开展最佳影评人活动，共计近500名学生参加观影活动。（青海大学昆仑学院图书馆　王红霞）

【青海大学医学院图书馆提升读者服务水平】 2019年，青海大学医学院图书馆每天开放11.5小时；积极回应师生需求，每天开放自习室14小时；调整阅览室布局，全年接待读者25046人次，为师生举办图书馆资源宣讲会5场。做好“新时代全员、全过程、全方位育人”工作，努力实现由单一的“文献信息资源服务”向“服务育人和文化育人”转变。完成“医学文献检索”硕士研究生班和本科班共10个班次的医学信息检索课教学任务64学时。改革课程设置，将医学传统文化渗透到教学各环节中，在课程中除教授“文献检索”的相关知识外，还专门讲授专业论文写作、反学术不端等相关知识，依托教学工作实施教书育人。参考兄弟院校网页建设经验，搭建适合该馆的网页结构框架，宣传图书馆藏资源，提高为学科建设、教学、科研服务的水平和能力。（青海大学医学院图书馆　张兴杰）

【青海省畜牧兽医科学院图书资料室概况】 青海省畜牧兽医科学院（青海大学畜牧兽医科学院）图书资料室成立于1960年。截至2019年底，馆藏纸质文献（图书、期刊、资料）3万余册，涵盖畜牧、兽医、草原等科技文献。现有职工2人，高级职称2人。全年接待读者200人次，文献借阅435册次。由青海大学图书馆提供电子文献支持，已累计为全院120名科研人员、管理人员开通该馆电子资源校外访问，可共享中文期刊全文数据库、CABI农学数据库等10余个中外数据库，为全院科研工作发挥积极作用。通过院办《青海畜牧兽医杂志》长期与国内35家农业科研院所、大专院校和国外9家行业科技期刊出版单位建立期刊交换关系。青海省畜牧兽医科学院多年来任青海省情报学会理事单位，并在2019年6月召开的首届中国农学会图书情报分会成立大会上被选为理事单位。（青海省畜牧兽医科学院　徐建）

【青海师范大学图书馆概况】 截至2019年底，青海师范大学图书馆馆藏纸质文献118万册，中外文电子图书87万种，中外文全文电子期刊近4万种，中外文数据库及服务平台37个。馆舍建筑面积51714.28平方米，阅览座位2681个。该馆是中国高等教育文献保障系统（CALIS）青海省中心、中国高校人文社会科学文献中心（CASHL）成员馆、大学数字图书馆国际合作计划（CADAL）参建馆，全国师范大学图书馆联盟信息服务组副组长单位。2018年9月，移动图书馆和图书馆微信公众服务平台正式上线，RFID自助借还、库克音乐体验、朗读亭等服务系统向读者开放，逐步实现从信息服务向智能服务和智慧服务转型。

根据学校规划，图书馆重点加强“青海师范大学藏文古籍文献中心”和“青海师范大学青藏高原文献资料中心”建设。“青海师范大学藏文古籍文献中心”颇具民族特色，收藏的藏文古籍文献达14962册。4月，从构建特色馆藏资源的基本原则出发，根据青海师范大学学科和专业建设及发展需要开始筹建“青海师范大学青藏高原文献资料中心”，已搜集、整理、上架图书3829册。

4月17日—5月22日，该馆联合校团委、物理与电子信息工程学院、人文学院举办第二届“浸润书香，悦读人生”世界读书日系列阅读推广活动，先后举办“阅读之星”评选、“你选书，我买单”图书展览、QQ阅读电子书联动推荐展、作家回母校，与你聊文学——“阅读伴我行”读书分享会、“悦读经典”诗文朗诵比赛、“观看老电影、读红色经典书、回顾革命历史”活动和馆藏古籍宣介等7场阅读推广活动，进一步推动书香校园的建设。该馆申报的“书香志愿者协会系列阅读推广活动”入选第二届全国高校“阅读推广”优秀社团成果展示活动之“阅读推广之星”优秀学生社团成果展示。（青海师范大学图书馆　王琳）

【青海交通职业技术学院图书馆概况】 截至2019年底，青海交通职业技术学院图书馆馆藏文献总量达520924册，其中图书文献301458册（含纸质图书、期刊合订本）、电子图书142949册；拥有中国知网等13个数据库；阅览座位1600个，读者用机160台。文献资源建设以专业教学参考书为主，以基础学科和其他相关学科为辅，向重点专业、特色专业倾斜，形成纸质文献与电子文献共存，实体与虚拟馆藏有机结合，以工科为主，覆盖全院各专业的文献信息资源保障体系。

积极参与校园文化建设，已连续举办五届书香校园读书节系列活动。第五届活动内容包括国学经典诵读、评选阅读之星、校园朗读者活动、“新中国成立七十周年　青海解放七十周年”图片展、“书香校园”书法比赛、数字资源专题系列讲座等，展示学生才艺，活跃校园文化，推动学校素质教育和精神文明的发展。充分利用自身资源优势为社会发展服务，面向周边社区和青海交通运输职业教育集团各成员单位免费提供文献信息查询、借阅，阅览室、自习室等公共空间设施场地开放共享，吸引社区居民前来参观、阅览、学习。（青海交通职业技术学院

梁平）

【青海卫生职业技术学院图书馆概况】 截至2019年底，青海卫生职业技术学院图书馆馆藏各类纸质图书19.76万余册；设有阅览室4个，阅览座位368个。举办高等教育出版社职业教育精品教材巡展活动，方便教师了解和掌握最新的图书信息，将更多的精品教材、优秀教材引进课堂。现场提供样书200余种，每位教师扫描二维码可免费申请2种样书。

开展“同城共读·书香卫院”世界读书日系列文化活动。举办以“医护人生　经典导读　同城共享”为主题的经典图书及优秀期刊展阅活动。组织学生读者登录中国图书馆学会网站，访问“传统文化库”阅读各类电子资源，引导学生共读电子名著的同时在“读书感言专栏”展示经典至理名言及阅读感受。与“书香支部”共同承办“万卷共知”竞赛活动，鼓励读者利用数字图书馆资源参与线上阅读竞答活动。

全年完成青海省27家医院医学课题申报和“三新”项目共计636项的查新工作。通过完善的计算机检索系统、丰富的信息资源，查阅海量的同类资料，出具规范的查新报告，确保此项工作顺利进行。（青海卫生职业技术学院图书馆　马小莹）

宁夏回族自治区

【宁夏大学图书馆概况】 宁夏大学图书馆馆舍总面积3.4万余平方米，由怀远校区逸夫图书馆（一馆）、文萃校区文萃图书馆（二馆）、金凤校区图书馆（三馆）以及贺兰山校区文科分馆4个馆组成，建有3个报刊阅览室、2个电子阅览室、1个文津图书阅览室、1个古籍特藏阅览室、8个一线开放书库及3个二线密集书库，阅览座位4200余个。在编员工81人。截至2019年底，有纸质图书200万余册，其中图书馆藏150万余册、各院系资料室藏50万余册，涵盖理学、工学、农学、文学、管理学等11大学科门类。历代古籍和再造善本古籍近5万册，其中《汉石例》《香南精舍金石契》2种善本入选《国家珍贵古籍名录》，初步形成较为完整的符合本校学科、专业特色和具有宁夏地方特色的馆藏文献资源体系。电子资源方面，拥有数据库105个，电子图书201万种，学术视频1.7万余集。

数据库招标采购的筛选机制、质量控制及采购规范化更加完善，首次采取校内立项方式完成《宁夏大学学科分析报告（2017版）》，涵盖2012—2017年宁夏大学各个学科领域，成果类型涉及论文、专利等。充分利用图书馆门户网站及微信公众号推介图书馆业务，加强阅读引导、阅读推广、读者服务、讲座竞赛等活动，提升服务质量，按计划完成属于2018年度“中央支持地方高校能力提升项目”的文萃图书馆空间改造与文化建设项目并于2019年3月通过验收。开展委托借阅与通还图书服务，提高馆藏利用率；书库及阅览室每天从早上8点到晚上10点持续开放，延长服务时间。成立图书馆文献资源与文化建设领导小组，下设6个工作组，制定《宁夏大学图书馆文献资源与文化建设实施办法》，明确职责、制度与规范，提升图书馆助力学校“双一流”建设的能力。组建学科服务团队，并在部分学院培养一批高素质的信息专员，对重点学科、重大科研项目提供有针对性的专业服务。开展“强素质、树形象、转作风”建设月活动。通过挂牌上岗接受读者监督、专项技术服务月活动、采访一线馆员活动、访学馆员汇报交流等系列活动强化服务意识，提升服务水平。改进图书采购模式，对电子图书和纸本图书的采购均采取“你选书、我买单”模式，满足广大师生对于图书的个性化需求。实行馆领导、部主任联合值班及每周三馆领导接待日制度，对发现的涉及环境、服务、设备与设施、制度建设等4个方面的问题积极采取措施，立行立改，解决不了的问题及时反映给相关部门并积极争取解决，进一步畅通读者问题收集和促进工作的渠道，工作时效性明显增强。开设文献检索等课程，对新生进行培训，不断提高用户的信息检索与利用素养。开辟考研学生专区并改革书包柜管理方法，解决考研学生到处找座位和书包柜不能充分利用的问题。成立宁夏大学图书馆学生管理委员会，支持学生开展“第二课堂”活动，并指导学生志愿者制定委员会章程以及开展系列活动。

为进一步提升智慧图书馆发展，促进新一代图书馆服务平台建设，加强图书馆智慧化管理与服务能力，该馆作为宁夏回族自治区高校图工委秘书长单位，联合超星集团共同举办宁夏高校2019年智慧图书馆建设与服务研讨会。

全区 10 余所高校近 40 名代表参加会议。（宁夏大学图书馆　梁晓瑾）

【北方民族大学图书馆概况】 截至 2019 年底，北方民族大学图书馆设有 7 个书库、7 个阅览室、1 个特色学科成果展厅和 1 个研究生自主学习空间，阅览座位 1812 个。工作人员 52 人（正式工 42 人，编制计划外用工 10 人）。年购书经费 1418 万元。馆藏纸质文献 177.3 万余册，电子文献 179.4 万册，中外文数据库 47 个。其中北方民族大学特色资源库将馆藏特色文献进行有序整理和深层次加工，为全校师生提供特色文献服务。依托学校特色学科成果展厅，定期更新校内教职工的学术成果及著作。

流通阅览工作稳步开展，2019 年延长开馆时间，优化借阅服务，自早上 7 点至晚上 10 点不间断开放，调整国家法定节假日及寒暑假不闭馆；本科生图书允许借阅册数由 10 册增至 15 册。全年借还图书 22.19 万册。全年召开 4 次读者座谈会，广泛征求读者意见和建议，改进服务内容和质量。通过诉求平台、网上信箱、邮箱、QQ、电话、微信等方式及时回复、解答读者咨询 3681 人次。

开展阅读推广系列活动。该馆在“4·23”世界读书日开展全民阅读活动倡议书朗诵、“你选书，我买单”现场选购图书、年度“悦读之星”评选等系列阅读推广活动。充分发挥思想政治教育阵地作用，组织馆员分别以“爱国主义教育”“铸牢中华民族共同体意识”为主题，为学校“八个一百”思想政治教育骨干队伍编纂学习宣传素材；策划组织为期一个月的“厚植爱国主义情怀、铸牢中华民族共同体意识”主题书展，展出馆藏习近平新时代中国特色社会主义思想、中华民族历史与文化、各民族杰出人物传记等图书 400 余种；与各学院联合编撰“北民大学生必读书目”，共同推进书香校园建设。制作“致敬经典　传承文化”系列特藏资源导读 PPT；定期在图书馆主页、微信公众号、多媒体信息大屏、宣传橱窗等平台上推出“每周悦读”“新书推荐”“馆藏特色文献巡礼”等导读栏目；向读者揭示馆藏经典文献，导引读者深入阅读，弘扬中华优秀传统文化，建设书香校园。

学科服务工作继续深化和拓展。完成 2019 届本科生 4708 人、研究生 300 人的毕业论文（设计）相似性检测；为教师学术成果发表、科研成果鉴定检测论文 698 篇；对提交的 232 篇硕士学位论文进行审核；累计完成论文查收查引报告 449 项。为使新生尽快了解和熟悉图书馆功能布局及服务，对 2019 级 2218 名新生开展入馆教育。

全年接待自治区内外参观团体 20 个，参观人数达 1356 人次；接受并移交社会各界捐赠的图书 269 册。（北方民族大学图书馆　王媛媛）

【北方民族大学图书馆开展书香志愿者项目】 2019 年，北方民族大学图书馆经申请开展书香志愿者项目，招募书香志愿者 70 余名，馆内志愿者服务数量人数累计已达上百名。志愿者们积极参与图书馆的日常管理，在图书馆老师的组织下，举办学雷锋“帮教”书香志愿者帮扶活动；积极为“4·23”世界读书日活动出谋划策，提出许多活动方案，参与策划“最美瞬间——图书馆掠影”摄影作品征集和“关于图书馆，您知道多少？——图书馆知识问答”活动；参与《图书馆学生管理员工作手册》的制定，使志愿者的行为更加标准化、规范化。书香志愿者的加入，为图书馆的读者服务工作增添许多活力，随着这项活动的深入开展，未来图书馆将成立专门的志愿者服务团队，积极开展全校的阅读推广、诵读经典等活动打造书香志愿服务品牌，向全校推广志愿服务模式，提升图书馆的服务能力。（北方民族大学图书馆　王媛媛）

【宁夏医科大学图书馆概况】 2019 年，宁夏医科大学图书馆加强基础建设工作，稳步推进文献资源建设。按照 6∶4 的比例分别采购纸质和电子图书总计 41000 册；完成学位论文分编加工 1100 种 1100 册；续订数字资源 11 个，新增数字资源 6 个；巩固文献三级保障体系建设，新增文献传递服务系统 Worldlib，构建微信群、公众号、PC 端多途径服务体系。完成馆藏结构调整，2 个校区总计 40 万册图书重新按分类调整布局。调整阅览座位布局，营造宽松舒适的阅览空间，逸夫图书馆构建一楼以藏为主、二楼以阅为主、三楼藏阅一体的馆舍布局。读者服务工作有序开展，两个校区图书馆每天开放 15 小时，数字图书馆每天开放 24 小时；全年图书借还约 11 万册次，阅览约 8 万册次。为在校生举办“图书馆资源的检索与利用”培训讲座。与学校黄大年式教学团队开展建设经验分享主题活动，加强图书馆与学校师生之间的交流和沟通，深入了解师生的文献需求，以利于更精准、更有效地服务师生、服务科研，提高文献资源利用率。

全年开展多种形式的阅读推广活动。召开 2019 年阅读推广工作专题会议，总结阅读推广工作。召开第 24 个世界读书日表彰会，表彰优秀读者、优秀协管员、“首届宁夏医科大学图书馆杯 3E 英语口语大赛”获奖者和“3E 英语全国英语口语月赛”获奖者；开展“传承红色经典·阅读推广”系列活动并举办“恰同学少年——毛泽东诗词朗诵比赛”；组织读者及馆员参加全国首届“图书馆杯”全民英语口语风采展示活动。（宁夏医科大学图书馆　王惠芳　张捷　徐海霞　王健）

【宁夏医科大学图书馆开展“爱心图书助力脱贫攻坚”捐赠活动】 11 月 14—15 日，该馆选派党员和职工代表，赴宁夏医科大学扶贫点——固原市原州区黄铎堡镇慕滩村开展“爱心图书助力脱贫攻坚”捐赠活动。宁夏医科大学图书馆向慕滩村捐赠 1 台电子图书借阅机和 100 册纸本图书。其中电子图书借阅机内置电子图书 3000 种，月更新约 150 种，村民只需扫一扫二维码就能看到种类繁多、丰富多彩的图书，内容涉及农业科技、畜牧养殖、婚姻法、建筑工程、少儿文学等。（宁夏医科大学图书馆　顾冬梅）

【宁夏财经学院图书馆举办“书香校园　品读经典”首届大学生知识竞赛】 5 月 28 日，宁夏财经学院第九届“读书节”系列活动之“书香校园　品读经典”首届大学生知识竞赛在图书馆拉开帷幕。学院党委书记杨忠国、院长杨树森，宁夏高校图工委常务副主任、宁夏大学图书馆馆长车进和部分兄弟院校图书馆负责人出席，该学院教职工和学生代表参加此次活动。此次竞赛活动是学院搬入新校区以来首次举办的关于阅读推广且规模较大的知识竞赛活动，竞赛内容包括时事政治、文学常识、宁夏区情、学习强国等，还设有台下观众互动抢答环节。经过两个环节的激烈比拼，评出团体一、二、三等奖和个人“学习之星”。（宁夏财经学院图书馆　马晓波）

【宁夏工商职业技术学院图书馆概况】 截至 2019 年底，宁夏工商职业技术学院图书馆建筑面积 1.2 万平方米，设有阅览座席约 1000 个，实现全馆信息网络全覆盖。有正式在编人员 19 人。馆藏纸质图书 73.2 万册，电子图书 7 万余册，视听资料 3000 集，订购有中国知网、超星电子图书、超星学术视频等多个数据库，以及电子书借阅机、读书读报机、朗读亭等多种电子阅读设备。2019 年纸质文献购置经费 120 万元，比 2018 年增加约 10%；购置图书 6.8 万册，人均 7 册。数字资源采购经费 20.8 万元。实现金盘图书管理系统与校园一卡通的对接，一卡通代替借阅证，全校师生借阅证办证率 100%，比 2018 年增加 42%。全年接待读者 3.56 万余人次，借阅图书 1.72 万册次；电子图书、期刊阅览 25.81 万人次。

围绕图书馆文化育人功能，进行系列文化建设与环境改造。一是围绕“爱国教育和社会主义核心价值观教育”，开展以“新中国成立 70 周年伟大成就”“年轻向上的力量”等为主题的文化建设。二是秉承“读者至上”的服务理念，对馆舍环境进行系列改造，购置读书读报机、自动借还机，设置读者学习休闲区等。

阅读推广形式更加丰富，阅读推广活动持续开展。2019 年，在网站、海报等传统阅读推广媒介的基础上，开通宁夏工商职业技术学院图书馆微信服务号。该平台整合馆内电子图书、电子期刊、朗读小程序、名师讲坛等文献资源供读者随时使用，并不定时推送各类资源和活动信息，已成为阅读推广的重要窗口。全年先后开展“同城共读，万卷共知”全校共读活动、“阅经典之美　品文化之韵”读书月活动、“泛舟书海　你我同行”之学习名篇经典、“我和我的祖国”朗读大赛、图书馆主题海报创意设计大赛等 12 项阅读推广活动，参与学生 3000 余人次。（宁夏工商职业技术学院图书馆　林小娟）

新疆维吾尔自治区

【新疆大学图书馆概况】 2019 年，新疆大学图书馆纸质资源总量 178 万余册，新增纸质资料总量 1.1 万余册（含图书与合订本期刊）。

全年共接待到馆读者106万余人次，图书借还5.9万余册，图书馆微信服务号用户达1.9万余人，校外授权资源访问服务点击量10万余次，自助服务2.1万人次，电子文献数据下载量780.3万次，开展各类培训、研讨会、展览、讲座等活动5场次，受众2000余人次。

全年订购数据库53个，其中中文数据库18个、外文数据库35个，文献类型包括电子图书、电子期刊、文摘索引、学位论文、会议论文、专利、成果、多媒体等，基本涵盖学校全部学科。全年开展数据库推介讲座16场，受众达3000余人次。开展为期4天的2019级新生入馆教育，对新生进行图书馆基本知识及资源利用的培训。承办“助力改革，创新发展”学术交流研讨会暨第一届新疆高校图书馆员科研创新能力大赛，为全面推进一流大学图书馆和创新型图书馆建设提供借鉴。为各类科研人员提供信息检索服务，共完成61份查新报告、2064篇SCI等单篇收录证明、11份收录引用报告、2810篇论文认定、2084篇相似性检测。完成《新疆大学ESI学科态势分析报告》《新疆大学人文社会科学论文成果定量分析报告2009—2019》等系列学科分析报告；开展深层次的信息服务，为学校引进人才（天山学者、长江学者、优秀博士等）进行人才科研成果的分析及等级认定300余篇论文，在推进学校“双一流”学科建设中发挥着积极的作用。

作为自治区专利信息中心设立点、技术与创新支持中心（TISC）建设单位，该馆积极服务高校与政府机构、企业，开展创新项目的技术转移及科研成果转化服务。联合校企开展专利信息服务20余场；承办“第十三届中国专利周·知识产权进高校”宣传活动、第八届新疆大学生知识产权主题演讲比赛暨2019年度新疆发明创造优秀大学生颁奖仪式，加强知识产权宣传普及，提升大学生自主创新及知识产权保护意识；利用“在线专利信息分析系统”及商用专利检索分析平台，为校内外用户提供专利信息咨询及检索服务300余项；为高校科研项目进行专利信息检索及分析；为自治区知识产权局，提供专利实施项目的检索服务，一年约检索70余项150个专利信息并出具专利检索报告。（新疆大学图书馆　艾丽娜·波拉提汗）

【高校图书馆数字资源建设和数字资源共享主题会议在新疆大学图书馆召开】 3月21日，由新疆大学图书馆承办的高校图书馆数字资源建设和数字资源共享主题会议在该馆召开，武汉大学图书馆馆长王新才、西安交通大学图书馆馆长强自力及24所来自新疆各高校的图书馆馆长及教师共70人参加会议。会议从全面发挥新疆高校图书情报工作委员会的作用出发，重点围绕推动高校图书馆数字资源建设和数字资源共享主题展开学术交流，进一步推进新疆高校图书馆界的交流、共享与合作。（新疆大学图书馆　艾丽娜·波拉提汗）

【新疆大学图书馆承办“为实现中华民族伟大复兴而努力读书——2019年新疆首届高校读书朗读联合赛”】 由新疆高校图工委、新疆维吾尔自治区学生联合会主办，新疆大学图书馆等单位承办的“为实现中华民族伟大复兴而努力读书——2019年新疆首届高校读书朗读联合赛”系列活动于10—12月举行。全疆共20所高校参与，每所参与高校的图书馆都为在校大学生推荐“读好书”清单，旨在培养和践行社会主义核心价值观，帮助学生培养坚持阅读的好习惯。首届联合赛包括师生最美朗读者朗读大赛、“最美图书馆”短视频摄影大赛、中华民族优秀文化知识竞赛等多种形式，其中还增加师生联合创意参赛等环节。此次活动共约2000名师生参与，收集参赛作品近1000余个，展示出新疆高校图书馆参与立德树人、服务师生方面的成果，把高校图书馆真正打造成师生满意的优质文化服务基地。（新疆大学图书馆　艾丽娜·波拉提汗）

【新疆医科大学图书馆概况】 截至2019年底，新疆医科大学图书馆纸质资源总量170.47万册，其中图书馆馆藏图书139.1万册，各学院图书6万册，装订期刊25.4万册；2019年新增纸质图书3825册。全年接待到馆读者102.9万人次，比2018年增长7%，日均5000人次，高峰期达9000人次。图书借还总量10.5万册次。门户网站访问量94.4万人次，比去年增长34.8%；微信用户1.6万人，比2018年增加33.3%；数据库点击量78万次。订购数据库41个，其中中文数据库23个、外文数据库18个，内容涉及医学、生物、社会科学等多领域。全年开展数据库讲座43场，受众3000余人，内容涵盖图书馆资源利用、移动数字图书馆、文献管理软件、专利数据库检索、可视化分析工具、INCITES在科研中的作用等。更新VPN远程访问系统，发放1656个博硕导师账号，惠及更多附属医院和家住校外的医、教科研人员。同时，为各类科研人员提供信息检索服务，共完成查新报告155份、各类审核认定报告6363篇；创新完成各类数据报告，包括学校近3年发表的论文、国内两色金鸡菊专利、2010—2019年药学专业科研论文等发表情况及竞争力分析，为学校学科发展规划提供参考。

为传播中医药文化、助力全民阅读，该馆与新疆医科大学中医学院联合举办“悦读中医名家讲堂”活动，邀请北京同有三和中医药发展基金会理事长刘力红主讲“略谈针道与中医人的信心”；与喜马拉雅新疆站、中国电信新疆分公司联合举办“书香进校园”活动，邀请北京中医药大学国学院院长张其成主讲“中国传统文化和加强文化自信”。两次活动共有1600余名师生参与，推动中华优秀传统文化在学校的传播和深耕推广。

5月29日，新疆医科大学雪莲山校区图书馆主体建筑封顶，全面进入内部装修阶段。馆内建筑面积达4.8万平方米，包含13个书库、1个新医文库、1个电子阅览室、3个24小时自习区，能同时容纳4000名读者读书学习。（新疆医科大学图书馆　索帅）

【石河子大学发布“一流学科”ESI发展分析报告】 根据2018年石河子大学发布的《石河子大学“一流学科”建设高校建设方案》，石河子大学图书馆对学校“一流学科”的发展情况进行系统统计与分析，并于2019年6月发布《石河子大学“一流学科”ESI发展分析报告》。该报告根据基本科学指标数据库（Essential Science Indicators，ESI）的22个学科分类标准，对石河子大学化学、材料科学和工程学学科2008—2018年11年间ESI化学、材料科学和工程学被SCIE和SSCI收录的国际学术论文进行文献计量分析，从发文量、被引频次、高被引论文、机构合作、学科规范影响力等多方面揭示石河子大学“一流学科”近11年的国际学术发展状况，以探讨其科研态势和发展规律。同时，为学校相关职能部门和各学院提供翔实、可靠的数据参考，助力学校科学研究和“一流学科”的建设发展。该报告已陆续发至学校职能机关和各学院，受到学校各部门领导的一致肯定和好评。（石河子大学图书馆　张瑞娥）

党校图书馆

【概况】 2019年，全国党校（行政学院）系统图书馆坚持以习近平新时代中国特色社会主义思想为指导，认真贯彻十九届四中全会精神，以实际行动落实党中央关于新中国成立70周年庆祝活动和打赢脱贫攻坚战全面建成小康社会的重大部署，对照《中国共产党党校（行政学院）工作条例》，始终以政治建设为统领，坚持以更高标准、更严要求、更实举措推动事业发展，业务能力全面提升，转型发展推向深入。

读者服务不断创新。全国党校（行政学院）图书馆坚持以服务主业主课为首要任务，着力改进服务模式、创新服务手段、拓展服务范围，在专业化、主动性、远程式、开放型、现代化服务方面不断突破创新、收获实效。一是通过做好文献检索与研究综述工作，实现从传统文献服务向专业化知识服务逐步升级；二是通过上门服务、线上实时服务、举办培训活动、打造微信公众号品牌形象等方式，实现从被动性服务向主动性服务的全新转变；三是通过远程文献传递服务及校外访问等方式，实现从短距离服务向远程式服务的不断拓展；四是通过馆际互借等方式，实现从单一馆的封闭型服务向馆际间开放型服务的重要转变。

空间布局不断优化。近年来，各地党校（行政学院）系统图书馆立足实际，大力争取经费支持，不断进行阅览空间的调整。中共中央党校（国家行政学院）图书和文化馆（以下简称“中央党校图书和文化馆”）对原阅览室进行调整、规划，建成集阅览、学习、体验、研讨为一体的综合阅览文化空间，于12月23日开馆试使用，该空间很快便成为校（院）“网红打卡地”。甘肃省委党校图书馆也在原馆基础上进行馆舍翻新，实施改扩建工程。江西、宁波等地党校随着新校园建设的完成，也启用新的图书馆，为学员提供温馨、舒适的阅读空间。

馆藏纸质文献全面盘点。为尽快解决长期以来馆藏家底不清、保存不善、利用不够、效益不高的问题，秉持“对党的事业负责、对历史负责、对未来负责”的原则，中央党校图书和文化馆设立“馆藏红色文献整理与编目”“馆藏红色文献资源概览”“馆藏艺术品整理与保护”创新项目，全面启动馆藏文物、文献、艺术品的盘点整理工作。2019 年，共搬迁整理各类纸质文献约 220 万册次、盘点图书 88 万余册、中外文报纸合订本 5 万余册。整理发现散落积压的线装书 1000 余册、毛泽东同志藏书以及相当数量的珍贵红色文献。

数字资源服务不断拓展。近年来，全国党校（行政学院）系统图书馆不断调整纸质文献与数字资源资金结构，适量增加数字资源投入经费，优化馆藏结构。2019 年，中央党校图书和文化馆全年数字资源建设经费 489 万元，其中用于外购中外文数字资源的经费为 341 万元，用于自建特色专题数据库的经费为 148 万元。全年开放数据库 86 个，其中外购及开放获取数据库 70 个，自建特色专题数据库 16 个，较 2018 年新增 12 个。全年提供试用数据库 26 个，基本满足校（院）教职工教学科研需要。

古籍保护与整理工作取得新进展。截至 2019 年底，中央党校图书和文化馆已清查登记古籍 8585 部 90060 册，确认三级以上文物有 3000 余部，最早断代至晚唐五代时期；清点文物级珍贵书画 144 幅、折册 13 册。初步鉴定馆藏珍贵古籍书画的保存价值与濒危程度，梳理抢救级别与修复时序，制订“古籍文物十年保护计划”。全年修复线装书 18 部 59 册 3000 多页、折册 9 册计 100 平方尺、书画作品 10 幅，解放区文献脱酸处理 1998 册。

文化活动主题鲜明，呈现新亮点。中央党校图书和文化馆不断完善文化展演管理机制，与文化和旅游部达成战略合作意向，与地方党委宣传部、文化和旅游厅建立常态化协作机制，为入校文展活动的政治把关与质量把关提供基本保障。2019 年全年以党性教育为主线，围绕建党 98 周年和新中国成立 70 周年等重大主题，组织面向学员的文化展演活动共 35 场，全年观演 6 万余人次。山西、甘肃、湖南、山东、陕西、贵州、哈尔滨等地党校（行政学院）图书馆陆续更名为图书和文化馆，更加突显图书馆的文化职能。

倡导读书活动，引领书香校园建设。全国党校（行政学院）图书馆均非常重视推动学习型党组织和书香校园建设，在全校营造良好的读书学习氛围。因此，各地党校（行政学院）均以“4 · 23”世界读书日为契机，广泛开展形式多样的读书活动。2019 年，中央党校图书和文化馆读书活动形式更新、规模更大、影响更广，新华社、人民网等央视媒体纷纷报道，该馆也因此荣获中国图书馆学会颁发的“2019 阅读推广星级单位”称号。深圳市委党校图书馆举办“用学术讲政治”读书会活动，将“用学术讲政治”办学要求贯穿学校教学、科研、咨询全领域、全过程，该活动荣获深圳市“终身学习品牌项目”一等奖第一名，并入选 2019 年国家“全民终身学习品牌项目”，得到社会各界的一致褒奖。另外，湖南省委党校（行政学院）图书馆牵头举办的“麓山求是讲堂”全年共举办 10 期，邀请社会各界专家学者进行专题讲座，在校内搭建学术交流平台，为提升党员干部教育水平、研究生培养水平创造了有利条件，为打造书香校院贡献力量。（中央党校图书和文化馆　杜敏）

【中央党校图书和文化馆组织开展世界读书日系列活动】 4 月 23—30 日，中央党校图书和文化馆举办以“弘扬爱国奋斗精神、建功立业新时代”为主题的“五个一”系列活动。活动于 4 月 23 日下午开幕。中共中央党校（国家行政学院）副校（院）长李季等相关领导、校（院）部分直属单位负责人等校内外领导和嘉宾共 100 余人出席开幕式。活动共包括“初心 · 使命——‘两弹一星’精神珍贵实物展”“重器 · 栋梁——‘两弹一星’功勋人物肖像展”、话剧《国魂》演出、“阅读之星”表彰、读者培训等内容。除此之外，中央党校图书和文化馆还深入挖掘馆藏文物资源，推出“校园记忆”手提袋、馆藏章毛毡手包、朱英《百花图》长卷书灯等特色系列文创产品。（中央党校图书和文化馆　赵慧）

【全国党校（行政学院）图书馆业务培训班举办】 10 月 10—12 日，由中央党校图书和文化馆主办的全国党校（行政学院）图书馆业务培训班在宜昌市委党校举办。此次培训班的主题是：深入贯彻落实2016年全国党校系统图书馆工作会议精神，全面实施《全国党校系统图书馆数字资源建设规划（2016—2020年）》，部署2020年“四大专题数据库”子库项目结项、评估工作，推进全国党校（行政学院）图书馆数字资源建设；研究解决数据库建设中的技术与应用问题，提升各级党校（行政学院）图书馆的信息管理能力与知识服务能力；加强图书馆特色馆藏建设与服务，扎实推进图书馆事业发展。中共中央党校（国家行政学院）副校（院）长李季出席开班仪式并做主题报告。培训班安排了主题鲜明、内容丰富、形式多样的专题培训，重点讨论李季的主题报告，并交流研讨各地“四大专题数据库”建设情况。北京、浙江、安徽、湖北、重庆、四川、铜陵、湖州、绵阳等9家党校（行政学院）介绍各校在图书馆转型发展和数字资源建设方面的工作经验。全国279家市（地）级以上党校（行政学院）分管图书馆工作的副校（院）长、图书馆馆长和专业技术骨干人员共358人参加此次培训。（中央党校图书和文化馆　杜敏）

【中央党校图书和文化馆开展援疆援藏和地方扶贫工作】 2019年，中央党校图书和文化馆为新疆自治区委党校图书馆馆长、技术部主任提供针对性的业务培训，相关人员回新疆后，在各地市州开展数字资源建设的推广和培训。同时，为西藏自治区委党校图书馆建设改造项目提供技术咨询，帮助修改完善设计方案，协助开展自动化管理系统采购的谈判比价，切实为该校节省经费。同时，按照中央党校（国家行政学院）校（院）扶贫工作的任务要求，在馆藏副本不足的情况下，积极与国家图书馆联系争取支持，经反复沟通协调，向校（院）定点扶贫县河北省武邑县、江西省安远县、云南省大关县和墨江县调拨图书近6000册，为贫困县提供文化援助，并收到各县市领导的积极反馈。（中央党校图书和文化馆　杜敏）

【江苏省委党校（行政学院）召开2019年全省党校系统信息化与图书馆协作会议】 11月28日，2019年全省党校系统信息化与图书馆协作会议在江苏省委党校（行政学院）（以下简称“省委党校”）召开，该校教育长孙文华出席会议并讲话。省辖各市委党校相关负责人、业务骨干以及省委党校相关负责人和图书馆全体员工参加会议。会议就江苏省2019年信息化和图书馆工作进行充分交流与讨论，分享建设经验与成果，提出2020年总体工作思路。省委党校信息管理处副处长毛跃奇以“聚集主业　聚力安全　着力推动网络安全和信息化建设高质量”为题，图书馆副馆长杨庆云以“传承夯基础　创新促转型　文化拓空间——高质量服务新时代干部教育培训”为题分别做会议交流。（中央党校图书和文化馆　杜敏）

【上海市委党校（行政学院）图书馆举行新馆开馆暨数字图书馆20周年研讨会】 12月6日，以“传承与创新”为主题的上海市委党校（行政学院）图书馆新馆开馆暨数字图书馆20周年研讨会在该馆举行。上海市委党校（行政学院）（以下简称“市委党校”）常务副校（院）长徐建刚出席并致辞。中央党校图书和文化馆常务副馆长谢煜桐，市委党校副校（院）长郭庆松、原副校（院）长王丽丽做主题发言。市委党校教育长梅丽红主持研讨会并做总结。来自中央党校，北京、浙江、江苏、湖南、四川、深圳、杭州、南京、宁波等省（市）委党校（行政学院）图书馆馆长、副馆长和专业技术人员，上海市部分区委党校副校长、专业技术人员，以及市委党校行政部门代表、教师代表和图书馆新老馆长、馆员代表共60余人参加会议。［上海市委党校（行政学院）图书馆　吴才唤］

【云南省委党校（行政学院）图书馆新馆开馆】 4月29日，云南省委党校（行政学院）（以下简称“省委党校”）图书馆举行新馆开馆仪式。省委党校副校（院）长李加坤主持开馆仪式，常务副校（院）长杨铭书宣布新馆开馆。2008年，省委党校实施改扩建工程，图书馆老馆拆除，之后10年无独立馆舍。2017年4月10日，图书馆新馆开工建设，至2018年底完成全部土建工程、二次装修及设施设备的配置和调试，于2019年3月实现图书馆整体搬迁。图书馆新馆建筑面积5068平方米，藏书40余万册，数字资源文献数据库20余个，实现多介质、立体式、全天候、跨时空的数字文献资源服务。图书馆新馆庭院式的建筑风格、区域性的功能布局、特色化的馆藏资源、智能型的阅读服务，使其成为集文献借阅、信息获取、学习研究、学术交流与文化展演为一体的文化综合体和现代图书馆。[云南省委党校（行政学院）图书馆 刘露]

【宁夏区委党校图书馆概况】 宁夏区委党校图书馆于1998年建成，建筑面积3500平方米，阅览座位近150个。藏书138550册，其中古籍900多册。核定编制17人，现有正式编制工作人员13人。2019年图书馆预算经费为199.16万元，占学校办学经费的比例为6.76%，年购书量逐年增加。建有“习近平新时代中国特色社会主义思想专题阅览室”和研究数据库，2019年阅览室增加图书80余种，使图书总量增加到349种1299册；数据库增加“新时代 新经典——学习习近平新时代中国特色社会主义思想”重点数字图书、文献资料、视频等1000余条。编辑《宁夏区情数据手册》和《党政干部参阅信息》两个信息类刊物。其中《宁夏区情数据手册》为公开连续出版物，每年1册，已经编辑出版17年，累计发行6万册左右，在2016—2017年度被评为“西部地区科技类图书”二等奖；《党政干部参阅信息》已经编辑出版20年，每年8期，每期印刷700册，2017年以来编辑“十九大精神和自治区十二次党代会精神选编”“创新驱动”“脱贫富民”“生态立区”“纪念改革开放40周年”“扶持民营经济发展”等16个专题。2019年对门户网站进行更新升级，实现信息发布、数据库发布、读者参考咨询互动等功能；购买包括中文期刊全文数据库、中国优秀博士硕士论文、中国重要报纸、中国重要会议、中国经济信息等数据库的中国知网数字资源以及人大报刊复印资料电子版、超星大雅电子图书5万册。（宁夏区委党校图书馆 聂文静）

专业图书馆

年度工作

科研院所图书馆

国家科技图书文献中心

【概况】 2019 年，国家科技图书文献中心（National Science and Technology Library，以下简称 NSTL）继续优化资源结构，深化资源评估，发订外文印本文献 24965 种，其中外文期刊 16642 种、会议录等文献 2369 套 8323 种。继续以全国授权、联合采购、经费补贴等模式开展数字资源三级保障体系建设，全国开通现刊 696 种、回溯期刊 3028 种，联合开通期刊 632 种，成员单位开通期刊 3.9 万余种，电子期刊总量达 4.3 万余种。订购事实型、文摘型等各类数据库 83 个，中文电子期刊 12000 种，中文电子图书总量达 26 万册。强化开放资源获取与组织管理力度，加强 OA 资源采集，实施 OA 资源全文本土保存。推动数据加工方式不断创新变革，完成馆藏文献元数据加工 6293 万条，其中外文文摘数据 329 万条，中文文摘数据 463 万条，专利和标准数据 654 万条，引文元数据 4848 万条，各类数据累计达 5.8 亿条。

不断完善全国服务体系，进一步做好文献信息普惠服务和专项服务。2019 年，以全文传递、代查代借、馆际互借、馆内复制等方式提供全文 137.1 万篇，网络版全文数据库用户全文浏览和下载 7970 万篇。开展面向政府的决策支撑服务，研究报告《全球研发投入趋势预测》入选《科学技术部专报信息》上报国务院，多份研究报告，报送科技部、财政部、国家自然科学基金委员会、中国科学院等政府部门，为香山科学会议提供 4 份前沿主题情报报告。面向国家重点研发计划、“一带一路”倡议、长江经济带、京津冀协同发展等国家重大战略，提供信息支撑服务，编制动态快报 126 期，提供专题研究报告 27 份；举办 NSTL 支撑国家发展战略信息服务成果发布会，发布《“一带一路”沿线国家科技竞争力》及《长江经济带 11 省市科研论文计量监测分析》。推进文献服务援疆援藏工作，为新疆、西藏两区提供全文 42339 篇，编制《新疆专题简报》《西藏专题简报》等快报 50 期，开展 NSTL 援疆援藏系列培训活动。加强对欠发达地区的服务，重点面向西部地区联合当地服务站举行多场文献检索培训会，组织贵州和山西地区集体签约全国开通数据库。面向重点产业、产业园区、企业提供精准化信息服务，涵盖 20 多个领域，80 余家行业领先企业，300 多家中小微企业，形成产业平台 20 余套，编写行业简报 70 余份，新增专题数据库 4 个。

持续推进网络系统和服务系统建设。深化 NSTL 资源发现系统建设，2019 年系统新增注册用户 2.4 万个，累计用户 64 万个，全年系统点击量超过 6.6 亿次，文献检索量达 4462 万次。继续推进开放获取工作，参与 SCOAP3 三期实施方案的确定，举办“推进 OA2020 相关工作研讨会”。继续开展国家数字资源长期保存体系建设，截至 2019 年底，保存资源已覆盖两大综合科技出版社和 43 家专业与学协会出版社，累计保存外文科技期刊 5310 种，中文期刊 25317 种，外文科技图书 92949 种，外文预印本文献 166.69 万篇；召开 2019 年数字资源长期保存全国学术研讨会。开展 NSTL 人才队伍专业化建设和专业技术培训，举办 7 场专项能力培训和前沿趋势系列报告会。（国家科技图书文献中心　周杰）

【国家科技图书文献中心资源发现系统】 2018 年 12 月底，国家科技图书文献中心新一代网络服务系统 NSTL 资源发现系统正式上线服务。系统的文献收录范围突破仅收录订购文献的限制，已扩大收录 OA 资源、回溯期刊、第三方数据；可提供一站式文献检索、文献资源浏览和科技主题词表导航服务；全文文献的获取方式多样化，包括在线下载、全文传递、代查代借；基于第三方工具提供跨语言检索和检索结果翻译；实现多维分面，知识导航，内容关联等多维关联与揭示。同时系统梳理用户认证、资源获取等全部业务流程。2019 年，完成云环境下 NSTL 发现系统的用户管理、订单管理、账务管理和统计分析等“后台”功能的模块开发，于 5 月 18 日正式上线服务，全面整合原服务站的管理功能，打造基于“SAAS”云平台的 NSTL 全国网络服务体系，方便 NSTL 用户的统一认证和无缝接入，实现 NSTL 网络服务系统的彻底去“IOE”化，有利于系统的按需扩展和运行管理维护。（国家科技图书文献中心　周杰）

【推进知识组织体系建设】 国家科技图书文献中心依托国家“十二五”科技支撑计划项目，立足于有效组织和深度挖掘利用海量外文科技文献的现实需求与挑战，大力推进“面向外文科技文献信息的知识组织体系建设与应用示范”（STKOS）建设。建成具有自主知识产权的外文科技知识组织体系，填补我国外文大型集成词表的空白；创制集素材、术语、超级科技词表和本体构建与管理于一体的知识组织体系分布式协同工作和服务平台，研制基于知识组织体系的语义知识计算和智能检索系统，集成项目成果，在多个平台和领域开展智能检索、信息监测、知识结构演化分析和科研信息环境等多场景知识服务示范研究，实现国家外文科技文献战略资源的有效组织、深度揭示和智能化知识服务。基于上述研究成果，2019 年，NSTL 组织开展下一代国家科技创新开放知识服务系统的研发，包括 STKOS 超级科技词表内容建设、STKOS 自动构建与维护关键技术、基于文本大数据的深度机器学习关键技术、STKOS 关联数据发布及开放共享关键技术、STKOS 知识产权保护机制及开放共享协议等研究。（国家科技图书文献中心　周杰）

【推动我国开放获取运动】 近年来，国家科技图书文献中心组织开展推进我国开放获取运动（Open Access，简称 OA）的政策措施研究和实施路径设计，进行 OA 的实践探索。2014 年，经科技部批准，NSTL 代表我国参加高能物理开放出版资助联盟（Sponsoring Consortium for Open Access Publishing in Particle Physics，SCOAP3 联盟），支持全球高能物理学术成果的开放获取。2017 年 10 月，签署 OA2020 倡议的《关于大规模实现学术期刊开放获取的意向书》。2018 年 12 月，在第 14 届柏林开放获取会议上，NSTL 与国家自然科学基金委员会、中国科学院文献情报中心（代表中科院）共同发表立场声明，支持 OA2020 倡议和开放获取 S 计划，支持公共财政资助项目的研究论文立即开放获取。2019 年，NSTL 开展我国科研论文开放获取政策和实施研究，向科技管理部门提供推进实施 OA 咨询报告。与中国科学院文献情报中心联合召开“推进 OA2020 相关工作研讨会”，来自我国签署 OA2020 意向书单位的与会代表共同讨论对 S 计划实施指南的回应意见。举办专题报告会 13 场次，参加人员约 1600 人。推进 SCOAP3 部署工作，参加 SCOAP3 理事会会议和执行委员会日常工作，参与 SCOAP3 三期（2020—2021 年）实施方案制订。（国家科技图书文献中心　周杰）

【举办 2019 年 NSTL 粤港澳大湾区科技文献挖掘与应用培训会】 6 月 18 日，2019 年 NSTL 粤港澳大湾区科技文献挖掘与应用培训会在珠海举办。此次培训会由国家科技图书文献中心和广东省科学技术情报研究所联合主办，100 余名企业代表参加培训。与会专家分别就 NTSL 资源与服务、国家科技发展重大需求信息服务、面向产业创新的信息服务保障、粤港澳大湾区科技文献挖掘与应用、科技文献资源挖掘案例等内容做培训报告。（国家科技图书文献中心　周杰）

【开展“科技信息服务西藏发展——NSTL 援疆援藏系列培训活动”】 7 月 21—26 日，国家科技图书文献中心组织部分成员单位和服务站赴西藏开展“科技信息服务西藏发展——NSTL 援疆援藏系列培训活动”。此次活动组织理工农医各领域一线专家，通过多个专题报告，把国家平台的资源和获取方法，以及多年面向政府决策服务、行业企业创新服务、面向重大战略和重大项目所开展的个性化、专业化服务的实践和经验与西藏用户和科研工作者进行分享。活动期间，还分别前往西藏农牧科学院等对口

援助单位开展调研、培训与对接工作，深入了解当地切实需求，提供精准、高效的服务。（国家科技图书文献中心　周杰）

【国家科技图书文献中心 2019 年服务站站长会召开】 10 月 30—31 日，国家科技图书文献中心 2019 年服务站站长会议在合肥召开。会议由国家科技图书文献中心主办，冶金工业信息标准研究院和合肥服务站承办，中国化工信息中心协办。来自安徽省科技厅、NSTL、各成员单位和服务站的主管领导、业务负责人近 80 位代表参加会议。安徽省科技厅副厅长程雪涛出席会议并致辞，NSTL 主任彭以祺做大会工作报告。大会对 2018 年度先进服务站集体和优秀个人进行表彰；来自 NSTL 的专家做有关科技文献发展规划研究、NSTL 基础设施以及信息化建设进展的专题报告；来自东北大学、万方数据公司、爱思唯尔公司的专家分别从用户和同行业从业者的角度，对 NSTL 的服务工作提出宝贵建议；NSTL 各服务站交流服务国家战略、行业发展、创业园区等方面的宝贵经验和典型案例。（国家科技图书文献中心　周杰）

中国科学院文献情报中心

【概况】 2019 年，中国科学院文献情报中心（以下简称“文献中心”）立足中国科学院、面向全国，主要为自然科学、边缘交叉科学和高技术领域的科技自主创新提供文献信息保障、战略情报研究服务、公共信息服务平台支撑和科学交流与传播服务，同时通过国家科技文献平台和开展共建共享为国家创新体系其他领域的科研机构提供信息服务。

截至 2019 年底，共有在职职工 348 人。其中科技人员 37 人、科技支撑人员 255 人，包括研究员及正高级工程技术人员 32 人、副研究员及高级工程技术人员 64 人。共有国家技术发明奖二等奖获得者 1 人，中国科学院“百人计划”入选者 1 人，中国科学院文献情报领域引进优秀人才择优支持 3 人，中国科学院期刊出版领域引进优秀人才择优支持 1 人。设有图书情报与档案管理专业一级学科博士后流动站，在站博士后 8 人。现设有图书馆学、情报学 2 个专业一级学科博士研究生培养点，图书馆学、情报学 2 个专业一级学科硕士研究生培养点，并设有图书情报与档案管理一级学科博士后研究流动站，共有在学研究生 187 人（其中硕士生 102 人、博士生 85 人）。

文献中心数字资源保障能力稳步提升。2019 年，全院保障外文电子期刊 2.1 万余种、外文图书工具书 16.7 万卷 / 册、中文期刊 1.7 万种，全文内容资源保障总量较 2018 年增长 10%。全院电子资源使用量较 2018 年增加 7%，其中全文数据库使用量达 6500 余万次。长期保存的中文期刊数量达 14000 种，外文电子期刊 3641 种，外文电子图书 74622 种，事实型数据产品 462 万条，预印本论文 162.4 万篇。

基于科技大数据计算基础支撑平台与慧系列知识服务架构升级完善，发布“慧科研”新一代科研知识服务产品，并在中科院研究所、省科院落地应用。建成的中科院文献情报“数据湖”，数据体量达到 3 亿条，形成院所两级、双向流动的数据服务机制，实现 24 个特色中心数据的汇聚融合与精准分发。

面向粤港澳大湾区国际科技创新中心建设需求，以支撑深圳为主阵地的综合型国家科学中心建设为落脚点，提出构建“国际科技信息中心”规划建设方案，有效推进国际科技信息中心暨中国科学院粤港澳大湾区科技知识研究院筹建任务，纳入中科院与深圳市签订的战略合作协议框架中的第一批合作项目。

围绕国家、中科院改革发展的需求和重大问题，构建“分工负责、长期积累、深度分析、支撑决策”的战略情报研究服务体系，全力支持国家和中科院科技发展中长期规划的环境扫描与形势判断、“8+2”重大领域的前瞻和预见、体制机制重大改革的探索，承担“第四次工业革命核心技术驱动力”“典型国家重点研发类计划科技评估”“国家重大科技基础设施战略发展研究”等重大科技战略研究与咨询服务，为中央有关部委、国家自然科学基金委员会、中国科学技术协会、中科院党组、学科（专业局）、区域创新中心、国家知识产权局的战略决策及科技创新、区域产业发展提供有力的支撑。

以“需求驱动、融入一线、支撑科研、服务创新”为理念，持续发挥服务科研创新的前沿阵地作用，推进所级文献情报服务能力进一步提升。以用户需求为导向、信息技术为支撑，信息资源为保障，深化院所协同服务，积极开展前瞻性学科服务设计，开展科研信息素质培训，有效发挥文献中心对中科院科研工作的重要支撑与保障作用。阵地服务围绕图书馆资源、空间、服务核心“三要素”全面展开。立足丰富的馆藏文献资源，秉承“保护与利用并重”原则，挖掘、开发和利用特色资源，取得明显成效。

发挥引领示范作用，推动国家科技信息服务发展。作为核心力量参与国家科技资源战略保障与服务，在NSTL的文献资源保障、平台建设、文献服务、情报服务、国际交流与培训方面发挥重要作用，在面向国家战略保障体系的未来规划和长期保存与开放获取两大方向发挥引领作用。

文献中心主办的15种期刊总体学术质量达到历史新高。其中:《数据与情报科学学报》（英）（*Journal of Data and Information Science*，JDIS）被正式收录于WOS数据库（ESCI），成为我国情报学领域首份ESCI收录期刊；JDIS还入选“中国科技期刊卓越行动计划”梯队期刊类项目，这是情报学领域唯一入选的期刊；《电子政务》被CSSCI（南京大学核心期刊）收录，使文献中心被核心期刊数据库收录数量创历史新高。期刊研究会承担的全院期刊审读工作将审读领域拓展至7大领域。院期刊改革项目成果——全院期刊微信公众号集中管理平台开发完成并投入使用。

科学文化传播工作取得长足进展。完成“科技报国七十载　创新支撑强国梦——中国科学院创新成果展”“伟大历程　辉煌成就——庆祝中华人民共和国成立70周年大型成就展”部分科技成果展示、“地球大数据科学工程原型系统”展览、中国科学院科技创新年度巡展、2019年全国科技活动周北京主场展示、中国科学院院史展等8项国家级、院级重要展览的设计实施、年度更新、运维服务等任务，受到党和国家领导人、院领导及社会各界公众的肯定和好评，惠及社会公众逾千万，为宣传和展示中科院在落实创新驱动发展战略中的骨干带头和示范引领作用做出积极贡献。不断创新科技人文活动的内容与形式，传播高质量的多元科学文化。面向院内研究生开学季开展科研信息技能系列讲座；面向社会公众举办“公众科学日”系列活动，活动紧扣“科普”与“阅读”两大元素，以“聆听科学之音　体验科学之趣”为主题，开展科普图书导读、科普讲座、阅读讲座、趣味科学互动、科普展览等系列活动，吸引1000余人次参与；长期举办“科学人讲坛”、“视听沙龙系列赏析”和讲座等活动，培养稳定的用户群体，扩大品牌影响力。

2019年，文献中心共有在研项目279项（包括新增项目198项）。在情报学和图书馆学的基础理论方法研究方面，产出一系列有影响力的科研成果。在国内外核心期刊共发表论文86篇，核心会议论文11篇，获得专利1项，软件著作权1项，有多份研究报告获得省部级以上领导批示。文献中心以会员身份加入的国际组织包括IFLA（国际图联）、EIFL（国际电子资源联盟）、COAR（开放获取知识库联盟）、ICSTI（国际科技信息理事会）等，并持续参与国际组织年会，完成国际组织履职。（中国科学院文献情报中心　刘峻明　汪维）

【中国科学院文献情报中心举办第二届数据分析与知识发现学术研讨会（DAKD 2019）】 7月10—11日，第二届数据分析与知识发现学术研讨会（DAKD 2019）在兰州召开。此次会议由文献中心主办，中国科学院兰州文献情报中心和《数据分析与知识发现》编辑部联合承办。文献中心主任刘会洲出席会议并致开幕词。来自75家高校及科研院所的计算机科学、情报科学、管理科学、经济学、行为科学、心理学等众多领域的近300名专家和代表参加会议。会议安排20场专家报告以及12位优秀论文作者交流，与会者深入探讨基于大数据及其计算分析的知识发现方法、技术与机制，共同交流各领域和行业的应用实践。此次会议征文得到国内高校及科研院所的大力支持，收到征文近百篇，评出优秀论文25篇。（中国科学院文献情报中心　刘峻明　汪维）

【中国科学院文献情报中心召开图情档研究生教育现状与未来暨中国科学院文献情报中心研究生教育40周年纪念座谈会】 2019年是文献中心研究生教育创立40周年。10月21日，图情档研究生教育现状与未来暨中国科学院文献情报中心研究生教育40周年座谈会在文献中心召开，来自文献中心、中国科学院大学、北京大学、中国人民大学、南开大学、武汉大学、北京师范大学及科睿唯安公司等单位的50余名代表参会。中国科学院发展规划局副局长黄晨光、中国科学院大学副校长牛晓莉出席会议并致贺词。文献中心主任刘会洲致欢迎词。北京大学资深教授吴慰慈、武汉大学资深教授马费成、中国人民大学一级教授冯惠玲相继发言。中国科学院大学经济与管理学院院长汪寿阳、科睿唯安中国区总裁郭利共同为两家单位的研究生实习基地揭牌。会议以“图情档研究生教育现状与未来”为主题进行开放研讨，各位专家从不同角度出发，就当前图书情报与档案管理研究生的培养重点与培养思路进行探讨和交流。（中国科学院文献情报中心　刘峻明　汪维）

【中国科学院文献情报中心举办2019年中国科学院文献情报系统院所协同情报工作研讨会】 11月21—22日，2019年中国科学院文献情报系统院所协同情报工作研讨会在广州举办。此次会议由文献中心主办，中国科学院武汉文献情报中心、成都文献情报中心和广州能源研究所共同承办。来自中科院内65家研究所和13家院外单位的140余名代表参会。文献中心主任刘会洲为大会致辞。会议分为专家报告、工作交流研讨及分组讨论3个环节。6位专家分别做“科研情报服务的现状与未来”“数据平台建设——问题、挑战和未来方向”“开放创新生态系统中的文献情报工作”等主题报告；来自10家研究所的科学家代表、科研管理代表以及文献情报人员分别从科研过程需求、科研管理需求以及本所的院所协同工作实践等方面做交流；与会人员就强化院所协同机制、文献情报系统平台建设、信息素质教育、科研数据管理集成、特色资源长期保存、院所协同情报未来重点工作等主题进行深入研讨。（中国科学院文献情报中心　刘峻明　汪维）

【中国科学院成都文献情报中心概况】 截至2019年底，中国科学院成都文献情报中心（以下简称“中心”）在职职工99人，其中高级职称共有42人。四川省突出贡献优秀专家1人，全国专利信息领军人才1人，全国专利信息师资人才1人，博士生导师4人，硕士生导师14人。设有中国科学院大学图书馆学、情报学硕士培养点，情报学博士培养点，同时与四川大学合办有情报学和图书馆学硕士培养点。2019年，中心获中央网信办委托项目1项、国家科技部规划司项目1项、国家社科基金项目2项、国家科技基础资源调查专项课题1项、国家知识产权局专利信息人才项目1项、中科院战略研究与决策支持系统建设专项项目2项、中科院政策调研课题2项、中科院STS区域重点项目2项、四川省新型智库项目1项目，四川省科技厅科技计划项目11项。发表论文83篇，独立和合作出版专编译著4部；新增软件著作权9件。

开通使用数字文献数据库108个，包括3.2万余种中外文全文电子期刊、41.5万篇外文学位论文、215万篇中文学位论文以及大量的网络版工具书、专利文献等，并通过网络共享NSTL丰富的科技文献资源；印本文献总量为220万册/件，较完整地收藏了国际著名的会议文献SPIE、IEEE、LNCS等。全年开馆360天，接待读者16万人次，图书流通1.1万册次，通过CSDL和NSTL双系统全文传递1.2万篇，其他途径传递原文1.7万篇。开展科技查新服务1285项，论文收录和引证检索服务1400项。开展多次科普进学校进社区活动，服务对象包括武侯区老科协、龙泉灵龙小学、中科院求真科学营、西安分院科学求真营、“不忘初心，牢记使命”教育扶贫科学夏令营、棠湖中学等。获得中国科学院科学传播局科普与出版处“中国科学院科技节科普志愿者”称号1人。大数据信息系统平台专业化建设更加明显，支撑大数据知识发现。以“干细胞知识发现平台”“中国科学院知识产权网”“智云知识计算平台”“中华智库研究数据平台”“中华智库研究网”等重大平台为抓手，持续推进数据支撑工作，积极开展业务布局和发展建构。中心持续发挥中国科技网成都分中心、中国科学数据中心成都分中心的技术和网络条件保障作用，强化技术支撑和运行维护工作。

持续推进《天然产物研究与开发》（月刊）和《世界科技研究与发展》（双月刊）2种学术期刊的转型升级，并取得初步进展。《天然产物研究与开发》（月刊）全年出版正刊12期、增刊2期，530余万字，影响力持续提升，据2019年中国知网相关数据，期刊3项影响因子近3年平均提升41%，下载量提高53%；《世界科技研究与发展》(双月刊)全年出版6期，74万字，影响因子增幅约76%(2019年为0.810)，影响力指数学科排名由213名提升到27名，公众号关注人数增幅约114%。《天然产物研究与开发》组织并评选出首届(2017—2018)年度影响力优秀文章与年度优秀编委，激发编委与优秀作者的参与积极性并发挥学术作用。(中国科学院成都文献情报中心　唐璐)

【中国科学院成都文献情报中心专业型科技智库建设转型升级】 2019年是中心专业型科技智库转型升级发展、强化智库特色的关键一年。一是科技战略与政策研究层次持续提升，智库成果稳步产出。全年被省部级采纳的决策咨询建议报告29篇。编辑出版《信息科技快报》《网信战略前沿》《网络安全与信息化动态》《人工智能快报》《生物科技快报》《知识产权动态》《中国科学院促进科技成果转移转化专项行动简报》等7种科技决策咨询快报。参加中科院高端科技智库《科技政策与咨询快报》和《科技前沿快报》(月刊)稿件的主审和编辑工作。全年完成科技领域研究报告等30余份及各类科技专题分析材料30余份，总计近300万字。

二是结合国家、中科院及地方政府需求开展发展规划决策咨询，融入重大项目、提升智库影响力初获成效。中心主持承担科技部项目"2021—2035年国家中长期科技发展规划研究编制工作"任务；主持中科院中长期规划"世界科技发展趋势研究"专题组；主持中科院战略研究与决策支持系统建设专项项目"主要领域规划状态监测与分析"和文献情报能力建设专项项目"科技领域战略情报研究与决策咨询体系建设"项目；主持承担四川省委新型智库办任务"成渝城市群打造世界级先进制造业产业集群和创新驱动研究"；主持承担四川省委组织部人才办任务"发达国家及省市产业(企业)人才政策研究"，四川省科技厅科技计划项目"四川省'十四五'及中长期科技创新规划研究"及"四川省基础科学研究发展战略规划研究"，以及重庆高新区管委会项目"重庆高新区石墨烯产业发展分析"、成都高新区管委会科技人才局项目"成都市高新区'十四五'期间人才优先发展目标、思路和重点举措研究"等战略研究任务；新一代信息科技战略研究中心"正式揭牌，承担四川省科技厅、成都市科技局相关研究项目；成为国家合成生物技术创新中心共建单位；入选世界知识产权组织第三批在华"技术与创新支持中心(TISC)筹建机构"。

三是积极聚焦智库研究与智库作用的发挥，开展高水平学术研究和传播，提高中心人员的学术研究能力和社会影响力。组织高质量、高水平国际会议——2019科学计量与科技评价天府论坛；承办第三届全国地方科技智库论坛2019；承办第十六届数字图书馆前沿问题高级研讨班(ADLS)；主办新一代信息科技与数字经济战略研究论坛、生物经济战略研究论坛2019、"PaPo Workshop"学术沙龙等学术活动。中心领导及业务骨干受邀在国家自然科学基金委员会第235期双清论坛、农业农村部科研杰出人才高级研修班、中科院中青年科研管理骨干培训班等学术论坛和培训班上做专家报告，提升中心的学术影响力和智库影响力。(中国科学院成都文献情报中心　唐璐)

【中国科学院兰州文献情报中心概况】 截至2019年底，中国科学院兰州文献情报中心(以下简称"中心")全年公开发表各类学术论文共45篇(SCI2篇)，参与出版专(编)著13部；2项软件取得国家版权局计算机软件著作权登记证书；1人获批"西部之光"A类项目资助；有4份报告入选第三届甘肃省人民政府参事论坛交流，1份做专题论坛发言。全年共派出12人次到国外出访交流学习：3人赴美国参加"2019年石油地质学家年会暨展览会"，2人赴希腊参加"第85届世界图书馆与信息大会"，1人赴澳大利亚参加"美国信息科学与技术协会年会"，2人赴美国明尼苏达大学德鲁斯分校开展"农业水资源利用与国家公园生态保护机制交流调研"，3人赴西班牙马德里参加"第25届联合国气候变化大会"，1人获"中科学公派出国留学计划"项目资助，赴美国明尼苏达大学杜鲁斯分校开展访问交流和合作研究。全年新增各类研究项目和服务课题36项，其中国家级项目3项、科技部重点研发计划课题2项、院级项目5项、院内外委托项目25项、院中心项目任务1项。全年接待到馆读者11320人次，借出图书3887册，归还2401册，续借1545册；办理新证168个，在册读者5732人，解答读者咨询

3200人次。CSDL原文传递接受请求965篇，满足率为86.94%，NSTL原文传递总计满足10352篇；科研园区“开放书架”共投放杂志23种1716册。

科技文献信息资源保障能力稳中有进。2019年订购入藏外文科技图书468种468册、中文科技图书909种909册，完成外文科技期刊192种1699册以及中文社科人文期刊65种1946册的记到、上架工作。续订EMIS全球新兴市场商业资讯数据库、EDS集成发现系统、IncoPat专利数据库、JCR期刊分区表和CNKI学术不端检测系统；新订CNKI中国重要会议全文库等6个数据库。

网络及计算存储资源的保障能力不断提升。中心共有服务器120台，其中实体服务器7台，云服务器113台（新增21台），有7个系统申请上线。已用云存储297.44TB，占总存储量的46.07%。全年电信网（200MB）平均利用率为76.42%，使用最大带宽为165MB；科技网（70兆）+电信（200MB）平均利用率为74.58%，使用最大带宽205.23MB。完善使用中心网络服务器、域名等使用申请备案机制，对外提供服务平台的线上及线下管理和备案机制，以及应急管理、远程操作、漏洞处理等的具体流程和管理办法；完成对机房精密空调、机房消防系统和漏洞扫描系统等的更新和续保工作。针对新一代ARP系统上线，做好环境部署和系统运维，协助人力资源、综合财务、科研条件、科研项目以及电子公文模块的数据迁移、数据导入以及系统联测。

自建学术知识资源体系不断完善。面向重点决策用户和科研用户的重点需求，升级“智库报告服务系统”为“全球智库信息集成系统”，“全球科研项目数据库”“全球变化知识资源中心”“干旱区生态环境知识资源中心”“青藏高原盐湖化工知识资源中心”“环境与发展全球科技态势”“全球变化领域集成门户”等专题资源系统建设稳步推进，资源量持续增加、资源服务不断扩展。其中，“全球科研项目数据库”自2018年11月发布以来，数据总量超过220万，重点覆盖13个国家的项目数据，收录资助机构达到37个，向院内外60多家机构开通试用服务，网络套餐购买用户超过80个；为中科院规划局、国家自然科学基金、工程院重点咨询项目、科技部人才中心和中国农科院等多个项目提供数据保障。

科技动态信息监测工作和科技查新工作稳步推进。围绕科技前沿，支持开展重大科学与热点问题遴选。科学动态监测快报《地球科学专辑》《资源环境科学专辑》《气候变化科学专辑》出版72期；编辑《环境与发展智库专报》3期，《智库观点》4期，《全球海洋科技动态》7期；编辑《科技前沿快报》80篇、《科技政策与咨询快报》40篇。全年共完成3414项课题查新及论文引证检索服务，较2018年增加293项（提高9.40%）。其中，论文收录引证服务完成1986项，较2018年增加659项（提高49.66%）。

编辑出版的刊物学术影响力稳定增长。完成10种学术期刊（8种中文刊和2种英文刊）全年编辑出版任务，出版正刊72期，发文1163篇，总计1250万字。其中，《冰川冻土》《沉积学报》《地球科学进展》入选“庆祝中华人民共和国成立70周年精品期刊展”；《冰川冻土》《天然气地球科学》论文入选年度“中国百篇最具影响国内学术论文”；《沉积学报》被美国EBSCO数据库全文收录；*Journal of Natural Gas Geosciences*被DOAJ数据库全文收录；《冰川冻土》《沉积学报》《地球科学进展》《天然气地球科学》及*Sciences in Cold and Arid Regions*再次入选“2019中国国际影响力优秀学术期刊”；《冰川冻土》《沉积学报》《地球科学进展》《高原气象》《黄金科学技术》《天然气地球科学》《遥感技术与应用》《中国沙漠》及*Sciences in Cold and Arid Regions*连续被中国科学引文数据库（CSCD）和日本科学技术振兴机构（JST）数据库收录。

面向科技战略决策的情报咨询服务成效显著。组织撰写深度观点和决策咨询建议20余份，其中13份被中国科学院《互联网舆情信息》采用，4份建议被中共甘肃省委《甘肃信息》采用。参编或主编出版专著13部，其中编著出版《中国居民生活碳排放评估报告》《西部地区低碳社会发展的战略选择》专著，参与或组织《亚洲中部环境变迁与丝路文明兴衰的战略研究》《全球气候治理格局与中国战略》等书稿章节的分析撰写工作。完成《中国科学院生物类研究所论文与引文统计（2013—2018）》和《中国科学院资源环境类研究所论文与引文统计（2013—2018）》报告的分析编撰工作。

资源环境领域情报工作协同及资源共享能力进一步提升。大力建设资源环境领域科学数据仓储，加快 LoRES 期刊集群平台二期建设，完成资源环境领域期刊一站式检索和集约化管理，建立加盟期刊专家集成信息检索系统，实现领域专家汇聚共享，主办第 18 届中国科学院期刊沙龙“科技期刊数字出版与传播前沿技术及其应用”。依托刊物参加或举办高层次学术论坛，如《冰川冻土》在 2019 年中国地理编辑出版年会上举办“气候变化背景下冰冻圈灾害与适应”分会场；《黄金科学技术》编辑部论坛以“开拓矿业前沿领域，提升资源保障，助推绿色发展”为主题，在江西赣州举办第八届黄金科学技术论坛，并召开第七届编委会工作会议。构建创新知识服务网络，成立中国地理学会地理文献情报分析工作组，并依托中国地理学大会举办“地理知识挖掘发现与科技评价”专题分会。与中国第四纪科学研究会古气候模拟专业委员会、历史时期气候变化专业委员会、中国地理学会气候委员会等联合主办“气候变化历史与机理：重建—模拟—数据挖掘研讨会”。

面向区域创新和产业战略决策的知识服务影响力不断强化。竞标承担甘肃省发改委“甘肃祁连山地区生态保护治理与经济社会长期发展研究”项目；为贯彻落实习近平总书记视察甘肃重要讲话和指示精神，推进省委十三届七次全会重大决策，规划建设榆中生态创新城，委托承担“榆中生态创新城科技研发专项研究与规划”项目；承担甘肃省科技厅“十四五”时期甘肃省高新技术产业引领高质量发展研究，兰州分院和西安分院“十四五”科技合作与区域创新发展战略研究等若干专题研究项目；完成甘肃省发改委“甘肃省高质量发展综合绩效评价指标体系研究”、“十四五”时期甘肃省信息产业及大数据发展研究，服务区域创新及高质量发展；面向甘肃省国资企业委高质量发展需求，受国资委委托完成“甘肃省工业生态体系建设研究”报告等。

智库建设工作取得实质性进展。2019 年，西部资源环境与区域发展智库入选上海社会科学院智库研究中心《2018 中国智库报告》新智库提名。针对甘肃省创新发展过程中的战略决策需求和甘肃省科协智库建设部署，协助评审报出首批 5 份专家咨询建议，为甘肃省科协智库建设及“甘肃省科技创新智库联盟”的成果组织和传播做出探索。在兰州举办的第五届环境与发展智库论坛上，该中心与自然资源部海洋发展战略研究所、上海社科院智库研究中心、科技部 21 世纪中心、甘肃省政府国资委、陕西省国资委等机构联合策划推出“国家公园治理”“陆海统筹协调发展”“产业绿色高质量发展”“智库建设实践与经验”4 个分论坛，与会专家做分论坛主题报告 30 个，现场发布《全国城市便宜度评价报告》、《全国植被覆盖评价报告》、《能源装备制造产业发展态势报告（2019）》、《中国海洋发展报告（2019）》和“全球智库信息集成服务系统”5 种智库研究成果，为环境保护与区域创新发展决策提供科学依据、智力支撑和技术支持。论坛成果和成效得到新华社、《光明日报》、《中国社科报》、《中国科学报》、《科技日报》、甘肃电视台、《甘肃日报》等媒体的广泛关注。

面向科研创新的学科知识服务和情报服务不断深入。完成中科院海洋所《海洋监测技术情报调研》、西北研究院《近十年冰冻圈国内外主要项目及成果分析》、自然资源部信息中心《主要国家自然资源战略扫描》、中国科协《细胞器之间的相互作用主题国际态势分析》《激光核聚变国际态势分析》等研究报告。针对中科院泛第三极专项，参与“丝路环境科技态势监测分析与知识集成服务”，完成《江湖源地区冰川与环境变化研究态势分析》《江湖源和河湖源地区生物多样性及变化》《全球和中亚五国（干旱半干旱区）节水灌溉技术综述》《林业适应全球变化研究国际态势分析》等研究报告。面向中科院大气科学研究所、烟台海岸带所开展学科评估咨询服务，为研究所学科发展评估提供支撑。面向东北地理所完成《中国科学院东北地理与农业生态研究所 ESI 发文竞争力分析报告》、面向自然资源部第一海洋研究所完成《自然资源部第一海洋研究所 2018 年度科研产出分析报告》等。为香山会议提供《海洋生物多样性国际战略计划及印太海域生物多样性研究热点发展报告》《亚太地区水文循环与全球变化：从过去到未来研究态势分析报告》等。

知识产权分析评议工作取得良好反响。

2019 年获批进入世界知识产权组织技术与创新支持中心（TISC）创建序列，完成国家知识产权局西部省区专利信息特色应用项目“专利信息服务藏药产业研发创新”。针对研究所成果转移转化提供知识产权分析，完成《凹凸棒石国内外研发及应用现状调研》《管道内防腐技术调研》《超临界流体技术制备微孔发泡聚合物材料研究分析》《世界肥料研究及行业发展分析》等调研报告。此外，承担兰州分院成果转化信息网建设任务，开发了兰州分院成果转化信息网主页，搜集整理分院各所的相关成果信息并及时发布。

开放知识库网络持续优化发展。中国科学院机构知识库网格（CAS IR GRID）完成 105 家研究所机构知识库（Institutional Repositories，IR）向 CSpace 6.0 的升级任务，积极推动全院 IR 体系的云端化服务和发展，已有 23 家研究所加入云托管服务体系。目前已有 115 家成员 IR，数据总量 107.92 万条，全文总量 67.27 万篇，访问总量 14968.14 万次，下载总量 1944.57 万次。启动建设甘肃省高校及科研机构知识库集群平台，支撑和服务甘肃省科技创新和科技发展。新增中国地质大学（武汉）、上海财经大学学术数据总库、复旦大学 ESI 学科对标分析平台、中国石油大学（北京）克拉玛依校区、中国科学院信息工程研究所知识管理平台等新用户应用。中国开放科研知识云（Chinese Open Research Cloud，CORC）重点扩展对国内高校及科研机构 IR 的有效覆盖，已收录全国 286 家 IR（新增 32 家），数据总量已达 545.55 万条（新增 14.26 万条），访问总量 70.24 万次（新增 32.05 万次），为建设中国科研学术机构知识库云网夯实基础；完成《中国机构知识库发展报告 2019》。

阅读推广与科学传播紧密结合再上台阶。进一步加强与兰州分院的科普合作，共同组织公众科学日、科学节及科普讲解业务能力提升培训班。“公众科学日”期间，配合兰州分院制作园区导览，举办科学欢乐秀主题活动，开展科学实验表演、激光雕刻展示、科普阅读竞赛等活动；举办中国古代军事城防模型展、中国科学院创新成果展。“全国科普日”期间，参加甘肃省科协主场活动。中国科学院“第二届科学节”期间，配合兰州分院制作园区宣传品，推出中国科学院兰州分院科研人才群像展览等。“世界读书日”期间，组织“全民悦读、书香科苑”系列活动，举办中心第二期朗读者活动，开展读者需求调查，举办体验“活字印刷”科普研学活动；与科学院小学联合举办“换书大集”，与兰州豆瓣书友会联合举办主题读书会等。该中心荣获“2015—2019 年度甘肃省图书馆学会优秀单位会员”“2018—2019 年全民阅读活动先进单位”称号；国家科技图书文献中心（NSTL）兰州服务站获 2018 年度“优质服务三等奖”，2 人获“优秀个人奖”，这是该服务站连续第 8 年获得 NSTL 优秀服务奖。（甘肃省图书馆学会）

【中国科学院所属上海地区专业图书馆概况】 2019 年，中国科学院在上海地区所属的中国科学院上海生命科学信息中心 / 上海生命科学图书馆、中国科学院上海有机化学研究所图书馆、中国科学院上海光学精密机械研究所图书馆、中国科学院上海应用物理研究所图书馆、中国科学院上海药物研究所图书馆、中国科学院上海天文台图书馆、中国科学院上海微系统与信息技术研究所图书馆、中国科学院上海硅酸盐研究所图书馆、中国科学院上海技术物理研究所图书馆和中国科学院上海高等研究院图书馆 10 个研究所图书馆（信息中心）及上海科技大学图书馆 1 个高校图书馆，作为覆盖全国的分布式数字图书馆体系组成部分，已初步形成满足科研一线需求的数字资源保障体系。在资源保障体系变革和发展方面，上海生命科学图书馆、上海有机化学研究所图书馆、上海药物研究所图书馆、上海高等研究院图书馆以及上海科技大学图书馆的数字资源建设经费占总资源建设经费比例均在 90% 以上。在情报智库能力建设方面，2019 年在中国科学院院所协同项目中，上海生命科学图书馆组织相关研究所共同申报“学科知识服务中心建设——脑科学与智能技术领域学科知识服务中心服务方案编制和示范项目”“全院文献情报服务体系个性化服务优化与示范项目——上海中心科研知识服务及领域专题情报网络建设”“全院文献情报服务体系个性化服务优化与示范项目”“全院文献情报服务体系个性化服务优化与示范项目”4 个项目，并获得院所协同项目的支持。（上海市图书馆学会）

【中国科学院上海生命科学信息中心推出2019π指数年度报告】 3月14日，中国科学院上海生命科学信息中心（生命健康科技智库）推出2019π指数年度报告。π指数年度报告的主要内容包括2018年全球论文量TOP10国家；π因子TOP500机构；美、英、中、德、法π指数TOP30—TOP100机构分布情况以及中国科学院下属机构π因子TOP20。从2018年全球论文量TOP10国家分布情况来看，除中国以外的其他国家发文量均有所下降；其中美国论文量远超其他国家，稳居全球第1位；中国发文量从2017年的全球第4位上升至全球第3位，发文量呈上升趋势。全球π因子TOP500中，哈佛大学以π因子266.36（2017年为276.42）遥遥领先于全球其他机构；中国科学院以π因子80.07（2017年为74.17）仍居全球第8位；中国有44个机构进入全球π因子TOP500，比2017年新增6个机构，分别是西安交通大学、南方医科大学、南开大学、香港科技大学、北京师范大学和暨南大学。（上海市图书馆学会）

【中国科学院新疆分院文献信息中心概况】 2019年，中国科学院新疆分院文献信息中心投入文献资源建设经费总计123万元。其中：新增印本图书209册，订购外文期刊25种、中文报刊21份；订购开通中外文数据库17个，共享数据库86个，试用库12个。接待读者、参观者2000余人次，办理新增借书证24个，书刊借还约4200册次。完成《中国科学院关于开展文物现状调查》古籍情况申报工作。完成查新项目800项；收录与引用报告237项；受理成果鉴定、审查、指导编写有关科技成果评价材料8项，组织成果评价会议；科技服务项目辐射到国内17个省份和直辖市的高校、科研院所和企事业单位。

完成网络、镜像资源更新与维护，对万方资源系统（镜像）、维普中文科技期刊数据库、国研网资源库等系统迁移与更新共计约3.8TB；完成中心网络防火墙系统、行为管理系统、无线网络系统、“数字图书馆”软件、门户系统的维护；更换机房服务器、不间断电源系统（UPS）；分配网络私网地址及设定各类用户的网络规则。

对外争取中国科学院文献情报中心、自治区自然科学基金资助项目和新疆维吾尔自治区科技厅科技支撑项目等软科学、平台建设项目。按计划实施新疆“十三五”科技产出统计、《新疆2017年科技论文专利统计分析》等自治区科技厅软科学项目；执行中亚科技文献信息收集与分析、《中亚及俄罗斯科技信息监测快报》12期编译、情报调研任务等3项中亚中心项目；完成生态环境部上合组织成员国生物多样性保护研究、上合组织环境保护信息监测快报等相关任务，承担研究所《科研组织知识产权管理规范》贯标工作；完成中亚及俄罗斯原文科技文献资源共享系统验收并投入使用。

情报分析与研究方面，紧密结合研究所、新疆科研及决策需求，完成新疆生态与地理研究所2017—2018年SCI、EI、ISTP、CSCD论文及专利产出统计分析；完成咸海研究成果、项目及主要研究机构，“一带一路”国家社会经济统计，中亚四国地区年鉴、人口和用水数据，伊朗国情等10余项调研。此外，配合特色研究所评估工作，进行类比机构遴选、论文学科分类等，取得较好成效。

国际交流与翻译工作方面，中国科学院新疆分院文献信息中心组团出访哈萨克斯坦阿拉木图，与哈萨克斯坦教科部中央科学图书馆和哈萨克斯坦农业部土壤与农化所图书馆（科技信息保障部）签署合作意向书；围绕研究所中亚生态环境研究，完成文字编、审、译共计12万余字，包括“中哈农业发展研究与合作战略”，审校荒漠工程中心防沙技术和首都生态屏障等翻译件等。会议与口语翻译方面，担任“无人机与地理信息技术及其应用国际会议”大会、“国际科学院协会”大会、中国科学院院士工作局访问塔吉克斯坦和吉尔吉斯斯坦等随同翻译；陪同乌兹别克斯坦科学院植物研究所、努库斯分院代表等访问本所；赴乌兹别克斯坦参加执行中科院战略先导专项“重点地区和重要工程的环境影响与灾害风险防控”子课题，以及日常外宾及与留学生交流翻译等。

学术交流方面，出版专著1部，专业刊物上发表论文6篇，其中SCI第一作者论文1篇，CSCD第一作者论文1篇。参加科研组织知识产权管理规范内审员培训班、第四届智库能力与新型智库建设高级研修班、中亚区域科教合作交流分享会、中亚干旱区荒漠化防治国际研

讨会等学术交流及培训10余次，参训人员15人次。（中国科学院新疆分院文献信息中心　张小云）

【广东省科技图书馆智库产品入选《中国创新战略与政策研究2019》】 7月17日，中国科学院科技战略咨询研究院在北京举办《中国创新战略与政策研究2019》发布暨战略咨询研究研讨会，广东省科技图书馆（广东省科技信息与发展战略研究所）馆（所）长魏东原受邀参会。会议发布中国科学院国家高端科技智库建设重要成果——《中国创新战略与政策研究2019》，其中，由中科院战略咨询院委托广东省科技图书馆承担编制的智库成果产品《全球重点研发企业创新动态》被该书收录。《全球重点研发企业创新动态》系统展示2018年全球能源、材料、装备制造、电子信息、生物医药领域的重点研发企业的重大创新成果，成为广东省科技图书馆近年来服务国家宏观决策的重要品牌。（广东省科技图书馆）

【广东省科技图书馆与中国科学院文献情报中心签署《开展区域科技知识服务合作协议》】 11月21日，广东省科技图书馆（广东省科技信息与发展战略研究所）与中国科学院文献情报中心在广东省科技图书馆举行《开展区域科技知识服务合作协议》签约仪式。这是双方2011年底建立文献情报工作全面战略合作的延伸和深化。中科院文献情报中心主任刘会洲、广东省科学院副院长李定强出席签约仪式并讲话，中科院文献情报中心副主任刘细文、广东省科技图书馆馆（所）长魏东原分别代表合作单位在协议上签字。根据该合作协议，双方将基于中科院文献情报中心"慧科研"智能知识服务平台，共同开展面向广东省科学院科研人员的知识服务平台研发和科研数据资源中心建设，探索科研数据资源共建共享发展机制，并在此基础上开展面向广东区域和粤港澳大湾区科技情报需求的科技知识服务，支撑科技决策、区域发展和企业科技创新。（广东省科技图书馆）

中国社会科学院图书馆

【概况】 2019年度，在中国社会科学院党组的领导下，中国社会科学院图书馆（以下简称"图书馆"）全力推进国家哲学社会科学文献中心建设，加强信息化基础设施和网络建设，优化馆藏文献资源建设，提升读者服务水平，开展学术研究，为哲学社会科学创新工程、国家级高端智库建设和加快构建中国特色哲学社会科学"三大体系"发挥重要作用，为马克思主义传播阵地建设做出积极贡献。

全力推进国家哲学社会科学文献中心建设，持续推进系统建设、资源扩充、运维保障和宣传推广等各项工作。国家哲学社会科学文献中心运行稳定，资源持续扩充，社会影响力不断提升。截至2019年底，该中心个人用户超过300万人，机构用户超数万家，用户涉及上百个国家，上线数据超过1830万条，上线中文期刊2081种，累计下载量超过3000万篇，受到海内外机构用户、研究人员的好评，推动中国学术在国内外的传播。正式上线"国家哲学社会科学文献中心手机APP"，与"学习强国"平台建立对接平台，与国家图书馆开通用户互访，与百度公司建立数据共享平台，为多家机构建立本地镜像服务，使用户访问更加方便快捷，资源共享范围更加广泛。举办国家哲学社会科学文献中心成果发布会，发布《国家哲学社会科学文献中心学术期刊数据库用户关注度报告（2018年）》，受到广泛关注。参加第九届中国数字出版博览会，该中心荣获"2018—2019年度数字出版国际合作奖"。

"习近平新时代中国特色社会主义思想文库"（以下简称"文库"）受到广泛关注。"习近平新时代中国特色社会主义思想文库"于2018年5月17日即习近平总书记在哲学社会科学工作座谈会上的讲话发表2周年之际正式建成并对院内学者开放。截至2019年12月31日，文库收集习近平总书记学术论文108篇、专著21部，习近平总书记讲话单行本74种，研究阐释习近平新时代中国特色社会主义思想的中外文图书2046种3910册，期刊、画报988期，重要理论宣传类报纸6种8388期，年鉴75册，方志9册，家谱1册，组织史资料1册。文库建成后，受到中央部委以及国内外研究机构和学者的高度关注，2019年共接待国内外调研参观56批，近千人次。文库的建成和发展，为社科院乃至国内外相关领域学者深入推进习近平新时代中国特色社会主义思想研究提供了丰富的文献保障，为社科院深入推动习近平新时代中国特色社会主义思想研究学理化、学科化、国际化注入强劲动力。

进一步丰富数字资源，助力科研。2019年，图书馆围绕“三大体系”构建、高端智库建设以及哲学社会科学创新工程升级等重点工作，以“提升服务、助力科研”为使命，努力将数字资源建设与服务工作做到实处。强调用户需求、坚持规范的采购流程；重视资源评估，完成《数字资源年度使用统计报告》，大力整合开放获取资源，全年累计整合开放资源库96个，新增数据库27个，并对本地镜像库进行维护。通过微信公众号、网站、电子邮件等方式进行多元化资源推广。着力于用户体验，与“学习强国”平台开展数字资源合作。深入各研究院、所，全年开展培训10余次，培训千余人次；同时，编制印发《数字资源使用手册》并制作发布培训视频。

强化服务意识，推动馆藏基础性建设。全年中外文新书编目入库，包括中文图书10856册、外文图书2685册、方志486册。续订中文期刊1382种，国外及港澳台地区期刊755种；中文报纸51种，国外及港澳台地区报纸25种。核查古籍7900种87000册，制作丛书子目近8000条，拍摄书影45000多张。普查登记标注民国报纸4种1777期，对破损情况鉴定分级，校对和存储数据10684条。与国外40家交流合作单位进行书刊交换，邮寄期刊2198册，接收交换报纸400份、期刊100余册、图书50余册。加工来自9所高校的学位论文16916册。全年接待读者10000余人次，提供咨询服务1000余次。

优化馆藏布局，为读者提供良好的借阅环境。2019年，完成图书馆楼四层、五层、七层、八层、十三层书库和三层、十二层会议室的装修改造，更加合理地规划了现有空间，配备全新的手动密集架，增加图书存储量。另外，全面养护升级图书馆空调系统，为广大科研人员提供良好的学习环境。5月17日，图书馆以崭新的面貌向读者开放。

全面筑牢安全意识，做好运维工作，为社科院信息化建设筑造坚实基础。2019年，图书馆实施完成“安全威胁态势感知、WEB应用入侵检测与防御告警项目”“电子邮件系统安全加固项目”等多个信息化项目。圆满完成全年网络安全保障工作，共处理各类网信安全威胁事件70起。全力保障社科院各重大会议视频直播；完成社科院网络安全宣传周工作；搭建图书楼无线网络；确保机房、卫星电视、院电子邮件系统等软硬件平稳运行。保障社科网平台、院内网平台、院域名系统以及馆门户网站正常稳定运行。完成2018年度社科网平台信息安全等级保护测评工作；配合上级单位完成网络安全检查工作，及时做好网站平台的故障处理和应急响应，积极开展应急演练，进行系统升级和漏洞修补；按时进行日常运维巡检、安全检测及保障工作；对社科网平台防火墙设备进行更换，推进安全管理系统升级按流程，做好网站的运维管理，持续推进网站平台的优化，做好技术支持及其他运维服务完成项目后续工作，进一步做好链路、机房、邮件、网络、设备硬件和卫星电视等系统进行运维保障，同时保障国家哲学社会科学文献中心平稳正常运转。在信息化项目日常监督管理方面，进一步加强在建重大信息化项目的进度管理，规范信息化项目的管理流程。同时根据上级部门工作要求，完成2019年新增信息化项目和2020年信息化项目的立项申报工作。

开展《文献与数据学报》创刊工作。2019年是《文献与数据学报》的创刊之年，秉承“办一本有思想、有温度的学术刊物”的办刊思想，该刊编辑部将习近平新时代中国特色社会主义思想及党的十九届四中全会精神贯彻落实于办刊全过程，确保刊物建设正确的政治方向、学术导向和价值取向。不断规范期刊建设，制定《编委会章程》、完成主编团队的建设并成立编委会；搭建门户网站及投稿系统，全年出刊4期。

开展舆情监测工作及实验室评审资助。2019年，图书馆围绕“十九大以来的热点和焦点问题”，按照“中国社会科学院马克思主义学科理论建设与理论研究工程2019年度工作要点”意识形态相关要求，开展网络舆情监测与分析，关注网络焦点事件和意识形态领域重要话题，撰写《舆情报告》28期，共计14万余字，并开展日常的舆情监测工作：全年通过舆情监测平台选取涉及意识形态、国内外重大事件、社会热点等热门主题进行网络监测，重点监测主题数量80个，涉及国内外媒体数据超过124万条，形成固定的舆情选题机制。另外，还配合中央纪委国家监委驻院纪检组完成关于网络舆情监测的调研工作。稳步推进院属实验室内容建设评审及后期资助相关工作，组织完成2018—2019年度6家院属实验室后期资助评审并开展2019—2020年度院属实验室后期资助评审工作。（中国社会科学院图书馆　郑天纵）

【四川省社会科学院文献信息中心概况】2019年，四川省社会科学院文献信息中心全年接待读者16000余人次，借还书4592册。除法定假日外，周一至周日每天开馆13.5小时。全年验收入库新书3000余册、新刊10000余册；收受赠书300册。优化图书资源的建设，向重点学科、优长学科倾斜，根据四川省社会科学院学科建设和教学科研需要，在多方征求意见的基础上完成2020年101种报纸、827种中文期刊、13种港台外文期刊的订购工作。利用电子阅览室、远程访问系统为院内读者服务。加强社科专题咨询检索服务，全年推出《参阅资料》12期、《社会科学研究参考资料》12期、《参阅资料》廉政专刊12期，共计120多万字。

在信息网络服务工作方面，做好图书馆管理系统的日常维护、核心数据的安全管理和备份工作，保证馆内自动化系统的正常运行。完成网络故障维护、网络系统设备策略实时更新等局域网管理工作，累计拦截外网攻击12万余次。配合院内及各部门继续推进政务信息系统整合工作，协助院内及各部门完成四川省级政务云迁移的实施、省级数据目录清单的编制填报、政务信息资源共享平台的资源共享等工作，配合院内及各部门完成信息系统等级保护测评以及2019年政务信息系统整合共享的自查审计工作。组织开展2019年四川省社会科学院网络安全宣传周活动，宣传国家关于网络信息安全的法律法规。完成“四川社科在线”“四川省社会科学院网”“四川省社会科学院网（英文版）”站点管理、维护和数据备份工作；全年发布信息1万余条，翻译稿件93篇；配合院内重大科研活动、专题会议宣传，制作专题页面8个。

在学术交流与研究方面，加强与社科院、党校、高校等系统图书馆的学术交流与协作。参加图书馆资源建设与阅读推广座谈会、2019年超星智慧管理与服务创新论坛、图书馆智慧管理与服务创新论坛、2019中英图书馆论坛、中国高校人文社会科学文献中心资源与服务推荐交流研讨会、第23次全国社科图书馆馆长协作会议暨数字图情助智库高质量发展论坛、2019年中国社会科学情报学会年会等。立项院课题“科研单位图书馆对推动全民阅读的作用研究”，四川省文化和旅游厅2018—2020年“图书情报学与文献学规划”项目“智能时代大数据与图书馆发展研究”，西华大学四川学术成果分析与应用研究中心课题项目“新中国成立七十年以来四川图书馆发展研究”，四川省教育厅人文社科重点研究基地文化产业发展研究中心项目“四川历史名人传承与创新研究”、四川省教育厅四川基层公共文化服务研究中心项目“基层公共文化数字化服务研究”等，有效扩展院内人才的学术视野。组织中心专业人员加强学术研究，柴琳作为项目负责人主持“智能时代大数据与图书馆发展研究”等课题；周梦娇等在期刊《智库时代》《卷宗》上发表论文《大数据时代数字图书馆建设中的机遇和挑战》《基于“互联网+”思维的图书馆管理与服务模式转变分析》等。（四川省社会科学院文献信息中心　杨雨霖　贾玲）

【青海省社会科学院文献信息中心概况】青海省社会科学院文献信息中心成立于1978年10月。目前共有工作人员4人，其中正高职称1人、副高职称3人。该中心主要业务为围绕全院科研中心工作和智库建设，提供文献资料、数据库建设和使用、信息咨询以及信息化建设等服务。开放4个阅览室（检索室），收藏有《四库全书》《大藏经》等具有重要价值的图书。现有馆藏中文图书、期刊、报纸约10万余册，初步形成具有地方特点和民族宗教特色的馆藏文献体系；购置中国知网相关系列产品数据库、读秀学术搜索数据库和电子图书1万册。征订刊物62种、报纸29种、工具书16种，实现图书回溯建库的上线使用，并在因经费紧缺连续6年无图书购置的情况下，与青海省地方志办公室联系，争取到免费获赠的21种42册新方志。

信息化建设方面，编制全院网络安全检查工作实施方案，起草院《网络与信息安全突发事件应急处置预案》。开展安全可靠项目全院范围替代调查，对全院计算机信息设备进行登记，并向相关部门提交青海省社会科学安全可靠项目需求方案。开展全院软件正版化情况调查，并

向相关部门提交全院软件正版化实施方案和预算方案。（青海省社会科学院文献信息中心　刘景华）

中国医学科学院医学信息研究所（中国医学科学院图书馆）

【概况】 2019年中国医学科学院医学信息研究所/图书馆（以下简称"所馆"）紧密围绕所馆"十三五"发展规划目标和"123"创新行动计划要求，持续加强医学信息资源保障与创新服务支撑，大力推进发展转型，坚持夯实基础、开拓创新，资源建设、读者服务、信息咨询、决策支持等各项业务工作取得新突破，面向政府、社会和广大科技人员提供多元化知识服务，继续为国家医药卫生事业改革和医学科技创新体系建立提供资源支撑和服务保障。2019年主要完成以下工作：

1. 规范业务流程管理，信息资源建设效果显著

（1）推进需求驱动的资源采购，提升馆藏资源品质。

资源采购过程得到进一步规范。全面推进印本、电子资源招标采购与验收管理工作，加强价格控制谈判，组织编写《图书馆文献资源采访工作条例（草稿）》与《2019年图书馆资源使用指南》，加强资源采访过程的规范性。2019年，印本资源战略保障持续巩固完善，电子资源逐步扩展。全年共订购外文纸本期刊3471种，外文非刊文献334套，中文期刊1064种，中文图书1302种，其中，全国高等院校医药图书馆独家刊2264种；订购数据库93个（比2018年增加3个），外文电子期刊6358种，外文电子图书19356种，中文电子期刊11596种，中文电子图书120649种，涵盖医学领域核心的电子期刊、高质量电子图书、循证医学数据库、新药研发数据库、文献管理工具、引文分析数据库、专利分析工具。改进订购资源到货核查和催缺方法，提高资源到货率。2019年外文期刊到货率93%（2018年为91%），非刊文献到货率71%（2018年为61%）。

推进2019年开放获取（OA）资源采集组织工作。完成2018年会议及报告数据转换校验、核查上传工作，新增遴选OA期刊120种，按照新数据格式采集期刊论文约14.5万篇。新增遴选会议录267份，采集会议论文12686篇，采集报告2701份。

（2）夯实资源基础数据加工，深化馆藏数字资源体系建设。

按计划完成各类数据加工和数据更新工作。全年完成中西文新书编目3122种/册、期刊目录更新维护182种、OA期刊/报告/会议编目1766种、非析出加工系统增强编目1004种。完成NSTL联合目录质检2.5万条。推进NSTL各类文献的文摘和引文数据加工。截至2019年底，加工完成文摘数据54.8万条（年度计划的104.50%），引文数据1841万条（年度计划的117.61%）。SinoMed各数据库更新正常。CBM文摘数据新增56.5万条，更新1113万条，识别标识2015年以来通讯著者信息79.6万条；CBMCI引文数据新增376.4万条，归一更新147.7万条；WBM文摘数据新增112.1万条，更新665.7万条。为"2018年度中国医院/医学院校科技量值评价"项目提供中文成果及引用数据。完成2019年度院校毕业生862篇学位论文的提交审核工作。同时，新增院校研究生学位论文相似度检测工作，共完成查重检测近1400篇。继续推进"目录—文摘—全文"三级"馆藏数字资源体系"建设。新增OA全文链接61.7万篇、E-Only全文链接10.6万篇、服务全文链接3.4万篇、中文DOI链接20余万篇。

2. 强化精品意识，提升服务能力和质量

（1）多措并举，提升用户服务满意度。

做好读者培训，重点加强用户宣传与培训。完成"午间一小时"培训24次，受众1200人，完成新生（新职工）入馆教育课程，开展协和读书周活动。完成信息共享空间20台终端电脑云桌面系统的部署工作。调整和延长图书馆五层信息共享空间开放时间。印发2019年新版读者手册。编辑出版12期《国外医学新书评介》（以下简称《书评》），《耳鼻喉科学》及《口腔科学》2期学科专集，获得6家出版商外文图书赠书268册。组织书评作者学术交流会8场，吸收新书评作者30人。突破传统图书资源推荐的文字形式，邀请医学领域的资深专家（科研骨干或医学生）对医学精品新书的内容概要及读书心得体会录制微视频9期，并在《书评》微信公众号上发布，以可视化和多元化的形式推荐、宣传医学新书，以期满足专家需求和各医学高校

图书馆同行关注。借助图书馆微信公众号平台、QQ群、读书周等，及时发布新刊新书资源推荐、OA机构会员、数据库试用（试用数据库13个）、专家评书视频等信息。

继续推动数字资源移动服务。截至2019年底，“协和移动身份认证系统”接入资源数量已超过图书馆订购电子资源总量的90%，系统在线注册人数超过1400人。继续深化中文医学术语标准建设与服务。CMeSH与CUMLS更新维护正常，完成医学术语服务系统CMTS研发测试。积极推进医学文献信息服务平台的升级建设。全新升级的中国生物医学文献服务系统SinoMed3.0版正式上线服务，进一步提升用户的使用体验；推进“协和搜索”二期的研发和服务；继续推进院校机构知识库建设，进行肿瘤医院、阜外医院独立门户建设；临床医学知识库二期开发完成；搭建“重点领域学科化服务平台”。

推进北区新馆建设前期工作。完成北区新馆功能初步设计、备选方案工作；所馆长池慧、副所馆长唐小利先后带队前往上海、深圳，对7家图书馆进行实地考察与参观交流，开展图书馆空间设计与功能布局调研，为北区新馆建设提供新理念，拓展新思路。

（2）优化服务结构，提升信息服务能力。

提高医学文献信息咨询服务满意度，拓展新的信息咨询服务项目。2019年完成原文传递服务27.1万篇，代查代借2790篇，完成委托检索252项，定题跟踪服务5项以及服务相关咨询2800余人次。完成各类成果评奖及课题申报等委托科技查新302项；完成委托文献收录与引用检索证明1186项。完成信息简报服务26期，专题文献检索等信息咨询服务40项。对2018年NSTL原文传递用户进行用户画像构建。

完成NSTL专项服务工作。承担NSTL重点领域信息门户服务管理以及“‘重大新药创制’、‘重大疾病防治’、‘生物安全’重点领域信息门户建设”、“面向重点研发计划‘精准医学研究’和‘重大慢性非传染性疾病防控研究’重点专项的情报服务”专项任务。2019年新增98个信息源，跟踪76447条网络科技信息；编译报道1024条科技信息，组织推荐727条重要科技信息，加工动态简报38期；新增注册用户303人次；用户访问31629人次。发布服务统计报告4份，组织内部培训5场次、外部宣传培训6场次。完成各类专项情报服务共18期，计16万余字。承担NSTL宣传推广和参考咨询工作组织管理与实施工作；赴武汉等地参加NSTL宣传活动；承办2019年NSTL医学文献利用与科研评估培训会和座谈会，来自京津地区医院科研管理、图书馆（信息中心）负责人及相关人员近100人与会，此次会议进一步提高了医院图书馆和科研管理人员的信息利用能力，促使更多医学领域专家了解NSTL，强化其对医学科技文献重要作用的认识。

提供数据分析支撑服务和“双一流”学科建设支撑服务。举办科学计量数据驱动的决策支持研讨会，近80名研究人员参会，共同研讨基于科学计量数据驱动的前沿识别方法与决策支持经验。为中国医学科学院、中国工程院、中日友好医院等多家机构所承担项目的开展提供数据分析服务。承担北京协和医学院学科建设项目“北京协和医学院排名提升策略研究”和“院校学科评估支持研究与服务”，配合院校研究生教学评估完成“学位授权点合格评估教师五年发表论文数据检索”与“教育质量监测2018年院校教职工国际论文数据检索分析”等任务。

3. 持续开展高质量战略情报服务，支撑国家医药卫生事业发展

为国家相关部门持续提供高质量战略情报服务。聚焦人口健康和重大疾病防治、医疗器械与药物、公共卫生等领域开展战略情报研究。完成“国家中长期科学和技术发展规划纲要（2006—2020年）实施评估（人口健康领域）”；承担国家重点研发计划公共卫生服务战略情报研究。参加国家卫健委综合医改评估、分级诊疗与医联体建设、医养结合等督导调研，提供咨询报告80余份。继续推进新农合跨省异地就医直接结算，联通定点医疗机构2764家，提供跨省就医结报服务18.37万人次。编写《中国医学科技发展报告（2018）》《七十年中国健康发展之路》《中国组织工程与再生医学创新力发展报告》《全球医疗人工智能创新力发展报告》《中国医改发展报告（2018）》等。

4. 科学研究和教育教学工作稳步开展

科研产出保持较高水平。获得国家、国家卫健委、中国医学科学院等各级各类科研项目和

课题98项，其中获得国家自然科学基金及参与国家重点研发计划等5项；由所馆申报的“国家医学图书馆数据融合服务系统建设关键技术研究”项目获得批复立项，为所馆筹备国家医学图书馆新馆建设迈出重要一步。以第一作者或通讯作者发表期刊论文209篇，较2018年增长21.5%，其中SCI/SSCI收录期刊论文20篇；专利授权2项；学术专著4部；咨询或研究报告293份。教育教学工作持续推进。配合中国医学科学院/北京协和医学院完成本科教学工作审核评估、研究生教学评估工作。完善学科专业布局，医学信息学学科进入院校常态化建设项目；筹建图书情报与档案管理学博士点；注重师资队伍水平提升；完成13门课程教学任务；研究生就业率100%。（中国医学科学院医学信息研究所/图书馆　郭进京）

【派员赴斐济开展WPRIM宣传及培训工作】 3月25—30日，为进一步加强与世界卫生组织（WHO）及西太平洋地区其他成员国的交流合作，推进西太平洋地区医学索引（WPRIM）共建共享工作，所馆受斐济健康和卫生服务部邀请，派员赴斐济开展WPRIM宣传及培训工作，促进国际医学信息资源共建共享，探索卫生信息服务新模式。此次活动通过培训医学期刊编辑人员了解和使用WPRIM数据库，交流研讨期刊编辑出版业务，对提升斐济医学研究人员文献获取能力、提高斐济医学期刊编辑出版水平和数据加工能力、促进区域医学信息传播共享起到很好的推动作用。（中国医学科学院医学信息研究所/图书馆　郭进京）

【“读书·前行”世界读书日系列活动举办】 4月22—26日，所馆面向院校及各所院用户举办“读书·前行”世界读书日系列活动。系列活动包括“大咖读书会”系列讲座、特藏展、馆员风采展、优秀读者表彰会以及“人间四月天，正是读书时——最新医学外文书展”，共计350余人次读者到馆参与活动。其中：“大咖读书会”系列讲座邀请高金生、李乃适、王秀荣、王汝宽4位专家做专题讲座，内容涵盖医学人文、科研潜能挖掘、健康与每日营养、肿瘤研究进展等主题。“Nature封面故事”展以颇具趣味性和观赏性的方式，使读者了解2018年国际顶尖前沿科学发展态势；“书与人——奥斯勒与书的故事”展展现医学大家奥斯勒与书的不解之缘，彰显医学人文精神；馆员风采展拉近青年馆员与读者的距离。通过录制读者寄语和举办优秀读者表彰会，加强与读者的沟通，倾听读者对图书馆发展建议，所馆长池慧为优秀读者颁发荣誉证书。与Wiley、Springer、Elsevier等出版社联合举办“人间四月天，正是读书时——最新医学外文书展”，现场推荐新书近500册。此次活动的举办，进一步彰显和提升所馆医学科技文献资源保障和服务的价值和影响力。（中国医学科学院医学信息研究所/图书馆　郭进京）

【援藏医学检索与信息专题培训举办】 7月23日，为更好地为西藏广大医护工作者提供信息资源保障，充分利用国家医学文献信息资源，作为“科技信息服务西藏发展——NSTL援疆援藏系列培训活动”内容之一的2019年度第二次临床医学检索与信息专题培训在西藏自治区人民医院举办，全院医护人员等60余人参加培训。所馆相关人员简要介绍医科院信息所服务平台的基本情况，讲解如何利用国家科技文献保障服务平台（NSTL）获取医学文献、专业医学信息服务平台SINOMED（新版）助力医学科研的功能和使用方法等，并为组团式援藏医生提供医信通UKey，保障援藏医护人员可以借助互联网访问所馆资源库。（中国医学科学院医学信息研究所/图书馆　郭进京）

【举办世界卫生组织西太平洋地区医学索引与亚太医学期刊编辑协会2019年大会联合会议】 9月3—5日，世界卫生组织（WHO）西太平洋地区医学索引（WPRIM）与亚太医学期刊编辑协会（APAME）2019年大会联合会议在陕西西安举办。此次会议受WHO西太平洋地区办事处和APAME委托，由中国医学科学院医学信息研究所筹办，来自澳大利亚、韩国、日本、新加坡、印度、马来西亚、菲律宾、老挝、蒙古、中国等国家及WHO西太平洋地区办事处、WHO驻华代表处，DOAJ、COPE等国际组织的130余名专家和代表参加会议。此次会议讨论WPRIM项目的现状及未来发展。WHO

西太平洋地区办事处 Alma Mila D. Prosperoso 女士做年度工作报告，中国医学科学院医学信息研究所信息技术部主任方安介绍 WPRIM 期刊评审系统及 WPRIM 最新进展。会议还讨论了 WPRIM 期刊遴选标准的修订，并对各国推荐入选 WPRIM 的期刊进行评审，共有 16 种期刊通过评审入选 WPRIM，包括韩国 9 种、中国 5 种、斐济 1 种、菲律宾 1 种。会议报告涵盖开放、伦理、评价、融合等医学期刊编辑出版领域研究热点。共有 10 余位国内外知名专家分别就预印本、开放获取、出版伦理等问题做大会主旨报告；分论坛专家围绕融合出版、期刊评价、出版伦理、“一带一路”、WPRIM 及数据管理等主题分享最新研究成果、行业实践与案例。此次会议进一步提升 WPRIM 系统的国内外影响力，对于促进可靠健康信息的收集、组织、传播和获取具有重要意义。（中国医学科学院医学信息研究所／图书馆　郭进京）

【发布《2018 年度中国医院／中国医学院校科技量值（STEM）报告》】 12 月 19 日，由中国医学科学院主办的 2018 年度中国医院／医学院校科技量值（STEM）发布会在东单协和礼堂举行，来自国家卫生健康委员会、科技部、全国三级医院、医学院校、科研机构等的领导与专家学者 300 余人参加会议。会上发布《2018 年度中国医院／中国医学院校科技量值（STEM）报告》。

在中国医学科学院的指导下，中国医学科学院医学信息研究所研究团队以完善医学科技评价体系、助力医学科技创新发展为宗旨，以国家科技政策为导向，创新性应用评价理论和方法，构建多元长效的分类评价体系，并汇集各界对评价方案和评价结果的意见和建议，对其进行不断优化和细化。2019 年，对全国 1660 家医院开展科学评价研究工作，召开中国医院科技量值研究专家咨询会，论证评价指标的科学性、合理性及可行性，完善科技量值评价指标体系。在医院科技量值研究基础上，结合医学院校特点，研究制定“中国医学院校科技量值评价体系”，针对科技产出、学术影响及科技条件 3 个维度开展数据采集、加工和处理工作。中国医院科技量值和中国医学院校科技量值对医院及医学院校的科技创新力进行评价，特点主要体现在聚焦科技综合实力、突出医学特征、注重研究质量及影响、强调成果转化、鼓励科研合作以及倡导科研诚信等方面，此次发布会对中国医学科技发展起到一定的导引作用，为推动一流学科建设、促进医学科技成果向应用转化提供有力的科技支撑。（中国医学科学院医学信息研究所／图书馆　郭进京）

中国中医科学院中医药信息研究所（中国中医科学院图书馆）

【概况】 2019 年，中国中医科学院中医药信息研究所／中国中医科学院图书馆继续全面推进国家中医药（数字）图书馆建设工作，文本化中医古籍 700 种，扫描中医古籍 356 种 1210 本 78000 余叶，建立中医医案文献资源服务平台，完善民国中医药文献数字资源服务平台并开展产品化研究；影印出版《中医养生珍本古籍》50 种；初步研发完成中国中医科学院智慧图书馆一站式检索及原文传递平台、中国中医科学院图书馆文献资源管理平台、民国医家专题知识库平台。

中医药古籍保护与利用平台建设成果显著。新购存世中医古籍 41 种，购置《新安中医古籍稿抄本丛刊》《海外珍本中医古籍丛刊》等现代影印古籍资源。“国医典藏”新增《四库全书》子部医家库并新增古籍 700 余种，已收录古籍 1227 种（含新增馆藏精品库古籍 500 种）；现有注册用户 630 个，较 2018 年增加 300 余个。“民国医粹”一期图片库图书 3692 本、期刊 621 本，二期文本库 894 本。“中医古籍养生知识库”收录 84 种养生古籍图文数据并上线运行。“医案古籍知识库”结构化处理和数据提取 107 种医案古籍，共提取 22495 则医案 35264 诊次。完成“中医妇科疾病古籍辅助诊疗平台”数据库平台设计开发。“古代经典名方数据库”新增 100 种古籍全文数据，现有数据 4 万余条。另外，“已上市经典名方数据库”收录已上市经典名方 1045 个，“中医古籍本草知识库”收录本草古籍数据 60 种，“岭南温病专题知识库”收录岭南温病古籍原文数据、知识术语各 2157 条，“肾系疾病数据库”收录肾系疾病古籍原文数据 4470 条、知识术语 16971 条。

中医药综合统计信息服务平台稳步推进。“中医药战略决策知识库服务平台”2019 年新增题录 1800 条、文献 2200 余条，数据达 1.4 万余条。编写《中医药发展战略规划纲要（2016—2030）实施监测报告》；6 月 21 日组织召开“全国中医药发展战略规划纲要监测培训会”。完成《2018 年中医药事业发展统计提要报告》、2019 年度 1—3 季度《中医药季度统计资料》。

中医药科技情报分析及评价平台继续推进。制定《中医药科技查新管理条例》《中医药科技查新技术规范》《中医药科技查新项目分类表》，开展国家中医药管理局中医药文献检索的 20 家分中心及 2 家从事中医药查新工作的单位自评工作；推广“中医药科技查新管理系统”，完成查新报告共 303 项（含加急 256 项）、国内外文献检索 60 项、引文报告 85 项（加急 70 项）、检索证明 60 项。维护“藏医药知识产权信息管理系统”，完成 10 家藏医药机构的知识产权制度建设；《中医药国际合作与知识产权》将于 2020 年由科学出版社出版。完善《中医药学术影响力评价方案》，科技评价基础数据增量 20 余万条并建立《中医药机构词表》《中医药学科分类词表》及其与指标数据的映射关系。“中医药专利智库”收录中医药专利数据 70 余万条；开发“中医药科技创新服务平台”，开展基于中医药优势特色和综合服务能力的中医医院排名、第二批代表性学科（中医内科心血管病学、骨伤科学等）的学术影响力评价及 2018 年全国中医药优秀博士学位论文评选代表性成果定量评价。

中医药知识创新服务云平台建设增容显著。“中医药知识服务平台”集成 19 类资源，新增方歌、现代图书、英文数据计 4 万余条。“中医智能辅助决策系统”扩充相关数据 7 万余条，新增本体 5.7 万余条，全科医案数据近 6 万条。“古今医案云平台”新增 OCR 识别功能及 Web 版，医案数据增加 6 万余条，补充医案疾病术语同义词及中药术语同义词 1.2 万余条。“中医养生保健功法数据库”已包含 10 种中医养生保健功法、300 个导引动作，“中医养生保健功法公众服务平台”开展服务。“多媒体资源数据库及展示平台”收录多媒体数据 21968 条，数据量达 4T，已纳入中医药多媒体资源管理与检索系统。建成“中医医案文献服务平台”，完善“民国医家专题知识库”，优化“中医药数据挖掘系统”，研发“中医药文献翻译软件”，开发“中药新药人工智能辅助设计软件”，开展数据库自动建库技术研究，开发手机 APP“中医健康管家”。

中医药信息标准研究与推广平台成绩优异。“中国中医药学主题词表”新增用户 576 个并部署新词发现程序；“中医临床术语系统”发布 2019 版；“中医药学语言系统”现有概念 81781 条、术语 215640 条，完成平台开发；发布国际标准 1 项，即 ISO/TS 22558：2019 Health informatics—Classification of traditional Chinese medicine data sets（ISO/TS 22558：2019 健康信息学—中医药数据集分类）；发布中国中医药信息学会首批团体标准 1 项，即《中医医疗信息标准特征性描述框架》。

加强馆藏资源建设与图书馆服务。新增中文图书 1244 种 3946 册、外文图书 211 种 211 册，中文现刊 163 种 3146 册、外文期刊 223 种 897 册，博士研究生论文 75 册、硕士研究生论文 176 册、电子版学位论文 235 篇。电子资源服务量稳步提升，“中国中医药数据库检索系统”登陆访问 22.08 万次，所购电子资源数据库检索 5962.84 万次、下载 103.94 万篇 / 册；古籍阅览室、现代图书期刊及电子阅览接待读者 1619 人次。文献情报服务方面，监测 2019 年世界传统医药发展动态，“中医药国际交流合作平台”新增信息 318 条，累计 5630 条）；编辑《中医药国际参考》12 期，收录 318 篇文章共计 36 万字；开通“中国中医科学院图书馆演播室”微信公众号，开发“中医视界”中医药视频 APP。

加强各级各类行业中心建设。作为国家级古籍修复中心，安装古籍修复管理档案软件，启用电子修复档案系统；修复古籍 125 部 175 函 783 册 38982 余叶。作为全国中医药行业古籍保护中心，接收文物出版社孙之常捐赠古籍 60 种、刘俊宏捐赠古籍 20 册，购置民间中医古籍 41 种及现代影印古籍丛刊两类；开展古籍保护相关培训工作。作为国家人口与健康科学数据共享平台中医药学科学数据中心，提交甲状腺功能亢进、慢性肾衰、慢性阻塞性肺病、系统性红斑狼疮、抑郁症 5 个数据资源，完成中医药题录加工 72100 条、方剂数据加工 21400 条。全面启动中国工程院中国科技知识中心中医分中心建设。继续推进国家中医药管理局中国中医药文献检索中心建设。

推进中医药信息学科建设。扎实推进中医

药文献资源研究、中医药科学数据研究、中医药情报研究和中医药信息标准研究；增选博士研究生导师 2 名、硕士研究生导师 5 名，培养博士硕士研究生、博士后共 26 名，录取硕士研究生 8 人（含推免 1 人）、博士研究生 4 人，毕业博士 1 人、硕士 4 人、同等学力硕士 1 人；获专利授权 2 项、软件著作权 22 项。

开展学术交流与国际合作。2 月 13 日，与 WHO 乌普萨拉监测中心共同召开"药物警戒工作中的医学术语和药物信息标准化"学术研讨会。2 月 22 日，与德国莱比锡大学医学信息统计与流行病学研究所合作成立"中德中医药本体联合实验室"。7 月 18—21 日，与其他单位共同承办在山东济南召开的世界中医药学会联合会信息专业委员会换届改选会议暨第九次学术年会，此次会议主题为"智慧中医服务人类健康 · 推进中医药智能信息技术发展与应用"。12 月 2—4 日，与其他单位共同承办在北京召开的 2019 智慧健康与知识服务创新发展知领论坛，此次论坛旨在探讨大数据资源及技术在健康信息传播及知识服务领域中的应用，探索数据驱动的智能知识服务新模式、新路径、新方法。签署 2 项国际合作协议。

完成杂志出版工作。《中国中医药信息杂志》正式实施网络首发，成为 2019—2020 年度中国科学引文数据库来源期刊并入选中医药科技期刊分级目录，进入 T2 级；《中国中医药信息杂志》《中国中医药图书情报杂志》加入中国科学技术信息研究所"国家科技学术期刊开放平台"，并与《国际中医中药杂志》分别获得国家新闻出版署出版融合发展（武汉）重点实验室启动的"学术期刊融合出版能力提升计划"A 类项目资助。（中国中医科学院中医药信息研究所 / 中国中医科学院图书馆）

【召开《中华医藏》编纂出版项目提要编纂工作研讨推进会】 10 月 11—13 日，由国家中医药管理局科技司主办，中国中医科学院中医药信息研究所、山东中医药大学、上海中医药大学共同承办的《中华医藏》编纂出版项目提要编纂工作研讨推进会在上海召开。文化和旅游部公共服务司、国家中医药管理局科技司、上海市中医药管理局有关负责人，中医文献专家及首批确定的 11 家承担《中华医藏》提要编纂工作的负责人及其团队骨干，有关中医古籍馆藏单位、中国中医科学院、中国中医科学院中医院信息研究所、国家古籍保护中心（国家图书馆）及山东中医药大学的 70 余名代表参会。此次会议邀请来自中国中医科学院中医药信息研究所、上海图书馆、南京中医药大学、上海中医药大学、山东中医药大学等单位的专家，分别讲授项目实施要求，目录、版本、文字、提要纂写等方面的专业知识，同时对项目进行系统回顾，总结实施过程中遇到的问题，与研究人员展开深入研讨交流。

被列入"中华古籍保护计划"的大型中医药古籍整理保护项目——《中华医藏》编纂项目于 2018 年正式启动，已进入全面实施阶段。该项目由文化和旅游部牵头，国家中医药管理局具体推进，全国中医药行业古籍保护中心（中国中医科学院中医药信息研究所）、国家古籍保护中心（国家图书馆）组织具体实施。2019 年 11 月，获得财政部批复项目总预算经费 4204.68 万元。（中国中医科学院中医药信息研究所 / 中国中医科学院图书馆）

中国农业科学院农业信息研究所（国家农业图书馆）

【概况】 2019 年，中国农业科学院农业信息研究所（国家农业图书馆）（以下简称"农业信息所"）积极做好农业信息科技创新和公益服务两大主体任务，扎实推进农业科技信息保障、基础性、公益性支撑服务和各类创新性工作，在资源建设、系统平台研发、信息公益服务等各方面取得显著成效，切实为中国农业科学院、国家农业科技创新联盟和全国各类用户群体，在农业科技创新、管理决策和产业发展等方面提供农业科技文献信息战略供给与公益性智能知识服务支撑。

1. 资源建设

印本文献资源建设方面，完成编目 7423 册，验收登到 22349 册；共采集印本文献 8739 种，包括外文期刊 2079 种，外文图书 886 种（外文会议录等非刊文献 215 套 886 种），中文期刊 39 种，中文图书 4697 种，中文学位论文 1038 种；为配合庆祝新中国成立 70 周年系列读书活动之"书报上的峥嵘岁月——国家农业图书馆馆藏旧书报刊展览"工作，采选庆祝改革开放40周年出版相关图书146种/152册；组织农业领域书评专家75位，开展国外新书评介170册；全年共收到捐赠图书3000余册，包括研究生学位论文、领导和专家批量赠书、零散赠书以及书评图书等，通过初筛、查重、整理，其中1461册进入流通环节。

电子文献资源建设方面，引进全文型/文摘/数值型数据库80种，外文电子全文期刊9500余种。全年电子全文下载量持续增长，年度下载量超过600万篇，全院外文电子全文保障率平均达到90%；其中，外文全文数据库全年下载量282万篇（较2018年255万篇增长10.6%），中文全文数据库全年下载量353万篇（较2018年345万篇增长3.3%）。分析工具型数据库检索量超过63万次，较2018年检索量36万次，增长75%。电子资源共建服务方面，确定2020年中国农业科学院电子文献资源的建设目标是继续加强农业交叉与薄弱学科数据库建设，进一步提升全院电子全文资源保障水平；截至2019年底，已完成中国农业科学院36个直属机构共33个数据库共建任务，研究所共建达到674所次，较上一年660所次增长2.1%。牵头农科联盟（非高校）电子资源集团采购，完成26家单位（省院）87个馆次7个全文数据库、3个文摘型数据库的集团采购。

外文文献数字化加工方面，截至2019年底，完成文摘数据加工20余万条，引文加工440余万条；承担NSTL“外文数据质量检查与监控预警”专项。E-only期刊元数据和全文数据采集与加工方面，E-only期刊共206种（需本地化采集和保存数据的期刊177种），全年预计上传篇级数据1.8万篇，在ALEPH系统中签到201种，1610册。

特色资源建设方面，（1）在开放资源建设方面，全年新增遴选开放资源25.3万种/册/份；完成OA编目数据加工与联合目录上传7904种/册，采集、加工开放资源元数据和全文数据近15万篇。（2）在海外农业信息资源建设方面，新增采集各类型信息资源25余万条，其中10余万条已经完成入库、元数据标引和发布，涉及文献资源200余万页，至此，海外农业信息库发布的信息资源已达到30余万条、700余万页；完成政策法规86623条数据按照6个一级主题14个二级主题的分类标引工作；全库完成碎片化加工的总量已达到6余万篇、700余万个节点，形成海外农业信息库可检索的文献、章节、图表已达140余万条。（3）在中国农业科学院信息化基础数据建设方面，完成并提交科研人事财务一体化系统基础数据中心15类共计3.08万条科研成果题录数据和26万页的原文文件，大幅度提升科研成果数据的质量和可信性，为院所两级科研成果认领、填报、精细统计、科学分析和分类评价工作打下坚实的数据基础。（4）在术语资源建设方面，更新STKOS农学领域概念，研究STKOS概念质量控制方案；整理《农业科学叙词表》概念和语义关系；构建农业科学叙词表在线网络服务平台，提供词表开放共享服务。（5）在其他综合科技信息资源建设方面，采用机器+人工、自加工、第三方采购等多种方式，完成基金项目、科研成果、农业专利、农业专家、科研机构、行业报告、统计数据、科学数据等资源的持续建设与更新维护。

2. 系统平台建设

国家农业科技创新联盟农业科技信息资源共建共享平台（以下简称农科联盟平台）建设工作主要集中在系统性能提升、辅助服务功能完善、资源扩充等方面。新增各类全文订单提交时索引自动校验功能，新增联盟各成员单位用户使用情况分析及报告导出功能，优化改进图书借阅及图书荐购后台服务流程，增加图书到馆提醒功能等；资源建设方面，上线并发布FAO eLearning电子课程资源，涉及可持续发展、绿色渔业及水产养殖等24类总计200多项，截至2019年底，文献资源仓储各类资源总量为3901.8万篇；情境敏感知识库建设方面，设计确定情境敏感知识库建设与维护流程，为19家成员单位更新2019年外文订购资源知识库总计14万余条记录，为7家成员单位更新2019年中文订购资源知识库总计8.8万余条记录。农科联盟平台累计注册用户3万余人，累计访问量106.7万人次，访客数达15.4万人；平台文献请求量（含代查代借）26.6万篇，完成传递量26.3万篇，申请满足率98.8%。其中，2019年新增机构1个、用户1558人，访问量28万人次，访客数达4.7万人。机构科研产出分析系统（农业机构知识库联盟）新增专家学者2000余名、各类资源2.5万余篇，新增标准、评价结果、品种3

种资源类型，并制定相应的元数据规范，该系统累积收录农业领域专家学者 5238 名、各类资源 54.5 万余篇。

农业专业知识服务系统主要完成农知搜索引擎功能优化、新应用上线及在线知识应用迭代更新等工作，在 2019 年中国工程院组织的分中心评价中，农业专业知识服务系统排名第一。截至 2019 年底，该系统在线用户访问量达 107.4 万次，同比增长 39.91%；资源下载量 18844 个，同比增长 13%；新增注册用户 1998 个；“农业知库”微信公众号关注人数已超过 4000 人；举办首届“农知杯”农业科技资源知识服务创新大赛。农业对外合作公共信息服务平台建设方面，开发完成海外农业信息库检索模块，该模块 PC 端和移动端已经上线服务，支撑 140 余万条数据的检索发现、国别导航、精炼筛选、精准定位以及详情展示。研建中国农业期刊集成服务平台，该平台以中国农业科学院主管的期刊为核心辐射，已收录全国范围内农业及相关领域期刊 628 种。完成中国农业科技文献查新与检索服务平台的系统建设与上线。继续推进中国农业科技文献与信息服务平台（NAIS 平台）、中国农业科学院机构知识库系统、国家农业科学数据中心基础数据分中心、援疆援藏专题服务平台等平台的建设与运维。

3. 文献信息服务与咨询服务

信息服务方面，改进完善图书馆设备设施，全方位提升读者到馆体验；全年接待到馆读者 2.6 万人次，办理读者卡 1352 张，解答咨询约 4100 人次，书刊借还 1.1 万册次。完成科技查新报告 401 份、检索报告 835 份，分别比 2018 年增长 33.6%、22.1%。原文传递平台文献请求量（含代查代借）9.01 万篇，完成传递量 8.9 万篇，申请满足率 98.5%。编辑服务日报 249 期、服务周报 50 期。通过 NSTL 文献服务系统完成原文传递 1.9 万篇，比 2018 年增长 9.7%；代查代借 407 篇，比 2018 年增长 23%。

院士服务方面，全年重点面向 15 名农业领域院士和 4 个国家重大专项课题组开展主动推送、代查代借、数据支撑等服务，累计推送信息 4401 条，发布快报 563 期，编制农业信息专题月刊 12 册、院士专题年刊 14 册；2019 年新增袁隆平院士团队等团队或重大课题的专题推送服务；对接并完成农作物生物种业发展战略研究等 4 个工程院重大战略咨询课题的数据支撑服务。援疆援藏服务方面，作为专项工作组组织协调相关工作，出版新疆 / 西藏专题简报，开展交流培训；农科联盟平台助力提升援疆援藏服务质量，与 NSTL 文献传递系统形成互补，全年新增用户 161 人，平台用户访问 2.4 万余次，服务申请量 1.49 万篇，完成传递量 1.48 万篇，申请满足率 98.87%。学科服务方面，先后撰写《全球水污染防治领域产业技术竞争力分析报告》《养殖业污染控制与治理专利态势分析报告》《JIA 期刊引证分析报告》等 10 份分析报告共计 24.7 万字。农业规划咨询服务方面，牵头组织中国农业科学院农业信息研究所智慧农业咨询规划服务团队，完成《桐乡市都市型智慧农业发展规划》编制任务，规划包括 10 个章节、7.8 万字。知识服务产品创制及成果转化方面，完成“用户行为采集系统和科研用户画像系统”“农业对外合作公共信息服务平台”等产品研制；开展“县域农业大数据”“e 农数字乡村”等产品设计及研发；积极参加成果转化市场活动和产业对接活动，如巴彦淖尔“五谷城”智慧农批市场对接、呼和浩特农业展会等，推动知识服务产品的成熟、落地和转化。

4. 宣传推广与培训

电子资源宣传与培训方面，组织全国农业科研系统第十届电子资源培训会；联合中国农业科学院研究生院共同举办大型电子资源专题培训，来自中国农业科学院京内外 34 个研究所的近 350 名硕士、博士研究生及科研人员参加培训；面向研究生院新入学硕士、博士研究生开设文献检索课 10 余次；借助到中国农业科学院油料作物研究所调研油菜分子育种研究的机会，开展“支撑农业科技创新活动的信息咨询服务”和“国家农业科技创新联盟农业科技信息资源共建共享平台”的宣传培训活动；编制彩印《2019 年电子文献资源指南》计 5.5 万字，发放近 3500 册。通过“国家农业图书馆”“晴耕雨读体验分享”“农业咨询服务”等微信公众号开展宣传推广活动，其中“国家农业图书馆”推送门户资讯 24 条，阅读次数累计达 1368 次，全年新增用户 198 人，总用户数达 3976 人；“晴耕雨读体验分享”推送一层漂流书架的新书选题书评 48 篇；“农业咨询服务”图文并茂地宣传各类服务产品。

5. 科研产出与学术交流

国家农业图书馆事业部全年发表学术论文 15 篇，其中 SCI 收录 2 篇，出版著作 5 部，软件著作权登记 4 项，申请专利受理 2 项。承担国家科技图书文献中心“下一代开放知识服务平台总体设计及关键技术研发”、“多来源文摘数据融合研究与系统建设”、“资源调度知识库元数据结构”、面向国家重点研发计划“大豆和油菜分子育种技术的全球专利分析研究”等专项任务。作为全球农业大数据与信息服务联盟的发起成立单位之一，主办 2019 全球农业大数据与信息服务联盟学术研讨会；联合主办“2019 大数据智能与知识服务高端论坛——知领系列论坛（第 2 期）”；承办数字信息资源建设学术研讨会暨第六届国家科技文献资源建设研讨会。国际合作交流方面，赴希腊参加国际图联（IFLA）科学技术图书馆专业委员会商务会议以及 2019 年年会，赴芬兰赫尔辛基参加国际科研数据联盟（RDA）年度会议，赴韩国参加都柏林核心倡议（DCMI）2019 年度会议，赴美国伊利诺伊大学参加图书馆员国际学术交流，派员前往联合国粮农组织（FAO）作短期访问学者等。（中国农业科学院农业信息研究所）

【开展在“希望的田野上——2019 世界读书日活动暨庆祝建国 70 周年系列读书活动”】 4 月 23 日，由农业信息所党委和国家农业图书馆联合主办的“在希望的田野上——2019 世界读书日活动暨庆祝建国 70 周年系列读书活动”启动仪式在北京举行。中宣部出版局、中国农业科学院、国家科技图书文献中心等单位领导，中国农业科学院专家和研究生代表、社会各界人士和读者代表共 100 余人参加活动。中国农业科学院党组成员、纪检组长、朗诵（表演）俱乐部主席李杰人，农业信息所党委书记刘继芳分别致辞。著名播音艺术家葛兰老师、农业农村部职工歌唱俱乐部成员、中央人民广播电台演播员、中央电视台农业频道主持人、读者代表、中国农业科学院职工代表等现场吟唱古诗，朗诵歌颂祖国建设成就和美丽田园风光的诗歌、散文；古琴演奏家白云龙演奏中国名曲《广陵散》《高山流水》。会上还举行国家农业图书馆和北京丝路文化发展协会共建“丝路田园文化交流基地”揭牌和捐赠仪式。在对话环节，现场记者和读者围绕“图书馆读书文化与乡村振兴”主题，与国家科技图书文献中心副主任吴波尔、刘继芳、基层挂职村支书梁盼和研究生代表罗媛互动交流。

4—10 月，作为此次系列读书活动之一，举办“书报上的峥嵘岁月——国家农业图书馆馆藏旧书报刊展览”5 期。该展览所选展品来自馆藏报刊，按照不同历史时期发生的重大历史事件为线索分批展出，全面展示建国及农科院建院以来的历程和成就。同时，在图书馆一层大厅布置 4 组高档展示柜，展示包括中国农业科学院首任院长丁颖、第二任院长金善宝和其他老专家的经典著作，以及一些历史悠久且具有重大纪念意义的农业图书期刊，如《中国农业科学》《农业科学通讯》创刊首期等。

5 月 23 日，国家农业图书馆主办的“乡村振兴大讲堂”正式开讲，这既是此次系列读书活动之一，也是响应和落实党中央乡村振兴战略的具体举措。大讲堂的宗旨是：集百家之良言，荟八方之英才；教育为本，科技兴业，文化塑魂；助力乡村振兴，共筑美好生活。首期讲堂设定主题为“世界新格局下的中国农业——从生态绿色发展说开去”，特邀中国科学院植物研究所研究员蒋高明主讲。（中国农业科学院农业信息研究所）

【举办农业信息资源建设与创新服务研讨会暨全国农业科研系统第十届电子资源培训会】 5 月 22—24 日，由农业信息所组织开展的农业信息资源建设与创新服务研讨会暨全国农业科研系统第十届电子资源培训会在江西南昌举办。农业信息所所长孙坦、江西省农业科学院副院长张爱民在会上致辞。农业信息所副所长赵瑞雪、国家科技图书文献中心数据中心主任张建勇、中国科技信息研究所资源建设中心副主任杨代庆、上海工程技术大学教授方志军分别做“中国农科院科研信息化环境建设思考”“名称规范助力知识发现”“NSTL 开放资源建设项目成果”“人工智能、大数据在农业及其他领域的应用与发展前景”等报告。来自农业信息所资源建设部、咨询服务部、信息工程研究中心等部门的 6 位专家与 12 位出版商代表就资源分析与建设策略、信息咨询与服务、农业对外合作公共信息服务、专业知识服务与协作、各商业学术电子资源特点等展开培训。来自全国 29 个省的近

140 名代表参加培训。（中国农业科学院农业信息研究所）

【开展援藏对口调研和培训活动】 7 月 21—26 日，NSTL 援疆援藏专项组牵头组织的由农业信息所等多家成员单位组成的 15 位专家一行，赴西藏举办“科技信息服务西藏发展——NSTL 援疆援藏系列培训活动”。来自西藏自治区各科研院所的相关科研人员、管理人员、信息服务人员共计 120 人参加此次培训活动。期间，NSTL 援疆援藏组成员分别前往西藏农牧科学院、日喀则市农业研究所、西藏自治区科技信息研究所等对口援助单位开展调研、培训与对接工作，深入了解当地切实需求，提供精准、高效的服务。在调研日喀则市农业科学研究所信息服务需求时，双方着重就农业科技文献传递平台和服务进行交流，现场注册培训。截至 2019 年底，日喀则市农科所已注册用户 40 余人，请求文献 510 余篇。此次调研和注册培训，切实解决偏远地区文献获取方式单一、费用较贵等难题，提升 NSTL 援藏工作科技文献信息服务能力和效率，得到西藏农业科技人员的欢迎；同时还受到西藏媒体的高度重视，西藏电视台、拉萨电视台、《西藏日报》、中国西藏网 4 家媒体分别进行报道。（中国农业科学院农业信息研究所）

【召开 2019 全球农业大数据与信息服务联盟学术研讨会】 12 月 29 日，由全球农业大数据与信息服务联盟（以下简称“联盟”）主办、江苏省农业科学院农业信息研究所承办的 2019 全球农业大数据与信息服务联盟学术研讨会在江苏南京召开。中国农业科学院副院长（联盟理事长）孙坦，江苏省农业科学院副院长沈建新，农业信息所所长（联盟常务副理事长）周清波，中国农业科学院科技管理局副局长（联盟秘书长）周国民，农业信息所副所长（联盟副理事长）聂凤英、副所长赵瑞雪等出席会议并讲话。来自全国各省（区、市）农业系统 32 家成员单位的领导、专家、科研骨干、学科馆员等 120 多人参加此次会议。研讨会上，江苏省农业科学院农业信息研究所研究员陆学文、农业信息所研究员孙巍、浙江省农业科学院数字农业研究所副研究员邓劭飞、北京市农林科学院农业信息与经济研究所副研究员赵静娟等 9 位专家，分别做题为“传承历史守初心　开创未来担使命”“全球农业高被引论文及高产作者排名分析”“浙江耕地土壤大数据建设”“农业科技智库建设实践与探索”等的高水平学术报告。研讨会期间，还召开联盟 2019 年工作总结和 2020 年工作计划座谈会。联盟副理事长孟宪学最后做总结发言。（中国农业科学院农业信息研究所）

【宁夏农业科技图书馆概况】 宁夏农业科技图书馆是宁夏回族自治区集农业科技文献搜集、典藏、加工、研究，并提供信息服务的专业图书馆，国家农业科学数据共享中心宁夏服务分中心，农业农村部、自治区科技厅授权的农业科技立项和成果鉴定查新检索定点单位，自治区农业科技多媒体中心和科普基地。

资源建设方面，截至 2019 年底，馆藏纸质文献 20 余万册（其中图书 11 万册），各类农业技术光盘、录像带、胶片等多媒体资源 1000 余种，图书借阅实现自动化管理。数字资源建设以满足自治区农业科研、农技推广部门、涉农企业和社会对农业科技文献资源、地方农业科学数据需求为目的，通过集成、整合、引进、交换等方式汇集国内外农业科技数据资源，形成覆盖全国，联结地方，可提供快速共享服务的网络体系，年新增文献资源数据库 5 个，现有中外数字期刊数据库、视频数据库等各类数据库 10 个，初步实现数字资源类型的多样化。根据文献资源用户使用统计，宁夏农林科学院（以下简称“农科院”）2019 年数字资源使用 1975 万次，下载文献 17.3 万篇。电子图书稳步增长，现有本地电子图书 15 万种，提供全文下载。为提高数字资源使用率，全年面向农科院全体科研人员开展数字资源使用培训 5 次，编写并发放“数字资源使用手册”210 册，通过 QQ 群等方式推送科技前沿动态信息 400 余条，推荐新书、新刊 20 余次。

科技信息多媒体传播方面，进一步拓宽服务半径。立足于农科院农业科技宣传的需求，全方位、多角度地宣传报道农科院农业科研事业的最新进展、亮点及创新点，共制作“聚焦农科”新闻栏目 55 期；制作“拱棚辣椒生产技术”“枸杞整形修剪技术”“宁夏水稻宣传片”等科教宣传片 13 部，制作的产品得到院内外高度认可，其中“宁夏水稻宣传片”在全国水稻大会现场播放，"宁夏玉米宣传片"在全国玉米大会现场播放；多次为农科院各类人才制作宣传短片并在院内网播放。

图书馆服务水平全面提升。全年发放有效借书证 54 个，接待各类来馆读者 754 余人，流通书刊 1062 册。开展形式多样的阅读推广活动，传承和弘扬优秀文化，开启"书香农科"工程。在做好常规服务的同时，积极探索基于大数据的知识服务以及嵌入科研全过程的深层次资源服务，拓宽便捷的服务渠道，精细化学科服务内容，依托文献保障体系建设，面向科研和企业用户提供科技项目查新工作，全年完成科技查新检索 148 项，其中专题检索 17 项，撰写查新检索报告 131 项。（宁夏农业科技图书馆）

中国林业科学研究院图书馆

【概况】 2019 年是全面落实"十三五"各项任务的重要一年。中国林业科学研究院（以下简称"林科院"）图书馆围绕全院在生态文明和美丽中国建设、林业和草原绿色发展、乡村振兴和脱贫攻坚的重点工作，充分发挥图书馆职能，努力为林草高质量发展提供科技信息支撑。在优化基础服务工作的同时，继续加强和完善数字图书馆建设。加大对馆藏资源的宣传力度，提高信息服务能力。2019 年，为提高馆藏文献利用率和文献服务效率，更好地为林业科研提供信息支撑，组织馆员到林科院京内、外各所（中心）宣传图书馆资源，通过与科研人员面对面交流，了解他们的资源利用状况，掌握他们的具体信息需求，为今后开展更精准的信息服务、建设高质量的信息服务平台提供依据。结合世界读书日，组织好书交换，丰富读者活动。

承担中国工程院大数据项目——林业专业知识服务系统建设任务，2019 年新增"油茶专题知识应用"和"京津冀一体化林业专题知识应用"，并对林业专业知识服务系统的林业搜索系统进行改造，提高二次检索筛选功能的灵活性和便捷性，为院士和广大科技工作者提供全面、便捷、智能的多维度林业知识服务。"林业专业知识服务专题定制服务系统 V1.0"获软件著作权登记 1 项。与中国工程院中国工程科技知识中心、中国农业科学院和中国水产科学研究院共同主办"2019 大数据智能与知识服务高端论坛——知领系列论坛（第 2 期）"。围绕国家林业和草原局知识产权研究中心的主要职能，开展林业知识产权相关政策研究、国际林业知识产权发展动态跟踪研究、林业草原知识产权"十四五"规划研究等，为政府决策和国际履约提供信息支撑，为林业企业和行业的科技创新提供支撑。（中国林业科学研究院图书馆　孙小满）

【提高林业院士主动服务能力】 林科院图书馆承担中国工程院服务院士的信息主动推送项目。2019 年，不间断、定期为 4 位林业院士及 2 个由院士牵头的林业重大咨询项目提供信息推送服务。在服务过程中，通过及时了解、跟踪所服务院士的研究动态及信息需求，为院士和院士团队提供精准的个性化服务，信息服务人员还被邀请参与重大项目的讨论，深入了解项目的研究内容和进展。该馆还在 2019 年中国工程科技知识中心主动推送服务总结交流会演讲比赛中荣获二等奖。（中国林业科学研究院图书馆　孙小满）

【开展林业知识产权研究】 2019 年，林科院图书馆开展林业草原"十四五"规划研究，完成《林业草原知识产权强国战略（2021—2035 年）》和《"十四五"林业草原知识产权和生物安全目标、任务和政策保障》并提交国务院知识产权战略实施工作部际联席会议办公室，为相关规划及战略的制定提供林业草原的行业建议。开展林业知识产权相关政策研究和动态跟踪研究，重点开展《名古屋议定书》相关科学政策意义研究、遗传资源获取和惠益分享与植物新品种保护的相互关系等方面研究。开展林业重点领域知识产权预警机制研究，引导林业企业公平参与国际竞争，重点开展木地板行业核心专利识别研究、木门专利分析研究和纸浆行业核心专利分析，正式出版《木地板行业核心专利分析与汇编》，编印《林业知识产权动态》6 期。（中国林业科学研究院图书馆　孙小满）

中国科学技术信息研究所国家工程技术图书馆

【概况】 中国科学技术信息研究所国家工程技术图书馆（以下简称"图书馆"）是国内最大的工程技术领域专业图书馆，馆藏文献基本实现对国内外工程技术领域高质量期刊、会议录等文献的全覆盖，同时形成包括学位论文、博士后出站报告、美国政府科技报告、五国两组织专利等文献在内的特色资源体系。现有馆藏印本资源660万余册，订购、开通国内外全文数据库、文摘数据库、事实型数据库和分析工具40余种，在工程技术领域基本满足用户需求。2019年，采购国外工程技术领域科技期刊4394种；采集外文会议录等文献2687册，总量达28.9万册；采集外文学位论文15.5万份，总量达77.1万份；采集中文会议文献2145册，总量达8万余册；采集中文学位论文38.8万册，总量达454万册。为全面揭示馆藏文献，继续开展馆藏文献文摘数据库和引文数据库数据加工，扩展数据来源渠道，全年加工文摘数据746.5万条，总量达1.5亿条，全文数据总量达9854.1万篇；加工引文数据2215.5万条，总量达3亿条。在国家科技图书文献中心（NSTL）的支持下，图书馆继续作为牵头单位，与中科院文献情报中心、中国农科院信息研究所、医科院信息研究所一同开展“国家开放外文学术资源”建设。

开展多层次信息服务体系建设。全年提供全文传递服务49万份。基于传统原文传递和代查代借等普惠服务，开展各类专题情报服务，不断提升信息服务能力，拓展服务深度和广度。面向重点用户研发高附加值信息服务产品，开展大数据分析服务；聚焦服务国家重大战略，合作开展关于“一路”的科技参考工作，联合编制“一路”专题报告；加强重点用户服务，针对重点用户的信息需求，提供全方位的信息服务，包括文献提供、专题检索、计量分析等；每年公开出版《中国高被引分析报告》。加强公益性基础文献服务和知识化服务，先后与贵州、陕西2省高校签署开通电子文献服务协议。

由中国科学技术信息研究所（以下简称“中信所”）主持编制的《汉语主题词表（工程技术卷）》《汉语主题词表（自然科学卷）》先后于2014年、2018年出版后，2019年开展“汉语主题词表（生物、医学、农业卷）编研”的前期准备工作。近年来，该馆先后承担国家科技支撑计划、国家重点研发计划、国家自然科学基金、国家社会科学基金、国家博士后基金等国家级课题数十项，省部级及其他课题近百项，其中2019年申请立项国家社会科学基金项目2项、博士后科学基金项目1项，申请软件著作权29项。该馆作为全国信息与文献标准化技术委员会（SAC/TC4）的秘书处单位，制定并颁布数十项国家标准。由中信所等单位主办的《数字图书馆论坛》是中国科技核心期刊、中文社会科学引文索引（CSSCI）扩展版来源期刊，自创刊以来已经系列报道学术研究专题100余个。

2019年，该馆与中国高等教育文献保障系统（CALIS）、北京地区高等教育文献保障系统（BALIS）以及部分地区高校图工委、服务站、高新区管委会等多个渠道联合开展宣传培训工作，举办培训会17场次。重点与BALIS联合开展高校文检课宣传月活动，开展高校巡回培训，走访数十所高校，进行“NSTL资源与服务”主题培训20余场。指导培养硕士研究生12名、博士后6名。院士著作馆全年举办院士报告会8场，接待听众3000余人次；继续收集院士著作，更新院士信息，目前已累计收藏1100多位院士捐赠的5000余部院士著作、30万篇学术论文及1100多件院士风采物品；继续开展北京市科普教育基地和爱国主义教育基地建设工作，利用大众传媒加强爱国主义教育和科普宣传，全年接待中华全国总工会等单位29场次800余人参观访问。（中国科学技术信息研究所国家工程技术图书馆）

【所馆网站服务系统建设】 中国科学技术信息研究所暨国家工程技术数字图书馆网站（以下简称“所馆网站”，http：//www.istic.ac.cn）是中信所适应网络化、数字化时代发展需求，面向全国开展科技文献信息支撑和保障服务的主要窗口。该系统集成整合馆藏科技文献、网络资源和学术资源，为用户提供文献检索、资源导航、全文传递、知识服务、科学评价、决策信息等全方位服务。2019年，为更好地整合和揭示各种文献资源，把网站建设成为具有学术信息智能搜索与一站式获取等强大功能的资源发现系统，图书馆对网站进行升级改造。新系统于5月1日上线，优化馆藏检索、资源导航、原文传递、代查代借、收录引证等功能，新增多来源集成揭示、统一认证、资源调度、实名注册、信用管理、移动支付、词表服务等功能。所馆网站资源保持稳定增长，网站文摘数据总量达1.43亿条，全文数据总量9239万篇。全年用户

访问量117万次，页面浏览量4267万次，网站点击量6657万次。（中国科学技术信息研究所国家工程技术图书馆）

【《汉语主题词表》编制】 中国科学技术信息研究所在1980年即主持编制出版我国第一部汉语知识组织工具《汉语主题词表》，其重编工作于2009年启动。2014年编制完成《汉语主题词表（工程技术卷）》，2018年编制完成《汉语主题词表（自然科学卷）》，同时开发"汉语主题词表服务系统"并于2018年底上线运行。2019年，开展"汉语主题词表（生物、医学、农业卷）编研"的前期准备工作，继续推动英文超级科技词表项目及其他词表研究，不断完善词表，修订词表错误，更新词表数据，增补入口词中文翻译，总计完成约30万条英文专业术语的翻译工作。开展基于文本大数据的术语知识获取与STKOS更新方法研究，利用科技文献文本，研究抽取英文专业术语的方法，开发相应术语抽取工具，建设术语知识库，编制小型英文专业词表。开展面向叙词表构建的知识组织生态系统、国家叙词表的构建方式与发展机制、面向知识组织系统的新术语抽取等研究工作。（中国科学技术信息研究所国家工程技术图书馆）

【国家科技计划项目档案管理】 受科技部委托，图书馆近年来开展国家科技计划项目档案的收集、加工和保存，完善科技档案管理流程，加强科技档案服务，开发国家科技计划项目档案采集管理系统，实现电子与纸质档案一体化系统管理，一站式查询与借阅。2019年，继续开展国家科技计划项目档案的收集和加工，整理加工科技项目档案17008卷25923盒。参与制定《国家科技重大专项档案管理元数据标准》及《国家科技重大专项档案建档规范》，不断优化档案数据采集系统，固化科技档案加工流程。（中国科学技术信息研究所国家工程技术图书馆）

【全国信息与文献标准化技术委员会】 全国信息与文献标准化技术委员会（SAC/TC4）是在国家标准化管理委员会（以下简称"国标委"）直接领导下，从事信息与文献领域标准化工作的全国性技术组织，对口ISO/TC46，标准化业务范围为图书馆、文献和信息中心、出版业、档案、文件管理、博物馆文献、检索和文摘服务，以及信息学等工作的标准化，涵盖信息的生产、表示、处理、描述、组织、管理、共享与服务全生命周期，为跨部门、跨地区信息资源整合、集成、交换、共享和服务提供技术保障。2019年，积极应对突发事件，大力维护国家标准化利益。应对来自香港特别行政区的ISO/NP 24228《信息与文献——广东话罗马化转写》国际标准新工作项目提案，在ISO立项投票中提交反对意见及详细理由，维护我国的标准化利益。处理ISO 3166标准"country list"中港澳台单独列出及涉印度区划问题，在ISO 3166 DIS国际投票中正式提交中国建议。针对国际标准ISO 3166-2：2013印度区划下将我国藏南地区列为印度阿鲁纳恰尔邦及查谟和克什米尔邦，表明我国不予承认的立场。开展信息与文献国家技术标准体系的维护和更新工作，制定"信息与文献国家技术标准体系"方案，上报国标委审批标准6项，处于制修订进程中的标准16项，申报标准计划项目5项，启动"档案分类标引规则"等23项标准复审工作。代表中国对ISO/TC46归口管理的现行国际标准复审和制修订中的国际标准草案各阶段进行投票工作，共完成投票50项次，主持制修订国际标准2项，组织参加2019年ISO/TC46第45届年会。（中国科学技术信息研究所国家工程技术图书馆）

【2019年全国知识组织与知识链接学术交流会暨大数据环境下情报检索语言学术研讨会】 12月12—14日，2019年全国知识组织与知识链接学术交流会暨大数据环境下情报检索语言学术研讨会在北京召开。此次会议由中信所与国家图书馆、国家科技图书文献中心和中国科学技术情报学会共同主办，来自高校图书馆、公共图书馆、专业图书馆及其他行业信息机构的专家和代表200余人参会。会议探讨大数据环境下知识组织与知识链接的新理念、新思路、新方法，推动情报检索语言更好地融入大数据与人工智能。（中国科学技术信息研究所国家工程技术图书馆）

中国地质图书馆
（中国地质调查局地学文献中心）

【概况】 2019年，中国地质图书馆（中国地质调查局地学文献中心）（以下简称“图书馆”）馆藏文献83.01万册/卷。全年文献资源采集使用经费1147.29万元（纸本633.14万元，电子514.15万元）。其中：采集纸本中外文图书2216种（中文图书1516种/1975册，外文图书700种/册），中外文期刊917种（中文期刊477种，外文期刊440种）；接收行业单位与个人捐赠书刊4809册；通过国际交换换回书刊432册；采集Springer、Elsevier、Nature、ACS、CNKI数据库、维普数据库、读秀数据库等中外文数据库19个；采集会议论文12万余篇、学位论文13万余篇。更新引文数据82.8万条，更新地学文献目录中心数据3万余条，更新馆藏书目数据库3981种、中外文期刊合订刊2612册，更新非书资源226条。合作共建单位38家，资源共享覆盖中国地质调查局（以下简称“地调局”）局属单位、专业图书馆、地质类高校图书馆等。与国外200多个相关机构保持良好国际交换关系。

读者服务已覆盖地调局全局和多家行业单位，各项在线服务的访问量、下载量、检索量呈增长态势。围绕国家重大需求和地质调查中心工作推出系列专题文献服务产品，全年向科研人员精准推送《地学新书资源推介》《国外地学文献速递》等内容涉及干热岩、滑坡、深部钻探等地质调查重点科研项目需求文献专辑，定期发布地调局高被引科学家名册、地调局局属单位科技论文、中国地质调查项目资助论文、地调局出版期刊等年度统计报告，为有效地评估地质调查项目的科研绩效及期刊管理提供数据参考。全年制作《页岩气标准》《页岩油》《滑坡》《干热岩》《深部地质》《地热能》6个专题文献产品、《国外文献速递——地热能》4期。为5名院士提供相关研究领域所需的专题文献服务，为多家单位工程首席及研究人员提供针对性专题文献共计1.2万余篇。为地调局局属科研人员提供远程访问账号近700个，并通过组织会议向其进行全方位地学文献资源宣传推广。提供借还书服务5784人次、近2万册次。举办名师讲堂5场。完成科技查新委托36项、引证158项。

数字图书馆建设方面，编制完成《地质图书馆业务发展规划（2019—2025）》，规划明确图书馆未来发展“地学文献资源建设、地学情报跟踪与研究、地质调查成果管理研究和地学科普与文化传播”4个业务领域，努力建设地学文献数据中心和地质调查情报研究中心。加强地调局“地质云”节点建设，通过编制元数据收割规范要求、设计搜索界面原型和搜索模块功能、评价搜索质量、提供海量文献元数据等工作，支撑“地质云”总平台的智能搜索攻坚。整合数据、开发产品，完成地学文献数据库整合发布，共发布包含引文和标准文献目录数据在内的11个数据集，数据记录超过1.08亿条；发布信息服务产品564个，发布刊物79期，制作页岩气标准、页岩油2个文献服务专题，支撑地质大数据建设，获用户好评；设计新增地图管理工具软件“图表查询”模块优化功能，持续完善地图管理工具，整理发布馆藏地图核心数据5100条。开展科技文献空间信息挖掘研究与应用示范，拓展科技文献信息揭示维度。围绕“青藏高原”相关项目需求，研究针对文本的空间信息挖掘技术，以“青藏高原”科技文献数据集为实验，实现科技文献的空间信息自动提取和地图可视化服务示范。丰富文本数据挖掘实践经验，拓展地学文献信息揭示维度和服务呈现方式，为地学文献数据与其他地质空间数据融合奠定基础。构建完成行政区划、地理地形单元和地质特征单元地名词库，记录数据4000余条。通过文献数据空间化，实现与地质图件、地质资料等其他地质数据的融合，为地学文献数据与其他地质空间数据融合提供参考。全年网站论文浏览近5万篇，资源下载545万余篇；全年门户网站访问66万人次，网站页面访问280万次；全年移动图书馆应用（苹果及安卓市场）页面访问120万次；官方微信公众号关注人数7999人。

做好2个公开出版物与5个内部出版物的编辑出版工作。其中，出版公开出版物《中国地质调查》6期、《国土资源科普与文化》4期，《“中国知网”2017—2019年统计年报》发布《中国地质调查》期刊复合影响因子从2017年的0.5升至2019年的1.45；中国科协发布《中国地质调查》入选2019年“地学领域高质量科技期刊分级目录”。发行内部期刊《国外地学动态》12期、《海洋地质信息》12期、《非常规能源信息》12期、《国外地质调查管理》24期、《地调舆情》44期。

坚持保稳定、促发展的原则，2019年大力推进人事制度改革。修订图书馆“三定方案”，撤销4个业务部门，重组2个业务部门；制定《2019—2025年人才队伍建设总体规划》和《2020年人才引进计划》；开展处级干部选拔任用和干部调整工作，提拔任用正处级干部5人、副处级干部9人，其中80后9人；开展专业技术岗位遴选工作，实现“岗位能上能下、待遇能高能低”的管理模式；开展项目负责人遴选工作，增设科技助理和财务助理岗位。（中国地质图书馆办公室　陈慧）

【情报服务】2019年，图书馆主要围绕非常规能源勘查开发、海洋地质调查、重要矿产资源调查、深部地球探测、地质调查管理及信息化建设等方面开展系统性、前瞻性和及时性的专题情报跟踪与分析研究工作，完成《国际地学动态》《国外地质调查管理》内部刊物100期，专题研究报告8份；推进适合于地质调查情报工作的情报监测分析方法体系建设，该体系突出“数据全息化”、情报分析的“方法集成化”、情报生产的“技术智能化”及情报推送的“服务全纳化”，以满足大数据时代背景下地质工作转型升级对情报工作的需求。编写地质调查管理专题内部刊物24期，为局科技攻坚提供情报支撑。跟踪报道“美国国家矿产安全法案”“确保美国关键矿产安全和可靠供应的联邦战略”“欧盟蓝色矿业公开报告”“日本第五次能源基本计划”“加拿大矿产和金属规划”等并形成专题内部刊物13期、专题研究报告2份，编写形成海洋地质、矿产地质、深地探测、城市地质、信息化等专题内部刊物40余期；发表《美国关键矿产资源—经济环境地质和未来供应前景》《未来地球物理设施要面临的重大地球科学挑战》《欧洲城市地下空间行动第一工作组系列报告》等专题研究报告6份。（中国地质图书馆办公室　陈慧）

【科普与文化建设】2019年，图书馆组织开展地调局全局科普培训、年度总结交流会、地球日系列科普活动，完成《科普年报》《局科普规划》等文件报告；组织“李四光地质科普讲坛”7期，推出“名师讲堂”线上讲座和古生物识别系统，丰富公众了解地质工作的方式，为社会公众提供不同层次的地学科学知识服务；完成页岩油、城市地质等视频制作和地质调查科普网升级改版，发布各类科普作品400余项；牵头组织参加“科技列车甘肃行”和“庆祝新中国成立70周年科技成果科普展”等大型展览，均获好评。开展地质文化研究，组织编写《新时代地质工作者核心价值观读本》并于2019年全国地质调查工作会议上公开发布，为深入学习贯彻习近平新时代中国特色社会主义思想，推进地质工作转型发展，践行社会主义核心价值观提供重要参考；组织召开2019年地球科学与文化研讨会，探讨新时代地质文化建设的经验和办法；推进地质文化内部刊物创办工作，完成《中国地质文化》（内刊）策划书、创刊号组稿等创刊工作，有效地促进新时代地质文化的传播与交流；加强期刊建设，全年围绕地质调查中心工作宣传地质调查成果和地质文化。（中国地质图书馆办公室　陈慧）

【成果管理】2019年，图书馆围绕地调局信息化和科技战略需求，调研国外地质调查机构政策及先进经验，从成果数据入手，为地调局开展专利战略、科技奖励规划、成果宣传提供政策和数据支持，编制《澳大利亚地球科学局数据战略计划》《中国地质调查局专利分析报告（1999—2018年度）》等5项专题报告，破解数据与专利分析难题。完善《中国地质调查局地质科技奖励办法》并上报地调局，推进局属单位申报国家级科技奖励工作；动态更新《中国地质调查局国家奖励申报计划（2019—2023年）》，就地调局地质科技奖、国土资源科技奖和国家科技奖励政策、材料组织等提供咨询。协助地调局总工程师室梳理2016—2018年地质调查项目优秀成果，围绕地质调查中心工作支撑服务重要经济区和城市群国家重大战略主题筹备展览素材，全面支撑地调局成果登记和科技奖励工作。（中国地质图书馆办公室　陈慧）

中国计量科学研究院文献馆

【概况】2019年，中国计量科学研究院文献馆（以下简称“文献馆”）拥有计量科技图书、期刊、会议录、科研成果等50万余册，以及1972年以来我国公开发行的所有计量检定规程、技术规范等国家计量技术法规。继续围绕国家《质量发展纲要（2011—2020）》《计量发展规划（2013—2020年）》及《2006—2020年国家信息化发展战略》等，在夯实基础的同时，持续加大数字资源建设力度，采用先进科学技术方法，数据加工质量及服务能力都得到一定提升。依托NSTL网络服务平台，坚持以人为本、服务至上，继续实现7天不间断、24小时原文传递服务，为全国科研人员提供普惠、公益的计量科技文献信息服务，逐步建立计量科技文献的普惠化服务体系，将知识服务很有效地应用到计量科学事业的发展中，受到读者的普遍好评。同时面向国家重大需求持续开展文献信息服务，并建立相应的服务保障机制，为院士，计量重大科研团队，新疆、西藏等西部地区以及全军提供高质量的计量科技文献信息服务。全年为读者提供国内外文献30余万篇次，文献馆网站访问量50余万人次。此外，通过开展世界读书日主题活动、举办国家市场监督管理总局基层专业技术骨干集中学习培训、为北京市计量院做"NSTL科技文献信息检索与利用"专题讲座等活动，将NSTL公益普惠的科技文献信息服务进一步推广深入到计量基层单位的一线科研人员中，取得良好效果。

面对信息环境和读者需求的变化，稳步推进服务模式有效转型，在计量科技信息、计量经济效益等方面开展多项国家层面的调研分析研究工作，搭建知识服务技术平台，为科技发展、政策制定等提供极具价值的大数据分析信息，为计量科研创新提供强有力的支撑保证，为国家各项质量安全稳定提供坚实的基础。（中国计量科学研究院文献馆）

【计量文献服务持续夯实我国在构建国际计量新秩序中的权重】 2018年11月，第26届国际计量大会（CGPM）通过关于国际单位制（SI）修订的"1号决议"，并于2019年5月20日正式生效，此次国际单位制变革开启了科技史上的新纪元。由中国计量科学研究院主持的国家重点研发项目"温度单位重大变革关键技术研究"，其项目成果被国际计量委员会应用于温度单位重新定义，为国际单位制基本单位重新定义做出关键性贡献，使我国在这一计量领域的重大变革中赢得决策权，确立了我国在国际温度计量领域的领先地位，该项目获得"2018年度国家科学技术进步奖"一等奖。在项目研发过程中，文献馆工作人员对NSTL支持购买的美国NIST、英国NPL、德国PTB等国家计量机构出版物以及IMEKO、IMTC、CPEM等国际计量会议进行分类、整理，推出与"声学共鸣法""噪声测定法"等SI温度变革相关的关键技术相关资源；同时，针对相关技术发展的监督、评估机制，利用科学的方法和工具，密切关注国内外相关技术的最新进展，为提升我国高精度温度计量标准器研发能力提供强有力的溯源标准和技术支撑，使计量科技文献资源在国际计量体系的历史性变革中发挥不可或缺的文献支撑保障作用。（中国计量科学研究院文献馆）

【推进情报深度分析研究】 2019年，针对国际计量领域发展趋势，文献馆利用知识组织与信息挖掘等技术，基于大数据模型，利用NSTL国际科学引文数据库等，对发达国家计量科技竞争格局进行分析研究，聚焦发达国家计量科研的产出规模、领域分布、国际合作、发展规划等计量科技发展态势，梳理各国总体计量科研表现力和技术创新能力情况。完成《知己知彼方略》《G20国家计量科技竞争格局分析》《国际计量科技发展情报研究》等情报研究报告，准确分析中国计量科学研究院在世界发达国家计量科技竞争格局中所处的地位及面临的挑战。分析结论不但为科研人员提供重要的参考信息，同时为规划未来计量学科战略发展及国家层面质量保证政策的制定提供精准情报信息服务，得到院领导的高度认可和评价。（中国计量科学研究院文献馆）

中国标准化研究院国家标准馆

【概况】 2019年，中国标准化研究院国家标准馆（以下简称"标准馆"）紧紧围绕学习贯彻落实习近平新时代中国特色社会主义思想，特别是关于市场监管的重要论述以及对标准化工作的重要指示，坚持"夯实基础，提升质量，强化公益，国际突破"宗旨，在全馆人员共同努力下，各项工作取得积极成效，向着打造更高层次标准信息公益服务新格局的目标迈进了坚实一步。

1.业务科研工作及成效

（1）全面加强资源建设，夯实基础工作。在资源建设方面，标准资源保持稳定增长，数据种类和总量继续稳居全国标准信息服务机构首位。在2019年文献资源涨价以及汇率起伏的情况下，通过价格谈判、公开招标、继续优化采购订单等方式保证核心资源的持续更新维护。全年采集国内外标准2.7万余件，采集标准数据库89个品种，采集国内外标准化文献300余册、期刊1250余册。开通韩国、巴西、澳大利亚网络版标准平台。采集团体标准信息品种从2018年的36种增加到118种；联合各地方标准化院开展标准联合共建工作，加工标准和技术法规等数据10.8万余条；整合8万余件标准电子全文，完成3.5万余件历史标准数据加工，为标准信息服务和标准大数据分析研究打好基础。

（2）扎实推进公益服务，提升服务工作成效。在公益服务方面，进一步扩大国家级标准文献机构品牌影响力，效果持续提升。一是扎实推进基础性标准公益服务。优化读者到馆咨询、借阅、电子阅览、参观学习等服务效率，全年接待到馆读者529人次，接待各类调研及参观110余场次。同时完成NSTL日常服务，全年开展全文传递服务294篇，比2018年增长63%；处理代查代借订单132篇，比2018年增长80%；联合5家成员单位完成援疆援藏科技信息服务工作，编制新疆、西藏专题简报各4期，并派员赴西藏举办标准信息服务讲座。为全院开通中国知网数据库，全年检索期刊343万余次、下载3万余篇，支撑全院科研工作发展。二是创新开展深度标准信息服务。基于标准大数据基础，为广州海关提供大数据分析技术服务，为中信所提供金融标准体系研究技术服务，获得广泛认可。

（3）加快开发技术平台，强化支撑工作成效。在标准信息网络建设方面取得创新突破，整合标准信息技术成果，探索构建人工智能标准服务。集成近年来研发的标准内容结构化、段落相似度对比、基于机器学习的自动分类和自动指标抽取、公告跟踪抓取等研究成果，整合到标准搜索中，实现标准号容错搜索、全文搜索、指标搜索、公告关联、引文关联、相似度关联等，进一步优化用户网站体验。国家标准文献共享服务平台用户数量达29.7万个，年点击量251万余次，为全社会标准信息资源需求提供保障。开展ISO标准必要专利研究，分析各公司将专利在ISO标准中布局的情况。进一步开展标准大数据分析研究，拓展分析内容，清洗归口单位、起草人等数据，为标准大数据分析平台更好地为政府治理提供标准化基础数据支撑打好基础。

围绕“一带一路”建设搭建“一带一路”共建国家标准信息平台。今年4月，在国家市场监督管理总局（以下简称“市场监管总局”）的指导下，组织召开新闻发布会，正式发布“‘一带一路’共建国家标准信息平台”，中央电视台、新华网、人民网、北京电视台等各大媒体相继做出报道。该平台的建设进一步加强了国家间标准信息交换与共享，探索和完善新的合作方式，以标准化促进“一带一路”共建国家的互联互通。随后，平台还实现与“中国一带一路网”的互链，进一步夯实“网上丝绸之路”建设。

（4）稳步实施重点项目，确保科研工作成效。在科研工作方面，推进国家重点研发计划NQI专项及其他项目实施，中国标准走出去成果受到社会广泛关注。在NQI专项组织管理方面，召开“中国标准走出去适用性技术研究（一期）”项目推进会、“中国标准走出去适用性技术研究（二期）”中期检查会、“中国标准走出去适用性技术研究（二期）”课题一“农业及矿产领域标准走出去适用性技术研究”课题推进会，及时向科技部及市场总局上报项目成果，组织项目参与单位参加财务部门举办的专项审计培训，按照21世纪中心要求完成项目年度总结工作，配合会计师事务所开展一期项目财务审计，筹备绩效评价工作。在其他项目申报及研究方面，组织部门项目骨干参与研究工作，编撰已开展项目或课题的研究报告、科技报告以及相关研究论文，同时梳理相关研究成果并固化，积极申报国家出版基金项目；开展“标准公益服务研究”等2019年院长基金项目的研究工作，组织申报2020年院长基金项目，其中重点项目1项、面上项目3项，学术专著项目2项，院管理保障项目1项；联合广西标准技术研究院申报国家重点研发计划政府间国际科技创新合作重点专项。全年发表论文6篇，其中核心期刊论文2篇；正在申请专利3项。3项国家标准《标准文献分类规则》《标准文献元数据》和《标准文献技术指标揭示数据规范》的送审稿通过审查委员会审查。即将出版《我国标准信息公益服务研究》著作1部。

（5）多措并举科普宣传，提升宣传工作成效。

在科普宣传方面，一是结合科技周、世界标准日等活动契机，举办丰富的标准科普宣传活动。5月19—26日，举办“标准协同世界发展，标准构筑质量强国”科技周宣传活动，邀请科研院所、高校、企业等单位人员到馆参观，提升公众标准科学知识素养，丰富市场监管科技成果；组织开展“信息 资源 利用”主题科技文献资源交流会，提升中国标准化研究院（以下简称“中标院”）院内科研人员的科技文献资源利用效率和能力。10月15日，举办2019年世界标准日公众开放日专题讲座，传播标准化理念，宣传标准化经验，营造标准化氛围。二是利用多种途径营造标准化信息宣传氛围。继续加强国际标准化信息监测，编制完成4期《国家标准化信息监测报告》，及时收集国内标准化信息，按时出版《国家标准文献共享服务平台简报》。管理和维护标准馆微信公众号，不断充实微信推送内容，全年推送300余篇文章。设计制作标准馆动画宣传片，通俗、生动地宣传推介标准信息服务。三是开展学术交流活动，组织召开标准数据应用前沿与趋势研讨会；派员参加第85届国际图联大会、第六届国家科技文献资源建设研讨会；馆长汪滨应邀在中国图书馆学会专业图书馆分会2019年学术年会上做题为“智能标准信息平台研究与实践”的交流发言，派员在NSTL科技文献资源及服务培训会上做“标准文献资源与服务介绍”，在学习文献服务先进经验的同时积极宣传推广标准馆资源及服务。

2. 成果转化

（1）深度开发标准信息资源，推进成果转化。2019年，为持续支撑“一带一路”建设，促进“一带一路”国家标准化合作，由市场监管总局和国家标准化管理委员会（以下简称“国家标准委”）指导，标准馆利用前期资源建设以及信息化技术成果，搭建“一带一路”共建国家标准信息平台，为“一带一路”建设提供精准的标准信息服务和技术支撑。

（2）结合重点研究项目，推进成果转化。结合承担国家重点研发计划项目，利用项目推进会、交流会、调研等多种形式，丰富与项目参与单位互动交流。通过标准大数据、标准指标比对等研究成果支撑项目实施，同时推动研究成果实现成果转化。在后续成果转化方面，将重点围绕市场监管需求，以及标准化改革要求，积极拓展“标准化+”应用领域，继续将标准信息服务深度融入质量强国、现代服务、社会治理、政府管理等各领域。

3. 支撑市场监管等政府工作方面的成效

2019年，作为国家标准委批复的“标准联通‘一带一路’支撑机构”，在支撑市场监管总局开展“一带一路”标准合作政策研究、中国标准走出去工作以及非洲标准化研究工作方面取得积极成效。6月，派员参加第25届非洲地区标准化组织（ARSO）大会，积极参与ARSO大会的所有议程和非洲标准化日专题研讨会以及技术参访等活动，促进我国和非洲标准化合作。8—11月，根据市场监管总局任务安排，开展“标准联通共建‘一带一路’中英标准化合作研究”支撑项目研究，撰写完成研究报告并发表相关论文，顺利通过项目验收答辩。同时，在中国标准走出去统计、双边标准化合作汇编、国家标准委外事出国总结汇编、标准联通共建“一带一路”宣传等方面，均提供重要支撑。（中国标准化研究院国家标准馆 汪滨 张明）

【召开“一带一路”共建国家标准信息平台暨标准化中英双语智能翻译云平台新闻发布会】为持续支撑“一带一路”建设，促进“一带一路”国家标准化合作，4月23日，由市场监管总局和国家标准委指导，中标院主办的“一带一路”共建国家标准信息平台（以下简称“标准信息平台”）暨标准化中英双语智能翻译云平台（以下简称“翻译云平台”）新闻发布会在北京召开。市场监管总局标准创新管理司司长崔钢、中标院党委书记王宗龄等领导，国外及国际标准化组织驻京机构代表，参与“一带一路”标准化工作的科研院所及企业代表，以及《人民日报》、新华社、中央电视台、北京电视台等13家媒体共约60人参加发布会。会议由中标院副院长李爱仙主持。崔钢、王宗龄先后致辞，参会领导和嘉宾共同启动标准信息平台和翻译云平台。

标准信息平台由科技部国家科技基础条件平台之一“国家标准文献共享服务平台”支持，首次对“一带一路”国家有关标准信息进行分类和翻译，全面展示包括中国在内的“一带一路”108个共建国家的标准化概况，针对35个国家及ISO、IEC、ITU等5个国际组织的标准题录信息进行数据集成，并提供精准检索服务，使标准信息有序可达，实现优质的用户体验。该平台还应用可视化手段，分析“一带一路”各国标准的特点和数量情况，包括标准热词、标准领域分布、标准发布趋势等；同时设有国内外标准化动态栏目，及时跟踪各国及国际标准化组织的标准化动态要闻，为“一带一路”建设提供标准化信息支撑。该平台为“一带一路”国家间架起一座标准互联互通的桥梁纽带，5月7日，平台正式实现与“中国一带一路网”（www.yidaiyilu.gov.cn）的互链。

翻译云平台是国家重点研发计划“国家质量基础的共性技术研究与应用”（NQI）专项的一项重要成果。该平台构建4200万中文字符和2200万英文单词的权威标准化英汉语料库，采用最先进的神经网络翻译技术和计算机辅助译后编辑技术，可提供多种格式标准文本、标准化文件资料以及其他各领域资料的快速中英互译，支持在线拆分和组合词汇，用户可在线建立个人记忆库和术语库，翻译后的文本完整保留原文排版格式。该平台作为标准国际化的基础设施，为标准联通共建“一带一路”提供重要的语言支撑。

5月5日晚，中央电视台综合频道、新闻频道《焦点访谈》栏目以《“一带一路”期待更好明天》为题专题报道第二届“一带一路”国际合作高峰论坛取得的丰富成果，报道中介绍由国家标准委发起、标准馆承建的标准信息平台，全方位宣传该平台在推动“一带一路”建设高质量发展中发挥的重要作用。央视报道的同时，标准信息平台还受到新华网、人民网、北京电视台等重要媒体的关注，收获热烈反响。（中国标准化研究院国家标准馆　张明）

【组织召开标准数据应用前沿与趋势研讨会】 6月13—14日，标准馆在苏州组织召开标准数据应用前沿与趋势研讨会。来自吉林省标准化研究院、深圳市标准技术研究院、北京麦斯达夫标准化事务所、IHS Markit公司等单位的70余名标准化科研人员及技术专家参会。标准馆馆长汪滨主持会议，并以“中国标准走出去研究与实践”为题，详细介绍“标准联通共建‘一带一路’行动计划（2018—2020）”的相关内容，同时分享标准馆参与的重点领域中国标准“走出去”研究成果及典型案例。会议邀请中国科学院研究员胡良霖、中国农业科学院博士鲜国建、IHS Markit公司软件专家周怡旻以及中标院标准情报研究所主任于钢、研究员周洁，分别围绕各领域数据研究与应用方面的创新发展做主旨发言。与会代表围绕会议主题进行研讨。（中国标准化研究院国家标准馆　李菁）

【《标准文献分类规则》等3项国家标准通过审查】 6月21日，全国科技平台标准化技术委员会（SAC/TC486）秘书处在北京组织召开在研国家标准审查会，其中由标准馆牵头起草的3项国家标准《标准文献分类规则》《标准文献元数据》《标准文献技术指标揭示数据规范》顺利通过审查。专家组由来自中国科学技术信息研究所、中国检验检疫科学研究院等单位的7位专家组成，研究员乔晓东作为主任委员组织了审查工作。起草组从标准的立项背景、目的、意义，标准的主要内容及征求意见汇总，主要技术问题处理等方面对3项标准分别进行汇报。审查委员会对各项标准送审稿进行充分细致的讨论审查，认为《标准文献分类规则》规范标准文献分类的原则与方法，为标准文献的著录和使用提供质量保障；《标准文献元数据》规范标准文献题录信息与实体信息描述的一致性，保证标准信息的完整和统一性，为标准文献信息的查询、检索和汇交提供保障与依据；《标准文献技术指标揭示数据规范》规范标准文献技术指标揭示数据信息的统一表达、一致描述，为标准文献资源的技术指标统一揭示和共享起到重要作用。此3项标准结合科技平台建设特点，所形成的标准送审稿涉及范围广，指导性强。审查委员会一致通过对这3项标准的审查，并建议起草组根据审查意见对标准送审稿进行修改，形成报批稿，尽快报送国家标准委作为推荐性国家标准批准发布。（中国标准化研究院国家标准馆　刘恬渊）

【举办2019年世界标准日公众开放日专题讲座】 为庆祝主题为“视频标准创造全球舞台”的第50个世界标准日，引导全社会关注标准、重视标准、学习并使用标准，标准馆于10月15日举办2019年世界标准日公众开放日专题讲座。讲座由标准馆馆长汪滨主持，中标院副院长李爱仙致欢迎辞。来自北京公交集团战略和改革发展部、中国残疾人辅助器具中心、中车青岛四方机车车辆股份有限公司等单位的100余人参加此次活动。标准馆副馆长于立梅做题为“如何申请制定国际标准”的讲座，研发部主任张明分享中国标准国际化的应用案例，信息技术部主任甘克勤介绍智能信息服务标准的理念以及“一带一路”共建国家标准信息平台、标准化中英双语智能翻译云平台等应用实例。讲座结束后，活动参与者全方位参观标准馆馆藏区，体验标准馆电子检索平台及电子阅览室等，全面了解家标准馆历史沿革、标准资源建设成果以及标准信息公益服务成效等。（中国标准化研究院国家标准馆　张明）

中国民族图书馆

【概况】 2019年，中国民族图书馆坚持公益性少数民族专业中心图书馆的发展主线，夯实基础、深化改革、明确目标、突出特色、转变思想、创新服务，在事业发展中得到显著的成果。全馆有在编人员28人，包括汉族、蒙古族、藏族、维吾尔族、回族、土家族、朝鲜族、水族8个民族，少数民族职工人数占60.7%。研究馆员3人，副研究馆员12人，馆员8人，助理馆员5人。研究生及以上学历14人，本科学历10人，大专学历4人，全馆本科及以上学历占总人数的85.7%。

基本业务工作扎实推进。读者服务方面，以为读者提供更优质的服务为出发点，全年（除春节外）向社会公众开放，提供阅览和文献借阅服务，共接待读者2000余人次，借出书刊1200余册，借阅古籍300余册。通过微信、微博、官网向读者推荐图书、发布信息，微博阅读量约16万次，微信阅读量20787次，提升阅读推广服务效果。文献资源建设方面，以满足广大读者阅读民族文献需求为工作出发点，不断增加文献资源。通过购买和争取赠送相结合，调动社会力量参与文献资源建设，全年新增纸质抄本水文古籍97种97册、新书3649种6329册、期刊5610册、报纸23051份，数字资源采集286.58GB。购买文献资金69.4万元，获赠图书码洋31.6万元。通过征集首次入藏仡佬文、黎文、土文图书，填补建馆以来这3个文种图书缺藏的空白。向专家学者、书法家征集48种中国民族文字的书法作品255幅，填补建馆以来哈萨克文、朝鲜文、古壮文、壮文、托忒蒙古文、柯尔克孜文等39个文种书法作品缺藏的空白，再添特色文献资源。书目数据加工方面，完成新书编目5535条、报刊合订本编目8135册，入库新书6262册。完成旧平装普查数据1413条，1475函1477册，上传书影7434张；完成藏文古籍普查数据1226条，4518条子目，拍摄古籍书影4472张。

支援民族地区图书馆文献资源建设并开展业务交流。向内蒙古自治区巴林右旗图书馆赠书图书419种500册，并提供5000元的购书经费，供其自选图书24种29册；向巴林右旗百灵社区图书馆赠书93种100册；向广西壮族自治区德保县图书馆捐赠图书301种413册。

接待西藏自治区图书馆馆长次旦普赤一行2人来访，进行藏文文献资源建设、编目数据采集等业务问题交流探讨；接待中南民族大学图书馆馆长李庆福等一行4人来访，进行地方文献、民族文献收集与管理等业务问题交流探讨；接待西藏大学中国藏学研究所所长次旦扎西来访，并就民族古籍的收藏、整理、保护和研究利用等业务问题进行交流探讨。

科研工作硕果累累。整理出版藏文蒙古文古籍《明海》、蒙古文古籍《莲花生大师传》2部；编辑出版中国民族图书馆建馆60周年纪念论文集《民族图书馆学研究文集》1部。发表学术论文（文章）66篇（含核心期刊4篇），其中首发论文44篇、转载论文22篇，全年发表的学术论文数量较2018年翻了1倍，不论质量和影响力都有大幅度提升。参加各种学术会议，在会上交流论文6篇。副馆长崔德志应邀参加第二届图书馆与民族文献阅读推广学术论坛并主持论坛第一阶段的3场学术报告。获批国家民族事务委员会（以下简称“国家民委”）中青年英才项目“中国察合台文古籍保护现状和发展研究”立项1项；国家社科基金项目“北京地区察合台文古籍保护整理”以“优秀”等级结项，填补该馆国家级项目结项优秀等级的空白；继续推进“藏文古籍写本序跋辑录与文献学研究”（国家社科基金项目）等4项在研科研项目。在中国图书馆学会第五届青年人才评选中，入选“中国图书馆学会2019年青年人才国际化专项资助项目资助人选”1人。

举办少数民族文献专题展览是中国民族图书馆宣传特色馆藏资源，开展文化交流活动的重要举措，也是图书馆开展阅读推广服务的重要内容。2019年，充分利用馆藏特色文献资源，组织举办“改革开放四十周年——京津冀民族古籍珍品暨保护成果展”“全民阅读　书香社会——内蒙古　新疆　广西　宁夏　西藏五个自治区图书馆阅读推广成果展”“我和我的祖国　中华人民共和国成立70周年——中国民族文字书法作品暨文献展”、青海民族自治地方展文献展、甘南藏族自治州民族文献暨书法作品展、中国民族典籍文化展巡展等展览；参与承办“不忘初心、牢记使命——民族文化宫馆藏文物古籍文化展”；作为“第九届书香中国·北京阅读季4·23西城区阅读春天启动活动”的协办单位，与西城区第一图书馆联合推出“双百图书展览”。全年接待参观民族文献专题展的观众1.2万人次。其中，中国民族典籍文化展全年先后在中央民族大学、北京市回民学校、东城区第一图书馆、东城区第二图书馆、西城区第二图书馆、海淀区图书馆、朝阳区图书馆、顺义区图书馆、通州区图书馆、昌平区图书馆、平谷区图书馆、房山区图书馆等北京的高校、中学及区级公共图书馆举办巡展12场，展示22种民族文字的古籍，介绍研究民族文字文献的知名专家和国家级非物质遗产——汉族和少数民族造纸技艺，促进中华传统民族文化进校园、进社区，深受广大师生、读者的欢迎，社会反响强烈。

充分发挥中国图书馆学会学术研究委员会少数民族图书馆专业委员会的平台作用，举办学术会议、开展业务交流，共同促进民族图书馆事业发展。在内蒙古自治区鄂尔多斯市组织召开2019年中国图书馆年会“新时代少数民族图书馆的转型发展”主题论坛，中国民族图书馆馆长吴贵飙主持会议，来自全国各地的专家学者和图书馆界代表112人参会。按时出席中国图书馆学会常务理事会、理事会，中国社会科学情报学会常务理事会、理事会，全国图书馆标准化技术专业委员会工作会议，中国图书馆学会专业图书馆分会工作会议等会议，履行理事、常务理事、委员的职责。（中国民族图书馆　秦江月　崔德志　吴贵飙）

【举办“全民阅读　书香社会——内蒙古　新疆　广西　宁夏　西藏五个自治区图书馆阅读推广成果展”】 4月19日—6月31日，“全民阅读　书香社会——内蒙古　新疆　广西　宁夏　西藏五个自治区图书馆阅读推广成果展”在中国民族图书馆举办。此次展览由国家民委文化宣传司、民族文化宫指导，中国民族图书馆、内蒙古自治区图书馆、新疆图书馆、广西壮族自治区图书馆、宁夏回族自治区图书馆、西藏自治区图书馆主办。展览展示5个自治区图书馆在阅读推广方面做出的重要贡献以及在图书馆学、文献学、目录学等相关学科的科研成果，共展出古籍10余种、新书152册，同时展出中国民族图书馆精选馆藏图书100余册。（中国民族图书馆　秦江月　崔德志　吴贵飙）

【中国民族图书馆副研究馆员先巴应邀到美国哥伦比亚大学讲学】 5月5—7日，中国民族图书馆副研究馆员先巴应邀赴美国哥伦比亚大学讲学、交流，做讲座2场。其中，“藏文古籍整理与实践——以中国民族图书馆为中心”从馆藏藏文古籍资源、开发利用、研究翻译、资源保护、中华古籍保护计划实施等5个方面，全面介绍中国民族图书馆在藏文古籍保护工作中取得的成绩和工作经验；“《藏文典籍目录》——解读第司桑杰嘉措的一部新作”介绍第司桑杰嘉措的一部新作。（中国民族图书馆　秦江月　崔德志　吴贵飙）

【中国民族图书馆与北京市西城区青少年儿童图书馆联合举办“我爱我的祖国——‘纸’点江山”活动】 8月5—18日，中国民族图书馆与北京市西城区少年儿童图书馆联合举办“我爱我的祖国——‘纸’点江山”活动，活动旨在庆祝中华人民共和国成立70周年，弘扬爱国主义主旋律，铸牢中华民族共同体意识，增强民族团结。活动分蒙古族、藏族、维吾尔族、朝鲜族4期，中国民族图书馆派4名少数民族馆员分别为少年儿童讲解民族风情、民族语言文字，通过书写少数民族文字、学习各民族儿歌等方式，让小朋友学会简单的民族语言，让他们用不同民族的语言大声说出“中国，我爱你”。（中国民族图书馆　秦江月　崔德志　吴贵飙）

【召开2019年中国图书馆年会“新时代少数民族图书馆的转型发展”主题论坛】 8月21日，由中国图书馆学会学术研究委员会主办、中国民族图书馆承办的2019年中国图书馆年会“新时代少数民族图书馆的转型发展”主题论坛在内蒙古鄂尔多斯市召开。中国民族图书馆馆长吴贵飙主持会议，7位领导和专家做主题报告，分别是：内蒙古自治区图书馆副馆长张树杰的“以均衡、融合、智慧的思维探索新时代少数民族图书馆新发展”，新疆图书馆基建办副主任戴豫君的“新疆公共图书馆事业发展”，广西壮族自治区图书馆馆长韦江的“新时代广西壮族自治区图书馆转型的思考与实践”，西藏自治区图书馆办公室主任尼玛格桑的“西藏自治区图书馆转型发展实践”，贵州省图书馆馆长刘宇松的“新时代贵州省图书馆转型发展的理论研究与实践”，中央民族大学图书馆原馆长李德龙的“新时代民族高校图书馆转型发展的理论研究与实践”，中国社会科学院民族学与人类学研究所图书馆馆长陈杰的“新时代科研院所图书馆转型发展的理论研究与实践”。来自全国各地的112名专家学者和图书馆界代表参加此次论坛，共同探讨新时代少数民族图书馆的转型与发展，推动图书馆在民族地区经济和社会各项事业发展过程中做出新的更大贡献。（中国民族图书馆　秦江月　崔德志　吴贵飙）

【举办“我和我的祖国　中华人民共和国成立70周年——中国民族文字书法作品暨文献展”】 7月1日—10月30日，“我和我的祖国　中华人民共和国成立70周年——中国民族文字书法作品暨文献展”在民族文化宫举办。此次展览由民族文化宫主办，中国民族图书馆、民族文化宫展览馆、民族文化宫博物馆承办。展览共展出我国54种文字的书法作品和文献典籍，是新中国成立以来展出民族文字书法作品和文献文种最多最全的一次，可谓中国文字大家庭成员的大聚会。展品包括47种文字的书法作品255幅，17种文字的古籍、39种文字的新书、10种文字的期刊、8种文字的报纸等各类文献120余册，文种之全深受观众欢迎。（中国民族图书馆　秦江月　崔德志　吴贵飙）

医学图书馆

【军事科学院图书馆举办世界读书日系列活动】 4月23—25日，军事科学院图书馆分别在军事科学院本部、防化研究院、军事医学研究院举办以“阅读·创新·强军”为主题的“4·23”世界读书日系列活动，并和军事科学院政治工作部宣传处合作举办“我爱我的祖国”主题演唱活动。有关领导为“阅读之星”“电子资源使用达人”颁奖，并在现场抽取“幸运读者”，军事科学信息研究中心副主任兼军事科学院图书馆馆长陈锐主持颁奖活动。此次活动共计1000余人参加。（军事科学院图书馆　张明华）

【北京大学第三医院图书馆阅读空间改建完成】 2019年，北京大学第三医院图书馆为提升读者阅读体验，经过半年紧张的设计施工完成阅读空间改建，更加方便服务到馆读者：规划出休闲阅读区，增设半开放空间，方便小组交流，采用毛玻璃做隔断，既保证私密性，又不遮挡光源；选择符合人体功效学的沙发软椅；布置白色桌面、湖蓝色座椅，增加阅读空间的静谧；增设桌面电源满足更多读者的充电需求；电子阅览室设独立小空间，尤其适用于疫情期间的防控要求。（北京大学第三医院图书馆　田新玉）

【中国医科大学附属盛京医院图书馆举办2019年“全民阅读　助力盛京”主题活动】 2019年，该馆举办以“全民阅读　助力盛京”为主题的系列活动。活动内容包括：举办图书馆资源服务推介讲座；举办第二届盛京医院图书馆数字阅读大赛，参与在线答题600余人，评选出一、二、三等奖并颁发奖品；举办外文医学图书展，读者免费选书，购买享受折扣；举办世界读书日宣传咨询活动，现场答疑解惑，助力教研发展，活动现场扫码答题、现场得奖，参与者450余人次。（中国医科大学附属盛京医院图书馆　杨华）

【医学图书馆服务研讨会在上海召开】 1月11日，由上海医院图书馆委员会、复旦大学医学图书馆联盟主办，复旦大学附属儿科医院（以下简称“儿科医院”）承办的医学图书馆服务研讨会在儿科医院举行，来自上海20余家医学图书馆的近50名代表参会。此次会议主题为“促进医院图书馆的空间优化，提升医院图书馆的服务水平”，由复旦大学图书馆副馆长应峻主持。上海交通大学医学院图书馆馆长仇晓春做总结发言，并对2019年的工作方向提出建议：一是关注知识产权的相关工作，二是进一步加强医学图书馆联盟之间的研讨与交流。会后，与会代表在儿科医院图书馆负责人葛小玲陪同下，参观了2017年9月新开馆的儿科医院图书馆与院史馆。（上海医院图书馆委员会　沈沂）

【首届长三角医院图书馆学术论坛在上海举行】 4月13日，首届长三角医院图书馆学术论坛在上海举行，来自上海、浙江、江苏、安徽、山东的80多名代表参会。浙江大学附属第一医院图书馆馆长邢美园代表浙江省医图委发言；上海交通大学医学院图书馆馆长仇晓春做题为“科技论文的特点与版权保护”的报告，复旦大学图书馆医科馆馆长应峻做题为“医院图书馆的建设和发展”的报告，苏州大学附属第一医院信息处副处长翟萌做题为“互联网＋环境下，医院图书馆新的服务模式探索”的报告，北京世纪大医科技有限公司相关负责人也做了如何助力科研的报告。会后，与会代表参观位于松江区漕河泾的超星集团上海分公司。通过学术交流，与会代表体会到在医疗大数据发展的背景下，医院图书馆信息服务所面临的挑战。（上海医院图书馆委员会　沈沂）

【沈自尹院士史料落户复旦大学图书馆医科馆】 5月7日，沈自尹院士史料捐赠仪式在复旦大学图书馆医科馆举行。沈自尹一生致力于从事中西医结合思路和方法的开拓、肾本质的研究和传统老年医学研究，对中医辨证向科学化、客观化发展起到积极推动作用。出席捐赠仪式的有沈自尹院士家人、复旦大学医学院领导、复旦大学图书馆领导、沈自尹学生代表等。沈自尹院士家人将沈院士生前的众多手稿、证书及科研用具等悉数捐赠给医科馆，并签署捐赠协议。复旦大学图书馆馆长陈思和代表该馆向沈院士家人沈蔚颁发捐赠证书。图书馆将永久收藏并展示这批史料，传承“正谊明道”的上医精神。（复旦大学图书馆　宋元明）

【2019中美医学图书馆学术研讨会在复旦大学图书馆医科馆举办】 10月29日—11月1日，复旦大学图书馆主办的2019中美医学图书馆学术研讨会在复旦大学图书馆医科馆举办。此次论坛邀请来自国家卫生健康委员会医药卫生科技发展研究中心、耶鲁大学、约翰斯·霍普金斯大学、密歇根大学、加州大学旧金山分校、圣路易斯大学、加州州立大学、台北医学大学、华中科技大学、南京理工大学、复旦大学、上海交通大学、中国医科大学、中国医学科学院医学信息研究所的馆长、医学信息学专家和图书情报学专家做专题报告。研讨会以“医学图书馆为发展中的医药卫生事业服务”“持续创新的医学图书馆”“开放的医学图书馆”3个主题安排主题报告，16位中外报告嘉宾从多个专题分别进行深入讨论，共同探讨当代医学图书馆创新之路。（复旦大学图书馆　宋元明）

【山东大学齐鲁医院图书馆举办世界读书日系列活动】 4月，山东大学齐鲁医院图书馆举办世界读书日系列活动。活动涉及5个主题：“你愿意和陌生人交换礼物吗？”，通过员工之间互相捐书换书，达到爱阅读、分享阅读的目的；“现场答疑解惑，了解知识资源”，各数据库的讲师及图书馆馆员现场向读者介绍知识资源并答疑；“扫码答题，获取礼品”，通过扫码进行问卷调查，共收集近100份问卷，到场职工针对读书日活动和图书馆的服务，给予了客观的建议；“万卷共知”阅读竞答，这是由中国图书馆学会主办、依托《唐诗三百首》《古文观止》《史记》等中华传统典籍开展的一项线上知识竞答活动；“同城共读”主题活动，将电子书借阅机搬至华美楼大厅，以掌上免费电子书为依托，宣传保健、文学、历史、育儿、哲学、财经等社科类电子书，为临床职工和来院群众提供阅读便利。（山东大学齐鲁医院图书馆）

【山东大学齐鲁医院图书馆开展系列读者服务工作】 2019年，山东大学齐鲁医院图书馆根据服务对象的时间规划上门服务，根据服务对象的个性化要求制定讲授内容，举办多种类型的“送情报·到科室”活动，内容涉及云图书馆资源、文献检索方法、ClinicalKey、Pubmedplus等多个专题，并且分学科、分专业，按科室课题案例精准讲解，受众超1000人次。全年共举办数字资源使用系列讲座10讲13场，受众308人次。其中，6月举办“中文数据库宣讲月”活动，开展6场讲座；7月举办“外文数据库宣讲月”活动，开展5场讲座。坚持以“主动化、精准化、精细化、标准化”的工作思路来开展读者服务工作，前期通过二维码调查问卷获知读者对论文写作和投稿有强烈需求后，全年共举办科技论文写作与投稿系列培训11场，受众近500人次。（山东大学齐鲁医院图书馆）

【聊城市人民医院图书信息中心开展医联体单位图书馆帮扶工作】 10月9日，聊城市人民医院图书信息中心（以下简称“图书信息中心”）到莘县第二人民医院（以下简称“莘县二院”）开展医院图书馆建设帮扶工作。图书信息中心主任首先介绍图书馆医学数据资源的建设现状，并从医院综合等级评审角度对莘县二院图书馆的建设进行指导。图书信息中心网站已完成PC端和手机多平台的资源建设。莘县二院所有医护人员可通过申请图书信息中心账号以及关注“聊城市人民医院图书信息中心”微信公众号，登录图书信息中心网站进行医学文献资源的检索与下载，网站中12个涵盖中外文文献以及循证医学资源数据库全部免费开放，微信公众号还提供网站的使用说明以及各种新增资源推送，供馆员以及医护人员阅读和学习。通过此次帮扶共建，100多名莘县二院医护人员申请了图书信息中心账号。2019年，新增莘县第三人民医院、冠县辛集镇中心卫生院等8家医联体单位，医院医联体达到10家。医联体单位图书馆帮扶共建计划也持续推进，确保所有医联体单位都能实现数字资源共享。（聊城市人民医院图书信息中心）

【广东省医学图书馆知识服务新进展研讨会在广州召开】 1月3日，广东省医学图书馆知识服务新进展研讨会在广州中医药大学召开。会议由广东省高校图工委服务创新委员会主办，广州中医药大学科技处、图书馆承办。来自广东省内外50多家医学院和医院图书馆的100余位代表参加会议。广州中医药大学副校长潘华峰出席会议，图书馆副馆长曾召主持会议。北京大学医学图书馆馆长张大庆、复旦大学医学图书馆馆长应峻、上海交通大学医学院图书馆参考咨询主任邓珮雯、超星集团副总经理徐贵水、广州中医药大学图书馆馆长张正分别以“医学人文与医学图书馆”“面向临床的学科服务”“文献计量分析在医学科研管理中的应用”“基于期刊论文的学科评价分析”“基于数据挖掘和平台开发的中医特色学科服务”为题做报告。与会专家分享为医学图书馆知识服务的发展思路。（广东省医学图书馆分会）

香港特别行政区

公共图书馆

【概况】 香港公共图书馆提供图书馆和资讯服务，以满足市民在知识、资讯、研究和消闲方面的需求，并借以支援终身学习。此外，还致力于推广阅读风气和文学艺术，为不同年龄人士举办图书馆推广活动。一直以来，香港公共图书馆积极应用资讯科技和通过社区合作，加强服务、提升设施和丰富馆藏，进而实践把公共图书馆发展为资讯枢纽及“无墙图书馆”的目标，并根据联合国教育、科学及文化组织《公共图书馆宣言》中所载的信念，扮演开启知识门户的角色，致力于提供终身学习、独立思考、文化发展的环境，以满足社会各界人士对资讯、知识、终身学习、研究及消闲的需求；同时作为社会的文化中心，推广阅读风气、文学艺术及相关研究。

香港公共图书馆系统内共有 82 个图书馆，包括 70 个固定的图书馆及 12 个流动图书馆（车）。按图书馆的规模和服务性质，分别以中央图书馆、主要图书馆、分区图书馆、小型图书馆和流动图书馆 5 层架构组成香港公共图书馆体系。截至 2019 年底，全港的公共图书馆藏有书籍及多媒体资料共计 1512 万项，登记读者人数近 468 万人，外借书籍及其他图书馆资料超过 4501 万项。2019—2020 年度香港特别行政区政府公共图书馆的修订财政拨款为 13 亿 3465 万港元，较 2018—2019 年度的修订预算增加 8270 万港元。（香港公共图书馆　李景贤）

【推广活动与提倡阅读和文学艺术的工作】 2019 年，为推广阅读风气和鼓励市民使用图书馆，康乐及文化事务署（以下简称“康乐署”）与教育局和政府新闻处合作，继续推出全城阅读推广运动“共享・喜阅新时代”，在全港营造持续的阅读气氛和文化。举办首届香港图书馆节，旨在推广阅读，并向公众展示香港公共图书馆的不同功能。康乐署举办多项创新的外展活动以配合城中大型活动，例如在 2019 年香港花卉展览、“2019 年亲亲・喜阅嘉年华”和“2019 响应世界阅读日：悦爱阅读、愈读愈爱——民间故事万花筒”等活动中设置快闪图书馆；另举办多项全港专题推广活动，包括以儿童及青少年为对象的“4・23 世界阅读日创作比赛”和“夏日阅缤纷”阅读活动，18 个区的公共图书馆与不同地区团体合作，为不同阶层人士举办多元化而均衡的活动，以切合区内人士的需要和在社区推广阅读风气。为推广公共图书馆的电子书馆藏，康文署还举办“e 阅读小站”，精选部分电子书供市民无限次阅览，并参加一年一度的香港书展，推广电子资源。

为推广文学艺术，康乐署举办“第十五届香港中文文学双年奖”和“全港诗词创作比赛”，表彰香港作家在中文文学创作方面取得的成就，以及弘扬中国古典诗词。此外，香港中央图书馆继续与学者和专业团体合作举办专题讲座，涵盖不同范畴，拓展市民知识。2019 年度共举办图书馆推广活动 23278 项。（香港公共图书馆　李景贤）

【各社区开展多种图书馆服务和活动】 在 2018—2019 年度，香港公共图书馆继续与区议会携手合作，发展地区图书馆服务和筹办活动，以照顾区内人士的需要。有关工作年内已见成果，各区公共图书馆为推广阅读文化而举办的社区活动日益多元化，而优化图书馆设施和阅读环境的计划、种类也有增加。

2019 年，香港公共图书馆运用区议会的财政资助，举办逾 3500 项定期推广活动和大型阅读活动，包括深水涉区的“暑期阅读推广活动——体育盛事”“屯门阅读节 2018—19——喜‘阅’传承”、西贡区的“夏日剧场：亲子互动故事坊”、南区的“我的图书馆——‘阅读越乐在南区’Fun 享日”、葵青区的“‘童话身历声’阅读推广活动”、油尖旺区的亲子阅读大使计划，以及观塘区的“无分你我：多元文化聚观塘”。

为提高公众对本地历史及文化的兴趣，香港公共图书馆亦与社区组织合办多项推广活动，例如“西贡区昔日的渔民生活”系列讲座和相片展览、中西区“香港文化及历史传承系列——探索非物质文化遗产”系列讲座和工作坊；以及“南区历史文化游踪”系列讲座及导赏游。

2019 年，香港公共图书馆获区议会资助的优化工程项目包括：提升和更换空调设备、闭路电视系统、投影机及消防花洒系统。设置图书除菌机，更换壁画和书架装饰以及为新流动图书馆服务站安装电箱。（香港公共图书馆　李景贤）

【扩展公共图书馆服务网络】 香港公共图书馆与非营利地区组织携手合作，推行“便利图书站—社区图书馆伙伴计划”，提供以社区为本的图书馆服务。香港公共图书馆为有关组织提供集体借阅服务，并就这些组织为其服务对象设立社区图书馆事宜提供专业意见。在 2018—2019 年度，共为超过 200 个社区图书馆提供服务。（香港公共图书馆　李景贤）

【提升参考和资讯服务】 香港目前为市民提供参考和资讯服务的图书馆，包括香港中央图书馆和其他 6 个主要图书馆（大会堂公共图书馆、九龙公共图书馆、屏山天水围公共图书馆、沙田公共图书馆、荃湾公共图书馆和屯门公共图书馆）。香港中央图书馆的参考图书馆设有 6 个专科参考部门，收藏超过 100 万项参考资料，并提供各类电子资源，以满足使用者对参考、自修及终身学习的需要。此外，参考图书馆不断丰富馆藏的参考资料，并通过定期的“文献征集”活动征集文献资料，该馆收存 9 个国际组织特藏。

香港中央图书馆的艺术资源中心、香港文学资料室和地图图书馆，以及大会堂公共图书馆的工商业图书馆、创造力及创新资源中心和基本法图书馆，均为市民提供专科参考服务。九龙公共图书馆的教育资源中心提供教育专科资源和服务；沙田公共图书馆设有“运动与健体”特藏并负责相关网页；屯门公共图书馆设有“食物与营养”特藏；荃湾公共图书馆的“现代生活”特藏则提供环保、健康和时尚生活资讯。香港公共图书馆与教育局、学术界人士和相关范畴的非政府机构合作，通过工作坊、图书馆参观活动和专题讲座向市民推广多元化的参考资料及专题资源。香港中央图书馆还设有转介服务，让已登记的读者阅览香港大学图书馆的馆藏。

香港公共图书馆备有 76 个电子资料库和超过 29 万册电子书。读者登记后可通过香港公共图书馆网站的电子资源专页查阅电子资源馆藏的所有电子书和 27 个电子资料库，其余 49 个电子资料库可于图书馆的开放时间内在指定图书馆使用。（香港公共图书馆　李景贤）

【资讯科技新措施和数码图书馆服务】 香港公共图书馆负责营运新世代综合图书馆系统。该系统支援图书馆各项运作，全日 24 小时提供网上服务。因政府在 2018 年 11 月开始签发新香港智能身份证，图书馆系统已做提升，能够同时畅顺配合新旧两款身份证，让登记读者获发新身份证后，可继续如常享用各项图书馆服务。

香港公共图书馆推出试验计划，设置 3 个自助图书站，在港岛、九龙及新界各设 1 个。这些图书站位于人流较多而远离现有图书馆的便利地点，提供 24 小时服务，包括借还图书馆资料、缴款，以及领取预约图书馆资料。目前已启用 2 个。

“多媒体资讯系统”是香港公共图书馆的数码图书馆系统，使用者可以进行 24 小时一站式检索，搜寻超过 600 万页数码化资料，包括香港旧报纸、照片、表演艺术的场刊及海报、地图和手稿，以及约 1 万小时的数码化视听资料。使用者可经由互联网或使用香港中央图书馆和其余 69 个固定图书馆逾 1300 个工作站，浏览多媒体资讯系统。

“香港记忆”网站是一个多媒体网站，为读者整合不同来源的本地历史和文化遗产资料，包括文献、照片、海报、录音、电影及录像，再编制成 32 项特藏、20 项虚拟展览和逾 100 个口述历史档案，供公众浏览。香港公共图书馆相关网站或网上服务的搜览数目，全年共录得超过 2610 万次。（香港公共图书馆　李景贤）

【书刊注册组】 书刊注册组为本地印制的书刊注册，并监察国际标准书号系统的应用。该组每季在《政府宪报》刊登《香港印刷书刊目录》，市民也可上网浏览有关目录。在 2018—

2019年度，该组共处理13128册书籍和7318份期刊的登记资料，以及943个国际标准书号的出版社识别代号。（香港公共图书馆　李景贤）

专业图书馆

【概况】2019年香港图书馆教育及职业论坛于7月20日在香港中央图书馆举行。衡力斯律师事务所的高嘉欣女士讲述专业图书馆业界的功能，为观众讲解律师事务所图书馆的工作及职业发展。

国际图书馆协会与机构联合会（IFLA）制定世界图书馆地图，以提供基本统计数据来比较世界各地图书馆的绩效指标，如图书馆数量、提供互联网服务的图书馆、工作人员和志愿者、注册用户及访客和所有国家、大学、公共、社区、学校和专业图书馆的借阅数据。5家香港专业图书馆已更新2018年的调查数据并提交予国际图书馆协会与机构联合会进行编制。世界图书馆地图，现载于以下网址：https：//librarymap.ifla.org/。（香港图书馆协会　马咏欣）

学校图书馆

【高校图书馆空间和设施的建设】2019年，香港几所主要高校图书馆都完成大规模的空间和设施修缮。在香港大学图书馆总馆，名为Ingenium的空间于2月开幕，该设施利用新科技，让读者可以在此做跨学科的探索。其中包含多用途的展览场地、多媒体创新中心及人工智能和虚拟现实探索中心。

在香港中文大学图书馆，名为进学园的共享空间增设一个创客中心，提供3D打印、立体扫描、虚拟现实等设施，全天24小时对校内师生开放。

在香港教育大学图书馆，企业及创新教育组在馆内开设初创基地（EIHub），支援大学企业及创新教育，该协作空间为开展专案和投入创业的同学提供一个24小时办公室。

香港公开大学图书馆也扩建新的共享空间，包含小组学习和个人自修空间，活动的设计让使用者自由组合设施，大小讲座、工作坊和茶叙都可在此举行，更提供电脑设备，如电子白板等。（香港图书馆协会　谭黎绮珊）

图书馆协会

【香港图书馆协会多元化专业发展】香港图书馆协会汇集各地图书馆团体及专家的专业知识和经验，为本地图书馆从业人员提供高质量的图书馆学信息。面对资讯科技不断变化及照顾读者多样性的要求，香港图书馆协会邀请国际图书馆协会与机构联合会（IFLA）面向特殊需求群体的图书馆服务委员会（LSN）和为印本阅读障碍者服务的图书馆专业委员会（LPD）的川村博司先生于4月25日在香港大学图书馆发表“确保可及性：为阅读障碍者提供服务的图书馆”为题的演讲，带领参与者认识“包容、平等”在图书馆服务当中的重要性。

此外，IFLA的《读写障碍人士的图书馆服务指南》（修订和扩展版）和《阅读困难？欢迎来到我们的图书馆！》，已由图书馆协会组织翻译成繁体中文，供香港本地图书馆从业人员使用。香港图书馆协会还免费为会员提供IFLA及各地免费的专业发展网络研讨会，使从业人员对图书馆各方面的最新发展加深理解。（香港图书馆协会　陈敏仪）

【香港图书馆教育和职业论坛2019】香港图书馆教育和职业论坛每年举办一次，是香港图书馆协会和香港公共图书馆联合举办的活动，目的是促进有兴趣投身图书馆行业的人士，就本地相关教育及各类图书馆对人才的要求进行全面报道。香港图书馆教育和职业论坛2019于7月20日在香港中央图书馆演讲厅举行，100余人参会。香港大学专业进修学院高级课程主任余玲玲、香港大学教育学院讲师Peter Warning、浸会大学图书馆馆长Kendall Crilly、香港公共图书馆高级图书馆馆长（元朗）关丽嘉、香港图书馆主任协会会长黄毅娟和哈尼斯知识管理律师助理高嘉欣分别做主题报告。（香港图书馆协会　陈敏仪）

澳门特别行政区

【概况】 2019年是澳门回归20周年，澳门图书馆及相关领域的发展日趋多元化、专业化及国际化。同时，电子资源及服务有所拓展且更趋普及，如：澳门公共图书馆推出的自助办证及电子缴费服务、澳门高校图书馆推出的澳门文献港平台、澳门基金会澳门记忆文史网等。图书馆专业服务及图书馆资源的整合与互通是本地与全球相关领域的重要课题，加强本地业界与大湾区及国际相关领域的多元合作至关重要。

2019年澳门共有各类图书馆314个，其中公共图书馆及阅书报室96个、学校图书馆105个、专门图书馆76个及高校与专科图书馆37个。

公共图书馆主要由澳门文化局、教育暨青年局、市政署，及其他（包括其他政府部门、教会、私人机构及社团）所开办。依其主管部门可分类为政府开办50个、社团开办28个、教会开办17个、私人机构1个。在96个图书馆中，有56个重点向市民提供阅览服务，其他只是依母体机构服务职能为主，附设图书馆服务。澳门公共图书馆的特色是以社区图书馆及阅览室、公园图书馆为主，部分图书馆馆舍设计相当有特色，讲求空间及阅读气氛的营造，在澳门各类型图书馆中发展最快。

高校及专科学校图书馆与阅览室共37个，由政府及私人图书馆所组成，部分可以颁授学位的机构及课程并没有成立图书馆，也有部分是澳门大学的学院及书院图书馆。高校图书馆藏书约135万册，从事图书馆人员约有120人，50%以上人员具有图书馆专业学位，是澳门各类型图书馆中专业比例最高的一类。

学校图书馆共有105个。总面积约为12000多平方米，阅览座位4400个。共有全职学校的图书馆员及阅读推广人员110多人，兼职人员80多人。馆藏图书约90万册、期刊约2700种、报纸约300种、视听资料约20000种。其中妇联学校（新校部）、培正中学、圣德兰学校、广大中学中学部、鲍思高粤华小学等校图书馆均对社区开放。

专门图书馆共有76个，主要为政府机关图书馆、医学图书馆、法律图书馆、经济图书馆、博物馆图书馆、工程图书馆、治安部门图书馆、宗教图书馆及专业社团图书馆等。

2019年度新开馆的图书馆阅览室：3月2日，社会工作人员协进会图书馆正式开放。4月26日，在澳门基金会的支持下，澳门城市大学图书馆成立研究生图书资讯服中心。该中心设于澳门城市大学金龙校区四楼，面积320平方米，设有阅览座位120个，电脑61台。该中心重点打造以合作、交流、知识共享和创新为主题的学习共享空间。9月23日，街总青少年及家庭综合服务中心亲子反斗玩具图书馆正式启用。图书馆最多可容纳20人，星期一至五向会员开放，星期六则需要预约。图书内容包括生命教育、个人成长、通识、数理语文、社交、公民教育等6类。图书馆提供的服务包括玩具图书馆服务、绘本故事工作坊、小组playgound、启导小组及青少年服务。以推动儿童从游戏中学习，强化亲子间关系。9月24日，文化局澳门公共图书馆辖下石排湾图书馆开放。该馆位于路环蝴蝶谷大马路石排湾社区综合大楼六楼，拥有宽阔山景景观及中庭内园。全馆面积为2074平方米，阅览座位300多个，是区内集共享学习、休闲和社交功能于一身的综合型公共图书馆。现有馆藏图书约40000册及影音资料3500件，预计最高馆藏量可达约75000册/件。澳门街坊会联合总会广东办事处横琴综合服务中心（内设玩具图书馆）于11月8日在小横琴社区正式揭牌。该中心位于小横琴社区华发首府悦天地三楼，由横琴新区管委会以购买服务的方式提供，面积约2200平方米，有13名澳门街坊总会的资深员工在该中心内常驻服务。中心设有耆趣室、儿童游乐室、玩具图书馆、阅读天地、多功能活动室等。

本年度计划兴建、搬迁或修缮的图书馆：学

校图书馆方面，搬迁新馆的有中葡职业技术学校图书馆、圣公会（澳门）蔡高中学图书馆、化地玛学校图书馆；计划兴建的有慈幼中学图书馆。高校及专科学校图书馆方面，搬迁的有圣经学院图书馆、澳门理工学院图书馆等；澳门理工学院博彩教学暨研究中心图书馆因内部装修而暂停服务。专门图书馆方面有行政暨公职局新图书馆及新闻局新图书馆。（澳门图书馆暨资讯管理协会　潘雅茵　王国强）

【图书馆利用情况】 根据2019年《澳门统计年鉴》中的表6.2“向公众开放的图书馆及阅书报室”的主要指标分析（参见表1），2019年主要图书馆为78个，馆藏图书为2360150册，较2018年增加137270册（6.18%）；期刊方面，2019年有13671份，较2018增加273份；多媒体资料（含电子书刊）方面，年增加79765套（2.88%），合2852353套。其中，电子书籍有2443572册，年增加100916册（4.31%）；电子期刊杂志有308096种，年减少25808种（–7.73%）。2019年总计有图书资源5226174册/种/套，年增加217308册/种/套。2019年纸本及电子书的年度增幅较高，分别为6.18%及4.31%。

全年向公众开放的图书馆及阅报室接待读者6293687人次，年增加621848人次（10.96%）。借书855455册次，年增加18701册次（2.23%）。全澳门对外开放的图书馆面积增至878034平方呎，年增加32720平方呎（3.87%）。在阅览座位方面也随之有所增加，总计为10056个，年增加843个（9.15%）。提供可上网的电脑有923台，电脑使用396306人次，年减少122755人次（–23.65%）。图书馆的购书经费为93659000澳门元，年减少21261000澳门元（–18.50%）。工作人员为330人，年减少5人（–1.49%）。（澳门图书馆暨资讯管理协会　潘雅茵　王国强）

表1　2017—2019年澳门图书馆主要统计资料

项目	2017	2018	2019	2019年较2018年变化
主要图书馆及阅书报室（个）	76	78	78	0.00%
总面积（平方呎）	837089	845314	878034	3.87%
工作人员（人）	376	335	330	–1.49%
座位数目（个）	8819	9213	10056	9.15%
购书总支出（千澳门元）	93342	114943	93659	–18.50%
藏书籍（册）	2242195	2222880	2360150	6.18%
期刊杂志（份）	14028	13398	13671	2.04%
多媒体资料（套）	2681939	2772588	2852353	2.88%
电子书籍（册）	2264112	2342656	2443572	4.31%
电子期刊杂志（种）	324842	333904	308096	–7.73%
提供予公众上网的电脑设备（台）	949	953	923	–3.15%
接待读者（人次）	5374474	5671839	6293687	10.96%
借书（册次）	823639	836754	855455	2.23%
电脑使用（人次）	433516	519061	396306	–23.65%

资料来自：2019年《澳门统计年鉴》

【图书馆技术服务概况】 澳门各类型图书馆采用的图书馆自动化系统主要有 SLS、LIB、VLIB、Ex libris Aleph、HyLib、INNOPAC/Millennium、Sirsi Symphony TOTALS II 及宏达资讯系统等；其他的服务系统还包括自助借还书系统、防盗系统、线上导览系统、RFID、网页及网上目录等；使用的分类法主要有《中国图书分类法》《中国图书馆分类法》《杜威十进分类法》《国际十进分类法》《三民主义分类法》。（澳门图书馆暨资讯管理协会　潘雅茵　王国强）

【电子化服务及馆藏发展】 澳门文化局公共图书馆分别推出自助办证及电子缴费服务，以配合特区政府的电子政务工作。市民可于遍布全澳 40 多个地点、共 70 多部的身份证明局自助服务机中，自助办理文化局公共图书馆的读者证，也可通过此服务机进行读者证续期及修改个人资料。亦可使用各项图书馆资源及服务，包括借阅图书与影音资料、网上预约图书馆藏、查阅个人借阅状况、使用电子书及杂志等。此外，澳门公共图书馆亦推出电子缴费服务，市民可通过“澳门通储值卡”“Mpay 澳门钱包”及“银联闪付”（Quick Pass）等 3 种电子缴费方式，在文化局辖下所有公共图书馆（议事亭藏书楼外）的服务柜台，缴付逾期还书的罚款、遗失或损毁图书影音资料的赔书款、影印及列印的费用。

在澳门高等教育局支持下，澳门高校图书馆联盟开展“澳门文献港”（MALA Hub）项目的规划、评选及实施工作。该项目为澳门高校图书馆联合目录及馆际互借服务平台，是一站式的资源探索系统，能让使用者轻松地检索澳门 9 所高校图书馆馆藏书籍、电子资源、视听资料、学术文章、论文等资料。预计 2020 年 9 月正式上线。该项目设有“葡语资源平台”等子平台，以配合本地社会的相关发展。

8 月 6 日，澳门基金会筹划的“澳门记忆”文史网正式推出，启动仪式在澳门科学馆举行。“澳门记忆”是一项全面挖掘和整合澳门历史资源的庞大文化工程，通过搜集和梳理澳门从古至今散落的各类历史文化资料，加以整合并将之数码化，作永续保存，并以建立一个网上互动多媒体资料库的形式，达至分享集体回忆、推动大众参与、启发思考研究、推广澳门形象的目的。项目内容包含多种珍贵的历史文化资料，如档案文献、图书、报刊、诗词、碑铭、书画、地图、照片、明信片、海报、邮票、戏曲、歌曲、影视、访谈片段等。

澳门科技大学图书馆于 1 月正式启用新一代图书馆系统——ExLibris 公司的 Alma 系统及 PrimoVE 发现系统，该系统整合实体馆藏、电子、数字及互联网上开放取用等资源，是一个开放的系统平台。

澳门大学图书馆开发澳门第一个数字人文项目“大三巴数字人文项目”，介绍圣保禄学院天主之母教堂遗址（大三巴）的历史片区以及文化名人。该馆亦建置“澳门大学学者库”，截至 2019 年底，已完成 289 个学者页面的建设。另设立“澳门大学人文库”藏书专区及网页。

电子馆藏方面，澳门公共图书馆馆购电子馆藏主要集中在文化局辖下的澳门公共图书馆，购置 26 个资料库，并自建“澳门出版物数据库”“中葡关系四百五十年数据库”等 5 个特藏及展览资料库。

在高校图书馆的电子馆藏方面，根据 9 所高校图书馆在其官网发布的资料库数量，共计有 900 多个资料库（参见表 2），以澳门大学图书馆、澳门科技大学图书馆、澳门理工学院图书馆及澳门城市大学图书馆投入的资源最多。而由澳门高等教育局支持的“澳门高校图书馆联盟”于 2019 年共购置 12 个资料库及 1500 多种电子书。（澳门图书馆暨资讯管理协会　潘雅茵　王国强）

表 2　2019 年度澳门高校图书馆电子馆藏统计表

院校	馆购资料库（个）
澳门大学	260（含约 40 个自建库及网上免费资源）
澳门科技大学	291（含 6 个自建库及 72 种网上免费资源）
澳门理工学院	136

续表

院校	馆购资料库（个）
旅游学院	48（含多种网上免费资源）
圣若瑟大学	40余个
澳门镜湖护理学院	46
澳门城市大学	90
澳门管理专业学院	12
澳门保安部队高等学校	12

【图书馆赠书活动】 4月19日，由澳门友谊扶轮社组织的陕西服务团一行25人到定边县开展捐资助学活动，向陕西省定边县第四中学和职业教育中心捐赠2套净水设备价值13.2万元，以及价值10万元的学生床和10万元的图书，以改善师生们的学习、生活环境。6月11日，澳门摄影师何永康先生将其珍藏多年的600余张菲林底片暂借给澳门科技大学图书馆用作扫描数码档，他将陆续向澳门科技大学图书馆借出其他批次底片。该批底片是澳门20世纪的真实记录，其最早始于20世纪30年代，记录澳门的地理、人物、街道及活动等内容，是研究澳门20世纪历史文化和社会生活的珍贵资料。澳门科技大学图书馆将此批菲林底片扫描成数码档并永久收藏，以供专家学者和市民使用。7月7日，澳门国际书展的部分外地参展商向澳门公共图书馆及多家高校图书馆捐赠百余种中文及外文美食类出版物。9月23日，澳门街坊会联合总会青少年及家庭综合服务中心推出亲子反斗玩具图书馆，山海集团（国际）有限公司向街总捐赠10万元以支持服务开展。10月4日，澳门大学社会科学学院历史系教授萨安东向澳门大学捐赠1幅《有关圆明园藏品老照片》。11月8日，澳门天津同乡会名誉会长陈克将“灰烬中的记忆碎片——巴西国家博物馆珍贵图片展”中的数十幅照片通过澳门文物保护学会捐赠给澳门的高校图书馆。12月16日，澳门收藏家梁树森先生赠予澳门大学图书馆29幅有关澳门、大湾区乃至中国的地图。12月19日，国家主席习近平向澳门濠江中学附属英才学校赠送多件乐器及图书，包括文渊阁四库全书1套1500册、点校本二十四史1套242册、中国历代碑刻书法全集1套108册、管弦乐器1套22件。澳门大学图书馆本年度接收到的大批量个人赠书包括陈炜扬先生（陈炜恒藏书4600册）、康陈翠华女士（2427册）、索菲亚·梅泰洛女士（Sofia Metello）（2600册）等，另接收到上海图书馆捐赠的图书138册。（澳门图书馆暨资讯管理协会　潘雅茵　王国强）

【社会义务】 澳门公共图书馆及澳门生产力暨科技转移中心等单位于“2019澳门图书馆周”期间举办书刊义卖等捐募活动。澳门善明会及中国儿童少年基金会，筹得善款共384.6万元，捐赠予中国儿童少年基金会“春蕾计划”助学及捐建“儿童快乐家园”项目，为广东省连南县、连山县3所小学的儿童提供关爱和学习资源。11月2—3日，明爱图书馆在南湾湖水上活动中心举办的第50届慈善园游会中，举行图书义卖活动。12月8日，澳门公务人员专业协会向云南省临沧市凤庆县郭大寨乡澳门回归希望小学捐赠2019/2020年度助学金12.72万元，并捐赠图书、音响设备、衣服和书画等生活用品。该会此前还资助50万元为希望小学建造逾200平方米的图书馆，为学生打开阅读课外图书的大门。（澳门图书馆暨资讯管理协会　潘雅茵　王国强）

【澳门学校图书馆经费】 教育暨青年局资助每所学校图书购置金额。按校部为资助单位，根据教育阶段、班级数目 / 学生数目订定资助金额。本学年图书资助按校部的每个教育阶段计算，设有15班或以下为2.5万元，15班以上为5万元。此外，为了推动班级阅读，每学生每月有5元补贴期刊购买经费。有关图书及期刊资助，可以合并使用，用于购买电子资源的资助，不可多于资助金额的40%。（澳门图书馆暨资讯管理协会　潘雅茵　王国强）

【学校阅读推广人员】 教育暨青年局在2007年9月份推出学校阅读推广人员计划，每校部超过900名学生，可获聘请1名全职，局方会给校方20万元的津贴，2016年增至31.8万元，用作薪金及活动经费；900人以下则为半职人员，津贴减半；2013年改以班级数量为补贴依据，每校部在15班以下可按下列3个方案选择聘请，即2名全职及1名兼职、1名全职及3名兼职、5名兼职；如为16—25班，则可选择3名全职、2名全职及2名兼职、1名全职及4名兼职；如为26—35班，可聘请5名全职；如为36—45班，可聘请6名全职；如为46—55班，可聘请7名全职；如为56—65班可聘请8名全职；如为65班可聘请9名全职。2018年再增至33.1万元，用作薪金、购置设备及活动经费，经费不可多于资助的10%。2019年全职图书馆员及阅读推广人员约110人，兼职图书馆员及阅读推广人员80多人，合共服务学生约75000人。在2019年，阅读推广人员纳入职阶资助，按年资及培训情况薪金会有所增加。阅读推广人员入职条件须具备语言及文学、教育、图书资讯学相关的高等专科或以上学历。（澳门图书馆暨资讯管理协会　潘雅茵　王国强）

【澳门图书馆服务活动】 1月1日，由于市政署成立，位于澳门亚美打利庇卢大马路（新马路）163号市政署大楼二楼、文化局辖下的原民政总署大楼图书馆更名为“议事亭藏书楼”，该馆专门收藏17世纪至20世纪50年代的西文古籍及特藏约2万件，主要为研究人员提供相关服务。4月3日，澳门城市大学图书馆与上海图书馆合作设立“上海之窗”图书专藏展示区。7月8日起，文化局辖下公共图书馆与教育暨青年局辖下中心图书室合作，试行提供“跨馆还书服务”；7月11日起，文化局与澳门大学合作试行“馆际互借”及“文献传递”服务。市民可于文化局辖下14个公共图书馆之服务柜台办理登记手续，凭有效凭条亲临澳门大学图书馆借阅图书资料；市民亦可于即日起到文化局辖下5个公共图书馆办理“文献传递”服务，以申请澳门大学图书馆的图书及期刊之篇章复印本，澳门大学图书馆保留最终决定权并会按澳门公共图书馆资料复制服务收费。9月18日，澳门大学图书馆举行书画坊揭牌暨首期书画展示会。今后每年将不定期举办各类书画艺术展示，书画坊将成为澳门地区艺术家与澳门大学师生之间、书画家与书画爱好者之间交流的平台。另外，为推动学术交流和传播，澳门大学图书馆设立新书发布平台——博雅新书发布会，让大众和师生知道最新的著作成果；另在大堂设立以展示大湾区发展战略及学习研究资料的阅览区。11月29日，澳门科技大学举行“澳门知识产权服务中心”成立暨揭牌仪式，该中心为该校创新和学科发展提供服务，促进大学技术成果转移转化，同时作为澳门首个知识产权服务中心，也为澳门所有高校乃至企业服务。（澳门图书馆暨资讯管理协会　潘雅茵　王国强）

【澳门图书馆阅读推广活动】 2019年，澳门图书馆举办形式多样的阅读活动，有书展、阅读比赛、演讲、游戏、话剧、故事会、图书交换、义工服务、参观交流等，还有每年一度的图书馆周、书香文化节、书市嘉年华以及终身学习周系列活动等等。

春季书香文化节。由澳门出版协会和理工学院合办的“二〇一九春季书香文化节”于3月22—31日在塔石体育馆举行。近160个来自海峡两岸暨港澳地区及外国的参展单位参与，展出近15万种图书、音像及周边产品，举办多场主题讲座和新书发布会。

2019图书馆周。4—5月，由文化局公共图书馆、教育暨青年局、澳门大学图书馆及澳门图书馆暨资讯管理协会联合主办的2019“澳门图书馆周”，以“阅读生活的味道”为主题，举办各类型活动，包括专题讲座、工作坊、街区导赏及推广日等，通过联结澳门的美食、历史以及香料文化的窗口，让阅读渗入日常生活中。同时在旧法院大楼举办“澳门图书馆周”推广日，开展逾期期刊义卖、好书交换、书刊漂流、专题讲座、展览、阅读用品手工坊以及阅读摊位游戏等活动。

书市嘉年华。7月12日，由澳门阅读写作促进会和理工学院合办第二十二届澳门书市嘉年华在澳门理工学院体育馆开幕，展览为期10天，主题是“多维阅读・读出我们的未来”。此次书市推出多本新书，并举行多个新书发布及签书会、创作与制作图书分享会。

澳门国际书展。7月4—7日，澳门文化局

与中国图书进出口（集团）总公司合办首届“澳门国际书展二〇一九”举行，吸引12000余人次入场、全球250多位出版界及美食界专业人士参与。参展书总量超过1万册，售出约4成的图书品种。书展以“品·味：澳门”为主题，缔造中葡文坛交流盛会。期间共举办50多场精彩活动。

“好书大晒”阅读推广活动。10—12月，两年一届，由文化局公共图书馆主办的“好书大晒”阅读推广活动举行，通过真人图书共读、馆藏书展、专题讲座、文学走读、亲子户外绘本游乐等活动，跨越平面的纸张，与读者一起走进立体的阅读世界。

2019终身学习周。“2019全民终身学习活动周”于10月26日—11月1日举行，由教育暨青年局及文化局联合主办，澳门生产力暨科技转移中心、澳门成人教育学会、澳门成人教育协会、澳门妇女联合总会、澳门工会联合总会、澳门街坊会联合总会、澳门持续教育协会、澳门学习型组织学会、澳门社区学习暨阅读推广协会、澳门终身学习者协会、商训夜中学、新华夜中学、创新中学以及同善堂中学成人教育部协办。此次学习周共组织活动接近100项，内容包括职业技术教育、个人成长、家庭生活教育、身心保健及博雅教育等，形式有讲座、课程及户外活动等。

秋季书香文化节。由澳门出版协会主办，体育局、图书馆暨资讯管理协会协办的“2019年秋季书香文化节”11月16日在塔石体育馆揭幕，展出各类新书逾3万种，共超过15万册。适逢澳门回归祖国20周年，多部本地著作和影音作品亮相书展。

此外2019年澳门图书馆界举办公开比赛活动7次，面向公众的普及课程及讲座30多次，举办读书会及故事会100多场，展览20多次，开展阅读推广活动100多次。（澳门图书馆暨资讯管理协会　潘雅茵　王国强）

【澳门图书馆专业人才培养及学术活动】 由澳门业余进修中心与武汉大学合办、澳门图书馆暨资讯管理协会协办的第七届图书馆学专业硕士学位课程（澳门班）于2019年度共有10位学员入学。修读本科课程的有：辅仁大学3人、淡江大学1人及广州中山大学3人。本科毕业的有：辅仁大学3人、淡江大学3人及武汉大学2人。修读研究生课程的有：台湾大学1人、政治大学1人、淡江大学1人及武汉大学（澳门班）30多人，另有1人修读广州中山大学博士课程。硕士毕业有政治大学及武汉大学各1人。博士毕业有北京大学1人。

2019年开办图书馆学相关课程及工作坊50多场，重要的有澳门图书馆暨资讯管理协会与澳门大学持续进修中心合办的“图书馆专业技术文凭\系列证书课程”（共5单科）；澳门图书馆暨资讯管理协会、武汉大学、澳门业余进修中心合办的“第七届图书馆硕士学位课程”；澳门教育暨青年局主办的“阅读推广人员专职培训”等。举办专业讲座及研讨会，影响较大的有澳门大学图书馆主办，广东省方志馆研究馆员林子雄主讲的“回眸——《广州大典》编纂历程”及澳门大学历史系教授汤开建主讲“《广州大典》中的澳门史料”；由福建省档案馆、澳门城市大学图书馆、澳门文献信息学会主办的“闽”学笃行　“澳”视西东——闽澳世界记忆与海上丝绸之路档案图片展暨学术研讨会，邀请联合国教科文组织世界记忆工程专家，以及内地、港澳学者共同参与；澳门科技大学图书馆主办“香山（澳门）特藏文献展览暨座谈会”，香港中文大学文物馆、文化局公共图书馆管理厅、澳门博物馆、中山市博物馆、孙中山故居纪念馆、珠海市图书馆和博物馆、珠海市高新区（唐家湾镇）文化中心和唐家历史文化研究会以及该校的专家学者出席，希望以此推进澳门、香山历史文化研究，探讨人文湾区建设；文献信息学会、世界记忆学术中心与西藏自治区档案馆合办的“藏澳文献遗产与世界记忆座谈会”在澳门城市大学举行，交流两地文献遗产与历史渊源，探讨世界记忆项目情况和申报工作。

此外，2019年度出版的书刊有澳门图书馆暨资讯管理协会的《澳门图书馆调查与研究（四）》；澳门大学图书馆梁德海、谢静珍、耿琳琳和潘雅茵编著的《资讯素养实用教程》。（澳门图书馆暨资讯管理协会　潘雅茵　王国强）

【合作与交流】 7月14—17日，来自澳门多个学校的阅读推广人员及老师共15人参加在台北举行的第八届世界华语学校图书馆论坛。此次论坛主题为“素养培力，幸福阅读”，共有来自北京、香港、澳门、台湾等地的215名代表出席论坛。澳门图书馆暨资讯管理协会理事谢惠纱及杨颖芝在论坛中发表有关澳门学校图书馆最新发展情况的论文。

7月23日，澳门大学图书馆代表赴广州图书馆参观交流，并举行“2019年穗澳图书馆信息组织与技术专题研讨会”。8月20—22日，2019年中国图书馆年会以“新时代图书馆的转型发展：均衡、融合、智慧”为主题，由中国图书馆学会和内蒙古自治区鄂尔多斯市东胜区人民政府共同举办。此次年会有9个主题论坛同时举行，澳门大学图书馆与武汉大学信息管理学院、中国图书馆学会学术研究委员会、《图书馆杂志》社共同主办“信息素养与可持续发展”主题论坛。

澳门高校图书馆联盟代表于8月23—30日赴希腊雅典参加第85届国际图联大会，此次会议得到澳门高等教育基金资助部分经费，并由澳门图书馆暨资讯管理协会协调组织。9月1—4日，环太平洋研究图书馆联盟（PRRLA）2019年年会在韩国首尔的高丽大学图书馆举行，共有60位来自英美加澳等12个地区的图书馆专家参加，澳门大学图书馆派代表出席。

10月25日，澳门大学图书馆一行4人赴广东省科技图书馆交流，双方就专利相关的服务做深入探讨。11月28日，深圳大学城图书馆副馆长李桂芬带领5位业务干部到访澳门大学图书馆，双方进行深入讨论，在信息素养、专利服务、人员培训、国际法律资源共享、学者库等范畴进行交流。12月6日，澳门高校图书馆10名代表赴广东省中山市出席“2019年广东省高等学校图书情报工作指导委员会工作会议”，并在会上被委任为各专业委员会的主席或成员。澳门城市大学图书馆派馆员到深圳的大学图书馆进行为期3周的学习。（澳门图书馆暨资讯管理协会　潘雅茵　王国强）

（本文鸣谢澳门公共图书馆管理厅、教育暨青年局成人教育中心、明爱图书馆、澳门科技大学图书馆、澳门城市大学图书馆、澳门理工学院图书馆、澳门旅游学院图书馆、澳门护理学院图书馆、澳门圣若瑟大学、澳门大学图书馆，本澳各学校及专门图书馆等单位提供资料。）

图书馆学会组织

中国图书馆学会

【概况】 2019年是新中国成立70周年，是全面建成小康社会的关键之年，也是中国图书馆学会成立40周年。一年来，中国图书馆学会坚持以习近平新时代中国特色社会主义思想为指导，全面贯彻落实党的十九大和十九届二中、三中、四中全会精神，深入贯彻落实习近平总书记给国图老专家回信精神，按照中国科协“三轮”驱动、“三化”联动、“三维”聚力工作要求，依据《中国图书馆学会2019年工作要点》，围绕中心，服务大局，稳中求进，开拓创新，各项工作均取得较大成绩。

一、党建和思想政治工作

1. 按照上级党组织统一部署和要求，开展“不忘初心、牢记使命”主题教育。制订主题教育工作方案；学习习近平总书记在“不忘初心、牢记使命”主题教育工作会议上的重要讲话精神；认真研读《习近平关于“不忘初心、牢记使命”重要论述选编》和《习近平新时代中国特色社会主义思想学习纲要》等必读书目；集中观看中央电视台三集系列微视频《初心》；组织开展“七一”系列活动，进行革命传统教育；广泛开展谈心谈话，列出问题清单并及时整改；开展专题组织生活会；在主题教育过程中开展增强“四力”教育实践工作等。

2. 深入学习贯彻落实习近平总书记给国图老专家回信精神。按照要求，制订贯彻落实回信精神推动事业发展细化方案，发布通知号召业界深入学习领会回信精神、认真提出落实措施，广泛宣传学习贯彻成果，得到业界积极响应。

3. 申报并获准承担中国科协2019年“党建强会计划”项目，主题为“服务全民阅读，助力中华优秀传统文化传播”。这是自2012年起，学会连续8年开展“党建强会计划”项目。

4. 按照中国科协科技社团党委要求，面向广大会员开展“不忘初心、牢记使命、建功新时代”作品征集，共收到征文60篇，视频作品13个。经评审，获得3个一等奖、5个二等奖、7个三等奖、11个优胜奖，在全国学会中名列前茅。

5. 中国图书馆学会党委召开5次会议，主动参与“三重一大”事项前置审议，充分发挥政治引领、思想引领和组织保障的重要作用。参与2019年全国学会星级党组织创建评价工作，联系指导中国药学会等3家学会党组织开展创建工作，并作为评价小组成员单位参与评审。

二、学术交流与编辑出版工作

1. 举办中国图书馆年会、第三届全国图书馆未成年人服务论坛、新时代公共图书馆文旅融合发展浙江现象研讨会、西部公共图书馆2019年学术研讨会、第31届全国十五城市公共图书馆工作研讨会、“一带一路”图书馆发展论坛、传承文明　服务社会——新时代公共图书馆高质量发展研讨会等品牌学术活动。协调和指导各分支机构开展2019年全国图书馆新型服务能力建设学术研讨会、第六届全国文献编目工作研讨会、2019公私藏书与经典阅读（沧州）论坛、新时代公共图书馆服务与建设创新研讨会、2019年中国高校图书馆发展论坛、专业图书馆分会2019年学术年会、医学图书馆分会第27届学术研讨会暨2019年学术年会、中国高职图书馆发展论坛（2019）、全国工会院校文献资源保障体系建设暨图书馆协作共享学术研讨会等重点学术活动。

2. 严格执行双向匿名审稿制度，编辑、出版、发行《中国图书馆学报》2019年1—6期，完成2018年英文年刊各项组稿和编辑工作，召开选题策划会暨图书馆学研究的时代使命学术研讨会和图书馆学期刊编辑出版研讨会，讨论新时代图书馆学理论研究的任务、图书馆学理论体系创新和发展中的中国贡献、思想与技术的对话与融合等。

3. 按照中国科协统一部署，开展2018—

2019图书馆学学科发展研究项目，编写并向中国科协提交《2018—2019图书馆学学科发展报告》初稿，包括综合报告和六个专题报告。编写《中小学图书馆建设与服务》系列丛书，包括《中小学图书馆概论》《小学图书馆资源建设与服务》《中学图书馆资源建设与服务》。

三、组织建设与人才举荐工作

1. 召开中国图书馆学会九届五次理事会。2月28日，会议在国家图书馆召开，126名理事参加。会议通过无记名投票的方式选举产生部分学会负责人和党委负责人，国家图书馆馆长饶权当选为第九届理事会理事长、党委书记，并担任法定代表人；国家图书馆副馆长陈樱当选为第九届理事会副理事长、党委委员。会议还审议通过有关工作报告和议案。按照中国科协和民政部规定，在会议前后分别完成拟任人选报批和负责人备案工作。

2. 以通讯方式召开5次党委会暨学会负责人工作会议和4次常务理事会，审议通过有关分支机构和省级图书馆学会变更理事、常务理事及分支机构负责人等申请事项，对《中国图书馆学会财务管理办法》个别条款进行修订。

3. 召开2019年秘书长联席会议。3月13—15日，中国图书馆学会2019年秘书长联席会议暨《中国图书馆年鉴》编纂工作会议在广西钦州召开。会议以“新时代图书馆发展——社会组织的责任与使命”为主题，专题研讨图书馆学会在新时代图书馆事业发展中担负的责任与使命，总结和部署中国图书馆学会重点工作及《中国图书馆年鉴》编纂工作。

4. 开展个人会员、单位会员的组织发展、收缴会费和颁发证书等工作。截至12月31日，中国图书馆学会个人会员21607名，单位会员746家。开展学会年检和中国科协交办的改革发展、综合统计、学术交流、科学普及、决策咨询和调研宣传等工作，荣获“2018年度科协系统统计调查工作优秀单位”。

5. 开展“书香城市（区县级）”“书香社区”风采展示活动，旨在从现有发现活动名单中研议产生一批更具宣传推广价值的“书香城市（区县级）”和“书香社区”，集中展示风采，总结经验，充分发挥典型示范带动作用，不断提升公共文化服务效能，推动全民阅读工作再上新台阶。北京市东城区等9个城市（区县）进入2019“书香城市（区县级）”风采展示活动名单，天津市和平区新疆路社区等6个社区进入2019“书香社区”风采展示活动名单。在2019年中国图书馆年会期间，通过视频展播、现场访谈和专题展览等形式，展示了有关城市和社区的风采。

四、承接政府转移职能与行业协调工作

1. 承接文化和旅游部人事司委托的深化图书资料系列职称制度改革工作。在图书资料系列职称制度改革领导小组指导下，对全国各地、各系统、各类型图书馆开展广泛调研，并面向图书资料系列职称制度改革专家委员会，就《关于深化图书资料专业技术人员职称制度改革的指导意见》开展征求意见工作。承接文化和旅游部公共服务司“全国公共图书馆效能监测及动态评估”工作。组织业内专家和项目协助研究单位召开工作研讨会，开展全国公共图书馆评估定级方案及效能监测信息化系统研究探索。完成第六次全国县级以上公共图书馆评估定级省级、副省级上等级图书馆标牌的制作和发放工作，并配合文化和旅游部公共服务司于3月20日在上海举行一级图书馆授牌仪式。

2. 承接文化和旅游部公共服务司“‘读好书　爱中华’——新中国成立70周年主题阅读推广活动框架体系研究”项目和“文化暖心　阅读惠民”主题阅读志愿服务活动项目。11月，为海南琼中等4个乡村基层阅读点筹措图书5000册、电子阅读设备16套，为海南乡村留守儿童和老人送去温暖。12月底，联合国家图书馆及有关社会力量组派文化文艺小分队，由饶权理事长带队赴云南怒江开展下基层活动，向怒江州图书馆、福贡县图书馆和贡山县图书馆捐赠图书14000余册，赠送移动阅读学习设备20台，同步开展了“文旅e家　助力美好生活”扫一扫活动。

3. 参与《中华人民共和国档案法》（修订草案）征求意见工作，向中国科协有关部门报送《中国图书馆学会关于〈中华人民共和国档案法（修订草案）〉意见的复函》。承担中国科协科普部引导性补助项目《科普志愿者管理规范研究》；积极参与中国科协“礼赞共和国、追梦新

时代——科技志愿服务行动”全国科技工作者日主题系列活动，参与前沿领域科技成果、社会化公共服务产品信息等征集工作。

4. 承接全国基层文化和旅游公共服务队伍示范性培训项目，举办全国县级图书馆馆长研习班。4月14—20日、7月8—14日、8月21—27日，分别在江苏淮安、西藏林芝和内蒙古鄂尔多斯举办第十期至十二期培训班，共计330名县级图书馆长参加。

5. 开展全国图书馆未成年人服务提升计划。5月27—31日、7月23—26日，全国图书馆未成年人服务提升计划四川站、山东站分别在四川成都和山东临沂举办，培训未成年人图书馆服务工作者452人。

6. 开展“革命文献与民国时期文献保护计划”宣传推广项目。5月14—17日、7月3—6日、11月12—15日，系列活动分别在甘肃兰州、湖南长沙和山东青岛举办，培训民国时期文献保护从业人员409人。活动配合开展展览和媒体宣传，引发全社会对民国时期文献保护工作的关注和重视。

7.2019年春节前夕，国家图书馆和中国图书馆学会联合全国各级各类图书馆及有关单位共同开展“共读中华经典　同度传统新年”春节主题活动。活动期间，集中推送新春文化“大礼包”，包括“品书香　赏年俗”年俗文化展和年俗专题资源等，吸引省级图书馆学会和各级各类图书馆积极参与。据统计，全国共有1200余家图书馆及有关单位承办活动，覆盖全国绝大部分省（自治区、直辖市）区，惠及公众超过500余万人次，受到得到社会公众的普遍欢迎和新闻媒体的广泛关注。

8. 召开全国数字图书馆建设与服务联席会议第二十次会议。会议于12月5日在北京召开，主题为“图书馆转型发展与未来规划”，围绕近年来图书馆转型发展与未来规划的研究与实践开展交流和研讨，讨论通过《数字图书馆资源管理指南》。

9. 充分发挥学会继续教育职能，紧随时代热点和业界需求，组织举办全国图书馆总分馆制暨“城市书房”建设研讨班、2019年图书馆馆长及业务骨干高级研修班、2019年图书馆信息组织和资源建设研修班、智慧图书馆与新一代图书馆平台建设研讨班、首届图书馆对公众开展信息素养教育研讨班等，培训777人。

五、科普与阅读工作

1. 发布2019年全民阅读工作通知，主题为“读经典　学新知　链接美好生活”，号召全国图书馆界紧扣主题开展阅读推广工作，服务全民阅读；开展以“爱祖国，爱阅读——学习强国，阅读圆梦”为主题的2019全国少年儿童阅读年系列活动，通过形式多样、内容丰富的活动，鼓励广大少年儿童立志成为全面发展的社会主义建设者和接班人。

2. 召开第十三届全民阅读论坛。4月8—11日，第十三届全民阅读论坛在山西太原举办，阅读推广委员会委员、专家以及来自全国的图书馆代表共400余人参加论坛。期间，还举办阅读推广优秀项目分享交流会。

3. 开展“读好书，爱中华”主题读书活动。活动由文化和旅游部公共服务司指导，中国图书馆学会、国家图书馆共同主办，由“我心中的一本好书”“我们一起读经典”“我与图书馆的故事”“阅美@图书馆”“成长在春风里——少儿阅读服务”等重点活动组成，采取“线下服务+移动终端传播”相结合的方式，向公众推荐好书、解读经典，反映新中国成立70年来国家面貌和人民生活的巨大变化和未来美好发展前景。

4. 开展“我听·我读——2019年少儿读者主题朗诵作品征集活动”。活动主题为“我和我的祖国”，采取线上展示与线下活动相结合的方式开展，全国31个省、自治区、直辖市120家单位注册报名，上传作品2073部。

六、国际合作与交流工作

1. 举办中英图书馆论坛。3月26—29日，论坛在四川省图书馆举行，主题为“公共图书馆服务创新与事业发展”，设立“读者服务”“数字图书馆与创新”“馆员培训与发展”“图书馆角色与定位”4个分论坛。来自中英两国图书馆20余位代表围绕主题开展深入讨论与交流。

2. 组织动员各相关单位投票支持国内代表竞选国际图联重要职务。其中，理事长饶权当选国际图联国家图书馆专业组常委；副理事长陈樱当选国际图联亚洲与大洋洲地区专业组常委；副理事长程焕文连任国际图联管理委员会委员（2019—2021年）；秘书长霍瑞娟当选国际图联图书馆协会管理专业组常委。

3. 为业界代表参加2019年美国图书馆协会年会及2019年国际图联大会提供专业信息咨询与服务，申请邀请函109份，并提供相关会议文件翻译等服务。（中国图书馆学会秘书处）

【举办“同城共读，万卷共知——2019年4·23世界读书日全民阅读活动”】 4月23日世界读书日期间，中国图书馆学会和国家图书馆联合全国3039家图书馆及阅读推广机构，共同开展以“读经典　学新知　链接美好生活”为主题的全民阅读活动，涵盖公共、高校、党校、科研院所、高职、中小学、医院等各级各类图书馆。其中，联合发布《服务全民阅读　共创美好生活——中国图书馆界4·23全民阅读活动倡议书》，共同向社会发出图书馆人对于服务全民阅读、推进学习型社会建设的倡议。搭建“读经典　学新知　链接美好生活”活动平台，集中展示全国各图书馆阅读推广活动风采，并发布图书、音频、视频等数字资源供社会公众免费获取和学习。组织专家研制中华优秀传统经典推荐书目，依托《唐诗三百首》《古文观止》《史记》《论语》《诗经》等中华传统典籍编制试题库，开展“同城共读，万卷共知”阅读知识竞答活动。各省、自治区、直辖市图书馆学（协）会积极动员全国各级各类图书馆及有关单位策划开展形式多样的读书活动，引导和鼓励社会公众阅读经典，参与在线竞答。据统计，共有91000余人访问平台完成注册、参与学习，其中73000余人参加线上答题，并于2019年中国图书馆年会期间举行现场竞答活动。（中国图书馆学会秘书处）

【开展“阅读推广人”培育行动】 5—11月，中国图书馆学会先后在四川成都、吉林长春和江苏盐城举办第十三期至十五期活动，共计培训647人。“阅读推广人”培育行动的课程设置系统化、体系化，通过大量的实践案例，内容深入浅出，全面提高图书馆员对阅读及其宣传推广方式方法的理解与应用，提升其业务水平和能力，促使我国图书馆界和相关业界更加规范有效地开展阅读推广活动，进而促进全民阅读事业健康发展。该项目由文化和旅游部推荐参加国家新闻出版署组织开展的优秀项目评选并荣获2019年全民阅读优秀项目，在各部委、各地区推荐的171个项目中仅有20个项目最终获评优秀项目；秘书长霍瑞娟作为优秀项目代表在中宣部主办的全国全民阅读工作经验交流会上做交流发言。（中国图书馆学会秘书处）

公共图书馆分会

【概况】 2019年，中国图书馆学会公共图书馆分会学习贯彻习总书记给国家图书馆专家回信精神，完成中图学会交办的工作，编写《中国图书馆年鉴2019》公共图书馆综述部分，参与全民阅读相关称号等推优事务，组织公共图书馆参加中图学会举办的论文和案例征集等多项学术交流活动。

完成第一届公共图书馆创新创意征集活动预定计划，启动第二届征集活动，引导鼓励公共图书馆创新发展。1月，在广州图书馆召开第三次新时代公共图书馆服务与建设创新研讨会，250人次参与会议现场交流。2月，联合辽宁省图书馆、河北省图书馆、广州图书馆、武汉图书馆、宁波图书馆启动第二届公共图书馆创新创意征集活动，征集有效案例295个；6月，在宁波召开现场研议会议，研议入选案例130个，10月完成证书发放工作。

推进精准文化扶贫工作，动员力量为贫困地区带去精神文化食粮。4月，召开2019年度图书馆扶贫工作专题会议，总结、部署和交流图书馆扶贫工作。注重扶贫工作成果调研，积极参与重庆市文化和旅游发展委员会脱贫攻坚“促改督战”工作，走访酉阳县车田乡474个住户并根据反馈进行扶贫方案动态调整；开展精准扶贫活动，“蒲公英梦想书屋”大型公益活动走进巫山；广泛开展《中华人民共和国公共文化服务保障法》《中华人民共和国公共图书馆法》宣传与培训，充实文化扶贫队伍；动员各图书馆志愿者力量，对口援建、精准扶贫，为贫困地区带去精神文化食粮。

提倡公共图书馆重视信息公开和规范化、标准化发展，提升服务效能。与国家图书馆、中山大学、广州市图书馆学会等机构合作制定文化和旅游行业标准《公共图书馆年度报告编制指南》，深入推进信息公开规范研究；编制《城市图书馆2018年度报告》，配合研究开展城市图书馆服务效能最佳实践案例征集活动，并先后举办城市图书馆学术论坛和“提升效能、创新发展与图书馆统计”学术研讨会。

推动图书馆文旅深度融合发展，创新展藏资源开发和文旅融合的实践形式。先后举办公共图书馆文旅深度融合发展研讨会暨2019年度特色图书馆工作专题会议、知识创新驱动文旅新发展论坛、“一带一路”图书馆发展论坛暨文献资源与文创产品联展活动，关注地方特色资源与图书馆旅游形象塑造、城市品牌建设与文化传承、文献资源与文创产品开发等主题，引导公共图书馆创新资源和活动实践形式，推动文旅深度融合发展。

出版《中华人民共和国公共图书馆法解读》《中华人民共和国公共图书馆法学习问答》等学习材料，组织公共图书馆文献信息处置制度、公共图书馆年度报告等信息公开制度等法律配套制度研究；对《公共图书馆服务规范》进行修订，组织研制《公共图书馆总分馆业务规范》等文化行业标准。

举办系列学术交流研讨会议，加强同行交流和合作。3月，在广州召开“图书馆中的设计思维”高级研修班，邀请国内外20余名设计思维领域的专家、学者以及来自社会机构的导师指导教学，80余名全国公共图书馆业务骨干参加。4月，在长沙召开第二届城市图书馆学术论坛，300余人参会，对“阅读新时代、城市新动能”等主题进行探讨交流。6月，在威海召开全国基层公共图书馆服务体系建设研讨会，140余名代表参加会议，交流各地基层公共图书馆服务体系建设的经验与做法。10月，在杭州举办“知识创新驱动文旅新发展”论坛，250余位代表参加论坛，围绕“知识创新视野下的公共知识生产、管理与传播”等主题展开研讨。12月，在丹东召开区域协作与图书馆智慧服务专题论坛，150人参加会议，对征文入选案例进行交流分享。

2019年，公共图书馆分会的工作还包括：完善公共图书馆分会组织机构建设；参与完成《长三角城市群公共图书馆发展报告》“第二篇　创新服务篇”编写；研讨《阅读推广志愿者服务规范》；广泛组织志愿者参与庆祝新中国成立70周年、第七届世界军人运动会等重大活动。（公共图书馆分会）

【第二届公共图书馆创新创意征集推广活动】 2019年2月，公共图书馆分会联合辽宁省图书馆、河北省图书馆、广州图书馆、武汉图书馆、宁波图书馆启动第二届公共图书馆创新创意征集活动。该活动继续以“创新引领未来”为号召，旨在深入贯彻落实党和国家关于创新驱动发展、开展文化创意工作等精神，发现一批创新示范性强、应用价值高、具有推广借鉴意义的创新创意项目，并推动它们在全国范围内的交流展示和学习借鉴。活动得到众多公共图书馆和相关机构的积极参与和大力支持，共有来自全国26个省、自治区、直辖市的公共图书馆和相关机构提交有效案例作品295个。对这些案例的研议包括2个环节：初评专家小组在线研议和终评专家小组现场研议。其中初评专家由辽宁省图书馆、河北省图书馆、广州图书馆、武汉图书馆、宁波图书馆分别推荐，共计19位；终评专家小组由公共图书馆分会组建，共计9位，现场会议在宁波图书馆举行，最终共有130个项目入选推荐案例，包括一等案例30个、二等案例44个、三等案例56个。10月，完成证书发放工作，后续交流展示、巡展巡讲环节将继续进行。（公共图书馆分会）

【“图书馆中的设计思维”高级研修班】 3月24—29日，在文化和旅游部公共服务司、中国图书馆学会的指导下，在广东图书馆学会对外交流委员会的支持下，由公共图书馆分会主办，广州图书馆、广州市图书馆学会联合承办的“图书馆中的设计思维”高级研修班在广州图书馆开班，该培训班也是文化和旅游部公共服务司2019年十大公益培训之一。研修班邀请国内外20余名设计思维领域的专家、学者以及来自社会机构的导师指导教学，其中包括丹麦奥尔胡斯市公共图书馆馆长玛丽·奥斯特加德、美国芝加哥公共图书馆的第一副馆长玛丽·艾伦·梅斯纳、美国圣何塞州立大学信息学院终身教授罗丽丽、新加坡国家图书馆管理局计划和发展部副处长陈伟玲、华东师范大学开放教育学院院长闫寒冰、华南理工大学建筑学院副教授方小山。来自全国20多个公共图书馆的80余名业务骨干参加学习，学习方式以工作坊和主题演讲相结合。（公共图书馆分会）

【第二届城市图书馆学术论坛】 4月11—12日，第二届城市图书馆学术论坛暨“书香长沙·2019世界读书日”主题活动在长沙市图书馆举行。中国图书馆学会副理事长、公共图书馆分会主任刘小琴出席并致辞，湖南省文化和旅游厅党组成员、副厅长尚斌宣布论坛开幕。来自全国23个省（自治区、直辖市）90多个公共图书馆、高校图书馆的300余位代表参加活动。此次活动以“阅读新时代，城市新动能”为主题，旨在探讨城市图书馆服务效能提升和创新融合发展，发挥城市图书馆推动城市文化繁荣的示范引领作用，激发文化创新活力，深入推进全民阅读，推进学习型城市建设。开幕式上揭晓2018“阅天下·邂逅图书馆之美”活动表彰名单，谢诗语、傅子潇获“游学达人”奖，四川省图书馆、广州图书馆、太原市图书馆、长沙图书馆、深圳市宝安区图书馆、广东东软学院图书馆获评“游学基地”。学术论坛则以“城市图书馆服务创新与效能提升”为主题，20多位图书馆界专家、学者及业务骨干围绕“人工智能与图书馆服务创新和效能提升”“新时代城市图书馆服务的温度与梯度”等主题开展主旨报告、学术报告、案例分析和点评。（公共图书馆分会）

【全国基层公共图书馆服务体系建设研讨会】 6月20日，由公共图书馆分会主办，山东省图书馆、山东省图书馆学会、威海市文化和旅游局承办，威海市图书馆协办的全国基层公共图书馆服务体系建设研讨会在山东威海召开，中国图书馆学会副理事长、公共图书馆分会主任刘小琴，山东省图书馆党委书记、馆长刘显世，威海市人民政府副秘书长王伟，以及来自全国各地图书馆的140余名代表参加此次会议。研讨会邀请刘小琴、广东省立中山图书馆研究辅导部主任陈卫东、华东师范大学工商管理学院教授金武刚分别就“图书馆总分馆制建设政策解读”“县级总分馆制建设之广东实践”“城市书房——基层图书馆总分制建设的突破与跨越”3个专题做主旨报告；威海市图书馆、苏州市吴江区图书馆和温州市图书馆则围绕“构建四位一体服务体系”、“总分馆制建设”和“城市书房创新实践”分享实践经验，为基层公共图书馆服务体系发展建言献策。随后，与会代表对威海市图书馆新馆、威海城市书房进行实地调研和学习。（公共图书馆分会）

【“知识创新驱动文旅新发展”论坛】 10月22—23日，由公共图书馆分会、杭州市文化广电旅游局主办，杭州市图书馆协会、杭州图书馆承办的“知识创新驱动文旅新发展”论坛在杭州图书馆举办。来自全国公共图书馆、部分高校图书馆等行业单位的相关负责人和代表约250人参加论坛。开幕式上，浙江省文化和旅游厅党组成员、副厅长叶菁，中国图书馆学会副理事长、公共图书馆分会主任刘小琴，杭州市文化广电旅游局党组副书记、副局长阮英，同方知网（北京）技术有限公司公共服务事业本部总经理成鑫共同启动“杭州文化旅游知识库”项目。开幕式后，国家公共文化体系建设专家委员会主任、北京大学教授李国新，杭州图书馆馆长应晖和成鑫围绕“知识创新驱动文旅新发展”主题分别做主旨发言。两个分论坛则分别围绕“知识创新视野下的公共知识生产、管理与传播”和“文旅融合视角下的城市品牌建设与文化传承”主题展开研讨。（公共图书馆分会）

高等学校图书馆分会

【概况】 2019年，中国图书馆学会高等学校图书馆分会（以下简称“高校分会”）配合中国图书馆学会组织各高校开展2019年全民阅读活动，并推选2018年高校分会系统内的全民阅读活动“优秀组织”“先进单位”“阅读推广优秀项目”“全民阅读示范基地”等奖项。组织完成“智慧科协平台”专家的推荐工作，高校分会共推荐专家14名。完成中国图书馆学会组织的深化图书资料系列职称制度改革调研工作。

完成高校分会主任委员的换届工作。按照中国图书馆学会要求，通过主任委员会议表决、学会审批等程序，完成部分因退休或岗位变动不在图书馆工作岗位的委员及主任委员的更换工作。

举办2019中国高校图书馆发展论坛，保持分会学术品牌。论坛于6月4—7日在辽宁省大连市举行，由中国高等教育文献保障系统（CALIS）管理中心、高校分会和北京大学图书馆联合主办，大连理工大学图书馆承办。本年度研讨的主题是：高等教育新形势与图书馆发展新趋势。下设若干分主题：智慧图书馆建设与发展；多种介质资源生态系统建设；新一代图书馆管理系统（平台）；图书馆在学科建设、专业建设和课程建设中的协同作用；图书馆在重构学术交流系统中的作用；下一代机构知识库建设；数字人文与数字学术服务；图书馆智库服务与决策咨询能力建设；图书馆在推动优秀传统文化创造性转化创新性发展中的作用；图书馆组织机构优化及馆员能力建设；图书馆新馆建设与空间再造的作用和成效；图书馆共建共享联盟新模态；其他与图书馆创新发展相关的内容等。

组织高校图书馆参加中国图书馆年会学术活动。8 月 14—17 日，2019 年中国图书馆年会“图书馆与社会发展”分会场——第五届中美高校图书馆合作发展论坛在内蒙古自治区呼和浩特市举办。此次会议由中国图书馆学会主办，高校分会与中国高校人文社会科学文献中心（CASHL）、北美中国研究图书馆员学会（SCSL）共同组织，内蒙古大学图书馆承办。涉及的分主题有：图书馆与学术、图书馆与出版、图书馆与教育、图书馆与企业、图书馆与社会。

与中国图书馆学会专业图书馆分会合作开展学术交流活动，主要有：第十一届中国图书馆馆长与国际出版社高层对话论坛，2019 年数字资源长期保存全国学术研讨会，2019 年第七届中国机构知识库学术研讨会，共同开展相关领域问题研究。（高等学校图书馆分会）

专业图书馆分会

【概况】 2019 年，中国图书馆学会专业图书馆分会（以下简称“专业分会”）继续围绕“新型知识服务能力建设”的主线组织各类活动，秉承搭建平台、推进合作、服务会员、促进发展的宗旨，关注国家科技创新新动向，跟踪大数据、人工智能新技术发展趋势，瞄准专业图书馆发展方向，组织专业图书馆开展未来愿景、应对挑战和发展策略的学术探讨与实践交流活动，分享变革和创新发展的经验，探索专业图书馆知识服务能力和文献情报服务能力转型发展的途径，活跃专业图书馆的学术氛围，展示专业图书馆的发展理念和发展潜力，提升专业图书馆员的知识服务能力，促进专业图书情报事业的发展。

以新型知识服务能力和情报服务能力建设为核心组织学术活动，跟踪领域前沿，共享实践经验。全年组织大型学术活动 4 项，即第 3 届专业图书馆青年学术论坛（4 月 2—3 日）、2019 年中国图书馆年会“开放科学与机器智能环境下学术信息服务范式变革”分会场（北京）（8 月 16 日）、第 11 届中国图书馆馆长与国际出版社高层对话论坛（联合组织）（8 月 22 日）、中国图书馆学会专业图书馆分会 2019 年学术年会（9 月 17—20 日）；参与组织大型学术活动 3 项，即 2019 中国开放获取推介周（10 月 23—24 日）、第十六届数字图书馆前沿问题高级研讨班（10 月 25—26 日）、第七届中国机构知识库学术研讨会（12 月 9—12 日）；组织 NSTL 前沿趋势报告会 4 期。共计 1500 多人次参加活动。

以新型“知识服务能力”和“情报服务能力”为中心组织专业培训，提升运用新工具、新方法、新技能开展专业化服务的能力。全年共策划组织培训班 6 期，包括两个层面：一是面向图书情报机构、会员单位举办业界培训 3 期，即图书馆先进知识服务工具技能应用培训班（4 月 23—29 日）、第 33 期图书情报工作岗位培训班（5 月 13—24 日）、基于科学计量的学科领域分析和可视化方法培训班（5 月 27—31 日）；二是承担 NSTL 委托专项培训 3 期，即多源情报服务模式研究和实践研讨班（4 月 11—12 日），科技情报挖掘原理、方法与可视化应用培训班（11 月 26—30 日），图书馆著作权研讨班（12 月 13 日）。培训班先后邀请中科院文献情报中心、中科院战略咨询研究院、中国科技信息研究所、北京大学、清华大学、南开大学、武汉大学、北京理工大学、大连理工大学等从事教学和科研一线的优秀师资授课，共计 400 多人次参加培训。

完成中国图书馆学会相关任务。组织完成 2019 年中国图书馆年会专业图书馆发展分主题征文策划以及论文评审工作；承办 2019 年中国图书馆年会“开放科学与机器智能环境下学术信息服务范式变革”分会场（北京）；参加中国图书馆学会 4·23 世界读书日全民阅读活动，组织书影共读、国际出版社学术出版物精品展览等活动；组织完成《中国图书馆年鉴 2019》专业图书馆部分的撰稿工作。

开展组织建设与会员服务。完成专业图书馆分会网站平台升级工作，嵌入会议、培训、会员服务等新功能；分别组织3批次共计100余名会员赴中央电视台音像资料馆、人民日报社新媒体大厦参观，开展数字音视频资料保存保护与传播利用专题交流。（专业图书馆分会秘书处　姚伟欣　赵树宜）

【2019年中国图书馆年会“开放科学与机器智能环境下学术信息服务范式变革”分会场（北京）召开】 8月16日，2019年中国图书馆年会“开放科学与机器智能环境下学术信息服务范式变革”分会场（北京）在中国科学院文献情报中心召开。会议由中国图书馆学会主办，专业分会、中国科学院文献情报中心承办。此次会议安排5位专家做学术报告，会上重点交流讨论变革环境下专业图书馆的战略、模式、能力和服务重塑，以及支撑开放科学研究和智慧服务的学术信息基础设施建设、数字化学术服务新范式、智能化学术信息服务平台及服务构建等，从资源、服务、平台、技术等方面全方位展示在开放科学与机器智能环境下信息服务与情报服务的最新实践和进展。来自全国各类型图书馆的70多名代表参加会议。（专业图书馆分会秘书处　姚伟欣　赵树宜）

【NSTL前沿趋势报告会举办】 2019年，专业分会共举办4期NSTL前沿趋势报告会，组织会员单位参加，促进业务实践交流。包括：3月27日第1期——基于大数据的开源情报分析，4月23日第2期——政策文献量化研究与公共政策分析，5月14日第3期——图书馆战略规划与管理（2019年），10月30日第4期——基于人工智能的大数据与知识图谱技术应用。4期报告会分别邀请来自南开大学、北京大学、浙江大学、荷兰阿姆斯特丹自由大学、中国科学院计算技术研究所等国内外业内著名专家做报告，来自会员单位的319人次参加活动。（专业图书馆分会秘书处　姚伟欣　赵树宜）

医学图书馆分会

【概况】 2019年，中国图书馆学会医学图书馆分会（以下简称“医学分会”）遵循“搭建平台、促进交流、信息共享、资源共建”原则，为应对医学科技创新对信息服务的需求，通过举办学术年会、QQ、微信和邮件等途径，组织开展线下学术活动、网上资源共享、信息发布等，进一步推进医学图书馆科学研究领域的工作，较好地发挥行业纽带和平台作用，促进全国医学图书馆行业学术交流、知识共享。

在学术活动方面，在四川成都举办中国图书馆学会医学图书馆分会第27届学术研讨会暨2019年学术年会，会议主题为：“医学图书馆服务创新：新技术、新文化、新影响”，来自全国100多个医学信息机构的180余名代表参会。会议由特邀报告、馆长论坛、青年论坛、新技术研发与应用培训、优秀论文交流等版块组成，取得促进交流、共享知识、增进友谊的效果。

北京、上海、广东、辽宁、山东、山西、浙江、湖南、河北、四川、黑龙江、江苏、吉林、内蒙古等省级医学（院）图书馆委员会（分会）（以下简称“省级医图委”或“省级医图分会”）分别召开学术年会、学术研讨会、学术论坛等，围绕医院（医学）图书馆面临的发展与挑战、资源建设、服务创新与发展等主题，研讨交流学科领域的新进展、新实践和技术发展新趋势，累计参会人数达1600余人次。

此外，各省级医图委、医图分会相继开展各种专题研讨和交流活动。北京市医图委一行12人到天津地区医院（学）图书馆交流参观；派员参加第85届国际图联大会。吉林省医图分会等派代表参加台湾省医学图书馆学会举办的2019年（第41届）医学图书馆工作人员研讨会。上海市医图委在上海市图书馆学会2019年学术年会期间举办医院图书馆委员会专场研讨会，就“知识服务助力健康上海建设”进行专题研讨。复旦大学医学图书馆联盟组织部分联盟委员、医科馆馆员赴复旦大学附属中山医院厦门医院调研，就医院图书馆的服务模式、管理模式、资源建设、主动推送、知识服务等内容进行深入交流。浙江省医图分会邀请复旦大学医学图书馆的同行参加学术交流活动；组织并推荐会员参加浙江省图书馆学会举办的第八次优秀论文评选活动，其中2篇论文获得此次评选优秀论文二等奖。山东省医图委组织会员一行10人赴上海市医图委交流学习，参观复旦大学图书馆医科馆、上海交通大学医学图书馆、瑞金医院图书馆，两地医图委同时就医院图书馆的资源建设、主动推送、知识服务等方面进行深入交流和切磋；组织全省各医院图书馆参与医学分会的科研基金课题研议方向调研，共有10人参加调研，征集课题方向8个。广东省医图委派员参观、走访军事科学院图书馆，并与北京市医图委座谈交流。

在业务培训与宣传活动方面，医学分会积极组织、参与军事科学院图书馆的世界读书日活动。4月23—25日，分别在军事科学院、防化研究院和军事医学研究院3个单位开展以“阅读·创新·强军”为主题的系列读书活动。通过宣传推广、诵读寄语、交流互动、评比奖励、技术展示、图书展销等6大类20余项丰富多彩的活动，带动全院科研人员走进图书馆、利用图书馆，达到宣传世界读书日和推广图书馆资源与服务的目的。

各省级医图委、医图分会和会员单位相继就资源利用专题举办培训。其中，河北省医图委在张家口市举办文献资源利用专题培训讲座，培训140余人；山东省医图委在山东大学齐鲁医院图书馆举办数字资源使用系列讲座10讲13场，培训308人；临沂市人民医院图书馆邀请万方、知网等专业技术人员举办数字图书馆平台资源使用专题培训10场，主要内容包括中、外文文献检索技巧、个人馆创建、手机APP安装等；湖南省肿瘤医院图书情报中心组织开展“数字资源推广周”、漂流书等活动，普及数字资源及其利用知识。

此外，各会员单位还举办知识竞赛、读书沙龙和“走出去　请进来”等各类宣传、培训活动40余次，参与培训2700余人次。有的图书馆开展丰富多彩的服务新项目，为读者提供免费论文查重、全文提供、翻译润色和课题或成果检索等。浙江省医图分会还组建1支含23个全省医院图书馆业务骨干的微信维护团队，轮流维护“浙江医图”微信公众号，深化图书馆服务工作。

配合中国图书馆学会开展工作：落实“中国图书馆学会关于组织动员全国图书馆联合开展‘共读中华经典　同度传统新年’春节主题活动的通知”精神，组织会员单位开展此次主题活动，军事科学院图书馆、山西省汾阳医院图书馆等会员单位参与，开展楹联展等活动，活跃春节气氛、宣传春节习俗文化，受到广大读者的关注和欢迎。推荐重庆医科大学附属第一医院图书馆、军事科学院图书馆、山西省汾阳医院图书馆等会员单位参加中国图书馆学会2018年“全民阅读”工作评选活动，其中军事科学院图书馆获评“2018全民阅读先进基地”，重庆医科大学附属第一医院图书馆获评“2018年度全民阅读先进单位”。响应中国图书馆学会“读经典　学新知　链接美好生活”为主题的“4·23”全民阅读活动号召，以邮件、微信和电话的形式向各省级医图委、医图分会广为宣传，北京大学第三医院图书馆、军事科学院图书馆、湖南省肿瘤医院图书情报中心、山东大学齐鲁医院图书馆、烟台毓璜顶医院图书馆、临沂市人民医院图书馆、河北医科大学第四医院图书馆、昆明医科大学第一附属医院、重庆医科大学附属第一医院图书馆、华中科技大学同济医学院附属同济医院图书馆报名参加此次活动，通过宣读活动倡议书、录制宣传片、制作大量展板等，吸引大量读者走进图书馆参与阅读活动；山西儿童医院图书馆、中国医科大学附属盛京医院图书馆等一批图书馆虽没有报名，但也根据自己图书馆的具体情况开展有声有色的读书日活动。这项活动起到弘扬中国经典文化、传播知识、丰富群众生活、增加图书馆知名度的效果。落实中国图书馆学会《关于开展深化图书资料系列职称制度改革调研工作的通知》，收集各省级医图委、医图分会的反馈材料并整理相关意见上报中图学会。响应《中国图书馆学会关于深入学习贯彻习近平总书记给国家图书馆老专家回信精神的通知》精神，组织各省级医图委、省级医图分会认真学习，深刻领会习近平总书记回信的重大意义和精神实质，切实贯彻落实到图书馆事业发展的方方面面，学习成效明显。完成《中国图书馆年鉴2019》医学图书馆分会部分的编写工作。

在组织建设方面，按照组织工作流程，医学分会秘书处根据部分省级医图委、省级医图分会的申请对其常委任职履职情况进行摸底调研，由各省级医图委、省级医图分会提名，医学分会领导审议报请中国图书馆学会批准，有5名常委因工作需要进行更换。

各省级医图委、省级医图分会组织建设有序开展。广西、湖北、江苏、浙江、陕西等省级医图委、省级医图分会相继召开工作会议，对其领导班子进行改选。（医学图书馆分会　冯占英　张明华　王伯秋）

【举办中国图书馆学会医学图书馆分会第27届学术研讨会暨2019年学术年会】 6月4—7日，由中国图书馆学会医学图书馆分会主办、军事科学院图书馆承办的中国图书馆学会医学图书馆分会第27届学术研讨会暨2019年学术年会在四川成都召开，会议主题为“医学图书馆服务创新：新技术、新文化、新影响”，来自全国100多个医学信息机构的180余名代表参会。6月4日晚，召开医学分会第六届第七次常委会。分会主任委员陈锐主持会议并做2018—2019年度工作报告，分会秘书长冯占英传达中国图书馆学会秘书长会议精神、通报2018年度会员单位履行义务情况，会议审议通过中国图书馆学会医学图书馆分会工作报告和2018年度财务收支情况报告，研究讨论并确定分会新年度的重点工作。

此次会议由特邀报告、馆长论坛、青年论坛、新技术研发与应用培训、优秀论文交流等版块组成。陈锐、解放军总医院信息科主任龙莉艳分别做题为“图书馆实验室建设思考与实践”“精准管理在科研协同服务中的作用与思考”的特邀报告。北京大学第三医院图书馆馆长田新玉、中国医科大学附属盛京医院图书馆馆长杨华、浙江大学附属第一医院图书馆副馆长丁芸、复旦大学附属华山医院病案图书室主任李芸、济宁市第一人民医院图书馆馆长肖立运和四川大学华西医院图书信息中心主任何林做专题报告，分别介绍医学图书馆在技术创新、服务创新、新文化氛围的营造等方面的理论和实践经验。中国医科大学图书馆许丹，山东大学齐鲁医院图书馆李沁蓉、庞兴梅，军事科学院图书馆杨志滨，华中科技大学同济医学院附属同济医院图书馆魏萌萌，吉林大学第一医院图书馆李日等6位优秀论文作者代表做论文交流。军事科学院图书馆李芳薇、华中科技大学同济医学院附属同济医院图书馆秦方、中日友好医院图书馆丁杨、浙江省湖州市妇幼保健院图书馆闵司晨、重庆医科大学附属第一医院图书馆姚海燕、中国医科大学附属盛京医院图书馆方丽、青岛大学附属医院图书馆曹湘搏、广州市番禺区中心医院科教科宋启德等8位图书馆青年工作者做论坛发言。（医学图书馆分会　冯占英　张明华　王伯秋）

党校图书馆分会

【概况】 在中国图书馆学会的指导下，2019年中国图书馆学会党校图书馆分会各项工作有序推进，有力推动全国党校（行政学院）系统图书馆的整体转型发展。

充分发挥组织带头作用，组织地方党校（行政学院）图书馆参与“四大专题数据库”建设。全年完成5家地方党校（行政学院）图书馆的7个子库项目［具体为：内蒙古自治区委党校的“中国共产党内蒙古历史数据库”“蒙古文中共内蒙古党史党建数据库”，海南省委党校的“海南省自贸区（港）数据库”，合肥市委党校的“淮军文化专题数据库”，佛山市委党校的“佛山市红色资源专题数据库”，绵阳市委党校的“应急管理特色资源数据库”“全国党校（行政学院）期刊（内刊）数据库”］和1个子课题项目（“基于红色文化的佛山地方信息资源整理与开发”）的立项工作。截至2019年底，共有47家地方党校（行政学院）的83个子库项目、34家地方党校（行政学院）的63个子课题项目通过项目评审，完成立项。同时，为北京市委党校的“李大钊数据库”、铜陵市委党校的“桐城派文化专题数据库”2个数据库项目进行论证验收。各申报单位积极协调相关部门，加紧进行项目建设工作。另外，中共中央党校（国家行政学院）图书和文化馆（以下简称“中央党校图书和文化馆”）策划在全国党校（行政学院）系统图书馆中实施“红色文献100年——全国党校馆藏红色文献保护与数据库建设”项目，向中国共产党百年诞辰献礼。项目以全国党校（行政学院）系统的馆藏红色文献资源为基础，以党的百年历程为主线，通过全面整理、深度挖掘、重点保护馆藏红色文献资源，加强文献分类整理和系统化研究，在2021年建党100周年时举办全国大型红色文献资源展览。四川省委党校（行政学院）立足四川省丰富的红色文献资源，在全省进行“长征精神研究数据库”建设。

拓宽视野，积极开展各项交流活动。8月24日—9月1日，组织中央党校图书和文化馆副馆长李爽等一行3人赴希腊雅典参加第85届国际图联大会。参会期间，团组成员参加大会开闭幕式及部分分论坛、展览、文化之夜等系列研讨、交流活动，并在会议主办方的组织下参观希腊部分高校图书馆。

2019年，江苏省党校文献情报学召开会第七届会员代表大会，完成换届工作。广东省党校文献信息学会召开第五次会员代表大会暨2019年学术交流会，在完成换届工作的同时，特邀北京大学图书馆原馆长、深圳北理莫斯科大学图书馆馆长朱强做题为"新时代高校图书馆的转型发展：机遇与挑战"的专题报告，5家党校（行政学院）围绕图书馆在服务教学科研、智库建设、功能转型、创新服务和推广阅读活动等方面的工作亮点和成功经验做大会发言。上海市图书馆学会党校图书馆委员会、学术委员会数字人文专业委员会联合承办上海市图书馆学会2019年学术年会第十分会场，分会场主题为"数字人文十年：经典大众化"，6位专家做主旨发言，上海市委党校图书馆建设的"习近平与上海"特色资源库在会上获评优秀案例，该馆还与金山区委党校图书馆、宝山区委党校图书馆等荣获上海市图书馆学会"2019年度优秀学术活动组织奖"。

加强对外合作，不断提升资源服务能力。2019年，中央党校图书和文化馆加入北京地区高校图书馆文献资源保障体系（BALIS）的原文传递系统，开通远程文献传递服务，使党校学工人员可以免费使用北京地区105家高校图书馆的数字文献资源。同时，积极协调中国社会科学院图书馆，为全国2502家党校（行政学院）免费开通使用国家哲学社会科学期刊库，满足县市区党校科研工作的基本需求，这其中包括很多经费比较紧张的县、市级地方党校（行政学院），受到广泛欢迎与好评。（中央党校图书和文化馆　杜敏）

【"铜城派文化专题数据库"提前验收结项】 11月29日，中央党校图书和文化馆副馆长刘俊瑞一行5人应邀赴铜陵市委党校论证验收"桐城派文化专题数据库"。验收会由铜陵市委党校教育长凌涛主持，校委班子成员，以及数据库项目组成员和合作建设单位相关人员参加验收。该数据库是全国党校（行政学院）系统图书馆"四大专题数据库"的子库项目，于2017年9月批准立项，2018年开始建设，2019年10月初步建成并上线试运行。该项目运用XML碎片化加工、自适应页面、数据可视化、知识关联、数据分析、虚拟现实、知识图谱等信息化技术，搭建了包含诗文、著述、桐城派人物、研究文献、专家学者、历史遗迹、年谱在内的7个底层数据库、1个综合发布平台以及后台数据库管理系统的"桐城派文化专题数据库"。汇集包括名家著述、研究专著、期刊论文、图片、音视频、VR、虚拟展馆等多类型的资源，力图打造一个桐城派文化的学习、交流、展示和分析平台。（铜陵市委党校图书信息中心　竺伟鹏）

【"长征精神研究数据库"启动建设】 3月26日，四川省委党校（行政学院）"长征精神研究数据库"建设启动会召开。常务副校（院）长李新，副校（院）长裴泽庆、吴刚强，数据库建设首席专家郭伟，数据库建设领导小组及工作机构成员以及成都、泸州、阿坝等14家相关市州党校（行政学院）负责人、图书馆馆长共计60余人参加启动会。

6月3日，"长征精神研究数据库"建设推进会暨资源收集培训班在四川省阿坝州委党校召开，四川省委党校（行政学院）原常务副校（院）长刘毅、副校（院）长吴刚强等领导出席会议。数据库建设领导小组及工作机构成员，四川省委党校（行政学院）图书馆、科研处等部门代表以及成都、泸州、阿坝等14家市州、89家区县党校（行政学院）负责人及工作人员共计140余人参加会议。吴刚强对数据库建设启动以来所取得的阶段性成绩给予肯定，并要求各市州党校和区县党校要切实行动起来，加强组织领导、制定工作方案、把握节奏进度、加大保障力度，全力推动数据库建设工作的顺利开展。与会人员按地区进行数据库建设分组讨论和工作布置。随后，在全省范围内开展地方性特色资源收集工作。已完成数据库公开资源采购，15个校级重大委托课题和87个县市调研课题的申报及立项，以及第一批区域性特色资源纸质文件及电子资料的提交工作。[四川省委党校（行政学院）图书馆　施静]

各省、自治区、直辖市图书馆学会

北京市

【概况】 2019年，北京市图书馆协会在北京市文化和旅游局、北京市社会科学界联合会及中国图书馆学会的支持与指导下，完成换届工作，积极开展各项工作。协会积极带领会员深入学习贯彻党的十九大精神、习近平总书记给国家图书馆老专家回信精神，在北京市社会团体管理办公室的指导下，进一步明确社团组织在新时期的发展方向。协会大力发展会员，夯实自身组织基础，共有会员 864 人。严格遵守国家法律法规，遵照上级主管单位对协会工作的要求，不断完善、健全各项规章制度。协会督导会员正确、合理参加与开展各项学术研究活动，组织会员单位面向读者举办各具特色的阅读推广活动。北京市图书馆协会以“阅读北京——首都市民阅读系列文化活动”为重要抓手，组织会员单位开展讲座、展览、送书、诵读等阅读活动。2019 年度“阅读北京”以“阅动京城　礼赞祖国”为主题，依托北京市公共图书馆四级服务网络开展“全市诵读大赛”“阅读之城——市民读书计划”“最美书评”“‘十佳优读空间’评选”，以及“阅读伴我成长”5 大活动，吸引数百万市民参与。在图书馆服务宣传周、世界读书日、科技周、社会科学普及周以及节假日期间，各会员单位广泛开展阅读体验活动，普及科学知识，全年举办各类阅读活动 8886 次，319 余万人次参与其中。在中国图书馆学会 2019 年公布的 2018 年全民阅读工作有关名单中，协会推荐的石景山区图书馆，进入“全民阅读示范基地”名单；顺义区图书馆进入“2018 年全民阅读优秀组织”名单；首都图书馆“阅读之城——市民读书计划”图书推荐活动，与西城区第一图书馆“生态环保课堂”，进入“2018 年阅读推广优秀项目”名单。协会参与组织中国图书馆学会 2019 年“共读中华经典　同度传统新年”春节主题活动，获“优秀组织单位”表彰。协会推荐的东城区王府井社区，进入中国图书馆学会 2019 年“书香社区”发现活动名单。（北京市图书馆协会）

【北京市图书馆协会完成换届工作】 10 月 22 日，北京市图书馆协会第六届会员代表大会在首都图书馆召开，会员代表及嘉宾近 70 人参加会议。北京市民政局社会团体管理办公室、北京市社会科学界联合会、北京市文化和旅游局等单位相关领导出席会议。此次大会对第五届理事会工作进行审议，并选举产生第六届理事会、监事会及领导机构。会议审议通过《北京市图书馆协会第五届理事会工作报告》《北京市图书馆协会第五届财务工作报告》《北京市图书馆协会第五届监事会工作报告》《北京市图书馆协会章程（草案）》《北京市图书馆协会会费管理办法（草案）》，并就新一届理事、监事人选进行投票选举，最终产生第六届理事会理事 19 名，监事会监事 3 名。经选举，首都图书馆党委书记肖维平当选为第六届理事会理事长，首都图书馆副馆长陈坚当选为第六届理事会常务副理事长兼秘书长，首都图书馆原北京地方文献中心主任李诚、北京联合大学图书馆馆长王彤、首都师范大学图书馆馆长石长地、北京友谊医院图书馆馆长吴晓海、东城区第一图书馆馆长肖佐刚当选为第六届理事会副理事长。西城区第一图书馆馆长樊亚玲当选为第六届监事会监事长。（北京市图书馆协会）

【开展学术培训与研究活动】 北京市图书馆协会着眼地区图书馆事业发展，策划、组织和实施图书馆从业人员继续教育。5—6 月，协会参与举办北京市街道（乡镇）图书馆业务培训班 5 期，培训基层图书馆管理员 458 人；参与举办北京市公共图书馆数字文化工程培训班，各区图书馆 140 人参加培训。协会根据需要，组织成员单位工作人员到首都图书馆业务部门进行学习和实习，促进各会员馆之间的业务合作与交流。协会积极组织会员参加中国图书馆学会及其各专业委员会的学术征文活动。在 2019 年中国图书馆学会学术论文和业务案例征集中，协会会员积极投稿，最终入选一等论文名单 2 篇、二等论文名单 9 篇、三等论文名单 10 篇。（北京市图书馆协会）

【2019 年阅读北京 · 十佳优读空间——百姓身边的基层图书室推优活动举办】 北京市图书馆协会于 6 月起参与举办 2019 年阅读北京 · 十佳优读空间——百姓身边的基层图书室推优活动。由 12 家区级图书馆推荐的 19 家基层图书馆参选。经过申报材料审核和实地考察，有 17 家参选馆进入到网络展示与读者投票阶段，共获得 122069 票。10 月 28 日，专家评审会在首都图书馆召开。评审专家依据评选标准，结

合各参选馆的建设与服务情况，以及读者投票数，最终推选出西城区红楼公共藏书楼、朝阳城市书屋·春风习习馆、朝阳区香河园街道图书馆、海淀区永红社区图书室、丰台区宛平地区晓阅时光阅读空间、石景山区鲁谷街道图书分馆、房山区文化馆图书馆佛子庄乡分馆、平谷区图书馆夏各庄镇分馆，以及密云区古北口镇北甸子村图书室，共9家优秀基层阅读空间。获奖馆于11月22日在“阅读北京——2019首都市民阅读系列文化活动年度盛典”中受到表彰。（北京市图书馆协会）

天津市

【概况】 2019年，天津市图书馆学会贯彻党中央提出的“以人为本，构建和谐社会”的发展目标，推进学术理论研究与图书馆实践相结合，侧重探讨天津市公共、高校、科研三大系统图书馆的合作与资源共享，完成学会制定的年度工作目标，促进天津市图书馆事业的整体发展。

2019年，天津市图书馆学会召开第八次会员代表大会，选举产生第八届常务理事会、领导机构及各专业委员会；主办京津冀少年儿童图书馆、中小学图书馆学术暨工作研讨会；主办新时代公共图书馆创新发展研讨会暨京津冀地区公共图书馆馆长业务交流研讨会；完成《中国图书馆年鉴2019》天津部分的编纂工作，及时向全市各公共图书馆、高校图书馆、科研院所图书馆发布通知，征集材料并进行加工整理，围绕天津市图书馆事业、天津市图书馆学会工作、天津市高校图书馆工作3个主题概述2018年的大事要事，撰稿1.5万字，提供代表性照片15张；开展中图学会组织的全民阅读相关称号推荐工作，完成天津图书馆等5个“先进单位”“全民阅读示范基地”“阅读推广优秀项目”的推荐工作。天津市图书馆学会荣获“2019阅读推广星级组织”称号，天津图书馆、天津市河北区图书馆、天津市西青区图书馆、天津市津南区图书馆、天津财经大学图书馆、天津市崇化中学、天津海河教育园区南开学校荣获“2019阅读推广星级单位”称号。

2019年，天津市图书馆学会会刊《图书馆工作与研究》稳步发展。刊物在主办单位天津图书馆、天津市图书馆学会、天津市少年儿童图书馆以及协办单位天津市高等学校图书情报工作委员会的支持下，编辑部全体人员严把稿件质量关，全年收文3020篇，刊发269篇，并入选2018北京大学《中文核心期刊要目总览（第8版）》之图书馆事业、信息事业类核心期刊。（天津市图书馆学会）

【天津市图书馆学会第八次会员代表大会召开】 3月4日，天津市图书馆学会第八次会员代表大会在天津图书馆海河园馆区召开，来自全市各系统图书馆的百余名会员代表参加会议。天津市文化和旅游局、中国图书馆学会等有关领导出席会议并致辞。此次大会由七届理事会副理事长柯平主持，审议通过“天津市图书馆学会第七届理事会工作报告”“天津市图书馆学会第七届理事会财务报告”“《天津市图书馆学会章程》修改报告”，选举并产生新一届理事会成员。大会休会期间召开八届理事会第一次会议，由新当选的56名理事参加，选举产生新一届常务理事，天津图书馆馆长李培当选理事长，南开大学教授柯平、天津市少年儿童图书馆馆长马忠庚、天津大学图书馆馆长王志、南开大学图书馆馆长元青任副理事长，天津图书馆副馆长刘群任秘书长，审议并通过学会副秘书长、各专业委员会及党支部委员会人员名单。（天津市图书馆学会）

【京津冀少年儿童图书馆、中小学图书馆学术暨工作研讨会召开】 4月10日，由京津冀图书馆联盟动议，天津市图书馆学会、北京市图书馆协会、河北省图书馆学会主办，天津市少年儿童图书馆承办的京津冀少年儿童图书馆、中小学图书馆学术暨工作研讨会在天津举行。研讨会以“新时代公共图书馆的建设与服务”为主题，共设14个分主题。研讨会共收稿131篇，其中来自北京市作者53篇、天津市作者42篇、河北省作者36篇。经图书馆专家学者的严格评选，共评选出一等奖18篇、二等奖31篇、三等奖37篇。此届学术研讨会搭建起京津冀公共图书馆、中小学图书馆工作和学术交流互动的平台，推动京津冀图书馆理论的研究，有力地促进三地图书馆事业的发展。（天津市图书馆学会）

【组织图书馆业务工作交流】 4月25日，

天津市图书馆学会、天津图书馆共同组织天津市公共图书馆部分馆领导及业务骨干 60 余人赴沧州图书馆及所属城市书吧参观，双方就党建及总分馆制建设等图书馆业务工作进行深入交流。先后参观浮阳、千童、长丰、天合耳语 4 个城市书吧及开发区、世纪金苑 2 个城市书房，详细考察沧州公共图书馆服务体系的建设和运营情况。随后参观沧州图书馆新馆馆区，重点了解 24 小时阅读空间、创客空间、图书馆概念店、纪晓岚专题文献馆等多个独具特色的服务空间，同沧州图书馆员工深度交流各类设施的使用、管理及读者服务状况。（天津市图书馆学会）

【京津冀图书馆联盟工作会议在天津图书馆召开】 为进一步落实《京津冀协同发展规划纲要》和《京津冀三地文化领域协同发展战略框架协议》，推动京津冀图书馆联盟持续有序发展，5 月 23 日，京津冀图书馆联盟工作会议在天津图书馆召开。天津市文化和旅游局公共服务处、首都图书馆、天津图书馆、天津市少年儿童图书馆、河北省图书馆等相关领导参加会议。会议审议《京津冀图书馆联盟章程（草案）》，交流京津冀图书馆联盟文化帮扶工作经验成果，讨论举办第三届京津冀“守望青春，我与图书馆的故事”阅读推广交流展示活动事宜。（天津市图书馆学会）

【新时代公共图书馆创新发展研讨会暨京津冀地区公共图书馆馆长业务交流研讨会召开】 5 月 23—24 日，由京津冀图书馆联盟、天津市图书馆学会主办的新时代公共图书馆创新发展研讨会暨京津冀地区公共图书馆馆长业务交流研讨会在天津图书馆召开。首都图书馆、天津图书馆、河北省图书馆、天津市少年儿童图书馆领导和相关负责同志，以及来自京津冀三地各区级、地市级图书馆馆领导共计 70 余人参加会议。会议特邀请上海图书馆馆长陈超，北京社科院首都文化发展研究中心副主任沈望舒和同方知网公共服务公司总经理成鑫分别做题为“智慧与包容——重塑公共图书馆新愿景”“文旅融合战略中公共图书馆的担当与作为”“大数据人工智能时代图书馆服务创新”的学术报告。来自北京市石景山区图书馆，天津市和平区图书馆、武清区图书馆，河北省沧州图书馆、唐山图书馆的馆领导针对各自较有特色的工作进行经验交流。（天津市图书馆学会）

河北省

【概况】 2019 年，河北省图书馆学会在第九届理事会的领导下团结带领全省广大会员及图书馆工作者开拓创新，务实高效，扎实推进全年各项工作。组织业界学界同行参加 2019 年中国图书馆年会，在会上举办的“同城共读，万卷共知”阅读知识竞赛中，河北省代表队以优异成绩进入全国总决赛，并最终拿到三等奖。在中国图书馆学会举办的全民阅读活动评选表彰活动中，河北省学会选送的承德市图书馆学会被授予“全民阅读优秀组织奖”，邢台市图书馆被授予“全民阅读示范基地”，石家庄市图书馆美诗团项目被评为“阅读推广优秀项目”。在中国图书馆学会公共图书馆分会 2019 年举办第二届公共图书馆创新创意征集推广活动中，河北省学会组织各级图书馆报送参赛作品并获得多个奖项。河北省图书馆报送的《典籍背后有故事》微纪录片被评为一等奖，石家庄市图书馆报送的《科学工场——我的图书馆科学启蒙乐园》等 7 个案例被评为二等奖，唐山市图书馆报送的《“印象唐山”：打造地方特色数字资源新地标》等 6 个案例被评为三等奖。

按照第九届理事会第一次会议的决定，河北省学会新成立创新创意委员会、古籍保护与传统文化委员会、馆藏体系建设委员会、未成年人与特殊群体服务委员会、阅读推广委员会、智慧图书馆研究委员会、总分馆制建设与运行委员会等专门工作委员会，新设立高校图书馆分会，改设高职高专图书馆工作研究会。各专门委员会、各分支机构负责人在省学会领导下，广纳专业领域人才，相继完成组建工作，使学会组织架构更加完善，工作机制更加科学。2019 年，组织开展以“祖国祖国我爱你”为主题的第十六届燕赵少年读书系列活动；举办第六届全省图书馆服务创新案例竞赛；组织会员单位举办“圆梦复兴，阅读中国——2019 年河北省公共图书馆系列活动”主题阅读活动，开展全民阅读表彰奖励。（河北省图书馆学会　田宏瑞）

【圆梦复兴，阅读中国——2019 年河北省公共图书馆系列活动正式发布】 4 月 23 日上午，

"圆梦复兴，阅读中国——2019年河北省公共图书馆系列活动"发布会在河北省图书馆召开。河北省文化和旅游厅、省教育厅、共青团河北省委网络中心、省图书馆等单位领导和嘉宾以及来自全省各级公共图书馆的代表，各新闻媒体等120余人参加发布会。会上发布河北省公共图书馆2018年服务数据，公布河北省各级公共图书馆均参与举办同主题全民阅读活动，活动形式分为专题活动和各级公共图书馆的特色活动2部分。主题为"祖国　祖国我爱你"的第十六届燕赵少年读书系列活动在现场正式启动，河北省图书馆邀请专家学者、作家、公务员、媒体人、企业家、图书馆员等各界人士推介馆藏，向社会推荐百部荐读书目。发布会现场，河北省图书馆馆长李勇和各市图书馆馆长们一起庄严诵读《服务全民阅读共创美好生活——中国图书馆界4·23全民阅读活动倡议书》。活动现场还为河北省图书馆新建翡翠公园、新都会、翡翠书院等3个分馆进行授牌。优秀读者代表上台展示图书馆对于读者学习知识、增长才干甚至改变命运等方面发挥的作用。（河北省图书馆学会）

【2019公私藏书与经典阅读会议在沧州召开】 9月4日，2019公私藏书与经典阅读会议在沧州召开。会议由中国图书馆学会阅读推广委员会主办，中国图书馆学会阅读推广委员会经典阅读专业委员会、河北省图书馆学会、河北省图书馆、沧州市图书馆学会、沧州图书馆、《藏书报》共同承办。以"融合发展　跨界创新：公私藏书互动模式构建与经典阅读推广"为主题，举办学术报告、分会场、革命文献邀请展和创意书展、走读经典——图书馆之城考察等多项活动。国家图书馆副馆长、国家古籍保护中心副主任张志清做题为"古籍保护传承的融合发展——以中华传统文化典籍保护传承大展和国图文化推广为例"主旨报告，北京大学教授王余光主讲"藏书传承与经典阅览室建设"，南京大学教授徐雁主讲"阅读三问"。（河北省图书馆学会）

【2019燕赵少年读书系列活动获奖作品展在河北省图书馆举办】 国庆节期间，"祖国祖国我爱你"2019燕赵少年读书系列活动获奖作品展在省图书馆举办。2019燕赵少年读书系列活动由河北省文化和旅游厅、河北省教育厅及共青团河北省委联合主办，各市文化和旅游部门、教育局、团市委，雄安新区公共服务局、教育局、团委，河北省图书馆学会及河北省图书馆协办。作为河北省优秀阅读服务品牌，至今吸引百万小读者参加，见证小读者的阅读成长。2019年活动含"童心赞祖国"主题征文、"童笔绘祖国"手抄报和"童声颂祖国"诵读视频3项，共收到各类作品材料5万余份。专家从中甄选出60篇主题征文、60份手抄报及60个诵读视频，进行集中展示。此次展览以原稿的形式呈现，拉近到馆读者与获奖作者的距离。（河北省图书馆学会）

【2019年全国文化和旅游公共服务巡讲——河北省公共图书馆业务培训班举办】 10月13—15日，河北图书馆省学会、河北省图书馆与中央文化和旅游管理干部学院对接，共同承办2019年全国文化和旅游公共服务巡讲——河北省公共图书馆业务培训班。巡讲活动是在文化和旅游部公共服务司协调指导下，委托中央文化和旅游管理干部学院组织实施的全国基层文化和旅游队伍培训项目。来自全省公共图书馆的80名业务骨干参加培训。广东省立中山图书馆首席研究馆员刘洪辉、江苏省苏州市图书馆原馆长邱冠华、首都图书馆原馆长倪晓建、上海社会科学院研究员巫志南等专家分别就基层公共图书馆的新使命、阅读推广、总分馆制建设、法人治理结构改革等当前热点问题进行深入细致的讲解。（河北省图书馆学会）

【河北省、市公共图书馆馆长联席会议召开】 10月30日，2019年度河北省、市公共图书馆馆长联席会议在邯郸市召开。河北省文化和旅游厅公共服务处、邯郸市文化广电和旅游局领导出席会议，省、市和直管县图书馆馆长和业务骨干参加，河北省图书馆李勇馆长主持会议。会上，各馆就2018年度馆长联席会议以来的特色工作、亮点工作进行交流，还研究审议《河北省公共图书馆文献信息资源保障体系建设方案》，就建立河北省公共图书馆事业高质量发展指标体系、县级公共图书馆建设指导标准问题进行深入研讨。（河北省图书馆学会）

【2019河北省图书馆学会年会召开】 11月18—20日，河北省图书馆学会主办，河北医科大学图书馆承办的2019河北省图书馆学会年会在石家庄市召开。河北省文化和旅游厅、河北医科大学、中国图书馆学会及河北省社会科学院领导出席开幕式并致辞。河北省文化和旅游厅公共服务处以及各市文化和旅游部门、雄安新区公共服务局的负责人出席会议，全省各级各类图书馆的业界、学界同人共300余人参加会议。大会主题为“创新服务　融合发展”，特邀上海图书馆副馆长周德明做题为“以创新引领图书馆服务”的主旨报告。分会场交流设置高校图书馆资源建设高峰论坛、新时代公共图书馆创新发展的探索与实践、河北省图书馆服务创新大赛案例交流分享和儿童馆员素养提升4个分会场。会议期间，对第六届全省图书馆服务创新案例竞赛和全省2019年度全民阅读先进单位进行表彰。向与会代表汇报2019年度学会取得的主要成绩及2020年重点工作。展览第六届全省图书馆服务创新案例的优秀作品。与会代表考察学习石家庄市图书馆总分馆制建设及“文旅融合”阅读服务点案例。大会前夕，在河北省图书馆举办筹备会。在衡水市举办2019河北省图书馆学会年会“文旅融合背景下的公共文化服务创新”分会场。18日下午，在石家庄市召开九届一次常务理事会议和九届二次理事会议。此次年会是在庆祝中华人民共和国成立70周年、河北省图书馆学会成立40周年之际召开的重要会议。（河北省图书馆学会）

山西省

【概况】 2019年山西省图书馆学会秘书处在会员管理和制度建设上继续努力，会员数量持续增加，截至2019年底，已注册并缴纳会费的团体会员91家、个人会员1121人。支持并推进分支机构和地方学会的建设与发展。同期完成学会年检工作和中国科协社团年报工作。

11月1日，召开五届21次常务理事会，学会秘书处向各位常务理事汇报“关于筹备第六次会员代表大会暨新一届理事会的换届工作”情况，完成换届方案、《山西省图书馆学会章程（草案）》的修订、《山西省图书馆学会第五届理事会工作报告》等文件的起草，并经换届筹备领导小组通过。会员代表、理事候选人、常务理事候选人的推举工作业已完成，进入上级部门审批阶段。

组织全省各图书馆参加中国图书馆学会、山西省科协等部门开展的业务工作，进行中国图书馆学会2019年学术项目的申报工作。完成山西省2018年全民阅读先进集体等项目的申报工作，晋城市图书馆荣获“全民阅读基地”称号，这也是山西省第五家获得称号的单位。山西大学图书馆、朔州市图书馆荣获2018年度全民阅读先进集体，太原市图书馆荣获阅读推广项目优秀项目奖。2019年“两节”期间，山西省图书馆学会组织动员全省79家单位参加由中图学会和国家图书馆开展的“共读中华经典　同度传统新年”春节系列活动，因工作成绩突出获得中图学会“优秀组织单位”称号。

在国家图书馆建馆110周年之际，习近平总书记给国图老专家的回信在图书馆界引起强烈反响。学会秘书处要求全省各图书馆、各图书馆学会及广大图书馆工作者紧紧围绕习总书记关于“传承文明、服务社会”的图书馆功能定位，围绕关于“坚持正确政治方向，弘扬优秀传统文化，创新服务方式，推动全民阅读”的工作定位部署工作。

为深入贯彻《中华人民共和国公共文化服务保障法》和《中华人民共和国公共图书馆法》精神，加快推进山西省图书馆总分馆制建设改革，3月28日上午，山西省图书馆学会、山西省图书馆在曲沃县举办2019年山西省公共图书馆总分馆建设工作会议暨业务培训班，来自山西省、市、县（区）各级公共图书馆馆长及业务骨干220余人参加会议。在山西省图书馆建馆110周年之际，学会承办图书馆总分馆制建设与发展模式研讨会和阅读推广与服务创新优秀案例分享交流会，来自广东、上海、浙江、湖南等的业内知名专家就图书馆总分馆制建设与阅读推广的创新服务等热点、焦点问题，进行探讨和交流。山西省图书馆、太原市图书馆、阳泉市图书馆、朔州市图书馆、襄垣县图书馆和山西财经大学图书馆也就各地开展的实践案例，向与会人员展示并分享山西省在阅读推广、推动创新发展工作方面的有益经验。策划2019年全民阅读工作，以“全域联动、共建书香社会”为抓手，紧扣“4·23”世界读书日活动主题——“读经典　学新知　链接美好生活”，开展“让经典走向大众——《中华传统文化百部经典》推介全国行”及全省阅读推广与创新服务案例征集活动等工作。全省75个省、市、县（区）级公共图书馆及15个高校图书馆积极参加区域联动，推动阅读服务全覆盖。组织全省各级各类图书馆参加第十六届“全国科普日”暨科普三晋系列活动，全省70余家图书馆围绕“礼赞共和国　智慧新生活”主题，利用展板、科普宣传资料、网上信息发布等渠道传播科学知识，突显图书馆的社会教育职能。国庆期间，在全省范围内组织开展“盛世中国·喜迎华诞——壮丽70年阅读新时代”国庆系列主题活动。全省60余家公共图书馆承办此次活动，学会统一下发优质资源，承办馆通过线上线下结合的主题展览向社会民众展示新中国成立70年来的伟大历程和宝贵经验及取得的伟大成就。（山西省图书馆学会　武锦丽）

【2019年山西省公共图书馆总分馆建设工作会议暨业务培训班开班】 3月28日上午，山西省图书馆学会、山西省图书馆在曲沃县举办2019年山西省公共图书馆总分馆建设工作会议暨业务培训班。包括省、市、县（区）的公共图书馆馆长及业务骨干计226人参加培训。与会专家分别做题为“参考咨询专题培训”“县级总分馆建设业务技术培训”“公共文化服务体系中的数字总分馆建设”的专题培训。期间举行“山西省图书馆学会2018年先进集体”表彰活动，分别授予79家单位为2018年“同筑中国梦　共度书香年”春节主题活动先进单位，授予75家单位为“2018年全民阅读先进集体”，授予47家单位为“2018年科普宣传活动先进集体”。培训期间，学员还参加由省文旅厅举办的“山西省公共文化领域‘对标一流’县级总分馆制建设经验交流会”，参观曲沃县图书馆及诗经故里分馆。（山西省图书馆学会　张晓庆）

【图书馆总分馆制建设实践与发展模式研讨会在山西省图书馆举行】 7月9日，由山西省图书馆和山西省图书馆学会共同主办的图书馆总分馆制建设实践与发展模式研讨会在山西省图书馆举行。来自山西省外38个公共图书馆、山西省87个市县公共图书馆及省内14个高校图书馆共161名图书馆同人齐聚山西省图书馆，探索我国公共图书馆总分馆制的未来之路。图书馆总分馆制实践与发展模式研讨会是山西省图书馆建馆110周年系列活动之一。此次研讨会以拓宽图书馆同人视野、促进图书馆界交流合作为目标，对全面推进公共图书馆总分馆建设，更好地保障城乡居民的图书阅读需求，进一步完善覆盖城乡、结构合理、功能健全、实用高效的公共文化服务体系具有深远意义。（山西省图书馆学会　武锦丽）

【山西省公共图书馆地方文献工作交流会在太原举办】 12月5—6日，由山西省图书馆、山西省图书馆学会主办的山西省公共图书馆地方文献工作交流会在太原市举办，来自省内外的专家及全省公共图书馆业务骨干、地方文献业务骨干近170人参加此次交流会。南开大学教授柯平、中国人民大学教授索传军、山西省地方志研究院副院长刘益令、北京万方数据股份有限公司王维分别为参会者讲授“后评估时代的地方文献与地方文献工作”“地方文献数据化开发的思考”“山西地方志的历史演变及文化价值”“深入挖掘地方特色文献，构建地方传统文化知识服务”，讲座丰富全省地方文献工作者的知识架构，并从理论方面强化对地方文献工作的再认识。湖南图书馆副馆长雷树德、甘肃省图书馆副馆长李芬林、太原市图书馆馆长助理邓凤英和朔州市图书馆地方文献部张志弘结合所在馆地方文献工作实绩，从文献征集、整理、开发、利用及工作服务创新等交流各自地方文献工作的经验、方法。（山西省图书馆　杨超）

内蒙古自治区

【概况】 2019年，内蒙古自治区图书馆学会认真贯彻落实中国图书馆学会、内蒙古自治区社科联、内蒙古自治区民政厅等上级文件、通知精神，组织、号召全区图书馆工作者参加各级各类的学术研讨会、培训、竞赛等，积极推荐区内优秀单位和个人申报评选活动。组织召开第八次会员代表大会，完成换届选举；举办2018年度阅读推广优秀案例经验交流会；整理全区图书馆阅读推广成果，赴京参加在中国民族图书馆举办的“全民阅读　书香社会——内蒙古　新疆　广西　宁夏　西藏五个自治区图书馆阅读推广成果展”。完成内部资料《内蒙古图书馆工作》2019年第1、2期的组稿、编辑和出版工作；完成《中国图书馆年鉴2019》内蒙古自治区部分的编写工作。（内蒙古自治区图书馆学会 乌兰格日勒 李文清）

【内蒙古自治区图书馆学会举办第十四届文津图书奖获奖作品展】 4月23日，学会在内蒙古自治区图书馆草原印象展厅举办第十四届文津图书奖获奖作品展。展览详细介绍第十四届文津奖获奖作品、评审过程，并在LED大屏上同步直播由国家图书馆举行的“第十四届文津图书奖发布暨国图公开课特别活动”。随后在内蒙古大学图书馆、内蒙古党校图书馆进行巡展，参观人数达500余人。（内蒙古自治区图书馆学会 乌兰格日勒 李文清）

【内蒙古自治区2018年度阅读推广优秀案例经验交流会暨“心之光——为盲人朋友讲电影”视障文化活动举办】 6月27—30日，由内蒙古自治区图书馆学会、内蒙古自治区图书馆学会阅读推广工作委员会主办，呼伦贝尔市图书馆学会、呼伦贝尔市图书馆承办，北京超星集团协办的内蒙古自治区2018年度阅读推广优秀案例经验交流会暨“‘心之光——为盲人朋友讲电影’视障文化活动走进呼伦贝尔”在海拉尔区举办。全区各级各类图书馆代表共110人参加活动。会上公布2018年度阅读推广优秀案例评选结果，并为获奖的优秀案例及“十佳阅读推广人”颁发证书和奖杯。会议邀请业内专家做专题讲座。来自呼伦贝尔市图书馆、内蒙古大学图书馆、科尔沁区图书馆、内蒙古人民医院图书馆、内蒙古工业大学图书馆的5位代表与“十佳阅读推广人”代表先后做案例介绍，探讨阅读推广活动的先进经验。会议还进行“心之光——为盲人朋友讲电影”视障文化活动。（内蒙古自治区图书馆学会 乌兰格日勒 李文清）

【内蒙古自治区图书馆学会举办2019中国童话节之草原童话节“童心梦 马儿情”——写“马”故事创作征文活动】 根据中共内蒙古自治区党委宣传部、自治区文化和旅游厅与自治区教育厅《关于举办2019首届内蒙古国际马文化博览会——2019第七届中国童话节之草原童话节的通知》方案要求，内蒙古自治区图书馆学会、内蒙古自治区图书馆特举办2019第七届中国童话节之“草原童话节”——全区“童心梦 马儿情”——写“马”的故事创作征文活动。活动邀请广大爱好写作的少年儿童共同参加，以孩童的视角，书写马儿的故事，了解与传承蒙古马吃苦耐劳、一往无前的精神。自3月开始积极组织全区12个盟市图书馆征集故事作品，共收到全区12个盟市蒙汉文作品7400余篇，蒙文将近300余篇。活动邀请专业作家、艺术教育专家等对参选作品进行评审，共评选出金奖450余篇，银奖870余篇，铜奖1390余篇，其余4600多篇为优秀奖。活动还设置优秀组织奖、优秀指导老师、优秀策划奖等。（内蒙古自治区图书馆学会 乌兰格日勒 李文清）

【内蒙古自治区图书馆学会组织全区各级各类图书馆学习贯彻习近平总书记给国家图书馆老专家回信精神】 在国家图书馆建馆110周年之际，中共中央总书记、国家主席、中央军委主席习近平给国图8位老专家回信，向国图全体同志致以诚挚的问候，希望国图为建设社会主义文化强国再立新功。回信在图书馆界引起强烈反响，掀起学习回信精神的热潮。根据《中国图书馆学会关于深入学习贯彻习近平总书记给国家图书馆老专家回信精神的通知》要求，内蒙古自治区图书馆学会高度重视，第一时间发出《关于号召全区图书馆学习贯彻习近平总书记给国家图书馆老专家的回信精神的通知》，并积极组织全区各级各类图书馆学习回信精神，为庆祝新中国成立70周年营造良好的社会氛围。全区各级各类图书馆以召开职工大会、座谈会、专题会议等形式进行学习，由馆长或书记带领馆员学习回信内容，交流感想体会，取得良好的效果。（内蒙古自治区图书馆学会 乌兰格日勒 李文清）

【内蒙古自治区图书馆学会第八次会员代表大会在呼和浩特市召开】 12月11日，内蒙古自治区图书馆学会第八次会员代表大会在呼和浩特市召开。内蒙古自治区社科联巡视员胡益华等领导以及来自全区12个盟市104个旗县区、高校、党校、科研院所等图书馆的240余名代表参加会议。中国图书馆学会与广东图书馆学会等25个省（直辖市、自治区）图书馆学会发来贺函贺信。与会代表听取第七届理事会工作报告和财务报告。会上宣读优秀会员单位、先进集体、优秀会员以及为自治区图书馆事业奋斗40年的图书馆工作者代表名单并颁奖。会议通过采取几轮无记名投票方式选举产生第八届理事会理事、常务理事及理事会领导机构，审议通过《内蒙古自治区图书馆学会章程》(审议稿)、《内蒙古自治区图书馆会员会费标准及管理办法》(审议稿)。之后由第八届理事会理事长李晓秋为新一届理事会成员颁发聘书。(内蒙古自治区图书馆学会　乌兰格日勒　李文清)

辽宁省

【辽宁省图书馆学会组织全省各级各类图书馆参加中国图书馆学会4·23全民阅读活动】 2019年4月，中国图书馆学会下发《关于联合开展2019年4·23全民阅读活动的通知》，辽宁省图书馆学会组织省内89家各级各类图书馆参与各项相关活动。在“同城共读，万卷共知”活动中，省学会组织省内6000余人参与活动，因初赛成绩突出，辽宁省代表队进入决赛，经层层角逐，辽宁代表队最终获得决赛二等奖。(辽宁省图书馆学会　刘芳)

【辽宁省图书馆学会获得辽宁省社会科学界联合会文化建设研究基地称号】 2019年4月，辽宁省社会科学界联合会面向全省高校及社团开展科研基地申办活动。辽宁省图书馆学会组织省内专家及业内工作者组成科研团队，撰写科研基地申请书。9月，该学会被省社科联批准成为辽宁省社会科学界联合会文化建设研究基地。(辽宁省图书馆学会　刘芳)

【辽宁省高校图书馆“言传声教”博看杯朗读大赛暨阅读推广理论研究学术研讨会举办】 6月12日，辽宁省图书馆学会、辽宁省高等学校图书情报工作委员会在东北大学图书馆举办辽宁省高校图书馆“言传声教”博看杯朗读大赛季暨阅读推广理论研究学术研讨会。来自省内的业界专家及同人120余人参加活动。活动共征集679组作品，24组作品在会上受到表彰，会议邀请华东师范大学信息管理系教授范并思做题为“高校图书馆阅读推广的品牌建设”的专题报告。(辽宁省图书馆学会　刘芳)

【纪念“五四”运动100周年专家论坛暨纪念“五四”运动100周年主题征文活动颁奖仪式举行】 6月21日，由辽宁省图书馆学会、辽宁省高等学校图书情报工作委员会主办，省内各高校图书馆承办的纪念“五四”运动100周年专家论坛暨纪念“五四”运动100周年主题征文活动颁奖仪式在沈阳航空航天大学图书馆举行。来自全省各界的专家及图书馆界同人100余人参加活动。征文活动共征集400余篇作品，58名个人及15个单位获奖者受到表彰，辽宁大学历史学教授焦润明受邀在会上做“五四新文化前后‘文化自信’的演讲及意义”的专题报告。(辽宁省图书馆学会　刘芳)

【2019年辽宁省图书馆学会学术年会召开】 10月14—16日，辽宁省图书馆学会在朝阳市召开2019年学术年会暨“图书馆创新服务与文化精准扶贫”专题论坛，来自省内图书馆界的专家学者和业界同人150余人参加此次会议。会议特邀上海图书馆副馆长刘炜，辽宁师范大学政府管理学院图书馆学系博士高春玲，沈阳师范大学图书馆党总支书记王宇分别做题为“5G与第三代图书馆：智慧、创新、包容”“求真务实　引领学科发展　与时俱进　助推实践繁荣——从〈图书馆学刊〉成立40年学术思想变化”“图书馆空间建设与新型服务融合”的学术报告。会议期间，省图书馆学会精选辽宁省图书馆邢军，朝阳市图书馆王跃中，沈阳师范大学图书馆王磊3位代表分别做图书馆开展精准扶贫案例的交流发言，将近年来辽宁省内公共图书馆、高校图书馆开展的精准扶贫、文化扶贫案例做分享。(辽宁省图书馆学会　刘芳)

【辽宁省图书馆学会举行成立40周年专题座谈会】 10月16日，辽宁省图书馆学会邀请部分原任及现任的省学会理事长、副理事长、秘书长、常务理事，部分省内图书馆馆长及各市图书馆学会秘书长在辽宁省朝阳市召开学会成立40周年专题座谈会。座谈会由辽宁省图书馆学会副秘书长徐向东主持，辽宁省图书馆学会副理事长、秘书长杜希林对省学会成立以来40年的工作进行回顾，并带领大家一起学习习近平总书记在国家图书馆成立110周年之际给国图老专家的回信。省学会原理事长王荣国等

老一辈学会工作者代表发言。（辽宁省图书馆学会　刘芳）

【区域协作与图书馆智慧服务专题论坛暨图书馆馆长业务培训在丹东举办】 12月10—12日，由中国图书馆学会公共图书馆分会主办、辽宁省图书馆学会承办、丹东市图书馆学会协办的区域协作与图书馆智慧服务专题论坛暨图书馆馆长业务培训在辽宁省丹东市举办，来自全国各地的图书馆界同人160余人参加次论坛及培训。会议特邀中国图书馆学会秘书长霍瑞娟，浙江图书馆馆长褚树青，《图书情报工作》杂志社社长、主编初景利，沈阳师范大学图书馆党总支书记王宇做专题报告；同时邀请超星集团和博看数据库的总监向与会代表分享智慧图书馆服务平台建设及智慧型、创新型交流学习空间建设的实践案例，展示现阶段智慧图书馆服务工作的新成果。（辽宁省图书馆学会　刘芳）

吉林省

【吉林省图书馆学会举办全省图书馆事业发展成果展】 5月13—28日，为庆祝新中国七十华诞暨吉林省图书馆学会成立四十周年，由吉林省图书馆学会主办的“翰墨飘香谱华章——吉林省图书馆事业发展成果展”在省图书馆举办。展览首次向社会各界多角度展示全省各级各类图书馆服务社会的风采、创新发展的历程和稳步向前的成就，展示广大图书馆人辛勤耕耘、开拓进取的精神风貌。读者在观展过程中，既可以感悟到图书馆所承载的隽永绵长的中华文脉，又可以享受到文化事业繁荣兴盛所带来的沁人心田的氤氲书香。除现场展览外，还通过吉林省图书馆微信公众号、吉林省图书馆学会联盟网站和省内多家图书馆的微信平台进行同步展览。（吉林省图书馆学会秘书处）

【吉林省图书馆学会第九次会员代表大会召开】 5月21日，吉林省图书馆学会第九次会员代表大会在长春召开。吉林省文化和旅游厅公共服务处处长王勇，吉林省社科联学会处处长王峰，吉林省图书馆学会八届理事会理事长、吉林省图书馆馆长赵瑞军，以及来自全省9个市（州）的文化、高校、党校、科研院所等各行业图书馆的200多名代表参加会议。北京、上海等21个省（市、自治区）图书馆学会发来贺函。大会审议通过《砥砺奋进谋发展　继往开来谱新篇——吉林省学会图书馆第八届理事会工作报告》《学会关于学会章程的修改说明》《学会八届理事会财务报告》及《吉林省图书馆学会关于表彰实施办法的说明》。大会采用无记名投票方式，选举产生由112名理事组成的第九届理事会、由38名常务理事组成的新一届常务理事会，以及由赵瑞军担任理事长的九届理事会领导机构。通过11个专门委员会（分会）名单和吉林省图书馆联盟第三届理事会名单。对在八届理事会期间涌现出的先进集体和优秀个人进行表彰。长春职业技术学院、长春市宽城区图书馆等12个图书馆签约，成为第六批省图书馆联盟成员单位。（吉林省图书馆学会秘书处）

【吉林省图书馆学会举办2019年全省图书馆馆长能力提升培训班】 5月21—22日，2019年全省图书馆馆长能力提升培训班在吉林省图书馆举办，来自全省公共、高校、行业图书馆的300余名馆长和技术骨干参加培训。此次培训是吉林省图书馆学会连续第四年举办的全省馆长能力提升培训班，邀请吉林大学哲学社会科学资深教授、博士生导师、吉林省社科联副主席孙正聿做“把读书当作生活习惯和精神追求”讲座；组织参会代表观看“翰墨飘香谱华章——吉林省图书馆事业发展成果展”；参观东北师范大学图书馆、长春市图书馆及其设在净月街道的玉潭镇聚业社区分馆和玉鸟阅书房，通过现场观摩，了解当代图书馆形态与多样化发展、现代服务手段与特色服务方式。（吉林省图书馆学会秘书处）

【吉林省图书馆学会组织援藏调研与对口交流活动】 为了有针对性做好对口援藏工作，吉林省图书馆、吉林省图书馆学会组织部分高校、公共图书馆馆长一行11人，于7月29日赴日喀则市图书馆开展援藏调研活动，通过实地访问、业务工作指导、面对面座谈等方式了解其工作困难和需求，建立多方合作关系。吉林大学图书馆、长春中医药大学图书馆、延边朝鲜族自治州图书馆、通化市图书馆4家图书馆分别与日喀则市图书馆签订共建协议。通化市图书馆向日喀则图书馆赠送本馆古籍《星凤楼帖》复制本一套。

9月5日，吉林省图书馆再次向日喀则市图书馆赠送图书10000册，其中包括新购置的藏文图书1500余册。按照共建协议内容，日喀则市文化局选派4名业务骨干赴吉林省图书馆界进行为期一个月的交流学习，11日，省图书馆组织召开欢迎座谈会，吉林省文化和旅游厅财务统计处处长戴东升、日喀则市文化局副局长赵挺、吉林省援藏办公室主任科员俞松林等领导参加会议。在省图书馆完成学习后，吉林省图书馆学会协调4人到上述4个共建图书馆进行实地交流与学习，得到各单位的热情接待，大家就共同关心的图书馆建设、资源建设、服务等方面进行广泛的交流。（吉林省图书馆学会秘书处）

【2019年吉林省视障文化服务与阅读推广培训班在长春举办】 11月20—21日，由中国盲文图书馆、吉林省图书馆、吉林省图书馆学会共同举办的2019年吉林省视障文化服务与阅读推广培训班在长春开班，全省公共图书馆馆长、业务骨干99人参加培训。吉林省图书馆馆长、省图书馆学会理事长赵瑞军，中国盲文图书馆馆长朱兵出席开班仪式并分别致辞。中国盲文图书馆王光武、冯海滨、陈田田、李岩讲解图书馆视障文化服务规范、智能听书机的管理和使用方法、中国盲文图书馆实体馆藏资源及服务、视障阅览室建设与多元化服务等内容。辽宁省图书馆阅读推广服务中心主任孟志丹分享辽宁省图书馆盲人服务工作取得的优异成绩和品牌亮点，以及公共图书馆文化扶残助残的"辽宁模式"。培训班还邀请长春大学特教学院副教授徐明以现身说法，介绍图书馆员如何走出心理误区，更好地为视障读者服务；邀请四平市盲人协会副主席孙岩以先天失明的盲人和四平市图书馆盲人阅览室管理员的特殊身份，汇报从事视障文化服务工作中的切身体会和经验做法。在座谈互动环节，学员们围绕视障文化服务现状、供需矛盾等话题畅所欲言，进行积极而又深入的探讨。（吉林省图书馆学会秘书处）

黑龙江省

【概况】 2019年，黑龙江省图书馆学会获2019年"共读中华经典　同度传统新年"春节主题活动优秀组织单位表彰。齐齐哈尔市图书馆入选"2018年全民阅读先进单位"名单，大庆市图书馆入选"2018年全民阅读示范基地"。黑龙江省图书馆的2017·黑龙江省首届社区文化节"美丽家园·幸福生活"龙江故事大赛、古书探访之旅阅读推广活动；哈尔滨市图书馆的坚持文化公益引领、培育君子六艺之风——哈尔滨市图书馆公益课堂老年研学阅推活动入选"2018年全民阅读推广优秀项目"。

8月21—22日，在2019年中国图书馆年会上，黑龙江省图书馆学会组织上报的大兴安岭地区漠河市明苑社区在2019"书香城市（区县级）""书香社区"风采展示活动中获得集中展示。在"光荣梦想四十载　守正创新再出发——中国图书馆学会成立40周年"主题论坛上，中图学会特邀中国图书馆学会常务理事、黑龙江省图书馆馆长高文华以"天堂图书馆"为题做主旨报告。在"融合背景下图书馆的数字文化建设与服务创新"主题论坛上，黑龙江省图书馆常务副馆长、省学会副理事长张大尧以"统筹融合创新黑龙江省公共数字文化服务体系"为题做主旨报告。中国图书馆学会理事、牡丹江市图书馆馆长蒋伟为中图学会成立40周年撰写纪念文章入选纪念文集。（黑龙江省图书馆学会秘书处）

【黑龙江省图书馆学会组织"共读中华经典　同度传统新年"春节主题活动】 1月，黑龙江省图书馆学会贯彻《中国图书馆学会关于组织动员全国图书馆联合开展"共读中华经典　同度传统新年"春节主题活动的通知》精神，组织全省开展丰富多彩的春节主题活动。共有64个公共图书馆报名参加，累计组织活动246项，参与人数逾10万人次。电台、电视台、报纸等官方媒体，微信、微博、门户网站等自媒体进行广泛的宣传和推介。（黑龙江省图书馆学会秘书处）

【黑龙江省图书馆学会召开工作会议】 5月17日，黑龙江省图书馆学会理事长、各委员会主任委员、副主任委员工作会议在省图书馆召开。理事长高文华，副理事长马海群、李冬梅、张大尧，各委员会主任委员、副主任委员33人参会。会议讨论审议"黑龙江省图书馆学会分支机构管理办法"；各分支机构主任委员汇报本委员会2019年工作计划；部署2019年省学会

工作任务。(黑龙江省图书馆学会秘书处)

【黑龙江省图书馆学会召开十一届三次常务理事会议】 6月25—27日,省学会召开十一届三次常务理事网络会议。会议审议通过黑龙江省图书馆学会2018年度图书馆学优秀科研成果评审结果(参评成果391项,获奖成果245项,其中,一等奖24项,二等奖182项,三等奖39项)。审议通过《黑龙江省图书馆学会分支机构管理办法》。投票选举黑龙江省图书馆学会副秘书长,哈尔滨工业大学图书馆郭健民当选。(黑龙江省图书馆学会秘书处)

【东北地区第十七次图书馆学科学讨论会在黑河市召开】 9月4—5日,黑龙江省文化和旅游厅,黑龙江、吉林、辽宁三省图书馆学会联合主办,黑河市爱辉区图书馆承办的东北地区第十七次图书馆学科学讨论会在黑河市召开,黑龙江、吉林、辽宁三省图书馆界的专家学者和业界代表120余人参会。会议分学术报告与论文交流2部分。广东省图书馆学会理事长刘洪辉以“广东省公共、教育、科技三大系统图书馆间的合作”为题做学术报告。会议以“新时代、新思维、新业态的图书馆理论与实践”为主题,下设“文旅融合背景下的图书馆发展新思维”等13个分主题,共征集论文245篇,其中144篇论文分获一二三等奖。三省6名论文获奖者代表在会上交流发言,黑龙江省图书馆学会学术研究委员会副主任胡乃志做会议论文点评。(黑龙江省图书馆学会秘书处)

上海市

【概况】 2019年,上海市图书馆学会认真贯彻落实《社会团体登记管理条例》、中共中央办公厅《关于加强社会组织党的建设工作意见(试行)》《上海市社会组织直接登记管理若干规定》等法律法规和国家政策,严格学会财务管理和自身建设,依据学会章程和学会2019年工作计划要点,积极进取、开拓创新,各项工作均取得新的成绩。全年累计举办全国性、区域性及全市性学术会议包括学术年会、论坛、报告、讲座、征文、培训、阅读推广等活动70余场次。组织动员上海地区图书馆联合开展“2019年共读中华经典 同度传统新年”春节主题活动、4·23全民阅读活动等;组织申报2018年全民阅读活动先进单位、全民阅读示范基地、阅读推广优秀项目等中国图书馆学会开展的阅读推广评选活动,其中上海交通大学图书馆“‘领读者’立体阅读推广项目”、上海师范大学图书馆“海尚悦读 寻梦上海——海派文化阅读推广”、上海市嘉定区图书馆“中华传统文化系列赛事——中华诗词文赋大赛”、上海交通大学图书馆和安泰经济与管理学院“‘交圕·安泰书道计划’——融合创新型大学新生阅读培育项目”等4个图书馆阅读推广案例获评“2018年阅读推广优秀项目”。举办上海市图书馆学会2019年学术年会。学会会刊《图书馆杂志》“数据出版管理平台”选中国社会科学评价研究院《期刊特色化发展报告》重点案例,继续保持“中文社会科学引文索引来源期刊(CSSCI)”“全国中文核心期刊”“中国人文社会科学核心期刊(AMI)”“人大报刊复印资料重要来源期刊”等重要学术期刊评价核心期刊地位。(上海市图书馆学会)

【第一届图书馆智能化服务研讨会】 3月20—23日,由上海市图书馆学会、厦门市图书馆学会主办,上海图书馆读者服务中心、厦门市图书馆承办,上海阿法迪智能标签系统技术有限公司协办的第一届图书馆智能化服务研讨会在厦门市图书馆集美新馆举行。研讨会围绕“图书馆智能化服务”主题,邀请厦门市图书馆、温州图书馆、上海图书馆、佛山市图书馆及集美大学图书馆、武汉大学图书馆等馆长、专家,从“如何通过技术提升服务”“城市书房——新空间”“智慧图书馆服务探索”“佛山市智能图书馆建设现状及发展方向”“感触图书馆的你”“高校图书馆智能化技术应用与趋势分析”“武汉大学智能图书馆建设”等多个视角进行交流研讨;与会代表还分别参加公共图书馆之新馆建设、公共图书馆之城市书房、高校图书馆智能化服务3个分会场的分组专题讨论。来自全国各系统各级各类图书馆馆长、馆员及厦门市图书馆学会会员代表共计400余人参加此次研讨会。(上海市图书馆学会)

【上海地区图书馆援疆工作——全疆图书馆业务骨干培训班】 5月13—17日,此次培训班在新疆图书馆开班。开班仪式由新疆图书馆馆长历力主持，上海图书馆（上海科学技术情报研究所）副馆长周德明、新疆图书馆党委书记艾尔肯·买买提等领导与新疆图书馆全体馆员，以及各地州公共图书馆、高校图书馆馆员等100余人参加培训。随着新疆图书馆新馆开馆在即，高科技的管理手段，现代化、智能化的服务设施设备要求馆员的服务理念、业务素质和服务技能必须全面提档升级。为此，根据新疆图书馆要求，上海市图书馆学会组织上海图书馆及学界共10位专家，围绕图书馆发展新业态、智慧图书馆建设、图书馆服务创新与全媒体技术融合发展、图书馆在文旅融合时代的使命与创新、新时代图书馆阅读推广体系建设、公共图书馆制度建设与业务规范管理、新时代图书馆的职业规划与能力建设等专题，为学员进行为期5天的业务培训，促进新疆地区图书馆馆员的知识结构和业务能力的提升，为新疆图书馆新馆开放做好人才队伍建设服务。（上海市图书馆学会）

【第六届图书馆微服务研讨会暨第二届图书馆新媒体创新服务评选活动】 6月12—13日，第六届图书馆微服务研讨会在上海市普陀区图书馆召开。此次会议面向全国图书馆界的新媒体微服务馆员，主题聚焦“微悦读·新互动”，共有来自全国101家图书馆的194名图书馆员参会。与会代表围绕媒体融合背景下的图书馆微服务平台的深化打造、阅读推广活动的创新实践展开讨论，共同为图书馆行业微服务的未来出谋划策。会议期间，同时举办第二届图书馆新媒体创新服务评选活动，共评选出图书馆最佳新媒体创新服务案例1个、图书馆优秀新媒体创新服务案例9个，图书馆最佳（最具影响力）新媒体平台6个。（上海市图书馆学会）

【AI在图情——2019图书馆前沿技术论坛（IT4L）会议】 8月12—13日，由上海市图书馆学会、中国图书馆学会数字图书馆研究与建设专业委员会、上海图书馆（上海科学技术情报研究所）共同主办的以人工智能（AI）应用为主题的“AI在图情——2019图书馆前沿技术论坛（IT4L）”在上海图书馆举行。来自上海图书馆、上海市图书馆学会、中国科学院上海生命科学信息中心、中国农业科学院农业信息研究所等单位领导及众多国内知名的计算机、图书馆、科技情报和数字人文领域专家学者莅临会议做报告和交流。此次会议聚焦人工智能与第三代图书馆，通过主旨报告、大会报告、专家辩论诊断把脉、三人行语义沙龙快闪交流、新锐圆桌学术思想碰撞及培训进阶等多种形式，交流研讨图书馆前沿技术的理论、方法和应用问题，共同探索图书馆创新服务的发展路径。来自全国各省市公共图书馆、高校图书馆、科研院所图书馆等200余名代表与会。（上海市图书馆学会）

【第9期图书馆参考咨询业务培训班】 9月22—25日，由上海市图书馆学会、宁波图书馆主办，上海图书馆读者服务中心承办的第9期图书馆参考咨询业务培训班在宁波图书馆（新馆）举行。此次培训班的主题是探讨数字化时代，图书馆员如何进一步提高专业技能、创新服务模式，更好地满足政府和用户对参考咨询、情报信息资源的需求。来自全国34家省市公共图书馆、26家高校图书馆共计200余名馆员参加培训。（上海市图书馆学会）

【第13届中日国际图书馆学研讨会】 10月17日，由上海市图书馆学会、上海图书馆和日本图书馆研究会联合主办的第13届中日国际图书馆学研讨会在上海图书馆召开，会议主题为“数字人文开放存取”。日本图书馆研究会理事长原田隆史、原理事长川崎良孝等7位日本专家学者应邀出席会议。上海图书馆馆长陈超、原田隆史分别致辞，副馆长刘炜做主旨报告。约100名中外来宾参会。此次研讨会就“数字人文”前沿热点问题进行深度交流，促进中日两国图书馆员的相互理解以及两国图书馆学和图书馆事业的创新发展。会上，双方签署未来3年友好合作交流备忘录。（上海市图书馆学会）

【2019年阅读推广及服务创新案例交流分享会】 此次会议于11月6—7日在上海奉贤区会议中心举行。会议由上海市图书馆学会、上海市奉贤区精神文明建设委员会办公室、上海市奉贤区文化和旅游局、国家图书馆出版社联合主办，奉贤区图书馆承办。上海市图书馆学会理事长、上海图书馆副馆长周德明，中共奉贤区委常委、宣传部部长徐卫出席并致辞。上海市图书

馆学会秘书长、《图书馆杂志》常务副主编金晓明，奉贤区文旅局党委书记、局长宗全林共同为“上海市图书馆学会阅读推广组织（人）培训基地”揭牌；中共奉贤区委宣传部副部长、区文明办主任盛群华发布首批30种奉贤市民修身书目。来自全国各地及上海地区的专家学者、图书馆馆员、阅读推广人350余人出席会议。中国图书馆学会阅读推广委员会主任、东莞图书馆馆长李东来，金晓明，北京大学教授王余光，浙江省图书馆学会副理事长胡海荣，上海高校图工委常务副秘书长、上海交通大学图书馆副馆长潘卫，深圳宝安区图书馆展览活动中心主任赵艺超等6位专家学者分别做专题报告。12个优秀案例作者代表进行交流，《大学图书馆学报》副主编王波，上海市图书馆学会阅读推广委员会主任赵亮，国家图书馆出版社图书馆学编辑室主任邓咏秋分别对12个交流案例进行点评。会上还为优秀案例作者颁发获奖证书。（上海市图书馆学会）

【上海市图书馆学会2019年学术年会】 12月12日，由上海市图书馆学会、上海图书馆（上海科学技术情报研究所）、松江区人民政府、华东政法大学主办，上海市中心图书馆、国家文化和旅游公共服务研究上海图书馆基地协办，松江区图书馆、华东政法大学图书馆、同方知网（北京）技术有限公司上海分公司承办的上海市图书馆学会2019学术年会在华东政法大学举行。来自全市各系统各级各类会员单位图书馆及北京、重庆、四川、贵州、陕西、河南、山东等省市和长三角地区各级公共、高校、科研等系统图书馆的700多名同人与会。开幕式及主旨报告网络直播收看1976人次，范围遍及全国27个省（直辖市、自治区）的91个地区。开幕式由上海市图书馆学会副理事长、上海图书馆（上海科学技术情报研究所）副馆所长刘炜主持。松江区文化和旅游局党组成员、副局长张国强，华东政法大学校副校长陈晶莹，上海图书馆（上海科学技术情报研究所）党委书记楼巍分别致辞。此届年会主题为“坚守初心　创新服务　推动图书馆高质量发展”，邀请华东政法大学教授贺小勇、上海图书馆（上海科学技术情报研究所）馆所长陈超、《中国学术期刊（光盘版）》电子杂志社有限公司副总经理肖宏、华东师范大学经济管理学部信息管理系主任赵星做主旨报告，主旨报告由上海市图书馆学会理事长、上海图书馆（上海科学技术情报研究所）副馆所长周德明主持。年会期间，上海市图书馆学会所属各专门委员会、系统委员会和国家文化和旅游公共服务研究上海图书馆基地同时组织举办11场分会场报告，分会场的数量再创历届年会之最。（上海市图书馆学会）

江苏省

【概况】 2019年，江苏省图书馆学会在省文化和旅游厅的领导下，在中国图书馆学会、省社科联、省民政厅的指导和关心下，按照《江苏省图书馆学会章程》和工作目标，不断加强自身建设，凝聚全省力量，加强业务培训，推动学术研究，扩大合作交流，促进全民阅读，积极推动全省图书馆事业向高质量发展。在中国图书馆学会各项学术活动中先后4次被评为“优秀组织奖”。2019年新发展省图书馆学会个人会员195人、单位会员6家，发展中国图书馆学会个人会员98人、单位会员2家。截至2019年底，共有省图书馆学会个人会员2128人、单位会员150家，共有中国图书馆学会个人会员875人、单位会员9家。（江苏省图书馆学会　李浩　董莹　储兰）

【全国基层文化和旅游公共服务队伍示范性培训——第十期全国县级图书馆馆长研习班举办】 4月15—20日，由文化和旅游部公共服务司主办，中国图书馆学会承办，江苏省图书馆学会和淮安市图书馆共同协办的全国基层文化和旅游公共服务队伍示范性培训——第十期全国县级图书馆馆长研习班在淮安市图书馆顺利开班。中国图书馆学会、江苏省文化和旅游厅、省图书馆学会等领导出席开班仪式，来自全国100余名县级图书馆长参加研习班。（江苏省图书馆学会　李浩　董莹　储兰）

【“同城共读，万卷共知——2019年4·23世界读书日全民阅读活动”开展】 4月19日，根据中国图书馆学会的安排，“同城共读，万卷共知——2019年4·23世界读书日全民阅读活动”首次由各级图书馆学会组织开展。“同城共读，万卷共知”阅读知识竞赛的初赛自启动后，江苏省图书馆学会广泛发动、积极组织参与阅读线上竞答活动，至7月下旬初赛结束，全省参与活动总人数达35489人。参与单位人数全国排名前十的，江苏占4家，其中以宿迁市宿城区表现尤为突出。根据比赛规则，以省份为单位，由初赛阶段综合成绩最好的前8个省份组队参加总决赛，产生一等奖1组、二等奖3组、三等奖4组。据中图学会要求和江苏省实际情况，经报省文化和旅游厅、省图书馆学会等领导研究，决定由组织参赛人数最多的宿迁市宿城区代表江苏省组建参赛队参加决赛，于8月20日赴内蒙古自治区鄂尔多斯市参加2019年中国图书馆年会，并在总决赛上获得第三名。（江苏省图书馆学会　李浩　董莹　储兰）

【江苏省图书馆学会第八次会员代表大会召开】 5月15日，江苏省图书馆学会第八次会员代表大会在宜兴市图书馆召开。江苏省文化和旅游厅党组成员、副厅长，江苏省图书馆学会第七届理事会理事长裴旭；南京图书馆党委书记、副馆长韩显红；江苏省社科联学会部副主任何国军；宜兴市政协副主席洪雅；宜兴市文体广电和旅游局局长许夕华；以及来自全省图书馆200余人参加大会。开幕式由常务副理事长全勤主持，洪雅、何国军、韩显红先后致辞。副理事长、南京师范大学图书馆馆长管红星宣读《江苏省图书馆学会关于表彰先进学会、优秀会员和优秀学会工作者的决定》；副理事长、金陵图书馆馆长董群宣读《江苏省图书馆学会关于表彰全省第六届图书馆学情报学学术成果奖的决定》；副理事长、江苏省科技情报研究所副所长周晓明宣读《江苏省图书馆学会关于表彰2017年度江苏省图书馆学会立项课题评审结果的决定》；副理事长、苏州图书馆馆长王卫平宣读《关于公布2018书偶创意设计大赛结果的通知》。正式大会由副理事长、南京大学信息管理学院院长孙建军主持。副理事长、东南大学图书馆馆长李爱国代理事长裴旭做《推动高质量发展，助力新江苏建设，奋力开启我省图书馆学会各项工作的新局面——江苏省图书馆学会第七届理事会工作报告》，全勤做《江苏省图书馆学会第八次会员代表大会筹备工作报告》，副理事长、南京航空航天大学图书馆党总支书记叶志锋做《修改〈江苏省图书馆学会章程〉的说明》，秘书长李浩做《江苏省图书馆学会第七届理事会财务工作报告》。大会听取并审议通过以上报告和修订后的章程。下午，第八届理事会换届选举议程由管红星主持。李爱国宣读并表决通过《江苏省图书馆学会第八届理事会选举办法》及监票人、唱票人、计票人提名名单。大会选举产生由147名理事组成的新一届理事会。第八届一次理事会由孙建军主持。叶志锋宣读、全体理事表决通过江苏省图书馆学会第八届常务理事候选人名单，王卫平宣读、全体理事表决通过11名负责人候选名单；李爱国宣读、全体理事表决通过第八届理事会12个专业委员会机构设置和主任、副主任名单。（江苏省图书馆学会　李浩　董莹　储兰）

【江苏省图书馆学会入选“2018年全民阅读优秀组织”名单】 7月31日，中国图书馆学会公布2018年全民阅读工作有关名单。其中，江苏省9个单位、5个项目入选该名单。江苏省图书馆学会入选“2018年全民阅读优秀组织”名单。江苏省入选“全民阅读示范基地”名单的有：南京艺术学院图书馆、苏州市姑苏区图书馆、张家港市少年儿童图书馆。进入“全民阅读优秀组织”名单的有：江苏省图书馆学会、扬州市少年儿童图书馆。入选“全民阅读先进单位”名单的有：常熟理工学院图书馆、淮安市图书馆、江苏航空职业技术学院图书馆、南京航空航天大学图书馆。入选“阅读推广优秀项目”名单的分别是金陵图书馆的“阅生活”：阅读伴随生活、昆山市图书馆的“品读昆山”、苏州图书馆的“我是你的眼”视障读者系列主题活动、“吴门缥缃”传统文化推广活动、盐城市图书馆的“悦读扶智”文化扶贫行动。（江苏省图书馆学会　李浩　董莹　储兰）

【《江苏省公共图书馆事业发展报告（2013—2017）》正式出版】 10月，由江苏省文化和旅游厅指导、省图书馆学会和南京图书馆主编的《江苏省公共图书馆事业发展报告（2013—2017）》正式出版。全书69万字，主要依托第六次全国县以上公共图书馆评估定级数据平台，立足全省、放眼全国，从多个维度进行剖析对比，起到存史、资政和供学术研究参考的作用。（江苏省图书馆学会　李浩　董莹　储兰）

【2019 江苏省图书馆馆长培训班举办】 10月10—12日，由江苏省图书馆学会、江苏省高校图工委主办、南京理工大学图书馆承办的“新时代图书馆的智慧化与服务创新”馆长培训班在南京理工大学图书馆举办。南京图书馆党委书记韩显红、副馆长全勤和吴政出席开幕式，来自江苏省各级各类图书馆长近200人参加。吴政、南京大学图书馆副馆长罗钧、南京工业大学图书馆馆长赵乃瑄、南京师范大学图书馆馆长管红星先后主持培训议程。全勤做“继承与发展：全媒体环境下图书馆信息资源建设探析”的报告，东南大学图书馆馆长李爱国做“构建智慧服务，建设智慧图书馆”的报告，南京理工大学图书馆馆长张小兵做“赋能：图书馆之涅槃重生”的报告，刘禄做“基于微服务平台的智慧图书馆建设”的报告，浙江大学图书馆副馆长黄晨做“开放赋能，守正创新：CADAL 项目近期建设综述”的报告，南京大学图书馆副馆长邵波做“新一代图书馆服务平台建设——实践与建议”的报告，南京理工大学高新技术处处长、高校知识产权运营交易平台负责人王小绪做“基于互联网＋高校知识产权大数据利用，助力高校科技成果转移转化”的报告，杨沁昂做“新一代图书馆服务平台的应用与实践”的报告。此次培训班创新办班模式，由江苏省图书馆学会和江苏省高校图工委首次联合南京理工大学一起办班，加大不同系统图书馆的融合力度，加深彼此之间的了解，密切沟通和联系。（江苏省图书馆学会　李浩　董莹　储兰）

【江苏省图书馆学会 2018—2019 学术年会暨纪念成立 40 周年学术研讨会举办】 10月22—25日，由江苏省图书馆学会、江苏省高等学校图书情报工作委员会主办，徐州工程学院、江苏省图书馆学会学术委员会、江苏省高校图工委学术研究与继续教育专委会承办，徐州市图书馆、江苏师范大学图书馆、博库书城徐州有限公司协办的江苏省图书馆学会 2018—2019 学术年会暨纪念成立 40 周年学术研讨会在徐州工程学院逸夫图书馆召开。江苏省文化和旅游厅、省图书馆学会、徐州工程学院、南京图书馆等单位领导出席开幕式。全省各级各类图书馆工作者等170余人参加会议，共同探讨交流图书馆事业的发展趋势和研究热点。学术年会的主题为“不忘初心、创新发展——江苏图书馆情报事业：学科、实践、服务”，分开幕式、颁奖仪式、学术报告、获奖论文交流4个环节。此次学术年会共收到征文228篇，经过严格评审共评出获奖论文69篇，其中一等奖11篇，二等奖26篇，三等奖32篇。年会在继承传统经验的基础上，创新办会模式，强化不同系统图书馆的协作与协调，达到优势互补、合作共赢、交流互鉴、融合发展的目的，共同推动全省的图书馆事业向高质量发展。（江苏省图书馆学会　李浩　董莹　储兰）

【“文旅融合背景下的阅读推广阵地建设”研讨暨江苏省图书馆学会阅读推广委员会 2019 年工作会议召开】 12月13日，江苏省图书馆学会主办，江苏省图书馆学会阅读推广委员会、江阴市图书馆承办的“文旅融合背景下的阅读推广阵地建设”研讨暨江苏省图书馆学会阅读推广委员会2019年工作会议在江阴召开。江苏省图书馆学会常务副理事长、南京图书馆副馆长全勤、江阴市文体广电和旅游局党委书记、局长周晓虹出席会议并分别致辞，江苏省图书馆学会阅读推广委员会主任、副主任及全体委员参加会议。（江苏省图书馆学会　李浩　董莹　储兰）

浙江省

【举办 2019 年“书香社区”发现活动及“书香社区”论坛】 10月17日，由中国图书馆学会主办，中国图书馆学会阅读推广委员会、宁波图书馆承办的2019年“书香社区”论坛在宁波举行。图书馆业界领导、专家及来自全国各个社区文化主管单位负责人、图书馆馆长近80人参加论坛。4月，中国图书馆学会正式启动2019年“书香社区”发现活动，全国78个社区申报，最终符合申报条件的社区51个，覆盖16个省（区、市）。经审读材料和专家研议，共有北京市东城区王府井社区、内蒙古自治区通辽市新城社区等14个社区进入2019年“书香社区”发现活动名单。论坛上，对这14个入围社区进行授牌。（浙江省图书馆学会　吴荇　钱冰洁）

【新时代公共图书馆文旅融合发展浙江现象研讨会在淳安召开】 5月6日，由中国图书馆学会学术研究委员会主办，浙江省图书馆学会、浙江图书馆承办的新时代公共图书馆文旅融合发展浙江现象研讨会在淳安县下姜村举行。国家图书馆副馆长陈樱、浙江省文化和旅游厅副巡视员任群、来自全国30多个省市公共图书馆馆长及中国图书馆学会学术委员会专家、市县图书馆馆长共70余人参加研讨会。会上，淳安县枫树岭镇下姜村、丽水莲都区图书馆、宁波图书馆、青田县图书馆、嘉兴市图书馆、温岭市图书馆、桐庐县图书馆分别介绍文旅融合发展案例。研讨会交流探讨文旅融合发展的浙江实践和浙江现象，以推动全国图书馆界在文旅融合发展中的步伐。（浙江省图书馆学会　吴荇　钱冰洁）

【读者服务与藏书建设研讨会在台州召开】 5月29—31日，由中国图书馆学会阅读推广委员会主办、台州市图书馆承办的读者服务与藏书建设研讨会在台州召开。中国图书馆学会阅读推广委员会副主任徐雁、中国图书馆阅读推广专委会委员、浙江省图书馆学会学术委员会用户服务与研究分委员会委员、台州市各县区公共图书馆馆长共23人参加。研讨会围绕“读者服务与藏书建设”主题，与会代表从读者服务建设标准、青少年文献分级阅读、互联网+下信用读者和虚拟读者群体研究、大数据时代用户服务深化和拓展、边远地区读者服务工作、地方文献数字化版权问题、24小时自助图书馆与用户安全保障等多个视角进行交流研讨。此次会议结合图书馆馆藏文献和特色人文空间建设，交流图书馆读者服务新理念，为阅读推广工作提供新思路，推动专委会与地方分委会的交流与合作。（浙江省图书馆学会　吴荇　钱冰洁）

【首届中国阅读传统与文化传承学术论坛在长兴举行】 7月18—20日，由中国图书馆学会阅读推广委员会、长兴县文广旅体局主办，贵州民族大学图书馆、赤峰市图书馆、湖州市图书馆、长兴县图书馆承办的首届中国阅读传统与文化传承学术论坛在长兴图书馆召开。全国各地专家学者50余人参加此次论坛，以“阅读传统与文化传承”为主题展开深入探讨。北京大学教授王余光做题为“中国阅读传统与文化传承”的主旨报告。此次论坛召开对弘扬民族优秀文化有历史意义和现实意义，同时推动长兴地区文化发展，加快文旅融合建设。（浙江省图书馆学会　吴荇　钱冰洁）

【全国公共图书馆主题分馆建设馆长论坛在杭州举行】 12月19—22日，由中国图书馆学会学术研究委员会和杭州国际城市学研究中心主办，浙江图书馆、浙江省图书馆学会承办的全国公共图书馆主题分馆建设馆长论坛在杭州举行。杭州城市学研究理事会理事长王国平、杭州国际城市学研究中心党组书记江山舞、中国图书馆学会副理事长李广建出席论坛，来自全国各省级、副省级图书馆馆长和部分市级馆代表共70人参加论坛。王国平、南开大学教授柯平做“把握新时代要求　打造一流城市学智库”和“主题图书馆建设中的若干问题与发展思考”主旨报告，此次论坛围绕“主题分馆建设与特殊文献互换合作”主题，探讨新时代如何加强公共图书馆主题分馆建设，推动全民阅读，更好满足人民精神文化需求，推动文化治理体系迈向现代化。（浙江省图书馆学会　吴荇　钱冰洁）

【第四届“浙思享”研讨会在绍兴召开】 6月14日，由浙江省图书馆学会主办，绍兴图书馆和上海万方数据有限公司协办的第四届“浙思享”研讨会在绍兴召开，主题为“智能互联时代文旅融合与图书馆服务创新”，全省公共和高校图书馆50余人参加研讨会。会议围绕文旅融合、智能互联以及5G等热点，中国移动浙江省公司信息化运营中心解决方案总监代斌、绍兴市越文化研究会会长鲁锡堂、上海科技大学图书馆馆长、中科院文献情报中心首席科学家张晓林、北京万方数据股份有限公司公共与文化事业部总经理张怀贵分别做主旨报告。随后的“锵锵六人行”头脑风，以“文化旅游融合及图书馆服务创新”和“5G与智慧图书馆的建设与服务”为主题，分别邀请5位专家学者和馆长分成2组，阐述各自的观点，现场人员互动提问和交流。此次研讨会凸显跨界特点，来自IT业界的精英、文旅界的专家给图书馆行业发展和服务创新提供新的思路，为今后全省图书馆服务的创新和发展提供新的起点。（浙江省图书馆学会　吴荇　钱冰洁）

【基层图书馆“新视野、新空间、新阅读和新发展”学术研讨会在嘉善举行】 6月28日，由浙江省图书馆学会主办，浙江省图书馆学会基层图书馆分委会、嘉善县图书馆承办的基层图书馆“新视野、新空间、新阅读和新发展”学术研讨会在嘉善举行。来自全省各市县图书馆代表200余人参加会议。上海图书馆副馆长周德明、浙江图书馆馆长褚树青、浙江省图书馆学会秘书长吴荇和学会基层图书馆分委会主任沈红梅等出席会议。周德明、褚树青做“公共图书馆服务创新——上海图书馆案例”“新时代基层图书馆的服务与创新”主旨报告。此次研讨会聚焦新时代基层图书馆建设，探讨在图书馆服务体系“最后一公里”建设、国家乡村振兴战略和技术变革背景下基层图书馆的发展路径。（浙江省图书馆学会　吴荇　钱冰洁）

【文旅融合背景下的图书馆总分馆服务创新研讨会在青田举行】 7月18—19日，由浙江省图书馆学会主办，丽水市青田县图书馆、丽水市莲都区图书馆承办的文旅融合背景下的图书馆总分馆服务创新研讨会在青田举行。来自全省公共图书馆的馆长、业务骨干共80余人参加研讨会。浙江省图书馆学会理事长褚树青、宁波图书馆馆长徐益波、嘉兴市图书馆馆长沈红梅、超星集团副总经理叶艳鸣分别做题为“文旅融合助推总分馆体系建设”“文旅融合走向更诗意的远方”“文旅融合的嘉兴实践”“现代公共文化服务体系中的数字总分馆建设与新媒体融合服务创新”的主旨报告。与会期间，会议代表前往青田县图书馆民宿分馆坐忘阁和丽水莲都区图书馆下南山分馆进行现场交流。此次研讨会为浙江省内公共图书馆推进文旅的深度融合，创新总分馆模式，提升服务水平提供了新理念，为图书馆事业发展面临的新挑战提供可借鉴的新经验。（浙江省图书馆学会　吴荇　钱冰洁）

【浙江省图书馆学会2019年学术年会暨第五届浙闽论坛在宁波召开】 9月24—26日，浙江省图书馆学会2019年学术年会暨第五届浙闽论坛在浙江宁波召开。中国图书馆学会理事长、国家图书馆馆长饶权，浙江省文化和旅游厅公共服务处处长倪巍，福建省图书馆馆长郑智明，浙江省图书馆学会理事长褚树青等领导及省内外图书馆界专家学者、图书馆工作者近200人参加年会。此次年会主题为“构建开放融合的图书馆共同体”。开幕式上，宣布浙江省图书馆学会第八次优秀论文评选活动和第二届优秀服务品牌评选的结果，并对获奖代表颁发证书。饶权、褚树青、郑智明分别做“把握机遇直面挑战　凝心聚力推动图书馆事业创新发展”“图书馆：通过对话实现变革——国际图联（IFLA）第85届大会概况”“公共数字文化工程融合创新发展的探索与思考——以福建为例”主旨报告。

年会期间，浙江省图书馆学会和福建省图书馆学会共同举办第五届浙闽论坛，来自浙闽两省的100余名图书馆工作者围绕“构建开放融合的图书馆共同体”的主题展开交流。厦门市翔安区图书馆馆长张胜峰、温州市图书馆副馆长吴蛟鹏、莆田市图书馆副馆长张翔、杭州图书馆科技分馆主任冯继强、上杭县图书馆馆长郭晓红分别做专题发言。

与会代表分为公共文化示范区建设和文旅融合建设2个组，分别到鄞州区云龙镇文化艺术中心和宁波图书馆人文地理馆现场参观交流。（浙江省图书馆学会　吴荇　钱冰洁）

【首届长三角地区公共图书馆信用服务年会在宁波举行】 10月17日，由浙江省图书馆学会、浙江图书馆主办，宁波图书馆承办的首届长三角地区公共图书馆信用服务年会在宁波图书馆召开。长三角地区公共图书馆专家学者、工作者共80余人参加会议。南开大学商学院信息管理系教授徐建华、蚂蚁金服芝麻信用事业部资深经理项晓萍、浙江图书馆馆长褚树青分别做题为“图书馆信用借书的走向分析”“芝麻信用助力图书馆智慧建设”“信用服务——赋予图书馆未来发展的无限可能”的主旨报告。上海图书馆、南京图书馆、安徽省图书馆、浙江图书馆共同签署长三角公共图书馆信用服务联盟协议，将进一步对接长三角一体化国家战略，促进长三角公共服务的普惠便利。（浙江省图书馆学会　吴荇　钱冰洁）

【浙东运河沿岸文旅融合路径暨地方文献开发研讨会在萧山举行】 11月18日，由浙江省图书馆学会、杭州市萧山区文化和广电旅游体育局主办，杭州市萧山图书馆承办的浙东运河沿岸文旅融合路径暨地方文献开发研讨会在萧山举行。来自全省各图书馆180余人参加此次研讨会。研讨会重新定位浙东运河在中华文化对外传播史上的地位，深入探讨浙东运河的功能定位以及沿岸公共图书馆介入文旅融合的发展路径及地方文献开发利用，提升沿岸公共图书馆参与运河文化带建设水平，助力浙东运河建设成为文化自信的地标性工程。（浙江省图书馆学会　吴荇　钱冰洁）

【“春风行动”全省少年儿童阅读推广培训班在温州举办】 11月21—22日，由浙江省图书馆学会、温州市文化广电旅游局主办，浙江省图书馆学会未成年人服务分委会、温州市少年儿童图书馆承办的2019“春风行动”全省少年儿童阅读推广培训班在温州市少年儿童图书馆举行。全省各地市公共图书馆馆长及业务骨干共70余人参加此次培训。培训班邀请国内儿童阅读研究专家、知名阅读推广人前来授课。培训期间召开2019年度浙江省图书馆学会未成年人服务分委会工作会，分享探讨儿童阅读推广活动中的实践经验。（浙江省图书馆学会　吴荇　钱冰洁）

安徽省

【安徽省图书馆学会与安徽省高校图工委联合开展活动】 2019年，安徽省图书馆学会与安徽省高校图工委两度联手，先后开展全国首届图书馆杯全民英语口语风采展示活动、“万品杯”2019年安徽省高职高专院校信息素养大赛活动。其中，在全国首届图书馆杯全民英语口语风采展示活动中，省学会、省高校图工委因活动组织得力，被评为全国贡献之星，安徽农业大学图书馆等荣获全国组织之星，安徽省图书馆等荣获安徽省优秀组织奖。（安徽省图书馆学会　武巍泓）

【组织业界参加中国图书馆学会“同城共读，万卷共知”知识竞赛活动并获佳绩】 4月，根据中图学会“关于联合开展2019年4·23全民阅读通知”要求，省学会发动全省各系统图书馆参与该项活动，得到业界工作者的积极响应并获好成绩，成为应邀参赛的全国16个省级学会之一。7月，根据中图学会关于选派代表参加“同城共读，万卷共知”阅读知识竞赛的通知要求，选拔组建安徽省参赛代表队。8月22日，“同城共读，万卷共知”阅读知识竞赛在内蒙古鄂尔多斯举办，安徽选手张云鹏、李玲荣获二等奖。（安徽省图书馆学会　武巍泓）

【参与第三届全国图书馆未成年人服务论坛承办工作】 根据中国图书馆学会关于举办第三届全国图书馆未成年人服务论坛通知要求，安徽省图书馆学会发动全省各系统图书馆及省学会理事单位参与论坛各项活动，并配合中国图书馆学会和滁州市图书馆做好相关承办工作。5月21—24日，论坛在安徽省滁州市图书馆举办，论坛包括开幕式、嘉宾演讲、专家讲座、经典与创新案例分享、专题展览及体验区等活动，来自全国各级图书馆及参展企业、新闻媒体等共300余人参加论坛各项活动，其中安徽代表60余名。（安徽省图书馆学会　武巍泓）

【召开安徽省图书馆学会2019学术年会】 12月12日，安徽省图书馆学会2019学术年会在省图书馆举行。来自全省各级各类图书馆的200余名代表参会，共同探讨新时期图书馆与社会的融合、创新、均衡发展问题。开幕式后，北京大学信息管理系教授王子舟做题为“读者资源开发与图书馆服务创新”的主旨报告。年会共收到征文115篇，经省学会学术委员会专家评审，评出一等奖5篇、二等奖10篇、三等奖20篇。学术交流环节，6位获奖论文代表先后登台，分别以“我国公共图书馆信用服务实践及启示”“政社合作模式下城市阅读空间建设动力机制研究”“‘双一流’背景下高校图书馆管理服务现状与建设途径”“基于人工智能及大数据的新型阅读推广模式”“基于管理系统的智慧图书馆建设初探”“县级公共图书馆业务分项外包融合、创新初探”为题分享其研究成果。随后，安徽大学图书馆馆长储节旺分别从论文选题、结构、规范性等方面对交流论文做现场点评并和大家分享“优秀论文写作十忌”。（安徽省图书馆学会　武巍泓）

福建省

【2019年全国文化和旅游公共服务巡讲暨福建省图书馆标准化工作专题培训班在厦门翔

安举办】 7月22—25日，2019年全国文化和旅游公共服务巡讲暨福建省图书馆标准化工作专题培训班在厦门市翔安区举办，全省县级以上图书馆馆长90余人参加培训。福建省文化和旅游厅公共服务处处长舒琳、厦门市文化和旅游局公共服务处处长黄天福、翔安区文化和旅游局副局长洪炳举等参加开班仪式。培训班邀请武汉大学国家文化发展研究院副院长、博士生导师陈波，首都图书馆副馆长、中国图书馆学会副秘书长邓菊英，浙江图书馆党委书记兼副馆长、中图学会图书馆标准化委员会主任徐洁，广东省立中山图书馆馆长、中图学会图书馆标准化委员会委员刘洪辉授课，课后组织全体学员参观翔安区图书馆，考察学习该馆总分馆制建设情况。（福建省图书馆学会）

【福建省图书馆学会2019年学术年会在泰宁县举办】 11月26—28日，以“新时代图书馆的转型发展：均衡　融合　智慧”为主题的福建省图书馆学会2019年学术年会在三明市泰宁县举办。福建省文化和旅游厅二级巡视员林湫，福建省图书馆学会理事长郑智明，南开大学信息资源管理系教授柯平等嘉宾出席开幕式，全省各系统图书馆员及企业合作伙伴等270余人出席会议。年会邀请柯平做“‘十四五’规划制定指导”的主旨报告，福州大学图书馆馆长刘敏榕和浙江图书馆原副馆长刘晓清做专题报告，同时开设阅读推广工作委员会、参考咨询工作委员会及书院工作委员会3个分论坛。（福建省图书馆学会　泰宁县图书馆）

【“春燕行动——福建乡村（朗诵）音乐会”在武夷山市西郊村举行】 12月12日，由福建省文化和旅游厅主办，福建省图书馆学会和福建省流行音乐学会承办，武夷山市文旅局和兴田镇文化站协办的“春燕行动——福建乡村（朗诵）音乐会”在西郊村举行。节目紧扣“乡村追梦人”主题，结合西郊村的实际情况，以“追梦”为序，脱贫“宣言”为结，将演出分为“梦中家园”“初心不忘”“希望的田野”等篇章，举行歌唱、朗诵、魔术等多种艺术表演。福建省图书馆阅读推广文化志愿服务小分队还为当地村民献上《等待》《图书馆的模样》等经典诵读节目，并为兴田镇文化站赠送国学、历史、儿童文学、养生、家用电器维修等图书2000余册。（福建省图书馆学会）

江西省

【概况】 2019年，江西省图书馆学会以学会党支部建立为契机加强学会组织建设，截至年底共有理事87名，团体会员单位147家（新增51家公共图书馆、7家高校图书馆）。完成全省性社会组织等级评估参评工作，被评为四A级学会。推进全民阅读和社科普及，承接政府转移职能，打造阅读推广品牌，取得良好的社会效益，为推动全省图书馆事业稳步发展起到积极的作用。

大力推动全民阅读，积极开展科普宣传。策划江西省“共读中华经典　同度传统新年”春节系列文化主题活动方案，得到全省各级图书馆响应，使春节主题活动在全省范围内形成联动，成效显著，活动获中国图书馆学会（以下简称“中图学会”）通报表扬。组织全省开展江西省第九届“读好书”活动、“不忘初心，牢记使命”主题教育文献信息资源展示活动、“礼赞新中国　智慧新生活”全国科普日活动、“文化暖心　阅读惠民”主题阅读志愿服务活动。举办首届江西省“爱阅赣版书”大型系列读书活动及“读好书·爱中华”湘鄂赣皖四省红色图书书评征集活动。按照中图学会的有关通知，完成全民阅读示范基地和全民阅读活动先进单位及公共图书馆创新案例的推荐申报工作。

打造学术交流平台，引领行业发展。举办中图学会公共图书馆分会特色图书馆工作委员会的成立大会和第一次工作会议，召开2019年江西省设区市馆长联席会。向省社科规划办上报4个课题，立项2个；向省文旅厅江西省艺术科学规划办公室提交申报项目19个，获准立项7个。组织参加2019年中图学会学术论文征集活动，有17位会员论文获奖，其中4位获得一等奖。举办2019江西图书馆年会征文活动，评选出获奖论文27篇，并汇编成册。

组织基层培训，提升队伍素质。在井冈山举办“三区”人才支持计划培训暨湘鄂赣皖四省公共图书馆联盟培训班。联合江西省图书馆在南昌和吉安县分别举办全省图书馆采编业务培训班和江西省公共图书馆少儿阅读推广培训班。组织会员参加2019年中国图书馆年会、全国县级公共图书馆馆长培训班、江西省科协第八次代表大会等各类会议和培训。

深入实践调研，服务政府与社会。收集整理全省公共图书馆数据，编辑《江西省公共图书馆数据概览（2018）》，其中增加数据类目，并将11个设区市馆及主要数据排名前十的县级馆的数据进行柱状图对比，更加直观醒目，便于掌握和了解全省公共图书馆事业发展的实际情况。以《图书馆研究》《江西图书馆动态》和江西省图书馆学会网站为阵地，进一步扩大图书馆的社会影响力。10月18日，在南京举行的全国社科联第二十次学会工作会议上，江西省图书馆学会荣获"2019年全国社科联先进社会组织"荣誉称号。（江西省图书馆学会　谢佳新）

【江西省图书馆学会组织开展"读好书·爱中华"湘鄂赣皖四省红色图书书评征集活动】 4月30日至7月30日，江西省图书馆学会联合湖南、湖北、安徽三省图书馆学会共同组织开展"读好书·爱中华"湘鄂赣皖四省红色图书书评征集活动，所有参与者围绕70种湘鄂赣皖四省出版的红色图书其中一本或几本做评论。征集期间共收集380篇红色书评。11月22日，经专家严格评审，从中挑选出70篇作品在湘鄂赣皖四省进行巡回展览，其中8篇优秀作品制作成朗读资源共享。（江西省图书馆学会　谢佳新）

【2019湘鄂赣皖四省公共图书馆联盟培训班在江西井冈山举办】 5月21—24日，2019湘鄂赣皖四省公共图书馆联盟培训班在江西井冈山举办。此次培训由湘鄂赣皖四省公共图书馆联盟主办，江西省图书馆、江西省图书馆学会承办。来自湘鄂赣皖四省各级公共图书馆馆长、业务骨干以及中图学会公共图书馆分会特色图书馆工作委员会的委员和山西省图书馆2位特邀代表共110人参加此次培训。培训班以"特色图书馆建设"为主题，采用专题教学、案例教学、现场教学和学员交流等多种形式相结合。邀请武汉大学信息管理学院教授肖希明、浙江大学教授阮可分别做题为"图书馆特色资源建设与特色服务""新时代公共图书馆服务创新与案例评析"的专题授课。两位专家就特色图书馆建设和图书馆创新服务等方面展开阐述。学员代表就所在单位的特色工作做案例分享，介绍工作经验和做法。（江西省图书馆学会　谢佳新）

【江西省图书馆学会组织开展"不忘初心、牢记使命"主题教育文献信息资源展示活动】 江西省图书馆学会于7月3日开始，在全省范围内开展"不忘初心、牢记使命"主题教育文献信息资源展示活动。经过组织动员，全省共有85家图书馆参与活动。各馆通过在馆内开设"不忘初心、牢记使命"专题书架，开辟阅览专区，有针对性地展示主题藏书资源，引导读者查询、借阅。此外，为更广泛地传播主题文献资源，各馆纷纷在网站、微信公众号设置主题教育专栏，以数字资源形式向广大读者推送《习近平关于"不忘初心、牢记使命"重要论述选编》《习近平新时代中国特色社会主义思想学习纲要》、习近平总书记视察江西时的重要讲话精神及专家解读文章等，方便读者实现学习需求。据不完全统计，7—9月展示活动阅读点击量共计165657次，下载数字图书30961册次，纸本图书借阅15935册次。（江西省图书馆学会　谢佳新）

【江西省图书馆学会联合南昌市图书馆学会开展2019年全国科普日活动】 9月16—22日，江西省图书馆学会联合南昌市图书馆学会共同组织开展以"礼赞新中国　智慧新生活"为主题的系列科普活动，为新中国成立70周年献礼。活动期间，在南昌市图书馆少儿部举办2场"小小洪旗手"品牌活动，通过《鼠胆神威》绘本故事和《我和我的祖国》少儿简笔画创作，推广少儿阅读，促进家长与孩子间的交流，并对少年儿童进行爱国主义教育。同时，利用"图书大篷车"上门服务，将精心挑选的科普图书、科技信息资源送进消防单位，向广大消防救援人员开展科普宣传教育。此外，全国科普日期间，全省各级公共图书馆围绕此次科普日主题，在网站和微信公众号设置专栏、举办专题讲座、组织专题书展和专题图书推荐等活动，提升公众对科技创新成果的认知度，营造讲科学、爱科学、学科学、用科学的浓厚氛围。（江西省图书馆学会　谢佳新）

【江西省公共图书馆少儿阅读推广培训班在吉安县举办】 10月23—25日，2019年江西省公共图书馆少儿阅读推广培训班在吉安县举办。培训班由江西省图书馆和江西省图书馆学会主办，吉安市图书馆、吉安市图书馆学会协办，吉安县图书馆承办。来自全省公共图书馆从事少儿阅读推广工作的120余人参加此次培训。培训邀请中国图书馆学会未成年人图书馆分会秘书长、湖南省少年儿童图书馆副馆长薛天和2017“阅读改变中国”年度点灯人、武汉青少广播《新月读书会》栏目主持人新月授课。2位老师分别以“公共图书馆儿童阅读活动概念、程序、方法”和“怎样讲好一个故事”为题，就少儿阅读推广的理论与实践等内容进行专题讲座。培训期间，还同步举办“同读·同乐”国际儿童日海报展。该展览由中国图书馆学会、国家图书馆、国际儿童读物联盟主办，未成年人图书馆分会和江西省图书馆承办，吉安县图书馆协办。展览通过38幅海报展示不同年代的优秀少儿读物。（江西省图书馆学会　谢佳新）

【2019年江西省设区市馆长联席会在景德镇召开】 10月26日，2019年江西省公共图书馆馆长联席会在景德镇召开。会议由江西省图书馆学会主办，景德镇市图书馆承办。省文化和旅游厅副厅长任永新、省图书馆馆长陶涛、省文化和旅游厅公共服务处副调研员涂安宁、省图书馆副馆长黄俊出席会议，各设区市图书馆及省直管县图书馆馆长共计20余人参加会议。会议由省文化和旅游厅公共服务处处长周建文主持。会上，各位馆长围绕基础设施建设、阅读推广活动、文旅融合做法等方面总结2019年的工作经验，并就2020年工作打算进行深入交流。陶涛重点介绍省图书馆新馆建设情况。任永新在会上充分肯定全省公共图书馆2019年的工作成果，并对学习习近平总书记给国图老专家回信精神做专题辅导。（江西省图书馆学会　谢佳新）

【全省“爱阅赣版书”读书演讲比赛决赛在景德镇市图书馆举行】 10月27日，江西省图书馆学会主办的全省“爱阅赣版书”读书演讲比赛决赛在景德镇市图书馆举行。此次演讲比赛自4月份启动以来，得到全省各级各类图书馆的大力支持和读者们的积极响应、热烈参与，经县、市初赛、复赛两轮选拔，来自全省12支代表队的45位选手参加此次决赛。参赛者们从近年来出版的赣版图书中，推荐一本自己最喜欢的图书，撰写一篇对这本书的读后感作为演讲稿，以演讲的形式与大家分享阅读体会。比赛中，选手们紧紧围绕“爱阅赣版书”这一主题，以“祝福您！中国！”“传承红色基因　不负伟大时代”等为题，用丰富的内容、生动的语言从不同角度向大家推荐心中喜爱的赣版图书。经过激烈角逐，4名选手获得一等奖，8名选手获得二等奖，12名选手获得三等奖，21名选手获得优胜奖。（江西省图书馆学会　谢佳新）

山东省

【概况】 2019年，山东省图书馆学会不断完善省学会组织机构建设，增强组织发展活力。严格遵守省民政、省社科联的有关规定，以《山东省图书馆学会章程》为核心，定期召开理事会、常务理事会。对原有分支机构进行大规模撤并调整，根据图书馆事业发展的新变化、新态势，进行精准定位和行业细分，重新建立学术研究委员会、未成年人服务委员会、高校图书馆委员会等9个专业委员会，充分调动业内组织的积极性，增强省图书馆学会的行业指导力与凝聚力。相继出台《山东省图书馆学会分支机构管理办法》等相关制度，2019年通过调研分析，讨论修订《山东省图书馆学会会费收支管理办法》等。同时，开通省学会微信公众号，对省学会各项组织决议、活动资讯、地市学会动态等进行宣传展示。

做好学术研究与交流工作，提升组织服务能力。一是对已形成品牌效应的学术活动进行规范化提升。2月到6月，完成省学会第二十六次科学讨论会380篇征文分类、登记、专家评委会研议、结集出版工作。省图书馆学会大型科学讨论会不间断举办了27年，始终引领着省内图书馆学术研究和业务发展的方向，2019年对论文学术不端检测、研议评审程序进行规范化建设与提升，确保省学会的公正和权威。二是对业内的学术成果进行集中研议和展示。3月，经过策划和筹备，由省图书馆学会学术研究委员会主导的“第一届山东省图书馆学情报学学术成果评奖”开评。经过客观赋分和3轮审议，历时5个月，最终完成90个参评成果的评奖。三是集中组织会员参加全国性学术交流活动。组织全省会员和广大图书馆工作者参加2019年中国图书馆学会学术论文和业务案例征集活动，近40人分获一、二、三等奖。省学会也因为组织得力，受到中国图书馆学会表彰。

全年组织动员广大会员参加全国县级图书馆馆长研习班、全国城市图书馆学术论坛、全国基层公共图书馆服务体系建设研讨会、全国图书馆未成年人服务论坛等业内国家级专题培训、学术论坛、研修研讨等活动10余场、500余人次。省图书馆学会积极完成中国图书馆学会、省社科联、省科协等有关机构交付的工作与任务。如山东省社科联2019年度山东省人文社会科学课题申报、社科优秀成果奖推荐、“中图学会2019年活动项目”申报、2019年“书香社区”发现活动名单推荐、“新时代文明实践社科普及志愿服务”活动、2019“文化暖心　阅读惠民”主题阅读志愿服务活动等。（山东省图书馆学会　王玮）

【山东省图书馆学会第二十六次科学讨论会】 为落实十九大精神，实施《中华人民共和国公共图书馆法》，在中国特色社会主义跨入新时代的历史时刻，图书馆应以公共图书馆服务创新与现代科技融合发展为基础，全面推动该省图书馆事业加快实现专业化、体系化、现代化发展，有效提升图书馆服务效能，走上一条具有新时代特色的图书馆发展之路。为此，山东省图书馆学会举办第二十六次科学讨论会，向广大图书馆工作者征文。征文主题：变革创新　开放融通——法治背景下图书馆发展新路。此次活动得到全省广大会员的大力支持，各系统图书馆工作者踊跃撰稿，截至2019年3月，共征文380篇。经学术不端文献检测，并在省学会论文评审委员会专家严格评审下，共有188篇论文获奖，其中一等奖2篇，二等奖51篇，三等奖135篇。（山东省图书馆学会　王玮）

【全省公共数字文化建设与服务培训班】 1月16—18日，山东省图书馆、省图书馆学会在泰安市举办全省公共数字文化建设与服务培训班。来自全省各市、县图书馆馆长和业务骨干共160余人参加培训。培训班邀请国家图书馆数字资源部副主任李志尧、北京师范大学教授杨乘虎、首都师范大学赵闪闪分别做题为“融合创新发展中的公共数字文化工程”“融媒进程中的短视频创新潮流”“微视频制作流程”的专题讲座。（山东省图书馆学会　王玮）

【全省首届青少年读书故事会】 2月14日，由山东省图书馆、山东省图书馆学会主办的全省首届青少年读书故事会落下帷幕。该活动历时5个月，以“讲好山东故事、传承优秀文化”为主题，联合全省各市公共图书馆共同开展，旨在通过讲好中国故事、山东故事，推广全民阅读。从总体上看，此次活动主要体现出活动参与地区多、传播广的特点。全省首届青少年读书故事会共设置济南、青岛、菏泽3个赛区，分别由济南市图书馆、青岛市图书馆和菏泽市图书馆承办，17市图书馆积极组织选手参赛，参与人数近万名。3个赛区共决出一等奖60名，二等奖120名，三等奖180名。3场决赛均由国家公共文化云直播，共计有150余万人进行在线观看。此次活动引起多家媒体的关注，在活动启动、海选和决赛3个阶段，媒体报道共计30余次。（山东省图书馆学会　王玮）

【新时代全省市级图书馆业务建设与发展培训班】 5月31日，山东省图书馆、山东省图书馆学会在曲阜举办新时代全省市级图书馆业务建设与发展培训班，来自全省各地市级图书馆馆长、业务副馆长和业务骨干60余人参加培训。培训班邀请中国人民大学信息资源管理学院教授索传军、上海图书馆副馆长刘炜分别以“新时期图书馆的转型与发展”“建设开放、智慧、包容的第三代图书馆”为题做专题报告。此次培训解决公共图书馆行业所面临的建设和发展的环境变化问题，认清公共图书馆在我国公共文化事业发展中的定位，提高各地市级图书馆长的综合素质和履职能力。（山东省图书馆学会　王玮）

【全省公共数字文化服务暨馆长履职与创新能力培训班】 11月26—29日，由山东省图书馆、山东省图书馆学会主办的全省公共数字文化服务暨馆长履职与创新能力培训班在淄博举办，全省各地各级公共图书馆的馆长和公共数字文化建设负责同志180余人参加培训。此次培训围绕着“公共数字文化建设、基层图书馆馆长履职能力和业务创新”主题，邀请山东省图书馆党委书记、馆长刘显世，山东大学教授江三宝，国家图书馆信息技术部副主任张炜、高级工程师赵娜等专家授课。培训班上，授课专家分别以“锐意进取　做新时代合格的图书馆馆长”“基层公共图书馆服务的创新与发展”“凝聚共识　创新思路——共创公共数字文化工程融合创新发展新局面”“公共数字文化工程融合创新发展下的两微一端建设和服务”“新视角下的公共数字文化工程资源发布”为题，结合自身工作感受，深入浅出的细致讲解。同时，培训班还针对山东省公共文化云建设和全省市、县（市、区）级公共图书馆绩效评价两项工作进行重点部署。（山东省图书馆学会　王玮）

湖南省

【召开2019年湖南全省市（州）公共图书馆馆长联席会议】 2月21—23日，2019年全省市（州）公共图书馆馆长联席会议在常德召开。会议就全省未成年人阅读推广活动、全省公共图书馆2018年重点工作情况进行总结，并就2019年的重点工作进行部署。常德市图书馆馆长王智慧、株洲市图书馆馆长黄小平分别做题为“砥砺前行・绘就阅读新蓝图，继往开来・追逐悦读新篇章——常德市图书馆2018年阅读推广活动工作总结”和“总分馆服务及智能书屋管理平台介绍”的主题发言，各市（州）馆负责人一起交流经验。会议还邀请中国索引学会副理事长叶艳鸣做题为“总分馆体制下的现代公共文化服务体系建设”的专题讲座。（湖南图书馆　王昕晗）

【组织湖南省图书馆学会第十二届学术成果评奖活动】 4月至7月，湖南省图书馆学会组织全省各图书馆和图书情报机构开展第十二届学术成果评奖活动。全省各理事单位积极申报，收到著作类、课题类、论文类学术成果共计119项。经过组织专家初评、复评和网上公示，共评出一等奖12项，二等奖24项，三等奖43项。（湖南图书馆　王昕晗）

【举办2019年度全省图书馆基础业务培训班】 4月15—19日，由湖南省图书馆学会、湖南图书馆主办的2019年度全省图书馆基础业务培训班在湖南图书馆举行。来自全省14个市州各系统图书馆的67家单位111名从业人员参加培训。此次培训班为期5天，邀请中南大学李后卿、长沙商贸旅游职业技术学院唐晓应、湖南图书馆王旭明等专家授课，共开设图书馆基础概论、公共文化服务品牌建设、地方文献资源建设、读者服务工作、图书馆学研究：选题与论证等13门基础业务课程。（湖南图书馆　王昕晗）

【举办2019图书情报武陵山高峰论坛】 4月17日，由湖南省图书馆学会、湖南图书馆、吉首大学旅游与管理工程学院等单位主办的2019图书情报武陵山高峰论坛暨情报学学术丛书研讨会在吉首大学张家界校区举办，来自国内图书情报领域的4位国家社会科学基金会议评审专家和5位长江学者以及北京大学、北京科技情报研究所等高校信息管理学院、图书馆、情报研究所的专家教授共百余人出席，分享最新研究成果并开展深入的学术交流，共同助推国内图书情报学科的发展。此次论坛为期3天，武汉大学教授陈传夫、李纲、陆伟，南京大学教授苏新宁、中国科学院大学教授霍国庆、中国人民大学教授周晓英、上海交通大学教授樊博、南开大学教授王芳等专家学者，围绕“转型环境下图书馆发展思考”“情报学研究范式的冲突与思考”等学科热点开展专题讲座和学术研讨。（湖南图书馆　王昕晗）

【举办湖南省公共图书馆专业技术人员高级研修班】 6月17—21日，由湖南省人力资源和社会保障厅、湖南省文化和旅游厅主办，湖南图书馆、湖南省图书馆学会承办的湖南省公共图书馆专业技术人员高级研修班在长沙市举办。来自全省具有副高及以上专业技术职称人员和全省各市（州）、县（区）公共图书馆馆长共59名代表参加培训。主题立足于新时代公共文化服务建设，围绕习近平新时代中国特色社会主义思想、公共图书馆馆舍与服务之政策法律保障、总分馆体系建设与管理、公共文化服务品牌建设、图书馆文创产品开发、文化志愿者服务等内容展开，党性教育和业务研修相互结合。研修班还专门安排学员赴长沙县图书馆参观并进行现场教学。（湖南图书馆　段蓓虹）

【评选“最美图书馆”和“最美图书馆人”】 9月6日，由湖南省图书馆学会举办的全省“书香圆梦·最美图书馆”和“书香圆梦·最美图书馆人”名单向社会公布，长沙市等5家图书馆获得“书香圆梦·最美图书馆”称号，刘忠平等8人称号“书香圆梦·最美图书馆人”称号。（湖南图书馆　王昕晗）

【举办“我与图书馆共成长”主题演讲比赛】 9月20日，由湖南省图书馆学会主办、湖南世纪超星信息技术有限公司协办的“超星杯·我与图书馆共成长”湖南省图书馆学会成立40周年主题演讲比赛在湖南图书馆举行。来自全省公共图书馆、高校图书馆（含教育科研系统）、高职院校图书馆以及情报系统的31名选手同台竞技，他们立足本职岗位，结合工作生活实践，紧扣“我与图书馆共成长”这一主题，用精彩的演讲讴歌全省图书情报从业人员改革创新、奋发有为的精神风采，展示图书情报事业发展的丰硕成果。比赛特邀湖南省大众语言艺术研究会专家委员会首席专家蒋维等5名业内专家担任评委，湖南省图书馆学会理事长、副理事长莅临比赛现场进行指导并颁奖。经过近4个小时的角逐，评委现场打分，国防科技大学代表队周雅琦、毛泽东图书馆代表队彭嘉慧、湖南师范大学代表队汪姝辰等3名选手获得一等奖。（湖南图书馆　段蓓虹）

【举办湖南省图书馆学会成立40周年纪念活动暨2019学术年会】 11月28日，湖南省图书馆学会成立40周年纪念大会暨2019年学术年会在长沙市图书馆召开。会议总结湖南省图书馆学会40周年来所取得的成就，并表彰做出突出贡献的专家学者和先进单位。大会向为学会事业、图书情报事业做出积极贡献的金汉珊、金则恭、邹华享、张勇等前辈和专家们表示崇高的敬意并颁发荣誉证书。随后，分别为“书香圆梦·最美图书馆”“书香圆梦·最美图书馆人”风采展示活动获奖者、湖南省图书馆学会第十二届学术成果评奖活动一等奖获奖代表、“湖南省图书馆学会成立40周年”主题征文比赛一等奖获奖代表、“书香圆梦·我眼中的图书馆”主题摄影比赛获奖代表颁发荣誉证书。大会特别邀请北京大学教授王子舟、上海交通大学教授樊博分别做学术报告。湖南省图书馆学会成立40周年主题征文一等奖获奖代表做主题分享。（湖南图书馆　王昕晗）

广东省

【概况】 截至2019年底，广东图书馆学会共有会员6200人，审计结果显示财务状况良好。根据社会组织管理局的相关规定，广东图书馆学会秘书处制定《印章管理制度》《文件材料归档办法》《法人登记证书保管、使用制度》《财务管理制度》，推动学会业务流程化、制度化。

举办学术研讨活动。举办新时代图情机构知识服务与创新发展研讨会、新时代智慧图书馆及总分馆建设研讨会、“提升效能、创新发展与图书馆统计”学术研讨会等。

推动全民阅读。组织“书香岭南”全民阅读活动。“书香岭南”全民阅读暨广东省2019年“世界读书日”主题活动以“悦读·为祖国喝彩”为主题，举办丰富多彩的主题阅读活动。广东图书馆学会承担发布《2018年广东公共图书馆事业发展报告》，组织2019年粤港澳“共读半小时”活动、2019广东省公共图书馆童书推荐书目等活动项目。组织广东省第九届盲人诗歌散文朗诵大赛决赛暨第五届盲人散文创作大赛、第九届图书馆杯广东全民英语口语大赛、第八届广东英语电影配音大赛、广东省“颂时代华章·献礼新中国70华诞”朗诵大赛、2019年广东省阅读案例大赛、广东省少年儿童“中华经典国学英文在线诵读”活动等。此外，学会继续在全省县级以上公共图书馆举办“粤图博览”基层文化巡回展览。

组织开展业界培训。先后组织粤东地区和粤西北地区广东公共图书馆业务培训班，提高欠发达地区图书馆干部队伍素质。广东图书馆学会未成年人图书馆服务专业委员会举办第二期广东省“少儿阅读推广人”培训班。

鼓励课题研究。《2019年广东省图书馆科研课题指南》公布，2019年度收到课题申报材料104项，共有40项课题通过立项，43项课题结项。

编辑出版《广东图书馆园地》，全年共编辑出版4期。（广东图书馆学会　何杰锋）

【新时代公共图书馆服务与建设创新研讨会在广州召开】 1月15—18日，由中国图书馆学会公共图书馆分会主办，中国图书馆学会公共图书馆分会城市图书馆工作委员会、广州市图书馆学会、广州图书馆、同方知网（北京）技术有限公司联合承办的新时代公共图书馆服务与建设创新研讨会在广州图书馆召开。来自全国公共图书馆、高校图书馆及相关机构的专家、图书馆馆长、业务骨干、获奖案例代表共250余人参加。此次会议以“新时代公共图书馆服务与建设创新”为主题，设置专家报告、优秀创新案例分享、工作坊研讨等多个分享交流环节。中国图书馆学会副理事长、中山大学资讯管理学院教授程焕文，佛山市图书馆馆长屈义华，同方知网公共服务公司总经理成鑫分别做题为“新时代公共图书馆服务与建设创新的难点与重点”“公共图书馆创新实践的思考”“大数据人工智能时代的图书馆服务创新”的报告。甘肃省图书馆副馆长李芬林、广州图书馆中心图书馆办公室主任陈深贵、上海图书馆张喆昱、常熟市图书馆辅导部张力带来创新案例分享。会议还设置服务创新、管理创新和技术创新3个工作坊（分会场），每个分会场选取2个优秀案例开展深入的研讨交流。最后，中图学会副理事长、公共图书馆分会主任刘小琴对会议进行总结。（广州市图书馆学会）

【第九届图书馆杯广东全民英语口语大赛在广东省立中山图书馆举行】 6月23日下午，第九届图书馆杯广东全民英语口语大赛暨全国首届“图书馆杯全民英语口语风采展示活动”广东赛区总决赛在广东省立中山图书馆举行。此届大赛由广东图书馆学会、广东省高校图工委以及广东省立中山图书馆联合主办，省内58所公共图书馆和115所高校图书馆共同参与。比赛以“为祖国喝彩·图书馆，让世界倾听”为主题，继续采取“网络选拔＋现场比赛”相结合的方式，突破时空限制，吸引30993名读者报名，参赛总人数再次刷新纪录。经过2个多月的比赛，17位佼佼者进入总决赛。总决赛分“英文口语秀”“现场PK”两个演讲环节进行。（广东省立中山图书馆）

【新时代智慧图书馆及总分馆建设研讨会在佛山市图书馆举办】 11月10—12日，新时代智慧图书馆及总分馆建设研讨会在佛山市图书馆举办。此次会议由广东图书馆学会主办，佛山市图书馆学会和佛山市图书馆承办。省内外超过200名图书馆界工作人员和科技企业代表参加会议。会议全程采取网络直播形式，吸引众多图书馆同人线上互动参与。此次会议主题为“科技引领·服务创新：智慧图书馆及总分馆建设”。中国图书馆学会副理事长刘小琴、浙江省图书馆学会副理事长刘晓清、广东省立中山图书馆副馆长吴昊、广东图书馆学会秘书长陈卫东、上海图书馆学会秘书长金晓明、超星集团副总经理叶艳鸣、超星集团公共文化事业部经理沈志伟、佛山市图书馆馆长黄百川等8位嘉宾围绕智慧图书馆、总分馆建设、技术与服务创新、未来发展趋势等多个层面进行专题报告。（佛山市图书馆）

【广东图书馆学会第十三次会员代表大会在深圳盐田区召开】 11月25—26日，广东图书馆学会第十三次会员代表大会在深圳市盐田区政府盐田会堂举行。此次会议由广东图书馆学会主办，深圳市盐田区图书馆承办。全省300多名会员代表、特邀代表参加会议。第十二届理事会理事长刘洪辉向大会做题为“守正创新　融合发展　努力实现广东图书馆事业走在全国前列”工作报告。大会审议通过《第十二届理事会工作报告》《广东图书馆学会章程》《广东图书馆学会会费收支管理办法》。秘书长陈卫东做大会筹备工作报告。大会选举出新一届理事会和领导机构。广东省立中山图书馆馆长王惠君当选为第十三届理事会理事长。会上，中国图书馆学会副理事长吴建中以“追求同步：图书馆新一轮发展的机遇与挑战”为题做专题学术报告。大会还对有关单位和个人进行表彰。包括杰出贡献奖1名，终身荣誉奖14名，优秀服务奖45名；先进工作单位10家，优秀会员28名，优秀学会工作者16名。广东省立中山图书馆副馆长倪俊明荣获杰出贡献奖。大会对2019年广东省阅读推广案例大赛获奖案例和“书香岭南”公益广告创意设计大赛、广东省少年儿童“中华经典国学英文在线诵读活动”优秀组织单位进行颁奖。（广东图书馆学会）

【广东图书馆青年学术研讨会在中山大学举行】 12月7日，“本土关怀，全球视野：建设新时代引领型图书馆”广东图书馆青年学术研讨会在中山大学资讯管理学院举办。会议由广东图书馆学会青年人才委员会、中山大学资讯管理学院与广州文化遗产与文化发展研究基地联合主办，该委员会筹备组成员、学院教师代表及特邀专家近40人参会。中山大学资讯管理学院副研究员肖鹏做题为“建设新时代引领型图书馆：广东图书馆学会青年人才委员会的使命与担当”的报告。会议演讲环节主要分为3个分论坛。其中，第一分论坛为“从本土经验到中国方案”，深圳图书馆办公室副主任蔡菁、东莞图书馆副主任杨晓伟分别做报告。第二分论坛为“从本土探索到行业创新”，广东省科技图书馆粤创中心副主任黄敏聪、广州图书馆中心图书馆办公室副主任陈丽纳、华南理工大学图书馆数字资源部欧瑞祥分别做报告。第三分论坛为“从本土转型到业界标杆”，惠州学院图书馆情报咨询与学科服务部主任李金永、佛山市图书馆业务部主任陈艳、深圳市福田区图书馆宣传策划部部长刘琨分别做报告。（中山大学）

广西壮族自治区

【第十二次全区自治区、市级公共图书馆馆长培训班开班】 2月26日，第十二次全区自治区、市级公共图书馆馆长培训班在贺州开班。此次馆长培训班由广西壮族自治区图书馆、广西壮族自治区桂林图书馆主办，贺州市图书馆承办。来自全区市级以上公共图书馆及贺州市所辖县区公共图书馆馆长和相关人员30余人参加培训，自治区公共服务处处长何晓萍讲话。自治区图书馆原馆长韦江从全区公共图书馆基础设施建设、读者服务、阅读活动推广、法人治理结构改革等方面，通过数据分析对比，详细地阐述全区公共图书馆的发展情况，同时提出2019年全区公共图书馆工作展望。在工作研讨环节，南宁市、钦州市、北海市、柳州市等图书馆馆长先后围绕图书馆空间再造、馆际间协作协调、图书馆荣誉体系建设等议题发言，结合自身实际情况延伸出关于法人结构治理改革、区域公共图书馆联盟等方面的探讨。培训人员还参观了贺州市图书馆运用贺州本土旅游资源打造的“景点书房”。（广西图书馆学会　韦绍芬）

【中图学会2019年秘书长联席会暨《中国图书馆年鉴》编纂工作会议在钦州召开】 3月14—15日，由广西图书馆学会承办、钦州市图书馆协办的中国图书馆学会2019年秘书长联席会议暨《中国图书馆年鉴》编纂工作会议在钦州市图书馆召开。来自全国各省、自治区、直辖市图书馆学（协）会的秘书长和同人，钦州市有关部门负责同志，钦州市各县区文化广电体育和旅游局、钦州市图书馆及各县区图书馆有关同人等100余人出席会议。此次会议的主题为“新时代图书馆发展——社会组织的责任与使命”。广西图书馆学会原理事长、广西壮族自治区图书馆原馆长韦江主持开幕式。中国图书馆学会秘书长霍瑞娟做题为“新时代图书馆发展：社会组织的责任与使命——中国图书馆学会的实践与探索”的主旨报告。广东图书馆学会秘书长陈卫东、黑龙江省图书馆学会秘书长邓小姣和广西图书馆学会秘书长贾莹分别以“新思维促融合创新，借平台助行业引领——2018‘书香岭南’全民阅读活动”“切实际　重需求——探索黑龙江图书馆基层业务培训新路径”“拓展跨界合作新路子——开展生态科普活动纪实”为题做专题报告。在《中国图书馆年鉴》编纂工作研讨环节，《中国图书馆年鉴》副主编程鹏总结2018卷编纂工作情况，并就2019年撰稿体例和具体撰稿要求做说明。会议还安排了分组讨论和现场参观交流。（广西图书馆学会　韦绍芬）

【信用图书馆建设与实践研讨会在南宁召开】 4月25—26日，由广西图书馆学会主办的信用图书馆建设与实践研讨会在广西壮族自治区图书馆召开，来自全区各级公共图书馆和部分学校图书馆的92名代表参加会议。广西图书馆学会原理事长韦江在开幕式上致辞。山西省图书馆副馆长赵谞炯、广州图创计算机软件开发有限公司副总经理刘海生、杭州图书馆文献借阅中心主任、副研究馆员寿晓辉分别做专题报告。广州图创计算机软件开发有限公司王浩在图书馆自动化管理新技术应用培训上给代表们授课。（广西图书馆学会　韦绍芬）

【学术信息服务与信息化建设精准服务研讨会在南宁召开】 6月17日，由广西图书馆学会主办的学术信息服务与信息化建设精准服务研讨会在广西壮族自治区图书馆地方民族文献中心召开。来自全区公共图书馆、高校图书馆近100名代表参加会议。广西图书馆学会原理事长、广西壮族自治区图书馆原馆长韦江在开幕式上致辞。广州图书馆研究馆员、《图书馆建设》编委肖红凌，天津市少年儿童图书馆馆长、《图书馆工作与研究》主编马忠庚，北京万方软件有限公司决策支持中心主任孙启元分别做专题报告。在业务交流环节，万方高级产品经理周二翠、产品总监沈超分别介绍信息化建设方面的新产品和新技术。（广西图书馆学会　韦绍芬）

【广西图书馆学会2019年年会暨第37次科学讨论会在北海召开】 11月28日，广西图书馆学会2019年年会暨第37次科学讨论会在北海召开。来自全区公共、高校、科研系统图书馆及部分企业代表共200多人参加此次会议。会上，广西图书馆学会理事长秦小燕做“精致服务　至诚合作　引领学习　激扬智慧——广西图书馆学会2019年工作报告”。华东师范大学信息管理系教授金武刚做题为“图书馆与文旅融合发展：定位与途径”的学术报告。会议邀请荣获一、二等奖的6个阅读推广创新案例进行现场展示。在会议的年度活动表彰环节，学会领导分别为6个奖项的获奖单位和个人颁奖。（广西图书馆学会　韦绍芬）

海南省

【海南省图书馆协会三届二次会员代表大会召开】 4月11日，海南省图书馆协会在海南省图书馆召开三届二次会员代表大会。来自全省公共图书馆、高校图书馆、党校图书馆、中小学图书馆、医院图书馆、科研院所图书馆及企业的150名会员代表参加会议。海南省图书馆副馆长、海南省图书馆协会三届理事会秘书长张蕊主持会议。会议审议通过“海南省图书馆协会2018年工作报告”、《海南省图书馆协会章程》修改意见、《海南省图书馆协会会员会费标准及管理办法》修改意见。会议选举产生海南省图书馆协会执行理事（法定代表人）。（海南省图书馆协会　文一叶）

【海南省图书馆协会三届五次理事会召开】 9月6日，通过通讯（电子邮件）的方式召开海南省图书馆协会三届五次理事会。63位理事回复意见。会议审议通过《海南省图书馆协会章程》的修改意见、申请加入海南省图书馆协会的单位会员和个人会员、取消执行理事职务的设置，表决通过海南省图书馆副馆长张蕊辞去海南省图书馆协会秘书长职务的申请，选举海南省图书馆办公室主任黄玉华担任协会秘书长和法定代表人。（海南省图书馆协会　文一叶）

重庆市

【概况】 2019年，重庆图书馆学会承担中国图书馆学会（以下简称“中图学会”）公共图书馆分会图书馆扶贫工作委员会秘书处日常工作，举办2019年度图书馆扶贫工作专题会议。召开重庆市公共图书馆业务座谈会，全市公共图书馆馆长及业务骨干100余人出席会议，评出17个业务工作创新案例。召开重庆市图书馆学会第八届学术研讨会暨五届二次会员代表大会，75个会员单位230多位会员代表参会，收到征文92篇，评出一等奖6名、二等奖12名、三等奖25名；表决通过《重庆市学会章程》及会费收取办法。学会刊物《重庆图情》全年出刊4期，平均每期收录通讯、论文等80余篇。组织参加中图学会开展的各项活动，其中，重庆图书馆荣获中图学会第二届“我听·我读全国少儿读者朗诵大赛”组织奖、2019年“共读中华经典　同度传统新年”春节主题活动优秀组织单位、2019年中图学会学术论文和业务案例征集活动入选“单项服务效能之星”；沙坪坝区图书馆参评中图学会“书香社区”，荣获“书香社区”光荣称号。渝北区图书馆等3个图书馆员工荣获2019年中图学会年会征文相关奖项。南岸区图书馆、长寿区图书馆、北碚图书馆分别入选“全民阅读示范基地”、“2018年全民阅读优秀组织”和“2018年阅读推广优秀项目”；沙坪坝区图书馆、九龙坡区图书馆、璧山区图书馆等12个公共图书馆分别荣获2019年中图学会学术论文和业务案例征集活动“综合服务效能之星”及“单项服务效能之星”。（重庆市图书馆学会）

【重庆市图书馆学会第八届学术研讨会暨五届二次会员代表大会举办】 2019年是中华人民共和国成立70周年，也是重庆市图书馆学会成立20周年。为更好地加强重庆市图书馆界的学术研究与交流，推动图书馆事业的蓬勃发展，重庆市图书馆学会第八届学术研讨会暨五届二次会员代表大会于12月10日在重庆市巴南区图书馆召开。此届研讨会以“新时代图书馆发展与创新”为主题，由重庆市图书馆学会与重庆市高校图书情报工作委员会联合主办，巴南区图书馆承办，北京万方数据股份有限公司协办。重庆市文化和旅游发展委员会公共服务处副处长龚小嘉，华东师范大学信息管理系教授范并思，重庆市图书馆学会理事长、重庆图书馆馆长任竞，重庆市图书馆学会副理事长、西南大学图书馆馆长汤兴华，重庆市图书馆学会副理事长、重庆图书馆副馆长王宁远，重庆市少年儿童图书馆馆长谭必胜，重庆市巴南区文化和旅游发展委员会副主任邓涛以及来自重庆市图书馆学会75个会员单位230多位会员代表参加此次会议。华东师范大学信息管理系教授范并思应邀做题为“图书馆促进全民阅读的理论与实践”的主旨报告。（重庆市图书馆学会）

四川省

【概况】 截至2019年底，四川省图书馆学会有团体会员79个、个人会员1495人，分别来自全省各市（州）、区（县）公共图书馆，各高校图书馆，各科研系统、党校系统、医院系统图书馆。

学术研究和交流方面，完成四川省文化和旅游厅“图书情报学与文献学规划项目”第二期成果出版，第三期课题评审和资助经费划拨工作。完成中国图书馆学会（以下简称“中图学会”）委托的四川地区深化图书资料系列职称制度改革调研及调研工作。完成中图学会项目“‘读好书　爱中华’——新中国成立70周年主题阅读推广活动框架体系研究”。参与“全国公共图书馆效能监测系统建设”项目。完成《中国图书馆年鉴2019》（四川部分）的编校、《四川省图书馆2018年报》的编印。参与组织“中英图书馆论坛”活动。组织四川省代表参加2019年中国图书馆年会，在年会征文中，四川省作者获一等奖1名、二等奖1名、三等奖7名，在年会组织的“同城共读，万卷共知”阅读知识竞赛中，四川省获三等奖。

博士后创新实践基地建设方面，组织完成四川省图书馆、四川省图书馆学会博士后创新实践基地揭牌暨与四川大学合作协议签署仪式，建立、完善博士后创新实践基地组织机构及各项制度，与四川大学签署联合培养博士后协议和四川大学历史文化学院签署战略合作协议，完成博士后导师聘任，推进招生工作。

职业教育和人才培养方面，承办“全国图书馆未成年人服务提升计划”（四川站）暨“阅读推广人”培育行动（第十三期）培训班，约300余人参训；举办甘孜州色达喇荣寺莲洲图书馆基础业务培训班，50多人参训，帮助解决藏区图书馆基础业务薄弱问题；联合中国索引学会举办“四川省2019年‘三区’人才计划培训班”，60余人参加培训，提升“三区”图书馆人资源挖掘、分析整合及信息服务能力。

组织活动方面，组织全省各级图书馆参加中图学会“共读中华经典　同度传统新年”春节主题活动、“阅天下·邂逅图书馆之美”游学活动、“服务全民阅读　共创美好生活——中国图书馆界4·23全民阅读活动”。组织全省70多个图书馆参加中图学会“全民阅读”相关称号推荐工作，其中雅安市图书馆获“全民阅读示范基地”称号，南充市图书馆和四川师范大学图书馆获“2018年全民阅读先进单位”称号。组织“我们都是追梦人——庆祝建国70周年”有奖主题征文活动；联合四川省翻译协会主办“礼赞中国——庆祝中华人民共和国成立70周年演讲活动”，来自高校、图书馆、企业等单位的200名党员以中、俄、英3种语言共庆祖国70华诞。

学会刊物建设方面，着力完善各项规章制度，完成年审以及国家、省新闻出版主管单位信息核查工作。加强人员素质提升、拓宽发行渠道、扩大期刊影响力等工作，为学科建设、学术交流提供更高的平台。《川图导报》作为学会旗下面向省内外图情行业内部发行的报纸，报道新闻、基层活动、行业消息等覆盖全省省、市、县三级公共图书馆和部分高校图书馆。

党建与扶贫方面，根据四川省委组织部《关于集中推动全省性社会组织党的组织和工作覆盖有关事项的通知》精神，按照省文旅厅社会组织联合党委统一部署要求，学会积极参加联合党委举办的各类党的活动和培训。在扶贫工作方面，学会结合自身平台优势，响应政府号召，主动规划脱贫攻坚工作，将扶贫工作与培训、讲座、学术交流等形式相结合，实现教育扶贫、健康扶贫、学术扶贫。

2019年，获中图学会颁发的“阅天下·邂逅图书馆之美”游学活动优秀组织奖、“共读中华经典　同度传统新年”主题活动优秀组织奖及“我听·我读”活动星级组织单位称号。（四川省图书馆学会秘书处）

【四川省图书馆学会第八届四次常务理事会召开】 6月21日，四川省图书馆学会第八届四次常务理事会在四川省图书馆召开。常务理事近20人出席会议，理事长何光伦以及副理事长党跃武、陈雪樵出席。会议由四川省图书馆学会秘书长王嘉陵主持。会议听取2018年四川省图书馆学会工作报告。审议并通过四川省图书馆学会相关制度:《四川省图书馆学会章程》《四川省图书馆学会新媒体运行管理办法》《四川省图书馆学会财务制度》《〈四川图书馆学报〉编辑部工作管理制度》以及四川省图书馆学会副理事长、常务理事和理事人员变更情况等相关事宜。最后，会议审议通过“四川省推广全民阅读公共文化示范单位”名单并对2019年下半年工作重点进行通报。（四川省图书馆　朱欢）

【“礼赞中国——庆祝中华人民共和国成立70周年演讲活动”举行】 9月27日，由四川省翻译协会、四川省图书馆学会及两会党支部共同主办的“礼赞中国——庆祝中华人民共和国成立70周年演讲活动”在四川省图书馆举行。四川省科协社会组织联合党委书记周之常，四川省图书馆副馆长付玉贞，四川省翻译协会党支部书记郭加里等相关领导及现场200余人出席此次活动。来自四川省图书馆及四川师范大学、西南石油大学、成都理工大学等高校的13名选手相继登台演讲，分别以中文、英语、俄语等不同的语言表达爱国心声。活动还邀请新中国建设者代表、核动力专家袁小刚做报告，回顾我国第一代核潜艇研制的艰辛历程，论述核潜艇建设历程。（四川省图书馆学会秘书处）

【四川省2019年“三区”人才计划培训班在大邑举办】 10月14—18日，四川省图书馆、中国索引学会及四川省图书馆学会在成都市大邑县举办“四川省2019年‘三区’人才计划培训班”。来自甘孜州、凉山州及省内其他市（州）、区（县）公共图书馆的60余名业务骨干参加培训。此次培训注重培养从业人员资源挖掘、分析整合及信息服务能力，课程涉及索引思维及编制技巧、主题标引、图书馆档案管理和标准化业务统计及决策参考咨询服务、引文数据工具利用等方面，特邀中国索引学会常务副理事长兼秘书长杨光辉，索引编纂研究所所长王彦祥，复旦大学图书馆、中华古籍保护研究院副教授薛春香，中国知网数据规范所主任田萌等授课。通过在大邑县图书馆的现场教学，学员们就管理模式、特色服务、馆藏文献和新技术应用等相关问题进行深入交流与探讨，对图书馆规范化建设、索引等基础业务操作有更为直观的认识，对未来“三区”图书馆的发展有更清晰的思路。（四川省图书馆学会秘书处）

贵州省

【概况】 截至2019年底，贵州省图书馆学会共有个人会员1174人，中国图书馆学会会员148人。根据《贵州省图书馆学会章程》规定和工作需要，全年召开3次常务理事扩大会议和1次理事会。高职院校图书馆分会、交流与协助委员会、学术研究委员会、编辑出版委员会、教育培训委员会、高级专家咨询委员会、少数民族图书馆事业发展委员会、阅读推广委员会、大数据战略与图书馆信息技术应用委员会、资源建设与共享工作委员会、地方文献与古籍保护工作委员会先后召开成立大会，学会领导向各专委会主任和委员颁发证书。（贵州省图书馆学会　周雄　舒珍）

【贵州省图书馆学会创建省级学会能力提升综合示范学会】 根据贵州省科协《关于申报创建第三批省级学会能力提升综合示范学会的通知》（黔科协学发〔2019〕26号）文件精神，贵州省图书馆学会积极申报2019年第三批省级学会能力提升综合示范学会创建命名工作。通过认真对照《贵州省科协所属学会能力提升综合示范学会评分标准》，制定创建工作方案，扎实开展创建工作。11月8日，贵州省科协组织专家组评审通过。12月16日，贵州省科协正式下文和授牌。（贵州省图书馆学会　周雄　舒珍）

【贵州省图书馆学会获贵州省科协项目支

助】“2019贵州省图书馆学会学术年会”项目获得贵州省科协“学会学术建设示范引领”项目支助，11月项目完成。“遵义市图书馆分馆的设立与运营”项目，获得贵州省科协2019年度“‘五送五促进’——送科学：促进公众科学素质提升”项目，10月项目完成。“《贵州省公共图书馆条例》立法调研及文本起草”项目，获得省科协“承接政府转移职能与科技公共服务工程”项目支助，2020年完成。（贵州省图书馆学会　周雄　舒珍）

【2019贵州省图书馆学会学术年会暨贵州省图书馆学会成立四十周年纪念大会召开】 10月31日—11月1日，由贵州省图书馆学会主办，黔南布依族苗族自治州图书馆、贵州省图书馆学会学术研究委员会承办的2019贵州省图书馆学会学术年会暨贵州省图书馆学会成立四十周年纪念大会在黔南州都匀市召开。中国图书馆学会、贵州省社会科学界联合会、贵州省科学技术协会等单位领导出席开幕式。全省各级各类图书馆工作者、学会会员、贵州省图书馆学会理事、分支机构和专委会负责人、学术研究委员会委员、征文获奖及入选者以及受表彰的集体代表及个人等140余人参加会议。开幕式由贵州省图书馆学会理事长、贵州省图书馆馆长刘宇松主持。中国图书馆学会、贵州省社会科学界联合会、贵州省科学技术协会学会学术部、贵州省文化和旅游厅以及黔南州文化广电和旅游局的领导致辞，并为荣获贵州省图书馆学会杰出贡献奖、优秀馆长奖、先进个人奖和先进集体奖的个人和单位颁发奖杯、获奖证书和奖牌。中国图书馆学会学术研究委员会副主任、北京大学信息管理系教授王子舟做题为“图书馆学选题与综述的方法”的主旨报告。专家学者及参会代表围绕此次年会主题“转型中的贵州图书馆事业”进行交流研讨。会议还分别以“服务创新·案例分享”和“创新发展·论文交流”为主题进行论坛交流。闭幕式上为荣获征文一、二、三等奖及优秀组织奖的作者和单位，以及荣获全国首届“图书馆杯全民英语口语风采展示活动”的单位颁奖。刘宇松对此次年会以“新时代·新使命·新作为”为题做总结。（贵州省图书馆学会　舒珍　周雄）

【贵州省高职院校图书馆业务骨干基础业务研修班开班】 11月19日，由贵州省图书馆学会、贵州省图书情报专业人才培训中心主办，贵州民族大学图书馆、贵州省图书馆学会高职院校图书馆分会承办的2019年贵州省高职院校图书馆业务骨干基础业务研修班开班仪式在贵州民族大学图书馆举行。来自全省20所高职院校图书馆31位业务骨干参加此次为期4天的培训。此次培训班旨在进一步提升该省高职院校图书馆馆员的基础业务能力，分享、交流及研讨高职院校图书馆相关成果和经验。（贵州省图书馆学会　周雄　舒珍）

云南省

【文化共享工程“汉藏文化交流项目”西藏基层公共文化骨干培训班在云南昆明举行】 4月10日—5月8日，由文化和旅游部全国公共文化发展中心、西藏自治区文化厅主办，西藏自治区图书馆、西藏自治区群众艺术馆承办，云南省图书馆、云南省图书馆学会协办的文化共享工程“汉藏文化交流项目”西藏基层公共文化骨干培训班在云南省图书馆举行，来自西藏自治区相关基层文化局、图书馆、群艺馆的23名业务骨干参加培训。此次培训方式灵活多样，采取集中授课、跟岗实习、交流讨论相结合的方式进行。培训中，来自文化和旅游部全国公共文化发展中心、中国图书馆学会、云南省图书馆、云南省文化馆的专家授课，并组织参训学员分别到昆明市、楚雄市、曲靖市相关图书馆、文化馆等公共文化场馆进行实地交流学习，使学员们现场学习掌握公共文化服务模式和管理经验，极大增强培训的实践性，提升培训实效。通过此次培训，进一步开拓参训的西藏自治区基层公共文化骨干的工作视野，提升他们的业务技能和服务能力，促进滇藏两地文化交流和发展。（云南省图书馆学会办公室　金美丽）

【云南省图书馆学会组织开展全省县级图书馆总分馆制培训暨云南图书馆人文化扶贫之路朗读大赛】 为加快推进全省各地的县级图书馆总分馆制建设，4—6月，云南省图书馆学会分别在文山、临沧、普洱、丽江、曲靖等5个州、市组织开展县级图书馆总分馆制培训暨云南图书馆人文化扶贫之路朗读大赛，来自全省各地公共图书馆240余人参加培训及相关活动。在每期活动中，云南省图书馆馆长王水乔、省图书馆学会秘书长金美丽及相关技术专家分别就“县级图书馆总分馆建设与服务”“州市图书馆法人治理结构改革”“云南图书馆人扶贫之路大赛的宣传”“云南图书馆人扶贫之路大赛相关操作”等内容做专题授课。（云南省图书馆学会办公室　金美丽）

陕西省

【概况】 2019年适逢陕西省图书馆建馆110周年，也是陕西省图书馆学会（以下简称“省学会”）不断加强对外交流的一年。省学会召开八届二次常务理事会议，就理事们提出的关于加强学术研究与交流、开展学习交流活动等建议案进行审议，并据此为未来发展指出阶段性目标。

参加中国图书馆学会2019年秘书长联席会议暨《中国图书馆年鉴》编辑工作会议；组织协调全省18名会员代表参加2019年中国图书馆年会；组织全省各级各类图书馆及有关单位参加中国图书馆学会举办的“共读中华经典　同度传统新年”春节主题活动，设专人负责并通过QQ群、微信群、电话、邮件等多种渠道宣传、动员、督促和指导，全省7个市的16家图书馆积极响应和参与，宣传效果整体良好，省学会也连续第四次获评优秀组织单位（前三次分别为2016年、2017年、2018年）。

完成2项西北五省（区）区域合作任务，一是承办2019年陕西省国家公共文化服务体系示范区图书馆馆长创新服务研修班，西北五省（区）馆长、专家、馆员40余人参与培训；二是组织参加“西北五省（区）图书馆第五次峰会暨西北五省（区）图书馆馆长、学会理事长、秘书长联席会议”。另外，省学会学术研究委员会举办陕西省图书馆员学术研究能力分享会，特邀全省10名具有较强学术研究能力的中青年专家结合本职工作做学术研究与论文写作方面的报告；召开特藏与特色数据库建设专题研讨会，10余所高校图书馆的相关负责人与会交流各馆的特藏与特色数据库建设情况。

分别前往贵州省毕节市威宁彝族回族自治州和位于革命老区的陕西省延安市志丹县，实施2次文化志愿活动，在传授文化知识的同时传递志愿服务精神。（陕西省图书馆学会　霍彩玲　霍晓焰）

【陕西省图书馆学会召开八届二次常务理事会议】 3月29日，省学会召开八届二次常务理事会议，18名常务理事出席会议，1名监事及各委员会主任委员列席会议。会议听取理事长周云岳所做年度工作报告，秘书长解虹所做年度财务报告，常务副秘书长霍彩玲和学术委员会主任强自力关于2018年学会理事建议案落实情况的汇报；审议并原则通过学会及各委员会2019年工作计划（草案）。此次会议共收到6位理事提交的建议案，汇总为加强学术研究与交流、开展学习交流活动、加强会员继续教育等5类建议。经审议，除个别建议无法完成外，会议原则通过以上理事建议案，并分别责成相关委员会与学会秘书处落实实施。会议还通过一系列人事任免申请，其中李勇接替李铁虎担任学会副理事长，陈碧红接替李焕龙担任阅读推广委员会主任。（陕西省图书馆学会　霍彩玲　霍晓焰）

【2019年陕西省国家公共文化服务体系示范区图书馆馆长创新服务研修班在浙江台州举办】 5月6—10日，由陕西省文化和旅游厅主办、省学会承办的2019年陕西省国家公共文化服务体系示范区图书馆馆长创新服务研修班在浙江省台州市举办，来自西北五省（区）公共图书馆、文化馆，陕西省第一、二批国家公共文化服务体系示范区（项目）所在地市县图书馆的馆长以及陕西省公共文化服务体系建设专家委员会成员共40余人参加培训。培训采取专题讲座、现场教学、经验交流等形式，学员们先后听取台州市图书馆副馆长林君荣做的“总分馆制在台州的实践”主旨报告，温岭图书馆馆长杨仲芝分享的“开展家庭图书馆分馆建设，彻底打通农村服务最后一公里”典型经验，仙居县图书馆馆长蒋恩智以本馆实践为例做的“24小时自助图书馆建设与应用”交流报告。现场教学阶段，学员们先后参观了台州市、温岭市、仙居县图书馆，以及台州市图书馆妇女儿童分馆和遍布台州市、县、乡镇、村及农家的包括“和合”书吧、24小时图书馆、乡镇分馆、乡村民俗图书馆、家庭分馆在内的五级图书馆阅读服务体系，亲身

体会到图书馆总分馆建设的创新模式。（陕西省图书馆学会　霍彩玲　霍晓焰）

【基层公共文化机构志愿服务培训暨“三区”人才支持计划文化工作者专项培训班在志丹县举办】 5月20日，由陕西省文化和旅游厅等主办、省学会等承办的基层公共文化机构志愿服务培训暨“三区”人才支持计划文化工作者专项培训班在志丹县举办。来自全县各镇（办）、社区服务中心、各便民服务中心文化分管领导及综合文体中心负责人，各村（社区）综合性文化服务中心图书室（农家书屋）管理员及县图书馆全体人员共计150余人参加此次培训。省学会常务副秘书长霍彩玲代表学会志愿者团队向志丹县图书馆赠送志愿服务旌旗。培训期间，分别由陕西省图书馆发展研究部主任万行明、地方文献部主任窦鹏、数字资源部主任胡竹林和霍彩玲讲授“图书馆工作概论暨乡镇社区图书馆管理”“地方文献资源建设和利用”“电子阅览室的规范化管理与数字化资源的服务推广”“图书馆学论文写作技巧”等课程。（陕西省图书馆学会　霍彩玲　霍晓焰）

【威宁2019年基层公共文化服务业务培训暨陕西省图书馆学会“春雨工程”培训班在贵州毕节举办】 7月29日—8月2日，由陕西省图书馆学会、贵州省图书馆学会指导，毕节市图书馆学会等主办的威宁2019年基层公共文化服务业务培训暨陕西省图书馆学会“春雨工程”培训班在贵州省毕节市威宁彝族回族自治县举办，全县乡镇社区图书馆、文化馆、农家书屋等机构共85人参加培训。陕西省图书馆学会编辑出版委员会主任、西安文理学院图书馆研究馆员段小虎讲授“《公共文化服务保障法》解读”。陕西省图书馆学会常务副秘书长霍彩玲，陕西省图书馆数字资源部主任胡竹林、教育培训部主任马月丽分别讲授“文旅融合背景下图书馆发展新思路”“图书馆数字阅读推广”和“新时代文化工作者职业素养提升”，并向威宁县图书馆赠送陕西省图书馆数字资源阅览证200张。贵州省图书馆学会副理事长、毕节市图书馆馆长余波，贵州省图书馆技术服务部曾维分别讲授“图书馆总分馆制建设”和“新媒体与图书馆融合服务：贵州省文化艺术系列专业技术任职资格申报评审条件解读、答疑。”（陕西省图书馆学会　霍彩玲　霍晓焰）

【陕西省图书馆学会举办扶贫攻坚项目扶贫活动】 8月25—27日，由陕西省图书馆等主办的2019年陕西“三区”人才支持计划专项培训暨陕西省图书馆学会扶贫攻坚项目培训班在丹凤县举办，近200人参加此次培训。西北大学公共管理学院教授、省学会名誉顾问杨玉麟讲授“陕西基层公共文化服务体系建设问题思考”，北京超星集团副总经理叶艳鸣讲授“现代公共文化服务体系中的数字分馆与文旅融合服务创新”，神木市高家堡文化站站长、神木市图书馆高家堡分馆馆长宁江虎讲授“依托文化资源，讲好地方故事”，陕西省公共文化服务体系建设专家委员会副主任、陕西省图书馆发展研究部主任万行明讲授“《陕西省公共文化服务保障条例》解读暨县域公共图书馆总分馆制构建策略”。

10月23日，第七届陕西省阅读文化节之陕图少儿部绘本故事纸戏剧布偶贴剧下基层系列活动暨陕西省图书馆学会扶贫攻坚项目第二期扶贫活动走进丹凤县竹林关镇，精准扶贫移民安置点幼儿园，陕西省图书馆少儿部阅读推广人陈新为当地50余名小朋友表演3个纸戏剧故事，受到孩子们的欢迎。（陕西省图书馆学会　霍彩玲　霍晓焰）

【2019年广西公共图书馆“三区”人才综合素质能力提升班在陕西西安举办】 9月1—7日，由陕西省图书馆学会与广西壮族自治区图书馆共同主办的2019年广西公共图书馆“三区”人才综合素质能力提升班在陕西省图书馆举办。此次根据广西壮族自治区图书馆要求在陕西设置的培训课程，旨在解决基层公共文化服务的供求矛盾，更好地满足基层人民群众的精神需求，助推文化精准扶贫。培训课上，省学会编辑出版委员会主任、西安文理学院研究馆员段小虎主讲“公共文化服务保障法历史渊源、价值目标与实践活动”，陕西省图书馆发展研究部主任万行明讲授“县域公共图书馆总分馆制构建策划”，宝鸡市图书馆副馆长陈碧红做题为“增强基层队伍建设活力，提升公共文化服务效能”的讲座，陕西省图书馆在职博士窦鹏讲授

“地方文献资源建设与利用”，安康市图书馆馆长李焕龙讲授“文旅融合背景下的图书馆创新发展”，陕西省图书馆数字资源部主任胡竹林讲授“数字资源建设管理与服务推广”。实地教学阶段，学员们分别参观韩城市司马迁图书馆和蓝田县图书馆，前者被中国图书馆学会评为“最美基层图书馆”，后者在全国第六次公共图书馆评估定级中被评为一级图书馆，通过对这两个馆的现状和发展进行实地考察，学员们有了全新的实践参照。（陕西省图书馆学会　霍彩玲　霍晓焰）

甘肃省

【概况】 截至2019年底，甘肃省图书馆学会有个人会员773人，单位会员64家，理事102人，常务理事31人；有中国图书馆学会个人会员340人，理事2人，常务理事1人。分设图书馆学理论专业委员会、文献资源建设与共享专业委员会、地方文献专业委员会、古籍保护与研究专业委员会、公共图书馆工作委员会、高校图书馆工作委员会、科研系统图书馆工作委员会、少儿图书馆工作委员会等8个分支机构，分别挂靠在甘肃省图书馆、兰州大学图书馆、中科院兰州文献情报中心等单位开展工作。

9月8日，习近平总书记给国家图书馆8位老专家回信。9月16日，甘肃省图书馆学会在第一时间转发《中国图书馆学会关于深入学习贯彻习近平总书记给国家图书馆老专家回信精神的通知》，对全省学习贯彻回信精神做出安排和部署。通知发出后，甘肃省图书馆、西北民族大学图书馆、白银市图书馆、高台县图书馆、镇原县图书馆、静宁县图书馆、麦积区图书馆、山丹培黎图书馆、白银区少儿馆、华亭市图书馆等单位积极行动，迅速兴起学习贯彻回信精神，甘肃省图书馆学会网站实时跟踪报道各单位学习进展情况，工作通讯《甘肃图书馆工作》2019年第5期开辟专栏，对全省学习贯彻回信精神情况进行专题报道。

围绕重要时间节点组织开展主题活动。2019年是新中国成立70周年、也是甘肃省图书馆学会成立40周年的重要节点，甘肃省图书馆学会围绕这一重要时间节点，策划组织一系列纪念活动：一是面向社会公开征集甘肃省图书馆学会标识（logo）设计方案；二是组织举办全省图书馆“三十年服务奉献奖”评选表彰活动；三是举办“第二届青年人才奖”和“2015—2019年度优秀会员和优秀学会工作者”评选表彰活动；四是召开甘肃省图书馆学会成立40周年纪念大会暨2019甘肃省图书馆学会年会，集中展示事业发展成就。

在工作交流方面，轮值主办“西北五省（区）图书馆第五次峰会暨西北五省（区）图书馆馆长、学会理事长、秘书长联席会议”，会议达成《敦煌共识》，并成立6个工作委员会，分别是：挂靠陕西省图书馆的“馆员继续教育工作委员会”、挂靠甘肃省图书馆的“古籍保护人才培养工作委员会”，挂靠青海省图书馆的“讲座展览工作委员会”，挂靠宁夏回族自治区图书馆的“阅读推广工作委员会”，挂靠新疆图书馆的“数字资源建设工作委员会”，挂靠中科院兰州文献情报中心的“知识挖掘与共享服务工作委员会”。

在教育培训方面，组织举办全省图书馆基础业务知识培训班；承办由中国图书馆学会主办的革命文献与民国时期文献保护计划宣传推广活动。先后赴兰州新区、庆阳等地进行调研与辅导培训。

在行业协调方面，根据中国图书馆学会的通知要求，组织开展2019年度全民阅读活动，号召各分支机构、理事单位和图书馆围绕“读经典　学新知　链接美好生活”的主题开展活动。据不完全统计，全省有89个各级、各类图书馆参加“同城共读”4·23世界读书日主题活动和“万卷共知”阅读竞答活动。继续做好活动总结和表彰引导等工作，天水师范学院图书馆等6家单位获得“全民阅读基地”称号，中科院兰州文献情报中心等8家单位被评为2018—2019年度全民阅读“先进单位”，刘菁等10人被评为全民阅读“先进个人”。向中国图书馆学会推荐相关名单，参与全国的评选表彰，其中陇西县入选2019“书香城市（区县级）”风采展示活动名单，敦煌市图书馆获评“全民阅读示范基地”，白银市图书馆获得“2018年全民阅读先进单位”，嘉峪关市少儿馆“嘉峪关市‘点灯人’志愿服务团队”荣获“2018年阅读推广优秀项目”。组织甘肃省代表参加2019年中国图书馆年会，提交会议论文23篇。组织开展“共读中华经典　同度传统新年”年俗文化展活动，甘肃省图书馆、平凉市图书馆等27家单位参与联展活动。

在编辑出版和网络宣传方面，会刊《图书与情报》继续保持核心期刊的地位，全年收稿3100余篇，出刊6期，刊发文章120余篇；内部交流刊物《甘肃图书馆工作》全年编发6期，邮发刊函2000余封；更新维护学会网站，制作“学习贯彻习近平总书记给国图老专家回信精神专辑”和“全民阅读活动”等宣传专栏。（甘肃省图书馆学会）

【甘肃省图书馆学会举办全省图书馆基础业务知识培训班】 3月18—27日，甘肃省图书馆和甘肃省图书馆学会在兰州联合举办全省图书馆基础业务知识培训班，来自全省公共和高校系统图书馆的77名馆长和业务骨干参加培训。此次培训班开设《公共图书馆法》解读、图书馆工作概论、《中图法（第五版）》、文献编目、连续出版物管理等课程，并进行2项工作上的创新：第一，将文献编目和连续出版物管理的课程安排在电子阅览室进行，让学员一边听老师讲解，一边上机实践，与老师及时互动、反馈，强化学习效果；第二，邀请华南师范大学教授束漫做题为“台湾地区的图书馆服务创新研究”的学术报告，提升学员的学术视野和服务理念。（甘肃省图书馆学会）

【甘肃省图书馆学会成立40周年纪念大会暨2019甘肃省图书馆学会年会举行】 10月25日，甘肃省图书馆学会成立40周年纪念大会暨2019甘肃省图书馆学会年会在兰州举行。此次年会主题为“甘肃图书情报事业40年回顾与展望”。省文化和旅游厅、中国图书馆学会、省图书馆学会和省图书馆、中科院兰州文献情报中心等单位领导出席纪念大会。来自全省14个市州公共、高校、科研图书馆及同方知网、超星公司等共270余名代表参加会议。纪念大会由兰州大学图书馆馆长、学会副会长田中禾主持。省图书馆副馆长、学会副会长许新龙做题为“甘肃省图书馆学会成立40周年回顾与展望”的报告。会上举行全省图书馆“三十年服务奉献奖”、优秀会员、优秀学会工作者和“第二届青年人才奖”的颁奖仪式。邀请中山大学教授程焕文做题为“新时代公共图书馆服务与建设创新的难点与重点”的学术报告。在学术交流中，西北民族大学图书馆等8家单位代表结合所在馆（公司）业务工作，在实践基础上阐述各自的研究成果、学术进展及发展设想。在工作交流中，甘肃中医药大学图书馆等6家单位代表结合各自创新服务和开展全民阅读活动的经验做分享。闭幕式上，举行2019年度全民阅读基地风采展示活动，甘肃省图书馆、兰州大学图书馆等6家单位现场展播全民阅读推广精品活动视频，同时对获得“全民阅读基地”、2018—2019年度全民阅读“先进单位”和“先进个人”的单位及个人进行表彰。

此次年会得到各理事单位和广大会员的积极响应，共收到论文166篇。经评选，有109篇论文获奖，其中一等奖16篇、二等奖34篇、三等奖59篇；甘肃省图书馆等8家单位因组织工作突出，被授予“优秀组织奖”。（甘肃省图书馆学会）

宁夏回族自治区

【概况】 2019年，宁夏图书馆学会现有会员单位44个，常务理事单位18个，理事单位18个，个人会员818人。学会本着活跃学术研究、推动学术交流、促进学科发展的宗旨，紧密结合图书馆事业发展的实际，有针对性地组织策划各类学术研究和业务活动。为纪念学会成立40周年及《图书馆理论与实践》创刊40周年，组织召开图书馆学期刊编辑出版研讨会、《图书馆理论与实践》创刊四十周年暨口述史与图书馆学研究研讨会，并于2019年第8期出版纪念专刊。

开展协作协调、宣传推广活动，进一步拓展学会行业协调与指导的职能，开展跨地区、跨部门、跨系统、跨行业的协作协调。4月23日，联合全区各级各类40家图书馆在世界读书日活动期间共同发布《服务全民阅读　共创美好生活——中国图书馆4·23全民阅读活动倡议书》。刊发在《图书馆理论与实践》上的全区图书馆工作动态39篇。完成学会的年检工作，完成中图学会、自治区文化和旅游厅、新闻出版局、民间管理局及挂靠单位委托、交办的各项工作。

组织参与中国图书馆学会相关活动。开展2019年“共读中华经典　同度传统新年”春节系列活动，通过举办“共读中华经典　同度传统新年”楹联展、“爆竹声中迎新岁”线上展览、“欢乐祥瑞·金猪纳福”VR贺新春数字文化虚拟现实体验等线上线下活动，使读者不受时间与空间限制地参与其中，丰富图书馆春节期间的活动内容，同时组织全区公共图书馆共同开展此项活动。在活动启动前期，还在宁夏大学图书馆、银川市图书馆开展2场“书法名家送春联”的文化惠民活动。联合全区各级各类图书馆开展“读经典　学新知　链接美好生活”为主题的4·23全民阅读活动和“同城共读，万卷共知”阅读竞答活动。结合全区讲座展览联盟协议，为全区各图书馆提供巡展资源，巡展场次53次。

获奖情况：被中国图书馆学会评为2019年“共读中华经典　同度传统新年”春节系列活动优秀组织单位和“同城共读，万卷共知”阅读竞答活动二等奖；推荐上报的“桌面云虚拟化在宁夏图书馆的应用”案例在第二届公共图书馆创新创意征集活动中入选三等案例；提交申报的彭阳县图书馆“全民阅读·书香彭阳——我是朗读者”活动项目被中国图书馆学会评为“2018年阅读推广优秀项目”；推荐的银川市西夏区长城须崎社区（现更名为共享社区）成为2019年中国图书馆年会“书香城市（区县级）”“书香社区”风采展示活动中6个风采展示社区之一。（宁夏图书馆学会）

【图书馆学期刊编辑出版研讨会】 10月23—25日，由中国图书馆学会编译出版委员会主办，《中国图书馆学报》编辑部、《图书馆理论与实践》编辑部承办的图书馆学期刊编辑出版研讨会在宁夏银川召开。本届会议以“合作、开放、共赢：新时代图书馆学期刊的责任和使命”为主题。开幕式由《中国图书馆学报》常务副主编吴澍时主持，宁夏图书馆学会理事长、宁夏回族自治区图书馆馆长、《图书馆理论与实践》主编韩彬，国家图书馆出版社副社长葛艳聪分别致辞。南京大学信息管理学院教授叶继元，中国图书馆学会编译出版委员副主任、武汉大学信息管理学院教授李明杰分别做专家报告。在主编报告会上，《图书馆杂志》常务副主编、图书馆杂志社副社长金晓明，天津少儿图书馆馆长、《图书馆工作与研究》主编马忠庚以及来自图书馆学期刊业界的各位主编、副主编围绕着图书馆学期刊编辑工作现状、刊物发展走向等内容做交流。（宁夏图书馆学会　张莉）

【《图书馆理论与实践》创刊四十周年暨口述史与图书馆学研究研讨会】 10月24日，由宁夏图书馆学会主办的《图书馆理论与实践》创刊四十周年暨口述史与图书馆学研究研讨会在银川召开。会议由宁夏图书馆学会秘书长、《图书馆理论与实践》副主编张莉主持，《图书馆理论与实践》历任主编、副主编代表分别发言，一起回顾和讲述自己与刊物的渊源及故事。口述史与图书馆学研究研讨会由国家图书馆中国记忆项目中心研究馆员全根先和宁夏图书馆研究馆员王岗主持，来自国家图书馆中国记忆项目中心、西藏民族大学图书馆、上海大学海峡两岸档案与文献研究中心的代表分别就“口述史学与图书馆文献开发”“数字时代口述历史的机遇与挑战”“中国记忆项目口述资源建设的实践与思考”“连接生命学科：调节图书馆学研究的口述史”“记忆属于谁？”等内容做分享与交流。（宁夏图书馆学会　张莉）

新疆维吾尔自治区

【概况】 2019年，新疆图书馆学会有会员605人，理事单位49个，常务理事单位20个，下设编辑出版委员会、合作交流委员会、宣传教育委员会、科普与阅读指导委员会、学术研究委员会5个专业委员会机构。

学术交流与研讨工作呈现良好发展态势。学会积极组织会员参加每年一度的中国图书馆年会征文及主会场活动。在2019年中国图书馆年会征文活动中，全区有2篇论文获奖（一等奖、三等奖各1篇）；在此次年会“新时代少数民族图书馆的转型发展”主题论坛上，新疆图书馆基建办主任戴豫君以“新时代新疆维吾尔自治区图书馆转型发展的理论研究与实践”为题做主题报告。在西北五省（区）图书馆第五次峰会上，新疆图书馆学会秘书长丛冬梅以“新时代新疆公共图书馆事业发展”为题做交流发言。在“一带一路”图书馆发展论坛暨陕西省图书馆建馆110周年活动和第十五届省、自治区、直辖市、较大城市图书馆馆长联席会议上，新疆图书馆馆长历力分别做题为“新时代　新机遇　新举措——新疆图书馆智慧化建设”的主旨报告和"'十四五'新疆图书馆发展规划"的交流发言。

讲座、展览辐射面扩大，惠及大众。2019年，学会除邀请多位国内知名专家学者做学术报告外，还拓展和完善多种形式的对外宣传与服务途径，推出"昆仑讲坛下基层"——进学校、进社区、进军营等系列公益讲座6场次，听众达2000余人，讲座的品牌效应、知识传播效应进一步显现。同时，配合中国图书馆学会组织春节楹联展，二十四节气、重大传统文化节日等主题展览，并通过讲座展览联盟协议，为在全区30余个地州、县(市)图书馆进行巡展提供支持，为营造良好的振兴全区的人文环境做出贡献。同时，学会进一步筹划修改讲座展览联盟协议，为基层图书馆开办讲座、展览提供支持，全年向各地州、县(市)图书馆提供展览20余场次。此外，为中国民族图书馆举办的"全民阅读　书香社会——内蒙古　新疆　广西　宁夏　西藏五个自治区图书馆阅读推广成果展"提供翔实的展览资料，进一步展现新疆图书馆事业发展历程及取得成果。

在业务培训方面，全年组织、协调、完成全区的图书馆业务建设交流培训活动，包括2019年度图书・资料专业技术人员继续教育培训班、2019年自治区文化和旅游系统体制改革培训班、智慧图书馆与新一代图书馆平台建设研讨班等。同时，根据会员单位业务需要，赴基层开展业务培训与调研，加强自治区、地州、县(市)三级纵向联动，实施资源共享。全年共举办各类业务培训7次，培训学员1400人次；组织青少年科技活动3场次，培训学员600余人次。

行业协调与服务方面，组织开展2019年全民阅读活动，打造"书香新疆・全民阅读"品牌，做好活动的总结表彰和推荐工作。共收到全区76个单位的申报评审材料，最终评定38个单位为2019年度新疆地区公共图书馆"书香新疆・全民阅读"活动优秀单位，15人为先进个人。经中国图书馆学会最终评审研议，新疆图书馆、和田地区图书馆、库尔勒市图书馆3个单位荣获"2019年度阅读推广星级单位"。根据自治区文化和旅游厅安排部署，具体实施《新疆维吾尔自治区公共图书馆条例》的编制工作。配合自治区科协、社科联等社团管理部门工作，完成自治区科协关于2019年全疆学会的评估工作，并荣获"2019年度自治区学会(协会、研究会)先进集体"奖，学会理事长历力被授予"2019年度自治区学会工作先进个人"荣誉称号。(*新疆图书馆学会　赵燕*)

【新疆图书馆学会承办2019年度图书・资料专业技术人员继续教育培训班】 由新疆维吾尔自治区人力资源保障厅、文化和旅游厅主办，新疆图书馆学会承办的2019年度图书・资料专业技术人员继续教育培训班于4月15—24日举办，来自全疆各地州市县的公共、高校、科研系统65人参加此次培训。培训课程紧贴时代要求，设置13个专题讲座，共计72个学时，来自图书馆行业的13名资深专家承担授课任务，理论研究成果与具体实际有机结合，有助于学员掌握当前图书馆事业发展前沿和实践工作需求，具有较强的针对性和实践指导性。答辩环节由图书系列的6名专家担任评委，重点从答辩人员回答问题是否切中要点、阐述是否全面、图书馆业务工作等方面独立进行评分，学员们通过专业答辩后取得合格成绩。(*新疆图书馆学会　赵燕*)

学术研究与活动

第三届专业图书馆青年学术论坛

4月2—4日，中国图书馆学会专业图书馆分会主办，中国科学院文献情报中心、武汉文献情报中心、武汉病毒研究所承办的第三届专业图书馆青年学术论坛在武汉召开。论坛以“适应大数据、人工智能时代的图书馆学情报学研究探索”为主题，来自专业图书馆、高校图书馆、公共图书馆以及学术出版社等机构的170余位专家学者参加。

论坛由武汉文献情报中心主任、专业图书馆分会青年工作委员会主任张智雄主持。中国农业科学院农业信息研究所所长孙坦、中科院武汉分院副院长李伟、武汉病毒所党委副书记何长才分别致辞。论坛围绕主题共组织3场大会报告：孙坦做“融合知识组织与认知计算的新一代知识应用探索”报告，介绍传统知识组织体系和自然语言处理技术方法及基于深度学习和认知计算技术方法和局限性，提出融合知识组织与认知计算的实现思路；武汉大学信息管理学院副院长陆伟做“基于认知计算的学术论文评价”报告，介绍传统理论与方法支撑下的学术论文评价研究与发展的几种方法，提出基于认知计算的学术论文评价系统；张智雄做“基于深度学习的丰富语义标注研究”报告，提出“传统机器学习到深度学习的思路转变，经历了从传统机器学习到基于静态词向量表示深度学习、再到基于动态文本表示深度学习”的发展过程，详细介绍丰富语义标注的基本思路和框架。

论坛还邀请来自全国各科研系统、高校系统、信息服务机构的青年代表开展学术交流。18位青年代表依次做报告，与会嘉宾进行点评，最终评选出3名“学术之星”。（摘编自中国科学院武汉分院网站）

第十三届全民阅读论坛

4月9日，第十三届全民阅读论坛在山西省太原市开幕。本届论坛由中国图书馆学会主办，中国图书馆学会阅读推广委员会、太原市图书馆、太原市图书馆学会共同承办。中国图书馆学会副理事长、国家图书馆副馆长陈樱，山西省文化和旅游厅公共服务处处长侯彦英，太原市文化和旅游局局长姚晓蓉，中国图书馆学会阅读推广委员会主任、东莞图书馆馆长李东来，阅读推广委员会顾问、北京大学信息管理系教授王余光，山西省图书馆党委书记李岗，太原市图书馆馆长郭欣萍，作家鲍鹏山，科幻作家刘慈欣等领导和嘉宾以及阅读推广委员会委员与来自全国各省、自治区、直辖市各级各类图书馆代表400余人参加论坛。

陈樱、侯彦英、姚晓蓉和李岗在开幕式上分别致辞。王余光和鲍鹏山分别做题为“读经典，打基础”“书的正确打开方式”的主旨报告。刘慈欣围绕科幻文学与阅读推广，与参会代表做交流。

李东来发布2019年全民阅读主题及系列活动。2019年全民阅读工作的主题是“读经典　学新知　链接美好生活”。围绕主题，开展8大类62项活动，重点开展“同城共读，万卷共知——2019年4·23世界读书日全民阅读活动”“阅读推广公益行动——‘悦读　悦听　悦览，码上同行’活动”和“让经典走向大众——《中华传统文化百部经典》推介全国行活动”等，全国联动，助推全民阅读。论坛期间还举办中国图书馆学会阅读推广委员会2019年工作会议和阅读推广优秀项目分享交流会。（摘编自中国图书馆学会网站）

第三届全国图书馆未成年人服务论坛

5月22—23日，第三届全国图书馆未成年人服务论坛在安徽省滁州市召开。本届论坛由中国图书馆学会主办，未成年人图书馆分会、安徽省图书馆学会、滁州市文化和旅游局承办，滁州市图书馆协办。论坛以“阅读的力量——立德树人，培根铸魂”为主题，主要包括开幕活动、嘉宾演讲、专家讲座、读书会场景演示、经典与创新案例分享、专题展览以及体验区等。

中国图书馆学会副理事长方卿，滁州市文化和旅游局党组书记郝庆孝，中国图书馆学会秘书长霍瑞娟，国际儿童读物联盟主席张明舟、中国海洋大学儿童文学研究所所长朱自强等领导和专家学者，与来自全国各省（区、市）各级图书馆及主办、承办、协办单位的同人，以及参展企业代表和新闻媒体记者等300余人参加活动。

开幕式上，方卿和郝庆孝分别致辞，霍瑞娟对“2018全国少年儿童阅读年”系列活动进行总结。随后，主办方为国家图书馆少年儿童馆、首都图书馆、深圳少年儿童图书馆等“2018全国少年儿童阅读年”组织表现突出单位颁发证书。同时，举行“同读•同乐——国际儿童阅读日海报展”专题展览全国巡展启动仪式。论坛邀请张明舟做题为“国际儿童读物联盟与国际视野下的少儿阅读”的专题发言，朱自强做题为“童书的力量——阅读与成长”的主旨报告。之后会议组织“理论与创新”“阅读与认识”“服务与转型”3个主题论坛。（摘编自中国图书馆学会网站）

2019年教育部高校图工委信息素质培训研讨会

6月19—22日，由教育部高等学校图书情报工作指导委员会主办、东北师范大学图书馆承办的2019年教育部高校图工委信息素质培训研讨会在吉林省长春市举行。来自全国22个省份、4个直辖市和澳门特别行政区140所高校图书馆的226名专家学者齐聚东北师范大学，共同探讨我国高校信息素质教育的发展。

研讨会面向全国遴选21位知名专家、教授作为报告团队，通过主题报告、公开课、交流研讨等形式，就“新时代信息素养课的课程体系设计”“教学方法”“教学效果评价”“新技术应用”等方面，分享各自在信息素养课教学的经验和方法。

此次研讨会以教育部教学指导委员会成立大会精神为指导，围绕如何落实《教育信息化2.0行动计划》，就如何建设信息素质“金课”、改进教学方法、推动信息技术与教育教学深度融合、提高信息素质教学能力展开讨论。（摘编自东北师范大学图书馆网站）

第五届中美高校图书馆合作发展论坛

8月14—17日，2019年中国图书馆年会“图书馆与社会发展”分会场——第五届中美高校图书馆合作发展论坛在内蒙古呼和浩特举办。本次会议由中国图书馆学会主办，中国高校人文社会科学文献中心（China Academic Social Sciences and Humanities Library，CASHL）、北美中国研究图书馆员学会（Society of Chinese Studies Librarians，SCSL）、中国图书馆学会高等学校图书馆分会联合举办。CASHL管理中心主任、北京大学图书馆馆长陈建龙，SCSL主席、加州大学洛杉矶分校东亚图书馆教授程洪出席会议并致辞。来自海内外图书馆领域的130余位专家学者参加会议。

会议在“图书馆与社会发展”主题下，围绕“图书馆与学术”“图书馆与文献、出版、教育”和“图书馆与资源、企业、社会”3个分主题做26个学术报告。各报告人对图书馆与社会发展、学术图书馆特色资源的使用与保护、少数民族文献资源的开发利用、图书馆信息素养、开放获取资源以及版权服务等方面进行深入介绍，并提出相应的看法与意见，与会者展开讨论。

论坛共收到全球51个机构的57篇征文，经过同行评审，18篇获一等奖，15篇获二等奖。会上为一等奖、二等奖获得者颁发证书。

会议的举办，对于转型中的中美高校图书馆提供一次宝贵的交流机会，有利于继续推进中美图书馆员在资源建设、学术研究和社会发展方面的深度合作与发展。“中美高校图书馆合作发展论坛”是CASHL和SCSL为图书馆员学术交流而搭建的国际平台。论坛自2011年启动以来，已连续举办5届，影响力不断提升，参会人数和论文的数量和质量也不断得到刷新。（摘编自中国图书馆学会网站）

第十一届中国图书馆馆长与国际出版社高层对话论坛

8月22日，第十一届中国图书馆馆长与国际出版社高层对话论坛在京举行。论坛由中国图书进出口（集团）总公司、中国图书馆学会专业图书馆分会、中国图书馆学会高校图书馆分会、国家科技图书文献中心联合主办。国内约180家图书馆负责人、代表，爱思唯尔、约翰威立、美国化学会等国际知名出版机构和协会高管应邀出席论坛。论坛以“开放获取与知识服务：变革时代的共同核心能力重构”为主题，聚焦开放科学环境下学术信息获取与知识服务的相关研讨。

国家科技图书文献中心主任彭以祺在致辞中从宏观层面介绍数字化环境下科技文献长期保存的变化，强调科技文献保存与服务模式升级的必要性和紧迫性。中国图书进出口（集团）总公司总经理张纪臣介绍企业数字化转型的成果，对更优质地服务于图书馆资源建设提出希望。清华大学图书馆馆长王有强从高校图书馆建设的角度阐述了服务转型的意义，提出将不断推进研究型、数字化、开放式的一流大学图书馆的建设进程。

在专家报告环节，中科院文献情报中心副主任张智雄，爱思唯尔营销与会议副总裁Erik Rovers，约翰威立副总裁及出版总监Jose Oliveira，美国化学会市场、销售和数字战略高级副总裁Brandon Nordin，北京大学图书馆副馆长姚晓霞分别做主旨发言，从不同角度深入分析开放获取的现状、发展愿景，并就知识服务新模式的构建进行重点阐述。

经过充分研讨，与会人士认为，开放科学环

境下，图书馆和出版社应积极推进转型升级，探索适应开放科学环境和机器智能技术深度应用的新型知识服务模式，重构知识服务愿景，重塑变革环境下的战略、模式、能力和服务，成为开放环境的营造者、研究过程的参与者、开放出版与获取的推广者和开放科学可持续发展的维护者。同时，应加强行业协作，探索融合发展新路，打造学术研究、出版、传播、应用、转化的新型产业链，重构学术出版的生态圈。（摘编自中国新闻出版广电网网站）

中国图书馆学会专业图书馆分会2019年学术年会

9月18—20日，中国图书馆学会专业图书馆分会2019年学术年会在贵州铜仁举办。本次年会主题为“开放科学与机器智能环境下学术信息服务范式变革”。来自全国专业、高校、公共类型图书情机构以及出版社、企业等系统50多家机构的150多名同人参会。

本届年会以“开放科学与机器智能环境下专业图书馆范式变革”为主线，围绕“专业图书情报机构的战略、模式、能力和服务重塑”“开放、创新、智能环境下，智慧决策支持与战略咨询服务”“支撑开放科学研究和机器智能服务的学术资源与基础设施建设”3个分主题深入研讨。中国图书进口（集团）总公司总经理张纪臣、中科院文献情报中心副主任刘细文、中国科技信息研究所信息资源中心主任曾建勋、国家科技图书文献中心数据库部主任张健勇、广东省科技图书馆（广东省科技信息与发展战略研究所）馆（所）长魏东原等27位专业图情机构的专家学者做报告，通过理论探讨、趋势预测、平台开发、角色定位、探索实践等不同侧面，深入交流和探讨专业图书情报机构面向未来国家科技创新和“十四五”规划的战略思考与实践创新，全面展示专业图书情报机构在开放科学与机器智能环境下，打造学术资源与基础设施、构建智能技术应用及智能化平台、开展智慧决策支持与战略咨询服务等方面的最新研究和实践成果。（摘编中国图书馆学会专业图书馆分会网站）

开放融合的新时代图书馆建设研讨会暨2019年度CALIS年会

9月23—24日，开放融合的新时代图书馆建设研讨会暨2019年度CALIS年会在兰州大学召开。本次会议作为兰州大学建校110周年系列庆祝活动之一，由中国高等教育文献保障系统（CALIS）管理中心和兰州大学图书馆共同举办，会议主题为“开放融合的新时代图书馆建设”。来自政府机构、高校图书馆、学术界、出版界、信息技术企业的专家学者、行业代表400余人齐聚金城，共同商讨高校图书馆事业新发展。

开幕式上，兰州大学校长助理贺德衍和CALIS管理中心副主任、北京大学图书馆馆长陈建龙分别致辞。参会人员在大会主题下，围绕“图书馆开放平台建设”“图书馆开放资源建设”“图书馆开放服务建设”“图书馆开放平台建设暨FOLIO DAY”等4个分主题进行充分交流与讨论。来自中外高校的20位专家学者分享20场主题报告，从图书馆建设的理念、平台、资源、服务等不同角度阐述他们的深度思考和前沿研究，涌现很多新的观点和新的实践。陈建龙从多个角度、更高层面阐述“强国战略中的高校图书馆”；国家科技图书文献中心（NSTL）副主任吴波尔提出NSTL要建设“融合协同的国家科技信息开放生态”；CALIS甘肃省文献信息服务中心、兰州大学图书馆馆长田中禾提出兰州大学要建成“高校特色资源建设、智慧服务、智慧管理三位一体的学术型图书馆”；上海交通大学图书馆馆长陈进提出智慧图书馆建设不仅要有服务平台的硬件支撑，还要有服务体系的软件建设等。在“图书馆开放平台建设暨 FOLIO DAY”专题讨论中，国内外数位专家对新一代图书馆平台 FOLIO 的研发和应用进行深入研讨和交流。（摘编自兰州大学图书馆网站）

第 31 届全国十五城市公共图书馆工作研讨会

10 月 16—18 日，由中国图书馆学会主办，宁波图书馆、宁波市图书馆学会承办的第 31 届全国十五城市公共图书馆工作研讨会在宁波图书馆新馆举行。本次研讨会的主题是“城市图书馆创新服务”，探讨如何结合城市自身发展，开展创新性的阅读服务，展现各城市图书馆不断创新的潜力与活力，包括开幕活动、专家报告和现场研讨等板块。中国图书馆学会副理事长刘小琴、宁波市文化广电旅游局副局长吕勇，来自长春、大连、广州、成都等 15 个副省级城市的公共图书馆负责人以及业界专家学者参加主题研讨。吕勇和刘小琴先后致辞。宁波图书馆馆长徐益波主持开幕活动。

开幕式上，针对公共图书馆服务创新的新亮点——信用服务，南开大学商学院信息管理系教授、博士生导师徐建华做题为“图书馆信用借书的走向分析”的专场报告，蚂蚁金服芝麻信用事业部资深经理项晓萍做题为“芝麻信用助力图书馆智慧建设”的主旨报告。浙江图书馆馆长褚树青做题为“信用服务——赋予图书馆未来发展的无限可能”的报告。

会议期间，与会馆长和代表就公共图书馆创新服务与城市图书馆发展中的现实问题进行交流，探讨城市公共图书馆在信息技术、城市发展等新的机遇与挑战面前，如何结合自身发展实际，形成具有中国特色和地方特色的图书馆创新服务，并由此提出城市公共图书馆事业发展的可行策略。

此次会议加强全国十五城市公共图书馆之间的交流与合作，对公共图书馆事业发展起到相互借鉴、相互促进的积极作用。公共图书馆服务工作的创新能够为图书馆的持续稳定发展提供良好的支持，因此在新时代背景下，满足读者日益增长的阅读需求，如何从创新服务入手优化、调整图书馆提供的服务将是公共图书馆不断探索的主题。（摘编自中国图书馆学会网站）

第八届中国开放获取推介周

10 月 23—24 日，第八届中国开放获取推介周活动在中国科学院文献情报中心举办。会议由该中心主办，中国图书馆学会专业图书馆分会、中国图书馆学会高校图书馆分会、中科院自然期刊编辑研究会、中国机构知识库联盟、中国 arXiv 服务工作组协办，250 余位国内外专家学者参会。

开幕式由中国科学院文献情报中心副主任刘细文主持，中国科学院文献情报中心主任刘会洲、国家科技图书文献中心主任彭以祺分别致辞，来自科技界、教育界、出版界、图书馆界的 7 位国外专家和 19 位国内专家先后演讲。会议聚焦“开放科学行动与未来”，围绕“开放科学政策与趋势”“开放科学实践：开放基础设施”“开放科学实践：开放与共享”“开放科学中的焦点与思考”4个议题，研讨国家政策下的基础设施建设、机构知识库政策的制定与落实情况、开放科学数据的共享与权益、预印本平台的论文审核、透明同行评审、开放获取现存的问题以及如何建设符合国情的开放获取环境等。（摘编自中国科学院文献情报中心网站）

第十六届数字图书馆前沿问题高级研讨班

10月25—26日，由中国图书馆学会专业图书馆分会、高等学校图书馆分会、数字图书馆研究与建设专业委员会和四川省高校图工委主办，中国科学院成都文献情报中心承办的“第十六届数字图书馆前沿问题高级研讨班”（ADLS）在成都召开。本届研讨班以“数据科学、数据管理与数据应用”为主题，聚焦数字化转型对图书馆功能的挑战与机遇、开放科学背景下知识生态系统的数字化新范式等展开研讨，来自国内外80多个单位的近260名代表参加会议。

中科院成都文献情报中心主任张志强和中国图书馆学会副理事长朱强致辞，张志强主持会议。本届研讨班除沿袭往届专家报告与技术培训兼重的特色，还设置馆长论坛和海报讨论环节。来自中科院成都文献情报中心、复旦大学、四川大学、香港中文大学（深圳）、北理莫斯科大学等相关单位的负责人聚焦大数据与5G对图书馆发展的影响、数字化时代图书馆的数字化发展战略与行动计划和发展路径、数字化时代图书馆员的能力与素质等问题，各抒己见，从不同的角度展望5G对图书馆发展的影响及图书馆应对5G时代冲击的对策选择，介绍和讨论各馆的数字化长期发展规划，以及图书馆员在智慧图书馆发展过程中的能力素质要求及责任与担当等。海报讨论则充分展示各类型图书馆的最新发展态势、图书馆数字知识产品开发和发展可能。会议还安排4场科学数据方面的专业培训。（摘编自中国科学院成都文献情报中心网站）

2019数字资源长期保存全国学术研讨会

2019数字资源长期保存全国学术研讨会于10月28—31日在北京举办。作为中国唯一面向数字资源长期保存研究与实践的系列年度会议，至今已举办4届。研讨会旨在搭建我国数字信息资源长期保存管理学术研究与知识共享交流平台，分享最佳实践案例，全国范围内培养与提升数字信息资源长期保存研究实践队伍的知识和技能。

本届研讨会由国家科技图书文献中心（简称NSTL）主办，由中国科学院文献情报中心、国家数字科技文献资源长期保存体系工作组（NDPP）联合承办，多家学会协会参与协办。大会主题为“面向非文本类型数字内容资源的长期保存的研究与实践”。会议共设置10个会议模块，包括2个特邀报告模块、6个专题报告模块、1个论文交流模块及1个专家论坛。来自图书馆、博物、档案、科学数据、出版、医疗等不同领域的180余位专家学者就新形势下的数字资源长期保存的挑战与对策、理论与实践进行学术交流和讨论，共安排28场报告。

中科院文献情报中心主任刘会洲在会议开幕式致辞中指出：随着全球数字化和开放科学的迅速发展，数字化成为信息与知识的新常态，数字信息资源已经成为国家科技创新不可或缺的战略资源，数字资源长期保存已经上升为国家安全保障战略层面。

会议特邀国家科技图书文献中心主任彭以祺、中国农业科学院副院长孙坦、中国新闻出版研究院副院长张立、中科院文献情报中心研究员张晓林、中国图书进出口（集团）总公司数字业务总监牛怿等5位专家，分别从科技文献工作、农业大数据、出版业数字化转型、面向未来的数字信息资源长期保存策略与机制以及进口数字资源的长期保存与长效利用等角度，聚焦长期保存领域面临的主要问题和挑战，深刻揭示出数字资源长期保存工作作为国家战略部署的紧迫性与必要性，奠定面向非文本资源、面向多学科领域、面向未来的发展方向及前沿开展全面深入研究的会议基调。彭以祺在题为“科技文献工作与数字文献长期保存”的特邀报告中谈到，局部地缘政治冲突等极端复杂情况，会严重影响我国科研人员获取境外数字文献资源的可靠性，面临巨大的断供风险。

会议安排的23个专题报告与论文交流分别从数字人文、数字博物、医学数据、科学数据等不同领域长期保存研究与实践、机构长期保存实践，以及数字资源长期保存国际标准与先进技术等方面进行广泛探讨，信息量大，内容翔实，研究深入，给参会者带来全方位的知识体验。

在会议的专家论坛环节，武汉光电国家研究中心副主任谢长生、敦煌研究院信息中心副主任夏生平、中国人民大学信息资源管理学院副院长刘越男、中科院网络中心大数据部主任周园春、中科院西北生态环境资源研究院文献情报中心祝忠明等专家，围绕“数字资源长期保存国家行动”的论坛主题，各抒己见，建言献策，一致认为数字资源长期保存是当前迫切性的需求，实现可靠保存的关键在于将有关战略与政策切实落地，落地需要国家层面的有约束力的政策和可实施可检验的具体行动，国家级或其他重要公共机构的主动承担组织协调，业界（包括学协会和各类机构）的积极尽责参与。基于上述共识，专家们有针对性地提出数字资源长期保存国家行动的若干政策建议。（摘编自中国科学院文献情报中心网站）

第十三届全国图书馆学博士生学术论坛

11月9—10日，第十三届全国图书馆学博士生学术论坛在北京大学举办。本次论坛由北京大学信息管理系主办，得到《中国图书馆学报》《图书情报工作》《图书情报知识》《图书馆杂志》《图书馆建设》《图书馆论坛》《文献与数据学报》等学术期刊支持。论坛以“图书馆变革与发展：效能、智能、赋能”为主题，来自国内图书馆学界的知名学者教授、高校院所及研究院所的博士生、图书馆馆长、业界专家、期刊媒体代表等参加本次论坛。

北京大学信息管理系党委书记、系主任张久珍，中国科学技术信息研究所党委书记赵志耘及北京大学资深教授吴慰慈致开幕辞。工业和信息化部原副部长、北京大学兼职教授杨学山，武汉大学研究生院院长陈传夫，中山大学文献与文化遗产管理部主任程焕文，北京大学教授王子舟、李国新、王余光，以及北京极智嘉科技有限公司总裁郝旭东分别做“人工智能的发展趋势”“开放环境与图书馆赋能”“刘国钧先生的图书馆学精神”“城市公共阅读空间演进的几个观念”“构建公共文化理论体系、学科体系、话语体系”“经典阅读与人文精神”“AI机器人在图书馆行业的创新实践”主旨报告。在“智慧图书馆前沿对谈”环节，北京大学教授刘兹恒、王军，南京大学图书馆副馆长邵波等做前沿报告。随后，来自全国11所高校的26位博士生围绕“图书馆的社会责任”“图书馆与文化产业”“图书馆与公共文化服务”“图书馆发展与服务创新”等4个主题分论坛报告最新学术研究成果。（摘编自北京大学信息管理系网站）

2019 年全国高校信息文化与信息素质教育研讨会

11 月 14—16 日，由教育部高等学校图书情报工作指导委员会主办，《图书情报工作》杂志社协办，大连理工大学图书馆承办的 2019 年全国高校信息文化与信息素质教育研讨会在大连理工大学召开。共有来自全国高校图书馆的专家学者与代表 200 余人参加会议。

开幕式由大连理工大学图书馆研究馆员刘斌主持，大连理工大学图书馆馆长马震岳，教育部高校图工委主任、北京大学图书馆馆长陈建龙，教育部高校图工委副主任、河南省高校图工委副主任兼秘书长崔波，辽宁省高校图工委秘书长、辽宁大学图书馆馆长刘盛强分别致辞。11 位来自图书馆界的学者专家做相关学术报告，分别从高校图书馆信息文化培育的使命、信息素养教育创新转型、创新素养课程设计与实践、高校图书馆文化建设、阅读推广的实践方向、图书馆信息素养嵌入式教学的应用等多个领域对高校信息文化与信息素质教育进行全方位阐述。本次研讨会还设有教材、案例、论文、微课、馆徽、馆歌、馆训的征集评选活动，共收到各类作品 166 件，最终共有 115 件作品获奖。16 个具有代表性的案例进行现场汇报分享。（摘编自教育部高等学校图书情报工作指导委员网站）

“图林硕望，薪火相承”——纪念图书馆学家刘国钧先生诞辰 120 周年学术研讨会

11 月 13 日，由北京大学图书馆、北京大学信息管理系联合举办的纪念图书馆学家刘国钧先生诞辰 120 周年学术研讨会在北京大学召开。会议以“图林硕望，薪火相承”为主题，围绕刘国钧先生学术成就、生平事迹、业界贡献和人文精神等进行深入学术交流与研讨。来自北京大学图书馆、北京大学信息管理系、国家图书馆、南京大学信息管理学院、甘肃省图书馆、武汉大学图书馆、南京大学图书馆、江南大学图书馆等单位的 30 余位专家学者出席会议并发言。

北京大学图书馆馆长陈建龙，北京大学信息管理系主任张久珍作为主办方代表首先致辞，表达对刘国钧先生的崇高敬意和深切怀念，结合刘国钧图书馆学学术思想，对高校图书馆发展建设、图书馆学理论研究提出几点思考，希望图书馆学研究者、图书馆从业馆员能够将学术理论与实践工作相结合，增进彼此交流互通，同时也期望刘国钧图书馆学思想能够更进一步指导高校图书馆转型发展。

国家图书馆副馆长汪东波受邀致辞，在致辞中首先代表国家图书馆全体同人向刘国钧先生致以深深敬意，并对刘国钧学术思想特别是分类编目的理论研究及其在国家图书馆的实践应用进行论述，呼吁业界同人学习、弘扬刘国钧先生的思想精神，使之薪火相承，成为新一代图书馆人共同坚守的精神追求。

在专题报告环节，北京大学信息管理系资深教授吴慰慈首先做专家发言，充分肯定本次研讨会举办的历史意义和现实意义，并就刘国钧先生对我国图书馆事业发展、图书馆学理论研究以及图书分类法的研制等所做出的贡献进行详尽梳理和高度评价。南京大学信息管理学院教授徐雁分析回顾学者对刘国钧先生的定位与评价，呼吁学界应为刘国钧先生冠以完整的学术头衔，对其一生事功形成全面客观的认定。甘肃省图书馆研究馆员董隽回顾刘国钧先生筹备国立西北图书馆的完整经过，并对刘国钧先生作为杰出图书馆界社会活动家、实干家在实践中所表现出的卓越组织与协调能力提出新的思考。

在下午的报告中，北京大学信息管理系教授王子舟以刘国钧先生的重要学术著作《什么是图书馆学》为切入点，从文章时代背景、内容、写作方法、学术地位等多个维度进行深入分析。江南大学图书馆研究馆员吴稌年对刘国钧先生早期图书馆学学术思想及其由来和发展进行分析阐释。国家图书馆《中图法》编委会办公室副研究馆员赵悦通过对国家图书馆现存档案梳理，深入论述刘国钧先生与国家图书馆文献分类编目发展的渊源和影响。专家们的报告既有对现有研究的审视和梳理，也有新的思考和发现，引发与会者深入思考。会议最后，北京大学图书馆党委书记郑清文做总结发言，对会议进行整体回顾，并从研究、传承与发展 3 个方面对于如何更好传承弘扬刘国钧先生的学术思想与人文精神提出思考。

研讨会为期一天，在交流研讨环节，北京大学信息管理系张树华、徐克敏、郑莉莉、张涵、王锦贵、赖茂生等多位荣休教授及校内外专家和馆员们进行深入交流，北京大学图书馆部门负责人、北京大学信息管理系博士生列席会议。（摘编自北京大学信息管理系网站）

“提升效能、创新发展与图书馆统计”学术研讨会

11 月 19—22 日，中国国家图书馆研究院、中国图书馆学会公共图书馆分会城市图书馆工作委员会、广东图书馆学会、广州市图书馆学会及广州图书馆等机构在广州图书馆联合举办“提升效能、创新发展与图书馆统计”学术研讨会。来自国内外的著名专家、学者以及全国各地图书馆代表约 280 人参加。

国际图书馆协会和机构联合会原主席克劳迪娅 · 卢克斯（Claudia Lux）女士、北京大学政府管理学院教授周志忍分别做题为“国际图联《图书馆统计宣言》的解读”“绩效评估在公共组织中的作用和意义”的主旨演讲。

主题报告环节，会议安排 12 场主题报告。南开大学信息资源管理系教授柯平做题为“公共图书馆评估定级与图书馆统计的趋势”的报告。中国国家图书馆研究院院长申晓娟做“我国公共图书馆统计实践：现状、问题与建议”的报告。上海图书馆（上海科学技术情报研究所）馆（所）长陈超做题为“精益统计，超越绩效——刍议图书馆统计与绩效管理”的报告。华东师范大学信息管理系教授范并思做题为“图书馆阅读推广的统计与评价”的报告。同方知网公共服务事业本部总经理成鑫做题为“数字资源统计标准与实践——基于中国知网的实践探索”的报告。广州图书馆馆长方家忠做题为“公共图书馆服务体系建设与统计支撑——以广州‘图书馆之城’建设为例”的报告。北美城市图书馆委员会执行委员、美国洛杉矶郡图书馆馆长斯凯 · 帕特里克做题为“输入到输出：利用数据和合作获得更佳的客户体验”的报告。西南交通大学公共管理与政法学院党委书记高凡做题为“从统计数据看高校图书馆的发展”的报告。北京超星集团副总经理叶艳鸣做题为“现实与未来：中文电子资源利用统计分析问题探讨”的报告。法国里昂市立图书馆内部沟通与评估负责人安妮 · 拉法尔做题为“法国里昂市立图书馆数据的收集和使用”的报告。东莞图书馆馆长李东来做题为“统计与评价的再认识”的报告。广州图创计算机软件开发有限公司总经理刘海生做题为“图书馆大数据统计应用于业务指标分析”的报告。

专题讨论环节，克劳迪娅 • 卢克斯、斯凯 • 帕特里克、柯平、申晓娟、李东来围绕“关于图书馆统计工作的几点共识”展开讨论，在图书馆统计应该遵循的基本原则、统计制度和工作机制建设、图书馆统计标准规范制定、区域性和全国性统计体系建设、信息公开与共享利用、关联社会环境因素深化统计分析和推动相关配套政策的制定与出台等 7 个方面形成“共识”。

最后，广东省立中山图书馆首席研究馆员刘洪辉做研讨会专业总结，中国图书馆学会副理事长、公共图书馆分会主任刘小琴做会议总结。（摘编自广州市图书馆学会网站）

首届图书馆对公众开展信息素养教育研讨班

11月26—30日，由中国图书馆学会和武汉大学信息管理学院联合主办、海南省图书馆和海南省图书馆协会承办的首届图书馆对公众开展信息素养教育研讨班在海南省海口市举办。主承办各有关单位领导、授课专家和来自全国各地图书馆及相关业界专家学者、信息素养教育工作者、新闻媒体记者等约160人参加研讨。

开班仪式上，中国图书馆学会秘书长霍瑞娟和海南省旅游和文化广电体育厅公共文化处调研员刘实葵先后致辞。研讨期间，围绕图书馆对公众开展信息素养教育的主题，武汉大学信息管理学院副院长黄如花以“我国图书馆对公众开展信息素养教育探索”和“国际公众信息素养教育的发展与动态”为题，上海交通大学图书馆副馆长潘卫以“我国公众信息素养教育现状与策略”为题，清华大学图书馆研究馆员林佳以“信息环境对公众信息素养教育的影响”为题，东莞图书馆副馆长冯玲以“公共图书馆与信息素养教育”为题从不同角度依次进行授课。海南省图书馆协会秘书长黄玉华主持研讨。（摘编自中国图书馆学会网站）

2019全国出版界图书馆界全民阅读年会

11月28日，由全民阅读活动组织协调办公室指导，中国图书馆学会、韬奋基金会、中国书刊发行业协会、中国新华书店协会、中国出版集团公司、四川省全民阅读活动指导委员会办公室主办，中国图书馆学会阅读推广委员会、《图书馆报》、中共广元市朝天区委宣传部承办，新华万维国际文化传媒（北京）有限公司支持的2019全国出版界图书馆界全民阅读年会在四川省广元市举办。

此次年会共分为3个环节：一是韬奋基金会为广元市朝天区捐赠10万码洋图书；二是现场颁发4个奖项：36个“全民阅读活动典型案例”、10家“年度馆藏影响力出版机构”、35个“年度影响力绘本”和30家“年度影响力绘本馆”；三是与会专家做主旨报告。中国出版集团公司党组成员、中国出版传媒股份有限公司副总经理李岩，新华书店总店总经理、《图书馆报》社长茅院生，中国图书馆学会副理事长刘小琴，四川省委外宣办（省政府新闻办）副主任代光举，中共广元市委常委、朝天区委书记蔡邦银，中国书刊发行业协会副理事长兼秘书长纪宏，韬奋基金会监事沈水荣，华东师范大学信息管理系教授、中国图书馆学会阅读推广委员会阅读推广理论研究专业委员会主任范并思等领导和专家出席年会并进行致辞、颁奖以及做主旨报告。（摘编自中国出版传媒网网站）

2018—2022 年教育部高等学校图书情报工作指导委员会第二次工作会议

11 月 28 日，由教育部高等学校图书情报工作指导委员会（以下简称“教育部高校图工委”）主办，四川大学图书馆承办的 2018—2022 年教育部高等学校图书情报工作指导委员会第二次工作会议在四川大学召开。来自全国 56 所高校的代表共 70 余人参加本次会议。教育部高等教育司巡视员宋毅，四川省教育厅一级巡视员胡卫锋，教育部高校图工委主任委员、北京大学图书馆馆长陈建龙等出席会议开幕式并致辞。

在专题报告阶段，教育部高校图工委秘书长陈凌对 2019 年教育部高校图工委的工作进行总结；教育部高校图工委副主任委员、上海交通大学图书馆馆长陈进，教育部高校图工委副主任委员、四川大学图书馆馆长党跃武，南方医科大学图书馆馆长顾萍分别以“上海高校图书馆事实数据统计指标体系构建及平台搭建”“面向新时代，抒写新篇章：全面推进高校图书馆融入人才培养全过程”“共建边防书屋，同心追逐梦想”为题做专题报告。在专题交流会上，陈建龙、陈进、武汉大学图书馆馆长王新才分别以“对口支援见初心 同心协力共前行——北京大学图书馆对口支援工作总结”“上海交通大学图书馆支援西部成果”“武汉大学图书馆对口支援工作总结”为题，分享各馆对口帮扶工作的具体举措、成效和先进经验。在分组讨论中，与会者分成“战略规划研究组 + 管理转型发展组”“本科教育支持组 + 信息文化建设组”“学科服务创新组 + 馆员队伍建设组”“信息资源建设组 + 信息技术应用组”共 4 组，就如何实现本科高校图书馆统计数据全上报、高校图书馆下一步发展等问题展开讨论。（摘编自四川大学图书馆网站）

第十一届亚洲图书馆与情报学学术研讨会

11 月 28—29 日，由北京师范大学政府管理学院和图书馆联合主办的第十一届亚洲图书馆与情报学学术研讨会在北京师范大学召开。来自日本、新加坡、泰国、印度尼西亚、中国的 90 多位研究和从业人员参加会议。

此次会议以“亚洲图书馆学与情报学的合作、发展与创新”为主题，收到来自美国夏洛特北卡罗来纳大学、英国班戈大学、日本国立教育政策研究所、日本筑波大学、泰国孔敬大学、北京大学、武汉大学、南开大学、南京大学、中国人民大学、中山大学、台湾师范大学、天津师范大学、华中师范大学以及中国科学院和中国医学科学院等多所大学与科研机构的研究人员提交的研究方案或交流成果。在会议期间，与会者围绕知识组织、知识图谱、语义网、关联数据、本体、信息素养、信息行为、信息计量和数字人文等领域的问题展开充分的交流与讨论。（摘编自北京师范大学政府管理学院网站）

2019 年全国高校图书馆服务本科教育教学研讨会暨创新案例大赛

11 月 29—30 日，由教育部高等学校图书情报工作指导委员会主办，四川省高等学校图书情报工作委员会和四川大学图书馆承办、成都世纪超星信息技术有限公司协办的 2019 年全国高校图书馆服务本科教育教学研讨会暨创新案例大赛在四川大学举行。本次会议以“聚焦本科教育教学，提升图书馆服务力”为主题。教育部高等教育司巡视员宋毅，教育部高等教育司调研员张庆国，四川省教育厅高教处副处长罗亦凡，上海财经大学常务副校长徐飞，华中师范大学副校长夏立新，四川大学副校长梁斌，教育部高等学校图书情报工作指导委员会主任、北京大学图书馆馆长陈建龙，南开大学教授柯平等领导和嘉宾以及来自全国 140 所高校的近 220 名代表参加本次会议。

在开幕式上，举行高校图书馆服务本科教育教学创新案例大赛的颁奖仪式，颁发“最佳案例”20 项，“特色案例”30 项，“优秀案例”92 项。开幕式后，宋毅、徐飞、夏立新分别以“打好全面振兴本科教育攻坚战”“回归与创新——着力培养具有国际竞争力的卓越拔尖人才”“新挑战　新机遇　新使命——高校图书馆助力创新人才培养”为题做主旨报告。在专家报告会上，陈建龙以“勇担新的文化使命，力推善的阅读服务”为题，柯平以“面向本科教育的高校图书馆服务转型”为题，浙江高等教育研究院院长邱均平以“全国‘双万计划’一流本科专业建设、评价与图书馆的作用”为题，四川大学教务处处长张红伟以“从‘课堂改革’到‘质量革命’——川大本科教育内涵发展探索”为题，超星集团董事长史超以“促进本科教学的智慧图书馆建设”为题做主题报告。会议在四川大学文理图书馆进行 2019 年高校图书馆服务本科教育教学创新案例大赛“最佳案例”展示交流。来自清华大学、上海交通大学、四川大学、同济大学、哈尔滨工业大学等高校图书馆的 20 位代表做报告案例展示。（摘编自四川大学网站）

全国数字图书馆建设与服务联席会议第二十次会议

12 月 5 日，全国数字图书馆建设与服务联席会议第二十次会议在北京召开，主题为“图书馆转型发展与未来规划”。本次会议由中国科学院文献情报中心承办。来自国家图书馆、文化和旅游部全国公共文化发展中心、上海图书馆、中国科学院文献情报中心、CALIS 管理中心、CADAL 项目管理中心、中共中央党校（国家行政学院）图书和文化馆、国防大学图书馆、中国社会科学院图书馆等联席会议成员单位及中国图书馆学会的 30 余位代表参加会议。

中国图书馆学会副理事长刘小琴、中国科学院文献情报中心主任刘会洲代表会议组织单位先后致辞。中国科学院文献情报中心副主任刘细文、主任助理赵艳分别主持有关议程。会上，国家图书馆副馆长汪东波以“新时代国家图书馆转型发展的实践与思考”、上海图书馆副馆长刘炜以“第三代图书馆系统与数字图书馆未来发展”、赵艳以“国家科技知识服务体系发展思考”、CALIS 管理中心副主任姚晓霞以“CALIS 在新时期的转型与发展思考”、CADAL 项目管理中心技术总监徐建刚以“浙大图书馆智库服务探索”、中共中央党校（国家行政学院）图书和文化馆副馆长李爽以“党校系统图书馆转型发展与未来规划”、国防大学图书馆负责人李思以“国防大学图书馆转型发展遇到的矛盾问题与对策思考”、文化和旅游部全国公共文化发展中心副主任罗云川以“公共数字文化融合背景下公共图书馆创新服务的探索实践”为主题，分别做专题发言。与会代表结合专题发言进行深入交流，讨论和通过由中国科学院文献情报中心起草并根据各单位反馈意见修改的《数字图书馆资源管理指南》。（摘编自中国图书馆学会网站）

第七届中国机构知识库学术研讨会

12月9—11日，由中国科学院文献情报中心、中国机构知识库推进工作组、高校机构知识库联盟主办，中国科学院武汉文献情报中心、武汉大学图书馆承办的第七届中国机构知识库学术研讨会在武汉召开。本届研讨会主题是“面向用户需求的开放仓储与服务”。来自全国的130余位专家同人参会。

本次会议设置4个研讨议题，涵盖“机构知识库发展环境与趋势”“高校IR新型服务建设实践”“专业科研机构IR建设与服务”以及“相关基础设施建设与服务”等领域，并邀请到23位国内专家做分享报告。

第一个议题由中国科学院文献情报中心主任助理赵艳主持。中国科学院武汉文献情报中心主任张智雄首先做“学术交流的变革趋势和OA Repository的价值和意义”的报告；武汉大学图书馆副馆长刘霞做“武汉大学IR：发展与创新”的报告；中国科学院计算机网络信息中心主任助理周园春做“科技领域大数据知识图谱构建与应用”的报告；中国科学院西北生态环境资源研究院文献情报中心研究员祝忠明做“中国IR发展报告”的报告；北京大学图书馆研究馆员聂华做“2018年中国机构知识库建设调查分析报告”。

第二个议题由聂华主持。来自上海科技大学、兰州大学图书馆、澳门大学图书馆、北京大学图书馆、天津大学图书馆的5位专家代表分别介绍各自大学的知识管理系统，并提出下一代IR建设的发展重点。

第三个议题由祝忠明主持。来自中国科学院西北生态环境资源研究院、中国科学院文献情报中心的3位专家代表分别分析各自的科研机构IR建设现状。随后，来自中国科学院力学所、中国科学院新疆生态与地理研究所、中国科学院青岛能源所图书馆、中国科学院紫金山天文台的4位专家代表分别以案例分享的形式介绍科研机构IR建设与服务实践。

第四个议题由中国科学院文献情报中心资源建设部主任黄金霞主持。来自南京师范大学图书馆、全国科学技术名词审定委员会、宁波诺丁汉大学图书馆、上海图书馆学会、中国科学院心理研究所图书馆、武汉大学的6位专家代表，分别从知识库建设与服务探索、知识库开放获取、领域预印本建设、区块链下的IR共享机制研究、知识库与金融知识服务关联等方面展开讨论。（摘编自中国科学院武汉文献情报中心网站）

法律法规与政策性文件

法律法规与政策性文件综述

2019年是我国实施“十三五”规划的第四年。在前几年陆续出台《中华人民共和国公共服务保障法》《中华人民共和国公共图书馆法》等图书馆相关重量级法律法规的基础上，本年度中央和地方重点围绕融合发展发布系列政策文件，为推进公共数字文化工程统筹协调和创新发展、增强文化和旅游工作的进一步融合等提供制度保障；首次发布全国中小学图书馆（室）推荐书目，推动书香校园建设。

一、《公共数字文化工程融合创新发展实施方案》等多个有关融合发展的政策文件出台

1. 公共数字文化工程融合创新发展

2019年4月，文化和旅游部办公厅发布《公共数字文化工程融合创新发展实施方案》，指出制定该实施方案是“为适应移动互联网等现代科技发展趋势，破解公共数字文化工程发展中存在的瓶颈问题，推动工程转型升级、深度融合，创新公共数字文化服务业态，提升服务效能”。方案中提出要“建立健全管理机制，统筹工程的规划、建设、管理与服务，制定统一的标准规范体系。”其中在统一称谓方面，“在保持现有机构稳定的基础上，将原来的全国文化信息资源共享工程、数字图书馆推广工程、公共电子阅览室建设计划，统称为公共数字文化工程。规划设计统一的工程宣传标识，提高工程的辨识度。”至此，由原文化部推出的“全国文化信息资源共享工程”“数字图书馆推广工程”“公共电子阅览室建设计划”三大工程正式融为一体，统一由“公共数字文化工程”这一名称替代，其工程建设将秉承“加强统筹规划和顶层设计，促进工程在平台、资源、服务方面的互联互通和融合发展，坚持集约节约，避免重复建设”“创新驱动，突出效能。加强云计算、大数据、人工智能等现代科技应用，创新公共数字文化服务业态，促进工程转型升级和服务效能提升”等基本原则。该方案的推出，促进原三大工程的加速融合及在科技升级时代的创新发展。

2. 文旅融合发展

文化和旅游行业是促进经济社会高质量发展与提高人民生活水平的重要产业。党的十八大以来，以习近平同志为核心的党中央高度重视文化和旅游工作，做出一系列重大决策部署，特别是整合原文化部和国家旅游局的职责，于2018年4月组建成立文化和旅游部，以此推动文化旅游事业发展迈上新台阶。近两年来，为加快推进文化旅游行业的高质量发展，党中央、国务院陆续发布一系列指导性文件。如2018年3月9日发布的《国务院办公厅关于促进全域旅游发展的指导意见》（国办发〔2018〕15号）中指出，要加强旅游惠民便民服务，推动公共图书馆、文化馆、科技馆等免费开放。2018年9月20日发布的《中共中央　国务院关于完善促进消费体制机制进一步激发居民消费潜力的若干意见》中指出，文化旅游消费领域要“努力提供更多优秀文化产品和优质文化服务”。2019年8月23日出台的《国务院办公厅关于进一步激发文化和旅游消费潜力的意见》（国办发〔2019〕41号）中指出，要大力发展夜间文旅经济，丰富夜间文化演出市场，优化文化和旅游场所的夜间餐饮、购物、演艺等服务。

随着几个国家级层面文旅融合相关文件的陆续发布，2019年，各级地方政府相继从推进全域文化旅游产业、发展夜间文化旅游经济等不同维度发布文件。如《中共四川省委、四川省人民政府关于大力发展文旅经济加快建设文化强省旅游强省的意见》指出要“推动文旅便民惠民利民。逐步实施公共图书馆、文化馆、博物馆、纪念馆、美术馆、科技馆、爱国主义教育基地等错时延时开放”，《山东省人民政府办公厅关于加快推进夜间旅游发展的实施意见》指出要“丰富夜游文化体验。延长博物馆、文化馆、图书馆、美术馆、工人文化宫和影剧院、音乐厅、体育馆等文体设施开放时间，鼓励开发‘文博奇妙夜’、文艺演出、健身康养、体育赛事等夜间体验项目”，在《甘肃省人民政府办公厅关于大力促进全省文化旅游产业提质增效的意见》中“鼓励博物馆、图书馆、美术馆、文化馆、乡镇（社区）综合文化中心等公共文化场馆夜间开放，举办夜间活动，催生文化沙龙、深夜影院、音乐俱乐部、24小时阅读空间等时尚文化业态，激活夜间文化艺术消费”，《中共广西壮族自治区委员会、广西壮族自治区人民政府

关于加快文化旅游产业高质量发展的意见》指出要“结合推进基层综合性文化服务中心建设，完善市县公共图书馆、文化馆、博物馆等文化设施的旅游服务功能”，在《南宁市人民政府办公厅关于印发南宁市全域旅游总体规划（2017 年—2025 年）的通知》中鼓励“大力发展文化事业和文化产业，建设具有影响力的区域文化中心”，等等。这些政策性文件的推出，进一步推进文旅融合在各省（区、市）的实际落地。

二、《2019 年全国中小学图书馆（室）推荐书目》发布

2018 年 5 月，教育部对 2003 年印发的《中小学图书馆（室）规程》完成修订并发布实施，其中的附表《中小学图书馆（室）藏书量》和《中小学图书馆（室）藏书分类比例表》对全国中小学图书馆（室）的藏书量和藏书分类比例均做出明确规定。与之相配套，2019 年 10 月，教育部办公厅发布《关于印发〈2019 年全国中小学图书馆（室）推荐书目〉的通知》，共包含推荐书目 5 大类、6905 种。通知指出“中小学图书馆（室）是学校文献信息中心，学校要重视图书配备与馆藏文献信息建设，根据发展目标，以师生需求为导向，制定图书配备与其他馆藏文献信息建设发展规划”，并要求“学校要将《推荐书目》作为馆藏建设的主要参考依据，合理配置纸质图书；要建立完善增新剔旧制度，图书馆（室）每年生均新增（更新）纸质图书应当不少于一本；确保图书馆（室）藏书比例符合《中小学图书馆（室）藏书分类比例表》要求，藏书量不低于《中小学图书馆（室）藏书量》规定标准，图书复本量合理，满足师生借阅需求”。此次由教育部发文组织开展全国中小学图书馆（室）推荐书目工作尚属首次，表明国家对“进一步提高中小学图书馆（室）图书质量，推动中小学生阅读活动深入开展”的重视程度以及实施力度得以全面加强。

与之相呼应，2019 年，上海市教育委员会、湖南省教育厅等分别发布《2019 年度上海市中小学、幼儿园图书馆（室）图书配置推荐目录》和《湖南省中小学图书馆（室）教育报刊基本配备推荐目录》。

三、多项国家标准和文化行业标准发布

2019 年，我国图书馆标准体系建设进一步完善。8 月，由全国信息与文献标准化技术委员会归口编制，国家市场监督管理总局和中国国家标准化管理委员会共同发布《信息与文献　文化遗产信息交换的参考本体》1 项国家标准。由全国图书馆标准化技术委员会（以下简称“图标委”）归口管理并编制的多项标准也正式发布。3 月，文化和旅游部发布《信息与文献　公共图书馆影响力评估的方法和流程》《中国古今地名数据描述规范》2 项文化行业标准；9 月，文化和旅游部发布《公共图书馆业务规范　第 1 部分：省级公共图书馆》《公共图书馆业务规范　第 2 部分：市级公共图书馆》《公共图书馆业务规范　第 3 部分：县级公共图书馆》3 项文化行业标准；另有在研推荐性国家标准计划项目 16 项，在研文化行业标准项目 21 项。截至 2019 年底，图标委共归口管理国家标准项目 32 项，文化行业标准项目 56 项，文化行业标准化研究项目 23 项。由图标委秘书处组织编写的《图书馆业务工作相关标准规范概览》于 4 月正式出版，收录 1978—2018 年间我国正式发布的图书馆业务相关标准 185 项，集中展示我国图书馆标准化工作成果。

四、各地多个与图书馆相关地方性法律法规出台

随着《中华人民共和国公共服务保障法》《中华人民共和国公共图书馆法》的出台，2019 年，各地先后出台（或修订）与图书馆相关的地方性法律法规。如在全民阅读方面，相继发布《广东省全民阅读促进条例》《贵州省全民阅读促进条例》《烟台市全民阅读促进条例》《宁波市全民阅读促进条例》等；在公共文化服务方面，相继发布《陕西省公共文化服务保障条例》《广东省文化设施条例（2019 修正）》等；在文化遗产保护方面，相继发布《北京市非物质文化遗产条例》《福建省非物质文化遗产条例》等。这些地方性法律法规的出台，从不同层面促进各地图书馆事业的发展。

（国家图书馆　王旭东）

法律法规与政策性文件全文

文化和旅游部、中央文明办关于印发《2019 年文化和旅游志愿服务工作方案》的通知
（文旅公共发〔2019〕25 号）

各省、自治区、直辖市文化和旅游厅（局）、文明办，新疆生产建设兵团文化体育新闻出版广电局（文物局）、商务局（旅游局）、文明办，本部各直属单位：

现将《2019 年文化和旅游志愿服务工作方案》印发给你们，请结合实际认真贯彻执行。

特此通知。

文化和旅游部
中央文明办
2019 年 3 月 15 日

2019 年文化和旅游志愿服务工作方案

为认真贯彻习近平新时代中国特色社会主义思想和党的十九大精神，推动《中华人民共和国公共文化服务保障法》和《志愿服务条例》的落实，大力推进文化和旅游志愿服务，促进文化和旅游志愿服务制度化、规范化、常态化，进一步强化社会责任意识、奉献意识，现就开展 2019 年文化和旅游志愿服务工作提出以下方案。

一、工作思路

坚持以习近平新时代中国特色社会主义思想为指导，以培育和践行社会主义核心价值观为根本，围绕中心，服务大局，广泛动员各类公共文化机构、企事业单位、旅游景区、社会团体等各方力量，组织志愿服务团队和志愿者，将新时代文明实践中心建设试点县（市、区）、贫困地区农村作为重点服务区域，围绕老年人、未成年人、农民工和残疾人等重点群体，结合节日纪念日，积极开展形式多样的志愿服务活动，努力在全社会营造向上向善、互帮互助的良好风尚。

二、主要任务

（一）“春雨工程”——全国文化和旅游志愿服务行动计划（简称“春雨工程”）

从 2019 年起，“‘春雨工程’——全国文化志愿者边疆行”活动调整为“‘春雨工程’——全国文化和旅游志愿服务行动计划”，以项目运作的方式实施。

1. 服务内容。2019 年“春雨工程”拟实施 4 个方面的项目。

（1）新时代文明实践中心志愿服务。以 50 个新时代文明实践中心建设试点县（市、区）为重点，组织动员文化和旅游部门的在职人员、乡土文化人才、退休文化工作者等作为志愿者加入新时代文明实践志愿服务总（分）队，整合现有的文化馆（站）、图书馆、博物馆以及歌舞团、戏剧团等基层公共服务阵地资源，建立文化服务平台，深入乡镇（村）文明实践中心站（所），广泛开展群众乐于参与、便于参与的文明实践活动，培育当地志愿服务品牌项目，助推新时代文明实践中心建设。

（2）边疆民族地区志愿服务。鼓励和支持各级各类公共文化机构和企事业单位、旅游景区、社会团体等各方力量，招募符合条件的各界人士作为志愿者，组建志愿服务团队，赴边疆地区、民族地区、革命老区、贫困地区和部分海疆地区实施“大舞台”文艺演出、“大讲台”培训讲座和“大展台”展览展示等文化和旅游志愿服务活动，进一步发挥文化和旅游志愿服务在支持边疆民族地区文化建设和旅游发展中的重要作用，努力推动边疆民族地区基本公共服务均等化。

（3）基层公共文化机构志愿服务。鼓励和支持公共图书馆、文化馆（站）、博物馆、美术馆等各级各类公共文化机构，招募有一定专长、有奉献精神、热心社会公益事业的各界人士作为志愿者，组建文化志愿服务团队，按照各自工作范畴开展志愿服务活动，形成志愿服务活动品牌项目。组织志愿者积极开展公共图书馆讲座培训、书目荐读、咨询导引等读者服务，为读者学习知识创造良好环境。组织志愿者积极开展广场舞、合唱、书法、美术、曲艺等各类群众文化活动。组织志愿者担任博物馆讲解员，参与展览布展、协助做好文物档案整理、开展文物知识普及等活动。组织志愿者担任美术馆导览员，参与举办

美术讲座，普及美术知识。引导志愿服务项目重点向边疆地区、民族地区、贫困地区、革命老区倾斜。

（4）文明旅游志愿服务。鼓励和支持各级各类公共文化机构和企事业单位、旅游景区、社会团体等各方力量，围绕元旦春节、学雷锋日、志愿者日、劳动节、儿童节、重阳节、中秋节、国庆节等节日纪念日，招募有一定特长、具有奉献精神、热心社会公益事业的各界人士作为旅游志愿者，组建志愿服务团队，担任文明旅游讲解员、引导员和“文明用厕”宣传员，参与优秀传统文化、景区政策宣讲、景点介绍、秩序维护等各项服务，形成长期开展的志愿服务品牌项目，大力弘扬中华优秀传统文化，传播文明旅游社会风尚，引导广大游客努力提升自身文明素质，遵守公共秩序，爱护公共设施，争做文明旅游践行者和传播者。

2. 实施方式。各级文化和旅游行政部门积极动员各类公共文化机构、企事业单位和旅游景区、社会团体等各方力量，结合工作实际，按项目类别策划实施志愿服务项目，招募符合条件的志愿者，组建志愿服务团队，并按要求填写2019年“春雨工程”项目申报表（见附件1），经省级文化和旅游行政部门审核后报送文化和旅游部公共服务司。文化和旅游部公共服务司采取择优选取的方式，通过项目审查、专家评议等环节从各地各单位报送的项目中确定若干项目，作为2019年“春雨工程”实施项目，文化和旅游部会同中央文明办将对列入2019年“春雨工程”实施项目名单的项目予以适当补助。

（二）“阳光工程”——中西部农村文化志愿服务行动计划（简称“阳光工程”）

2019年，在中西部22个省（区、市）和新疆生产建设兵团，集中招募1200名农村文化志愿者（招募名额见附件2），配备到1200个行政村，开展为期一年的文化志愿服务。鼓励各地结合村级综合性文化服务中心建设在本地区开展农村文化志愿者招募配备工作，逐步实现村级公益文化岗位全覆盖。

1. 服务内容。志愿者在村委会的领导和乡镇文化站的指导下开展为期一年的文化志愿服务。服务内容包括：根据本村的实际情况和村民文化需求，提出具体合理规划并组织实施；宣传党的路线、方针、政策，弘扬社会主义核心价值观，组织开展移风易俗等精神文明创建活动；协助村委会做好新时代文明实践站相关工作；组织开展村民喜闻乐见的演出、阅读、讲座等文化活动；管理和维护村级文化活动室、图书室（农家书屋）、文化信息资源共享工程服务点等公共文化设施；辅导和培训本村群众文艺骨干和文艺爱好者；配合当地政府和文化行政部门，积极做好文化遗产的宣传和保护、文化市场管理、农村文化产业发展、乡村旅游发展等工作。

2. 实施方式。中西部22个省（区、市）文化和旅游厅（局）和新疆生产建设兵团文化体育新闻出版广电局根据名额分配表所列的农村文化志愿者数额，指导相关市级、县级文化和旅游行政部门做好志愿者的招募、注册、协议签订、培训上岗、开展服务、考核等工作。每名志愿者在文化和旅游志愿服务信息管理平台注册登记，并及时记录开展志愿服务活动情况，更新相关数据，志愿者开展服务和考核情况将作为次年续签协议的重要依据。

（三）“圆梦工程”——农村未成年人文化志愿服务计划（简称“圆梦工程”）

2019年，中西部22个省（区、市）文化和旅游厅（局）、新疆生产建设兵团文化体育新闻出版广电局指导项目实施地区县级文化和旅游行政部门招募610名有一定教学能力且热心社会公益的当地文化能人、文艺骨干、非遗传承人作为文化志愿者（招募名额见附件3），根据乡村学校少年宫的活动安排和具体需求，定期对乡村学校少年宫学生开展艺术培训和辅导，提高贫困地区未成年人的文化艺术素养，丰富其精神文化生活。

1. 服务内容。志愿者根据乡村学校少年宫的活动安排和具体需求，对农村学生开展舞蹈、戏曲、声乐、绘画、书法、写作、非遗传承项目等艺术培训课程。志愿服务从9月底开始，次年7月结束，每名志愿者每月服务时长不少于8小时。原则上县干部、乡镇干部、文化馆（站）在职人员和国有企业工作人员不参加招募，如招募为“圆梦工程”志愿者，不得发放工作性补助。

2. 实施方式。中西部22个省（区、市）文化和旅游厅（局）和新疆生产建设兵团文化体育新闻出版广电局会同省级文明办根据名额分配表所列的乡村学校少年宫志愿者数额，按照就近就便的原则，指导相关市级和县级文化和旅游行政部门做好志愿者的招募、注册、协议签订、培训上岗、开展服务、考核等工作。每名志愿者在文化和旅游志愿服务信息平台注册登记，并及时记录开展志愿服务活动情况，更新相关数据，志愿者开展服务和考核情况将作为次年续签协议的重要依据。

三、工作要求

（一）加强组织领导。各地文化和旅游行政部门要进一步建立健全志愿服务工作机制、活动运行长效机制、嘉许激励机制，完善各级志愿服务组织网络，逐步建立“纵向到底、横向到边”志愿服务网格体系。要严格落实意识形态工作责任制，坚持“谁主管谁负责”“谁主办谁负责”和属地管理的原则，加强对文化和旅游志愿服务内容的严格把关。

（二）坚持需求导向、项目带动。各地文化和旅游行政部门要指导项目实施单位立足基层群众对志愿服务的需求，策划设计操作性强的志愿服务项目，整合志愿服务资源，以项目化运作鼓励和支持社会各方面参与，提升志愿服务水平，推动志愿服务走向制度化、规范化和常态化。

（三）加大宣传动员力度。各地文化和旅游行政部门和项目实施单位要充分利用“3·5”学雷锋纪念日、“5·19”中国旅游日、“12·5”国际志愿者日等关键时间节点，注重发挥典型示范作用，积极动员社会力量参与志愿服务，广泛宣传深受群众欢迎的文化和旅游志愿服务项目、团队和个人，展现文化和旅游志愿服务工作成果，扩大文化和旅游志愿服务社会影响力。

（四）坚持务求实效。各地文化和旅游行政部门要指导项目实施单位加强对志愿服务项目的登记、跟踪、指导和监管等常态化管理，对项目的实施效果进行监测、考核和评估，杜绝形式主义，避免志愿服务活动流于形式、走过场，确保取得实效。

（五）切实保障志愿者合法权益。各地文化和旅游行政部门在指导项目实施单位开展文化和旅游志愿服务活动时，要为志愿者提供必要的工作条件，依法依规保障好志愿者权益。要制定活动安全预案，防止意外事件发生。

四、材料报送要求

（一）“春雨工程”

各省（区、市）（包括新疆生产建设兵团，下同）文化和旅游厅（局）、文化和旅游部直属单位负责本地区（单位）项目审核和报送工作。其中，承担新时代文明实践中心试点建设任务的相关省（区、市）文化和旅游厅（局），可按照每个新时代文明实践中心试点县3个项目的标准报送该类别项目。各省（区、市）文化和旅游厅（局）、文化和旅游部直属单位可按照每个类别3—5个项目的标准报送其他3个类别的项目。每个项目由实施项目的志愿服务团队，按要求填写2019年“春雨工程”项目申报表，经志愿服务团队主管部门和省级文化和旅游行政部门审核后，于2019年4月4日前通过文化和旅游志愿服务信息管理平台报送，纸质文件寄至文化和旅游部公共服务司。

（二）“阳光工程”和“圆梦工程”

各省（区、市）文化和旅游厅（局）会同当地文明办负责本地区“阳光工程”和“圆梦工程”志愿者名单审核和报送工作。各省（区、市）文化和旅游厅（局）将审核后的2019年“阳光工程”和“圆梦工程”志愿者名单，于2019年6月6日前，通过文化和旅游志愿服务信息管理平台报送，纸质文件寄至文化和旅游部公共服务司。2018年“圆梦工程”工作总结请一并报送。

五、联系方式

（一）文化和旅游部公共服务司权益保障处

地址：北京市东城区朝阳门北大街10号

邮政编码：100020

联系人及电话：汤琳　010-59881747

电子邮箱：tanglin@mct.gov.cn

（二）文化和旅游志愿服务信息管理平台

网址：http：//59.252.48.7/home_show

联系人：刘　倩　18513972947

赵红梅 13401073647

技术支持QQ群：282084972

管理平台公共邮箱：whzyglpingtai@126.com

密码：guanlipingtai

特此通知。

附件：1. 2019年“春雨工程”项目申报表（略）

2. 2019年“阳光工程”志愿者名额分配表（略）

3. 2019年“圆梦工程”志愿者名额分配表（略）

文化和旅游部办公厅关于印发《2019 年全国基层文化和旅游公共服务队伍培训工作计划》的通知
（办公共发〔2019〕51 号）

各省、自治区、直辖市文化和旅游厅（局），新疆生产建设兵团文化体育新闻出版广电局（文物局）、商务局（旅游局），国家图书馆、中央文化和旅游管理干部学院、文化和旅游部全国公共文化发展中心：

为适应新形势下文化和旅游事业发展需要，切实提高基层文化和旅游公共服务队伍素质能力，进一步加强基层文化和旅游公共服务队伍培训工作，根据《文化和旅游部 2019 年干部培训计划》（文人发〔2019〕4 号），结合文化和旅游部 2019 年重点工作，文化和旅游部制定了《2019 年全国基层文化和旅游公共服务队伍培训工作计划》，现予印发，请认真贯彻执行。

各地文化和旅游行政部门和各培训实施单位要坚持政治导向，始终将政治理论学习摆在突出位置，将深入学习贯彻习近平新时代中国特色社会主义思想融入培训全过程。一要统筹安排，精心组织。各地要根据本地实际，制定本地 2019 年基层文化和旅游公共服务队伍培训工作计划，各培训实施单位要对承接的培训任务认真组织实施，保证培训质量。案例分析、现场教学、学员论坛等实践类课程原则上应占所有课程安排的 60%。授课讲师中一线优秀文化工作者原则上应占 50%。“创新连线”班次在此基础上适当提高所占比率。二要改革创新，学用结合。紧密围绕文化和旅游领域中央重点改革任务和重要法律的贯彻落实，紧跟文化和旅游事业发展新形势，结合年度重点工作，积极探索新的培训理念、内容方式和运行机制，促进学习与思考、运用、创新相结合，注重培训成果转化，不断增强培训针对性和精准性。三要强化考评，注重宣传。各相关单位要重视培训过程和效果评估，及时跟踪统计培训开展情况和学员反馈，强化需求调研，为进一步提升培训工作绩效提供依据和支撑，以工作简报、媒体新闻等形式展示培训特色和成果，积极营造浓厚的宣传氛围。四要遵规守纪，从严管理。相关培训经费管理严格按照《中央和国家机关培训费管理办法》执行，严格贯彻落实中央八项规定精神，严格执行中组部《关于在干部教育培训中进一步加强学员管理的规定》，严肃培训纪律，培育良好班风学风教风。

特此通知。

文化和旅游部办公厅

2019 年 3 月 26 日

2019 年全国基层文化和旅游公共服务队伍培训工作计划

为深入学习贯彻落实习近平新时代中国特色社会主义思想和党的十九大及十九届二中、三中全会精神，适应文化和旅游融合发展新形势，切实加强基层文化和旅游公共服务队伍建设，2019 年全国基层文化和旅游公共服务队伍培训工作将着力转变思路、改革创新，以提高政治能力为根本，以增强专业本领为关键，聚焦发展前沿，坚持分级分类、精准培训、学用结合、从严管理，进一步提高培训的针对性和有效性。本年度全国基层文化和旅游公共服务队伍培训总体上分为三大类：示范性培训、巡讲和远程培训。重点培训内容为文化和旅游公共服务领域重点改革任务和重要法律的学习贯彻落实、文化和旅游融合发展等，重点培训对象为基层文化和旅游公共服务管理干部、业务骨干和各类群众文化专业技术人才。具体计划安排如下：

一、示范性培训

2019 年示范性培训在总结研究往年培训情况的基础上，进一步优化分类、突出主题、创新模式，针对不同对象的岗位特点、现实需求和面对的突出问题，精细化、有针对性地设置政策理论、实务研习、案例交流等授课形式，充分发挥示范作用。

（一）主题分类。本年度示范性培训分为 5 个主题类目：改革前沿、创新连线、群星璀璨、区域发展和基础建设。

——改革前沿。主要面向文化和旅游公共服

务一线管理人员，聚焦公共文化服务重点改革任务、新时代文明实践中心建设、文化和旅游融合发展、公共文化服务社会化、数字文化建设等重点工作，通过研习推进中央精神的贯彻落实，培养改革思维，开拓宏观视野，把握大局方向，提升管理干部的决策力、领导力。

——创新连线。重点开展各地文化和旅游公共服务创新案例的交流研习，让一线干部当专家、做讲师，分享在制度设计、运行机制、服务模式等方面的创新做法和先进经验，充分调动学员边学边讲、互学互鉴，通过思维碰撞、实例研习和实务培训，提升基层干部的创新力、执行力和行动力。

——群星璀璨。重点开展群众文艺创作培训，结合群众文艺特点，围绕不同门类，开设美术、曲艺、戏剧、广场舞的专题类培训和综合类培训，通过优秀获奖作品创作体会分享、学员带作品入班进修等形式，强化创作交流，提高作品质量，为繁荣基层群众文化创作提供智力支持。

——区域发展。聚焦各地特别是中西部地区和少数民族地区的文化和旅游公共服务工作，紧密围绕区域发展实践重点工作任务和实际情况，按需设课，将解决区域发展重点问题、推动区域因地制宜改革发展作为培训主要目标。

——基础建设。主要面向基层文化和旅游公共服务培训基地负责人、各省（区、市）（包括新疆生产建设兵团，下同）培训工作联络人员等相关工作人员，重点研习研究基地建设、各省（区、市）培训工作的整体协调等内容，开展师资培训，加强师资队伍建设与管理，储备培养一批优秀师资队伍和工作队伍。

（二）整体安排。示范性培训班在中央文化和旅游管理干部学院和全国基层文化队伍培训基地举办。根据文化和旅游公共服务工作重点和各地申报情况，2019 年共计划举办 49 期示范性培训班，其中改革前沿、创新连线、群星璀璨主题各 11 期、区域发展主题 13 期、基础建设主题 3 期（见附件 1）。区域发展主题研习班根据各地的申报情况和各培训实施单位的承担情况统筹兼顾、均衡安排，对中西部地区予以适当倾斜，重点扶持符合精准扶贫、乡村振兴等国家重大战略要求的班次，以及培训主题具有创新性实用性、符合文化和旅游公共服务发展方向的班次等，原则上每省（区、市）支持不超过 1 个班次。整体班次安排可根据实际工作情况微调，视情追加少量班次。

（三）培训组织。各省（区、市）文化和旅游厅（局）和各培训实施单位按照《全国基层文化队伍示范性培训工作规范》（公共函〔2016〕65 号）要求统筹组织好培训工作，按照本计划做好示范性培训学员选派及相关组织工作。

（四）经费安排。示范性培训班的经费补贴方式分为全额补助和定向补贴，改革前沿、创新连线、群星璀璨和基础建设主题中的全部培训班次以及区域发展主题中的 1 期班次为全额补助班，共计 37 期；区域发展主题中其余 12 期班次为定向拨款班。全额拨款班由文化和旅游部承担培训费用（公共数字文化重点工程培训班相应经费由国家图书馆和文化和旅游部全国公共文化发展中心分别承担），学员差旅费自行解决。定向补贴班采取合作办班方式由申报单位承担主要培训费用，文化和旅游部给予每班 5 万元经费补贴。

二、巡讲

巡讲活动按照供需对接原则，采取“菜单式”选课模式，各地根据巡讲课程目录按需申报。根据各地申报和对接情况，经过研究梳理，确定了 2019 年全国基层文化和旅游公共服务巡讲安排。具体事项如下：

（一）整体安排。2019 年全国文化和旅游公共服务巡讲活动计划举办 20 期（见附件 2），重点围绕现代公共文化服务体系建设理念与实践、公共文化服务政策法规与基层实践、国家公共文化服务体系示范项目创建、新时代文化和旅游融合发展、馆站建设等主题，计划巡讲地点覆盖 17 省（区、市）。

（二）工作分工。文化和旅游部公共服务司负责统筹指导和监督管理；中央文化和旅游管理干部学院负责组织实施送课巡讲活动，协调师资和安排巡讲场次。

（三）经费安排。送课巡讲活动由各地申报单位承担主要经费，文化和旅游部对巡讲予以适当补贴，主要用于补贴巡讲师资讲课费和差旅费、工作人员差旅费等。

三、远程培训

2019 年全国基层文化和旅游公共服务队伍远程培训工作由中央文化和旅游管理干部学院组织实施。具体事项如下：

（一）整体安排。2019 年共安排远程培训 6

期(见附件3),每期两门课程,各2小时。

(二)培训组织。各省(区、市)文化和旅游厅(局)应指定专人负责做好远程培训工作,充分挖掘本地区基层文化队伍培训力量和资源,发动各级图书馆、文化馆(站)、文化信息资源共享工程各级分中心、各培训机构参与全国基层文化和旅游公共服务队伍远程培训,做好本地区远程培训的动员和组织工作,确保培训效果,并做好远程培训情况统计和报送工作。

(三)教学接收点设置。远程教学接收点可根据使用需求进一步增加和下沉,符合播出条件的基层公共文化单位均可向中央文化和旅游管理干部学院提出申请,鼓励和支持各级图书馆、文化馆和有条件的乡镇文化站申报教学接收点。

四、联系方式

(一)文化和旅游部公共服务司

联系人:陈　闯

联系电话:010-59881140

(二)培训实施单位

(略)

附件:1. 2019年全国基层文化和旅游公共服务队伍示范性研习班工作安排表(略)

2. 2019年全国基层文化和旅游公共服务巡讲活动安排表(略)

3. 2019年全国基层文化和旅游公共服务队伍远程培训工作安排表(略)

文化和旅游部办公厅关于印发《公共数字文化工程融合创新发展实施方案》的通知
(办公共发〔2019〕63号)

各省、自治区、直辖市文化和旅游厅(局),新疆生产建设兵团文化体育广电和旅游局,国家图书馆、文化和旅游部全国公共文化发展中心:

《公共数字文化工程融合创新发展实施方案》已经文化和旅游部研究同意,现印发给你们,请认真贯彻执行。

特此通知。

文化和旅游部办公厅

2019年4月16日

公共数字文化工程融合创新发展实施方案

为适应移动互联网等现代科技发展趋势,破解公共数字文化工程(以下简称“工程”)发展中存在的瓶颈问题,推动工程转型升级、深度融合,创新公共数字文化服务业态,提升服务效能,特制定本实施方案。

一、总体要求

(一)指导思想

以习近平新时代中国特色社会主义思想为指导,全面贯彻党的十九大和十九届二中、三中全会精神,培育和弘扬社会主义核心价值观,坚定文化自信,加强现代科技应用,充分挖掘数字文化服务发展潜力,广泛吸纳社会力量参与,推动公共数字文化工程全面融合发展,提升工程的覆盖面和实效性,更好地发挥工程对现代公共文化服务体系的支撑作用。

(二)基本原则

1. 把握导向,严格把关。坚持社会主义先进文化前进方向,严格落实意识形态工作责任制,加强工程资源内容审核,强化工程平台和服务终端管控。

2. 统筹规划,融合发展。加强统筹规划和顶层设计,促进工程在平台、资源、服务方面的互联互通和融合发展,坚持集约节约,避免重复建设。

3. 创新驱动,突出效能。加强云计算、大数据、人工智能等现代科技应用,创新公共数字文化服务业态,促进工程转型升级和服务效能提升。

4. 开放共享,社会参与。创新工程建设模式,拓宽社会力量参与渠道,打破信息壁垒,探索跨部门、跨行业、跨地域的开放共享。

(三)目标任务

到2019年底,实现工程的统筹管理,建立统一的标准规范框架,推出统一的基层服务界面,初步形成公共数字文化资源服务总目录,统筹开展基层数字文化资源配送,做好工程平台、资源、服务的融合创新发展试点工作。

到2020年底,基本建成统一的工程标准规范体系，实现工程平台有效整合、资源共建共享、管理统筹规范、服务便捷高效，社会力量参与机制更加健全，服务效能显著提升。

二、重点任务

（一）统筹工程建设管理

加强工程的顶层设计，建立健全管理机制，统筹工程的规划、建设、管理与服务，制定统一的标准规范体系。

1.统一称谓。在保持现有机构稳定的基础上，将原来的全国文化信息资源共享工程、数字图书馆推广工程、公共电子阅览室建设计划，统称为公共数字文化工程。规划设计统一的工程宣传标识，提高工程的辨识度。

2.统一标准规范体系。统筹制定工程发展规划，调整、整合、完善现有的公共数字文化工程标准规范，编制统一的资源建设标准、技术标准、服务标准、管理规范和绩效指标，形成完备统一的标准规范体系。同时，坚持开放兼容的原则，有条件的与社会行业事实标准兼容互通。

3.统筹开展业务培训。统筹制定工程业务培训计划，整合现有的培训资源和培训业务内容，建立涵盖专题培训、馆员研修等多种类型的分级培训体系，提高公共数字文化人才队伍业务水平。

4.完善工程管理机制。建立工程建设协商机制，提高工程建设科学化水平。由文化和旅游部牵头，组织实施单位统筹制定、发布公共数字文化工程项目建设指南，明确工作目标和任务要求。同时，加大监督检查力度，确保项目按时按质按量完成，提高资金使用效益。

（二）整合工程平台与服务界面

构建标准统一、互联互通的公共数字文化服务平台，逐步实现工程平台的开放兼容、快捷传输和高效运行，实现工程资源在基层的统一揭示和便捷获取。

1.构建统一的公共数字文化基础平台。以国家公共文化云统筹全国数字文化馆建设，与国家数字图书馆互开端口、互设界面，逐步实现用户统一认证、资源共享、跨库检索和数据汇聚。加强与其他文化惠民工程互联互通，搭建标准一致、有统有分、互为支撑的现代公共文化服务体系基础信息架构。

2.推出统一的基层服务界面。构建基于宽带互联网、移动互联网、数字电视网的公共数字文化应用，在客户服务端统一服务平台、服务入口、服务界面，为基层群众提供一站式、集成式的公共数字文化服务。在乡镇、村基层服务点积极开展智能化服务应用。建立健全线上与线下相结合的服务体验机制，开展订单式、菜单式服务。

3.建设公共文化大数据平台。统一数据采集标准，规范数据采集流程，建立数据分析模型，形成覆盖公共图书馆、文化馆的大数据分析平台，与文化和旅游部综合监测与应急指挥平台实现有效对接，逐步实现对线上公共文化资源与线下公共文化活动服务的点击量、访问量、参与度、满意度等进行大数据采集与分析，持续提升公共文化服务水平。

（三）统筹工程资源建设和服务推广

加大宣传推广力度，打造公共数字文化服务品牌。建立统一的资源服务目录，拓展资源传输渠道，全面提升资源供给质量。

1.加大宣传推广力度。整合现有的宣传渠道，推出统一的公共数字文化工程网站和微信公众号，广泛开展基于多终端和移动互联网的宣传推广活动，提高工程知晓度和群众参与度。发布统一的公共数字文化服务和活动年度目录。整合聚拢现有资源和服务渠道，与学习强国等平台有机衔接，与社会组织、市场平台广泛开展嵌入式宣传，共同策划、协同开展公共数字文化品牌活动与服务，打造精品项目，扩大品牌影响力。

2.建立公共数字文化资源服务总目录。梳理、盘活工程存量资源，制定工程资源分类标准，应用唯一标识符等技术，开展全国公共图书馆、文化馆等公共文化机构元数据仓储建设，推出公共数字文化资源服务总目录，实现资源统一揭示与调用。

3.合理规划资源建设内容。按照公共数字文化工程的功能定位和统一的技术标准，合理规划增量资源建设内容，围绕全民阅读、全民艺术普及、中华优秀文化数字化、文化精准扶贫、旅游等主题，开展公共数字文化资源建设，丰富适用于移动互联网传播的资源类型，优化资源结构，提升资源质量。

4.完善资源存储和供给体系。建立适应移动互联网应用特点的服务模式，从用户需求出发，推动跨平台、跨系统、跨层级的资源相互调用和信息共享互认，提高资源获取的便利性。按照资源的适用范围要求，合理规划资源的授权，实现版权效益最大化。改变传统的资源配送模式，建立基于宽带互联网、移动互联网和虚拟网传输的公共数字文化资源配送体系。建立群众文化需求反馈机制，针对不同服务场景、特定服务人群精准推送公共数字文化产品。

（四）引导社会力量参与工程建设

1. 深入推进资源建设社会化。改革资源建设方式，扩大资源建设主体范围，系统内公共文化机构和系统外市场主体发挥各自优势，共同参与资源建设。通过采购成品资源、委托市场定制、合作共建等方式，加大资源建设的社会化合作力度。完善第三方质检机制，提高资源建设质量。

2. 拓宽资源传输渠道。逐步开放工程自有版权资源的使用权限，推进工程组织实施单位与市场主体、社会组织的合作，允许市场化平台、社会公共服务平台利用工程资源开展非营利性公共文化活动，拓展资源展示平台和传输渠道，提高人民群众获取资源的便利性。

3. 创新工程设施管理运营模式。鼓励各地开展工程设施的社会化运营。按照政府采购程序，通过招投标、委托等方式，引入市场力量或社会组织参与公共数字文化设施的管理和运营，参与工程软件平台的开发与维护，提高工程建设管理的专业化社会化水平。

三、重点工作和时间安排

（一）2019 年底前

1. 开展试点。选择东、中、西若干个区域，在省级、市级、县级不同层级开展工程融合创新发展试点工作，推进试点地区在工程平台、资源、服务等方面全面优化融合。

2. 开展公共数字文化相关标准规范的融合修订工作，在公共数字文化建设中分步启用。

3. 统一基层服务界面，推出面向移动互联网的公共数字文化应用程序，推广应用智能化服务终端，开展公共文化服务大数据平台建设。

4. 开展国家数字图书馆、数字文化馆用户统一认证和数字资源唯一标识符的登记工作。

5. 梳理工程存量资源，开展工程资源服务总目录建设，建立面向基层的统一的资源配送体系。

（二）2020 年底前

1. 总结试点经验，推广试点成果，形成工程融合创新发展推广模式。

2. 完成工程资源服务总目录体系建设，不断丰富资源内容。

3. 提高社会化服务比例，推动工程服务效能显著提升。

四、保障措施

（一）加强组织领导。文化和旅游部牵头，督促落实工程融合发展相关任务。文化和旅游部组织实施单位负责工程融合创新发展工作的具体实施。各省（区、市）文化和旅游厅（局）、新疆生产建设兵团文化体育广电和旅游局要提高认识，高度重视工程融合创新发展工作，结合本方案扎实推进本级的工程融合发展。各试点地区要结合本方案确定的原则、目标、任务，精心组织实施，提高试点工作实效。省级及省级以下组织实施单位要按照融合发展的工作思路，依据能统则统、宜融尽融的原则，推进工程融合创新发展。

（二）强化政策保障。通过现有资金渠道支持工程融合创新发展，重点支持公共数字文化资源整合、“两微一端”服务、智能服务、大数据分析评价等。各地要结合实际需要，加大对工程融合发展的支持力度。

（三）扎实稳妥推进。加强对融合创新发展的动态跟踪，严把意识形态安全和网络安全关，及时研究解决融合发展中出现的困难和问题。认真总结试点工作经验，加强宣传推广，稳步推进工程融合发展。

教育部办公厅关于印发《2019 年全国中小学图书馆（室）推荐书目》的通知
（教基厅函〔2019〕47 号）

各省、自治区、直辖市教育厅（教委），新疆生产建设兵团教育局：

为贯彻全国教育大会精神，落实立德树人根本任务，进一步提高中小学图书馆（室）图书质量，推动中小学生阅读活动深入开展，教育部组织开展向全国中小学图书馆（室）推荐优秀图书活动。经出版社申报、专家审读、结果公示以及中央宣传部推荐等环节，我部研制了《2019 年全国中小学图书馆（室）推荐书目》（以下简称《推荐书目》）。现印发给你们，有关要求通知如下：

一、各地教育行政部门要结合实际，认真贯彻落实《中小学图书馆（室）规程》（教基〔2018〕5号）要求，指导教育技术装备机构和学校做好中小学图书馆（室）建设与应用工作。

二、中小学图书馆（室）是学校文献信息中心，学校要重视图书配备与馆藏文献信息建设，根据发展目标，以师生需求为导向，制定图书配备与其他馆藏文献信息建设发展规划。

三、学校要将《推荐书目》作为馆藏建设的主要参考依据，合理配置纸质图书；要建立完善增新剔旧制度，图书馆（室）每年生均新增（更新）纸质图书应当不少于一本；确保图书馆（室）藏书比例符合《中小学图书馆（室）藏书分类比例表》要求，藏书量不低于《中小学图书馆（室）藏书量》规定标准，图书复本量合理，满足师生借阅需求。

四、图书馆（室）应建立和完善馆藏资源采购、配备、管理办法，注重听取师生意见，建立意见反馈机制，不断提高资源质量和适宜性，严禁盗版图书等非法出版物及不适合学生阅读的出版物进入图书馆（室）。

五、各地教育行政部门和中小学校要积极开展读书活动，要加强统筹，控制活动数量，精心设计活动方案，确保活动质量，营造良好阅读氛围，推动书香校园建设。学校可根据需要设立阅读指导机构，指导和协调全校阅读活动的开展。图书馆（室）应当做好阅览、外借、宣传推荐等服务工作，教学期间每周开放时间原则上不少于40小时，要积极利用图书馆（室）开好各类阅读指导课，提高图书借阅率，充分发挥中小学图书馆（室）的使用效益。

教育部办公厅

2019年10月22日

附件：《2019年全国中小学图书馆（室）推荐书目》（略）

图书馆相关法律法规及政策性文件目录

主题	标题	文号	发布与实施时间
综合性法律法规	烟台市全民阅读促进条例	烟台市人民代表大会常务委员会公告第 45 号	2019 年 2 月 13 日发布，2019 年 4 月 1 日实施
	广东省全民阅读促进条例	广东省第十三届人民代表大会常务委员会公告第 35 号	2019 年 3 月 28 日发布，2019 年 6 月 1 日实施
	陕西省公共文化服务保障条例	陕西省人民代表大会常务委员会公告〔13 届〕第 14 号	2019 年 3 月 29 日发布，2019 年 7 月 1 日实施
	河南省人民代表大会常务委员会关于促进全民阅读的决定	河南省第十三届人民代表大会常务委员会公告第 19 号	2019 年 4 月 9 日发布，2019 年 4 月 23 日实施
	深圳经济特区全民阅读促进条例（2019 修正）	深圳市第六届人民代表大会常务委员会公告第 150 号	2019 年 4 月 26 日发布并实施
	贵州省全民阅读促进条例	贵州省人民代表大会常务委员会公告 2019 第 7 号	2019 年 5 月 31 日发布，2019 年 8 月 1 日实施
	深圳经济特区公共图书馆条例（2019 修正）	深圳市第六届人民代表大会常务委员会公告第 161 号	2019 年 9 月 5 日发布并实施
	教育部办公厅关于印发《2019 年全国中小学图书馆（室）推荐书目》的通知	教基厅函〔2019〕47 号	2019 年 10 月 22 日发布并实施
	财政部关于提前下达 2020 年美术馆、公共图书馆、文化馆（站）免费开放补助资金预算的通知	财教〔2019〕175 号	2019 年 10 月 31 日发布并实施
	广东省文化设施条例（2019 修正）	广东省第十三届人民代表大会常务委员会公告第 50 号	2019 年 11 月 29 日发布并实施
	宁波市全民阅读促进条例	宁波市第十五届人民代表大会常务委员会公告第 20 号	2019 年 12 月 13 日发布，2020 年 4 月 1 日实施
文化建设	泉州市人民政府办公室关于印发泉州市国家公共文化服务体系示范区建设规划的通知	泉政办〔2019〕3 号	2019 年 1 月 16 日发布并实施
	文化和旅游部办公厅关于印发第十二届中国艺术节演艺及文创产品博览会工作方案的通知	办艺发〔2019〕16 号	2019 年 1 月 23 日发布并实施
	国家发展改革委、中央宣传部、教育部等关于印发《加大力度推动社会领域公共服务补短板强弱项提质量　促进形成强大国内市场的行动方案》的通知	发改社会〔2019〕0160 号	2019 年 1 月 23 日发布并实施
	山西省文化和旅游厅关于做好 2019 年县级公共文化设施建设项目申报工作的通知	晋文旅办发〔2019〕32 号	2019 年 2 月 2 日发布并实施
	莆田市人民政府关于印发莆田市推进基本公共服务均等化行动计划的通知	莆政综〔2019〕14 号	2019 年 2 月 2 日发布并实施
	广州市文化广电旅游局印发广州市公共文化设施管理办法的通知	穗文广旅规字〔2019〕1 号	2019 年 2 月 3 日发布并实施
	山西省文化和旅游厅关于做好 2018 年度全省文化数据报送及考核评价工作的通知	晋文旅办发〔2019〕34 号	2019 年 2 月 13 日发布并实施

续表

主题	标题	文号	发布与实施时间
文化建设	文化和旅游部、财政部关于公布第三批国家公共文化服务体系示范区（项目）名单的通知	文旅公共发〔2019〕22 号	2019 年 2 月 18 日发布并实施
	吉林省文化和旅游厅关于印发《吉林省文化和旅游单位（场所）监管工作实施细则》的通知	吉文旅发〔2019〕50 号	2019 年 2 月 19 日发布并实施
	黑河市人民政府办公室关于印发《黑河市“十三五”基本公共服务清单》的通知	黑市政办规〔2019〕5 号	2019 年 3 月 11 日发布并实施
	文化和旅游部、中央文明办关于印发《2019 年文化和旅游志愿服务工作方案》的通知	文旅公共发〔2019〕25 号	2019 年 3 月 15 日发布并实施
	南平市人民政府关于南平市推进基本公共服务均等化的实施意见	南政综〔2019〕39 号	2019 年 3 月 19 日发布并实施
	文化和旅游部关于发布《信息与文献　公共图书馆影响力评估的方法和流程》等 7 项行业标准的公告		2019 年 3 月 25 日发布，2019 年 8 月 1 日实施
	文化和旅游部办公厅关于印发《2019 年全国基层文化和旅游公共服务队伍培训工作计划》的通知	办公共发〔2019〕51 号	2019 年 3 月 26 日发布并实施
	山西省文化和旅游厅关于印发《首届山西省文化旅游创意产品设计大赛总体方案》的通知	晋文旅发〔2019〕30 号	2019 年 3 月 27 日发布并实施
	三亚市人民政府关于印发三亚市创建国家公共文化服务体系示范区规划的通知	三府〔2019〕87 号	2019 年 3 月 29 日发布并实施
	吉林省文化和旅游厅关于组织开展 2019 年基层文化队伍培训工作的通知	吉文旅发〔2019〕113 号	2019 年 4 月 1 日发布并实施
	山西省文化和旅游厅办公室关于举办基层文化建设人才能力提升培训班的通知	晋文旅办发〔2019〕103 号	2019 年 4 月 9 日发布并实施
	文化和旅游部办公厅关于印发《公共数字文化工程融合创新发展实施方案》的通知	办公共发〔2019〕63 号	2019 年 4 月 16 日发布并实施
	国家新闻出版署关于加强新华书店网络发行能力建设的通知	国新出发〔2019〕14 号	2019 年 4 月 23 日发布并实施
	湖南省教育厅关于做好 2019 年全省普通高校“一校一书——经典、精读、经世”阅读推广活动的通知	湘教通〔2019〕139 号	2019 年 4 月 29 日发布并实施
	山西省文化和旅游厅办公室关于组织实施 2019 年文化和旅游志愿服务项目的通知	晋文旅办发〔2019〕131 号	2019 年 4 月 29 日发布并实施
	合肥市教育局关于印发《合肥市第三届校园读书创作活动方案》的通知	合教秘宣〔2019〕184 号	2019 年 4 月 29 日发布并实施
	文化和旅游部办公厅关于启动 2020 年至 2022 年“东亚文化之都”申报与评选工作的通知［附：“东亚文化之都”申报、验收、认定和管理实施办法（暂行）］	办国际发〔2019〕70 号	2019 年 4 月 30 日发布并实施
	海南省旅游和文化广电体育厅关于做好支持公共图书馆开展“读好书·爱中华”主题读书活动的通知	琼旅文便函〔2019〕445 号	2019 年 4 月 3 日发布并实施

续表

主题	标题	文号	发布与实施时间
文化建设	上海市教育委员会关于印发《2019 年度上海市中小学、幼儿园图书馆（室）图书配置推荐目录》的通知	沪教委基〔2019〕28 号	2019 年 4 月 30 日发布并实施
	烟台市人民政府办公室关于贯彻落实烟台市全民阅读促进条例建设“书香烟台”的实施意见	烟政办字〔2019〕28 号	2019 年 5 月 4 日发布并实施
	浙江省财政厅关于下达 2019 年度第三批基本公共文化服务专项补助资金的通知	浙财文〔2019〕17 号	2019 年 5 月 9 日发布并实施
	郑州市人民政府关于印发 2019 年郑州市城市书房建设方案的通知	郑政文〔2019〕92 号	2019 年 5 月 20 日发布并实施
	宁波市教育局关于进一步推进宁波市数字图书馆特色库发展的实施意见	甬教高〔2019〕196 号	2019 年 5 月 21 日发布并实施
	天津市财政局关于下达 2019 年中央补助地方公共文化服务体系建设专项资金的通知	津财教指〔2019〕33 号	2019 年 6 月 4 日发布并实施
	中共黑龙江省委办公厅关于印发《黑龙江省全民阅读中长期规划（2019—2025 年）》的通知		2019 年 6 月 18 日发布并实施
	湖南省文化和旅游厅关于加快推进“湖南公共文旅云”省级平台应用推广的通知	湘文旅公共〔2019〕51 号	2019 年 6 月 20 日发布并实施
	文化和旅游部关于发布《公共图书馆业务规范 第 1 部分：省级公共图书馆》等 5 项行业标准的公告		2019 年 9 月 4 日发布并实施
	宁夏回族自治区财政厅关于印发《宁夏回族自治区公共文化服务体系建设专项资金管理办法》的通知（2019 修订）	宁财规发〔2019〕18 号	2019 年 9 月 19 日发布，2019 年 10 月 20 日实施
	湖南省教育厅中小学图书馆工作委员会办公室、湖南省教育生产装备处关于印发《湖南省中小学图书馆（室）教育报刊基本配备推荐目录》的通知	湘教图〔2019〕4 号	2019 年 11 月 1 日发布并实施
	吉林省省级文化发展专项资金管理实施细则	吉财教〔2019〕853 号	2019 年 12 月 2 日发布并实施
	黄冈市人民政府办公室关于进一步推进公共文化服务社会化发展的实施意见	黄政办发〔2019〕33 号	2019 年 12 月 2 日发布并实施
	广东省财政厅关于提前下达 2020 年美术馆、公共图书馆、文化馆（站）免费开放补助资金的通知	粤财科教〔2019〕255 号	2019 年 12 月 11 日发布并实施
	吉林省财政厅关于提前下达 2020 年省级专项彩票公益金支持文化事业补助资金的通知	吉财综指〔2019〕1146 号	2019 年 12 月 16 日发布并实施
	河北省财政厅关于提前下达 2020 年中央补助地方美术馆公共图书馆文化馆（站）免费开放补助资金预算的通知	冀财教〔2019〕118 号	2019 年 12 月 19 日发布并实施
	福建省财政厅、福建省文化和旅游厅关于提前下达 2020 年中央美术馆公共图书馆文化馆（站）免费开放专项资金（奖励经费）的通知	闽财教指〔2019〕129 号	2019 年 12 月 24 日发布并实施
	中山市创建国家公共文化服务体系示范区领导小组办公室关于印发《中山市“共享阅读空间”建设补助资金管理办法》的通知	中文广旅规〔2019〕4 号	2019 年 12 月 31 日发布并实施

续表

主题	标题	文号	发布与实施时间
文化遗产保护	北京市非物质文化遗产条例	北京市第十五届人民代表大会公告第1号	2019年1月20日发布，2019年6月1日实施
	中共哈尔滨市委办公厅、哈尔滨市人民政府办公厅印发《哈尔滨市关于推进中华优秀传统文化传承发展工程的实施意见》的通知	哈办发〔2019〕6号	2019年2月12日发布并实施
	福建省非物质文化遗产条例	—	2019年3月29日发布，2019年6月1日实施
	文化和旅游部办公厅关于开展2019年“文化和自然遗产日”非物质文化遗产宣传展示活动的通知	办非遗发〔2019〕65号	2019年4月15日发布并实施
	上饶市历史建筑保护条例	上饶市第四届人民代表大会常务委员会公告第29号	2019年4月26日发布，2019年5月1日实施
	广东省文物局关于印发《广东省文物建筑合理利用指引》的通知	粤文物函〔2019〕86号	2019年5月10日发布并实施
	揭阳古城保护条例	揭阳市第六届人民代表大会常务委员会公告第14号	2019年5月27日发布，2019年8月1日实施
	重庆市人民政府关于公布重庆市第六批市级非物质文化遗产代表性项目名录的通知	渝府发〔2019〕16号	2019年6月18日发布并实施
	厦门经济特区鼓浪屿世界文化遗产保护条例	厦门市第十五届人民代表大会常务委员会公告第15号	2019年6月28日发布，2019年7月8日实施
	陕西省文物保护条例（2019修正）		2019年7月31日发布并实施
	巴中市红军文物保护条例（2019修正）	巴中市人民代表大会常务委员会公告2019年第5号	2019年8月1日发布并实施
	邯郸市工业遗产保护与利用条例	邯郸市第十五届人民代表大会常务委员会公告〔2019〕3号	2019年8月16日发布，2019年9月1日实施
	南阳市文物保护条例	南阳市第六届人民代表大会常务委员会公告第3号	2019年9月9日发布，2020年1月1日实施
	国务院关于核定并公布第八批全国重点文物保护单位的通知	国发〔2019〕22号	2019年10月7日发布并实施
	吉林省文化和旅游厅关于与武警部队文化建设军民融合发展情况的函	吉文旅函〔2019〕348号	2019年10月9日发布并实施
	绍兴市大运河世界文化遗产保护条例	绍兴市第八届人民代表大会常务委员会公告第10号	2019年10月10日发布，2020年1月1日实施
	毕节市织金古城保护条例	毕节市人民代表大会常务委员会公告〔2019〕17号	2019年10月25日发布，2020年1月1日实施
	北京市实施《中华人民共和国文物保护法》办法（2019修正）	北京市人民代表大会常务委员会公告〔15届〕第18号	2019年11月27日发布并实施
	广东省非物质文化遗产条例（2019修正）	广东省第十三届人民代表大会常务委员会公告第50号	2019年11月29日发布并实施
	邢台市工业遗产保护与利用条例	邢台市第十五届人民代表大会常务委员会公告第19	2019年12月18日发布，2020年1月1日实施
	国家文物局关于印发《文物建筑开放导则》的通知	文物保发〔2019〕24号	2019年12月24日发布并实施
	廊坊市文物保护管理办法（2019修正）	廊坊市人民政府令〔2019〕第4号	2019年12月31日发布并实施

续表

主题	标题	文号	发布与实施时间
教育事业	陕西省教育厅关于加强中小学教育技术装备工作的意见	陕教规范〔2019〕2号	2019年1月14日发布并实施
	国家发展改革委、教育部、人力资源社会保障部关于修订印发《教育现代化推进工程实施方案》《教育现代化推进工程中央预算内投资项目管理办法》的通知（2019）	发改社会〔2019〕101号	2019年1月18日发布并实施
	苏州市人民政府办公室关于开展苏州苏州市人民中小学生课后服务工作的指导意见	苏府办〔2019〕19号	2019年2月2日发布并实施
	山东省教育厅关于加强中小学生劳动教育开好综合实践活动课程的指导意见	鲁教基发〔2019〕1号	2019年2月20日发布并实施
	湖南省教育厅等9部门关于进一步推进社区教育发展的实施意见	湘教发〔2019〕1号	2019年2月25日发布并实施
	教育部基础教育司关于印发《教育部基础教育司2019年工作要点》的通知	教基司函〔2019〕8号	2019年3月8日发布并实施
	教育部关于公布2018年度普通高等学校本科专业备案和审批结果的通知	教高函〔2019〕7号	2019年3月21日发布并实施
	青岛市教育局关于加强和改进全市中小学校园文化建设的实施意见（试行）	青教通字〔2019〕30号	2019年3月28日发布并实施
	江苏省家庭教育促进条例	江苏省人大常委会公告第15号	2019年3月29日发布，2019年6月1日实施
	宁波市教育局关于进一步加强农村成校建设增强服务乡村振兴能力的意见	甬教终民〔2019〕158号	2019年4月24日发布并实施
	北京市门头沟区人民政府办公室转发区教委关于门头沟区家校社共育三年行动计划（2019—2021年）的通知	门政办发〔2019〕22号	2019年5月10日发布并实施
	合肥市教育局关于进一步加强中小学德育工作的指导意见	合教〔2019〕141号	2019年6月10日发布并实施
	国务院办公厅关于新时代推进普通高中育人方式改革的指导意见	国办发〔2019〕29号	2019年6月11日发布并实施
	教育部办公厅关于做好2019年中小学生暑假有关工作的通知	教基厅函〔2019〕39号	2019年6月27日发布并实施
	教育部办公厅关于进一步支持高校校园实体书店发展的指导意见	教发厅〔2019〕6号	2019年7月17日发布并实施
	河北省终身教育促进条例（2019修正）	河北省第十三届人民代表大会常务委员会公告第32号	2019年7月25日发布并实施
	西安市社区教育促进条例	—	2019年7月31日发布，2020年1月1日实施
	呼和浩特市人民政府办公室关于印发做好中小学生课后服务工作的实施意见的通知	呼政办发〔2019〕24号	2019年8月6日发布并实施
	济南市人民政府办公厅关于推进新时代济南高等教育及科研机构高质量发展的若干意见	济政办字〔2019〕44号	2019年8月29日发布并实施

续表

主题	标题	文号	发布与实施时间
教育事业	合肥市教育局关于加速推进合肥市中等职业学校智慧校园建设的通知	合教〔2019〕230号	2019年9月5日发布并实施
	山东省学前教育条例	山东省人民代表大会常务委员会公告第74号	2019年9月27日发布，2020年1月1日实施
	浙江省家庭教育促进条例	浙江省第十三届人民代表大会常务委员会公告第19号	2019年9月27日发布，2020年1月1日实施
	教育部等7部门印发《关于加强和改进新时代师德师风建设的意见》的通知	教师〔2019〕10号	2019年11月15日发布并实施
	湖南省人民政府办公厅关于加强芙蓉学校建设的意见	湘政办发〔2019〕63号	2019年12月27日发布并实施
特殊人群保护与服务	宜昌市人民政府关于印发宜昌市残疾儿童康复救助制度的通知	宜府发〔2019〕2号	2019年1月11日发布并实施
	南宁市人民政府关于制定和实施老年人照顾服务项目的实施意见	南府规〔2019〕2号	2019年1月15日发布，2019年1月1日实施
	中共北京市委教育工作委员会、北京市教育委员会、中共北京市委老干部局等关于印发《北京市关于加快发展老年教育的实施意见》的通知	京教职成〔2019〕5号	2019年1月24日发布并实施
	宁德市人民政府办公室关于推进全市老年教育工作的通知	宁政办〔2019〕13号	2019年1月30日发布并实施
	青海省人民政府办公厅关于印发青海省加快推进社会保障卡“一卡通”应用服务工作实施方案的通知	青政办〔2019〕14号	2019年2月18日发布并实施
	湖南省教育厅等9部门关于印发《湖南省老年教育发展规划(2019—2022年)》的通知	湘教发〔2019〕2号	2019年2月25日发布并实施
	吉林省人民政府办公厅关于制定和实施老年人照顾服务项目的实施意见	吉政办发〔2019〕17号	2019年2月25日发布并实施
	临沧市人民政府办公室关于加强老年教育工作的实施意见	临政办发〔2019〕21号	2019年3月4日发布并实施
	迪庆藏族自治州人民政府办公室关于制定和实施老年人照顾服务项目的实施意见	迪政办发〔2019〕18号	2019年3月6日发布并实施
	山东省无障碍环境建设办法	山东省人民政府令第324号	2019年3月10日发布，2019年5月1日实施
	云南省老年人权益保障条例(2019)	云南省第十三届人民代表大会常务委员会公告第16号	2019年3月26日发布，2019年10月1日实施
	深圳经济特区实施《中华人民共和国残疾人保障法》办法(2019修正)	深圳市第六届人民代表大会常务委员会公告第150号	2019年4月26日发布并实施
	海南省人民政府关于加快推进海南省社会保障卡“一卡通”服务管理工作的指导意见	琼府〔2019〕23号	2019年5月5日发布并实施
	宁夏回族自治区无障碍环境建设管理办法	宁夏回族自治区人民政府令第106号	2019年5月8日发布，2019年7月1日实施

续表

主题	标题	文号	发布与实施时间
特殊人群保护与服务	景德镇市人民政府办公室关于印发《景德镇市创建无障碍环境城市工作实施方案和景德镇市无障碍设施建设管理办法》的通知	景府字〔2019〕13号	2019年5月17日发布，2019年6月1日实施
	北京市实施《中华人民共和国残疾人保障法》办法（2019修正）	北京市人民代表大会常务委员会公告〔15届〕第13号	2019年5月30日发布并实施
	郑州市人民政府办公厅关于印发郑州市无障碍环境市县村镇创建工作实施方案的通知	郑政办〔2019〕40号	2019年6月15日发布并实施
	吉林省民政厅等18部门关于印发《关于推动“文养结合”工作的指导意见》的通知	吉民发〔2019〕39号	2019年7月25日发布并实施
	广西壮族自治区实施《中华人民共和国老年人权益保障法》办法（2019修正）	广西壮族自治区人大常委会公告13届第16号	2019年7月25日发布并实施
	陕西省实施《中华人民共和国老年人权益保障法》办法（2019修正）	—	2019年7月31日发布并实施
	深圳市人民政府办公厅关于扩大我市老年人享受敬老优惠待遇范围的通知	深府办函〔2019〕183号	2019年8月2日发布并实施
	深圳市无障碍环境建设条例（2019修正）	深圳市第六届人民代表大会常务委员会公告第154号	2019年8月22日发布并实施
	深圳经济特区实施《中华人民共和国未成年人保护法》办法（2019修正）	深圳市第六届人民代表大会常务委员会公告第161号	2019年9月5日发布并实施
	贵州省民政厅等14部门关于制定和实施老年人照顾服务项目的实施意见	黔民发〔2019〕20号	2019年9月25日发布并实施
	苏州市残疾人保障条例	苏州市第十六届人民代表大会常务委员会公告第14号	2019年10月9日发布，2020年1月1日实施
	贵州省军人抚恤优待办法（2019修正）	贵州省人民政府令第194号	2019年11月13日发布并实施
	北京市人民政府办公厅关于印发《北京市进一步促进无障碍环境建设2019—2021年行动方案》的通知	京政办发〔2019〕20号	2019年11月14日发布并实施
	齐齐哈尔市残疾人保障条例	齐齐哈尔市第十六届人民代表大会常务委员会公告第7号	2019年12月21日发布，2020年3月1日实施
	安徽省无障碍环境建设管理办法	安徽省人民政府令第293号	2019年12月31日发布，2020年5月1日实施
政府信息公开	中华人民共和国政府信息公开条例（2019修订）	中华人民共和国国务院令第711号	2019年4月3日发布，2019年5月15日实施
	福建省民政厅关于修订印发政府信息公开指南的通知	闽民便函〔2019〕14号	2019年6月19日发布并实施
	海南省旅游和文化广电体育厅关于进一步加强政务公开工作的通知	琼旅文办发〔2019〕59号	2019年6月28日发布并实施
	渭南市人民政府办公室关于印发《渭南市政府信息公开指南》的通知	渭政办发〔2019〕113号	2019年10月25日发布并实施
	文化和旅游部办公厅　国家文物局办公室关于印发《公共文化服务领域基层政务公开标准指引》的通知	办办发〔2019〕139号	2019年11月1日发布并实施
	浙江省政府信息公开暂行办法（2019修正）	浙江省人民政府令第380号	2019年11月10日发布并实施

续表

主题	标题	文号	发布与实施时间
科技发展	福建省人民政府办公厅关于印发《新时代“数字福建 · 宽带工程”行动计划》的通知	闽政办〔2019〕1号	2019年1月11日发布并实施
	湖南省文化和旅游厅关于印发《湖南省文化和旅游厅科技创新项目管理暂行办法》的通知	湘文旅科教〔2019〕66号	2019年7月17日发布并实施
	西藏自治区实施《中华人民共和国科学技术普及法》办法（2019修正）	西藏自治区人民代表大会常务委员会公告〔2019〕7号	2019年8月6日发布并实施
	国家知识产权局办公室关于印发《技术与创新支持中心（TISC）建设实施办法》的通知	国知办发服字〔2019〕27号	2019年8月23日发布并实施
	云南省社会科学普及条例	云南省人民代表大会常务委员会公告〔13届〕第21号	2019年9月28日发布，2019年12月1日实施
政府工作	济宁市人民政府关于印发《济宁新型智慧城市顶层设计规划纲要》的通知	济政字〔2019〕4号	2019年1月4日发布并实施
	运城市实施《山西省城乡环境综合治理条例》办法	运城市人民政府令第2号	2019年1月14日发布，2019年3月1日实施
	赣州市人民政府办公室关于印发《推进市中心城区五区一体化实施方案》的通知	赣市府办发〔2019〕1号	2019年1月23日发布并实施
	云南省人民政府关于“美丽县城”建设的指导意见	云政发〔2019〕8号	2019年2月1日发布并实施
	河北省人民政府办公厅关于加快推进新型智慧城市建设的指导意见	冀办发〔2019〕14号	2019年2月1日发布并实施
	黄山市人民政府关于印发《黄山市2019年数字政府建设推进工程实施方案》的通知	黄政〔2019〕1号	2019年2月2日发布并实施
	重庆市扶贫开发领导小组关于印发《2019年全市脱贫攻坚工作要点》的通知	渝扶组发〔2019〕1号	2019年2月13日发布并实施
	吉林市人民政府办公室关于印发《吉林市进一步扩大和升级信息消费推进方案》的通知	吉市政办发〔2019〕5号	2019年2月19日发布并实施
	四川省人民政府办公厅关于印发四川省加快重点项目建设开展基础设施等重点领域补短板三年行动实施方案的通知	川办发〔2019〕18号	2019年3月1日发布并实施
	山东省人民政府办公厅关于印发山东省数字政府建设实施方案（2019—2022年）的通知	鲁政办发〔2019〕8号	2019年3月13日发布并实施
	互联网上网服务营业场所管理条例（2019修订）	中华人民共和国国务院令第710号	2019年3月24日发布并实施
	天津市文明行为促进条例	天津市人民代表大会常务委员会公告第23号	2019年3月29日发布，2019年5月1日实施
	武汉市人民政府办公厅关于进一步激发社会领域投资活力的意见	武政办〔2019〕34号	2019年4月3日发布并实施
	柳州市城乡规划管理技术规定	柳州市人民政府令第3号	2019年5月27日发布，2019年7月1日实施
	烟台市人民政府办公室关于加强我市数字政府建设的实施意见	烟政办发〔2019〕7号	2019年6月3日发布并实施

续表

主题	标题	文号	发布与实施时间
政府工作	上海市行政规范性文件管理规定	上海市人民政府令第 17 号	2019 年 6 月 5 日发布，2019 年 8 月 1 日实施
	广西壮族自治区数字广西建设领导小组办公室关于印发《数字广西建设标杆引领行动方案》的通知	桂数广办发 [2019]9 号	2019 年 7 月 5 日发布并实施
	江西省人民政府关于印发大南昌都市圈发展规划（2019—2025 年）的通知	赣府发〔2019〕10 号	2019 年 7 月 11 日发布并实施
	广西壮族自治区文明行为促进条例	广西壮族自治区人大常委会公告 13 届第 17 号	2019 年 7 月 25 日发布，2019 年 9 月 1 日实施
	四川省人民政府关于加快推进数字经济发展的指导意见	川府发〔2019〕20 号	2019 年 8 月 1 日发布并实施
	抚州市生态文明建设促进办法	抚州市人民政府令第 1 号	2019 年 8 月 3 日发布，2019 年 9 月 5 日实施
	重庆市实施《中华人民共和国档案法》办法（2019 修正）	重庆市人民代表大会常务委员会公告〔5 届〕第 61 号	2019 年 9 月 26 日发布并实施
	济南市人民政府办公厅关于印发济南市数字政府建设实施方案（2019—2022 年）的通知	济政办发〔2019〕21 号	2019 年 9 月 30 日发布并实施
	广州市公共信息标志标准化管理办法（2019 修订）	广州市人民政府令第 168 号	2019 年 11 月 14 日发布并实施
	海东市绿色宜居城市建设促进条例	海东市人民代表大会常务委员会公告第 60 号	2019 年 12 月 11 日发布，2020 年 1 月 1 日实施
安全卫生	陕西省教育厅办公室关于加强校园环境卫生进一步做好冬季传染病防控工作的紧急通知	陕教体办〔2019〕1 号	2019 年 1 月 2 日发布并实施
	巴彦淖尔市城市市容和环境卫生管理条例	巴彦淖尔市第四届人民代表大会常务委员会公告第 1 号	2019 年 1 月 2 日发布，2019 年 3 月 1 日实施
	安徽省教育厅等八部门关于印发《安徽省综合防控儿童青少年近视工作实施方案》的通知	皖教体〔2019〕1 号	2019 年 1 月 17 日发布并实施
	嘉峪关市烟花爆竹燃放安全管理规定	嘉峪关市人民政府令第 9 号	2019 年 1 月 22 日发布，2019 年 3 月 1 日实施
	教育部办公厅关于加强流感等传染病防控和学校食品安全工作的通知	教体艺厅〔2019〕1 号	2019 年 1 月 23 日发布并实施
	广东省教育厅关于做好 2019 年春季学期学校突发公共卫生事件防控工作的通知	粤教体函〔2019〕18 号	2019 年 2 月 13 日发布并实施
	北京市教育委员会、北京市卫生健康委员会关于做好冬春季学校传染病防控和食品安全工作的通知	京教体艺〔2019〕9 号	2019 年 2 月 22 日发布并实施
	文昌市人民政府办公室关于印发文昌市防雷安全重点单位管理办法的通知	文府办〔2019〕10 号	2019 年 2 月 27 日发布并实施
	教育部办公厅关于做好高等学校消防安全工作的通知	教发厅函〔2019〕53 号	2019 年 4 月 11 日发布并实施
	中华人民共和国消防法（2019 修正）	中华人民共和国主席令第 29 号	2019 年 4 月 23 日发布并实施

续表

主题	标题	文号	发布与实施时间
安全卫生	公共场所卫生管理条例（2019 修订）	中华人民共和国国务院令第 714 号	2019 年 4 月 23 日发布并实施
	中华人民共和国应急管理部关于人员密集场所防范重大消防安全风险加强消防安全管理的通告	—	2019 年 4 月 29 日发布并实施
	吉林省文化和旅游厅关于印发全省文旅业“防风险保平安迎大庆”安全生产及消防安全执法检查专项行动方案的通知	吉文旅发〔2019〕160 号	2019 年 4 月 30 日发布并实施
	浙江省教育厅办公室关于做好高等学校“防风险保平安迎大庆”消防安全工作的通知	浙教办函〔2019〕158 号	2019 年 5 月 8 日发布并实施
	广东省卫生健康委关于全面推开公共场所卫生许可告知承诺制工作的通知	粤卫规〔2019〕9 号	2019 年 5 月 31 日发布，2019 年 7 月 1 日实施
	洛阳市电梯安全监督管理办法	洛阳市人民政府令第 132 号	2019 年 6 月 19 日发布，2019 年 8 月 1 日实施
	广东省教育厅等八部门关于印发《广东省综合防控儿童青少年近视实施方案》的通知	粤教体〔2019〕14 号	2019 年 8 月 8 日发布，2019 年 9 月 20 日实施
	白银市烟花爆竹燃放管理办法	白银市人民代表大会常务委员会公告第 3 号	2019 年 8 月 15 日发布并实施
	云南省人民政府办公厅关于印发云南省消防安全责任制实施办法的通知（2019）	云政办规〔2019〕7 号	2019 年 8 月 20 日发布，2019 年 10 月 1 日实施
	北京市教育委员会等十部门关于印发《北京市儿童青少年近视防控十条措施》及实施保障工作方案的通知	京教体艺〔2019〕25 号	2019 年 8 月 23 日发布并实施
	青海省人民政府关于印发青海省消防安全责任规定的通知（2019）	青政〔2019〕57 号	2019 年 8 月 26 日发布，2019 年 9 月 25 日实施
	衡水市城市市容和环境卫生管理条例	衡水市人民代表大会常务委员会公告第 14 号	2019 年 9 月 29 日发布，2019 年 12 月 1 日实施
	梧州市烟花爆竹燃放管理条例	梧州市人民代表大会常务委员会公告 14 届第 20 号	2019 年 10 月 10 日发布，2020 年 1 月 1 日实施
	山西省地震预警管理办法	山西省人民政府令第 264 号	2019 年 11 月 6 日发布，2020 年 3 月 1 日实施
	广州市母乳喂养促进条例	广州市第十五届人民代表大会常务委员会公告第 49 号	2019 年 12 月 3 日发布，2020 年 3 月 1 日实施
	广安市市容环境卫生条例	广安市人民代表大会常务委员会公告第 19 号	2019 年 12 月 3 日发布，2020 年 1 月 1 日实施
	工业和信息化部办公厅关于进一步做好岁末年初与“两节两会”期间安全生产管理工作的通知	工信厅安全函〔2019〕273 号	2019 年 12 月 9 日发布并实施
	江苏省住房城乡建设厅关于做好近一阶段建设工程消防设计审查验收工作的指导意见	苏建消防〔2019〕336 号	2019 年 12 月 25 日发布并实施
	教育部办公厅关于岁末年初加强高校安全生产工作的通知	教发厅函〔2019〕86 号	2019 年 12 月 31 日发布并实施
	四川省人民政府办公厅关于印发四川省消防安全责任制实施办法的通知	川办发〔2019〕71 号	2019 年 12 月 31 日发布并实施
	海东市市容和环境卫生管理办法	海东市人民政府令第 11 号	2019 年 12 月 31 日发布，2020 年 2 月 1 日实施

续表

主题	标题	文号	发布与实施时间
文旅融合	南宁市人民政府办公厅关于印发南宁市全域旅游总体规划（2017 年—2025 年）的通知	南府办〔2019〕1 号	2019 年 1 月 2 日发布并实施
	萍乡市人民政府关于印发萍乡市全域旅游发展规划纲要（2018—2022 年）的通知	萍府发〔2019〕2 号	2019 年 1 月 7 日发布并实施
	徐州市文化广电和旅游局关于组织开展好 2019 年春节期间群众性文化和惠民旅游活动的通知	徐文广旅发〔2019〕3 号	2019 年 2 月 2 日发布并实施
	江门市人民政府办公室关于印发《江门市促进全域旅游发展实施方案》的通知	江府办〔2019〕10 号	2019 年 2 月 21 日发布并实施
	呼和浩特市人民政府关于推进呼和浩特市文化旅游融合发展的实施意见	呼政发〔2019〕14 号	2019 年 3 月 6 日发布并实施
	天津市滨海新区人民政府办公室关于印发《加快推进滨海新区夜间经济发展的实施方案》的通知	津滨政办发〔2019〕6 号	2019 年 4 月 17 日发布并实施
	泉州市人民政府办公室转发市文旅局关于泉州市加快全域旅游发展实施方案（2019—2020 年）的通知	泉政办〔2019〕29 号	2019 年 4 月 23 日发布并实施
	中共四川省委、四川省人民政府关于大力发展文旅经济加快建设文化强省旅游强省的意见	—	2019 年 4 月 25 日发布并实施
	辽阳市人民政府关于培育新热点消费活跃商贸经济氛围的意见	辽市政发〔2019〕18 号	2019 年 5 月 20 日发布并实施
	济南市人民政府办公厅关于推进夜间经济发展的实施意见	济政办字〔2019〕34 号	2019 年 6 月 19 日发布并实施
	青岛市人民政府办公厅关于推动夜间经济发展的意见	青政办字〔2019〕37 号	2019 年 7 月 29 日发布并实施
	石家庄市人民政府办公室印发石家庄市关于推进夜经济高质量发展的若干措施的通知	石政办发〔2019〕14 号	2019 年 8 月 16 日发布，2019 年 1 月 1 日实施
	成都市人民政府办公厅关于发展全市夜间经济促进消费升级的实施意见	成办发〔2019〕31 号	2019 年 9 月 17 日发布并实施
	沈阳市人民政府关于加快发展夜经济的实施意见	沈政发〔2019〕18 号	2019 年 9 月 24 日发布并实施
	河源市人民政府办公室关于印发河源市进一步推动创建广东省全域旅游示范区三年行动工作方案（2019—2021 年）的通知	河府办〔2019〕35 号	2019 年 10 月 24 日发布并实施
	陇南市人民政府办公室关于加快推进市区夜间经济发展的实施意见	陇政办发〔2019〕69 号	2019 年 10 月 31 日发布并实施
	德州市人民政府办公室关于推进夜间经济发展的实施意见	德政办字〔2019〕55 号	2019 年 10 月 31 日发布并实施
	黄冈市人民政府办公室关于印发黄冈市文旅产业高质量发展三年实施方案（2020—2022 年）的通知	黄政办发〔2019〕32 号	2019 年 11 月 1 日发布并实施
	山东省人民政府办公厅关于加快推进夜间旅游发展的实施意见	鲁政办字〔2019〕179 号	2019 年 11 月 4 日发布并实施

续表

主题	标题	文号	发布与实施时间
文旅融合	茂名市人民政府办公室关于印发《茂名市进一步繁荣城区夜间经济促进消费增长实施方案（2019—2021年）》的通知	茂府办〔2019〕23号	2019年11月4日发布并实施
	甘肃省人民政府办公厅关于大力促进全省文化旅游产业提质增效的意见	甘政办发〔2019〕100号	2019年11月12日发布并实施
	中共广西壮族自治区委员会、广西壮族自治区人民政府关于加快文化旅游产业高质量发展的意见	—	2019年11月16日发布并实施
	宜春市人民政府办公室印发关于支持夜间经济发展的实施意见的通知	宜府办字〔2019〕102号	2019年11月18日发布并实施
	临沂市人民政府关于推进夜间经济发展的实施意见	临政字〔2019〕192号	2019年12月18日发布并实施
	泉州市人民政府办公室关于进一步促进消费增长若干措施的通知	泉政办〔2019〕46号	2019年12月18日发布并实施
	合肥市人民政府办公室关于加快推进夜间经济发展的实施意见	合政办〔2019〕28号	2019年12月26日发布并实施
	厦门市人民政府办公厅关于印发进一步繁荣夜间经济促进消费增长工作方案的通知	厦府办〔2019〕123号	2019年12月27日发布并实施
	大连市人民政府办公室关于推进大连市夜间经济发展的指导意见	大政办发〔2019〕82号	2019年12月29日发布并实施
其他	陕西省财政厅关于印发支持乡村振兴战略实施意见的通知	陕财办〔2018〕170号	2019年1月2日发布并实施
	国家统计局关于印发《生活性服务业统计分类（2019）》的通知	国统字〔2019〕44号	2019年4月1日发布并实施
	中共浙江省委、浙江省人民政府关于印发《浙江省推进长江三角洲区域一体化发展行动方案》的通知	—	2019年6月14日发布并实施
	安徽省实施长江三角洲区域一体化发展规划纲要行动计划	—	2019年7月发布并实施
	江苏省财政厅贯彻落实乡村振兴战略的实施意见	苏财农〔2019〕88号	2019年10月22日发布并实施
	广东省促进革命老区发展条例	广东省第十三届人民代表大会常务委员会公告第48号	2019年11月29日发布并实施
	国家发展改革委、教育部、民政部等关于促进“互联网＋社会服务”发展的意见	发改高技〔2019〕1903号	2019年12月6日发布并实施

（国家图书馆　王旭东整理）

专业文献

2019 年部分院校图书馆学情报学博士学位论文摘要

［中文题名］基于扎根理论的老年人中医药信息行为模型研究

［英文题名］The Traditional Chinese Medicine Information Behavior Model of the Elderly : a Grounded Theory Study

［论文作者］侯小妮

［指导老师］陈建龙

［学位授予单位］北京大学

［内容摘要］随着老龄化社会的到来，我国公众尤其是广大老年人运用中医药进行养生、保健、调理、治疗的需求越来越强烈。而老年人的认知行为特点、中医药信息情境的特殊性和新兴信息技术的普及等相互交织，使得我国老年人中医药信息行为呈现出与一般信息行为以及其他健康信息行为不同的特点。本研究旨在分析我国文化背景下的老年人中医药信息行为的整体特征，探讨老年人中医药信息行为的相关因素及其与中医药信息行为相互影响的机理，进而构建老年人中医药信息行为的模型，以期为下一步改进和提升面向老年人的中医药信息服务体系提供参考和借鉴。

本文主要采用质性研究中的扎根理论方法，于 2017 年 3 月至 2018 年 6 月，选取 22 位老年人，进行共 1563 分钟的深入访谈。从老年人的经历和感受出发，采用三级编码的方法，通过不断比较，对老年人的中医药信息行为进行深入分析，揭示老年人中医药信息行为是老年人在特定情境下为解决健康相关问题而协调地获取、处理、使用中医药信息的整体活动，并构建包含整体过程、整体情境与整体表现的老年人中医药信息行为整体模型。

［中文题名］国家情报生态系统中的信息共享研究

［英文题名］Research on the Information Sharing in the National Intelligence Ecosystem

［论文作者］孙敏

［指导老师］栗琳

［学位授予单位］北京大学

［内容摘要］情报机构间的信息共享不足成为制约国家情报发挥作用的瓶颈，重大情报失察频频出现，造成国家重大损失和社会恐慌。911 事件后，以美国为代表的主要国家采取系列改革来推进国家情报机构间信息共享。人们在实践中发现，基于机械论方法的措施并不能达到理想效果，具体表现在情报机构缺乏共享意愿以及不同信息共享项目之间存在冲突。究其原因，在于众多参与情报机构的主体地位被低估，情报机构与环境因素的相互关联被忽视。本文以信息生态和系统演化为理论视角，以参与信息共享的国家情报机构为核心，将信息共享置于国家情报生态系统中展开整体性研究。

论文的主要研究工作和结论包括：第一，构建国家情报机构间信息共享研究的整体框架。第二，基于生态位理论研究国家情报主体在信息共享中的整体生态位格局。第三，基于博弈论研究国家情报主体的共享策略选择。从解释信息共享中的主体效用入手，分析在不同效用条件下主体策略选择的复杂性。第四，从系统演化的角度分析国家情报生态系统中的典型共享模式。第五，从整体治理的角度研究国家情报生态系统中推进信息共享应当采取的对策。

［中文题名］文化馆总分馆制研究

［英文题名］Study of Central-Branch System of Cultural Center

［论文作者］刘海丽

［指导老师］李国新

［学位授予单位］北京大学

［内容摘要］文化馆总分馆制是构建公共文化服务体系的重要举措，我国文化馆总分馆制建设面临政府责任、治理机构、管理模式、资源配置、地域单元五大关键问题：我国文化馆总分馆制政府责任分配、执行存在的主要问题是，县级以上政府责任不明确，对乡镇政府责任与权益重视不够；我国文化馆总分馆制治理机构建设的难点，一是政府授权问题，二是总分馆体系的稳定性问题；我国文化馆总分馆制管理模式

存在的主要问题：总馆对分馆的管理权力不足，缺乏总馆与分馆共同认可的领导者，专门经费难以保证；文化馆总分馆体系内可配置的资源类型是经费、固定资产和人员，我国文化馆总分馆制在经费、固定资产、人员配置上，均不同程度存在问题；我国文化馆总分馆制以县域为基本地域单元是合理的，存在的主要问题是省、市文化馆的职能定位。我国县域文化馆总分馆制建设应解决的基本问题主要是：县级政府发挥主导作用；县镇村组建总分馆治理机构；做强县级馆；规范资源配置；以人员为纽带连接总馆与分馆；充分发挥互联网的支持作用；县级以上政府在法律、财政和行政上提供保障；调整省、市文化馆职能。不同管理模式的具体实现方式、政府和文化馆站应采取的措施不完全相同，实践中的模式选择应立足本地实际、因地制宜。

［**中文题名**］基于数字人文的图博档跨机构融合服务研究

［**英文题名**］Research on Inter-organizational Convergence Service of Libraries, Archives and Museums for Digital Humanities

［**论文作者**］郭鹏

［**指导老师**］周庆山

［**学位授予单位**］北京大学

［**内容摘要**］数字人文的兴起，为图书馆、档案馆和博物馆（LAM）跨机构融合服务带来新的契机。基于数字人文的LAM跨机构融合服务研究以文献交流学为基本原理，以用户需求理论为基础理论，以社会资本理论为指导思想。本文在吸收和借鉴国内外先进经验的基础上，综合运用定性和定量相结合的研究方法，从用户需求的角度出发，对跨机构融合服务要素和模式进行研究。

首先，对国外跨机构融合服务经典案例进行总结和详细叙述；同时运用Python语言对国内图博档人文专题资源建设和信息服务现状进行可视化分析，通过对比发现我国当前LAM跨机构融合服务的障碍及问题产生的根源。

其次，以LAM跨机构融合服务的用户需求为出发点，对20位数字人文研究人员进行深度访谈；运用扎根理论和NVivo11.0软件对质性材料进行编码，识别出用户需求的5个主范畴，构建用户需求的关系结构模型。由此得出基于数字人文的图博档跨机构融合服务要素为：人文研究基础数据，跨机构融合服务主体，基于数字人文的"一站式"服务平台，数字人文技术和数字人文信息环境。在此基础上，提出基于数字人文的图博档跨机构融合服务的"一站式"平台—自助模式，对模式的含义、特点、关系要素和功能进行详细论述。

最后，针对数字人文研究的需要，提出LAM跨机构融合服务的具体实施策略和三馆的可行性方案。建议图博档通过转变服务方式，丰富服务手段，实现人文研究基础设施转型，形成数字人文研究学术共同体。

［**中文题名**］澳门政府开放数据用户持续利用意愿影响因素研究

［**英文题名**］Research on the Influencing Factors of the Macau Government Open Data Users' Continuous Utilization Willingness

［**论文作者**］邝伟文

［**指导老师**］周庆山

［**学位授予单位**］北京大学

［**内容摘要**］澳门特区自回归以来，在政府信息公开和开放数据方面进行积极探索，取得一定成就，同时也存在许多问题，导致澳门政府开放数据用户利用和持续利用意愿不足，从而影响政府开放数据公共价值的实现。本文综合运用文献研究方法、实证研究方法、定量研究和定性研究方法等，立足于澳门政府开放数据用户利用的基本现实和已有的相关研究成果，以需求理论、期望确认理论、信息行为理论、技术接受模型为基础，构建澳门政府开放数据用户持续利用意愿影响因素的研究框架，探讨澳门政府开放数据用户持续利用意愿问题。

本文主要的研究结论如下：其一，澳门政府开放数据用户利用动机分为物质需求、社会需求、精神需求以及自由全面发展需求等4种类型，利用动机与需求层次之间呈负相关关系，即需求层次越高，利用动机越低。其二，澳门政府开放数据用户利用满意度影响因素包括期望确认、感知有用性（政府数据质量）和感知易用性（获取政府数据渠道）3个维度。其三，澳门政府开放数据用户持续利用意愿的主要影响因素包括用户利用动机、利用满意度和用户特质。其四，澳门政府要推动开放数据，首先要扩展和完善政府开放数据内容以促进用户利用动机，其次要提高政府开放数据有效度以提高用户利用满意度，再次要提升政府开放数据高度来强化用户持续利用意愿。

［中文题名］隋唐时期藏书实践与思想研究

［英文题名］A Study of the Practice and Theory of Library Collection in China in Sui and Tang Dynasties

［论文作者］赵晓

［指导老师］王余光

［学位授予单位］北京大学

［内容摘要］隋唐时期藏书实践与思想研究作为中国古代图书馆学的一部分，既具有古代图书馆学的共性又具有隋唐时期的个性化差异。本文以隋唐时期藏书实践与思想为研究对象，从两个主要方面对隋唐时期的图书馆学内容进行论证。首先是隋唐时期的藏书实践，主要包括四大藏书体系的形成，每个藏书体系的图书征集、保管、利用等方面的实践情况；其次是对隋唐时期图书馆学的理论内容进行阐述，主要包括这一时期的藏书管理实践过程中产生的各种理论思想以及图书馆学学人思想两部分。

本文一共分为10个章节，由绪论、隋唐时期藏书实践与思想发展的历史背景、隋唐时期藏书体系建设情况、隋唐时期藏书思想4个方面组成。首先，在绪论部分，主要阐述论文的选题背景、选题意义、研究对象、研究综述、研究方法、研究内容及篇章结构等。其次，从宏观的历史背景切入，对隋唐时期藏书实践与思想发展的历史背景进行介绍，主要阐述隋唐时期的社会历史背景及特征。第三，从官府藏书体系、私人藏书体系、寺院藏书体系、书院藏书体系4个方面重点对隋唐时期藏书体系建设的具体情况进行介绍。第四，对隋唐时期藏书收集、整理、保管、流通利用等涉及藏书建设各个环节的具体实践和思想进行归纳和总结。最后，回顾和总结论文的整体研究工作与内容，归纳隋唐时期藏书实践与思想的基本特征及其历史成就。

［中文题名］国家科技情报治理中的体系能力研究

［英文题名］Research on System Capabilities for the National Scientific and Technical Information Governance

［论文作者］赵柯然

［指导老师］王延飞

［学位授予单位］北京大学

［内容摘要］本研究针对国家科技情报治理中存在的现实问题，以国家科技情报能力为研究对象，以“体系观念”为指导思想，尝试构建国家科技情报体系能力的分析评估模型，探索国家科技情报体系能力的建设路径和提升策略，进而充分发挥我国的科技情报工作对国家科技安全发展战略决策的保障作用。具体研究步骤和创新如下：第一，在文献研究基础上，将情报“体系”与情报“能力”相结合，对“情报体系能力”进行探索，运用社会系统理论、生态系统理论和已有研究成果，提出国家科技情报能力的体系观；第二，采用系统分析方法，厘清科技情报体系能力的相关要素及作用关联条件，尝试通过国家科技情报治理在科技情报机构原有隶属关系不变的情况下实现情报能力要素的体系化匹配；第三，构建国家科技情报体系能力分析模型，采用专家访谈和问卷调查法生成国家科技情报体系能力成熟度评估指标体系，为国家科技情报体系能力审视分析和建设决策提供新的工具；第四，基于中信所及各省（直辖市）科技情报机构近5年（2015—2019）的论文发表和业务运作情况来对我国科技情报的体系能力进行审视，实现对所构建模型的使用验证，进而提出在我国科技情报治理过程中提升情报体系能力的措施建议。

本研究得出以下结论：第一，国家科技情报能力的体系观着眼于对个体与体系、结构与功能、静态与动态、生长与环境四种关系的认识把握；第二，对国家科技情报体系能力的分析审视可以从静态构成、动力基础和运用表现入手，通过夯实科技情报体系能力支撑要素，完善国家科技情报治理相关机制，最终在科技情报工作中展示体系响应、体系感知和体系刻画能力，使得科技情报产品能够发挥追赶答疑、跨越选评、覆盖前瞻和引领预警的作用；第三，由研究发现我国科技情报的体系能力尚处于发展阶段，因而需要通过积聚科技情报体系能力静态构成要素、弥补科技情报体系能力动力基础不足、反思科技情报体系能力运用表现方式等具体措施予以提升，以应对大变局所带来的挑战。

［中文题名］基于文献的交互式知识库构建方法——以《英雄格萨尔》为例

［英文题名］A Method of Constructing Interactive Knowledge Base Based on Literature—Taking Hero Gesar as an Example

［论文作者］陈博

［指导老师］陈建龙

［学位授予单位］北京大学

［内容摘要］本文研究的焦点是基于文献的“交互式知识库构建方法”，目标是利用知识图谱相关知识表示技术，以及深度学习等人工智能技术，探索出一种面向文献的知识表示方法，并基于该方法构建面向文献的交互式知识库，通过读者的交互式参与，可以帮助其快速了解文献的核心框架和重点知识，建立对文献的总体认知，同时辅助读者发现文献中的隐性知识。对于面向机器的知识工程相关应用，本研究的成果可以为大规模地实现领域知识图谱的构建，提供具体文献中的知识图谱内容，实现结构化知识谱图的自动提取，进一步服务检索、问答、对话以及推理等知识工程应用任务。

基于知识图谱、深度学习等理论与方法，本文围绕“交互式知识库构建方法”这一主题，在以下方面开展研究工作：①基于远程监督学习技术，在不依靠领域标注数据的前提下，凭借通用领域数据，实现文献内人物关系自动发现的技术创新方法；②将语义角色标注、统计模型和规则模型等多种技术方法相结合，并引入用户交互式参与，设计实现一种通用性的面向文献的交互式知识库自动构建方法，完成多种方法集成的应用创新；③在格萨尔史诗研究领域中率先实现基于深度学习等技术方法的知识发现，并以《英雄格萨尔》为例系统性开展格萨尔领域的知识研究。

［中文题名］互联网信息流模型研究

［英文题名］Research on Internet Information Flow Models

［论文作者］王婧媛

［指导老师］陈建龙

［学位授予单位］北京大学

［内容摘要］事物之间存在相互联系、相互作用就会产生信息，但信息本身并不具备动态属性，而是由人开展的各类信息行为使信息开始各种运动。本研究提出互联网信息流的定义，以及互联网信息流动态性、过程性两个基本属性，构建互联网信息流互动过程模型和互联网信息流结构模型。通过数据挖掘获取信息流数据，以数据和案例验证的方式，论证模型的解释力。分别采用社会网络信息传播树生成算法采集数据、模型模拟法构建模型和社会网络分析法进行定量分析。

本文的主要研究内容及研究结果：第一，归纳出互联网信息流的概念，对概念中涉及的信息场理论进行阐释，对传染病模型的主要功能、研究问题等进行归纳。第二，识别互联网信息流参与者，构建参与者互动过程模型。第三，识别互联网信息流结构，构建结构模型。第四，将互联网信息流参与者互动过程模型和结构模型加以整合，最后得到完整的互联网信息流模型，通过真实值和案例验证互联网信息流模型的解释力。第五，探讨研究成果的应用，围绕互联网信息流互动过程和结构变化规律在信息流中枢、互联网治理中的应用进行阐述。

［中文题名］不同文化背景下社交网络用户知识共享行为的动机研究

［英文题名］Research on Motivation of SNS Users’ Knowledge Sharing Behavior in Different Cultural Backgrounds

［论文作者］耿瑞利

［指导老师］申静

［学位授予单位］北京大学

［内容摘要］社交网络用户知识共享是指用户在社交网络环境下，通过发布、评论、转发、在线讨论、知识问答等行为参与到知识性内容的贡献、传播和创新等活动中，具有用户广泛性、过程互动性、内容丰富性、行为自愿性等特征。本文通过内容分析法对相关研究文献进行梳理分析，基于自我决定理论将其动机划分为内在动机和外在动机，社交网络用户知识共享行为的内在动机包括愉悦感、知识自我效能和利他，外在动机包括学习、互惠和社交结果期望。依据计划行为理论、国别文化维度理论、自我建构理论构建“不同文化背景下社交网络用户知识共享行为动机研究模型”，对该模型开展3次实证，并从理论上分析“文化”“动机”“行为”的本质及其相互关系，提出“文化调节的知

识共享行为动机模型”。

本研究的创新之处在于：在情报学领域从文化视角聚焦用户知识共享行为的动机，综合运用多个相关学科知识进行理论创新，采用定性与定量分析方法进行实证检验，发现文化对知识共享行为动机存在调节作用，揭示不同文化背景下用户行为动机的特点及规律，提出“文化调节的知识共享行为动机模型”，阐释社交网络用户知识共享行为动机跨文化差异的原因。未来还可以利用多种类型数据对模型进行进一步验证，探讨该模型对社交网络用户其他信息行为的适用性。

［中文题名］面向学龄前儿童的教育移动应用评价体系研究

［英文题名］Research on Evaluation System of Educational Mobile Application for Preschool Children

［论文作者］程文婷

［指导老师］王军

［学位授予单位］北京大学

［内容摘要］本文根据国内学龄前儿童的特点，结合家长、幼儿园教师和应用设计师等利益相关者的需求和建议构建学龄前儿童移动应用设计评价体系。该评价体系可为家长和教师挑选儿童移动应用提供指导，为设计者和生产者提高儿童移动应用质量提供具体方向，从而引导儿童移动应用市场积极、规范地发展。

本文在梳理学龄前儿童生理、心理和交互行为特征的基础上，首先辨析学龄前儿童和学龄前儿童移动应用的概念，并结合相关理论与现状为学龄前儿童移动应用设计分类框架。之后通过文献研究法和问卷调查法建立评价体系。该评价体系含三级层级结构，包括 3 个一级指标、11 个二级指标、37 个三级指标，评价内容紧密围绕学龄前儿童的特征展开。为增强评价体系的可操作性，本文设计三级指标的评分标准，明确每个三级指标的最高分表现和最低分表现。在指标权重分配方面，本文分别收集儿童移动应用设计师、幼儿园教师和学龄前儿童家长三类群体的意见，采用层次分析法为指标赋予权重。在基本完成评价体系设计之后，本文招募评价者评价应用以获取评价数据，结合访谈法和统计分析方法验证评价体系的合理性，并对比分析与 APP Store、教评网的移动应用评价结果。最后讨论目前研究的局限和不足之处，并提出评价体系在完善与优化、应用与推广方面的思路。

［中文题名］知识计算视角下知识融合技术的模式及方法研究

［英文题名］Research on the Pattern and Method of Knowledge Fusion Technology from the Perspective of Knowledge Computing

［论文作者］徐敏

［指导老师］李广建

［学位授予单位］北京大学

［内容摘要］当下，知识融合的视角在发生着转变，由过去依靠专家经验为知识融合制定规则的知识工程视角向着现在依靠智能计算为知识融合生成结果的知识计算视角过渡。本论文旨在探究新环境、新趋势和新视角下，知识融合的技术有着哪些比较重要的模式，以系统论和知识计算为理论基础，从知识融合技术的模式属性和模式特点出发构建一个体系，再以知识融合技术的模式体系为框架，将经过梳理之后的知识融合方法纳入其中。

本论文的主要研究成果包括以下几个部分。首先，从定性分析的角度对知识计算视角下知识融合技术的相关成果进行科研文献的调研、技术内涵的分析以及技术特点的总结，利用分面分类的体系方法从不同的角度构建一系列差异化和针对性强的子模式。其次，研究和探索知识融合技术的功能模式。再次，研究和探索知识融合技术的结构模式。最后，构建知识计算视角下知识融合技术的模式体系和方法体系表。

本论文的理论价值在于通过构建新视角下知识融合技术的模式体系，丰富和完善知识融合技术在全局视野下系统性的研究内容；实践价值在于，知识融合技术模式对应的方法体系表可以反映各类方法及技术之间的层级分布和彼此关系，这有助于学术研究和实践应用领域的人员快速了解知识计算视角下知识融合技术的发展现状，也有助于原本知识工程视角下的典型研究向知识计算视角下转换，减少知识融合实践中的人力投入和时间投入。

［中文题名］王重民书信研究

［英文题名］The Study on Wang Zhongmin's Correspondences

［论文作者］顾晓光

［指导老师］刘兹恒

［学位授予单位］北京大学

［内容摘要］王重民由于其学界影响力及所处的时代特点，往来书信较多，目前能够查找到与先生有过通信者百余人，这些书信主题大多是学人之间的论学。从书信中，不仅能够发掘先生学术研究的脉络及思想基础，还可以呈现出他所研究的专业发展情形。同时，先生不仅是一个学者，而且他参与了图书馆及图书馆学界很多重要事件，而通过书信可以获得一手且准确的信息。本研究聚焦于王重民往来书信，通过整理这些书信，对其进行释读和分析，借此展现王重民丰富而又独特的一生。笔者也希望通过此研究加深王重民研究和中国图书馆（学）史研究。

本研究挖掘大量的原生资料，以“新史料”较为系统地对其重要贡献进行深层介绍和分析。本研究梳理与王重民学术和生活交往的人物及其相互联系，并重点以刘修业、袁同礼、胡适为例。同时考订与王重民相关的重要事件，力争还原特殊历史时期图书馆学人的责任及其境遇。作为我国敦煌学研究的第二代学者中的代表人物，王重民在敦煌资料的整理上贡献巨大，本研究根据书信探究其研究和著述的出版情况。王重民在晚年遭厄，这也是本研究所要着重分析的部分。本研究通过文献查阅来梳理王重民的学术成就和圈定交友范围，然后进行电话、邮件及实地拜访相关机构和相关人及其后辈，继而进行资料整理和研究。希望通过文献研究法、实地考察法、典型案例法、历史研究法等多种研究方法的运用，达到深度揭示王重民和亲朋师友的关联及他们的书信内容。

［中文题名］美国公共图书馆代际实践研究

［英文题名］Research on Intergenerational Practice of American Public Libraries

［论文作者］苗美娟

［指导老师］刘兹恒

［学位授予单位］北京大学

［内容摘要］美国作为最早关注代际项目的国家，其公共图书馆在实践中开展了很多富有特色的代际项目，取得很好的效果。研究美国公共图书馆的代际实践发展脉络及代表性案例，有助于剖析公共图书馆开展代际项目的内在机理和重要意义，为代际融合倡议和老龄化社会不断加剧背景下提升图书馆的儿童、青少年和老年人服务，促进世代融合而非世代冲突和竞争，促进积极老龄化而非消极老龄化提供一条创新的途径。

本文全面梳理和归纳美国社会代际实践及图书馆代际实践的发展脉络与时代背景，通过电话访谈、邮件访谈、当面访谈及实地观察等形式系统收集美国伊利诺伊州和其他州公共图书馆代际项目案例的一手资料，就公共图书馆代际项目的认知，各类型代际项目的哲学理念、特点、效果、区别，以及所有类型代际项目的核心理念、整体特点、运行障碍及关键因素等进行归纳和分析。在此基础上，归纳图书馆开展代际项目的基本流程，为其他馆提供切实可行的参考指南，并从代际教育培训与研究、代际政策、代际馆藏、代际空间、代际项目、代际网络 6 个层面完善和构建图书馆促进世代融合的多元路径与长效机制。

［中文题名］大学图书馆服务的成效评估模型研究

［英文题名］Research on Outcomes Assessment Model of Chinese Academic Library's Service

［论文作者］闫娜

［指导老师］柯平

［学位授予单位］南开大学

［内容摘要］对大学图书馆进行评估，是改善管理、提升服务质量和服务效果的重要手段，为大学图书馆的发展提供方向和指引。大学图书馆服务绩效评估注重考察图书馆的服务能够满足用户需求的能力，并没有考虑到大学图书馆的服务给用户带来的影响的评价；成效评估注重从用户的角度，评估用户在接受图书馆服务之后所产生的影响和改变，注重的是服务的价值和效果评估。因为这种影响和改变是很难量化的，而且不好测度，因此，引起图书馆学理论与实践界的普遍关注。

本研究在文献梳理的基础上，借鉴国内外成效评估的理论和实践经验，结合专家法构建我国大学图书馆的服务成效评估模型：投入—

沟通—成效三维因素模型。通过问卷调查法和访谈法对服务成效评估模型进行验证，以期为我国大学图书馆服务成效评估的实践提供理论指导。

本研究的创新之处，首先，在研究视角上，从用户的角度评估大学图书馆的服务成效，并从投入、沟通和成效3个维度构建大学图书馆服务成效评估模型，为大学图书馆服务质量评估提供新的研究视角，为大学图书馆服务成效评估的研究和实践活动提供理论模型；其次，在研究方法上，同时运用问卷调查法、访谈法和关键事件法对学生用户和教师用户开展服务成效的调查研究，丰富大学图书馆服务评估的方法和工具。

[**中文题名**] 基于感知责任风险的公共数据开放免责机制完善路径研究

[**英文题名**] Research on the Exemption Mechanism for the Open Public Data Based on Risk of Responsibility Perception in China

[**论文作者**] 李斯

[**指导老师**] 陈传夫

[**学位授予单位**] 武汉大学

[**内容摘要**] 公共数据开放对于促进经济增长、社会治理、透明度和问责制具有重要意义。在世界各国推动公共数据开放的背景下，我国也在积极推进公共数据开放工作。然而我国面临着公共数据提供部门（政府、事业单位、国有企业）不愿意开放数据的问题，数据开放实施效果不理想，这种避责行为会导致公共数据开放政策不能得到有效实施，甚至造成政策的失败。一些研究提出免责机制能够有效解决该问题，然而对于如何优化和完善我国当前免责机制的研究还较为缺乏。

文章通过访谈和问卷调查方法获得研究数据，并利用经典扎根理论方法以及探索性因子分析与验证性因子分析获得感知责任风险因素和维度。研究发现，组织的不确定性规避文化显著正向影响感知责任风险的各个维度，法律政策完备度显著负向影响感知责任风险的各个维度。组织能力显著影响权力问责风险，不直接影响数据泄露和数据利用带来的责任风险。此外，法律政策完备度显著正向影响组织能力。同时，文章还对公共数据提供部门感知责任风险所反映的认知冲突的表现和原因进行考察，总结当前我国免责机制中存在的问题，并借鉴国外公共数据开放中免责机制的经验，提出我国公共数据开放中免责机制的完善路径。

[**中文题名**] 我国政府数据开放的政策体系构建研究

[**英文题名**] Research on Policy System Construction of Open Government Data in China

[**论文作者**] 温芳芳

[**指导老师**] 黄如花

[**学位授予单位**] 武汉大学

[**内容摘要**] 开放数据运动的兴起推动世界范围内政府数据的开放，许多国家都很重视政策在开放数据中的引领作用，即通过制定或修订相关的政策推动政府数据开放的发展。一些国际组织如联合国、万维网联盟、开放知识基金会等也制定了推动政府数据开放的政策；我国于2015年发布国家大数据战略——《促进大数据发展行动纲要》（以下称《纲要》），着手政府数据开放的顶层设计，要求建立政府数据开放的政策体系。鉴于此，本研究的目的在于构建我国政府数据开放的政策体系。在多途径掌握我国政府数据开放政策需求的基础上，对我国国家层面的政策现状进行调研，并借鉴国际上先进的政策经验，最后构建我国政府数据开放的政策体系。

文章从宏观到微观分析我国政府数据开放的政策需求，发现我国急需在全生命周期数据管理、数据质量、数据安全与隐私以及组织实施等方面完善相关政策。对英国、美国、澳大利亚的226份政策文本的调研发现，这些国家已建立贯穿数据生命周期的数据管理政策；通过信息质量立法与政策保障政府数据质量；制定从宏观到微观的数据安全战略；通过隐私立法和具体政策保护个人隐私；实施全方位的数据基础设施战略并建立较为完善的组织实施机制。

当前我国的重点是完善全生命周期的数据管理政策，具体包括采用开放标准格式创建和收集数据、完善数据发布的流程和机制、制定保障无障碍获取数据的相关政策和完善数据重用政策等。在数据质量方面，建议制定数据质量法及其相关实施政策，建立政府数据质量保证框架。在数据安全和个人隐私保护方面，实施国家安全信息分类计划，完善个人隐私保护法规，开展隐私影响评估，并实施电子身份认证。在数据基础设施方面，推动数据中心整合和优化，在政府网站相关政策中明确数据开放的要求，实施 ICT 投资定制策略。在组织实施方面，不断健全组织结构并设置配套的职位保障开放数据有效实施。

［中文题名］基于社会化问答的用户健康本体构建研究

［英文题名］Consumer Health Ontology Construction Research Based on Social Q&A

［论文作者］赵浩

［指导老师］司莉

［学位授予单位］武汉大学

［内容摘要］互联网环境的迅猛发展促使社会化问答平台成为公众互动交流、信息获取与传播的重要途径，用户在此类平台中自由表达自身信息需求并解决他人信息需求。健康知识是专业性很强的一类领域知识，以往该类知识的获取多来源于医院、医生、医疗机构、医学文献、医学书籍等专业医学信息源。此类信息源虽然权威、可靠，但是对于信息受众者即普通用户而言却晦涩难懂，其知识体系并不符合以用户知识为主导的社会化媒体检索需求，因而十分有必要构建以用户知识为核心的健康知识体系。社会化问答平台是普通用户使用最为广泛的健康信息平台，平台使用者通过问答的方式就特定健康问题互动交流，并由提问者挑选最为满意的答案作为该问题的最佳答案供他人参考。社会化问答平台在问答内容与表述方面的较少限制，恰好为无专业医学背景的普通用户充分完整地表达健康信息需求及健康知识提供自由环境，是用户健康知识最为直接的体现。

社会化问答平台中的用户健康知识表征用户健康信息需求、查询习惯、相关术语使用偏好、健康认知。有效组织社会化问答平台中的用户问答对获取并利用用户健康知识尤为重要，同时也可消除普通用户使用传统医学工具进行检索的障碍，缓解专业医学用语与非专业医学用语之间的矛盾。本体作为知识组织的方法和技术，不但可以有效实现对社会化问答平台中用户健康知识的组织，更能为社会化媒体中面向用户的健康信息检索提供基础支撑。本文围绕基于社会化问答的用户健康本体构建研究，探讨如何从用户问答中抽取本体概念与概念关系，以及用户健康概念与概念关系的特征，为中文用户健康文本的组织与利用提供借鉴。

［中文题名］跨学科科研合作行为影响因素研究

［英文题名］Research on the Influencing Factors of Interdisciplinary Research Collaboration Behavior

［论文作者］曾粤亮

［指导老师］司莉

［学位授予单位］武汉大学

［内容摘要］当前，科学研究突破单一学科局限走向跨学科研究模式的趋势愈加明显，而科研环境的变革也促使科学研究向合作化方向发展。在此背景下，跨学科科研合作成为大科学时代学术研究的重要形式和趋势，将对未来科学发展产生深远影响，对知识创新和社会进步都具有重要的推动作用。近年来，英美等国家的学术共同体逐渐通过政策与战略、科研资助、学术会议等形式推动跨学科科研合作实践。然而，跨学科科研合作在形成、推进和发展过程中会受到内外部多方因素的影响，既有推动因素，也有阻碍因素。厘清关键因素及相互作用机制，并提出有针对性促进策略，才能形成科学、高效、可持续的跨学科科研合作范式。基于此，本研究立足于跨学科科研合作行为，通过对跨学科科研合作行为影响因素识别、理论模型构建、理论模型案例验证等方面进行科学、系统和深入的研究，提出促进跨学科科研合作的策略，致力于推动科研人员的跨学科科研合作实践并取得良好的成效，最终提高学术创新效率和加速科学发展，解决社会发展共同面临的各种重大复杂问题。

本研究提炼跨学科科研合作的关键影响因素，构建影响因素理论模型，剖析影响因素模型的应用，基于影响因素发现提出跨学科科研合作的促进策略。未来的研究需要关注跨学科科研合作计量方法、跨学科科研合作差异、合作者信任与利益博弈、合作成效等。

［中文题名］数据驱动下数字图书馆知识发现服务创新模式与策略研究

［英文题名］Data-driven Knowledge Discovery Innovation in Digital Library：Modes and Strategies

［论文作者］李洁

［指导老师］毕强

［学位授予单位］吉林大学

［内容摘要］我们已经从信息时代走进数据驱动的“智能时代”，数据成为人们认识和解决问题的新的逻辑起点。本文通过对数据驱动、知识发现研究成果的追本溯源，界定数据驱动下的数字图书馆知识发现服务的核心理念；通过文献分析、调查访谈、仿真实验、模型训练等方法的综合运用，分析数字图书馆知识发现服务创新的数据环境、驱动机制、创新模式、模式应用以及创新策略制定。

围绕主要研究内容，本文第三章从数据环境特征、数据环境变化和数据环境开发，分析数据驱动下的数字图书馆知识发现服务的机遇与挑战；第四章结合数据要素、数据驱动过程、数据驱动维度探讨数字图书馆知识发现服务的数据驱动动力机制、流机制、协同驱动机制和数据驱动控制机制；第五章通过对数字图书馆知识发现服务模式创新衍变的内在使命分析，指出数字图书馆知识发现服务创新模式的构建依据、构建基础和构建过程；第六章对数字图书馆知识发现服务创新模式进行具体的用户画像、研究设计指纹、文本推荐和多粒度检索决策应用；第七章针对数字图书馆知识发现服务创新模式的具体瓶颈给出各驱动维度的应对策略。

大数据环境下，重新界定数据驱动下的数字图书馆知识发现服务的内涵、探讨数字图书馆知识发现服务的数据驱动机制、创新数字图书馆既有的资源发现服务模式，有利于从方法论认识层面为数字图书馆知识发现服务的供给侧改革提供理论支持。

［中文题名］基于信息觅食理论的智库情报分析质量及其提升策略研究

［英文题名］Study on Quality of Intelligence Analysis and its Improvement Strategies in Think Tanks Based on Information Foraging Theory

［论文作者］丁璐璐

［指导老师］徐恺英

［学位授予单位］吉林大学

［内容摘要］在当前国际环境日趋复杂、世界局势纷繁多变的时代背景下，各国政府的决策机构越来越将智库视作影响国家发展与政府决策的重要力量，而情报分析则承担着智库决策工作的前端支撑任务。智库情报分析质量的研究重点在于如何在短时间内从海量信息中找到有价值的情报，并予以分析和利用。而信息觅食理论的研究目的则在于帮助信息觅食者在短时间内获得最高的信息觅食收益率。因此，信息觅食理论的原理与机制对智库情报分析质量的研究有着重要的借鉴和参考意义。

本研究综合运用文献研究法、质性研究法、定量分析法、实证分析法等方法，将信息觅食理论中的斑块模型、菜单模型与群体信息觅食模型分别引入智库情报分析中的智库情报收集、智库情报处理以及智库群体决策这三个核心环节中，针对每一环节找出其中对该环节质量影响最大的关键变量并予以深入剖析，最终有针对性地分别给出对策建议。

本研究从理论上推动智库情报分析质量研究的理论体系构建，拓宽信息觅食理论的研究与应用范畴；为提升智库情报分析质量提供科学方法与理论依据；并通过跨学科综合分析为研究提供丰富的理论支持。在研究的现实意义上，本研究为形成中国特色新型智库体系建言献策，并为智库情报分析质量的提升提供实证分析。

［中文题名］双创环境下高校图书馆专利挖掘服务模式及优化策略研究

［英文题名］Research on University Library Patent Mining Service Mode and Optimization Strategy under the Environment of Innovation and Entrepreneurship

［论文作者］冯扬

［指导老师］徐恺英

［学位授予单位］吉林大学

［内容摘要］随着国家创新驱动战略的大力推进，知识产权创造、管理、利用与保护在支撑科技创新过程中所发挥的作用日益显著。高校是科技创新的源头，企业是科技创新的主体，打造产学研协同的创新创业格局对高校的知识产权工作提出更高的要求，具体体现在高校知识产权创造水平的提升与科技成果转移转化方面。

基于此，本文对双创环境下高校图书馆专利挖掘及服务模式进行研究。

本文通过问卷调查的方式，对双创环境下高校图书馆专利挖掘服务用户相关需求进行细分，探究高校图书馆专利挖掘服务用户需求的类型和特征，分析双创环境下高校图书馆提供专利挖掘服务的动力，探讨和研究高校图书馆专利挖掘服务的过程并且针对用户需求设计4种高校图书馆专利挖掘服务模型：高校图书馆专利语义检索与查新服务模式、高校图书馆专利主题挖掘服务模式、高校图书馆关联专利知识发现服务模式、高校图书馆核心专利预测服务模式。4种模式相互作用、相辅相成，在系统外环境的辅助下，共同维持双创系统的平衡。高校图书馆创新专利挖掘服务模式既是时代的客观要求，也是自身服务提升的内在要求，对于引导高校图书馆在双创背景下的服务转型具有重要的理论和实践意义。

[**中文题名**] 基于情景感知的移动图书馆个性化推荐服务研究

[**英文题名**] Research on Personalized Recommendation Service of Mobile Library Based on Context Awareness

[**论文作者**] 侯力铁

[**指导老师**] 李贺

[**学位授予单位**] 吉林大学

[**内容摘要**] 大数据时代，移动图书馆用户希望通过智能设备随时随地接收信息，智慧型图书馆对情景感知技术的需求也愈发强烈。本文对情景感知在移动图书馆个性化推荐服务的应用进行研究，研究内容主要包括以下几点：①从移动图书馆用户信息需求的角度出发，分析基于情景感知的移动图书馆用户信息需求的特征和类型。同时，从移动图书馆用户接受情景感知个性化推荐服务的视角出发，分析影响移动图书馆用户接受个性化推荐服务行为的影响因素。②根据移动图书馆和情景的特点，对移动图书馆情景维度进行划分，并将移动图书馆各情景维度有机地结合，采用本体的方法构建移动图书馆情景模型，并推理高级情景。③分析了移动图书馆情景感知与个性化服务的关系，并寻找基于情景感知的图书馆个性化服务路径和动力，提出基于情景感知的移动图书馆个性化服务模型。④在资源情景相似度计算方法、位置情景相似度计算方法以及用户情景相似度计算方法的基础上，提出基于情景本体的个性化服务推荐方法。⑤以移动图书馆移动性和社交性为核心逻辑，采用定性和定量相结合的分析方法，将移动图书馆服务功能划分为与用户情景、移动情景、资源情景、服务情景4种情景感知维度有关的功能属性，在此基础上，系统分析不同情景维度与移动图书馆个性化推荐服务评估之间的关系，构建基于情景感知视角的移动图书馆个性化推荐服务评估指标体系。

[**中文题名**] 信息生态视角下网络社群用户信息共享行为影响因素及效果评价研究

[**英文题名**] Research on Influencing Factors and Effect Evaluation of User Information Sharing Behavior in Network Community : an Information Ecology Perspective

[**论文作者**] 张长亮

[**指导老师**] 王晰巍

[**学位授予单位**] 吉林大学

[**内容摘要**] 用户是网络社群发展的核心力量，通过网络社群信息共享，可以满足用户信息需求，扩大其交互圈子，并提高信息素养。信息生态是研究信息主体、信息客体、信息技术和信息环境协调发展的理论，可以为复杂系统环境下的各要素研究提供全面的解释框架。因此，本文基于信息生态视角，研究网络社群中的信息共享问题。

本文在综合评述国内外学者关于网络社群、信息共享和信息生态研究成果基础上，采用文献归纳法、知识图谱可视化法、BP神经网络法、结构方程和案例分析等研究方法，对网络社群中的信息共享进行机理研究、影响因素研究、效果评价和共享模式研究。

本文的研究在理论层面，结合信息生态理论，为网络社群用户信息共享研究提供科学的方法和研究的脉络；在实践层面，结合问卷获取的数据，利用Matlab软件和AMOS软件对数据进行分析，为网络社群的信息共享研究提供新的方法指导。本研究可以帮助网络社群在知识经济中创造更大的商业价值。

[**中文题名**] 高校图书馆智库型服务体系构

建及能力评价研究

［**英文题名**］Research on the System Construction and Capability Evaluation of University Library Think-tank Service

［**论文作者**］张旭

［**指导老师**］张向先

［**学位授予单位**］吉林大学

［**内容摘要**］本文着重探讨高校图书馆智库型服务体系的构建以及高校图书馆智库型服务能力评价，以循证图书馆、能力成熟度模型等理论为基础，结合高校图书馆工作实际进行研究，为高校图书馆智库型服务的发展提供理论指导和实践借鉴。

本文主要工作及结论如下：第一，对高校图书馆智库型服务机理进行分析，构建高校图书馆智库型服务的生命周期模型，并对微观层面的能力成熟度不同阶段与生命周期不同阶段的对应关系进行描述分析。第二，从理论和实践相结合的角度，对高校图书馆智库型服务体系要素进行研究，避免图书馆领域存在的理论和实践研究相脱节的问题，对高校图书馆智库型服务体系要素的分析更具实践价值和理论指导意义。第三，基于高校图书馆智库型服务体系要素的分析，构建高校图书馆智库型服务体系模型。第四，结合信息系统成功模型，构建高校图书馆智库型服务能力影响因素概念模型。第五，基于能力成熟度理论对高校图书馆智库型服务能力成熟度模型的整体框架、等级描述、关键过程、关键实践等进行分析，进而构建基于能力成熟度模型的高校图书馆智库型服务能力评价体系。第六，以高校图书馆智库型服务机理、服务体系等研究成果为基础，以高校图书馆智库型服务能力影响因素以及能力评价体系研究成果为依据，结合高校图书馆智库型服务实践情况，从促进高校图书馆智库型服务体系建设、提升智库型服务能力以及重视服务环境建设三大方面，对高校图书馆智库型服务促进策略进行分析。

（国家图书馆　张收棉整理）

2019 年部分院校图书馆学情报学硕士学位论文目录

题目	作者	学校	导师	学科专业
合肥市城市阅读空间阅读推广活动发展策略研究	叶　茜	安徽大学	陆和建	图书馆学
社会力量参与合肥市城市公共阅读空间建设与发展研究	李昊远	安徽大学	陆和建	图书馆学
合肥市城市阅读空间政社合作机制创新研究	程思捷	安徽大学	陆和建	图书馆学
学术社交网络用户信息需求调查与科研服务优化研究	张　帅	安徽大学	谢阳群	情报学
微信朋友圈用户健康信息转发意愿影响因素研究	张　坤	安徽大学	谢阳群	情报学
创新型省份建设的安徽省级科技情报功能体系研究	陈善姗	安徽大学	储节旺	情报学
“双一流”高校图书馆决策咨询服务能力评价研究	黄改平	安徽大学	周　瑛	情报学
网络环境下高校图书馆用户信息搜寻行为评价体系构建研究	毛昕雅	安徽大学	周　瑛	情报学
基于用户体验的知识付费平台服务质量评价体系构建研究	王　冉	安徽大学	肖志雄	情报学
我国民营馆配商的发展历程与竞争策略研究——以北京人天书店集团为例	徐　烁	北京大学	徐　扬	图书馆学
学习小组同步异步在线知识协作的比较研究	杨　絮	北京大学	张鹏翼	图书馆学
学术社交网站用户内容贡献及信息组织行为探究	童刘奕	北京大学	张鹏翼	图书馆学
高校图书馆数据服务研究	王昕阳	北京大学	张久珍	图书馆学
图书馆儿童玩具书研究	王明朕	北京大学	张久珍	图书馆学
公共文化服务体系示范区第三方评估	刘　杨	北京大学	张广钦	图书馆学
高校图书馆用户驱动采购研究	蔡泽满	北京大学	刘兹恒	图书馆学
国内外高校图书馆科研数据管理比较分析	刘晓慧	北京大学	刘兹恒	图书馆学
当代古籍校注体例研究	保　雯	北京大学	王子舟	图书馆学
公共图书馆冠名制度研究	朱　婧	北京大学	李国新	图书馆学
汽车融资租赁业务中用户购买意愿影响因素研究	吴玉兰	北京大学	徐　扬	情报学
科技情报用户画像标签生成与推荐研究	赵　辉	北京大学	化柏林	情报学
Line 商业账号信息质量对用户行为的影响	丁　颖	北京大学	韩圣龙	情报学
基于信息抽取的美国商业管制清单研究	陈聪聪	北京大学	李广建	情报学
在线评论有用性预测及其影响因素研究	刘雨婕	北京大学	陈文广	情报学
文本数据驱动的地方科技金融政策分析研究	蒙汪阳	北京大学	化柏林	情报学
白癜风研究领域的知识图谱分析——基于 Web of Science 2003—2017 年收录的文献数据	冯思恩	北京大学	陈文广	情报学
杰出科学家的个人学术影响力研究	庞江舸	北京大学	黄文彬	情报学
《宋元学案》中思想流派划分和演化的“遥读”分析	杨海慈	北京大学	王　军	情报学
高管离职事件驱动的股价趋势预测	杨　凡	北京大学	黄文彬	情报学
基于文本挖掘的新三板企业价值评估研究	刘俊婷	北京大学	黄文彬	情报学
基于引文网络的论文抄袭检测方法研究	武山山	北京大学	王继民	情报学

续表

题目	作者	学校	导师	学科专业
国内科技论文重复发表现象研究——以心理健康教育领域为例	闫增旺	北京大学	王继民	情报学
基于社会化标签系统的用户兴趣模型研究	田　野	北京大学	王益明	情报学
创新驱动的中国社会智库人才机制研究	刘　莹	北京大学	申　静	情报学
掌控感提升网络视频贴片广告信息传播效果的生效机制研究	付　强	北京大学	徐　扬	情报学
网络热点事件应急科普传播的实证分析	黄楠楠	北京大学	周庆山	情报学
创新驱动的中国高校智库智力资本获取机制研究	李沁芯	北京大学	申　静	情报学
在线健康信息搜寻中健康焦虑增加现象研究	余贝迪	北京大学	王益明	情报学
高校后勤信息化管理研究	董　理	北京大学	王益明	情报学
晚清狭邪小说出版研究	桑裕臻	北京大学	许　欢	图书情报与档案管理（编辑出版学）
世界书局外国文学译著出版研究（1921—1949）	彭　婉	北京大学	许　欢	图书情报与档案管理（编辑出版学）
民国时期西方音乐书谱出版研究	冀伟浩	北京大学	李常庆	图书情报与档案管理（编辑出版学）
十九世纪英国女性阅读与写作研究	胡云怡	北京大学	王余光	图书情报与档案管理（编辑出版学）
面向医学科技评价的本体构建研究	晏归来	北京协和医学院	安新颖	情报学
基于深度学习的医学影像报告自动生成	张　宇	北京协和医学院	李　姣	情报学
基于中文电子病历的肿瘤知识图谱构建研究——以消化系统肿瘤为例	修晓蕾	北京协和医学院	钱　庆、吴思竹	情报学
基于引文网络的学术传承性文献识别方法研究	郭倩影	北京协和医学院	唐小利	情报学
我国智慧图书馆研究成果述评	王　婷	东北师范大学	徐跃权	图书馆学
我国高校图书馆数据管理计划内容要素分析及其应用研究	王思明	东北师范大学	魏　来	图书馆学
我国公共图书馆儿童阅读推广活动需求研究	林　枫	东北师范大学	王东艳	图书馆学
词频分析方法在“热点”类文章中的应用研究	刘奕杉	东北师范大学	李明鑫	图书馆学
我国公共图书馆少年儿童分级阅读服务研究	沈苏阳	东北师范大学	孙成江	图书馆学
图书馆信息生态构成要素及其作用机理研究	唐姗姗	东北师范大学	王战林	图书馆学
量化自我方法在图书馆中的应用探讨	王巢琛	东北师范大学	徐跃权	图书馆学
高校图书馆社交媒体内容建设模式研究	戚阿阳	东北师范大学	王翠萍	图书馆学
基于网络分析方法的高校图书馆网站影响力研究	周　尊	东北师范大学	王　姣	情报学
突发事件情境下公众持续使用微博获取信息的行为模式研究	孙绍丹	东北师范大学	陈　凌	情报学
基于网络结构演化的领域知识涌现与传承研究	安　宁	东北师范大学	滕广青	情报学
基于系统动力学的作者合作网络预测模型研究	李传令	东北师范大学	王　姣	情报学

续表

题目	作者	学校	导师	学科专业
科研人员数据重用行为影响因素及促进策略研究	李佳潞	东北师范大学	王翠萍	情报学
领域知识网络演化过程中的结构稳定性与知识涌现研究	徐汉青	东北师范大学	滕广青	情报学
知识付费平台的发展现状与发展趋势研究	杨舒怡	东北师范大学	王　辉	情报学
中文关联书目数据模型构建及实证研究	郑华敏	东北师范大学	魏　来	情报学
基于 Altmetrics 的期刊影响力评价指标体系研究	王燕雯	东北师范大学	陈　凌	情报学
基于 CRM 的高校信息素养教育满意度评价模型及实证研究	闵　玉	东南大学	钱　鹏	图书馆学
基于 E-S-Qual 量表的高校图书馆微信服务质量评价研究	束亦冉	东南大学	李爱国	图书情报与档案管理
高校图书馆创客空间的建设框架研究	魏会洋	东南大学	顾建新	图书情报与档案管理
学者科研学术记录数据集构建研究	牛永骎	东南大学	常　娥	图书情报与档案管理
图书馆东盟多源信息资源融合研究	肖龙翔	广西民族大学	苏瑞竹	图书馆学
我国图书馆阅读服务发展及策略研究	韦良珍	广西民族大学	秦小燕	图书馆学
数字学术背景下的学术交流研究	李雪纯	广西民族大学	欧阳剑	情报学
高校图书馆研究生用户负面情绪影响因素研究	王书琪	河北大学	陈兰杰	图书馆学
《中图法》分类理论与技术的发展研究	李　轩	河北大学	张社列	图书馆学
我国医院图书馆面向患者的服务研究	李夏西	河北大学	金胜勇	图书馆学
高校教师对网络百科的刻板印象研究	张　宁	河北大学	黄令贺	图书馆学
美国大学图书馆与大学出版社出版服务合作模式研究	王潇潇	河北大学	魏　蕊	图书馆学
论道格拉斯·韦普尔斯的阅读研究	郭　畅	河北大学	赵俊玲	图书馆学
徐旭的阅读指导理念与实践研究	尚巧爱	河北大学	赵俊玲	图书馆学
面向企业的科技服务场景本体研究	乐　媛	河北大学	任瑞娟	图书馆学
政府购买医疗健康信息服务的绩效评价指标构建	王　雪	河北大学	陈则谦	情报学
煤改气背景下转型工人的信息服务需求研究——以北三县为例	韩秀静	河北大学	宛　玲	情报学
健康类 APP 使用意愿影响因素研究	杜　静	河北大学	宇文姝丽	情报学
退役士兵信息素养现状研究	张柏寒	河北大学	宛　玲、郭海玲	情报学
基于社会网络理论的微信群信息交流行为影响因素研究	高　迪	河北大学	李振奇	情报学
面向决策的企业家信息行为研究	张克元	河北大学	杨秀丹	情报学
文化云中视频资源的可用性评价指标研究	索利娜	河北大学	陈则谦	图书情报
图书馆盲人读者服务影响因素研究	崔　辰	河南科技大学	李　俭	图书馆学
河南省校地共建图书馆服务效益研究	董飘飘	河南科技大学	孙海双	图书馆学
河南省高校科研竞争力的计量研究——基于 WoS 和 InCitesTM 视角	张红敏	河南科技大学	秦长江	图书馆学
社会力量参与公共图书馆建设研究	范睿琦	黑龙江大学	贺延辉	图书馆学
公共图书馆女性阅读推广服务研究	夏维依	黑龙江大学	贺延辉	图书馆学
大学生移动阅读研究	刘　阳	黑龙江大学	王迎胜	图书馆学

续表

题目	作者	学校	导师	学科专业
智慧图书馆技术模型构建研究	于兴尚	黑龙江大学	王迎胜	图书馆学
图书馆功能的社会记忆属性研究	林珏含	黑龙江大学	蒋永福	图书馆学
心理学视域下的公共图书馆儿童阅读推广研究	杨　丽	黑龙江大学	黄丽霞	图书馆学
公共图书馆移动创客空间服务研究	董红丽	黑龙江大学	黄丽霞	图书馆学
我国高校图书馆智库建设研究	王熙涵	黑龙江大学	黄丽霞	图书馆学
基于 AHP 的科学数据开放共享政策评估指标体系研究	徐天雪	黑龙江大学	马海群	情报学
移动社交网络下群体用户信息交互行为研究	李晓阳	黑龙江大学	刘甲学	情报学
具身认知视域下学龄儿童信息需求研究	韩　哲	黑龙江大学	孙瑞英	情报学
智库联盟协同知识服务创新模式研究	马丽杰	黑龙江大学	刘春艳	情报学
群体心理学视域下高中生信息需求研究	王文婷	黑龙江大学	孙瑞英	情报学
基于突发事件的微博用户行为分析	张　伟	黑龙江大学	刘甲学	情报学
网络社区用户信息搜寻效率影响因素研究	闫　倩	黑龙江大学	马小琪	情报学
发展心理学视域下学龄前儿童信息需求研究	索璠冰	黑龙江大学	孙瑞英	情报学
突发事件下微博用户转发行为影响因素研究	徐珊珊	黑龙江大学	陈媛媛	图书情报
高校图书馆社会化开放研究	姜明光	黑龙江大学	贺延辉	图书情报
我国私募股权企业竞争情报工作研究	刘海莹	黑龙江大学	张冬青	图书情报
农村信息贫困的精准扶贫	吕　娜	黑龙江大学	孙瑞英	图书情报
吉林省城乡数字鸿沟现状分析及弥合战略研究	车　玥	黑龙江大学	刘甲学	图书情报
开放式创新社区知识共享行为影响因素研究	陈相君	黑龙江大学	刘甲学	图书情报
学术信息偶遇影响因素研究	任俊峰	黑龙江大学	刘甲学	图书情报
移动学习 App 用户持续使用行为影响因素研究	刘宇轩	黑龙江大学	刘甲学	图书情报
公共图书馆深度营销策略研究	韩立娇	黑龙江大学	贺延辉	图书情报
图书馆联盟信息资源共建共享的激励策略研究	苏　晗	黑龙江大学	孙瑞英	图书情报
我国贫困地区的精准信息服务研究	周春妹	黑龙江大学	孙瑞英	图书情报
虚拟社区用户失范信息行为影响因素研究	赵　琼	黑龙江大学	马小琪	图书情报
我国电子商务平台专利文献计量分析	邹　潇	黑龙江大学	陈媛媛	图书情报
我国高校“双一流”建设学科的科研合作分布格局	蔡前黎	华东师范大学	赵　星	情报学
我国公共图书馆信用服务研究	李　明	华东师范大学	金武刚	情报学
基于论文特征进行高 Usage 文献的识别	赵　楠	华东师范大学	段宇锋	情报学
全球卫生领域研究热点与主题分析——基于知识图谱和 LDA 模型	纪　磊	华中科技大学	刘智勇	情报学
面向社区的虚拟健康信息空间构建	史晓旭	华中科技大学	向　菲	情报学
信息搜寻与浏览对槟榔咀嚼戒断意愿的影响机制研究	曹　萌	华中科技大学	马敬东	图书情报
图书馆座位预约系统读者使用意愿的影响因素研究	徐　洋	华中科技大学	邹立君	图书情报
移动健康管理服务用户使用行为意愿研究	杜小雅	华中科技大学	刘智勇	图书情报
面向卫生综合管理信息平台应用的基层医疗卫生服务评价指标体系研究	郑　艳	华中科技大学	马敬东	图书情报
湖北省健康医疗大数据资源目录体系研究	韦安琪	华中科技大学	陈　敏、周　彬	图书情报

续表

题目	作者	学校	导师	学科专业
基于百度指数的抑郁症健康信息搜寻特征研究	吴显聪	华中科技大学	黄　薇、向　菲	图书情报
游戏化移动健康应用持续使用意愿影响因素研究	黄　燕	华中科技大学	马敬东	图书情报
基于层次主题模型和类属整合的患者投诉分类框架研究	倪维斌	华中科技大学	夏晨曦、吴欣江	图书情报
基于流通数据的医学院校读者借阅行为研究	张柏林	华中科技大学	向　菲、邹立君	图书情报
电子健康卡居民采纳意愿研究	杨媛媛	华中科技大学	马敬东	图书情报
基于长短期记忆模型的患者评论多值分类研究	姜垚松	华中科技大学	夏晨曦、肖兴政	图书情报
依托云课堂平台的大学生信息素养混合式学习研究——《信息素养修炼》课程为例	王姣姣	华中师范大学	吴建华	图书馆学
基于多媒体学习认知理论的信息素质教育仿真游戏的设计与实施	丁复珍	华中师范大学	吴建华	图书馆学
基于印尼大学生信息素养调查的图书馆服务教学策略研究	EKAWATI SAPUTRI	华中师范大学	吴建华	图书馆学
碎片化 UGC 知识结构发现研究	熊晓芙	华中师范大学	王忠义	图书馆学
An Empirical Study of International Students Academic Information Needs and Seeking Behavior at Central China Normal University	Lyncon Cole	华中师范大学	程秀峰	情报学
网络健康信息质量感知影响因素研究——以婴幼儿健康信息为例	梁梦丽	华中师范大学	曹高辉	情报学
政务微信公共信息服务质量提升研究	龚雨婧	华中师范大学	娄策群	情报学
学术视觉资源语义理解与表示研究	徐　元	华中师范大学	曹高辉	情报学
基于服务融合的数字图书馆移动视觉搜索研究	黄丽姿	华中师范大学	胡　潜	情报学
社会化阅读平台用户不持续使用行为影响因素研究	唐天娇	华中师范大学	程　蕾	情报学
基于粗糙集的政府开放数据公众满意度测评体系研究	邱雪婷	华中师范大学	段尧清	情报学
Monitoring Knowledge Flow in Nursing Discipline between Developed and Developing Countries	Amoni Gray · Kapasule	华中师范大学	王忠义	情报学
基于用户画像的数字图书馆精准推荐服务研究	张　晗	吉林大学	毕　强	图书馆学
数字原住民持续阅读影响因素与图书馆阅读服务模型构建	徐晓晨	吉林大学	马　捷	图书馆学
基于数据生态的图书馆知识服务价值共创机理及主体演进机制研究	顾梦娇	吉林大学	刘　佳	图书馆学
基于知识图谱的多媒体网络舆情语义识别案例库构建	肖维泽	吉林大学	黄　微	情报学
在线健康社区场景化推荐模型研究	崔　阳	吉林大学	张海涛	情报学
基于信息驱动的我国老年智能照护服务研究	石玉莹	吉林大学	陈晓美	情报学
综合虚拟社区用户兴趣挖掘模型研究	简　诚	吉林大学	窦平安	情报学
合作联盟视角下图情机构与智库协同创新机制及效果评价研究	王　洁	吉林大学	郑　荣	情报学

续表

题目	作者	学校	导师	学科专业
移动阅读工具对用户体验的影响因素及信息服务模式研究	任明铭	吉林大学	王晰巍	情报学
开放式创新社区创客知识贡献行为及促进策略研究	杨　晨	吉林大学	张向先	情报学
高校图书馆社会化阅读推广模型及实施路径研究	唐诗曼	吉林大学	张海涛	情报学
社会化电子商务用户隐私信息披露意愿影响因素研究	焦识樵	吉林大学	李　贺	情报学
面向专业的高校图书馆教材信息组织与服务研究	刘蓓蕾	江苏大学	袁　润	图书情报与档案管理
基于用户行为数据的学术博客核心用户研究	王　琦	江苏大学	袁　润	图书情报与档案管理
高校图书馆科研支持服务模式研究	蔡　培	江苏大学	卢章平	图书情报与档案管理
ESI 数据的 R 语言分析及其研究前沿挖掘研究	韩　曦	江苏大学	袁　润	图书情报与档案管理
引入生理指标的阅读疗法书目评价研究	解　荣	江苏大学	周金元	图书情报与档案管理
中国省（市）“一带一路”科研合作竞争力评价指标体系研究	陆欣怡	江苏大学	张晓阳	图书情报与档案管理
面向大学生移动阅读的高校图书馆自媒体服务体系研究	张禄芬	江苏大学	刘　竟	图书情报与档案管理
数字人文环境下高校图书馆角色定位研究	朱思苑	江苏大学	卢章平	图书情报与档案管理
高校学生电子书持续使用行为研究	陈　晨	辽宁大学	刘　澜	图书馆学
基于人工智能的公共图书馆空间再造模式构建研究	王晓晨	辽宁大学	王筱雯	图书馆学
学术社交网站用户使用行为影响因素研究	石婷婷	辽宁大学	张　羽	图书馆学
我国高校图书馆科研支持服务调查	姚牟媛	辽宁大学	崔海兰	图书馆学
基于 ACRL 框架的我国高校图书馆信息素养教育优化策略研究	陶雨昕	辽宁大学	范艳芬	图书馆学
面向数字人文的图书馆开放数据管理模式研究	黄小淋	辽宁师范大学	贾玉文	图书情报与档案管理
文化自信视阈下少儿图书馆传统文化阅读推广研究	董　文	辽宁师范大学	高春玲	图书情报与档案管理
基于 STV 三角模型的图书馆服务品牌营销研究	赵　晔	辽宁师范大学	田　丽	图书情报与档案管理
辽宁省公共图书馆数字文化扶贫模式研究	黄旭光	辽宁师范大学	高春玲	图书情报与档案管理
我国双一流大学机构知识库建设问题研究	王　瑀	辽宁师范大学	张秀兰	图书情报与档案管理
创新驱动的新型智库知识服务体系研究	孙东梅	辽宁师范大学	李永先	图书情报与档案管理
我国公共图书馆阅读障碍症群体服务模式研究	李佳翼	辽宁师范大学	田　丽	图书情报与档案管理

续表

题目	作者	学校	导师	学科专业
新媒体时代图书馆青少年有声阅读服务机制研究	于倩男	辽宁师范大学	高春玲	图书情报与档案管理
公共图书馆低幼儿童早期读写服务模式研究	孙晓嘉	辽宁师范大学	田　丽	图书情报与档案管理
以波特五力模型为基础的高校图书馆数字出版竞争力分析	李超群	辽宁师范大学	贾玉文	图书情报与档案管理
我国师范院校图书馆微信公众平台建设策略研究	陈楚涵	辽宁师范大学	张秀兰	图书情报与档案管理
基于价值共创理论的高校图书馆业务流程重组研究——以大连交通大学图书馆为例	张　扬	辽宁师范大学	高春玲	图书情报与档案管理
患者信息采纳行为影响因素研究	邹楚缘	南昌大学	钟丽萍	图书情报与档案管理
基于“搜商”现状调查的研究生科研能力培养研究	李　童	南昌大学	龚花萍	图书情报与档案管理
高校跨学科团队知识共享网络结构的形成及演化研究——以美国 Stanford BIO_X 研究所为例	孙佳桐	南昌大学	屈文建	图书情报与档案管理
基于 WOS 的省属高校药理学与毒理学学科竞争力分析	曾　聪	南昌大学	胡小飞	图书情报与档案管理
公共数字文化资源整合过程中机构间合作意愿影响因素研究	程　晓	南昌大学	曾　群	图书情报与档案管理
基于区域科技创新的竞争情报联动供给服务模式研究	余建兵	南昌大学	龚花萍	图书情报与档案管理
基于用户需求的科研数据资源整合模式研究	杨晓月	南昌大学	沈玖玖	图书情报与档案管理
应急网站用户持续使用行为影响因素实证研究	杜心雨	南昌大学	杨选辉	图书情报与档案管理
越南高校数字图书馆中开源软件的应用研究	PHAN NGOC DONG（潘玉东）	南京大学	郑建明	图书馆学
基于成长规律的杰出学者预测研究	张明月	南京大学	石　进	情报学
生物医学研究热点之信息计量分析	覃佳慧	南京大学	叶　鹰	情报学
基于专利引文的人工智能领域科学—技术关联分析	郜梦蕊	南京大学	苏新宁	情报学
基于情感分析的神经网络协同过滤	李　柯	南京大学	苏新宁	情报学
基于期刊论文的我国省级科技情报机构科研现状分析	刘明珠	南京大学	杨建林	情报学
基于机器学习的论文学术创新力评价研究	贺婉莹	南京大学	杨建林	情报学
基于深度学习的学术论文推荐研究	李　志	南京航空航天大学	邹小筑	情报学
高校科学数据共享主要影响因素研究	刘　嫣	南京航空航天大学	袁红卫	情报学
基于 LDA 模型的人工智能领域前沿识别研究	谢　婷	南京航空航天大学	秦　萍	情报学
面向领域知识体系构建的知识元抽取研究	王金树	南京理工大学	王曰芬	情报学

续表

题目	作者	学校	导师	学科专业
基于 SOAR 模型的网民情感状态转移研究	王夏婷	南京理工大学	吴　鹏	情报学
基于深度学习的财经媒介信息情感分析研究	胡家珩	南京理工大学	岑咏华	情报学
协作式信息搜索中基于共享心智模型的团队认知机制研究	汤佳丽	南京理工大学	颜端武	情报学
从免费到付费：在线知识问答平台的用户转移行为研究	刘周颖	南京理工大学	赵宇翔	情报学
基于长短期记忆模型的网民负面情感分类研究	应　杨	南京理工大学	吴　鹏、王筱纶	情报学
基于 Usage Metrics 的科学论文用户使用行为研究	詹长静	南京理工大学	陈必坤	情报学
基于多源异构数据的图书评论自动摘要研究	童甜甜	南京理工大学	章成志	情报学
基于文献关联网络的科学发现种子辐射效应研究	任　婷	南京理工大学	颜端武	情报学
面向节能的城市轨道交通网络化运行图案例库设计	王依雯	南京理工大学	哈进兵	情报学
知识问答社区用户知识互动行为研究	肖　珊	南开大学	李　颖	情报学
高校图书馆纸质馆藏资源学科服务研究——以青岛科技大学为例	葛　凡	青岛科技大学	赵慧娟	情报学
高校虚拟社区成员信息分享影响因素研究	许　欢	曲阜师范大学	李兴保	图书馆学
基于“时间异质性”和“合著网络”的作者影响力评价研究	谢瑞霞	曲阜师范大学	李秀霞	图书馆学
基于潜在主题挖掘的知识共现研究——以图书情报学学科领域为例	周　娜	曲阜师范大学	李秀霞	图书馆学
基于共词聚类的图书情报学与新闻传播学学科交叉研究	于舒曼	曲阜师范大学	马秀峰	图书馆学
基于 LDA 模型的图书情报学向计算机科学知识流动分析	于　娜	曲阜师范大学	马秀峰	图书馆学
高校图书馆知识服务营销推广现状分析与策略研究——基于微媒体视角	隋欣欣	曲阜师范大学	王焕景	图书馆学
图书情报学领域“睡美人”文献识别研究	宋呈玉	曲阜师范大学	李秀霞	图书馆学
CTM 主题模型在学科主题识别与学科文献分类中的应用研究	史盛楠	曲阜师范大学	李秀霞	图书馆学
社会化问答平台知识共享行为影响因素研究	刘　宁	曲阜师范大学	马秀峰	图书馆学
虚拟社区中用户知识共享影响因素研究	刘　洁	曲阜师范大学	李兴保	图书馆学
基于 LDA 的国内图书情报学研究主题发现及其演化研究	林丽丽	曲阜师范大学	马秀峰	图书馆学
基于主题词的 ISLS 领域知识演化路径识别——以 WoS 中的 NSFC 文献为例	焦　红	曲阜师范大学	李秀霞	图书馆学
基于趋势分析的学科主题研究优先级划分——以图书馆学领域为例	韩　霞	曲阜师范大学	李秀霞	图书馆学
国外学术图书馆出版服务实践及对我国的启示	高　丹	曲阜师范大学	李秀霞	图书馆学
面向科研创新的高校图书馆知识服务模式研究	李　伟	曲阜师范大学	王焕景	图书馆学
高校机构知识库学科服务创新研究	苏庆收	山东理工大学	刘文云	情报学
高校图书馆微信公众号信息推送服务与用户互动研究	毛鹏乐	山西财经大学	王　昌	情报学
山西省真人图书馆阅读推广调查研究	姚小燕	山西财经大学	吴汉华	情报学
基于语义关联的微信跨媒体检索研究	邓颖慧	山西财经大学	徐彤阳	情报学

续表

题目	作者	学校	导师	学科专业
基于 SERVQUAL 的社区电子商务客户信息服务质量评价研究	张智高	山西财经大学	尚成国	情报学
基于深度学习的网络新闻文本分类研究	尹　凯	山西财经大学	徐彤阳	情报学
学科交叉期刊识别方法研究	张慧玲	山西财经大学	贾　伟	情报学
美国图书情报学研究生教育对中国的启示	倪　弘	山西财经大学	吴汉华	情报学
高校图书馆员服务能力对关系质量的影响研究	刘小晶	山西大学	齐向华	图书馆学
高校图书馆的用户感知价值评价研究	赵俨超	山西大学	齐向华	图书馆学
基于分类法自动映射的众包实现——以 CLC 与 DDC、LCC 化学类目映射为例	陈　瑞	山西大学	贾君枝	情报学
基于 Wikidata 的机构本体构建研究	叶壮壮	山西大学	贾君枝	情报学
关联数据的词表重用策略研究	李捷佳	山西大学	贾君枝	情报学
基于 Kano 模型的高校图书馆虚拟学习共享空间用户需求研究	翟明明	山西大学	尚珊	图书情报
老年读者对公共图书馆健康信息服务需求的研究	杨　柳	山西大学	石艳霞	图书情报
基于公共图书馆的用户间互动对感知服务质量的影响研究	吴江鑫	山西大学	尚　珊	图书情报
互联网知识付费环境下图书馆知识服务模式创新	荣毅宁	山西大学	尚　珊	图书情报
政府集中行政审批信息资源共享研究	邱文琦	苏州大学	项文新	图书情报与档案管理
我国公共信息服务成本分担模式研究	李炜超	苏州大学	周　毅、王雅戈	图书情报与档案管理
在读硕士研究生网络学术信息搜寻行为及影响因素探究	崔朋哲	天津工业大学	董永梅	图书馆学
基于用户需求的高校图书馆科学数据服务模式研究	孙　奇	天津工业大学	贾东琴	图书馆学
基于 TAM 与 TTF 模型的高校图书馆电子资源利用效率研究	李晓童	天津工业大学	周秀会	图书馆学
中外数字资源长期保存项目比较研究	牛　婧	天津工业大学	韩海涛	图书馆学
基于用户满意度分析的高校图书馆微信公众号服务内容研究	李梦楠	天津工业大学	周秀会	图书馆学
基于能力和知识结构的我国图书情报硕士专业学位课程设置研究	吴　琼	天津师范大学	黄雪梅	图书馆学
隐私疲劳视角下社交媒体用户隐私披露意愿研究	吴查科	天津师范大学	王树义	情报学
“双一流”建设背景下高校图书馆服务创新研究——以武汉大学图书馆为例	尹彦力	武汉大学	肖希明	图书馆学
高校科研数据机构库联盟的数据服务模式选择研究	李　璐	武汉大学	司　莉	图书馆学
面向同行发现的学术社交网络信息搜寻行为研究——基于 ResearchGate 平台	袁　方	武汉大学	吴　丹	图书馆学
基于迁移学习的医学文献内图像多标签分类	田　敏	武汉大学	陆　泉	情报学
学术文本引文上下文多样化排序研究	杨韵寒	武汉大学	陆　伟	情报学
移动虚拟社区用户适应性信息搜寻行为影响因素研究	欧阳博	武汉大学	查先进	情报学
结合本体与社会化标签的用户动态兴趣建模研究	李媛媛	武汉大学	李旭晖	信息资源管理
基于集成学习的中文书目自动分类研究	周洺杰	西安电子科技大学	李恩科	图书馆学

续表

题目	作者	学校	导师	学科专业
面向时间序列的微博话题演化模型研究	张佩瑶	西安电子科技大学	刘东苏	情报学
面向海量数据的社区发现与关键用户挖掘算法研究	王　闯	西安电子科技大学	王亚民	情报学
基于主题模型的知识结构发现及其演化机理研究	田亚丹	西安电子科技大学	李　慧	情报学
基于计划行为理论的微博用户转发行为预测研究	席林娜	西安电子科技大学	窦永香	情报学
科技文献的资源语义空间及检索研究	李祯静	西安电子科技大学	秦春秀	情报学
科技文献服务平台检索结果呈现方式对检索效果的影响研究	曹　威	西安电子科技大学	秦春秀	情报学
基于科研情境的数字图书馆知识推荐研究	汪　圳	西安电子科技大学	刘成山	图书情报与档案管理
我国省级公共图书馆服务营销评价指标体系的构建及实证研究	赫夏紫薇	西北大学	张新鹤	图书馆学
中文学术成果 Altmetrics 评价的利益相关者需求达成研究——以高校科研人员为例	沈兰妮	西南大学	韩　毅	情报学
在校大学生数据素养形成的路径机制与优化策略研究——以西南大学为例	刘艳笑	西南大学	韩　毅	情报学
基于 TOPSIS 的学术期刊影响力综合评价研究	王萝娜	西南科技大学	李端明	情报学
虚拟学术社区知识交流效率研究	吴佳玲	西南科技大学	庞建刚	情报学
移动学术虚拟社区用户知识转移行为影响因素研究	唐　婷	西南科技大学	何晓兰	情报学
高校图书馆阅读推广效果的动态模糊评价研究	朱园园	西南科技大学	胡翠红	情报学
信息生态视域下精准扶贫中的信息服务研究	郭　蕾	西南科技大学	余　波	情报学
基于链接分析的国内房产信息网站评价研究	成锡潮	西南科技大学	吴景海	情报学
物联网背景下区域图书馆联盟信息资源共享策略研究	杨晶晶	湘潭大学	邹序明、邹　凯	图书馆学
国内高等教育发展新环境下的高校图书馆评估研究	王　鳐	湘潭大学	王丙炎	图书馆学
我国公共图书馆智慧服务研究	彭　珍	湘潭大学	汤　曼	图书馆学
智慧警务中公安情报融合方法设计与实现	骆健儿	湘潭大学	刘绪崇、陈　旸	情报学
基于压力源—应变—后果框架的政务微博用户使用倦怠研究	李顺利	湘潭大学	朱红灿	情报学
基于 Kano 模型的政府数据开放平台用户体验要素分类研究	胡　新	湘潭大学	朱红灿	情报学
德国康斯坦茨大学图书馆协作学习支持服务探析及启示研究	胡　灿	湘潭大学	龙朝阳	情报学
信息生态视角下智慧城市公共信息服务质量评价研究	谢子浩	湘潭大学	邹　凯、蒋知义	情报学
基于 Kano 理论模型的国家数字文化网服务评价研究	周锦熠	湘潭大学	戴艳清	图书情报
英美公共图书馆学前儿童阅读服务比较及启示	陈　邦	湘潭大学	周永红	图书情报与档案管理
云南省高校图书馆微信公众平台服务研究	周宁馨	云南大学	赵益民	图书馆学
高校图书馆联合学生社团开展阅读推广的策略研究——基于云南 31 所高校的调查	戴　凡	云南大学	胡立耘	图书馆学

续表

题目	作者	学校	导师	学科专业
边疆民族地区公共图书馆阅读推广策略研究——以云南省为例	曹　润	云南大学	王水乔	图书馆学
江苏省地级市公共图书馆讲座服务研究	马梦丹	云南大学	赵益民	图书馆学
我国民办图书馆可持续发展研究——基于我国江浙地区部分民办图书馆的调查分析	李旗齐	云南大学	杨　勇	图书馆学
近十年我国图书馆管理研究的学科交叉问题探析——基于国家基金项目研究主题的计量分析	李啸尘	云南大学	杨　勇	图书馆学
高校图书馆嵌入式教学服务研究	夏宇新	云南大学	胡立耘	图书馆学
数字人文视阈下云南少数民族节日文化信息资源建设研究	宋丹丹	云南大学	胡立耘	情报学
用户持续使用专利信息系统行为的影响因素研究——以化工领域用户为例	卢明达	云南大学	马自坤	情报学
昆明地区高校图书馆留学生信息服务研究	宣　宁	云南大学	赵益民	图书情报
云南省稀贵金属材料基因工程专利竞争情报研究——以锗金属为例	王若冰	云南大学	赖于民	图书情报
我国高校图书馆个性化阅读推广模式探究	郭维嘉	郑州大学	王国强	图书馆学
公共图书馆志愿者服务调查研究——以河南省为例	史丽婷	郑州大学	杨晓农	图书馆学
高校图书馆空间再造下的资源与服务融合发展——基于两岸四地高校图书馆的调查	王绍霞	郑州大学	李　敏	图书馆学
晚清中原刻书研究	石庆功	郑州大学	王国强	图书馆学
大学生健康 APP 持续使用意愿影响因素研究	朱一梅	郑州大学	金　燕	情报学
中美情报学硕士研究生教育发展现状比较研究	张　坦	郑州大学	周春雷	情报学
基于移动终端的大学生健康信息搜寻行为研究	韩永丽	郑州大学	金　燕	情报学
大学生人格特质对其在线健康信息搜寻行为的影响研究	闭利高	郑州大学	金　燕	情报学
数字保存的可识别性风险检测研究	周丽媛	郑州大学	臧国全	情报学
门户网站中的动态分类导航模型研究	张奕阳	郑州大学	王　娜	情报学
网络信息组织中的用户参与机制研究	李雅静	郑州大学	王　娜	情报学
基于用户画像的 UGC 质量预判方法	孙佳佳	郑州大学	金　燕	情报学
学术授信评价视角下的图书影响力研究	陈艳云	郑州大学	周春雷	情报学
网络一代数字阅读意愿影响因素研究	黄若尧	郑州大学	尚新丽	情报学
数字保存的可理解性风险检测研究	王秀娟	郑州大学	臧国全	情报学
我国商业银行微信公众号服务满意度影响因素研究	陈威兵	郑州大学	尚新丽	情报学
美国州立图书馆用户义务性规范配置研究	齐振红	郑州大学	付立宏	情报学
共被引分析中位置权重的改进研究	刘海云	郑州大学	郭　强	情报学
学术虚拟社区用户知识交流网络及情感研究	姜小函	郑州大学	杨瑞仙	情报学
台湾县级图书馆用户义务性规范配置研究	徐启玲	郑州大学	付立宏	情报学
增强现实（AR）对图书馆服务与管理的提升研究	丁林鑫	郑州航空工业管理学院	周九常	图书馆学
智慧城市背景下数据开放共享模式研究	李世同	郑州航空工业管理学院	刘　永	情报学
叙词表入口词翻译研究——以英文超级科技词表为例	温斌斌	中国科学技术信息研究所	常　春	图书馆学

续表

题目	作者	学校	导师	学科专业
微信公众号学术资源遴选方式研究	毕胜男	中国科学技术信息研究所	曾建勋	图书馆学
基于数字图书馆的学者标签体系研究	郑　昂	中国科学技术信息研究所	曾建勋	图书馆学
学术期刊负面评价指标体系研究	石　慧	中国科学技术信息研究所	潘云涛	情报学
基于语义的相关文档探测方法在科技查新数据中的应用研究	何晓敏	中国科学技术信息研究所	曹　燕	情报学
基于关联科学的科学数据与科技文献的深度整合应用研究	田凯臣	中国科学技术信息研究所	白海燕	情报学
基于时间和词频的叙词表新术语发现研究	雷　晓	中国科学技术信息研究所	常　春、刘　伟	情报学
翻转课堂在信息素质教育的应用研究——以科技信息检索课为例	陈　超	中国科学院大学	李　玲	图书馆学
科研人员开放科研数据的行为影响因素研究	包秦雯	中国科学院大学	顾立平	图书馆学
科技论文中并列关系知识单元识别方法研究	裴晶晶	中国科学院大学	乐小虬	图书馆学
基于科技文献的领域知识抽取研究	徐红霞	中国科学院大学	李春旺	图书馆学
面向我国科学数据评价的引用机制研究	彭媛媛	中国科学院大学	黄金霞	图书馆学
中国历代人物传记资料库的人物本体研究与构建	肖　奕	中国科学院大学	鄢小燕	图书馆学
图书馆特色科学文化资源可持续建设研究——以中国科学院院士文库建设为例	柳　影	中国科学院大学	陈朝晖	图书馆学
基于多任务分类的异源文本语义匹配方法	姚俊良	中国科学院大学	乐小虬	图书馆学
图书馆营销要素及服务模式研究	杜　婕	中国科学院大学	吴　鸣	图书馆学
地学文献中数值信息抽取方法研究——以沙漠学研究文献为例	李春杰	中国科学院大学	马建玲	图书馆学
智库影响力生成及传导机制研究	杨文慧	中国科学院大学	李　宏	情报学
面向用户理性行为决策的知识晶炼与集成方法	吴晓凤	中国科学院大学	高　峰	情报学
用于国内学者影响力评价的 Altmetrics 指标体系研究	郭　颖	中国科学院大学	肖仙桃	情报学
基于多元要素聚合发展模式的区域科技成果转化能力评价研究	刘　宇	中国科学院大学	方　曙	情报学
基于文本相似度计算的专利与技术需求的匹配研究	詹文青	中国科学院大学	肖国华	情报学
特色小镇情报保障体系构建研究	芦楚屹	中国科学院大学	钟永恒	情报学
融入作者主题相似度的社区发现方法研究	徐　涵	中国科学院大学	刘小平	情报学
智库报告类产品影响力评价研究	雷佳丽	中国科学院大学	郑军卫	情报学
基于 BRFSS 数据库应用人工神经网络建立儿童哮喘预测模型	马晓宇	中国医科大学	赵玉虹	情报学
整合基因－癌症关联、网络、序列和功能属性利用机器学习方法预测癌症候选基因的研究	范馨月	中国医科大学	崔　雷	情报学

（国家图书馆　张收棉整理）

2019 年出版图书馆学情报学著作目录

序号	书名	责任者	出版社	ISBN
1	公共图书馆服务与全民阅读推广研究	白小红著	延边大学出版社	978-7-5688-8049-7
2	高校图书馆信息资源建设	包华，克非，张璐著	中国商务出版社	978-7-5103-2885-5
3	基于期刊数据库的数字化阅读研究	包韫慧著	知识产权出版社	978-7-5130-6292-3
4	北京大学中国古文献研究中心集刊 第八辑	北京大学中国古文献研究中心编	北京大学出版社	978-7-301-30684-0
5	北京大学中国古文献研究中心集刊 第十九辑	北京大学中国古文献研究中心编	北京大学出版社	978-7-301-31020-5
6	域外稽古录：东亚汉籍与中国古典文学研究综论	卞东波著	北京大学出版社	978-7-301-30873-8
7	图书馆阅读推广案例赏析	蔡迎春，金欢主编	国家图书馆出版社	978-7-5013-6688-0
8	高校智慧图书馆建设与应用研究	曹静著	中国商务出版社	978-7-5103-2874-9
9	常熟翁氏藏书研究	曹培根著	广陵书社	978-7-5554-1359-2
10	中文文献标引工作实用手册	曹玉强编著	知识产权出版社	978-7-5130-5907-7
11	国家图书馆三件早期雕版印刷佛经修复与保护	陈红彦，谢冬荣，萨仁高娃主编；国家图书馆古籍馆编	国家图书馆出版社	978-7-5013-6664-4
12	地方文献保护与整理出版研讨会论文集	陈建华主编	国家图书馆出版社	978-7-5013-6733-7
13	高校图书馆休闲功能开发研究	陈科，黄欢著	四川大学出版社	978-7-5690-2992-5
14	网络信息生态系统信息资源优化配置研究	陈明红著	科学技术文献出版社	978-7-5189-5326-4
15	蛾术薪传	陈尚君编选	商务印书馆	978-7-100-15474-1
16	湖南大学图书馆史	陈有志，郑章飞编著	湖南大学出版社	978-7-5667-1708-5
17	新媒体环境下公共图书馆阅读推广活动的研究	陈宗雁著	中国商务出版社	978-7-5103-2868-8
18	图书馆信息检索与资源共享教材	程东立著	中国商业出版社	978-7-5208-0791-3
19	煮海採山：《古典文献研究》三十年论文精粹集	程章灿，赵益编	商务印书馆	978-7-100-17010-9
20	社会力量参与公共图书馆事业建设研究	褚树青主编	国家图书馆出版社	978-7-5013-6896-9
21	论中国古代的知识分类与典籍分类	戴建业著	上海文艺出版社	978-7-5321-7299-3
22	图书与档案信息资源开发与整合	党焕珍，刘君梅著	北京工业大学出版社	978-7-5639-6776-6

续表

序号	书名	责任者	出版社	ISBN
23	高校图书信息服务创新与档案信息管理	党玉梅著	辽海出版社	978-7-5451-4612-7
24	高职院校图书馆阅读推广实践研究	邓己红著	中国商务出版社	978-7-5103-2914-2
25	第十四届全国纺织服装信息研究会馆长论坛论文集：图书馆特色资源建设与共享	东华大学图书馆编著	东华大学出版社	978-7-5669-1668-6
26	图书馆人才培养与服务创新	董光燕，张雪梅，张燕青主编	内蒙古人民出版社	978-7-204-15961-1
27	新媒体时代图书馆管理与服务研究	董伟著	吉林人民出版社	978-7-206-16165-0
28	高校图书馆服务研究与现代图书馆管理	董玉梅，徐阳，吴爽主编	中国纺织出版社	978-7-5180-4470-2
29	书写的温度：从古代文献到书籍艺术	敦煌研究院编	辽宁美术出版社	978-7-5314-8407-3
30	数字图书馆门户网站新模式：开源软件的应用	樊姗主编	中国书籍出版社	978-7-5068-7066-5
31	现代图书馆学研究概论	方文著	中国纺织出版社	978-7-5180-4555-6
32	中国近现代作家与藏书文化	冯佳著	中国传媒大学出版社	978-7-5657-2496-1
33	信息检索 . 2 版	冯涛编著	知识产权出版社	978-7-5130-6345-6
34	出土文献与传世典籍的诠释	复旦大学出土文献与古文字研究中心编	中西书局	978-7-5475-1649-2
35	图书馆管理学基础	高斌，罗茜，赵韬著	吉林科学技术出版社	978-7-5578-6450-7
36	基于代表记录的增量实体解析方法研究	高广尚著	科学出版社	978-7-03-060358-6
37	“互联网 +”时代高校图书馆智慧化建设研究	高红霞著	辽海出版社	978-7-5451-4516-8
38	大数据搜索与挖掘及可视化管理方案	高凯，岳重阳，江跃华编著	清华大学出版社	978-7-302-50799-4
39	清代至近代版本学的经济转型模式对现今出版的启示	高田著	吉林大学出版社	978-7-5692-5056-5
40	古典文献学环境中的图书馆古籍区域使用概率模式解析	高田著	吉林出版集团股份有限公司	978-7-5581-6929-8
41	高等院校图书馆数字参考咨询服务评价研究	高雯雯著	海南出版社	978-7-5443-8739-2
42	互联网 + 背景下高校图书馆读者服务工作创新	高琰著	吉林出版集团股份有限公司	978-7-5581-6634-1
43	“双一流”背景下高校图书馆阅读推广服务研究	高玉洁，王景文，廉立军著	北京工业大学出版社	978-7-5639-7173-2
44	大数据时代高校图书馆信息服务创新研究	高远，高普著	哈尔滨地图出版社	978-7-5465-2018-6

续表

序号	书名	责任者	出版社	ISBN
45	高校图书馆资源建设与实践研究	耿志明著	吉林出版集团股份有限公司	978-7-5581-6467-5
46	畅享悦读：以潍坊市图书馆为例	宫昌利著	延边大学出版社	978-7-5688-8063-3
47	图书馆服务思维研究	宫昌利著	吉林人民出版社	978-7-206-16409-5
48	湘潭大学图书情报与档案管理学科纪事	龚蛟腾主编	湘潭大学出版社	978-7-5687-0321-5
49	高校图书馆管理与大学生素质教育	龚鹏飞，刘三华，王香香著	延边大学出版社	978-7-5688-6803-7
50	经学文献学研究	顾永新编	北京大学出版社	978-7-301-30758-8
51	贵州省图书馆事业发展史料汇编	关燕云编	贵州人民出版社	978-7-221-15358-6
52	2018 年江苏省高等学校图书馆发展报告：基于“江苏省高校图书馆事业发展统计与决策服务系统”平台填报数据	管红星主编	南京师范大学出版社	978-7-5651-4417-2
53	现代图书馆的资源建设与服务转型研究	管立著	北京工业大学出版社	978-7-5639-6786-5
54	广西图书馆学会 2018 年年会论文集	广西图书馆学会编	广西科学技术出版社	978-7-5551-1161-0
55	广州市“图书馆之城”建设年度报告 2018	广州图书馆编	广州出版社	978-7-5462-2921-8
56	国外公共图书馆多元文化服务政策与案例编译文集	广州图书馆主编	中山大学出版社	978-7-306-06606-0
57	图书馆移动服务模式和质量评价研究	过仕明著	黑龙江人民出版社	978-7-207-11612-3
58	中小型公共图书馆的服务与创新	郭斌主编	合肥工业大学出版社	978-7-5650-4435-9
59	西部少数民族阅读文化研究	郭建平著	敦煌文艺出版社	978-7-5468-1800-9
60	古文字与古文献论集续编	郭永秉著	上海古籍出版社	978-7-5325-9297-5
61	国家图书馆同人文选 . 第五辑	国家图书馆编	国家图书馆出版社	978-7-5013-6840-2
62	2019 年国家图书馆青年学术论坛论文集	国家图书馆编	国家图书馆出版社	978-7-5013-6817-4
63	跟着审查员学检索：专利信息检索快速指南	国家知识产权局专利局专利审查协作江苏中心组织编写	知识产权出版社	978-7-5130-6660-0
64	融合创新发展：四川省文化厅图书情报学与文献学规划项目论文集	何光伦主编	四川大学出版社	978-7-5690-3030-3
65	高校图书馆大数据应用模式与实证研究	何胜著	兰州大学出版社	978-7-311-05599-8
66	聚焦：湖北省图书馆 2018 年报道集锦	贺安定，刘杰民主编；湖北省图书馆编	武汉大学出版社	978-7-307-20932-9

续表

序号	书名	责任者	出版社	ISBN
67	科技信息检索	胡德华，李小平，罗爱静主编	科学出版社	978-7-03-062152-8
68	数字图书馆网络信息资源整合	胡小红，汪伟著	辽海出版社	978-7-5451-4503-8
69	中国历史文献学	黄爱平主编；黄爱平等著	中国人民大学出版社	978-7-300-27823-0
70	智慧图书馆视角下的阅读推广研究	黄葵著	天津科学技术出版社	978-7-5576-6676-7
71	互联网背景下高校图书馆采编工作质量的研究	黄美龄著	延边大学出版社	978-7-5688-6898-3
72	高校图书馆与学科建设	黄娜著	吉林人民出版社	978-7-206-16105-6
73	数字图书馆信息安全管理标准规范	黄水清，任妮，韩正彪著	北京大学出版社	978-7-301-30846-2
74	古今伪书考补证	黄云眉著	商务印书馆	978-7-100-16084-1
75	当馆长那些事：1984年—2016年	霍灿如著	黑龙江大学出版社	978-7-5686-0300-3
76	基层图书馆管理与服务	霍瑞娟主编	北京师范大学出版社	978-7-303-23373-1
77	信息素养教育	贾建瑞等著	四川科学技术出版社	978-7-5364-9676-7
78	吴门贩书丛谈	江澄波著	北京联合出版公司	978-7-5596-3022-3
79	近代图书馆与地方文献发展研究：1912—1945	江山著	黄山书社	978-7-5461-8408-1
80	砥砺奋进任重道远：江苏省古籍保护事业发展：2007—2018	江苏省古籍保护中心（南京图书馆）编	国家图书馆出版社	978-7-5013-6750-4
81	江苏省公共图书馆事业发展报告：2013—2017	江苏省图书馆学会，南京图书馆编	东南大学出版社	978-7-5641-8342-4
82	图书馆弱势群体服务研究	姜璐著	安徽师范大学出版社	978-7-5676-3602-6
83	遇见宋版书	姜青青著	浙江摄影出版社	978-7-5514-2652-7
84	社会网络分析方法在图书情报学科的应用研究	姜鑫，王德庄，马海群著	知识产权出版社	978-7-5130-6057-8
85	公安文献信息检索与利用	蒋和平主编	四川大学出版社	978-7-5690-2770-9
86	咬文嚼字目录学与工具书	蒋礼鸿著	浙江大学出版社	978-7-308-19376-4
87	当代高职院校图书馆服务创新与发展研究	蒋群蓉著	吉林出版集团股份有限公司	978-7-5581-4892-7
88	来新夏文集	焦静宜等编	南开大学出版社	978-7-310-05837-2
89	高校图书馆发展蓝皮书2016	教育部高等学校图书情报工作指导委员会编	高等教育出版社	978-7-04-051568-8
90	一本书的图书馆之旅：图书馆阅读推广十五年	金龙著	商务印书馆	978-7-100-16889-2
91	衍芬草堂友朋书札及藏书研究	金晓东著	山东大学出版社	978-7-5607-5963-0
92	高校图书馆面向社会提供专利信息服务模式与实践	金焱，李新著	中国农业科学技术出版社	978-7-5116-4500-5
93	《中国图书馆分类法》第五版类目沿革注释研究	鞠红耘著	内蒙古科学技术出版社	978-7-5380-3108-9

续表

序号	书名	责任者	出版社	ISBN
94	大数据时代信息资源检索与分析	康桂英，明道福，吴晓兵编著	北京理工大学出版社	978-7-5682-6623-9
95	古籍整理讲义．影印本	来新夏著	南开大学出版社	978-7-310-05822-8
96	现代图书馆发展的多视域解读	雷天锋，张平，耿丹妮编著	上海交通大学出版社	978-7-313-21904-6
97	陕西高校图书馆年鉴 2001—2014	雷震，强自力，张惠君编	陕西师范大学出版总社	978-7-5695-0677-8
98	数字阅读时代高校图书馆信息服务创新研究	李爱贞著	延边大学出版社	978-7-5688-6711-5
99	图书馆残疾人服务模式与规范	李春明主编	国家图书馆出版社	978-7-5013-6780-1
100	中国古代图书管理与发展	李东燕著	团结出版社	978-7-5126-6959-8
101	现代图书馆管理与实务	李东燕著	团结出版社	978-7-5126-7123-2
102	互联网背景下高校图书馆创新思维	李飞，张燕主编	科学出版社	978-7-03-061862-7
103	城市老年人信息需求与服务保障研究	李菲著	科学出版社	978-7-03-052761-5
104	中国图书情报学四十年	李广建主编	商务印书馆	978-7-100-17202-8
105	图书馆资源建设与管理艺术	李国翠，郭旗著	吉林美术出版社	978-7-5575-3319-9
106	古籍清话	李国庆编著	中州古籍出版社	978-7-5348-8714-7
107	现代图书馆服务与管理创新研究	李红巍，李丽娜著	吉林文史出版社	978-7-5472-6006-7
108	基于云计算的数字图书馆信息共享管理	李淮斌著	辽海出版社	978-7-5451-4625-7
109	韩汉汉韩图书馆学情报学词汇手册	李吉子编译	求真出版社	978-7-80258-260-6
110	图书馆文献编目	李佳著	中州古籍出版社	978-7-5348-8583-9
111	现代图书馆管理体系与服务研究	李静，乔菊英，江秋菊著	吉林人民出版社	978-7-206-16236-7
112	大数据环境下公共图书馆服务深化思考与探索：2018 年上海地区公共图书馆读者服务学术研究论文集	李君主编；上海市图书馆学会编	上海辞书出版社	978-7-5326-5356-0
113	明嘉靖刻本研究	李开升著	中西书局	978-7-5475-1520-4
114	高校图书馆阅读推广研究	李明著	朝华出版社	978-7-5054-4451-5
115	图书馆管理与智能应用	李娜，陈媛，杭传荣著	延边大学出版社	978-7-5688-6697-2
116	高校图书馆资源建设与管理研究	李瑞欢著	延边大学出版社	978-7-5688-7143-3
117	图书馆电子资源采购的规范管理与控制	李书宁等著	中国经济出版社	978-7-5136-5566-8
118	图书馆出版物国际交换	李伟编著	社会科学文献出版社	978-7-5201-4865-8
119	书舶录：日本访书诗纪	李小龙著	生活·读书·新知三联书店	978-7-108-06347-2

续表

序号	书名	责任者	出版社	ISBN
120	信息系统可用性对用户情绪的影响研究	李晓军，肖忠东著	中国原子能出版社	978-7-5022-9817-3
121	书林学步	李雄飞著	国家图书馆出版社	978-7-5013-6799-3
122	大数据环境下高校图书馆信息服务转型研究	李艳春，朱平哲，毛靖著	北京工业大学出版社	978-7-5639-6827-5
123	智慧图书馆优化服务策略研究	李艳红著	吉林文史出版社	978-7-5472-6440-9
124	政府购买民间图书馆服务研究	李英，李亚峰著	河北大学出版社	978-7-5666-1425-4
125	数字图书馆用户多维交互与评估	李月琳著	国家图书馆出版社	978-7-5013-6644-6
126	专利信息检索与利用	李招娣著	吉林科学技术出版社	978-7-5578-4905-4
127	全环境育人理念下新媒体时代高校图书馆读者工作研究	李珍连著	东北师范大学出版社	978-7-5681-5611-0
128	基于用户交互的数字图书馆服务评价模型与实证研究	梁孟华，吕元智，王玉良著	上海世界图书出版公司	978-7-5192-5384-4
129	数字图书馆资源建设研究	林团娇著	延边大学出版社	978-7-5688-6778-8
130	图书馆管理与信息应用	刘春节著	云南科技出版社	978-7-5587-2245-5
131	互联网时代高校图书馆与公共文化服务的融合发展和实践	刘华卿著	吉林大学出版社	978-7-5692-4784-8
132	高校图书馆阅读推广理论与实践	刘纪刚著	九州出版社	978-7-5108-8147-3
133	图书馆阅读推广与服务管理研究	刘静静著	中国原子能出版社	978-7-5221-0126-2
134	档案与图书馆信息化资源利用	刘君梅，党焕珍著	北京工业大学出版社	978-7-5639-6774-2
135	图书馆档案信息资源开发与整合	刘坤著	延边大学出版社	978-7-5688-7376-5
136	档案管理与图书情报研究	刘瑞强，李亚军，郭方编著	吉林文史出版社	978-7-5472-6251-1
137	从古代到藏书楼到图书馆	刘姝瑾，单承伟，王红著	团结出版社	978-7-5126-7355-7
138	山东大学图书馆馆史	刘相金，黄晓静主编	山东大学出版社	978-7-5607-6148-0
139	高校图书馆专利信息服务研究	刘秀文编著	海洋出版社	978-7-5210-0413-7
140	期刊影响因子及其缺陷的矫正	刘雪立著	中国社会科学出版社	978-7-5203-5236-9
141	基于微信公众平台的高校图书馆服务创新	刘洋主编	天津科学技术出版社	978-7-5576-6359-9
142	面向自动处理的科技查新案例解析与实现	刘耀，曹燕等著	科学技术文献出版社	978-7-5189-5440-7
143	期刊分层：期刊等级差异的社会学研究	刘宇著	中国社会科学出版社	978-7-5203-5227-7
144	越南汉籍与中越文学交流研究	刘玉珺著	中国社会科学出版社	978-7-5203-3383-2
145	书馨集：出土文献与古文字论丛	刘钊著	上海古籍出版社	978-7-5325-9283-8
146	网络信息生态链运行机制与优化方略	娄策群等著	科学出版社	978-7-03-063117-6
147	语义图书馆知识检索的方法与应用	楼雯著	上海科学技术文献出版社	978-7-5439-7846-1

续表

序号	书名	责任者	出版社	ISBN
148	图书馆知识转移理论研究	卢有才主编	吉林科学技术出版社	978-7-5578-6653-2
149	全国最大的乡村图书馆：和顺图书馆	鲁兴勇著	云南人民出版社	978-7-222-18242-4
150	我国古代图书馆与文化传承	罗启元著	现代教育出版社	978-7-5106-7019-0
151	网络信息资源检索研究	吕润宏著	西安地图出版社	978-7-5556-0526-3
152	情报工程学概论	马费成，赵志耘主编	科学技术文献出版社	978-7-5189-5991-4
153	古书的装帧：中国书册制度考	马衡等著	浙江人民美术出版社	978-7-5340-5993-3
154	红河州图书馆界获奖论文集：1998—2018	马慧主编；红河哈尼族彝族自治州图书馆，红河哈尼族彝族自治州图书馆学会编	云南人民出版社	978-7-222-18672-9
155	图书馆信息管理与服务研究	马利华著	延边大学出版社	978-7-5688-6963-8
156	民国时期安徽省图书馆事业发展研究	马利华著	经济日报出版社	978-7-5196-0587-2
157	武学．第三辑．武术史与武术文献学	马廉祯主编	广东人民出版社	978-7-218-13621-9
158	图书馆情景规划理论、方法与应用	马小琪著	知识产权出版社	978-7-5130-6403-3
159	多维视域下图书馆的当代新发展	马燕，左燕飞，任思霖编著	吉林大学出版社	978-7-5692-4902-6
160	用户需求下数字图书馆的建设研究	马英芝著	吉林文史出版社	978-7-5472-6523-9
161	新时代少年儿童图书馆工作与研究：京津冀少年儿童图书馆、中小学图书馆学术研讨会获奖论文集	马忠庚主编	天津人民出版社	978-7-201-14596-9
162	版本源流与正史校勘	聂溦萌，陈爽编	中华书局	978-7-101-14213-6
163	考证与释义：出土四古本《老子》综合研究	宁镇疆，赵争主编	中西书局	978-7-5475-1573-0
164	阅读·悦读：公共图书馆阅读推广探究	牛波著	云南人民出版社	978-7-222-18405-3
165	高校数字图书馆建设研究	牛世建著	延边大学出版社	978-7-5688-6907-2
166	移动阅读产业商业模式研究	彭连刚著	中南大学出版社	978-7-5487-3500-7
167	基于机器学习的图像检索技术及应用	齐亚莉，李业丽著	电子工业出版社	978-7-121-35985-9
168	校勘学	钱玄著	商务印书馆	978-7-100-16289-0
169	校勘学	钱玄著	凤凰出版社	978-7-5506-3040-6
170	专利检索策略及实战技巧	秦声主编	知识产权出版社	978-7-5130-6558-0
171	图书用户行为研究	秦艳华，张洪忠，唐贾军著	研究出版社	978-7-5199-0571-2
172	我国公共图书馆智慧服务研究	邱芙蓉著	延边大学出版社	978-7-5688-7962-0

续表

序号	书名	责任者	出版社	ISBN
173	文献计量学 . 2 版	邱均平著	科学出版社	978-7-03-061656-2
174	图书馆服务创新与管理研究	曲凯歌著	郑州大学出版社	978-7-5645-6228-1
175	中国图书馆事业发展报告 · 图书馆标准化卷	饶权主编	中央编译出版社	978-7-5117-3746-5
176	非对称信息共享网络理论与技术	任勇等编著	高等教育出版社	978-7-04-051855-9
177	书香满校园：上海市中小学（幼儿园）图书馆优秀工作案例集萃第二辑	上海市教育委员会中小学图书馆工作委员会编	上海教育出版社	978-7-5444-8901-0
178	百舸争流奋楫者先：2014—2017静安区中小学图书馆工作论文集	上海市静安区中小学图书馆工作委员会编	上海教育出版社	978-7-5444-8519-7
179	括囊大典网罗众家：上海市杨浦区图书馆	上海市杨浦区图书馆编	上海人民美术出版社	978-7-5586-0248-1
180	上海市公共图书馆行业发展报告 2018	上海图书馆，上海市图书馆行业协会编	上海科学技术文献出版社	978-7-5439-8033-4
181	大数据分析在图书馆管理中的应用	申静编著	大连理工大学出版社	978-7-5685-1996-0
182	图书馆业务工作相关标准规范概览	申晓娟主编	北京师范大学出版社	978-7-303-23504-9
183	过云楼档案揭秘	沈慧瑛著	古吴轩出版社	978-7-5546-1388-7
184	伏枥集	沈津著	广西师范大学出版社	978-7-5598-2140-9
185	版本目录学研究 . 第十辑	沈乃文主编	国家图书馆出版社	978-7-5013-6743-6
186	图书馆科学管理与创新发展	沈洋著	中国青年出版社	978-7-5153-5436-1
187	图书馆创新与现代管理研究	师美然，张颖，张雯著	吉林人民出版社	978-7-206-16269-5
188	图书馆阅读障碍症人群服务研究	束漫著	国家图书馆出版社	978-7-5013-6810-5
189	图书馆与馆配商的合作效益研究	宋旅黄著	中国社会科学出版社	978-7-5203-3885-1
190	图书馆管理与信息应用	孙爱秀著	沈阳出版社	978-7-5441-9117-3
191	国际性编目规则及其发展研究	孙更新主编	武汉大学出版社	978-7-307-20783-7
192	我国城乡社区图书馆建设与发展战略研究	孙国峰，唐俐俐著	浙江工商大学出版社	978-7-5178-3527-1
193	新时代图书馆信息资源建设与服务体系构建	孙丽丽，邹晓华，崔广丽著	九州出版社	978-7-5108-8024-7
194	高校图书馆信息化建设问题及创新对策探究	谭亮，黄娜著	吉林大学出版社	978-7-5692-6078-6
195	图书馆管理与服务研究	谭媛，袁萍，马亚玲著	吉林文史出版社	978-7-5472-6406-5
196	法治环境下的图书馆建设与服务：2018 年湖北省图书馆学会年会论文集	汤旭岩，徐力文主编；湖北省图书馆学会编	湖北科学技术出版社	978-7-5706-0219-3
197	数字图书馆理论与实践研究	唐敏编著	延边大学出版社	978-7-5688-7944-6

续表

序号	书名	责任者	出版社	ISBN
198	协同创新视角下高校图书馆基于MOOCs及SPOCs的服务研究	陶海柱，杨林霞著	河海大学出版社	978-7-5630-5891-4
199	信息管理学科竞争力与结构改革	陶俊著	中国社会科学出版社	978-7-5203-4023-6
200	图书馆信息资源建设与管理	滕玉蓉，刘皎著	云南科技出版社	978-7-5587-2506-7
201	天一阁文丛．第17辑	天一阁博物馆编	浙江古籍出版社	978-7-5540-1592-6
202	天一阁文丛．第16辑	天一阁博物馆编	浙江古籍出版社	978-7-5540-1593-3
203	病原生物文献计量	田德桥编著	科学技术文献出版社	978-7-5189-5558-9
204	图书馆·情报与文献学名词2019	图书馆·情报与文献学名词审定委员会编	科学出版社	978-7-03-062040-8
205	数字图书馆技术、服务与产品	汪丹著	科学技术文献出版社	978-7-5189-4914-4
206	高校图书馆网络数据库评价体系研究	汪徽志著	中国书籍出版社	978-7-5068-7151-8
207	庐陵古文献考略．修订本	汪泰荣著	中国文史出版社	978-7-5205-0813-1
208	高校图书馆信息化创新建设与服务研究	王碧春著	吉林教育出版社	978-7-5553-6948-6
209	汉籍与汉学．二〇一九年第一期(总第四期)	王承略主编	山东人民出版社	978-7-209-11947-4
210	汉籍与汉学．二〇一九年第二期(总第五期)	王承略主编	山东人民出版社	978-7-209-12495-9
211	近现代文献复原复制技术	王春法主编；马海鹏，肖贵洞，孟硕著	北京时代华文书局	978-7-5699-2021-5
212	东胜区图书馆史：1979—2018	王芳，刘锦山主编	国家图书馆出版社	978-7-5013-6794-8
213	中原文献整理史稿	王钢著	中州古籍出版社	978-7-5348-8891-5
214	公共图书馆儿童阅读推广研究	王海辉著	延边大学出版社	978-7-5688-6815-0
215	移动终端社会化阅读	王海燕著	社会科学文献出版社	978-7-5201-3832-1
216	图书馆工作新视野之智库服务与建设	王洪娟著	九州出版社	978-7-5108-8241-8
217	寻梦十载书香为伴：中学图书馆特色发展之路的探索	王鸿飞编著	广东教育出版社	978-7-5548-2771-0
218	山西省图书馆职工优秀论文集：2010—2019	王建军主编	山西经济出版社	978-7-5577-0536-7
219	魏晋子书研究	王琳著	商务印书馆	978-7-100-16673-7
220	图书馆创客空间建设	王蒙，王奕龙著	国家图书馆出版社	978-7-5013-6690-3
221	新业态环境下高校图书馆专业馆员职业能力研究	王启云等著	知识产权出版社	978-7-5130-6189-6
222	图书馆学漫笔：科学网图谋博客精粹	王启云著	知识产权出版社	978-7-5130-6583-2
223	北京邮电大学图书馆馆史	王茜，俞紫梅编著	北京邮电大学出版社	978-7-5635-5866-7

续表

序号	书名	责任者	出版社	ISBN
224	坐在春天里：我与浦东图书馆的专属记忆	王韧主编	上海辞书出版社	978-7-5326-5411-6
225	古籍校勘方法论	王瑞来著	中华书局	978-7-101-13569-5
226	智能·智慧·智造：西部公共图书馆 2018 年学术研讨会论文集	王盛红主编	四川民族出版社	978-7-5409-8377-2
227	高校图书馆建设与创新探究	王薇编著	哈尔滨工业大学出版社	978-7-5603-8156-5
228	信息环境下图书馆服务的新发展	王维舒，李俊岭，陈俊元编著	吉林大学出版社	978-7-5692-5047-3
229	CPC 分类案例汇编	王文晶，王雪主编	知识产权出版社	978-7-5130-6341-8
230	图书情报定性及定量研究方法	王晰巍，范晓春编著	吉林大学出版社	978-7-5692-5550-8
231	地理信息系统在高校图书馆工作管理中的应用研究	王向真著	吉林大学出版社	978-7-5692-4774-9
232	公共图书馆服务创新探究	王小培，李敬，吴玉姣编著	延边大学出版社	978-7-5688-8126-5
233	地学信息资源检索与利用	王鑫主编	地质出版社	978-7-116-11165-3
234	信息检索与图书馆利用	王雪梅著	西安地图出版社	978-7-5556-0512-6
235	新目录学的一角落	王云五著	西北大学出版社	978-7-5604-4314-0
236	新时期高校图书馆读者服务工作研究	王振伟著	北京理工大学出版社	978-7-5682-7141-7
237	古典文献学术论丛 第七辑	王政主编	黄山书社	978-7-5461-8326-8
238	乡村民间图书馆田野调查笔记	王子舟，邱璐，戴靖等著	国家图书馆出版社	978-7-5013-6725-2
239	图书馆学是什么？	王子舟著	北京大学出版社	978-7-301-30444-0
240	书楼探踪，浙江卷	韦力著	东方出版中心	978-7-5473-1337-4
241	基于引文网络关联属性的知识扩散路径研究	隗玲著	吉林大学出版社	978-7-5692-4304-8
242	专利检索之道	魏保志主编	知识产权出版社	978-7-5130-5633-5
243	数字图书馆资源建设与服务创新	魏晟著	云南人民出版社	978-7-222-18272-1
244	籀园芳馨：温州图书馆百年馆庆文集	温州市图书馆编	上海书店出版社	978-7-5458-1799-7
245	百年温图：1919—2019	温州市图书馆编	上海书店出版社	978-7-5458-1828-4
246	高校图书馆阅读推广理论与实践研究	吴佳丽著	延边大学出版社	978-7-5688-6772-6
247	古文献整理与研究．第四辑	吴敏霞主编；陕西省社会科学院古籍整理研究所编	凤凰出版社	978-7-5506-3057-4
248	扬州大学图书馆简史	吴善中，史华楠主编；洪涛编撰	广陵书社	978-7-5554-1235-9
249	营造“天堂”：深圳图书馆之路	吴晞著	深圳报业集团出版社	978-7-80709-890-4
250	媒介环境学视域下的数字阅读研究	吴瑶著	中国社会科学出版社	978-7-5203-4011-3
251	互联网环境下高校图书馆资源建设与服务创新研究	吴玉萍著	北京工业大学出版社	978-7-5639-6843-5

续表

序号	书名	责任者	出版社	ISBN
252	中国人民大学复印报刊资料转载指数排名研究报告 2018	武宝瑞主编	中国人民大学出版社	978-7-300-26918-4
253	两汉语类文献生成及文体研究	夏德靠著	中华书局	978-7-101-14184-9
254	高校图书馆文献采编与读者服务研究	肖竹青著	企业管理出版社	978-7-5164-1991-5
255	新媒体环境下高校图书馆嵌入式学科服务研究	谢静著	经济管理出版社	978-7-5096-6678-4
256	美国执法情报分析师制度研究	谢晓专著	中国民主法制出版社	978-7-5162-2053-5
257	中国藏书楼的故事	谢灼华主编	山东画报出版社	978-7-5474-2353-0
258	学人书影初集	辛德勇著	九州出版社	978-7-5108-7801-5
259	基于术语关系的贝叶斯网络检索模型扩展	徐建民著	科学出版社	978-7-03-063143-5
260	数字图书馆概论	徐宽著	东北师范大学出版社	978-7-5681-5762-9
261	信息时代图书馆发展与文献建设工作	徐巧玲著	北京工业大学出版社	978-7-5639-6937-1
262	高校图书馆档案信息化管理	徐荣丽著	哈尔滨地图出版社	978-7-5465-2034-6
263	学科交叉主题识别与预测方法研究	许海云，董坤，隗玲著	科学技术文献出版社	978-7-5189-4743-0
264	新时代高职院校图书馆阅读推广创新实践研究	许黎黎著	吉林文史出版社	978-7-5472-6068-5
265	公共图书馆低幼儿童服务	许晓霞，陈力勤，白帅敏等编著	国家图书馆出版社	978-7-5013-6867-9
266	现代信息化图书馆建设与档案管理	许艳著	西北农林科技大学出版社	978-7-5683-0739-0
267	中国文献学的理论认知研究	闫晶著	吉林出版集团股份有限公司	978-7-5581-7464-3
268	社会化信息搜寻研究	杨建林著	南京大学出版社	978-7-305-22841-4
269	澳门回归以来文献和中西文化遗产保护的经验	杨开荆著	广东经济出版社	978-7-5454-7086-4
270	少年儿童图书馆阅读服务研究	杨琳著	吉林文史出版社	978-7-5472-6401-0
271	高校图书馆管理与阅读服务模式创新	杨琳著	吉林人民出版社	978-7-206-16152-0
272	高校图书馆信息共享	杨青著	延边大学出版社	978-7-5688-7883-8
273	替代计量学：理论、方法与应用	杨思洛等著	科学出版社	978-7-03-062860-2
274	现代图书馆读者需求与服务创新研究	尧迟月，万红辉，蒋丽敏主编	上海交通大学出版社	978-7-313-21730-1
275	惜古拂尘录	姚伯岳著	国家图书馆出版社	978-7-5013-6726-9
276	民国时期图书馆学家学术文选 . 全九册	姚乐野主编	国家图书馆出版社	978-7-5013-6671-2

续表

序号	书名	责任者	出版社	ISBN
277	中国目录学史	姚名达著	安徽人民出版社	978-7-212-10285-2
278	中国目录学史	姚名达撰；严佐之导读	上海古籍出版社	978-7-5325-8909-8
279	现代信息检索	姚中平，张善杰，李军华主编	上海交通大学出版社	978-7-313-21545-1
280	信息检索与知识利用	叶春蕾，陈娜，林莉主编	中国农业科学技术出版社	978-7-5116-4224-0
281	图书馆管理与移动图书馆服务研究	叶勤，王金，张娟主编	延边大学出版社	978-7-5688-7413-7
282	互联网＋环境下图书馆的发展研究	叶蕊著	延边大学出版社	978-7-5688-6931-7
283	书理学引论	叶鹰著	中国书籍出版社	978-7-5068-7078-8
284	主题图书馆的杭州模式	应晖主编	国家图书馆出版社	978-7-5013-6856-3
285	现代高校图书馆信息服务的多维探索与研究	游凤霞，梁爱香，杨志永编著	吉林大学出版社	978-7-5692-4794-7
286	图书馆积分制管理模式	余和剑，林婷，张晋鹤编著	吉林出版集团股份有限公司	978-7-5581-6500-9
287	替代计量学：概念、指标与应用	余厚强著	科学技术文献出版社	978-7-5189-5227-4
288	余嘉锡讲目录学	余嘉锡著	团结出版社	978-7-5126-4360-4
289	高校图书馆服务优化研究	余艳娜，杨禛著	延边大学出版社	978-7-5688-8252-1
290	移动环境下高校图书馆用户情景敏感服务模式及平台开发	袁静著	科学出版社	978-7-03-061705-7
291	互联网＋背景下高校图书馆读者服务工作创新	袁晓静著	吉林出版集团股份有限公司	978-7-5581-7265-6
292	中国高被引分析报告 2018	曾建勋主编	科学技术文献出版社	978-7-5189-5785-9
293	那些怎么搜也搜不到的文献：科研文献检索与管理	曾晓牧编著	高等教育出版社	978-7-04-051449-0
294	图书馆管理学	查道懂主编	吉林文史出版社	978-7-5472-6602-1
295	湛庐珍藏历 · 大英图书馆	湛庐文化编	浙江教育出版社	978-7-5536-9426-9
296	新时代高校图书馆阅读推广理论与方法研究	张东靖著	安徽文艺出版社	978-7-5396-6759-1
297	“双一流”建设背景下高校图书馆建设与服务	张丰智，李建章主编	北京邮电大学出版社	978-7-5635-5747-9
298	宋代文献编纂述要	张富祥著	山东大学出版社	978-7-5607-6465-8
299	宋代文献学散论 . 增订本	张富祥著	山东大学出版社	978-7-5607-6521-1
300	泛在知识环境下图书馆知识发现技术及应用研究	张计龙等著	复旦大学出版社	978-7-309-13852-8
301	文化典籍 . 第一辑 . 程郁教授荣休纪念学术论文集	张剑光，刘光胜主编	中西书局	978-7-5475-1536-5
302	高校图书馆移动学习支持服务研究	张剑著	辽宁师范大学出版社	978-7-5652-2945-9

续表

序号	书名	责任者	出版社	ISBN
303	明清时期浙江海洋文献研究	张杰，程继红著	海洋出版社	978-7-5210-0452-6
304	未成年人图书馆与信息服务专业性研究	张靖，吴翠红主编	社会科学文献出版社	978-7-5201-5492-5
305	图书馆管理与阅读服务研究	张娟著	哈尔滨工业大学出版社	978-7-5603-8120-6
306	高校图书馆学科化服务创新研究	张黎著	中国纺织出版社	978-7-5180-5243-1
307	大数据时代高校图书馆信息服务创新研究	张理华著	北京理工大学出版社	978-7-5682-5689-6
308	图书馆服务与建设	张丽娟著	吉林大学出版社	978-7-5692-5078-7
309	高校图书馆管理创新发展与应用	张利民著	电子科技大学出版社	978-7-5647-7025-9
310	西藏高校图书馆发展现状研究	张淼著	中国社会科学出版社	978-7-5203-4510-1
311	图书分类学	张明主编	北京师范大学出版社	978-7-303-22388-6
312	图书馆的口述史料资源	张沫著	延边大学出版社	978-7-5688-6830-3
313	中国文献学 . 新版	张舜徽著	东方出版社	978-7-5207-0749-7
314	现代图书馆信息资源管理概论	张现龙著	西安地图出版社	978-7-5556-0514-0
315	中国图书情报知识图谱实证研究	张小娟著	中国海洋大学出版社	978-7-5670-1919-5
316	数说中国档案 40 年，期刊卷：基于 CNKI 数据分析的档案期刊发展定量研究（1979—2018）	张晓培，吴雁平，宛志亮主编	郑州大学出版社	978-7-5645-6351-6
317	地方文献与图书馆特色化建设	张雅俐编著	辽海出版社	978-7-5451-4687-5
318	校书与修史：东观与东汉帝制文化整合	张宗品著	社会科学文献出版社	978-7-5201-2757-8
319	多语言社会化标签质量评估及其聚类研究	章成志等著	科学出版社	978-7-03-060063-9
320	回家乡建一座图书馆	章瑾著	中信出版集团股份有限公司	978-7-5217-0720-5
321	博物馆、美术馆、图书馆文化保护与传承	赵钢著	吉林文史出版社	978-7-5472-6294-8
322	数字图书馆	赵军著	西北农林科技大学出版社	978-7-5683-0678-2
323	新时代图书情报研究	赵宁，关晓颖，钱学进著	吉林大学出版社	978-7-5692-5205-7
324	中国工程科技知识中心元数据规范Ⅱ	赵瑞雪等主编	中国农业科学技术出版社	978-7-5116-4230-1
325	信息检索与利用 . 2 版	赵生让，孙建仁主编	西安电子科技大学出版社	978-7-5606-5241-2
326	借石他山：《古典文献研究》三十年译文精粹集	赵益，程章灿编	商务印书馆	978-7-100-17027-7

续表

序号	书名	责任者	出版社	ISBN
327	我国面向西南开放的图书馆联盟战略研究	赵益民著	经济管理出版社	978-7-5096-6161-1
328	信息组织及可视化	赵正旭等著	科学出版社	978-7-03-057569-2
329	公共文化服务均等化视角下图书馆博物馆数字文化服务融合研究	郑燃著	武汉大学出版社	978-7-307-20840-7
330	《申报》视野下的中华图书馆协会研究	郑爽著	新华出版社	978-7-5166-4762-2
331	不语，静待花开：福建省少年儿童图书馆构建公共文化服务网络的实践与探索	郑卫光著	福建少年儿童出版社	978-7-5395-6921-5
332	国际标准分类法 ICS	中国标准化研究院国家标准馆编译	中国标准出版社	978-7-5066-9061-4
333	中国国家博物馆馆藏文物研究丛书．古籍善本卷	中国国家博物馆编	上海古籍出版社	978-7-5325-8946-3
334	中国图书馆年鉴 2018	中国图书馆学会，国家图书馆编	国家图书馆出版社	978-7-5013-6679-8
335	中国图书馆学会年会论文集 2019 年卷	中国图书馆学会编	国家图书馆出版社	978-7-5013-6813-6
336	中国图书馆学会成立 40 周年纪念文集	中国图书馆学会编	国家图书馆出版社	978-7-5013-6808-2
337	2018 IPC 修订指南	中国专利技术开发公司组织翻译；王文晶译	知识产权出版社	978-7-5130-6340-1
338	清代版刻图录．初编	中山大学图书馆编	国家图书馆出版社	978-7-5013-6855-6
339	基于案例调查的数字阅读负面影响实证研究	周斌，刘晨旭，姜帆著	中华工商联合出版社	978-7-5158-2433-8
340	数字文化场馆个性化服务模式研究：以图书馆为例	周玲元著	经济科学出版社	978-7-5218-0760-8
341	大数据时代图书馆服务实践创新	周脉更著	东北林业大学出版社	978-7-5674-1751-9
342	图书馆服务模式和阅读推广的创新研究	周青著	吉林出版集团股份有限公司	978-7-5581-6650-1
343	高校图书馆管理与读者服务研究	周甜甜著	延边大学出版社	978-7-5688-6708-5
344	智慧图书馆理论与实践	周伟著	吉林文史出版社	978-7-5472-6407-2
345	科技信息检索与论文写作	周晓兰主编	中国水利水电出版社	978-7-5170-7875-3
346	数字图书馆动态知识管理研究	周义刚著	中国书籍出版社	978-7-5068-7067-2
347	古文献语言研究	周玉秀著	上海古籍出版社	978-7-5325-9443-6
348	阅读推广文化志愿服务：贵州公共图书馆特色文化志愿服务研究案例选粹	周媛，周琦主编	中国书籍出版社	978-7-5068-7189-1

续表

序号	书名	责任者	出版社	ISBN
349	旧籍丛话	周越然著	北方文艺出版社	978-7-5317-4517-4
350	中美近代图书馆发展历程比较研究	朱冬梅著	吉林文史出版社	978-7-5472-6317-4
351	大数据时代高校图书馆信息服务创新研究	朱慧著	吉林出版集团股份有限公司	978-7-5581-6578-8
352	现代图书馆管理艺术研究	朱建彬著	吉林美术出版社	978-7-5575-3598-8
353	新文学版本杂谈	朱金顺著	青岛出版社	978-7-5552-2111-1
354	图书馆管理与智能应用	朱丽君，卫冉，肖倩著	吉林人民出版社	978-7-206-16182-7
355	读书民刊漫记	朱晓剑著	北岳文艺出版社	978-7-5378-5793-2
356	图书馆情报学发展的当代新视野	朱占潇，李俊锟，郭瑞主编	吉林大学出版社	978-7-5692-4914-9
357	宋人总集叙录．增订本	祝尚书著	中华书局	978-7-101-14270-9
358	图林书缘：浦东图书馆同人文集	邹婉芬主编	上海辞书出版社	978-7-5326-5383-6
359	图书馆知识管理与服务研究	左瑾，宋秋水，金莲主编	内蒙古人民出版社	978-7-204-16112-6
360	大学的新衣？：对基于文献计量学的科研评价的反思	（加）伊夫斯·金格拉斯（Yves Gingras）著；刘莉，董彦邦，王琪译校	上海交通大学出版社	978-7-313-21081-4
361	世界上最美最美的图书馆	（法）纪尧姆·德·洛比耶（Gu-illaume de Laubier）摄；（法）雅克·博塞（Jacques）Bosser 著	北京大学出版社	978-7-301-29788-9
362	法国国家图书馆：汉学图书的跨文化典藏	（法）罗栖霞（Julie Lechemin）著	中国大百科全书出版社	978-7-5202-0471-2
363	书籍的历史：从手抄本到印刷书	（法）吕西安·费弗尔（Lucien Febvre），（法）亨利－让·马丁（Henri-Jean Martin）著；和灿欣译	中国友谊出版公司	978-7-5057-4756-2
364	信息检索导论	（美）克里斯托夫·曼宁，（美）普拉巴卡尔·拉格万，（德）欣里希·舒策著；王斌，李鹏译	人民邮电出版社	978-7-115-51408-0
365	信息背后的信息	（美）马克斯·巴泽曼（Max H Bazerman）著；唐文龙，孔令红译	浙江人民出版社	978-7-213-09110-0
366	怎样玩转信息：研究方法指南	（美）马特·厄普森（Matt Upson），（美）C. 迈克尔·豪尔（C.Michael Hall）编；（美）凯文·坎农（Kevin Cannon）绘；孙宝库译	四川文艺出版社	978-7-5411-5359-4
367	文雅的疯狂：藏书家、书痴以及对书的永恒之爱	（美）尼古拉斯·A. 巴斯贝恩著；陈焱译	上海人民出版社	978-7-208-15811-5
368	群书拾补	（清）卢文弨撰；程惠新，陈东辉校点	浙江大学出版社	978-7-308-19294-1

续表

序号	书名	责任者	出版社	ISBN
369	书的故事	（苏）伊林著；董纯才译	浙江文艺出版社	978-7-5339-5513-7
370	秘密图书馆：一部另类文明史	（英）奥利弗·特尔（Oliver Tearle）著；柳建树译	中国人民大学出版社	978-7-300-26434-9
371	大英图书馆书籍史话：超越文本的书	（英）大卫·皮尔森著；恺蒂译	译林出版社	978-7-5447-7538-0
372	图书馆的大学问	（英）菲奥娜·麦克唐纳文；（英）马克·柏金图；唐一辰译	安徽科学技术出版社	978-7-5337-7877-4
373	数字化阅读设计	（英）詹妮弗·帕尔森（Jennifer Pearson），（英）乔治·布奇安南（George Buchanan），（英）哈罗德·西姆勒比（Harold Thimbleby）著；张桂莲，苏滨译	江苏凤凰美术出版社	978-7-5580-6491-3
374	古籍保护研究 . 第四辑	《古籍保护研究》编委会编	大象出版社	978-7-5711-0482-5
375	古籍研究 . 2019 年上卷 . 总第 69 卷	《古籍研究》编辑委员会编	凤凰出版社	978-7-5506-3032-1
376	古籍研究 . 2019 年下卷 . 总第 70 卷	《古籍研究》编辑委员会编	凤凰出版社	978-7-5506-3100-7
377	文津学志 . 第十二辑	《文津学志》编委会编	国家图书馆出版社	978-7-5013-6805-1
378	中国索引 . 第六辑	《中国索引》编辑部编	复旦大学出版社	978-7-309-14538-0
379	书世界 . 第一集	Bookman 主编	九州出版社	978-7-5108-8234-0

（国家图书馆　刘洁萍整理）

统计资料

2019年全国公共图书馆事业统计①

按年份全国公共图书馆主要业务活动情况

年　份	机构数（个）	从业人员（人）	总藏量（万册/件）	总流通人次（万人次）	外借人次	书刊、文献外借册次（万册次）	书架单层总长度（万米）	发放借书证数（万个）	本年新购藏量（万册）
1979年	1651		18353	7787		9625			
1980年	1732		19904	9045		11830			
1985年	2344	29350	25573	11614		18942			1343
1986年	2406	31849	26133	11722		16205	504	523	1359
1990年	2527	40247	29064	12435		20242	772	603	895
1991年	2535	42037	30614	20496	7949	13325	758	631	771
1992年	2558	43051	31175	18495	7653	12625	748	563	740
1993年	2572	44656	31410	16973	6970	11685	797	562	631
1994年	2589	44367	32332	14451	7232	11852	776	552	556
1995年	2615	45323	32850	14142	7160	11814	899	540	551
1996年	2620	46457	33686	14793	7731	13544	967	527	577
1997年	2628	47882	37549	16114	8561	15685	817	556	680
1998年	2662	48313	38514	17058	8910	15422	873	582	700
1999年	2669	48792	39539	18040	9075	16290	934	596	678
2000年	2675	51342	40953	18854	9600	16913	978	623	692
2001年	2696	48579	42130	20757	9829	17559	945	792	819
2002年	2697	48447	42683	21950	10428	20021	995	918	946
2003年	2709	49646	43776	21440	10666	18775	1035	943	1049
2004年	2720	49069	46152	22095	10140	18536	1247	1056	1228
2005年	2762	50423	48056	23332	10821	20269	1320	1062	1535
2006年	2778	51311	50024	25218	11408	21039	1413	1160	1686
2007年	2799	51650	52053	26103	11454	21319	1318	1273	1871
2008年	2820	52021	55064	28141	12251	23129	1112	1454	2071
2009年	2850	52688	58521	32167	13277	25857	1216	1749	2939
2010年	2884	53564	61726	32823	13934	26392	1200	2020	2956
2011年	2952	54475	63896	37423	15316	28452	1218	2214	3985
2012年	3076	54997	68827	43437	17402	33191	1216	2485	5826
2013年	3112	56320	74896	49232	20552	40868	1191	2877	4865
2014年	3117	56071	79092	53036	22737	46734	1210	3944	4742
2015年	3139	56422	83844	58892	23085	50896	1262	5721	5151
2016年	3154	57219	90163	66037	24892	54725	1335	5593	6275
2017年	3166	57567	96953	74450	25503	55091	1432	6736	7034
2018年	3176	57617	103716	82032	25503	58010	1487	7252	6895
2019年	3196	57796	111181	90135	26609	61373	1615	8627	6986

① 数据由文化和旅游部财务司规划统计处提供。

按年份全国公共图书馆经费收支及设施情况

年 份	收入合计（万元）	财政拨款	支出合计（万元）	新增藏量购置费	新购图书（万册）	实际使用房屋建筑面积（万平方米）	书库	阅览室	阅览室座席数（万个）
1979年	5040	5040	5206	2163		86.6	38.1	21.1	
1980年	5476	5476	5486	2273		92.0	42.1	23.5	
1985年	15272	15272	13393	4164	1343	172.0	64.1	46.1	23.1
1986年	19891	19070	17242	5300	1359	210.2	73.0	53.4	33.7
1990年	32328	29292	30271	8474	895	326.0	98.4	76.1	32.1
1991年	36764	32593	34388	8927	771	349.1	104.3	80.0	34.0
1992年	45354	39010	41132	9916	740	363.6	105.3	84.3	34.4
1993年	50917	42975	48211	10698	631	368.0	108.0	85.0	34.3
1994年	74586	60639	63295	9252	556	409.1	113.6	85.7	34.8
1995年	79685	65829	74080	16788	551	415.5	117.8	88.3	35.2
1996年	93235	76582	88963	19626	577	441.4	120.8	94.0	35.6
1997年	114004	93177	113927	25527	680	471.5	124.9	98.0	37.4
1998年	129082	107521	127032	28067	700	492.5	131.7	101.8	39.9
1999年	137430	115830	135826	30473	678	506.0	137.4	105.7	41.6
2000年	163799	139321	157173	37141	692	598.2	139.0	109.7	41.6
2001年	183368	152732	187661	36489	819	561.8	146.4	114.4	43.7
2002年	213322	176882	208929	41853	946	582.8	151.6	122.6	43.9
2003年	242188	205252	235819	44407	1049	588.6	156.0	129.7	46.1
2004年	281234	238141	275034	50780	1228	625.1	158.4	138.6	47.2
2005年	325880	277848	312571	59781	1535	677.0	170.0	150.0	48.0
2006年	366089	319479	344076	66095	1686	718.9	175.5	159.0	50.0
2007年	450512	395441	431326	78262	1871	741.4	181.6	169.2	52.7
2008年	531926	477616	519841	83832	2071	780.0	183.5	179.3	55.4
2009年	613175	550808	606630	104404	2939	850.3	194.7	203.5	60.2
2010年	646085	583685	643629	111093	2956	900.4	204.5	220.6	63.1
2011年	813232	756357	794778	141477	3985	994.9	212.9	245.3	68.1
2012年	1002068	934890	977556	147785	5826	1058.4	230.1	281.9	73.5
2013年	1151163	1070575	1130035	165959	4865	1158.5	240.2	318.9	81.0
2014年	1212979	1137210	1163583	170133	4742	1231.6	252.4	331.8	85.6
2015年	1358370	1270354	1340481	197468	5151	1301.5	268.4	358.0	91.1
2016年	1494998	1415668	1451469	216020	6275	1424.3	281.9	398.2	98.6
2017年	1801356	1722791	1692580	236506	7034	1515.3	302.7	433.5	106.4
2018年	1829159	1754512	1876015	204622	6894	1596.0	318.5	458.4	111.7
2019年	1912115	1835549	1928714	234890	6986	1699.7	335.1	497.6	119.1

按年份各地区公共图书馆机构数

单位：个

地　区	1995年	2000年	2005年	2010年	2015年	2017年	2018年	2019年
总　计	**2615**	**2675**	**2762**	**2884**	**3139**	**3166**	**3176**	**3196**
北　京	22	24	25	24	24	23	23	23
天　津	31	31	32	31	31	32	29	29
河　北	134	145	153	165	172	173	173	173
山　西	119	121	122	126	126	128	128	128
内蒙古	107	108	110	113	117	117	117	117
辽　宁	127	128	126	128	129	130	130	130
吉　林	51	60	63	65	66	66	66	66
黑龙江	96	97	96	107	107	109	109	110
上　海	31	31	28	28	25	24	23	23
江　苏	94	101	103	111	114	115	116	117
浙　江	81	83	90	97	100	101	103	103
安　徽	83	84	88	88	122	124	126	127
福　建	78	81	84	86	90	90	91	94
江　西	104	104	104	108	114	113	113	114
山　东	130	133	145	149	154	154	154	154
河　南	132	134	136	142	158	158	160	164
湖　北	100	103	102	107	112	116	115	116
湖　南	116	115	120	124	137	139	140	141
广　东	114	124	129	132	140	143	143	146
广　西	99	94	95	108	112	115	116	116
海　南	19	19	20	20	21	23	24	24
重　庆		42	43	43	43	43	43	43
四　川	166	129	141	161	203	204	204	206
贵　州	87	89	91	93	96	98	98	98
云　南	148	148	149	150	151	151	151	151
西　藏	18	1	4	4	79	81	81	81
陕　西	114	114	111	112	110	110	111	111
甘　肃	86	91	92	94	103	103	103	104
青　海	41	38	43	44	49	49	51	52
宁　夏	20	22	20	20	26	26	27	27
新　疆	66	80	96	103	107	107	107	107

按年份各地区公共图书馆从业人员

单位：人

地　区	1995年	2000年	2005年	2010年	2015年	2017年	2018年	2019年
总　计	**45323**	**51342**	**50423**	**53564**	**56422**	**57567**	**57602**	**57796**
北　京	886	1080	1219	1307	1263	1239	1229	1218
天　津	1084	1111	1057	1077	1189	986	1047	1060
河　北	1592	1711	1690	1789	1855	1899	1921	1892
山　西	1370	1527	1631	1575	1554	1673	1652	1670
内蒙古	2015	1833	1776	1804	1942	1913	1873	1795
辽　宁	2859	4916	2888	3152	2805	2662	2588	2423
吉　林	1596	1724	1783	1661	1628	1600	1556	1566
黑龙江	2014	1846	1669	1846	1693	1688	1659	1594
上　海	1686	2513	2597	2180	2113	2101	2110	2164
江　苏	1953	2092	2363	2838	3183	3473	3529	3617
浙　江	1565	1936	2122	3040	3577	3607	3849	4055
安　徽	1168	1241	1217	1239	1510	1558	1504	1509
福　建	1077	1172	1110	1190	1330	1536	1599	1612
江　西	1386	1462	1373	1406	1395	1420	1408	1372
山　东	2318	2506	2690	2680	2750	2877	2843	2816
河　南	2352	2626	2742	2762	2949	2911	2914	2910
湖　北	2054	2299	2253	2151	2212	2204	2128	2101
湖　南	1733	1925	1963	1993	2092	2149	2110	2063
广　东	2355	2837	3252	3761	4159	4450	4542	4729
广　西	1335	1540	1459	1509	1509	1660	1675	1680
海　南	252	250	250	374	325	313	319	316
重　庆		785	755	854	874	964	1002	984
四　川	2415	1719	1869	1972	2261	2413	2313	2295
贵　州	869	876	905	937	1046	1081	1089	1088
云　南	1429	1571	1661	1760	1826	1814	1770	1785
西　藏	50	42	62	64	187	216	200	185
陕　西	1317	1572	1691	1988	2121	2020	2085	2383
甘　肃	979	1110	1179	1306	1443	1473	1434	1433
青　海	400	378	365	398	411	483	520	469
宁　夏	498	537	509	543	558	565	597	586
新　疆	770	907	951	978	1083	1102	1093	1015

按年份各地区公共图书馆总藏量

单位：万册/件

地区	1995年	2000年	2005年	2010年	2015年	2017年	2018年	2019年
总计	**32850**	**40953**	**48056**	**61726**	**83844**	**96953**	**103716**	**111181**
北京	670	767	1121	1715	2425	2759	2876	3012
天津	677	786	869	1258	1697	1662	1867	2099
河北	845	1081	1307	1611	2200	2547	2717	3064
山西	777	867	963	1208	1548	1751	1860	2026
内蒙古	621	683	744	940	1513	1787	1904	1996
辽宁	1786	1970	2326	2953	3736	3964	4175	4395
吉林	921	1030	1202	1380	1768	1973	2052	2168
黑龙江	1094	1186	1291	1644	1827	2158	2233	2319
上海	1586	5500	6049	6809	7568	7773	7894	8063
江苏	2420	2669	3179	4370	6847	8598	9323	9887
浙江	1511	1715	2324	3761	6250	7813	8608	9433
安徽	752	787	847	1236	1942	2537	2910	3123
福建	902	985	1274	1682	2821	3322	3745	4254
江西	1070	1122	1282	1520	2159	2429	2522	2659
山东	1724	1989	2746	3636	4727	5539	6213	6616
河南	1062	1239	1429	1837	2472	2874	3169	3409
湖北	1445	1678	1923	2361	3003	3597	3910	4221
湖南	1362	1514	1667	1961	2555	3050	3305	3567
广东	1651	2316	3119	4615	7008	8708	9548	10543
广西	1243	1312	1491	1881	2606	2786	2750	2902
海南	137	154	184	285	424	490	551	598
重庆		811	768	1031	1304	1672	1808	1901
四川	2356	1722	2002	2599	3328	3793	3948	4172
贵州	616	681	764	812	1221	1386	1467	1606
云南	1104	1254	1371	1566	1944	2111	2154	2338
西藏	51	60	42	53	162	195	221	245
陕西	733	837	887	1127	1506	1733	1893	2097
甘肃	670	745	860	1042	1340	1496	1560	1700
青海	280	286	324	358	415	459	479	494
宁夏	338	380	378	462	706	721	732	749
新疆	489	579	817	1113	1303	1502	1420	1490

按年份各地区人均拥有公共图书馆藏量

单位：册/件

地　区	1995年	2000年	2005年	2010年	2015年	2017年	2018年	2019年
全　国	**0.27**	**0.32**	**0.37**	**0.46**	**0.61**	**0.70**	**0.74**	**0.79**
北　京	0.54	0.55	0.73	0.87	1.12	1.27	1.34	1.40
天　津	0.72	0.79	0.83	0.97	1.10	1.07	1.20	1.34
河　北	0.13	0.16	0.19	0.22	0.30	0.34	0.36	0.40
山　西	0.25	0.26	0.29	0.34	0.42	0.47	0.50	0.54
内蒙古	0.27	0.29	0.31	0.38	0.60	0.71	0.75	0.79
辽　宁	0.44	0.46	0.55	0.68	0.85	0.91	0.96	1.01
吉　林	0.36	0.38	0.44	0.50	0.64	0.73	0.76	0.81
黑龙江	0.30	0.32	0.34	0.43	0.48	0.57	0.59	0.62
上　海	1.12	3.29	3.40	2.96	3.13	3.21	3.26	3.32
江　苏	0.34	0.36	0.43	0.56	0.86	1.07	1.16	1.23
浙　江	0.35	0.37	0.47	0.69	1.13	1.38	1.50	1.61
安　徽	0.13	0.13	0.14	0.21	0.32	0.41	0.46	0.49
福　建	0.28	0.28	0.36	0.46	0.73	0.85	0.95	1.07
江　西	0.26	0.27	0.30	0.34	0.47	0.53	0.54	0.57
山　东	0.20	0.22	0.30	0.38	0.48	0.55	0.62	0.66
河　南	0.12	0.13	0.15	0.20	0.26	0.30	0.33	0.35
湖　北	0.25	0.28	0.34	0.41	0.51	0.61	0.66	0.71
湖　南	0.21	0.24	0.26	0.30	0.38	0.44	0.48	0.52
广　东	0.24	0.27	0.34	0.44	0.65	0.78	0.84	0.92
广　西	0.27	0.29	0.32	0.41	0.54	0.57	0.56	0.59
海　南	0.19	0.20	0.22	0.33	0.47	0.53	0.59	0.63
重　庆		0.26	0.27	0.36	0.43	0.54	0.58	0.61
四　川	0.21	0.21	0.24	0.32	0.41	0.46	0.47	0.50
贵　州	0.18	0.19	0.20	0.23	0.35	0.39	0.41	0.44
云　南	0.28	0.29	0.31	0.34	0.41	0.44	0.45	0.48
西　藏	0.21	0.23	0.15	0.18	0.50	0.58	0.64	0.70
陕　西	0.21	0.23	0.24	0.30	0.40	0.45	0.49	0.54
甘　肃	0.27	0.29	0.33	0.41	0.52	0.57	0.59	0.64
青　海	0.58	0.55	0.60	0.64	0.70	0.77	0.79	0.81
宁　夏	0.66	0.68	0.63	0.73	1.06	1.06	1.06	1.08
新　疆	0.29	0.30	0.41	0.51	0.55	0.61	0.57	0.59

按年份各地区公共图书馆总流通人次

单位：万人次

地　区	1995年	2000年	2005年	2010年	2015年	2017年	2018年	2019年
总　计	**14142**	**18854**	**23332**	**32823**	**58892**	**74450**	**82032**	**90135**
北　京	272	320	715	775	1264	1555	1903	1969
天　津	265	461	483	606	789	1403	1226	1621
河　北	473	736	635	736	1428	2308	2371	2563
山　西	227	261	256	374	830	1190	1620	2030
内蒙古	282	270	380	312	649	1003	1252	1377
辽　宁	829	1184	1133	1457	2068	2580	2850	3123
吉　林	385	409	505	503	732	867	812	971
黑龙江	631	608	505	622	968	1072	1131	1152
上　海	687	1225	1249	1853	3931	2993	3036	2734
江　苏	883	1227	1735	3006	6001	7975	8114	8425
浙　江	555	1140	1398	3454	7942	10847	11875	13935
安　徽	372	561	461	760	1739	2376	3341	3582
福　建	466	647	734	1193	2396	2970	3355	3895
江　西	413	485	534	639	1258	1722	1754	1859
山　东	509	795	1422	1717	2729	3972	4578	5245
河　南	650	713	828	1026	2233	2951	3360	4295
湖　北	559	714	1145	1516	1955	2388	2577	2646
湖　南	618	808	787	1028	1617	2177	2478	2662
广　东	1447	2235	3543	4540	7855	9147	10518	12201
广　西	809	927	896	1343	2065	2344	2385	2113
海　南	94	121	115	172	445	524	578	444
重　庆		266	595	621	1235	1524	1604	1598
四　川	776	554	766	1168	2010	2601	2562	2739
贵　州	462	228	187	369	594	784	882	930
云　南	559	654	735	907	1223	1261	1695	1693
西　藏		2	2	3	20	25	35	38
陕　西	242	275	365	519	982	1357	1525	1538
甘　肃	225	185	317	468	678	775	834	907
青　海	39	58	68	89	112	159	156	168
宁　夏	140	142	167	163	282	465	512	531
新　疆	140	263	212	350	474	552	566	575

按年份各地区公共图书馆图书外借册次

单位：万册次

地　区	1995年	2000年	2005年	2010年	2015年	2017年	2018年	2019年
总　计	**11814**	**16913**	**20269**	**26392**	**50896**	**55091**	**58010**	**61373**
北　京	283	442	678	804	940	1047	1203	1266
天　津	237	274	380	572	859	1058	1137	1067
河　北	379	673	469	493	972	1416	1413	1713
山　西	204	207	272	282	547	810	961	1044
内蒙古	239	233	243	312	574	780	830	784
辽　宁	856	1119	1173	1456	1708	1900	1914	1982
吉　林	332	387	794	412	748	766	757	710
黑龙江	500	527	789	479	688	794	929	884
上　海	507	970	1028	1461	8681	2792	2505	2151
江　苏	967	1269	1494	2542	4980	5586	5956	6153
浙　江	550	1054	1233	2924	5727	6982	7149	7846
安　徽	343	455	341	683	1481	1899	2229	2340
福　建	517	779	729	1097	2465	3351	3497	4176
江　西	383	543	723	562	1119	1561	1584	1688
山　东	573	718	1379	1514	2331	3031	3329	3623
河　南	517	695	647	915	1676	2097	2271	2465
湖　北	543	769	927	1846	1816	2136	2210	2298
湖　南	562	735	801	1059	1540	1849	2275	2409
广　东	687	1192	2037	2267	4377	6851	7213	7933
广　西	528	688	761	733	1155	1183	1155	1061
海　南	49	64	28	86	222	243	223	228
重　庆		435	472	706	949	1223	1313	1324
四　川	691	564	651	924	1617	1845	1785	1929
贵　州	133	189	118	222	476	551	615	642
云　南	529	680	701	702	1072	958	1142	1056
西　藏		11	4	4	7	8	11	11
陕　西	238	305	264	305	681	795	888	1003
甘　肃	173	153	261	345	588	662	662	715
青　海	51	52	58	42	91	103	99	93
宁　夏	125	265	212	182	302	363	345	354
新　疆	91	251	175	317	440	381	345	362

按年份各地区公共图书馆财政拨款

单位：万元

地区	1995年	2000年	2005年	2010年	2015年	2017年	2018年	2019年
总计	**65829**	**139321**	**277848**	**583685**	**1270354**	**1722791**	**1754512**	**1835549**
北京	1683	8734	15554	32746	58565	65390	76091	74926
天津	1295	2751	10980	18500	37294	51189	56947	64223
河北	1827	2980	6717	10034	28569	32945	37758	35300
山西	1184	2150	4862	9838	22710	38397	37935	42261
内蒙古	1432	2452	5086	17898	38852	42464	39714	36952
辽宁	3737	6822	15446	31121	48542	50929	52805	52927
吉林	1707	3364	5861	12385	28732	36298	31933	34036
黑龙江	2088	3104	7752	13616	28784	30198	28322	31013
上海	5558	22870	30636	56345	85027	211156	154282	156373
江苏	3620	6729	16075	34240	82558	112375	131931	136072
浙江	2356	6509	20316	43536	94626	124141	138967	133723
安徽	1165	2054	5436	10008	24786	32914	37970	45391
福建	1778	3681	6579	14975	35015	52259	53594	49944
江西	1184	2022	3780	9726	24660	28194	30253	31278
山东	2814	6129	12039	22996	54919	66482	68445	74024
河南	1766	3591	5987	12252	33275	41625	51314	55535
湖北	1649	2896	6498	29240	47629	67289	59781	59526
湖南	1816	2550	5376	12154	29914	46874	46738	45615
广东	6110	11868	28592	58296	127501	189105	206621	234178
广西	1563	2851	5469	12191	32734	45983	37156	43378
海南	378	322	631	3373	9758	15270	16011	9955
重庆		1491	2957	7650	23778	28656	30273	32073
四川	2591	2877	7229	16955	64020	54186	60482	61442
贵州	746	1259	3401	5939	15290	23913	25871	61815
云南	2178	5134	6096	11763	24864	34425	37120	40968
西藏	72	111	336	1145	6932	7665	6306	6245
陕西	934	2038	3973	11547	25922	33640	36487	34586
甘肃	985	1752	4438	9648	22858	30646	24827	25579
青海	724	678	1237	3096	9340	12178	11669	10493
宁夏	408	786	1504	5067	12731	12381	12120	11882
新疆	1062	1476	3360	8089	21635	29957	28263	21600

按年份各地区公共图书馆总支出

单位：万元

地　区	1995年	2000年	2005年	2010年	2015年	2017年	2018年	2019年
总　计	**74080**	**157173**	**312571**	**643629**	**1340481**	**1692580**	**1876015**	**1928714**
北　京	1851	5326	16840	26706	59616	65118	74259	74400
天　津	2128	3074	7548	20119	35517	53488	53025	59775
河　北	2044	3458	7208	11062	28024	33234	37000	36871
山　西	1170	2270	5085	10787	23050	38235	38156	41861
内蒙古	1458	2536	4959	15124	39865	37507	44126	39053
辽　宁	4392	7783	16225	32183	49577	53537	52747	53354
吉　林	1835	3520	6295	12613	29390	37538	32914	32865
黑龙江	2139	3409	8602	13500	31318	30724	28415	31220
上　海	7021	24425	36757	63728	93556	133059	221557	141282
江　苏	4046	8400	20630	37964	86604	111938	136250	143067
浙　江	3082	8500	22905	47316	100338	129175	143649	166239
安　徽	1384	2641	5767	11788	26927	35021	37629	43534
福　建	1710	3916	7446	15517	34971	55251	54482	57532
江　西	1323	2343	4343	10432	25599	29988	31080	34173
山　东	2968	6881	13242	23206	56509	69331	66638	78346
河　南	2140	3902	6377	13452	32060	42322	52348	57976
湖　北	2372	3952	8120	31444	50295	58296	62461	62709
湖　南	2329	3399	6431	13378	30504	44180	47505	48584
广　东	6807	14597	33777	61294	134518	195714	202280	240520
广　西	1769	3077	6288	13369	35915	45992	39978	44243
海　南	369	355	658	4320	9808	17605	18571	12801
重　庆		2026	3856	9335	24115	31118	31361	35160
四　川	3245	3462	8218	17841	59960	55065	66352	68280
贵　州	810	1428	3497	6736	17210	25116	28614	64014
云　南	2234	3928	6786	12632	27661	35951	38999	40346
西　藏	61	110	336	689	5146	6928	6037	6550
陕　西	951	2263	4405	11820	27944	36020	39667	38002
甘　肃	1011	1799	4399	9592	25254	30907	27939	28366
青　海	424	780	1315	3155	9074	12440	15096	12007
宁　夏	430	783	1574	5786	12828	14981	13959	14135
新　疆	1119	1677	3999	8890	26944	30223	28480	25569

按年份各地区公共图书馆新增藏量购置费

单位：万元

地 区	1995年	2000年	2005年	2010年	2015年	2017年	2018年	2019年
总 计	**16788**	**37141**	**59781**	**111093**	**197468**	**236506**	**246475**	**234890**
北 京	251	914	3413	4483	8392	7364	10904	7382
天 津	318	563	1527	3267	4870	12399	9430	9331
河 北	302	428	677	1524	4063	5088	4754	4214
山 西	131	292	385	1482	2466	3103	3662	4469
内 蒙 古	86	166	169	939	3209	3489	7386	2940
辽 宁	768	948	2027	5165	6801	7008	5742	6509
吉 林	250	459	777	1312	3877	3406	3521	3367
黑 龙 江	235	395	410	1584	2436	2507	2213	2900
上 海	2204	11210	10342	14950	19127	16399	16829	16030
江 苏	732	1780	3739	8279	15421	18827	17566	18308
浙 江	578	1577	3994	10908	17781	21670	23273	25282
安 徽	262	297	619	1454	4634	3802	5410	6431
福 建	311	716	1599	2801	6229	8381	10053	9979
江 西	99	302	646	1299	2624	4168	3978	5080
山 东	506	978	1868	4000	7665	12023	10357	9515
河 南	255	413	655	1449	4166	5808	5500	6053
湖 北	299	699	1296	1847	8752	10579	11151	10400
湖 南	207	415	900	1672	3933	5380	6426	6344
广 东	1186	2832	7394	12506	23670	32870	33084	37892
广 西	291	520	674	1863	5043	5470	5117	5739
海 南	59	41	92	874	873	1403	1381	1434
重 庆		330	569	1626	3230	4154	3796	4858
四 川	431	485	1095	2129	4912	6582	5739	7259
贵 州	100	166	301	682	1446	3769	2896	2144
云 南	441	538	720	1700	2699	2567	2697	2312
西 藏	14	16	43	119	1176	370	473	348
陕 西	104	117	701	1527	3270	4028	4728	3972
甘 肃	170	289	594	1177	2382	2929	2736	2871
青 海	33	54	72	153	785	544	660	848
宁 夏	41	68	136	501	1355	1624	1596	1162
新 疆	91	136	347	925	1480	1657	1315	1117

按年份各地区公共图书馆人均购书费

单位：元

地　区	1995年	2000年	2005年	2010年	2015年	2017年	2018年	2019年
全　国	**0.139**	**0.293**	**0.457**	**0.829**	**1.434**	**1.697**	**1.766**	**1.678**
北　京	0.201	0.661	2.219	2.286	3.866	3.392	5.062	3.427
天　津	0.338	0.562	1.464	2.525	3.148	7.964	6.045	5.973
河　北	0.047	0.063	0.099	0.212	0.547	0.677	0.629	0.555
山　西	0.043	0.089	0.115	0.415	0.673	0.838	0.985	1.198
内蒙古	0.039	0.070	0.071	0.380	1.278	1.380	2.915	1.157
辽　宁	0.188	0.224	0.480	1.181	1.552	1.604	1.317	1.496
吉　林	0.096	0.168	0.286	0.478	1.408	1.254	1.302	1.251
黑龙江	0.063	0.107	0.107	0.414	0.639	0.517	0.587	0.773
上　海	1.558	6.697	5.817	6.494	7.919	6.782	6.943	6.602
江　苏	0.104	0.239	0.500	1.052	1.933	2.345	2.182	2.269
浙　江	0.134	0.337	0.815	2.004	3.210	3.831	4.057	4.322
安　徽	0.044	0.050	0.101	0.244	0.754	0.608	0.855	1.010
福　建	0.096	0.206	0.452	0.759	1.623	2.143	2.551	2.512
江　西	0.024	0.073	0.150	0.291	0.575	0.902	0.856	1.089
山　东	0.058	0.108	0.202	0.418	0.778	1.202	1.031	0.945
河　南	0.028	0.045	0.070	0.154	0.439	0.608	0.573	0.628
湖　北	0.052	0.116	0.227	0.323	1.496	1.792	1.885	1.755
湖　南	0.032	0.064	0.142	0.254	0.580	0.784	0.931	0.917
广　东	0.173	0.328	0.804	1.199	2.182	2.943	2.916	3.289
广　西	0.064	0.116	0.145	0.405	1.051	1.120	1.039	1.157
海　南	0.081	0.052	0.111	1.008	0.538	1.515	1.479	1.518
重　庆		0.107	0.203	0.564	1.071	1.351	1.224	1.555
四　川	0.038	0.058	0.133	0.265	0.599	0.793	0.688	0.867
贵　州	0.029	0.047	0.081	0.196	0.410	1.053	0.804	0.592
云　南	0.111	0.125	0.162	0.370	0.569	0.535	0.558	0.476
西　藏	0.058	0.061	0.155	0.396	3.629	1.097	1.375	0.991
陕　西	0.030	0.032	0.188	0.409	0.862	1.050	1.224	1.025
甘　肃	0.070	0.113	0.229	0.460	0.916	1.115	1.038	1.084
青　海	0.069	0.104	0.133	0.271	1.334	0.909	1.095	1.394
宁　夏	0.080	0.121	0.228	0.796	2.029	2.381	2.320	1.672
新　疆	0.055	0.071	0.173	0.424	0.627	0.678	0.529	0.443

按年份各地区公共图书馆购书费支出占总支出的比重

单位：%

地区	1995年	2000年	2005年	2010年	2015年	2017年	2018年	2019年
全国	**22.7**	**23.6**	**19.1**	**17.3**	**14.7**	**14.0**	**13.1**	**12.2**
北京	13.6	17.2	20.3	16.8	14.1	11.3	14.7	9.9
天津	14.9	18.3	20.2	16.2	13.7	23.2	17.8	15.6
河北	14.8	12.4	9.4	13.8	14.5	15.3	12.8	11.4
山西	11.2	12.9	7.6	13.7	10.7	8.1	9.6	10.7
内蒙古	5.9	6.5	3.4	6.2	8.0	9.3	16.7	7.5
辽宁	17.5	12.2	12.5	16.0	13.7	13.1	10.9	12.2
吉林	13.6	13.0	12.3	10.4	13.2	9.1	10.7	10.2
黑龙江	11.0	11.6	4.8	11.7	7.8	8.2	7.8	9.3
上海	31.4	45.9	28.1	23.5	20.4	12.3	7.6	11.3
江苏	18.1	21.2	18.1	21.8	17.8	16.8	12.9	12.8
浙江	18.8	18.6	17.4	23.1	17.7	16.8	16.2	15.2
安徽	18.9	11.2	10.7	12.3	17.2	10.9	14.4	14.8
福建	18.2	18.3	21.5	18.0	17.8	15.2	18.5	17.3
江西	7.5	12.9	14.9	12.4	10.3	13.9	12.8	14.9
山东	17.0	14.2	14.1	17.2	13.6	17.3	15.5	12.1
河南	11.9	10.6	10.3	10.8	13.0	13.7	10.5	10.4
湖北	12.6	17.7	16.0	5.9	17.4	18.1	17.9	16.6
湖南	8.9	12.2	14.0	12.5	12.9	12.2	13.5	13.1
广东	17.4	19.4	21.9	20.4	17.6	16.8	16.4	15.8
广西	16.4	16.9	10.7	13.9	14.0	11.9	12.8	13.0
海南	16.0	11.5	14.0	20.2	8.9	8.0	7.4	11.2
重庆		16.3	14.8	17.4	13.4	13.4	12.1	13.8
四川	13.3	14.0	13.3	11.9	8.2	12.0	8.6	10.6
贵州	12.3	11.6	8.6	10.1	8.4	15.0	10.1	3.3
云南	19.7	13.7	10.6	13.5	9.8	7.1	6.9	5.7
西藏	23.0	14.5	12.8	17.2	22.8	5.3	7.8	5.3
陕西	10.9	5.2	15.9	12.9	11.7	11.2	11.9	10.5
甘肃	16.8	16.1	13.5	12.3	9.4	9.5	9.8	10.1
青海	7.8	6.9	5.5	4.8	8.7	4.4	4.4	7.1
宁夏	9.5	8.7	8.6	8.7	10.6	10.8	11.4	8.2
新疆	8.1	8.1	8.7	10.4	5.5	5.5	4.6	4.4

按年份各地区公共图书馆新购图书册数

单位：万册

地 区	1995年	2000年	2005年	2010年	2015年	2017年	2018年	2019年
总 计	**551**	**692**	**1535**	**2956**	**5151**	**7022**	**6894**	**6986**
北 京	11	33	114	125	196	135	192	171
天 津	12	17	35	74	102	166	223	248
河 北	26	15	33	68	122	191	182	261
山 西	7	12	17	45	81	70	127	168
内蒙古	7	11	8	67	68	145	129	88
辽 宁	41	39	72	157	179	190	164	154
吉 林	14	14	32	52	96	88	85	117
黑龙江	17	17	26	71	88	183	91	86
上 海	44	67	100	176	242	222	184	184
江 苏	41	57	106	259	478	796	622	577
浙 江	33	54	142	337	643	753	673	816
安 徽	9	11	23	61	191	176	289	236
福 建	18	25	71	103	211	354	384	480
江 西	9	15	26	65	91	207	104	134
山 东	23	32	64	133	259	502	652	399
河 南	16	21	30	95	124	202	251	230
湖 北	23	28	43	60	185	284	359	304
湖 南	19	24	54	80	134	172	209	218
广 东	69	77	316	368	557	865	848	937
广 西	16	20	26	56	149	128	173	152
海 南	6	3	3	25	27	29	52	39
重 庆		12	23	52	104	203	124	105
四 川	25	21	47	95	211	257	191	217
贵 州	5	8	7	27	61	141	87	111
云 南	22	15	26	43	93	97	73	95
西 藏			2	2	39	16	26	13
陕 西	5	6	25	43	79	117	111	105
甘 肃	7	7	12	26	55	94	47	87
青 海	1	2	3	6	19	17	11	17
宁 夏	2	3	5	31	33	37	55	42
新 疆	6	5	15	32	93	64	45	59

按年份各地区公共图书馆阅览室座席数

单位：万个

地　区	1995年	2000年	2005年	2010年	2015年	2017年	2018年	2019年
总　计	**35.2**	**41.6**	**48.0**	**63.1**	**91.1**	**106.4**	**111.7**	**119.1**
北　京	0.5	0.8	1.1	1.3	1.5	1.8	1.6	1.6
天　津	0.5	0.7	1.0	0.9	1.5	1.7	1.9	2.0
河　北	1.4	1.8	2.0	2.2	3.3	4.1	4.3	4.6
山　西	0.9	1.1	1.2	1.6	2.7	3.4	3.7	3.9
内蒙古	1.2	1.3	1.4	1.7	2.6	3.2	3.1	3.3
辽　宁	1.7	2.0	2.3	3.0	3.5	3.8	4.0	4.1
吉　林	0.9	1.2	1.2	1.4	1.9	2.1	2.2	2.3
黑龙江	1.1	1.1	1.3	1.8	2.3	2.8	2.9	2.8
上　海	1.2	1.5	1.5	1.9	2.2	2.3	2.3	2.4
江　苏	1.8	2.2	2.5	3.9	5.1	6.5	7.0	7.3
浙　江	1.2	1.6	2.5	3.5	6.1	6.9	7.8	8.5
安　徽	0.9	0.8	1.0	1.6	3.3	4.0	4.3	4.6
福　建	1.3	1.3	1.7	2.5	3.2	3.7	4.0	4.5
江　西	1.6	1.6	1.7	2.2	3.1	3.6	3.7	4.0
山　东	1.4	2.0	2.7	3.7	5.6	6.3	6.4	6.4
河　南	1.2	1.6	1.7	2.4	4.2	5.0	5.4	6.2
湖　北	2.1	2.1	2.4	2.7	3.7	4.5	4.4	4.8
湖　南	2.2	2.5	2.3	3.0	3.3	3.8	4.0	4.2
广　东	2.6	3.0	4.0	5.9	9.0	9.5	10.0	11.0
广　西	1.8	2.0	1.8	2.5	2.8	3.3	3.3	3.4
海　南	0.3	0.3	0.3	0.4	0.6	0.6	0.7	0.7
重　庆		0.8	0.8	1.4	2.1	2.8	3.0	3.1
四　川	2.2	2.1	2.3	2.6	4.6	5.5	5.8	6.2
贵　州	0.8	1.0	1.1	1.2	2.0	2.5	2.5	2.7
云　南	1.5	1.9	1.9	2.1	2.6	3.1	3.2	3.3
西　藏					0.3	0.3	0.4	0.4
陕　西	0.9	0.9	1.3	1.4	2.0	2.4	2.6	2.8
甘　肃	0.7	0.8	1.0	1.3	1.9	2.2	2.3	2.8
青　海	0.2	0.2	0.2	0.3	0.4	0.4	0.5	0.5
宁　夏	0.4	0.4	0.5	0.5	0.9	1.2	1.2	1.3
新　疆	0.5	0.7	1.0	1.4	2.3	2.7	2.7	3.0

按年份各地区每万人公共图书馆建筑面积

单位：平方米

地　区	1995年	2000年	2005年	2010年	2015年	2017年	2018年	2019年
全　国	**34.3**	**47.3**	**51.8**	**67.2**	**94.7**	**109.0**	**114.4**	**121.4**
北　京	56.7	75.3	99.5	86.6	113.6	138.3	138.6	138.4
天　津	81.6	99.9	162.0	103.1	167.4	209.1	259.7	278.7
河　北	26.9	33.5	38.5	34.6	59.2	65.5	71.5	75.0
山　西	27.6	34.3	45.0	67.8	114.3	138.5	139.9	148.8
内蒙古	46.0	53.0	65.8	90.4	135.5	160.7	168.1	170.4
辽　宁	53.8	61.6	81.3	100.8	126.7	132.8	137.3	141.2
吉　林	35.5	39.6	50.1	53.3	98.9	105.9	106.5	114.2
黑龙江	33.6	36.6	48.2	65.0	76.6	86.2	89.0	91.8
上　海	85.8	132.6	137.2	160.9	173.2	177.4	180.7	182.9
江　苏	30.3	35.5	57.9	83.1	129.3	152.4	167.0	195.4
浙　江	34.8	57.7	83.7	106.7	171.7	190.4	208.8	223.4
安　徽	14.6	15.9	23.9	37.0	65.0	76.6	80.7	89.5
福　建	42.2	47.5	65.9	117.1	99.1	130.2	143.0	152.2
江　西	38.6	39.9	47.6	61.1	80.1	87.0	89.1	95.2
山　东	22.6	26.9	42.3	49.7	83.8	110.7	116.5	107.2
河　南	21.6	25.9	27.2	34.5	57.9	64.2	70.2	75.3
湖　北	35.1	39.3	49.9	57.3	91.9	125.8	116.8	121.4
湖　南	33.6	38.7	39.7	54.9	61.1	68.8	72.0	77.1
广　东	43.2	132.1	57.8	80.6	115.9	120.0	120.8	131.2
广　西	38.1	46.8	45.1	55.8	72.0	86.5	89.4	95.4
海　南	36.0	41.9	53.1	98.2	88.5	90.7	94.6	97.0
重　庆		37.5	47.2	70.8	97.6	110.6	116.7	118.4
四　川	22.6	27.3	34.2	42.1	68.5	75.6	79.2	81.2
贵　州	23.9	39.7	35.7	44.5	63.7	71.8	73.9	79.1
云　南	44.6	48.5	78.4	65.5	75.1	84.3	84.1	84.7
西　藏	52.1	61.1	104.7	89.6	156.2	165.2	170.0	168.3
陕　西	32.8	33.8	52.7	53.5	64.4	73.9	83.4	93.8
甘　肃	34.5	43.7	41.6	63.2	84.3	108.2	114.5	123.2
青　海	60.5	73.4	68.1	78.9	105.9	127.9	132.0	151.4
宁　夏	78.2	78.3	68.8	133.9	158.8	195.5	189.4	200.3
新　疆	43.1	44.7	54.7	82.0	100.6	113.3	113.1	140.5

	机构数（个）	从业人员（人）	专业技术人才	正高级职称	副高级职称	中级职称
总　计	**3196**	**57796**	**40408**	**909**	**6057**	**18540**
其中：少儿图书馆	128	2520	1801	52	293	773
按隶属关系分：						
中央	1	1411	1326	73	483	636
省区市	39	7546	6520	334	1352	2996
地市	379	15100	11544	338	2024	5397
县市区	2777	33739	21018	164	2198	9511
其中：县图书馆	1570	14881	9630	53	1023	4416

续表 1

	在藏量中		电子图书（万册）			
	开架书刊	少儿文献		本馆自建	本馆外购	从其他机构免费共享
总　计	**57066.63**	**13123.80**	**86557.24**	**2254.02**	**55207.48**	**29095.74**
其中：少儿图书馆	2819.72	2590.70	2729.02	19.35	2000.09	709.58
按隶属关系分：						
中央	190.91	8.97	255.89	80.86	175.03	
省区市	5444.53	1274.71	10692.78	41.28	7028.96	3622.54
地市	16818.18	4642.23	23568.62	486.53	17207.03	5875.07
县市区	34613.00	7197.89	52039.96	1645.36	30796.47	19598.13
其中：县图书馆	10877.33	2347.11	19698.91	761.20	12111.98	6825.73

基本情况

总藏量(万册)	图书	盲文图书	古籍	善本	报刊	视听文献	缩微制品	其他
111180.94	**88920.79**	**114.12**	**2695.40**	**285.60**	**9914.17**	**1959.10**	**1537.89**	**6153.59**
4999.80	4477.25	3.55	44.81	6.97	233.97	146.26	3.72	93.79
4036.42	1550.05	0.54	195.57	34.48	1612.06	47.02	169.28	462.44
21728.67	13911.74	11.23	1351.98	168.75	2113.43	397.11	1296.48	2657.92
29083.60	24762.63	32.97	671.55	42.36	2346.91	686.69	11.86	603.97
56332.25	48696.36	69.38	476.31	40.02	3841.77	828.28	60.27	2429.26
20263.75	16774.83	32.47	220.05	22.04	1989.67	271.53	19.82	987.85

书架单层总长度(米)	本年新增藏量(万册)	本年新增电子图书(万册)	有效借书证数(个)	总流通人次(万人次)	书刊文献外借人次	书刊文献外借册次(万册次)	组织各类讲座次数(次)
16146233	**6985.65**	**1104282**	**86272572**	**90134.77**	**26609.14**	**61372.62**	**85955**
407061	359.14	47043	4316105	3789.40	1195.20	4058.91	9449
	135.23	15966	4758574	577.06	34.80	61.61	295
2899232	605.76	150335	9811379	8680.52	1555.65	4989.56	5109
5730836	1880.99	306479	31322879	27526.88	7904.52	19044.12	26791
7516165	4363.66	631502	40379740	53350.31	17114.17	37277.33	53760
3711566	1460.87	248409	10023721	17391.82	7047.24	12816.61	19856

续表 2

	为读者举办各种活动					开展基层培训辅导人次（万人次）
	参加人次（万人次）	举办展览（个）	参加人次（万人次）	举办培训班（个）	培训人次（万人次）	
总　　计	**2158.92**	**35034**	**9097.98**	**74743**	**528.76**	**120.39**
其中：少儿图书馆	90.75	1486	588.84	6111	58.35	3.22
按隶属关系分：						
中央	7.55	23	130.16	2706	30.60	13.02
省区市	441.27	1808	1328.86	6521	66.94	9.04
地市	357.23	7827	3351.75	19869	168.75	17.40
县市区	1352.87	25376	4287.21	45647	262.48	80.93
其中：县图书馆	273.74	12057	1559.43	16846	99.77	47.00

续表 3

	购书专项经费	上级补助收入	事业收入	经营收入	附属单位上缴收入	其他收入
总　　计	**2186309**	**144951**	**286822**	**9778**	**126**	**323987**
其中：少儿图书馆	109252	2560	2443			5464
按隶属关系分：						
中央	84300		145353	260		24262
省区市	610614	350	105286	4553		118091
地市	699557	15387	12968	3946		83684
县市区	791838	129214	23215	1019	126	97950
其中：县图书馆	203633	65525	13058	135	115	29864

本单位受训人次（万人次）	计算机（台）	供读者使用电子阅览室终端数	图书馆网站访问量（页次）	本年收入合计（千元）	财政补贴收入	免费开放资金	中央资金
33.71	**225815**	**145736**	**2118296123**	**19121152**	**18355488**	**1149799**	**399913**
1.60	8185	4538	36309470	999752	989285	65069	14766
0.69	3188	502	934801151	992223	822348		
4.63	18948	8199	338033146	4326920	4098640	246919	41929
9.14	52738	31119	560086591	5779435	5663450	293667	95269
19.24	150941	105916	285375235	8022574	7771050	609213	262715
9.21	71677	51280	134673048	2501615	2392918	305560	157671

本年支出合计（千元）	基本支出	项目支出	经营支出	在支出合计中：			
				工资福利支出	商品和服务支出	差旅费	劳务费
19287137	**10017181**	**8577979**	**11092**	**7672340**	**4662740**	**89447**	**420544**
944096	441707	493344	19	351024	229786	3564	16194
958779	554704	404055	20	442026	363147	2740	22268
4165309	1794210	2355966	4357	1394495	1236957	20022	59620
5774919	2922301	2792976	1871	2276439	1265512	23296	129973
8388130	4745966	3024982	4844	3559380	1797124	43389	208683
2564888	1676149	697480	575	1272169	415887	22151	53270

续表 4

	福利费	各种税金支出	对个人和家庭补助支出	抚恤金和生活补助	其他资本性支出	各种设备、交通工具、图书购置费
总　　计	**59078**	**17956**	**618385**	**65652**	**4034962**	**3098190**
其中：少儿图书馆	3140	433	25262	2775	242176	140157
按隶属关系分：						
中央	99	6564	38539	1699	98183	91683
省区市	11935	6793	113669	13309	954422	668902
地市	15918	2118	237470	20335	1369026	1070119
县市区	31126	2481	228707	30309	1613331	1267486
其中：县图书馆	7834	778	77597	11190	475020	337100

续表 5

	电子阅览室面积	实际拥有产权面积（万平方米）	阅览室座席数（个）	少儿阅览室座席数	盲人阅览室座席数
总　　计	**65.37**	**951.18**	**1190656**	**291531**	**28564**
其中：少儿图书馆	1.74	24.94	44628	32063	762
按隶属关系分：					
中央	0.11	27.81	5427	300	12
省区市	3.35	119.87	82785	12043	850
地市	15.53	261.89	323805	71714	6165
县市区	46.39	541.61	778639	207474	21537
其中：县图书馆	22.71	245.39	340177	98961	10420

新增藏量购置费	新增数字资源购置费	资产总计（千元）	固定资产原值	实际使用公用房屋建筑面积（万平方米）	书库面积	阅览室面积	书刊阅览室面积
1968875	**380021**	**73336672**	**59370172**	**1699.67**	**335.09**	**497.58**	**371.95**
91410	25648	2338917	1891382	52.30	8.30	17.50	13.73
81170	2823	6021444	3807528	27.81	6.93	3.43	2.69
427405	123919	19983385	15885925	184.89	40.06	50.96	43.94
615779	158646	18076591	15129279	503.91	97.57	152.45	122.36
844521	94633	29255252	24547440	983.07	190.53	290.74	202.96
229434	25348	11125102	7982673	387.38	80.93	116.64	75.40

志愿者服务队伍数（个）	志愿者服务队伍人数（人）	图书馆延伸服务情况			
		流动图书车数（辆）	流动服务书刊借阅人次（万人次）	流动图书馆车书刊借阅册次（万册次）	分馆数量（个）
9298	**496510**	**3464**	**2632**	**4722.51**	**41321**
537	35686	34	280	669.09	1513
9	190				
1134	68393	20	83	196.23	1430
1228	159667	344	997	1871.07	4607
6927	268260	3100	1551	2655.22	35284
3289	65641	2578	759	1195.41	18902

地　区	机构数（个）	从业人员（人）	专业技术人　才	正高级职称	副高级职称	中级职称	总藏量（万册）	图书	盲文图书
总　计	**3196**	**57796**	**40408**	**909**	**6057**	**18540**	**111180.94**	**88920.79**	**114.12**
北　京	23	1218	1009	16	89	377	3012.31	2805.93	0.37
天　津	29	1060	886	21	137	376	2099.21	1827.71	1.31
河　北	173	1892	1299	36	212	614	3063.59	2579.96	5.35
山　西	128	1670	1051	18	107	454	2026.22	1627.07	4.57
内蒙古	117	1795	1480	15	364	615	1995.96	1682.86	3.14
辽　宁	130	2423	1830	66	280	972	4395.09	3604.63	3.04
吉　林	66	1566	1280	61	302	519	2168.02	1820.81	2.20
黑龙江	110	1594	1347	119	407	591	2319.14	1892.17	2.03
上　海	23	2164	1871	55	164	783	8062.81	3759.49	1.81
江　苏	117	3617	2376	52	350	1084	9887.04	8657.42	6.59
浙　江	103	4055	2131	56	280	988	9432.94	8424.62	6.03
安　徽	127	1509	968	10	103	441	3122.52	2704.95	8.39
福　建	94	1612	1024	7	91	494	4253.54	3435.38	2.61
江　西	114	1372	874	12	84	392	2659.05	2165.20	4.58
山　东	154	2816	2235	54	407	1075	6615.58	5601.98	7.54
河　南	164	2910	1662	23	182	708	3409.42	2855.01	9.64
湖　北	116	2101	1644	21	195	868	4220.84	3546.61	4.93
湖　南	141	2063	1480	11	142	777	3566.94	2974.32	6.02
广　东	146	4729	2998	59	283	1490	10542.52	9068.03	6.43
广　西	116	1680	1260	14	124	590	2901.53	2307.76	1.01
海　南	24	316	228	1	9	93	597.90	529.08	0.38
重　庆	43	984	603	31	92	268	1901.34	1562.47	4.48
四　川	206	2295	1378	7	125	618	4171.69	3418.48	6.51
贵　州	98	1088	796	11	110	314	1605.96	1339.87	2.36
云　南	151	1785	1594	18	523	713	2338.26	1727.73	2.59
西　藏	81	185	117	2	13	14	244.66	206.64	0.49
陕　西	111	2383	1300	13	93	562	2096.78	1764.59	3.23
甘　肃	104	1433	886	13	94	402	1700.32	1308.98	2.61
青　海	52	469	267	4	37	126	494.08	398.06	0.71
宁　夏	27	586	403	8	55	193	749.41	549.00	0.85
新　疆	107	1015	805	2	120	393	1489.86	1223.98	1.81

古籍	善本	报刊	视听文献	缩微制品	其他	在藏量中	
						开架书刊	少儿文献
2695.40	**285.60**	**9914.17**	**1959.10**	**1537.89**	**6153.59**	**57066.63**	**13123.80**
47.00	7.03	60.45	78.18	0.03	20.72	1682.95	355.88
59.46	11.14	146.32	28.71	1.26	35.76	1193.65	293.55
57.63	2.60	249.60	53.03	8.10	115.26	1776.58	336.09
76.10	10.97	244.65	38.88	1.91	37.61	1081.03	209.16
38.80	2.60	157.67	16.43	1.35	98.86	1086.25	157.19
136.91	16.25	310.93	86.24	2.73	253.66	2549.69	627.65
45.69	7.13	179.41	37.90	2.88	81.33	845.81	236.23
43.44	2.39	264.93	44.76	34.13	39.71	1230.34	171.16
200.33	19.70	392.87	141.71	1235.94	2332.47	2275.81	412.85
342.66	27.59	567.43	152.76	4.75	162.02	5553.90	1165.75
195.81	21.98	491.66	238.50	0.82	81.54	5864.31	1495.07
63.06	5.46	186.48	47.95	1.20	118.88	1615.86	422.64
47.04	3.65	291.05	78.16	2.72	399.18	2254.60	772.60
77.57	9.58	288.62	21.70	0.88	105.09	1101.43	290.72
140.39	24.47	535.55	61.46	4.58	271.63	4272.47	696.36
110.21	8.41	360.61	38.01	1.34	44.24	2116.65	479.94
97.14	8.24	383.10	65.36	37.54	91.10	2079.12	443.77
117.26	8.87	337.27	67.09	2.14	68.85	1949.92	513.22
79.46	5.41	542.73	286.83	2.78	562.70	6169.78	2009.71
40.45	2.71	459.97	37.53	1.13	54.69	1285.15	360.65
1.18	0.05	39.60	15.78	0.81	11.45	388.20	63.75
67.98	9.39	176.84	28.64	1.18	64.24	1101.82	275.31
159.07	10.34	431.76	53.25	5.59	103.53	2115.78	426.58
17.74	1.09	155.98	16.52	1.85	73.99	896.80	134.50
92.96	6.43	340.16	69.57	1.00	106.85	1199.38	188.36
2.81	0.16	14.45	1.23	0.53	19.00	43.11	11.90
58.91	6.05	187.60	22.14	0.43	63.11	1015.71	170.55
51.85	9.73	229.27	12.12	5.52	92.60	912.60	143.36
13.97	1.12	42.56	2.70	2.41	34.39	136.29	30.58
4.43	0.25	63.56	55.61	0.12	76.69	345.00	90.09
12.50	0.35	169.03	13.35	0.99	70.01	735.75	129.68

续表 1

地区	电子图书（万册）	本馆自建	本馆外购	免费共享	书架单层总长度（米）	本年新购藏量（万册）	当年购买的报刊种类（种）	有效借书证数（个）
总计	**86557.24**	**2254.02**	**55207.48**	**29095.74**	**16146233**	**6985.65**	**1104282**	**86272572**
北京	1356.51	24.77	735.42	596.32	293752	171.05	21309	1833010
天津	2133.52	1.74	1543.46	588.33	247376	247.83	25951	1022686
河北	2160.29	75.92	1911.93	172.44	514423	260.78	30876	1777678
山西	1249.76	26.25	736.19	487.32	271530	167.89	22044	1552870
内蒙古	1278.27	76.80	734.72	466.75	312564	87.97	29391	806413
辽宁	2127.63	15.49	1616.14	496.00	530472	154.13	44421	1729234
吉林	2824.29	99.15	1305.18	1419.96	272830	116.99	21535	1155538
黑龙江	1091.28	14.72	402.07	674.49	415848	86.49	23895	878448
上海	3322.47	4.05	1032.91	2285.52	550023	183.69	46796	2631777
江苏	7460.55	149.03	5801.40	1510.12	1392119	577.49	79562	16556959
浙江	8003.60	263.77	4073.68	3666.15	2168188	816.08	87489	12864483
安徽	5309.77	49.42	4460.59	799.76	362159	235.56	34358	2481483
福建	3313.07	123.11	2136.66	1053.30	426348	480.24	36045	3035969
江西	1852.69	39.20	1457.09	356.40	248978	134.28	30445	1501514
山东	4420.71	32.51	3485.47	902.73	857927	399.40	53010	5996720
河南	2629.28	65.64	1851.85	711.79	453039	229.89	36797	2095234
湖北	4897.07	113.59	2760.19	2023.28	573809	303.87	42132	2203050
湖南	2145.53	262.95	1156.77	725.81	857333	218.38	34304	2418103
广东	7507.39	37.68	5108.71	2361.00	1349586	936.60	85564	8600035
广西	3078.81	3.24	2350.02	725.56	510091	151.63	33402	1233952
海南	976.71	33.70	742.58	200.43	88204	38.76	8884	320358
重庆	1471.75	76.15	1059.53	336.07	420479	104.99	25153	2294786
四川	4172.04	74.86	2445.25	1651.93	1476177	217.23	49647	2842777
贵州	1633.98	100.85	1324.35	208.78	218122	111.07	21017	836845
云南	2696.54	25.27	1462.74	1208.53	501020	95.02	38283	653922
西藏	60.70	0.12	10.71	49.88	34406	12.85	12851	12278
陕西	3889.85	255.43	624.86	3009.57	291484	105.39	24781	648391
甘肃	1864.40	24.22	1749.06	91.12	166005	87.06	19233	506889
青海	247.40	33.83	202.16	11.40	84264	17.17	33918	194035
宁夏	451.74	0.10	266.03	185.62	113202	41.62	11731	299813
新疆	673.79	69.62	484.75	119.43	144475	59.03	23492	528748

总流通人次（万人次）	书刊文献外借人次	书刊文献外借册次（万册次）	为读者举办各种活动					
			组织各类讲座次数（次）	参加人次（万人次）	举办展览（个）	参加人次（万人次）	举办培训班（个）	培训人次（万人次）
90134.77	**26609.14**	**61372.62**	**85955**	**2158.92**	**35034**	**9097.98**	**74743**	**528.76**
1968.68	445.06	1266.14	3009	20.75	585	251.56	1624	6.01
1621.16	359.87	1066.71	1570	14.81	670	168.45	1636	6.76
2562.58	872.26	1713.50	3894	46.37	1131	199.68	1969	11.14
2030.37	666.41	1044.37	3089	334.84	844	451.22	1805	21.69
1377.44	387.47	784.47	1032	16.06	588	57.04	561	3.52
3122.86	759.27	1981.58	2636	23.21	1115	310.33	2533	7.97
970.77	358.38	710.30	915	9.11	547	118.35	532	3.88
1151.82	424.96	883.97	1323	19.34	857	133.06	1708	7.68
2733.57	505.75	2151.19	2488	26.17	379	213.77	1752	7.56
8424.55	2512.35	6153.31	4763	69.58	1969	390.43	2641	12.91
13935.06	2542.71	7846.38	7415	105.62	3519	1191.49	12030	101.25
3581.90	1371.53	2339.70	3020	51.28	1508	329.11	3220	23.26
3895.46	1555.49	4176.47	3055	40.31	1050	211.69	2165	17.09
1858.71	895.10	1688.28	1901	27.58	1261	225.13	1131	9.71
5244.93	2267.97	3623.42	7728	78.75	2426	356.86	6287	38.87
4295.20	1531.24	2465.40	6750	74.91	1708	220.26	2462	15.23
2645.80	1221.16	2297.59	2859	50.95	1216	228.71	1433	10.19
2662.03	1143.64	2409.03	4256	134.24	1179	311.32	4602	72.84
12200.50	2348.91	7932.52	9419	793.76	3156	2076.10	10174	48.02
2113.12	558.51	1060.81	1793	31.63	1218	289.09	2032	16.20
443.57	86.01	228.05	400	6.46	142	88.63	948	2.93
1598.44	547.57	1323.85	1499	20.93	1060	167.52	1557	11.34
2739.09	995.46	1929.03	3535	44.33	1376	301.44	1602	8.16
930.33	392.18	641.67	1175	21.76	719	83.75	810	4.74
1693.38	485.98	1055.93	1847	23.25	1284	204.57	1431	8.03
38.05	6.48	10.73	87	0.86	104	2.19	48	0.23
1537.82	532.61	1002.88	1588	24.20	1173	129.60	1708	10.07
907.18	372.54	714.76	1306	21.20	757	96.63	441	4.02
167.92	54.58	92.78	193	2.95	189	14.07	115	0.72
530.91	185.55	353.89	219	3.12	299	29.07	197	2.03
574.55	187.39	362.30	896	13.06	982	116.70	883	4.14

续表 2

地区	开展基层培训辅导人次（万人次）	本单位受训人次（万人次）	计算机（台）	供读者使用电子阅览室终端数	图书馆网站访问量（页次）	本年收入合计（千元）	财政补贴收入	免费开放资金
总计	**120.39**	**33.71**	**225815**	**145736**	**2118296123**	**19121152**	**18355488**	**1149799**
北京	1.55	0.60	4461	2052	15169329	772154	749261	20202
天津	0.69	0.63	4550	2963	36891770	652252	642233	14721
河北	3.53	0.86	8135	5711	11173144	356647	353001	46942
山西	6.44	1.55	7110	4703	5904302	425980	422605	43894
内蒙古	2.50	1.05	6603	4597	21192639	376093	369516	29981
辽宁	2.88	1.61	9771	5845	43813816	530868	529273	42312
吉林	0.62	0.53	4534	2883	3968812	345927	340364	15431
黑龙江	4.87	0.24	5897	3752	94300881	316290	310132	20766
上海	1.30	0.62	6643	3009	94660015	1694752	1563731	2536
江苏	8.36	1.23	12545	7211	56316098	1381822	1360716	71135
浙江	3.18	2.41	12994	8573	175635623	1407983	1337230	51496
安徽	7.47	3.29	8288	6009	34335550	470531	453910	33440
福建	1.37	1.04	7457	4952	63493589	530670	499444	31951
江西	5.96	0.97	7659	4832	25360007	329813	312783	47885
山东	5.52	1.01	11919	8046	58519328	752699	740238	63446
河南	6.48	0.82	10445	7190	28794391	562497	555352	40606
湖北	7.43	1.30	7261	4734	26983628	617409	595258	25350
湖南	4.42	3.02	8029	5114	21718628	475437	456149	52541
广东	4.40	2.98	18103	11366	184884021	2364228	2341776	125932
广西	2.16	0.94	6764	4624	17287436	452663	433782	34755
海南	0.44	0.14	1517	963	10461823	113404	99548	7127
重庆	4.18	0.34	4416	3125	30107901	356360	320731	28592
四川	7.38	0.23	11346	8180	33017151	624297	614418	90085
贵州	1.89	0.56	5397	3573	26774899	650312	618150	26826
云南	3.13	0.64	7875	5408	33428414	418797	409675	36194
西藏	0.07	0.02	1419	946	403534	63031	62453	17932
陕西	3.88	1.30	6160	4287	19329137	365026	345862	34872
甘肃	2.75	0.24	5287	3532	3783083	264957	255791	38614
青海	0.26	1.08	2081	1301	1421744	109280	104934	11514
宁夏	0.57	0.68	2345	1658	3963510	124976	118823	10984
新疆	1.72	1.11	5616	4095	400769	221774	216001	31737

中央资金	购书专项经费	上级补助收入	事业收入	经营收入	附属单位上缴收入	其他收入	本年支出合计（千元）	基本支出
399913	**2186309**	**144951**	**286822**	**9778**	**126**	**323987**	**19287137**	**10017181**
7395	94574		8296	456		14141	744000	407279
3400	67157	2253	4108	373		3285	597751	415725
18794	39754	3079	70	45		452	368709	226522
14174	27688	1997	332	815		231	418613	156265
17586	20416	1955				4622	390531	279457
20755	68407	40	1475			80	533536	343939
8200	38061	430	845			4288	328652	175136
12500	25000	1337	4086			735	312197	222316
1536	232442	13	56887	1347		72774	1412823	678582
6090	160980	5751	8375			6980	1430672	775597
1253	256113	13245	5539	1329		50640	1662389	700998
12820	62779	9198	1118			6305	435341	233176
3505	79906	7260	5717	3131		15118	575317	244266
19541	47344	11648	1587	10	121	3664	341734	211464
8302	83627	9550	396			2515	783462	451883
18600	50374		235	1156		5754	579761	317880
10362	81651	12405	1018			8728	627093	355412
15467	41202	8507	5532			5249	485843	299572
9772	345432	13495	2787			6170	2405198	1090210
22438	40988	16283	808			1790	442429	200713
1960	12605	4127	5			9724	128009	46583
15600	45388	1920	17627			16082	351603	191191
37974	66572	1844	2552			5483	682803	302015
12315	15557	2166	5374			24622	640140	146843
25881	15128	816	2836			5470	403455	269108
13708	5270	478	100				65504	32834
15861	29835	5285		696		13183	380024	214054
11848	20480	4611	3646	155		754	283659	169949
3545	8101	3235	118	5	5	983	120072	71382
5230	8798	1118				5035	141349	90580
23501	10380	905				4868	255689	141546

续表 3

地区	项目支出	经营支出	在支出合计中：					
			工资福利支出	商品和服务支出	差旅费	劳务费	福利费	各种税金支出
总　计	**8577979**	**11092**	**7672340**	**4662740**	**89447**	**420544**	**59078**	**17956**
北　京	334099	250	323418	253409	699	10546	3555	756
天　津	177433	293	209558	183997	546	7202	1452	587
河　北	129027	121	175905	83973	1617	8205	778	
山　西	254535	815	126570	72042	2394	13902	1127	971
内蒙古	104963		197874	94033	2786	4728	690	64
辽　宁	175880	2128	268870	124522	2445	11896	486	53
吉　林	130913		145566	81287	1959	9141	1243	27
黑龙江	89835		164354	59933	2003	2247	734	34
上　海	732157	2059	491480	417921	2314	9786	7921	565
江　苏	640245		597985	307180	5513	31451	3489	1004
浙　江	687553	1166	572469	359182	4515	58086	15665	1681
安　徽	175463	99	162938	122759	2667	6019	1837	175
福　建	310709	1035	186260	138516	1750	24809	299	160
江　西	115030	60	161259	62348	3745	8664	1497	62
山　东	294989	14	335941	149460	2460	14284	419	344
河　南	252513	1161	242865	92710	2556	12115	1757	272
湖　北	251742		290253	122377	2710	12990	2437	219
湖　南	161430	20	218356	100505	3115	10244	1875	351
广　东	1263062	20	843413	634885	4084	56060	4971	2149
广　西	230786	5	155866	99365	3820	4058	228	188
海　南	69052	9	38820	48701	1224	4391	21	22
重　庆	158214	22	136782	103849	11895	19202	741	432
四　川	373767	20	254318	201901	7069	18689	2099	35
贵　州	467686	125	125096	39153	2644	6239	331	172
云　南	124226	40	237729	72860	2494	8012	925	290
西　藏	29329	24	24373	8768	515	432	3	
陕　西	143771	1359	182645	77280	2181	6350	646	283
甘　肃	97144	112	118438	60196	2752	7704	1082	418
青　海	47022	50	55821	33186	425	2648	305	
宁　夏	45802	15	66711	23791	646	2805	45	46
新　疆	105547	50	118381	69504	1164	5371	321	32

对个人和家庭补助支出	抚恤金和生活补助	其他资本性支出	各种设备购置费	新增藏量购置费	新增数字资源购置费	资产总计（千元）	固定资产原值	实际使用公用房屋建筑面积（万平方米）
618385	**65652**	**4034962**	**3098190**	**1968875**	**380021**	**73336672**	**59370172**	**1699.67**
13348	1919	119015	87941	52512	21312	2331980	1972375	29.81
17606	640	152314	135245	72888	20417	1228308	1186382	43.54
20677	4077	73604	56365	38336	3800	1465068	1194553	56.97
5080	499	103018	64770	38011	6674	1429418	1176267	55.49
13903	1091	64598	44796	24484	4916	1395322	1257335	43.28
12745	2421	76886	74424	51532	13561	7786843	6970590	61.46
8462	2114	61147	47766	24436	9238	931460	839398	30.74
19222	1222	53064	38198	24477	4523	920481	891606	34.43
11508	3228	379274	205121	141733	18568	6973015	5124046	44.40
51234	3974	271358	235415	159439	23639	4041960	3605391	157.68
17775	2705	329070	303692	224450	28367	4048113	3672654	130.66
18423	1965	95815	86223	56206	8107	2405894	2192388	56.96
13332	890	175558	165675	78157	21630	1849250	1650633	60.45
13639	1958	81091	74512	43445	7351	1330639	1237067	44.44
39979	2723	164530	137818	85246	9908	2052891	2012152	107.92
20991	1820	185360	100991	52447	8079	1815364	1667296	72.63
21159	1011	146973	131149	88436	15567	2586817	2387540	71.94
20963	2502	96651	78269	54727	8717	2427865	2273439	53.33
136280	3958	558348	449821	308075	70847	6553093	5265850	151.11
8972	2462	109526	97442	46101	11291	1202317	952611	47.30
575	13	25600	18536	12270	2071	235492	198717	9.17
13566	5034	83220	60888	35106	13476	748439	692592	36.98
18785	5404	107092	90267	60886	11705	1733582	1326930	67.98
10251	1281	120711	28068	16953	4490	1390985	642671	28.64
10492	3341	37385	28469	17096	6028	1004965	996483	41.12
720	52	24255	5229	2870	610	204572	149660	5.91
3359	1176	93591	62452	29966	9755	1127601	677186	36.37
21225	3033	68219	48649	23551	5154	1935734	1742949	32.61
5525	335	18126	9710	5925	2553	2611257	427002	9.20
2869	220	39725	21665	9158	2459	598285	606043	13.92
7181	885	21655	16941	8786	2385	948218	572838	35.45

续表 4

地　区					实际拥有产权面积（万平方米）	阅览室座席数（个）	
	书库面积	阅览室面积	书刊阅览室面积	电子阅览室面积			少儿阅览室座席数
总　计	**335.09**	**497.58**	**371.95**	**65.37**	**951.18**	**1190656**	**291531**
北　京	5.82	7.32	6.11	0.81	11.10	15510	3230
天　津	7.08	11.71	7.07	0.90	3.79	20317	3480
河　北	10.82	18.19	13.65	2.21	32.63	45575	9765
山　西	8.52	16.84	12.29	2.52	49.52	39483	8007
内蒙古	6.29	13.19	9.73	2.47	19.13	33023	8020
辽　宁	10.18	17.10	13.20	2.37	31.54	40720	8351
吉　林	5.03	9.81	7.69	1.02	16.42	22973	4559
黑龙江	5.89	9.91	6.50	1.59	12.78	28477	6641
上　海	8.47	10.94	9.25	0.98	28.42	23771	4957
江　苏	20.57	38.00	29.32	3.41	62.07	72873	18371
浙　江	24.31	36.87	31.06	4.00	48.52	84904	20764
安　徽	9.50	18.89	12.78	2.38	36.96	45855	12371
福　建	13.36	18.49	14.60	1.89	36.38	44544	11359
江　西	11.42	14.57	10.15	1.96	24.03	39590	11666
山　东	24.13	29.32	22.11	3.78	54.04	63898	14814
河　南	16.29	21.50	15.99	3.34	41.54	62321	18579
湖　北	16.30	24.56	16.62	4.10	56.72	47800	11669
湖　南	14.90	14.59	10.96	2.46	39.64	42224	13555
广　东	29.17	48.73	39.74	5.19	86.11	109862	26326
广　西	12.64	11.87	8.75	1.92	25.35	33899	10441
海　南	2.28	3.39	2.63	0.34	7.63	6599	1955
重　庆	6.85	11.08	7.63	1.27	26.77	31181	7833
四　川	13.73	24.67	18.73	3.91	45.99	62458	14087
贵　州	7.72	9.83	6.66	1.48	23.86	26592	6182
云　南	10.63	11.16	7.28	2.54	29.21	32911	8296
西　藏	1.24	1.51	0.72	0.38	4.24	3624	495
陕　西	8.12	11.37	8.72	1.70	21.86	28177	6781
甘　肃	5.51	8.63	5.93	1.27	20.87	27669	7646
青　海	1.66	4.09	2.66	0.53	3.08	5261	1200
宁　夏	2.98	4.94	3.44	0.82	9.29	13421	2429
新　疆	6.76	11.09	7.29	1.72	13.89	29717	7402

	盲人阅览室座席数	志愿者服务队伍数（个）	志愿者服务队伍人数（人）	图书馆延伸服务情况			
				流动图书车数（辆）	流动服务书刊借阅人次（万人次）	流动图书馆车书刊借阅册次（万册次）	分馆数量（个）
	28564	**9298**	**496510**	**3464**	**2631.53**	**4722.51**	**41321**
	205	113	20613	14	5.48	78.49	442
	271	92	5374	11	13.00	28.84	485
	1033	356	13221	80	32.69	56.58	1810
	1053	334	16961	148	71.64	105.13	1843
	800	183	7618	50	30.75	52.44	1316
	834	414	22067	25	274.38	623.24	1254
	541	129	5927	57	70.14	97.69	552
	628	207	8384	41	47.17	81.98	956
	273	355	18061	5	56.45	113.41	194
	1564	364	34170	49	95.57	214.00	6891
	1285	631	44047	69	370.95	805.22	2449
	1636	249	11570	31	113.01	150.63	1370
	831	332	17346	33	36.85	129.25	1071
	1801	244	6769	41	69.02	81.05	881
	2136	464	22196	48	273.86	344.32	1682
	1674	465	13479	88	91.54	120.96	4051
	1139	883	12365	93	160.51	218.41	785
	1070	818	35285	55	75.07	127.08	1320
	1534	359	104786	245	204.22	429.30	1927
	609	229	17741	48	48.63	79.72	156
	58	90	2782	26	9.82	14.50	65
	828	116	8064	45	76.48	159.51	1435
	1541	355	14300	142	83.32	136.88	968
	950	285	6022	88	59.59	76.49	608
	1129	272	5304	98	101.85	124.85	702
	61	146	1240	67	1.41	1.81	133
	881	228	8886	98	58.33	76.83	1209
	1039	229	4098	56	33.27	72.66	4372
	146	51	577	48	14.07	24.49	47
	337	59	1504	1511	41.09	77.21	117
	665	237	5563	54	11.38	19.54	230

2019年各地区省级公共

地　区	机构数(个)	从业人员(人)	专业技术人才	正高级职称	副高级职称	中级职称	总藏量(万册/件)	图书
总　计	**39**	**7546**	**6520**	**334**	**1352**	**2996**	**21728.67**	**13911.74**
北　京	1	350	325	12	42	147	906.41	758.31
天　津	2	346	323	12	69	151	865.77	768.96
河　北	1	208	137	11	43	64	341.73	276.92
山　西	1	240	222	12	32	78	314.25	189.85
内蒙古	1	159	153	5	48	63	404.95	312.04
辽　宁	1	232	199	16	47	91	729.58	595.31
吉　林	1	230	165	13	46	46	504.01	409.28
黑龙江	1	176	152	22	66	60	421.57	323.83
上　海	2	832	785	54	118	383	5788.70	1648.60
江　苏	1	529	383	22	107	199	1232.10	908.16
浙　江	1	239	222	10	40	122	724.98	531.71
安　徽	1	177	149	5	32	66	364.46	292.43
福　建	2	224	204	1	29	93	472.82	384.04
江　西	1	149	143	6	27	75	402.54	283.27
山　东	1	225	217	19	41	100	907.17	592.88
河　南	2	202	189	11	44	66	413.63	323.85
湖　北	1	303	290	12	60	118	879.21	722.93
湖　南	2	280	262	5	43	132	631.62	459.16
广　东	1	302	271	10	50	143	949.67	729.54
广　西	3	312	294	11	56	137	838.48	683.39
海　南	1	94	89	1	5	49	192.07	177.82
重　庆	2	307	232	18	43	103	491.59	347.96
四　川	1	291	174	1	30	74	574.91	403.31
贵　州	1	148	106	7	32	53	257.73	214.97
云　南	1	181	173	8	85	58	364.87	225.14
西　藏	1	50	30	2	9	7	53.86	42.99
陕　西	1	207	189	7	20	100	541.07	430.00
甘　肃	1	207	179	11	30	90	470.13	368.53
青　海	1	130	75	2	15	29	179.46	143.22
宁　夏	1	129	111	6	28	56	217.51	118.35
新　疆	1	87	77	2	15	43	291.83	245.00

盲文图书	古籍	善本	报刊	视听文献	缩微制品	其他	在藏量中	
							开架书刊	少儿文献
11.23	**1351.98**	**168.75**	**2113.43**	**397.11**	**1296.48**	**2657.92**	**5444.53**	**1274.71**
0.08	41.86	6.71	44.24	49.61	0.03	12.36	128.81	138.08
0.09	54.21	10.35	15.08	18.65	1.20	7.67	445.82	153.17
0.50	8.15	0.56	41.46	12.11	2.80	0.28	112.72	16.99
0.50	29.69	5.02	89.85	2.73	0.40	1.73	191.94	28.53
1.10	22.00	2.00	17.94	1.28	0.49	51.20	97.17	10.88
0.35	48.25	12.39	60.89	10.30	0.62	14.21	206.16	28.85
0.15	23.14	5.35	54.97	2.21	2.60	11.80	68.79	11.57
0.32	13.37	0.66	46.67	4.19	33.52		75.83	11.66
0.63	192.23	19.24	364.27	39.85	1235.93	2307.82	818.07	99.63
0.30	160.00	14.00	115.76	30.70	4.21	13.28	90.00	9.00
0.52	82.24	15.01	97.83	12.78	0.39	0.04	148.47	6.02
0.14	35.22	3.31	35.08	1.08	0.51	0.15	90.20	15.00
0.32	25.28	2.07	48.16	13.78	1.55		164.65	108.04
0.48	37.76	3.98	40.97	1.45	0.18	38.92	137.19	11.18
0.26	75.36	20.00	131.00	8.89	0.74	98.30	463.97	49.48
0.08	50.66	3.00	36.03	2.76	0.24	0.09	114.85	56.16
0.44	46.18	5.87	69.65	28.91	3.53	8.01	210.24	52.92
0.98	62.14	5.00	73.27	32.97	0.46	3.62	290.98	150.44
0.19	44.01	3.25	152.22	20.97	2.54	0.38	336.70	38.97
0.12	26.65	1.65	107.17	19.34	0.17	1.76	119.98	90.94
0.19	0.02	0.01	5.83	1.09		7.31	131.97	32.71
1.48	45.26	6.99	76.37	8.76	1.05	12.19	132.90	50.65
0.25	65.00	6.07	99.27	4.83	2.50	0.01	109.58	6.83
0.42	11.76	0.40	27.24	1.01	0.28	2.47	110.05	10.03
0.28	59.62	3.32	75.41	4.51	0.13	0.06	55.35	5.09
	1.10		8.22	0.04		1.50	7.90	1.05
0.31	32.84	4.37	63.24	7.01	0.03	7.96	168.32	32.19
0.59	31.76	6.78	64.95	4.18	0.25	0.47	252.98	15.44
0.09	11.48	1.00	22.35	0.47	0.05	1.89	41.53	2.45
0.03	3.52	0.12	12.25	50.14	0.08	33.16	76.20	11.51
0.08	11.23	0.26	15.80	0.50	0.02	19.28	45.24	19.28

续表 1

地区	电子图书（万册）	本馆自建	本馆外购	免费共享	书架单层总长度（米）	本年新购藏量（万册）	当年购买的报刊种类（种）	有效借书证数（个）
总计	**10692.78**	**41.28**	**7028.96**	**3622.54**	**2899232**	**605.76**	**150335**	**9811379**
北京	278.71	0.56	175.15	103.00	95432	26.79	7082	559824
天津	400.54	1.69	398.85		136595	50.04	9272	543297
河北	310.01	0.01	310.00		71800	10.11	5237	363514
山西	58.26	0.17	58.09		36505	6.41	2454	442853
内蒙古	95.06	0.07	90.92	4.07	85196	19.57	2259	119019
辽宁	406.99	5.15	216.54	185.30	157878	26.28	5037	105155
吉林	130.20		130.20		101196	16.42	4302	180877
黑龙江	169.17		169.17		55472	16.10	2293	175179
上海	2282.38	0.07	212.31	2070.00	335616	53.31	13729	825724
江苏	147.66	9.84	137.32	0.50	260000	20.54	4779	866393
浙江	365.91	0.55	360.36	5.00	137290	27.14	6674	84616
安徽	110.38		60.19	50.20	60168	12.52	2947	236440
福建	337.50	0.07	312.85	24.57	8658	20.57	6115	1307341
江西	167.89	6.82	161.06		2200	19.87	6507	23900
山东	145.18	0.56	144.63		154116	21.37	6119	47020
河南	332.68	0.00	220.28	112.39	46016	7.77	2470	193976
湖北	882.36		882.36		163732	40.98	10420	436430
湖南	403.57	0.70	237.87	165.00	89998	18.52	3127	397184
广东	2.46		1.66	0.80	177036	41.35	7697	752176
广西	1365.44	0.24	1290.85	74.35	172565	37.34	4785	498993
海南	272.92	3.40	264.00	5.52	33947	7.98	2674	211902
重庆	328.59	8.90	319.69		44901	15.32	4778	456286
四川	117.04	0.01	105.80	11.24	40221	19.46	6343	245755
贵州	231.51	0.66	230.00	0.85	62906	16.79	3100	95961
云南	522.02	0.79	157.97	363.26	129035	10.01	3686	117008
西藏	1.53		1.53		22708	1.71	1229	5550
陕西	360.18		130.18	230.00	115656	15.96	4961	96549
甘肃	72.10		72.10		6000	11.51	4170	161196
青海	15.45		15.45		48060	3.73	1434	59251
宁夏	247.80		81.30	166.49	44896	7.31	1800	74388
新疆	131.32	1.02	80.30	50.00	3433	3.02	2855	127622

总流通人次（万人次）	书刊文献外借人次	书刊文献外借册次（万册次）	为读者举办各种活动					
			组织各类讲座次数（次）	参加人次（万人次）	举办展览（个）	参加人次（万人次）	举办培训班（个）	培训人次（万人次）
8680.52	**1555.65**	**4989.56**	**5109**	**441.27**	**1808**	**1328.86**	**6521**	**66.94**
539.37	39.03	195.62	182	3.05	107	83.15	55	0.17
285.38	94.73	413.43	164	1.61	82	69.53	16	0.09
215.00	28.10	108.26	243	1.55	29	4.00	150	1.27
137.93	52.09	137.01	216	303.95	95	44.39	165	0.57
57.79	41.63	118.54	44	1.32	15	0.30	8	0.25
462.55	29.35	134.79	66	0.98	78	163.76	216	0.82
198.15	34.08	126.37	83	1.22	35	21.75	3	0.05
188.86	23.85	80.67	120	1.86	95	56.66	492	1.40
392.05	101.73	428.71	226	6.38	57	111.10	126	1.15
272.81	151.74	214.51	97	3.19	38	20.94	312	0.15
776.28	67.02	172.28	205	3.14	110	79.26	122	0.77
191.65	28.72	113.90	90	1.62	29	8.21	257	1.21
211.46	39.01	370.85	271	4.55	95	17.72	168	1.40
0.89	0.41	1.20	38	0.82	20	25.18	14	0.20
181.38	56.96	123.20	855	3.20	49	2.97	734	5.81
211.42	86.18	169.52	138	1.66	129	13.62	176	0.80
333.71	77.04	214.47	253	5.83	46	39.99	69	0.58
315.49	42.86	208.78	494	71.57	42	8.55	1670	39.31
1392.92	164.04	399.50	74	1.74	276	274.96	58	0.44
558.65	96.67	243.03	328	6.38	80	99.50	441	5.25
202.56	17.61	115.50	227	3.08	25	73.66	717	2.02
292.54	53.56	143.12	131	1.73	59	22.02	301	1.05
187.25	17.76	40.09	77	2.40	5	22.90	18	0.16
55.17	7.83	29.71	31	0.20	60	1.20	8	0.10
406.05	55.24	249.75	89	1.96	18	8.16	37	0.22
15.00	0.63	1.10	28	0.19	1	0.01	2	0.01
226.12	63.12	232.21	143	3.22	71	31.09	133	1.17
164.45	33.69	100.44	74	1.40	25	9.73	21	0.20
62.32	4.66	11.52	30	0.49	15	1.92	11	0.04
115.41	31.83	65.98	13	0.34	13	2.30	9	0.06
29.89	14.51	25.50	79	0.63	9	10.36	12	0.20

续表 2

地　区	开展基层培训辅导人次(万人次)	本单位受训人次(万人次)	计算机(台)	供读者使用电子阅览室终端数	图书馆网站访问量(页次)	本年收入合计(千元)	财政补贴收入	免费开放资金
总　计	**9.04**	**4.63**	**18948**	**8199**	**338033146**	**4326920**	**4098640**	**246919**
北　京	0.37	0.01	915	520	6767126	241161	233096	5689
天　津	0.31	0.09	1243	717	9569334	209426	203376	
河　北	0.10	0.03	550	153	2100000	64025	64015	16310
山　西	0.25	0.17	660	267	446013	73253	73253	16977
内蒙古	0.05	0.00	576	424	15396690	62995	62115	5859
辽　宁	1.35	0.71	732	404	14083791	114805	113309	31384
吉　林	0.06	0.05	792	405	1736191	79946	79673	2016
黑龙江	0.99	0.00	416	163	12443427	61188	57123	3885
上　海	0.70	0.04	2503	646	80007713	1017703	888458	
江　苏	0.07	0.05	1150	130	19814005	209469	205057	9000
浙　江	0.18	0.01	667	285	50463237	133538	126026	2100
安　徽	0.08	0.13	263	107	1097986	57994	56506	3580
福　建	0.08	0.13	606	282	33156140	84380	83965	11443
江　西	0.02	0.62	303	107	11295840	78599	78599	24750
山　东	0.05	0.03	590	300	755413	98689	98172	3933
河　南	0.05	0.01	265	126	1933994	64393	63148	4800
湖　北	0.55	0.40	688	334	7353231	157855	157143	
湖　南	0.10	1.10	478	102	4643134	91904	91034	14400
广　东	0.30	0.40	946	405	1268857	204298	201527	1510
广　西	0.14	0.30	858	681	11770474	147432	145179	8229
海　南	0.16	0.01	232	106	9365626	54904	54879	2787
重　庆	1.09	0.05	482	195	7497124	118670	98415	3812
四　川	0.16	0.02	490	200	5227322	124276	121713	27847
贵　州	0.09	0.02	220	116	16832236	385271	362941	8938
云　南	0.15	0.10	615	252	2344592	67664	63417	2500
西　藏	0.01	0.00	121	60	400000	33335	33335	2500
陕　西	1.08	0.05	528	167	8883822	82634	77183	7570
甘　肃	0.30	0.03	414	164	1100000	79599	79275	13000
青　海	0.04	0.01	240	150	21000	36215	35483	3900
宁　夏	0.11	0.02	277	177	241691	44583	44537	2000
新　疆	0.07	0.08	128	54	17137	46716	46688	6200

中央资金	购书专项经费	上级补助收入	事业收入	经营收入	附属单位上缴收入	其他收入	本年支出合计(千元)	基本支出
41929	**610614**	**350**	**105286**	**4553**		**118091**	**4165309**	**1794210**
2870	43209		7850			215	243042	140411
	43270		3951			2099	191948	174983
	10000					10	64360	29722
	5320						82088	33390
	6600					880	62826	25991
17870	20000		1435			61	115672	55536
	12000		100			173	78129	27873
	6500		4027			38	61188	33809
	152491		56176	1347		71722	725658	278883
	22931		3034			1378	223327	137067
900	39790		4021	1329		2162	134371	75002
	9000					1488	74939	36050
430	12350	80	246			89	106182	40898
11075	15000						75529	30558
	14988		351			166	99987	49983
	2830			1146		99	70587	38919
	39400					712	157787	67520
	11000		318			552	96708	49550
	39430		2313			458	246976	105926
1794	20990		762			1491	139879	57405
	6614					25	54884	19699
	21214		17627			2628	117312	61560
	19449		2373			190	124298	36214
	5000					22330	367382	22859
			542			3705	67119	34587
2500	2000						39170	14551
	10000			696		4755	86554	23549
	12000		160	35		129	85643	29194
	3998	270				462	49636	21303
40	3240					46	46882	25106
4450						28	75246	16112

续表 3

地区	项目支出	经营支出	在支出合计中：					
			工资福利支出	商品和服务支出	差旅费	劳务费	福利费	各种税金支出
总计	**2355966**	**4357**	**1394495**	**1236957**	**20022**	**59620**	**11935**	**6793**
北京	102631		93872	104203	490	879	869	556
天津	16965		80599	59997	208	424	129	482
河北	34638		25938	26741	720	3046	75	
山西	48698		27131	26814	578	5218	391	863
内蒙古	36835		23797	25246	433	173	60	
辽宁	60136		46506	52176	995	2844		53
吉林	50256		21080	39859	503	1968	548	
黑龙江	27379		21969	22875	617	114	390	34
上海	444716	2059	218295	211975	1815	6410	2963	561
江苏	86259		131807	51114	522	4849	127	832
浙江	58948	421	51514	37893	887	2264	2677	1081
安徽	38889		26931	29711	382	1678	710	175
福建	65283		34447	22097	617	3676		23
江西	44971		29388	12553	501	2901	686	
山东	50004		41002	31948	312	2903	28	3
河南	30522	1146	32522	18392	340	1279	421	61
湖北	90267		62982	44474	601	5351	623	
湖南	47158		38645	23655	237	1005		278
广东	130278		89693	43203	404	760		1046
广西	82474		34378	46132	919	1058	88	14
海南	35185		13391	31680	483	597		20
重庆	55752		49209	32606	3687	2888	100	429
四川	88084		34619	67098	756	715	298	
贵州	344522		24884	16570	365	1011		
云南	32532		30405	25549	307	758	8	222
西藏	24619		13027	6669	379	4		
陕西	62309	696	23191	29592	338	253	182	
甘肃	56413	35	22590	22420	1151	2613	492	35
青海	28333		19230	22909	92	573		
宁夏	21776		18895	10876	106	1160		
新疆	59134		12558	39930	277	248	70	25

对个人和家庭补助支出	抚恤金和生活补助	其他资本性支出	各种设备购置费	新增藏量购置费	新增数字资源购置费	资产总计(千元)	固定资产原值	实际使用公用房屋建筑面积(万平方米)
113669	**13309**	**954422**	**668902**	**427405**	**123919**	**19983385**	**15885925**	**184.89**
3098	628	41868	32351	17582	14769	1311814	987046	9.40
2479	310	48872	47359	33758	8120	637526	658269	12.78
2260	1610	9421	9421	6335		462820	486400	5.06
1871	194	26268	12657	3792	685	545309	519632	8.03
735	42	13048	8921	6811	1488	346829	227964	3.50
1665	259	15325	15325	14035	1290	1230240	1281391	10.32
1452	642	15738	15219	8550	3450	172445	174188	6.30
4172	18	8788	8788	4500	2000	378206	347092	3.39
6508	2000	229716	115727	87597	6100	5009691	3111281	13.40
8451	429	31955	28622	16471	3720	941452	1087631	10.30
3064	1429	41478	41212	25599	14172	627899	605984	5.52
5409	255	12888	11869	6929	1791	179135	242857	3.69
3529	225	20643	20350	14189	5720	383794	271119	2.80
4880	442	28708	28708	15549	3000	221899	184971	2.25
11723	416	15314	15214	11738	3449	408266	479926	6.08
4218	540	15455	10714	2489	1265	228540	205455	3.89
2588		47743	45438	27140	9370	1317230	1127324	10.23
7028	85	19906	12609	7679	2743	257005	207375	4.40
16399	741	97681	47695	28447	8527	1165204	1372727	9.10
2872	149	28466	23081	19640	3441	543111	360383	10.63
3		9810	9810	6614		84076	76918	2.80
4338	209	31159	29367	12696	10865	271009	258377	5.61
2329	32	20252	20252	13545	5904	487378	151082	5.19
1656		6935	6935	5000		551696	167927	2.52
743	383	7500	7500	4117	3383	219724	258877	3.04
560		18880	534		534	63461	53281	1.79
608	182	33163	13524	10115	2244	547266	130053	4.98
4034	1619	36598	21059	11012	3134	508161	322445	6.52
2437	267	5060	4036	2236	1800	145204	97955	2.40
1327	167	15784	4605	3240	955	306887	294997	3.32
1233	36					430108	134998	5.64

续表 4

地区					实际拥有产权面积(万平方米)	阅览室座席数(个)	
	书库面积	阅览室面积					少儿阅览室座席数
			书刊阅览室面积	电子阅览室面积			
总计	**40.06**	**50.96**	**43.94**	**3.35**	**119.87**	**82785**	**12043**
北京	1.22	2.42	2.25	0.18		3317	570
天津	2.03	5.08	2.67	0.25	0.14	5008	577
河北	1.12	0.93	0.86	0.07	5.06	3670	280
山西	1.29	1.71	1.67	0.04	7.50	3425	200
内蒙古	0.58	1.56	1.28	0.28	3.50	2793	759
辽宁	1.74	3.81	3.32	0.49	9.93	5862	196
吉林	1.02	2.11	2.05	0.06	1.38	3308	120
黑龙江	0.34	1.28	1.20	0.08	3.05	2633	261
上海	4.74	1.17	0.99	0.18	12.42	2280	472
江苏	1.03	1.80	1.69	0.10	3.40	1847	420
浙江	2.18	1.12	1.07	0.04	4.99	1719	62
安徽	0.77	0.90	0.75	0.06	3.69	1659	278
福建	0.55	0.48	0.42	0.04	4.20	1131	756
江西	1.52	0.72	0.70	0.03		1411	160
山东	1.36	1.14	0.96	0.10	4.54	1500	160
河南	1.04	1.46	1.38	0.08	2.95	2078	932
湖北	1.80	4.20	3.90	0.30	10.23	5543	1000
湖南	1.36	1.42	1.38	0.04	4.29	3342	1474
广东	1.88	1.53	1.49	0.04	7.77	8012	394
广西	3.74	2.61	2.34	0.19	5.12	3315	696
海南	0.57	1.95	1.67	0.05	2.50	1670	380
重庆	1.07	1.47	1.05	0.08	0.60	2379	597
四川	0.52	1.45	1.38	0.07	5.19	2958	150
贵州	1.66	0.86	0.83	0.03	2.74	1092	95
云南	0.75	0.82	0.75	0.08	3.04	1324	70
西藏	0.42	0.34	0.26	0.00	2.97	300	45
陕西	1.03	1.72	1.62	0.10		1781	147
甘肃	1.04	0.86	0.64	0.06	3.92	1576	150
青海	0.26	1.23	0.76	0.04	1.43	1152	132
宁夏	0.90	1.33	1.24	0.10	3.32	1700	350
新疆	0.56	1.50	1.39	0.12		3000	160

			图书馆延伸服务情况			
盲人阅览室座席数	志愿者服务队伍数（个）	志愿者服务队伍人数（人）	流动图书车数（辆）	流动服务书刊借阅人次（万人次）	流动图书馆车书刊借阅册次（万册次）	分馆数量（个）
850	**1134**	**68393**	**20**	**83.31**	**196.23**	**1430**
41	58	10733		0.03	4.37	18
16	2	1368	1	0.30	0.70	13
22	18	247	1	0.70	0.90	61
23	52	2863				286
103	2	320				105
80	76	4600	3	1.32	6.58	165
8	14	620		22.52	28.47	1
52	11	157				80
10	103	1668	1	4.27	7.75	
12	6	1742		2.37	4.41	1
42	13	1887				33
36	6	385				9
30	159	4251	2	4.13	55.84	273
6	10	900				57
20	35	2600		4.95	8.20	2
4	35	1385	1	2.00	7.00	27
24	1	349	1	10.00	6.20	10
8	419	17689		0.33	1.29	61
10	3	2017				93
36	4	2570	1	7.82	15.08	5
9	25	800		0.43	1.63	20
45	13	4090	2	11.07	27.83	25
8	26	3308	1	0.11	0.22	18
30	3	320		3.00	5.00	4
50	7	550				18
10	1	30	1	0.04	0.07	11
14	25	412	1	0.46	1.07	25
30	3	370	1	1.46	4.39	4
26	2	48	1			1
25	1	40	1	6.01	9.25	
20	1	74	1			4

2019年各地区地市级

地区	机构数（个）	从业人员（人）	专业技术人才	正高级职称	副高级职称	中级职称	总藏量（万册/件）	图书
总计	**379**	**15100**	**11544**	**338**	**2024**	**5397**	**29083.60**	**24762.63**
北京								
天津								
河北	12	514	429	24	89	194	1048.81	800.78
山西	10	442	199	5	34	106	561.37	468.59
内蒙古	12	511	429	9	124	183	542.56	483.31
辽宁	23	1086	878	46	148	418	2155.35	1730.80
吉林	10	497	448	33	144	164	851.80	726.48
黑龙江	13	556	464	52	136	207	934.11	712.28
上海								
江苏	16	1017	774	20	116	349	2681.82	2276.08
浙江	14	1118	727	23	118	318	2544.70	2205.51
安徽	22	545	336	3	39	157	1012.20	900.34
福建	13	612	362	4	37	188	1283.26	971.57
江西	11	330	257	2	35	128	673.82	576.90
山东	17	883	699	30	160	352	1827.38	1601.24
河南	20	777	627	11	95	221	1245.15	1053.91
湖北	16	629	557	9	98	284	1472.14	1281.07
湖南	17	582	405	5	68	216	984.46	883.63
广东	27	1728	1448	36	163	765	4563.45	4113.82
广西	15	620	451	3	50	214	768.54	633.46
海南	4	66	46		3	16	137.21	121.72
重庆								
四川	22	590	427	4	59	212	1299.67	1080.52
贵州	10	295	251	4	45	108	337.76	298.89
云南	18	475	417	8	112	193	530.74	423.66
西藏	6	44	35		1	6	61.59	60.14
陕西	8	301	207	3	43	78	446.11	410.60
甘肃	17	315	222	2	23	106	374.10	302.98
青海	7	141	82	1	16	37	112.57	99.49
宁夏	5	130	109	1	16	48	176.55	148.46
新疆	14	296	258		52	129	456.39	396.40

公共图书馆基本情况

盲文图书	古籍	善本	报刊	视听文献	缩微制品	其他	在藏量中	
							开架书刊	少儿文献
32.97	**671.55**	**42.36**	**2346.91**	**686.69**	**11.86**	**603.97**	**16818.18**	**4642.23**
2.06	43.50	1.55	111.90	20.08	4.31	68.24	666.96	133.20
2.12	17.05	1.44	43.92	28.97		2.85	358.67	89.77
1.19	11.26	0.33	40.09	6.14	0.00	1.76	318.76	50.21
1.14	85.27	2.91	200.82	48.19	1.37	88.90	1437.86	358.35
0.56	21.04	1.72	73.14	18.98	0.14	12.03	264.19	129.98
0.58	29.57	1.73	139.68	33.74	0.05	18.80	485.72	67.23
1.36	127.94	9.91	216.01	61.52	0.02	0.25	1664.66	358.95
1.92	59.00	4.24	134.26	129.75	0.01	16.17	1364.27	417.60
2.08	15.62	1.73	58.08	19.02		19.13	637.02	169.47
1.10	9.78	0.64	114.26	23.21	0.03	164.42	741.12	260.90
0.98	16.54	1.74	62.25	9.08	0.04	9.01	266.09	86.54
1.62	41.05	2.08	143.92	12.05	0.52	28.61	1207.25	252.07
1.38	44.63	4.22	133.04	9.72	0.59	3.25	780.29	212.69
2.40	35.81	1.19	119.91	14.09	0.13	21.12	786.09	139.72
1.26	15.44	0.56	61.90	18.56	0.78	4.16	673.97	148.76
3.79	21.44	1.09	203.38	166.17	0.02	58.61	2424.40	1222.82
0.47	7.35	0.90	107.05	10.28	0.01	10.40	521.48	154.93
0.15	0.58	0.01	12.38	2.45	0.01	0.06	106.57	12.47
2.26	46.55	2.07	128.63	32.47	0.03	11.48	691.44	152.40
0.39	2.20	0.00	29.45	4.49		2.74	202.70	30.90
0.93	6.41	0.38	77.25	5.26	0.00	18.16	299.78	35.89
0.15	0.17	0.03	0.73	0.05		0.50	25.00	3.22
0.54	4.11	0.76	22.96	3.82		4.62	277.11	31.19
0.96	7.97	1.03	35.11	1.78	3.78	22.49	217.58	42.40
0.25	0.41	0.05	9.89	0.44	0.02	2.31	35.99	13.45
0.19	0.12		16.83	0.45	0.01	10.67	94.44	22.50
1.15	0.75	0.07	50.07	5.93	0.01	3.24	268.77	44.63

续表 1

地　区	电子图书(万册)	本馆自建	本馆外购	免费共享	书架单层总长度(米)	本年新购藏量(万册)	当年购买的报刊种类(种)	有效借书证数(个)
总　计	**23568.62**	**486.53**	**17207.03**	**5875.07**	**5730836**	**1880.99**	**306479**	**31322879**
北　京								
天　津								
河　北	382.71	10.80	358.15	13.76	145467	73.38	10530	770602
山　西	457.78	21.61	141.28	294.89	95293	98.89	6910	806591
内蒙古	464.48	0.09	302.69	161.70	71786	26.54	5550	321514
辽　宁	1081.92	8.65	992.77	80.51	224377	71.18	24820	896200
吉　林	929.56	12.27	800.33	116.96	83393	25.06	8728	809110
黑龙江	408.01	13.37	34.98	359.66	254475	33.53	7794	390211
上　海								
江　苏	1545.19	61.18	1298.75	185.26	615739	165.88	27815	9148469
浙　江	1415.83	1.86	1022.60	391.36	486075	142.20	21389	2583527
安　徽	1921.27	6.10	1800.62	114.55	144487	101.72	13606	1216133
福　建	939.11	32.22	784.53	122.37	196760	90.33	11463	900223
江　西	804.74	8.37	635.86	160.51	48857	34.75	7266	728715
山　东	1904.35	2.83	1763.20	138.32	317127	144.12	18239	3356714
河　南	1172.74	1.74	829.02	341.99	181554	112.38	15248	935882
湖　北	1961.46	7.70	689.62	1264.14	198115	137.84	13290	938245
湖　南	656.26	214.36	290.06	151.84	495354	58.14	11790	989366
广　东	2711.29	3.24	2373.48	334.58	677836	324.27	38441	3747088
广　西	1259.76	0.10	667.68	591.98	136534	47.85	11790	460293
海　南	65.19	12.00	50.19	3.00	20547	6.64	1874	57985
重　庆								
四　川	1171.52	7.39	1016.40	147.73	988412	56.98	14535	1120461
贵　州	440.01	0.03	359.55	80.43	31010	21.80	3829	171908
云　南	940.20	3.18	446.96	490.07	122442	30.35	8457	160010
西　藏	46.96		7.96	39.00	953	4.08	1233	5859
陕　西	357.34	0.37	132.23	224.75	63163	17.70	6800	241682
甘　肃	125.89	14.04	59.34	52.51	54930	13.00	5200	105715
青　海	150.36	26.03	115.83	8.50	9953	7.28	895	104919
宁　夏	95.81		95.81		22829	8.99	2374	124477
新　疆	158.90	17.01	137.16	4.73	43368	26.12	6613	230980

总流通人次（万人次）	书刊文献外借人次	书刊文献外借册次（万册次）	为读者举办各种活动：组织各类讲座次数（次）	为读者举办各种活动：参加人次（万人次）	为读者举办各种活动：举办展览（个）	为读者举办各种活动：参加人次（万人次）	为读者举办各种活动：举办培训班（个）	为读者举办各种活动：培训人次（万人次）
27526.88	**7904.52**	**19044.12**	**26791**	**357.23**	**7827**	**3351.75**	**19869**	**168.75**
1258.12	328.11	615.42	1108	16.32	252	116.05	591	2.02
905.28	302.07	422.30	998	9.34	128	284.70	871	15.94
625.37	105.31	210.19	302	3.10	129	13.85	104	0.73
1588.05	393.14	1011.81	1191	11.48	382	81.88	1744	3.93
304.40	121.52	210.12	467	4.49	178	48.24	258	1.59
448.06	200.58	331.41	280	2.51	170	20.26	595	2.28
2811.38	732.23	1992.28	1415	20.36	587	117.10	755	3.74
2758.17	599.48	1983.29	2875	39.77	982	421.92	3516	58.10
870.26	283.42	624.54	959	18.46	233	134.30	567	4.27
1439.69	556.83	1229.22	1033	16.15	191	100.09	771	9.59
647.81	286.21	612.87	357	5.57	151	54.51	254	2.80
2163.24	764.81	1174.94	1797	21.58	663	172.42	1866	9.93
1793.02	443.24	804.66	3635	34.81	578	106.62	933	4.21
1071.46	472.16	973.38	913	19.77	250	103.40	476	2.62
756.72	245.73	605.21	1730	32.41	360	223.33	1451	22.31
4525.39	962.85	4085.48	4889	48.04	899	1016.10	3410	14.41
877.18	179.18	328.17	535	10.70	415	97.17	712	3.61
114.81	40.68	50.46	60	1.93	31	5.80	151	0.37
803.68	321.67	611.22	814	14.80	275	71.56	171	0.85
210.73	107.02	161.80	159	2.16	83	22.01	122	0.72
364.80	103.16	250.29	353	4.99	228	50.17	284	2.09
12.62	1.51	3.59	34	0.32	13	0.54	2	0.02
523.06	102.65	216.72	137	4.46	90	16.67	66	0.30
267.04	111.70	263.60	382	7.82	229	34.01	81	1.16
61.56	29.56	52.26	61	0.87	39	2.84	13	0.09
127.31	47.38	91.04	66	0.58	79	4.80	17	0.13
197.68	62.31	127.83	241	4.45	212	31.42	88	0.94

续表 2

地区	开展基层培训辅导人次(万人次)	本单位受训人次(万人次)	计算机(台)	供读者使用电子阅览室终端数	图书馆网站访问量(页次)	本年收入合计(千元)	财政补贴收入	免费开放资金
总计	**17.40**	**9.14**	**52738**	**31119**	**560086591**	**5779435**	**5663450**	**293667**
北京								
天津								
河北	0.25	0.50	1769	1058	5018143	149372	149262	7258
山西	0.49	0.52	1742	915	2931721	204675	203438	5180
内蒙古	0.37	0.07	1378	883	4180496	131279	130354	5480
辽宁	0.41	0.39	3543	1791	20866572	283525	283525	5105
吉林	0.02	0.39	1106	624	631083	103327	102285	4250
黑龙江	0.21	0.10	1520	883	81015305	119454	118582	4250
上海								
江苏	3.88	0.57	3426	1781	8157387	570902	567622	28288
浙江	0.62	0.34	2855	1650	112370107	495871	459563	9220
安徽	0.65	0.23	2574	1807	26686830	246901	242953	10500
福建	0.21	0.68	2843	1945	22601213	227261	213508	9923
江西	0.88	0.08	1189	791	9834485	95899	95136	7849
山东	0.65	0.37	3348	1973	28514657	338170	334400	23808
河南	2.13	0.35	3055	1996	21397101	276791	272288	11800
湖北	0.35	0.44	1894	1028	12891351	210843	207990	7873
湖南	0.69	0.39	2129	1019	6289746	144351	137911	14267
广东	2.05	0.60	6803	3855	165352592	1146301	1139733	75245
广西	0.42	0.36	1695	953	3796871	186287	183535	7886
海南	0.06	0.05	433	226	705203	26415	19329	1530
重庆								
四川	1.10	0.05	2025	1282	10557064	192343	191631	12483
贵州	0.21	0.33	737	423	5531252	166445	161317	4500
云南	0.21	0.27	1689	1064	2431580	158136	158008	9818
西藏			311	247		11128	11128	2900
陕西	0.26	0.87	882	518	3123857	74429	68412	4000
甘肃	0.46	0.06	1103	703	897184	68547	67999	8121
青海	0.05	1.03	419	306	1311435	39877	39122	3137
宁夏	0.06	0.07	688	427	2934455	29976	27611	2000
新疆	0.72	0.04	1582	971	58901	80930	76808	6996

中央资金	购书专项经费	上级补助收入	事业收入	经营收入	附属单位上缴收入	其他收入	本年支出合计(千元)	基本支出
95269	**699557**	**15387**	**12968**	**3946**		**83684**	**5774919**	**2922301**
3000	16230		70			40	152342	105954
2500	15190	20	332	815		70	194737	28856
4210	9100	480				445	134719	95310
1465	36679						277444	183835
2650	18500	220	685			137	99759	63116
3000	12797	323	59			490	117095	88173
3389	60285	1000	93			2187	600189	279420
100	71645	1816	1031			33461	496609	233430
5030	37819	621				3327	191859	84795
959	34514	114	1099	3131		9409	245037	88360
2900	14937	340	421			2	102709	66052
5895	37829	3060				710	344075	175349
5000	28202					4503	293833	119282
4073	19052	740	439			1674	220608	122505
5343	12624		4856			1584	149442	95361
2900	200276	2421	193			3954	1138743	590063
6060	14068	2660				92	179674	59108
750	1870	125				6961	25639	10805
9270	19669	64				648	181286	92809
3600	4791		3640			1488	167182	57870
6800	9341					128	142525	86109
1200	1250						10867	6579
2000	6981	66				5951	80334	39006
4691	5040	333	50			165	77183	50936
1200	2438	655				100	36217	26172
1300	1658	46				2319	30790	20776
5984	6772	283				3839	84022	52270

续表 3

地区								
	项目支出	经营支出	在支出合计中：					
			工资福利支出	商品和服务支出	差旅费	劳务费	福利费	各种税金支出
总　计	**2792976**	**1871**	**2276439**	**1265512**	**23296**	**129973**	**15918**	**2118**
北　京								
天　津								
河　北	46366	21	69810	39019	540	1168	468	
山　西	163138	815	24841	22495	1007	5714	355	47
内蒙古	38408		66229	36121	964	1275	438	
辽　宁	93606		137325	54158	1014	6257	406	
吉　林	17641		51491	22999	674	4340	688	4
黑龙江	28922		66354	21244	454	1134	307	
上　海								
江　苏	320769		212512	128467	2536	14724	1066	42
浙　江	263094		190953	133225	1762	26113	5250	2
安　徽	93978		64573	58246	876	1980	290	
福　建	155604	1035	73576	61671	476	10187	223	116
江　西	36385		53227	23343	997	2867	75	2
山　东	166587		122892	73210	835	5880	29	316
河　南	173998		93960	44698	804	7847	822	179
湖　北	93059		97212	40850	841	3073	891	82
湖　南	46873		73201	29808	950	3083	739	9
广　东	546846		460320	279826	2091	9053	1492	1068
广　西	118079		61103	29673	847	575	78	131
海　南	14833		9451	10137	140	3460	2	
重　庆								
四　川	88374		77414	51092	1468	6566	792	25
贵　州	109311		44199	9587	1375	1072	192	29
云　南	56286		74767	23112	913	2840	454	12
西　藏	3768		5450	1850	34	300	3	
陕　西	40231		36840	18799	444	2521	317	8
甘　肃	25609		27299	20627	509	3271	383	
青　海	10044		19976	7114	164	1468	1	
宁　夏	10014		19611	6783	235	315	2	46
新　疆	31153		41853	17358	346	2890	155	

对个人和家庭补助支出	抚恤金和生活补助	其他资本性支出	各种设备购置费	新增藏量购置费	新增数字资源购置费	资产总计(千元)	固定资产原值	实际使用公用房屋建筑面积(万平方米)
237470	**20335**	**1369026**	**1070119**	**615779**	**158646**	**18076591**	**15129279**	**503.91**
13451	1374	29976	25862	16140	2410	426974	368961	16.76
982	80	55472	34388	24177	4191	496836	293027	18.15
3147	277	24836	18861	8322	2573	687443	696181	14.75
8011	1458	43535	42092	26988	10555	969799	889244	25.14
4373	1075	20169	17795	8360	5074	405445	374132	10.33
8722	492	17733	17629	12846	1047	283136	296001	13.56
20783	861	98739	86843	53964	9456	1554970	1140988	39.70
4175	441	97679	93011	61648	8297	1328255	1043109	32.04
6770	697	48495	48303	31626	5419	1740578	1541990	24.28
5249	251	97832	92648	28195	10349	810904	764146	29.26
2831	553	17680	15470	10952	2594	218461	194387	13.11
15667	1152	90995	71307	35529	4800	933827	891624	42.08
10224	468	132967	55886	27817	5870	1022021	922391	31.80
10682	317	55872	53699	37832	3526	534660	605180	25.78
8197	1420	29922	26052	19301	2673	359452	334421	15.00
76970	1315	227912	211314	142164	54568	3775051	2520032	65.52
3465	1652	59488	54147	15988	4595	424007	394220	17.75
31		4985	4283	1840	1823	63816	37305	1.71
8004	2395	40556	30806	22465	3848	468415	432516	14.71
6106	785	98613	8700	3584	3238	223675	118522	5.94
5045	1900	16330	10190	4892	1879	277264	246243	11.77
160	52	1174	1119	1019		77330	44617	1.89
217	71	22647	21375	7578	5569	234513	236592	7.56
9074	878	16588	14346	4454	1411	342828	365359	7.93
2350	37	4626	3467	2557	436	48690	53972	2.62
421	19	2872	2387	1649	360	143186	163981	3.87
2363	315	11333	8139	3892	2085	225055	160138	10.92

续表 4

地区	书库面积	阅览室面积			实际拥有产权面积（万平方米）	阅览室座席数（个）	
			书刊阅览室面积	电子阅览室面积			少儿阅览室座席数
总　计	**97.57**	**152.45**	**122.36**	**15.53**	**261.89**	**323805**	**71714**
北　京							
天　津							
河　北	2.10	4.77	4.27	0.34	10.09	11384	1968
山　西	2.08	6.19	5.02	0.74	13.78	12687	1715
内蒙古	1.90	3.62	2.94	0.65	5.15	9479	1164
辽　宁	4.23	6.40	4.65	0.69	9.71	14459	3176
吉　林	1.65	3.22	2.48	0.23	6.46	7249	901
黑龙江	2.54	3.19	2.18	0.29	3.02	8854	1276
上　海							
江　苏	6.47	10.41	9.21	0.57	15.78	20017	4472
浙　江	5.26	8.91	7.53	0.66	7.22	18117	4881
安　徽	4.26	8.90	6.93	0.60	16.25	19503	4335
福　建	5.47	9.09	8.14	0.84	14.13	19628	3363
江　西	3.82	4.76	3.53	0.39	6.35	9624	2773
山　东	9.68	12.61	10.51	1.03	23.16	18432	4003
河　南	7.06	9.55	7.14	1.18	19.42	23060	7102
湖　北	6.95	9.17	5.86	1.60	16.94	14744	3151
湖　南	5.26	4.05	3.28	0.56	9.36	9767	2413
广　东	10.62	21.37	19.35	1.89	31.33	37614	9796
广　西	3.31	3.89	2.84	0.59	6.41	10736	3484
海　南	0.60	0.39	0.32	0.08	2.06	1415	450
重　庆							
四　川	3.48	4.86	4.16	0.45	11.77	13529	2963
贵　州	1.54	2.54	1.59	0.32	5.90	5231	801
云　南	3.03	3.42	2.36	0.61	7.57	8840	1675
西　藏	0.27	0.47	0.13	0.12	0.63	1469	236
陕　西	1.35	2.36	2.14	0.22	5.39	5591	1010
甘　肃	1.50	3.49	2.37	0.30	5.77	9017	2456
青　海	0.49	1.34	0.99	0.15	0.89	1351	298
宁　夏	0.69	0.82	0.50	0.13	2.10	3654	558
新　疆	2.00	2.68	1.97	0.31	5.26	8354	1294

盲人阅览室座席数	志愿者服务队伍数(个)	志愿者服务队伍人数(人)	图书馆延伸服务情况			
			流动图书车数(辆)	流动服务书刊借阅人次(万人次)	流动图书馆车书刊借阅册次(万册次)	分馆数量(个)
6165	**1228**	**159667**	**344**	**997.04**	**1871.07**	**4607**
185	47	4014	3	7.70	14.70	95
134	68	8799	5	12.02	19.51	132
165	26	1734	2	3.18	6.77	130
240	87	10579	4	252.37	565.57	551
157	27	2856	3	5.01	5.78	42
66	25	4991	3	25.06	44.47	182
257	90	12505	17	24.13	42.00	358
236	125	12675	16	75.85	204.79	353
593	69	4736	4	12.28	19.10	278
215	41	4178	6	17.50	45.25	287
271	22	1167	4	31.61	22.79	110
362	59	5635	12	170.37	183.00	314
539	55	5415	9	37.60	38.00	110
282	38	2580	13	60.68	94.40	242
143	105	6711	3	21.12	36.84	274
405	122	47809	200	101.44	284.82	711
148	42	12384	4	10.88	17.91	28
15	12	1416		2.89	5.06	5
357	50	4021	11	24.48	42.49	105
161	17	1033	2	15.61	18.16	27
407	31	1454	1	35.99	40.99	62
43	4	54	1	0.07	0.20	
114	11	906	4	8.28	15.72	120
351	21	803	1	4.40	32.80	18
44	7	108	7	7.64	15.88	3
53	7	171	2	26.31	51.53	32
222	20	933	7	2.60	2.56	38

地区	机构数（个）	从业人员（人）	专业技术人才	正高级职称	副高级职称	中级职称	总藏量（万册/件）	图书
总计	**2777**	**33739**	**21018**	**164**	**2198**	**9511**	**56332.25**	**48696.36**
北京	22	868	684	4	47	230	2105.90	2047.62
天津	27	714	563	9	68	225	1233.44	1058.76
河北	160	1170	733	1	80	356	1673.06	1502.26
山西	117	988	630	1	41	270	1150.60	968.62
内蒙古	104	1125	898	1	192	369	1048.45	887.50
辽宁	106	1105	753	4	85	463	1510.17	1278.52
吉林	55	839	667	15	112	309	812.21	685.04
黑龙江	96	862	731	45	205	324	963.45	856.06
上海	21	1332	1086	1	46	400	2274.11	2110.89
江苏	100	2071	1219	10	127	536	5973.11	5473.18
浙江	88	2698	1182	23	122	548	6163.26	5687.40
安徽	104	787	483	2	32	218	1745.87	1512.18
福建	79	776	458	2	25	213	2497.46	2079.77
江西	102	893	474	4	22	189	1582.69	1305.03
山东	136	1708	1319	5	206	623	3881.03	3407.85
河南	142	1931	846	1	43	421	1750.64	1477.25
湖北	99	1169	797		37	466	1869.49	1542.60
湖南	122	1201	813	1	31	429	1950.85	1631.54
广东	118	2699	1279	13	70	582	5029.40	4224.66
广西	98	748	515		18	239	1294.51	990.91
海南	19	156	93		1	28	268.61	229.53
重庆	41	677	371	13	49	165	1409.75	1214.50
四川	183	1414	777	2	36	332	2297.10	1934.66
贵州	87	645	439		33	153	1010.48	826.01
云南	132	1129	1004	2	326	462	1442.66	1078.93
西藏	74	91	52		3	1	129.22	103.51
陕西	102	1875	904	3	30	384	1109.60	923.99
甘肃	86	911	485		41	206	856.09	637.48
青海	44	198	110	1	6	60	202.06	155.34
宁夏	21	327	183	1	11	89	355.35	282.19
新疆	92	632	470		53	221	741.64	582.58

公共图书馆基本情况

盲文图书	古籍	善本	报刊	视听文献	缩微制品	其他	在藏量中	
							开架书刊	少儿文献
69.38	**476.31**	**40.02**	**3841.77**	**828.28**	**60.27**	**2429.26**	**34613.00**	**7197.89**
0.29	5.15	0.32	16.21	28.57		8.36	1554.14	217.80
1.22	5.24	0.79	131.24	10.06	0.05	28.09	747.83	140.38
2.78	5.98	0.48	96.24	20.84	0.99	46.74	996.90	185.89
1.95	29.37	1.52	110.88	7.19	1.51	33.02	530.42	90.85
0.85	5.54	0.27	99.64	9.00	0.86	45.90	670.32	96.11
1.56	3.39	0.94	49.22	27.75	0.74	150.54	905.67	240.44
1.49	1.51	0.06	51.31	16.71	0.14	57.51	512.82	94.68
1.13	0.50		78.58	6.82	0.56	20.92	668.80	92.27
1.18	8.10	0.46	28.60	101.86	0.01	24.66	1457.74	313.23
4.93	54.72	3.69	235.66	60.54	0.52	148.49	3799.24	797.80
3.59	54.57	2.74	259.57	95.97	0.43	65.33	4351.58	1071.46
6.17	12.23	0.42	93.32	27.85	0.69	99.59	888.64	238.16
1.19	11.99	0.94	128.63	41.16	1.14	234.77	1348.83	403.66
3.12	23.27	3.86	185.40	11.18	0.65	57.16	698.14	193.01
5.67	23.99	2.39	260.63	40.52	3.32	144.71	2601.25	394.80
8.19	14.92	1.18	191.54	25.53	0.51	40.91	1221.52	211.10
2.09	15.14	1.19	193.54	22.36	33.88	61.97	1082.79	251.13
3.78	39.68	3.31	202.09	15.57	0.90	61.07	984.97	214.02
2.46	14.00	1.07	187.13	99.69	0.21	503.71	3408.68	747.92
0.42	6.46	0.17	245.75	7.90	0.95	42.53	643.69	114.79
0.04	0.58	0.04	21.39	12.23	0.80	4.08	149.66	18.58
3.01	22.73	2.40	100.47	19.88	0.12	52.05	968.92	224.66
4.00	47.53	2.20	203.86	15.95	3.07	92.04	1314.76	267.36
1.55	3.78	0.69	99.30	11.02	1.58	68.78	584.05	93.57
1.38	26.93	2.73	187.50	59.79	0.87	88.64	844.26	147.38
0.34	1.54	0.13	5.49	1.14	0.53	17.01	10.21	7.63
2.39	21.97	0.92	101.40	11.31	0.40	50.53	570.28	107.17
1.06	12.12	1.92	129.21	6.16	1.49	69.64	442.04	85.52
0.36	2.08	0.07	10.32	1.79	2.35	30.19	58.78	14.68
0.63	0.79	0.13	34.47	5.01	0.03	32.86	174.36	56.08
0.58	0.51	0.02	103.17	6.92	0.96	47.49	421.74	65.77

续表 1

地　区	电子图书（万册）	本馆自建	本馆外购	免费共享	书架单层总长度（米）	本年新购藏量（万册）	当年购买的报刊种类（种）	有效借书证数（个）
总　计	**52039.96**	**1645.36**	**30796.47**	**19598.13**	**7516165**	**4363.66**	**631502**	**40379740**
北　京	1077.80	24.22	560.27	493.32	198320	144.26	14227	1273186
天　津	1732.98	0.05	1144.61	588.33	110781	197.79	16679	479389
河　北	1467.57	65.11	1243.78	158.68	297156	177.29	15109	643562
山　西	733.72	4.47	536.82	192.44	139732	62.60	12680	303426
内蒙古	718.74	76.64	341.12	300.98	155582	41.86	21582	365880
辽　宁	638.72	1.70	406.83	230.19	148217	56.67	14564	727879
吉　林	1764.53	86.88	374.65	1303.01	88241	75.52	8505	165551
黑龙江	514.10	1.35	197.92	314.83	105901	36.87	13808	313058
上　海	1040.10	3.97	820.60	215.52	214407	130.37	33067	1806053
江　苏	5767.70	78.01	4365.33	1324.36	516380	391.06	46968	6542097
浙　江	6221.86	261.35	2690.72	3269.79	1544823	646.74	59426	10196340
安　徽	3278.12	43.32	2599.78	635.01	157504	121.32	17805	1028910
福　建	2036.47	90.82	1039.29	906.36	220930	369.35	18467	828405
江　西	880.06	24.01	660.16	195.89	197921	79.66	16672	748899
山　东	2371.18	29.12	1577.65	764.41	386684	233.91	28652	2592986
河　南	1123.86	63.90	802.55	257.41	225469	109.74	19079	965376
湖　北	2053.24	105.89	1188.21	759.14	211962	125.06	18422	828375
湖　南	1085.70	47.89	628.85	408.97	271981	141.72	19387	1031553
广　东	4793.64	34.45	2733.57	2025.62	494714	570.98	39426	4100771
广　西	453.62	2.90	391.50	59.22	200992	66.44	16827	274666
海　南	638.60	18.30	428.39	191.91	33710	24.14	4336	50471
重　庆	1143.16	67.25	739.85	336.07	375578	89.67	20375	1838500
四　川	2883.48	67.46	1323.06	1492.96	447544	140.79	28769	1476561
贵　州	962.46	100.16	734.80	127.50	124206	72.48	14088	568976
云　南	1234.32	21.31	857.81	355.20	249543	54.66	26140	376904
西　藏	12.21	0.12	1.22	10.88	10745	7.06	10389	869
陕　西	3172.33	255.05	362.46	2554.82	112665	71.73	13020	310160
甘　肃	1666.41	10.18	1617.62	38.61	105075	62.56	9863	239978
青　海	81.59	7.80	70.88	2.90	26251	6.17	31589	29865
宁　夏	108.14	0.10	88.91	19.13	45477	25.33	7557	100948
新　疆	383.57	51.58	267.29	64.70	97674	29.88	14024	170146

总流通人次（万人次）	书刊文献外借人次	书刊文献外借册次（万册次）	为读者举办各种活动					
			组织各类讲座次数（次）	参加人次（万人次）	举办展览（个）	参加人次（万人次）	举办培训班（个）	培训人次（万人次）
53350.31	**17114.17**	**37277.33**	**53760**	**1352.87**	**25376**	**4287.21**	**45647**	**262.48**
1429.31	406.03	1070.51	2827	17.70	478	168.41	1569	5.84
1335.77	265.14	653.29	1406	13.20	588	98.92	1620	6.66
1089.46	516.05	989.82	2543	28.50	850	79.63	1228	7.84
987.16	312.25	485.06	1875	21.55	621	122.14	769	5.18
694.29	240.54	455.73	686	11.65	444	42.88	449	2.54
1072.25	336.78	834.98	1379	10.75	655	64.69	573	3.22
468.21	202.79	373.80	365	3.40	334	48.36	271	2.24
514.91	200.53	471.89	923	14.97	592	56.15	621	4.00
2341.52	404.02	1722.48	2262	19.79	322	102.67	1626	6.41
5340.36	1628.38	3946.51	3251	46.03	1344	252.40	1574	9.02
10400.61	1876.22	5690.81	4335	62.72	2427	690.32	8392	42.38
2519.99	1059.38	1601.26	1971	31.20	1246	186.61	2396	17.78
2244.32	959.64	2576.40	1751	19.61	764	93.88	1226	6.10
1210.01	608.49	1074.21	1506	21.19	1090	145.44	863	6.72
2900.30	1446.20	2325.28	5076	53.98	1714	181.47	3687	23.12
2290.76	1001.81	1491.22	2977	38.44	1001	100.03	1353	10.22
1240.62	671.95	1109.74	1693	25.34	920	85.32	888	6.99
1589.81	855.05	1595.03	2032	30.26	777	79.44	1481	11.22
6282.20	1222.02	3447.54	4456	743.99	1981	785.05	6706	33.17
677.29	282.65	489.61	930	14.54	723	92.41	879	7.34
126.19	27.72	62.09	113	1.46	86	9.17	80	0.55
1305.90	494.01	1180.73	1368	19.20	1001	145.50	1256	10.28
1748.16	656.04	1277.72	2644	27.13	1096	206.98	1413	7.15
664.42	277.33	450.16	985	19.40	576	60.54	680	3.91
922.53	327.59	555.89	1405	16.30	1038	146.24	1110	5.73
10.42	4.34	6.04	25	0.35	90	1.65	44	0.20
788.64	366.83	553.95	1308	16.52	1012	81.84	1509	8.60
475.69	227.15	350.73	850	11.97	503	52.88	339	2.66
44.04	20.35	29.00	102	1.59	135	9.32	91	0.59
288.19	106.34	196.88	140	2.20	207	21.97	171	1.83
346.98	110.57	208.97	576	7.98	761	74.92	783	3.00

续表 2

地区	开展基层培训辅导人次（万人次）	本单位受训人次（万人次）	计算机（台）	供读者使用电子阅览室终端数	图书馆网站访问量（页次）	本年收入合计（千元）	财政补贴收入	免费开放资金
总计	**80.93**	**19.24**	**150941**	**105916**	**285375235**	**8022574**	**7771050**	**609213**
北京	1.18	0.59	3546	1532	8402203	530993	516165	14513
天津	0.38	0.55	3307	2246	27322436	442826	438857	14721
河北	3.18	0.33	5816	4500	4055001	143250	139724	23374
山西	5.70	0.86	4708	3521	2526568	148052	145914	21737
内蒙古	2.09	0.98	4649	3290	1615453	181819	177047	18642
辽宁	1.12	0.52	5496	3650	8863453	132538	132439	5823
吉林	0.55	0.09	2636	1854	1601538	162654	158406	9165
黑龙江	3.68	0.14	3961	2706	842149	135648	134427	12631
上海	0.61	0.59	4140	2363	14652302	677049	675273	2536
江苏	4.41	0.61	7969	5300	28344706	601451	588037	33847
浙江	2.39	2.06	9472	6638	12802279	778574	751641	40176
安徽	6.74	2.94	5451	4095	6550734	165636	154451	19360
福建	1.08	0.23	4008	2725	7736236	219029	201971	10585
江西	5.06	0.27	6167	3934	4229682	155315	139048	15286
山东	4.82	0.61	7981	5773	29249258	315840	307666	35705
河南	4.30	0.46	7125	5068	5463296	221313	219916	24006
湖北	6.52	0.46	4679	3372	6739046	248711	230125	17477
湖南	3.62	1.53	5422	3993	10785748	239182	227204	23874
广东	2.05	1.97	10354	7106	18262572	1013629	1000516	49177
广西	1.60	0.29	4211	2990	1720091	118944	105068	18640
海南	0.22	0.09	852	631	390994	32085	25340	2810
重庆	3.09	0.29	3934	2930	22610777	237690	222316	24780
四川	6.12	0.15	8831	6698	17232765	307678	301074	49755
贵州	1.59	0.21	4440	3034	4411411	98596	93892	13388
云南	2.77	0.27	5571	4092	28652242	192997	188250	23876
西藏	0.06	0.01	987	639	3534	18568	17990	12532
陕西	2.54	0.39	4750	3602	7321458	207963	200267	23302
甘肃	2.00	0.15	3770	2665	1785899	116811	108517	17493
青海	0.16	0.04	1422	845	89309	33188	30329	4477
宁夏	0.39	0.60	1380	1054	787364	50417	46675	6984
新疆	0.93	0.99	3906	3070	324731	94128	92505	18541

中央资金	购书专项经费	上级补助收入	事业收入	经营收入	附属单位上缴收入	其他收入	本年支出合计(千元)	基本支出
262715	**791838**	**129214**	**23215**	**1019**	**126**	**97950**	**8388130**	**4745966**
4525	51365		446	456		13926	500958	266868
3400	23887	2253	157	373		1186	405803	240742
15794	13524	3079		45		402	152007	90846
11674	7178	1977				161	141788	94019
13376	4716	1475				3297	192986	158156
1420	11728	40	40			19	140420	104568
5550	7561	210	60			3978	150764	84147
9500	5703	1014				207	133914	100334
1536	79951	13	711			1052	687165	399699
2701	77764	4751	5248			3415	607156	359110
253	144678	11429	487			15017	1031409	392566
7790	15960	8577	1118			1490	168543	112331
2116	33042	7066	4372			5620	224098	115008
5566	17407	11308	1166	10	121	3662	163496	114854
2407	30810	6490	45			1639	339400	226551
13600	19342		235	10		1152	215341	159679
6289	23199	11665	579			6342	248698	165387
10124	17578	8507	358			3113	239693	154661
6872	105726	11074	281			1758	1019479	394221
14584	5930	13623	46			207	122876	84200
1210	4121	4002	5			2738	47486	16079
15600	24174	1920				13454	234291	129631
28704	27454	1780	179			4645	377219	172992
8715	5766	2166	1734			804	105576	66114
19081	5787	816	2294			1637	193811	148412
10008	2020	478	100				15467	11704
13861	12854	5219				2477	213136	151499
7157	3440	4278	3436	120		460	120833	89819
2345	1665	2310	118	5	5	421	34219	23907
3890	3900	1072				2670	63677	44698
13067	3608	622				1001	96421	73164

续表 3

地　区	项目支出	经营支出	在支出合计中：					
			工资福利支出	商品和服务支出	差旅费	劳务费	福利费	各种税金支出
总　计	**3024982**	**4844**	**3559380**	**1797124**	**43389**	**208683**	**31126**	**2481**
北　京	231468	250	229546	149206	209	9667	2686	200
天　津	160468	293	128959	124000	338	6778	1323	105
河　北	48023	100	80157	18213	357	3991	235	
山　西	42699		74598	22733	809	2970	381	61
内蒙古	29720		107848	32666	1389	3280	192	64
辽　宁	22138	2128	85039	18188	436	2795	80	
吉　林	63016		72995	18429	782	2833	7	23
黑龙江	33534		76031	15814	932	999	37	
上　海	287441		273185	205946	499	3376	4958	4
江　苏	233217		253666	127599	2455	11878	2296	130
浙　江	365511	745	330002	188064	1866	29709	7738	598
安　徽	42596	99	71434	34802	1409	2361	837	
福　建	89822		78237	54748	657	10946	76	21
江　西	33674	60	78644	26452	2247	2896	736	60
山　东	78398	14	172047	44302	1313	5501	362	25
河　南	47993	15	116383	29620	1412	2989	514	32
湖　北	68416		130059	37053	1268	4566	923	137
湖　南	67399	20	106510	47042	1928	6156	1136	64
广　东	585938	20	293400	311856	1589	46247	3479	35
广　西	30233	5	60385	23560	2054	2425	62	43
海　南	19034	9	15978	6884	601	334	19	2
重　庆	102462	22	87573	71243	8208	16314	641	3
四　川	197309	20	142285	83711	4845	11408	1009	10
贵　州	13853	125	56013	12996	904	4156	139	143
云　南	35408	40	132557	24199	1274	4414	463	56
西　藏	942	24	5896	249	102	128		
陕　西	41231	663	122614	28889	1399	3576	147	275
甘　肃	15122	77	68549	17149	1092	1820	207	383
青　海	8645	50	16615	3163	169	607	304	
宁　夏	14012	15	28205	6132	305	1330	43	
新　疆	15260	50	63970	12216	541	2233	96	7

对个人和家庭补助支出		其他资本性支出				资产总计（千元）		实际使用公用房屋建筑面积（万平方米）
	抚恤金和生活补助		各种设备购置费				固定资产原　值	
				新增藏量购置费	新增数字资源购置费			
228707	**30309**	**1613331**	**1267486**	**844521**	**94633**	**29255252**	**24547440**	**983.07**
10250	1291	77147	55590	34930	6543	1020166	985329	20.40
15127	330	103442	87886	39130	12297	590782	528113	30.75
4966	1093	34207	21082	15861	1390	575274	339192	35.16
2227	225	21278	17725	10042	1798	387273	363608	29.30
10021	772	26714	17014	9351	855	361050	333190	25.02
3069	704	18026	17007	10509	1716	5586804	4799955	26.00
2637	397	25240	14752	7526	714	353570	291078	14.12
6328	712	26543	11781	7131	1476	259139	248513	17.48
5000	1228	149558	89394	54136	12468	1963324	2012765	30.99
22000	2684	140664	119950	89004	10463	1545538	1376772	107.68
10536	835	189913	169469	137203	5898	2091959	2023561	93.11
6244	1013	34432	26051	17651	897	486181	407541	28.99
4554	414	57083	52677	35773	5561	654552	615368	28.40
5928	963	34703	30334	16944	1757	890279	857709	29.08
12589	1155	58221	51297	37979	1659	710798	640602	59.77
6549	812	36938	34391	22141	944	564803	539450	36.94
7889	694	43358	32012	23464	2671	734927	655036	35.92
5738	997	46823	39608	27747	3301	1811408	1731643	33.92
42911	1902	232755	190812	137464	7752	1612838	1373091	76.49
2635	661	21572	20214	10473	3255	235199	198008	18.92
541	13	10805	4443	3816	248	87600	84494	4.66
9228	4825	52061	31521	22410	2611	477430	434215	31.37
8452	2977	46284	39209	24876	1953	777789	743332	48.07
2489	496	15163	12433	8369	1252	615614	356222	20.19
4704	1058	13555	10779	8087	766	507977	491363	26.32
		4201	3576	1851	76	63781	51762	2.23
2534	923	37781	27553	12273	1942	345822	310541	23.83
8117	536	15033	13244	8085	609	1084745	1055145	18.15
738	31	8440	2207	1132	317	2417363	275075	4.19
1121	34	21069	14673	4269	1144	148212	147065	6.73
3585	534	10322	8802	4894	300	293055	277702	18.89

续表 4

地　区	书库面积	阅览室面积	书刊阅览室面积	电子阅览室面积	实际拥有产权面积（万平方米）	阅览室座席数（个）	少儿阅览室座席数
总　计	**190.53**	**290.74**	**202.96**	**46.39**	**541.61**	**778639**	**207474**
北　京	4.60	4.90	3.87	0.64	11.10	12193	2660
天　津	5.05	6.63	4.40	0.65	3.65	15309	2903
河　北	7.60	12.50	8.52	1.80	17.48	30521	7517
山　西	5.15	8.94	5.60	1.74	28.24	23371	6092
内蒙古	3.81	8.02	5.50	1.55	10.49	20751	6097
辽　宁	4.22	6.89	5.23	1.19	11.91	20399	4979
吉　林	2.36	4.48	3.16	0.74	8.58	12416	3538
黑龙江	3.02	5.45	3.13	1.22	6.71	16990	5104
上　海	3.74	9.77	8.26	0.80	16.00	21491	4485
江　苏	13.07	25.79	18.42	2.75	42.89	51009	13479
浙　江	16.87	26.84	22.46	3.30	36.31	65068	15821
安　徽	4.47	9.09	5.10	1.73	17.02	24693	7758
福　建	7.34	8.93	6.03	1.01	18.05	23785	7240
江　西	6.08	9.10	5.93	1.55	17.68	28555	8733
山　东	13.10	15.57	10.64	2.65	26.34	43966	10651
河　南	8.19	10.49	7.47	2.08	19.18	37183	10545
湖　北	7.55	11.19	6.86	2.20	29.55	27513	7518
湖　南	8.29	9.12	6.30	1.86	25.99	29115	9668
广　东	16.68	25.84	18.90	3.27	47.01	64236	16136
广　西	5.59	5.36	3.57	1.15	13.82	19848	6261
海　南	1.11	1.04	0.64	0.21	3.07	3514	1125
重　庆	5.78	9.61	6.58	1.19	26.17	28802	7236
四　川	9.73	18.36	13.19	3.39	29.03	45971	10974
贵　州	4.52	6.43	4.25	1.12	15.22	20269	5286
云　南	6.85	6.92	4.18	1.85	18.60	22747	6551
西　藏	0.55	0.71	0.33	0.26	0.63	1855	214
陕　西	5.74	7.28	4.96	1.38	16.47	20805	5624
甘　肃	2.98	4.28	2.92	0.91	11.18	17076	5040
青　海	0.91	1.52	0.91	0.34	0.76	2758	770
宁　夏	1.39	2.79	1.70	0.60	3.87	8067	1521
新　疆	4.20	6.90	3.94	1.30	8.63	18363	5948

			图书馆延伸服务情况			
盲人阅览室座席数	志愿者服务队伍数（个）	志愿者服务队伍人数（人）	流动图书车数（辆）	流动服务书刊借阅人次（万人次）	流动图书馆车书刊借阅册次（万册次）	分馆数量（个）
21537	**6927**	**268260**	**3100**	**1551.19**	**2655.22**	**35284**
164	55	9880	14	5.45	74.12	424
255	90	4006	10	12.70	28.14	472
826	291	8960	76	24.29	40.99	1654
896	214	5299	143	59.62	85.62	1425
532	155	5564	48	27.57	45.68	1081
514	251	6888	18	20.69	51.09	538
376	88	2451	54	42.62	63.45	509
510	171	3236	38	22.12	37.51	694
263	252	16393	4	52.18	105.66	194
1295	268	19923	32	69.07	167.60	6532
1007	493	29485	53	295.11	600.44	2063
1007	174	6449	27	100.73	131.53	1083
586	132	8917	25	15.21	28.16	511
1524	212	4702	37	37.41	58.26	714
1754	370	13961	36	98.54	153.12	1366
1131	375	6679	78	51.95	75.96	3914
833	844	9436	79	89.83	117.81	533
919	294	10885	52	53.62	88.95	985
1119	234	54960	45	102.77	144.48	1123
425	183	2787	43	29.94	46.74	123
34	53	566	26	6.50	7.81	40
783	103	3974	43	65.41	131.68	1410
1176	279	6971	130	58.73	94.18	845
759	265	4669	86	40.98	53.34	577
672	234	3300	97	65.86	83.85	622
8	141	1156	65	1.31	1.54	122
753	192	7568	93	49.60	60.04	1064
658	205	2925	54	27.41	35.47	4350
76	42	421	40	6.43	8.61	43
259	51	1293	1508	8.76	16.43	85
423	216	4556	46	8.78	16.98	188

主要统计指标解释

1．**藏量**：指本馆已编目的古籍、图书、期刊和报纸的合订本、小册子、手稿以及缩微制品、录像带、录音带、光盘等视听文献资料数量之和。

对同一书名，但分若干册（卷）的图书，按每一册（卷）作为一册统计。期刊和报纸均以每一合订本为一册统计。至填报本表时，尚未装订成册编目的期刊和报纸不应统计在内。

2．**图书**：指装订成册，不少于 49 页，并在“古籍”范围以外的纸介质图书。装订成册但不足 49 页的，按小册子统计到“其他”类中。

3．**盲文图书**：指供盲人读者阅读的图书。

4．**报刊**：指刊登当前事件的专题或综合新闻，每周至少出版一张并按年、月、日顺序或按编号排列的连续出版物。或者是同一刊名下，按顺序号或按年、月、日出版的定期或不定期的一种连续出版物。包括报纸和期刊。

5．**古籍、善本**：实际成书和出版年代在 1911 年（含 1911 年）以前的线装、卷轴装、经折装、蝴蝶装、包背装等书籍为古籍。其中清乾隆六十年即 1795 年（含 1795 年）以前的古籍为善本，1795 年至 1911 年间的具有历史文献性、学术资料性和印刷装帧艺术代表性的也归为善本。

6．**视听文献**：包括各类型声频文献（唱片、录音带、盒式磁带等）、视频文献（例如幻灯片、透明正片等）和声频与视频混合文献（例如有声电影、录像片等）。

7．**缩微文献**：指所有经过缩微处理制成缩微胶卷和缩微平片，使用时需要放大的文献资料。

8．**其他**：指馆藏文献资源中，不在以上任何一类文献中的内容。

9．**开架书刊**：指图书馆总藏量中已上架并可用于外借或馆内阅读的图书、报刊等。

10．**少儿文献**：是指供少儿阅读的文献，包括图书、绘本、画册、连环画等，不论其是否装订成册，或页数是否达到 49 页，均按 1 个“册/件”计算在内。“少儿文献”不纳入“总藏量”加总计算，在图书、报刊、视听文献、缩微制品中，涉及少儿文献的，仍然分别统计在内。

11．**电子图书**：指本馆通过购买方式取得当前使用权的电子图书，以及本馆自建或与其他机构合作建设的电子图书。

本馆自建电子图书：指本馆通过数字化加工、网络采集、依法保存等方式获得，并在本地存储和保管的电子图书。

本馆外购电子图书：指本馆付费获得使用权不少于 12 个月的电子图书。

从其他机构免费共享的电子图书：指其他机构通过 VPN 共享、本地镜像或硬存储等方式免费授权给本馆使用的电子图书。

12．**书架单层总长度**：指馆藏实际占用书架、书柜单层单面长度之和。

13．**本年度新购藏量**：是指本年度内，通过购买、征集、竞拍等各种方式新入藏的各类型文献资源总量（不包括电子图书）。

14．新增电子图书：指图书馆本年度通过自建、购买(获得使用权不少于 12 个月)的电子图书总量。

15．当年购买的报刊种类：指图书馆当年购买的期刊和报纸种类之和。其计量原则同图书。

16．有效借书证数：是指由本馆或本馆所在总分馆体系中其他图书馆发放，并在当年内在本馆、本馆下辖分馆或本馆派出各类馆外服务设施中使用过至少一次的借书证数。

17．总流通人次：指本年度内到图书馆场馆接受图书馆服务的总人次，包括借阅书刊、咨询问题，以及参加各类读者活动等。

18．书刊文献外借人次：指通过本馆或本馆所辖分馆以及本馆派出的馆外服务设施将本馆各类型文献资源借出阅读的读者人次。

19．书刊文献外借册次：指读者通过由本馆或本馆所辖分馆以及本馆派出的馆外服务设施借出阅读的本馆各类型文献册次。

20．组织各类讲座次数、参加人次：指由本馆举办或与外机构联合举办的各类讲座次数及参加这些讲座的人次。

21．举办展览个数、参观人次：指本馆举办或与外机构联合举办的在馆内或馆外展览的展览个数及参观人次。个数按展览的内容计算。同一内容的展览不论在哪些地点展出和展出时间多久，只计算一个。

22．举办训练班班次、培训人次：指本馆举办或与外机构联合举办的各种科普、文化、艺术等训练班，按截止到年底办完的班数及培训人数分别计算班次及培训人次。截止到年底未办完的班数和人数均在下一年度统计。

23．为少儿举办的专场活动：是指专门以少年儿童为受众组织的展览、讲座、读书、培训等活动，含亲子阅读类活动。

24．图书馆网站访问量：指本年度中图书馆网站中所有网页（含文件及动态网页）被访客浏览的总次数。图书馆网站指有独立域名的 Web 站点，其中包括 cn 和通用顶级域名下的 Web 站点。

25．计算机台数：指图书馆内列入固定资产管理并正在使用的计算机终端台数。

26．供读者使用的终端数：指图书馆内放置可供读者使用的计算机台数。

27．新增藏量购置费：指本馆本年购进图书、报刊、缩微制品、视听文献等藏品所用经费之和。

28．新增电子图书购置费：指图书馆本年度专门用于自建、购买电子图书的经费。

29．少儿阅览室座席数：指图书馆中专门提供给少年儿童使用的座位数。

30．盲人阅览室座席数：指图书馆中专门提供给盲人使用，并配置有专门的辅助阅读、视听设备的座位数。

31．流动服务书刊借阅人次/册次：是指图书馆利用流动服务方式开展书刊借阅服务的读者人次和册次。

32．分馆数量：是指在以本馆为中心馆的总分馆体系中，接受本馆统一管理，具有独立馆舍、一定数量的馆藏、专职管理人员的图书馆数量。总馆对分馆负有业务指导关系，并且总、分馆之间实现文献资源共建共享、通借通还。

（本统计资料由文化和旅游部财务司规划统计处提供）

2019年全国高校图书馆统计数据

2019年1336所高校图书馆在编职工人数统计表

序号	图书馆名称	在编职工（人）	序号	图书馆名称	在编职工（人）
1	吉林大学图书馆	321	36	河北大学图书馆	110
2	武汉大学图书馆	239	37	兰州大学图书馆	108
3	中山大学图书馆	227	38	哈尔滨师范大学图书馆	106
4	上海交通大学图书馆	211	39	九江学院图书馆	105
5	浙江大学图书馆	183	40	河北农业大学图书馆	105
6	山东大学图书馆	182	41	江苏大学图书馆	104
7	复旦大学图书馆	178	42	福州大学图书馆	103
8	四川大学图书馆	169	43	江苏师范大学图书馆	102
9	华中科技大学图书馆	164	44	河北科技大学图书馆	102
10	武汉理工大学图书馆	159	45	华北理工大学图书馆	100
11	厦门大学图书馆	154	46	河海大学图书馆	100
12	北京大学图书馆	149	47	湖南师范大学图书馆	99
13	中南大学图书馆	144	48	北京师范大学图书馆	99
14	郑州大学图书馆	144	49	浙江师范大学图书馆	98
15	同济大学图书馆	133	50	上海师范大学图书馆	97
16	上海大学图书馆	130	51	宁波大学图书馆	97
17	天津大学图书馆	124	52	深圳大学城图书馆	96
18	西北农林科技大学图书馆	123	53	暨南大学图书馆	95
19	华东师范大学图书馆	123	54	中国海洋大学图书馆	94
20	扬州大学图书馆	121	55	南京大学图书馆	93
21	曲阜师范大学图书馆	120	56	江西财经大学图书馆	93
22	南开大学图书馆	119	57	福建师范大学图书馆	93
23	南昌大学图书馆	118	58	长沙理工大学图书馆	92
24	东北师范大学图书馆	118	59	长江大学图书馆	92
25	苏州大学图书馆	117	60	南京农业大学图书馆	92
26	深圳大学图书馆	116	61	黑龙江大学图书馆	92
27	山东财经大学图书馆	116	62	大连理工大学图书馆	92
28	重庆大学图书馆	115	63	中南财经政法大学图书馆	91
29	湖南大学图书馆	115	64	河南理工大学图书馆	91
30	东南大学图书馆	115	65	兰州理工大学图书馆	90
31	西安交通大学图书馆	114	66	云南大学图书馆	89
32	哈尔滨工业大学图书馆	113	67	河北师范大学图书馆	89
33	华南理工大学图书馆	112	68	浙江工业大学图书馆	88
34	西南大学图书馆	110	69	西南交通大学图书馆	88
35	清华大学图书馆	110	70	青岛大学图书馆	88

续表

序号	图书馆名称	在编职工（人）	序号	图书馆名称	在编职工（人）
71	南京师范大学图书馆	88	111	湖南科技大学图书馆	74
72	江南大学图书馆	88	112	贵州师范大学图书馆	74
73	华东理工大学图书馆	88	113	云南师范大学图书馆	73
74	南京航空航天大学图书馆	87	114	西安建筑科技大学图书馆	73
75	临沂大学图书馆	87	115	贵州大学图书馆	73
76	华南农业大学图书馆	87	116	中国矿业大学图书馆	72
77	内蒙古师范大学图书馆	86	117	武汉纺织大学图书馆	72
78	华南师范大学图书馆	86	118	昆明理工大学图书馆	72
79	中国农业大学图书馆	85	119	华侨大学图书馆	72
80	延边大学图书馆	84	120	衡水学院图书馆	72
81	集美大学图书馆	84	121	中国石油大学（华东）图书馆	71
82	华中师范大学图书馆	84	122	南华大学图书馆	71
83	电子科技大学图书馆	84	123	岭南师范学院图书馆	71
84	北京联合大学图书馆	83	124	烟台大学图书馆	70
85	内蒙古工业大学图书馆	82	125	首都师范大学图书馆	70
86	南京财经大学图书馆	82	126	山东农业大学图书馆	70
87	海南大学图书馆	82	127	内蒙古大学图书馆	70
88	宁夏大学图书馆	81	128	湖南工业大学图书馆	70
89	广西师范大学图书馆	81	129	湖北工程学院图书馆	70
90	山东理工大学图书馆	80	130	湖北大学图书馆	70
91	安徽工业大学图书馆	80	131	河北工程大学图书馆	70
92	潍坊学院图书馆	79	132	西安科技大学图书馆	69
93	天津师范大学图书馆	79	133	井冈山大学图书馆	69
94	华北电力大学图书馆	79	134	淮阴师范学院图书馆	69
95	安徽师范大学图书馆	79	135	广西大学图书馆	69
96	广东工业大学图书馆	78	136	山东科技大学图书馆	68
97	安徽大学图书馆	78	137	青岛科技大学图书馆	68
98	中南林业科技大学图书馆	77	138	中国药科大学图书馆	67
99	长安大学图书馆	77	139	内蒙古医科大学图书馆	67
100	新疆大学图书馆	77	140	湖北工业大学图书馆	67
101	江汉大学图书馆	77	141	新疆师范大学图书馆	66
102	东北大学图书馆	77	142	山东师范大学图书馆	66
103	北华大学图书馆	77	143	江西师范大学图书馆	66
104	湘潭大学图书馆	76	144	湖南商学院图书馆	66
105	陕西师范大学图书馆	76	145	中原工学院图书馆	65
106	湖南农业大学图书馆	76	146	中国科学技术大学图书馆	65
107	广州大学图书馆	75	147	西南财经大学图书馆	65
108	武汉科技大学图书馆	74	148	西北工业大学图书馆	65
109	太原理工大学图书馆	74	149	四川师范大学图书馆	65
110	南通大学图书馆	74	150	南京工业大学图书馆	65

续表

序号	图书馆名称	在编职工（人）	序号	图书馆名称	在编职工（人）
151	辽宁大学图书馆	65	191	闽南师范大学图书馆	58
152	中国地质大学图书馆	64	192	江苏科技大学图书馆	58
153	西南民族大学图书馆	64	193	贵州财经大学图书馆	58
154	西北师范大学图书馆	64	194	北京邮电大学图书馆	58
155	西北大学图书馆	64	195	温州医科大学图书馆	57
156	三峡大学图书馆	64	196	深圳职业技术学院图书馆	57
157	鲁东大学图书馆	64	197	上海中医药大学图书馆	57
158	河南财经政法大学图书馆	64	198	南京邮电大学图书馆	57
159	广东外语外贸大学图书馆	64	199	辽宁石油化工大学图书馆	57
160	广东海洋大学图书馆	64	200	河北工业大学图书馆	57
161	中国民航大学图书馆	63	201	福建农林大学图书馆	57
162	天津外国语大学图书馆	63	202	北京航空航天大学图书馆	57
163	邵阳学院图书馆	63	203	安徽财经大学图书馆	57
164	哈尔滨工程大学图书馆	63	204	西安电子科技大学图书馆	56
165	桂林理工大学图书馆	63	205	四川理工学院图书馆	56
166	大连海事大学图书馆	63	206	辽宁科技大学图书馆	56
167	北京工业大学图书馆	63	207	廊坊师范学院图书馆	56
168	沈阳大学图书馆	62	208	华中农业大学图书馆	56
169	合肥工业大学图书馆	62	209	湖南工学院图书馆	56
170	西安财经大学图书馆	61	210	东华大学图书馆	56
171	台州学院图书馆	61	211	东北石油大学图书馆	56
172	石家庄学院图书馆	61	212	重庆工商大学图书馆	55
173	吉首大学图书馆	61	213	中国政法大学图书馆	55
174	北京交通大学图书馆	61	214	浙江财经大学图书馆	55
175	西北民族大学图书馆	60	215	宜春学院图书馆	55
176	内蒙古财经大学图书馆	60	216	燕山大学图书馆	55
177	江西理工大学图书馆	60	217	新疆医科大学图书馆	55
178	杭州师范大学图书馆	60	218	石河子大学图书馆	55
179	郑州轻工业学院图书馆	59	219	沈阳师范大学图书馆	55
180	西安翻译学院图书馆	59	220	上海财经大学图书馆	55
181	南京理工大学图书馆	59	221	韩山师范学院图书馆	55
182	辽宁师范大学图书馆	59	222	赣南师范大学图书馆	55
183	吉林师范大学图书馆	59	223	常熟理工学院图书馆	55
184	吉林农业大学图书馆	59	224	重庆文理学院图书馆	54
185	淮北师范大学图书馆	59	225	西华大学图书馆	54
186	成都理工大学图书馆	59	226	天津理工大学图书馆	54
187	浙江工商大学图书馆	58	227	湖南理工学院图书馆	54
188	西华师范大学图书馆	58	228	长春工程学院图书馆	53
189	山西大学图书馆	58	229	天津商业大学图书馆	53
190	内蒙古民族大学图书馆	58	230	天津科技大学图书馆	53

序号	图书馆名称	在编职工（人）	序号	图书馆名称	在编职工（人）
231	天津财经大学图书馆	53	271	桂林电子科技大学图书馆	49
232	上海应用技术学院图书馆	53	272	广西民族大学图书馆	49
233	南京林业大学图书馆	53	273	重庆三峡学院图书馆	48
234	丽水学院图书馆	53	274	山西财经大学图书馆	48
235	黄冈师范学院图书馆	53	275	南京信息工程大学图书馆	48
236	湖北师范大学图书馆	53	276	湖南城市学院图书馆	48
237	湖北民族大学图书馆	53	277	湖北经济学院图书馆	48
238	贵州民族大学图书馆	53	278	哈尔滨商业大学图书馆	48
239	大连大学图书馆	53	279	浙江理工大学图书馆	47
240	大理大学图书馆	53	280	云南民族大学图书馆	47
241	成都大学图书馆	53	281	沈阳药科大学图书馆	47
242	滨州学院图书馆	53	282	上海外国语大学图书馆	47
243	西安工程大学图书馆	52	283	上海理工大学图书馆	47
244	广东财经大学图书馆	52	284	上海海事大学图书馆	47
245	浙江农林大学图书馆	51	285	齐鲁工业大学图书馆	47
246	西安理工大学图书馆	51	286	平顶山学院图书馆	47
247	西安工业大学图书馆	51	287	兰州财经大学图书馆	47
248	华东政法大学图书馆	51	288	河北科技师范学院图书馆	47
249	福建工程学院图书馆	51	289	河北地质大学图书馆	47
250	北京林业大学图书馆	51	290	广东医科大学图书馆	47
251	永州职业技术学院图书馆	50	291	德州学院图书馆	47
252	西南政法大学图书馆	50	292	常州工学院图书馆	47
253	唐山学院图书馆	50	293	北京理工大学图书馆	47
254	四川农业大学图书馆	50	294	北京工商大学图书馆	47
255	陕西科技大学图书馆	50	295	安徽医科大学图书馆	47
256	南京中医药大学图书馆	50	296	延安大学图书馆	46
257	黄淮学院图书馆	50	297	四川外国语大学图书馆	46
258	湖北科技学院图书馆	50	298	南昌航空大学图书馆	46
259	广西财经学院图书馆	50	299	江西科技师范大学图书馆	46
260	广东药科大学图书馆	50	300	嘉兴学院图书馆	46
261	浙江传媒学院图书馆	49	301	河北经贸大学图书馆	46
262	长春理工大学图书馆	49	302	杭州电子科技大学图书馆	46
263	西南石油大学图书馆	49	303	北京信息科技大学图书馆	46
264	西安文理学院图书馆	49	304	保定学院图书馆	46
265	武汉轻工大学图书馆	49	305	玉林师范学院图书馆	45
266	太原师范学院图书馆	49	306	西南科技大学图书馆	45
267	陕西学前师范学院图书馆	49	307	聊城大学图书馆	45
268	内蒙古科技大学图书馆	49	308	湖州师范学院图书馆	45
269	南阳理工学院图书馆	49	309	河南工业大学图书馆	45
270	湖南科技学院图书馆	49	310	河南工程学院图书馆	45

续表

序号	图书馆名称	在编职工(人)	序号	图书馆名称	在编职工(人)
311	河北北方学院图书馆	45	351	邯郸学院图书馆	42
312	安徽理工大学图书馆	45	352	广西医科大学图书馆	42
313	长春工业大学图书馆	44	353	北方民族大学图书馆	42
314	云南财经大学图书馆	44	354	重庆科技学院图书馆	41
315	盐城师范学院图书馆	44	355	中央民族大学图书馆	41
316	西北政法大学图书馆	44	356	盐城工学院图书馆	41
317	苏州科技大学图书馆	44	357	上海工程技术大学图书馆	41
318	昆明学院图书馆	44	358	山东交通学院图书馆	41
319	湖北理工学院图书馆	44	359	内江师范学院图书馆	41
320	赤峰学院图书馆	44	360	贺州学院图书馆	41
321	成都中医药大学图书馆	44	361	河西学院图书馆	41
322	北京大学医学图书馆	44	362	河套学院图书馆	41
323	中南民族大学图书馆	43	363	广西科技大学图书馆	41
324	中北大学图书馆	43	364	大连海洋大学图书馆	41
325	西昌学院图书馆	43	365	楚雄师范学院图书馆	41
326	武昌首义学院图书馆	43	366	北京科技大学图书馆	41
327	天津医科大学图书馆	43	367	宝鸡文理学院图书馆	41
328	苏州职业大学图书馆	43	368	中国计量大学图书馆	40
329	山西师范大学图书馆	43	369	信阳农林学院图书馆	40
330	闽江学院图书馆	43	370	新乡医学院图书馆	40
331	洛阳理工学院图书馆	43	371	西交利物浦大学图书馆	40
332	辽宁工程技术大学图书馆	43	372	西藏大学图书馆	40
333	兰州交通大学图书馆	43	373	西安外国语大学图书馆	40
334	吉林大学珠海学院图书馆	43	374	沈阳农业大学图书馆	40
335	呼伦贝尔学院图书馆	43	375	南阳师范学院图书馆	40
336	安徽农业大学图书馆	43	376	昆明医学院图书馆	40
337	云南农业大学图书馆	42	377	湖北医药学院图书馆	40
338	忻州师范学院图书馆	42	378	湖北第二师范学院图书馆	40
339	咸阳师范学院图书馆	42	379	河南中医药大学图书馆	40
340	西安外事学院图书馆	42	380	海口经济学院图书馆	40
341	四川工商学院图书馆	42	381	包头师范学院图书馆	40
342	绍兴文理学院图书馆	42	382	浙江海洋大学图书馆	39
343	韶关学院图书馆	42	383	延安职业技术学院图书馆	39
344	南京医科大学图书馆	42	384	新疆财经大学图书馆	39
345	南京晓庄学院图书馆	42	385	武汉华夏理工学院图书馆	39
346	吉林财经大学图书馆	42	386	上海电力学院图书馆	39
347	黄山学院图书馆	42	387	南宁师范大学图书馆	39
348	黄河科技学院图书馆	42	388	济宁医学院图书馆	39
349	华东交通大学图书馆	42	389	湖南文理学院图书馆	39
350	河南农业大学图书馆	42	390	呼伦贝尔职业技术学院图书馆	39

续表

序号	图书馆名称	在编职工（人）	序号	图书馆名称	在编职工（人）
391	衡阳师范学院图书馆	39	431	天津工业大学图书馆	35
392	海南热带海洋学院图书馆	39	432	上饶师范学院图书馆	35
393	贵州工程应用技术学院图书馆	39	433	攀枝花学院图书馆	35
394	云南大学旅游文化学院图书馆	38	434	南方医科大学图书馆	35
395	西南财经大学天府学院图书馆	38	435	兰州城市学院图书馆	35
396	武汉东湖学院图书馆	38	436	湖北职业技术学院图书馆	35
397	山东中医药大学图书馆	38	437	宜宾学院图书馆	34
398	莆田学院图书馆	38	438	西安石油大学图书馆	34
399	锦州医科大学图书馆	38	439	渭南师范学院图书馆	34
400	东华理工大学图书馆	38	440	铜仁学院图书馆	34
401	东北电力大学图书馆	38	441	沈阳工程学院图书馆	34
402	大连工业大学图书馆	38	442	陕西理工大学图书馆	34
403	北京第二外国语学院图书馆	38	443	济宁学院图书馆	34
404	浙江科技学院图书馆	37	444	集宁师范学院图书馆	34
405	枣庄学院图书馆	37	445	吉林艺术学院图书馆	34
406	徐州工程学院图书馆	37	446	赣南医学院图书馆	34
407	武汉工程大学图书馆	37	447	大连职业技术学院图书馆	34
408	沈阳工业大学图书馆	37	448	中国医科大学图书馆	33
409	山西医科大学图书馆	37	449	浙江万里学院图书馆	33
410	日照职业技术学院图书馆	37	450	长江师范学院图书馆	33
411	泉州师范学院图书馆	37	451	西藏民族大学图书馆	33
412	青海师范大学图书馆	37	452	天津城市建设大学图书馆	33
413	漯河医学高等专科学校图书馆	37	453	太原大学图书馆	33
414	阜阳师范学院图书馆	37	454	首都医科大学图书馆	33
415	遵义师范学院图书馆	36	455	三亚学院图书馆	33
416	扬州市职业大学图书馆	36	456	三明学院图书馆	33
417	徐州医科大学图书馆	36	457	南京审计大学图书馆	33
418	皖西学院图书馆	36	458	南昌师范学院图书馆	33
419	上海对外经贸大学图书馆	36	459	江西中医药大学图书馆	33
420	山西农业大学图书馆	36	460	华北科技学院图书馆	33
421	洛阳师范学院图书馆	36	461	河北医科大学图书馆	33
422	辽宁中医药大学图书馆	36	462	广州工商学院图书馆	33
423	广东石油化工学院图书馆	36	463	福建医科大学图书馆	33
424	北部湾大学图书馆	36	464	大连交通大学图书馆	33
425	鞍山师范学院图书馆	36	465	成都信息工程大学图书馆	33
426	淄博职业学院图书馆	35	466	遵义医科大学图书馆	32
427	中国美术学院图书馆	35	467	中央财经大学图书馆	32
428	襄阳职业技术学院图书馆	35	468	中国民用航空飞行学院图书馆	32
429	西安欧亚学院图书馆	35	469	长春师范大学图书馆	32
430	武汉工商学院图书馆	35	470	潍坊职业学院图书馆	32

续表

序号	图书馆名称	在编职工(人)	序号	图书馆名称	在编职工(人)
471	顺德职业技术学院图书馆	32	511	嘉应学院图书馆	30
472	沈阳航空航天大学图书馆	32	512	河南财政金融学院图书馆	30
473	山西大同大学图书馆	32	513	大连民族大学图书馆	30
474	濮阳职业技术学院图书馆	32	514	常州大学图书馆	30
475	南京艺术学院图书馆	32	515	运城学院图书馆	29
476	江西科技学院图书馆	32	516	许昌职业技术学院图书馆	29
477	吉林建筑大学图书馆	32	517	武昌工学院图书馆	29
478	吉林工商学院图书馆	32	518	潍坊工程职业学院图书馆	29
479	湖南警察学院图书馆	32	519	汕头大学图书馆	29
480	贵州师范学院图书馆	32	520	宁波财经学院图书馆	29
481	贵阳学院图书馆	32	521	绵阳师范学院图书馆	29
482	甘肃农业大学图书馆	32	522	景德镇陶瓷大学图书馆	29
483	大连医科大学图书馆	32	523	湖北工业职业技术学院图书馆	29
484	郑州升达经贸管理学院图书馆	31	524	河北中医学院图书馆	29
485	郑州财经学院图书馆	31	525	贵州医科大学图书馆	29
486	长沙学院图书馆	31	526	重庆医科大学图书馆	28
487	西南林学院图书馆	31	527	昭通学院图书馆	28
488	温州职业技术学院图书馆	31	528	西安航空学院图书馆	28
489	天津职业大学图书馆	31	529	武夷学院图书馆	28
490	宁夏医科大学图书馆	31	530	武汉职业技术学院图书馆	28
491	龙岩学院图书馆	31	531	上海电机学院图书馆	28
492	河南工学院图书馆	31	532	陕西工业职业技术学院图书馆	28
493	广州番禺职业技术学院图书馆	31	533	青海民族大学图书馆	28
494	川北医学院图书馆	31	534	南方科技大学图书馆	28
495	沧州师范学院图书馆	31	535	喀什大学图书馆	28
496	北京物资学院图书馆	31	536	惠州学院图书馆	28
497	北京服装学院图书馆	31	537	湖南女子学院图书馆	28
498	周口师范学院图书馆	30	538	湖北汽车工业学院图书馆	28
499	中州大学图书馆	30	539	广州中医药大学图书馆	28
500	浙江中医药大学图书馆	30	540	滨州职业学院图书馆	28
501	浙江越秀外国语学院图书馆	30	541	宝鸡职业技术学院图书馆	28
502	长治医学院图书馆	30	542	浙江大学城市学院图书馆	27
503	长春中医药大学图书馆	30	543	岳阳职业技术学院图书馆	27
504	长春大学图书馆	30	544	西安思源学院图书馆	27
505	西安医学院图书馆	30	545	宿迁学院图书馆	27
506	五邑大学图书馆	30	546	四川工程职业技术学院图书馆	27
507	天津农学院图书馆	30	547	沈阳建筑大学图书馆	27
508	首都经济贸易大学图书馆	30	548	商洛职业技术学院图书馆	27
509	凯里学院图书馆	30	549	山东青年政治学院图书馆	27
510	江西农业大学图书馆	30	550	黔南民族师范学院图书馆	27

续表

序号	图书馆名称	在编职工（人）	序号	图书馆名称	在编职工（人）
551	湖南医药学院图书馆	27	591	湖南工业职业技术学院图书馆	25
552	湖南环境生物职业技术学院图书馆	27	592	桂林旅游学院图书馆	25
553	湖南财经工业职业技术学院图书馆	27	593	池州学院图书馆	25
554	湖北中医药大学图书馆	27	594	沧州医学高等专科学校图书馆	25
555	河南职业技术学院图书馆	27	595	北京师范大学珠海分校图书馆	25
556	河北政法职业学院图书馆	27	596	包头轻工职业技术学院图书馆	25
557	合肥师范学院图书馆	27	597	白城医学高等专科学校图书馆	25
558	广州医科大学图书馆	27	598	郑州科技学院图书馆	24
559	蚌埠学院图书馆	27	599	浙江外国语学院图书馆	24
560	安康学院图书馆	27	600	长春职业技术学院图书馆	24
561	安徽中医药大学图书馆	27	601	云南中医学院图书馆	24
562	中国石油大学（北京）图书馆	26	602	新余学院图书馆	24
563	新疆工业高等专科学校图书馆	26	603	咸宁职业技术学院图书馆	24
564	武汉体育学院图书馆	26	604	锡林郭勒职业学院图书馆	24
565	武汉科技大学城市学院图书馆	26	605	四川交通职业技术学院图书馆	24
566	温州科技职业学院图书馆	26	606	石家庄铁道大学图书馆	24
567	通辽职业学院图书馆	26	607	上海海洋大学图书馆	24
568	陇东学院图书馆	26	608	泸州医学院图书馆	24
569	六盘水师范学院图书馆	26	609	聊城职业技术学院图书馆	24
570	昆明冶金高等专科学校图书馆	26	610	九江职业技术学院图书馆	24
571	金华职业技术学院图书馆	26	611	江西旅游商贸职业学院图书馆	24
572	江西服装学院图书馆	26	612	吉林师范大学博达学院图书馆	24
573	河南工业职业技术学院图书馆	26	613	吉林化工学院图书馆	24
574	福建中医药大学图书馆	26	614	湖北警官学院图书馆	24
575	东北师范大学人文学院图书馆	26	615	河北对外经贸职业学院图书馆	24
576	北京理工大学珠海学院图书馆	26	616	北京电子科技职业学院图书馆	24
577	安徽科技学院图书馆	26	617	长春建筑学院图书馆	23
578	云南大学滇池学院图书馆	25	618	长春光华学院图书馆	23
579	杨凌职业技术学院图书馆	25	619	长春工业大学人文信息学院图书馆	23
580	西京学院图书馆	25	620	天水师范学院图书馆	23
581	西安邮电大学图书馆	25	621	上海健康医学院图书馆	23
582	武汉船舶职业技术学院图书馆	25	622	山东英才学院图书馆	23
583	芜湖职业技术学院图书馆	25	623	山东协和学院图书馆	23
584	天津公安警官职业学院图书馆	25	624	山东商业职业技术学院图书馆	23
585	沈阳体育学院图书馆	25	625	厦门理工学院图书馆	23
586	商洛学院图书馆	25	626	琼台师范学院图书馆	23
587	曲靖师范学院图书馆	25	627	宁德师范学院图书馆	23
588	南昌职业学院图书馆	25	628	宁波职业技术学院图书馆	23
589	晋中学院图书馆	25	629	锦州师范高等专科学校图书馆	23
590	吉林农业科技学院图书馆	25	630	吉林工程技术师范学院图书馆	23

续表

序号	图书馆名称	在编职工（人）	序号	图书馆名称	在编职工（人）
631	淮南师范学院图书馆	23	671	四川音乐学院图书馆	21
632	呼和浩特职业学院图书馆	23	672	深圳技术大学图书馆	21
633	河源职业技术学院图书馆	23	673	内江职业技术学院图书馆	21
634	河北建筑工程学院图书馆	23	674	乐山师范学院图书馆	21
635	河北建材职业技术学院图书馆	23	675	济南职业学院图书馆	21
636	杭州医学院图书馆	23	676	河池学院图书馆	21
637	汉江师范学院图书馆	23	677	河北民族师范学院图书馆	21
638	贵州理工学院图书馆	23	678	贵州中医药大学图书馆	21
639	承德石油高等专科学校图书馆	23	679	广西科技师范学院图书馆	21
640	成都农业科技职业学院图书馆	23	680	广安职业技术学院图书馆	21
641	巢湖学院图书馆	23	681	福建江夏学院图书馆	21
642	重庆第二师范学院图书馆	22	682	鄂州职业大学图书馆	21
643	长沙医学院图书馆	22	683	常州工程职业技术学院图书馆	21
644	武汉城市职业学院图书馆	22	684	常德职业技术学院图书馆	21
645	威海职业学院图书馆	22	685	北京农业职业学院图书馆	21
646	通化师范学院图书馆	22	686	包头职业技术学院图书馆	21
647	四川文理学院图书馆	22	687	白城师范学院图书馆	21
648	上海建桥学院图书馆	22	688	安顺学院图书馆	21
649	上海第二工业大学图书馆	22	689	安徽工程大学图书馆	21
650	山西工商学院图书馆	22	690	重庆师范大学涉外商贸学院图书馆	20
651	盘锦职业技术学院图书馆	22	691	中国音乐学院图书馆	20
652	宁夏师范学院图书馆	22	692	云南开放大学图书馆	20
653	内蒙古化工职业学院图书馆	22	693	豫章师范学院图书馆	20
654	湖北三峡职业技术学院图书馆	22	694	右江民族医学院图书馆	20
655	呼和浩特民族学院图书馆	22	695	新乡医学院三全学院图书馆	20
656	红河学院图书馆	22	696	西北工业大学明德学院图书馆	20
657	河南应用技术职业学院图书馆	22	697	西安体育学院图书馆	20
658	河北传媒学院图书馆	22	698	西安航空职业技术学院图书馆	20
659	合肥学院图书馆	22	699	武汉交通职业学院图书馆	20
660	海南软件职业技术学院图书馆	22	700	太原科技大学图书馆	20
661	桂林医学院图书馆	22	701	宿州学院图书馆	20
662	广东岭南职业技术学院图书馆	22	702	四川职业技术学院图书馆	20
663	甘肃政法大学图书馆	22	703	沈阳医学院图书馆	20
664	福州外语外贸学院图书馆	22	704	上海体育学院图书馆	20
665	东莞理工学院城市学院图书馆	22	705	上海杉达学院图书馆	20
666	浙江水利水电学院图书馆	21	706	陕西能源职业技术学院图书馆	20
667	武汉商学院图书馆	21	707	陕西国际商贸学院图书馆	20
668	武汉软件工程职业学院图书馆	21	708	宁夏工商职业技术学院图书馆	20
669	文华学院图书馆	21	709	宁波工程学院图书馆	20
670	唐山职业技术学院图书馆	21	710	内蒙古机电职业技术学院图书馆	20

续表

序号	图书馆名称	在编职工（人）	序号	图书馆名称	在编职工（人）
711	南京航空航天大学金城学院图书馆	20	751	成都体育学院图书馆	19
712	绵阳职业技术学院图书馆	20	752	成都师范学院图书馆	19
713	兰州文理学院图书馆	20	753	重庆电子工程职业学院图书馆	18
714	吉林外国语大学图书馆	20	754	重庆城市管理职业学院图书馆	18
715	湖南城建职业技术学院图书馆	20	755	中央司法警官学院图书馆	18
716	鹤壁职业技术学院图书馆	20	756	中山大学新华学院图书馆	18
717	河北金融学院图书馆	20	757	中国人民解放军空军预警学院图书馆	18
718	广州城市职业学院图书馆	20	758	浙江金融职业学院图书馆	18
719	广西艺术学院图书馆	20	759	浙江交通职业技术学院图书馆	18
720	广西民族师范学院图书馆	20	760	浙江财经大学东方学院图书馆	18
721	广东轻工职业技术学院图书馆	20	761	长春财经学院图书馆	18
722	成都工业职业技术学院图书馆	20	762	云南艺术学院图书馆	18
723	淄博师范高等专科学校图书馆	19	763	玉溪师范学院图书馆	18
724	重庆工程职业技术学院图书馆	19	764	西安交通工程学院图书馆	18
725	中国人民警察大学图书馆	19	765	铁道警察学院图书馆	18
726	浙江医药高等专科学校图书馆	19	766	四川文轩职业学院图书馆	18
727	榆林学院图书馆	19	767	上海师范大学天华学院图书馆	18
728	营口理工学院图书馆	19	768	陕西工商职业学院图书馆	18
729	仰恩大学图书馆	19	769	普洱学院图书馆	18
730	咸阳职业技术学院图书馆	19	770	内蒙古电子信息职业技术学院图书馆	18
731	西安交通大学城市学院图书馆	19	771	南京森林警察学院图书馆	18
732	武汉晴川学院图书馆	19	772	闽西职业技术学院图书馆	18
733	渭南职业技术学院图书馆	19	773	金陵科技学院图书馆	18
734	四川民族学院图书馆	19	774	惠州经济职业技术学院图书馆	18
735	四川传媒学院图书馆	19	775	湖南交通职业技术学院图书馆	18
736	山东政法学院图书馆	19	776	邯郸职业技术学院图书馆	18
737	山东女子学院图书馆	19	777	广西警察学院图书馆	18
738	山东城市建设职业学院图书馆	19	778	广东工程职业技术学院图书馆	18
739	齐鲁师范学院图书馆	19	779	赣州师范高等专科学校图书馆	18
740	南京工业职业技术学院图书馆	19	780	成都职业技术学院图书馆	18
741	临沂职业学院图书馆	19	781	成都航空职业技术学院图书馆	18
742	聊城大学东昌学院图书馆	19	782	北京电影学院图书馆	18
743	开封文化艺术职业学院图书馆	19	783	包头钢铁职业技术学院图书馆	18
744	黄冈职业技术学院图书馆	19	784	安康职业技术学院图书馆	18
745	湖南涉外经济学院图书馆	19	785	浙江国际海运职业技术学院图书馆	17
746	河南农业职业学院图书馆	19	786	长春金融高等专科学校图书馆	17
747	广州航海学院图书馆	19	787	云南国土资源职业学院图书馆	17
748	甘肃中医药大学图书馆	19	788	兴义民族师范学院图书馆	17
749	甘肃民族师范学院图书馆	19	789	仙桃职业学院图书馆	17
750	承德医学院图书馆	19	790	武汉学院图书馆	17

续表

序号	图书馆名称	在编职工（人）	序号	图书馆名称	在编职工（人）
791	外交学院图书馆	17	828	清远职业技术学院图书馆	16
792	天津音乐学院图书馆	17	829	内蒙古建筑职业技术学院图书馆	16
793	天津交通职业学院图书馆	17	830	南开大学滨海学院图书馆	16
794	四川美术学院图书馆	17	831	南充职业技术学院图书馆	16
795	汕头大学医学院图书馆	17	832	南昌航空大学科技学院图书馆	16
796	山西中医药大学图书馆	17	833	辽宁交通高等专科学校图书馆	16
797	山西警察学院图书馆	17	834	连云港师范高等专科学校图书馆	16
798	山西工程技术学院图书馆	17	835	兰州职业技术学院图书馆	16
799	山西财政税务专科学校图书馆	17	836	兰州石化职业技术学院图书馆	16
800	山东职业学院图书馆	17	837	昆明医科大学海源学院图书馆	16
801	厦门华厦学院图书馆	17	838	揭阳职业技术学院图书馆	16
802	南京科技职业学院	17	839	湖南中医药高等专科学校图书馆	16
803	吉林体育学院图书馆	17	840	杭州师范大学钱江学院图书馆	16
804	吉林省教育学院图书馆	17	841	贵州商学院图书馆	16
805	河北水利电力学院图书馆	17	842	广东警官学院图书馆	16
806	广西机电职业技术学院图书馆	17	843	广东工贸职业技术学院图书馆	16
807	广东食品药品职业学院图书馆	17	844	广东财经大学华商学院图书馆	16
808	广东科学技术职业学院图书馆	17	845	福建商学院图书馆	16
809	福建信息职业技术学院图书馆	17	846	福建船政交通职业学院图书馆	16
810	鄂尔多斯应用技术学院图书馆	17	847	电子科技大学中山学院图书馆	16
811	成都信息工程学院银杏酒店管理学院图书馆	17	848	成都艺术职业学院图书馆	16
812	北方工业大学图书馆	17	849	成都工业学院图书馆	16
813	浙江商业职业技术学院图书馆	16	850	北京科技大学天津学院图书馆	16
814	浙江工贸职业技术学院图书馆	16	851	安徽外国语学院图书馆	16
815	阳光学院图书馆	16	852	安徽商贸职业技术学院图书馆	16
816	延安大学西安创新学院图书馆	16	853	重庆工业职业技术学院图书馆	15
817	雅安职业技术学院图书馆	16	854	浙江经贸职业技术学院图书馆	15
818	信阳师范学院华锐学院图书馆	16	855	长春医学高等专科学校图书馆	15
819	武汉音乐学院图书馆	16	856	长春科技学院图书馆	15
820	武汉传媒学院图书馆	16	857	宜春职业技术学院图书馆	15
821	天津医学高等专科学校图书馆	16	858	邢台职业技术学院图书馆	15
822	天津大学仁爱学院图书馆	16	859	新疆警官高等专科学校图书馆	15
823	四川中医药高等专科学校图书馆	16	860	西安职业技术学院图书馆	15
824	四川警察学院图书馆	16	861	西安音乐学院图书馆	15
825	陕西中医药大学图书馆	16	862	西安培华学院图书馆	15
826	山东传媒职业学院图书馆	16	863	西安美术学院图书馆	15
827	厦门城市职业学院图书馆	16	864	武汉铁路职业技术学院图书馆	15

续表

序号	图书馆名称	在编职工（人）	序号	图书馆名称	在编职工（人）
865	文山学院图书馆	15	903	上海海关学院图书馆	14
866	天津商业大学宝德学院图书馆	15	904	上海公安学院图书馆	14
867	天津美术学院图书馆	15	905	上海出版印刷高等专科学校图书馆	14
868	四川水利职业技术学院图书馆	15	906	陕西交通职业技术学院图书馆	14
869	山西经济管理干部学院图书馆	15	907	山东外贸职业学院图书馆	14
870	山东华宇工学院图书馆	15	908	衢州学院图书馆	14
871	三江学院图书馆	15	909	黔南民族医学高等专科学校图书馆	14
872	青岛职业技术学院图书馆	15	910	闽江师范高等专科学校图书馆	14
873	内蒙古交通职业技术学院图书馆	15	911	茅台学院图书馆	14
874	南京理工大学泰州科技学院图书馆	15	912	辽宁农业职业技术学院图书馆	14
875	南昌工学院图书馆	15	913	丽江师范高等专科学校图书馆	14
876	湄洲湾职业技术学院图书馆	15	914	克拉玛依职业技术学院图书馆	14
877	辽宁对外经贸学院图书馆	15	915	江西师范高等专科学校图书馆	14
878	乐山职业技术学院图书馆	15	916	江西经济管理干部学院图书馆	14
879	江西理工大学应用科学学院图书馆	15	917	黄河交通学院图书馆	14
880	吉林医药学院图书馆	15	918	湖南水利水电职业技术学院图书馆	14
881	吉林交通职业技术学院图书馆	15	919	湖南生物机电职业技术学院图书馆	14
882	菏泽医学专科学校图书馆	15	920	湖南化工职业技术学院图书馆	14
883	河南经贸职业学院图书馆	15	921	湖北工程职业学院图书馆	14
884	河北工程技术学院图书馆	15	922	国际关系学院图书馆	14
885	海南工商职业学院图书馆	15	923	贵州警察学院图书馆	14
886	桂林师范高等专科学校图书馆	15	924	广东松山职业技术学院图书馆	14
887	广西科技大学鹿山学院图书馆	15	925	广东机电职业技术学院图书馆	14
888	恩施职业技术学院图书馆	15	926	百色学院图书馆	14
889	东营职业学院图书馆	15	927	中山大学南方学院图书馆	13
890	北京财贸职业学院图书馆	15	928	中国石油大学胜利学院图书馆	13
891	保山师范高等专科学校图书馆	15	929	浙江农林大学暨阳学院图书馆	13
892	安庆医药高等专科学校图书馆	15	930	浙江建设职业技术学院图书馆	13
893	仲恺农业工程学院图书馆	14	931	长江工程职业技术学院图书馆	13
894	郑州旅游职业学院图书馆	14	932	长春理工大学光电信息学院图书馆	13
895	长治学院图书馆	14	933	漳州职业技术学院图书馆	13
896	云南交通职业技术学院图书馆	14	934	云南警官学院图书馆	13
897	湘潭职业技术学院图书馆	14	935	西藏农牧学院图书馆	13
898	天津体育学院图书馆	14	936	西安铁路职业技术学院图书馆	13
899	天津财经大学珠江学院图书馆	14	937	无锡职业技术学院图书馆	13
900	四川旅游学院图书馆	14	938	潍坊护理职业学院图书馆	13
901	四川建筑职业技术学院图书馆	14	939	天津天狮学院图书馆	13
902	四川大学锦城学院图书馆	14	940	四川国际标榜职业学院图书馆	13

续表

序号	图书馆名称	在编职工（人）	序号	图书馆名称	在编职工（人）
941	首钢工学院图书馆	13	979	辽宁警察学院图书馆	12
942	陕西职业技术学院图书馆	13	980	兰州资源环境职业技术学院图书馆	12
943	山东医学高等专科学校图书馆	13	981	江西交通职业技术学院图书馆	12
944	山东轻工职业学院图书馆	13	982	江西工业职业技术学院图书馆	12
945	泉州幼儿师范高等专科学校图书馆	13	983	江苏第二师范学院图书馆	12
946	吕梁学院图书馆	13	984	济南工程职业技术学院图书馆	12
947	泸州职业技术学院图书馆	13	985	吉林铁道职业技术学院图书馆	12
948	景德镇学院图书馆	13	986	惠州卫生职业技术学院图书馆	12
949	江苏警官学院图书馆	13	987	湖南艺术职业学院图书馆	12
950	嘉兴职业技术学院图书馆	13	988	湖南信息学院图书馆	12
951	吉林建筑科技学院图书馆	13	989	湖南理工职业技术学院图书馆	12
952	湖州职业技术学院图书馆	13	990	湖北城市建设职业技术学院图书馆	12
953	湖南工艺美术职业学院图书馆	13	991	桂林航天工业学院图书馆	12
954	湖北商贸学院图书馆	13	992	广西教育学院图书馆	12
955	河南水利与环境职业学院图书馆	13	993	成都医学院图书馆	12
956	河北司法警官职业学院图书馆	13	994	安阳职业技术学院图书馆	12
957	河北环境工程学院图书馆	13	995	安徽中医药高等专科学校图书馆	12
958	广州城建职业学院图书馆	13	996	中央戏剧学院图书馆	11
959	广西国际商务职业技术学院图书馆	13	997	浙江警察学院图书馆	11
960	广东舞蹈戏剧职业学院图书馆	13	998	浙江工商大学杭州商学院图书馆	11
961	阜阳职业技术学院图书馆	13	999	长春大学旅游学院图书馆	11
962	福建警察学院图书馆	13	1000	漳州卫生职业学院图书馆	11
963	德宏师范高等专科学校图书馆	13	1001	云南经济管理学院图书馆	11
964	成都纺织高等专科学校图书馆	13	1002	宜宾职业技术学院图书馆	11
965	重庆工贸职业技术学院图书馆	12	1003	西北大学现代学院图书馆	11
966	郑州电力职业技术学院图书馆	12	1004	西安科技大学高新学院图书馆	11
967	浙江工商职业技术学院图书馆	12	1005	西安电力高等专科学校图书馆	11
968	西藏职业技术学院图书馆	12	1006	天津海运职业学院图书馆	11
969	西北师范大学知行学院图书馆	12	1007	泰州职业技术学院图书馆	11
970	西安工业大学北方信息工程学院图书馆	12	1008	四川幼儿师范高等专科学校图书馆	11
971	铜川职业技术学院图书馆	12	1009	上饶幼儿师范高等专科学校图书馆	11
972	天津对外经济贸易职业学院图书馆	12	1010	上海视觉艺术学院图书馆	11
973	天津电子信息职业技术学院图书馆	12	1011	上海民航职业技术学院图书馆	11
974	泰州学院图书馆	12	1012	上海旅游高等专科学校图书馆	11
975	四川护理职业学院图书馆	12	1013	陕西财经职业技术学院图书馆	11
976	陕西青年职业学院图书馆	12	1014	山西林业职业技术学院图书馆	11
977	厦门南洋职业学院图书馆	12	1015	山东水利职业学院图书馆	11
978	南昌大学共青学院图书馆	12	1016	山东农业工程学院图书馆	11

序号	图书馆名称	在编职工（人）	序号	图书馆名称	在编职工（人）
1017	山东畜牧兽医职业学院图书馆	11	1055	内蒙古商贸职业学院图书馆	10
1018	泉州经贸职业技术学院图书馆	11	1056	南京大学金陵学院图书馆	10
1019	宁波卫生职业技术学院图书馆	11	1057	茂名职业技术学院图书馆	10
1020	丽水职业技术学院图书馆	11	1058	柳州铁道职业技术学院图书馆	10
1021	昆明理工大学津桥学院图书馆	11	1059	昆山杜克大学图书馆	10
1022	江西医学高等专科学校图书馆	11	1060	荆楚理工学院图书馆	10
1023	江西农业工程职业学院图书馆	11	1061	江西卫生职业学院图书馆	10
1024	江西工程职业学院图书馆	11	1062	江西泰豪动漫职业学院图书馆	10
1025	济南幼儿师范高等专科学校图书馆	11	1063	江西生物科技职业学院图书馆	10
1026	吉林工程职业学院图书馆	11	1064	吉林司法警官职业学院图书馆	10
1027	湖北水利水电职业技术学院图书馆	11	1065	吉林动画学院图书馆	10
1028	湖北美术学院图书馆	11	1066	华南农业大学珠江学院图书馆	10
1029	广州大学松田学院图书馆	11	1067	湖北中医药高等专科学校图书馆	10
1030	广西生态工程职业技术学院图书馆	11	1068	湖北生态工程职业技术学院图书馆	10
1031	广东女子职业技术学院图书馆	11	1069	海南外国语职业学院图书馆	10
1032	广东创新科技职业学院图书馆	11	1070	贵州广播电视大学图书馆	10
1033	阜新高等专科学校图书馆	11	1071	广州卫生职业技术学院图书馆	10
1034	滇西科技师范学院图书馆	11	1072	滁州学院图书馆	10
1035	赤峰工业职业技术学院图书馆	11	1073	成都理工大学工程技术学院图书馆	10
1036	北京教育学院图书馆	11	1074	重庆电力高等专科学校图书馆	9
1037	巴中职业技术学院图书馆	11	1075	郑州幼儿师范高等专科学校图书馆	9
1038	安徽工业经济职业技术学院图书馆	11	1076	浙江同济科技职业学院图书馆	9
1039	重庆工商职业学院图书馆	10	1077	浙江警官职业学院图书馆	9
1040	重庆房地产职业学院图书馆	10	1078	浙江机电职业技术学院图书馆	9
1041	浙江经济职业技术学院图书馆	10	1079	漳州科技职业学院图书馆	9
1042	浙江大学宁波理工学院图书馆	10	1080	漳州城市职业学院图书馆	9
1043	云南师范大学商学院图书馆	10	1081	云南司法警官职业学院图书馆	9
1044	云南机电职业技术学院图书馆	10	1082	云南师范大学文理学院图书馆	9
1045	襄阳汽车职业技术学院图书馆	10	1083	玉溪农业职业技术学院图书馆	9
1046	武昌职业学院图书馆	10	1084	西安财经学院行知学院图书馆	9
1047	太原工业学院图书馆	10	1085	无锡工艺职业技术学院图书馆	9
1048	四川商务职业学院图书馆	10	1086	铜陵职业技术学院图书馆	9
1049	绍兴职业技术学院图书馆	10	1087	泰山护理职业学院图书馆	9
1050	上饶职业技术学院图书馆	10	1088	台州职业技术学院图书馆	9
1051	上海科技大学图书馆	10	1089	苏州科技大学天平学院图书馆	9
1052	上海东海职业技术学院图书馆	10	1090	苏州健雄职业技术学院图书馆	9
1053	陕西铁路工程职业技术学院图书馆	10	1091	四川卫生康复职业学院图书馆	9
1054	宁波城市职业技术学院图书馆	10	1092	四川司法警官职业学院图书馆	9

续表

序号	图书馆名称	在编职工（人）	序号	图书馆名称	在编职工（人）
1093	四川航天职业技术学院图书馆	9	1131	四川工商职业技术学院图书馆	8
1094	四川工业科技学院图书馆	9	1132	上海震旦职业学院图书馆	8
1095	厦门海洋职业技术学院图书馆	9	1133	上海电子信息职业技术学院图书馆	8
1096	青岛恒星科技学院图书馆	9	1134	陕西警官职业学院图书馆	8
1097	宁夏民族职业技术学院图书馆	9	1135	山东工业职业学院图书馆	8
1098	江西应用技术职业学院图书馆	9	1136	青海大学医学院图书馆	8
1099	江西信息应用职业技术学院图书馆	9	1137	青岛酒店管理职业技术学院图书馆	8
1100	江西机电职业技术学院图书馆	9	1138	宁夏财经职业技术学院图书馆	8
1101	江西财经大学现代经济管理学院图书馆	9	1139	昆明工业职业技术学院图书馆	8
1102	吉林工业职业技术学院图书馆	9	1140	江西现代职业技术学院图书馆	8
1103	吉安职业技术学院图书馆	9	1141	江西财经职业学院图书馆	8
1104	贵州交通职业技术学院图书馆	9	1142	江苏城乡建设职业学院图书馆	8
1105	广州南洋理工职业学院图书馆	9	1143	江门职业技术学院图书馆	8
1106	广西经贸职业技术学院图书馆	9	1144	吉林电子信息职业技术学院图书馆	8
1107	广东水利电力职业技术学院图书馆	9	1145	湖南现代物流职业技术学院图书馆	8
1108	广东青年职业学院图书馆	9	1146	湖南民族职业学院图书馆	8
1109	广东环境保护工程职业学院图书馆	9	1147	湖北交通职业技术学院图书馆	8
1110	福建卫生职业技术学院图书馆	9	1148	湖北大学知行学院图书馆	8
1111	防灾科技学院图书馆	9	1149	河南交通职业技术学院图书馆	8
1112	成都文理学院图书馆	9	1150	广州体育职业技术学院图书馆	8
1113	保山中医药高等专科学校图书馆	9	1151	甘肃医学院图书馆	8
1114	安徽职业技术学院图书馆	9	1152	甘肃畜牧工程职业技术学院图书馆	8
1115	郑州职业技术学院图书馆	8	1153	福建华南女子职业学院图书馆	8
1116	浙江育英职业技术学院图书馆	8	1154	昌吉职业技术学院图书馆	8
1117	浙江体育职业技术学院图书馆	8	1155	阿坝师范学院图书馆	8
1118	浙江广播电视大学图书馆	8	1156	长江职业学院图书馆	7
1119	浙江工业职业技术学院图书馆	8	1157	云南农业职业技术学院图书馆	7
1120	长春汽车工业高等专科学校图书馆	8	1158	云南工商学院图书馆	7
1121	义乌工商职业技术学院图书馆	8	1159	永城职业学院图书馆	7
1122	西双版纳职业技术学院图书馆	8	1160	延边职业技术学院图书馆	7
1123	西安海棠职业学院图书馆	8	1161	西藏藏医学院图书馆	7
1124	武汉民政职业学院图书馆	8	1162	西安汽车职业大学图书馆	7
1125	武汉警官职业学院图书馆	8	1163	天津中德职业技术学院图书馆	7
1126	武汉工程科技学院图书馆	8	1164	天津医科大学临床医学院图书馆	7
1127	天津冶金职业技术学院图书馆	8	1165	天津铁道职业技术学院图书馆	7
1128	天津滨海职业学院图书馆	8	1166	天津石油职业技术学院图书馆	7
1129	松原职业技术学院图书馆	8	1167	四川西南航空职业学院图书馆	7
1130	四川艺术职业学院图书馆	8	1168	四川华新现代职业学院图书馆	7

续表

序号	图书馆名称	在编职工（人）	序号	图书馆名称	在编职工（人）
1169	上海商学院图书馆	7	1206	天津国土资源和房屋职业学院图书馆	6
1170	上海农林职业技术学院图书馆	7	1207	天津渤海职业技术学院图书馆	6
1171	山东商务职业学院图书馆	7	1208	四川托普信息技术职业学院图书馆	6
1172	山东旅游职业学院图书馆	7	1209	四川三河职业学院图书馆	6
1173	山东科技职业学院图书馆	7	1210	四川化工职业技术学院图书馆	6
1174	厦门医学院图书馆	7	1211	上海工商职业技术学院图书馆	6
1175	青海交通职业技术学院图书馆	7	1212	陕西国防工业职业技术学院图书馆	6
1176	宁波教育学院图书馆	7	1213	山西青年管理干部学院图书馆	6
1177	拉萨师范高等专科学校图书馆	7	1214	山西传媒学院图书馆	6
1178	江西外语外贸职业学院图书馆	7	1215	泉州轻工职业学院图书馆	6
1179	江西水利职业学院图书馆	7	1216	泉州理工职业学院图书馆	6
1180	江西青年职业学院图书馆	7	1217	青海卫生职业技术学院图书馆	6
1181	江西警察学院图书馆	7	1218	闽北职业技术学院图书馆	6
1182	吉林广播电视大学图书馆	7	1219	江西司法警官职业学院图书馆	6
1183	湖北生物科技职业学院图书馆	7	1220	江苏航空职业技术学院图书馆	6
1184	湖北国土资源职业学院图书馆	7	1221	河南测绘职业学院图书馆	6
1185	红河卫生职业学院图书馆	7	1222	汉中职业技术学院图书馆	6
1186	河北轨道运输职业技术学院图书馆	7	1223	广州松田职业学院图书馆	6
1187	广州铁路职业技术学院图书馆	7	1224	赣南师范大学科技学院图书馆	6
1188	广西体育高等专科学校图书馆	7	1225	甘肃警察职业学院图书馆	6
1189	赣州卫生健康职业学院图书馆	7	1226	甘肃工业职业技术学院图书馆	6
1190	抚州幼儿师范高等专科学校图书馆	7	1227	川南幼儿师范高等专科学校图书馆	6
1191	福州理工学院图书馆	7	1228	安徽审计职业学院图书馆	6
1192	鄂尔多斯生态环境职业学院图书馆	7	1229	安徽工商职业学院图书馆	6
1193	德宏职业学院图书馆	7	1230	重庆幼儿师范高等专科学校图书馆	5
1194	楚雄医药高等专科学校图书馆	7	1231	重庆水利电力职业技术学院图书馆	5
1195	常州信息职业技术学院图书馆	7	1232	重庆能源职业学院图书馆	5
1196	渤海船舶职业学院图书馆	7	1233	云南能源职业技术学院图书馆	5
1197	北京第二外国语学院中瑞酒店管理学院图书馆	7	1234	云南旅游职业学院图书馆	5
1198	重庆警察学院图书馆	6	1235	云南工贸职业技术学院图书馆	5
1199	重庆机电职业技术学院图书馆	6	1236	榆林职业技术学院图书馆	5
1200	中山火炬职业技术学院图书馆	6	1237	宜春幼儿师范高等专科学校图书馆	5
1201	中国计量大学现代科技学院图书馆	6	1238	西藏警官高等专科学校图书馆	5
1202	郑州信息工程职业学院图书馆	6	1239	桐城师范高等专科学校图书馆	5
1203	益阳职业技术学院图书馆	6	1240	天津理工大学中环信息学院图书馆	5
1204	皖西卫生职业学院图书馆	6	1241	天津工艺美术职业学院图书馆	5
1205	天津现代职业技术学院图书馆	6	1242	四川邮电职业技术学院图书馆	5

续表

序号	图书馆名称	在编职工（人）	序号	图书馆名称	在编职工（人）
1243	四川信息职业技术学院图书馆	5	1280	山东特殊教育职业学院图书馆	4
1244	四川文化产业职业学院图书馆	5	1281	三亚中瑞酒店管理职业学院图书馆	4
1245	四川管理职业学院图书馆	5	1282	三明职业技术学院图书馆	4
1246	绍兴文理学院元培学院图书馆	5	1283	青海建筑职业技术学院图书馆	4
1247	上海思博职业技术学院图书馆	5	1284	眉山职业技术学院图书馆	4
1248	上海济光职业技术学院图书馆	5	1285	辽源职业技术学院图书馆	4
1249	山西金融职业学院图书馆	5	1286	江西新能源科技学院图书馆	4
1250	山西管理职业学院图书馆	5	1287	江西先锋软件职业技术学院图书馆	4
1251	山东药品食品职业学院图书馆	5	1288	江西陶瓷工艺美术职业技术学院图书馆	4
1252	泉州工艺美术职业学院图书馆	5	1289	江苏建康职业学院图书馆	4
1253	泉州纺织服装职业学院图书馆	5	1290	湖北财税职业学院图书馆	4
1254	青岛港湾职业技术学院图书馆	5	1291	河北化工医药职业技术学院图书馆	4
1255	平凉职业技术学院图书馆	5	1292	杭州职业技术学院图书馆	4
1256	宁夏幼儿师范高等专科学校图书馆	5	1293	广西金融职业技术学院图书馆	4
1257	南京广播电视大学图书馆	5	1294	广西大学行健文理学院图书馆	4
1258	江西中医药高等专科学校图书馆	5	1295	广东碧桂园职业学院图书馆	4
1259	济南护理职业学院图书馆	5	1296	甘肃林业职业技术学院图书馆	4
1260	桂林理工大学南宁分校图书馆	5	1297	浙江特殊教育职业学院图书馆	3
1261	广州工程技术职业学院图书馆	5	1298	浙江师范大学行知学院图书馆	3
1262	广东文艺职业学院图书馆	5	1299	漳州理工职业学院图书馆	3
1263	广东技术师范大学天河学院图书馆	5	1300	天津城市建设管理职业技术学院图书馆	3
1264	甘肃交通职业技术学院图书馆	5	1301	上海兴伟学院图书馆	3
1265	抚州职业技术学院图书馆	5	1302	厦门兴才职业技术学院图书馆	3
1266	安徽医学高等专科学校图书馆	5	1303	金华教育学院图书馆	3
1267	珠海艺术职业学院图书馆	4	1304	江西艺术职业学院图书馆	3
1268	重庆应用技术职业学院图书馆	4	1305	江西工商职业技术学院图书馆	3
1269	长沙卫生职业学院图书馆	4	1306	江西传媒职业学院图书馆	3
1270	长春教育学院图书馆	4	1307	湖南体育职业学院图书馆	3
1271	云南外事外语职业学院图书馆	4	1308	甘肃建筑职业技术学院图书馆	3
1272	新疆生产建设兵团兴新职业技术学院图书馆	4	1309	福州英华职业学院图书馆	3
1273	武汉电力职业技术学院图书馆	4	1310	福建体育职业技术学院图书馆	3
1274	天津城市职业学院图书馆	4	1311	东南大学成贤学院图书馆	3
1275	天府新区航空旅游职业学院图书馆	4	1312	川北幼儿师范高等专科学校图书馆	3
1276	四川机电职业技术学院图书馆	4	1313	安徽广播影视职业技术学院图书馆	3
1277	四川电子机械职业技术学院图书馆	4	1314	云南商务职业学院图书馆	2
1278	四川电力职业技术学院图书馆	4	1315	武夷山职业学院图书馆	2
1279	四川财经职业学院图书馆	4	1316	天津广播影视职业学院图书馆	2

续表

序号	图书馆名称	在编职工（人）	序号	图书馆名称	在编职工（人）
1317	天津滨海汽车工程职业学院图书馆	2	1327	潍坊理工学院图书馆	1
1318	上海行健职业学院图书馆	2	1328	天津师范大学津沽学院资料室图书馆	1
1319	陕西邮电职业技术学院图书馆	2	1329	青海畜牧兽医职业技术学院图书馆	1
1320	陕西机电职业技术学院图书馆	2	1330	民办四川天一学院图书馆	1
1321	民办明达职业技术学院图书馆	2	1331	景德镇陶瓷职业技术学院图书馆	1
1322	马鞍山师范高等专科学校图书馆	2	1332	海南体育职业技术学院图书馆	1
1323	江西师范大学科学技术学院图书馆	2	1333	武汉生物工程学院图书馆	0
1324	江西枫林涉外经贸职业学院图书馆	2	1334	南宁职业技术学院图书馆	0
1325	湖北青年职业学院图书馆	2	1335	南京医科大学康达学院图书馆	0
1326	福建艺术职业学院图书馆	2	1336	北京师范大学—香港浸会大学联合国际学院图书馆	0

2019年1222所高校图书馆馆舍面积统计表

序号	图书馆名称	馆舍总面积（平方米）	序号	图书馆名称	馆舍总面积（平方米）
1	中山大学图书馆	111660.0	39	华南理工大学图书馆	66705.0
2	山东大学图书馆	107498.0	40	北京大学图书馆	66235.0
3	吉林大学图书馆	103245.0	41	复旦大学图书馆	66137.0
4	厦门大学图书馆	102596.0	42	重庆大学图书馆	64876.0
5	贵州大学图书馆	88339.0	43	太原师范学院图书馆	64806.0
6	浙江大学图书馆	86376.0	44	华中科技大学图书馆	64581.0
7	郑州大学图书馆	84000.0	45	南通大学图书馆	64512.0
8	延安大学图书馆	83000.0	46	山东师范大学图书馆	64400.0
9	广东药科大学图书馆	82641.0	47	东北大学图书馆	64210.0
10	合肥工业大学图书馆	82614.2	48	安徽大学图书馆	64045.0
11	华南师范大学图书馆	82000.0	49	贵州民族大学图书馆	64000.0
12	暨南大学图书馆	81762.5	50	贵州财经大学图书馆	63578.0
13	苏州大学图书馆	80831.3	51	四川大学图书馆	63430.0
14	广西医科大学图书馆	80792.0	52	广西大学图书馆	63106.0
15	福州大学图书馆	79652.0	53	江西财经大学图书馆	63079.3
16	温州医科大学图书馆	79418.3	54	浙江工业大学图书馆	62317.0
17	上海大学图书馆	79139.2	55	上海交通大学图书馆	61694.6
18	清华大学图书馆	78647.0	56	华侨大学图书馆	61637.0
19	华北理工大学图书馆	77400.0	57	贵州师范大学图书馆	61530.0
20	武汉大学图书馆	77389.0	58	安徽工业大学图书馆	61000.0
21	广西师范大学图书馆	77000.0	59	兰州大学图书馆	61000.0
22	云南大学图书馆	76293.0	60	中国农业大学图书馆	60740.0
23	天津大学图书馆	75700.0	61	中国矿业大学图书馆	60000.0
24	扬州大学图书馆	75177.0	62	广东外语外贸大学图书馆	59574.9
25	武汉理工大学图书馆	73624.0	63	延边大学图书馆	59530.0
26	中南大学图书馆	73289.7	64	江西师范大学图书馆	59466.0
27	南京大学图书馆	73100.0	65	西南交通大学图书馆	59316.0
28	西南大学图书馆	72718.0	66	南昌大学图书馆	59003.0
29	四川理工学院图书馆	72616.0	67	河海大学图书馆	59000.0
30	临沂大学图书馆	71835.0	68	甘肃中医药大学图书馆	58800.0
31	广东工业大学图书馆	71630.8	69	浙江工商大学图书馆	57800.0
32	南开大学图书馆	71610.0	70	陕西师范大学图书馆	57758.0
33	同济大学图书馆	70620.0	71	云南师范大学图书馆	57300.0
34	广西民族大学图书馆	70127.0	72	兰州理工大学图书馆	57000.0
35	福建农林大学图书馆	68179.2	73	长江大学图书馆	56700.0
36	青岛科技大学图书馆	67457.0	74	河南财经政法大学图书馆	56266.0
37	电子科技大学图书馆	66974.0	75	北京理工大学图书馆	55699.0
38	东南大学图书馆	66900.0	76	福建师范大学图书馆	55571.0

续表

序号	图书馆名称	馆舍总面积(平方米)	序号	图书馆名称	馆舍总面积(平方米)
77	河北科技大学图书馆	55157.0	117	九江学院图书馆	49300.0
78	石河子大学图书馆	54700.0	118	西南民族大学图书馆	49144.0
79	武汉科技大学图书馆	54300.0	119	山东理工大学图书馆	49000.0
80	新疆师范大学图书馆	54000.0	120	天津工业大学图书馆	48833.0
81	武汉纺织大学图书馆	53826.6	121	洛阳理工学院图书馆	48660.0
82	江西科技师范大学图书馆	53756.0	122	西安外国语大学图书馆	48589.2
83	南京林业大学图书馆	53440.0	123	云南民族大学图书馆	48509.0
84	广东财经大学图书馆	53185.0	124	湖北第二师范学院图书馆	48486.0
85	河北工业大学图书馆	53100.0	125	北京工业大学图书馆	48207.0
86	华东师范大学图书馆	53087.0	126	安徽师范大学图书馆	48150.0
87	盐城工学院图书馆	53000.0	127	广西财经学院图书馆	48143.0
88	贵州理工学院图书馆	52915.0	128	成都大学图书馆	48000.0
89	浙江师范大学图书馆	52819.7	129	天津师范大学图书馆	48000.0
90	西北大学图书馆	52661.0	130	安徽科技学院图书馆	47878.0
91	吉林大学珠海学院图书馆	52497.0	131	桂林理工大学图书馆	47700.0
92	重庆工商大学图书馆	52489.0	132	南昌航空大学图书馆	47683.5
93	黄河科技学院图书馆	52402.3	133	桂林医学院图书馆	47670.2
94	河北农业大学图书馆	52237.8	134	景德镇学院图书馆	47670.2
95	江南大学图书馆	52217.0	135	长沙理工大学图书馆	47640.0
96	北京邮电大学图书馆	52211.0	136	武汉学院图书馆	47609.0
97	西安电子科技大学图书馆	52200.0	137	金华职业技术学院图书馆	47455.0
98	广州大学图书馆	52000.0	138	华北电力大学图书馆	47393.0
99	洛阳师范学院图书馆	52000.0	139	南京财经大学图书馆	47300.0
100	山东华宇工学院图书馆	52000.0	140	江苏大学图书馆	47270.0
101	西安石油大学图书馆	51980.0	141	湖北大学图书馆	47251.0
102	宁波大学图书馆	51936.0	142	山西医科大学图书馆	47063.0
103	西安理工大学图书馆	51655.0	143	华东理工大学图书馆	46766.0
104	深圳大学图书馆	51202.0	144	西北师范大学图书馆	46752.0
105	成都理工大学图书馆	51007.0	145	桂林电子科技大学图书馆	46600.0
106	新疆大学图书馆	51000.0	146	安徽财经大学图书馆	46470.0
107	大连理工大学图书馆	50000.0	147	上海海事大学图书馆	46426.0
108	西南财经大学图书馆	50000.0	148	呼和浩特职业学院图书馆	46263.0
109	中国石油大学(华东)图书馆	50000.0	149	中南民族大学图书馆	46217.0
110	聊城大学图书馆	49970.0	150	安徽中医药大学图书馆	46203.0
111	兰州财经大学图书馆	49933.2	151	西北工业大学图书馆	46161.0
112	江西农业大学图书馆	49918.0	152	哈尔滨商业大学图书馆	46106.0
113	西北民族大学图书馆	49808.0	153	常熟理工学院图书馆	46000.0
114	哈尔滨工程大学图书馆	49600.0	154	天津理工大学图书馆	46000.0
115	苏州科技大学图书馆	49581.0	155	渭南职业技术学院图书馆	46000.0
116	兰州交通大学图书馆	49463.0	156	遵义医科大学图书馆	45886.9

续表

序号	图书馆名称	馆舍总面积（平方米）	序号	图书馆名称	馆舍总面积（平方米）
157	湖北工业大学图书馆	45874.9	197	东北电力大学图书馆	41700.0
158	郑州轻工业学院图书馆	45706.0	198	集美大学图书馆	41670.0
159	河南工业大学图书馆	45693.0	199	湖南商学院图书馆	41644.0
160	河北师范大学图书馆	45300.0	200	西安科技大学图书馆	41564.0
161	安徽理工大学图书馆	45000.0	201	武汉轻工大学图书馆	41480.0
162	东北石油大学图书馆	45000.0	202	玉林师范学院图书馆	41470.0
163	辽宁工程技术大学图书馆	45000.0	203	中南林业科技大学图书馆	41196.5
164	遵义师范学院图书馆	44977.0	204	广东创新科技职业学院图书馆	41173.7
165	海南热带海洋学院图书馆	44792.0	205	昆明学院图书馆	41093.0
166	北部湾大学图书馆	44732.0	206	金陵科技学院图书馆	41056.0
167	徐州工程学院图书馆	44701.0	207	合肥学院图书馆	41000.0
168	南方医科大学图书馆	44661.0	208	河南经贸职业学院图书馆	41000.0
169	四川农业大学图书馆	44607.0	209	辽宁师范大学图书馆	41000.0
170	三亚学院图书馆	44400.0	210	北京师范大学图书馆	40902.2
171	潍坊学院图书馆	44254.0	211	内蒙古科技大学图书馆	40800.0
172	青岛大学图书馆	44200.0	212	三峡大学图书馆	40548.8
173	西安翻译学院图书馆	44139.5	213	上海师范大学图书馆	40371.5
174	哈尔滨师范大学图书馆	44000.0	214	南京邮电大学图书馆	40349.0
175	黑龙江大学图书馆	44000.0	215	湖州师范学院图书馆	40300.0
176	内蒙古大学图书馆	44000.0	216	济宁学院图书馆	40300.0
177	云南经济管理学院图书馆	43889.5	217	河西学院图书馆	40261.1
178	西安交通大学图书馆	43794.0	218	井冈山大学图书馆	40230.0
179	湖南工业大学图书馆	43620.0	219	南阳理工学院图书馆	40000.0
180	哈尔滨工业大学图书馆	43534.0	220	山东财经大学图书馆	40000.0
181	南京航空航天大学图书馆	43500.0	221	深圳大学城图书馆	40000.0
182	盐城师范学院图书馆	43500.0	222	沈阳理工大学图书馆	39950.0
183	山西中医药大学图书馆	43400.0	223	浙江建设职业技术学院图书馆	39910.0
184	湖北科技学院图书馆	43248.0	224	淮阴师范学院图书馆	39900.0
185	西安工业大学图书馆	43023.0	225	常州工学院图书馆	39898.9
186	大连交通大学图书馆	43000.0	226	中南财经政法大学图书馆	39788.0
187	海南大学图书馆	42912.0	227	南京师范大学图书馆	39705.0
188	曲阜师范大学图书馆	42888.0	228	芜湖职业技术学院图书馆	39426.7
189	安徽农业大学图书馆	42546.0	229	四川师范大学图书馆	39406.7
190	江西理工大学图书馆	42490.0	230	华中师范大学图书馆	39375.0
191	河南财政金融学院图书馆	42327.8	231	西南石油大学图书馆	39172.6
192	烟台大学图书馆	42300.0	232	河南工学院图书馆	39106.3
193	浙江传媒学院图书馆	42029.0	233	云南师范大学商学院图书馆	39100.0
194	深圳职业技术学院图书馆	42000.0	234	西安财经大学图书馆	39016.8
195	中国海洋大学图书馆	42000.0	235	湖北工程学院图书馆	39000.0
196	中国科学技术大学图书馆	41783.0	236	河南工业职业技术学院图书馆	38874.0

续表

序号	图书馆名称	馆舍总面积（平方米）	序号	图书馆名称	馆舍总面积（平方米）
237	东北师范大学图书馆	38675.0	276	河南工程学院图书馆	35671.5
238	山西大学图书馆	38505.7	277	上海财经大学图书馆	35649.0
239	东华理工大学图书馆	38329.0	278	湖北师范大学图书馆	35477.0
240	黄河交通学院图书馆	37800.0	279	吕梁学院图书馆	35199.0
241	西南政法大学图书馆	37684.0	280	北京师范大学珠海分校图书馆	35144.0
242	台州学院图书馆	37500.0	281	青岛理工大学图书馆	35128.4
243	河北传媒学院图书馆	37499.0	282	浙江财经大学图书馆	35053.0
244	成都信息工程大学图书馆	37487.3	283	青岛港湾职业技术学院图书馆	35000.0
245	辽宁大学图书馆	37470.0	284	黄淮学院图书馆	35000.0
246	福建商学院图书馆	37345.5	285	广州工商学院图书馆	34990.8
247	淮南师范学院图书馆	37300.0	286	西京学院图书馆	34980.0
248	湖南师范大学图书馆	37246.6	287	广州中医药大学图书馆	34880.0
249	湖南科技大学图书馆	37239.4	288	长沙医学院图书馆	34700.0
250	西南科技大学图书馆	37202.0	289	贵州医科大学图书馆	34643.1
251	山西大同大学图书馆	37014.0	290	顺德职业技术学院图书馆	34630.8
252	阜阳师范学院图书馆	37000.0	291	中北大学图书馆	34606.0
253	湖北中医药大学图书馆	37000.0	292	陕西科技大学图书馆	34600.0
254	湖南理工学院图书馆	37000.0	293	宿州学院图书馆	34600.0
255	陇东学院图书馆	37000.0	294	西华大学图书馆	34576.0
256	河北建筑工程学院图书馆	36966.1	295	宁夏大学图书馆	34551.0
257	河南职业技术学院图书馆	36953.0	296	广东工程职业技术学院图书馆	34525.0
258	南京理工大学泰州科技学院图书馆	36800.0	297	齐鲁工业大学图书馆	34446.0
259	泰州学院图书馆	36800.0	298	南京晓庄学院图书馆	34411.0
260	南京理工大学图书馆	36662.0	299	东华大学图书馆	34266.0
261	石家庄学院图书馆	36600.0	300	浙江树人大学图书馆	34242.5
262	中央财经大学图书馆	36481.5	301	重庆医科大学图书馆	34170.0
263	广西科技大学图书馆	36450.0	302	浙江工商大学杭州商学院图书馆	34105.4
264	华东交通大学图书馆	36267.0	303	西华师范大学图书馆	34000.0
265	河北经贸大学图书馆	36059.0	304	中国民航大学图书馆	34000.0
266	杭州师范大学图书馆	36052.0	305	淄博职业学院图书馆	33960.0
267	江西科技学院图书馆	36000.0	306	江苏理工学院图书馆	33800.0
268	南阳师范学院图书馆	36000.0	307	长春科技学院图书馆	33800.0
269	浙江理工大学图书馆	36000.0	308	西南财经大学天府学院图书馆	33773.0
270	巴中职业技术学院图书馆	35955.8	309	华南农业大学图书馆	33702.0
271	四川工商学院图书馆	35877.0	310	大连民族大学图书馆	33694.0
272	中原工学院图书馆	35808.0	311	广东科学技术职业学院图书馆	33656.0
273	西北政法大学图书馆	35800.0	312	天津商业大学图书馆	33621.0
274	海口经济学院图书馆	35787.2	313	中央民族大学图书馆	33528.0
275	山东交通学院图书馆	35694.6	314	湖南大学图书馆	33497.9

续表

序号	图书馆名称	馆舍总面积（平方米）	序号	图书馆名称	馆舍总面积（平方米）
315	韩山师范学院图书馆	33485.0	355	西南林学院图书馆	31594.0
316	苏州职业大学图书馆	33443.0	356	岭南师范学院图书馆	31543.0
317	北京联合大学图书馆	33404.0	357	北京交通大学图书馆	31516.9
318	红河学院图书馆	33399.0	358	长江师范学院图书馆	31335.0
319	西安工程大学图书馆	33337.0	359	内蒙古师范大学图书馆	31327.0
320	北华大学图书馆	33185.0	360	吉林建筑大学图书馆	31314.0
321	衢州学院图书馆	33100.0	361	河北地质大学图书馆	31300.0
322	辽宁石油化工大学图书馆	33078.3	362	陕西理工大学图书馆	31240.0
323	浙江师范大学行知学院图书馆	33059.1	363	成都中医药大学图书馆	31200.0
324	西藏大学图书馆	33042.1	364	西安邮电大学图书馆	31125.0
325	江西旅游商贸职业学院图书馆	33026.0	365	永州职业技术学院图书馆	31112.0
326	安徽工程大学图书馆	33000.0	366	长安大学图书馆	31067.1
327	沈阳工业大学图书馆	33000.0	367	杭州医学院图书馆	31052.5
328	嘉应学院图书馆	32940.0	368	武汉工程科技学院图书馆	31020.6
329	广东轻工职业技术学院图书馆	32790.8	369	华中农业大学图书馆	31000.0
330	闽南师范大学图书馆	32779.0	370	吉林农业大学图书馆	31000.0
331	黄冈师范学院图书馆	32762.0	371	上海建桥学院图书馆	31000.0
332	长春理工大学图书馆	32720.0	372	武汉城市职业学院图书馆	30900.0
333	武夷学院图书馆	32600.0	373	济宁医学院图书馆	30848.7
334	安康学院图书馆	32570.0	374	宿迁学院图书馆	30704.0
335	鲁东大学图书馆	32374.0	375	渭南师范学院图书馆	30681.0
336	周口师范学院图书馆	32298.0	376	成都工业学院图书馆	30674.0
337	武汉工商学院图书馆	32260.0	377	江西中医药高等专科学校图书馆	30628.0
338	大连大学图书馆	32150.0	378	南京大学金陵学院图书馆	30510.0
339	西北农林科技大学图书馆	32104.3	379	内蒙古医科大学图书馆	30381.6
340	成都文理学院图书馆	32099.0	380	青海师范大学图书馆	30374.2
341	郑州科技学院图书馆	32051.0	381	江西现代职业技术学院图书馆	30333.3
342	南京信息工程大学图书馆	32012.0	382	广西科技师范学院图书馆	30330.1
343	连云港师范高等专科学校图书馆	32000.0	383	广州医科大学图书馆	30311.0
344	南京工业大学图书馆	32000.0	384	上海应用技术学院图书馆	30300.0
345	南京农业大学图书馆	32000.0	385	咸阳师范学院图书馆	30290.0
346	内蒙古民族大学图书馆	32000.0	386	中国计量大学图书馆	30254.0
347	沈阳航空航天大学图书馆	32000.0	387	晋中学院图书馆	30200.0
348	文华学院图书馆	32000.0	388	重庆工程职业技术学院图书馆	30014.0
349	西安医学院图书馆	32000.0	389	许昌职业技术学院图书馆	30004.0
350	郑州旅游职业学院图书馆	32000.0	390	巢湖学院图书馆	30000.0
351	重庆科技学院图书馆	32000.0	391	吉林建筑科技学院图书馆	30000.0
352	广东医科大学图书馆	31960.0	392	南华大学图书馆	30000.0
353	汉江师范学院图书馆	31913.5	393	绍兴文理学院元培学院图书馆	30000.0
354	内蒙古财经大学图书馆	31700.0	394	铜仁学院图书馆	30000.0

续表

序号	图书馆名称	馆舍总面积（平方米）	序号	图书馆名称	馆舍总面积（平方米）
395	武汉东湖学院图书馆	30000.0	434	信阳农林学院图书馆	28000.0
396	宜宾学院图书馆	30000.0	435	杭州电子科技大学图书馆	27995.0
397	南京中医药大学图书馆	29800.0	436	湖南工学院图书馆	27839.0
398	西安交通工程学院图书馆	29736.0	437	宁波财经学院图书馆	27800.0
399	广东岭南职业技术学院图书馆	29700.0	438	襄阳职业技术学院图书馆	27800.0
400	武汉软件工程职业学院图书馆	29700.0	439	山东青年政治学院图书馆	27711.4
401	西安汽车职业大学图书馆	29644.0	440	内蒙古工业大学图书馆	27705.0
402	常州工程职业技术学院图书馆	29462.0	441	凯里学院图书馆	27703.0
403	韶关学院图书馆	29426.0	442	徐州医科大学图书馆	27665.0
404	云南财经大学图书馆	29337.4	443	华东政法大学图书馆	27564.0
405	河北科技师范学院图书馆	29260.6	444	上海电机学院图书馆	27559.2
406	上海电力学院图书馆	29210.0	445	中国医科大学图书馆	27500.0
407	中山大学南方学院图书馆	29092.0	446	天津农学院图书馆	27444.8
408	广东财经大学华商学院图书馆	29070.0	447	泸州医学院图书馆	27400.9
409	北京航空航天大学图书馆	29000.0	448	长春工程学院图书馆	27224.0
410	赤峰学院图书馆	29000.0	449	兴义民族师范学院图书馆	27189.2
411	山东中医药大学图书馆	29000.0	450	武汉工程大学图书馆	27129.0
412	西安文理学院图书馆	29000.0	451	长春财经学院图书馆	27017.0
413	中国药科大学图书馆	29000.0	452	东莞理工学院城市学院图书馆	27010.0
414	兰州城市学院图书馆	28900.0	453	河北医科大学图书馆	27000.0
415	甘肃民族师范学院图书馆	28879.3	454	吉安职业技术学院图书馆	27000.0
416	陕西国防工业职业技术学院图书馆	28876.0	455	清远职业技术学院图书馆	27000.0
417	山东科技大学图书馆	28874.0	456	日照职业技术学院图书馆	27000.0
418	吉林师范大学图书馆	28858.0	457	上海工程技术大学图书馆	27000.0
419	浙江越秀外国语学院图书馆	28814.0	458	沈阳药科大学图书馆	27000.0
420	仰恩大学图书馆	28700.0	459	延安职业技术学院图书馆	27000.0
421	西昌学院图书馆	28684.0	460	中州大学图书馆	27000.0
422	浙江农林大学图书馆	28558.0	461	山东工业职业学院图书馆	26976.0
423	广州番禺职业技术学院图书馆	28447.6	462	云南艺术学院图书馆	26837.8
424	浙江农林大学暨阳学院图书馆	28332.0	463	沈阳师范大学图书馆	26800.0
425	首都师范大学图书馆	28243.0	464	吉林农业科技学院图书馆	26759.0
426	河源职业技术学院图书馆	28240.0	465	常州信息职业技术学院图书馆	26700.0
427	南京审计大学图书馆	28208.0	466	合肥师范学院图书馆	26599.0
428	齐鲁师范学院图书馆	28127.1	467	江苏科技大学图书馆	26578.0
429	南宁师范大学图书馆	28093.0	468	广东海洋大学图书馆	26511.0
430	河北工程技术学院图书馆	28089.0	469	福建中医药大学图书馆	26500.0
431	宝鸡文理学院图书馆	28088.9	470	重庆文理学院图书馆	26417.0
432	福建工程学院图书馆	28000.0	471	赣南师范大学图书馆	26348.0
433	河南理工大学图书馆	28000.0	472	天津科技大学图书馆	26326.0

续表

序号	图书馆名称	馆舍总面积（平方米）	序号	图书馆名称	馆舍总面积（平方米）
473	吉林财经大学图书馆	26111.0	511	昆明冶金高等专科学校图书馆	24856.0
474	昭通学院图书馆	26045.0	512	江苏警官学院图书馆	24800.0
475	湖北商贸学院图书馆	26000.0	513	内蒙古电子信息职业技术学院图书馆	24800.0
476	四川外国语大学图书馆	26000.0	514	云南大学滇池学院图书馆	24716.0
477	浙江医药高等专科学校图书馆	26000.0	515	福建船政交通职业学院图书馆	24650.0
478	北京科技大学图书馆	25892.0	516	福建医科大学图书馆	24622.0
479	广东机电职业技术学院图书馆	25850.0	517	上海理工大学图书馆	24600.0
480	南宁学院图书馆	25804.0	518	浙江万里学院图书馆	24530.0
481	江西中医药大学图书馆	25800.0	519	中国地质大学图书馆	24500.0
482	平顶山学院图书馆	25800.0	520	江苏第二师范学院图书馆	24440.0
483	天水师范学院图书馆	25800.0	521	五邑大学图书馆	24438.0
484	北京工商大学图书馆	25793.1	522	江西应用科技学院图书馆	24302.5
485	西安培华学院图书馆	25780.0	523	保定学院图书馆	24212.0
486	扬州市职业大学图书馆	25737.5	524	大连海事大学图书馆	24132.0
487	长春师范大学图书馆	25701.6	525	广西艺术学院图书馆	24087.1
488	辽宁科技大学图书馆	25600.0	526	重庆工业职业技术学院图书馆	24061.1
489	河北北方学院图书馆	25535.3	527	中国政法大学图书馆	24050.0
490	淮北师范大学图书馆	25459.0	528	上饶师范学院图书馆	24010.0
491	白城师范学院图书馆	25443.0	529	鄂州职业大学图书馆	24000.0
492	山西农业大学图书馆	25430.0	530	广东食品药品职业学院图书馆	24000.0
493	包头师范学院图书馆	25414.0	531	贵州商学院图书馆	24000.0
494	重庆第二师范学院图书馆	25300.0	532	呼伦贝尔学院图书馆	24000.0
495	宁德师范学院图书馆	25210.0	533	湖北职业技术学院图书馆	24000.0
496	潍坊工程职业学院图书馆	25100.0	534	山西工程技术学院图书馆	24000.0
497	浙江中医药大学图书馆	25033.0	535	上海杉达学院图书馆	24000.0
498	常州大学图书馆	25003.0	536	河池学院图书馆	23990.0
499	桂林师范高等专科学校图书馆	25000.0	537	太原理工大学图书馆	23970.0
500	河南交通职业技术学院图书馆	25000.0	538	衡阳师范学院图书馆	23830.0
501	宁波工程学院图书馆	25000.0	539	吉林医药学院图书馆	23800.0
502	三江学院图书馆	25000.0	540	辽宁中医药大学图书馆	23704.0
503	陕西学前师范学院图书馆	25000.0	541	四川传媒学院图书馆	23630.0
504	沈阳建筑大学图书馆	25000.0	542	湖北城市建设职业技术学院图书馆	23623.6
505	云南工商学院图书馆	25000.0	543	安徽医科大学图书馆	23564.0
506	运城学院图书馆	25000.0	544	丽水学院图书馆	23532.0
507	浙江财经大学东方学院图书馆	25000.0	545	亳州学院图书馆	23500.0
508	江西泰豪动漫职业学院图书馆	24961.0	546	天津财经大学珠江学院图书馆	23500.0
509	民办四川天一学院图书馆	24954.7	547	四川民族学院图书馆	23491.5
510	海南工商职业学院图书馆	24900.0	548	云南师范大学文理学院图书馆	23426.2

序号	图书馆名称	馆舍总面积（平方米）	序号	图书馆名称	馆舍总面积（平方米）
549	北京林业大学图书馆	23400.0	586	三明学院图书馆	22078.0
550	泉州师范学院图书馆	23395.0	587	安徽广播影视职业技术学院图书馆	22000.0
551	西安工业大学北方信息工程学院图书馆	23370.0	588	贵州中医药大学图书馆	22000.0
552	陕西中医药大学图书馆	23307.0	589	湖北大学知行学院图书馆	22000.0
553	西安建筑科技大学图书馆	23286.4	590	乐山职业技术学院图书馆	22000.0
554	武汉华夏理工学院图书馆	23278.0	591	南京医科大学图书馆	22000.0
555	河北民族师范学院图书馆	23268.7	592	四川大学锦城学院图书馆	22000.0
556	集宁师范学院图书馆	23257.0	593	武昌工学院图书馆	22000.0
557	威海职业学院图书馆	23208.0	594	西交利物浦大学图书馆	22000.0
558	江西工程学院图书馆	23200.0	595	阳光学院图书馆	22000.0
559	莆田学院图书馆	23175.0	596	长春中医药大学图书馆	22000.0
560	浙江工业职业技术学院图书馆	23045.0	597	广安职业技术学院图书馆	21900.0
561	北京电子科技职业学院图书馆	23000.0	598	江西警察学院图书馆	21861.0
562	湖北理工学院图书馆	23000.0	599	太原科技大学图书馆	21853.0
563	山东水利职业学院图书馆	23000.0	600	贵阳学院图书馆	21700.0
564	四川职业技术学院图书馆	23000.0	601	湘潭大学图书馆	21633.0
565	铜陵职业技术学院图书馆	23000.0	602	上海健康医学院图书馆	21627.0
566	唐山学院图书馆	22938.6	603	兰州文理学院图书馆	21595.0
567	四川护理职业学院图书馆	22912.0	604	重庆三峡学院图书馆	21431.0
568	大理大学图书馆	22820.3	605	温州职业技术学院图书馆	21409.0
569	嘉兴学院图书馆	22816.0	606	辽宁对外经贸学院图书馆	21320.0
570	上海对外经贸大学图书馆	22800.0	607	陕西国际商贸学院图书馆	21300.0
571	甘肃警察职业学院图书馆	22780.0	608	汕头大学图书馆	21245.0
572	榆林学院图书馆	22750.0	609	浙江大学宁波理工学院图书馆	21159.0
573	上海外国语大学图书馆	22700.0	610	大连医科大学图书馆	21100.0
574	西北大学现代学院图书馆	22600.0	611	滨州学院图书馆	21000.0
575	浙江科技学院图书馆	22600.0	612	成都纺织高等专科学校图书馆	21000.0
576	乐山师范学院图书馆	22574.0	613	广东石油化工学院图书馆	21000.0
577	武汉商学院图书馆	22502.8	614	惠州学院图书馆	21000.0
578	广东警官学院图书馆	22445.0	615	吉林师范大学博达学院图书馆	21000.0
579	锦州医科大学图书馆	22409.7	616	济南幼儿师范高等专科学校图书馆	21000.0
580	山东农业大学图书馆	22343.4	617	景德镇陶瓷大学图书馆	21000.0
581	天津外国语大学图书馆	22338.0	618	青海交通职业技术学院图书馆	21000.0
582	普洱学院图书馆	22323.0	619	武汉铁路职业技术学院图书馆	21000.0
583	浙江经贸职业技术学院图书馆	22300.0	620	宜春幼儿师范高等专科学校图书馆	21000.0
584	山东医学高等专科学校图书馆	22267.2	621	东营职业学院图书馆	20945.0
585	湖南信息学院图书馆	22186.0	622	泸州职业技术学院图书馆	20900.0

续表

序号	图书馆名称	馆舍总面积（平方米）	序号	图书馆名称	馆舍总面积（平方米）
623	长治学院图书馆	20823.0	659	武汉交通职业学院图书馆	20000.0
624	武汉生物工程学院图书馆	20800.0	660	长春建筑学院图书馆	20000.0
625	西安思源学院图书馆	20740.0	661	长春理工大学光电信息学院图书馆	20000.0
626	宁波职业技术学院图书馆	20723.8	662	鄂尔多斯应用技术学院图书馆	19990.0
627	沈阳工程学院图书馆	20700.0	663	安徽医学高等专科学校图书馆	19911.8
628	曲靖师范学院图书馆	20650.0	664	西安航空学院图书馆	19818.0
629	河套学院图书馆	20642.0	665	甘肃农业大学图书馆	19800.0
630	池州学院图书馆	20639.0	666	浙江工商职业技术学院图书馆	19763.0
631	滁州学院图书馆	20601.0	667	常德职业技术学院图书馆	19600.0
632	福州外语外贸学院图书馆	20590.1	668	西安外事学院图书馆	19518.0
633	咸阳职业技术学院图书馆	20558.0	669	贵州师范学院图书馆	19490.0
634	太原大学图书馆	20507.0	670	上海第二工业大学图书馆	19400.0
635	蚌埠学院图书馆	20500.0	671	四川幼儿师范高等专科学校图书馆	19376.0
636	德州学院图书馆	20400.0	672	甘肃林业职业技术学院图书馆	19374.2
637	无锡职业技术学院图书馆	20316.0	673	沈阳大学图书馆	19300.0
638	北京科技大学天津学院图书馆	20300.0	674	辽宁交通高等专科学校图书馆	19270.0
639	山东城市建设职业学院图书馆	20300.0	675	宁夏医科大学图书馆	19189.0
640	皖西学院图书馆	20300.0	676	德宏师范高等专科学校图书馆	19108.0
641	琼台师范学院图书馆	20200.0	677	大连职业技术学院图书馆	19100.0
642	云南国土资源职业学院图书馆	20200.0	678	广西金融职业技术学院图书馆	19000.0
643	长春光华学院图书馆	20200.0	679	青岛恒星科技学院图书馆	19000.0
644	成都医学院图书馆	20195.0	680	长春工业大学人文信息学院图书馆	19000.0
645	河南农业大学图书馆	20171.0	681	重庆机电职业技术学院图书馆	19000.0
646	江西服装学院图书馆	20162.5	682	福建江夏学院图书馆	18950.0
647	吉林铁道职业技术学院图书馆	20160.0	683	滨州职业学院图书馆	18897.6
648	内蒙古化工职业学院图书馆	20009.7	684	四川建筑职业技术学院图书馆	18829.7
649	赣州师范高等专科学校图书馆	20009.0	685	青岛职业技术学院图书馆	18800.0
650	四川国际标榜职业学院图书馆	20000.0	686	龙岩学院图书馆	18760.0
651	安徽中医药高等专科学校图书馆	20000.0	687	江西工商职业技术学院图书馆	18644.1
652	吉林外国语大学图书馆	20000.0	688	青海民族大学图书馆	18611.0
653	江西师范高等专科学校图书馆	20000.0	689	通化师范学院图书馆	18600.0
654	宁夏幼儿师范高等专科学校图书馆	20000.0	690	郑州职业技术学院图书馆	18582.7
655	山西传媒学院图书馆	20000.0	691	攀枝花学院图书馆	18514.0
656	商洛职业技术学院图书馆	20000.0	692	包头医学院图书馆	18500.0
657	上海海洋大学图书馆	20000.0	693	江苏师范大学图书馆	18400.0
658	上海科技大学图书馆	20000.0	694	廊坊师范学院图书馆	18400.0

续表

序号	图书馆名称	馆舍总面积（平方米）	序号	图书馆名称	馆舍总面积（平方米）
695	湖北民族大学图书馆	18385.6	731	潍坊理工学院图书馆	17471.7
696	邢台职业技术学院图书馆	18370.0	732	天津财经大学图书馆	17468.0
697	昆明医科大学海源学院图书馆	18357.0	733	贵州工程应用技术学院图书馆	17453.0
698	重庆工商职业学院图书馆	18318.0	734	浙江商业职业技术学院图书馆	17392.0
699	楚雄师范学院图书馆	18297.0	735	黔南民族师范学院图书馆	17363.0
700	山东农业工程学院图书馆	18271.8	736	中国石油大学胜利学院图书馆	17310.0
701	河北水利电力学院图书馆	18203.0	737	电子科技大学中山学院图书馆	17241.0
702	四川工程职业技术学院图书馆	18200.0	738	湖南工业职业技术学院图书馆	17100.0
703	济南工程职业技术学院图书馆	18195.0	739	滇西科技师范学院图书馆	17000.0
704	山东畜牧兽医职业学院图书馆	18115.0	740	广西科技大学鹿山学院图书馆	17000.0
705	河北工程大学图书馆	18024.0	741	湖北工业职业技术学院图书馆	17000.0
706	承德医学院图书馆	18000.0	742	喀什大学图书馆	17000.0
707	湖南科技学院图书馆	18000.0	743	南昌师范学院图书馆	17000.0
708	聊城职业技术学院图书馆	18000.0	744	山东职业学院图书馆	17000.0
709	茂名职业技术学院图书馆	18000.0	745	昆明工业职业技术学院图书馆	16975.0
710	厦门南洋职业学院图书馆	18000.0	746	长春大学图书馆	16935.8
711	四川文化产业职业学院图书馆	18000.0	747	太原工业学院图书馆	16810.0
712	武昌首义学院图书馆	18000.0	748	湖北汽车工业学院图书馆	16800.0
713	武汉职业技术学院图书馆	18000.0	749	南京科技职业学院	16764.0
714	豫章师范学院图书馆	18000.0	750	四川工业科技学院图书馆	16741.2
715	长沙卫生职业学院图书馆	18000.0	751	漳州职业技术学院图书馆	16676.0
716	中国石油大学（北京）图书馆	17996.0	752	四川西南航空职业学院图书馆	16624.0
717	南昌工学院图书馆	17956.8	753	广西民族师范学院图书馆	16600.0
718	绍兴文理学院图书馆	17940.0	754	北京物资学院图书馆	16595.0
719	江西先锋软件职业技术学院图书馆	17820.0	755	承德石油高等专科学校图书馆	16566.0
720	新疆医科大学图书馆	17816.5	756	厦门海洋职业技术学院图书馆	16460.0
721	九江职业技术学院图书馆	17807.0	757	大庆师范学院图书馆	16360.0
722	中国民用航空飞行学院图书馆	17735.0	758	广东青年职业学院图书馆	16300.0
723	云南大学旅游文化学院图书馆	17700.0	759	重庆师范大学涉外商贸学院图书馆	16300.0
724	北方工业大学图书馆	17680.0	760	云南农业大学图书馆	16293.0
725	北京师范大学—香港浸会大学联合国际学院图书馆	17679.0	761	福州理工学院图书馆	16232.0
726	大连海洋大学图书馆	17511.0	762	长春汽车工业高等专科学校图书馆	16228.5
727	宜春学院图书馆	17500.0	763	玉溪师范学院图书馆	16130.5
728	浙江海洋大学图书馆	17500.0	764	汉中职业技术学院图书馆	16084.0
729	湖北警官学院图书馆	17488.0	765	保山师范高等专科学校图书馆	16000.0
730	山东政法学院图书馆	17475.0	766	保山中医药高等专科学校图书馆	16000.0

续表

序号	图书馆名称	馆舍总面积（平方米）	序号	图书馆名称	馆舍总面积（平方米）
767	东南大学成贤学院图书馆	16000.0	800	南京森林警察学院图书馆	15019.0
768	河北金融学院图书馆	16000.0	801	东北师范大学人文学院图书馆	15000.0
769	湖南生物机电职业技术学院图书馆	16000.0	802	湖南化工职业技术学院图书馆	15000.0
770	厦门理工学院图书馆	16000.0	803	黄冈职业技术学院图书馆	15000.0
771	四川音乐学院图书馆	16000.0	804	江西财经大学现代经济管理学院图书馆	15000.0
772	泰州职业技术学院图书馆	16000.0	805	江西经济管理干部学院图书馆	15000.0
773	淄博师范高等专科学校图书馆	16000.0	806	南京艺术学院图书馆	15000.0
774	襄阳汽车职业技术学院图书馆	15945.1	807	宁夏师范学院图书馆	15000.0
775	上海出版印刷高等专科学校图书馆	15900.0	808	天津体育学院图书馆	15000.0
776	商洛学院图书馆	15860.0	809	长江职业学院图书馆	15000.0
777	广西大学行健文理学院图书馆	15800.0	810	石家庄铁道大学图书馆	14939.0
778	南开大学滨海学院图书馆	15800.0	811	沈阳体育学院图书馆	14878.0
779	山东女子学院图书馆	15800.0	812	广州航海学院图书馆	14864.0
780	西北工业大学明德学院图书馆	15800.0	813	河南农业职业学院图书馆	14857.0
781	重庆电子工程职业学院图书馆	15800.0	814	西藏民族大学图书馆	14821.0
782	湖北水利水电职业技术学院图书馆	15773.1	815	湖南警察学院图书馆	14800.0
783	赣南医学院图书馆	15761.7	816	惠州经济职业技术学院图书馆	14800.0
784	六盘水师范学院图书馆	15750.0	817	四川美术学院图书馆	14781.2
785	西安欧亚学院图书馆	15700.0	818	天津城市建设大学图书馆	14740.3
786	温州科技职业学院图书馆	15635.0	819	甘肃政法大学图书馆	14700.5
787	成都理工大学工程技术学院图书馆	15600.0	820	四川信息职业技术学院图书馆	14700.0
788	兰州职业技术学院图书馆	15560.0	821	闽江学院图书馆	14653.0
789	衡水学院图书馆	15500.0	822	江西师范大学科学技术学院图书馆	14575.2
790	泉州理工职业学院图书馆	15446.0	823	宁夏财经职业技术学院图书馆	14500.0
791	浙江水利水电学院图书馆	15404.0	824	燕山大学图书馆	14500.0
792	成都艺术职业学院图书馆	15400.0	825	枣庄学院图书馆	14500.0
793	克拉玛依职业技术学院图书馆	15400.0	826	广东松山职业技术学院图书馆	14441.0
794	云南交通职业技术学院图书馆	15380.0	827	漳州卫生职业学院图书馆	14325.0
795	郑州升达经贸管理学院图书馆	15350.0	828	安康职业技术学院图书馆	14315.0
796	防灾科技学院图书馆	15187.7	829	浙江金融职业学院图书馆	14300.0
797	辽宁警察学院图书馆	15146.7	830	南昌大学共青学院图书馆	14250.0
798	江西应用技术职业学院图书馆	15100.0	831	浙江国际海运职业技术学院图书馆	14095.0
799	湖南女子学院图书馆	15036.9	832	忻州师范学院图书馆	14092.0

续表

序号	图书馆名称	馆舍总面积（平方米）	序号	图书馆名称	馆舍总面积（平方米）
833	厦门华厦学院图书馆	14072.7	869	安顺学院图书馆	13073.9
834	广东水利电力职业技术学院图书馆	14063.0	870	江西交通职业技术学院图书馆	13000.0
835	嘉兴职业技术学院图书馆	14045.4	871	南京医科大学康达学院图书馆	13000.0
836	四川托普信息技术职业学院图书馆	14042.0	872	山东旅游职业学院图书馆	13000.0
837	大连工业大学图书馆	14000.0	873	陕西工业职业技术学院图书馆	13000.0
838	邯郸学院图书馆	14000.0	874	西安科技大学高新学院图书馆	13000.0
839	湖南财经工业职业技术学院图书馆	14000.0	875	湖州职业技术学院图书馆	12900.0
840	昆明理工大学津桥学院图书馆	14000.0	876	临沂职业学院图书馆	12900.0
841	武汉科技大学城市学院图书馆	14000.0	877	宁夏工商职业技术学院图书馆	12787.0
842	重庆城市管理职业学院图书馆	14000.0	878	广州南洋理工职业学院图书馆	12746.0
843	重庆能源职业学院图书馆	13973.1	879	山西师范大学图书馆	12706.0
844	陕西铁路工程职业技术学院图书馆	13954.1	880	厦门医学院图书馆	12700.0
845	安徽外国语学院图书馆	13949.6	881	沈阳医学院图书馆	12616.0
846	南昌航空大学科技学院图书馆	13932.0	882	长春职业技术学院图书馆	12580.0
847	中国美术学院图书馆	13900.0	883	宁夏民族职业技术学院图书馆	12560.0
848	中国人民警察大学图书馆	13893.1	884	长春工业大学图书馆	12553.3
849	四川工商职业技术学院图书馆	13870.0	885	陕西警官职业学院图书馆	12518.0
850	吉林化工学院图书馆	13800.0	886	广西警察学院图书馆	12500.0
851	首都医科大学图书馆	13800.0	887	内江师范学院图书馆	12500.0
852	安阳职业技术学院图书馆	13700.0	888	上海师范大学天华学院图书馆	12500.0
853	湖南交通职业技术学院图书馆	13700.0	889	呼和浩特民族学院图书馆	12464.0
854	新疆财经大学图书馆	13671.5	890	辽宁农业职业技术学院图书馆	12430.0
855	成都航空职业技术学院图书馆	13600.0	891	山东外贸职业学院图书馆	12400.0
856	丽水职业技术学院图书馆	13563.0	892	苏州健雄职业技术学院图书馆	12300.0
857	湖北三峡职业技术学院图书馆	13533.0	893	四川警察学院图书馆	12282.6
858	鞍山师范学院图书馆	13434.0	894	南京广播电视大学图书馆	12272.0
859	浙江经济职业技术学院图书馆	13403.0	895	天津大学仁爱学院图书馆	12256.0
860	山西工商学院图书馆	13349.4	896	成都农业科技职业学院图书馆	12200.0
861	河北政法职业学院图书馆	13313.0	897	天津医科大学图书馆	12200.0
862	贵州广播电视大学图书馆	13295.0	898	河北中医学院图书馆	12175.0
863	郑州信息工程职业学院图书馆	13238.6	899	川北医学院图书馆	12104.9
864	广东碧桂园职业学院图书馆	13144.1	900	桂林理工大学南宁分校图书馆	12000.0
865	杨凌职业技术学院图书馆	13125.0	901	内蒙古商贸职业学院图书馆	12000.0
866	天津医科大学临床医学院图书馆	13106.0	902	青岛酒店管理职业技术学院图书馆	12000.0
867	山东传媒职业学院图书馆	13100.0	903	山西青年管理干部学院图书馆	12000.0
868	四川文理学院图书馆	13074.7	904	四川三河职业学院图书馆	12000.0

续表

序号	图书馆名称	馆舍总面积(平方米)	序号	图书馆名称	馆舍总面积(平方米)
905	四川水利职业技术学院图书馆	12000.0	940	广州城市职业学院图书馆	10611.0
906	四川中医药高等专科学校图书馆	12000.0	941	北京大学医学图书馆	10600.0
907	皖西卫生职业学院图书馆	12000.0	942	内蒙古建筑职业技术学院图书馆	10503.5
908	武汉传媒学院图书馆	12000.0	943	浙江育英职业技术学院图书馆	10489.0
909	云南开放大学图书馆	12000.0	944	宁波卫生职业技术学院图书馆	10435.5
910	四川旅游学院图书馆	11998.2	945	吉林动画学院图书馆	10430.0
911	南京工业职业技术学院图书馆	11960.0	946	内江职业技术学院图书馆	10351.1
912	湖南医药学院图书馆	11901.4	947	咸宁职业技术学院图书馆	10345.0
913	上海中医药大学图书馆	11854.0	948	闽江师范高等专科学校图书馆	10340.0
914	江西工业职业技术学院图书馆	11844.0	949	四川财经职业学院图书馆	10329.6
915	台州职业技术学院图书馆	11836.0	950	湖北交通职业技术学院图书馆	10155.0
916	营口理工学院图书馆	11803.7	951	广东技术师范大学天河学院图书馆	10126.6
917	北京理工大学珠海学院图书馆	11700.0	952	长治医学院图书馆	10126.0
918	北京农业职业学院图书馆	11700.0	953	福建卫生职业技术学院图书馆	10112.8
919	福建警察学院图书馆	11646.0	954	云南财经职业学院图书馆	10100.0
920	沧州医学高等专科学校图书馆	11602.5	955	泉州经贸职业技术学院图书馆	10097.0
921	江门职业技术学院图书馆	11540.0	956	广东文理职业学院图书馆	10000.0
922	上海体育学院图书馆	11537.0	957	广西机电职业技术学院图书馆	10000.0
923	安徽商贸职业技术学院图书馆	11480.0	958	厦门城市职业学院图书馆	10000.0
924	兰州石化职业技术学院图书馆	11307.0	959	天津国土资源和房屋职业学院图书馆	10000.0
925	重庆电力高等专科学校图书馆	11300.0	960	浙江外国语学院图书馆	10000.0
926	四川航天职业技术学院图书馆	11278.5	961	潍坊护理职业学院图书馆	9990.0
927	平凉职业技术学院图书馆	11262.3	962	重庆警察学院图书馆	9936.9
928	江西财经职业学院图书馆	11200.0	963	广东工贸职业技术学院图书馆	9920.0
929	义乌工商职业技术学院图书馆	11200.0	964	赣南师范大学科技学院图书馆	9843.0
930	浙江交通职业技术学院图书馆	11130.0	965	云南外事外语职业学院图书馆	9832.1
931	红河卫生职业学院图书馆	11126.0	966	重庆水利电力职业技术学院图书馆	9777.0
932	西安海棠职业学院图书馆	11031.0	967	浙江机电职业技术学院图书馆	9728.5
933	中国人民解放军空军预警学院图书馆	11000.0	968	贵州警察学院图书馆	9687.0
934	中央戏剧学院图书馆	11000.0	969	河南应用技术职业学院图书馆	9664.0
935	四川邮电职业技术学院图书馆	10991.0	970	盘锦职业技术学院图书馆	9622.0
936	铜川职业技术学院图书馆	10827.0	971	信阳师范学院华锐学院图书馆	9607.0
937	仙桃职业学院图书馆	10793.0	972	中央司法警官学院图书馆	9567.0
938	南方科技大学图书馆	10727.0	973	北京信息科技大学图书馆	9525.0
939	苏州科技大学天平学院图书馆	10700.0	974	河北化工医药职业技术学院图书馆	9510.0

序号	图书馆名称	馆舍总面积（平方米）	序号	图书馆名称	馆舍总面积（平方米）
975	河北对外经贸职业学院图书馆	9500.0	1010	江西外语外贸职业学院图书馆	8000.0
976	福建华南女子职业学院图书馆	9490.0	1011	绵阳职业技术学院图书馆	8000.0
977	揭阳职业技术学院图书馆	9487.0	1012	山东科技职业学院图书馆	8000.0
978	武汉电力职业技术学院图书馆	9400.0	1013	邯郸职业技术学院图书馆	7960.0
979	华南农业大学珠江学院图书馆	9356.0	1014	湖北生态工程职业技术学院图书馆	7952.0
980	益阳职业技术学院图书馆	9335.0	1015	广东环境保护工程职业学院图书馆	7898.7
981	百色学院图书馆	9310.0	1016	陕西交通职业技术学院图书馆	7898.0
982	泉州幼儿师范高等专科学校图书馆	9215.0	1017	湄洲湾职业技术学院图书馆	7888.0
983	上海商学院图书馆	9200.0	1018	天津电子信息职业技术学院图书馆	7815.0
984	武汉体育学院图书馆	9200.0	1019	上海电子信息职业技术学院图书馆	7800.0
985	桂林航天工业学院图书馆	9160.0	1020	福建信息职业技术学院图书馆	7786.0
986	漳州城市职业学院图书馆	9114.0	1021	南充职业技术学院图书馆	7737.0
987	长春大学旅游学院图书馆	9100.0	1022	成都职业技术学院图书馆	7704.0
988	中山大学新华学院图书馆	9080.8	1023	中山火炬职业技术学院图书馆	7700.0
989	浙江警官职业学院图书馆	9070.0	1024	广州卫生职业技术学院图书馆	7653.0
990	湖南城建职业技术学院图书馆	9044.0	1025	北京第二外国语学院图书馆	7643.0
991	福州英华职业学院图书馆	9000.0	1026	北京第二外国语学院中瑞酒店管理学院图书馆	7600.0
992	闽西职业技术学院图书馆	9000.0	1027	上海民航职业技术学院图书馆	7599.0
993	四川管理职业学院图书馆	9000.0	1028	河北司法警官职业学院图书馆	7560.0
994	中国计量大学现代科技学院图书馆	9000.0	1029	湖南环境生物职业技术学院图书馆	7500.0
995	江西陶瓷工艺美术职业技术学院图书馆	8927.0	1030	陕西能源职业技术学院图书馆	7465.0
996	昆明理工大学图书馆	8917.0	1031	西藏农牧学院图书馆	7459.0
997	安徽审计职业学院图书馆	8800.0	1032	四川交通职业技术学院图书馆	7402.0
998	山西财政税务专科学校图书馆	8729.0	1033	成都体育学院图书馆	7390.0
999	天津美术学院图书馆	8520.0	1034	上海农林职业技术学院图书馆	7386.0
1000	江西医学高等专科学校图书馆	8446.0	1035	玉溪农业职业技术学院图书馆	7379.0
1001	吉林司法警官职业学院图书馆	8296.4	1036	达州职业技术学院图书馆	7372.0
1002	安徽工商职业学院图书馆	8255.6	1037	陕西职业技术学院图书馆	7298.0
1003	天津交通职业学院图书馆	8200.0	1038	湖南水利水电职业技术学院图书馆	7257.3
1004	宁波教育学院图书馆	8153.2	1039	北京电影学院图书馆	7200.0
1005	上海公安学院图书馆	8120.0	1040	江苏航空职业技术学院图书馆	7136.0
1006	宁波城市职业技术学院图书馆	8101.6	1041	上海海关学院图书馆	7121.0
1007	漯河医学高等专科学校图书馆	8100.0	1042	仲恺农业工程学院图书馆	7103.0
1008	湖北财税职业学院图书馆	8035.0	1043	宝鸡职业技术学院图书馆	7100.0
1009	河北环境工程学院图书馆	8000.0	1044	北京服装学院图书馆	7042.0

续表

序号	图书馆名称	馆舍总面积（平方米）	序号	图书馆名称	馆舍总面积（平方米）
1045	西安铁路职业技术学院图书馆	7031.5	1080	上海视觉艺术学院图书馆	6000.0
1046	杭州职业技术学院图书馆	7000.0	1081	天津商业大学宝德学院图书馆	6000.0
1047	济南职业学院图书馆	7000.0	1082	雅安职业技术学院图书馆	6000.0
1048	江西生物科技职业学院图书馆	7000.0	1083	漳州理工职业学院图书馆	6000.0
1049	泉州工艺美术职业学院图书馆	7000.0	1084	云南机电职业技术学院图书馆	5855.7
1050	上海东海职业技术学院图书馆	7000.0	1085	河北轨道运输职业技术学院图书馆	5800.0
1051	四川电影电视学院图书馆	7000.0	1086	云南警官学院图书馆	5800.0
1052	四川司法警官职业学院图书馆	7000.0	1087	海南软件职业技术学院图书馆	5719.0
1053	天津城市建设管理职业技术学院图书馆	7000.0	1088	广西教育学院图书馆	5686.0
1054	吉林工程技术师范学院图书馆	6972.4	1089	广州大学松田学院图书馆	5648.0
1055	川南幼儿师范高等专科学校图书馆	6870.1	1090	上海行健职业学院图书馆	5600.0
1056	西安航空职业技术学院图书馆	6852.0	1091	湖南工艺美术职业学院图书馆	5562.0
1057	河南测绘职业学院图书馆	6700.0	1092	郑州电力职业技术学院图书馆	5548.1
1058	四川机电职业技术学院图书馆	6602.0	1093	海南外国语职业学院图书馆	5528.0
1059	黄山学院图书馆	6596.0	1094	天津石油职业技术学院图书馆	5502.0
1060	天津滨海职业学院图书馆	6592.0	1095	右江民族医学院图书馆	5500.0
1061	桐城师范高等专科学校图书馆	6560.0	1096	吉林体育学院图书馆	5364.0
1062	广州体育职业技术学院图书馆	6457.5	1097	浙江特殊教育职业学院图书馆	5356.0
1063	首钢工学院图书馆	6400.0	1098	湘潭职业技术学院图书馆	5300.0
1064	重庆公共运输职业学院图书馆	6376.4	1099	湖北美术学院图书馆	5282.0
1065	浙江警察学院图书馆	6375.0	1100	广州工程技术职业学院图书馆	5247.0
1066	四川文轩职业学院图书馆	6369.8	1101	上饶幼儿师范高等专科学校图书馆	5173.0
1067	西安体育学院图书馆	6351.0	1102	湖北工程职业学院图书馆	5120.0
1068	眉山职业技术学院图书馆	6313.8	1103	湖南中医药高等专科学校图书馆	5118.6
1069	新疆工业高等专科学校图书馆	6308.6	1104	广东文艺职业学院图书馆	5100.0
1070	天津对外经济贸易职业学院图书馆	6212.2	1105	西安财经学院行知学院图书馆	5068.0
1071	西安美术学院图书馆	6152.0	1106	浙江工贸职业技术学院图书馆	5040.0
1072	广东舞蹈戏剧职业学院图书馆	6148.9	1107	天津现代职业技术学院图书馆	5037.0
1073	上海旅游高等专科学校图书馆	6130.0	1108	吉林工商学院图书馆	5028.0
1074	泉州轻工职业学院图书馆	6078.0	1109	西北师范大学知行学院图书馆	5019.0
1075	江西机电职业技术学院图书馆	6057.1	1110	深圳技术大学图书馆	5010.0
1076	宜春职业技术学院图书馆	6054.0	1111	湖北生物科技职业学院图书馆	5000.0
1077	四川商务职业学院图书馆	6049.0	1112	四川华新现代职业学院图书馆	5000.0
1078	白城医学高等专科学校图书馆	6020.0	1113	武汉音乐学院图书馆	4870.1
1079	山西林业职业技术学院图书馆	6000.0	1114	马鞍山师范高等专科学校图书馆	4800.0

序号	图书馆名称	馆舍总面积（平方米）	序号	图书馆名称	馆舍总面积（平方米）
1115	天津冶金职业技术学院图书馆	4765.0	1149	湖北国土资源职业学院图书馆	3500.0
1116	武汉晴川学院图书馆	4725.0	1150	河南水利与环境职业学院图书馆	3414.0
1117	西藏职业技术学院图书馆	4706.0	1151	陕西财经职业技术学院图书馆	3367.0
1118	荆楚理工学院图书馆	4600.0	1152	山东药品食品职业学院图书馆	3355.4
1119	锦州师范高等专科学校图书馆	4527.0	1153	中国音乐学院图书馆	3351.0
1120	西安电力高等专科学校图书馆	4463.0	1154	西安职业技术学院图书馆	3309.0
1121	陕西青年职业学院图书馆	4458.0	1155	包头职业技术学院图书馆	3296.0
1122	四川艺术职业学院图书馆	4449.5	1156	黔南民族医学高等专科学校图书馆	3296.0
1123	开封文化艺术职业学院图书馆	4430.0	1157	吉林艺术学院图书馆	3263.0
1124	江西信息应用职业技术学院图书馆	4390.0	1158	延安大学西安创新学院图书馆	3250.0
1125	上海工商职业技术学院图书馆	4364.0	1159	北京教育学院图书馆	3220.0
1126	西安交通大学城市学院图书馆	4347.0	1160	江西工程职业学院图书馆	3140.0
1127	聊城大学东昌学院图书馆	4330.0	1161	江西司法警官职业学院图书馆	3099.6
1128	汕尾职业技术学院图书馆	4280.0	1162	河北建材职业技术学院图书馆	3068.7
1129	天津音乐学院图书馆	4138.8	1163	西安音乐学院图书馆	3048.0
1130	三亚中瑞酒店管理职业学院图书馆	4133.0	1164	厦门兴才职业技术学院图书馆	3041.0
1131	云南农业职业技术学院图书馆	4124.0	1165	川北幼儿师范高等专科学校图书馆	3000.0
1132	鄂尔多斯生态环境职业学院图书馆	4032.0	1166	阜新高等专科学校图书馆	3000.0
1133	恩施职业技术学院图书馆	4015.0	1167	天津职业大学图书馆	3000.0
1134	上海思博职业技术学院图书馆	4000.0	1168	浙江体育职业技术学院图书馆	3000.0
1135	新疆警官高等专科学校图书馆	3951.0	1169	吉林工程职业学院图书馆	2983.1
1136	长春金融高等专科学校图书馆	3935.0	1170	山东轻工职业学院图书馆	2915.8
1137	天津理工大学中环信息学院图书馆	3929.4	1171	重庆幼儿师范高等专科学校图书馆	2825.7
1138	明达职业技术学院图书馆	3806.0	1172	四川化工职业技术学院图书馆	2765.0
1139	广州铁路职业技术学院图书馆	3777.0	1173	珠海艺术职业学院图书馆	2737.0
1140	陕西工商职业学院图书馆	3730.0	1174	吉林电子信息职业技术学院图书馆	2729.1
1141	江西农业工程职业学院图书馆	3709.0	1175	山西经济管理干部学院图书馆	2700.0
1142	唐山职业技术学院图书馆	3643.0	1176	闽北职业技术学院图书馆	2680.0
1143	上饶职业技术学院图书馆	3615.3	1177	云南司法警官职业学院图书馆	2534.0
1144	福建艺术职业学院图书馆	3600.0	1178	济南护理职业学院图书馆	2500.0
1145	吉林交通职业技术学院图书馆	3600.0	1179	郑州幼儿师范高等专科学校图书馆	2485.0
1146	汕头大学医学院图书馆	3576.0	1180	三明职业技术学院图书馆	2480.0
1147	天津中德职业技术学院图书馆	3540.0	1181	陕西邮电职业技术学院图书馆	2451.0
1148	抚州职业技术学院图书馆	3517.0	1182	陕西机电职业技术学院图书馆	2400.0

续表

序号	图书馆名称	馆舍总面积（平方米）	序号	图书馆名称	馆舍总面积（平方米）
1183	上海兴伟学院图书馆	2337.0	1203	青海建筑职业技术学院图书馆	1500.0
1184	天府新区航空旅游职业学院图书馆	2300.0	1204	天津铁道职业技术学院图书馆	1500.0
1185	西藏藏医学院图书馆	2300.0	1205	云南工贸职业技术学院图书馆	1357.0
1186	上海震旦职业学院图书馆	2295.0	1206	江西艺术职业学院图书馆	1066.7
1187	广西经贸职业技术学院图书馆	2207.0	1207	天津广播影视职业学院图书馆	1050.0
1188	天津滨海汽车工程职业学院图书馆	2182.0	1208	景德镇陶瓷职业技术学院图书馆	1020.0
1189	上海济光职业技术学院图书馆	2130.0	1209	金华教育学院图书馆	1000.0
1190	山西管理职业学院图书馆	2106.0	1210	山西金融职业学院图书馆	956.6
1191	四川卫生康复职业学院图书馆	2100.0	1211	湖南体育职业学院图书馆	900.0
1192	抚州幼儿师范高等专科学校图书馆	2045.6	1212	泉州纺织服装职业学院图书馆	800.0
1193	武夷山职业学院图书馆	2015.9	1213	广西体育高等专科学校图书馆	720.0
1194	广西生态工程职业技术学院图书馆	2000.0	1214	海南体育职业技术学院图书馆	660.0
1195	辽源职业技术学院图书馆	2000.0	1215	浙江广播电视大学图书馆	600.0
1196	榆林职业技术学院图书馆	1980.0	1216	山东特殊教育职业学院图书馆	540.0
1197	广州松田职业学院图书馆	1901.0	1217	江西卫生职业学院图书馆	500.0
1198	武汉警官职业学院图书馆	1900.0	1218	天津城市职业学院图书馆	500.0
1199	甘肃建筑职业技术学院图书馆	1800.0	1219	昆山杜克大学图书馆	481.0
1200	新乡医学院图书馆	1800.0	1220	吉林广播电视大学图书馆	330.7
1201	江西青年职业学院图书馆	1767.0	1221	延边职业技术学院图书馆	200.0
1202	阜阳职业技术学院图书馆	1620.0	1222	江苏建康职业学院图书馆	35.0

2019年1263所高校图书馆文献资源购置费统计表

序号	机构名称	文献资源购置费(元)	序号	机构名称	文献资源购置费(元)
1	中山大学图书馆	132059656.0	39	福州大学图书馆	23492490.0
2	北京大学图书馆	74411816.0	40	西交利物浦大学图书馆	23346504.0
3	清华大学图书馆	69579264.0	41	南方科技大学图书馆	23283432.0
4	浙江大学图书馆	62716760.0	42	南京师范大学图书馆	22344744.0
5	上海交通大学图书馆	60104416.0	43	浙江工业大学图书馆	22343784.0
6	武汉大学图书馆	54928448.0	44	哈尔滨工程大学图书馆	21999768.0
7	复旦大学图书馆	50220920.0	45	上海大学图书馆	21999492.0
8	华中科技大学图书馆	47725372.0	46	北京交通大学图书馆	21907344.0
9	南京大学图书馆	43247560.0	47	合肥工业大学图书馆	21842216.0
10	四川大学图书馆	40797400.0	48	山东师范大学图书馆	21813044.0
11	北京师范大学图书馆	39667440.0	49	宁波大学图书馆	21800000.0
12	深圳大学城图书馆	38000000.0	50	华东理工大学图书馆	21746394.0
13	山东大学图书馆	37850520.0	51	中国海洋大学图书馆	21691622.0
14	同济大学图书馆	35647580.0	52	中国农业大学图书馆	21288836.0
15	暨南大学图书馆	35453532.0	53	北京科技大学图书馆	21278980.0
16	华东师范大学图书馆	34035628.0	54	广西科技师范学院图书馆	21204968.0
17	重庆大学图书馆	32522708.0	55	武汉理工大学图书馆	21177902.0
18	中国科学技术大学图书馆	31708684.0	56	南京农业大学图书馆	20886820.0
19	西安交通大学图书馆	31221370.0	57	西北大学图书馆	20479538.0
20	东南大学图书馆	30592000.0	58	上海财经大学图书馆	20470300.0
21	云南大学图书馆	30491898.0	59	华南师范大学图书馆	19999044.0
22	厦门大学图书馆	30260980.0	60	北京理工大学图书馆	19908834.0
23	天津大学图书馆	30216666.0	61	安徽师范大学图书馆	19312444.0
24	西南大学图书馆	30086000.0	62	内蒙古大学图书馆	19294388.0
25	贵州大学图书馆	29684436.0	63	东华大学图书馆	19000000.0
26	郑州大学图书馆	28641996.0	64	苏州大学图书馆	18849868.0
27	华南理工大学图书馆	28475472.0	65	浙江师范大学图书馆	18631806.0
28	西北工业大学图书馆	28035460.0	66	南昌大学图书馆	18550474.0
29	大连理工大学图书馆	27091222.0	67	中国矿业大学图书馆	18459400.0
30	首都师范大学图书馆	26958542.0	68	华侨大学图书馆	18255092.0
31	上海师范大学图书馆	26222076.0	69	湖南大学图书馆	18072998.0
32	南开大学图书馆	26092024.0	70	广东工业大学图书馆	17571248.0
33	深圳大学图书馆	26035670.0	71	北京邮电大学图书馆	17493868.0
34	兰州大学图书馆	25473722.0	72	宁夏大学图书馆	17167072.0
35	东北师范大学图书馆	25363638.0	73	南京航空航天大学图书馆	17163650.0
36	西南交通大学图书馆	24659416.0	74	陕西师范大学图书馆	16972480.0
37	电子科技大学图书馆	24129140.0	75	深圳技术大学图书馆	16778410.0
38	东北大学图书馆	23735136.0	76	杭州师范大学图书馆	16635295.0

续表

序号	机构名称	文献资源购置费（元）	序号	机构名称	文献资源购置费（元）
77	江南大学图书馆	16499175.0	116	广西师范大学图书馆	13490000.0
78	华中农业大学图书馆	16471334.0	117	长安大学图书馆	13466421.0
79	南京理工大学图书馆	16372121.0	118	青岛大学图书馆	13402324.0
80	华中师范大学图书馆	16336070.0	119	安徽大学图书馆	13260700.0
81	上海理工大学图书馆	16196863.0	120	南通大学图书馆	13231833.0
82	华北电力大学图书馆	16060124.0	121	山东科技大学图书馆	13213000.0
83	广西大学图书馆	15969828.0	122	首都经济贸易大学图书馆	13050973.0
84	曲阜师范大学图书馆	15893000.0	123	成都理工大学图书馆	12962321.0
85	广州工商学院图书馆	15449629.0	124	南京中医药大学图书馆	12950000.0
86	北京师范大学—香港浸会大学联合国际学院图书馆	15428168.0	125	内蒙古工业大学图书馆	12865860.0
87	首都医科大学图书馆	15380369.0	126	山东农业大学图书馆	12746381.0
88	西安外国语大学图书馆	15315115.0	127	江西财经大学图书馆	12745680.0
89	北京工商大学图书馆	15181330.0	128	大连海事大学图书馆	12670633.0
90	燕山大学图书馆	15127120.0	129	广州大学图书馆	12560552.0
91	西安电子科技大学图书馆	15053407.0	130	华南农业大学图书馆	12532935.0
92	扬州大学图书馆	15044120.0	131	四川师范大学图书馆	12492905.0
93	山西大学图书馆	14992589.0	132	中国政法大学图书馆	12490000.0
94	福建师范大学图书馆	14892343.0	133	西南政法大学图书馆	12353264.0
95	福建农林大学图书馆	14851700.0	134	浙江理工大学图书馆	12318146.0
96	中南财经政法大学图书馆	14828466.0	135	北京林业大学图书馆	12249942.0
97	江西师范大学图书馆	14733070.0	136	河南农业大学图书馆	12209550.0
98	江汉大学图书馆	14674864.0	137	河北工业大学图书馆	12144454.0
99	上海科技大学图书馆	14600324.0	138	中国石油大学（华东）图书馆	12096863.0
100	广东外语外贸大学图书馆	14544018.0	139	北京工业大学图书馆	11995100.0
101	徐州医科大学图书馆	14544018.0	140	南京工业大学图书馆	11918482.0
102	北京联合大学图书馆	14503781.0	141	广东海洋大学图书馆	11760000.0
103	齐鲁工业大学图书馆	14491735.0	142	四川农业大学图书馆	11646702.0
104	长沙理工大学图书馆	14382662.0	143	中国药科大学图书馆	11604962.0
105	浙江农林大学图书馆	14312746.0	144	烟台大学图书馆	11602459.0
106	广州医科大学图书馆	14220055.0	145	上海工程技术大学图书馆	11575391.0
107	西华师范大学图书馆	14168450.0	146	西北师范大学图书馆	11520551.0
108	华东政法大学图书馆	14117175.0	147	河南理工大学图书馆	11495586.0
109	西南民族大学图书馆	14085748.0	148	南方医科大学图书馆	11353278.0
110	江苏师范大学图书馆	13978980.0	149	河南工业大学图书馆	11293310.0
111	西北农林科技大学图书馆	13978684.0	150	中北大学图书馆	11283979.0
112	中国地质大学图书馆	13960000.0	151	重庆工业职业技术学院图书馆	11267498.0
113	昆明理工大学图书馆	13642823.0	152	兰州理工大学图书馆	11250911.0
114	黑龙江大学图书馆	13640251.0	153	北方民族大学图书馆	11249759.0
115	太原理工大学图书馆	13497352.0	154	西南科技大学图书馆	11245752.0

续表

序号	机构名称	文献资源购置费（元）	序号	机构名称	文献资源购置费（元）
155	中南民族大学图书馆	11168817.0	195	内蒙古师范大学图书馆	9325826.0
156	湖南师范大学图书馆	11159482.0	196	福建医科大学图书馆	9315879.0
157	郑州轻工业学院图书馆	11147543.0	197	南京审计大学图书馆	9310177.0
158	大连民族大学图书馆	11000099.0	198	成都大学图书馆	9273129.0
159	杭州电子科技大学图书馆	10968790.0	199	中国计量大学图书馆	9195286.0
160	新疆大学图书馆	10956877.0	200	三峡大学图书馆	9158199.0
161	江苏大学图书馆	10943885.0	201	安徽财经大学图书馆	9050200.0
162	河北师范大学图书馆	10936365.0	202	长春师范大学图书馆	9007444.0
163	台州学院图书馆	10797100.0	203	安徽医科大学图书馆	9000000.0
164	山东理工大学图书馆	10753770.0	204	南华大学图书馆	8981632.0
165	衡阳师范学院图书馆	10432675.0	205	河北医科大学图书馆	8973900.0
166	中央财经大学图书馆	10360965.0	206	天津科技大学图书馆	8940342.0
167	西安科技大学图书馆	10350120.0	207	内蒙古科技大学图书馆	8937106.0
168	中国医科大学图书馆	10251228.0	208	山东财经大学图书馆	8930000.0
169	中国石油大学（北京）图书馆	10241468.0	209	兰州交通大学图书馆	8863263.0
170	南京医科大学图书馆	10161750.0	210	闽江学院图书馆	8844238.0
171	广西财经学院图书馆	10122928.0	211	河北化工医药职业技术学院图书馆	8800144.0
172	厦门理工学院图书馆	10026867.0	212	中央民族大学图书馆	8793073.0
173	上海对外经贸大学图书馆	10009978.0	213	浙江农林大学暨阳学院图书馆	8758869.0
174	浙江工商大学图书馆	10007912.0	214	湖北大学图书馆	8758182.0
175	桂林理工大学图书馆	10000000.0	215	山西师范大学图书馆	8726832.0
176	贵州财经大学图书馆	9997233.0	216	北方工业大学图书馆	8639989.0
177	成都中医药大学图书馆	9985454.0	217	中国民用航空飞行学院图书馆	8638076.0
178	西南石油大学图书馆	9928970.0	218	常州大学图书馆	8609824.0
179	山西传媒学院图书馆	9821250.0	219	长江大学图书馆	8579879.0
180	浙江财经大学图书馆	9801298.0	220	成都医学院图书馆	8558936.0
181	广州中医药大学图书馆	9762000.0	221	上海电力学院图书馆	8553656.0
182	北京大学医学图书馆	9748516.0	222	泸州医学院图书馆	8500598.0
183	汕头大学图书馆	9719447.0	223	南京邮电大学图书馆	8486000.0
184	青岛科技大学图书馆	9675100.0	224	北京师范大学珠海分校图书馆	8393360.0
185	景德镇学院图书馆	9660053.0	225	黄河交通学院图书馆	8385397.0
186	广西科技大学图书馆	9503850.0	226	南京信息工程大学图书馆	8326342.5
187	信阳师范学院华锐学院图书馆	9461726.0	227	天津理工大学图书馆	8300015.5
188	广东财经大学图书馆	9438904.0	228	石家庄铁道大学图书馆	8200530.0
189	江西理工大学图书馆	9432829.0	229	苏州科技大学图书馆	8195276.0
190	桂林医学院图书馆	9430063.0	230	南昌航空大学图书馆	8194750.0
191	中国民航大学图书馆	9391521.0	231	南京晓庄学院图书馆	8184352.5
192	南京林业大学图书馆	9377921.0	232	延边大学图书馆	8164689.0
193	温州医科大学图书馆	9366276.0	233	上海中医药大学图书馆	8141268.0
194	上海海洋大学图书馆	9342753.0	234	北京物资学院图书馆	8133150.0

续表

序号	机构名称	文献资源购置费（元）	序号	机构名称	文献资源购置费（元）
235	郑州升达经贸管理学院图书馆	8099041.5	275	惠州学院图书馆	7232311.0
236	五邑大学图书馆	8002196.5	276	山西医科大学图书馆	7213039.5
237	华北理工大学图书馆	7997756.0	277	顺德职业技术学院图书馆	7193577.5
238	石河子大学图书馆	7991403.0	278	兰州财经大学图书馆	7163253.0
239	江苏科技大学图书馆	7978000.0	279	大连医科大学图书馆	7118928.5
240	安徽农业大学图书馆	7894210.0	280	淮阴师范学院图书馆	7075913.0
241	浙江海洋大学图书馆	7856654.0	281	河西学院图书馆	7058088.0
242	辽宁大学图书馆	7839832.0	282	武汉商学院图书馆	7016200.0
243	集美大学图书馆	7837212.0	283	临沂大学图书馆	7007359.0
244	聊城大学图书馆	7802956.0	284	中原工学院图书馆	6999900.0
245	华北科技学院图书馆	7799928.5	285	北京第二外国语学院图书馆	6989857.0
246	北京信息科技大学图书馆	7797907.0	286	沈阳药科大学图书馆	6979593.5
247	百色学院图书馆	7784184.0	287	浙江传媒学院图书馆	6959096.5
248	西安理工大学图书馆	7753190.0	288	西安建筑科技大学图书馆	6791641.5
249	广东财经大学华商学院图书馆	7742680.5	289	贵州民族大学图书馆	6783150.0
250	江西科技师范大学图书馆	7708857.0	290	广东药科大学图书馆	6771707.5
251	洛阳师范学院图书馆	7683562.0	291	呼和浩特民族学院图书馆	6750000.0
252	沧州医学高等专科学校图书馆	7647660.5	292	华东交通大学图书馆	6747447.5
253	嘉兴学院图书馆	7630148.0	293	河北经贸大学图书馆	6720000.0
254	洛阳理工学院图书馆	7615492.0	294	西安外事学院图书馆	6698096.5
255	闽南师范大学图书馆	7606906.0	295	上海应用技术学院图书馆	6694140.5
256	云南财经大学图书馆	7605000.0	296	西北民族大学图书馆	6631966.5
257	深圳职业技术学院图书馆	7568850.0	297	遵义医科大学图书馆	6628757.5
258	上海海事大学图书馆	7521947.5	298	天津工业大学图书馆	6624119.0
259	武汉科技大学图书馆	7510358.5	299	贵州师范大学图书馆	6621569.0
260	陕西科技大学图书馆	7500874.5	300	四川外国语大学图书馆	6607122.0
261	天津医科大学图书馆	7490407.5	301	吉林财经大学图书馆	6492781.0
262	三明学院图书馆	7457250.0	302	岭南师范学院图书馆	6462699.5
263	黄淮学院图书馆	7450000.0	303	湖北科技学院图书馆	6432578.0
264	宝鸡文理学院图书馆	7447664.0	304	甘肃农业大学图书馆	6415100.0
265	西华大学图书馆	7410981.5	305	重庆三峡学院图书馆	6405000.0
266	西藏民族大学图书馆	7403270.5	306	太原师范学院图书馆	6385125.0
267	中南林业科技大学图书馆	7346817.5	307	西南财经大学图书馆	6379689.0
268	郑州科技学院图书馆	7346220.0	308	天津中德职业技术学院图书馆	6354893.5
269	内江师范学院图书馆	7340239.5	309	西安工程大学图书馆	6266444.0
270	国际关系学院图书馆	7330883.0	310	四川美术学院图书馆	6248600.0
271	太原科技大学图书馆	7328541.5	311	黄冈师范学院图书馆	6245000.0
272	河北中医学院图书馆	7300000.0	312	河北科技大学图书馆	6242526.0
273	北京电子科技职业学院图书馆	7286469.0	313	长春工业大学图书馆	6234500.5
274	湖北工业大学图书馆	7254035.5	314	西安邮电大学图书馆	6227310.5

续表

序号	机构名称	文献资源购置费（元）	序号	机构名称	文献资源购置费（元）
315	河套学院图书馆	6218420.0	355	盐城师范学院图书馆	5220000.0
316	新疆医科大学图书馆	6200000.0	356	成都文理学院图书馆	5188322.0
317	南宁师范大学图书馆	6171675.0	357	河北环境工程学院图书馆	5180946.0
318	江苏理工学院图书馆	6137762.5	358	内蒙古民族大学图书馆	5178300.0
319	周口师范学院图书馆	6074595.0	359	贵阳学院图书馆	5094194.0
320	昆明医学院图书馆	6035859.0	360	山西农业大学图书馆	5069912.5
321	内蒙古医科大学图书馆	6010531.0	361	浙江科技学院图书馆	5057135.0
322	海南热带海洋学院图书馆	6001056.0	362	重庆第二师范学院图书馆	5053316.0
323	上海体育学院图书馆	5998476.5	363	四川大学锦城学院图书馆	5052577.0
324	四川理工学院图书馆	5997080.5	364	潍坊学院图书馆	5015051.0
325	宁夏师范学院图书馆	5977200.0	365	淮北师范大学图书馆	4998900.0
326	广西医科大学图书馆	5896301.5	366	兰州文理学院图书馆	4996136.0
327	广东石油化工学院图书馆	5882632.0	367	北部湾大学图书馆	4996019.0
328	福建中医药大学图书馆	5849992.0	368	天津财经大学图书馆	4995704.5
329	湖南商学院图书馆	5820000.0	369	江西农业大学图书馆	4968895.5
330	内蒙古财经大学图书馆	5809500.0	370	西安航空学院图书馆	4943990.0
331	四川旅游学院图书馆	5772255.0	371	辽宁中医药大学图书馆	4934992.0
332	上海健康医学院图书馆	5762901.5	372	陕西国际商贸学院图书馆	4913913.5
333	九江学院图书馆	5734676.0	373	延安大学图书馆	4908632.0
334	西安翻译学院图书馆	5731984.0	374	宁波财经学院图书馆	4900000.0
335	山东中医药大学图书馆	5717339.5	375	西安工业大学图书馆	4899208.0
336	湖北医药学院图书馆	5712000.0	376	阜阳师范学院图书馆	4860518.0
337	常熟理工学院图书馆	5683133.0	377	上海建桥学院图书馆	4841935.0
338	天津商业大学图书馆	5635326.5	378	沈阳航空航天大学图书馆	4823290.0
339	上海商学院图书馆	5598702.0	379	重庆医科大学图书馆	4812674.0
340	辽宁科技大学图书馆	5548710.5	380	贵州中医药大学图书馆	4807153.5
341	东华理工大学图书馆	5499802.5	381	赣南医学院图书馆	4806882.0
342	川北医学院图书馆	5494811.5	382	绍兴文理学院图书馆	4799762.5
343	韩山师范学院图书馆	5480664.5	383	安顺学院图书馆	4768084.0
344	青海民族大学图书馆	5473147.0	384	武汉纺织大学图书馆	4757926.0
345	包头师范学院图书馆	5450000.0	385	哈尔滨师范大学图书馆	4752581.0
346	浙江中医药大学图书馆	5406371.5	386	嘉应学院图书馆	4723960.0
347	湖北经济学院图书馆	5345642.0	387	甘肃政法大学图书馆	4679591.0
348	武汉软件工程职业学院图书馆	5310000.0	388	西安欧亚学院图书馆	4676448.0
349	杭州医学院图书馆	5281110.5	389	厦门医学院图书馆	4664109.5
350	北京理工大学珠海学院图书馆	5276000.0	390	西京学院图书馆	4661629.5
351	沈阳农业大学图书馆	5263319.5	391	陕西理工大学图书馆	4654570.0
352	上海外国语大学图书馆	5262757.0	392	宿州学院图书馆	4629000.0
353	鲁东大学图书馆	5261947.0	393	运城学院图书馆	4610000.0
354	上海电机学院图书馆	5253611.5	394	山西大同大学图书馆	4583135.5

续表

序号	机构名称	文献资源购置费（元）	序号	机构名称	文献资源购置费（元）
395	中山大学新华学院图书馆	4576392.5	435	宜春学院图书馆	4040594.5
396	锦州医科大学图书馆	4562688.0	436	河南工程学院图书馆	4030900.0
397	广东食品药品职业学院图书馆	4520000.0	437	浙江越秀外国语学院图书馆	4020992.8
398	西安航空职业技术学院图书馆	4520000.0	438	宁夏医科大学图书馆	4001741.0
399	阜阳职业技术学院图书馆	4516059.0	439	河北北方学院图书馆	4001564.5
400	湖南城市学院图书馆	4500000.0	440	新疆师范大学图书馆	4000000.0
401	河南财经政法大学图书馆	4497810.0	441	长春理工大学图书馆	3996896.3
402	上海电子信息职业技术学院图书馆	4485820.5	442	北京电影学院图书馆	3986516.8
403	三江学院图书馆	4430996.0	443	甘肃民族师范学院图书馆	3978426.3
404	宁波工程学院图书馆	4409818.0	444	滨州学院图书馆	3964915.5
405	湖州师范学院图书馆	4402920.0	445	湖南理工学院图书馆	3956137.0
406	贵州医科大学图书馆	4400503.5	446	南京工业职业技术学院图书馆	3953562.3
407	淄博职业学院图书馆	4370000.0	447	吉林师范大学图书馆	3952288.3
408	辽宁对外经贸学院图书馆	4359178.5	448	防灾科技学院图书馆	3947791.8
409	长春中医药大学图书馆	4340961.0	449	陕西学前师范学院图书馆	3943111.0
410	成都信息工程大学图书馆	4330954.0	450	攀枝花学院图书馆	3942197.0
411	大连工业大学图书馆	4323781.5	451	贵州商学院图书馆	3933495.3
412	井冈山大学图书馆	4320798.0	452	吉首大学图书馆	3920693.3
413	东莞理工学院城市学院图书馆	4303000.0	453	辽宁石油化工大学图书馆	3918706.0
414	郑州财经学院图书馆	4302725.0	454	柳州铁道职业技术学院图书馆	3900000.0
415	江西科技学院图书馆	4300203.0	455	上饶师范学院图书馆	3897761.5
416	唐山学院图书馆	4300000.0	456	广西民族师范学院图书馆	3867000.0
417	天津外国语大学图书馆	4240467.5	457	宜宾学院图书馆	3856255.0
418	福建工程学院图书馆	4238748.0	458	武汉工程大学图书馆	3853101.8
419	陕西中医药大学图书馆	4237860.5	459	广东技术师范大学图书馆	3850733.8
420	南京财经大学图书馆	4235653.0	460	河北工程大学图书馆	3842672.8
421	上海第二工业大学图书馆	4228659.5	461	山西中医药大学图书馆	3839135.8
422	西安医学院图书馆	4186291.5	462	蚌埠学院图书馆	3810000.0
423	哈尔滨工业大学图书馆	4176602.0	463	南昌师范学院图书馆	3795556.3
424	右江民族医学院图书馆	4172499.0	464	赣南师范大学图书馆	3794700.0
425	浙江外国语学院图书馆	4153051.0	465	中国美术学院图书馆	3791548.5
426	武夷学院图书馆	4152957.3	466	吕梁学院图书馆	3787830.0
427	吉林农业大学图书馆	4152861.0	467	池州学院图书馆	3779774.0
428	电子科技大学中山学院图书馆	4134052.8	468	云南师范大学商学院图书馆	3775739.0
429	广东医科大学图书馆	4118132.0	469	铜仁学院图书馆	3768100.0
430	西安石油大学图书馆	4107463.0	470	新乡医学院三全学院图书馆	3759870.5
431	集宁师范学院图书馆	4102800.0	471	河南经贸职业学院图书馆	3740015.0
432	东北电力大学图书馆	4066078.0	472	上海海关学院图书馆	3724374.8
433	青海师范大学图书馆	4045000.0	473	中国人民警察大学图书馆	3723000.0
434	武汉学院图书馆	4042977.5	474	渭南师范学院图书馆	3721996.0

续表

序号	机构名称	文献资源购置费（元）	序号	机构名称	文献资源购置费（元）
475	武汉城市职业学院图书馆	3710600.0	515	仲恺农业工程学院图书馆	3318093.8
476	泰州学院图书馆	3698883.3	516	江门职业技术学院图书馆	3308800.0
477	广东水利电力职业技术学院图书馆	3691645.5	517	广州番禺职业技术学院图书馆	3303631.5
478	昆明学院图书馆	3683600.0	518	湖北师范大学图书馆	3295697.5
479	重庆电子工程职业学院图书馆	3665176.0	519	河南交通职业技术学院图书馆	3291194.3
480	山西工程技术学院图书馆	3656006.3	520	滁州学院图书馆	3291000.0
481	北华大学图书馆	3654968.3	521	常州信息职业技术学院图书馆	3284274.8
482	云南农业大学图书馆	3650488.3	522	天津农学院图书馆	3269670.0
483	河北传媒学院图书馆	3609834.5	523	兰州石化职业技术学院图书馆	3260010.0
484	兰州城市学院图书馆	3600000.0	524	广西生态工程职业技术学院图书馆	3260000.0
485	宿迁学院图书馆	3588180.0	525	西安体育学院图书馆	3235146.3
486	南宁学院图书馆	3585380.0	526	吉林电子信息职业技术学院图书馆	3226600.3
487	杨凌职业技术学院图书馆	3569276.0	527	浙江金融职业学院图书馆	3217165.8
488	河池学院图书馆	3558162.5	528	金华职业技术学院图书馆	3209600.0
489	广州航海学院图书馆	3555773.0	529	西安财经学院行知学院图书馆	3208563.8
490	西安交通工程学院图书馆	3549570.8	530	广东科学技术职业学院图书馆	3200000.0
491	福州理工学院图书馆	3548676.3	531	甘肃中医药大学图书馆	3180000.0
492	西北政法大学图书馆	3537866.5	532	咸阳师范学院图书馆	3178741.5
493	南阳师范学院图书馆	3504149.0	533	苏州职业大学图书馆	3175360.8
494	淮南师范学院图书馆	3500000.0	534	江西中医药高等专科学校图书馆	3175000.0
495	河南工学院图书馆	3494370.0	535	重庆工商职业学院图书馆	3151832.3
496	武汉交通职业学院图书馆	3490000.0	536	吉林建筑大学图书馆	3149406.0
497	昭通学院图书馆	3488100.0	537	邯郸学院图书馆	3146000.0
498	新乡医学院图书馆	3480800.0	538	绍兴文理学院元培学院图书馆	3132515.5
499	四川工商学院图书馆	3479789.5	539	沈阳建筑大学图书馆	3129556.5
500	莆田学院图书馆	3477109.0	540	辽宁师范大学图书馆	3127655.3
501	陇东学院图书馆	3470000.0	541	乐山师范学院图书馆	3114341.8
502	邢台职业技术学院图书馆	3463000.0	542	遵义师范学院图书馆	3104000.0
503	长江师范学院图书馆	3446835.0	543	贺州学院图书馆	3098000.0
504	信阳农林学院图书馆	3409000.0	544	重庆科技学院图书馆	3095661.5
505	江苏第二师范学院图书馆	3408343.0	545	武昌首义学院图书馆	3095505.3
506	云南民族大学图书馆	3407500.0	546	浙江大学城市学院图书馆	3087975.0
507	济宁学院图书馆	3400000.0	547	韶关学院图书馆	3082605.0
508	成都师范学院图书馆	3386954.0	548	桂林航天工业学院图书馆	3045300.0
509	沈阳工业大学图书馆	3373709.0	549	德州学院图书馆	3030849.0
510	天津财经大学珠江学院图书馆	3365086.0	550	浙江工商职业技术学院图书馆	3011536.5
511	芜湖职业技术学院图书馆	3344000.0	551	榆林学院图书馆	3001160.0
512	西南林学院图书馆	3333000.0	552	成都工业学院图书馆	3000000.0
513	武汉轻工大学图书馆	3325760.0	553	杭州职业技术学院图书馆	3000000.0
514	成都体育学院图书馆	3325525.0	554	浙江工商大学杭州商学院图书馆	3000000.0

续表

序号	机构名称	文献资源购置费（元）	序号	机构名称	文献资源购置费（元）
555	中州大学图书馆	2999996.8	595	天水师范学院图书馆	2730000.0
556	哈尔滨商业大学图书馆	2999932.8	596	沈阳工程学院图书馆	2724508.0
557	湖北第二师范学院图书馆	2998300.0	597	甘肃林业职业技术学院图书馆	2720167.5
558	保定学院图书馆	2993173.3	598	浙江机电职业技术学院图书馆	2713895.0
559	天津城市建设大学图书馆	2992299.5	599	西安培华学院图书馆	2708671.3
560	沈阳大学图书馆	2992000.0	600	云南中医学院图书馆	2700300.0
561	浙江警察学院图书馆	2987920.0	601	广州工程技术职业学院图书馆	2691597.3
562	大连大学图书馆	2968756.5	602	齐鲁师范学院图书馆	2689800.0
563	枣庄学院图书馆	2965480.3	603	南昌工学院图书馆	2679334.0
564	南京艺术学院图书馆	2947400.0	604	安徽科技学院图书馆	2678000.0
565	皖西学院图书馆	2940000.0	605	安徽工商职业学院图书馆	2674150.0
566	平顶山学院图书馆	2936340.0	606	广东轻工职业技术学院图书馆	2669967.5
567	常州工程职业技术学院图书馆	2920000.0	607	山西工商学院图书馆	2667070.8
568	江西中医药大学图书馆	2913650.0	608	曲靖师范学院图书馆	2645188.0
569	贵州师范学院图书馆	2911634.8	609	玉林师范学院图书馆	2615000.0
570	福建商学院图书馆	2910354.3	610	中国石油大学胜利学院图书馆	2608220.3
571	三亚学院图书馆	2906000.0	611	南京大学金陵学院图书馆	2604000.0
572	湖南工学院图书馆	2905334.0	612	长沙医学院图书馆	2602970.0
573	珠海艺术职业学院图书馆	2905228.0	613	河南职业技术学院图书馆	2602000.0
574	吉林医药学院图书馆	2893537.8	614	东南大学成贤学院图书馆	2591298.3
575	辽源职业技术学院图书馆	2876164.0	615	浙江万里学院图书馆	2590693.0
576	聊城职业技术学院图书馆	2875400.0	616	成都理工大学工程技术学院图书馆	2585226.0
577	吉林农业科技学院图书馆	2855762.5	617	郑州信息工程职业学院图书馆	2580000.0
578	武汉工商学院图书馆	2852705.3	618	江西枫林涉外经贸职业学院图书馆	2573983.0
579	湖北民族大学图书馆	2850800.0	619	惠州经济职业技术学院图书馆	2572163.3
580	重庆工程职业技术学院图书馆	2848000.0	620	江西现代职业技术学院图书馆	2570000.0
581	北京服装学院图书馆	2846089.0	621	武汉音乐学院图书馆	2570000.0
582	白城师范学院图书馆	2839307.8	622	晋中学院图书馆	2567422.5
583	沈阳师范大学图书馆	2823410.3	623	长春工程学院图书馆	2559999.0
584	天津海运职业学院图书馆	2813626.3	624	海口经济学院图书馆	2558830.0
585	西藏农牧学院图书馆	2803830.0	625	西南财经大学天府学院图书馆	2556797.5
586	西藏大学图书馆	2800000.0	626	赣州师范高等专科学校图书馆	2550000.0
587	中央戏剧学院图书馆	2789006.5	627	丽水学院图书馆	2546052.3
588	凯里学院图书馆	2787694.5	628	太原大学图书馆	2523541.3
589	东营职业学院图书馆	2787082.0	629	贵州理工学院图书馆	2512000.0
590	安徽中医药大学图书馆	2767682.5	630	西昌学院图书馆	2510479.3
591	沈阳医学院图书馆	2754038.8	631	普洱学院图书馆	2510000.0
592	武汉体育学院图书馆	2753310.0	632	湖南女子学院图书馆	2501679.3
593	徐州工程学院图书馆	2746600.0	633	四川警察学院图书馆	2498600.0
594	云南艺术学院图书馆	2736712.0	634	陕西国防工业职业技术学院图书馆	2494560.8

序号	机构名称	文献资源购置费（元）	序号	机构名称	文献资源购置费（元）
635	宁德师范学院图书馆	2494293.0	675	四川国际标榜职业学院图书馆	2264700.0
636	赣南师范大学科技学院图书馆	2492514.0	676	广州城市职业学院图书馆	2260000.0
637	东北石油大学图书馆	2490000.0	677	四川音乐学院图书馆	2257430.8
638	红河学院图书馆	2489754.0	678	巢湖学院图书馆	2253300.0
639	广州城建职业学院图书馆	2488378.3	679	湖北中医药大学图书馆	2246704.8
640	福建江夏学院图书馆	2486919.8	680	昆山杜克大学图书馆	2231228.0
641	景德镇陶瓷大学图书馆	2483451.3	681	云南师范大学文理学院图书馆	2216827.0
642	广西大学行健文理学院图书馆	2478130.5	682	湖北美术学院图书馆	2216722.5
643	安徽商贸职业技术学院图书馆	2474656.0	683	琼台师范学院图书馆	2216400.0
644	铁道警察学院图书馆	2457701.3	684	邵阳学院图书馆	2210000.0
645	山东科技职业学院图书馆	2450000.0	685	河北建筑工程学院图书馆	2202147.5
646	南京科技职业学院	2448636.3	686	山东政法学院图书馆	2200000.0
647	金陵科技学院图书馆	2433208.5	687	上海公安学院图书馆	2187921.3
648	文华学院图书馆	2425163.5	688	浙江建设职业技术学院图书馆	2182581.0
649	四川文化产业职业学院图书馆	2421709.8	689	河北金融学院图书馆	2180000.0
650	吉林工商学院图书馆	2420377.0	690	大连海洋大学图书馆	2176181.0
651	中山大学南方学院图书馆	2415465.8	691	中央司法警官学院图书馆	2175832.0
652	西安科技大学高新学院图书馆	2411677.8	692	四川交通职业技术学院图书馆	2164588.0
653	武汉科技大学城市学院图书馆	2397018.0	693	云南经济管理学院图书馆	2158928.0
654	山东城市建设职业学院图书馆	2390000.0	694	西安美术学院图书馆	2151271.5
655	浙江财经大学东方学院图书馆	2383222.0	695	广州体育学院图书馆	2142847.3
656	南充职业技术学院图书馆	2380163.5	696	浙江工业职业技术学院图书馆	2142000.0
657	云南开放大学图书馆	2377900.0	697	成都艺术职业学院图书馆	2137726.0
658	四川工业科技学院图书馆	2376000.0	698	南开大学滨海学院图书馆	2134585.0
659	桂林师范高等专科学校图书馆	2365000.0	699	江西医学高等专科学校图书馆	2131970.3
660	茅台学院图书馆	2361500.0	700	山东青年政治学院图书馆	2129041.5
661	长春大学图书馆	2360000.0	701	四川民族学院图书馆	2127191.3
662	合肥师范学院图书馆	2350924.5	702	太原工业学院图书馆	2108746.8
663	山东商业职业技术学院图书馆	2345000.0	703	泉州师范学院图书馆	2105500.0
664	西安财经大学图书馆	2339253.3	704	浙江水利水电学院图书馆	2100751.0
665	大连交通大学图书馆	2335752.3	705	安徽职业技术学院图书馆	2098500.0
666	四川工商职业技术学院图书馆	2328000.0	706	衡水学院图书馆	2095999.1
667	河南农业职业学院图书馆	2313000.0	707	泰州职业技术学院图书馆	2087034.0
668	南京森林警察学院图书馆	2300658.0	708	青海交通职业技术学院图书馆	2076755.0
669	中国音乐学院图书馆	2298476.5	709	鞍山师范学院图书馆	2074476.9
670	西安文理学院图书馆	2288654.0	710	陕西工业职业技术学院图书馆	2069188.4
671	四川建筑职业技术学院图书馆	2283120.3	711	湖南环境生物职业技术学院图书馆	2062735.0
672	浙江大学宁波理工学院图书馆	2270763.0	712	山东农业工程学院图书馆	2051746.4
673	郑州幼儿师范高等专科学校图书馆	2270000.0	713	广西艺术学院图书馆	2047924.0
674	重庆城市管理职业学院图书馆	2265000.0	714	吉林外国语大学图书馆	2044548.3

续表

序号	机构名称	文献资源购置费(元)	序号	机构名称	文献资源购置费(元)
715	贵州工程应用技术学院图书馆	2040000.0	755	达州职业技术学院图书馆	1900000.0
716	浙江同济科技职业学院图书馆	2035193.0	756	新疆警官高等专科学校图书馆	1900000.0
717	九江职业技术学院图书馆	2028700.0	757	中山火炬职业技术学院图书馆	1900000.0
718	济南职业学院图书馆	2020000.0	758	山东华宇工学院图书馆	1899500.0
719	长沙学院图书馆	2012000.0	759	江苏警官学院图书馆	1896267.4
720	浙江经贸职业技术学院图书馆	2011873.1	760	河北水利电力学院图书馆	1879000.0
721	六盘水师范学院图书馆	2009325.3	761	宁波职业技术学院图书馆	1877717.4
722	江西应用科技学院图书馆	2008570.4	762	台州职业技术学院图书馆	1862894.0
723	长治医学院图书馆	2006000.0	763	山东畜牧兽医职业学院图书馆	1859752.8
724	吉林艺术学院图书馆	2000500.0	764	漳州职业技术学院图书馆	1857679.5
725	北京工业职业技术学院图书馆	2000000.0	765	上海民航职业技术学院图书馆	1837294.9
726	北京农业职业学院图书馆	2000000.0	766	汕头大学医学院图书馆	1830369.0
727	许昌职业技术学院图书馆	2000000.0	767	楚雄医药高等专科学校图书馆	1825200.0
728	湖北理工学院图书馆	1997000.0	768	江西外语外贸职业学院图书馆	1817464.0
729	吉林化工学院图书馆	1996981.3	769	临沂职业学院图书馆	1805981.6
730	湖南科技学院图书馆	1993404.3	770	广西科技大学鹿山学院图书馆	1782744.3
731	昆明冶金高等专科学校图书馆	1990300.0	771	河北科技师范学院图书馆	1780000.0
732	湖南医药学院图书馆	1982980.3	772	山东医学高等专科学校图书馆	1777899.0
733	长春科技学院图书馆	1979684.9	773	内蒙古建筑职业技术学院图书馆	1773513.6
734	营口理工学院图书馆	1979348.6	774	华南农业大学珠江学院图书馆	1772383.8
735	浙江医药高等专科学校图书馆	1978169.4	775	西安思源学院图书馆	1771800.0
736	山东外贸职业学院图书馆	1970000.0	776	成都航空职业技术学院图书馆	1770064.0
737	广东松山职业技术学院图书馆	1965263.3	777	郑州职业技术学院图书馆	1761440.0
738	扬州市职业大学图书馆	1961737.4	778	四川卫生康复职业学院图书馆	1750121.1
739	南京医科大学康达学院图书馆	1956800.0	779	合肥学院图书馆	1748951.0
740	武汉东湖学院图书馆	1955047.0	780	西北大学现代学院图书馆	1746258.0
741	江西财经职业学院图书馆	1950000.0	781	赣州卫生健康职业学院图书馆	1746000.0
742	重庆警察学院图书馆	1949096.3	782	浙江经济职业技术学院图书馆	1744495.0
743	豫章师范学院图书馆	1945000.0	783	浙江工贸职业技术学院图书馆	1742680.5
744	江西服装学院图书馆	1941881.0	784	东北师范大学人文学院图书馆	1742421.5
745	湖北城市建设职业技术学院图书馆	1939000.0	785	北京科技大学天津学院图书馆	1733500.0
746	辽宁工程技术大学图书馆	1937999.3	786	陕西财经职业技术学院图书馆	1729696.6
747	福州外语外贸学院图书馆	1936752.0	787	江苏城乡建设职业学院图书馆	1728893.0
748	无锡职业技术学院图书馆	1935021.0	788	雅安职业技术学院图书馆	1728200.0
749	山东女子学院图书馆	1929808.5	789	江西经济管理干部学院图书馆	1692500.0
750	云南大学滇池学院图书馆	1928377.6	790	湖北汽车工业学院图书馆	1681895.0
751	龙岩学院图书馆	1918477.3	791	沧州师范学院图书馆	1680000.0
752	常州工学院图书馆	1915409.1	792	长沙卫生职业学院图书馆	1678000.0
753	湖州职业技术学院图书馆	1915409.1	793	湖北警官学院图书馆	1671376.3
754	四川文理学院图书馆	1915041.9	794	四川护理职业学院图书馆	1660000.0

序号	机构名称	文献资源购置费（元）	序号	机构名称	文献资源购置费（元）
795	广东警官学院图书馆	1650000.0	835	重庆文理学院图书馆	1489904.8
796	福建警察学院图书馆	1635458.5	836	吉林大学珠海学院图书馆	1489797.9
797	广州大学松田学院图书馆	1634305.8	837	四川化工职业技术学院图书馆	1467000.0
798	绍兴职业技术学院图书馆	1628159.5	838	福建信息职业技术学院图书馆	1464573.4
799	浙江树人大学图书馆	1622104.0	839	成都工业职业技术学院图书馆	1460000.0
800	渭南职业技术学院图书馆	1620000.0	840	武汉晴川学院图书馆	1458229.4
801	湖南城建职业技术学院图书馆	1616500.0	841	吉林工程技术师范学院图书馆	1453000.0
802	安康学院图书馆	1608882.0	842	长春光华学院图书馆	1448528.6
803	忻州师范学院图书馆	1604907.4	843	青岛职业技术学院图书馆	1447000.0
804	商洛学院图书馆	1594956.4	844	广安职业技术学院图书馆	1445000.0
805	吉林动画学院图书馆	1584911.9	845	长春大学旅游学院图书馆	1434861.3
806	闽江师范高等专科学校图书馆	1580757.3	846	保山中医药高等专科学校图书馆	1433500.0
807	江西工程学院图书馆	1574941.1	847	玉溪师范学院图书馆	1430800.0
808	长春建筑学院图书馆	1573378.6	848	重庆水利电力职业技术学院图书馆	1429000.0
809	上海师范大学天华学院图书馆	1572630.1	849	文山学院图书馆	1428603.0
810	黔南民族师范学院图书馆	1570000.0	850	广州南洋理工职业学院图书馆	1426945.3
811	江苏建康职业学院图书馆	1567843.0	851	重庆幼儿师范高等专科学校图书馆	1424700.0
812	武汉华夏理工学院图书馆	1563646.1	852	济南幼儿师范高等专科学校图书馆	1420560.0
813	新疆财经大学图书馆	1563324.8	853	宜宾职业技术学院图书馆	1410011.0
814	四川三河职业学院图书馆	1563000.0	854	承德医学院图书馆	1410000.0
815	浙江交通职业技术学院图书馆	1560934.4	855	广州铁路职业技术学院图书馆	1409900.0
816	湖南警察学院图书馆	1557027.0	856	江西先锋软件职业技术学院图书馆	1400970.0
817	广西经贸职业技术学院图书馆	1549877.8	857	阿坝师范学院图书馆	1400000.0
818	陕西警官职业学院图书馆	1549453.5	858	长春财经学院图书馆	1396905.6
819	河北政法职业学院图书馆	1548000.0	859	濮阳职业技术学院图书馆	1395000.0
820	漯河医学高等专科学校图书馆	1544050.0	860	梧州学院图书馆	1394265.0
821	广东工贸职业技术学院图书馆	1540000.0	861	黄山学院图书馆	1386000.0
822	上海视觉艺术学院图书馆	1540000.0	862	山东工业职业学院图书馆	1386000.0
823	郑州旅游职业学院图书馆	1520000.0	863	四川电子机械职业技术学院图书馆	1382859.1
824	辽宁警察学院图书馆	1517176.0	864	湖北职业技术学院图书馆	1380946.0
825	海南软件职业技术学院图书馆	1512200.0	865	南京理工大学泰州科技学院图书馆	1374747.9
826	浙江商业职业技术学院图书馆	1506017.3	866	云南国土资源职业学院图书馆	1374000.0
827	宁夏工商职业技术学院图书馆	1505111.0	867	武昌工学院图书馆	1373977.6
828	安阳职业技术学院图书馆	1500000.0	868	承德石油高等专科学校图书馆	1371931.4
829	大连职业技术学院图书馆	1500000.0	869	仰恩大学图书馆	1362688.1
830	连云港师范高等专科学校图书馆	1500000.0	870	天津交通职业学院图书馆	1350000.0
831	四川水利职业技术学院图书馆	1500000.0	871	大庆师范学院图书馆	1341498.4
832	无锡工艺职业技术学院图书馆	1500000.0	872	吉林铁道职业技术学院图书馆	1339782.5
833	云南警官学院图书馆	1498880.4	873	云南财经职业学院图书馆	1339086.3
834	西北师范大学知行学院图书馆	1490608.4	874	湖北中医药高等专科学校图书馆	1330000.0

续表

序号	机构名称	文献资源购置费（元）	序号	机构名称	文献资源购置费（元）
875	江西警察学院图书馆	1328417.9	914	安徽医学高等专科学校图书馆	1187959.4
876	沈阳体育学院图书馆	1326029.0	915	广西警察学院图书馆	1185739.0
877	陕西工商职业学院图书馆	1320000.0	916	抚州幼儿师范高等专科学校图书馆	1180755.3
878	宜春职业技术学院图书馆	1314650.0	917	安徽中医药高等专科学校图书馆	1158200.0
879	青海畜牧兽医职业技术学院图书馆	1310000.0	918	甘肃警察职业学院图书馆	1158068.8
880	兰州资源环境职业技术学院图书馆	1305000.0	919	湖北三峡职业技术学院图书馆	1155434.0
881	清远职业技术学院图书馆	1301000.0	920	河北轨道运输职业技术学院图书馆	1150000.0
882	天津商业大学宝德学院图书馆	1300001.9	921	云南工商学院图书馆	1150000.0
883	江西财经大学现代经济管理学院图书馆	1280000.0	922	衢州学院图书馆	1144611.0
884	天津天狮学院图书馆	1278075.0	923	漳州理工职业学院图书馆	1131000.0
885	济南工程职业技术学院图书馆	1272107.8	924	广西中医药大学图书馆	1130000.0
886	杭州师范大学钱江学院图书馆	1270000.0	925	乐山职业技术学院图书馆	1123000.0
887	淄博师范高等专科学校图书馆	1263000.0	926	保山师范高等专科学校图书馆	1120000.0
888	河南工业职业技术学院图书馆	1257700.0	927	湖南中医药高等专科学校图书馆	1119737.9
889	西北工业大学明德学院图书馆	1254999.1	928	成都农业科技职业学院图书馆	1117500.0
890	北京教育学院图书馆	1250000.0	929	湖北工程学院图书馆	1116646.6
891	四川华新现代职业学院图书馆	1247229.3	930	甘肃工业职业技术学院图书馆	1114648.9
892	湖北交通职业技术学院图书馆	1245000.0	931	云南能源职业技术学院图书馆	1114000.0
893	湖南工艺美术职业学院图书馆	1245000.0	932	邯郸职业技术学院图书馆	1110600.0
894	潍坊工程职业学院图书馆	1243000.0	933	陕西交通职业技术学院图书馆	1103880.0
895	山东旅游职业学院图书馆	1235000.0	934	甘肃交通职业技术学院图书馆	1100000.0
896	郑州电力职业技术学院图书馆	1232694.0	935	上海思博职业技术学院图书馆	1099603.5
897	山东药品食品职业学院图书馆	1230940.0	936	汉中职业技术学院图书馆	1096562.0
898	义乌工商职业技术学院图书馆	1224585.1	937	山西财政税务专科学校图书馆	1095822.0
899	汉江师范学院图书馆	1224276.5	938	山东水利职业学院图书馆	1095000.0
900	辽宁交通高等专科学校图书馆	1220900.0	939	内蒙古化工职业学院图书馆	1087000.0
901	长春工业大学人文信息学院图书馆	1220086.9	940	武汉铁路职业技术学院图书馆	1086000.0
902	锡林郭勒职业学院图书馆	1219931.4	941	广西国际商务职业技术学院图书馆	1080514.0
903	河南应用技术职业学院图书馆	1213103.6	942	成都职业技术学院图书馆	1076454.0
904	四川职业技术学院图书馆	1208500.0	943	新余学院图书馆	1075480.0
905	天津大学仁爱学院图书馆	1203053.1	944	武汉船舶职业技术学院图书馆	1075000.0
906	武汉工程科技学院图书馆	1201457.5	945	广东岭南职业技术学院图书馆	1074000.0
907	安徽工业经济职业技术学院图书馆	1200000.0	946	四川商务职业学院图书馆	1071849.0
908	大理大学图书馆	1200000.0	947	宁夏财经职业技术学院图书馆	1070149.3
909	河北司法警官职业学院图书馆	1200000.0	948	西安汽车职业大学图书馆	1069884.9
910	南昌航空大学科技学院图书馆	1200000.0	949	河源职业技术学院图书馆	1064000.0
911	西安职业技术学院图书馆	1197328.8	950	福建卫生职业技术学院图书馆	1063300.0
912	盘锦职业技术学院图书馆	1190000.0	951	江西青年职业学院图书馆	1061827.0
913	昆明工业职业技术学院图书馆	1189959.8	952	开封文化艺术职业学院图书馆	1061591.1

续表

序号	机构名称	文献资源购置费（元）	序号	机构名称	文献资源购置费（元）
953	漳州城市职业学院图书馆	1054525.0	991	四川工程职业技术学院图书馆	945000.0
954	吉林大学图书馆	1037028.0	992	鄂州职业大学图书馆	941000.0
955	天津师范大学图书馆	1028715.0	993	廊坊师范学院图书馆	940000.0
956	楚雄师范学院图书馆	1021000.0	994	四川中医药高等专科学校图书馆	940000.0
957	南京广播电视大学图书馆	1020600.0	995	广东创新科技职业学院图书馆	939029.7
958	江西工程职业学院图书馆	1020500.0	996	内蒙古机电职业技术学院图书馆	930000.0
959	温州职业技术学院图书馆	1018190.1	997	汕尾职业技术学院图书馆	927100.0
960	宁夏民族职业技术学院图书馆	1016614.1	998	西藏藏医学院图书馆	923287.0
961	黄河科技学院图书馆	1014625.0	999	广东机电职业技术学院图书馆	915000.0
962	漳州科技职业学院图书馆	1012097.6	1000	福建船政交通职业学院图书馆	914933.3
963	苏州科技大学天平学院图书馆	1007926.3	1001	浙江国际海运职业技术学院图书馆	906894.9
964	山东轻工职业学院图书馆	1004970.3	1002	潍坊护理职业学院图书馆	904000.0
965	湖北生物科技职业学院图书馆	1002100.0	1003	长治学院图书馆	902300.0
966	陕西铁路工程职业技术学院图书馆	1001886.8	1004	辽宁农业职业技术学院图书馆	900000.0
967	石家庄学院图书馆	1001000.0	1005	山西警察学院图书馆	900000.0
968	成都纺织高等专科学校图书馆	1000851.2	1006	上海出版印刷高等专科学校图书馆	899999.1
969	菏泽医学专科学校图书馆	1000000.0	1007	天津医科大学临床医学院图书馆	892301.4
970	山东英才学院图书馆	997236.1	1008	襄阳职业技术学院图书馆	892000.0
971	湖北大学知行学院图书馆	996000.0	1009	惠州卫生职业技术学院图书馆	891854.8
972	河北民族师范学院图书馆	995400.0	1010	浙江师范大学行知学院图书馆	891100.0
973	上海旅游高等专科学校图书馆	995048.4	1011	成都信息工程学院银杏酒店管理学院图书馆	890000.0
974	滨州职业学院图书馆	993700.0	1012	泸州职业技术学院图书馆	889335.0
975	湖南生物机电职业技术学院图书馆	990000.0	1013	湖南民族职业学院图书馆	885999.2
976	宝鸡职业技术学院图书馆	985954.7	1014	天津现代职业技术学院图书馆	883870.4
977	宁波城市职业技术学院图书馆	985388.5	1015	新疆工业高等专科学校图书馆	882895.0
978	苏州健雄职业技术学院图书馆	983000.0	1016	广东青年职业学院图书馆	879405.6
979	山东传媒职业学院图书馆	976015.0	1017	河北对外经贸职业学院图书馆	874000.0
980	四川文轩职业学院图书馆	970000.0	1018	重庆机电职业技术学院图书馆	872333.0
981	天津体育学院图书馆	968846.0	1019	聊城大学东昌学院图书馆	854956.0
982	安徽审计职业学院图书馆	968320.8	1020	长春理工大学光电信息学院图书馆	850280.0
983	四川航天职业技术学院图书馆	966571.0	1021	青岛港湾职业技术学院图书馆	850000.0
984	湖南交通职业技术学院图书馆	960716.3	1022	江西师范高等专科学校图书馆	848800.0
985	厦门华厦学院图书馆	959500.6	1023	河南水利与环境职业学院图书馆	841018.7
986	天津电子信息职业技术学院图书馆	958490.7	1024	湖南财经工业职业技术学院图书馆	840374.1
987	西安工业大学北方信息工程学院图书馆	956000.0	1025	广东碧桂园职业学院图书馆	836531.6
988	西安交通大学城市学院图书馆	950972.4	1026	黔南民族医学高等专科学校图书馆	832907.1
989	厦门城市职业学院图书馆	950000.0	1027	广东文艺职业学院图书馆	825944.4
990	咸阳职业技术学院图书馆	947170.3	1028	首钢工学院图书馆	825339.0

续表

序号	机构名称	文献资源购置费（元）	序号	机构名称	文献资源购置费（元）
1029	安康职业技术学院图书馆	820000.0	1065	江西应用技术职业学院图书馆	710000.0
1030	青海建筑职业技术学院图书馆	816949.9	1066	榆林职业技术学院图书馆	708098.9
1031	浙江育英职业技术学院图书馆	815305.2	1067	德宏师范高等专科学校图书馆	707945.6
1032	常德职业技术学院图书馆	810000.0	1068	四川司法警官职业学院图书馆	704507.2
1033	四川邮电职业技术学院图书馆	809285.0	1069	浙江警官职业学院图书馆	702502.5
1034	重庆电力高等专科学校图书馆	806895.2	1070	吉林司法警官职业学院图书馆	694570.0
1035	延安职业技术学院图书馆	806869.6	1071	长江职业学院图书馆	694000.0
1036	嘉兴职业技术学院图书馆	804072.0	1072	江西信息应用职业技术学院图书馆	685237.0
1037	广东工程职业技术学院图书馆	800797.3	1073	湖北工程职业学院图书馆	685000.0
1038	咸宁职业技术学院图书馆	800000.0	1074	吉林建筑科技学院图书馆	682606.6
1039	西安音乐学院图书馆	789005.4	1075	西安海棠职业学院图书馆	680000.0
1040	黄冈职业技术学院图书馆	781974.0	1076	江西生物科技职业学院图书馆	677982.8
1041	永州职业技术学院图书馆	780000.0	1077	内江职业技术学院图书馆	676261.1
1042	西安铁路职业技术学院图书馆	772721.1	1078	上海农林职业技术学院图书馆	675933.8
1043	福建华南女子职业学院图书馆	766633.0	1079	江西工业职业技术学院图书馆	673000.0
1044	重庆师范大学涉外商贸学院图书馆	756840.1	1080	宜春幼儿师范高等专科学校图书馆	671784.0
1045	红河卫生职业学院图书馆	753514.9	1081	天津滨海职业学院图书馆	652338.9
1046	四川信息职业技术学院图书馆	751000.0	1082	丽江师范高等专科学校图书馆	650554.2
1047	河北地质大学图书馆	750000.0	1083	闽西职业技术学院图书馆	649492.0
1048	克拉玛依职业技术学院图书馆	750000.0	1084	威海职业学院图书馆	646327.0
1049	江西陶瓷工艺美术职业技术学院图书馆	749394.8	1085	江西交通职业技术学院图书馆	642300.0
1050	湖北水利水电职业技术学院图书馆	747500.0	1086	广东舞蹈戏剧职业学院图书馆	641532.0
1051	海南工商职业学院图书馆	744577.5	1087	上海东海职业技术学院图书馆	636971.7
1052	天津城市建设管理职业技术学院图书馆	739834.3	1088	民办四川天一学院图书馆	634181.1
1053	荆楚理工学院图书馆	737130.0	1089	上饶幼儿师范高等专科学校图书馆	631677.0
1054	西藏职业技术学院图书馆	735006.0	1090	江西机电职业技术学院图书馆	629765.4
1055	上海行健职业学院图书馆	734337.9	1091	宁波教育学院图书馆	624325.3
1056	呼伦贝尔学院图书馆	733574.4	1092	包头轻工职业技术学院图书馆	623500.0
1057	中国人民解放军空军预警学院图书馆	732955.0	1093	湖北生态工程职业技术学院图书馆	620000.0
1058	云南农业职业技术学院图书馆	730000.0	1094	浙江体育职业技术学院图书馆	619500.0
1059	四川幼儿师范高等专科学校图书馆	723955.1	1095	湖南高速铁路职业技术学院图书馆	611000.0
1060	南昌职业学院图书馆	723341.4	1096	抚州职业技术学院图书馆	610025.0
1061	广东环境保护工程职业学院图书馆	721997.3	1097	桂林理工大学南宁分校图书馆	605000.0
1062	内蒙古电子信息职业技术学院图书馆	719996.4	1098	陕西能源职业技术学院图书馆	603500.0
1063	湖北财税职业学院图书馆	717497.6	1099	湖南工业职业技术学院图书馆	600000.0
1064	吉林师范大学博达学院图书馆	712400.0	1100	铜陵职业技术学院图书馆	600000.0

续表

序号	机构名称	文献资源购置费（元）	序号	机构名称	文献资源购置费（元）
1101	浙江特殊教育职业学院图书馆	600000.0	1141	呼和浩特职业学院图书馆	470000.0
1102	襄阳汽车职业技术学院图书馆	599316.2	1142	泉州幼儿师范高等专科学校图书馆	470000.0
1103	江西水利职业学院图书馆	598200.0	1143	河北建材职业技术学院图书馆	461564.0
1104	广州卫生职业技术学院图书馆	596158.0	1144	厦门南洋职业学院图书馆	456460.1
1105	江西工商职业技术学院图书馆	595963.0	1145	铜川职业技术学院图书馆	456305.3
1106	江西卫生职业学院图书馆	590000.0	1146	广西金融职业技术学院图书馆	450000.0
1107	吉林体育学院图书馆	586919.0	1147	江西理工大学应用科学学院图书馆	450000.0
1108	泉州轻工职业学院图书馆	581811.4	1148	拉萨师范高等专科学校图书馆	446232.0
1109	江西泰豪动漫职业学院图书馆	574896.8	1149	陕西职业技术学院图书馆	441769.0
1110	厦门兴才职业技术学院图书馆	574076.0	1150	白城医学高等专科学校图书馆	440384.9
1111	广州体育职业技术学院图书馆	570868.9	1151	湖南体育职业学院图书馆	437900.0
1112	云南交通职业技术学院图书馆	570724.9	1152	揭阳职业技术学院图书馆	435000.0
1113	天津职业大学图书馆	569269.8	1153	天津石油职业技术学院图书馆	430000.0
1114	三亚中瑞酒店管理职业学院图书馆	566000.0	1154	仙桃职业学院图书馆	430000.0
1115	昆明理工大学津桥学院图书馆	565892.1	1155	安庆医药高等专科学校图书馆	421000.0
1116	天津对外经济贸易职业学院图书馆	557653.3	1156	青海卫生职业技术学院图书馆	416000.0
1117	湖南水利水电职业技术学院图书馆	555856.0	1157	天府新区航空旅游职业学院图书馆	413000.0
1118	武汉职业技术学院图书馆	550000.0	1158	长春医学高等专科学校图书馆	411690.9
1119	重庆能源职业学院图书馆	550000.0	1159	岳阳职业技术学院图书馆	409800.0
1120	景德镇陶瓷职业技术学院图书馆	548533.6	1160	重庆公共运输职业学院图书馆	408000.0
1121	鄂尔多斯应用技术学院图书馆	541620.3	1161	陕西青年职业学院图书馆	407416.3
1122	天津音乐学院图书馆	540000.0	1162	恩施职业技术学院图书馆	404000.0
1123	江苏航空职业技术学院图书馆	533529.1	1163	上海工商职业技术学院图书馆	403085.0
1124	潍坊理工学院图书馆	527836.6	1164	甘肃建筑职业技术学院图书馆	403000.0
1125	陕西机电职业技术学院图书馆	526565.2	1165	浙江广播电视大学图书馆	400500.0
1126	滇西科技师范学院图书馆	522157.6	1166	天津美术学院图书馆	400425.3
1127	河南测绘职业学院图书馆	520000.0	1167	湖北国土资源职业学院图书馆	400000.0
1128	四川财经职业学院图书馆	515253.6	1168	西藏警官高等专科学校图书馆	396000.0
1129	桐城师范高等专科学校图书馆	511940.0	1169	湖北工业职业技术学院图书馆	378183.2
1130	延安大学西安创新学院图书馆	511240.9	1170	济南护理职业学院图书馆	375000.0
1131	湖南现代物流职业技术学院图书馆	510018.0	1171	广西体育高等专科学校图书馆	373900.0
1132	上海济光职业技术学院图书馆	507600.0	1172	云南司法警官职业学院图书馆	370335.4
1133	海南外国语职业学院图书馆	500000.0	1173	茂名职业技术学院图书馆	370000.0
1134	湘潭职业技术学院图书馆	500000.0	1174	河北工程技术学院图书馆	366789.3
1135	吉林工业职业技术学院图书馆	494000.0	1175	贵州广播电视大学图书馆	363000.0
1136	商洛职业技术学院图书馆	491914.0	1176	包头职业技术学院图书馆	359551.1
1137	永城职业学院图书馆	486000.0	1177	江西农业工程职业学院图书馆	358600.0
1138	武昌职业学院图书馆	484865.3	1178	云南旅游职业学院图书馆	355000.0
1139	广州松田职业学院图书馆	477404.1	1179	西安电力高等专科学校图书馆	346643.0
1140	江西师范大学科学技术学院图书馆	476048.3	1180	广西教育学院图书馆	342700.0

续表

序号	机构名称	文献资源购置费（元）	序号	机构名称	文献资源购置费（元）
1181	湄洲湾职业技术学院图书馆	341294.0	1218	湖南艺术职业学院图书馆	200000.0
1182	绵阳职业技术学院图书馆	325000.0	1219	内蒙古商贸职业学院图书馆	197894.7
1183	漳州卫生职业学院图书馆	321350.0	1220	南昌大学共青学院图书馆	190990.2
1184	山西林业职业技术学院图书馆	320000.0	1221	武汉传媒学院图书馆	186748.1
1185	山西金融职业学院图书馆	316500.0	1222	陕西邮电职业技术学院图书馆	180000.0
1186	福建艺术职业学院图书馆	302400.0	1223	天津国土资源和房屋职业学院图书馆	151183.2
1187	武汉电力职业技术学院图书馆	302031.0	1224	长春金融高等专科学校图书馆	150000.0
1188	德宏职业学院图书馆	300000.0	1225	西双版纳职业技术学院图书馆	143009.0
1189	内蒙古交通职业技术学院图书馆	300000.0	1226	阜新高等专科学校图书馆	140000.0
1190	泉州经贸职业技术学院图书馆	296000.0	1227	兴义民族师范学院图书馆	135976.8
1191	武汉警官职业学院图书馆	294551.7	1228	江西艺术职业学院图书馆	130000.0
1192	重庆应用技术职业学院图书馆	293333.4	1229	广东文理职业学院图书馆	127499.4
1193	长春职业技术学院图书馆	290000.0	1230	青海大学医学院图书馆	119748.6
1194	山东特殊教育职业学院图书馆	280000.0	1231	玉溪农业职业技术学院图书馆	118519.0
1195	唐山职业技术学院图书馆	280000.0	1232	巴中职业技术学院图书馆	114625.8
1196	新疆生产建设兵团兴新职业技术学院图书馆	280000.0	1233	长春教育学院图书馆	110144.5
1197	益阳职业技术学院图书馆	270000.0	1234	山东商务职业学院图书馆	110000.0
1198	吉安职业技术学院图书馆	269000.0	1235	四川西南航空职业学院图书馆	104797.2
1199	四川托普信息技术职业学院图书馆	265246.8	1236	锦州师范高等专科学校图书馆	104689.0
1200	三明职业技术学院图书馆	265000.0	1237	海南体育职业技术学院图书馆	100000.0
1201	兰州职业技术学院图书馆	263232.3	1238	山西经济管理干部学院图书馆	98284.1
1202	泉州纺织服装职业学院图书馆	251000.0	1239	天津公安警官职业学院图书馆	96212.8
1203	闽北职业技术学院图书馆	245000.0	1240	云南机电职业技术学院图书馆	83944.2
1204	民办明达职业技术学院图书馆	237034.2	1241	吉林广播电视大学图书馆	75000.0
1205	安徽广播影视职业技术学院图书馆	230000.0	1242	川南幼儿师范高等专科学校图书馆	74000.0
1206	江西司法警官职业学院图书馆	230000.0	1243	天津工艺美术职业学院图书馆	66723.9
1207	川北幼儿师范高等专科学校图书馆	227048.0	1244	大理农林职业技术学院图书馆	66264.0
1208	上海震旦职业学院图书馆	225768.8	1245	天津铁道职业技术学院图书馆	66000.0
1209	甘肃畜牧工程职业技术学院图书馆	222000.0	1246	湖北青年职业学院图书馆	65000.0
1210	天津城市职业学院图书馆	216732.9	1247	平凉职业技术学院图书馆	64574.8
1211	眉山职业技术学院图书馆	213243.8	1248	四川机电职业技术学院图书馆	62381.8
1212	四川艺术职业学院图书馆	212503.6	1249	四川电影电视学院图书馆	60000.0
1213	金华教育学院图书馆	211886.0	1250	包头钢铁职业技术学院图书馆	59986.0
1214	重庆房地产职业学院图书馆	204452.0	1251	赤峰工业职业技术学院图书馆	57000.0
1215	马鞍山师范高等专科学校图书馆	200981.0	1252	山西青年管理干部学院图书馆	40000.0
1216	上海兴伟学院图书馆	200501.0	1253	延边职业技术学院图书馆	39171.0
1217	河南财政金融学院图书馆	200010.0	1254	天津广播影视职业学院图书馆	35850.2

续表

序号	机构名称	文献资源购置费（元）	序号	机构名称	文献资源购置费（元）
1255	云南外事外语职业学院图书馆	32411.9	1260	山西管理职业学院图书馆	20000.0
1256	福建体育职业技术学院图书馆	30946.8	1261	武夷山职业学院图书馆	18384.6
1257	松原职业技术学院图书馆	30729.0	1262	天津师范大学津沽学院图书馆	18200.0
1258	天津滨海汽车工程职业学院图书馆	29059.8	1263	鄂尔多斯生态环境职业学院图书馆	17500.0
1259	福州英华职业学院图书馆	20600.2			

2019年1249所高校图书馆纸质资源购置费统计表

序号	机构名称	纸质资源购置费（元）	序号	机构名称	纸质资源购置费（元）
1	中山大学图书馆	81523488.0	38	重庆大学图书馆	7703132.0
2	浙江大学图书馆	28286006.0	39	南京师范大学图书馆	7591730.5
3	武汉大学图书馆	27891944.0	40	广东财经大学华商学院图书馆	7562680.5
4	北京大学图书馆	21816940.0	41	华南理工大学图书馆	7552629.0
5	复旦大学图书馆	21577824.0	42	华侨大学图书馆	7534870.5
6	南京大学图书馆	19465018.0	43	西南交通大学图书馆	7532200.0
7	广西科技师范学院图书馆	19235868.0	44	西安外国语大学图书馆	7516545.0
8	山东大学图书馆	17627616.0	45	兰州大学图书馆	7457992.0
9	华中科技大学图书馆	15697028.0	46	杭州师范大学图书馆	7421965.5
10	广州工商学院图书馆	14606029.0	47	郑州升达经贸管理学院图书馆	7281396.5
11	清华大学图书馆	14323966.0	48	同济大学图书馆	7277596.5
12	北京师范大学图书馆	14021463.0	49	华东政法大学图书馆	7277175.0
13	东南大学图书馆	13790000.0	50	天津大学图书馆	7270031.5
14	暨南大学图书馆	13218234.0	51	南京农业大学图书馆	7224214.0
15	华东师范大学图书馆	12930287.0	52	中国政法大学图书馆	7137495.5
16	四川大学图书馆	12279765.0	53	郑州科技学院图书馆	6996220.0
17	上海交通大学图书馆	11575928.0	54	合肥工业大学图书馆	6967548.0
18	深圳大学城图书馆	10900618.0	55	桂林医学院图书馆	6957252.5
19	云南大学图书馆	10573173.0	56	景德镇学院图书馆	6957252.5
20	西南大学图书馆	10571000.0	57	武汉理工大学图书馆	6854999.5
21	西交利物浦大学图书馆	10281001.0	58	西安交通大学图书馆	6674656.5
22	宁波大学图书馆	10145000.0	59	贵州财经大学图书馆	6644533.0
23	中国农业大学图书馆	9975409.0	60	北京交通大学图书馆	6570700.5
24	西北工业大学图书馆	9912867.0	61	喀什大学图书馆	6570700.5
25	山西传媒学院图书馆	9440000.0	62	北京联合大学图书馆	6504942.0
26	信阳师范学院华锐学院图书馆	8981726.0	63	广西财经学院图书馆	6500000.0
27	浙江工业大学图书馆	8909601.0	64	北京师范大学珠海分校图书馆	6485021.0
28	上海师范大学图书馆	8842465.0	65	沧州医学高等专科学校图书馆	6482860.5
29	郑州大学图书馆	8749712.0	66	苏州大学图书馆	6471143.0
30	南开大学图书馆	8674815.0	67	西南财经大学图书馆	6379689.0
31	安徽师范大学图书馆	8651745.0	68	浙江师范大学图书馆	6377396.5
32	北京师范大学—香港浸会大学联合国际学院图书馆	8604099.0	69	东北师范大学图书馆	6366297.5
33	厦门大学图书馆	8026365.5	70	北京电子科技职业学院图书馆	6361569.0
34	贵州大学图书馆	8014336.0	71	西南政法大学图书馆	6360980.5
35	中国海洋大学图书馆	8005221.5	72	北京科技大学图书馆	6161571.0
36	黄河交通学院图书馆	7870397.0	73	江南大学图书馆	6160000.0
37	浙江农林大学图书馆	7761008.0	74	东北大学图书馆	6159703.0

续表

序号	机构名称	纸质资源购置费（元）	序号	机构名称	纸质资源购置费（元）
75	西安外事学院图书馆	6023596.5	115	华南农业大学图书馆	4670340.5
76	华中师范大学图书馆	6010446.5	116	广东财经大学图书馆	4630695.5
77	广东海洋大学图书馆	5950000.0	117	四川美术学院图书馆	4623000.0
78	烟台大学图书馆	5943959.5	118	黄冈师范学院图书馆	4600000.0
79	长春师范大学图书馆	5879659.5	119	四川农业大学图书馆	4586311.0
80	河套学院图书馆	5737420.0	120	黄淮学院图书馆	4560000.0
81	山东科技大学图书馆	5690000.0	121	长沙理工大学图书馆	4541461.5
82	上海大学图书馆	5659126.0	122	中国石油大学（华东）图书馆	4533143.0
83	广东外语外贸大学图书馆	5642236.0	123	南方科技大学图书馆	4526593.5
84	徐州医科大学图书馆	5642236.0	124	南京理工大学图书馆	4504000.5
85	大连理工大学图书馆	5629291.5	125	浙江海洋大学图书馆	4491254.0
86	南昌大学图书馆	5478474.0	126	百色学院图书馆	4477869.0
87	内江师范学院图书馆	5347249.5	127	中南财经政法大学图书馆	4460466.0
88	长安大学图书馆	5268782.0	128	福州大学图书馆	4444831.0
89	天津科技大学图书馆	5234288.0	129	西华师范大学图书馆	4397316.0
90	广西科技大学图书馆	5219778.5	130	武汉商学院图书馆	4395400.0
91	南通大学图书馆	5185750.5	131	中国石油大学（北京）图书馆	4374880.0
92	深圳大学图书馆	5128583.0	132	贵州师范大学图书馆	4356963.5
93	太原理工大学图书馆	5126386.5	133	西北农林科技大学图书馆	4355482.5
94	呼和浩特民族学院图书馆	5100000.0	134	四川大学锦城学院图书馆	4353477.0
95	华南师范大学图书馆	5034000.0	135	成都医学院图书馆	4342236.0
96	中国矿业大学图书馆	5005600.0	136	北方民族大学图书馆	4325058.5
97	成都理工大学图书馆	4994221.0	137	兰州财经大学图书馆	4321876.0
98	西南民族大学图书馆	4969824.0	138	浙江传媒学院图书馆	4311048.5
99	洛阳理工学院图书馆	4936785.0	139	武汉软件工程职业学院图书馆	4300000.0
100	五邑大学图书馆	4891775.5	140	重庆三峡学院图书馆	4267000.0
101	宝鸡文理学院图书馆	4883844.0	141	西安科技大学图书馆	4255463.0
102	四川旅游学院图书馆	4883330.0	142	浙江财经大学图书馆	4250000.0
103	河西学院图书馆	4882788.0	143	北京大学医学图书馆	4248515.5
104	北京邮电大学图书馆	4864861.0	144	南京晓庄学院图书馆	4245126.5
105	天津中德职业技术学院图书馆	4850393.5	145	惠州学院图书馆	4243028.0
106	山东师范大学图书馆	4850000.0	146	宁夏大学图书馆	4239073.0
107	中国民用航空飞行学院图书馆	4839903.5	147	南京工业大学图书馆	4238000.0
108	西藏民族大学图书馆	4821674.5	148	南京财经大学图书馆	4235653.0
109	福建师范大学图书馆	4807034.5	149	江西师范大学图书馆	4235000.0
110	河南工业大学图书馆	4801757.0	150	广西大学图书馆	4229688.5
111	江西理工大学图书馆	4778929.0	151	华北电力大学图书馆	4183703.5
112	华东理工大学图书馆	4740104.0	152	安徽医科大学图书馆	4180000.0
113	湖北科技学院图书馆	4732778.0	153	哈尔滨工业大学图书馆	4176602.0
114	电子科技大学图书馆	4688678.0	154	韩山师范学院图书馆	4151660.8

续表

序号	机构名称	纸质资源购置费（元）	序号	机构名称	纸质资源购置费（元）
155	南京医科大学图书馆	4148052.0	195	郑州财经学院图书馆	3688724.8
156	集美大学图书馆	4145820.0	196	厦门理工学院图书馆	3670000.0
157	广州医科大学图书馆	4137096.0	197	上海工程技术大学图书馆	3661534.0
158	重庆医科大学图书馆	4133953.0	198	宁波财经学院图书馆	3649976.0
159	成都文理学院图书馆	4126322.0	199	温州医科大学图书馆	3640997.3
160	陕西师范大学图书馆	4101209.3	200	河南经贸职业学院图书馆	3640015.0
161	江苏大学图书馆	4093984.0	201	成都中医药大学图书馆	3605544.8
162	燕山大学图书馆	4093149.5	202	河北工业大学图书馆	3582647.5
163	上海对外经贸大学图书馆	4091458.0	203	甘肃农业大学图书馆	3580000.0
164	哈尔滨工程大学图书馆	4086997.5	204	中南民族大学图书馆	3574354.8
165	西安电子科技大学图书馆	4077744.3	205	中央民族大学图书馆	3574354.8
166	安徽大学图书馆	4036850.5	206	南京邮电大学图书馆	3566000.0
167	北京理工大学珠海学院图书馆	4026000.0	207	河池学院图书馆	3558162.5
168	阜阳职业技术学院图书馆	4000158.8	208	天津商业大学图书馆	3558162.5
169	南京中医药大学图书馆	4000000.0	209	海南热带海洋学院图书馆	3520256.0
170	浙江工商大学图书馆	3999944.8	210	江西科技学院图书馆	3513203.0
171	扬州大学图书馆	3992370.0	211	兰州文理学院图书馆	3504635.8
172	内蒙古大学图书馆	3984405.8	212	中央财经大学图书馆	3503569.0
173	北京工商大学图书馆	3960000.0	213	广西师范大学图书馆	3500000.0
174	陕西学前师范学院图书馆	3943111.0	214	淄博职业学院图书馆	3500000.0
175	苏州科技大学图书馆	3905313.8	215	嘉兴学院图书馆	3492546.0
176	泸州医学院图书馆	3883307.8	216	浙江理工大学图书馆	3487008.0
177	大连民族大学图书馆	3879415.8	217	四川师范大学图书馆	3481305.0
178	桂林理工大学图书馆	3848594.0	218	昆明医学院图书馆	3479367.0
179	三江学院图书馆	3846593.0	219	江苏科技大学图书馆	3478000.0
180	齐鲁工业大学图书馆	3824484.8	220	南京林业大学图书馆	3465798.0
181	三明学院图书馆	3804317.5	221	福州理工学院图书馆	3434176.3
182	江西财经大学图书馆	3800000.0	222	上海财经大学图书馆	3426802.5
183	遵义医科大学图书馆	3784491.3	223	宁夏师范学院图书馆	3400000.0
184	河南理工大学图书馆	3778806.0	224	山东财经大学图书馆	3400000.0
185	兰州理工大学图书馆	3770964.0	225	太原师范学院图书馆	3392655.3
186	中山大学新华学院图书馆	3762032.5	226	华中农业大学图书馆	3391019.8
187	内蒙古师范大学图书馆	3760000.0	227	洛阳师范学院图书馆	3388562.0
188	上海建桥学院图书馆	3746239.0	228	青岛大学图书馆	3383632.5
189	云南财经大学图书馆	3730000.0	229	南京信息工程大学图书馆	3383213.3
190	中国药科大学图书馆	3728025.5	230	中国民航大学图书馆	3377091.5
191	川北医学院图书馆	3727686.8	231	武汉学院图书馆	3356477.5
192	大连海事大学图书馆	3720000.0	232	西安航空职业技术学院图书馆	3350000.0
193	广东食品药品职业学院图书馆	3720000.0	233	河北环境工程学院图书馆	3346200.0
194	南京航空航天大学图书馆	3692393.3	234	西安交通工程学院图书馆	3336670.8

续表

序号	机构名称	纸质资源购置费(元)	序号	机构名称	纸质资源购置费(元)
235	西北大学图书馆	3332367.5	275	江门职业技术学院图书馆	3079800.0
236	陕西国际商贸学院图书馆	3314463.5	276	西京学院图书馆	3074529.8
237	安顺学院图书馆	3304983.8	277	潍坊学院图书馆	3062050.8
238	江苏师范大学图书馆	3303673.0	278	江西科技师范大学图书馆	3060665.0
239	四川工商学院图书馆	3297789.5	279	辽宁对外经贸学院图书馆	3043236.5
240	广州中医药大学图书馆	3291000.0	280	中国美术学院图书馆	3041048.5
241	柳州铁道职业技术学院图书馆	3290000.0	281	福建农林大学图书馆	3032871.5
242	湖北医药学院图书馆	3270000.0	282	西北师范大学图书馆	3025150.5
243	西安建筑科技大学图书馆	3262301.8	283	北京第二外国语学院图书馆	3025000.0
244	兰州石化职业技术学院图书馆	3260000.0	284	内蒙古科技大学图书馆	3011105.5
245	广州航海学院图书馆	3257613.0	285	厦门医学院图书馆	3009109.3
246	山东农业大学图书馆	3247841.0	286	兰州交通大学图书馆	3003036.0
247	曲阜师范大学图书馆	3247000.0	287	湖南商学院图书馆	3000000.0
248	重庆电子工程职业学院图书馆	3243176.0	288	新疆医科大学图书馆	3000000.0
249	西南科技大学图书馆	3242601.5	289	浙江工商大学杭州商学院图书馆	3000000.0
250	云南师范大学商学院图书馆	3237439.0	290	南华大学图书馆	2981632.0
251	西安航空学院图书馆	3235940.3	291	青岛科技大学图书馆	2980000.0
252	河北传媒学院图书馆	3234834.5	292	上海健康医学院图书馆	2978668.8
253	中国科学技术大学图书馆	3232774.5	293	湖北经济学院图书馆	2975642.0
254	杭州电子科技大学图书馆	3220097.8	294	上海理工大学图书馆	2972526.0
255	河北经贸大学图书馆	3220000.0	295	闽江学院图书馆	2957957.0
256	集宁师范学院图书馆	3220000.0	296	西安石油大学图书馆	2956063.0
257	电子科技大学中山学院图书馆	3200130.0	297	闽南师范大学图书馆	2949637.3
258	九江学院图书馆	3198275.0	298	北京物资学院图书馆	2942052.0
259	中南林业科技大学图书馆	3197517.3	299	深圳技术大学图书馆	2938484.5
260	天津理工大学图书馆	3183099.5	300	岭南师范学院图书馆	2933894.8
261	石家庄铁道大学图书馆	3182530.0	301	宿迁学院图书馆	2928180.0
262	甘肃中医药大学图书馆	3180000.0	302	西安财经学院行知学院图书馆	2918963.8
263	首都医科大学图书馆	3158600.0	303	新乡医学院三全学院图书馆	2917970.5
264	天津财经大学珠江学院图书馆	3149086.0	304	淮阴师范学院图书馆	2910289.0
265	郑州轻工业学院图书馆	3136513.8	305	珠海艺术职业学院图书馆	2905228.0
266	东莞理工学院城市学院图书馆	3130000.0	306	南宁师范大学图书馆	2893675.0
267	河南交通职业技术学院图书馆	3130000.0	307	内蒙古工业大学图书馆	2881913.0
268	中国计量大学图书馆	3114214.5	308	四川外国语大学图书馆	2862995.0
269	贵州中医药大学图书馆	3107153.5	309	广东石油化工学院图书馆	2862269.0
270	山东理工大学图书馆	3098769.8	310	上海电机学院图书馆	2857124.3
271	吕梁学院图书馆	3094830.0	311	北京服装学院图书馆	2846089.0
272	东华大学图书馆	3090779.0	312	西安理工大学图书馆	2845009.5
273	浙江大学城市学院图书馆	3087975.0	313	山西大同大学图书馆	2805042.8
274	江汉大学图书馆	3081704.0	314	河南农业大学图书馆	2800000.0

续表

序号	机构名称	纸质资源购置费(元)	序号	机构名称	纸质资源购置费(元)
315	河北化工医药职业技术学院图书馆	2786445.5	355	信阳农林学院图书馆	2470000.0
316	南昌师范学院图书馆	2769906.3	356	辽宁科技大学图书馆	2463509.0
317	天水师范学院图书馆	2730000.0	357	东华理工大学图书馆	2456241.5
318	湖北工业大学图书馆	2729935.5	358	江西中医药高等专科学校图书馆	2430000.0
319	贵州医科大学图书馆	2694603.8	359	甘肃民族师范学院图书馆	2429926.3
320	新疆大学图书馆	2689527.0	360	东营职业学院图书馆	2423693.0
321	中国人民警察大学图书馆	2685000.0	361	吉林财经大学图书馆	2417780.8
322	邢台职业技术学院图书馆	2683000.0	362	首都师范大学图书馆	2410000.0
323	湖南师范大学图书馆	2682077.0	363	重庆工程职业技术学院图书馆	2410000.0
324	周口师范学院图书馆	2681348.0	364	郑州信息工程职业学院图书馆	2400000.0
325	河南工学院图书馆	2678470.0	365	贵州商学院图书馆	2399995.3
326	广东工业大学图书馆	2672000.8	366	四川理工学院图书馆	2399980.3
327	武昌首义学院图书馆	2646636.3	367	武汉轻工大学图书馆	2395960.0
328	广西生态工程职业技术学院图书馆	2640000.0	368	甘肃林业职业技术学院图书馆	2385684.5
329	福建工程学院图书馆	2625118.0	369	江西中医药大学图书馆	2385632.8
330	防灾科技学院图书馆	2620991.8	370	南京艺术学院图书馆	2382600.0
331	贵州民族大学图书馆	2618660.0	371	天津工业大学图书馆	2374119.0
332	湖州师范学院图书馆	2615313.8	372	绍兴文理学院图书馆	2373615.3
333	石河子大学图书馆	2614203.0	373	惠州经济职业技术学院图书馆	2372163.3
334	延安大学图书馆	2611702.0	374	泰州学院图书馆	2366449.8
335	南京大学金陵学院图书馆	2604000.0	375	西南林学院图书馆	2360000.0
336	深圳职业技术学院图书馆	2603000.0	376	西安科技大学高新学院图书馆	2358737.8
337	广州大学图书馆	2600000.0	377	广东科学技术职业学院图书馆	2350000.0
338	长春中医药大学图书馆	2573972.0	378	昆明学院图书馆	2350000.0
339	杭州职业技术学院图书馆	2550000.0	379	浙江越秀外国语学院图书馆	2347274.8
340	江苏理工学院图书馆	2548419.5	380	上海中医药大学图书馆	2334195.0
341	常州信息职业技术学院图书馆	2536761.5	381	武汉城市职业学院图书馆	2325000.0
342	江西农业大学图书馆	2522995.5	382	西南石油大学图书馆	2323266.0
343	华北科技学院图书馆	2521983.3	383	东南大学成贤学院图书馆	2321298.3
344	山西工程技术学院图书馆	2519206.3	384	广东水利电力职业技术学院图书馆	2318215.5
345	山东中医药大学图书馆	2517339.3	385	三亚学院图书馆	2306000.0
346	西昌学院图书馆	2510479.3	386	西安翻译学院图书馆	2304854.0
347	南京审计大学图书馆	2495948.3	387	金华职业技术学院图书馆	2298500.0
348	河北师范大学图书馆	2488037.0	388	南昌工学院图书馆	2295934.0
349	福建江夏学院图书馆	2486919.8	389	西南财经大学天府学院图书馆	2292097.5
350	绍兴文理学院元培学院图书馆	2479445.5	390	浙江大学宁波理工学院图书馆	2269955.0
351	广西大学行健文理学院图书馆	2478130.5	391	中州大学图书馆	2264188.8
352	西安欧亚学院图书馆	2476581.8	392	河北科技大学图书馆	2260000.0
353	北方工业大学图书馆	2473200.0	393	成都理工大学工程技术学院图书馆	2252226.0
354	南宁学院图书馆	2470880.0	394	昆明理工大学图书馆	2245644.5

续表

序号	机构名称	纸质资源购置费（元）	序号	机构名称	纸质资源购置费（元）
395	中国地质大学图书馆	2245000.0	435	北京理工大学图书馆	2076628.6
396	福建商学院图书馆	2234804.3	436	湖南环境生物职业技术学院图书馆	2062735.0
397	苏州职业大学图书馆	2230081.0	437	四川工业科技学院图书馆	2056000.0
398	北京信息科技大学图书馆	2229497.0	438	包头师范学院图书馆	2050000.0
399	浙江财经大学东方学院图书馆	2226322.0	439	广西民族师范学院图书馆	2050000.0
400	渭南师范学院图书馆	2221996.0	440	顺德职业技术学院图书馆	2048511.1
401	西北政法大学图书馆	2221388.0	441	四川国际标榜职业学院图书馆	2045000.0
402	常州工程职业技术学院图书馆	2220000.0	442	福建医科大学图书馆	2040969.1
403	太原大学图书馆	2217091.3	443	江西经济管理干部学院图书馆	2040969.1
404	西安铁路职业技术学院图书馆	2209731.5	444	常熟理工学院图书馆	2038657.3
405	浙江农林大学暨阳学院图书馆	2209731.5	445	仲恺农业工程学院图书馆	2037339.6
406	普洱学院图书馆	2209000.0	446	白城师范学院图书馆	2033507.8
407	浙江中医药大学图书馆	2200223.5	447	中国石油大学胜利学院图书馆	2031220.4
408	贺州学院图书馆	2198000.0	448	滨州学院图书馆	2024915.5
409	云南师范大学文理学院图书馆	2192827.0	449	宿州学院图书馆	2020000.0
410	台州学院图书馆	2190362.0	450	芜湖职业技术学院图书馆	2020000.0
411	河北建筑工程学院图书馆	2189079.0	451	长沙学院图书馆	2012000.0
412	内蒙古医科大学图书馆	2189079.0	452	天津海运职业学院图书馆	2010830.0
413	江苏第二师范学院图书馆	2182600.0	453	凯里学院图书馆	2009894.5
414	西安工业大学图书馆	2178408.3	454	北京电影学院图书馆	2005760.8
415	中山大学南方学院图书馆	2171465.8	455	兰州城市学院图书馆	2000000.0
416	广西医科大学图书馆	2162986.3	456	山东科技职业学院图书馆	2000000.0
417	宁波工程学院图书馆	2157523.3	457	四川工商职业技术学院图书馆	2000000.0
418	浙江科技学院图书馆	2149994.8	458	皖西学院图书馆	2000000.0
419	嘉应学院图书馆	2149000.0	459	郑州幼儿师范高等专科学校图书馆	2000000.0
420	南京工业职业技术学院图书馆	2146387.3	460	太原科技大学图书馆	1999977.5
421	成都艺术职业学院图书馆	2137726.0	461	中原工学院图书馆	1996300.0
422	武汉科技大学城市学院图书馆	2137018.0	462	中北大学图书馆	1995657.8
423	浙江外国语学院图书馆	2133300.0	463	云南艺术学院图书馆	1990211.9
424	德州学院图书馆	2131761.0	464	南充职业技术学院图书馆	1984163.4
425	聊城职业技术学院图书馆	2120000.0	465	西安培华学院图书馆	1982601.3
426	河南职业技术学院图书馆	2113000.0	466	池州学院图书馆	1980894.0
427	上海电力学院图书馆	2110460.8	467	广州城建职业学院图书馆	1980778.3
428	运城学院图书馆	2110000.0	468	长江师范学院图书馆	1976251.9
429	文华学院图书馆	2105163.5	469	北部湾大学图书馆	1975795.0
430	天津医科大学图书馆	2100234.0	470	陕西理工大学图书馆	1975780.0
431	唐山学院图书馆	2100000.0	471	河北医科大学图书馆	1973900.0
432	安徽职业技术学院图书馆	2098500.0	472	青海民族大学图书馆	1973147.0
433	衡水学院图书馆	2095894.8	473	阜阳师范学院图书馆	1971918.0
434	天津外国语大学图书馆	2076728.1	474	江西现代职业技术学院图书馆	1970000.0

续表

序号	机构名称	纸质资源购置费(元)	序号	机构名称	纸质资源购置费(元)
475	南阳师范学院图书馆	1969149.0	515	湖南理工学院图书馆	1829938.0
476	武汉工商学院图书馆	1966905.3	516	福建中医药大学图书馆	1829397.9
477	云南开放大学图书馆	1955500.0	517	红河学院图书馆	1822754.0
478	桂林航天工业学院图书馆	1950000.0	518	河北中医学院图书馆	1800000.0
479	贵州师范学院图书馆	1943834.8	519	湖北第二师范学院图书馆	1800000.0
480	广州番禺职业技术学院图书馆	1935063.5	520	淮北师范大学图书馆	1800000.0
481	湖南城市学院图书馆	1930000.0	521	安徽财经大学图书馆	1799100.0
482	云南大学滇池学院图书馆	1928377.6	522	山东城市建设职业学院图书馆	1790000.0
483	吉林师范大学图书馆	1927088.4	523	甘肃政法大学图书馆	1784901.0
484	咸阳师范学院图书馆	1923941.5	524	广西科技大学鹿山学院图书馆	1782744.3
485	安徽工商职业学院图书馆	1920000.0	525	河南农业职业学院图书馆	1780000.0
486	山西大学图书馆	1919121.9	526	华北理工大学图书馆	1770756.0
487	西安邮电大学图书馆	1917029.8	527	曲靖师范学院图书馆	1770000.0
488	山西医科大学图书馆	1916920.6	528	成都工业学院图书馆	1766000.0
489	湖南工学院图书馆	1916534.0	529	晋中学院图书馆	1765922.5
490	北京林业大学图书馆	1904800.0	530	云南经济管理学院图书馆	1758928.0
491	黑龙江大学图书馆	1901875.6	531	华南农业大学珠江学院图书馆	1753236.4
492	昆山杜克大学图书馆	1897446.5	532	鲁东大学图书馆	1752047.0
493	保定学院图书馆	1895173.4	533	赣州师范高等专科学校图书馆	1750000.0
494	汕头大学图书馆	1881182.4	534	沈阳工程学院图书馆	1750000.0
495	北京工业大学图书馆	1880431.0	535	西北大学现代学院图书馆	1745838.0
496	云南民族大学图书馆	1880000.0	536	杨凌职业技术学院图书馆	1744176.1
497	广东技术师范大学图书馆	1876026.8	537	宁德师范学院图书馆	1724592.9
498	重庆城市管理职业学院图书馆	1870000.0	538	武汉纺织大学图书馆	1724242.1
499	陕西中医药大学图书馆	1869960.4	539	浙江机电职业技术学院图书馆	1712152.0
500	上海外国语大学图书馆	1868022.1	540	攀枝花学院图书馆	1706797.1
501	武夷学院图书馆	1866428.1	541	江西应用科技学院图书馆	1703708.4
502	长沙医学院图书馆	1865970.0	542	济宁学院图书馆	1700000.0
503	赣南医学院图书馆	1864582.0	543	上海应用技术学院图书馆	1699996.5
504	长江大学图书馆	1857869.0	544	临沂职业学院图书馆	1695981.6
505	贵阳学院图书馆	1857747.0	545	辽宁大学图书馆	1695464.6
506	四川建筑职业技术学院图书馆	1856650.3	546	蚌埠学院图书馆	1693000.0
507	海口经济学院图书馆	1851230.0	547	山西工商学院图书馆	1687070.8
508	新乡医学院图书馆	1850000.0	548	山东畜牧兽医职业学院图书馆	1679852.8
509	南京科技职业学院	1849866.6	549	中央戏剧学院图书馆	1677815.6
510	辽宁中医药大学图书馆	1845192.1	550	浙江建设职业技术学院图书馆	1677764.8
511	上海海洋大学图书馆	1842345.5	551	安徽商贸职业技术学院图书馆	1675325.9
512	陕西科技大学图书馆	1835227.4	552	浙江金融职业学院图书馆	1670365.8
513	华东交通大学图书馆	1834011.6	553	山西中医药大学图书馆	1669635.9
514	河北工程大学图书馆	1833872.6	554	武汉音乐学院图书馆	1660000.0

续表

序号	机构名称	纸质资源购置费（元）	序号	机构名称	纸质资源购置费（元）
555	吉林医药学院图书馆	1656934.9	595	泰州职业技术学院图书馆	1535024.0
556	豫章师范学院图书馆	1655000.0	596	新疆师范大学图书馆	1531100.0
557	湖北城市建设职业技术学院图书馆	1650000.0	597	内蒙古财经大学图书馆	1530000.0
558	吉林工商学院图书馆	1649377.0	598	浙江警察学院图书馆	1527419.9
559	铜仁学院图书馆	1647000.0	599	山东外贸职业学院图书馆	1520000.0
560	上海海关学院图书馆	1641323.8	600	宁夏医科大学图书馆	1519541.0
561	长春工程学院图书馆	1639999.0	601	西安医学院图书馆	1519289.4
562	江西医学高等专科学校图书馆	1639170.3	602	吉林外国语大学图书馆	1512646.3
563	辽宁石油化工大学图书馆	1638706.1	603	邯郸学院图书馆	1506000.0
564	大连工业大学图书馆	1638164.6	604	聊城大学图书馆	1502956.0
565	上海第二工业大学图书馆	1629642.5	605	湖州职业技术学院图书馆	1502854.0
566	宜春学院图书馆	1629494.5	606	四川卫生康复职业学院图书馆	1500121.1
567	赣南师范大学图书馆	1620000.0	607	大连职业技术学院图书馆	1500000.0
568	济南职业学院图书馆	1620000.0	608	赣州卫生健康职业学院图书馆	1500000.0
569	长春科技学院图书馆	1618684.9	609	淮南师范学院图书馆	1500000.0
570	山东商业职业技术学院图书馆	1615000.0	610	新疆警官高等专科学校图书馆	1500000.0
571	上海商学院图书馆	1612680.0	611	榆林学院图书馆	1500000.0
572	扬州市职业大学图书馆	1611094.4	612	九江职业技术学院图书馆	1497000.0
573	西安思源学院图书馆	1605600.0	613	南开大学滨海学院图书馆	1488585.1
574	哈尔滨师范大学图书馆	1602580.8	614	琼台师范学院图书馆	1480000.0
575	重庆工商职业学院图书馆	1601832.3	615	延边大学图书馆	1475188.9
576	玉林师范学院图书馆	1600000.0	616	右江民族医学院图书馆	1471627.0
577	福州外语外贸学院图书馆	1595500.0	617	陇东学院图书馆	1470000.0
578	上海电子信息职业技术学院图书馆	1584078.6	618	沈阳航空航天大学图书馆	1469730.9
579	茅台学院图书馆	1581500.0	619	浙江同济科技职业学院图书馆	1465786.0
580	广州工程技术职业学院图书馆	1579997.3	620	上海海事大学图书馆	1465264.5
581	四川文化产业职业学院图书馆	1577309.9	621	雅安职业技术学院图书馆	1465200.0
582	湖南女子学院图书馆	1576279.3	622	滁州学院图书馆	1465000.0
583	上海师范大学天华学院图书馆	1572630.1	623	莆田学院图书馆	1461331.0
584	河北北方学院图书馆	1571306.4	624	吉林电子信息职业技术学院图书馆	1459680.4
585	青海交通职业技术学院图书馆	1570005.0	625	湖南大学图书馆	1457773.6
586	新疆财经大学图书馆	1563324.8	626	成都航空职业技术学院图书馆	1457264.0
587	四川三河职业学院图书馆	1563000.0	627	辽宁师范大学图书馆	1451412.3
588	武汉科技大学图书馆	1558299.4	628	广东松山职业技术学院图书馆	1447263.3
589	昆明冶金高等专科学校图书馆	1550015.0	629	西安美术学院图书馆	1447260.5
590	许昌职业技术学院图书馆	1550000.0	630	无锡职业技术学院图书馆	1446704.0
591	浙江工业职业技术学院图书馆	1550000.0	631	湖北美术学院图书馆	1445222.5
592	西华大学图书馆	1548181.8	632	达州职业技术学院图书馆	1440000.0
593	浙江万里学院图书馆	1547213.0	633	昭通学院图书馆	1439100.0
594	山东农业工程学院图书馆	1541746.4	634	广东医科大学图书馆	1438598.0

续表

序号	机构名称	纸质资源购置费（元）	序号	机构名称	纸质资源购置费（元）
635	绍兴职业技术学院图书馆	1438159.5	674	郑州职业技术学院图书馆	1311440.0
636	陕西国防工业职业技术学院图书馆	1438010.6	675	青海畜牧兽医职业技术学院图书馆	1310000.0
637	广州大学松田学院图书馆	1429305.8	676	吉林建筑大学图书馆	1308606.1
638	中国医科大学图书馆	1426663.0	677	吉林动画学院图书馆	1300311.9
639	北京科技大学天津学院图书馆	1424500.0	678	河北水利电力学院图书馆	1300000.0
640	湖北大学图书馆	1420687.4	679	西藏大学图书馆	1300000.0
641	江苏城乡建设职业学院图书馆	1419093.0	680	山东华宇工学院图书馆	1296500.0
642	吉林农业科技学院图书馆	1412712.6	681	三峡大学图书馆	1287729.4
643	天津财经大学图书馆	1411263.6	682	漯河医学高等专科学校图书馆	1285000.0
644	宜宾职业技术学院图书馆	1410000.0	683	江苏建康职业学院图书馆	1281838.0
645	武汉东湖学院图书馆	1401418.0	684	内蒙古建筑职业技术学院图书馆	1281013.6
646	江西先锋软件职业技术学院图书馆	1400970.0	685	保山中医药高等专科学校图书馆	1280000.0
647	江西财经职业学院图书馆	1400000.0	686	江西财经大学现代经济管理学院图书馆	1280000.0
648	齐鲁师范学院图书馆	1400000.0	687	宁夏工商职业技术学院图书馆	1275111.0
649	郑州旅游职业学院图书馆	1400000.0	688	长春理工大学图书馆	1273893.3
650	南京医科大学康达学院图书馆	1396800.0	689	西藏农牧学院图书馆	1268930.0
651	成都师范学院图书馆	1388654.1	690	河南工程学院图书馆	1265000.0
652	黄山学院图书馆	1386000.0	691	重庆水利电力职业技术学院图书馆	1265000.0
653	四川电子机械职业技术学院图书馆	1382859.1	692	中央司法警官学院图书馆	1260832.1
654	桂林师范高等专科学校图书馆	1380000.0	693	武汉晴川学院图书馆	1258229.4
655	浙江医药高等专科学校图书馆	1373478.4	694	东北师范大学人文学院图书馆	1253121.5
656	四川交通职业技术学院图书馆	1365788.0	695	浙江工贸职业技术学院图书馆	1252877.5
657	上海体育学院图书馆	1365567.5	696	浙江工商职业技术学院图书馆	1250073.5
658	安徽农业大学图书馆	1361610.0	697	贵州工程应用技术学院图书馆	1250000.0
659	东北电力大学图书馆	1361587.0	698	遵义师范学院图书馆	1250000.0
660	广州城市职业学院图书馆	1360000.0	699	广东警官学院图书馆	1246000.0
661	六盘水师范学院图书馆	1359825.3	700	青海师范大学图书馆	1245000.0
662	上海民航职业技术学院图书馆	1351494.9	701	长春大学旅游学院图书馆	1244861.3
663	青岛职业技术学院图书馆	1350000.0	702	重庆幼儿师范高等专科学校图书馆	1242800.0
664	天津农学院图书馆	1349634.0	703	沈阳医学院图书馆	1234530.8
665	台州职业技术学院图书馆	1348262.0	704	郑州电力职业技术学院图书馆	1232694.0
666	广西艺术学院图书馆	1343643.0	705	西北师范大学知行学院图书馆	1230608.4
667	上饶师范学院图书馆	1342161.4	706	杭州师范大学钱江学院图书馆	1227570.0
668	西安体育学院图书馆	1340856.3	707	徐州工程学院图书馆	1210567.4
669	长春建筑学院图书馆	1329578.6	708	湖南城建职业技术学院图书馆	1210000.0
670	山东青年政治学院图书馆	1328756.4	709	无锡工艺职业技术学院图书馆	1208000.0
671	锦州医科大学图书馆	1315259.8	710	四川护理职业学院图书馆	1205000.0
672	鞍山师范学院图书馆	1314434.9	711	武汉体育学院图书馆	1200150.0
673	浙江经贸职业技术学院图书馆	1312811.1	712	盐城师范学院图书馆	1200000.0

续表

序号	机构名称	纸质资源购置费（元）	序号	机构名称	纸质资源购置费（元）
713	广东轻工职业技术学院图书馆	1199967.5	753	四川华新现代职业学院图书馆	1099229.3
714	长沙卫生职业学院图书馆	1198000.0	754	枣庄学院图书馆	1098480.3
715	重庆第二师范学院图书馆	1197515.9	755	宁波职业技术学院图书馆	1092966.4
716	巢湖学院图书馆	1195000.0	756	湖南医药学院图书馆	1086380.3
717	临沂大学图书馆	1177359.0	757	广州体育学院图书馆	1086348.1
718	陕西财经职业技术学院图书馆	1171196.6	758	长春工业大学图书馆	1082555.3
719	云南农业大学图书馆	1170404.3	759	商洛学院图书馆	1074556.4
720	四川民族学院图书馆	1170191.3	760	西北民族大学图书馆	1072966.5
721	云南国土资源职业学院图书馆	1170000.0	761	福建警察学院图书馆	1072658.5
722	上海视觉艺术学院图书馆	1160000.0	762	北华大学图书馆	1071718.3
723	长春大学图书馆	1160000.0	763	宁夏财经职业技术学院图书馆	1070149.3
724	云南财经职业学院图书馆	1156915.3	764	中山火炬职业技术学院图书馆	1070000.0
725	昆明工业职业技术学院图书馆	1155959.8	765	云南警官学院图书馆	1069880.4
726	山东医学高等专科学校图书馆	1154999.0	766	西安汽车职业大学图书馆	1069134.9
727	陕西工业职业技术学院图书馆	1150888.4	767	湖南科技学院图书馆	1063404.3
728	云南工商学院图书馆	1150000.0	768	浙江交通职业技术学院图书馆	1062329.4
729	浙江水利水电学院图书馆	1149991.0	769	衡阳师范学院图书馆	1056075.0
730	西安工程大学图书馆	1149643.9	770	山东工业职业学院图书馆	1056000.0
731	广州南洋理工职业学院图书馆	1145945.3	771	兰州资源环境职业技术学院图书馆	1055000.0
732	山西农业大学图书馆	1143189.5	772	广西经贸职业技术学院图书馆	1053877.8
733	四川音乐学院图书馆	1142808.6	773	安徽科技学院图书馆	1050000.0
734	武汉工程大学图书馆	1133601.8	774	成都信息工程大学图书馆	1049993.9
735	武昌工学院图书馆	1132977.6	775	江西外语外贸职业学院图书馆	1048464.0
736	漳州理工职业学院图书馆	1131000.0	776	天津商业大学宝德学院图书馆	1047001.9
737	广西中医药大学图书馆	1130000.0	777	忻州师范学院图书馆	1046907.3
738	湖北中医药高等专科学校图书馆	1130000.0	778	衢州学院图书馆	1044612.0
739	江西枫林涉外经贸职业学院图书馆	1123090.0	779	湖北交通职业技术学院图书馆	1040000.0
740	成都工业职业技术学院图书馆	1120000.0	780	天津天狮学院图书馆	1033800.0
741	河北司法警官职业学院图书馆	1120000.0	781	抚州幼儿师范高等专科学校图书馆	1030755.3
742	江西工程学院图书馆	1116941.1	782	天津师范大学图书馆	1028715.0
743	长春财经学院图书馆	1116605.6	783	内蒙古民族大学图书馆	1028300.0
744	常州大学图书馆	1114827.9	784	漳州科技职业学院图书馆	1012097.6
745	营口理工学院图书馆	1110348.6	785	四川警察学院图书馆	1010000.0
746	天津交通职业学院图书馆	1110000.0	786	北京工业职业技术学院图书馆	1000000.0
747	沈阳药科大学图书馆	1107881.8	787	河北金融学院图书馆	1000000.0
748	文山学院图书馆	1106553.0	788	山东政法学院图书馆	1000000.0
749	陕西警官职业学院图书馆	1100153.5	789	四川水利职业技术学院图书馆	1000000.0
750	广安职业技术学院图书馆	1100000.0	790	淄博师范高等专科学校图书馆	1000000.0
751	黔南民族师范学院图书馆	1100000.0	791	山东女子学院图书馆	999358.6
752	渭南职业技术学院图书馆	1100000.0	792	安徽中医药大学图书馆	999082.5

续表

序号	机构名称	纸质资源购置费（元）	序号	机构名称	纸质资源购置费（元）
793	大连医科大学图书馆	997468.4	832	西安职业技术学院图书馆	913828.8
794	太原工业学院图书馆	993746.8	833	大连交通大学图书馆	909152.2
795	金陵科技学院图书馆	992008.4	834	广东创新科技职业学院图书馆	909029.7
796	陕西工商职业学院图书馆	990000.0	835	河南工业职业技术学院图书馆	907700.0
797	宁波城市职业技术学院图书馆	985388.5	836	阿坝师范学院图书馆	900200.0
798	天津大学仁爱学院图书馆	985053.1	837	安阳职业技术学院图书馆	900000.0
799	浙江商业职业技术学院图书馆	983774.3	838	河北轨道运输职业技术学院图书馆	900000.0
800	海南软件职业技术学院图书馆	980000.0	839	邵阳学院图书馆	900000.0
801	杭州医学院	980000.0	840	武汉船舶职业技术学院图书馆	900000.0
802	潍坊工程职业学院图书馆	980000.0	841	上海出版印刷高等专科学校图书馆	899999.1
803	福建信息职业技术学院图书馆	970573.4	842	湖北职业技术学院图书馆	899146.0
804	四川文轩职业学院图书馆	970000.0	843	武汉工程科技学院图书馆	897957.6
805	四川文理学院图书馆	965341.8	844	苏州科技大学天平学院图书馆	895426.3
806	江西服装学院图书馆	961481.0	845	沈阳工业大学图书馆	895042.1
807	甘肃警察职业学院图书馆	956810.7	846	上海科技大学图书馆	893955.7
808	西安工业大学北方信息工程学院图书馆	956000.0	847	重庆科技学院图书馆	892431.4
809	湖南工艺美术职业学院图书馆	950000.0	848	惠州卫生职业技术学院图书馆	891854.8
810	辽宁交通高等专科学校图书馆	950000.0	849	浙江师范大学行知学院图书馆	891100.0
811	濮阳职业技术学院图书馆	950000.0	850	铁道警察学院图书馆	889701.1
812	长春光华学院图书馆	947728.6	851	合肥师范学院图书馆	888724.5
813	四川化工职业技术学院图书馆	947000.0	852	江苏警官学院图书馆	886467.4
814	南京理工大学泰州科技学院图书馆	944747.9	853	吉林化工学院图书馆	883481.3
815	漳州职业技术学院图书馆	944146.5	854	吉林大学珠海学院图书馆	880797.9
816	哈尔滨商业大学图书馆	943790.8	855	沈阳大学图书馆	880000.0
817	湖北汽车工业学院图书馆	943395.0	856	湖南中医药高等专科学校图书馆	876737.9
818	广东工贸职业技术学院图书馆	940000.0	857	吉首大学图书馆	873993.2
819	武汉交通职业学院图书馆	940000.0	858	上海思博职业技术学院图书馆	869603.5
820	安康学院图书馆	936482.0	859	泉州师范学院图书馆	868500.0
821	山东旅游职业学院图书馆	935000.0	860	南京森林警察学院图书馆	860200.0
822	福建卫生职业技术学院图书馆	934300.0	861	长春工业大学人文信息学院图书馆	860086.9
823	闽江师范高等专科学校图书馆	930757.3	862	甘肃交通职业技术学院图书馆	860000.0
824	宜宾学院图书馆	929255.0	863	天津电子信息职业技术学院图书馆	859490.7
825	仰恩大学图书馆	926688.1	864	西北工业大学明德学院图书馆	858376.1
826	湖南警察学院图书馆	926227.0	865	山西师范大学图书馆	848432.0
827	山东水利职业学院图书馆	925000.0	866	厦门华厦学院图书馆	845080.9
828	汉江师范学院图书馆	924276.5	867	义乌工商职业技术学院图书馆	844892.1
829	大庆师范学院图书馆	921639.7	868	江西警察学院图书馆	842417.9
830	山东药品食品职业学院图书馆	919000.0	869	广东碧桂园职业学院图书馆	836531.6
831	福建船政交通职业学院图书馆	914933.3	870	盘锦职业技术学院图书馆	830000.0

续表

序号	机构名称	纸质资源购置费（元）	序号	机构名称	纸质资源购置费（元）
871	四川商务职业学院图书馆	829849.0	908	重庆工贸职业技术学院图书馆	730000.0
872	济南工程职业技术学院图书馆	828007.8	909	漳州城市职业学院图书馆	726525.0
873	连云港师范高等专科学校图书馆	825000.0	910	西安交通大学城市学院图书馆	720372.4
874	景德镇陶瓷大学图书馆	816551.3	911	内蒙古电子信息职业技术学院图书馆	719996.4
875	常州工学院图书馆	816338.1	912	宁夏民族职业技术学院图书馆	717814.1
876	四川职业技术学院图书馆	814000.0	913	吉林工程技术师范学院图书馆	715000.0
877	黔南民族医学高等专科学校图书馆	812907.1	914	沈阳体育学院图书馆	708029.0
878	湖北三峡职业技术学院图书馆	805434.0	915	清远职业技术学院图书馆	708000.0
879	南京广播电视大学图书馆	804000.0	916	西安财经大学图书馆	707910.2
880	湖北生物科技职业学院图书馆	802100.0	917	德宏师范高等专科学校图书馆	707645.6
881	山西财政税务专科学校图书馆	800821.9	918	宜春职业技术学院图书馆	705400.0
882	菏泽医学专科学校图书馆	800000.0	919	济南幼儿师范高等专科学校图书馆	704560.0
883	南昌航空大学科技学院图书馆	800000.0	920	成都农业科技职业学院图书馆	700000.0
884	四川航天职业技术学院图书馆	798571.0	921	广东药科大学图书馆	700000.0
885	韶关学院图书馆	796304.9	922	云南中医学院图书馆	700000.0
886	山东轻工职业学院图书馆	787970.3	923	吉林铁道职业技术学院图书馆	699782.6
887	安徽医学高等专科学校图书馆	787959.4	924	天津医科大学临床医学院图书馆	689901.4
888	陕西交通职业技术学院图书馆	786680.0	925	成都体育学院图书馆	685625.1
889	江西信息应用职业技术学院图书馆	786418.5	926	海南工商职业学院图书馆	684577.5
890	辽宁警察学院图书馆	778046.0	927	成都大学图书馆	683000.0
891	河南应用技术职业学院图书馆	773103.6	928	湖南民族职业学院图书馆	682999.2
892	成都职业技术学院图书馆	772454.0	929	安徽中医药高等专科学校图书馆	680000.0
893	沈阳农业大学图书馆	771069.8	930	红河卫生职业学院图书馆	679514.9
894	内蒙古化工职业学院图书馆	770000.0	931	承德石油高等专科学校图书馆	667731.4
895	浙江育英职业技术学院图书馆	769905.2	932	汕尾职业技术学院图书馆	667100.0
896	咸阳职业技术学院图书馆	766670.3	933	苏州健雄职业技术学院图书馆	667000.0
897	南方医科大学图书馆	755000.0	934	武汉华夏理工学院图书馆	663646.1
898	河北政法职业学院图书馆	750000.0	935	襄阳职业技术学院图书馆	660000.0
899	湖北理工学院图书馆	750000.0	936	云南能源职业技术学院图书馆	660000.0
900	克拉玛依职业技术学院图书馆	750000.0	937	辽宁工程技术大学图书馆	659999.3
901	玉溪师范学院图书馆	750000.0	938	丽江师范高等专科学校图书馆	650554.2
902	大连海洋大学图书馆	745265.1	939	长治医学院图书馆	650000.0
903	重庆警察学院图书馆	742396.3	940	江西陶瓷工艺美术职业技术学院图书馆	649894.8
904	重庆机电职业技术学院图书馆	742333.0	941	合肥学院图书馆	649251.0
905	福建华南女子职业学院图书馆	736633.0	942	上海旅游高等专科学校图书馆	641331.4
906	中国人民解放军空军预警学院图书馆	732955.0	943	开封文化艺术职业学院图书馆	636066.1
907	永州职业技术学院图书馆	730000.0	944	西安文理学院图书馆	634185.9

续表

序号	机构名称	纸质资源购置费（元）	序号	机构名称	纸质资源购置费（元）
945	民办四川天一学院图书馆	634181.1	983	安徽审计职业学院图书馆	568620.8
946	上饶幼儿师范高等专科学校图书馆	631677.0	984	甘肃工业职业技术学院图书馆	567048.8
947	东北石油大学图书馆	630000.0	985	广州卫生职业技术学院图书馆	566158.0
948	湖北工程学院图书馆	629846.6	986	乐山师范学院图书馆	564340.5
949	天津城市建设大学图书馆	627172.0	987	广东岭南职业技术学院图书馆	562000.0
950	广东工程职业技术学院图书馆	623897.3	988	宜春幼儿师范高等专科学校图书馆	560784.0
951	保山师范高等专科学校图书馆	620000.0	989	承德医学院图书馆	560000.0
952	北京教育学院图书馆	620000.0	990	滨州职业学院图书馆	557700.0
953	湖南生物机电职业技术学院图书馆	620000.0	991	天津滨海职业学院图书馆	555338.9
954	四川幼儿师范高等专科学校图书馆	615655.1	992	桂林理工大学南宁分校图书馆	555000.0
955	成都信息工程学院银杏酒店管理学院图书馆	610000.0	993	江西工程职业学院图书馆	555000.0
956	平顶山学院图书馆	610000.0	994	吉林建筑科技学院图书馆	552606.6
957	上海公安学院图书馆	609871.2	995	重庆能源职业学院图书馆	550000.0
958	潍坊护理职业学院图书馆	606000.0	996	陕西铁路工程职业技术学院图书馆	548636.8
959	浙江国际海运职业技术学院图书馆	600790.9	997	景德镇陶瓷职业技术学院图书馆	548533.6
960	山东传媒职业学院图书馆	600010.0	998	聊城大学东昌学院图书馆	544956.0
961	广东机电职业技术学院图书馆	600000.0	999	宝鸡职业技术学院图书馆	544954.7
962	河源职业技术学院图书馆	600000.0	1000	江西青年职业学院图书馆	544927.0
963	湖北大学知行学院图书馆	600000.0	1001	辽宁农业职业技术学院图书馆	540000.0
964	吉林艺术学院图书馆	600000.0	1002	广东青年职业学院图书馆	539405.6
965	青岛港湾职业技术学院图书馆	600000.0	1003	上海东海职业技术学院图书馆	536971.7
966	山西警察学院图书馆	600000.0	1004	江西工商职业技术学院图书馆	535963.0
967	云南农业职业技术学院图书馆	600000.0	1005	江苏航空职业技术学院图书馆	533509.1
968	襄阳汽车职业技术学院图书馆	599316.2	1006	铜陵职业技术学院图书馆	530000.0
969	广西警察学院图书馆	598739.0	1007	河南水利与环境职业学院图书馆	527558.7
970	天津城市建设管理职业技术学院图书馆	598534.3	1008	丽水学院图书馆	525982.2
971	鄂州职业大学图书馆	598000.0	1009	湖北工程职业学院图书馆	525000.0
972	湖北师范大学图书馆	597450.4	1010	江西交通职业技术学院图书馆	524500.0
973	汉中职业技术学院图书馆	596562.0	1011	天津体育学院图书馆	523119.0
974	四川工程职业技术学院图书馆	595000.0	1012	云南交通职业技术学院图书馆	520724.9
975	锡林郭勒职业学院图书馆	589931.4	1013	温州职业技术学院图书馆	520150.1
976	广东文艺职业学院图书馆	588944.4	1014	安康职业技术学院图书馆	520000.0
977	邯郸职业技术学院图书馆	580000.0	1015	河南测绘职业学院图书馆	520000.0
978	泸州职业技术学院图书馆	579335.0	1016	四川邮电职业技术学院图书馆	512785.0
979	江西泰豪动漫职业学院图书馆	574896.8	1017	重庆工业职业技术学院图书馆	509933.3
980	湖北警官学院图书馆	571876.2	1018	吉林农业大学图书馆	508465.0
981	内江职业技术学院图书馆	571261.1	1019	长春理工大学光电信息学院图书馆	507280.0
982	河北科技师范学院图书馆	570000.0	1020	泉州轻工职业学院图书馆	505212.4

续表

序号	机构名称	纸质资源购置费（元）	序号	机构名称	纸质资源购置费（元）
1021	江西工业职业技术学院图书馆	505000.0	1061	延安职业技术学院图书馆	409869.6
1022	吉林司法警官职业学院图书馆	504770.0	1062	天府新区航空旅游职业学院图书馆	403000.0
1023	北京农业职业学院图书馆	500000.0	1063	安徽工业经济职业技术学院图书馆	400000.0
1024	海南外国语职业学院图书馆	500000.0	1064	浙江特殊教育职业学院图书馆	400000.0
1025	四川信息职业技术学院图书馆	500000.0	1065	三亚中瑞酒店管理职业学院图书馆	396000.0
1026	武汉铁路职业技术学院图书馆	500000.0	1066	广州体育职业技术学院图书馆	394250.9
1027	上海行健职业学院图书馆	499337.9	1067	上海农林职业技术学院图书馆	393633.8
1028	延安大学西安创新学院图书馆	491240.9	1068	抚州职业技术学院图书馆	390000.0
1029	厦门兴才职业技术学院图书馆	489076.0	1069	四川中医药高等专科学校图书馆	390000.0
1030	广西国际商务职业技术学院图书馆	486513.9	1070	浙江体育职业技术学院图书馆	387000.0
1031	湖南交通职业技术学院图书馆	483916.3	1071	永城职业学院图书馆	386000.0
1032	嘉兴职业技术学院图书馆	482572.0	1072	重庆文理学院图书馆	382009.8
1033	沧州师范学院图书馆	480000.0	1073	西安海棠职业学院图书馆	380000.0
1034	井冈山大学图书馆	477565.0	1074	仙桃职业学院图书馆	380000.0
1035	广东舞蹈戏剧职业学院图书馆	475432.0	1075	浙江警官职业学院图书馆	377831.5
1036	吉林工业职业技术学院图书馆	474000.0	1076	云南司法警官职业学院图书馆	370335.4
1037	吉林师范大学博达学院图书馆	472400.0	1077	陕西机电职业技术学院图书馆	366565.2
1038	桐城师范高等专科学校图书馆	471340.0	1078	广东环境保护工程职业学院图书馆	362997.3
1039	湖南高速铁路职业技术学院图书馆	464000.0	1079	陕西青年职业学院图书馆	361866.3
1040	南昌职业学院图书馆	463341.4	1080	广西金融职业技术学院图书馆	360000.0
1041	天津现代职业技术学院图书馆	463270.4	1081	内蒙古机电职业技术学院图书馆	360000.0
1042	常德职业技术学院图书馆	460000.0	1082	湖北财税职业学院图书馆	359997.6
1043	呼和浩特职业学院图书馆	460000.0	1083	上海工商职业技术学院图书馆	359085.0
1044	江西水利职业学院图书馆	460000.0	1084	汕头大学医学院图书馆	355267.1
1045	四川司法警官职业学院图书馆	460000.0	1085	泉州幼儿师范高等专科学校图书馆	350000.0
1046	江西生物科技职业学院图书馆	459682.8	1086	湄洲湾职业技术学院图书馆	341263.0
1047	重庆师范大学涉外商贸学院图书馆	456663.1	1087	武昌职业学院图书馆	339865.3
1048	江西理工大学应用科学学院图书馆	450000.0	1088	江西机电职业技术学院图书馆	327765.4
1049	厦门城市职业学院图书馆	450000.0	1089	呼伦贝尔学院图书馆	327374.4
1050	沈阳建筑大学图书馆	450000.0	1090	西藏职业技术学院图书馆	325006.0
1051	湖南财经工业职业技术学院图书馆	444374.1	1091	重庆电力高等专科学校图书馆	324895.2
1052	湖北水利水电职业技术学院图书馆	440000.0	1092	龙岩学院图书馆	324428.6
1053	揭阳职业技术学院图书馆	435000.0	1093	天津职业大学图书馆	321473.8
1054	湖南水利水电职业技术学院图书馆	433856.0	1094	商洛职业技术学院图书馆	321114.0
1055	广州松田职业学院图书馆	427404.1	1095	楚雄师范学院图书馆	320000.0
1056	湖北生态工程职业技术学院图书馆	420000.0	1096	广州铁路职业技术学院图书馆	320000.0
1057	宁波教育学院图书馆	419755.3	1097	贵州广播电视大学图书馆	318000.0
1058	潍坊理工学院图书馆	417836.6	1098	赣南师范大学科技学院图书馆	317814.0
1059	上海济光职业技术学院图书馆	417600.0	1099	江西卫生职业学院图书馆	310000.0
1060	青海卫生职业技术学院图书馆	416000.0	1100	江西应用技术职业学院图书馆	310000.0

续表

序号	机构名称	纸质资源购置费（元）	序号	机构名称	纸质资源购置费（元）
1101	岳阳职业技术学院图书馆	309800.0	1139	恩施职业技术学院图书馆	235000.0
1102	四川财经职业学院图书馆	308473.6	1140	湖北国土资源职业学院图书馆	230000.0
1103	河北建材职业技术学院图书馆	302564.0	1141	江西司法警官职业学院图书馆	230000.0
1104	福建艺术职业学院图书馆	302400.0	1142	天津美术学院图书馆	217498.3
1105	德宏职业学院图书馆	300000.0	1143	天津城市职业学院图书馆	216732.9
1106	内蒙古交通职业技术学院图书馆	300000.0	1144	大连大学图书馆	215166.4
1107	湘潭职业技术学院图书馆	300000.0	1145	河北民族师范学院图书馆	213500.0
1108	河北对外经贸职业学院图书馆	295000.0	1146	乐山职业技术学院图书馆	210000.0
1109	天津石油职业技术学院图书馆	290000.0	1147	铜川职业技术学院图书馆	208505.3
1110	楚雄医药高等专科学校图书馆	286000.0	1148	辽源职业技术学院图书馆	206164.0
1111	新余学院图书馆	284600.0	1149	江西师范高等专科学校图书馆	203000.0
1112	长江职业学院图书馆	283000.0	1150	河南财政金融学院图书馆	200000.0
1113	青海建筑职业技术学院图书馆	281949.9	1151	湖南艺术职业学院图书馆	200000.0
1114	天津音乐学院图书馆	281000.0	1152	浙江广播电视大学图书馆	200000.0
1115	湖南体育职业学院图书馆	278400.0	1153	眉山职业技术学院图书馆	198143.8
1116	安庆医药高等专科学校图书馆	271000.0	1154	天津对外经济贸易职业学院图书馆	196653.2
1117	重庆公共运输职业学院图书馆	270000.0	1155	贵州理工学院图书馆	190000.0
1118	首钢工学院图书馆	266339.0	1156	重庆房地产职业学院图书馆	185452.0
1119	包头轻工职业技术学院图书馆	263500.0	1157	河北工程技术学院图书馆	184789.3
1120	兰州职业技术学院图书馆	263232.3	1158	广东技术师范大学天河学院图书馆	184470.0
1121	黄冈职业技术学院图书馆	261974.0	1159	泉州经贸职业技术学院图书馆	180000.0
1122	陕西能源职业技术学院图书馆	261000.0	1160	西藏警官高等专科学校图书馆	180000.0
1123	吉林体育学院图书馆	260604.0	1161	闽西职业技术学院图书馆	173942.0
1124	甘肃建筑职业技术学院图书馆	260000.0	1162	西藏藏医学院图书馆	172583.0
1125	湖南工业职业技术学院图书馆	260000.0	1163	西安音乐学院图书馆	170435.4
1126	厦门南洋职业学院图书馆	256460.1	1164	榆林职业技术学院图书馆	168389.8
1127	广西教育学院图书馆	255000.0	1165	江西农业工程职业学院图书馆	166200.0
1128	泉州纺织服装职业学院图书馆	251000.0	1166	广西体育高等专科学校图书馆	165000.0
1129	济南护理职业学院图书馆	250000.0	1167	上海震旦职业学院图书馆	160768.8
1130	唐山职业技术学院图书馆	250000.0	1168	湖北中医药大学图书馆	160704.8
1131	咸宁职业技术学院图书馆	250000.0	1169	湖南现代物流职业技术学院图书馆	160000.0
1132	昆明理工大学津桥学院图书馆	249909.1	1170	益阳职业技术学院图书馆	160000.0
1133	包头职业技术学院图书馆	249551.1	1171	金华教育学院图书馆	158886.0
1134	威海职业学院图书馆	246327.0	1172	白城医学高等专科学校图书馆	155384.9
1135	四川托普信息技术职业学院图书馆	245246.8	1173	鄂尔多斯应用技术学院图书馆	154620.2
1136	重庆应用技术职业学院图书馆	243333.4	1174	四川艺术职业学院图书馆	152503.6
1137	西安电力高等专科学校图书馆	238443.0	1175	武汉电力职业技术学院图书馆	152031.0
1138	民办明达职业技术学院图书馆	237034.2	1176	天津国土资源和房屋职业学院图书馆	151183.2

续表

序号	机构名称	纸质资源购置费（元）	序号	机构名称	纸质资源购置费（元）
1177	湖北民族大学图书馆	150700.0	1214	吉林广播电视大学图书馆	75000.0
1178	新疆生产建设兵团兴新职业技术学院图书馆	150000.0	1215	巴中职业技术学院图书馆	74625.8
1179	长春金融高等专科学校图书馆	150000.0	1216	内蒙古商贸职业学院图书馆	73394.7
1180	成都纺织高等专科学校图书馆	146373.9	1217	武汉传媒学院图书馆	71748.1
1181	西双版纳职业技术学院图书馆	143009.0	1218	马鞍山师范高等专科学校图书馆	66981.0
1182	长治学院图书馆	140800.0	1219	大理农林职业技术学院图书馆	66264.0
1183	阜新高等专科学校图书馆	140000.0	1220	天津铁道职业技术学院图书馆	66000.0
1184	山西林业职业技术学院图书馆	140000.0	1221	湖北青年职业学院图书馆	65000.0
1185	兴义民族师范学院图书馆	135976.8	1222	拉萨师范高等专科学校图书馆	65000.0
1186	沈阳师范大学图书馆	135815.4	1223	陕西职业技术学院图书馆	64969.0
1187	安徽广播影视职业技术学院图书馆	130000.0	1224	四川西南航空职业学院图书馆	64797.2
1188	江西艺术职业学院图书馆	130000.0	1225	锦州师范高等专科学校图书馆	64689.0
1189	广东文理职业学院图书馆	127499.4	1226	平凉职业技术学院图书馆	64574.8
1190	武汉警官职业学院图书馆	126910.6	1227	包头钢铁职业技术学院图书馆	59986.0
1191	茂名职业技术学院图书馆	120000.0	1228	赤峰工业职业技术学院图书馆	57000.0
1192	山西金融职业学院图书馆	120000.0	1229	上海兴伟学院图书馆	50870.0
1193	长春医学高等专科学校图书馆	118690.9	1230	云南机电职业技术学院图书馆	49944.2
1194	玉溪农业职业技术学院图书馆	118519.0	1231	吉林大学图书馆	49380.0
1195	石家庄学院图书馆	111000.0	1232	天津工艺美术职业学院图书馆	46623.9
1196	陕西邮电职业技术学院图书馆	110000.0	1233	闽北职业技术学院图书馆	45000.0
1197	湖北工业职业技术学院图书馆	109983.2	1234	山西青年管理干部学院图书馆	40000.0
1198	三明职业技术学院图书馆	105000.0	1235	天津广播影视职业学院图书馆	35850.2
1199	江西师范大学科学技术学院图书馆	104848.3	1236	四川机电职业技术学院图书馆	35181.8
1200	青海大学医学院图书馆	104748.6	1237	云南外事外语职业学院图书馆	32411.9
1201	滇西科技师范学院图书馆	102757.6	1238	福建体育职业技术学院图书馆	30946.8
1202	河北地质大学图书馆	100000.0	1239	松原职业技术学院图书馆	30729.0
1203	吉安职业技术学院图书馆	100000.0	1240	延边职业技术学院图书馆	29171.0
1204	绵阳职业技术学院图书馆	100000.0	1241	天津滨海汽车工程职业学院图书馆	29059.8
1205	山西经济管理干部学院图书馆	98284.1	1242	中国音乐学院图书馆	28826.4
1206	山东英才学院图书馆	97236.0	1243	福州英华职业学院图书馆	20600.2
1207	天津公安警官职业学院图书馆	96212.8	1244	天津师范大学津沽学院资料室图书馆	18200.0
1208	大理大学图书馆	93188.0	1245	鄂尔多斯生态环境职业学院图书馆	17500.0
1209	南昌大学共青学院图书馆	90990.2	1246	武夷山职业学院图书馆	17414.6
1210	川北幼儿师范高等专科学校图书馆	88848.0	1247	荆楚理工学院图书馆	7130.0
1211	新疆工业高等专科学校图书馆	82895.0	1248	甘肃医学院图书馆	2064.0
1212	廊坊师范学院图书馆	80000.0	1249	甘肃畜牧工程职业技术学院图书馆	2000.0
1213	长春教育学院图书馆	77144.5			

2019年1165所高校图书馆电子资源购置费统计表

序号	机构名称	电子资源购置费(元)	序号	机构名称	电子资源购置费(元)
1	清华大学图书馆	52038548.0	39	南开大学图书馆	17410208.0
2	北京大学图书馆	51809944.0	40	上海师范大学图书馆	17379612.0
3	中山大学图书馆	50536164.0	41	西南交通大学图书馆	17127216.0
4	上海交通大学图书馆	48369092.0	42	西北大学图书馆	17093792.0
5	浙江大学图书馆	33666944.0	43	上海财经大学图书馆	17012352.0
6	华中科技大学图书馆	31961896.0	44	华东理工大学图书馆	16989976.0
7	四川大学图书馆	28481228.0	45	山东师范大学图书馆	16963044.0
8	中国科学技术大学图书馆	28474658.0	46	东南大学图书馆	16800000.0
9	复旦大学图书馆	28389104.0	47	湖南大学图书馆	16602575.0
10	同济大学图书馆	28293742.0	48	上海大学图书馆	16294641.0
11	深圳大学城图书馆	27099382.0	49	东华大学图书馆	15909221.0
12	武汉大学图书馆	26924940.0	50	北京交通大学图书馆	15336643.0
13	北京师范大学图书馆	25310940.0	51	内蒙古大学图书馆	15246982.0
14	重庆大学图书馆	24819576.0	52	北京科技大学图书馆	15117410.0
15	首都师范大学图书馆	24547042.0	53	华南师范大学图书馆	14965043.0
16	西安交通大学图书馆	24546714.0	54	广东工业大学图书馆	14899248.0
17	南京大学图书馆	23782542.0	55	合肥工业大学图书馆	14874667.0
18	天津大学图书馆	22885368.0	56	南京师范大学图书馆	14725020.0
19	暨南大学图书馆	22235298.0	57	武汉理工大学图书馆	14322902.0
20	厦门大学图书馆	22119132.0	58	深圳技术大学图书馆	13833926.0
21	贵州大学图书馆	21666800.0	59	中国海洋大学图书馆	13686400.0
22	大连理工大学图书馆	21461932.0	60	南京农业大学图书馆	13636976.0
23	华南理工大学图书馆	20922842.0	61	南京航空航天大学图书馆	13471256.0
24	深圳大学图书馆	20907088.0	62	中国矿业大学图书馆	13453800.0
25	华东师范大学图书馆	20243060.0	63	浙江工业大学图书馆	13434184.0
26	山东大学图书馆	20222906.0	64	上海科技大学图书馆	13306368.0
27	云南大学图书馆	19911300.0	65	上海理工大学图书馆	13218191.0
28	郑州大学图书馆	19892284.0	66	华中农业大学图书馆	13080314.0
29	西南大学图书馆	19515000.0	67	山西大学图书馆	13072356.0
30	电子科技大学图书馆	19414308.0	68	南昌大学图书馆	13072000.0
31	福州大学图书馆	19047660.0	69	首都经济贸易大学图书馆	13050973.0
32	东北师范大学图书馆	18903382.0	70	西交利物浦大学图书馆	13005503.0
33	南方科技大学图书馆	18756838.0	71	宁夏大学图书馆	12928000.0
34	西北工业大学图书馆	18118824.0	72	陕西师范大学图书馆	12845536.0
35	哈尔滨工程大学图书馆	17912770.0	73	曲阜师范大学图书馆	12646000.0
36	北京理工大学图书馆	17832206.0	74	北京邮电大学图书馆	12629007.0
37	兰州大学图书馆	17697084.0	75	苏州大学图书馆	12378726.0
38	东北大学图书馆	17574112.0	76	浙江师范大学图书馆	12254409.0

续表

序号	机构名称	电子资源购置费（元）	序号	机构名称	电子资源购置费（元）
77	首都医科大学图书馆	12221769.0	117	安徽大学图书馆	9223850.0
78	华北电力大学图书馆	11876421.0	118	杭州师范大学图书馆	9200045.0
79	南京理工大学图书馆	11868121.0	119	西南民族大学图书馆	9115924.0
80	福建农林大学图书馆	11818029.0	120	四川师范大学图书馆	9006600.0
81	黑龙江大学图书馆	11738375.0	121	大连海事大学图书馆	8950633.0
82	广西大学图书馆	11737127.0	122	南京中医药大学图书馆	8950000.0
83	中国地质大学图书馆	11715000.0	123	徐州医科大学图书馆	8889304.0
84	宁波大学图书馆	11655000.0	124	广东外语外贸大学图书馆	8889304.0
85	江汉大学图书馆	11582200.0	125	浙江理工大学图书馆	8831138.0
86	昆明理工大学图书馆	11397178.0	126	台州学院图书馆	8606738.0
87	中国农业大学图书馆	11295673.0	127	成都大学图书馆	8590129.0
88	北京工商大学图书馆	11221330.0	128	中国医科大学图书馆	8544157.0
89	燕山大学图书馆	11033971.0	129	河北工业大学图书馆	8536806.0
90	扬州大学图书馆	11009190.0	130	西北师范大学图书馆	8485400.0
91	江苏大学图书馆	10984839.0	131	湖南师范大学图书馆	8477405.0
92	西安电子科技大学图书馆	10970763.0	132	河北师范大学图书馆	8442335.0
93	华侨大学图书馆	10720222.0	133	太原理工大学图书馆	8370966.0
94	江苏师范大学图书馆	10675307.0	134	长安大学图书馆	8195439.5
95	齐鲁工业大学图书馆	10667250.0	135	南昌航空大学图书馆	8188000.0
96	安徽师范大学图书馆	10660700.0	136	南通大学图书馆	8046082.0
97	南方医科大学图书馆	10542303.0	137	北京联合大学图书馆	7998839.0
98	江西师范大学图书馆	10496730.0	138	西南科技大学图书馆	7996000.0
99	中南财经政法大学图书馆	10368000.0	139	成都理工大学图书馆	7967100.0
100	北京林业大学图书馆	10345142.0	140	上海工程技术大学图书馆	7913857.0
101	江南大学图书馆	10332175.0	141	山西师范大学图书馆	7878400.0
102	华中师范大学图书馆	10314355.0	142	中国药科大学图书馆	7876936.5
103	北京工业大学图书馆	10114669.0	143	郑州轻工业学院图书馆	7872129.0
104	广州医科大学图书馆	10075910.0	144	三峡大学图书馆	7870470.0
105	福建师范大学图书馆	10065151.0	145	华南农业大学图书馆	7852456.0
106	青岛大学图书馆	10018691.0	146	汕头大学图书馆	7807707.0
107	广西师范大学图书馆	9990000.0	147	西安外国语大学图书馆	7796400.0
108	内蒙古工业大学图书馆	9983947.0	148	新疆大学图书馆	7759550.0
109	广州大学图书馆	9960552.0	149	杭州电子科技大学图书馆	7743390.0
110	西华师范大学图书馆	9770400.0	150	河南理工大学图书馆	7716780.0
111	长沙理工大学图书馆	9673500.0	151	江西财经大学图书馆	7715680.0
112	西北农林科技大学图书馆	9621526.0	152	南京工业大学图书馆	7680482.0
113	山东农业大学图书馆	9498540.0	153	山东理工大学图书馆	7655000.0
114	河南农业大学图书馆	9409550.0	154	西南石油大学图书馆	7602104.0
115	衡阳师范学院图书馆	9296600.0	155	中南民族大学图书馆	7594462.0
116	中北大学图书馆	9288321.0	156	中国石油大学（华东）图书馆	7563720.5

续表

序号	机构名称	电子资源购置费（元）	序号	机构名称	电子资源购置费（元）
157	上海海洋大学图书馆	7496208.0	196	中国民航大学图书馆	6011577.5
158	常州大学图书馆	7494996.0	197	浙江工商大学图书馆	5991967.0
159	兰州理工大学图书馆	7479947.0	198	西南政法大学图书馆	5970783.5
160	山东科技大学图书馆	7400000.0	199	武汉科技大学图书馆	5952059.0
161	湖北大学图书馆	7337495.0	200	内蒙古科技大学图书馆	5920500.0
162	国际关系学院图书馆	7310685.0	201	南京林业大学图书馆	5912123.0
163	福建医科大学图书馆	7274910.0	202	上海对外经贸大学图书馆	5898520.0
164	安徽财经大学图书馆	7251100.0	203	闽江学院图书馆	5886281.0
165	大连民族大学图书馆	7120683.5	204	沈阳药科大学图书馆	5871712.0
166	四川农业大学图书馆	7055391.0	205	中国石油大学（北京）图书馆	5866588.0
167	河北医科大学图书馆	7000000.0	206	兰州交通大学图书馆	5860227.0
168	北方民族大学图书馆	6924700.0	207	南华大学图书馆	5857000.0
169	华东政法大学图书馆	6840000.0	208	临沂大学图书馆	5830000.0
170	中央财经大学图书馆	6837396.0	209	广东海洋大学图书馆	5810000.0
171	南京审计大学图书馆	6814229.0	210	上海中医药大学图书馆	5807073.0
172	北京师范大学—香港浸会大学联合国际学院图书馆	6801269.0	211	西华大学图书馆	5798600.0
173	长江大学图书馆	6721010.0	212	温州医科大学图书馆	5715119.0
174	青岛科技大学图书馆	6695100.0	213	烟台大学图书馆	5655000.0
175	延边大学图书馆	6689500.0	214	陕西科技大学图书馆	5649647.0
176	浙江农林大学图书馆	6547638.0	215	北京信息科技大学图书馆	5568410.0
177	浙江农林大学暨阳学院图书馆	6547638.0	216	内蒙古师范大学图书馆	5565826.0
178	安徽农业大学图书馆	6532600.0	217	西北民族大学图书馆	5559000.0
179	河南工业大学图书馆	6491553.0	218	浙江财经大学图书馆	5531298.0
180	广州中医药大学图书馆	6471000.0	219	山东财经大学图书馆	5530000.0
181	上海电力学院图书馆	6443195.0	220	河北中医学院图书馆	5500000.0
182	厦门理工学院图书馆	6356867.0	221	北京大学医学图书馆	5500000.0
183	中央民族大学图书馆	6303026.0	222	天津医科大学图书馆	5390173.5
184	聊城大学图书馆	6300000.0	223	石河子大学图书馆	5367200.0
185	华北理工大学图书馆	6227000.0	224	中国政法大学图书馆	5350334.5
186	成都中医药大学图书馆	6178700.0	225	太原科技大学图书馆	5327264.0
187	北方工业大学图书馆	6166789.0	226	山西医科大学图书馆	5295119.0
188	桂林理工大学图书馆	6151406.0	227	华北科技学院图书馆	5277945.5
189	辽宁大学图书馆	6143051.0	228	北京物资学院图书馆	5171098.0
190	大连医科大学图书馆	6121460.0	229	长春工业大学图书馆	5146400.0
191	中国计量大学图书馆	6079631.0	230	顺德职业技术学院图书馆	5132342.5
192	西安科技大学图书馆	6078857.0	231	天津理工大学图书馆	5116916.0
193	广东药科大学图书馆	6071707.5	232	西安工程大学图书馆	5114800.0
194	上海海事大学图书馆	6043383.0	233	石家庄铁道大学图书馆	5018000.0
195	南京医科大学图书馆	6013698.0	234	中原工学院图书馆	5003600.0

续表

序号	机构名称	电子资源购置费（元）	序号	机构名称	电子资源购置费（元）
235	上海应用技术学院图书馆	4994144.0	275	中国民用航空飞行学院图书馆	3797342.0
236	深圳职业技术学院图书馆	4945850.0	276	四川外国语大学图书馆	3741627.0
237	南京信息工程大学图书馆	4936409.0	277	广西医科大学图书馆	3733315.0
238	南京邮电大学图书馆	4920000.0	278	天津科技大学图书馆	3706054.0
239	华东交通大学图书馆	4913436.0	279	集美大学图书馆	3690657.0
240	西安理工大学图书馆	4908180.5	280	三明学院图书馆	3647927.8
241	安徽医科大学图书馆	4820000.0	281	常熟理工学院图书馆	3644476.0
242	广东财经大学图书馆	4808208.0	282	吉林农业大学图书馆	3644396.0
243	江西理工大学图书馆	4653900.0	283	广西财经学院图书馆	3622928.0
244	闽南师范大学图书馆	4649950.0	284	四川理工学院图书馆	3596500.0
245	江西科技师范大学图书馆	4648192.0	285	江苏理工学院图书馆	3589343.0
246	上海体育学院图书馆	4632909.0	286	天津财经大学图书馆	3584441.0
247	泸州医学院图书馆	4616690.5	287	岭南师范学院图书馆	3528804.8
248	湖北工业大学图书馆	4512100.0	288	西安建筑科技大学图书馆	3527100.0
249	江苏科技大学图书馆	4500000.0	289	鲁东大学图书馆	3509900.0
250	河南财经政法大学图书馆	4477810.0	290	青海民族大学图书馆	3500000.0
251	沈阳农业大学图书馆	4452250.0	291	河北经贸大学图书馆	3480000.0
252	西安邮电大学图书馆	4309781.0	292	西安翻译学院图书馆	3425800.0
253	洛阳师范学院图书馆	4295000.0	293	包头师范学院图书馆	3400000.0
254	苏州科技大学图书馆	4289962.0	294	上海外国语大学图书馆	3394735.3
255	广西科技大学图书馆	4284071.0	295	周口师范学院图书馆	3393247.0
256	内蒙古财经大学图书馆	4279500.0	296	浙江海洋大学图书馆	3362400.0
257	天津工业大学图书馆	4250000.0	297	沈阳航空航天大学图书馆	3338585.0
258	成都医学院图书馆	4216700.0	298	贵州财经大学图书馆	3332700.0
259	淮阴师范学院图书馆	4165624.0	299	百色学院图书馆	3306315.0
260	内蒙古民族大学图书馆	4150000.0	300	成都信息工程大学图书馆	3280960.0
261	嘉兴学院图书馆	4137602.0	301	南宁师范大学图书馆	3278000.0
262	吉林财经大学图书馆	4075000.0	302	锦州医科大学图书馆	3247428.0
263	福建中医药大学图书馆	4020594.0	303	贵阳学院图书馆	3236447.0
264	中南林业科技大学图书馆	4017300.0	304	浙江中医药大学图书馆	3204356.0
265	盐城师范学院图书馆	4010000.0	305	新疆医科大学图书馆	3200000.0
266	河北科技大学图书馆	3982526.0	306	山东中医药大学图书馆	3200000.0
267	上海商学院图书馆	3966022.0	307	淮北师范大学图书馆	3198900.0
268	北京第二外国语学院图书馆	3964857.0	308	哈尔滨师范大学图书馆	3150000.0
269	南京晓庄学院图书馆	3939226.0	309	长春师范大学图书馆	3122087.0
270	山西农业大学图书馆	3926723.0	310	辽宁中医药大学图书馆	3089800.0
271	云南财经大学图书馆	3870000.0	311	辽宁科技大学图书馆	3084294.0
272	重庆第二师范学院图书馆	3855800.0	312	五邑大学图书馆	3083763.0
273	井冈山大学图书馆	3843233.0	313	吉首大学图书馆	3046700.0
274	内蒙古医科大学图书馆	3821452.0	314	武汉纺织大学图书馆	3033684.0

续表

序号	机构名称	电子资源购置费（元）	序号	机构名称	电子资源购置费（元）
315	东华理工大学图书馆	3023561.0	355	宿州学院图书馆	2609000.0
316	广东石油化工学院图书馆	3020363.0	356	上海第二工业大学图书馆	2599017.0
317	北部湾大学图书馆	3020224.0	357	北华大学图书馆	2583250.0
318	太原师范学院图书馆	2992470.0	358	宁夏师范学院图书馆	2577200.0
319	惠州学院图书馆	2989283.0	359	西藏民族大学图书馆	2576200.0
320	赣南医学院图书馆	2939500.0	360	嘉应学院图书馆	2574960.0
321	宜宾学院图书馆	2927000.0	361	宝鸡文理学院图书馆	2562000.0
322	江西中医药大学图书馆	2913650.0	362	上饶师范学院图书馆	2555600.0
323	浙江科技学院图书馆	2907140.0	363	乐山师范学院图书馆	2550001.5
324	上海电子信息职业技术学院图书馆	2901742.0	364	武汉交通职业学院图书馆	2550000.0
325	黄淮学院图书馆	2890000.0	365	九江学院图书馆	2535801.0
326	阜阳师范学院图书馆	2888600.0	366	昆明医学院图书馆	2516492.0
327	甘肃政法大学图书馆	2874690.0	367	运城学院图书馆	2500000.0
328	遵义医科大学图书馆	2844266.0	368	湖南城市学院图书馆	2490000.0
329	甘肃农业大学图书馆	2835100.0	369	宁夏医科大学图书馆	2482200.0
330	兰州财经大学图书馆	2821337.0	370	海南热带海洋学院图书馆	2480800.0
331	湖南商学院图书馆	2820000.0	371	沈阳工业大学图书馆	2478667.0
332	青海师范大学图书馆	2800000.0	372	桂林医学院图书馆	2472810.0
333	上海健康医学院图书馆	2784233.0	373	新疆师范大学图书馆	2468900.0
334	河南工程学院图书馆	2765900.0	374	江西农业大学图书馆	2445900.0
335	大连大学图书馆	2753590.0	375	湖北医药学院图书馆	2442000.0
336	西安工业大学图书馆	2719700.0	376	云南农业大学图书馆	2440084.0
337	武汉工程大学图书馆	2719500.0	377	河北北方学院图书馆	2430258.0
338	东北电力大学图书馆	2704491.0	378	绍兴文理学院图书馆	2419747.0
339	景德镇学院图书馆	2702800.0	379	宜春学院图书馆	2410500.0
340	右江民族医学院图书馆	2699872.0	380	上海电机学院图书馆	2396487.0
341	湖北民族大学图书馆	2699300.0	381	陕西中医药大学图书馆	2367400.0
342	湖北师范大学图书馆	2698247.0	382	天津城市建设大学图书馆	2362828.0
343	大连工业大学图书馆	2685617.0	383	湖北经济学院图书馆	2350000.0
344	广东医科大学图书馆	2679534.0	384	平顶山学院图书馆	2326340.0
345	沈阳建筑大学图书馆	2679443.0	385	贵州理工学院图书馆	2322000.0
346	洛阳理工学院图书馆	2678707.0	386	延安大学图书馆	2296230.0
347	陕西理工大学图书馆	2678090.0	387	韶关学院图书馆	2286300.0
348	长春理工大学图书馆	2676000.0	388	武夷学院图书馆	2284400.0
349	辽源职业技术学院图书馆	2670000.0	389	辽宁石油化工大学图书馆	2280000.0
350	西安医学院图书馆	2666502.0	390	中国音乐学院图书馆	2269650.0
351	沈阳师范大学图书馆	2662768.0	391	贵州师范大学图书馆	2257400.0
352	浙江传媒学院图书馆	2646548.0	392	宁波工程学院图书馆	2252295.0
353	成都体育学院图书馆	2639900.0	393	河池学院图书馆	2240000.0
354	武汉商学院图书馆	2620800.0	394	攀枝花学院图书馆	2235400.0

续表

序号	机构名称	电子资源购置费（元）	序号	机构名称	电子资源购置费（元）
395	重庆科技学院图书馆	2203230.0	435	吉林建筑大学图书馆	1840000.0
396	唐山学院图书馆	2200000.0	436	河北环境工程学院图书馆	1834746.0
397	西安欧亚学院图书馆	2179210.0	437	滁州学院图书馆	1826000.0
398	赣南师范大学图书馆	2174700.0	438	杨凌职业技术学院图书馆	1825100.0
399	赣南师范大学科技学院图书馆	2174700.0	439	广西民族师范学院图书馆	1817000.0
400	山西中医药大学图书馆	2169500.0	440	南京工业职业技术学院图书馆	1807175.0
401	河西学院图书馆	2162800.0	441	池州学院图书馆	1798880.0
402	天津外国语大学图书馆	2155478.0	442	湖州师范学院图书馆	1787606.0
403	重庆三峡学院图书馆	2138000.0	443	山西大同大学图书馆	1778093.0
404	湖南理工学院图书馆	2126199.0	444	安徽中医药大学图书馆	1768600.0
405	铜仁学院图书馆	2120000.0	445	长春中医药大学图书馆	1766989.0
406	蚌埠学院图书馆	2117000.0	446	吉林电子信息职业技术学院图书馆	1766920.0
407	沈阳大学图书馆	2112000.0	447	川北医学院图书馆	1764450.0
408	湖北中医药大学图书馆	2083400.0	448	浙江工商职业技术学院图书馆	1761463.0
409	上海海关学院图书馆	2083051.0	449	西安航空学院图书馆	1707200.0
410	天津商业大学图书馆	2077164.0	450	贵州医科大学图书馆	1703100.0
411	哈尔滨商业大学图书馆	2056142.0	451	济宁学院图书馆	1700000.0
412	昭通学院图书馆	2049000.0	452	贵州中医药大学图书馆	1700000.0
413	吉林师范大学图书馆	2024500.0	453	湖北科技学院图书馆	1699800.0
414	浙江外国语学院图书馆	2018251.0	454	辽宁师范大学图书馆	1676243.0
415	丽水学院图书馆	2015170.0	455	浙江越秀外国语学院图书馆	1673718.0
416	莆田学院图书馆	2012216.0	456	景德镇陶瓷大学图书馆	1666900.0
417	河北工程大学图书馆	2008800.0	457	厦门医学院图书馆	1655000.0
418	云南中医学院图书馆	2000100.0	458	西安文理学院图书馆	1652668.0
419	陇东学院图书馆	2000000.0	459	呼和浩特民族学院图书馆	1650000.0
420	淮南师范学院图书馆	2000000.0	460	黄冈师范学院图书馆	1645000.0
421	成都师范学院图书馆	1998300.0	461	邯郸学院图书馆	1640000.0
422	内江师范学院图书馆	1990000.0	462	安徽科技学院图书馆	1628000.0
423	广东技术师范大学图书馆	1974707.0	463	浙江树人大学图书馆	1622104.0
424	北京电影学院图书馆	1970756.0	464	四川美术学院图书馆	1620000.0
425	广西科技师范学院图书馆	1969100.0	465	福建工程学院图书馆	1613630.0
426	潍坊学院图书馆	1950000.0	466	西安财经大学图书馆	1601333.0
427	滨州学院图书馆	1940000.0	467	新乡医学院图书馆	1600000.0
428	天津农学院图书馆	1920036.0	468	兰州城市学院图书馆	1600000.0
429	北京师范大学珠海分校图书馆	1908339.0	469	陕西国际商贸学院图书馆	1592000.0
430	贵州民族大学图书馆	1903400.0	470	龙岩学院图书馆	1586800.0
431	西安体育学院图书馆	1894290.0	471	西京学院图书馆	1586000.0
432	枣庄学院图书馆	1867000.0	472	上海公安学院图书馆	1575050.0
433	东北石油大学图书馆	1860000.0	473	铁道警察学院图书馆	1568000.0
434	遵义师范学院图书馆	1854000.0	474	武汉体育学院图书馆	1553160.0

续表

序号	机构名称	电子资源购置费(元)	序号	机构名称	电子资源购置费(元)
475	重庆工商职业学院图书馆	1550000.0	515	辽宁对外经贸学院图书馆	1315942.3
476	甘肃民族师范学院图书馆	1548500.0	516	西北政法大学图书馆	1310795.0
477	浙江金融职业学院图书馆	1546800.0	517	齐鲁师范学院图书馆	1289800.0
478	楚雄医药高等专科学校图书馆	1539200.0	518	仲恺农业工程学院图书馆	1280754.0
479	徐州工程学院图书馆	1536032.6	519	辽宁工程技术大学图书馆	1278000.0
480	南阳师范学院图书馆	1535000.0	520	咸阳师范学院图书馆	1253500.0
481	西藏农牧学院图书馆	1534900.0	521	北京理工大学珠海学院图书馆	1250000.0
482	云南民族大学图书馆	1527500.0	522	宁波财经学院图书馆	1248224.0
483	沈阳医学院图书馆	1519508.0	523	湖北理工学院图书馆	1247000.0
484	天津中德职业技术学院图书馆	1504500.0	524	泉州师范学院图书馆	1237000.0
485	榆林学院图书馆	1500000.0	525	吉林医药学院图书馆	1234803.0
486	西藏大学图书馆	1500000.0	526	成都工业学院图书馆	1234000.0
487	渭南师范学院图书馆	1500000.0	527	邵阳学院图书馆	1230000.0
488	贵州商学院图书馆	1500000.0	528	江苏第二师范学院图书馆	1225743.0
489	北京农业职业学院图书馆	1500000.0	529	河北科技师范学院图书馆	1210000.0
490	兰州文理学院图书馆	1491500.0	530	重庆警察学院图书馆	1205500.0
491	四川警察学院图书馆	1488600.0	531	长春大学图书馆	1200000.0
492	汕头大学医学院图书馆	1475102.0	532	山东政法学院图书馆	1200000.0
493	长江师范学院图书馆	1470583.0	533	沧州师范学院图书馆	1200000.0
494	广东轻工职业技术学院图书馆	1470000.0	534	湖北第二师范学院图书馆	1198300.0
495	合肥师范学院图书馆	1462200.0	535	河北金融学院图书馆	1180000.0
496	安顺学院图书馆	1460300.0	536	东莞理工学院城市学院图书馆	1173000.0
497	浙江警察学院图书馆	1459000.0	537	西安航空职业技术学院图书馆	1170000.0
498	江西枫林涉外经贸职业学院图书馆	1450893.0	538	沧州医学高等专科学校图书馆	1164800.0
499	吉林农业科技学院图书馆	1443050.0	539	西安石油大学图书馆	1150000.0
500	金陵科技学院图书馆	1441200.0	540	山西工程技术学院图书馆	1136800.0
501	南京森林警察学院图书馆	1440458.0	541	太原工业学院图书馆	1115000.0
502	大连海洋大学图书馆	1430916.0	542	南宁学院图书馆	1114500.0
503	大连交通大学图书馆	1426600.0	543	吉林化工学院图书馆	1113000.0
504	吉林艺术学院图书馆	1400000.0	544	广州工程技术职业学院图书馆	1111600.0
505	梧州学院图书馆	1394265.0	545	中央戏剧学院图书馆	1111191.0
506	武汉城市职业学院图书馆	1385600.0	546	重庆文理学院图书馆	1107895.0
507	广东水利电力职业技术学院图书馆	1373430.0	547	大理大学图书馆	1106812.0
508	广州番禺职业技术学院图书馆	1368568.0	548	四川音乐学院图书馆	1100000.0
509	长治医学院图书馆	1356000.0	549	合肥学院图书馆	1099700.0
510	昆明学院图书馆	1333600.0	550	常州工学院图书馆	1099071.0
511	泰州学院图书馆	1332433.4	551	保定学院图书馆	1098000.0
512	防灾科技学院图书馆	1326800.0	552	湖北警官学院图书馆	1096500.0
513	芜湖职业技术学院图书馆	1324000.0	553	上海建桥学院图书馆	1095696.0
514	韩山师范学院图书馆	1323140.0	554	桂林航天工业学院图书馆	1095300.0

序号	机构名称	电子资源购置费（元）	序号	机构名称	电子资源购置费（元）
555	河北建筑工程学院图书馆	1090000.0	595	山东英才学院图书馆	900000.0
556	广州铁路职业技术学院图书馆	1089900.0	596	贺州学院图书馆	900000.0
557	成都文理学院图书馆	1062000.0	597	广州城市职业学院图书馆	900000.0
558	巢湖学院图书馆	1058300.0	598	德州学院图书馆	899088.0
559	广州体育学院图书馆	1056499.0	599	湖南医药学院图书馆	896600.0
560	陕西国防工业职业技术学院图书馆	1056000.0	600	漳州职业技术学院图书馆	893233.0
561	浙江万里学院图书馆	1041180.0	601	石家庄学院图书馆	890000.0
562	中国人民警察大学图书馆	1038000.0	602	四川旅游学院图书馆	888925.0
563	南昌师范学院图书馆	1025050.0	603	武汉工商学院图书馆	885800.0
564	玉林师范学院图书馆	1015000.0	604	中央司法警官学院图书馆	885000.0
565	黄河科技学院图书馆	1014625.0	605	集宁师范学院图书馆	882800.0
566	武汉软件工程职业学院图书馆	1010000.0	606	曲靖师范学院图书馆	874188.0
567	江苏警官学院图书馆	1009800.0	607	淄博职业学院图书馆	870000.0
568	浙江机电职业技术学院图书馆	1001743.0	608	营口理工学院图书馆	868500.0
569	北京工业职业技术学院图书馆	1000000.0	609	湖南女子学院图书馆	864400.0
570	杭州医学院	995532.0	610	廊坊师范学院图书馆	860000.0
571	桂林师范高等专科学校图书馆	985000.0	611	成都纺织高等专科学校图书馆	854477.3
572	江西服装学院图书馆	980400.0	612	广东科学技术职业学院图书馆	850000.0
573	山西工商学院图书馆	980000.0	613	承德医学院图书馆	850000.0
574	西南林学院图书馆	973000.0	614	四川文化产业职业学院图书馆	844400.0
575	湖南工学院图书馆	968800.0	615	广州工商学院图书馆	843600.0
576	贵州师范学院图书馆	967800.0	616	新乡医学院三全学院图书馆	841900.0
577	四川民族学院图书馆	957000.0	617	中山火炬职业技术学院图书馆	830000.0
578	沈阳工程学院图书馆	954208.0	618	郑州升达经贸管理学院图书馆	817645.0
579	四川文理学院图书馆	949700.0	619	河南工学院图书馆	815900.0
580	浙江水利水电学院图书馆	948460.0	620	中山大学新华学院图书馆	814360.0
581	苏州职业大学图书馆	945279.7	621	白城师范学院图书馆	805800.0
582	皖西学院图书馆	940000.0	622	天津海运职业学院图书馆	802796.3
583	信阳农林学院图书馆	939000.0	623	晋中学院图书馆	801500.0
584	电子科技大学中山学院图书馆	933922.6	624	新疆工业高等专科学校图书馆	800000.0
585	山东女子学院图书馆	930450.0	625	山东青年政治学院图书馆	800000.0
586	湖南科技学院图书馆	930000.0	626	广东食品药品职业学院图书馆	800000.0
587	武汉轻工大学图书馆	928000.0	627	赣州师范高等专科学校图书馆	800000.0
588	北京电子科技职业学院图书馆	924900.0	628	安徽工业经济职业技术学院图书馆	800000.0
589	长春工程学院图书馆	920000.0	629	安徽商贸职业技术学院图书馆	799330.0
590	陕西工业职业技术学院图书馆	917800.0	630	四川交通职业技术学院图书馆	798800.0
591	乐山职业技术学院图书馆	913000.0	631	河北政法职业学院图书馆	798000.0
592	金华职业技术学院图书馆	911100.0	632	新余学院图书馆	790880.0
593	武汉音乐学院图书馆	910000.0	633	贵州工程应用技术学院图书馆	790000.0
594	武汉华夏理工学院图书馆	900000.0	634	江西科技学院图书馆	786000.0

续表

序号	机构名称	电子资源购置费（元）	序号	机构名称	电子资源购置费（元）
635	宁波职业技术学院图书馆	784751.0	675	玉溪师范学院图书馆	680000.0
636	河北民族师范学院图书馆	781900.0	676	重庆医科大学图书馆	678721.2
637	邢台职业技术学院图书馆	780000.0	677	福建商学院图书馆	675550.0
638	茅台学院图书馆	780000.0	678	连云港师范高等专科学校图书馆	675000.0
639	凯里学院图书馆	776000.0	679	西安外事学院图书馆	674000.0
640	吉林工商学院图书馆	771000.0	680	安康学院图书馆	672400.0
641	湖北美术学院图书馆	771000.0	681	红河学院图书馆	667000.0
642	宁德师范学院图书馆	769700.0	682	宿迁学院图书馆	660000.0
643	江西外语外贸职业学院图书馆	769000.0	683	闽江师范高等专科学校图书馆	650000.0
644	长治学院图书馆	761500.0	684	河北地质大学图书馆	650000.0
645	鞍山师范学院图书馆	757542.0	685	六盘水师范学院图书馆	649500.0
646	聊城职业技术学院图书馆	755400.0	686	南开大学滨海学院图书馆	646000.0
647	安徽工商职业学院图书馆	754150.0	687	江西师范高等专科学校图书馆	645800.0
648	西藏藏医学院图书馆	750704.0	688	吉林铁道职业技术学院图书馆	640000.0
649	中国美术学院图书馆	750500.0	689	湖南警察学院图书馆	630800.0
650	常州信息职业技术学院图书馆	747513.3	690	锡林郭勒职业学院图书馆	630000.0
651	云南艺术学院图书馆	746500.0	691	北京教育学院图书馆	630000.0
652	江西中医药高等专科学校图书馆	745000.0	692	山东医学高等专科学校图书馆	622900.0
653	重庆工业职业技术学院图书馆	740000.0	693	广西生态工程职业技术学院图书馆	620000.0
654	辽宁警察学院图书馆	739130.0	694	沈阳体育学院图书馆	618000.0
655	湖北汽车工业学院图书馆	738500.0	695	西安音乐学院图书馆	617500.0
656	吉林工程技术师范学院图书馆	738000.0	696	吉林大学图书馆	617280.0
657	长沙医学院图书馆	737000.0	697	郑州财经学院图书馆	614000.0
658	琼台师范学院图书馆	736400.0	698	柳州铁道职业技术学院图书馆	610000.0
659	中州大学图书馆	735808.0	699	宜春职业技术学院图书馆	609250.0
660	山东商业职业技术学院图书馆	730000.0	700	吉林大学珠海学院图书馆	608000.0
661	荆楚理工学院图书馆	730000.0	701	浙江医药高等专科学校图书馆	604691.0
662	西安培华学院图书馆	718640.0	702	山东华宇工学院图书馆	603000.0
663	济南幼儿师范高等专科学校图书馆	716000.0	703	山东城市建设职业学院图书馆	600000.0
664	海口经济学院图书馆	707600.0	704	三亚学院图书馆	600000.0
665	广西艺术学院图书馆	704281.0	705	江西现代职业技术学院图书馆	600000.0
666	承德石油高等专科学校图书馆	704200.0	706	广东工贸职业技术学院图书馆	600000.0
667	西安美术学院图书馆	702511.0	707	安阳职业技术学院图书馆	600000.0
668	楚雄师范学院图书馆	700000.0	708	南京科技职业学院	598769.6
669	常州工程职业技术学院图书馆	700000.0	709	广西国际商务职业技术学院图书馆	594000.0
670	四川大学锦城学院图书馆	699100.0	710	清远职业技术学院图书馆	593000.0
671	浙江经贸职业技术学院图书馆	699062.0	711	浙江工业职业技术学院图书馆	592000.0
672	吕梁学院图书馆	693000.0	712	广西警察学院图书馆	587000.0
673	江西经济管理干部学院图书馆	692500.0	713	武汉铁路职业技术学院图书馆	586000.0
674	武汉学院图书馆	686500.0	714	三江学院图书馆	584403.0

续表

序号	机构名称	电子资源购置费（元）	序号	机构名称	电子资源购置费（元）
715	河北水利电力学院图书馆	579000.0	755	广东岭南职业技术学院图书馆	512000.0
716	河北对外经贸职业学院图书馆	579000.0	756	山东农业工程学院图书馆	510000.0
717	中国石油大学胜利学院图书馆	577000.0	757	广州城建职业学院图书馆	507600.0
718	浙江经济职业技术学院图书馆	574600.0	758	青海交通职业技术学院图书馆	506750.0
719	内蒙古机电职业技术学院图书馆	570000.0	759	浙江建设职业技术学院图书馆	504816.3
720	浙江同济科技职业学院图书馆	569407.0	760	长春光华学院图书馆	500000.0
721	南京艺术学院图书馆	564800.0	761	四川水利职业技术学院图书馆	500000.0
722	福建警察学院图书馆	562800.0	762	厦门城市职业学院图书馆	500000.0
723	南京医科大学康达学院图书馆	560000.0	763	汉中职业技术学院图书馆	500000.0
724	首钢工学院图书馆	559000.0	764	保山师范高等专科学校图书馆	500000.0
725	忻州师范学院图书馆	558000.0	765	阿坝师范学院图书馆	499800.0
726	陕西财经职业技术学院图书馆	558000.0	766	浙江交通职业技术学院图书馆	498605.0
727	武汉东湖学院图书馆	553629.0	767	温州职业技术学院图书馆	498040.0
728	泰州职业技术学院图书馆	552010.0	768	广西经贸职业技术学院图书馆	496000.0
729	咸宁职业技术学院图书馆	550000.0	769	福建信息职业技术学院图书馆	494000.0
730	武汉职业技术学院图书馆	550000.0	770	江西医学高等专科学校图书馆	492800.0
731	四川中医药高等专科学校图书馆	550000.0	771	内蒙古建筑职业技术学院图书馆	492500.0
732	江西财经职业学院图书馆	550000.0	772	浙江工贸职业技术学院图书馆	489803.0
733	甘肃工业职业技术学院图书馆	547600.0	773	河南职业技术学院图书馆	489000.0
734	温州科技职业学院图书馆	540000.0	774	东北师范大学人文学院图书馆	489000.0
735	榆林职业技术学院图书馆	539709.0	775	无锡职业技术学院图书馆	488317.0
736	西安铁路职业技术学院图书馆	539198.0	776	湖北工程学院图书馆	486800.0
737	云南师范大学商学院图书馆	538300.0	777	江西警察学院图书馆	486000.0
738	广东技术师范大学天河学院图书馆	538000.0	778	上海民航职业技术学院图书馆	485800.0
739	青海建筑职业技术学院图书馆	535000.0	779	重庆电力高等专科学校图书馆	482000.0
740	河南农业职业学院图书馆	533000.0	780	湖北职业技术学院图书馆	481800.0
741	海南软件职业技术学院图书馆	532200.0	781	河套学院图书馆	481000.0
742	九江职业技术学院图书馆	531700.0	782	长沙卫生职业学院图书馆	480000.0
743	吉林外国语大学图书馆	531302.0	783	信阳师范学院华锐学院图书馆	480000.0
744	邯郸职业技术学院图书馆	530000.0	784	安徽中医药高等专科学校图书馆	478200.0
745	浙江商业职业技术学院图书馆	522243.0	785	闽西职业技术学院图书馆	475550.0
746	渭南职业技术学院图书馆	520000.0	786	湖南交通职业技术学院图书馆	475300.0
747	四川化工职业技术学院图书馆	520000.0	787	黔南民族师范学院图书馆	470000.0
748	商洛学院图书馆	520000.0	788	江西工程职业学院图书馆	465500.0
749	黄冈职业技术学院图书馆	520000.0	789	河源职业技术学院图书馆	464000.0
750	广东松山职业技术学院图书馆	518000.0	790	达州职业技术学院图书馆	460000.0
751	江西青年职业学院图书馆	516900.0	791	江西工程学院图书馆	458000.0
752	阜阳职业技术学院图书馆	515900.0	792	四川护理职业学院图书馆	455000.0
753	黄河交通学院图书馆	515000.0	793	云南能源职业技术学院图书馆	454000.0
754	台州职业技术学院图书馆	514632.0	794	陕西铁路工程职业技术学院图书馆	453000.0

续表

序号	机构名称	电子资源购置费（元）	序号	机构名称	电子资源购置费（元）
795	郑州职业技术学院图书馆	450000.0	835	延安职业技术学院图书馆	397000.0
796	许昌职业技术学院图书馆	450000.0	836	西北工业大学明德学院图书馆	396073.0
797	山东外贸职业学院图书馆	450000.0	837	南充职业技术学院图书馆	396000.0
798	山东科技职业学院图书馆	450000.0	838	湖南财经工业职业技术学院图书馆	396000.0
799	杭州职业技术学院图书馆	450000.0	839	湖北大学知行学院图书馆	396000.0
800	陕西警官职业学院图书馆	449000.0	840	重庆城市管理职业学院图书馆	395000.0
801	天津体育学院图书馆	445727.0	841	四川职业技术学院图书馆	394500.0
802	武昌首义学院图书馆	445686.0	842	鄂尔多斯应用技术学院图书馆	387000.0
803	濮阳职业技术学院图书馆	445000.0	843	河北化工医药职业技术学院图书馆	385000.0
804	济南工程职业技术学院图书馆	444100.0	844	海南外国语职业学院图书馆	385000.0
805	宝鸡职业技术学院图书馆	441000.0	845	南昌工学院图书馆	383000.0
806	昆明冶金高等专科学校图书馆	440285.0	846	山西传媒学院图书馆	381250.0
807	河南应用技术职业学院图书馆	440000.0	847	拉萨师范高等专科学校图书馆	381232.0
808	重庆工程职业技术学院图书馆	438000.0	848	义乌工商职业技术学院图书馆	377293.0
809	仰恩大学图书馆	436000.0	849	陕西职业技术学院图书馆	376800.0
810	滨州职业学院图书馆	431000.0	850	山东传媒职业学院图书馆	376005.0
811	南京理工大学泰州科技学院图书馆	430000.0	851	河北传媒学院图书馆	373000.0
812	云南警官学院图书馆	429000.0	852	上海视觉艺术学院图书馆	370000.0
813	四川建筑职业技术学院图书馆	426470.0	853	江西师范大学科学技术学院图书馆	370000.0
814	开封文化艺术职业学院图书馆	425525.0	854	湖南生物机电职业技术学院图书馆	370000.0
815	云南开放大学图书馆	422400.0	855	东营职业学院图书馆	363389.0
816	重庆电子工程职业学院图书馆	422000.0	856	长春科技学院图书馆	361000.0
817	天津现代职业技术学院图书馆	420600.0	857	天津对外经济贸易职业学院图书馆	361000.0
818	大庆师范学院图书馆	419800.0	858	长春工业大学人文信息学院图书馆	360000.0
819	成都农业科技职业学院图书馆	417500.0	859	盘锦职业技术学院图书馆	360000.0
820	滇西科技师范学院图书馆	417000.0	860	辽宁农业职业技术学院图书馆	360000.0
821	长江职业学院图书馆	411000.0	861	包头轻工职业技术学院图书馆	360000.0
822	西藏职业技术学院图书馆	410000.0	862	广东环境保护工程职业学院图书馆	359000.0
823	湖南城建职业技术学院图书馆	406500.0	863	湖北财税职业学院图书馆	357500.0
824	呼伦贝尔学院图书馆	406200.0	864	云南旅游职业学院图书馆	355000.0
825	广东警官学院图书馆	404000.0	865	上海旅游高等专科学校图书馆	353717.0
826	山东职业学院图书馆	400040.0	866	扬州市职业大学图书馆	350643.0
827	云南经济管理学院图书馆	400000.0	867	湖南现代物流职业技术学院图书馆	350018.0
828	新疆警官高等专科学校图书馆	400000.0	868	郑州科技学院图书馆	350000.0
829	威海职业学院图书馆	400000.0	869	四川工程职业技术学院图书馆	350000.0
830	南昌航空大学科技学院图书馆	400000.0	870	湖北三峡职业技术学院图书馆	350000.0
831	江西应用技术职业学院图书馆	400000.0	871	河南工业职业技术学院图书馆	350000.0
832	济南职业学院图书馆	400000.0	872	常德职业技术学院图书馆	350000.0
833	安徽医学高等专科学校图书馆	400000.0	873	广安职业技术学院图书馆	345000.0
834	安徽审计职业学院图书馆	399700.0	874	长春理工大学光电信息学院图书馆	343000.0

续表

序号	机构名称	电子资源购置费（元）	序号	机构名称	电子资源购置费（元）
875	鄂州职业大学图书馆	343000.0	914	江西机电职业技术学院图书馆	302000.0
876	陕西能源职业技术学院图书馆	342000.0	915	普洱学院图书馆	301000.0
877	福州外语外贸学院图书馆	341252.0	916	重庆师范大学涉外商贸学院图书馆	300177.0
878	湖南工业职业技术学院图书馆	340000.0	917	西安海棠职业学院图书馆	300000.0
879	广东青年职业学院图书馆	340000.0	918	山西警察学院图书馆	300000.0
880	成都工业职业技术学院图书馆	340000.0	919	山东旅游职业学院图书馆	300000.0
881	甘肃林业职业技术学院图书馆	334483.0	920	汉江师范学院图书馆	300000.0
882	昆山杜克大学图书馆	333781.5	921	安康职业技术学院图书馆	300000.0
883	成都理工大学工程技术学院图书馆	333000.0	922	宁夏民族职业技术学院图书馆	298800.0
884	湖州职业技术学院图书馆	332450.0	923	广州航海学院图书馆	298160.0
885	陕西工商职业学院图书馆	330000.0	924	潍坊护理职业学院图书馆	298000.0
886	山东工业职业学院图书馆	330000.0	925	四川邮电职业技术学院图书馆	296500.0
887	漳州城市职业学院图书馆	328000.0	926	山西财政税务专科学校图书馆	295000.0
888	四川工商职业技术学院图书馆	328000.0	927	湖南工艺美术职业学院图书馆	295000.0
889	吉林体育学院图书馆	326315.0	928	长春医学高等专科学校图书馆	293000.0
890	浙江警官职业学院图书馆	324671.0	929	无锡工艺职业技术学院图书馆	292000.0
891	文山学院图书馆	322050.0	930	长春职业技术学院图书馆	290000.0
892	漳州卫生职业学院图书馆	321350.0	931	豫章师范学院图书馆	290000.0
893	文华学院图书馆	320000.0	932	西安财经学院行知学院图书馆	289000.0
894	四川工业科技学院图书馆	320000.0	933	湖北城市建设职业技术学院图书馆	289000.0
895	陕西交通职业技术学院图书馆	317000.0	934	江苏建康职业学院图书馆	286005.0
896	内蒙古化工职业学院图书馆	317000.0	935	白城医学高等专科学校图书馆	285000.0
897	苏州健雄职业技术学院图书馆	316000.0	936	吉林动画学院图书馆	284000.0
898	昆明理工大学津桥学院图书馆	315383.0	937	西安职业技术学院图书馆	283500.0
899	广东机电职业技术学院图书馆	315000.0	938	上海农林职业技术学院图书馆	282300.0
900	河南水利与环境职业学院图书馆	313460.0	939	广州南洋理工职业学院图书馆	281000.0
901	成都航空职业技术学院图书馆	312800.0	940	长春财经学院图书馆	280000.0
902	山东药品食品职业学院图书馆	311940.0	941	山东特殊教育职业学院图书馆	280000.0
903	嘉兴职业技术学院图书馆	311000.0	942	江西卫生职业学院图书馆	280000.0
904	泸州职业技术学院图书馆	310000.0	943	成都信息工程学院银杏酒店管理学院图书馆	280000.0
905	聊城大学东昌学院图书馆	310000.0	944	辽宁交通高等专科学校图书馆	270900.0
906	江苏城乡建设职业学院图书馆	309800.0	945	郑州幼儿师范高等专科学校图书馆	270000.0
907	北京科技大学天津学院图书馆	309000.0	946	武汉民政职业学院图书馆	270000.0
908	湖北水利水电职业技术学院图书馆	307500.0	947	东南大学成贤学院图书馆	270000.0
909	太原大学图书馆	306450.0	948	湖北工业职业技术学院图书馆	268200.0
910	浙江国际海运职业技术学院图书馆	306104.0	949	西南财经大学天府学院图书馆	264700.0
911	江西应用科技学院图书馆	304462.0	950	淄博师范高等专科学校图书馆	263000.0
912	成都职业技术学院图书馆	304000.0	951	雅安职业技术学院图书馆	263000.0
913	武汉工程科技学院图书馆	303500.0	952	潍坊工程职业学院图书馆	263000.0

续表

序号	机构名称	电子资源购置费（元）	序号	机构名称	电子资源购置费（元）
953	武汉科技大学城市学院图书馆	260000.0	993	山东轻工职业学院图书馆	217000.0
954	汕尾职业技术学院图书馆	260000.0	994	南京广播电视大学图书馆	216600.0
955	南昌职业学院图书馆	260000.0	995	西藏警官高等专科学校图书馆	216000.0
956	漯河医学高等专科学校图书馆	259050.0	996	天津财经大学珠江学院图书馆	216000.0
957	天津音乐学院图书馆	259000.0	997	广西体育高等专科学校图书馆	208900.0
958	天津商业大学宝德学院图书馆	253000.0	998	四川财经职业学院图书馆	206780.0
959	四川信息职业技术学院图书馆	251000.0	999	湖北交通职业技术学院图书馆	205000.0
960	四川卫生康复职业学院图书馆	250000.0	1000	广州大学松田学院图书馆	205000.0
961	青岛港湾职业技术学院图书馆	250000.0	1001	云南国土资源职业学院图书馆	204000.0
962	茂名职业技术学院图书馆	250000.0	1002	西安交通工程学院图书馆	203000.0
963	兰州资源环境职业技术学院图书馆	250000.0	1003	湖南民族职业学院图书馆	203000.0
964	河北轨道运输职业技术学院图书馆	250000.0	1004	甘肃警察职业学院图书馆	201258.0
965	铜川职业技术学院图书馆	247800.0	1005	浙江特殊教育职业学院图书馆	200000.0
966	天津职业大学图书馆	247796.0	1006	浙江广播电视大学图书馆	200000.0
967	赣州卫生健康职业学院图书馆	246000.0	1007	湘潭职业技术学院图书馆	200000.0
968	四川司法警官职业学院图书馆	244507.2	1008	武汉晴川学院图书馆	200000.0
969	天津天狮学院图书馆	244275.0	1009	厦门南洋职业学院图书馆	200000.0
970	中山大学南方学院图书馆	244000.0	1010	闽北职业技术学院图书馆	200000.0
971	长春建筑学院图书馆	243500.0	1011	惠州经济职业技术学院图书馆	200000.0
972	湖南中医药高等专科学校图书馆	243000.0	1012	湖北中医药高等专科学校图书馆	200000.0
973	四川商务职业学院图书馆	242000.0	1013	湖北生物科技职业学院图书馆	200000.0
974	宁波教育学院图书馆	241800.0	1014	湖北生态工程职业技术学院图书馆	200000.0
975	武昌工学院图书馆	241000.0	1015	菏泽医学专科学校图书馆	200000.0
976	天津交通职业学院图书馆	240000.0	1016	山西金融职业学院图书馆	196500.0
977	吉林师范大学博达学院图书馆	240000.0	1017	天津医科大学临床医学院图书馆	194400.0
978	甘肃交通职业技术学院图书馆	240000.0	1018	江西农业工程职业学院图书馆	192400.0
979	广东文艺职业学院图书馆	237000.0	1019	长春大学旅游学院图书馆	190000.0
980	上海行健职业学院图书馆	235000.0	1020	绍兴职业技术学院图书馆	190000.0
981	浙江体育职业技术学院图书馆	232500.0	1021	吉林司法警官职业学院图书馆	189800.0
982	襄阳职业技术学院图书馆	232000.0	1022	天津美术学院图书馆	182927.0
983	西安交通大学城市学院图书馆	230000.0	1023	云南财经职业学院图书馆	182171.0
984	上海思博职业技术学院图书馆	230000.0	1024	四川工商学院图书馆	182000.0
985	宁夏工商职业技术学院图书馆	230000.0	1025	河北工程技术学院图书馆	182000.0
986	江门职业技术学院图书馆	229000.0	1026	重庆幼儿师范高等专科学校图书馆	181900.0
987	绵阳职业技术学院图书馆	225000.0	1027	郑州信息工程职业学院图书馆	180000.0
988	抚州职业技术学院图书馆	220025.0	1028	咸阳职业技术学院图书馆	180000.0
989	甘肃畜牧工程职业技术学院图书馆	220000.0	1029	山西林业职业技术学院图书馆	180000.0
990	四川国际标榜职业学院图书馆	219700.0	1030	山东畜牧兽医职业学院图书馆	179900.0
991	江西生物科技职业学院图书馆	218300.0	1031	广东工程职业技术学院图书馆	176900.0
992	天津大学仁爱学院图书馆	218000.0	1032	广州体育职业技术学院图书馆	176618.0

续表

序号	机构名称	电子资源购置费(元)	序号	机构名称	电子资源购置费(元)
1033	武汉船舶职业技术学院图书馆	175000.0	1070	重庆机电职业技术学院图书馆	130000.0
1034	商洛职业技术学院图书馆	170000.0	1071	云南农业职业技术学院图书馆	130000.0
1035	山东水利职业学院图书馆	170000.0	1072	新疆生产建设兵团兴新职业技术学院图书馆	130000.0
1036	三亚中瑞酒店管理职业学院图书馆	170000.0	1073	吉林建筑科技学院图书馆	130000.0
1037	江西信息应用职业技术学院图书馆	170000.0	1074	福建卫生职业技术学院图书馆	129000.0
1038	湖北国土资源职业学院图书馆	170000.0	1075	济南护理职业学院图书馆	125000.0
1039	吉安职业技术学院图书馆	169000.0	1076	内蒙古商贸职业学院图书馆	124500.0
1040	恩施职业技术学院图书馆	169000.0	1077	湖南水利水电职业技术学院图书馆	122000.0
1041	四川航天职业技术学院图书馆	168000.0	1078	郑州旅游职业学院图书馆	120000.0
1042	江西工业职业技术学院图书馆	168000.0	1079	泉州幼儿师范高等专科学校图书馆	120000.0
1043	武汉警官职业学院图书馆	167641.0	1080	江西交通职业技术学院图书馆	117800.0
1044	西安思源学院图书馆	166200.0	1081	泉州经贸职业技术学院图书馆	116000.0
1045	广东舞蹈戏剧职业学院图书馆	166100.0	1082	武汉传媒学院图书馆	115000.0
1046	重庆水利电力职业技术学院图书馆	164000.0	1083	福州理工学院图书馆	114500.0
1047	河南交通职业技术学院图书馆	161194.3	1084	厦门华厦学院图书馆	112980.0
1048	陕西机电职业技术学院图书馆	160000.0	1085	苏州科技大学天平学院图书馆	112500.0
1049	三明职业技术学院图书馆	160000.0	1086	宜春幼儿师范高等专科学校图书馆	111000.0
1050	湖北工程职业学院图书馆	160000.0	1087	益阳职业技术学院图书馆	110000.0
1051	湖南体育职业学院图书馆	159500.0	1088	潍坊理工学院图书馆	110000.0
1052	河北建材职业技术学院图书馆	159000.0	1089	山东商务职业学院图书馆	110000.0
1053	浙江财经大学东方学院图书馆	153800.0	1090	临沂职业学院图书馆	110000.0
1054	保山中医药高等专科学校图书馆	153500.0	1091	包头职业技术学院图书馆	110000.0
1055	武汉电力职业技术学院图书馆	150000.0	1092	四川幼儿师范高等专科学校图书馆	108300.0
1056	广东财经大学华商学院图书馆	150000.0	1093	西安电力高等专科学校图书馆	108000.0
1057	抚州幼儿师范高等专科学校图书馆	150000.0	1094	内江职业技术学院图书馆	105000.0
1058	安庆医药高等专科学校图书馆	150000.0	1095	岳阳职业技术学院图书馆	100000.0
1059	上海兴伟学院图书馆	149631.0	1096	永城职业学院图书馆	100000.0
1060	四川华新现代职业学院图书馆	148000.0	1097	上海东海职业技术学院图书馆	100000.0
1061	湖南高速铁路职业技术学院图书馆	147000.0	1098	南昌大学共青学院图书馆	100000.0
1062	武昌职业学院图书馆	145000.0	1099	河南经贸职业学院图书馆	100000.0
1063	甘肃建筑职业技术学院图书馆	143000.0	1100	海南体育职业技术学院图书馆	100000.0
1064	天津城市建设管理职业技术学院图书馆	141300.0	1101	贵州交通职业技术学院图书馆	100000.0
1065	天津石油职业技术学院图书馆	140000.0	1102	安徽广播影视职业技术学院图书馆	100000.0
1066	江西水利职业学院图书馆	138200.0	1103	衢州学院图书馆	99999.0
1067	川北幼儿师范高等专科学校图书馆	138200.0	1104	江西陶瓷工艺美术职业技术学院图书馆	99500.0
1068	重庆公共运输职业学院图书馆	138000.0	1105	天津电子信息职业技术学院图书馆	99000.0
1069	马鞍山师范高等专科学校图书馆	134000.0	1106	天津滨海职业学院图书馆	97000.0

续表

序号	机构名称	电子资源购置费（元）	序号	机构名称	电子资源购置费（元）
1107	青岛职业技术学院图书馆	97000.0	1137	丽水职业技术学院图书馆	41800.0
1108	上海济光职业技术学院图书馆	90000.0	1138	桐城师范高等专科学校图书馆	40600.0
1109	广西金融职业技术学院图书馆	90000.0	1139	四川西南航空职业学院图书馆	40000.0
1110	广西教育学院图书馆	87700.0	1140	锦州师范高等专科学校图书馆	40000.0
1111	厦门兴才职业技术学院图书馆	85000.0	1141	吉林省教育学院图书馆	40000.0
1112	河北司法警官职业学院图书馆	80000.0	1142	巴中职业技术学院图书馆	40000.0
1113	泉州轻工职业学院图书馆	76599.0	1143	云南机电职业技术学院图书馆	34000.0
1114	红河卫生职业学院图书馆	74000.0	1144	昆明工业职业技术学院图书馆	34000.0
1115	川南幼儿师范高等专科学校图书馆	74000.0	1145	长春教育学院图书馆	33000.0
1116	铜陵职业技术学院图书馆	70000.0	1146	唐山职业技术学院图书馆	30000.0
1117	陕西邮电职业技术学院图书馆	70000.0	1147	广州卫生职业技术学院图书馆	30000.0
1118	上海震旦职业学院图书馆	65000.0	1148	广东创新科技职业学院图书馆	30000.0
1119	四川艺术职业学院图书馆	60000.0	1149	福建华南女子职业学院图书馆	30000.0
1120	四川电影电视学院图书馆	60000.0	1150	四川机电职业技术学院图书馆	27200.0
1121	江西工商职业技术学院图书馆	60000.0	1151	云南师范大学文理学院图书馆	24000.0
1122	海南工商职业学院图书馆	60000.0	1152	天津工艺美术职业学院图书馆	20100.0
1123	上海杉达学院图书馆	59585.0	1153	重庆工贸职业技术学院图书馆	20000.0
1124	金华教育学院图书馆	53000.0	1154	延安大学西安创新学院图书馆	20000.0
1125	西安科技大学高新学院图书馆	52500.0	1155	四川托普信息技术职业学院图书馆	20000.0
1126	重庆应用技术职业学院图书馆	50000.0	1156	绍兴文理学院元培学院图书馆	20000.0
1127	云南交通职业技术学院图书馆	50000.0	1157	山西管理职业学院图书馆	20000.0
1128	永州职业技术学院图书馆	50000.0	1158	黔南民族医学高等专科学校图书馆	20000.0
1129	仙桃职业学院图书馆	50000.0	1159	吉林工业职业技术学院图书馆	20000.0
1130	桂林理工大学南宁分校图书馆	50000.0	1160	重庆房地产职业学院图书馆	19000.0
1131	广州松田职业学院图书馆	50000.0	1161	眉山职业技术学院图书馆	15100.0
1132	浙江育英职业技术学院图书馆	45400.0	1162	青海大学医学院图书馆	15000.0
1133	陕西青年职业学院图书馆	45000.0	1163	延边职业技术学院图书馆	10000.0
1134	贵州广播电视大学图书馆	45000.0	1164	天府新区航空旅游职业学院图书馆	10000.0
1135	上海工商职业技术学院图书馆	44000.0	1165	呼和浩特职业学院图书馆	10000.0
1136	杭州师范大学钱江学院图书馆	42430.0			

2019 年 1278 所高校图书馆年度总经费统计表

序号	图书馆名称	年度总经费（元）	序号	图书馆名称	年度总经费（元）
1	中山大学图书馆	142740096.0	39	南开大学图书馆	28308618.0
2	北京大学图书馆	94722304.0	40	深圳大学图书馆	28237046.0
3	清华大学图书馆	69764344.0	41	上海师范大学图书馆	27278934.0
4	上海交通大学图书馆	64750184.0	42	东北师范大学图书馆	26862806.0
5	浙江大学图书馆	64697224.0	43	山东师范大学图书馆	26831214.0
6	武汉大学图书馆	62038448.0	44	福建农林大学图书馆	26777556.0
7	复旦大学图书馆	57388948.0	45	南方科技大学图书馆	26100952.0
8	四川大学图书馆	50938100.0	46	上海大学图书馆	25440164.0
9	华中科技大学图书馆	49272996.0	47	中国海洋大学图书馆	25419516.0
10	南京大学图书馆	44604900.0	48	电子科技大学图书馆	24920790.0
11	贵州大学图书馆	44548800.0	49	北京交通大学图书馆	24827330.0
12	北京师范大学图书馆	43164168.0	50	西南交通大学图书馆	24659416.0
13	同济大学图书馆	42808768.0	51	浙江工业大学图书馆	24482158.0
14	山东大学图书馆	42647800.0	52	合肥工业大学图书馆	24399216.0
15	深圳大学城图书馆	38036324.0	53	江西财经大学图书馆	24185680.0
16	湖南农业大学图书馆	37498128.0	54	福州大学图书馆	23792490.0
17	华东师范大学图书馆	36607948.0	55	西交利物浦大学图书馆	23499976.0
18	重庆大学图书馆	35868900.0	56	南昌大学图书馆	22965632.0
19	中国科学技术大学图书馆	35722308.0	57	武汉理工大学图书馆	22807406.0
20	云南大学图书馆	35721404.0	58	华东理工大学图书馆	22597460.0
21	暨南大学图书馆	35453532.0	59	宁波大学图书馆	22538694.0
22	中南民族大学图书馆	34897196.0	60	华南师范大学图书馆	22416018.0
23	西安交通大学图书馆	34119152.0	61	南京师范大学图书馆	22402430.0
24	厦门大学图书馆	34007292.0	62	广西科技师范学院图书馆	22263968.0
25	安徽师范大学图书馆	33776004.0	63	哈尔滨工程大学图书馆	22191568.0
26	东南大学图书馆	33542176.0	64	上海财经大学图书馆	21976084.0
27	中国农业大学图书馆	32667134.0	65	北京科技大学图书馆	21864552.0
28	天津大学图书馆	30819384.0	66	西南民族大学图书馆	21581272.0
29	兰州大学图书馆	30433722.0	67	东华大学图书馆	21000000.0
30	南京农业大学图书馆	30363808.0	68	西北大学图书馆	20802428.0
31	华南理工大学图书馆	30357972.0	69	内蒙古大学图书馆	20724388.0
32	西南大学图书馆	30086000.0	70	井冈山大学图书馆	20435096.0
33	郑州大学图书馆	29841996.0	71	北京理工大学图书馆	20045940.0
34	大连理工大学图书馆	29825574.0	72	河北科技大学图书馆	19850292.0
35	东北大学图书馆	29544136.0	73	苏州大学图书馆	19845330.0
36	首都师范大学图书馆	29483100.0	74	浙江师范大学图书馆	19840806.0
37	西北工业大学图书馆	29184702.0	75	陕西师范大学图书馆	19597588.0
38	河北工程大学图书馆	28677226.0	76	深圳技术大学图书馆	19548418.0

续表

序号	图书馆名称	年度总经费（元）	序号	图书馆名称	年度总经费（元）
77	河北工业大学图书馆	19467614.0	116	安徽财经大学图书馆	15520200.0
78	宁夏大学图书馆	19352612.0	117	燕山大学图书馆	15490058.0
79	江南大学图书馆	18987126.0	118	齐鲁工业大学图书馆	15158331.0
80	湖南大学图书馆	18671998.0	119	山西大学图书馆	15025088.0
81	桂林师范高等专科学校图书馆	18541000.0	120	太原理工大学图书馆	14864592.0
82	广东工业大学图书馆	18519608.0	121	中国地质大学图书馆	14826000.0
83	内蒙古师范大学图书馆	18516388.0	122	山东科技大学图书馆	14775000.0
84	首都医科大学图书馆	18466212.0	123	西华师范大学图书馆	14683273.0
85	中国矿业大学图书馆	18459400.0	124	上海科技大学图书馆	14600324.0
86	华侨大学图书馆	18255092.0	125	广东外语外贸大学图书馆	14590873.0
87	江西师范大学图书馆	17954880.0	126	徐州医科大学图书馆	14590873.0
88	北京邮电大学图书馆	17893868.0	127	广西师范大学图书馆	14500000.0
89	广州医科大学图书馆	17784942.0	128	成都理工大学图书馆	14144280.0
90	江汉大学图书馆	17764960.0	129	中国政法大学图书馆	14031327.0
91	北京工商大学图书馆	17742730.0	130	江苏师范大学图书馆	13978980.0
92	北京师范大学—香港浸会大学联合国际学院图书馆	17707068.0	131	华北理工大学图书馆	13959641.0
93	南京航空航天大学图书馆	17218670.0	132	青岛大学图书馆	13953293.0
94	华中师范大学图书馆	17194746.0	133	黑龙江大学图书馆	13857345.0
95	福建师范大学图书馆	17074954.0	134	昆明理工大学图书馆	13756380.0
96	华中农业大学图书馆	16979330.0	135	北京林业大学图书馆	13735577.0
97	曲阜师范大学图书馆	16857000.0	136	山东农业大学图书馆	13731031.0
98	杭州师范大学图书馆	16760173.0	137	西南科技大学图书馆	13467821.0
99	华北电力大学图书馆	16576091.0	138	内蒙古工业大学图书馆	13458860.0
100	上海电力学院图书馆	16532243.0	139	安徽大学图书馆	13360700.0
101	华东政法大学图书馆	16446832.0	140	南通大学图书馆	13358380.0
102	南京理工大学图书馆	16415475.0	141	南京中医药大学图书馆	13347650.0
103	浙江农林大学图书馆	16318736.0	142	成都中医药大学图书馆	13278974.0
104	广州工商学院图书馆	16302413.0	143	广州大学图书馆	13276852.0
105	广西大学图书馆	16284478.0	144	长春师范大学图书馆	13228944.0
106	上海理工大学图书馆	16216566.0	145	安徽中医药大学图书馆	13141030.0
107	西安电子科技大学图书馆	16134371.0	146	华南农业大学图书馆	13140036.0
108	长沙理工大学图书馆	15846780.0	147	西南政法大学图书馆	13100059.0
109	扬州大学图书馆	15822555.0	148	大连海事大学图书馆	13080133.0
110	西北农林科技大学图书馆	15817102.0	149	首都经济贸易大学图书馆	13050973.0
111	长安大学图书馆	15808277.0	150	西北师范大学图书馆	13040551.0
112	四川师范大学图书馆	15782261.0	151	浙江理工大学图书馆	12848411.0
113	北京联合大学图书馆	15728917.0	152	中国石油大学（华东）图书馆	12839603.0
114	中南财经政法大学图书馆	15668472.0	153	上海对外经贸大学图书馆	12810355.0
115	西安外国语大学图书馆	15539515.0	154	烟台大学图书馆	12692459.0

续表

序号	图书馆名称	年度总经费（元）	序号	图书馆名称	年度总经费（元）
155	四川农业大学图书馆	12624702.0	195	南京医科大学图书馆	10459250.0
156	广州中医药大学图书馆	12510988.0	196	厦门理工学院图书馆	10447846.0
157	南京工业大学图书馆	12385756.0	197	西南石油大学图书馆	10376517.0
158	南方医科大学图书馆	12248238.0	198	北京大学医学图书馆	10355769.0
159	河南农业大学图书馆	12209550.0	199	广西财经学院图书馆	10345298.0
160	新疆大学图书馆	12106877.0	200	中国医科大学图书馆	10343741.0
161	广东海洋大学图书馆	12104680.0	201	广西科技大学图书馆	10239374.0
162	北方民族大学图书馆	12089730.0	202	新疆工业高等专科学校图书馆	10106945.0
163	江苏大学图书馆	12022971.0	203	兰州财经大学图书馆	10034213.0
164	北京工业大学图书馆	11995100.0	204	桂林理工大学图书馆	10023714.0
165	台州学院图书馆	11894867.0	205	浙江财经大学图书馆	10012834.0
166	湖南师范大学图书馆	11738482.0	206	呼和浩特民族学院图书馆	9985000.0
167	郑州轻工业学院图书馆	11734582.0	207	北方工业大学图书馆	9980366.0
168	上海工程技术大学图书馆	11705600.0	208	集美大学图书馆	9962254.0
169	中国药科大学图书馆	11699999.0	209	山西传媒学院图书馆	9881250.0
170	兰州理工大学图书馆	11650216.0	210	温州医科大学图书馆	9807259.0
171	北京电子科技职业学院图书馆	11622783.0	211	福建医科大学图书馆	9794606.0
172	中国石油大学（北京）图书馆	11557361.0	212	江西理工大学图书馆	9792269.0
173	西安科技大学图书馆	11549678.0	213	青岛科技大学图书馆	9785198.0
174	成都医学院图书馆	11530536.0	214	闽江学院图书馆	9718364.0
175	湖北大学图书馆	11506349.0	215	中央民族大学图书馆	9711927.0
176	河南理工大学图书馆	11495586.0	216	贵州师范大学图书馆	9677117.0
177	三峡大学图书馆	11487589.0	217	广东财经大学图书馆	9608939.0
178	中北大学图书馆	11463979.0	218	桂林医学院图书馆	9603748.0
179	重庆工业职业技术学院图书馆	11444998.0	219	南京审计大学图书馆	9571857.0
180	大连民族大学图书馆	11352306.0	220	聊城大学图书馆	9518978.0
181	河南工业大学图书馆	11312550.0	221	洛阳师范学院图书馆	9492638.0
182	河北师范大学图书馆	11239273.0	222	信阳师范学院华锐学院图书馆	9477526.0
183	杭州电子科技大学图书馆	11191978.0	223	中国民航大学图书馆	9477068.0
184	嘉兴学院图书馆	11148319.0	224	深圳职业技术学院图书馆	9379250.0
185	浙江工商大学图书馆	11079527.0	225	南京林业大学图书馆	9377945.0
186	常州大学图书馆	11054824.0	226	成都大学图书馆	9374692.0
187	山东理工大学图书馆	10947072.0	227	上海海事大学图书馆	9370966.0
188	宁夏师范学院图书馆	10843340.0	228	内蒙古科技大学图书馆	9315106.0
189	中央财经大学图书馆	10838969.0	229	安徽医科大学图书馆	9313000.0
190	汕头大学图书馆	10810394.0	230	白城医学高等专科学校图书馆	9291385.0
191	上海海洋大学图书馆	10706638.0	231	兰州交通大学图书馆	9262644.0
192	衡阳师范学院图书馆	10701058.0	232	西北民族大学图书馆	9214649.0
193	贵州财经大学图书馆	10527233.0	233	中国计量大学图书馆	9207346.0
194	西藏民族大学图书馆	10464611.0	234	河北医科大学图书馆	9173000.0

续表

序号	图书馆名称	年度总经费（元）	序号	图书馆名称	年度总经费（元）
235	中国民用航空飞行学院图书馆	9168064.0	275	云南财经大学图书馆	7900000.0
236	山东财经大学图书馆	9137320.0	276	北京信息科技大学图书馆	7866033.0
237	华东交通大学图书馆	9113248.0	277	百色学院图书馆	7850584.0
238	天津理工大学图书馆	9070889.0	278	濮阳职业技术学院图书馆	7839500.0
239	湖北工业大学图书馆	9055841.0	279	中南林业科技大学图书馆	7836872.5
240	南华大学图书馆	8981632.0	280	洛阳理工学院图书馆	7824492.0
241	天津科技大学图书馆	8977638.0	281	天津医科大学图书馆	7818152.5
242	沈阳药科大学图书馆	8974894.0	282	华北科技学院图书馆	7799928.5
243	长江大学图书馆	8907449.0	283	武汉科技大学图书馆	7785358.5
244	山西师范大学图书馆	8902832.0	284	临沂大学图书馆	7761959.0
245	浙江农林大学暨阳学院图书馆	8871037.0	285	广东药科大学图书馆	7760709.5
246	石河子大学图书馆	8786403.0	286	广东财经大学华商学院图书馆	7748680.5
247	南京晓庄学院图书馆	8775930.0	287	西华大学图书馆	7720833.5
248	南京邮电大学图书馆	8761000.0	288	江西科技师范大学图书馆	7708857.0
249	南京信息工程大学图书馆	8743365.0	289	沧州医学高等专科学校图书馆	7679379.5
250	泸州医学院图书馆	8673896.0	290	浙江医药高等专科学校图书馆	7678146.0
251	石家庄铁道大学图书馆	8601450.0	291	顺德职业技术学院图书馆	7645158.5
252	苏州科技大学图书馆	8565610.0	292	山西医科大学图书馆	7642799.5
253	上海中医药大学图书馆	8556168.0	293	景德镇学院图书馆	7606209.5
254	郑州升达经贸管理学院图书馆	8470499.0	294	黄淮学院图书馆	7600000.0
255	北京师范大学珠海分校图书馆	8464774.0	295	西南财经大学图书馆	7598287.0
256	延边大学图书馆	8454689.0	296	浙江传媒学院图书馆	7579758.5
257	南昌航空大学图书馆	8424750.0	297	黄冈师范学院图书馆	7571680.0
258	黄河交通学院图书馆	8385397.0	298	上海应用技术学院图书馆	7550135.5
259	三明学院图书馆	8375627.5	299	宝鸡文理学院图书馆	7544222.5
260	北京物资学院图书馆	8345755.0	300	太原科技大学图书馆	7538541.5
261	安徽农业大学图书馆	8344210.0	301	淮阴师范学院图书馆	7531472.0
262	惠州学院图书馆	8333382.5	302	内江师范学院图书馆	7506050.5
263	浙江海洋大学图书馆	8281654.0	303	国际关系学院图书馆	7480883.0
264	闽南师范大学图书馆	8207264.0	304	西安建筑科技大学图书馆	7432277.0
265	五邑大学图书馆	8184422.5	305	河套学院图书馆	7415917.0
266	江苏科技大学图书馆	8128000.0	306	贵州民族大学图书馆	7412550.0
267	河西学院图书馆	8083639.5	307	河北经贸大学图书馆	7400000.0
268	江西科技学院图书馆	8075071.0	308	郑州财经学院图书馆	7380983.0
269	陕西科技大学图书馆	8018874.5	309	浙江外国语学院图书馆	7356368.0
270	辽宁大学图书馆	8009832.0	310	郑州科技学院图书馆	7346220.0
271	西安理工大学图书馆	7965084.5	311	岭南师范学院图书馆	7314936.0
272	武汉商学院图书馆	7950500.0	312	大连医科大学图书馆	7295247.0
273	辽宁中医药大学图书馆	7929192.0	313	浙江科技学院图书馆	7289195.5
274	河北中医学院图书馆	7900000.0	314	北京第二外国语学院图书馆	7240000.5

续表

序号	图书馆名称	年度总经费（元）	序号	图书馆名称	年度总经费（元）
315	河南工学院图书馆	7220015.0	355	新疆艺术学院图书馆	6251670.0
316	天津工业大学图书馆	7192119.0	356	包头师范学院图书馆	6250000.0
317	甘肃民族师范学院图书馆	7154300.5	357	新疆医科大学图书馆	6200000.0
318	中原工学院图书馆	7059900.0	358	海南热带海洋学院图书馆	6145056.0
319	天津中德职业技术学院图书馆	6987693.5	359	内蒙古医科大学图书馆	6123918.0
320	四川美术学院图书馆	6939600.0	360	山东中医药大学图书馆	6065939.5
321	上海建桥学院图书馆	6929465.0	361	陕西学前师范学院图书馆	6038239.0
322	贵阳学院图书馆	6928734.0	362	湖北医药学院图书馆	6010000.0
323	武汉轻工大学图书馆	6917948.0	363	上海体育学院图书馆	5998476.5
324	湖北科技学院图书馆	6837438.0	364	东华理工大学图书馆	5990766.5
325	西安翻译学院图书馆	6827147.5	365	赣南医学院图书馆	5976802.5
326	承德石油高等专科学校图书馆	6794896.5	366	上海外国语大学图书馆	5970961.0
327	西安外事学院图书馆	6761911.5	367	淮北师范大学图书馆	5943379.0
328	四川外国语大学图书馆	6713122.0	368	防灾科技学院图书馆	5930792.0
329	遵义医科大学图书馆	6702896.5	369	广东石油化工学院图书馆	5920177.0
330	楚雄医药高等专科学校图书馆	6659494.0	370	江西农业大学图书馆	5880565.0
331	甘肃农业大学图书馆	6639100.0	371	沈阳航空航天大学图书馆	5878707.0
332	长春工业大学图书馆	6631823.5	372	上海电机学院图书馆	5865673.5
333	重庆三峡学院图书馆	6597000.0	373	上海健康医学院图书馆	5859901.5
334	吉林财经大学图书馆	6587114.5	374	福建中医药大学图书馆	5849992.0
335	宁波教育学院图书馆	6580122.5	375	集宁师范学院图书馆	5842800.0
336	四川理工学院图书馆	6552273.5	376	内蒙古财经大学图书馆	5839500.0
337	九江学院图书馆	6524225.0	377	盐城师范学院图书馆	5820002.5
338	辽宁科技大学图书馆	6522510.5	378	湖南商学院图书馆	5820000.0
339	广西医科大学图书馆	6513903.5	379	常州信息职业技术学院图书馆	5793072.5
340	太原师范学院图书馆	6467648.0	380	青海民族大学图书馆	5780896.0
341	浙江中医药大学图书馆	6467400.0	381	湖南城市学院图书馆	5710800.0
342	南宁师范大学图书馆	6464025.0	382	绍兴文理学院图书馆	5701981.0
343	上海电子信息职业技术学院图书馆	6453132.5	383	河北环境工程学院图书馆	5700946.0
344	西安工程大学图书馆	6449517.0	384	上海商学院图书馆	5698702.0
345	西安邮电大学图书馆	6416734.0	385	常熟理工学院图书馆	5694609.5
346	江西中医药大学图书馆	6403677.5	386	吉林建筑大学图书馆	5682706.0
347	四川旅游学院图书馆	6384178.0	387	北京理工大学珠海学院图书馆	5671000.0
348	川北医学院图书馆	6370004.5	388	武汉软件工程职业学院图书馆	5650400.0
349	武汉学院图书馆	6354840.5	389	天津商业大学图书馆	5635326.5
350	昆明医学院图书馆	6328859.0	390	辽宁石油化工大学图书馆	5633019.0
351	周口师范学院图书馆	6314445.0	391	韩山师范学院图书馆	5607664.5
352	浙江万里学院图书馆	6286214.0	392	北部湾大学图书馆	5548419.0
353	江苏理工学院图书馆	6283688.0	393	鲁东大学图书馆	5476947.0
354	兰州文理学院图书馆	6283460.0	394	攀枝花学院图书馆	5451457.5

续表

序号	图书馆名称	年度总经费（元）	序号	图书馆名称	年度总经费（元）
395	内蒙古民族大学图书馆	5428300.0	435	淄博职业学院图书馆	4765000.0
396	西安工业大学图书馆	5416922.0	436	广东科学技术职业学院图书馆	4757600.0
397	宿州学院图书馆	5402400.0	437	天津外国语大学图书馆	4752904.0
398	湖北经济学院图书馆	5348869.0	438	浙江财经大学东方学院图书馆	4747481.0
399	重庆第二师范学院图书馆	5344116.0	439	厦门医学院图书馆	4738449.5
400	陕西国际商贸学院图书馆	5342805.5	440	山西大同大学图书馆	4736076.5
401	杭州医学院	5327965.5	441	长沙卫生职业学院图书馆	4723000.0
402	苏州职业大学图书馆	5326314.0	442	中山大学新华学院图书馆	4720058.0
403	浙江越秀外国语学院图书馆	5312693.0	443	广州番禺职业技术学院图书馆	4666005.5
404	浙江警察学院图书馆	5312491.0	444	三江学院图书馆	4664996.0
405	沈阳农业大学图书馆	5305320.0	445	锦州医科大学图书馆	4657151.5
406	南昌师范学院图书馆	5252265.0	446	南京财经大学图书馆	4651707.0
407	云南艺术学院图书馆	5242548.0	447	东莞理工学院城市学院图书馆	4619600.0
408	成都文理学院图书馆	5242322.0	448	南京工业职业技术学院图书馆	4609167.5
409	西安欧亚学院图书馆	5237578.0	449	武汉城市职业学院图书馆	4600600.0
410	潍坊学院图书馆	5234631.0	450	西安航空职业技术学院图书馆	4594000.0
411	四川大学锦城学院图书馆	5189635.5	451	广东医科大学图书馆	4589798.0
412	云南财经职业学院图书馆	5184186.5	452	沈阳工业大学图书馆	4565554.0
413	武汉纺织大学图书馆	5166723.0	453	贵州理工学院图书馆	4565496.5
414	山西农业大学图书馆	5144718.0	454	陕西中医药大学图书馆	4561211.0
415	阜阳师范学院图书馆	5130112.5	455	河南财经政法大学图书馆	4557810.0
416	嘉应学院图书馆	5111960.0	456	辽宁对外经贸学院图书馆	4539178.5
417	新疆师范大学图书馆	5090001.0	457	宁波工程学院图书馆	4538583.0
418	甘肃政法大学图书馆	5079351.0	458	贵州医科大学图书馆	4531597.0
419	西安航空学院图书馆	5072772.0	459	广东食品药品职业学院图书馆	4530000.0
420	西京学院图书馆	5060213.5	460	阜阳职业技术学院图书馆	4517259.0
421	西安医学院图书馆	5055797.0	461	成都信息工程大学图书馆	4508747.0
422	唐山学院图书馆	5040000.0	462	长春中医药大学图书馆	4499540.0
423	延安大学图书馆	5025520.0	463	滨州学院图书馆	4477064.5
424	河南经贸职业学院图书馆	5014183.0	464	中国音乐学院图书馆	4473185.5
425	安顺学院图书馆	5006045.5	465	宜春学院图书馆	4471682.5
426	哈尔滨师范大学图书馆	5002581.0	466	武汉工程大学图书馆	4441709.5
427	宁波财经学院图书馆	5000000.0	467	安康学院图书馆	4437947.0
428	天津财经大学图书馆	4995704.5	468	河南工程学院图书馆	4417284.5
429	中国美术学院图书馆	4977073.5	469	湖州师范学院图书馆	4402920.0
430	贵州中医药大学图书馆	4949986.0	470	大连工业大学图书馆	4400841.0
431	福建工程学院图书馆	4894894.0	471	电子科技大学中山学院图书馆	4358677.5
432	重庆医科大学图书馆	4890474.0	472	武夷学院图书馆	4349757.5
433	运城学院图书馆	4860000.0	473	吉林师范大学图书馆	4347710.5
434	陕西理工大学图书馆	4828200.0	474	广州航海学院图书馆	4347319.0

续表

序号	图书馆名称	年度总经费（元）	序号	图书馆名称	年度总经费（元）
475	昭通学院图书馆	4344942.0	515	浙江大学城市学院图书馆	3877745.3
476	天津农学院图书馆	4336759.0	516	渭南师范学院图书馆	3876308.5
477	西北政法大学图书馆	4319883.5	517	蚌埠学院图书馆	3875000.0
478	西安石油大学图书馆	4290701.0	518	池州学院图书馆	3867774.0
479	右江民族医学院图书馆	4283299.0	519	许昌职业技术学院图书馆	3860000.0
480	吉林农业大学图书馆	4263819.0	520	武汉工商学院图书馆	3856281.3
481	上海第二工业大学图书馆	4256659.5	521	广东技术师范大学图书馆	3850733.8
482	乐山师范学院图书馆	4251292.0	522	吕梁学院图书馆	3828859.0
483	西安交通工程学院图书馆	4250417.5	523	云南农业大学图书馆	3828769.3
484	东北电力大学图书馆	4212778.0	524	新乡医学院三全学院图书馆	3823612.5
485	哈尔滨工业大学图书馆	4176602.0	525	信阳农林学院图书馆	3814000.0
486	山西中医药大学图书馆	4169135.8	526	赣南师范大学图书馆	3804700.0
487	浙江工商职业技术学院图书馆	4161036.5	527	湖南警察学院图书馆	3790427.0
488	青海师范大学图书馆	4159000.0	528	兰州石化职业技术学院图书馆	3777010.0
489	宁夏医科大学图书馆	4148241.0	529	云南师范大学商学院图书馆	3775739.0
490	长春理工大学图书馆	4144919.5	530	重庆电子工程职业学院图书馆	3775176.0
491	湖北民族大学图书馆	4110000.0	531	邢台职业技术学院图书馆	3758000.0
492	西藏大学图书馆	4108400.0	532	新乡医学院图书馆	3739800.0
493	兰州城市学院图书馆	4085000.0	533	四川工商学院图书馆	3738322.5
494	上饶师范学院图书馆	4082442.5	534	广东水利电力职业技术学院图书馆	3737433.5
495	西藏农牧学院图书馆	4069830.0	535	武汉交通职业学院图书馆	3730000.0
496	北京电影学院图书馆	4067484.3	536	咸阳师范学院图书馆	3721220.5
497	宿迁学院图书馆	4066577.8	537	济宁学院图书馆	3720000.0
498	南宁学院图书馆	4055380.0	538	北京服装学院图书馆	3711035.5
499	河北北方学院图书馆	4040971.3	539	山西工程技术学院图书馆	3684606.3
500	泰州学院图书馆	4036059.0	540	昆明学院图书馆	3683600.0
501	湖南理工学院图书馆	4031137.0	541	莆田学院图书馆	3673427.0
502	中国人民警察大学图书馆	4010000.0	542	仲恺农业工程学院图书馆	3669362.8
503	上海海关学院图书馆	3992608.8	543	北华大学图书馆	3654968.3
504	玉林师范学院图书馆	3985000.0	544	南阳师范学院图书馆	3653568.3
505	贵州商学院图书馆	3983970.3	545	江苏第二师范学院图书馆	3638943.0
506	凯里学院图书馆	3973471.0	546	金华职业技术学院图书馆	3633842.0
507	海口经济学院图书馆	3965783.0	547	咸阳职业技术学院图书馆	3632448.8
508	铜仁学院图书馆	3959600.0	548	云南中医学院图书馆	3630300.0
509	广西民族师范学院图书馆	3957000.0	549	韶关学院图书馆	3629109.0
510	成都师范学院图书馆	3948585.0	550	云南民族大学图书馆	3628240.0
511	柳州铁道职业技术学院图书馆	3930000.0	551	邯郸学院图书馆	3626000.0
512	宜宾学院图书馆	3925255.0	552	杨凌职业技术学院图书馆	3625460.0
513	吉首大学图书馆	3920693.3	553	陇东学院图书馆	3620000.0
514	河北传媒学院图书馆	3882164.0	554	福州理工学院图书馆	3618982.3

续表

序号	图书馆名称	年度总经费（元）	序号	图书馆名称	年度总经费（元）
555	湖北师范大学图书馆	3579849.8	595	景德镇陶瓷大学图书馆	3197751.3
556	淮南师范学院图书馆	3568090.5	596	沈阳建筑大学图书馆	3191556.5
557	长江师范学院图书馆	3560236.5	597	江西中医药高等专科学校图书馆	3185000.0
558	江门职业技术学院图书馆	3559800.0	598	杭州职业技术学院图书馆	3183000.0
559	河池学院图书馆	3558162.5	599	绍兴文理学院元培学院图书馆	3173435.5
560	重庆工商职业学院图书馆	3542641.5	600	中州大学图书馆	3170146.8
561	皖西学院图书馆	3540160.0	601	武昌首义学院图书馆	3158079.8
562	三亚学院图书馆	3536000.0	602	湖北第二师范学院图书馆	3150400.0
563	闽江师范高等专科学校图书馆	3509791.5	603	保定学院图书馆	3131173.3
564	德州学院图书馆	3500780.0	604	枣庄学院图书馆	3129822.3
565	滁州学院图书馆	3500000.0	605	西安音乐学院图书馆	3118301.3
566	合肥师范学院图书馆	3476004.0	606	榆林学院图书馆	3113932.3
567	广西大学行健文理学院图书馆	3465976.3	607	常州工程职业技术学院图书馆	3111899.0
568	西安体育学院图书馆	3460146.3	608	中央司法警官学院图书馆	3098836.8
569	西南林学院图书馆	3460000.0	609	贺州学院图书馆	3098000.0
570	安徽科技学院图书馆	3443000.0	610	重庆科技学院图书馆	3095661.5
571	成都体育学院图书馆	3442254.0	611	桂林航天工业学院图书馆	3095300.0
572	福建商学院图书馆	3437244.3	612	天津城市建设大学图书馆	3091115.5
573	芜湖职业技术学院图书馆	3424000.0	613	上海杉达学院图书馆	3087977.8
574	天津财经大学珠江学院图书馆	3413242.0	614	沈阳工程学院图书馆	3080108.0
575	广西生态工程职业技术学院图书馆	3380000.0	615	珠海艺术职业学院图书馆	3068270.0
576	河南交通职业技术学院图书馆	3364705.5	616	铁道警察学院图书馆	3067350.5
577	湖南工学院图书馆	3354034.0	617	湖北警官学院图书馆	3040976.3
578	山东科技职业学院图书馆	3350000.0	618	重庆工程职业技术学院图书馆	3037500.0
579	甘肃中医药大学图书馆	3346745.3	619	浙江警官职业学院图书馆	3032502.5
580	天津海运职业学院图书馆	3343838.3	620	浙江工商大学杭州商学院图书馆	3020000.0
581	河北金融学院图书馆	3331653.5	621	平顶山学院图书馆	3016340.0
582	浙江金融职业学院图书馆	3327165.8	622	西昌学院图书馆	3015689.3
583	山西工商学院图书馆	3304252.5	623	浙江经贸职业技术学院图书馆	3007615.5
584	成都工业学院图书馆	3293389.0	624	东营职业学院图书馆	2995627.0
585	辽宁师范大学图书馆	3277655.3	625	沈阳大学图书馆	2992000.0
586	河北建筑工程学院图书馆	3269547.5	626	吉林医药学院图书馆	2981453.3
587	吉林电子信息职业技术学院图书馆	3256100.3	627	贵州师范学院图书馆	2975634.8
588	金陵科技学院图书馆	3247137.8	628	南京艺术学院图书馆	2969476.0
589	遵义师范学院图书馆	3244436.0	629	浙江机电职业技术学院图书馆	2942728.0
590	西安财经学院行知学院图书馆	3238529.8	630	中央戏剧学院图书馆	2928194.5
591	聊城职业技术学院图书馆	3230400.0	631	抚州幼儿师范高等专科学校图书馆	2918555.3
592	江西财经职业学院图书馆	3217000.0	632	武汉科技大学城市学院图书馆	2896454.3
593	哈尔滨商业大学图书馆	3207875.8	633	六盘水师范学院图书馆	2891426.8
594	大连大学图书馆	3204006.0	634	西安培华学院图书馆	2889528.8

续表

序号	图书馆名称	年度总经费（元）	序号	图书馆名称	年度总经费（元）
635	辽源职业技术学院图书馆	2877664.0	675	广州城市职业学院图书馆	2654550.0
636	南昌工学院图书馆	2876799.8	676	长沙医学院图书馆	2652970.0
637	武汉体育学院图书馆	2874395.0	677	惠州经济职业技术学院图书馆	2652163.3
638	沈阳师范大学图书馆	2873410.3	678	吉林动画学院图书馆	2651060.8
639	徐州工程学院图书馆	2862430.0	679	文华学院图书馆	2646348.5
640	西安文理学院图书馆	2860295.8	680	湖北三峡职业技术学院图书馆	2635434.0
641	吉林农业科技学院图书馆	2860262.5	681	四川警察学院图书馆	2631477.0
642	东南大学成贤学院图书馆	2852838.3	682	宁德师范学院图书馆	2628873.0
643	太原工业学院图书馆	2850004.8	683	四川工业科技学院图书馆	2623600.0
644	白城师范学院图书馆	2849307.8	684	浙江大学宁波理工学院图书馆	2617141.3
645	绍兴职业技术学院图书馆	2820121.0	685	四川文化产业职业学院图书馆	2606309.8
646	天水师范学院图书馆	2820000.0	686	河南职业技术学院图书馆	2602000.0
647	邯郸职业技术学院图书馆	2809660.0	687	四川音乐学院图书馆	2601394.0
648	广州城建职业学院图书馆	2809161.8	688	成都理工大学工程技术学院图书馆	2589250.0
649	宁波职业技术学院图书馆	2808817.3	689	武汉音乐学院图书馆	2589000.0
650	齐鲁师范学院图书馆	2803000.0	690	晋中学院图书馆	2582422.5
651	甘肃林业职业技术学院图书馆	2799532.0	691	郑州信息工程职业学院图书馆	2580000.0
652	东北石油大学图书馆	2790000.0	692	红河学院图书馆	2567894.0
653	广州工程技术职业学院图书馆	2788997.3	693	云南开放大学图书馆	2565500.0
654	沈阳医学院图书馆	2780402.8	694	呼和浩特职业学院图书馆	2564000.0
655	山东城市建设职业学院图书馆	2775587.0	695	广东工程职业技术学院图书馆	2556955.3
656	南京大学金陵学院图书馆	2766637.3	696	西南财经大学天府学院图书馆	2556797.5
657	江西枫林涉外经贸职业学院图书馆	2746702.0	697	江西服装学院图书馆	2555481.8
658	广东轻工职业技术学院图书馆	2741967.5	698	赣州师范高等专科学校图书馆	2550000.0
659	湖南女子学院图书馆	2737879.3	699	巢湖学院图书馆	2547750.0
660	昆山杜克大学图书馆	2735904.8	700	赣南师范大学科技学院图书馆	2545514.0
661	浙江工贸职业技术学院图书馆	2733729.5	701	浙江工业职业技术学院图书馆	2543000.0
662	中山大学南方学院图书馆	2733190.8	702	南京科技职业学院图书馆	2538636.3
663	普洱学院图书馆	2730700.0	703	西安财经大学图书馆	2523288.3
664	长春工程学院图书馆	2716999.0	704	平凉职业技术学院图书馆	2516524.8
665	陕西国防工业职业技术学院图书馆	2715437.3	705	安徽商贸职业技术学院图书馆	2512521.8
666	湖北理工学院图书馆	2707000.0	706	湖北美术学院图书馆	2495149.5
667	云南师范大学文理学院图书馆	2702702.0	707	福建江夏学院图书馆	2486919.8
668	曲靖师范学院图书馆	2699188.0	708	吉林工商学院图书馆	2485842.8
669	郑州职业技术学院图书馆	2698555.0	709	湖北大学知行学院图书馆	2481000.0
670	安徽工商职业学院图书馆	2694150.0	710	南京森林警察学院图书馆	2472158.0
671	江西现代职业技术学院图书馆	2682600.0	711	山东青年政治学院图书馆	2464000.0
672	中国石油大学胜利学院图书馆	2678220.3	712	长春大学图书馆	2460000.0
673	太原大学图书馆	2675286.0	713	四川国际标榜职业学院图书馆	2444700.0
674	丽水学院图书馆	2663112.0	714	西安科技大学高新学院图书馆	2439477.8

续表

序号	图书馆名称	年度总经费（元）	序号	图书馆名称	年度总经费（元）
715	四川建筑职业技术学院图书馆	2432620.3	755	漳州职业技术学院图书馆	2213279.5
716	浙江水利水电学院图书馆	2429987.0	756	上海公安学院图书馆	2211421.3
717	西安美术学院图书馆	2427771.5	757	湖南科技学院图书馆	2210684.3
718	南充职业技术学院图书馆	2427163.5	758	山东外贸职业学院图书馆	2206000.0
719	琼台师范学院图书馆	2416400.0	759	西安思源学院图书馆	2203800.0
720	邵阳学院图书馆	2410000.0	760	龙岩学院图书馆	2197708.5
721	湖北中医药大学图书馆	2407002.5	761	山东农业工程学院图书馆	2176766.5
722	山东政法学院图书馆	2403000.0	762	云南经济管理学院图书馆	2158928.0
723	泰州职业技术学院图书馆	2397268.0	763	广州体育学院图书馆	2153847.3
724	山东商业职业技术学院图书馆	2395070.8	764	成都艺术职业学院图书馆	2153481.0
725	江西应用科技学院图书馆	2393987.3	765	广东青年职业学院图书馆	2145173.3
726	四川工商职业技术学院图书馆	2391200.0	766	营口理工学院图书馆	2125334.3
727	贵州工程应用技术学院图书馆	2390000.0	767	长春财经学院图书馆	2115104.5
728	浙江建设职业技术学院图书馆	2388381.0	768	昆明冶金高等专科学校图书馆	2111800.0
729	北京工业职业技术学院图书馆	2363738.0	769	四川化工职业技术学院图书馆	2107000.0
730	茅台学院图书馆	2361500.0	770	泉州师范学院图书馆	2105500.0
731	沧州师范学院图书馆	2350000.0	771	陕西工业职业技术学院图书馆	2099188.5
732	辽宁交通高等专科学校图书馆	2348900.0	772	安徽职业技术学院图书馆	2098500.0
733	河南农业职业学院图书馆	2343400.0	773	衡水学院图书馆	2096009.1
734	扬州市职业大学图书馆	2337995.3	774	成都航空职业技术学院图书馆	2092914.0
735	四川民族学院图书馆	2337446.0	775	九江职业技术学院图书馆	2088700.0
736	大连交通大学图书馆	2335752.3	776	温州科技职业学院图书馆	2083800.0
737	重庆城市管理职业学院图书馆	2335600.0	777	云南国土资源职业学院图书馆	2079800.0
738	四川交通职业技术学院图书馆	2334588.0	778	湖州职业技术学院图书馆	2065304.0
739	山东畜牧兽医职业学院图书馆	2313596.8	779	吉林外国语大学图书馆	2064048.3
740	赣州卫生健康职业学院图书馆	2312700.0	780	河北水利电力学院图书馆	2063684.5
741	四川文理学院图书馆	2304466.8	781	湖南环境生物职业技术学院图书馆	2062735.0
742	台州职业技术学院图书馆	2299410.0	782	辽宁工程技术大学图书馆	2057130.5
743	青海交通职业技术学院图书馆	2296755.0	783	武汉东湖学院图书馆	2054047.0
744	江西医学高等专科学校图书馆	2284970.3	784	浙江同济科技职业学院图书馆	2053193.0
745	保山师范高等专科学校图书馆	2278093.8	785	义乌工商职业技术学院图书馆	2052095.0
746	大连海洋大学图书馆	2276181.0	786	广西艺术学院图书馆	2047924.0
747	四川职业技术学院图书馆	2275884.5	787	湖北城市建设职业技术学院图书馆	2047000.0
748	郑州幼儿师范高等专科学校图书馆	2270000.0	788	常州工学院图书馆	2041709.1
749	海南工商职业学院图书馆	2257313.3	789	吉林化工学院图书馆	2038181.3
750	南开大学滨海学院图书馆	2255593.0	790	豫章师范学院图书馆	2028000.0
751	长治医学院图书馆	2241511.5	791	锡林郭勒职业学院图书馆	2021423.4
752	江苏警官学院图书馆	2236355.5	792	山东女子学院图书馆	2020608.5
753	鞍山师范学院图书馆	2221102.5	793	济南职业学院图书馆	2020000.0
754	南昌航空大学科技学院图书馆	2216000.0	794	无锡职业技术学院图书馆	2017821.0

续表

序号	图书馆名称	年度总经费（元）	序号	图书馆名称	年度总经费（元）
795	广东松山职业技术学院图书馆	2015263.3	834	江苏城乡建设职业学院图书馆	1793573.0
796	湖南医药学院图书馆	2012980.3	835	陕西财经职业技术学院图书馆	1786019.6
797	长沙学院图书馆	2012000.0	836	长春大学旅游学院图书馆	1782445.3
798	福州外语外贸学院图书馆	2006752.0	837	广安职业技术学院图书馆	1775000.0
799	南京医科大学康达学院图书馆	2001800.0	838	四川卫生康复职业学院图书馆	1774121.1
800	吉林艺术学院图书馆	2000500.0	839	山东工业职业学院图书馆	1771000.0
801	北京农业职业学院图书馆	2000000.0	840	黄山学院图书馆	1769796.9
802	新疆警官高等专科学校图书馆	2000000.0	841	浙江经济职业技术学院图书馆	1764495.0
803	中山火炬职业技术学院图书馆	2000000.0	842	湖北汽车工业学院图书馆	1758135.0
804	河北科技师范学院图书馆	1994060.0	843	西北大学现代学院图书馆	1746258.0
805	陕西警官职业学院图书馆	1991453.5	844	江西经济管理干部学院图书馆	1739072.0
806	吉林大学珠海学院图书馆	1990871.5	845	长春建筑学院图书馆图书馆	1734371.6
807	永州职业技术学院图书馆	1985000.0	846	浙江商业职业技术学院图书馆	1729732.9
808	汉江师范学院图书馆	1980271.6	847	雅安职业技术学院图书馆	1728200.0
809	长春科技学院图书馆	1979684.9	848	汉中职业技术学院图书馆	1720512.0
810	上海民航职业技术学院图书馆	1975294.9	849	上海视觉艺术学院图书馆	1720000.0
811	云南大学滇池学院图书馆	1971771.9	850	广东创新科技职业学院图书馆	1711833.3
812	重庆警察学院图书馆	1971410.9	851	四川护理职业学院图书馆	1690000.0
813	上海旅游高等专科学校图书馆	1951648.4	852	宁夏工商职业技术学院图书馆	1688111.0
814	北京科技大学天津学院图书馆	1945500.0	853	武汉华夏理工学院图书馆	1685646.1
815	临沂职业学院图书馆	1942696.0	854	长春光华学院图书馆	1676542.1
816	达州职业技术学院图书馆	1939400.0	855	忻州师范学院图书馆	1675757.4
817	汕头大学医学院图书馆	1927470.9	856	渭南职业技术学院图书馆	1670000.0
818	武昌工学院图书馆	1912721.6	857	江西工程学院图书馆	1669341.1
819	吉林师范大学博达学院图书馆	1912400.0	858	河北化工医药职业技术学院图书馆	1669000.0
820	玉溪师范学院图书馆	1900000.0	859	西北师范大学知行学院图书馆	1667748.4
821	山东华宇工学院图书馆	1899500.0	860	保山中医药高等专科学校图书馆	1666680.0
822	华南农业大学珠江学院图书馆	1892530.3	861	昆明工业职业技术学院图书馆	1661159.8
823	东北师范大学人文学院图书馆	1891587.5	862	湖北职业技术学院图书馆	1660946.0
824	广西科技大学鹿山学院图书馆	1879166.3	863	安徽审计职业学院图书馆	1657120.8
825	福建警察学院图书馆	1870329.5	864	广东警官学院图书馆	1650000.0
826	山东医学高等专科学校图书馆	1849899.0	865	重庆文理学院图书馆	1649904.8
827	商洛学院图书馆	1846937.9	866	广州大学松田学院图书馆	1640880.5
828	内蒙古建筑职业技术学院图书馆	1845709.6	867	郑州旅游职业学院图书馆	1640000.0
829	山东旅游职业学院图书馆	1845000.0	868	江西先锋软件职业技术学院图书馆	1634670.0
830	合肥学院图书馆	1838951.0	869	黔南民族师范学院图书馆	1632020.0
831	江西外语外贸职业学院图书馆	1817464.0	870	河北政法职业学院图书馆	1632000.0
832	福建卫生职业技术学院图书馆	1811800.0	871	辽宁警察学院图书馆	1624426.0
833	内蒙古化工职业学院图书馆	1797123.0	872	江西财经大学现代经济管理学院图书馆	1624000.0

续表

序号	图书馆名称	年度总经费（元）	序号	图书馆名称	年度总经费（元）
873	浙江树人大学图书馆	1622104.0	913	南京理工大学泰州科技学院图书馆	1426751.4
874	青岛职业技术学院图书馆	1617000.0	914	河南测绘职业学院图书馆	1425000.0
875	湖南城建职业技术学院图书馆	1616500.0	915	天津电子信息职业技术学院图书馆	1415934.6
876	浙江交通职业技术学院图书馆	1615934.4	916	宁夏财经职业技术学院图书馆	1410561.3
877	天津师范大学图书馆	1607543.0	917	宜宾职业技术学院图书馆	1410011.0
878	四川商务职业学院图书馆	1602239.0	918	沈阳体育学院图书馆	1407297.0
879	重庆幼儿师范高等专科学校图书馆	1596493.0	919	大庆师范学院图书馆	1406580.4
880	江苏建康职业学院图书馆	1590843.0	920	河北对外经贸职业学院图书馆	1404000.0
881	承德医学院图书馆	1577000.0	921	湖南民族职业学院图书馆	1402241.3
882	四川三河职业学院图书馆	1573000.0	922	浙江国际海运职业技术学院图书馆	1400094.4
883	上海师范大学天华学院图书馆	1572630.1	923	梧州学院图书馆	1394265.0
884	新疆财经大学图书馆	1563324.8	924	盘锦职业技术学院图书馆	1390000.0
885	无锡工艺职业技术学院图书馆	1562750.0	925	济南工程职业技术学院图书馆	1389498.8
886	西北工业大学明德学院图书馆	1560289.0	926	四川电子机械职业技术学院图书馆	1382859.1
887	安阳职业技术学院图书馆	1554000.0	927	陕西工商职业学院图书馆	1373000.0
888	重庆水利电力职业技术学院图书馆	1554000.0	928	仰恩大学图书馆	1362688.1
889	广西经贸职业技术学院图书馆	1552077.8	929	温州职业技术学院图书馆	1361042.1
890	广东工贸职业技术学院图书馆	1545000.0	930	兰州资源环境职业技术学院图书馆	1361000.0
891	漯河医学高等专科学校图书馆	1544052.0	931	漳州科技职业学院图书馆	1352097.5
892	云南警官学院图书馆	1539027.8	932	天津交通职业学院图书馆	1350000.0
893	湖南工艺美术职业学院图书馆	1534955.0	933	江西警察学院图书馆	1347015.9
894	连云港师范高等专科学校图书馆	1530000.0	934	清远职业技术学院图书馆	1346000.0
895	海南软件职业技术学院图书馆	1521200.0	935	武汉铁路职业技术学院图书馆	1343000.0
896	大连职业技术学院图书馆	1521000.0	936	嘉兴职业技术学院图书馆	1342617.6
897	四川水利职业技术学院图书馆	1520000.0	937	吉林铁道职业技术学院图书馆	1339782.5
898	武汉晴川学院图书馆	1517229.4	938	天津大学仁爱学院图书馆	1339213.1
899	青海卫生职业技术学院图书馆	1513070.0	939	北京教育学院图书馆	1330000.0
900	阿坝师范学院图书馆	1510000.0	940	湖北中医药高等专科学校图书馆	1330000.0
901	河北轨道运输职业技术学院图书馆	1490000.0	941	天津对外经济贸易职业学院图书馆	1329353.3
902	福建信息职业技术学院图书馆	1489771.4	942	天津商业大学宝德学院图书馆	1323725.5
903	广州南洋理工职业学院图书馆	1486395.3	943	青海畜牧兽医职业技术学院图书馆	1310000.0
904	吉林工程技术师范学院图书馆	1478000.0	944	四川工程职业技术学院图书馆	1305000.0
905	成都工业职业技术学院图书馆	1476000.0	945	淄博师范高等专科学校图书馆	1303790.9
906	广州铁路职业技术学院图书馆	1459900.0	946	陕西交通职业技术学院图书馆	1290125.5
907	宜春职业技术学院图书馆	1458091.1	947	闽北职业技术学院图书馆	1286200.0
908	河源职业技术学院图书馆	1452700.0	948	河南工业职业技术学院图书馆	1285900.0
909	安徽医学高等专科学校图书馆	1446959.4	949	湖南中医药高等专科学校图书馆	1282897.9
910	济南幼儿师范高等专科学校图书馆	1435560.0	950	河北司法警官职业学院图书馆	1280000.0
911	贵州交通职业技术学院图书馆	1430000.0	951	湖北交通职业技术学院图书馆	1280000.0
912	文山学院图书馆	1428603.0	952	乐山职业技术学院图书馆	1280000.0

续表

序号	图书馆名称	年度总经费（元）	序号	图书馆名称	年度总经费（元）
953	衢州学院图书馆	1278611.0	991	成都农业科技职业学院图书馆	1129080.0
954	天津天狮学院图书馆	1278075.0	992	上海思博职业技术学院图书馆	1117420.1
955	杭州师范大学钱江学院图书馆	1270000.0	993	开封文化艺术职业学院图书馆	1115591.1
956	福建船政交通职业学院图书馆	1268731.6	994	成都纺织高等专科学校图书馆	1115276.1
957	湖北工程学院图书馆	1268116.6	995	甘肃工业职业技术学院图书馆	1114648.9
958	漳州理工职业学院图书馆	1268000.0	996	湖北生物科技职业学院图书馆	1114100.0
959	襄阳职业技术学院图书馆	1257000.0	997	云南能源职业技术学院图书馆	1114000.0
960	安徽中医药高等专科学校图书馆	1254200.0	998	广州体育职业技术学院图书馆	1111568.0
961	廊坊师范学院图书馆	1249492.0	999	漳州城市职业学院图书馆	1104325.0
962	河北民族师范学院图书馆	1247400.0	1000	中国人民解放军空军预警学院图书馆	1101433.0
963	四川华新现代职业学院图书馆	1247229.3	1001	武汉船舶职业技术学院图书馆	1100000.0
964	潍坊工程职业学院图书馆	1243000.0	1002	石家庄学院图书馆	1098000.0
965	武汉工程科技学院图书馆	1240882.0	1003	山西财政税务专科学校图书馆	1095822.0
966	四川航天职业技术学院图书馆	1238691.0	1004	湖南生物机电职业技术学院图书馆	1090000.0
967	山东水利职业学院图书馆	1235000.0	1005	江西生物科技职业学院图书馆	1088642.4
968	河南应用技术职业学院图书馆	1234729.3	1006	内蒙古机电职业技术学院图书馆	1085000.0
969	郑州电力职业技术学院图书馆	1232694.0	1007	江西青年职业学院图书馆	1081535.0
970	山东药品食品职业学院图书馆	1230940.0	1008	西安汽车职业大学图书馆	1079304.9
971	长春工业大学人文信息学院图书馆	1230086.9	1009	浙江师范大学行知学院图书馆	1076100.0
972	襄阳汽车职业技术学院图书馆	1216433.8	1010	丽水职业技术学院图书馆	1075519.0
973	甘肃警察职业学院图书馆	1216068.8	1011	新余学院图书馆	1075480.0
974	河南水利与环境职业学院图书馆	1216063.8	1012	重庆机电职业技术学院图书馆	1072333.0
975	广西国际商务职业技术学院图书馆	1215514.0	1013	黄河科技学院图书馆	1069125.0
976	广东岭南职业技术学院图书馆	1214000.0	1014	南京广播电视大学图书馆	1066600.0
977	陕西铁路工程职业技术学院图书馆	1213810.8	1015	湖北水利水电职业技术学院图书馆	1063400.0
978	云南工商学院图书馆	1212000.0	1016	苏州健雄职业技术学院图书馆	1063000.0
979	广东碧桂园职业学院图书馆	1208331.6	1017	西安铁路职业技术学院图书馆	1060645.5
980	安徽工业经济职业技术学院图书馆	1208000.0	1018	滨州职业学院图书馆	1060400.0
981	西安职业技术学院图书馆	1206082.8	1019	四川中医药高等专科学校图书馆	1060000.0
982	甘肃交通职业技术学院图书馆	1205000.0	1020	江西工程职业学院图书馆	1058934.0
983	成都职业技术学院图书馆	1202954.0	1021	宁波城市职业技术学院图书馆	1057888.5
984	大理大学图书馆	1200000.0	1022	山东轻工职业学院图书馆	1056770.3
985	菏泽医学专科学校图书馆	1200000.0	1023	泸州职业技术学院图书馆	1052835.0
986	广西警察学院图书馆	1185739.0	1024	宝鸡职业技术学院图书馆	1045754.7
987	楚雄师范学院图书馆	1165730.0	1025	吉林大学图书馆	1037028.0
988	潍坊护理职业学院图书馆	1146000.0	1026	宁夏民族职业技术学院图书馆	1028614.1
989	鄂州职业大学图书馆	1134000.0	1027	湖南交通职业技术学院图书馆	1020935.4
990	广西中医药大学图书馆	1130000.0	1028	天津城市建设管理职业技术学院图书馆	1015056.0

续表

序号	图书馆名称	年度总经费（元）	序号	图书馆名称	年度总经费（元）
1029	成都信息工程学院银杏酒店管理学院图书馆	1015000.0	1066	黔南民族医学高等专科学校图书馆	885407.1
1030	上海出版印刷高等专科学校图书馆	1008999.1	1067	湖南财经工业职业技术学院图书馆	883374.1
1031	苏州科技大学天平学院图书馆	1007926.3	1068	青岛港湾职业技术学院图书馆	875000.0
1032	山东英才学院图书馆	999605.1	1069	桂林理工大学南宁分校图书馆	863801.0
1033	红河卫生职业学院图书馆	994567.9	1070	呼伦贝尔学院图书馆	860763.4
1034	汕尾职业技术学院图书馆	990850.0	1071	安康职业技术学院图书馆	860000.0
1035	辽宁农业职业技术学院图书馆	990000.0	1072	首钢工学院图书馆	854339.0
1036	厦门城市职业学院图书馆	986000.0	1073	长春理工大学光电信息学院图书馆	850280.0
1037	四川文轩职业学院图书馆	986000.0	1074	四川信息职业技术学院图书馆	846500.0
1038	长治学院图书馆	984231.0	1075	重庆电力高等专科学校图书馆	839655.2
1039	山东传媒职业学院图书馆	982015.0	1076	四川邮电职业技术学院图书馆	838585.0
1040	天津体育学院图书馆	980802.0	1077	长江职业学院图书馆	827000.0
1041	西安交通大学城市学院图书馆	980046.6	1078	常德职业技术学院图书馆	825000.0
1042	荆楚理工学院图书馆	977130.0	1079	浙江育英职业技术学院图书馆	820305.2
1043	江西交通职业技术学院图书馆	975100.0	1080	青海建筑职业技术学院图书馆	816949.9
1044	广东机电职业技术学院图书馆	964200.0	1081	德宏师范高等专科学校图书馆	815036.6
1045	厦门华厦学院图书馆	962408.3	1082	延安职业技术学院图书馆	806869.6
1046	咸宁职业技术学院图书馆	960000.0	1083	四川传媒学院图书馆	800000.0
1047	天津医科大学临床医学院图书馆	959423.4	1084	重庆工贸职业技术学院图书馆	800000.0
1048	西安工业大学北方信息工程学院图书馆	956000.0	1085	云南农业职业技术学院图书馆	789600.0
1049	吉林司法警官职业学院图书馆	954870.0	1086	广东舞蹈戏剧职业学院图书馆	788380.0
1050	宜春幼儿师范高等专科学校图书馆	952784.0	1087	上海行健职业学院图书馆	788337.9
1051	广东文艺职业学院图书馆	948678.4	1088	兰州职业技术学院图书馆	785232.3
1052	聊城大学东昌学院图书馆	946992.0	1089	湖北财税职业学院图书馆	784730.6
1053	福建华南女子职业学院图书馆	944476.0	1090	包头轻工职业技术学院图书馆	776500.0
1054	江西师范高等专科学校图书馆	944201.0	1091	江西机电职业技术学院图书馆	775312.2
1055	浙江体育职业技术学院图书馆	929500.0	1092	四川幼儿师范高等专科学校图书馆	767555.1
1056	西藏藏医学院图书馆	927187.0	1093	克拉玛依职业技术学院图书馆	765000.0
1057	重庆师范大学涉外商贸学院图书馆	926520.1	1094	西藏职业技术学院图书馆	763006.0
1058	山西警察学院图书馆	915200.0	1095	湖南工业职业技术学院图书馆	760000.0
1059	广东技术师范大学天河学院图书馆	914810.0	1096	河北地质大学图书馆	750000.0
1060	南昌职业学院图书馆	907841.4	1097	江西陶瓷工艺美术职业技术学院图书馆	749394.8
1061	天津现代职业技术学院图书馆	905610.4	1098	西藏警官高等专科学校图书馆	746000.0
1062	黄冈职业技术学院图书馆	896974.0	1099	西安海棠职业学院图书馆	745000.0
1063	惠州卫生职业技术学院图书馆	891854.8	1100	天津滨海职业学院图书馆	743338.9
1064	湖北生态工程职业技术学院图书馆	890000.0	1101	陕西能源职业技术学院图书馆	727500.0
1065	海南外国语职业学院图书馆	888500.0	1102	天府新区航空旅游职业学院图书馆	726000.0

续表

序号	图书馆名称	年度总经费（元）	序号	图书馆名称	年度总经费（元）
1103	广东环境保护工程职业学院图书馆	721997.3	1142	甘肃建筑职业技术学院图书馆	580000.0
1104	内蒙古电子信息职业技术学院图书馆	719996.4	1143	厦门兴才职业技术学院图书馆	578893.0
1105	江西信息应用职业技术学院图书馆	714637.0	1144	江西泰豪动漫职业学院图书馆	574896.8
1106	四川司法警官职业学院图书馆	713507.2	1145	陕西职业技术学院图书馆	574312.0
1107	上海农林职业技术学院图书馆	712933.8	1146	云南交通职业技术学院图书馆	574042.9
1108	威海职业学院图书馆	711327.0	1147	景德镇陶瓷职业技术学院图书馆	567101.6
1109	江西应用技术职业学院图书馆	710000.0	1148	重庆能源职业学院图书馆	555560.0
1110	榆林职业技术学院图书馆	708098.9	1149	商洛职业技术学院图书馆	555378.0
1111	吉林建筑科技学院图书馆	704222.6	1150	湘潭职业技术学院图书馆	545100.0
1112	江西工业职业技术学院图书馆	696000.0	1151	鄂尔多斯应用技术学院图书馆	541620.3
1113	湖北工程职业学院图书馆	695000.0	1152	天津音乐学院图书馆	540000.0
1114	内江职业技术学院图书馆	684261.1	1153	桐城师范高等专科学校图书馆	535940.0
1115	闽西职业技术学院图书馆	682492.0	1154	江苏航空职业技术学院图书馆	533536.4
1116	丽江师范高等专科学校图书馆	680554.2	1155	吉林工业职业技术学院图书馆	531800.0
1117	滇西科技师范学院图书馆	670874.6	1156	陕西机电职业技术学院图书馆	531010.2
1118	河北建材职业技术学院图书馆	667864.0	1157	广州松田职业学院图书馆	529404.1
1119	湖南水利水电职业技术学院图书馆	667356.0	1158	潍坊理工学院图书馆	527836.6
1120	天津职业大学图书馆	662374.9	1159	上海济光职业技术学院图书馆	527600.0
1121	上饶幼儿师范高等专科学校图书馆	657677.0	1160	江西师范大学科学技术学院图书馆	526548.3
1122	抚州职业技术学院图书馆	656472.5	1161	河北工程技术学院图书馆	516360.9
1123	昆明理工大学津桥学院图书馆	653113.8	1162	四川财经职业学院图书馆	515253.6
1124	江西卫生职业学院图书馆	650000.0	1163	长春医学高等专科学校图书馆	497840.9
1125	武汉职业技术学院图书馆	650000.0	1164	广西金融职业技术学院图书馆	496600.0
1126	浙江特殊教育职业学院图书馆	645000.0	1165	恩施职业技术学院图书馆	495800.0
1127	上海东海职业技术学院图书馆	641981.6	1166	岳阳职业技术学院图书馆	489800.0
1128	泉州轻工职业学院图书馆	636801.4	1167	永城职业学院图书馆	489600.0
1129	揭阳职业技术学院图书馆	635550.0	1168	泉州幼儿师范高等专科学校图书馆	484500.0
1130	民办四川天一学院图书馆	634181.1	1169	湖南体育职业学院图书馆	478900.0
1131	江西水利职业学院图书馆	623000.0	1170	铜川职业技术学院图书馆	476305.3
1132	湖南高速铁路职业技术学院图书馆	621000.0	1171	陕西青年职业学院图书馆	473522.3
1133	广州卫生职业技术学院图书馆	616158.0	1172	广西体育高等专科学校图书馆	472800.0
1134	湖南现代物流职业技术学院图书馆	616018.0	1173	仙桃职业学院图书馆	467200.0
1135	吉林体育学院图书馆	615519.0	1174	安庆医药高等专科学校图书馆	459000.0
1136	延安大学西安创新学院图书馆	612240.9	1175	江西农业工程职业学院图书馆	458900.0
1137	天津石油职业技术学院图书馆	610000.0	1176	厦门南洋职业学院图书馆	456460.1
1138	三亚中瑞酒店管理职业学院图书馆	602000.0	1177	江西理工大学应用科学学院图书馆	450000.0
1139	铜陵职业技术学院图书馆	600000.0	1178	拉萨师范高等专科学校图书馆	446232.0
1140	武昌职业学院图书馆	597865.3	1179	漳州卫生职业学院图书馆	432000.0
1141	江西工商职业技术学院图书馆	595963.0	1180	云南司法警官职业学院图书馆	422135.4

续表

序号	图书馆名称	年度总经费（元）	序号	图书馆名称	年度总经费（元）
1181	广西教育学院图书馆	417200.0	1219	民办明达职业技术学院图书馆	237034.2
1182	湖北国土资源职业学院图书馆	417000.0	1220	马鞍山师范高等专科学校图书馆	234981.0
1183	长春职业技术学院图书馆	415180.0	1221	上海震旦职业学院图书馆	230338.8
1184	天津美术学院图书馆	412575.3	1222	安徽广播影视职业技术学院图书馆	230000.0
1185	内蒙古交通职业技术学院图书馆	409000.0	1223	江西司法警官职业学院图书馆	230000.0
1186	济南护理职业学院图书馆	408000.0	1224	天津城市职业学院图书馆	219732.9
1187	重庆公共运输职业学院图书馆	408000.0	1225	四川艺术职业学院图书馆	218603.6
1188	上海工商职业技术学院图书馆	405422.0	1226	眉山职业技术学院图书馆	213243.8
1189	浙江广播电视大学图书馆	400500.0	1227	金华教育学院图书馆	211886.0
1190	山西金融职业学院图书馆	400100.0	1228	上海兴伟学院图书馆	210141.0
1191	云南旅游职业学院图书馆	385000.0	1229	重庆房地产职业学院图书馆	204452.0
1192	唐山职业技术学院图书馆	384100.0	1230	河南财政金融学院图书馆	200010.0
1193	包头职业技术学院图书馆	382871.1	1231	湖南艺术职业学院图书馆	200000.0
1194	山西林业职业技术学院图书馆	380000.0	1232	内蒙古商贸职业学院图书馆	197894.7
1195	湖北工业职业技术学院图书馆	378183.2	1233	天津国土资源和房屋职业学院图书馆	194458.2
1196	茂名职业技术学院图书馆	376000.0	1234	广东文理职业学院图书馆	188139.4
1197	贵州广播电视大学图书馆	370700.0	1235	陕西邮电职业技术学院图书馆	180000.0
1198	西安电力高等专科学校图书馆	366242.8	1236	天津滨海汽车工程职业学院图书馆	154998.8
1199	绵阳职业技术学院图书馆	360000.0	1237	长春金融高等专科学校图书馆	150000.0
1200	湄洲湾职业技术学院图书馆	356294.0	1238	西双版纳职业技术学院图书馆	143009.0
1201	德宏职业学院图书馆	325400.0	1239	青海大学医学院图书馆	142426.6
1202	泉州经贸职业技术学院图书馆	324970.0	1240	阜新高等专科学校图书馆	140000.0
1203	四川托普信息技术职业学院图书馆	324053.8	1241	兴义民族师范学院图书馆	135976.8
1204	武汉警官职业学院图书馆	316051.7	1242	锦州师范高等专科学校图书馆	134689.0
1205	新疆生产建设兵团兴新职业技术学院图书馆	315000.0	1243	四川西南航空职业学院图书馆	134317.2
1206	武汉电力职业技术学院图书馆	303831.0	1244	江西艺术职业学院图书馆	130000.0
1207	福建艺术职业学院图书馆	302400.0	1245	玉溪农业职业技术学院图书馆	120519.0
1208	益阳职业技术学院图书馆	296400.0	1246	山西经济管理干部学院图书馆	115494.1
1209	重庆应用技术职业学院图书馆	293333.4	1247	巴中职业技术学院图书馆	114625.8
1210	三明职业技术学院图书馆	290000.0	1248	长春教育学院图书馆	110144.5
1211	山东特殊教育职业学院图书馆	290000.0	1249	山东商务职业学院图书馆	110000.0
1212	吉安职业技术学院图书馆	289000.0	1250	海南体育职业技术学院图书馆	109765.0
1213	甘肃畜牧工程职业技术学院图书馆	284000.0	1251	安徽工业大学图书馆	100828.3
1214	武汉传媒学院图书馆	276478.1	1252	云南机电职业技术学院图书馆	97944.2
1215	南昌大学共青学院图书馆	271990.2	1253	天津公安警官职业学院图书馆	96212.8
1216	泉州纺织服装职业学院图书馆	264000.0	1254	山西管理职业学院图书馆	90000.0
1217	川北幼儿师范高等专科学校图书馆	251048.0	1255	吉林广播电视大学图书馆	77000.0
1218	济宁医学院图书馆	241510.0	1256	天津铁道职业技术学院图书馆	76000.0

续表

序号	图书馆名称	年度总经费（元）	序号	图书馆名称	年度总经费（元）
1257	四川电影电视学院图书馆	75825.0	1268	吉林交通职业技术学院图书馆	40114.5
1258	川南幼儿师范高等专科学校图书馆	74000.0	1269	山西青年管理干部学院图书馆	40000.0
1259	天津工艺美术职业学院图书馆	66723.9	1270	天津广播影视职业学院图书馆	37040.2
1260	大理农林职业技术学院图书馆	66264.0	1271	松原职业技术学院图书馆	31729.0
1261	湖北青年职业学院图书馆	65000.0	1272	福建体育职业技术学院图书馆	30946.8
1262	四川机电职业技术学院图书馆	62381.8	1273	武夷山职业学院图书馆	27384.6
1263	赤峰工业职业技术学院图书馆	62000.0	1274	安徽工程大学图书馆	27126.8
1264	包头钢铁职业技术学院图书馆	59986.0	1275	福州英华职业学院图书馆	20600.2
1265	延边职业技术学院图书馆	52571.0	1276	天津师范大学津沽学院资料室图书馆	18200.0
1266	湖南化工职业技术学院图书馆	45089.0	1277	鄂尔多斯生态环境职业学院图书馆	17500.0
1267	云南外事外语职业学院图书馆	40911.9	1278	中国计量大学现代科技学院图书馆	10350.0

（此部分统计数据出自教育部高校图书馆事实数据库，为各馆自报。版权归教育部高等学校图书情报工作指导委员会秘书处所有。）

2019年国家图书馆馆情数据

类别		项目	数据
面积		总建筑面积	28 万平方米
		总馆南区	17 万平方米
		总馆北区	8 万平方米
		古籍馆	3 万平方米
机构	处级机构	处级机构总数	33 个
		职能部门	13 个
		业务部门	19 个
		后勤服务部门	1 个
	党支部	党支部总数	23 个
	科组	科组总数	114 个
人员结构	在编人员	在编人员总数	1407 人
		党员总数	796 人
	学历结构	博士	83 人
		硕士	753 人
		本科	443 人
		大专	67 人
		大专以下学历	61 人
	专业技术人员职称结构	专业技术人员	1324 人
		高级专业技术人员	561 人
		中级专业技术人员	676 人
		初级专业技术人员	87 人
	离退休人员	离退休人员总数	1147 人
		党员总数	453 人
经费		财政拨款总数	86804.83 万元
		购书经费	13004.25 万元
		事业经费	35135.99 万元
资产		资产总额	602144 万元
		固定资产总额	380753 万元
馆藏		馆藏文献总量	4036.42 万册 / 件
		中文文献总量	2810.34 万册 / 件
		外文文献总量	1226.08 万册 / 件
		善本古籍总量	34.46 万册 / 件
		普通古籍总量	163.1 万册 / 件
		善本特藏（不含古籍）	98.09 万册 / 件
		数字资源总量	2158.83TB（馆藏特色数字资源 1638.77TB，外购数据库 244.7TB，网络采集资源 275.36TB）
		外购数据库	251 个（中文数据库 127 个，外文数据库 124 个）

续表

类别	项目		数据
服务	开馆时间	总馆南区	周一至周日 9：00—17：00
		总馆北区	周一至周五 9：00—21：00 周六至周日 9：00—17：00
		古籍馆	周一至周五 9：00—17：00
		少年儿童馆	周一至周日 9：00—17：00
		典籍博物馆	周二至周日 9：00—17：00
	阅览室		25 个（总馆南区 14 个，总馆北区 9 个，古籍馆 2 个）
	阅览座位		5427 个（总馆南区 2007 个，总馆北区 3320 个，古籍馆 100 个）
	到馆读者		577.06 万人次
	流通书刊		2463.36 万册次
	各类咨询		87.08 万件
	网站点击量		9.3 亿次
	办理读者证卡		35.25 万个（实体证卡 17.26 万个，网络实名注册 17.99 万个）
	公益讲座和培训		1645 场（期），23.45 万人次
	公益展览		23 场，130.16 万人次
	公开课现场录制		43 场
	馆际互借		716 家文献信息单位
	国际互借		63 个国家和地区的 535 家图书馆
	部委分馆		17 家
	全国图书馆联合编目中心	分中心	32 家
		成员馆	3100 家
		数据用户	682 家
国际交流	文献交换		117 个国家和地区的 556 家机构
	建立人员交流与合作关系的国家图书馆		53 个
	国际图联相关机构任职人员		15 名

（国家图书馆）

2019年图书馆相关国家标准、文化行业标准统计

2019 年发布图书馆相关国家标准、文化行业标准

序号	标准名称	标准号	发布时间	实施时间	采标情况
1	信息与文献　文化遗产信息交换的参考本体	GB/T 37965—2019	2019-08-30	2020-03-01	ISO 21127：2014
2	信息与文献　公共图书馆影响力评估的方法和流程	WH/T84—2019	2019-03-25	2019-08-01	ISO 16439：2014
3	中国古今地名数据描述规范	WH/T85—2019	2019-03-25	2019-08-01	—
4	公共图书馆业务规范　第 1 部分：省级公共图书馆	WH/T87.1—2019	2019-09-04	2019-09-04	—
5	公共图书馆业务规范　第 2 部分：市级公共图书馆	WH/T87.2—2019	2019-09-04	2019-09-04	—
6	公共图书馆业务规范　第 3 部分：县级公共图书馆	WH/T87.3—2019	2019-09-04	2019-09-04	—

2019年立项图书馆相关标准制修订计划项目及标准化研究项目

序号	标准计划项目名称	计划编号	分类	制修订	归口 技术组织
1	信息与文献　数据交换和查询书目数据元目录	20190828–T–469	推荐性 国家标准	修订	全国信息与文献标准化技术委员会
2	索引编制规则(总则)	20190827–T–469	推荐性 国家标准	修订	全国信息与文献标准化技术委员会
3	信息与文献　资源描述	20190829–T–469	推荐性 国家标准	修订	全国信息与文献标准化技术委员会
4	信息与文献　文件管理　第一部分：概念与原则	20192123–T–469	推荐性 国家标准	修订	全国信息与文献标准化技术委员会
5	图书在版编目数据	20192122–T–469	推荐性 国家标准	修订	全国信息与文献标准化技术委员会
6	信息与文献　文件(档案)管理体系：要求	20192121–T–469	推荐性 国家标准	修订	全国信息与文献标准化技术委员会
7	信息与文献　世界各国和地区名称代码　第三部分：先期使用的国家代码	20193181–T–469	推荐性 国家标准	制订	全国信息与文献标准化技术委员会
8	图书馆古籍书页耐久年限的测评方法	20192345–T–357	推荐性 国家标准	制订	全国图书馆标准化技术委员会
9	公共图书馆服务规范	20194447–T–357	推荐性 国家标准	修订	全国图书馆标准化技术委员会
10	公共图书馆年度报告编制指南	WH2019–17	文化行业标准	制订	全国图书馆标准化技术委员会
11	公共图书馆读者个人信息规范	WH2019–18	文化行业标准	制订	全国图书馆标准化技术委员会
12	公共数字文化绩效评估指标	WH2019–20	文化行业标准	制订	全国图书馆标准化技术委员会
13	公共数字文化资源移动终端元数据规范　第1部分：图像资源	WH2019–21	文化行业标准	制订	全国图书馆标准化技术委员会
14	公共数字文化资源移动终端元数据规范　第2部分：音频资源	WH2019–22	文化行业标准	制订	全国图书馆标准化技术委员会
15	公共数字文化资源移动终端元数据规范　第3部分：视频资源	WH2019–23	文化行业标准	制订	全国图书馆标准化技术委员会
16	图书馆建筑供暖通风与空气调节技术规范标准化研究	WH/Y 04—2019	文化和旅游行业标准化研究项目	—	全国图书馆标准化技术委员会
17	民宿公共阅读服务标准化研究	WH/Y 06—2019	文化和旅游行业标准化研究项目	—	全国图书馆标准化技术委员会

（国家图书馆　田颖整理）

2019年图书馆界获得各类基金资助项目统计

2019 年国家社会科学基金重点项目

项目名称	负责人	工作单位	预期成果	批准号
面向智慧服务的多源多维公共文化数据治理及政策保障研究	郑建明	南京大学	专著　论文集	19ATQ001
基于绩效和成效集成的公共图书馆评估理论与评估标准创新研究	柯　平	南开大学	研究报告	19ATQ002
中国文献学史	陈　力	四川大学	专著	19ATQ003
明清宫藏丝绸之路档案的整理与研究	李国荣	中国第一历史档案馆	专著　论文集	19ATQ004
面向集成管理的政府数据组织与传递机制研究	耿　骞	北京师范大学	专著	19ATQ005
跨学科潜在知识生长点识别与创新趋势预测研究	李长玲	山东理工大学	研究报告	19ATQ006
大数据时代档案数据治理研究	金　波	上海大学	专著	19ATQ007
档案馆功能理论重构及社会化实现研究	黄夏基	广西民族大学	专著	19ATQ008
新时代我国档案管理体制改革研究	徐拥军	中国人民大学	论文集　研究报告	19ATQ009

2019 年国家社会科学基金一般项目

项目名称	负责人	工作单位	预期成果	批准号
读者权利义务均衡视角下的《公共图书馆法》实施路径研究	赵奇钊	湖南第一师范学院	专著	19BTQ001
新时代国家图书馆为国家立法和决策服务的模式与路径研究	李春明	国家图书馆	研究报告	19BTQ002
新时代中国出版产业政策与意识形态安全研究	黄先蓉	武汉大学	论文集	19BTQ003
多民族语言数字资源语义互联框架研究	赵生辉	西藏民族大学	专著	19BTQ004
融合知识图谱和深度学习的在线学术资源挖掘与推荐研究	熊回香	华中师范大学	论文集　研究报告	19BTQ005
预印本学术交流的理论和实践研究	张智雄	中国科学院	专著　论文集	19BTQ006
支撑城市记忆项目的“数据基础设施”理论建构与实践探索	夏翠娟	上海图书馆（上海科学技术情报研究所）	论文集　研究报告	19BTQ007
中华水文化信息资源数据库建设研究	史鸿文	华北水利水电大学	专著　其他	19BTQ008
个人原生数字资源长期保存机制研究	阮建海	西南大学	研究报告	19BTQ009
徽州民间文书抢救性保护与数据库建设研究	王　蕾	中山大学	论文集	19BTQ010
智慧图书馆的零数据模型及应用研究	杨新涯	重庆大学	专著　论文集	19BTQ011
大数据环境下面向图书馆资源的跨媒体知识服务研究	刘忠宝	中北大学	论文集　电脑软件	19BTQ012

续表

项目名称	负责人	工作单位	预期成果	批准号
乡村振兴战略背景下公共图书馆精准服务及实现机制研究	王云娣	浙江师范大学	专著	19BTQ013
高校图书馆影响力研究	程　娟	江汉大学	专著	19BTQ014
海南图书馆事业发展研究（1044—2018）	王小会	海南大学	专著　论文集	19BTQ015
开放获取环境下图书馆转型语境构建与转型路径实践研究	赵　艳	中国科学院	专著　研究报告	19BTQ016
深化我国公共图书馆法人治理结构改革路径研究	李　丹	国家图书馆	专著　研究报告	19BTQ017
信息科学视野下的图书馆学原理研究	刘　竟	江苏大学	专著	19BTQ018
城乡融合背景下的公共数字文化协同治理研究	经　渊	浙江理工大学	专著	19BTQ019
健康中国战略下高校阅读疗法推广中心建设研究	王景文	华北理工大学	专著	19BTQ020
社会力量参与新型阅读空间建设准入与考核机制研究	黄奇杰	宁波财经学院	专著　研究报告	19BTQ021
新时代文化自信视域下的图书馆经典阅读研究	张　正	广州大学	研究报告	19BTQ022
数据开放环境中的词表重用问题研究	贾君枝	中国人民大学	论文集	19BTQ023
数字人文中图像文本资源的语义化建设与开放图谱构建研究	陈　涛	上海图书馆（上海科学技术情报研究所）	论文集　研究报告	19BTQ024
濒危土家族非物质文化遗产的征编与数字化保护研究	徐险峰	吉首大学	专著　电脑软件	19BTQ025
面向能力培养的高校图书馆融合式自主学习空间建设研究	邹云龙	东北师范大学	专著　电脑软件	19BTQ026
仫佬族世居区域特色文化资源库建设及当代价值转换研究	李　臻	广西壮族自治区图书馆	研究报告　电脑软件	19BTQ027
异构环境跨域数字图书个性化信息服务研究	张龙昌	渤海大学	论文集　工具书	19BTQ028
智慧图书馆全流程服务设计研究	李晓珊	北京工商大学	专著　研究报告	19BTQ029
大数据环境下面向用户的图书馆资源跨媒体知识服务研究	张　群	江南大学	专著	19BTQ030
基于创新学习空间的高校图书馆智慧服务模式研究	王焕景	曲阜师范大学	专著	19BTQ031
面向乡村振兴的图书馆精准服务及实现机制研究	任　妮	江苏省农业科学院	研究报告　电脑软件	19BTQ032
面向用户 PIM 的图书馆服务研究	谢阳群	合肥师范学院	论文集	19BTQ033
新时代高校图书馆知识产权信息服务机制研究	周淑云	湘潭大学	专著	19BTQ034
隐性知识深度服务体系研究	张建华	郑州大学	论文集	19BTQ035
智慧融合视角下图书馆与用户共创知识服务价值的模式构建研究	郑德俊	南京农业大学	研究报告	19BTQ036
助力“双一流”建设的高校图书馆学科服务创新研究	吴爱芝	北京大学	专著	19BTQ037

续表

项目名称	负责人	工作单位	预期成果	批准号
出版物交换赠送与对外文化交流传播研究	李　伟	国家图书馆	研究报告	19BTQ038
民国时期北京大学对中国图书馆事业的贡献研究	范　凡	北京大学	专著	19BTQ039
我国《公共图书馆法》有效实施的推进策略研究	吴　钢	武汉大学	论文集　研究报告	19BTQ040
儿童图书馆利用行为与早期读写能力培养研究	卫垌圻	中国科学院	研究报告	19BTQ041
公共图书馆在全面建设小康社会中的角色与作用研究	张寒生	铜陵学院	论文集　研究报告	19BTQ042
面向特殊儿童的图书馆阅读治疗服务研究	万　宇	南京师范大学	研究报告	19BTQ043
近代期刊中数字图像语义描述框架研究与应用研究	杨　敏	上海图书馆（上海科学技术情报研究所）	论文集　研究报告	19BTQ044
基于情境感知的移动图书馆服务模型的构建与应用研究	习海旭	江苏理工学院	专著　论文集	19BTQ045
老年人信息无障碍的状态演变及适老化信息服务研究	赵　英	四川大学	研究报告	19BTQ046
《贤者喜宴》补译及考释	泽仁吉美	西南民族大学	专著　译著	19BTQ047
安徽医籍考	刘时觉	温州医科大学	专著	19BTQ048
阮刻《十三经注疏》圈字汇校考正集成研究	孔祥军	扬州大学	专著	19BTQ049
少林文献整理与研究	李景文	河南大学	专著　其他	19BTQ050
王重民书信与年谱研究	顾晓光	北京大学	专著	19BTQ051
甘肃华池出土的夏金文献整理研究	佟建荣	宁夏大学	专著	19BTQ052
南海疆文献资料的知识关联及价值发现研究	杨海平	南京大学	研究报告　电脑软件	19BTQ053
王重民生平与学术思想研究	姚伯岳	天津师范大学	专著	19BTQ054
明代丽江木氏诗集整理研究	毕先弟	云南省社会科学院	专著	19BTQ055
面向个性化信息检索的用户偏好隐私保护语义模型研究	吴宗大	绍兴文理学院	专著	19BTQ056
突发事件中多模态危机情报智能采集加工生成应对策略研究	宋绍成	北华大学	论文集　研究报告	19BTQ057
信息分析宏观三段论研究	吕　斌	上海大学	专著	19BTQ058
硬规则时代 APP 隐私政策“合规性”研究	唐思慧	湘潭大学	专著	19BTQ059
开放政府数据公共价值实现机制研究	陈兰杰	河北大学	研究报告	19BTQ060
科技论文全景式摘要知识图谱构建与应用研究	鲜国建	中国农业科学院	研究报告　电脑软件	19BTQ061
大数据环境下学术成果真实价值与影响的实时预测及长期评价研究	邓三鸿	南京大学	研究报告	19BTQ062
基于复合数据的科技信息跨维度挖掘与推荐研究	滕广青	东北师范大学	专著　论文集	19BTQ063
大数据环境下移动社会网络中多维信任评价机制及实施路径研究	吴艳辉	湖南商学院	论文集　研究报告	19BTQ064

续表

项目名称	负责人	工作单位	预期成果	批准号
共生视角下政府数据开放的运行机制与实现路径研究	朱晓峰	南京工业大学	论文集	19BTQ065
基于开放创新视角的国家基础科学研究知识创新效应评估指标体系研究	张树良	中国科学院	论文集　研究报告	19BTQ066
美国著名智库网络影响力研究及启示研究	陈媛媛	新疆师范大学	专著　论文集	19BTQ067
生态系统视角下开放政府数据价值实现研究	王　卫	北京师范大学	论文集	19BTQ068
数据主权视域下的数据跨境流动安全评估体系构建研究	胡海波	广东药科大学	专著	19BTQ069
基于大数据的情报分析在互联网金融风险防控场景中的应用研究	丁晓蔚	南京大学	论文集　研究报告	19BTQ070
基于图书馆主导的小微企业竞争情报精准定制与运行策略研究	李　明	盐城工学院	专著　论文集	19BTQ071
多源在线医疗健康信息的语义融合及精准推荐服务研究	成　全	福州大学	论文集　研究报告	19BTQ072
机构知识资源的领域研究数据关联组织与开放复用研究	都平平	中国矿业大学	论文集　研究报告	19BTQ073
基于论文－专利交叉共现分析技术的基础－应用产业创新演化路径分析方法研究	庞弘燊	深圳大学	论文集	19BTQ074
基于事理图谱的社会化问答知识组织与服务研究	曹高辉	华中师范大学	论文集　研究报告	19BTQ075
基于语义网的医疗健康信息组织与服务模式研究	刘喜文	新乡医学院	研究报告	19BTQ076
数据生态视角下科研大数据协同治理研究	佟泽华	山东理工大学	研究报告	19BTQ077
政府开放数据的应用生态及服务体系研究	赵龙文	华南理工大学	论文集	19BTQ078
健康风险认知下的用户信息搜寻行为及其交互特性研究	曹锦丹	吉林大学	论文集	19BTQ079
健康扶贫背景下独龙族健康信息行为及素养提升研究	王　晋	云南大学	研究报告	19BTQ080
用户交互与知识构建双重驱动的知识服务平台评估研究	李　颖	南开大学	论文集　研究报告	19BTQ081
大数据环境下同行评议方法模式研究	王运红	中国科学技术信息研究所	研究报告	19BTQ082
国内外人文社会科学领域文本回收或自我剽窃的程度及原因实证研究	罗艳玲	江西科技师范大学	专著	19BTQ083
基于多源数据的人文社会科学领域学术不端问题画像研究	李晓辉	哈尔滨师范大学	研究报告	19BTQ084
基于文本内容挖掘的学术论文影响力评价研究	王效岳	山东理工大学	研究报告	19BTQ085
社会科学科研人员数据复用过程模型与行为影响机理研究	孙玉伟	山东师范大学	研究报告	19BTQ086
引证指标的学科标准化方法与跨学科学术评价研究	刘雪立	新乡医学院	研究报告	19BTQ087

续表

项目名称	负责人	工作单位	预期成果	批准号
专利技术创新风险识别与技术创新路径预测方法研究	方　曙	中国科学院	专著　电脑软件	19BTQ088
新时代科技安全情报理论构建与运作模式研究	张家年	淮北师范大学	专著　论文集	19BTQ089
中外同学科期刊跨遴选体系联合排序方法研究	王立学	中国科学技术信息研究所	研究报告	19BTQ090
总体国家安全观下军民情报融合机制研究	刘光宇	北京市科学技术情报研究所	研究报告	19BTQ091
"一带一路"涉外档案文献编研研究	郑　慧	广西民族大学	专著　论文集	19BTQ092
档案记忆再生产研究	丁华东	上海大学	专著	19BTQ093
面向数字人文的档案文献数据组织与知识发现研究	张卫东	吉林大学	专著	19BTQ094
中国档案史史料学	丁海斌	广西民族大学	专著	19BTQ095
档案在身份认同中的功能、作用机理与实现路经研究	陆　阳	上海大学	专著	19BTQ096
国家大数据战略背景下档案数据治理体系构建研究	谭必勇	山东大学	专著	19BTQ097
价值驱动的档案数据知识发现与服务模式研究	牛　力	中国人民大学	研究报告　电脑软件	19BTQ098
科研人员个人数字存档行为及其引导机制研究	冯湘君	南开大学	研究报告	19BTQ099
我国副省级市档案社会存管服务供给侧改革研究	李海涛	中山大学	研究报告	19BTQ100
基于用户交互的数字视频档案资源语义组织与精准化服务研究	吕元智	上海师范大学	研究报告	19BTQ101
数字人文视角下历史档案资源知识聚合与知识发现研究	邓　君	吉林大学	论文集	19BTQ102

2019年国家社会科学基金青年项目

项目名称	负责人	工作单位	预期成果	批准号
本土化视野下中国近代图书馆学译述与改写研究	姚玲杰	河南师范大学	专著　论文集	19CTQ001
两岸图书馆学术交流史	张劼圻	北京大学	专著　研究报告	19CTQ002
区块链下公共图书馆知识共享的版权问题研究	赵　力	天津科技大学	专著	19CTQ003
在华日本图书馆人的角色嬗变研究（1901—1945）	万亚萍	天津社会科学院	专著	19CTQ004
中美公共图书馆法人治理结构比较研究	刘晓莹	黑龙江中医药大学	研究报告	19CTQ005
面向全面小康战略目标的西部民族地区图书馆发展路径研究	冯　云	西藏民族大学	专著	19CTQ006

续表

项目名称	负责人	工作单位	预期成果	批准号
基于语义关联的专题学术资源遴选框架研究	李慧佳	中国科学院	论文集　研究报告	19CTQ007
基于媒体融合的图书馆知识服务优化机制研究	苏　静	陕西师范大学	研究报告	19CTQ008
国家元数据库协同构建机制研究	丁遒劲	中国科学技术信息研究所	研究报告	19CTQ009
基于语料库的越南中医古籍辑注及相关问题研究	程文文	重庆师范大学	专著	19CTQ010
我国传统彝文家谱的内容挖掘与可视化方法研究	叶康杰	中央民族大学	专著	19CTQ011
朝鲜时代《近思录》著述整理与研究	周　欣	湖南科技学院	专著　译著	19CTQ012
近代云南土地契约文书整理与研究	丁　琼	云南师范大学	专著	19CTQ013
圣彼得堡大学馆藏汉籍专题研究	张　云	济南大学	专著	19CTQ014
水族古籍的整理与文献学研究	牟昆昊	贵州民族大学	专著	19CTQ015
中国所藏18世纪托忒文碑文研究	乌日鲁木加甫	内蒙古财经大学	专著	19CTQ016
国家图书馆藏清宫戏曲文献研究	王　岩	国家图书馆	专著	19CTQ017
“一带一路”沿线国家跨境电子商务信息服务体系构建与实现路径研究	杨雅芬	杭州电子科技大学	研究报告	19CTQ018
泛在智慧环境下多源主体隐私信息感知及协同保护机制研究	朱　光	南京信息工程大学	论文集　研究报告	19CTQ019
基于多源数据融合的企业专利威胁预警实现机制研究	张世玉	大连理工大学	论文集　研究报告	19CTQ020
移动电子商务信息服务生态系统的理论构建与创新应用研究	许孝君	燕山大学	专著　论文集	19CTQ021
面向过程的信息搜索用户学习机理研究与游戏化学习框架设计	孙晓宁	山西财经大学	论文集　研究报告	19CTQ022
面向学术搜索的查询意图研究	桂思思	南京农业大学	研究报告	19CTQ023
融合SOR理论的网络健康信息搜寻行为与优化策略研究	王文韬	安徽大学	论文集	19CTQ024
学习型搜索用户交互行为对学习体验的影响研究	孙霄凌	南京邮电大学	论文集	19CTQ025
单篇学术论文创新性测度及影响因素研究	郭凤娇	山东理工大学	研究报告	19CTQ026
高被引与高关注学术影响力对比研究	林子婕	中国科学技术信息研究所	研究报告	19CTQ027
创新过程视角下的颠覆性技术识别研究	王　超	齐鲁工业大学	研究报告	19CTQ028
学术大数据环境下社会科学数据开放的影响因素及评价研究	陈　欣	安徽大学	专著	19CTQ029
融合多源数据的卡脖子技术识别与预测研究	周　磊	武汉纺织大学	专著　论文集	19CTQ030
融合多源异构数据的图书精准画像构建研究	周清清	南京师范大学	论文集　电脑软件	19CTQ031
社交媒体环境下的学术型用户生成内容质量评估研究	李　蕾	北京师范大学	论文集　研究报告	19CTQ032

续表

项目名称	负责人	工作单位	预期成果	批准号
“互联网+”背景下多媒体档案知识发现研究	陈栩杉	国防大学	研究报告	19CTQ033
后现代语境中的档案与身份认同研究	闫　静	山东大学	研究报告	19CTQ034
面向数字人文的档案内容挖掘与知识发现研究	丁家友	苏州大学	论文集　研究报告	19CTQ035
数字政府背景下电子文件单轨制管理的数字连续性保障框架研究	加小双	中国人民大学	研究报告	19CTQ036
面向创新型国家建设的工程档案知识赋能及其实现路径研究	陈　慧	华中师范大学	研究报告	19CTQ037

2019 年国家社会科学基金重大项目

课题名称	批准号	首席专家	责任单位
社会数字化转型背景下图书馆发展风险规制研究	19ZDA340	陈传夫	武汉大学
面向三大公共数字文化工程资源融合的多语言信息组织与检索研究	19ZDA341	吴　丹	武汉大学
数字档案馆生态系统治理研究	19ZDA342	金　波	上海大学
古籍保护学科建设与基础理论研究	19ZDA343	姚伯岳	天津师范大学
	19ZDA344	张　靖	中山大学
新时代我国文献信息资源保障体系重构研究	19ZDA345	夏立新	华中师范大学
	19ZDA346	叶继元	南京大学
南海疆文献资料整理中的知识发现与维权证据链建构研究	19ZDA347	杨海平	南京大学
基于大数据的科教评价信息云平台构建和智能服务研究	19ZDA348	邱均平	杭州电子科技大学
	19ZDA349	唐晓波	武汉大学

2019 年国家社会科学基金西部项目

项目名称	负责人	工作单位	预期成果	批准号
乡村振兴战略下滇桂黔深度贫困地区公共图书馆精准服务体系构建研究	秦晓珠	桂林理工大学	论文集　研究报告	19XTQ001
西藏构建现代公共文化服务体系保障机制与实现路径研究	李　子	西藏民族大学	研究报告	19XTQ002
土司世界文化遗产文献资源体系建设研究	李鸿雁	吉首大学	论文集	19XTQ003
濒危土族口头传承民俗文化数字化资源库的建设	王得芳	青海师范大学	研究报告　软件	19XTQ004
高校智慧图书馆空间建设模式与路径研究	杨文建	重庆第二师范学院	专著　论文集	19XTQ005
古代游记的农史价值研究	徐臣攀	陕西中医药大学	专著　研究报告	19XTQ006
清官修经学文献刊行与价值研究	任利荣	四川省社会科学院	专著	19XTQ007
南方丝绸之路云南段交通碑刻整理与研究	赵志宏	大理大学	专著	19XTQ008

续表

项目名称	负责人	工作单位	预期成果	批准号
面向区域治理的协同决策信息共享问题研究	王友云	铜仁学院	专著	19XTQ009
情报流程重构视角下的应急过程多目标优化研究	陈祖琴	重庆科技学院	研究报告	19XTQ010
物联网环境下基于情境感知的数据融合研究	吴晓强	内蒙古民族大学	论文集　研究报告	19XTQ011
用于科学结构分析的混合网络的社团研究	陈云伟	中国科学院 成都文献情报中心	专著	19XTQ012

2019年国家社会科学基金后期资助项目

项目名称	姓名	工作单位	项目类别
媒体融合时代版权交易及保护机制创新研究	刘玲武	中南大学	一般项目
民国图书馆学教育年谱	郑锦怀	泉州师范学院	一般项目
《数字文献资源库总目》研究与编撰	王　英	重庆大学	一般项目
协同创新体的知识管理框架及其应用	白文琳	南开大学	一般项目
数字图书馆用户体验研究	徐　芳	苏州大学	一般项目
馆藏刘永济未刊手稿“清代经学人物传”校注	罗惠缙	吉首大学	一般项目
《春秋左氏传旧注疏证》点校整理	郭院林	扬州大学	一般项目
清代中朝文人酬赠诗校注	徐　毅	南通大学	一般项目
李开先藏书、著述和刻书研究	霍艳芳	山东大学	一般项目
河北省社会科学院藏高阳碑刻拓片整理与研究	刘美然	河北省社会科学院	一般项目
学术评价与创新绩效评价问题研究	俞立平	浙江工商大学	一般项目
国际视野下的 PATENT TROLL 研究	宋艳辉	杭州电子科技大学	一般项目
元代类书考	金传道	内蒙古大学	一般项目
信息政策扩散评估理论与方法研究	裴　雷	南京大学	一般项目
面向科学研究主题的文本时态特征检索研究	沈　思	南京理工大学	一般项目
基于知识元的科技文献多粒度层级知识分割研究	王忠义	华中师范大学	一般项目
科研主题演化过程中的词语迁移研究	陈柏彤	上海大学	优博项目
我国图书馆转型风险研究	陈　一	武汉大学	优博项目

2019年度国家自然科学基金项目

项目名称	项目负责人	依托单位	项目类别	项目批准号
探索式检索过程中用户的情感体验及其影响机理研究	黄　崑	北京师范大学	面上项目	71974015
科学文献全景大数据下的研究热点及研究前沿探测	王贤文	大连理工大学	面上项目	71974029
基于情境感知的智慧图书馆阅读与交流服务实现路径研究	程秀峰	华中师范大学	面上项目	71974069

续表

项目名称	项目负责人	依托单位	项目类别	项目批准号
面向青少年网络适应的个性化信息服务优化方法研究	王伟军	华中师范大学	面上项目	71974072
信息链视域下电子病历数据驱动健康服务供给侧决策的路径与模式研究	牟冬梅	吉林大学	面上项目	71974074
基于图模型的多源异构在线产品评论数据融合与知识发现研究	李　贺	吉林大学	面上项目	71974075
基于深度学习的学术全文本知识图谱构建及检索研究	沈　思	南京理工大学	面上项目	71974094
基于表示学习的专利信息语义融合与深度挖掘研究	张金柱	南京理工大学	面上项目	71974095
教育模式对信息分化的影响及作用机理研究——基于实践理论和信息经验中介作用的考察	于良芝	南开大学	面上项目	71974103
维基情境下的治理模式、知识属性与知识整合：基于匹配理论与构型理论的视角	孙永强	武汉大学	面上项目	71974148
信息生态链视角下在线知识社区用户贡献行为评价及预测研究	邓胜利	武汉大学	面上项目	71974149
面向跨语言观点摘要的领域知识表示与融合模型研究	余传明	中南财经政法大学	面上项目	71974202
虚拟健康社区用户信息搜寻中的相关性判断行为研究	骈文景	福州大学	青年科学基金项目	71904028
面向语义出版的科技文献资源描述框架研究	傅　柱	河海大学	青年科学基金项目	71904043
基于多视角学习的社会化问答平台用户画像研究	陈　烨	华中师范大学	青年科学基金项目	71904057
基于深度语义表示和多文档摘要的学术文献自动综述研究	丁　恒	华中师范大学	青年科学基金项目	71904058
面向学术文献策略阅读的语义支撑技术研究	蒋　婷	南京财经大学	青年科学基金项目	71904078
基于深度学习与语义关联的关键核心技术–专家组合模型研究	吴志祥	南京工业大学	青年科学基金项目	71904083
建构主义视角下学术用户网络信息搜索中的学习机制及效用研究	韩正彪	南京农业大学	青年科学基金项目	71904086
基于低幼龄儿童认知机制的信息组织模型研究	王翩然	南开大学	青年科学基金项目	71904091
舆情事件信息链接共享因果路径及其非对称关系研究	盛东方	山东大学	青年科学基金项目	71904106
群体差异视角下学术社交网络用户交互与合作机制研究	严炜炜	武汉大学	青年科学基金项目	71904148
顺序决策、需求资源与差别组态：探究社交网络用户的持续使用、终止与间歇性中止行为的作用机制	王　楠	武汉大学	青年科学基金项目	71904149
基于知识图谱的农产品价值链信息融合研究	曾　桢	贵州财经大学	地区科学基金项目	71964007

2019年度教育部人文社会科学研究规划基金、青年基金项目

项目名称	项目类别	申请人	学校名称
基于用户画像的精准阅读推广研究	规划基金项目	朱东妹	安徽师范大学
新时代高校阅读推广实践研究	规划基金项目	蔡 红	广东财经大学
国家情报工作运筹调控与能力增长协同培育机制研究	规划基金项目	孙瑞英	黑龙江大学
基于中国专利金奖特征提取的高价值专利评估方法研究	规划基金项目	晁 蓉	湖南大学
教育大数据背景下在线学习资源个性化推荐技术研究	规划基金项目	王瑞琴	湖州师范学院
图书馆空间服务理论体系的构建研究	规划基金项目	刘志国	华北理工大学
基于数据生态的图书馆知识服务价值共创的演化机制、模拟实验及优化研究	规划基金项目	刘 佳	吉林大学
江南藏书世家研究	规划基金项目	陈心蓉	嘉兴学院
大数据知识服务生态系统的构建研究	规划基金项目	沈艳红	江南大学
基于社交网络分析和语义计算的高校图书馆用户画像构建与应用研究	规划基金项目	何 胜	江苏理工学院
专利引文网络中技术演进的多路径识别及技术机会发现研究	规划基金项目	颜端武	南京理工大学
广义技术视域下中国近代图书馆图书出版研究	规划基金项目	王细荣	上海理工大学
信息协同视角下基于可视化媒介的智慧应急响应交互行为研究	规划基金项目	马晓悦	西安电子科技大学
国际编目新标准的阐释及中国文献编目规则发展研究	规划基金项目	曾伟忠	湘潭大学
移动互联网信息偶遇机理与行为识别研究	规划基金项目	田 梅	新乡医学院
数字化博物馆的公众认知研究	规划基金项目	于小涵	浙江工商大学
面向新型智库的情报保障体系与服务创新研究	规划基金项目	黄晓斌	中山大学
基于深度学习的多源医学数据融合模式研究	青年基金项目	陈松景	北京协和医学院
西南边疆国际河流水文化遗产资源调查及其可视化共享平台研究	青年基金项目	吕 卉	桂林理工大学
基于区块链的数字教育音频版权保护机制研究	青年基金项目	苏兆品	合肥工业大学
主体间际复杂网络视阈的科学数据联盟运行体系研究	青年基金项目	赵丽梅	黑龙江大学
明代御制文献研究	青年基金项目	黄首禄	湖北大学
清代《仪礼》校勘与学术流变研究	青年基金项目	蒋鹏翔	湖南大学
近代私家藏书的图书馆化研究	青年基金项目	林 英	华南师范大学
大数据环境下碎片化用户生成内容的多粒度知识组织研究	青年基金项目	王忠义	华中师范大学
基于联合学习的神经信息检索模型研究	青年基金项目	李 波	华中师范大学
乡村振兴背景下农村公共数字文化服务效能提升行动研究	青年基金项目	王 锰	江苏大学
施引群体视角的科学产出评价方法研究	青年基金项目	闵 超	南京大学
食品安全知识库构建及潜在风险自动识别研究	青年基金项目	吴志祥	南京工业大学
基于 Altmetrics 的人文社会科学学者的社会影响力评价研究	青年基金项目	金洁琴	南京工业大学
学术用户网络信息搜索中情感体验的形成机制及效用研究	青年基金项目	韩正彪	南京农业大学
情感传播视角下社交网络舆情引导策略研究	青年基金项目	楚永杰	南京邮电大学
基于语义的方志物产资料知识组织与知识聚合实证研究	青年基金项目	徐晨飞	南通大学
韩国汉文坊刻本的搜集、整理与研究	青年基金项目	崔英花	南通大学

续表

项目名称	项目类别	申请人	学校名称
社会化链接信息共享行为机制及条件组合研究：基于关系强度视角	青年基金项目	盛东方	山东大学
基于效果测评的实体书店融合发展模式研究	青年基金项目	刘　菡	山东工商学院
西学东渐与本土突围：民国档案学教育发展史研究（1934—1949）	青年基金项目	张　衍	上海大学
文化与科技融合视角下公共图书馆文化创意产品开发模式研究	青年基金项目	王　毅	上海大学
基于成熟度视角的高校图书馆科学数据管理服务能力评价研究	青年基金项目	叶　兰	深圳大学
基于多源数据的区域文献联合处置研究	青年基金项目	李卓卓	苏州大学
网络集群行为的道德情绪演变机制与应对策略研究	青年基金项目	石　密	天津工业大学
图书馆数字资源长期保存中著作权归属与边界的识别、辨析及应对研究	青年基金项目	柴会明	天津音乐学院
数字人文视角下唐诗知识图谱构建与领域应用研究	青年基金项目	洪　亮	武汉大学
面向 STEAM 教育的公共图书馆服务机制与实施策略研究	青年基金项目	王　铮	西北大学
全民阅读语境下多元主体合作的阅读推广机制研究	青年基金项目	杜杨芳	湘南学院
基于引文内容分析的交叉学科知识生长路径和融合模式研究	青年基金项目	商宪丽	信阳农林学院
多语言情境下基于深度表示与对齐的观点摘要研究	青年基金项目	余传明	中南财经政法大学
社交媒体用户行为的间歇性中辍现象及其机理研究	青年基金项目	甘春梅	中山大学

2019 年度教育部人文社会科学研究西部和边疆地区项目

项目名称	项目类别	申请人	学校名称
西夏文书种类功用及体式研究	规划基金项目	赵彦龙	宁夏大学
《千字文》类文书的收集、整理与研究	规划基金项目	刘克汉	梧州学院
民间记忆传承下云南少数民族地区民间文书收集、整理与研究	规划基金项目	陈海玉	云南大学
民国时期图书馆员职业群体研究	青年基金项目	胡康林	四川大学

2019 年度教育部人文社会科学研究西藏项目

项目名称	项目类别	申请人	学校名称
智慧校园环境下西藏高校图书馆用户画像及其应用研究	规划基金项目	张孝飞	西藏民族大学

（国家图书馆　马祥涛整理）

2019年国内图书馆学专业硕士、博士学位授予单位名录

2019年国内图书馆学专业硕士授予单位名录

序号	单位名称	序号	单位名称
1	北京大学信息管理系	25	西安电子科技大学经济与管理学院
2	中国人民大学信息资源管理学院	26	西北大学公共管理学院
3	北京师范大学政府管理学院	27	山西大学经济与管理学院
4	中国农业大学图书馆	28	山东大学管理学院
5	中国科学院文献情报中心	29	曲阜师范大学传媒学院
6	中国科学技术信息研究所	30	河北大学管理学院
7	南开大学商学院	31	郑州大学信息管理学院
8	天津师范大学管理学院	32	河南科技大学图书馆
9	吉林大学管理学院	33	安徽大学管理学院
10	东北师范大学信息科学与技术学院	34	四川大学公共管理学院
11	黑龙江大学信息管理学院	35	中国科学院成都文献情报中心
12	辽宁师范大学管理学院	36	西南大学计算机与信息科学学院
13	辽宁大学历史学院	37	云南大学历史与档案学院档案与信息管理系
14	复旦大学图书馆文献信息中心	38	湘潭大学公共管理学院
15	上海大学图书情报档案系	39	武汉大学信息管理学院
16	中国中医科学院中医药信息研究所	40	华中师范大学信息管理学院
17	国防大学政治学院军事信息与网络舆论系	41	福建师范大学社会历史学院
18	南京大学信息管理学院	42	中山大学资讯管理学院
19	东南大学情报科技研究所	43	华东师范大学经济与管理学部
20	南京理工大学经济管理学院	44	广西民族大学管理学院
21	南京农业大学信息管理学院	45	华南师范大学经济与管理学院
22	苏州大学社会学院	46	郑州航空工业管理学院信息管理学院
23	江苏大学科技信息研究所	47	山东理工大学科技信息研究所
24	南昌大学管理学院		

2019年国内图书馆学专业博士授予单位名录

序号	单位名称	序号	单位名称
1	北京大学信息管理系	8	河北大学管理学院
2	中国人民大学信息资源管理学院	9	南京农业大学信息管理学院
3	中国科学院文献情报中心	10	湘潭大学公共管理学院
4	南开大学商学院	11	武汉大学信息管理学院
5	吉林大学管理学院	12	华中师范大学信息管理学院
6	南京大学信息管理学院	13	中山大学资讯管理学院
7	国防大学政治学院军事信息与网络舆论系		

（中国人民大学信息资源管理学院　闫慧、高家擎整理）

年度大事记

2019年中国图书馆事业大事记

1月

1月8日，由国家图书馆、全国图书馆文化创意产品开发联盟共同主办的全国图书馆文化创意产品开发联盟“品牌发展计划”正式启动。

2月

2月1日，北京数字文化馆正式上线运营。

2月18日，国家图书馆理事会成立大会在北京召开。

2月22日，2019年湖南省市（州）公共图书馆馆长联席会议在常德召开。

2月28日，中国图书馆学会九届五次理事会在国家图书馆召开。

3月

3月4日，天津市图书馆学会第八次会员代表大会在天津图书馆海河园馆区召开。

3月7—8日，湘鄂赣皖四省公共图书馆联盟2019年工作会议在湖南图书馆召开。

3月14—15日，中国图书馆学会2019年秘书长联席会议暨《中国图书馆年鉴》编纂工作会议在广西钦州市图书馆召开。

3月15日，2019年全国古籍评审工作会议在国家图书馆召开，第六批《国家珍贵古籍名录》和“全国古籍重点保护单位”评审工作正式启动。

3月17—19日，由中央文化和旅游管理干部学院、重庆市文化和旅游发展委员会主办，重庆图书馆等承办的2019年全国公共文化巡讲暨重庆市公共数字文化建设与服务培训班在重庆合川举办。

3月20日，第六次全国县级以上公共图书馆评估定级一级图书馆授牌仪式在上海举行。

3月20—22日，由国家图书馆主办、广西壮族自治区图书馆承办的2019年全国省级及副省级市公共图书馆参考咨询工作培训在柳州举行。

3月22日，《阅读推广志愿者服务规范》研讨会暨公共图书馆标准化工作会议在宁波图书馆召开。

3月24—29日，由中国图书馆学会公共图书馆分会主办，广州图书馆、广州市图书馆学会、中国图书馆学会公共图书馆分会城市图书馆工作委员会等机构联合承办的“图书馆中的设计思维”高级研修班在广州举办。

3月27日，由中国高等教育文献保障系统（CALIS）管理中心主办的基于FOLIO的新一代图书馆服务平台建设合作交流研讨会在北京大学中关新园举行。

3月27日，由中国图书馆学会、中国国家图书馆、英国国家图书馆主办的2019中英图书馆论坛在四川省图书馆举办，主题为“公共图书馆服务创新与事业发展”。

3月28日，中国图书馆学会阅读推广委员会主办的“新时代·新阅读”大学生阅读推广主题研讨会在电子科技大学召开。

4月

4月1—3日，由中国图书馆学会公共图书馆分会主办、桂林图书馆承办、重庆图书馆协办的2019年图书馆扶贫工作专题会议在广西桂林召开。

4月2—4日，由中国图书馆学会专业图书馆分会主办，中国科学院文献情报中心、武汉文献情报中心、武汉病毒研究所承办的第三届专业图书馆青年学术论坛在武汉召开，主题为“适应大数据、人工智能时代的图书馆学情报学研究探索”。

4月9日，由中国图书馆学会主办，中国图书馆学会阅读推广委员会、太原市图书馆、太原市图书馆学会承办的中国图书馆学会阅读推广委员会2019年工作会议暨第十三届“全民阅读论坛”在山西太原开幕。

4月10日，由天津市图书馆学会、北京市图书馆协会、河北省图书馆学会主办，天津市少年儿童图书馆承办的“京津冀少年儿童图书馆、中小学图书馆学术暨工作研讨会”在天津举行。

4 月 11 日，以“阅读新时代　城市新动能”为主题的中国图书馆学会第二届城市图书馆学术论坛暨“书香长沙 · 2019 世界读书日”主题活动在湖南长沙举办。

4 月 15 日，由文化和旅游部公共服务司主办，中国图书馆学会承办，江苏省图书馆学会、淮安市图书馆共同协办的全国基层文化队伍示范性培训——第十期全国县级图书馆馆长培训班在淮安开班。

4 月 15 日，第二期全国古籍编目合作进修班在山东省图书馆开班。

4 月 16 日，中国新闻出版研究院发布第十六次全国国民阅读调查报告。

4 月 16—19 日，由国家图书馆主办、上海市文旅局人才培训交流中心承办的 2019 年公共数字文化工程数字图书馆创新服务培训班在上海举办。

4 月 23 日，由国家图书馆、中国图书馆学会、学习强国平台联合全国图书馆界共同开展的“读经典　学新知　链接美好生活”世界读书日特别活动在国图艺术中心举行。同时，国家图书馆联合全国图书馆界共同发布《服务全民阅读　共创美好生活——中国图书馆界 4 · 23 全民阅读活动倡议书》。

4 月 25 日，由国家图书馆少儿馆和天津市、上海市、福建省、河南省、湖南省、重庆市六地少儿图书馆联合主办的第三届“少图馆际交流合作行动计划”启动仪式在重庆市少年儿童图书馆举行。

5 月

5 月 6 日，以“转型与变革——技术驱动下图书馆的愿景与未来”为主题的国家图书馆第四届青年学术论坛在馆内举行。

5 月 6 日，由中国图书馆学会学术研究委员会主办的新时代公共图书馆文旅融合发展浙江现象研讨会在浙江淳安举行。

5 月 7—9 日，中国图书馆学会主办的全国图书馆总分馆制暨“城市书房”建设研讨班在浙江温州举办。

5 月 14—17 日，由中国图书馆学会阅读推广委员会主办，吉林省图书馆学会、赤峰市图书馆、延边自治州图书馆承办的第二届“图书馆与民族文献阅读推广”学术论坛在吉林延边举行。

5 月 14—17 日，由国家古籍保护中心主办、浙江省古籍保护中心承办的第二期全国古籍数字化理论与实践培训班在杭州举办。

5 月 15 日，江苏省图书馆学会第八次会员代表大会在宜兴市图书馆召开。

5 月 15 日，由全国图书馆文献缩微复制中心主办、山东省图书馆承办的 2019 年全国公共图书馆技术部主任会议在山东济南召开。

5 月 21 日，吉林省图书馆学会第九次会员代表大会在吉林省图书馆召开。

5 月 22—23 日，由中国图书馆学会主办的第三届全国图书馆未成年人服务论坛在安徽滁州召开，主题为“阅读的力量——立德树人，培根铸魂”。

5 月 23 日，京津冀图书馆联盟工作会议在天津图书馆召开。

5 月 25 日，由上海图书馆、浙江图书馆、安徽省图书馆、南京图书馆和阅读马拉松组委会共同主办的 2019 长三角地区阅读马拉松大赛在江浙沪皖四地同时开赛。

6 月

6 月 4—7 日，2019 中国高校图书馆发展论坛在辽宁大连举行。此届论坛由中国图书馆学会高等学校分会、中国高等教育文献保障系统管理中心和北京大学图书馆主办，大连理工大学图书馆承办，主题为“高等教育新形势与图书馆发展新趋势”。

6 月 12—13 日，第六届图书馆微服务研讨会在上海市普陀区图书馆召开，主题为“微悦读 · 新互动”。

6 月 14 日，由中国图书馆学会学术研究委员会主办，重庆图书馆、《图书馆报》承办的 2019 新时代图书馆建设与发展研讨会在重庆举办。

6 月 18 日，西部省级公共图书馆联盟第二次会议在四川省图书馆举行。

6 月 19 日，“全国公共图书馆评估定级方案”专题研讨会在天津图书馆召开。

6 月 19—22 日，由教育部高等学校图书情报工作指导委员会主办，东北师范大学图书馆承办的 2019 年教育部高校图工委信息素质培训研讨会在吉林长春举行。

6 月 20 日，由中国图书馆学会公共图书馆分会主办的全国基层公共图书馆服务体系建设研讨会在山东威海召开。

6 月 27 日，由中国图书馆学会公共图书馆分会主办，河北省图书馆、辽宁省图书馆、宁波图书馆、武汉图书馆、广州图书馆承办的第二届公共图书馆创新创意征集推广活动现场研议会议在宁波图书馆举行。

7 月

7 月 9 日，由文化和旅游部公共服务司主办，中国图书馆学会和西藏自治区文化厅承办，西藏自治区图书馆学会、林芝市图书馆共同协办的全国基层文化和旅游公共服务队伍示范性培训——第十一期全国县级图书馆馆长研习班在西藏林芝开班。

7 月 9—11 日，由中国图书馆学会主办的 2019 年图书馆信息组织和资源建设研修班在河南省图书馆举办。

7 月 10—11 日，由中国科学院文献情报中心主办的第二届“数据分析与知识发现”学术研讨会在甘肃兰州召开。

7 月 19 日，2019 海峡两岸青少年阅读“马拉松”赛在厦门市图书馆集美新馆举办。

7 月 19—20 日，由中国图书馆学会阅读推广委员会、浙江省长兴县文化和广电旅游体育局主办，贵州民族大学图书馆、赤峰市图书馆、湖州市图书馆、长兴县图书馆承办的中国阅读传统与文化传承学术论坛在长兴举办。

7 月 31 日—8 月 3 日，由中国图书馆学会学术研究委员会主办，齐齐哈尔医学院图书馆和《图书情报工作》杂志社共同承办的 2019 年全国图书馆新型服务能力建设学术研讨会在黑龙江齐齐哈尔举行。

8 月

8 月 1 日，2019 全国图书馆智能技术研讨会暨第三届全民阅读及智慧图书馆论坛在云南大理开幕。此次论坛由中国图书馆学会学术研究委员会、大理白族自治州文化和旅游局主办，大理白族自治州图书馆、《图书馆报》承办。

8 月 1—2 日，由中国图书馆学会阅读推广委员会、湖南图书馆、湖南省图书馆学会、株洲市文化旅游广电体育局主办，株洲市图书馆承办的“5G 与图书馆的发展”研讨会在株洲召开。

8 月 6 日，中华传统晒书大会启动仪式在山东曲阜孔子博物馆举办。

8 月 12—13 日，由上海市图书馆学会、中国图书馆学会数字图书馆研究与建设专业委员会、上海图书馆（上海科学技术情报研究所）共同主办的“AI 在图情——2019 图书馆前沿技术论坛（IT4L）会议”在上海图书馆举行。

8 月 14 日，由中国图书馆学会指导，四川省文化和旅游厅、四川省图书馆、崇州市人民政府主办的中国西部公共图书馆 2019 年学术研讨会在崇州举行。

8 月 14—17 日，“2019 年中国图书馆年会‘图书馆与社会发展’分会场——第五届中美高校图书馆合作发展论坛”在内蒙古呼和浩特举办。

8 月 16 日，由甘肃省图书馆学会和甘肃省图书馆主办的“西北五省（区）图书馆第五次峰会暨西北五省（区）图书馆馆长、学会理事长、秘书长联席会议”在敦煌召开。

8 月 19 日，由中共广东省委宣传部、省文化和旅游厅、中国图书馆学会主办的第二届“公共图书馆在全民阅读中的领读与创新”峰会在广东东莞松山湖图书馆举行。

8 月 21 日，以“新时代图书馆的转型发展：均衡　融合　智慧”为主题的 2019 年中国图书馆年会在内蒙古鄂尔多斯举行。

8 月 21 日，“光荣梦想四十载　守正创新再出发——中国图书馆学会成立 40 周年”主题论坛在内蒙古鄂尔多斯召开。

8 月 21—27 日，由文化和旅游部公共服务司主办，中国图书馆学会承办，鄂尔多斯市图书馆等协办的全国基层文化和旅游公共服务队伍示范性培训——第十二期全国县级图书馆馆长研习班在内蒙古鄂尔多斯举办。

8 月 22 日，第十一届中国图书馆馆长与国际出版社高层对话论坛在北京举行，主题为“开放获取与知识服务：变革时代的共同核心能力重构”。

8 月 26—30 日，图书馆古籍整理与提要编纂高级研修班在上海图书馆举办。

8 月 30 日，全国首届图书馆杯全民英语口语风采展示活动总展示作品现场总研议在广州图书馆举行。

9 月

9 月 4—5 日，由黑龙江、吉林、辽宁三省图书馆学会联合主办的东北地区第十七次图书馆学科学讨论会在黑龙江黑河召开，主题为“新时代、新思维、新业态的图书馆理论与实践”。

9 月 8 日，中共中央总书记、国家主席、中央军委主席习近平给国家图书馆 8 位老专家回信，向国图全体人员致以诚挚的问候，希望国图坚持正确政治方向，弘扬优秀传统文化，创新服务方式，推动全民阅读，更好满足人民精神文化需求，为建设社会主义文化强国再立新功。

9月9日，国家图书馆迎来建馆110周年。同时，“图书馆·与时代同行”国际学术研讨会在国家图书馆召开。

9月10日，文化和旅游部在国家图书馆组织召开学习贯彻习近平总书记给国家图书馆老专家回信精神座谈会，传达学习总书记的回信，就贯彻落实好回信的重要精神进行座谈。文化和旅游部部长雒树刚出席座谈会并讲话。

9月16日，国家图书馆召开深入学习贯彻习近平总书记给国家图书馆老专家回信精神大会。

9月18日，中国图书馆学会专业图书馆分会2019学术年会在贵州铜仁开幕，主题为“开放科学与机器智能环境下学术信息服务范式变革”。

9月18—20日，由中国图书馆学会主办的智慧图书馆与新一代图书馆平台建设研讨班在新疆图书馆举办。

9月20日，新疆图书馆新馆正式开放。

9月23—24日，开放融合的新时代图书馆建设研讨会暨2019年度CALIS年会在兰州大学召开。

9月23—26日，由国家图书馆、文化和旅游部全国公共文化发展中心主办的2019年公共数字文化工程图文两馆服务推广联络员培训班在安徽合肥举办。

9月24—26日，浙江省图书馆学会第十六次（2019）学术年会暨第五届浙闽论坛在浙江宁波召开，主题为“构建开放融合的图书馆共同体”。

9月24—26日，2019竞争情报上海论坛（SCIF）暨国际科学技术信息理事会（ICSTI）年会在上海图书馆举办。

10月

10月14—16日，辽宁省图书馆学会2019年学术年会暨“图书馆创新服务与文化精准扶贫”专题论坛在辽宁朝阳召开。

10月15—18日，由全国图书馆文献缩微复制中心主办、中国文献影像技术协会承办的2019年全国公共图书馆缩微技术培训班在陕西西安开班。

10月16日，首届全国大学生“悦读之星”读书演讲风采展示活动专家评审会在天津财经大学举行。

10月16日，2019年中华古籍普查文化志愿服务行动总结座谈会在重庆图书馆召开。

10月16—18日，第31届全国十五城市公共图书馆工作研讨会在宁波图书馆新馆举办。此届研讨会由中国图书馆学会主办，宁波图书馆和宁波市图书馆学会承办，以“城市图书馆创新服务”为主题。

10月16—18日，华北地区高等学校图书馆协作委员会第三十三届学术年会在北京师范大学召开。

10月16—19日，由中国图书馆学会学术研究委员会主办、福建省图书馆承办的第六届全国文献编目研讨会在福建福州召开，主题为“突破与融合——编目的未来”。

10月16—19日，“中国高职图书馆发展论坛（2019）”在陕西西安举行。此次论坛由中国图书馆学会高职院校图书馆分会主办，陕西省高校图工委高职高专分委会、陕西工业职业技术学院、同方知网（北京）技术有限公司承办，主题为“守初心·担使命·谋新篇——高职图书馆助力职业教育改革”。

10月17日，2019年第十三届中日国际图书馆学研讨会在上海图书馆举行，主题为“数字人文开放存取”。

10月17—18日，2019数字信息资源建设学术研讨会暨第六届国家科技文献资源建设研讨会在福建厦门召开，主题为“数据融合与开放获取”。

10月18—21日，由中国图书馆学会学术研究委员会、常熟市人民政府主办，中山大学图书馆、常熟市文体广电和旅游局、沙家浜镇人民政府承办的纪念毛晋诞辰420周年暨2019年图书馆史志编纂学术研讨会在江苏常熟举办。

10月22日，教育部颁布关于印发《2019年全国中小学图书馆（室）推荐书目》的通知。

10月22—25日，江苏省图书馆学会2018—2019学术年会暨纪念成立40周年学术研讨会在徐州工程学院召开。

10月23—24日，第八届中国开放获取推介周活动在中国科学院文献情报中心举办。

10月23—25日，由中国图书馆学会编译出版委员会主办，《中国图书馆学报》编辑部、《图书馆理论与实践》编辑部承办的图书馆学期刊编辑出版研讨会在宁夏银川召开，主题为“合作、开放、共赢：新时代图书馆学期刊的责任和使命”。

10月24日，以“鎏金丝路　筑梦陕图”为主题的陕西省图书馆建馆110周年系列活动启动。

10月24日，由中国图书馆学会、陕西省文化和旅游厅主办，中国图书馆学会公共图书馆分会、福建省图书馆、福建省图书馆学会、陕西省图书馆、陕西省图书馆学会等单位共同承办的“一带一路”图书馆发展论坛暨文献资源与文创产品联展在陕西省图书馆举办。

10 月 25 日，甘肃省图书馆学会成立 40 周年纪念大会暨 2019 甘肃省图书馆学会年会在兰州召开。

10 月 25—26 日，由中国图书馆学会专业图书馆分会、高等学校图书馆分会、数字图书馆研究与建设专业委员会和四川省高校图工委主办，中国科学院成都文献情报中心承办的第十六届数字图书馆前沿问题高级研讨班在四川成都召开，主题为“数据科学、数据管理与数据应用”。

10 月 28—31 日，2019 数字资源长期保存全国学术研讨会在北京举办。

10 月 31 日，主题为“转型发展中的贵州图书馆事业”的 2019 贵州省图书馆学会学术年会暨贵州省图书馆学会成立四十周年纪念大会在贵州都匀举行。

11 月

11 月 3—5 日，2019 公共图书馆绩效评估学术研讨会在天津举办。本次研讨会由中国图书馆学会公共图书馆分会主办，天津市图书馆学会和天津图书馆共同承办，以“创新与升级：后评估时代公共图书馆绩效评估工作的新思路、新方向”为主题。

11 月 9—10 日，由中国图书馆学会工会图书馆分会主办、中国劳动关系学院承办的全国工会院校文献资源保障体系建设暨图书馆协作共享学术研讨会在中国劳动关系学院召开，主题为“协作与融合——行业院校图书馆发展的趋势”。

11 月 9—10 日，由北京大学信息管理系主办的第十三届全国图书馆学博士生学术论坛在北京大学英杰交流中心举行，主题为“图书馆变革与发展：效能、智能、赋能”。

11 月 10—23 日，国家图书馆在北京举办公共数字文化工程 2019 年馆员研修培训班。

11 月 12 日，国家图书馆（国家古籍保护中心）与吉林省图书馆、黑龙江省图书馆、南京图书馆、山东省图书馆、湖北省图书馆、云南省图书馆、宁波天一阁博物馆等 20 家单位，联合在线发布古籍数字资源 7200 余部 / 件。

11 月 12—15 日，由中国图书馆学会阅读推广委员会主办，金陵图书馆、深圳图书馆共同承办的家庭阅读推广优秀案例交流暨创新发展研讨会在江苏南京举办。

11 月 13 日，由北京大学图书馆、北京大学信息管理系联合举办的纪念图书馆学家刘国钧先生诞辰 120 周年学术研讨会在北京大学召开，主题为“图林硕望，薪火相承”。

11 月 13—14 日，2019 年浙江省高职高专院校图书馆馆长工作会议在浙江工商职业技术学院召开。

11 月 14 日，由中国图书馆学会阅读推广委员会主办，天津财经大学图书馆和武汉大学图书馆共同承办的第四届全国“大学生阅读推广高峰论坛（2019）”在天津财经大学开幕。

11 月 14 日，云南省图书馆建馆 110 周年学术论坛——公共图书馆服务创新论坛开幕。

11 月 14—16 日，由教育部高等学校图书情报工作指导委员会主办，《图书情报工作》杂志社协办，大连理工大学图书馆承办的 2019 年全国高校信息文化与信息素质教育研讨会在大连理工大学召开。

11 月 19—22 日，在中国图书馆学会公共图书馆分会的指导下，国家图书馆研究院、中国图书馆学会公共图书馆分会城市图书馆工作委员会、广东图书馆学会、广州市图书馆学会及广州图书馆等机构在广州联合举办“提升效能、创新发展与图书馆统计”学术研讨会。

11 月 21 日，河北省公共图书馆事业发展研究中心成立暨第一次工作会议在河北省图书馆召开。

11 月 22 日，2019 年东南亚图书馆员研修班开班仪式在中国国家图书馆举办。

11 月 22 日，由甘肃省图书馆、湖南图书馆联合举办的 2019 年全国地方文献“开发地方特色文献、提升地方文化影响力、开拓文化旅游新思路”学术研讨会在兰州召开。

11 月 26 日，第十五届省、自治区、直辖市、较大城市图书馆馆长联席会议在国家图书馆召开，会议主题是“深入学习贯彻习近平总书记给国家图书馆老专家回信精神，共同谋划公共图书馆‘十四五’发展大局”。

11 月 26—28 日，以“新时代图书馆的转型发展：均衡　融合　智慧”为主题的福建省图书馆学会 2019 年学术年会在福建泰宁召开。

11 月 26—30 日，由中国图书馆学会和武汉大学信息管理学院联合主办、海南省图书馆和海南省图书馆协会承办的首届图书馆对公众开展信息素养教育研讨班在海南海口举办。

11 月 27—28 日，湖南省图书馆学会成立 40 周年纪念大会暨 2019 年学术年会在长沙图书馆召开。

11 月 28 日，2018—2022 年教育部高等学校图书情报工作指导委员会第二次工作会议在四川大学召开。

11 月 28 日，由全民阅读活动组织协调办公室指导，中国图书馆学会、韬奋基金会、中国书刊发行业协会、中国新华书店协会、中国出版集团公司、四川省全民阅读活动指导委员会办公室主办，中国图书馆学会阅读推广委员会、《图书馆报》、中共广元市朝天区委宣传部承办的 2019 全国出版界图书馆界全民阅读年会在四川广元举办。

11 月 28 日，广西图书馆学会 2019 年年会暨第 37 次科学讨论会在北海召开。

11 月 28—29 日，由北京师范大学政府管理学院和图书馆联合主办的第十一届亚洲图书馆与情报学学术研讨会在北京召开，主题为“亚洲图书馆学与情报学的合作、发展与创新”。

11 月 29—30 日，由教育部高等学校图书情报工作指导委员会主办，四川省高等学校图书情报工作委员会和四川大学图书馆承办，成都世纪超星信息技术有限公司协办的 2019 年全国高校图书馆服务本科教育教学研讨会暨创新案例大赛在四川大学举行，主题为“聚焦本科教育教学，提升图书馆服务力”。

12 月

12 月 4—5 日，首届全国高职院校信息素养大赛全国总决赛开幕式在深圳职业技术学院举行。大赛由教育部高等学校图书情报工作指导委员会高职高专院校分委员会、高等教育文献保障系统管理中心（CALIS）主办，深圳职业技术学院承办，北京开元数图科技有限公司协办。

12 月 5 日，由中国科学院文献情报中心承办的全国数字图书馆建设与服务联席会议第二十次会议在北京召开，主题为“图书馆转型发展与未来规划”。

12 月 9—12 日，第七届中国机构知识库学术研讨会在武汉大学图书馆信息分馆报告厅召开。此届学术研讨会由中国科学院文献情报中心、中国机构知识库推进工作组、中国高校机构知识库联盟主办，由中国科学院武汉文献情报中心、武汉大学图书馆承办，中国图书馆学会专业图书馆分会、中国图书馆学会高校图书馆分会协办，主题为“面向用户需求的开放仓储与服务”。

12 月 10 日，由中国图书馆学会和苏州市人民政府主办，苏州市文化广电和旅游局承办，苏州图书馆协办的新时代公共图书馆高质量发展研讨会在苏州第二图书馆开幕。

12 月 10 日，重庆市图书馆学会第八届学术研讨会暨五届二次会员代表大会在重庆市巴南区图书馆召开，主题为“新时代图书馆发展与创新”。

12 月 10—12 日，由中国图书馆学会公共图书馆分会主办，辽宁省图书馆学会承办，丹东市图书馆学会协办的区域协作与图书馆智慧服务专题论坛暨图书馆馆长业务培训在辽宁丹东举办。

12 月 11 日，内蒙古自治区图书馆学会第八次会员代表大会在呼和浩特召开。

12 月 12 日，安徽省图书馆学会 2019 学术年会在安徽省图书馆举行。

12 月 12 日，上海市图书馆学会 2019 年学术年会在华东政法大学召开，主题为“坚守初心，创新服务，推动图书馆高质量发展”。

12 月 13 日，由陕西省高等学校图书情报工作委员会主办、西北农林科技大学承办的 2019 年陕西省高等学校图书情报工作会议在杨凌召开。

12 月 16—17 日，国家科技图书文献中心（NSTL）2019 年度工作会议在北京召开。

12 月 19—21 日，由中国图书馆学会学术研究委员会、杭州国际城市学研究中心主办，浙江图书馆、浙江省图书馆学会承办，杭州图书馆协办的全国“公共图书馆主题分馆建设”馆长论坛在浙江杭州举行。

12 月 20 日，由北京地区高校图书馆文献资源保障体系（BALIS）技术支持中心和北京高教学会图书馆工作研究会联合主办，清华大学图书馆承办的“融合 · 赋能 · 创变：高校图书馆新主张”学术研讨会暨 BALIS 技术支持中心成立仪式在清华大学召开。

12 月 22 日，追思缅怀中国图书馆事业的开山之祖——著名学者缪荃孙铜像揭幕仪式暨纪念研讨会在国家图书馆举行。

12 月 23 日，中国图书馆学会第八届交流与合作委员会成立大会在国家图书馆召开。

12 月 24 日，第四届长江读书节颁奖活动在湖北省图书馆举行。

12 月 26 日，郑振铎等抢救流散香港文物往来信札捐赠划拨仪式暨入藏纪念展开幕式在国家图书馆举行。

（国家图书馆　罗欢）

综合索引

A

B

C

D

E

F

G

H

J

K

L

M

N

P

Q

R

S

T

W

X

Y

Z

（佛山科学技术学院　衡中青　李秋宇编制）